中山大学中国语言文学系百年系庆丛书

中山大学中国语言文学系　编

中山大学中国语言文学系百年论文选（文学卷）·上册

彭玉平　张均　主编

中山大学出版社

·广州·

版权所有　翻印必究

图书在版编目（CIP）数据

中山大学中国语言文学系百年论文选．文学卷：全二册/彭玉平，张均主编．--广州：中山大学出版社，2024.10．--（中山大学中国语言文学系百年系庆丛书）．
ISBN 978-7-306-08219-0

Ⅰ．H1-53；I206-53

中国国家版本馆 CIP 数据核字第 20241WW074 号

ZHONGSHANDAXUE ZHONGGUO YUYAN WENXUEXI BAINIAN LUNWEN XUAN（WENXUE JUAN）· SHANGCE

出 版 人：	王天琪
策划编辑：	舒　思
责任编辑：	舒　思
封面设计：	曾　斌
责任校对：	陈生宇
责任技编：	靳晓虹
出版发行：	中山大学出版社
电　　话：	编辑部 020-84111997，84110283，84113349
	发行部 020-84111998，84111981，84111160
地　　址：	广州市新港西路 135 号
邮　　编：	510275　　传　真：020-84036565
网　　址：	http://www.zsup.com.cn　E-mail：zdcbs@mail.sysu.edu.cn
印 刷 者：	恒美印务（广州）有限公司
规　　格：	787mm×1092mm　1/16
总 印 张：	64.25 印张
总 字 数：	1187 千字
版次印次：	2024 年 10 月第 1 版　　2024 年 10 月第 1 次印刷
定　　价：	218.00 元（全二册）

如发现本书因印装质量影响阅读，请与出版社发行部联系调换

谨以此书献给中山大学一百周年华诞

(1924 — 2024)

中山大学中国语言文学系百年系庆丛书

编委会

主　任　彭玉平　王　瑸

编　委（按姓氏笔画排序）

　　　王　瑸　王霄冰　吴承学　张　均　张奕琳
　　　陈伟武　陈斯鹏　范　劲　范常喜　罗　成
　　　郭丽娜　黄仕忠　彭玉平　程相占　谢有顺
　　　谢金华

中山大学中国语言文学系百年系庆丛书

总　序

　　从 1924 年孙中山先生创立国立广东大学（后先后易名"国立中山大学""中山大学"）至今，已风雨兼程走过了波澜壮阔的一百年。这一百年，中山大学与人类文明和国家发展同呼吸、共命运，见证了世纪风云，也成就了自己在世界高等教育史上的重要地位。中国语言文学系与中山大学同龄，百年中文与百年中大，相向而行，彼此辉映，共同成长。或许可以这样说，在中国的一流综合性大学中，如果没有一流的中文系，至少是不完整的。因为设立中文系不仅是建设中文学科的需要，更是任何一所大学建设自身文化所依托和支撑的主要基础。一所有理想与信仰的大学，除了埋首搞科研，还得抬头看星辰。在埋首与抬头之间，极目千里，完成大学立德树人的根本任务。

　　一个大学的百年，意味着一种深厚的学术文化积淀，意味着名师大家的代代相传，意味着优秀人才的层出不穷，也意味着学科专业的不断发展和壮大。百年是一个大学重要的发展契机，如何在回顾历史中沉淀宝贵的资源，在展望未来中激发充足的活力，就是一个院系理当思考的重要问题。正是本着这样的目的，我们组织编写了这套"中山大学中国语言文学系百年系庆丛书"，以期鉴往知今，行稳致远。这套丛书共六种：

　　《中山大学中国语言文学百年学科史》（彭玉平、王瑽主编）

　　《中山大学中国语言文学系百年论文选》（文学卷）（彭玉平、张均主编）

　　《中山大学中国语言文学系百年论文选》（语言文字卷）（彭玉平、范常喜主编）

　　《中山大学中国语言文学系名师记》（彭玉平、罗成主编）

　　《从未远走的青春——校友回忆录》（王瑽、谢金华主编；郑飞、吴昊琳

副主编）

《正青春——优秀中文学子风采录》（王瑽、谢金华主编；郑飞、吴昊琳副主编）

这六种书大体承载着百年中文的光荣和曾经的梦想。《中山大学中国语言文学百年学科史》是对过往百年若干二级学科以及属下有影响的三级学科的历史梳理与特色总结。在中文学科，此间的古文字学、戏曲学、词学、文体学等堪称名闻遐迩，而中国文学批评史学科更发轫于此，在一定程度上引领了此后批评史学科的发展。一个一级学科，如果能有四五个学术亮点，成为国内外关注的焦点，则其影响和传承也就自然形成。而国内最早的语言学系在这里开设，也足见此间学科开拓的实力与魄力。梳理百年学科发展历史，有的代有传承，格局大张；有的后出转精，新人耳目。当然也有肇端甚好，中间却稍有停留的现象。如鲁迅1927年来此任教，打开了新文学的局面，但随着八个月后他北上上海，此间新文学的热情便不免一时黯淡了下来。但无论属于哪一种情况，只要在百年学科史上留有雪泥鸿爪，便是值得书写的一页。

百年学科发展，当然要以科研为主干。作为"中国语言文学系"，文学与语言构成学科的两个基本板块。而百年之中，名师大家前后相继，蔚成一脉，将他们的重要论文汇为一编，既可见学术格局与学术源流，也可见学人风采与整体气象。这就是编选《中山大学中国语言文学系百年论文选》"文学卷"与"语言文字卷"的原因。因为百年人物众多，论文更是繁富，此二卷只是就具有一定开拓性与影响力的文章，择录若干汇集成编。因为篇幅所限，有些老师的大作未能入选，有些虽然入选，但也可能非本人最为认同之文章。大约他人选编与自己选编，眼界虽或有重合，而差异也应该是绝对的。好在我们这两卷论文选，只是带有纪念性质，并非截然以此作为此间百年学术研究之标杆，这是需要特别说明的。

在百年中文历史上，中国语言文学系先后出现过不少名师大家，他们构成了中国语言文学学科的脊梁。一个学科的影响力，在很大程度上依赖于耕耘在这个学科的著名学者的研究高度与群体力量。这些在百年间熠熠生辉的名师群像，他们的学术思想与学术成果有待专门的研究，而他们在课堂内外的人格力量，在语言行为上的迷人风采，同样是这个学科富有生机的一部分。这是我们编纂《中山大学中国语言文学系名师记》的原因所在。所谓名师记，并非对某一名师作全面通透的学术评价，而是在与学术、教学若即若离之间展现出来的人格光辉和感人故事。这些故事或许是很个人化的，但因为真实而切近，而具备特殊的魅力。如果说，两种论文选略见学者之专攻，名师记则以生活剪影的方式生动记录老师们的一言一行。两种生活，两种风采，彼此堪称相得益彰。

立德树人是大学永恒的使命与责任，或者说，衡量一所大学的办学质量，是否能不断锻造学生健全而向上的精神人格、端正而从容的人生态度，就是一项非常重要的指标。名师大家的学术水平，从本质上来说，要落实到人才培养的层面，也才具有更为深广高远的意义。而所谓立德树人，并非以功成名就为主要指标，在平凡中坚守，在困境中不屈，在优裕中不沉沦，在高名中不忘形，关怀历史、民族、国家和未来，敬畏天地、自然、山川与万物，这就是大写的人。这是我们编辑《从未远走的青春——校友回忆录》《正青春——优秀中文学子风采录》二书的初衷所在。前者记录已经毕业学生的青春时光，后者记录当下在读学生的生活点滴。其实"从未远走的青春"便是"正青春"，现在每有校友回来，一句频率很高的话语就是"归来仍是少年"，说的就是青春情怀在离开校园后，依然珍藏如初的意思。其实，学生毕业后走向社会，经受的考验远非"少年"两字可以形容，其中之艰辛、苦涩甚至屈辱，恐怕也在所难免。但无论面对怎样的情况，社会人更多的只能是自行承受与自我解脱。两相对勘，大学生活之简单就更容易成为一种珍贵的记忆。这也许可以看作是校友回校最简单也是最重要的动力。因为无论面对怎样的世界，简单总是永恒的追求。

但我们在编完这套丛书之后，深深感到，希望以六种书来串联百年中文历史的想法，还是过于朴素了，因为历史远比我们接触到的、感受到的和想象到的丰富。不遑说历史的维度本身就十分繁复，即在同一维度中，变化也十分多端。这是我们虽然试图走近历史，却也一直心存敬畏的原因所在。但既躬逢百年系庆，我们也理当放下包袱，竭尽全力，为这百年的光荣与梦想奉献一点力量。也许在下一个百年结束之时，回看这一百年留下的历史痕迹与点滴记忆，则每一种书卷，每一个页码，每一个字迹，也许都包含着异常丰富的情感密码。诚如此，我们的努力，一切都是值得的。感谢过往一百年的峥嵘岁月，致敬每一个中大中文人。

彭玉平

2024 年 9 月 23 日

目 录

序 ·· 吴承学（Ⅰ）

古代文学、文献研究

海绡说词 ·· 陈　洵（2）
清史稿撰人考 ·· 朱师辙（28）
班婕伃怨歌行辨证 ·· 古　直（38）
悼亡诗研究 ··· 钟应梅（42）
清代六省戏班在广东 ··· 冼玉清（69）
明末爱国诗人屈大均 ··· 黄海章（88）
南戏拾遗补 ··· 冯沅君（99）
中国文学上的倚声问题 ·· 詹安泰（110）
韩昌黎古文之研究 ·· 王韶生（125）
关于《鸣凤记》的作者问题 ·· 苏寰中（135）
《桃花扇》校注本前言 ·· 王季思（140）
说"戏文" ··· 董每戡（159）
关于我佛山人二三事 ··· 卢叔度（175）
由先秦诸子论性之派别讲到孟子性善说的真义和真价 ········· 陈湛铨（179）
"温柔敦厚"辨 ··· 邱世友（183）
广东马冈女子刻书考索 ·· 黄国声（197）
论车王府抄藏曲本子弟书的文学价值 ·· 刘烈茂（201）

论贾宝玉的"疯""呆""痴""狂"	曾扬华（211）
元剧的"杂"及其审美特征	黄天骥（223）
潮剧历史探源	吴国钦（235）
南宋时期的岭南词	梁守中（244）
南园诗歌的传承	陈永正（256）
古典诗歌中的地名特点初探	郭培忠（276）
韶州灵树古刹遗址考	仇 江 林 建（283）
元杂剧的酣畅美和元代少数民族史诗	罗斯宁（295）
从《孔雀东南飞》的人物形象看该诗的悲剧意义	郭精锐（305）
南越王赵佗与任嚣、陆贾	吕永光（314）
试论俗曲体戏曲及其在中国戏剧史上的地位	
——以蒲松龄《禳妒咒》为中心	康保成（318）
戴善夫《陶学士醉写风光好》杂剧本事嬗变探微	
——从杂传故事到通俗文学的个案考察	欧阳光（359）
西晋二十四友	师 飙（369）
论词的叙事性	张海鸥（375）
"诗能穷人"与"诗能达人"	
——中国古代对于诗人的集体认同	吴承学（396）
《三国》与《水浒》：两个英雄世界	石育良（419）
"诗无达诂"论	孙 立（427）
成鹫"通海"辨	杨 权（442）
中国戏曲的演化路径与前海学派的深度阐释	
——以"先上马，后加鞭"说为中心	董上德（450）
《香囊记》作者新考	黄仕忠（461）
王国维遗书考论	彭玉平（476）

现当代文学研究

革命时代的文学	
——四月八日在黄埔军官学校讲	鲁 迅（508）
革命与文学	郭沫若（513）
诗论	郁达夫（521）
文艺批评杂论	成仿吾（538）

再谭诗
　　——寄给木天、伯奇 …………………………………… 王独清（544）
鲁迅论诗 ……………………………………………………… 陈则光（551）
徐志摩和他的诗 ……………………………………………… 吴宏聪（572）
论中国现代文学史的阐释体系 ……………………………… 黄修己（585）
周炳形象与欧阳山的"奇人家族" ………………………… 黄伟宗（603）
鲁迅与中大学生毕磊 ………………………………………… 李伟江（619）
《野草》论辩 ………………………………………………… 金钦俊（640）
论聂华苓的创作 ……………………………………………… 王晋民（658）
秦牧散文的美学追求 ………………………………………… 陈　衡（669）
张爱玲上海时期小说创作述评 ……………………………… 王剑丛（679）
关于"五四"个性主义文学及其走向问题的思考 ………… 邓国伟（691）
巴金与无政府主义 …………………………………………… 吴定宇（702）
中国流行文化中的权力关系 ………………………………… 程文超（715）
《呐喊·自序》漏掉了什么 ………………………………… 林　岗（719）
文体也是作家思想的呈现 …………………………………… 谢有顺（729）

文艺学研究

坚持马克思主义文艺理论的原则性 ………………………… 楼　栖（744）
民族文学讲义引言 …………………………………………… 朱子范（751）
再论社会心理是文艺反映现实的中介 ……………………… 陆一帆（754）
走向文化美学 ………………………………………………… 胡经之（764）
艺术典型探讨 ………………………………………………… 郭正元（769）
论电影艺术的民族性与国际性的关系 ……………………… 陈培湛（784）
晚年恩格斯的"中间因素"理论解读 ……………………… 邓志远（793）
文艺学研究领域的新开拓 …………………………………… 潘智彪（806）
文艺生态与文艺理论的非经典转向 ………………………… 高小康（810）
反本质主义和本体论学理问题
　　——西方文论中国化重点个案研究之一 ……………… 王　坤（821）
生态美学与环境美学之异同再辨 …………………………… 程相占（835）

比较文学研究

古希伯来诗韵研究
　　——古希伯来文学研究之一 ………………………………… 叶启芳（854）
西方叙事文学中的追寻主题及其文化内涵 ………………… 易新农（857）
潮剧在泰国 ……………………………………………………… 张国培（866）
丑恶滑稽和典雅高尚相结合的美学原则
　　——评雨果的《〈克伦威尔〉序言》 ………………………… 潘翠菁（878）
迦梨陀娑笔下的罗摩传奇 ……………………………………… 吴文辉（894）
叙事的奇观
　　——论卡尔维诺《看不见的城市》 ………………………… 艾晓明（906）
20世纪西方文学的人类意识 …………………………………… 夏茵英（919）
中国文学史的世界文学起源
　　——基于德国19世纪以来世界文学史书写的系统论考察 …… 范　劲（925）

民俗学研究

孟姜女故事的转变 ……………………………………………… 顾颉刚（950）
与魏应麒先生讨论临水奶 ……………………………………… 容肇祖（965）
建立中国民俗学学派论纲 ……………………………………… 钟敬文（972）
《盘古开天地》型神话流传史略 ……………………………… 谭达先（987）
从龙母传说看西江文化 ……………………… 叶春生　柳超球　方　英（993）

后　记 …………………………………………………………… 张　均（1007）

序

《中山大学中国语言文学系百年论文选（文学卷）》编成。借近水楼台之便，我有幸先睹为快。

百年以来，中山大学中文系同全国学界一起，为继承与弘扬中国文学传统、创建与发展现代意义上中国文学学科戮力前行，成果汗牛充栋。限于篇幅，本书只能精选部分论文，以少总多。按丛书总序说，学术论文选"只是带有纪念性质，并非截然以此作为此间百年学术研究之标杆"。我深以为然。这本书就是向百年以来为中山大学中国文学学科做出贡献的所有老师致敬。

这本论文选的纪念是有温度的。我在中大中文系读书、工作近五十年，从1977年考入中大，就有幸见过书中多数作者，并得到许多前辈老师的亲炙。读这本书，重温其文，如见其人，引发了许多温馨回忆和感恩之情。当年我们走上学术研究之路，就是受到前辈学人的影响和引领，他们培养了我们对学术的兴趣，为我们打下学术研究的基础。本书还有一些较为年轻的作者，他们是恢复高考后到中大学习、工作的老师，都是我的同事，读他们的文章就像和朋友品茗夜话，倾听高论。

这本论文选按学科分类，以作者年龄为序，虽然是纪念性质，但也为各学科的发展留下了一些印记。一百年来，有些学科传承有序，长盛不衰；有些学科从弱到强，后来居上；有些学科则曾经辉煌而后继乏力。这本书虽然不是中文系的学术史，但从一个角度展示了百年中文学术的风云际会、升沉盛衰，对了解中文系学科史、规划未来的学科发展有一定的启示意义。

收录前辈学术经典，是这本论文选的亮点之一。真正的学术经典具有长久生命力，经得起时光的淘洗，经得起不同年代读者的反复阅读和批评，并且能够不断得到新的阐释。曹丕在《典论·论文》中说："盖文章，经国之大业，不朽之盛事。"他所说的"文章"是以儒家典籍为中心的，其含义也很广泛，和现在"文章"一词含义有很大差异。文学学术当然谈不上是"经国之大业"，但经典学术仍堪称"不朽之盛事"。曹丕说，文章可以"不假良史之辞，不托飞驰之势，而声名自传于后"。我一直服膺这句话，读了这本书，则进一步认识到真正的学术经典也有如此长久之生命力。很久以前我曾拜读过书中一些文章，现在重读一遍，不但回味无穷，还读出新的意味。

学术经典的形成，有赖于诸多因素，但都离不开求真的科学精神与脱俗的学术境界。一流的学者与成果更是能"预流"学术，引领学术。我以为，中山大学的民俗学、词学、戏曲学、诗文批评等领域的学术研究，对现代文学学术的发展都有重要影响。当然，人们对学术的认识也是与时俱进的。以今天的眼光看，本书中一些文章的观点与文献未必正确，其水平也未必都处于学术的前沿。如果我们把每篇文章都放到具体的历史语境中，体察学术之得失，这样的阅读会更有况味和意义。

孟子说过，"颂其诗，读其书，不知其人，可乎？是以论其世也"。每一篇文章都有作者，每一位作者都有故事，每一个故事都有背景。我读董每戡先生的《说"戏文"》一文时，不禁想起他的往事。董先生是我国著名的戏曲史家、戏曲家，他早年就著有《中国戏剧简史》《西洋戏剧简史》《西洋诗歌简史》《戏剧的欣赏和创作》《说剧》《三国演义试论》《琵琶记简论》等书。1957年他被错误处理，举家迁往长沙，穷病潦倒中仍著述不辍。最使他痛苦的是他右手颤抖，无法握笔写字，每次书写时，都要用左手使劲按住右手来推写，他的《中国戏剧发展史》、《明清传奇选论》、《李笠翁曲话选释》、《三国演义试论》（增修本）、《说剧》（增补本）以及《五大名剧论》等学术著作，就是这样"推写"出来的。可惜《明清传奇选论》《三国演义试论》《笠翁曲话论释》诸种著作，在动乱期间佚失。为了保护书稿不致遭劫，董先生把一些重要的书稿藏在废弃了的炉灶深处，这些稿子虽得以幸存，却被老鼠咬成了碎片。1979年5月，中山大学落实政策，派人将董先生接回学校，他在给朋友严怪愚的信中说，"争取再活十至十五年，把失稿重写起来，便心满意足"。董先生回校后日夜工作，发愿要把被毁坏了的书稿补写回来。可惜天不遂人愿，1980年1月，他便溘然长逝。当我读到本书所收《说"戏文"》一文之后所记"1979年初夏，整补于中山大学"，想到这些文字是董先生在生命的最后阶段，用颤抖的双手一字一字"推写"出来的，不禁黯然神伤。董先生的故事是曾扬华老师讲的，1979年学校派他和苏寰中老师将董先生从长沙接回中山大学，董先生就住在他家对面，每天都在抓紧写作。曾扬华、苏寰中两位先生也是我读本科时的老师，本书收入了他们的论文，但两位老师都已仙逝，令人缅怀。

本书的作者，最早的生于清朝同治年间，即19世纪70年代，最晚的生于20世纪70年代，相隔了一百年。这百年正是中国历史上翻天覆地的时代，中国学术研究也发生了极大变化。从古典形态到现代形态，再到严格的学术规范形态，这些都是班班可考的。仅以本书所收论文略举一例。同样说词，陈洵先生《海绡说词》的词学思想和述学文体仍是古典形态的；詹安泰先生于20世纪40年代发表的《中国文学上的倚声问题》已自觉地追求理论性和体系化，他因此被称为"中国词学文化学的奠基人"；张海鸥教授《论词的叙事性》则反映了21世纪以来注重学术规范的特点。刘勰《文心雕龙》说："文变染乎世情，兴废系乎时序。"学术风尚也概莫能外，从这个角度看，本书也可略见百年学术风尚之演变。

在中国传统文化语境中，"文士"与"文人"是两个不同的词语，文人身份往往是被鄙视的。南朝颜之推说，"自古文人，多陷轻薄"，宋代刘挚说，"士当以器识为先，一号为文人，无足观矣"。这些批评都相当严厉，但其深意是对为文之士有所期待。清代大学者顾炎武说得很透彻，那就是"能文不为文人"。有文才并不是坏事，若仅仅用于舞文弄墨、自我标榜，或谄媚趋附，则"无足观矣"；有才干、有识见、有节操、有情怀者，方可为文士。学文学的，成文人易，成文士难。我所敬重的中文系老师都很重视学人的人品节操。1984年，我研究生毕业留校工作，导师黄海章先生对我说，学术研究也需要高尚的品质，决不能从风而靡。有些文人，喜欢观风察色，自以为永立时代潮头，殊不知风头一转，则不得不因风转舵。这样变来变去，便成为无行文人。这种人不会有真正的学术成就。我的另一位导师邱世友先生曾说过："念中文的，就要像梅花一样高洁——起码也要像菊花。"这些话数十年来口口相传，一直感动和激励着中文系师生。

中大建校百年间，中文系名师辈出，他们为文求真脱俗，为人高风亮节，读其文章，想见其为人，不禁有"斯文在兹"之感。我想，追求风骨情怀与独立精神，应该是中文系优秀的学术传统与精神财富。

吴承学

2024年10月19日

古代文学、文献研究

海绡说词

陈 洵

通 论

本诗（谓三百篇也）

　　诗三百篇，皆入乐者也。汉魏以来，有徒诗，有乐府，而诗与乐分矣。唐之诗人，变五七言为长短句，制新律而系之词，盖将合徒诗、乐府而为之，以上窥国子弦歌之教，谓之为词，则与廿五代兴者也。

源流正变

　　词兴于唐，李白肇基，温岐受命。五代缵绪，韦庄为首。温韦既立，正声于是乎在矣。天水将兴，江南国蹙，心危音苦，变调斯作，文章世运，其势则然。宋词既昌，唐音斯畅。二晏济美，六一专家。爰逮崇宁，大晟立府，制作之事，用集美成。此犹治道之隆于成康，礼乐之备于公旦①，监殷监夏，无间然矣。东坡独崇气格，箴规柳秦，词体之尊，自东坡始。南渡而后，稼轩崛起，斜阳烟柳，与故国月明相望于二百年中，词之流变，至此止矣。湖山歌舞，遂忘中原，名士新亭，不无涕泪，性情所寄，慷慨为多。然达事变，怀旧俗，大晟会韵，未尽亡也。天祚斯文，钟美君特。水楼赋笔，年少承平，使北宋之绪，微而复振。尹焕谓前有清真，后有梦窗，信乎其知言矣。

　　稼轩由北开南，梦窗由南追北，善乎周氏之能言也。南宋诸家，鲜不为稼轩牢笼者，龙洲、后邨、白石皆师法稼轩者也。二刘笃守师门，白石别开家法。白石立而词之国土蹙矣。至玉田演为清空，奉白石为祧庙。画江画淮，号令所及，使人遂忘中原，微梦窗谁与言恢复乎？

---

　　① 《海绡说词》是为目前之通行本。引自唐圭璋编《词话丛编》（第五册），中华书局1986年版。通行本此处作"公日"，然据其底本（中山大学图书馆藏《诗词专刊》），应作"公旦"为是。

周止庵曰:"近人颇知北宋之妙,然终不免有姜张二字,横亘胸中。岂知姜张在南宋亦非巨擘乎?论词之人,叔夏晚出,既与碧山同时,又与梦窗别派,是以过尊白石,但主清空。后人不能细研词中浅深曲折之故,群聚而和之,并为一谈,亦固其所也。"

洵按:自元以来,若仇仁近、张仲举,皆宗姜张者。以至于清竹垞、樊榭极力推演,而周吴之绪几绝矣。竹垞至谓梦窗亦宗白石,尤言之无理者。

师 周 吴

周止庵立周辛吴王四家,善矣。惟师说虽具,而统系未明。疑于传授家法,或未洽也。吾意则以周吴为师,余子为友,使周吴有定尊,然后余子可取益。于师有未达,则博求之友。于友有未安,则还质之师。如此,则系统明,而源流分合之故,亦从可识矣。周氏之言曰:"清真,集大成者也。稼轩敛雄心,抗高调,变温婉,成悲凉。碧山切理餍心,言近指远,声容调度,一一可循。梦窗奇思壮采,腾天潜渊,返南宋之清泚,为北宋之秾挚,是为四家,领袖一代。所谓师说具者也。"又曰:"问涂碧山,历梦窗、稼轩,以还清真之浑化。"所谓统系未明者也。

周氏自言受法于董晋卿,而晋卿则师其舅张皋文。又曰:"已而造诣日以异,论说亦互相短长。晋卿初好玉田,余曰:'玉田意尽于言,不足好。'余不喜清真,而晋卿推其沉着拗怒,比之少陵。牴牾者一年,晋卿益厌玉田,而余遂笃好清真。"又曰:"因欲次第古人之作,辨其是非,与二张董氏,各存岸略。"张氏辑词选,周氏撰词辨,于是两家并立,皆宗美成。而皋文不取梦窗,周氏谓其为碧山门径所限。周氏知不由梦窗不足以窥美成,而必曰问涂碧山者,以其蹊径显然,较梦窗为易入耳。非若皋文欲由碧山直造美成也。吾年三十,始学为词。读周氏四家词选,即欲从事于美成。乃求之于美成,而美成不可见也。求之于稼轩,而美成不可见也。求之于碧山,而美成不可见也。于是专求之于梦窗,然后得之。因知学词者,由梦窗以窥美成,犹学诗者由义山以窥少陵,皆涂辙之至正者也。今吾立周、吴为师,退辛、王为友,虽若与周氏小有异同,而实本周氏之意,渊源所自,不敢诬也。

志 学

有志然后有学,学所以成志也。学者诚以三百廿五为志,则温柔敦厚其教也,芬芳悱恻其怀也。人心既正,学术自明,岂复有放而不返者哉?若夫研穷事物以积理,博采文藻以积词,深通汉魏六朝文笔,以知离合顺逆之法,入而出之，神而明之。海水洞汩，山林杳冥，援琴而歌，将移我情，其于斯道，庶有洽乎？

严　律

凡事严则密，宽则疏，词亦然。以严自律，则常精思。以宽自恕，则多懈弛。懈弛则性灵昧矣。彼以声律为束缚者，非也。或又谓宫商绝学，但主文章，岂知音节不古，则文章必不能古乎。（无韵之文尚尔，何况于词。）凝思静气，神与古会，自然一字不肯轻下。庄敬日强，通于进德，小道云乎哉。

贵　拙

唐五代令词，极有拙致，北宋犹近之。南渡以后，虽极名隽，而气质不逮矣。昔朱复古善弹琴，言琴须带拙声，若太巧，即与筝阮何异。此意愿与声家参之。

贵　养

词莫难于气息，气息有雅俗，有厚薄，全视其人平日所养，至下笔时，则殊不自知也①。

贵　留

词笔莫妙于留，盖能留则不尽而有余味。离合顺逆，皆可随意指挥，而沉深浑厚，皆由此得。虽以稼轩之纵横，而不流于悍疾，则能留故也。

以留求梦窗

以涩求梦窗，不如以留求梦窗。见为涩者，以用事下语处求之。见为留者，以命意运笔中得之也。以涩求梦窗，即免于晦，亦不过极意研炼丽密止矣，是学梦窗，适得草窗。以留求梦窗，则穷高极深，一步一境。沈伯时谓梦窗深得清真之妙，盖于此得之。

由大几化

清真格调天成，离合顺逆，自然中度。梦窗神力独运，飞沉起伏，实处

---

① 通行本《海绡说词》作"至下笔时则殊，不自知也"。此处据其底本（中山大学图书馆藏《诗词专刊》）将断句调整如是。

皆空。梦窗可谓大，清真则几于化矣。由大而几化，故当由吴以希周。

内　　美

飞卿严妆，梦窗亦严妆。惟其国色，所以为美。若不观其倩盼之质，而徒眩其珠翠，则飞卿且讥，何止梦窗？（玉田所谓碎拆不成片段者，眩其珠翠耳。）

襟　　度

清真不肯附和祥瑞，梦窗不肯攀援藩邸，襟度既同，自然玄契。诗云："惟其有之，是以似之。"

宋吴文英梦窗词

霜花腴·翠微路窄

海绡翁曰：此泛石湖作，非身在翠微也。次句乃翻杜子美宴蓝田庄诗意，言若翠微路窄，则谁为整冠乎？翻腾而起，掷笔空际，使人惊绝。三四五，座中景，如此一落，非具绝大神力不能。起句如神龙天矫，奇采盘空。至此则云收雾敛，旷然开朗矣。"病怀强宽"领起，"恨雁声偏落歌前"转身，才宽又恨，才恨便记，以提为煞，汉魏六朝文往往遇之，今复得之吴词。"换头"三句，遥接歌前，与年时相顾，正见哀乐无端。"芳节"二句，用反笔作脱，则晴晖句加倍有力。"多阴"映"暮烟疏雨"。"稀会"映"旧宿凄凉"。夹叙夹议，潜气内转。移船就月，再跌进一步，笔力酣畅极矣。收合有不尽之意。上文奇峰叠起，去路却极坦夷，岂非神境。霜花腴名集，想见觉翁得意。于空际作奇重之笔，此诣让觉翁独步。

霜叶飞·断烟离绪

海绡翁曰：起七字，已将"纵玉勒"以下摄起在句前。"斜阳"六字，依稀风景。"半壶"至"风雨"十四字，情随事迁。以下五句，上二句突出悲凉，下三句平放和婉。"彩扇"属"蛮素"，"倦梦"属"寒蝉"。徒闻寒蝉，不见蛮素，但仿佛其歌扇耳，今则更成倦梦，故曰"不知"。两句神理，结成一片，所谓关心事者如此。换头于无聊中寻出消遣，"断阕慵赋"，则仍是消遣不得。"残蛩"对上"寒蝉"，又换一境。盖蛮素既去，则事事都嫌矣。收句与"聊对旧节"一样意思，见在如此，未来可知。极感怆，却极闲冷，想见觉翁胸次。

澡兰香·盘丝系腕

海绡翁曰：此怀归之赋也。起五句全叙往事，至第六句点出写裙，是睡中事。"榴"字融人事入风景，"褪萼"见人事都非，却以风景不殊作结。后片纯是空中设景，主意在"念秦楼也拟人归"一句。"归"字紧与"招"字相应，言家人望己归，如宋玉之招屈原也。既欲归不得，故曰"难招"，曰"莫唱"，曰"但怅望"，则"也拟"亦徒然耳。击首则尾应，击尾则首应，击中间则首尾皆应，阵势奇变极矣。金针度人，全在数虚字。屈原事，不过借古以陈今。"熏风"三句，是家中节物。秦楼倒影，秦楼用弄玉事，谓家所在。

六幺令·露蛩初响

海绡翁曰：此事偏要实叙，不怕惊死谈清空一流，却全是世间痴儿女幻境。极力逼出换头二句。"那知"二字，劈空提出。"乞巧楼南北"，倒钩。以下分作两层感叹。"谁见金钗擘"，则不独"不见津头艇子"，人天今古，一切皆空。惟有眼前景物，聊与周旋耳。前段运思奇幻，后段寄情闲散，点化处在数虚字。

唐多令·何处合成愁

海绡翁曰：玉田不知梦窗，乃欲拈出此阕，牵彼就我。无识者群聚而和之，遂使四明绝调，沉没几六百年，可叹。

八声甘州·渺空烟四远

海绡翁曰：换头三句，不过言山容水态，如吴王范蠡之醉醒耳。"苍波"承"五湖"，"山青"承"宫里"，独醒无语，沉醉奈何，是此词最沉痛处。今更为推演之，盖惜夫差之受欺越王也。长颈之毒，蠡知之而王不知，则王醉而蠡醒矣。女真之猾，甚于勾践。北狩之辱，奇于甬东。五国城之崩，酷于卑犹位。遗民之凭吊，异于鸱夷之逍遥。而游艮岳幸樊楼者，乃荒于吴宫之沉湎。北宋已矣，南渡宴安，又将岌岌，五湖倦客，今复何人？一"倩"字有众人皆醉意，不知当时庚幕诸公，何以对此？

宴清都·绣幄鸳鸯柱

海绡翁曰：只运化一篇长恨歌，乃放出如许异采，见事多，识理透故也。

得力尤在换头一句。"人间万感",天上螯蟾,横风忽断,夹叙夹议,将全篇精神振起。"华清"以下五句,对上"幽单",有好色不与民同意,天宝之不为靖康者幸耳,故曰"凭谁为歌长恨"。

渡江云·羞红鬓浅恨

海绡翁曰:此词与莺啼序第二段参看。"渐路入仙坞迷津",即"逆红渐招入仙溪"。"题门""堕履",与"锦儿偷寄幽素",是一时事,盖相遇之始矣。"明朝"以下,天地变色,于词为奇幻,于事为不祥,宜其不终也。

风入松·听风听雨

海绡翁曰:思去妾也。此意集中屡见。渡江云题曰西湖清明,是邂逅之始,此则别后第一个清明也。"楼前绿暗分携路",此时觉翁当仍寓西湖。风雨新晴,非一日间事,除了风雨,即是新晴。盖云,我只如此度日。"扫林亭",犹望其还,"赏"则无聊消遣。见秋千而思纤手,因蜂扑而念香凝,纯是痴望神理。"双鸳不到",犹望其到,"一夜苔生",踪迹全无,则惟日日惆怅而已。当味其词意酝酿处,不徒声容之美。

三姝媚·吹笙池上道

海绡翁曰:池上道,湖上故居。吹笙仙侣,"王孙重来",客游初归,则别非一日矣。"旋生芳草",倒钩。"燕沉莺悄",杳无消息。"禁烟残照",时节关心,两层联下,为"往事"二字追逼。"怨红凄调",再跌进一步作歇。态浓意远,顾望怀愁。"方亭"即西园之林亭,"双鸳"即惆怅不到之双鸳。彼犹有望,此但记忆,"记"字倒钩。"顿隔年华",起步,"似梦回花上,露晞平晓",复留步,真有回眸一笑之态。"客"即孤鸿,可与放客送客之客字参看,言在此而意在彼也。"又"字"还"字最幻,盖其人之去,已两清明矣。所谓"顿隔年华","青梅已老",比怨红更悲,却是眼前景物。

瑞鹤仙·泪荷抛碎璧

海绡翁曰:此词最惊心动魄,是"暮砧催、银屏翦尺"一句。盖因闻砧而思裁剪之人也。堂空尘暗,则人去已久,是其最无聊处,风雨不过佐人愁耳。上文写风雨,层联而下,字字凄咽,谁知却只为此。"行客",点出客即燕,三姝媚之孤鸿言客,此之燕去亦言客,皆言在此而意在彼也。"似曾相识",言其不归来,语含吞吐,此曲断肠,惟此声矣。"林下"二句,西园陈迹。今则惟有"寒蛩残梦,归鸿心事"耳。一"念"字有无可告诉意。"夜笛"比"暮砧"又换一境,"暮砧"提起,"夜笛"益悲,人生如此,安得不老。结句情景双融,神完气足。

瑞鹤仙·晴丝牵绪乱

海绡翁曰:吴苑是其人所在,此时觉翁不在吴也,故曰"花飞人远"。莺啼序曰:"晴烟冉冉吴宫树。"玉蝴蝶曰:"羡故人还买吴航。"尾犯赠浪翁重客吴门曰:"长亭曾送客。"新雁过妆楼曰:"江寒夜枫怨落。"又是吴中事,是其人既去,由越入吴也。"旗亭"二句,当年邂逅,正是此时。"兰情"二句,对面反击,跌落下二句,思力沉透极矣。"旧衫"是其人所裁,"流红千浪",复上阕之花飞。"缺月孤楼,总难留燕",复上阕之人远,为"凄断"二字钩勒。"歌尘凝扇",对上"兰情蕙盼",人一处,物一处。"待凭信,拚分钿",纵开,"还依不忍",仍转故步。"笺幅偷和泪卷",复"挑灯欲写",疑往而复,欲断还连,是深得清真之妙者。"应梦见",尚不曾梦见也。含思凄婉,低徊无尽。

齐天乐·烟波桃叶

海绡翁曰:此与莺啼序盖同一年作。彼云十载,此云十年也。"西陵",邂逅之地,提起。"断魂潮尾",跌落。中间送客一事,留作换头点睛三句,相为起伏,最是局势精奇处。谭复堂乃谓为平起,不知此中曲折也。"古柳重攀",今日。"轻鸥聚别",当时。平入逆出。"陈迹危亭独倚",歇步。"凉飔乍起",转身。"渺烟碛飞帆,暮山横翠",空际出力。"但有江花,共临秋镜照憔悴",收合倚亭。送客者,送妾也。柳浑侍儿名琴客,故以客称妾,新雁过妆楼之宜城当时放客,风入松之旧曾送客,尾犯之长亭曾送客,皆此客字。"眼波回盼",是将去时之客。"素骨凝冰,柔葱蘸雪",是未去时之客。"犹忆分瓜深意",别后始觉不祥,极幽抑怨断之致,岂其人于此时已有去志乎。"清尊未洗",此愁酒不能消。"凉飔"句是领下,此句是煞上。"行云"句着一"湿"字,藏行雨在内。言朝来相思,至暮无梦也。梦窗运典隐僻,如诗家之玉谿,"乱蛩疏雨",所谓"漫沾残泪"。

莺啼序·残寒政欺病酒

海绡翁曰:第一段伤春起,却藏过伤别,留作第三段点睛。燕子画船,含无限情事,清明吴宫,是其最难忘处。第二段"十载西湖",提起。而以第三段"水乡尚寄旅"作钩勒。"记当时、短楫桃根渡",记字逆出,将第二段情事,尽销纳此一句中。"临分""泪墨","十载西湖",乃如此了矣。临分于别后为倒应,别后于临分为逆提。渔灯分影,于水乡为复笔,作两番钩勒,笔力最浑厚。"危亭望极,草色天涯"遥接"长波妒盼,遥山羞黛","望"字远情,"叹"字近况,全篇神理,只消此二字。"欢唾"是第二段之欢会,"离痕"是第三段之临分。"伤心千里江南,怨曲重招,断魂在否",应起段"游荡随风,化为轻絮"作结。通体离合变幻,一片凄迷,细绎之,正字字有脉络,然得其门者寡矣。

绛都春·情黏舞线

　　海绡翁曰:"情黏舞线",从题前起。"怅驻马灞桥,天寒人远",反跌。"旋蓊露痕",入题。"移得春娇栽琼苑",歇步。"流莺"以下,空际取神,开合动荡,却纯用兴体,以起后阕所赋。"梅花"以下,又遥接"移得春娇",读之但觉满室春气。

　　词中不外人事风景,镕人事入风景,则实处皆空。镕风景入人事,则空处皆实。此篇人事风景交炼,表里相宣,才情并美,应酬之作,难得如许精粹。

祝英台近·剪红情

　　海绡翁曰:前阕极写人家守岁之乐,全为换头三句追摄远神。与"新腔一唱双金斗"一首,同一机杼。彼之何时,此之旧字,皆一篇精神所注。

珍珠帘·蜜沉炉暖

　　海绡翁曰:此因闻箫鼓,而思旧人也,亦为其去姬而作。起七字千锤百炼而出之。"蜜沉"伏"愁香","烟袅"伏"云渺"。"麟带",旧意。"舞箫",今情。作两边钩勒。"恨缕情丝",提起。"银屏别是一处",非贵人家。垂柳腰小,亦指所思之人,与贵家按舞无涉。"绿水清明"是其最难忘处,当年邂逅,正此时也。乃彼则银屏难到,此则客枕幽单,徘徊叹息,盖为此耳。"香兰如笑",按舞之乐,而已则歌沉人去,惟有落泪。一篇神理,注此二句,题目是借他人酒杯。

浣溪沙·门隔花深

　　海绡翁曰:"梦"字点出所见,惟夕阳归燕。"玉纤香动",则可闻而不可见矣。是真是幻，传神阿堵，门隔花深故也。"春堕泪"为怀人，"月含羞"因隔面，义兼比兴。东风临夜，回睇夕阳，俯仰之间，已为陈迹，即一梦亦有变迁矣。"秋"字不是虚拟，有事实在，即起句之旧游也。秋去春来，又换一番世界，一"冷"字可思。此篇全从张子澄"别梦依依到谢家"一诗化出，须看其游思缥缈，缠绵往复处。

浣溪沙·波面铜花

海绡翁曰："玉人垂钓理纤钩"，是下句倒影，非谓真有一玉人垂钓也。"纤钩"是月，"玉人"言风景之佳耳。"月明池阁"，下句醒出。甲稿解踯躅"可怜残照西风，半妆楼上"，半妆亦谓残照西风。西子西湖，比兴常例，浅人不察，则谓觉翁晦耳。

风入松·兰舟高荡

海绡翁曰：此非赋桂，乃借桂怀人也。西园送客，是一篇之眼。"客"者，妾也。"西园"，故居。"邮亭"，别地。既被妒，故还泊，而秋娘不可见矣，此游固未到西园。蝉声似曲，歌扇都非，"临水开窗"，故居回首，至"重寻"已断，则西园固可不到矣，何恨于矮桥哉。"和醉"应唤酒，脉络字字可寻。

探芳讯·为春瘦

海绡翁曰：本是伤离，却说"为春"。"斗草""探花"，佳时易过，雨声如此，晴昼奈何。曰"年年"，则离非一日。曰"半中酒"，则此怀何堪。用两层逼出换头一句。以下全写相思，相思是骨。外面只见"娇懒"，传神阿堵，须理会此两句。

花犯·小娉婷

海绡翁曰：自起句至相认，全是梦境。"昨夜"，逆入。"惊回"，反跌。极力为"送晓色"一句追逼。复以"花梦准"三字钩转作结。后片是梦非梦，纯是写神。"还又见"应上"相认"，"料唤赏"应上"送晓色"。眉目清醒，度人金针。全从赵师雄梦梅花化出，须看其离合顺逆处。

解连环·暮檐凉薄

海绡翁曰：起三句与新雁过妆楼"风檐近、浑疑玉佩丁东"同意，盖亦思去妾而作也。"暮凉",起赋。"故人",点出。"来邀"一断,却以"夜久"承"暮凉"。"纤白"一断,却以"梦远"承"来邀"。掩帷倦入,跌进一步,复以阑承檐。笔笔断,笔笔续,须看其往复脱换处。换头六字,一篇命意所注。未秋先觉,加一倍写,钩勒浑厚。"抱素影"三句,谓旧意犹在,未忍弃捐。"翠冷"二句,谓其人已去。"绛绡暗解",追忆相逢,"褪花坠萼",则而今憔悴,人事风景,一气镕铸,觉翁长技。明月谓扇,楚山扇中之画,却暗藏高唐神女事,疑其人此时已由吴入楚也。

高阳台·修竹凝妆

　　海绡翁曰:"浅画成图",半壁偏安也。"山色谁题",无与托国者。"东风紧送",则危急极矣。"凝妆""驻马",依然欢会。酒醒人老,偏念旧寒,灯前雨外,不禁伤春矣。"愁鱼",殃及池鱼之意。"泪满平芜",则城邑丘墟,高楼何有焉。故曰"伤春不在高楼上",是吴词之极沉痛者。

扫花游·水云共色

　　海绡翁曰:"水云共色",正面空处起步。"章台春老",侧面实处转步。"山阴夜晴",对面宽处歇步。"遍地梨花",复侧面空处回步,以下步步转,步步歇,往复盘旋,一步一境。换头五字,贯澈上下,通体浑融矣。

声声慢·檀栾金碧

　　海绡翁曰:郭希道池亭,即清华池馆,是觉翁常游之地。孙无怀只以别筵暂驻,平时之多宴,固未与也。"知道"二字,为无怀设想,真是黯然销魂。"腻粉"以下,纯作痴恋语,为惜别加倍出力。学者须听弦外音。人在、凝眸、瞰妆,纯用倒卷。共惜、知道、输他,是词中点睛。起八字殊有拙致。

杏花天·幽欢一梦

　　海绡翁曰:"幽欢一梦成炊黍",以下三句缴足,"楼上宫眉在否",以上三句逼取,顺逆往来,无不如意。

青玉案·新腔一唱

　　海绡翁曰:"疏酒",因无翠袖故也,却用上阕人家度岁之乐,层层对照,为"何时"二字,十二分出力。

金缕歌·乔木生云气

海绡翁曰："此心与、东君同意"，能将履斋忠款道出。是时边事日亟，将无韩岳，国脉微弱，又非昔时。履斋意主和守，而屡疏不省，卒致败亡。则所谓"后不如今今非昔，两无言、相对沧浪水。怀此恨，寄残醉"也。言外寄慨，学者须理会此旨。前阕沧浪起，看梅结。后阕看梅起，沧浪结。章法一丝不走。

夜游宫·窗外捎溪

海绡翁曰：通章只做"梦觉新愁旧风景"一句。"见幽仙，步凌波，月边影"，是觉。"绀云欹，玉搔斜，酒初醒"，又复入梦矣。

梦芙蓉·西风摇步绮

海绡翁曰：前阕全写真花。"记长堤"，逆入。"当时"，平出。"自别"转"慵起"结，然后以"秋魂"起、"环佩"落，千回百折以出。"画图重展"四字，真有玉花却在御榻上之意。"惊认旧梳洗"，真有阍人太仆皆惆怅之意。"梦断琼娘"，复回顾前阕，又真有榻上庭前屹相向之意。写神固不待言，难得如此笔力。

尾犯·翠被落红妆

海绡翁曰：此因浪翁客吴，而思在吴之人也。在吴之人，即其去姬。"流水腻香，犹共吴越"，托此起兴，言外见人之不如。"十载"二句，谓其人留吴已久，有如此曲折，则蝉歌之咽，盖不为今别矣。"曾送客"，揭出。项庄舞剑，固意在沛公。"锦雁"是西湖上山，祝英台近所谓"锦雁峰"前也。下二句，谓其人去，则锦雁之泪眼，与孤城接连，惟见"平芜烟阔"耳。半镜犹冀重逢，故人但有梦见。茫茫此恨，不知已浪翁能代传否。篇中忽吴忽越，极神光离合之妙。

玉蝴蝶·角断签鸣

海绡翁曰：此篇脉络颇不易寻，今为细绎之。当先认定"书光""书"字，谓得其去姬书札也。"生动""凄凉"，全为此书。所谓"万种"，只此一事。秋气特佐人悲耳。"旧衫"二句，乃从去时追写。谓临别之泪，染此衫中，今则已成旧色，为此书提起。而"花碧""蜂黄"，皆历历在目，所谓凄凉也。"伤"字，又提。"楚魂"应悲秋，"雁汀""来信"，收束"书"字。以虚结实。"都忘"，反接，最奇幻，得此二字，超然遐举矣。言未得书前，往事都不记省也。"水沉"，花香。"岸锦"，叶色。"旧赏"，则未别前事。御沟题叶，又是定情之始。今则此情"应不到流湘"矣，盖其人已由吴入楚也。"数客路、又随淮月"，又将由楚入淮，则身益零落，固不如居吴时也，吴则觉翁常游之地，故曰"羡故人还买吴航"，二语盖皆书中所具。语语征实，笔笔凌空，两结尤极缥缈之致。

点绛唇·时霎清明

海绡翁曰：此亦思去姬而作。"西园"，故居。"清明"，邂逅之始。"春留"，正见人去。却只言往事，只言旧寒。既云"不过"，则绿阴燕子，皆是想象之词，当前惟有征衫之泪耳。

解连环·思和云结

海绡翁曰：云起梦结，游思缥缈，空际传神。中间"来时"，逆挽。"相忆"，倒提。全章机杼，定此数处。其余设情布景，皆随手点缀，不甚着力。

拜新月慢·绛雪生凉

海绡翁曰："昨梦"九字，脱开以取远神。以下即事感叹。"身世游荡"四字是骨。后阕复起。三句作层层跌宕，回视昨梦，真如海上三神山矣。

绛都春·南楼坠燕

海绡翁曰："坠燕"，去妾也。已成往事，故曰"又"。"叶吹"十一字，言我朝暮只如此过。从"夜凉"再展一步，然后以"当时"句提起，"客路"句跌落。"雾鬟"三句，一步一转，收合"明月娉婷"。"别馆"正对"南楼"，乍识似人，从不见转出。"旧色旧香"，又似真见，"闲雨闲云情终浅"，则又不如不见矣。层层脱换，然后以"真真难画"，只作花看收住。复转一步作结，笔力直破余地。

瑞龙吟·黯分袖

海绡翁曰：一词有一词命意所在，不得其意，则词不可读也。题是梦窗送梅津，词则惟说梅津伤别。所伤又是他人，置身题外，作旁观感叹，用意透过数层。"黯分袖"，谓梅津在吴，所眷者此时不在别筵也。第一、二段设景设情，皆是空际存想。后阕始叙别筵，一宵歌酒，陡住。翠微是西湖上山，故下云"西湖到日"。"犹忆"是逆溯，"到日"是倒提。"谁家听、琵琶未了，朝骢嘶漏"，乃用孙巨源在李太尉家闻召事。梅津此时盖由吴赴阙也。"待来共凭，齐云话旧"，一笔钩转。然后以"莫唱朱樱口"一句归到别筵。"空教人瘦"，则黯分袖之人也。吴词之奇幻，真是急索解人不得。

忆旧游·送人犹未苦

海绡翁曰：言是伤春，意是忆别，此恨有触即发，全不注在澹翁也，故曰"送人犹未苦"。"片红""润绿"，比兴之义。跌起赋情，笔力奇重。病渴分香，意乃大明。不为送人，亦不为送春矣。"西湖断桥"，昔之别地。下二句，言风景不殊。"离巢"二句，谓其人已去。"故人"，指澹翁。写怨正与赋情对看，言我方在此赋情，故人则到彼，为我写怨矣。澹翁此行，当是由吴入杭。

三姝媚·湖山经醉惯

海绡翁曰：过旧居，思故国也。读起句，可见"啼痕酒痕"，悲欢离合之迹。以下缘情布景，凭吊兴亡，盖非仅兴怀陈迹矣。"春梦"须断，往来常理，"人间"二字，不可忽过。正见天上可哀，"梦缘能短"，治日少也。"秦筝"三句，回首承平，"红颜先变"，盛时已过，则惟有斜阳之泪，送此湖山耳。此盖觉翁晚年之作，读草窗"与君共承平年少"，及玉田"独怜水楼赋笔，有斜阳还怕登临"，可与知此词。

新雁过妆楼·梦醒芙蓉

海绡翁曰："翠微"西湖上山，"流水"则西湖也。其人以春来以秋去。故曰"苦似春浓"。"绀云未合"，佳人未来之意。"不见征鸿"，则音问全无。"宜城放客"，分明点出江枫夜落，其人在吴。下句谓其思我题叶相寄，亦如我之赋情也。结与起应，神光离合。

隔浦莲近·榴花依旧

海绡翁曰："依旧"，逆入。"梦绕"，平出。"年少"，逆入。"恨绪"，平出。笔笔断，笔笔续。"旅情懒"三字，缩入上段看。以下言长桥重午，只如此过，无复他情。词极萧散，意极含蓄。

应天长·丽花斗靥

海绡翁曰：上阕全写盛时节物，极力为换头三句追逼。至"巷空人绝，残灯尘壁"，则几不知为元夕矣。此与六丑吴门元夕风雨立意自异。此见盛极必衰，彼则今昔之感。

解蹀躞·醉云又兼醒雨

海绡翁曰：此盖其人去后，过其旧居而作也。从题前起，言前此未来，魂梦固已时到矣。且疑醉疑醒，如倦蜂之迷着矣。"梨花"乃用梨花云事，亦梦也。三句一气，非景语。"还做一段相思"，从下二句见。"还做"句，倒提。下二句，逆挽。"朱桥深巷"，"残照西风"，梦境依稀，通体浑化，欲学清真，当先识此种。

莺啼序·横塘棹穿艳锦

海绡翁曰："横塘"，吴地，伏结段之吴宫。"西园"，杭居，承第三段之"西湖"。第二段闭门思旧，空际盘旋，是全篇精神血脉贯注处。花归而人不至，旧愁新恨，掩抑怨断，当为其去姬作。

惜黄花慢·送客吴皋

海绡翁曰：题外有事，当与瑞龙吟黯分袖参看。"沈郎"谓梅津，"系兰桡"，盖有所眷也。"仙人"谓所眷者，"凤箫"则有夫妇之分。"断魂"二句，言如此分别，虽九辩难招，况清真词乎？含思凄婉，转出下四句，实处皆空矣。"素秋"言此间风景，不随船去，则两地趁涛，惟叶依稀有情。"翠翘"即上之仙人，特不知与瑞龙吟所别，是一是二。

齐天乐·麹尘犹沁

海绡翁曰：此夏日泛湖作也。"春换"，逆入。"秋怨"，倒提。"平芜未翦"，钩勒。"一夕西风"，空际转身，极离合脱换之妙。

踏莎行·润玉笼绡

海绡翁曰：读上阕，几疑真见其人矣。换头点睛，却只一梦。惟有雨声菰叶，伴人凄凉耳。生秋怨，则时节风物，一切皆空。

青玉案·短亭芳草

海绡翁曰：此与"黄蜂频扑秋千索"异矣，岂其人已没乎。词极凄艳，却具大起大落之势，大家之异人如此。

浪淘沙·灯火雨中船

海绡翁曰："春草"，邂逅之始。"秋烟"，别时。"来去年年"，遂成往事，"西园"，故居，"春事改"，人事迁，也不承上阕"秋"字。

六丑·渐新鹅映柳

海绡翁曰：题是"吴门元夕风雨"。上阕乃全写昔之无风雨，却以"年光旧情尽别"作钩勒。下文风雨只闲闲带出。"少年花月"，回首承平。"长安梦"，望京华也。天时人事之感，故国平居之思，复谁领得？

鹧鸪天·池上红衣

海绡翁曰："杨柳阊门"，其去姬所居也。全神注定，是此一句。"吴鸿归信"，言己亦将去此间矣，眼前风景何有焉？

夜行船·鸦带斜阳

海绡翁曰：此与鹧鸪天皆寓化度寺作。彼之池上，化度寺中之池。此言"西池"，西园中之池，当时别地也。两首合看，意乃大明。

古香慢·怨娥坠柳

海绡翁曰：此亦伤宋室之衰也。"月中游"用唐玄宗事。"残云剩水"，则无复霓裳之盛矣。"夜约羽林"用汉武帝事，"轻误"则屯卫非人矣。沧浪韩王别业，故家乔木，触目生哀。故后阕遂纵怀故国，"残照谁主"，不禁说出。重阳催近，光景无多，势将岌岌。词则如五云楼阁，缥缈空际，不可企矣。"金风翠羽"是七夕，"月中游"则中秋也，重阳又催近，由此转出，离合之妙如此。豪宕感激，真气弥满，却非稼轩。尝论词有真气，有盛气。真气内充，盛气外著，此稼轩也。学稼轩者无其真气，而欲袭其盛气，鲜有不败者矣。能者则真气内含，盛气外敛。

夜游宫·人去西楼

海绡翁曰："楚山"，梦境，"长安"，京师，是运典。"扬州"则旧游之地，是赋事。此时觉翁身在临安也。词则沉朴浑厚，直是清真后身。

点绛唇·明月茫茫

海绡翁曰：词中句句是怀人，且至于梦，至于啼。又曰"可惜人生"，曰"心期误"，凄咽如此，决非徒为吴吟可知。当与杨柳闾门参看。

惜秋华·细响残蛩

海绡翁曰："残蛩"正见深秋，细响则怀抱无多耳。因物起兴，风诗之遗。已是灯前始念残照，又由残照而追晓影，纯用倒卷。此笔尚易见，一日之中，已是不堪回首，况隔年乎？用加倍法以逼起。换头五字如此运意，则急索解人不得矣。"娟好"正对"老"字，有情故老，无情故好。"晚梦"三句有情奈何，"秋娘"二句无情奈何。层层脱换，笔笔变化。"泪"字是"雨"字倒影，结句缩入上"闲"字看。"画船"，多少人家乐事。已则无心游赏，所以闲也。闭门思旧意，却不说出，含蓄之妙如此。案亦思去姬而作。其人以秋去，故曰"深秋怀抱"。"翠微"，西湖上山，旧携手地也。"秀色""秋娘"，义兼比兴。题曰"重九"，仅半面耳。将此词与清真丹凤吟并读，宜有悟入处，则周吴之秘亦传矣。

丁香结·香袅红霏

海绡翁曰：咏物题却似纪游，又似怀旧，俯仰陈迹，无限低徊。置身空际，大起大落，独往独来。秾挚中有雄杰意态，读吴词者所当辨也。"自伤时背"，贤者退而穷处意。"秋风换故园梦里"，朝局变迁也，言外之旨，善读者当自得之。

喜迁莺·江亭年暮

海绡翁曰："趁飞雁、又听数声柔橹"，已动归兴。"蓝尾"二句，人家节物，归兴愈浓。至此咽住，却翻身转出旧时羁旅，言欲归不得，正不止今日江亭也。读者得诀，在辨承转。读六朝文如是，读吴词亦如是。"雪舞"以下江亭风景，言此时宜做初番花信矣。而峭寒如此，天心尚可问乎？身世之感，言外寄慨。何处正对江亭，博簺良宵，则无复关心花信，故曰"谁念行人，愁先芳草"。"短檠"二句，非红烛画堂所知。"便归好"，盖犹未也。结句，正见年华如羽，见在如此，未来可知。

风入松·画船帘密

海绡翁曰：是香是梦，游思缥缈，吴词之极费寻索者。"不藏香"，起，"楚云"则梦也。"炉烬"承香，"朝阳"承云。香既不可久，则梦亦不可留，故曰"怕暖消春日朝阳"。"晴熏"则日暖未消，"断烟"则余香尚袅，断续反正，脉络井井，不得其旨，则谓为晦耳。"思量"起下阕，楼隔垂杨，燕锁幽妆，人已去也。"梅花"二句，影事全空，徒增烦恼。"霜鸿"往事，"寒蝶"今情，当与解蹀躞一阕参看。盖亦为其去姬而作也。

好事近·琴冷石床云

海绡翁曰：上阕已了，下阕加以烘托，始觉万籁皆寂。

倦寻芳·坠瓶恨井

海绡翁曰：起从题前盘旋，结从题后摇曳。中间叙遇旧，真是俯仰陈迹。

朝中措·海东明月

海绡翁曰：思去姬也。"只别时难忘"一句耳，却写得香色皆空，使人作天际真人想。

解语花·檐花旧滴

海绡翁曰："旧滴"，逆入。"新啼"，平出。复以"残冬"钩转。三句极伸缩之妙。"澹烟"二句脱开，写春人如画。"梅痕"二句复"旧滴""新啼"。歇拍，复写春人续"凌波""挑荠"。"辛盘葱翠"，节物依然。"青丝牵恨"，旧情犹在。"还斗"，平入。"曾试"，逆出。"帆去"，复由雁回转落。"泥云万里"，重将风雨一提，然后跌落。"剪断红情绿意"，"轻怜""宜睡"，复拗转作收。笔力之大，无坚不破。

塞垣春·漏瑟侵琼管

海绡翁曰：题是元旦。自起句至"花心短"，却全写除夕。至"梦回""春远"，乃点出"春"字。下阕写春事如许，回忆曲屏，向所谓远者，今乃历历在目矣。章法入神，勿徒赏其研炼。"柳丝裙"，言柳丝如春人之裙也。"争拜东风盈灞桥岸"，是柳丝，是春人，写得绚烂。"髻落"二句，言元旦则簪花胜矣。而燕子迟来，故钗落成恨，用事入化。

惜秋华·露罥蛛丝

海绡翁曰：因"楼阴堕月"，而思"宫漏未央"。因"宫漏未央"而思"钿钗遗恨"。触景生情，复缘情感事。以下夹叙夹议，至于此情难问，则人间天上，可哀正多，又不独钿钗一事矣。殆未忘北狩帝后之痛乎？

烛影摇红·碧澹山姿

海绡翁曰：湖山起，坊陌承"渐暖"，则忘却暮寒矣。"恣游不怕"，并且无愁，湖山奈何，残梅自怨，翠屏自不照，哀乐不同也。"楚梦"，衰世君臣，"留情未散"，彼昏不知。"天长信远"，犹望明时。"春阴帘卷"，仍复无望，如此看去，有多少忠爱。

高阳台·宫粉雕痕

海绡翁曰："南楼"七字，空际转身，是觉翁神力独运处。"细雨"二句，空中渲染，传神阿堵。解此二处，读吴词方有入处。

扫花游·冷空澹碧

海绡翁曰：不过写春阴变雨耳。"骤卷风埃"，从轻云深雾一变。"红湿杏泥"，从冷空澹碧一变。却用"笙箫"二句横空一断，从游人眼中看出，带起下阕。"艳辰易午"，"恨春太妒"，是通篇眼目。天气既变，人情亦乖，奈此良辰美景何，极秾厚深挚。

过秦楼·藻国凄迷

海绡翁曰：因妒故怨，"怨"字倒提。"凝情谁诉"，怨妒都有。下阕人情物理，双管齐下。"哀蝉"三句，见盛衰不常，随时变易，而道则终古不变也。"能西风老尽，羞趁东风嫁与"，是在守道君子。此不肯攀援藩邸，而老于韦布之大本领，勿以齐梁小赋读之。

宋周邦彦片玉词

瑞龙吟·章台路

海绡翁曰：第一段地，"还见"逆入，"旧处"平出。第二段人，"因记"逆入，"重到"平出，作第三段起步。以下抚今追昔，层层脱卸。"访邻寻里"，今。"同时歌舞"，昔。"惟有旧家秋娘，声价如故"，今犹昔。而秋娘已去，却不说出，乃吾所谓留字诀者。于是"吟笺赋笔"，"露饮""闲步"，与"窥户""约黄""障袖""笑语"，皆如在目前矣。又吾所谓能留，则离合顺逆，皆可随意指挥也。"事与孤鸿去"，咽住，将昔游一齐结束。然后以"探春"二句，转出今情。"官柳"以下，复缘情叙景。"一帘风絮"，绕后一步作结。时则"褪粉梅梢，试花桃树"，又成过去矣。后之视今，犹今视昔，奈此断肠院落何。

风流子·新绿小池塘

海绡翁曰：池塘在莓墙外，莓墙在绣阁外，绣阁又在凤帏外，层层布景，总为"深几许"三字出力。既非巢燕可以任意去来，则相见亦良难矣。"听得""遥知"，只是不见。梦亦不到，见字绝望。甚时转出见字后路，千回百折，逼出结句。画龙点睛，破壁飞去矣。

兰陵王·柳阴直

海绡翁曰：托柳起兴，非咏柳也。"弄碧"一留，却出"隋堤"。"行色"一留，却出"故国"。"长亭路"复"隋堤上"。"年去岁来"复"曾见几番"。"柔条千尺"复"拂水飘绵"。全为"京华倦客"四字出力。第二段"旧踪"往事，一留。"离席"今情，又一留，于是以"梨花榆火"一句脱开。"愁一箭"至"数驿"三句逆提。然后以"望人在天北"一句，复上"离席"作歇拍。第三段"渐别浦"至"岑寂"，证上"愁一箭"至"波暖"二句。盖有此渐，乃有此愁也。"愁"是倒提，"渐"是逆挽。"春无极"遥接"催寒食"。"催寒食"是脱，"春无极"是复。结则所谓"闲寻旧踪迹"也。踪迹虚提，"月榭""露桥"实证。

琐窗寒·暗柳啼鸦

海绡翁曰：此篇机杼，当认定"故人剪烛西窗语"一句。自起句至"愁雨"，是从夜阑追溯。由户而庭，乃有此西窗。由昏而夜，乃为此剪烛。用层层赶下。"嬉游"五句，又从"暗柳""单衣"前追溯。旗亭无分，乃来此户庭。俦侣俱谢，乃见此故人。用层层缴足作意，已极圆满。"东园"以下，复从后一步绕出，笔力直破余地。"少年""迟幕"，大开大合，是上下片紧凑处。

丹凤吟·迤逦春光无赖

海绡翁曰：本是"睡起无憀"，却说"春光无赖"。已"暮景"矣，始念"朝来"。已"残照"矣，因思"昼永"。笔笔逆，笔笔断，为"迤逦"二字曲曲传神。以垫起换头"况是"二字。不为别离，已是无憀，缩入上阕，加倍出力。然后转出下句。"心绪恶"则比"无憀"难遣，故曰"无计"。进此一步，已是尽头，复作何语。却以"那堪"二句钩转。"弄粉"二句放开。至"怕人道着"，则无憀无计，一齐收起，惟有无赖之春光耳。三"无"字极幻化。

满路花·金花落烬灯

海绡翁曰："玉人新间阔"，脱。"更当恁地时节"，复上六句。后阕全写着这情怀。前用虚提，后用实证。

庆春宫·云接平岗

海绡翁曰：前阕离思，满纸秋气。后阕留情，一片春声。而以"许多烦恼"一句，作两边绾合，词境极浑化。

华胥引·川原澄映

海绡翁曰：日高醉起，始念夜来离思，即景叙情。顺逆申缩，自然深妙。

意难忘·衣染莺黄

海绡翁曰："檐露滴，竹风凉"六字，如繁休伯与魏文帝笺。是时日在西隅，凉风拂衽也。

霜叶飞·露迷衰草

海绡翁曰：只是"美人迈兮音尘绝，隔千里兮共明月"二句耳，以换头三句结上阕。"凤楼"以下，则为其人设想。一边写景，即景见情。一边写情，即情见景。双烟一气，善学者自能于意境中求之。

法曲献仙音·蝉咽凉柯

海绡翁曰：着眼两"时"字，曰倦曰困，皆由此生。又着眼"向""处"字，窗外窗内，一齐收拾。以换头三字结足上阕。"文园"以下，全写抱影凝情。虚提实证，是清真度人处。

渡江云·晴岚低楚甸

海绡翁曰："暖回"二句，人归落雁后也。"骤惊春在眼"，偏惊物候新也。皆从前人诗句化出。又皆宦途之感，于是不禁有羡于山家矣。"何时"妙，"委曲"又妙。下四句极写春色，乃极写山家。换头"堪嗟"二字，突出甚奇。"东""西"又奇，"指长安"又奇。如此则还山无日矣。春到而人不到，谓之何哉。此行当是由荆南入都。风翻潮溅，视山家安稳何如。水驿兼霞，视山家偃息何如。"处"字如此心安处之处，是全篇结穴。

六丑·正单衣试酒

海绡翁曰：蔷薇谢后，言春去也。故直从惜春起。"留"字"去"字，将大意揭出。"为问家何在"，犹言春归何处也。"夜来"以下，从蔷薇谢后指点。结则言蜂蝶但解惜花，未解惜春也。惜花小，惜春大。"东园"二句，谢后又换一境。"成叹息"三字用重笔，盖不止惜花矣。"长条"三句，花亦愿春暂留。"残英"七字，"留"字结束，终不似至"欹侧"，"去"字结束。"漂流"七字，"愿"字转身。"断红"句逆挽"留"字，何由见得逆挽"去"字，言外有无限意思。读之但觉回肠荡气，复何处寻其源耶。

夜飞鹊·河桥送人处

海绡翁曰："河桥"逆入，"前地"平出。换头三句，钩勒浑厚。转出下句，始觉沉深。

满庭芳·风老莺雏

海绡翁曰：层层脱卸，笔笔钩勒，面面圆成。

花犯·粉墙低

海绡翁曰：起七字极沉着，已将三年情事，一齐摄起。"旧风味"从去年虚提。"露痕"三句，复为"照眼"作周旋。然后"去年"逆入，"今年"平出。"相将"倒提，"梦想"逆挽。圆美不难，难在浑劲。

过秦楼·水浴清蟾

海绡翁曰：通篇只做前结三句。自起句至"更箭"，是去秋情事。"梅风"三句,又历春夏,所谓"年华一瞬"。"见说"三句,"人今千里"。"谁信"三句,"梦沉书远"也。明河疏星,又到秋景。前起逆入,后结仍用逆挽。构局精奇,金针度尽。

大酺·对宿烟收

海绡翁曰:玩一"对"字,已是惊觉后神理。"困眠初熟",却又拗转。而以"邮亭"五字,作中间停顿,前后周旋。换头五字陡接。"流潦"八字,复绕后一步出力。然后以"怎奈向"三字钩转。将前阕所有情景,尽收入"伤心目"中。"平阳"二句,脱开作垫,跌落下六字。"红糁"二句,复加一层渲染,托出结句。与"自怜幽独",顾盼含情。神光离合,乍阴乍阳,美成信天人也。

塞垣春·暮色分平野

海绡翁曰:"渐别离气味难禁也",脱。"更物象、供潇洒",复上五句。然后以"念多才"十二字,归到别离气味上。后阕全从对面写,层联而下,总收入"追念"二字中,正是难禁难写处。比"金花落烬灯"一首,又加变化。学者悟此,固当飞升。

四园竹·浮云护月

海绡翁曰:"鼠摇""萤度",于静夜怀人中见,有东山诗人之意。"犹在纸"一语惊人,是明明有前期矣。读结语则仍是漫与。此等处皆千回百折而出之,尤佳在朴拙。

隔浦莲近拍·新篁摇动翠葆

海绡翁曰:自起句至换头第三句,皆惊觉后所见。"纶巾""困卧",却用逆叙。"身在江表",梦到吴山。船且到,风辄引去,仙乎仙乎。周词固善取逆势,此则尤幻者。"檐花帘影",从"萍破处"见。盖晓灯未灭,所以有檐花。风动帘开,所以有帘影。若作帘花檐影,兴趣索然矣。胡仔固是胶柱鼓瑟,王楙又愈引愈远。可惜于此佳处,都未领会。

齐天乐·绿芜凋尽

海绡翁曰:此美成晚年重游荆南之作。观起句,当是由金陵入荆南。又先有次句,然后有起句。因"殊乡秋晚",始念"绿芜凋尽"也。留滞最久,盖合前游言之。渭水长安指汴京。此行又将由荆南入开封矣。渡江云"晴岚低楚甸",疑继此而作。王国维谓作于金陵,微论后阕,即第二句已不可通矣。周济谓渭水长安指关中,亦非。

拜星月慢·夜色催更

海绡翁曰:荒寒寄宿,追忆旧欢,只消秋虫一叹。伊威在室,蠨蛸在户,不可畏也,伊可怀也。画图昭君,瑶台玉环,以比师师。在美成为相思,在道君为长恨矣,当悟此微旨。

解连环·怨怀无托

海绡翁曰:全是空际盘旋。"无托"起,"泪落"结。中间"红药"一情,"杜若"一情,"梅萼"一情。随手拈来,都成妙谛。梦窗"思和云结",从此脱胎。味"纵妙手能解连环"句,当有事实在,疑亦谓李师师也。今谓"信音辽邈",昔之"闲语闲言",又不足凭。篇中设景设情,纯是空中结想,此周词之极幻者。

关河令·秋阴时晴

海绡翁曰:由更深而追想过去之暝色,预计未尽之长夜。神味拙厚,总是笔力有余。

绮寮怨·上马人扶残醉

海绡翁曰:此重过荆南途中作。杨琼,苏州歌者,见白香山诗。"徘徊""叹息",盖有在矣。"敛愁黛,与谁听",知音之感。"何曾再问",正急于欲问也。"旧曲""谁听","念我""关情",问之不已,特不知故人在否耳。拙重之至,弥见沉浑。"江陵"以下,言知音难遇也。"故人"二字,倒钩。未歌先泪,又不止敛愁黛矣。顾曲周郎,其亦有身世之感乎。

尉迟杯·隋堤路

海绡翁曰:"淡月""河桥",始念隋堤日晚。"画舸""烟波","重衾""离恨",节节逆溯,还他隋堤。"旧客京华",仍用逆溯。"渔村水驿",收合河桥。"梦魂"是重衾里事。"无聊"自语,则酒梦都醒也。"小槛"对"疏林","欢聚"对"偎傍","珠歌翠舞"对"冶叶倡条","仍惯见"对"俱相识",是搓挪对法。红友谓于傍字读,非。"亭亭画舸系春潭。只待行人酒半酣。不管烟波与风雨,载将离恨过江南。"张文潜诗。

浪淘沙慢·晓阴重

海绡翁曰:"经时信音绝",是全篇点睛。自起句至"亲折",皆是追叙别时。下二段全写忆别。上下神理,结成一片,是何等力量。

应天长·条风布暖

海绡翁曰:前阕如许风景,皆从"闭门"中过。后阕如许情事,偏从"闭门"中记。"青青草"以下,真似一梦,是日间事,逆出。

扫花游·晓阴翳日

海绡翁曰:微雨春阴,绕堤驻马,闲闲写景。"信流去"陡接,怨题逆出。"任占地持杯,扫花寻路",言任是如此,春亦无多耳。缩入上句。"看将愁度日",再推进一层。如此则好春亦只是愁。而春事之多少,更不足问矣。"文君更苦",复从对面反逼。"遍城钟鼓",游思缥缈,弥见沉郁。

玉楼春·桃溪

海绡翁曰:上阕大意已足,下阕加以渲染,愈见精采。

渔家傲·几日轻阴

海绡翁曰:"醉"字倒提。"金杯侧"逆挽。上阕是朝来事,下阕是昨宵事。

蓦山溪·楼前疏柳

海绡翁曰:"无穷路",从归来后追忆此柳,真是黯然销魂。"偏向此山明",有多少往事在。"倦追寻、酒旗戏鼓",所以见此山而无语凝伫也。前虚后实,钩勒无迹。"今宵"以下,聊复尔尔,正见往事都非,"幸有"云者,聊胜于无耳。

秋蕊香·乳鸭池塘

海绡翁曰:春闺无事,妆罢惟有睡耳。作想象之词看最佳,不必有本事也。"梦春远",妙。此时风景,皆消归梦中,正不止一帘内外。

品令·夜阑人静

海绡翁曰：如此美景，只于帘内依稀。"曲角阑干"，却不敢凭，以其为"旧携手处"也。如此，则应是"不禁愁与恨"矣。以换头结上阕。"纵相逢难问"，加一倍写。"黛痕"七字，即恨即愁。"后期无定"，未有相逢，"肠断香消"，收足起句。

木兰花令·歌时宛转

海绡翁曰："薄酒"七字，是全阕点睛。"歌时"三句，从醒后逆溯。下阕句句是愁。

丁香结·苍藓沿阶

海绡翁曰：起五句全写秋气，极力逼起"汉姬"五字，愈觉下句笔力千钧。"登山临水"，却又推开，从宽处展步。然后跌落换头"牵引"二字。以下一转一步一留，极顿挫之能事。

蓦山溪·江天雪意

海绡翁曰："恨眉羞敛"，结上阕所谓往事。"人去"五字，转出今情，却从梅写，气味浓厚。

夜游宫·叶下斜阳

海绡翁曰：桥上则"立多时"，屋内则"再三起"，果何为乎。"萧娘书一纸"，惟已独知耳，眼前风物何有哉。

宋辛弃疾稼轩词

永遇乐·千古江山

海绡翁曰：金陵王气，始于东吴。权不能为汉讨贼，所谓英雄，亦仅保江东耳。事随运去，本不足怀，"无觅"亦何恨哉。至于寄奴王者，则千载如见其人。"寻常巷陌"胜于"舞榭歌台"远矣。以其能虎步中原，气吞万里也。后阕谓元嘉之政，尚足有为。乃草草卅年，徒忧北顾，则文帝不能继武矣。自元嘉二十九年，更谋北伐无功。明年癸巳，至齐明帝建武二年，此四十三年中，北师屡南，南师不复北。至于魏孝文济淮问罪，则元嘉且不可复见矣。故曰"望中犹记",曰"可堪回首"。此稼轩守南徐日作,全为宋事寄慨。"廉颇老矣,尚能饭否",谓己亦衰老,恐无能为也。使事虽多,脉络井井可寻,是在知人论世者。

摸鱼儿·更能消

海绡翁曰:时春未去也,然更能消几番风雨乎。言只消几番风雨,则春去矣。倒提起。"惜春"七字,复用逆溯,然后跌落下句,思力沉透极矣。"春且住",咽住。"无归路",复为春计不得。"怨春不语",又咽住。"蛛网""飞絮",复为怨春者计亦不得,极力逼起下阕"佳期"。果有佳期,则不怨春矣,如又误何。至佳期之误,则以蛾眉之见妒也。纵有相如之赋,亦无人能谅此情者,然后佳期真无望矣。"君"字承"谁"字来,既无诉矣,则君亦安所用舞乎,咽住。环燕尘土,复推开,言不独长门一事也,亦以提为勒法。然后以"闲愁最苦"四字,作上下脱卸。言此皆往事,不如眼前春去之闲愁为最苦耳。斜阳烟柳,便无风雨,亦只匆匆。如此开合,全自龙门得来,为词家独辟之境。"佳期"二字,是全篇点睛。时稼轩南归十八年矣,应问三篇,美芹十论,以讲和方定议,不行。佳期之误,谁误之乎。读公词,为之三叹。寓幽咽怨断于浑灏流转中,此境亦惟公有之,他人不能为也。然苟于此中求索消息,而以不似学之,则亦何不可学之有。

(原载唐圭璋编《词话丛编》(第五册),中华书局1986年版)

清史稿撰人考

朱师辙

  清史馆成立十五年，聘请总纂纂修协修，前后都百余人，而实际到馆者，仅及其半，各人所撰之稿，尚可知其大概。兹据馆中功课簿，同事张孟劬君清史馆员录，暨夏闰枝先生所谓三期之变迁（闰枝原函附后），而述撰史稿之经过，使后之研究清史稿者，有资考焉。

  清史稿正稿本（即关内本），职名，计列总纂纂修协修六十八人。皆到馆之人，然其中尚有到馆而未留稿者，有留稿而未用者，尚不少（张孟劬馆员录，已详言之）。修史之人，三期中，以第一期为最复杂，第二期，稍有头绪，第三期最为整齐，而所撰功课，皆可实考。兹先述第三期各人所撰各稿列后。

  总纂兼代馆长柯劭忞（凤孙），本纪归总阅，儒林文苑畴人传，皆归整理，元史志自始至终，皆一人独撰，时宪志指导天文台人员撰成，第一二期中，专撰天文志，兼撰有列传。

  总纂王树柟（晋卿），志归总阅，结束地理志，修正属国传，遗逸传，第一期撰列传，第二期与柯凤老总阅，整理咸同列传。

  总纂吴廷燮（向之），表归总阅，大学士军机大臣部院大臣疆臣藩部诸表，皆其所编，加以修正，第一二期中，撰表外，尚撰有地理志内蒙古之一部份，亦撰有列传，又高仁宣文穆宗本纪，亦其初稿。

  总纂夏孙桐（闰枝），总阅列传，自嘉道以后，咸同光宣，皆归之，后光宣无暇顾及，由校刻之人以原稿付印。汇传则循吏艺术二传，皆其所撰，忠义初亦拟有条例，后交章式之整理。第一期中，多撰嘉道等列传，及汇传，第二期中，专任修正嘉道两朝列传，又撰艺术传。

  纂修金兆蕃（篯孙），任列传，清初至乾隆总阅，馆长初推夏闰枝总阅列传，闰枝荐篯孙分任。汇传孝义列女，亦归整理。第一二期中，曾与邓邦述，合撰太祖各本纪，及清初各传，康乾列传。

  纂修章钰（式之），忠义传归整理。第一二期编辑艺文志。

  纂修金兆丰（雪生），同光列传修正。礼志职官志，皆归整理。第一二期，亦任同光列传，及职官志。

协修俞陛云（阶青），专任兵志。第一二期亦撰兵志。

协修吴怀清（莲溪），食货河渠交通诸志，皆归整理，第一二期中，皆任列传。

协修张书云（卿五），乐舆服选举诸志，归整理。第一二期中，亦任列传。

协修李哲明（惺樵），任本纪，穆宗德宗二纪，皆归整理。第一二期，亦任列传，又食货志之田制。

协修戴锡章（海珊），邦交志归其整理。第一二期间任列传。

协修奭良（召南），任本纪，佐柯凤孙整理。前期亦任列传，曾修正诸王传。

协修朱师辙（少滨），任艺文志整理。第一期中，曾撰列传百七十余篇，二期佐柯王二人，整理咸同列传，又助夏闰枝修正嘉道列传。

以上十四人，为结束清史稿成书之人，亦皆始终其事之人，用力较多，故清史稿所刊职名，皆单行特书于前，尚有校对兼协修孟昭墉一人，第一二期曾任列传，第三期专任校对，故上单未列。

第二期撰稿人，比第三期约多一半，除第三期各人外，尚有：

总纂缪荃孙（筱珊），任顺康二朝列传，未毕病故。第一期曾与于晦若等，上开馆办法九条，又撰儒林文苑传，及臣工列传。

总纂秦树声（右衡），专任地理志，未终篇病故。

总纂马其昶（通伯），任光宣列传，又修正儒林文苑传，史稿印时，用其文苑传，儒林仍用缪稿。

总纂吴士鉴（絅斋），任顺康列传，未复到馆。第一期曾辑艺文志长编，撰皇子世表，公主表，又分任地理志贵州新疆各一卷。

纂修张尔田（孟劬又名采田），继缪筱珊任顺康列传，与夏闰枝同定康熙朝大臣传目，仅成图海李之芳传一卷，南旋，第一期曾撰地理志江苏一卷，又撰后妃传乐志，今史稿所刊，犹其初稿。

纂修姚永朴（仲实），佐马通伯任光宣列传，第一期亦撰列传，又食货志之盐法户口仓库诸篇。

纂修王大钧（伯荃），佐夏闰枝任嘉道列传，第一期曾撰选举志之制科擢荐。

纂修邓邦述（孝先），佐马通伯任同光列传，第一期曾同金篯孙编太祖太宗世祖圣祖世宗本纪，又撰宗室王公皇子传。

协修张启后（燕昌），任选举志，前期任列传。

按第二期中，尚有新聘协修邵瑞彭（次公）方履中，然到馆未留稿即去，第二期，议整理收束史稿，曾添聘提调邵章（伯䌹）一人，专司其事，与撰稿各员接洽，十一年春，曾开一会议，专为统一列传起见，预议者柯凤孙，王晋卿，夏闰枝，马通伯，姚仲实，奭召南，金篯孙，张孟劬，金雪生，王伯荃等十余人，议决办法十余条，邵伯䌹记录，其条列后：

1. 臣工传脱稿之期限

    甲、全传脱稿，期以壬戌年旧历十二月为限。

    乙、全年分三期交稿，旧历四月终一期，七月终一期，十二月终一期。

2. 臣工传分卷方法与叶数

    甲、不分子卷。

    乙、每卷极多，以四十叶为限。

    丙、归卷格式，仍照前议，仿明史例。

    丁、专传界限从严。

    目前所拟，者阿文成，僧王，曾文正，左文襄，李文忠，五人，列专传。

3. 附传之体例

    附传以不提行为原则，其有不能不提行者，仍可提行。

4. 传论之办法

    甲、每卷一论。

    乙、目前所拟之论，别纸附各卷末，以备总阅时之参考。

5. 功课担任之进行

    甲、天崇顺治二月终可毕，由奭君召南接办诸王传。

    乙、康熙朝，添请邵君次公相助。（师辙按次公后未撰传稿，欲补儒林文苑传，亦未果。）

    丙、乾隆朝请章君式之相助。（师辙按式之未担任，仍纂艺文志，由他人助篯孙成之。）

    丁、咸同朝，请朱君少滨相助。（师辙按柯王二人，同余共整理此二朝。二人时有意见，余调停其间，二人颇从余议。咸同事功多，传亦嫌繁滥，余主张删汰，多立附传以容纳之，二人虽韪余议，然未能实行。

后闰枝重删定，并邀余助其整理。嘉道朝纂辑考核，亦颇助力。故其与孟劬书，谓余佐之。）

6. 清稿之办法

甲、第一次传稿，由各人自觅书手缮写，按千字小洋一角，由馆计算。

乙、第二次传稿，俟阅定后，由馆缮写。

以上所议，虽定一年竣事，然以政局与时事关系，时有停顿。延至二年，始略就绪。其间缪筱珊卒，吴绚斋未来，张孟劬亦归。至十三年，时局益乱，因直奉之战，东华门常闭，诸人散者益众，馆务停顿尤多，且经费竭蹶，撰者多义务性质。至十五年，仅存第三期之人，人亦比较谙练，撰述渐有秩序，始有今日之成书。虽未能完善，然已几经整理矣。

初期之人，兹再列表于后。其见于二、三期者，不复赘录。以下所录，各撰稿功课，据张孟劬馆员录，及夏闰枝所补，复以功课簿一一为之核对，误者改之，阙者补之，大体可无错误。

纂修夏曾佑（穗卿）：张云，任外教志，夏云无留稿，仅作王文韶传一篇，未用。

纂修刘师培（申叔）：张云，任出使大臣年表，后因事辞退。辙按出使大臣年表，后改交聘表，又诸臣封爵表，灾异志，亦其原稿。

纂修唐恩溥（天如）：张云，任地理志，广东，夏云，任列传。辙按地理志湖南亦其所撰。

纂修陈曾则（慎先）：夏云，任列传，稿未用。

纂修袁励准（珏生）：夏云，任列传，全未用。

纂修王式通（书衡）：张云，任刑法志，未作，后由张采田纂修，只成一卷，今史稿中，则又另一人重纂，非本来面目矣。夏云，未有留稿。辙按稽诸功课簿，亦未见交稿。

纂修何葆麟（寿臣）：张云，任乐志乐器一卷，后由张采田重纂。辙按亦任列传。

纂修万本端（荚生）：张云，任列传。夏云，任礼志舆服，删列传。辙按曾任列传。

协修李岳瑞（孟符）：张云，任列传。辙按有地理志甘肃一卷。

协修韩朴存（力龠）：张云，任地理志，东三省。夏云，属国传系其一手所作。辙按属国传廓尔喀，系余所补，序亦余所撰，王晋卿曾稍修补，又按力畲并任列传。

协修朱孔彰（仲我）：夏云，任列传。辙按先君撰咸同列传六七十篇，曾国藩传亦所撰，又补年羹尧传。

协修姚永概（叔节）：张云，任食货志盐法，食货志子目甚多，亦系每人分纂者，其详待考。夏删去，补任忠义传，未有留稿字。辙按盐法乃其兄仲实所撰，实任列传，有王得禄等传。

协修陈敬第（叔通）：夏云，到馆，未有留稿。辙按曾撰选举志学校。

协修黄翼曾（鹤云）：张云，任列传。

协修吴昌绶（印丞）：张云，任后妃传，兼阅订，其中后妃传，则采田修纂，但任辑长编，今史稿中后妃传，即据初稿改纂者。辙按号伯宛尚有交通志长编。

协修吴广霈（汉涛）：张云，任邦交志。辙按尚有地理志安徽一卷，亦曾任列传。

协修罗惇曧（掞东）：张云，任交通志。辙按亦任列传。

协修骆成昌（子蕃）：张云，任列传。辙按号湟生，本名成昌，乃满人增姓者，撰有氏族志，满洲蒙古汉军三卷，清史后删去未用，又有地理志山东一卷。

协修胡嗣芬（宗武）：张云，任舆服志。辙按有地理志四川一卷，河渠志黄河一卷。

协修李景濂（右周）：张云，任列传，夏云，中途去，稿未用。辙按曾撰刑法志一卷，未用。

协修檀玑（斗生）：张云，到馆未久病故。辙按任列传。

协修叶尔恺（柏皋）：张云，任外教志，夏删任外教志，补未到馆三字。辙按有宗教志，喇嘛、基督、回教各一卷，史馆后删宗教志未用，叶不常到馆，故夏闿老误记。

协修瑞洵（景苏）：张云，任本纪。辙按任德宗本纪。

协修王崇烈（汉甫）：辙按任列传。

协修田应璜（子琮）：夏云，到馆未有留稿。辙按有地理志山西一卷。

协修朱希祖（逖先）：张云，后辞退。辙按曾撰选举志封荫一卷。

协修徐鸿宝（森玉）：夏云，未有留稿。辙按曾撰列传。

协修蓝钰（石如）：张云，任地理志。辙按有江西一卷。

协修刘树屏（葆良）：张云，到馆未久病故，夏补任邦交志，未有留稿。辙按亦任列传。

协修杨晋（诵庄）：夏云，到馆后去。

协修陈能怡（养天）：辙按任列传，又有货殖杨斯盛叶成衷传，清史无货殖，二传归入孝义。

协修商衍瀛：辙按任列传，到馆未久去。

协修赵世骏（声伯）：张云，到馆未久即去。

协修袁嘉穀（树五）：张云，任地理志云南。夏云，未留稿。辙按留有云南稿。

协修秦望澜（湘臣）：辙按任列传。

协修吴璆（康伯）：张云，未到馆。

协修史恩培（竹生）：张云，病故。辙按任列传。

协修唐邦治：夏云，任年表。辙按任军机大臣年表。

协修张仲炘（次山）：张云，未到馆，夏云，到馆即去。辙按有地理志湖北一卷。

协修傅增清（雨农）：夏云，无留稿。

协修陈曾矩（絜先）：张云，未久去。辙按任列传。

以上第一期撰史稿之人。

总计三期，都六十八人。关内正本所列人数，自民国三年开馆，经费充足，聘人最多，故撰稿亦极夥。然漫无头绪，虽议有体例，而无总阅之人。总纂与协修等，皆无联络统系，故人各为政，总纂与协修实平等，稿之能用与否，无人过问。自李景濂撰吴汝纶传较长，印示众。众谓其有违史例，因而告退，馆长始稍稍甄别。民国五六年间，史馆受时局影响，经费支绌，薪水叠减，停薪与自去者，亦不乏人。七年，缪筱珊先生来京，力主先拟定传目，以时代为段落，择人分任。久之，议乃定，自此人散去益多，然仍不能画一。至十一年，始有上述邵伯㭎提调，再议列传统一之举。至十四年，已有大段结束，复再议修正，而第三期付刊之议起矣。（说详余《清史述闻》）

撰稿尚有附属当记者一事。史馆之稿，虽为馆员总纂纂修协修所共编，然尚有非馆员而收买其稿者。如刑法志，金梁校刻记言王式通等分辑。书衡虽到馆，而实未交过稿，故功课簿中无其名。金梁仅据馆长室中所悬馆员分任功课表，及所闻为此记。其实此表与各人所撰，迥不相同，所闻亦不确。彼在馆中任校刻时短，十五年以前馆中事，渠皆不知，故所记多不实。其实刑法李右周曾作一卷，未用。张孟劬仅撰一卷，未成书，所阙尚多。后馆中购许受衡稿，以其稿尚简明，而馆中既缺，遂用之。此假借于馆外者一也。又藩部传中西藏，亦临时约吴燕绍为之，赠以稿费，此假借于外者二也。尚有畴人传，乃陈棠所撰，其谓为陈年者误。馆中有主张不用畴人一目，将其最箸者入儒林，如顾觐光附华蘅芳，李善兰附邹伯奇，缪筱珊原稿有此四人。后用畴人传，将儒林删去，仍归畴人。陈棠之稿，即据阮元罗士琳诸可宝各正续畴人传，而稍有增补，后由柯凤孙删定。此亦假借于馆外者三也。尚有未到馆及到馆未久各人。清史稿正本未列者，兹据张孟劬馆员录，曾经夏闰枝补正者，附载于后，以备参考。

  郭曾炘（春榆）：张云，未到馆。夏补到馆，数年方去，未有成稿。
  沈曾植（子培）：张云，未到馆。
  宝熙（瑞臣）：张云，未到馆。
  樊增祥（云门）：张云，未到馆。

以上四人，张录谓为总纂。

  李家驹（柳溪）：张云，未到馆。夏云，到馆数年方去，未有留稿。
  劳乃宣（玉初）：张云，未到馆。
  于式枚（晦若）：张云，有意见书，未到馆，曾拟请其总阅，旋病故。辙按于氏曾与缪筱珊秦右衡吴纲斋杨子勤陶拙存诸公，共上开馆办法九条，又有驳梁任公清史商例各条，实未到馆，更无请其为总阅事实。伪本题为总阅，正本无于氏名，乃金梁欲假借之，以便窃称此名。故清史稿正本削去金氏总阅二字，而题为校刻，从其实也。

以上各人，张录谓为纂修兼总纂。

  李瑞清（梅庵）：张云，未到馆。
  耆龄（寿民）：张云，未到馆。
  陶葆廉（拙存）：张云，未到馆。辙按曾与于晦若等上开馆九条办法。
  于式棱（渊若）：张云，未到馆。
  谢远涵（静虚）：张云，未到馆。
  朱钟琪（仰田）：张云，未到馆。
  温肃（毅夫）：张云，未到馆。

杨钟羲（子勤）：张云，未到馆。

　　顾瑗（亚蘧）：张云，复辟后辞馆。

以上张录谓为纂修。

　　宋书升（晋之）：张云，未到馆。

　　唐晏（元素）：张云，未到馆。

　　吕钰：张云，在馆长家，夏补无留稿。辙按曾撰列传数篇。

　　宋舜年（子岱）：张云，未到馆。

　　李葆恂（文石）：张云，未到馆。

　　安维峻（筱峰）：张云，未到馆。

　　袁金铠（洁珊）：夏云，未有留稿，后复到，总司校刊。辙按清史稿正本，列名职名末，题曰总理史稿发刊事宜。

以上张录谓协修。

　　王庆平（耔云）：张云，未到馆。

　　齐忠甲（迪生）：张云，未到馆。

　　朱方饴（甘孺）：张云，到馆未久病故。夏补无留稿。

　　何震彝（鬯威）：张云，到馆未久病故。夏补未有留稿。

以上各人，张录谓为校对兼协修。

张录史馆馆员，据章式之手录馆员单，尚有提调收掌校对科长诸人，已见另篇。兹篇所述乃撰稿之人，故不赘述。关外本清史稿职名中，尚列有纂修简朝亮，袁克文，协修余嘉锡（季豫）（张云在馆长家，辙询知季豫曾到馆，对馆长于史稿有建议，馆长未能用），王以慜，赵文蔚（辙按功课簿，有文蔚，曾一见，任列传，后改赵文蔚，当系一人，然所撰无多即去），刘焜，陈延韡，李焜瀛，喻长霖，李汝谦，罗裕樟诸人，馆中多不知者，功课簿亦无交稿之事，姑附录于此。功课簿中，尚有左需，仅撰地理志湖南一卷，关内外本职名皆未列，张录亦未载，兹附见焉。辙按唐恩溥，曾重撰湖南一卷，知此稿未用。此外尚有名誉总纂纂修协修甚众，然实未预撰述之列，故兹篇未载。曾见时贤铭状，间有列清史馆衔名者，多为名誉之职，非本篇遗漏，容俟他日再考焉。

附：夏闰枝与张孟劬书

窃维修史经过，约分三期，第一期全无条例，人自为战，如一盘散沙，后乃议整理，先从列传着手，是为第二期选人任之，始分朝拟定传目归卷，柯凤孙金筱孙奭召南任国初，缪艺风吴绚斋任顺康，绚斋未到，艺风未毕事而作古，执事后至，即加入此段之内，金筱孙独任雍乾，弟任嘉道，而王伯荃朱少滨助之，王晋卿任咸同。（师辙按柯凤孙先生与王晋卿先生共任咸同，余佐之，余用力于咸同比嘉道为多，二先生有意见，余每调停之。）马通伯任光宣，而邓效先金雪生助之，当时议定凡例，而有遵有不遵，两年毕事，其中咸同光宣四朝，皆不合用。（师辙按咸同事繁，传自当增多，然余终嫌其繁滥，与柯王两先生议□并，多增附传，二先生韪余议，方着手，众推余整理艺文志，遂不暇顾及，后又经夏丈修正，光宣朝仍用原稿。）同人公推凤孙与弟再加整理，凤老旋又推诿，改归筱孙，时局纷纭，馆中议论亦不定，弟与筱孙皆未动手，既而时局益乱，经费不给，遂全局停顿，久之，馆长别向军阀筹款，稍有端倪，于是议重加整顿，以求结束，是为第三期。馆中同事已多他去。（师辙按二期中，馆长辞去撰稿不能用者，与久未交稿，而停薪者甚夥，故第三期人较少。）留者重行分配，本纪柯凤孙奭召南李惺樵，志王晋卿吴莲溪俞阶青金雪生戴海珊朱少滨。（师辙按尚有张卿五。）表吴向之，列传弟与金筱孙分任之，筱孙任乾隆以前，弟任嘉庆以后，汇传则弟任循吏艺术，章式之任忠义，柯凤孙任儒林文苑畴人，余皆归筱孙，预定三年告成，甫逾半年，馆长忽欲全稿付印，弟力争为不可，同人附和馆长者多，相持久之，而馆长病矣，病中尤急不可待，袁洁珊力任印稿之事，招金息侯为总校，而事遂决。（师辙按金梁本无总校之名，仅一校对，袁以私人托其代发刊稿而已。）弟所任各朝中，咸同事最繁重，王君之稿，核之实录，牴牾太多，且立传太滥，卷帙太繁，直是重作，期限既促，光宣两朝，断不能兼，推归他手，亦无人肯接，遂由金息侯一手为之。（师辙按金梁仍用原稿付印，仅以私补少数人而已。）馆长既殁，柯凤老代之，与袁金意不合，交稿不阅，即付金手，金几执全权，弟断断相持，手中者未听干涉。（师辙按金梁乃一校对，见人极恭顺，并无权干涉人，人亦并不许其干涉，仅印稿时，偷改人稿，人皆不知，后余调所印余编艺文志观，始发见其弊，乃有抽改之举，由此有关内外本之分。）及印书将毕，尚余曾左李三专传未成，金乃以初稿付印，纪志表弟全未寓目，且馆中始终无总阅之人，故传有重复，且遗漏要人，而总校者亦未留意及此，是可异也，至志中之群略当否，更无人知。总之未成之稿，遽以流传，此等情形，乃必不能免者。

（原载《国立中山大学文史集刊》1948年第1期）

班婕妤怨歌行辨证

古　直

班姬此诗，初见《文选》（《文选》以前总集，如挚虞《文章流别集》，荀绰《五言诗美文》，今不得见，故今所见断以《文选》为先），题曰《班婕妤怨歌行》；再见《玉台新咏》，题曰《班婕妤怨诗》；三见《艺文类聚》，题曰《班婕妤怨歌行》；四见《乐府诗集》，题曰《班婕妤怨歌行》；六朝间人有疑为古辞者矣（《歌录》曰《怨歌行古辞》，案《隋志》"《歌录》十卷"无撰人姓名），无疑为颜延年作者也。惟南宋严羽《沧浪诗话》云："班婕妤《怨歌行》，《文选》直作班姬之名，《乐府》以为颜延年作。"近日徐中舒据严氏之说，径定"《怨歌行》为颜延年诗"（《东方杂志》二十四卷十八号，《五言诗发生时期的讨论》）。斯诚无验而必非愚则诬者也！余既有见，辨证云尔。

辨证一　严羽说无稽之证

江淹杂体诗《班婕妤咏扇》云："纨扇如圆月，出自机中素。"此明拟班婕妤《怨歌行》也。案淹卒梁武帝天监四年，年六十二（《梁书》本传）。上溯淹生在宋文帝元嘉二十一年。淹年十三岁，而颜延年始卒（《宋书》颜延年宋孝武帝孝建三年卒）。则是同时人也。淹已少年好学，留情文章（见《梁书》《南史》），不容取同时文人之作，而漫加班婕妤之名。即曰淹有意颠倒，亦岂能以一人之手掩尽天下之目哉！何以当时文人学士均不辨正之乎？此严说无稽之证一。

《文心雕龙》云："李陵班婕妤所以见疑于后代也。"（《明诗篇》）考文心一书，成于齐代。（《时序篇》云："皇齐御宝。"据此知之。）作书之时，彦和齿已逾立。（《序志篇》："齿在而立，搦笔和墨，乃始论文。"）上距颜延年卒约四十年，彦和生时，延年卒才数岁，时代紧相衔接。颜已江左闻人，刘亦少年好学。（《南史·刘勰传》："早孤，笃志好学。"）延年果为此诗，彦和不容不知，何以《文心》仅云"班婕妤见疑后代"，不云《怨歌行》即颜延年作邪？此说无稽之证二。

《隋书·经籍志》"别集"有"汉成帝《班婕妤集》一卷"。案，文集之名，昉于魏晋。(《隋志》云："别集之名，盖汉东京所创。"今考《晋书·挚虞传》云："撰古文章类聚，区分为三十卷，名曰《流别集》。"又《束皙传》云："所著文集数十篇行于世。"疑集名始于魏晋之际。)至阮孝绪《七录》，遂著《文集录》之目。(《隋志》阮孝绪《七录》，四曰《文集录》，纪诗赋。)《隋志》因之。其叙云："别集之名，盖汉东京之所创也。自灵均以降，属文之士众矣。然其志当不同，风流殊别，后之君子，欲观其体势，而见其心灵，故别聚焉，名之为集。辞人景慕，并自记载，以为书部。年代迁徙，亦颇遗散。其高唱绝群者，略皆具存。"据此，则《班婕妤集》一卷，乃隋以前各家书部递传之旧本(魏秘书郎郑默有《中经》，秘书监荀勖又因《中经》更著《新簿》，分为四部。此记书部之最先者。见《隋志》)，而非当时仓卒聚敛之新编也。六朝唐人咸见此集，故《文选》《玉台》《诗品》《类聚》，以及《文选》注者（李善、五臣），众口一辞，归之班作。纵有异说如《歌录》，而李善必奋其笔以辨释之。(《文选》李善注："《歌录》曰：《怨歌行》，古辞。然言古者有此曲，而班婕妤拟之也。""然言古者"以下，李善辨释之辞。)夫李善博极群书，号为书簏。当时注《选》，已不能发见颜作之说。严羽生后李善四百年，复何由知为颜作邪？此严说无稽之证三。

严羽所据者，《乐府》也。案，《乐府解题》曰："班婕妤退居东京，作赋及《纨扇》诗，以自伤悼。"(《乐府诗集·婕妤怨》题下引)吴兢《乐府古题要解》曰："班婕妤《纨扇》诗，亦云《怨歌行》。"是唐人所见乐府，其主名皆为班婕妤，而非颜延年也。此严说无稽之证四。

郭茂倩《乐府诗集》，总括历代乐府，其解题征引浩博，援据精审，宋以来考乐府者，无能出其范围(《四库全书提要》说)。郭氏严氏同南宋人，何以郭氏博征终以为班婕妤作，严氏反能于其征引范围之外别得颜延年之主名邪？此严说无稽之证五。

辨证二　徐中舒说之诬妄

《初学记》二十五引《班孟坚集·白绮扇赋》，《北堂书钞》一百三十四引傅毅《扇赋》曰："纤竹廓素，或规或矩。"又引傅毅《扇铭》曰："翩翩素圆，清风载扬。"又引蔡邕《圆扇赋》曰："裁帛制扇，陈象应矩。"据此，是东汉初年纨扇已盛行也。班婕妤为班固之王姑(《汉书·成帝赞》曰："臣之姑充后宫为倢仔。"晋灼曰："班彪之姑也。固为彪子，故曰王姑。"），东汉初年（班固时）纨扇已盛行一时，即可证明西汉末年（班倢仔时）亦必有纨扇矣。何也？以时代紧相承接也。徐氏承认"东汉时已有纨扇"，而武断西汉"虽有扇名，决没有带有文学意味的纨扇"，是犹知二五而不知一十矣！夫文物之盛，莫过西京。文学法理，固咸精其能；即技巧工匠，亦后鲜能及（班固说）。徐氏以为文学意味，后必胜前耶？则不知班固傅毅之文其自视果丽于乡云否也？徐说之诬妄者一。

徐氏云："《方言》说自关而东谓之箑，自关而西谓之扇。那时扇还不是普通名称，那能便有'团团似明月'的文学产生。"（直案，"团团似明月"的文学不词）案，傅毅《扇赋》曰："摇轻箑以致凉，爰自尊以暨卑。"一文之中，扇箑互言，明"箑"即是"扇"，"扇"不异"箑"，"箑""扇"二名，皆普通所知晓矣。且"团团似明月"，不过形容词耳。毛诗："河水洋洋，北流活活。施罛濊濊，鳣鲔发发。葭菼揭揭，庶姜孽孽。"连用六句形容词，此等句法，姬周尚可产生，何以汉时反不能产生邪？（古诗《青青河畔草》一首亦连用六句形容词）徐说之诬妄者二。

徐氏又云："我们再看西晋以前，纨扇只称圆扇。假使西汉已有'团团似明月'的文学，他们何不直称为团扇。圆扇团扇两个名词，分别虽微，而实含有时间的替代性。"案，《说文》："团，圆也。""团团似明月"，乃状扇之形圆，而未尝谓团团即为扇名。必欲强名之者，无宁谓为合欢扇耳。何也？诗固明言"裁为合欢扇"也。夫诗不自名团扇，而妄加团扇之名以攻击之，无的放矢，其亦过于儿戏矣！徐说之诬妄者三。

《乐府诗集》载陆机《班倢仔》云："寄情在玉阶，托意惟团扇。"徐氏欲证明"西晋以前只称团扇"，故否认此诗云："决不是陆机之作。"夫班姬诗不自名团扇，前已证明。故吾于陆诗真伪不复置辨。惟徐氏又云："《乐府诗集·楚调曲》里的《怨歌行》《怨诗行》《班倢仔》《倢仔怨》《玉阶怨》，都是咏班倢仔的。作者大约数十家，除陆机一首外，其余都是齐梁时人。"案，颜延年宋孝武帝孝建三年卒，卒后二十二年，宋禅于齐。故齐梁时人尚多及见延年与之同时者。《乐府诗集》所载《怨诗行》《怨歌行》《班倢仔》《倢仔怨》《玉阶怨》数十家，已都是齐梁时人，何以于同时稍前之颜延年作，皆不能辨邪？徐氏初意本欲以齐梁人多作咏班倢仔诗，证明班姬《怨歌行》出于延年耳，岂知其适足以自陷哉！徐说之诬妄者四。

辨证三　结论

徐氏据严羽之说径定"《怨歌行》为颜延年诗",徒欲证明汉无五言诗耳!不知《汉书·五行志》所载成帝时歌谣,即是班倢伃之五言诗也。其谣曰:

邪径败良田,谗口害善人。桂树华不实,黄雀巢其颠。故为人所美,今为人所怜。

班倢伃怨歌行不载《汉书》,所以徐氏敢于二千年后改加主名于颜延年,今观此谣,又复何说邪?岂亦可云《汉书》误耶?

后代疑班倢伃诗者,始于六朝。然刘彦和《文心雕龙》已力辟之矣。其说曰:

孝武爱文,柏梁列韵。严马之徒,蜀辞无方。至成帝品录,三百余篇。朝章国典,亦云周备。而辞人遗翰,莫见五言。(案此言则误已。详《苏李诗辨证》。)所以李陵班倢伃见疑于后代也。案召南行露,始肇半章。孺子沧浪,亦有全曲。暇豫优歌,远见春秋。邪径良田,近在成世。阅时取证,则五言久矣。又古诗佳丽,或称枚叔。其孤竹一篇,则傅毅之辞。比采而推,两汉之作乎?(《明诗篇》)

"阅时取证,五言久矣。比采而推,两汉之作。"学者知此,可不惑于异说矣!

(原载《国立中山大学语言历史学研究所周刊》1928 年第 4 卷第 41 期)

悼亡诗研究

钟应梅

（甲）为什么要研究悼亡诗

（一）夫妇的爱情与悼亡诗的关系

  红酥手，黄藤酒，满城春色宫墙柳。东风恶，欢情薄，一怀愁绪，几年离索。错错错！　春如旧，人空瘦，泪痕红浥鲛绡透。桃花落，闲池阁，山盟虽在，锦书难托。莫莫莫！（《钗头凤》）

  这首词是宋朝的陆放翁在沈园遇见他的已离婚的夫人，做来抒感的。放翁的离婚，是他母亲强迫他，并不是他自己愿意的事。这种痛摧肺肝的悲剧，当然在放翁的心弦上留一莫大的伤痕，一方受爱情的刺激，一方又为"顺亲为孝"的格言所束缚，"背膺牉以交痛兮，心菀结而纡轸。"（《楚辞·九章·惜诵》）所以不以词名的放翁，也就能做出这样"如闻泣幽咽"之好词来了！梁任公谓："放翁的离婚，是和《孔雀东南飞》一样的悲剧，所以他这词极能动人。"（《中国韵文里所表现的情感》）这是很明了情感与文学的关系的说话！

  情感是文学最重要的原素，作者因情生文；读者因文生情。《文心雕龙·知音篇》曰："夫缀文者情动而辞发，观文者披文以入情；沿波讨源，虽幽必显；世远莫见其面，观文辄见其心。"所以无论古今中外，凡是有生命有价值的文学作品，必具丰富的情感；我们如果没有情感，不惟不能有良好的作品，而且根本就不会有文学这样东西。我们知道近来谈文学起源的人，都承认文学之源，自生民始。先民的智识能力，自然不及现在的人；但先民的情感，却和现在或者将来的人都是一样的，他们因喜怒哀乐，发为歌啸，无形中便成功了文学上的创作。《诗大序》曰："情动于中而形于言；言之不足，故嗟叹之；嗟叹之不足，故永歌之；永歌之不足，不知手之舞之，足之蹈之也。"《诗品序》曰："气之动物，物之感人，故摇荡性情，形诸咏舞。"

是则"六义所因,四始攸系;升降讴谣;纷披风什;虽虞夏以前,遗文不睹,禀气怀灵,理无或异。"(《宋书·谢灵运传》)可见有情感才生文学,有丰富和动人的情感,才有光焰万丈的作品。

中国古来社会的组织,以家族为基本;而夫妇又为家族的中心,有了夫妇,才有父子兄弟和朋友等关系。"《关雎》明人伦之始也",夫妇与家族社会的关系,古人既先我言之了。夫妇之爱,乃人的至情;是先天的纯情,不是后天的人欲。人生最希望的,就是能得一素心多情的终身侣伴。已得之,则当然有很高尚纯洁和甜蜜的爱。乃忽有生离死别的意外,致爱情无所寄托,天下伤心动情的事,宁有过此?《乐府诗集》载:

《别鹤操》,商陵牧子所作也。娶妻五年而无子,父兄为之改娶,妻闻之,中夜起倚户而悲啸。牧子闻之,怆然而歌曰:"将乖比翼隔天端,山川悠远路漫漫。揽衣不寐食忘餐!"

《史记》亦有项羽"虞兮!虞兮!奈若何!"的歌,牧子和项羽都不是文学家,并没有什么创作的技能,但于夫妇感情中断的时候,却能有这样"文情并茂"的不朽之作,以此足证情与文学的关系。又可见人们对于夫妇间的情感,是怎样的恳切和忠实呢!至于怨耦,那是特别的例外了。所以豪放不拘的陆放翁,也不免过沈园而挥老泪,他填的词,和:

梦断香销四十年,沈园柳老不飞绵。此身行作稽山土,犹吊遗踪一惘然!

城上斜阳画角哀,沈园无复旧池台。伤心桥下春波绿,曾是惊鸿照影来!

这两首诗,其缠绵悱恻之情,视"圣主不忘初政美,小儒惟有泪纵横!"(放翁《新夏感事》诗)"王师北定中原日,家祭无忘告乃翁!"(《临终示儿》)实有过之无不及。他如苏武的:

结发为夫妇,恩爱两不疑。欢娱在今夕,燕婉及良时。征夫怀远路,起视夜何其。参辰皆已没,去去从此辞。行役在战场,相见未有期。握手一长叹,泪为生别滋。努力爱春华,莫忘欢乐时!生当复归来,死当长想思!

李白的《自代内赠》诗:

> 宝刀裁流水，无有断绝时。妾意逐君行，缠绵亦如之。别来门前草，秋巷春转碧。扫尽更还生，萋萋满行迹。鸣凤始相得，雄惊雌各飞。游云落何山，一往不见归。估客发大楼，知君在秋浦。梁苑空锦衾，阳台梦行雨。……妾似井底桃，开花向谁笑？君如天上月，不肯一回照。窥镜不自识，别来憔悴深。安得秦吉了，为人道寸心！

又《别内赴征》诗：

> 翡翠为楼金作梯，谁人独宿倚门啼。夜坐寒灯连晓月，行行泪尽楚关西。

杜工部《鄜州月》诗：

> 今夜鄜州月，闺中只独看。遥怜小儿女，未解忆长安。香雾云鬟湿，清辉玉臂寒。何时倚虚幌？双照泪痕干。

近代黄遵宪的《寄内》诗：

> 十年欢聚不知愁，今日分飞独远游。知否吾妻桥上望？淡烟疏柳数行秋！（自注日本东京有吾妻桥）

委宛曲折，读之令人凄然有行役的同感！这种描写的手段，在文学的艺术上来说，比牧子和项羽的歌，更尽致而进步了。白首握节的苏子卿；"长安市上酒家眠"的李太白；念念不忘君国的杜甫、陆游；努力革新的黄遵宪；他们都是"贫贱不能移；富贵不能淫；威武不能屈"的好男子。他们都有洒落的胸怀、牺牲的精神，而所不能忘怀的，却是如此缠绵、如此动人的情绪。可见夫妇的爱，是纯洁的感情；是永不会忘怀的真情；尤其是在富有幻觉的诗人脑里。生离如此，死别更不用说了。我们看：

晋孙楚的《除妇服》诗：

> 时迈不停，日月电流。神爽登遐，忽已一周。礼制有叙，告除灵丘。临祠感痛，中心若抽。

《晋书·孙楚传》曰："楚与同郡王济友善，……楚除妇服，作诗以示济，济曰：'未知文生于情、情生于文，览之凄然增伉俪之重。'"至潘安仁元微之悼亡之什，更是妙绝千古，无庸介绍了！

依上所论列，我们所得的结论是：

情感是文学最重要的原素；夫妇是情的结合，是爱情所寄托。所以悼亡的篇什，是诗人情感最丰富，态度最忠实的作品。我们要研究文学，我们要研究有生命，有价值的纯文学，那能置悼亡诗而不问！

（二）悼亡诗与其他文学作品的比较观

抒情的文学，只有悼亡的篇什吗？不！在文学的领域内，抒情的作品，当然不仅是悼亡的篇什。但是我们拿别种抒情的作品和悼亡诗比较比较，我们每每发现作者虚伪的态度，矫饰的情感，或竟没有情感。本来人的感情，愈幼稚则愈自然，文明日进，感情日伪。富贵功名的念头，交战胸中；吉凶祸福的趋避，时萦脑际；每有怒强为喜，愁强作欢；谀辞则无中生有，事实反讳而不说；"或遗理以存异，徒寻虚而逐微；言寡情而鲜爱，辞浮漂而不归。"（《文赋》）"世故"的经验，磨灭了人生的真性，那还有发抒真性情的文学作品呢？兹试分析之如后：

（1）炫奇猎名的作品。自汉以来，所谓文学侍从之臣，多以文章易富贵。相如献赋，二千年来的人，都视为文人的异数。所以在过去的文囿里，很多文家背弃抒情言志的定律，去做辞藻的奴隶！这种毛病，曾稍治文学史者，类能知之，再事论证，殊病辞费；仅举古代文评家的批办如后，便足以见炫奇猎名的文学作品之价值了。

胡应麟《诗薮》曰："汉乐府杂诗，自郊祀铙歌李陵苏武外，大率里巷风谣，如上古击壤南山，矢口成言，绝无文饰，故浑朴真至，独擅古今。自曹氏父子以文章自命，宾僚缀属，云集建安，然荐绅之体，既异民间；拟议之词，又乖天造；华造既盛，真朴渐漓。晋潘陆兴，变而排偶，西京格制，实始荡然。"（《内篇》卷六）此论颇足以明诗由抒情而进于藻饰的演化程序，其实则西京文人，如邹枚之徒，相如、扬雄之辈，都是驰骋才华，欲邀知遇，所以成功了供奉的文学，情为辞役，实不始于六朝的繁靡。"夫铅黛所以饰容，而盼倩生于淑姿；文采所以饰言，而辩丽本于情性；故情者，文之经；辞者，理之纬；经正而后纬成；理定而后辞畅；此立文之本源也。昔诗人篇什，为情而造文；辞人赋颂，为文而造情。何以明其然？盖风雅之兴，志思蓄愤，而吟咏性情以讽其上，此为情造文也。诸子之徒，心非郁陶，苟驰夸饰，鬻声钓世，此为文而造情也。故为情者要约而写真；为文者淫丽而烦滥；而后之作者，采滥忽真，……故体情之制日疏，逐文之篇愈盛。"（《文心雕龙·情采篇》）明吴讷《文章辨体》亦曰："常观古之诗人，其赋古也，则于古有怀；其赋今也，则于今有感；其赋事也，则于事有触；其赋物也，则于物有况。情之所在，索之而愈深；穷之而愈妙；彼其于辞，直寄焉而已矣。后之辞人，刊落陈腐，惟恐一语未新；搜奇摘艳，惟恐一字未巧；抽黄对白，惟恐一联未俪；回声揣病，惟恐一韵未协；辞之所为，馨矣！而愈求；研矣！而愈饰；彼其于情，直外焉而已矣。"故如古人圣主明王之颂，符命典引之文，《京都》《江》《海》《子虚》《甘泉》之赋，这类的文章，都是以炫奇猎名为动机，可是都有了"为文者淫丽而烦滥"的毛病。这是汩没真情感的文学作品的第一种。

（2）仿古求美的作品。我国古来讨论文学的人，多谓创作须无一字无来历，无一句无所本，古人的作品，是后人不可企及的。所以历来的文人，大多都有文学复古的观念。以是学古文有古文的义法，学唐诗有唐人的声律。揣摩模仿，斤斤求似。但其结果，学秦汉的终不能成其为秦汉，学唐宋的，终不能成其为唐宋。盖古人有古人的环境，后人有后人的环境，环境不同，感情斯异。三百篇不可以高古求，唐人的诗也不能以声律求，斤斤于间架形貌之间，这是因文生文，那还有抒情之可言呢？所以扬雄的《反骚》《广骚》，班彪、梁竦的《悼骚》，挚虞的《愍骚》，应奉的《感骚》，都是摹拟骚体，却不能望屈原的项背。古来许多拟古仿古的作品，都是东施效颦，愈拟愈不像，愈仿愈失真。谢茂榛《四溟诗话》曰："三百篇直写性情，靡不高古，虽其逸诗，汉人尚不可及；今之学者，务去声律以为高古，殊不知，文随世变，……有意于古，终非古也。"曾国藩《湖南文征序》曰："窃闻古之文初无所谓法也，《易》《书》《诗》《礼》《春秋》诸经，其体势声色，曾无一字相袭，即周秦诸子，亦各自成体，持此衡彼，画若金玉与卉木之不同类，是乌有所谓法者。后人本不能文，强取古人所造而摹拟之，于是有合有离，而法不法名焉。若其不俟摹拟，人心各具自然之文，约有二端：曰情，曰理，二者人所同有，就吾所知之理而笔诸书而传诸世；称吾爱恶悲愉之情而缀辞以达之人；若剖肺肝而陈简策，斯皆自然之文。"摹仿的文学，根本既失了抒情的自由，那还有"自然之文"呢？甚有寻章摘句，专做挦撦蹈袭的工夫而以为摹仿的，杨升庵《丹铅总录》曰：

　　本不用兵，而曰戎马豺虎；本不年迈，而曰白发衰迟；未有兴亡之感，而曰麋鹿姑苏……试问之，曰："不如此，不似杜！"可笑也。

无病的呻吟；无悲的涕泪；文学到此，真一点的价值都没有了！顾炎武《日知录》说得好：

近代文章之病,全在摹仿,即使逼肖古人,已非极诣,况遗其神理,而得其皮毛者乎?

诗文之所以代变,有不得不然者。一代之文,沿袭已久,不容人人皆道此语。今且千数百年矣,而犹取古人之陈言,一一而摹仿之,以是为诗可乎?故不似则失其所以为诗,似则失其所以为我。

"失其所以为诗","失其所以为我",都是虚伪的文学,没有真性情的文学,这是汩没真情感的文学作品的第二种。

(3) 饰高弋名的作品。"君子疾没世而名不称。"这是我国古来的名训,意思是教人要修身立名。但后世的人,每有好名的热度过高,徒矫情以弋名的。在常人,则成功一种虚伪的手段;在能文的人,则利用文词的宣传,而成功虚伪的文学。故于王莽则谦恭下士,于曹操则有"杖挂桂枝佩秋兰,绝人事,游浑元"(《乐府诗集·魏武陌上桑》)的饰词了。古来的文人,犯这虚伪的毛病的很多;而这种虚伪结晶的文学,亦着实不少呢!

"排巢父,拉许由;傲百世,蔑王侯。"(孔稚珪《北山移文》) 我们读潘安仁的《闲居赋》,每有这种的感想。但安仁的行举,却是媚事权贵,望尘下拜;所以元遗山论诗绝句曰:"心画心声总失真,文章宁复见为人?高情千古闲居赋,争信安仁拜路尘!"

又我们读唐秦韬玉的《贫女》诗:

蓬门未识绮罗香,拟托良媒亦自伤。谁爱风流高格调,共怜时势俭梳妆。敢将十指夸纤巧,不把双眉斗画长。每恨年年压针线,为他人作嫁衣裳。

宋朱希真的《鹧鸪天》词:

我是清都山水郎,天教懒慢带疏狂。曾批给露支风勅,累奏留云借月章。　诗万首,醉千觞,几曾着眼看侯王。玉楼金殿慵归去,且插梅花醉洛阳。

宋汪彦章的咏古诗:

崐山有璞玉,外质而内美。惟其不自衒,故与顽石齿。和也速于售,再献甘灭趾。在玉庸何伤?惜君两足耳!

堂堂明堂柱,根节几岁寒?使与蒲柳同,扶厦良亦难。我衣敝缊袍,我饭首蓿盘。天公方试我，剑铗勿妄弹。

觉得他们都是高情逸兴，志在千里的清流志士。但事实上呢！秦韬玉出入田令孜之门；又与刘晔之徒，交游中贵，各将两军的书尺，倖求巍科。（见《全唐诗话》）朱希真受秦桧的真除，做鸿胪寺少卿。当时有人作诗曰："少室山人久挂冠，不知何事到长安？如今纵插梅花醉，未必王侯着眼看。"（周必大《二老堂诗话》）至汪彦章，据《诚斋诗话》所载："李纲拜相，汪彦章贺启曰：'孤忠贯日，正二仪倾侧之中。凛气横秋，挥万骑笑谈之顷。'又云：'士颂公冤，亟举幡而集阙下。帝从民望，令免胄以见国人。'及纲被谪，彦章行词云：'朋党冈上，有虞必去于驩兜。欺世盗名，孔子首诛乎正卯。'"则颠倒是非，小人之尤。我们读他们的作品，必不信其为人如此，核以他们的行事，才知心声失真，文不见情，正刘彦和所谓："有志轩冕，而泛咏皋壤；心缠机务，而虚述人外；真宰弗存，翩其远矣。"（《文心雕龙·情采篇》）文学之弊坏，真到极度了！又宋葛立方《韵语阳秋》谓：白乐天《读史》诗"马迁下蚕室，嵇康就图圄。当彼戮辱时，奋飞无翅翼。商山有黄绮，颍川有巢许。何不从之游，超然离网罟"，又《咏史》诗"秦磨利刀斩李斯，齐烧沸鼎烹郦其。可怜黄绮入商山，闲卧白云歌紫芝"。但自江州司马为忠州刺史，诗曰："正听山鸟向阳眠，黄纸除书落枕前。"又云："五十专城未是迟！"又云："三车犹夕会，五马已晨装。"及被召中书，诗曰："紫微今日烟霄地，赤岭前年泥土身。得水鱼还动鳞鬣，乘轩鹤亦长精神。"观此数诗，是未能忘情于仕宦，咏史之诗，悲愤之托词，非由衷之真情也。闲适乐天的白传，尚不免有矫饰之处，何况其他的作家呢！这是汨没真性情的文学作品的第三种。

（4）为人而作的作品——赠答酬应等类。古人朝聘会盟的时候，每诵诗言志，微有后人酬唱赠答之意。但后世人事日繁，赠答的篇什，多为交际的应酬品，直与酒食同其价值了！《全唐诗话》载：

郎士元河岳英奇，人伦秀异；自家刑国，遂拥大名。右丞已后，与钱郎更长。自丞相以下，出使作牧，二公无诗祖饯，时论鄙之。

凡是出使作牧的，都必要他的诗，这简直是有别必有饯，有饯必有诗，还不是与酒食同其价值么？今天赠某某，明天别某某，机关既熟，千篇一律，只把骊歌、折柳、南浦、长亭的废话，加上本地风光，某人的身世，就算交卷；古人集中，普通最多的，就算这一类的诗，而最难求好的，也就是这类的诗。

尚有哀诔之词，如春秋时鲁哀公的孔子诔，柳下惠妻的诔，虽着墨不多，都足以抒悲哀的情绪；发潜德的幽光。到了后世，哀挽之什，铭幽之文，作者如毛，谀词满纸，看了半天，死者生平美恶的行迹，常不可得一确实的概略，遑论作者的情感呢！白乐天批评这种文章曰：

> 勋德既下哀，文章亦陵夷。但见山中石，立作路旁碑。铭勋悉太公，叙德皆仲尼。复以多为贵，千言值万赀。为问彼何人？想见下笔时。但欲愚者悦，不思贤者嗤。岂独贤者嗤，仍传后世疑。古石苍苔字，安知是愧词！（《长庆集》卷二）

清赵瓯北亦有诗曰（《瓯北诗钞》五言古诗二）：

> 有客忽叩门，来送润笔需。乞我作墓志，要我工为谀。言政必龚黄，言学必程朱。吾聊以为戏，如其意所须。补缀成一篇，居然君子徒。核诸其素行，十钧无一铢。……

白诗是客观的批评，而赵诗则简直可以代表古来许多的文人的供状。此外如颂祝庆贺的作品，皆非抒情言志的创作，俱不足以言文学，陈祖范诗集自序曰：

> 大抵诗之作出于无心，则其情真；又必各有所为，故其义实。……后之诗人则异是，彼既以诗自命，人亦以诗相属；于是外物为主而诗役焉，诗为主而心役焉。以诗役心，则心非其心，特牵有诗耳！诗于是无真性情。以外物役诗，则作如不作，特缘于外耳！诗以是无真比兴。

诗文而以外物为主，那就是心为文役，文又为物所役了。扬雄之剧秦美新，江淹之齐高九锡文，任昉之梁武禅文，这种作家，只是为人雇用的鼓吹手，说什么创作！说什么抒情言志！这是汩没真情感的文学作品的第四种。

上所论列的四种，都是中国文学里面，最普通，最显著的结症。张惠言《七十家赋钞序》曰："夫民有感于心，有慨于事，有达于性，有郁于情，故有不得已者而假于言，言象也，象必有所寓！"这四种的作品，感的是什么？达的是什么？郁的是什么？象之所寓，只是虚伪和矫饰罢了！所以"相如含笔而腐毫；扬雄辍翰而惊梦"和"吟安一个字，捻断数茎须""吟成五字句，用破一生心"的人们，都是因文生情，文为物役，才有这样的苦态。邵康节《击壤集》谈诗吟曰："诗者人之志，非诗志莫传。人和心尽见，天与意相连。论物生新句,评文起雅言。兴来如宿构,未始用雕镂。"杨慎曰:"三百篇皆民间士女所作,何尝捻须?"(《升庵诗话》)可见真实自然的文学,和虚伪矫饰的文学,判若鸿沟哩!唐顺之曰:"古之为诗者,以寓性情也;得之于体裁,而失之于性情,亦安用诗?"(《封知府朱公墓志铭》)故中国纯文学的作品很多,而有价值的未见其多;抒情的作品很多,而有丰富的情感,忠实的态度,如悼亡诗者,则未见其多。

(三)总衡悼亡诗的真价值

"人为钟情故生爱,夫妇相思乃常态。"(见王十朋《梅溪诗集》)怨女旷夫的悲音,易于动人,故古人写行役征戍的困苦,多出于闺人之思,如"可怜闺里月,长在汉家营""可怜无定河边骨,犹是春闺梦里人"等作,便是最显明之例子;至若长相思的伤怀,当然更足以使人滴同情之泪了!《孔雀东南飞》和《长恨歌》的动人,就是能描写绵绵长恨,曲入微妙的缘故。人生以最亲切的事,最能动情;文学的描写,以最亲切的事,最能尽情。同是哀祭铭幽之文,而韩愈的《祭十二郎文》,欧阳修的《泷冈阡表》,独有价值,岂不是能尽情的效果吗?绵绵长恨的悼亡痛苦,是人所常见而普遍的,又是人生最亲切而又最关情的事,所以特种悲惨的悼亡,如庐江小吏,李唐天子,诗人取之可以成不朽的巨著,难道普通遗挂奁镜的伤怀,自最亲切的人,作最尽情的描写,就不能于寻常抒情的作品中,放特别光焰么?安仁的《闲居赋》,见讥于元遗山,而悼亡之诗,沈归愚独称其情深。(见《古诗源》)元稹《长庆集》那能颉顽杜诗,而独于"谢公最小偏怜女"三首,梁任公评曰:"恐怕连老杜也要让他出一头地哩"(见《中国韵文里所表现的感情》),悼亡诗价值可见一斑了。

尚有一事,足为我们有力的证据:我们都知道纳兰容若是清初词人的领袖,他的词时常表现非常热烈,非常缠绵的感想。在当时,性德是天潢贵胄,又是权相明珠的阔公子。古来的诗人,居富贵,则辞多和易,遇坎壈,则语多感慨,以他的环境,应多和易适情的创作,为什么会走上穷愁诗人的道上来呢?就是因为他早赋悼亡的缘故。我们试读他的词:

> 辛苦最怜天上月,一昔如环,昔昔都成玦。若似月轮终皎洁,不辞冰雪为卿热。 无那尘缘容易绝,燕子依然,软踏帘钩说。唱罢秋坟愁未歇,春丛认取双栖蝶。(《蝶恋花》)

> 又到绿杨曾折处,不语垂鞭,踏遍清秋路。衰草连天无意绪,雁声

远向萧关去。　　不恨天涯行役苦，只恨西风，吹梦成今古。明日客程还几许？沾衣况是新寒雨。

　　萧瑟兰成看老去，为怕多情，不作怜花句。阁泪倚花愁不语，暗香飘尽知何处。　　重到旧时明月路，袖口香寒，心比秋莲苦。休说生生花里住，惜花人去花无主！

他如"新月才堪照独愁，却又照梨花落"（《秋千索》），"斜倚画屏思往事，皆不是；空作相思字"（《河传》），他心里真有无限的悲情，无穷的愁思；可以知道他的伟大的成就，虽未必完全由于悼亡，但他爱妻的死，至少可说是最主要的原动力。我们古来的大作家，每有择题的方法，要择得能有意境，能生感情的好题，才能有有价值，有生命的作品；这悼亡的悲痛，就是无形中给诗人以很好的题目，很好的材料，诗人不能应用这种好题，真是可惜！我们不知欣赏诗人这种"得天独厚"的作品，尤可惜而又可怜了！

（乙）悼亡诗的源流

（一）悼伤文学的沿起

我们想在最古的纯文集里找这个悼亡的悼字，自然首数《诗经·邶风·终风》：

　　谑浪笑敖，中心是悼。

和《桧风·羔裘》：

　　岂不尔思，中心是悼。

据郑玄《诗笺》说："悼犹哀伤也。"扬雄《方言》也说："悼，伤也。"所以悼亡两字，就广义来说，就是伤悼亡死的意义。这种文学的发生，渊源于人们的悲情。富弼《哭尹舍人辞》曰：

　　苏而复哭，哭又不足，聊以写吾之哀声，而寓于辞。

长歌可以当哭，凡发于伤悼之余者，大半都是情有不能自已的呢！古代最初的伤悼文学，可分三种：

诔：《礼·曾子问篇》郑玄注曰："诔之为言累也；累举平生实行为诔，

而定其谥也。"《文心雕龙·诔碑篇》亦曰:"诔者累也;累其德行,旌之不朽也;夏商于前,其详靡闻。"则诔盛于周时,用于介绍死者的行事;但哀公《孔子诔》(《左传·哀公十六年》):

> 昊天不吊,不愁遗一老……呜呼哀哉!尼父!

《柳下惠诔》(见《说苑》《列女传》):

> ……呜呼惜哉!乃下世兮。庶几遐年,今遂逝兮。呜呼哀哉!魂神泄兮。……

词哀韵长,宛然伤悼的作品;至后来张凭之诔母(见《世说》),潘岳之诔杨仲武,完全是寓哀伤之意,更没有所谓"贱不诔贵,幼不诔长"了。

挽歌:汉代的挽歌,有《薤露》《蒿里》二曲。崔豹《古今注》曰:"出田横门人。横自杀,门人伤之,为之悲歌。至孝武时,李延年乃分为二曲:《薤露》送王公贵人,《蒿里》送士大夫庶人,使挽柩者歌之,世呼为挽歌。"但征之于《乐府解题》:"《左传》云:齐将与吴战于艾陵,公孙夏命其徒歌《虞殡》。杜预云:'送死。'"则挽歌之源,其来旧矣!到了后代,所有的挽歌,就只是悼词,并不像《薤露》《蒿里》,有"令挽柩者歌之"的一回事了。

哀辞:晋挚虞《文章流别论》曰:"哀辞者,诔之流也;崔瑗苏顺马融等为之,率以施于童殇夭折,不以寿终者。"《文心雕龙·哀吊篇》曰:"哀者,依也;悲实依心,故曰哀也。以辞遣哀,盖不泪之悼;故不在黄发,必施夭昏。昔三良殉秦,百夫莫赎,事均夭横;黄鸟赋哀,抑亦诗人之哀辞乎。"故姚鼐遂以诗《黄鸟》《二子乘舟》为哀祭之源(见《古文辞类纂序》)。顾自唐以来,"韩退之之于欧阳詹,柳宗元之于吕温,则或曰诔辞,或曰哀辞,其名不同;至宋南丰东坡诸公之所作,则谓之哀辞。"(吴讷《文章辨体》)所谓哀诔等作,都渐失了旧时的界义,而同于伤悼的面目。

(二)悼亡诗原始

上所叙述的是广义的悼亡文学。就狭义来说:悼亡二字,是用于夫妇间的伤悼。我们都知道:潘岳伤妻,《悼亡》名篇,后代文家,转相沿用;到了现在,一见悼亡两字,就有"遗挂奁镜"的观念。所以悼亡两字,在文学上,既成功了含有特别意义的名辞,而不是普通悲情的表现。人们发抒普通悲情的作品,多半有酬应的作用;是因辞造情,是为人而作,无论他怎样的"堂皇富丽",怎样的"敲金戛玉",总是矫情饰词,足以悦愚,却为贤嗤。

所以我们要研究富于感情的伤悼作品，广义的范围，常然不能适应我们的要求；不过狭义是广义中的一部，我们要研究悼亡诗源流，也不能不知道广义范围的伤悼文学的源起。

悼亡诗创始于什么时候，创始于什么人呢？我们既明白伤悼文学是渊源于人们的悲情，那末悼亡作品的产生，当然自人类有夫妇的结合始；"虽虞夏以前，遗文不睹，而禀气怀灵，理无或异"。《淮南子·道应训》曰："今夫举大木者，前呼邪许，后亦应之，此举重劝力之歌也。"邪许的呼声，就是歌谣的雏形；湘娥之涕泪，岂非悼亡的情愫吗？虽非既成功的文学，却是成功文学的成因。世论多谓悼亡之作始于安仁，这实在是不明白文学发生的原理，而且大不留意于考证的说话。

就考证方面来研究悼亡诗的原起，我们应该用依名执实的方法。因为古代的作品，有的并不是为悼亡而作；有的并没有悼亡的标题；但他的内容，却是很好很好的悼亡篇什；所以我们要依悼亡二字的含义，去研究作品的内容，辨别是不是悼亡的作品，不能粗心浮躁地浏览一过，便说："远古未闻。"现在让我来举几首两汉以前的悼亡诗歌罢：

《黄鹄歌》：

悲夫黄鹄之早寡兮！七年不双。宛颈独宿兮，不与众同。夜半悲鸣兮，想其故雄。天命早寡兮，独宿何伤。寡妇念此兮，泣下数行。呜呼哀哉兮！死者不可忘。飞鸣尚然兮，况于贞良。虽有贤雄兮，终不重行。

据刘向《列女传》所载：这篇的作者，是鲁国的一个女子，名叫陶婴。她的父亲叫做陶明，她的丈夫早死了，家里并没有甚么可依靠的人，她抚养孤儿，纺绩过活。当时很有人想娶她，她作《黄鹄歌》，来表明她的不二夫的志向。可见她这首歌，是以"明志拒媒"的，并不是专为悼亡而作。可是凄怆的声调，缠绵的情绪，无处不表现她的恋旧伤逝的纯情。"宛颈独宿兮，不与众同。夜半悲鸣兮，想其故雄。天命早寡兮，独宿何伤。……呜呼哀哉兮！死者不可忘。……"在二千余年后的我们读之，犹不能不对这高尚纯洁的爱情，表示相当的赞叹；这是多么富于情感的悼亡作品呢？

《公无渡河曲》：

公无渡河，公竟渡河；公堕而死，当奈公何！

这曲是汉代一个狂夫的妻作的。崔豹《古今注》曰："朝鲜津卒霍里子高，晨起刺船。有一白首狂夫，披发提壶，乱流而渡，其妻随而止之，不及，遂堕河而死。妻援空侯（从竹）鼓之，作《公无渡河》之曲，声甚凄怆，曲终，亦投河而死。"全篇寥寥不过十余字，但很足以表现她那怒潮似的奔进的感情。

《落叶哀蝉曲》：

> 罗袂兮无声，玉墀兮尘生。虚房冷而寂寞，落叶依于重扃。望彼美之女兮，安得感余心之未宁！

晋王子年《拾遗记》载："汉武帝思李夫人，不可复得，时穿昆灵之池，泛翔禽之舟，帝自造歌曲，使女伶歌之。时日已西倾，凉风激水，女伶歌声甚遒，因赋《落叶哀蝉曲》。"又《汉书·外戚传》："李夫人早卒，方士齐少翁言能致其神；乃夜张灯烛，设帷帐，令帝居帐中遥望，见好女如夫人之貌，不得就视，帝愈悲感，为作诗。"后人名曰《李夫人歌》：

> 是耶非耶？立而望之翩，何姗姗其来迟！

武帝的曲与歌，都是睹景伤情的伤逝之作。我们自表面观之，《李夫人歌》《落叶哀蝉曲》和《公无渡河曲》，都没有明显的"悼亡""伤逝"的外表；但实际上却都是很好很好的悼亡诗歌。可见"悼亡"二字用于夫妇的伤悼的特别意义，是创始安仁，而悼亡诗歌之产生，则远在安仁之前了。

（三）悼亡诗与女子

我们凡是读过《诗经》的，都知女子在古代文坛的成绩。现在研究悼亡诗的起原，最值得我们注意的，就是上面征引的作家，女子却占了两位；可见古代的文艺，并不是男性文学畸形的发展，女子也有相当的势力，这是多么令人神往的一回事呢！从前我听李雁晴师讲演《文学与女子》，谓："'温柔敦厚，诗教也。'就性情言，男子不必敦厚，女子温柔，却可作普通的例子；此语直以诗教让给女子，足见女子文学的本能，有不可灭没者。"又谓："文学之要素，以感情为重；女子富于感情者也。昔人谓女子'多愁善病'，即富于感情的结果，故女子之于文学，兴趣最浓，吸收力亦最大。"照这样说，古代女作家的建树，并不是一件令人骇怪的事。可是自两汉以来，女子的悼亡文学且不要说，就总论女子在文学上成绩的总和，也竟不能并美远古；千余年来的女作家，寥寥可数。这当然是礼教的压迫愈甚，女子地位愈降愈低的缘故。"女子无才便是德"，文学的园地，早被男子视为独有的禁地了！这固是女子的不幸，也是中国文学界的大不幸呢！

（丙）悼亡诗的内涵

（一）悼亡诗所表现的情感评价

悼亡诗的原起，已如上述，那末悼亡诗是充满情愫的作品，毫无疑义了！但是这种情愫，究竟有矫饰的毛病没有呢？这是研究悼亡诗的内涵第一个要解决的问题。

悼亡诗自作者的态度来说：是最忠实的；自情感的境界来说：是写实的。我们读陈其年《叶井叔悼亡诗序》：

……盖自俗异狂榛，人非太上。空林有鸟，尚传并命之禽；绝壑多枝，犹说同生之木。何况弱龄井臼，涉历流离；早日盬盐，曾经违贱。黔娄之梱内，荼苦居多；冀缺之田间，艰辛未免。而乃迢迢彩石，青天无不恨之时。寂寂琼钩，白月鲜长圆之夜。……樊湖烟水，故国依然；少室云山，旧游如昨。望楚天之似黛，转忆膏鬟；盼湘水以如罗，还怜巾带。假非鳏侣，谁知此曲之悲？况属恨人，讵识有生之乐？

可见要鳏侣才能澈底明白悼亡的悲痛，真恨人竟至不会领略人生的快乐；因为夫妇——尤其是糟糠夫妇——是共同生活的伴侣，一旦失却了生活上能互相为助，互相谅解的人，其中的痛苦，当然非我们所能以意想求之的呵！加以：

……黄泉白月，佳人留锲臂之盟。碧海青天，方士乏返魂之术。唾殷绀袂，犹期鼓瑟于他年；泪滴鲛盘，还订画眉于再世。天乎已酷！人也奚辜？……况秋风夜雨之经心；更断墨零纨之触眼。韭花一寸，依稀幄里之香。柳絮数行，散漫奁间之粉。此则达人齐物，太上忘情；鲁酒可以合欢，灵犀于焉躅盆；终无以弭彼幽忧，疗其痰痿者矣！……（陈其年《琴怨诗序》）

那么，悼亡的悲情，真是发乎至情，沛然莫之能御，又谁能以意相的矫饰，乱由衷之至情呢？宋范晞文《对床夜话》论蔡琰《悲愤诗》："身历其苦，词宣乎心；怨而怒，哀而思，千载如新。"又举刘商极力拟之，终身不类；谓为"不当拟"。可见凡是"身历其苦，词宣乎心"的作品，都非矫饰所能求似；所以"悼亡诗表现的情感是真实的"这话我们用不着抱怀疑的态度。兹再举例证如下：

（1）鱼玄机《和新及第悼亡诗》：

仙籍人间不久留，片时已过十经秋。鸳鸯帐下香犹暖，鹦鹉笼中语未休。朝露缀花如脸恨，晚风欹柳似眉愁。彩云一去无消息，潘岳多情欲白头。

我们读这首诗，只能见鸳鸯帐、鹦鹉笼、露花、风柳、彩云、潘岳等故实，堆滞成篇，并不能领略什么动人的情愫；这并不是作者才力的浅薄，乃因其"苦非身历"，所以"词非心宣"。且作者是一女子，那能写男子悼亡的情感，曲尽微妙呢？

（2）白乐天答元微之悼亡诗：

《答谢公最小偏怜女》：
嫁得梁鸿六七年，耽书爱酒日高眠。雨荒春圃唯生草，雪压朝厨未有烟。身病忧来缘女少，家贫忘却为夫贤。谁知厚俸今无分，枉向秋风吹纸钱！

《答骑马入空台》：
君入空台去，朝往暮还来。我入泉台去，泉门无复开。鳏夫仍系职，稚女未胜哀。寂寞咸阳道，家人覆墓回。

元白的诗，在当时各擅胜场，人称为"元和体"。但上列乐天的诗，较微之原作，似有逊色。再录元诗，以资比较：

谢公最小偏怜女，自嫁黔娄百事乖。顾我无衣搜画箧，泥他沽酒拔金钗。野蔬充膳甘长藿，落叶添薪仰古槐。今日俸钱过十万，与君营奠复营斋。

朝从空屋里，骑马入空台。尽日推闲事，还归空屋来。月明穿暗隙，灯暗落残灰。更想咸阳道，魂车昨夜回。

二人的诗，都是纯用白描，没有堆滞典实的毛病；但微之刻划日常的生活，益见悼亡之悲痛，固既"探骊得珠"；况发抒自身的悲苦，与人们劳苦倦极的呼天，疾痛惨怛的呼父母，事出一例，那能不声与泪俱，感人心脾？微之是写由中的至情，乐天乃描玄想的幻实，故其作品的高下，早定于择题的时候了。

(3) 温庭筠《和友人悼亡诗》：

玉儿潘郎泪满衣，画罗轻鬓雨霏微。红兰委露愁难尽，白马朝天望不归。宝镜尘昏鸾影在，钿筝弦断雁行稀。春风几许伤情事？碧草侵阶粉蝶飞。

此诗就情韵来说：很有缠绵宛转之致；以文艺求美的眼光来批评：的确比鱼玄机的诗为佳。但我们再读李义山答王十二与畏之员外招饮的诗：

谢傅门庭旧末行，今朝歌管属檀郎。更无人处帘垂地，欲拂尘时簟竟床。嵇氏幼男犹可悯，左家娇女岂能忘？秋霖腹疾俱难遣，万里西风夜正长。

我们便发现温诗的缺点。本来温李的诗，作风相类，上列的两首诗，自皮相的观察，情绪的缠绵，声韵的宛转，俱可谓工力悉敌。但我们若作进一步的研究，则庭筠"红兰委露愁难尽，白马朝天望不归"二句，固足以表现"人去楼空"的事实，终不及义山"更无人处帘垂地，欲拂尘时簟竟床"的深刻和浑脱。"宝镜尘昏鸾影在，钿筝弦断雁行稀"与"红兰委露"两句，是一贯的写法，意义无甚变化；较之"嵇氏幼男犹可悯，左家娇女岂能忘"，自孤男弱女着笔，益增悱恻，真有小巫大巫之慨。总之，庭筠的描写，失之笼统肤泛，而义山则确实而深刻；可见庭筠客观的想象，不能及义山主观的写实。"苟非鳏侣，谁知此曲之悲？"以兹益信了！

于上列的例证，可知悼亡诗所表现的情感，确是真实而不容虚饰的；一出旁手，便不能尽情；不能尽情，便没有佳制。我们要知道悼亡诗的美，是哀情的美；陈其年《闺秀商嗣音诗序》曰："韩娥荡魄，声因激楚而弥工。卫女消魂，诗以悲哀而入妙。"袁枚《随园诗话》曰："悼亡诗必缠绵宛转，方称合作。"没有悼亡的激楚和悲哀，而偏要说悼亡的话，则"苦非身历，词非心宣"，声怎么能工？诗怎么能妙？所谓缠绵宛转，亦不过从刻划得来，如优孟衣冠，足以炫人耳目于一时罢了！杨慎《升庵诗话》曰："六律之音，出于天籁。五性之文，发于天章。有不待思索勉强者。"感情的真伪与文学的关系，多么的深切呢！

（二）悼亡诗在过去的中国文评史上的特点

第一个问题的答案已明，现在我们再来研究第二个问题——悼亡诗在中国文学批评史上的地位。

关于这种问题的研究，并不是探讨文学批评史上关于悼亡诗的一部。因过去的中国文学批评界，多是混杂的、片断的、笼统的批评，简直没有能以科学的方法，作专门分类的批办。古来的悼亡诗，除少数文人间有欣赏的评语外，很少人能有深刻的注意。我们要向文评史上去找悼亡诗的批评，简直无从下手。所以现在所要讨论的，是悼亡诗在批评史上特别的地位。兹先述文评史的要略，次举过去的文评家批评纯文学的概念。

我国最先的文学批评家，就是孔子和子夏。孔子在《礼记》《论语》里面，都有他的诗评，如："温柔敦厚，诗教也。"（《礼记·经解篇》）"关雎乐而不淫，哀而不伤""诗三百，一言以蔽之，曰：'思无邪'""诗可以兴，可以观，可以群，可以怨"（俱见《论语》）等是。至子夏作《大序》论诗与感情和声律的关系，尤可为论诗的原则。到了魏晋时候，曹丕作《典论·论文》，陆机作《文赋》，挚虞作《文章流别论》，李充作《翰林论》，为论文专篇的起始。至梁，刘勰著《文心雕龙》，钟嵘著《诗品》，集文学批评之大成，诚不朽的巨著。此外各史的文苑传序，历代的诗话、词话、曲话，皆为评文的论著；诸家集中的书札、书后、序跋，亦很多论文的佳篇。但是除了《文心》《诗品》外，皆是"各照隅隙，鲜观衢路"（《文心·序志》）。兹就其论诗的范围，归纳其批评的内容：最普通的就是意境和修词的欣赏；才调和结构的评骘；进一步的则为：①文学的时代性的批评；②文学的体派说的批评。他若考证的批评（如《孔雀东南飞》的产生时代问题），解释的批评（如《诗·国风》诗旨的讨究），则非本篇的范围，暂置勿论。

怎样叫做文学的时代性呢？王渔洋《池北偶谈》论诗的演化曰："风雅之后有乐府，如唐诗之后有词曲。声听之变，必有所趋；情辞之迁，有所必至……后人之不能汉魏，犹汉魏之不能风雅，势使然也。"袁枚《答沈宗伯论诗书》曰："唐人学汉魏变汉魏，宋学唐变唐，其变也，非有心于变也，乃不得不变也，不变，则不足以为唐，不足以为宋也。"盖"时运交移，质文代变""文变染乎世情，兴废系乎时序"（《文心·时序篇》）。一代有一代的文学，厘然莫可混，斯谓文学的时代性。所以讨论一时代文学的特性，推究其时代背景与文学的关系，或举异代的文学，作比较的讨论，就叫做文学的时代性的批评。《文心雕龙》的《时序篇》，历代各史的文苑传叙，晋裴子野的《雕虫论》，隋侍御史李谔的《上文帝书》之类，都是这一类的批评，诸家诗话如：宋严羽《沧浪诗话》，明胡应麟《诗薮》，则有比较异代的批评。举其说如左，以见时代性的批评的大概。沧浪之说曰：

诗者，吟咏性情者也。盛唐诸人，惟在兴趣，羚羊挂角，无迹可求；故其妙处，透彻玲珑，不可凑泊，如空中之音，相中之色，水中之月，镜中之像，言有尽而意无穷。近代诸公，乃作奇特解会；遂以文字为诗，以才学为诗，以议论为诗，夫岂不工？终非古人之诗也！盖于一唱三叹之音有所歉焉。且其作务使事，不问兴致，用字必有来历，押韵必有出处，读之反覆终篇，不知着到何处；其末流者，叫噪怒张，殊乖忠厚之风。

胡氏曰：

晋宋之交，古今诗道升降之大限乎？魏承汉后，虽浸尚华靡，而淳朴余风，隐约尚在。步兵优柔冲远，足以嗣西京，而浑噩顿殊；记室豪宕飞扬，欲追子建，而和平概乏；士衡安仁一变而排偶愈工，淳朴愈散，汉道尽矣！

严胡之论，虽未必悉当，然两汉的淳朴，晋宋的华靡，唐人以兴趣为诗，宋人以议论为诗，则既成文评家的公论。但是这种适于普通一般作品的批评，能不能适于批评悼亡诗呢？我们试一读汉晋唐宋的悼亡诗（既见上文如汉武孙楚等所作不再录）：

（1）晋潘岳（三首录一）：

荏苒冬春谢，寒暑忽流易。之子归穷泉，重壤永幽隔。私怀谁克从，淹留亦何益？僶俛恭朝命，回心反初役。望庐思其人，入室想所历。帷屏无髣髴，翰墨有余迹。流芳未及歇，遗挂犹在壁。怅恍如或存，周遑忡惊惕。如彼翰林鸟，双栖一朝只。如彼游川鱼，比目中路析。春风缘隙来，晨溜承檐滴。寝息何时忘？沉忧日盈积。庶几有时衰，庄缶犹可击。

（2）梁沈约：

去秋三五月，今秋还照房。今春兰蕙草，来春复吐芳。悲哉人道异，一谢永销亡！屏筵空有设，帷席更施张。游尘掩虚座，孤帐覆空床。万事无不尽，徒令存者伤！

(3) 唐韦应物（十九首录一）：

染白一为黑，焚木尽成灰。念我室中人，逝去亦不回。结发二十载，宾敬如始来。提携属时屯，契阔忧患灾。柔素亮为表，礼章凤所该。仕公不及私，百事委令才。一旦入闺门，四壁满尘埃。斯人既已矣！触物但伤摧。单居移时节，泣涕抚婴孩。知妾谓当遣，临感要难裁。梦想忽如睹，惊起复徘徊。此心良无已，绕尾生蒿莱。

(4) 唐李商隐（原题《房中曲》）：

蔷薇泣幽素，翠带花钱小。娇郎痴若云，抱日西帘晓。枕是龙宫石，割得秋波色。玉簟失柔肤，但见蒙罗碧。忆得前年春，未语含悲辛。归来已不见，锦瑟长于人。今日涧底松，明日山头蘖。愁到天地翻，相看不相识。

(5) 宋曾巩（原题《秋夜》）：

秋露随节至，宵零在幽篁。灏气入我牖，萧然衾簟凉。念往不能寂，枕书嗟漏长。平生肺腑友，一诀余空床。况有鹊巢德，顾方共糟糠。偕老遂不可，辅贤真渺茫。家事成濩落，娇儿亦彷徨。晤言岂可接？虚貌在中堂。清泪昏我眼，沉忧回我肠。诚知百无益，恩义故难忘。

(6) 宋梅尧臣（原题《正月十五夜出回》）：

不出只愁感，出游将自宽。贵贱依侪匹，心复殊不欢。渐老情易厌，欲之意先阑。却还见儿女，不语鼻辛酸。去年与母出，学母施朱丹。今母归下泉，垢面衣少完。念尔各尚幼，藏泪不忍看。推灯向壁卧，肺腑百忧攒。

(7) 元揭傒斯（原题《梦两雏》）：

阿英十二能辟纑，阿牛五岁贪读书。辟纑成缕无人织，读书有志令人惜。汝父飘零汝母休，吾亲虽健俱白头。雨声断道风惊屋，阿婆独抱诸孙哭。

(8) 明唐寅：

　　凄凄白露零，百卉谢芬芳。槿花易衰歇，桂枝就销亡。迷途无往驾，款款何从将？晓月丽尘梁，白日照春阳。抚景念畴昔，肝裂魂飘扬！

　　我们实不能辨以上的悼亡诗有什么时代的特点。潘沈之诗，不见其"华靡"；曾梅之作，不见其不在"兴趣"。即在纯文学史上比较减色的元明二代的悼亡作品，亦不见比唐宋人所作，有甚么明显的区异，特别的减色。可见普通的文学作品，有时代性的区异，悼亡诗则绝对没有；普通纯文学可用历史的文学观念的横截批评，而于悼亡诗则宜有纵贯的观察：这就是悼亡诗在文学批评史上占有特别地位的一点。兹再论体派说的批评如次：

　　所谓体派说的批评者，就是以分析法区别某一代文学的派别；以归纳法归纳某作家属于某派，某种作品属于某体；或再根据分析归纳之所得，作比较的批办。如钟嵘的《诗品》举百二十余作家，分为国风派、小雅派、楚词派（参阅陈钟凡先生《中国文学批评史》四十九页），又溯其源流，区其等第，允推体派批评最有系统的专著。次则《沧浪诗话》列举宋以前纯文的派别，颇为详尽。其他各家的笔记、诗话中，此类的批评，烦琐不能遍举；考其区分体派的方式，约可举之如下：

（1）以组织分者（如回文体）；
（2）以体裁分者（如古体近体）；
（3）以作家分者（如陶体之类）；
（4）以地域分者（如宋之江西诗派、明之竟陵派公安派之类）；
（5）以时代分者（如元嘉永明盛唐、中唐、晚唐之类）；
（6）以所宗尚分者（如明之秦汉派、唐宋派之类）；
（7）以作风分者（如西昆体、清之神韵派性灵派之类）；
（8）以所状咏分者（如游仙体之类）。

　　以组织、以体裁的区分，是观察外形上的区分；以宗尚、以作风、以所状咏的区分，是根据内质的区分。至以作家、以地域、以时代分的呢，怎看似外形的区分，但实际上却也根据内质——作风——来分别的。如陶之所以为陶，江西诗派之所以为江西诗派，盛中晚唐之所以为盛中晚唐，都不能说没有作风不同的关系。即晋人的游仙体，明人的秦汉派、唐宋派的分别，亦莫不皆然。那末，"作风的区分"是体派批评中最重要的根据，我们研究"体派批评与悼亡诗"的问题，宜就这一点来立论。若以外形的"作家的区分""地域的区分"……来论悼亡诗，那当然是不能适合。以"组织的区分"、以"体裁的区分",那更不用说了。

在上面论文学的时代性的批评所举的例中,有中唐的韦应物,晚唐的李义山,却不能见"中唐弥矜琢炼""晚唐体愈雕镂"(语见沈骐《诗体明辨序》)的特点;区别时代的作风的批评,能否适于悼亡诗,既足起我们的怀疑了。兹举元微之李义山的悼亡诗,以观作家作风的同异:

元微之《追昔怀》:

> 谢傅堂前音乐和,狗儿吹笛胆娘歌。花园欲盛千场饮,小阁初成百度过。醉摘樱桃投小玉,懒梳丛鬓舞曹婆。再来门馆唯相吊,风落秋池红叶多。

《六年春遣怀》八首录二:

> 伤禽我是笼中鹤,沉剑君为泉下龙。重纩犹存孤枕在,春衫无复旧裁缝。

> 小于潘岳头先白,学取庄周泪莫多。止竟悲君须自省,川流前后各风波!

李义山《过招国李家南园二首》:

> 潘岳无妻客为愁,新人来坐旧妆楼。春风犹自疑连句,雪絮相和飞不休。

> 长亭岁尽雪如波,此去秦关路几多?惟有梦中相近分,卧来无睡欲如何!

微之是元和体的健将,诗尚平易、尚自然;义山是西昆派的始祖,诗尚宛丽、尚缠绵;这是向来的文评家所公认的。但我们以微之"谢傅堂前音乐和"的诗,来和义山"谢傅门庭旧末行"的诗(见上),作一比较,实难辨其孰为西昆,孰为元和。即"重纩犹存孤枕在,春衫无复旧裁缝"与"春风犹自疑连句,雪絮相和飞不休","止竟悲君须自省,川流前后各风波"与"惟有梦中相近分,卧来无睡欲如何",我们又怎样去分辨孰为自然平易,孰为宛丽缠锦呢?再举清代神韵派的王阮亭,性灵派的张问陶,所作的悼亡诗来比较比较:

王阮亭《哭张宜人》(录五首):

> 一错谁能铸六州?稿砧无复望刀头!当年对泣人何在?独卧牛衣哭

暮秋。

樵苏绝爨未知愁，林下风期矢白头。廿载无衣搜画箧，不曾悔却嫁黔娄。

雪白花红绣裤齐，频年颒面祝中闺。牙牙学语今何似，忍听骄儿索母啼？

愁见新年改故年，朔风吹雪欲寒天。黄金屈戍中宵闭，长伴鳏鱼夜不眠。

续弦胶与返魂香，碧海青天路渺茫。若使少君真有术，不辞千里到稠桑。

张问陶《外姑杜恭人将赴广州以亡妇周孺人脂箱粉盏及殇女衣衫弄物贻余灯下不寐凄然有作》：

昙花一现可怜红，销向愁中复病中。二十四年如短梦，人间风信太匆匆。

钗裙久闭镂金箱，剩粉零脂易渺茫。何处招魂呼妙子？年来三度过稠桑。

风雨当年负好春，苦搜画箧助清贫。倮钱此日空营奠，谁向泉台觅故人？

忍读陈王金瓠词，灯前难谱断肠诗。一襟花鸟春衫小，尚记牙牙学语时。

客心秋老向谁开？潘鬓中年亦可哀。梦入夜台惟白晓，离鸾雏凤不重来！

拈神韵的，未始不尚性灵；主性灵的，也未始不尚神韵。再征之集桐城文派之大成的姚鼐所作悼亡诗：

凉阶今夕又飞萤，倚槛风前已涕零。人迹不如修竹影，每随明月到中庭。

细雨余春尚薄寒，绿窗风定蕙香残。七年同种阶前树，独坐花开掩泪看。

明代香奁体诗人王彦泓所作《过妇家》诗：

未嫁年时一架书，年年秋曝满庭除。如今总怕添悲泪，锁向空楼任蠹鱼。

> 尊姑相送石屏南，悼死嗟生两不堪。挥泪万千叮嘱遍，只教珍重视遗男。

亦不见姚、王二人的诗，能以神韵性灵之外，别具一种的作风。唐代的元微之、李义山，清代的神韵派、性灵派，与做古文的姚鼐，明代做香奁体诗的王彦泓，他们的作风，当然不能说是绝对的相同；但证以上所称引的悼亡诗，却又不能不说：有相对的相同。可见文学的体派批评，也不能适于批评悼亡诗。这是悼亡诗在文学批评史上占有特别地位的第二点。

悼亡诗为什么能在文学批评史上有以上两种的例外呢？因为悼亡诗的发生，是由于内衷的至情，不受外物的牵拘。人们在平时的性格和行动，尽管不相同，而喜、怒、悲、欢的情感，无论如何是相同的；若同处一样的环境，受同一动情的刺激，其或歌，或哭，也当然不会有不同的道理。悼亡诗的作者，他们创作的动机相同，铸成辞采的情感也相同；他们握管伸纸的时候，满腔子都充塞了悲哀的情愫，其发为诗歌，正与人们劳苦倦极的歌啸，同为一种自然的因果律，那能有藻饰华靡，措置议论的余地？且同是出于至情的作品，当然都是自然平易；都是出于性灵。同是抒哀情的篇什，当然都同具缠绵宛丽、神韵悠然的美点。悼亡诗的作家们，固不能有心求异，但也不是立意求同。这种自然的"同"，完全是受丰富而且真挚的情感的驱策；而情感的发动，与所感之为喜，为悲，为怨，为怒，则非人们所能操纵的。严羽《沧浪诗话》曰：

> 诗有别材，非关书也；诗有别趣，非关理也。

古来固没有绝书弃理的作家，但有价值的文学作品的产生，有时确不以书和理为必要条件。汉高项羽那有什么书和理的修养，于情感横溢的当儿，不期然而然却能做出苍凉的《大风歌》《垓下歌》来。所以《渔洋诗话》引越处女与勾践论剑术的话：

> 妾非受于人也，而忽自有之。

谓为作诗的三昧。欧阳修《梅圣俞诗集序》亦曰：

> 余尝问诗于圣俞，其声律之高下，文语之疵病，可以指而告余也；至其心之得者，不可得以言而告也。

所谓"忽自有之""不可得以言而告也",就只是严说所谓别材别趣。《庄子·天道篇》纪轮扁之言曰:

> 斫轮徐则甘而不固,疾则苦而不入;不徐不疾,得之于手而应于心,口不能言,有数存焉于其间;臣不能以喻臣之子,臣之子亦不能受之于臣,是以行年七十,而老斫轮。

这段话可以喻文学与情感的关系。"得之于手而应于心,口不能言,有数存焉于其间……"拿来描写文学作家情感横溢,得心应手时候的情况,可谓曲尽微妙。较之欧阳严王诸人之说,更觉明白透辟。故文学的创作,不能由一定的方法;文学的批评,也不能拘一定的原则;凡是有价值的文学,总有多少神秘的地方。悼亡诗在文学批评史上的特点,是文学的本体应有的结果。设使文学也和其他的科学一样,可以运用一定的公式,求出一定的结果;依据当然的定则,批办结果的是非;那简直是宇宙间的糟粕,还成甚么文学呢!

(丁)我们读了古人的悼亡诗以后

我们读了古人的悼亡诗以后,生一种甚么样的感想呢?我想:凡是于文学有相当的素养,有相当的领会力的人,对于文学的魔力,都会发生一种莫名其妙的惊讶,以为悼亡诗作家的感情相同;其描写的事实,如:生前的甘苦,死后的落寞,遗物与孤儿弱女的伤心触目,也大略相同。为甚么作品的美点,并不因"相同""相因"而稍减,反能令读者觉一篇有一篇的好处,一篇有一篇的动人呢?

这种问题,约可分两种原因来研究:第一种,就是真切的至情;第二种,就是艺术的手段。

黄梨洲先生《明文案序》曰:

> 今古之情无尽,而一人之情有至有不至;凡情之至者,其文未有不至者也。

至情即有至文的关系,和悼亡诗之出于至情的道理,本篇既一再论证,无庸再述了。天地间无论那一种事物,如果到了"至"的地步,好的并不因人们多次的赞美而减其美,坏的也不因人们多次的唾骂而减其恶。至情的文学作品,一人读之足以"回肠荡气",人人读之也足以"回肠荡气";一时读之足以"感人心脾",时时读之也足以"感人心脾"。人人都有至情,人人都不能不动情,至情与至文的感应作用,是不期然而然的。所以文学作品,只问其有至情没有,有至情就能动人,能动人就有价值。悼亡诗的作家,即使他们的感情与所描写的事实无一不同,也无损于悼亡诗之同为"至文"的美;这种的"同",是自然的同,不是人为的"同",不是"撫拾唾余"的"同"。何况作家们的环境,无论如何不能绝对的相同呢!

其次,说到手段的问题。我们都知道诗歌是发抒感情的,但是要怎样才能发抒内心的情感恰到好处呢?这就以作者有没有艺术的手段为断了。我国古来的大诗人,许多能运用一种神妙异常的艺术手段,如杜甫的《赠花卿》诗起首二句:

锦城丝管日纷纷,半入江风半入云。

我们读了这诗,便有恍如置身"钟鼓齐鸣,笙簧并奏"的雅乐场所一般的幻觉;那丝管的缥缈悠扬的普响,都被他描摹出来了。如果将这两句诗译为古文,或语文,便索然无味,断不能有这样引人入胜的妙处。又如《鄜州月》诗句曰:

香雾云鬟湿,清辉玉臂寒。

只此十字,将女子对月怀人的情景,写得非常的生动,非常的细致;将这二句的含义引伸出来,足够一篇骈俪文的材料。这样的美妙的纯艺术手段,能不令人惊叹!

这种手段的养成,半由天才,半由文学的修养。文家的天才和修养,不能人人相同,所以手段也不能人人相类;发抒同样的情感,运用同样的材料,而美妙之点,却不会千篇一律。我们读悼亡诗而不觉其相同相因,半由于作家高妙的手段。兹就上面所引的悼亡诗,略举数例:

例一:

顾我无衣搜画箧,泥他沽酒拔金钗。(元稹)
廿载无衣搜画箧,不曾悔却嫁黔娄。(王渔洋)

例二:

今日俸钱过十万,与君营奠复营斋。(元稹)
俸钱今日空营奠,谁向泉台觅故人?(张问陶)

例三：

若使少君真有术，不辞千里到稠桑。（王渔洋）
何处招魂呼妙子？年来三度过稠桑。（张问陶）

在一、二两例，王、张二人的诗，都引用元稹的诗，却能别具妙处。例三则同用一样的典故，而好处却不相同。又如宋梅尧臣的：

……却还见儿女，不语鼻辛酸。去年与母出，学母施朱丹。今母归下泉，垢面衣少完。念尔各尚幼，藏泪不忍看。

元揭傒斯的：

……汝父飘零汝母休，吾亲虽健俱白头。雨声断道风惊屋，阿婆独抱诸孙哭。

明王彦泓的：

……挥泪万千叮嘱遍，只教珍重视遗男。

清王渔洋的：

……牙牙学语今何似，忍听骄儿索母啼？

都是从孤男弱女着笔，在普通来说，不过说几句："可怜的儿女们呀！汝们的母亲死了！还有谁来照料汝们呢？……"就完了。但他们写来，各自不同，而我们亦不能品别其高下。如果不是各具美妙的艺术手段，那能描写得无微不至，各而显其美呢？这种的妙处，不独于悼亡诗为然，在古来诗人的集里，真是美不胜收，我们研究悼亡诗，不过可以见其一斑罢了！

诗家有了这种艺术的手段，又能情动而后发，就能产生有价值的"至文"。但每有作家不知注重情感，专以手段求胜，结果反失了艺术的美，而陈腐滥调，纷然杂作。黄梨洲先生《明文案序》又曰：

三百年来，集之行世藏家者，不下千余家，少者数卷，多者至于百卷。其间岂无一二至情之语，而埋没于应酬讹杂之内，堆积几案，何人发视？即视之，而陈言一律，旋复弃去。向使除其雷同，至情孤露，不异援溺人而出之也！

应酬讹杂之作,埋没了至情的篇什,就是只有手段,不重情感的结果。可见有艺术的手段,也不能舍弃真切的情感。我们应该崇拜过去诗人艺术手段的崇高,也要知道古代作家滥用手段的失败。我们研究古今的文学,都应该有这种分析的观察,蔽于一得的人们,断不能有伟大的创获!

(原载《粤声》1929年第1期)

清代六省戏班在广东

冼玉清

清初，广东戏剧有两派：一是外江班，一是本地班。外江班这个名称，表面看来似乎很简单，其实里面却很复杂。根据广州魁巷"外江梨园会馆"的碑记，外江班大致是指苏、皖、赣三省的戏班。后来又加入湘班，合前三省而言，可以叫做四省梨园会馆。此外还查出有个"豫鸣班"，那么，所谓外江班就不止四省，还要加上豫省而成为五省外江班了。至于桂剧则不隶属于"外江梨园会馆"，它在清初已流行于广州和广东南路一带。桂剧是湘剧的支流，而唱腔又用桂林官话，为了全面地考察外省戏班在广东的活动情况，故把它归入六省戏班这个题目叙述，目的在追溯粤剧和外省戏的关系。在粤剧未正式形成之前，本地班所唱之戏，仍系外省戏腔。演唱者多是本地人，他们不是梨园会馆科班出身，受了"外江梨园会馆"的行会规章的排斥，不能在广州公开演唱，故称为本地班。因此，早期外江班和本地班的分别，并非由于唱腔之不同，舞台艺术的差异，所演剧本之悬殊，而是广州外江班的戏班行会，排斥本地人唱外江戏。外江班和本地班的区分，很可能是外江戏班行会做成的现象。

本文主要是根据梨园会馆碑刻原始资料，试图探讨鸦片战争前后，广州由一口通商变为五口通商时期，各省行商来粤贸易和外江戏班联袂随来的关系及其变化。概述六省戏班演唱的历史；着重研究外江班戏剧行会的组织；使我们认识通商时期的广州，其对外贸易的兴衰和外省戏班的直接关系；为研究广州史、戏剧史以及行会制度史，提供一些意见。

一、外省戏班来粤演唱的经济背景

清代乾隆间，广东有成百个外江班戏种来这里演出。在封建社会，以一个都市，而容纳徽、吴、湘、赣这许多剧种，是有它的经济背景的。此点欧阳予倩同志亦已见到。他说："广州很早就是一个通商的都市，乾嘉年间又是比较安定的时期，无怪有许多戏班到广州。除掉外江班（指外省来的班子），还有本地班。"① 现在我把这些实况，作较详的论述。

乾隆二十四年（一七五九年），高宗下令限广州一口通商，以此广州便成为清朝对外贸易最大的商港，全国各地出口货都集中在此地出口。其商品都是由安徽、江西、福建、湖南以及江浙的商人贩运来的。广州集中了商舶和商人，真是"阿城大舶映云日，贾客千家又百家"，可称天下商贾聚处。其商人有湖南帮、江西帮、福建帮、江浙帮。同时在广州进行贸易的外国商人，有英吉利、荷兰、法兰西、丹麦、瑞典、普鲁士等国，而以英国占首要地位。对外贸易的发展，引起清朝财政上发生很大的变化。回溯康熙二十四年（一六八五年），清政府设立粤海关，管理日益增长的广州一口对外贸易和征收关税的事务。自设立海关后，广州对外贸易发生巨变。它要有一个皇商组织起来应付这些事务，是年正式改组广东十三行为十三洋行，以便更好地管理和专揽对外贸易。洋行发展到二十家，全国茶丝全部都要运来广州由十三洋行办理出口。随着对外贸易的发展，广州商业资本为全国最活跃的口岸。于是出口货单和白银，都集中在广州来了。平均每年输入银子1308407元（一七〇〇至一七五〇年），有屈大均"钱银堆满十三行"的诗句可以为证②，商业资本和商品流通的发达，激刺了信用制度的发达。广州有银业公会"忠信堂"的产生，全盛时期，拥有会员34家。山西票庄在广州亦设有分店。贸易既然集中一口，于是全国商帮云集广州。由于文献不足，当时广州整个市面的繁荣，未易得其全貌。单举市内最繁盛的一条街市"濠畔街"可以概见。"濠畔街当盛平时，香珠犀象如山，花鸟如海。番夷辐凑，日费数千万金。饮食之盛，歌舞之多，过于秦淮数倍。"③ 外省商人多来广州掘金，"歌舞"事业，就跟着兴盛。珠江风月，花艇歌妓，足供商客"销魂"的，有潮帮和扬帮。扬帮歌妓"来自扬州，余皆湖广、江西人也"④。甚至有的远从河南省买来广州当歌妓的。这是不正常的娱乐。另有正常娱乐的戏班，亦争相涌来演戏掘金。以一个商客云集的大都市，商客要求娱乐，戏班自然跟着大大兴旺起来。

外省戏班有成百个流寓广州，也是广州客商云集的一个旁证。艺人作客他乡，在封建时代，为了保护同帮的利益，在行会制度作统治地位时代，他

---

① 欧阳予倩：《一得余抄》，第249页。
② 屈大均：《广东新语》卷十五，第28页"货语"。
③ 屈大均：《广东新语》卷十七，第16页"宫语"。
④ 沈复：《浮生六记·浪游记快》。

们共同在广州组织戏人行会"梨园会馆"①。乾隆二十四年建筑馆所在广州魁巷，祀九皇，前殿则奉老郎之神②。

梨园事业之兴衰，与来粤客商之兴衰，是有直接关系的。演戏的兴衰，又决定"梨园会馆"的兴废的经济条件。"梨园会馆"建成后，外江戏班也跟着商人的尾后来淘金了。而且"夷人到广，货物繁多，虽不能一时全数销售，但各省客商来广装买洋货者，亦复不少"③。但碑文乾隆三十四至四十年间，各省客商"来粤贸易者寡"，当时贸易既操纵在十三洋行之手，是则"来粤贸易者寡"，是十三洋行衰落之候也。此时行商破产，是其中的一部分原因。行商由于本身的骄奢淫逸，无可避免外商的债务负担。然根本原因，则由于清朝官吏的苛敛勒索所致。行商破产，对外贸易暂受波及，故外省客商不来。本来广州的外江班，全靠商客为票友。商客票友少，则戏班生意淡。戏班暂时不能自顾，那有余款捐资修会馆呢？不过外江班的观众，主要是靠客商，但它们仍有很多其他的观众。碑文记"除本行衙门与士商各行等"观众之外，还有"各乡到城定戏"，可知外江班在乡村也有一定的观众。宋朝李格非《洛阳名园记序》有云："且天下之治乱，候于洛阳之盛衰。而知洛阳之盛衰，候于园囿之兴废。"这几句话，可以借来说明清代"广州之盛衰，候于外江梨园之兴废"。有碑为证，乾隆四十五年（一七八〇年）《外江梨园会馆》碑记云：

> 三十四年及四十年，刘守俊邀各班捐费修整二次，奈此时来粤贸易者寡，偶助公款，亦不敷用。至近年接踵来者有十余班，于是公议……各班踊跃捐得千余金。

乾隆三十四年至四十年间，由于这时"来粤贸易者寡"，故捐款修整梨园会馆是偶然的乐助，是不够修建所需的。到了乾隆四十年左右，各省客商来粤贸易者众，于是各省戏班也跟着"接踵来者十有余班"。贸易上升，直接影响戏班收入增加，捐款因之容易筹集，"各班踊跃捐得千余金"。可见梨园的盛衰，是各省客商来粤贸易的测候所。

上文指出在鸦片战争前，全国商品集中在广州一口输出，当时中英贸易上的主要出口货以茶叶占首位，次为生丝、土布，此外还有丝织品、陶瓷、

---

① 杨掌生：《京尘杂录》卷四，第38页。
② 杨掌生：《京尘杂录》卷四，第37页。
③ 梁嘉彬：《广东十三行考》，第139页。

糖、大黄、樟脑、水银等等，而茶叶、生丝、土布，是三项对英国输出的首要货物。这三项首要出口货，多数不是广东出产的。

丝是从江浙贩运来粤的。乾隆二十四年（一七五九年），两广总督李侍尧奏称："惟外洋各国夷船到粤贩运出口货物，均以丝货为重。每年贩卖湖丝并绸缎等货，自二十余万斤至三十二万斤不等。统计所卖丝货，一岁之中，价值七八十万或百余万两。至少之年，亦卖至三十余万两之多。其货均系江浙等省商民贩运来粤，卖与各行商，转售外夷。"① 广东和江浙之间的驿运，为民间雇佣的"千里马"。"而且近年各夷商分遣多人前往江浙等省购买货物，不时雇觅'千里马'往来，探听货价低昂。"②

茶叶来自福建、江南、徽州、湖南等地。乾隆四十三年，广东十三行复广东巡抚李湖禀内称："茶叶一项，向于福建武夷及江南徽州等地采买，经由江西运入粤省……"③ 这些货物，由几十万个挑夫徒步经运输要津南安而运到广州。茶丝商贩，把它们卖给广东十三行。行商设立公行，专包揽对外茶丝贸易，又加上江西景德镇陶瓷外销，于是茶丝及陶瓷均集中广州。由于间接贸易，货物来广州交给十三行转售，要等待脱手后，云集广州的商帮才能回去。他们在广州作短期寄寓，客中需要消遣，商人又挥金如土，随着各商帮之后，各省的戏班亦相继接商帮之踵而来。江浙帮商人，必然爱看爱听昆腔。所以乾隆三十一年有姑苏红雪班。安徽商帮必然爱听徽剧。乾隆四十五年，为徽班极盛时期，来粤有八个戏班，共238人，可知皖茶叶运广占优势，而徽剧又有不少昆腔班，如春台班唱昆腔，江浙寓公亦可以听。赣剧两班62人，半供江西商帮观赏。湘剧一班26人，多供湘人观看。乾隆五十六年，来粤外省戏班四十四个：其中徽剧班七个、湘剧十八个、赣剧二个、苏剧十一个。湘剧占40.9%，它居然超过徽剧二倍半。决定湘剧占优势的因素是：陆路运输，湘南比江西多一条路；一条是靠近粤北的郴州，它从来是广东手工业品和湖南农产品交换的冲要之区；另一条是湘潭，中国丝茶之远销外国者，必先在湘潭装箱，然后再运广东放洋。以故，"湘潭及广州间商业异常繁盛，交通皆以陆，劳动工人肩货往来于南凤岭者，不下十万人"④。以上虽然是指五十年代的事，但由湘剧之鼎盛，大有取徽剧而代之之势。可知鸦片战争前十八世纪九十年代，湘南对粤的货运已发达了。否则湘剧突然增

---

① 《李侍尧折》，载《史料旬刊》第五期，第158页。
② 《乾隆二十四年英吉利通商案》，载《史料旬刊》第五期，第307页。
③ 梁嘉彬：《广东十三行考》，第137页。
④ 容闳：《西学东渐记》。

加，是不可想象的事了。

二、六省戏班在广东演唱概述

　　随着各省贩运特产的客商麇集广州，各省戏班也跟着该省客商涌来广州掘金，形成十八世纪后半期长江以南各剧种集中在广州发展的盛况，大有百花齐放的繁荣气象。

　　外省戏班集中广州，乾隆二十四年在旧德门外魁巷建立"外江梨园会馆"。现存有十一个碑记。这许多碑记，对于研究吴剧、徽剧、赣剧、湘剧的发展历史及其传播很有参考价值，现在的粤剧源于皮黄，而赣剧、湘剧又是徽剧的支流。徽剧是皮黄戏，桂剧也属于皮黄系统，桂剧是通过湘剧接受皮黄的。研究"外江梨园会馆"碑记以及桂剧在广东的演唱和传播，对于粤剧的历史提供重要的线索。戏剧是一种富有浓厚地方情调的舞台艺术，虽然同出于皮黄，他们之间的关系，是相当复杂的。粤剧通过湘剧和桂剧，接受徽剧的艺术。

　　中国民间梨园职业团体史料，系统地保存并不多。除了苏州保留一部分外，广州"外江梨园会馆"，为长江以南四省及黄河以南一省戏剧保存了许多珍贵的史料。许多旅粤有省别的戏班名字及每班人数、人名，赖以较完整地保存。早期来广州演唱的戏班，没有一个能例外地不题名石刻上的。要不是广州的商业繁荣，吸引了那么多客商来贸迁，各省的戏班不会发展到这样盛况的。可以说广州商业促进了四省旅粤戏班的发展，而四省戏剧在粤的发展，可能比较该省在省内发展更快一些。"梨园会馆"的成立，是说明外江班在广东盛极一时的纪念碑。最难得的是，在四省文献里，都不可能找到这样详细的戏班名称及每班名单。因此要研究十八世纪后半期长江以南四省的戏剧历史，不能不研究外江梨园会馆碑记。这些碑记的发现，为中国戏剧史提供第一手资料。像这样重要的史料，以前研究粤剧的人都不曾注意及之，也不曾知道。听说以前每年老郎诞辰，粤剧都选优秀的艺人在"梨园会馆"演戏。艺人数典不忘祖之情，可以想见。

　　广州"梨园会馆"的碑记开始被重视，是在一九五四年欧阳予倩同志来粤，要求广州市文物管理委员会到魁巷调查梨园会馆，拓出碑记十一张。我曾去该会馆探查，仍发现有残碎断片弃在地上，可能还有一部分被毁坏的。然而大部分重要碑记被保存下来，从此我们对二百年前广州剧坛的盛业得到一份原始资料，这是从来广东文献所未经著录，不能不说是一大发现。

综合诸碑记来考察一下各省戏班来粤的消长情况,得出如下说明:

(1)乾隆二十七年(一七六二),外省来粤戏班15个,总人数为384名(其中另有合成会议,是有人数的)。每班人数,多者由40—43人,为文聚班与太和班两班;17—19人者有三班;22—38人者有六班;最少者为豫鸣班,只有9人。

(2)乾隆三十一年(一七六六),外来四班共107人。其中标明地区的有两班:一为集湘班,一为姑苏红雪班(39人)。

(3)乾隆四十五年(一七八〇),来粤十三班,总人数349名。其中徽剧八班,占61.5%,人数238人,占65.6%。其他江西二班,人数62人。湖南一班,26人。

(4)乾隆五十六年(一七九一),来粤共四十四班,其中徽剧七班,占22.72%,湘剧十八班,占40.99%,吴剧十一班,占25%,赣剧二班,占4.5%。前一时期,徽剧占绝对优势。这一时期,则来粤者减少一班,而湘剧忽然由一班上升为十八班。增加很快,为什么呢?它标志着湘粤贸易突趋频繁,湘帮客商多,需要湘剧为娱乐,湘剧班来粤就更多了。

以下分述各省剧种来粤的情况:

(1)姑苏戏班:姑苏班大都唱昆腔,属于雅部。它在明末已经为广东官场和士大夫阶层所爱听的文戏。当时博罗张萱(一五八八至一六四一)家蓄姬人黛玉轩,能以《太和正音谱》唱曲,张萱为刻《北雅》一书。天启二年(一六二二),宛陵(安徽宣城县)梨园以汤宾尹书至,乞他以《北雅》唱昆腔①。由此可知他对昆腔的精熟。南海陈子升(一六一四至一六九一)亦擅昆曲,有《昆腔绝句》云:

九节琅玕作洞箫,九宫腔板阿侬调。
千人石上听秋月,万斛愁心也早销。

苏州字眼唱昆腔,任是他州总要降。
含著幽兰辞未吐,不知香艳发珠江。

青藤玉茗浪填词,余子纷纷俚且卑。
我爱吴侬号荀鸭②,异香偷出送歌儿。

---

① 张萱:《西园存稿》卷十五北雅序,第1页。
② 荀鸭,指词人假名也。

> 游戏当年拜老郎，水磨清曲厌排场。
> 而今总付东流去，剩取潮音满忏堂。①

明末姑苏昆腔歌者张丽人，为当时广东士大夫所倾倒。她死后还得到几百个广东士大夫送葬，有为她建立百花冢的韵事。到了清初，昆腔戏班更多在广州出现。乾隆三十一年（一七六六）有姑苏红雪班，当是昆腔班。乾隆五十六年（一七九一）所立《外江梨园会馆上会碑记》载有该年来粤四十四班，姑苏班占十一班，题名如下：

姑苏庆云班	姑苏万福班	姑苏五福班
姑苏清音班	姑苏庆春班	姑苏添秀班
姑苏集秀班	姑苏嘉庆班	姑苏春星班
姑苏吉祥班	福祥班	

欧阳予倩同志说："姑苏的十一班，可能全是昆腔。"② 我也认为全是昆腔班的可能性很大。从明末至乾隆后，昆腔在广东官场和大商家之间，是有相当观众的。同一碑记中，有"湖南集秀班"和"姑苏集秀班"同名，"姑苏集秀班"是昆腔，"湖南集秀班"也是昆腔无疑了③。考乾隆四十五年（一七八〇）《外江梨园会馆碑记》载有保和班演员产泰周。五十六年《碑记》安徽产泰周则担任姑苏班管班，又可知安徽保和班也是昆腔。欧阳同志又指出安徽春台班是昆腔，计算起来，已有十四个昆腔班了。其余（三十班）的班社中，也可能还有昆腔班，于此可见昆腔戏在广州是曾经相当盛行的。

及至嘉庆年间，广东盐商还以私人组织昆腔班。俞洵庆《荷廊笔记》卷二载：

> 嘉庆季年，粤东鹾商李氏家蓄雏伶一部，延吴中曲师教之。舞态歌喉，极一时之选，工昆杂剧。

李氏所组的幼童昆腔班，是广东子弟，拜苏州昆曲师傅授艺，这是本地外江班的典型。

---

① 陈子升：《中洲草堂遗集》卷十七，第 7 页。
② 欧阳予倩：《一得余抄》，第 248 页。
③ 欧阳予倩：《一得余抄》，第 248 页。

（2）安徽戏班：徽剧当时是未定型的。它虽属皮黄系统，但也还有相当昆腔存在。清初，"广东在一个时期徽班很盛行。徽班不仅传给广东伶工西皮（梆子）二黄的一套，同时也把武术带了进去"①。据会馆碑记，乾隆四十五年，来粤戏班十三班，徽班占八班，人数258人。

  安徽文秀班 安徽上升班 安徽保和班
  安徽翠庆班 安徽上明班 安徽百福班
  安徽春台班 安徽荣升班 集庆班（疑亦徽班）

在许多徽剧当中，明确知道的，安徽春台班和安徽保和班都是昆腔班。乾隆五十六年碑记徽剧有七班：

  安徽保庆班 安徽胜春班 安徽宝名班
  安徽荣升班 安徽裕升班 安徽贵和班
  安徽春台班

七班之中，只有安徽春台班和安徽荣升班是四十五年留下来的，其余五班都是新班子。四十五年的荣升班管班鲁国聘、春台班管班汪飞云，五十六年荣升班管班汪朝班、春台班管班汪云献，几乎全部易人。只有安徽保和班产国泰上升为管班，他离开保和班跟郝秀官组集秀班。照会馆规约，在不违背行规的限度内，可以"投别班"或"搭别班"。产国泰由徽班转入姑苏班是合法的。徽剧和粤剧本地班的关系，据欧阳同志说，粤剧"接直受徽班的影响的确很大"。

（3）江西戏班：江西班即唱弋阳腔的赣剧。明徐渭《南词叙录》载："弋阳腔出于江西，流行两京、湖南、闽广。"按《南词叙录》作于嘉靖三十八年（一五五九），麦啸霞《广东戏剧史略》②根据徐渭的话，断定嘉靖年间广东戏曲唱的是弋阳腔。如果说早期广州府本地班唱的是弋阳腔，是没有可靠根据的。徐渭所述"闽广"的涵义值得注意。若果指接近江西的潮州本地班在明代已采用弋阳腔，那就对了。弋阳腔是高腔，唱法主要是一个人出台，许多人在后台帮腔，兼用锣鼓等打击乐器伴奏。潮剧在明代已流行，较广府的本地班要早一百多年。明代广府却流行昆腔而非弋阳腔，麦氏弄错了。欧阳同志也有模糊的地方，他说："琼花会馆，佛山有，广州也有，广州的

---

① 欧阳予倩：《一得余抄》，第246页
② 《广东文物》卷八，第793页。

在琼花大街。"据粤剧老艺人说:"在明万历间,广东的伶工,已经有行帮组织——琼花会馆。""琼花会馆旧址的琼花大街,就是沙面东桥附近的对门。"① 在清初乾隆间,沙面是歌妓麇集之地,当时的沙面靠近沙基。我认为"琼花大街"是指歌妓聚处而言,非指戏班而言,和佛山琼花会馆不能混为一谈。

弋阳腔传来广东还是外江人,"据说雍正年间,有个湖北籍的名伶张五(绰号摊手五)因为得罪了官府,从北京逃到佛山,把京腔(即弋阳腔,又名高腔)和昆腔、武功教给红船子弟,成立戏班","在佛山大基尾的琼花会馆,可能是建在粤剧演员之手,而是在张五之后,而广州的琼花会馆,可能是弋阳班子所组织成的"。② 这无异把嘉靖年间弋阳腔传入广府之说,改为万历年间传入而已。如果前一说不可靠,后一说同样不可靠。更不能由张五祖师影响下建立的琼花会馆来推论琼花大街有过不存在的琼花会馆,说是弋阳班子组成的。

乾隆四十五年《梨园会馆碑记》载江西班有二个:江西贵华班、江右江易班。乾隆五十六年碑记载江西班有五个:江西华秀班、江西玉秀班、江西上升班、江西绮春班、绣春班。当中江西上升班和乾隆四十五年的安徽上升班同名。但江西上升班是唱江西弋阳腔,而安徽上升班是唱安徽弋阳腔。

(4)湖南戏班:湘剧是属于皮黄系统。汉剧、湘剧、桂剧称西皮为北路,称二黄为南路,故称南北路。乾隆年间,湖南班到广东的很多:有的是昆腔班,有的唱南北路。到广东的湖南班子,以衡阳和祁阳班为主。衡阳班子多数是唱昆腔的,祁阳班是以唱南北路为主③。我们已知道长沙班有一个班子,是由昆腔转唱乱弹的。

乾隆三十一年(一七六六)《外江梨园会馆碑记》载有集湘班,人数为21人。四十五年(一七八〇)的碑记载有湖南祥泰班,共36人。五十六年(一七九一)《上会碑记》载来粤外江班共四十四班,湖南戏占十九班:

湖南悦普班	湖南天庆班	湖南集秀班
湖南万胜班	湖南双福班	湖南阳泰班
湖南凝福班	湖南连升班	湖南大观班
湖南福寿班	湖南瑞华班	湖南普庆班

---

① 欧阳予倩:《一得余抄》,第252页。
② 欧阳予倩:《一得余抄》,第251页。
③ 欧阳予倩:《一得余抄》,第245页。

湖南庆芳班　　湖南彩云班　　湖南景台班
湖南丽华班　　极乐天班　　祥麟班　　宜庆班

乾隆五十六年《重修梨园会馆碑记》尚有祥泰班题名。上列十九个湖南班子中，确知籍贯的有两班：一是长沙班，查碑记中有湖南普庆班；一见于五十六年《重修梨园会馆碑记》，另一见于五十六年的《上会碑记》。考杨掌生《京尘杂录》有"长沙普庆部"，广州"湖南普庆班"当是袭用"长沙普庆班"之名，它是长沙戏班无疑了①。周贻白同志指出"道光十八年（一八三八）长沙已有习唱南北曲的普庆部，是合赣剧和汉剧为一炉。赣剧的成分：它前身是弋阳的高腔；汉剧的成分是南北路。道光十八年后，湖南戏曲由昆曲完全换上乱弹，而'普庆部'在长沙一带，似即此一转变的关捩"②。另一班是"湖南集秀班"，同一碑记里，又有"姑苏集秀班"，因此确知"湖南集秀班"是昆腔班。

衡阳戏在旅粤湖南班子中，亦占重要地位。嘉庆乙丑（一八〇五）《重修会馆各殿碑记》有"天福班"和"瑞麟班"，从捐款数字来看，单正礼是戏班老板中较富有的。例如嘉庆乙丑，他以个人名义捐助100两，同年又以两个戏班名义各捐50两。道光三年（一八二三）以瑞麟班名义捐银10两，道光十七年，单正礼仍有题名。可见单正礼所组的戏班是生意好的。大约衡阳和广东贸易运输比较接近，衡人居广州者多，遂刺激衡阳班的兴盛。单正礼所领的天禠班和瑞麟班，应属于祁阳戏系统。祁阳戏包括昆曲和乱弹，亦即南北路的总称，它的声调接近长沙戏。广东本地班的乱弹，是以祁阳戏作为基础的③。而欧阳同志则认为"衡阳班子多是唱昆腔的"④，但并不排斥那唱南北路的祁阳戏。祁阳戏的声调接近长沙戏，很可能走长沙普庆班路子，由昆腔改唱乱弹。

湖南戏在十八世纪二十年代的广州剧坛，是享有盛名的。嵇致亮《珠江观剧记》载：

嘉庆庚辰（一八二〇）暮春，观剧散闷。添福菊部即为余所赏，索团扇拂暑急，允其索，因与缪莲仙合题诗于扇面云：

---

①　杨懋建：《京尘杂录》卷四，同文版，第46页。
②　周贻白：《中国戏曲论丛》，中华书局1952年版，第104—105页。
③　周贻白：《中国戏曲论丛》，中华书局1952年版，第103页。
④　欧阳予倩：《一得余抄》，第246页。

"客邸无聊唤奈何，逢场相约听清歌。
凤郎一曲移情甚，眉有春痕眼有波。"
"珠江雅集奏云璈，梁绕余音格调高，
斜日毵毵翻舞袖，可怜人似小樱桃。"
（原注云：凤郎姓周，楚南人，又名阿凤。粤东梨园不乏佳丽，而添福菊部尤著于时。）①

查现存《外江梨园会馆碑记》无嘉庆庚辰年者，则添福班是又一湖南班。除非官戏不入会，或这个碑记已经被毁了。不然，像添福这样著名的戏班，若果不入会，很难在广州立足的。因会馆规定"官戏任唱，民戏不准"。

（5）广西戏班：广西戏班不在外江梨园馆之列，因此会馆碑记没有桂戏的题名。本文以六省戏班为题，在梨园会馆所有的五省戏班之外，附带说说桂戏，以合成六省之数。在清代桂剧不仅来广州演唱，而且在广东南路民间很流行。据旧稿本绿天所撰《粤游纪程》述雍正十一年间（一七三三）桂剧在广州演唱情形：

广州府题扇桥为梨园之薮，女优尤众，歌价倍于男优。桂林有独秀班，为元藩台所品题，以独秀峰得名，能昆腔苏白，与吴优相若。

榴月朔，署中演戏，为郁林土班。不昆不广，殊不耐听。探其曲本，只有《白兔》《西厢》《十五贯》，余俱不知是何故事也。②

桂林独秀班能操苏州话演唱昆腔，碑上的徽剧春台班，和与姑苏集秀班同名的湘剧集秀班，都是昆腔。桂剧是通过湘剧接受昆腔的。考梨园会馆设立于乾隆二十四年，在未立会馆以前，广州剧坛没有戏班行会排他性的组织，所以雍正十一年桂林独秀班能来广州演唱。自有外江梨园会馆后，就不复见有民戏桂林班来广州了。可能是外江班排斥它，不准独秀班在广州演唱。

桂剧除了桂林班外，还有郁林土班子。所唱的"不昆不广"，是一种郁林方音化的昆调，介乎桂林官话和昆腔之间。是在创造一种适合于广东一般人的腔调，便于广大群众的观听。观于旧钞本《成案备录》"谋故杀人"所载：

道光三年正月内，有电白县人郭观陇带领戏班戏子逐日到各村演唱，

---

① 缪莲仙辑：《梦笔生花》四编卷五。
② 蒋星煜：《李文茂前的广东剧坛》，载《羊城晚报》1961年2月3日。

是月二十三日，郭观陇因各村神戏都已演完，就令各戏子雇坐船自把戏箱运回籍。

据郭观陇系电白县人，向掌戏班生理，雇广西郁林县人吴老晓、易阿金在班演戏，并雇陈阿四、放阿复帮工煮饭。吴老晓戏曲生疏，屡次唱演错误。易阿金常向讥诮，吴老晓因此挟嫌……①

电白县人组织郁林班，雇请桂剧艺人吴老晓、易阿金作班底，在广东南路一带农村流动演戏。易阿金讥诮吴老晓演唱错误，致被他杀死。郁林班的变腔（即变昆腔）更能适合广东农民的听觉。这样"不广不昆"的腔调，可能就是当时及后来广东本地班流行的"戏棚官话"——即桂林系方音。这种变腔的"外江班"，几乎接近本地班了。

（6）河南戏班和伊州舞：外江班还有唯一的河南梆子戏。乾隆二十七年题名碑有豫鸣班，有9人。豫鸣当指河南班子。"广东称西皮为梆子，故称梆黄。……梆子这个名，比西皮早一些，因此想见广东的伶工，接受乱弹比较早。"② 乾隆初年河南梆子已在广州演唱。沈复述："喜儿亦豫产，本姓欧阳，父亡母醮，为恶叔所卖。"③ 她可能是唱梆子腔的。

在嘉庆间，广东还有新疆维吾尔族的伊州歌舞艺人出现。嘉庆壬申（一八一二）惠州花面伶善歌舞，吴兰修有《花面伶歌》云：

花面伶，年十五。回鹘装，伊州舞。一曲高歌有鬼神，声泪无人识倾吐。将军开筵徵菊部，十丈毡罽奏箫鼓。④

从花面伶的服装和歌曲看，有箫鼓伴奏，当是外省行当。伊州即伊吾县，本西伊州，今新疆哈密县。《唐书·礼乐志》载"伊州为天宝曲名，伊州商调曲为西凉节度使盖嘉运所进，故调牌名'伊州令'"。

三、外江班和本地班的关系

欧阳予倩同志认为广东剧坛"由外江全盛，渐成为本地班与外江班并

---

① 《成案备录》卷之二，中山大学图书馆藏旧钞本。
② 欧阳予倩：《一得余抄》，第245页。
③ 沈复：《浮生六记·浪游记快》。
④ 伍崇曜编纂，谭莹校字：《楚庭耆旧遗诗后集一》，第14－15页。

立。再成为彼此合并,最后本地班独盛"。① 这儿提出外江和本地班的对立观念问题,是值得商榷的。

所谓外江班和本地班的界说,也不很严格。两者既有联系又有区别。早期联系多一些,后期区别多一些。不能把后期两者的区别来表述早期两者的区别。尤不能把将近定型的本地班——粤剧来解释早期未定型的本地班。未定型的本地班和外江班区别不很大,而且外江班也有数种的不同:

外江班
本地外江班
洋行外江班
落籍外江班

道光十七年(一八三七)规定"新收徒弟,照第二条处理"。他们定居和传授下一代,很容易变成"落籍外江班"。而其徒弟散出,自然成为"本地外江班"的队伍。根据现存《梨园会馆碑记》,从乾隆二十七年至道光十七年,外江班从分地区到不分地区。它好像说明早期的外江班还是就所来的省区分别的,到后来就不分了。是否暗示外江班已落籍广州呢？光绪十二年(一八八六)《重修梨园会馆碑记》有"吉庆公所"捐银 100 元。吉庆公所在广州城外,为本地班的会馆,它捐款修梨园会馆,可知本地班和外江班的关系。其关系是相对的,并非绝对的。乾隆三十一年(一七六六)碑记有集湘班、姑苏红雪班之别,又有洋行班之名。前二者为外省外江班,后一者为洋行外江班。洋行班是广东十三洋行商帮共同出钱组织的外江班,从碑记上可以看出洋行班的组织:一班有班主、管班、师傅、众信 8 人,子弟 14 人。该班师傅为李文凤,考乾隆二十七年(一七六二)建造会馆碑记有李文凤,原属文聚班成员。查洋行商人,十之八九为福建人。住粤日久,便为粤人。与同孚行有关的大商人潘仕成是福建人,而隶南海籍。洋行班虽名为外江班,但因它的班主是洋行商人,因此洋行班和洋行商人一样,已是属于广东外江班了。它是外省外江班转化为本地外江班的具体例子。但外省外江班也是不稳定的:它们有的可能长期留寓广东,变为像现在的"广州京剧团"了。有的因行会衰落而出班,在广东另组织外江班,而成为本地外江班。外江班和本地班有区别,也有联系。俞洵庆云:

---

① 欧阳予倩:《一得余抄》,第 252 页。

> 嘉庆季年，粤东鹾商李氏家蓄雏伶一部，延吴中曲师教之。……其后相传，教授乐部，统名曰外江班。而今已六十余年，何戢老去，笛板飘零，班内子弟，多非旧人。康昆仑琵琶，已染邪声，不能复奏大雅之音矣。犹目为外江班者，沿其名耳。①

李氏所组的幼童昆腔班，是广东子弟，拜苏州昆曲师傅，这也是本地外江班。"其后相传，教授乐部，名外江班。而今已六十余年。"这种相传教授，不一定从外省请师傅来教，而是本地外江班的师傅任教了。它"统名外江班"，自然要加入"梨园会馆"去。考梨园会馆碑乾隆五十六年（一七九一）戏班题名，已不分省区和剧种，其原因可能是落籍外江班与本地外江班合流。"犹目为外江班者，沿其名耳。"它在"嘉庆季年"已如此了。这是外江班演变之迹，即从客籍外江班变为落籍外江班，还有本地外江班。早期所谓"本地班"事实即本地外江班。同唱外江戏，其所以分为本地班与外江班者，外江班是有行会的班子，本地班则属于"民戏"；这一点在讨论戏班行会制度时再详说。再从本地班是外江班的变种说，《荷廊笔记》谓"本地班专工乱弹、秦腔、角抵之戏"，即用桂林官话（即广腔）唱高腔，名为桂林官话的本地班。本地班和外江班两个名词的概念不是很稳定，因此两者的区别不是很严格的。不能把本地班作为粤剧的同义语，外江班作为外省的戏班，因为考虑到清代广东还有"沿其名耳"的外江班。

潮剧，外省人叫做外江班，潮州人则叫本地班。龚志清《潮州澄海四时竹枝词》云：

> 正月花灯二月戏，乡风喜唱外江班。②

这儿所谓外江班是指弋阳腔，它已经潮州方言化了，因而又叫本地班。张心泰《粤游小记》说：

> 潮剧所演传奇，多习南音（欧阳予倩案语"就是说用潮州话唱"），而操土风，听者忘倦。

潮剧也可叫潮州的"本地班"，它还不脱弋阳腔的外江班风格。广州府所谓"本地班"，仅仅是粤剧萌芽过程中的胚胎，还不能称为粤剧。早期广州府

---

① 俞洵庆：《荷廊笔记》卷二。
② 缪莲仙辑：《梦笔生花》三编卷三，第 1 页。

"本地班"也唱高腔（详前江西戏），是属于弋阳腔系统。然则潮剧用潮州话唱高腔，而粤剧却用桂林官语（即广腔），唱高腔，名为"本地班"。可知"本地班"又有地区之不同，唱腔之差别。

欧阳予倩同志说粤剧的形成过程是这样："由外江班全盛，渐为本地班与外江班并立，再成为彼此合并，最后本地班独盛。"这就是把本地班和外江班绝对化了。"外江梨园会馆"早就有了十三洋行商人组的"洋行班"，和盐商组的昆腔班。"洋行班"是本地外江班的萌芽（郭观陇组的郁林班亦属此例），本地班是从外江班派生出来的本地外江班。它不断地地方化，越来越和外江班分离，以至创造自己的独特形式的剧种。它不是"和外江班合并"，而是和外江班对立。"派生"是外江班内部的东西，它从这儿派生出来，必然茁壮而脱离母胎——外江班，也就是和母班"对立"。既然和母班对立，怎能说是两者再合并呢？合并只能是外江班吞并本地班，而不能使本地班去合并外江班。由史实考查，外江班和本地班对立，至少在同治末年还是存在的。绍兴人杜凤治（藩台幕客）《特调南海县正堂日记》说：

> 同治十二年（一八七三）正月十八日，将"普丰年"移入上房演唱。……中堂太太不喜看"贵华外江班"。
> 十八日又请中堂太太去看广东班。
> 五月十三日，预备第一班"普丰年"，第二班"周天乐"，该两班适在肇庆、清远等处，将"尧天乐"（第三班）又名"普尧天"班留住。
> 五月十二日在豫章会馆演挂衣班。（玉清按疑即弋阳腔班）
> 我们两县……共送本地戏班，演戏四日。①

同治末年，广州尚有"外江班""本地班"之分。"普丰年""周天乐""尧天乐"三班是外江班，它不标明外江班者，可知已经本地化了。它和桂华外江班不同。本地化的外江班，还是不能和本地班合并，这是合乎规律的。至光绪十二年（一八八六）《重修梨园会馆碑记》有本地班吉庆公所捐款一百元，尧天乐班捐二十元，可知两班亦未尝合并。考"尧天乐"即上引杜凤治《日记》同治十二年第三班的"尧天乐"。

---

① 杜凤治：《羊城寄寓日记·总日记》第24册。

四、十八世纪后期广州外江戏班行会制度之研究

前段说到早期外江班和本地班的区别，仅仅是在广州有没有加入戏班行会的区别。外江班是有大型行会组织的班子，本地班则属于"民戏"。研究六省戏班在广东的演唱，不能不研究梨园行会制度。

清初中国行会很发达，已发展到行会晚期。广州外江梨园会馆是戏班的行帮组织，在全国来说，这种史料保存并不多。像广州外江梨园会馆，为戏班行会制度保存这么多的史料，可补行会制度这方面的空白。查全汉升《中国行会制度史》，没有只字提及戏班行会。《广州梨园会馆碑记》的系统保存，可以丰富这方面的资料，供我们作初步研究。

我对行会制度并没有什么研究。为了研究戏班行会制度，曾经阅读束世澂同志《行会规律发展的研究》①，得了一些有关经典作家论行会制度的教益。知道行会是封建制度下市民阶层的一个组成部分，具有它的特殊政治性质，即孤立的、脱离社会上其他部分的政治地位。

会馆是一种行会性质，中国人安土重迁，为生计所迫而作客他乡，他乡人地生疏，乡人为保护其生命财产，以同乡之谊组成团体。所谓同乡，有大同乡和小同乡之别。例如安徽省可以作为一个同乡的单位，而外省旅粤的人又可以把"外江"作为同乡。但"梨园会馆"是一个特殊的职业行会组织，标出"外江梨园会馆"的牌子，表明"外江"是作为大同乡，而"梨园会馆"则指伶界团体。今以次介绍如下：

第一，外江总寓（当时简称，即总会，是以戏班为上会单位）：

（1）组织：先说戏班的组织。根据梨园会馆碑记综合研究，知道一个戏班有班主、管班、众信（指场面人）、子弟（指杂役）、下至管箱（专管衣箱）。

由各省戏班组成外江梨园会馆，是一个总行会。道光七年（一八二七）《梨园箱上长佛会碑记》载：

> 盖闻梨园总会，向有长生、长庚、长庆、长聚等会，惟箱上原有福和会……

总会之外，分为若干分会，符合于马克思所说"现在行会，就会自行分

---

① 束世澂：《行会规律发展的研究》，载《华东师大学报》（人文版）1958年第三期。

裂为若干附属行会"①。总会有值事或首事，管理会馆一切对内对外事宜。

（2）上会与会费：会馆的设立，以增加同乡或同业间的感情为宗旨，所以在通例上，只要来会馆所在地的同乡或同业者，不论哪省、哪一戏班都有入会的资格。但会馆是同乡或同业的行会，有事业独占的作用。故为保护原有戏班的利益计，不能不对新来戏班上会有所限制。② 乾隆四十五年《外江梨园会馆碑记》订立行会规条十六款，刻石示众，清规戒律很严：

1）上会："凡来粤新班，俱宴客上会。如有充官班不上会，则官戏任唱、民戏不准。"限制新班要公宴和交会费若干金。但官戏可以例外，民戏则不公宴不能入会，不得任唱，这是戏班行会排他性的地方。戏班入会后，准在会馆挂班牌。新班到广东，先交会费银一百两，入会开台酒三席。但据乾隆五十年《梨园会馆上会碑记》入会戏班题名四十三班，上费有出五十两者，也有少至十两者。

2）限制：关于新班的管班，其活动也有限制。"凡新班到穗，管班先上会银十两，然后方可出名拜客投手本，如无不准。"

3）公费：会费之外，又有公费。"各班下乡，每场提花钱一元，在城每本（戏）一钱，充入会馆以作公费。"

（3）各班的关系："各班邀请脚色及场面人等，须凭会馆言明，两班自情愿方可，不得私自刁峻。凡包者须一年，分者公议。还清公账，方可出班。为有本人私自投别班者公罚，各班不许收留。"

"两班合演，有赏则公分。恐唤各班另赏，仍归与本班。"

"官差误下定，听其定家另调别班。本班送往别班可也。"

"班内有事，赴会馆理论，先备茶点，理亏者凭公处罚。"

"倘有在各衙门主东处谈论别班长短者，查出听罚。"

（4）定戏："各班招牌，俱挂入会馆。凡赐顾者，必期至会馆指明欲定某班，定戏付钱。""各班不许私自上门揽戏，查出戏金充公，管班罚戏一本。"

城乡戏价不同，"老城内外，每台戏抽十二元，加箱四元。新城外每台戏十二元，加箱四元。下乡则加开台四元"。

"各乡到城定戏，以先后为主。价钱高者可做。如不依，其戏银尽罚入会馆。"

---

① 马克思：《资本论》第一卷，人民出版社，第433页。
② 参看全汉升《中国行会制度史》，第105页加以演绎。

"定戏鞋金:除本城衙门及士商各行等,俱无鞋金。"

第二,各会。会馆内另有分会:长生、长庚、长庆、长聚等会。它们的性质,是保障各班内场面各人的利益的。

(1)长庚会:据道光十七年(一八三七)《长庚会碑记》,知长庚会是包招场面和八音两种人。"接班人以一年为期。如班主开发不用,其工银照一年算足。如自己未满辞班,其工银亦照一年赔还,方许搭别班。""凡新来场面做班者和八音做班者,都要向长庚会交会费(一个月工资)。""凡新收徒弟,要交会费和一个月工资。""年老不能做班者,帮助回乡盘费四元。死亡者亦帮助四元。"长庚会包括贵华班10人,绮春班7人,福寿班8人,洪福班9人,福华班8人,天福班8人。

(2)长佛会:是管理箱上的行会,亦即戏箱的负责人。戏箱内的戏服道具,是戏班的重要财产。戏服价值高,严防失窃。班主组织行会管理"箱上"是必要的。"倘有归箱物件遗失,理应赔还。""失漏服色物件,照例于开箱时间管戏箱人赔还。""如有生面之人入戏房,招呼乱坐箱上者,一应箱上失去物件,问招呼之人赔还。"

(3)财神会:(以个人为单位入会)财神会是梨园会馆的互济组织,供奉"福德财神"。会馆众人必须加入。道光十七年(一八三七)所立《财神会碑》,订约八条。

1)上会:"本行朋友,来粤若搭那班,限半月上会。见十扣一,问班主实问。""会众上会费,由班主在工资内见十扣一","所收银交直持僧管理,锁匙交四季头人管理。倘有失误,头人是问。""会存银照典行息,倘有私图利息,查出重罚。"

2)分配:"年老身衰不能做班者,救济公议。""会员五年以上,须归家者,给与路费。""若有本行红白事,送花银。"

"会员中有人借银,会齐各友方可借出。若无到齐,不得私借。倘有私借,查出重罚。"

如上所述,无论管班人、会员,都有严格的规条管理。像这样完整的戏班行会制度。历史和私人著述都没有记载过,可算是全国仅有的,是研究清代广州行会制度的绝好资料。它和当时的银行会馆、十三洋行,可称为清初广东三大行会吧!

外江梨园会馆以封建行会的排他性,排斥广东人的戏班,不准入"梨园会馆"。它们惟有从外江班区别出来,只可叫做本地班了。

至于广州"外江梨园会馆"的衰落,和来粤客商的衰落有直接关系。到了广州有本地班行会"吉庆公所"之时,即表示外江戏班行会已不能在广州独霸一方了。

结　语

本文可以总括为三要点:

(1) 清初六省戏剧,有老剧种和新剧种之不同。老剧种为江西弋阳腔和姑苏昆腔,前者是花部,后者是雅部。而徽剧、湘剧、桂剧则腔调与老剧种有交叉关系(河南梆子除外)。徽剧有唱昆腔的,如春台、保和班;上升班则唱弋阳腔。湘剧集秀班唱昆腔,而普庆班则唱南北路。桂剧则"不昆不广"。三省新剧种似未定型,仍要向老剧种吸取艺术营养逐渐本地化。长沙普庆班由昆腔改唱乱弹,最后则唱南北路。找寻本地班的定型形式,桂剧"不昆不广",也正是走向本地班化的中间状态。从这些新剧种的研究,可以得出一个地方剧种发展的通例,即由老剧种派生出来的地方新剧种,要经过一个未定型阶段,广东本地班也不能例外。

(2) 民间戏剧的发展,和城市工商业的繁荣有密切关系。城市工商业繁荣,刺激剧坛的繁荣。外省戏班在本乡可能是少数的职业团体。随各省客商来粤的戏班众多,尤其是湖南班大有集中来粤发展的趋势。可知戏剧艺术,有些在本乡得不到发展,来粤则大展鸿图,百花齐放。又可见城市经济对于戏剧发展起决定的作用。

(3) 早期外江班和本地班的差别,不是根本的差别,而是在外江戏班行会的排斥下,本地人没有行会保障,被排斥于外江班之外,名为本地班。洋行班是本地外江班的最早形式,它能容身于外江班者,就因十三洋行商人财可通神,故得挂名"梨园会馆"。它和本地外江班不能上会,成为鲜明对比。

外江梨园行会的组织是严密的,分总会与小会。凡戏班和个人,都要受行会章程的限制,不能自由行动,违犯章程就要受处罚了。

1962 年 10 月脱稿于琅玕馆

(原载《中山大学学报》1963 年第 3 期)

明末爱国诗人屈大均

黄海章

引　言

在中国历史上，晋代有汉民族和匈奴鲜卑羯氐羌的斗争，宋代有汉民族和女真族、蒙古族的斗争，明代有汉民族和满族的斗争。这些和汉民族斗争的民族，到了现在，都已成为兄弟民族了，彼此紧密地团结在一起。历史上所谓民族矛盾，到现在已不复存在了。过去封建统治王朝，如汉武帝、隋炀帝也曾发动侵略少数民族的战争，给他们带来严重的损害。可是汉民族是爱好和平的，广大人民对这些侵略性的战争，不但不会支持，而且予以根本的否定。但当汉民族受到了外来民族侵略的时候，农工商业遭到了严重的破坏，人民遭到了残酷的屠杀，文化也遭到了严重的摧残，汉民族奋起抗争，我们应该肯定，这是正义的行为。而刘琨、祖逖、岳飞、辛弃疾、文天祥、史可法、顾亭林、屈大均等，都可说是富有爱国主义思想的英雄人物。诚然，他们的爱国主义思想，还有忠君思想夹杂在内，而且往往看不到农民起义的正义性，不能团结他们，一致奋起对外；更看不到外族人民的入侵，是由于受了各族的统治者驱迫与蒙骗，而非出于他们自身的要求。然而这些历史的局限，是无可避免的。大汉族主义，我们极端反对，但在历史发展过程中，当汉民族处于被压迫被侵略的地位时，那些奋起抗争的英雄人物，我们是仍然要加以肯定的。现在且根据这种论点，来述屈大均。

一

屈大均，字翁山，一字介子，广东番禺人。生于明崇祯三年（1630），卒于清康熙三十五年（1696）。他所处的时代，是民族矛盾极端尖锐的时代。爱新觉罗氏以异族入侵中国，占领北京以后，即乘胜南下，灭亡了腐烂的南明王朝，复利用汉奸、官僚、地主企图消灭中国人民的反抗，如吴三桂、洪承畴之为虎作伥，以及那些靦颜事仇的士大夫如钱谦益、龚鼎等，他们惟知保持自己的禄位和财富，不惜牺牲国家民族的利益，那些都是民族败类。而自南明王朝复亡后，鲁王监国于绍兴，唐王称帝于福州，海内外民族志士，纷纷奋起抗清。鲁唐二王政权倾覆以后，瞿式耜等乃拥立桂王，以资号召。由于李自成、张献忠农民革命军余部支持，湘、赣、粤、桂、川、黔、滇等地，仍然热烈的展开抗清的斗争，而大均即参加斗争之一员。

永历三年（1649）大均谒桂王于肇庆行在，上《中兴六大典书》。桂王将任以中秘书，因父病回里。是年冬，父死。明年（1650）三月，清兵围广州，大均乃遁迹为僧，礼函昰于雷峰，改名今种，字一灵，又号骚余。名其所居曰死庵，以表示誓死不臣服清廷之意。后隐罗浮，时发为慷慨悲歌。永历十年（1656），乃度岭北游。入会稽，读书祁氏山园。复至南京，谒孝陵，十二年（1658）春，北走京师，求明崇祯帝自缢所在，痛哭失声。又东出山海关，周览辽东西形势。吊袁崇焕督师故垒，赋《出塞》及《塞上曲》而还。他并非想借古今胜迹来激发自己的文思，而是和顾亭林一样，留意山川险阻，以图恢复。他从塞上回来以后，又流连于山东、江苏、浙江一带，希望能有所建树。尝再至会稽，馆祁氏山园，与魏畊同谋匡复大计。畊有大志，尝麻鞋草履，遍走诸义军中，为他们通消息。曾遣死士用腊丸裹书致郑成功，言海道甚易，南风三日，可抵京口。永历十三年（1659）成功与张煌言合兵大举攻入长江，江南人民纷纷起来响应。成功连败清兵，追至南京近郊，并收复南京附近，及安徽部分地区，凡四府、三州、二十四县。北方人民，亦闻风响应。这一次的进攻，不但动摇了清室东南的统治，而且震动了北京王朝。不幸成功后来轻敌失利，乃退回厦门。清廷探得这一次的事变，魏畊和大均都曾参与，于是下令搜捕。魏畊被杀，大均急避地桐庐。永历十五年（1661），明桂王在缅甸，为吴三桂所执。明年，被绞死于昆明。然成功及大均等，犹奉永历正朔。1662 年，大均尝拜谢皋羽墓于富春山麓，不胜家国兴亡之痛。是年冬，再由南京至陕西。1666 年，出雁门，历大同、宣化。复游京师，谒十三陵。明年，再至南京，淹留吴越之交。八月，乃归故里。1673 年，吴三桂起兵抗清，大均乃上书言兵事，三桂令监孙延龄军于桂林。后来知道三桂只为个人利益打算，没有匡复的大志，乃托病归家，有《寅卯军中集》。三桂失败，大均又携家避地南京。1682 年，复归番禺。明年，郑成功孙克塽降于清，大均乃为感事诗以写其悲愤，自是不复再出。1696 年，病没，年六十七。

二

大均毕生富有爱国主义精神，不惜险阻艰难，奔走各地，以图匡复，这固然是由于清兵入侵中国以后,一贯的采取焚烧杀掠的政策,自北而南,成千成万的人民,遭受他的荼毒(如山东济南之"百万惨屠",临清屋舍之"尽皆焚毁",江西广信之"县无完村,村无完家,家无完人,人无完妇",以及"扬州十日""嘉定三屠"等,都是历史上有名的惨剧),凡是工商业发达的地区,都给他破坏了,农村也给他蹂躏了,大量的劳动力,也给他摧毁了,这样,就激起全国人民的怒火,纷纷以抗清为职志。而大均是一个有高度文化修养的知识分子,又自以为是屈原的后裔,抱着耿耿孤忠,希望对国家民族,能有所尽力,对清兵之焚烧杀掠,自然是非常愤激,要把这种恶势力根本加以消灭的。何况他的父兄,他的先生,他的朋友,都给他以深刻的教训,深刻的影响,因而意志更加坚决,誓死不作降奴。大均的父亲,名宜遇,字原楚,别号澹足。当清兵沦陷广州的时候(隆武二年),告大均说:"自今以后,你其以田为书,日事耦耕,无所庸其弦诵也。吾为荷蓧丈人,你为丈人之二子。昔之时,不仕无义,今之时,尨荒之有,神夏之亡,有甚于春秋之世者。仕则无义。洁其身,所以存大伦也。小子勉之。"(《翁山文外》卷七《先考澹足公处士四松阡表》)

这对他当然是一种很深刻的教训。而他的从兄,长曰士燡,次曰士煌,皆忠节之士。广州失守时,二人方居父丧。破产,衰经从军。初入罗浮,纠合十三营壮士,得数千人,与赴张家玉军中,未至而家玉战败增城。未几,陈子壮起南海,陈邦彦起顺德,合攻广州,不克。子壮走高明,邦彦走清远,据城死守。邦彦屡以书约士燡为内应,寻被俘殉难。其后士燡经历艰难险阻,九死一生。破先人之产,绝老亲之裾,与弱弟间走交南,至云南桂王行在。方是时,清兵在滇,控弦三十余万,分据要害,二人知事不可为,然犹辛苦追随,冀成匡复之功于万一。永历十二年,云南陷,桂王仓卒走永昌,楚雄。十三年,至缅甸。士燡病甚,不能从。久之,二人乃决意东归。叛臣洪承畴,将委二人以某官,不受。是时郑成功攻南京,势且降拔,二人亦欲浮烊舸大浮往从之,故返番禺取道。比抵家,母子相持痛哭。旋闻桂王遇难,士燡忧伤过甚,遂得疾卒。士煌奉母乡居,以笔墨代耕稼。有所得,辄复匿迹乡村。一室偃卧,人罕见其颜色。未几,亦卒。大均尝谓:"予沙亭屈氏,举宗千有余人,然道同志合,穷苦不移,在兄惟白园(士燡)、铁井(士煌),在弟惟予。兄为有㝢之遗臣,弟亦青盲之义士。三人者,旦夕相依,靡间生死。"(《翁山文外》卷七《伯兄白园先生墓表》《仲兄铁井先生墓表》)这亦可以知道他两个从兄对他的影响之大了。

至于陈邦彦,是他最敬佩的先生。清远城陷,被执,不屈,死事极为壮烈。这一支义军，虽然溃败，然能够牵制清廷的精将锐卒，使不得专意桂林。南明的国命，因而延续，这也是值得纪述的事。大均在《陈岩野先生哀词》中有说：

  尺寸肤兮不爱，随白刃兮纷飞。两子烹兮一妾醢，杂马乳兮臣脂。分种落兮餍饫，举桐酒兮消之。余精爽兮尚在，目涕泗兮嗟咨。……虽再鼓兮溃败，能牵制兮雕旗。保三宫兮临桂，使骁骑兮毋西。事不成兮功已大，延国命兮如丝。……临西市兮长啸，色不变兮怡怡。肝跳跃兮击贼，血喷薄兮射之。……有弟子兮后死，曾沙场兮舁尸。抱遗弓兮哽咽，拾齿发兮囊之。愤师仇兮未复，与国耻兮孳孳。早伴狂兮不仕，矢漆身兮报之。……（《翁山文外》卷十四）

他痛悼他的先生惨遭清兵腐割，把他的余肉和马乳杂拌起来，分给部队，伴以桐酒，饱供饮餍。虽血肉横飞，而精爽犹在，忠肝跳跃，搏击敌人，真觉千载以下，凛凛如生！他事后把他先生的齿发和遗弓收拾起来，以留惨痛的纪念，准备将来把师仇国耻，一齐申雪，这是何等壮烈的情怀！

他在《书西台石》一文亦说：

  予也生遭变乱，家国破亡之惨，与皋羽同。而吾乡先达，若陈文忠，张文烈，及吾师岩野陈先生，愤举义旗，后先抗节，其光明俊伟，慷慨从容，亦皆与文丞相同。而皋羽之事文丞相，予之事文忠，文烈，岩野三公，或执鞭弭于沙场，或奉血衣于空谷，其艰难险阻之状，哀痛思慕之怀，历久不衰，亦无有而不同者。今登斯台也，吾将以皋羽之所以哭文丞相者而哭文忠，文烈，岩野三公，复以哭夫皋羽。子陵有知，其不笑予为愚耶狂耶？（《翁山文外》卷十）

可见他对于广东死事的先烈，如陈子壮（文忠），张家玉（文烈），尤其是他的先生陈邦彦（岩野），耿耿不能忘怀。

此外如黎美周，夏存古等，也是他平生景仰的人物。

《黎太仆集》序说：

  公之守赣也，其时已不可为。拮据兵食，势力已穷，而与其友杨龚姚魏四君，相携以死。以其轻于鸿毛者，与城俱亡，而以其重于泰山者，与天地而长存。……至今日……五忠之祠，屹然与郁孤并峙……而《莲须阁》一书，遂与日月并悬矣。呜乎！岂不伟哉！

一死轻于鸿毛,而民族气节,则与天地长存。《莲须阁》一书,亦遂照耀万古。著述的光辉,还是由人格的光辉酝酿出来的呵!

于夏存古则说:

> 存古当丙戌之变,年仅十六。与其友崇德吕宣忠,亦年仅十六,而从长兴伯吴公易,总兵黄蜚,起兵太湖三间,战败而死。……天地之所赖以长存,日月之所赖以不坠,江河之所赖以无穷,乃在一成童之力!至今读其《大哀》一赋,淋漓鸣咽,洋洋至万余言,犹似未尽。黍离麦秀之短,大哀之长,固皆与风雅同流,春秋一贯,谁谓古今人不相及耶!(《翁山文外》卷二《周秋驾六十寿序》)

区区十六龄童子,而壮节雄文,震惊一世,辉映千秋,宜乎大均为之膜拜赞叹。而且以为他坚持民族大义,和春秋峻夷夏之大防,是一贯的。大均的志趣,也从可想见了。

在大均的朋友中,最著名的,是顾亭林。亭林尝与吴其沆,归庄,起兵抗清。失败后,流寓四方。凡六谒孝陵,六谒思陵。足迹所至,北则燕赵,东则齐鲁,南上会稽,西厉关陇,往还河北诸边塞者凡十年,始卜居陕西华阴。所至度地垦田,生计饶足。以其余所入,贮之以备有事,盖未尝一日忘怀光复大计。大均1666年春,至太原,会见了他。此时他将和李因笃集资垦荒于雁门之北,与大均偕行,遂同为十日之欢。亭林《屈山人大均自关中至》一诗有说:

> 弱冠诗名动九州,纫兰餐菊旧风流。何期绝塞千山外,幸有清尊十日留!独漉泥深苍隼没,五羊天远白云秋。谁怜函谷东来后,班马萧萧一敝裘。

他以为大均有屈原高洁的爱祖国爱人民的情操,以前闻名而未得见,现在同在绝塞千山以外,竟能狂饮十日,真是高兴极了!大均也有诗送他说:

> 雁门北接尝山路,尔去登临胜概多。天上三关横朔漠,云中八水会浑河。飘零且觅藏书洞,慷慨休听出塞歌。我欲金箱囿五岳,相从先向曲阳过。(《翁山诗外》卷八《送顾宁人》)

他们意气相投,奔走绝塞千山,无非想实现匡复的大计。倾杯痛饮,也无非为着消解胸中的牢愁呢!但从此别后,天各一方。炎武死后,大均曾为诗哭他：

> 雁门相送后，秋色满边城。白日惟知暮，孤天讵肯明。才分南北路，便有死生情。皓首悲难待，黄河忽已清。（《翁山诗外》卷八）

他慨叹国势奄奄，有如白日将暮。漫漫长夜，不复透露出一线曙光。知己的朋友死了，自己的头发也白了，而清廷又把反抗的义军，次第扫除，在这样的情况下，恢复恐终于无望吧！

《哭顾宁人》诗又说：

> 招魂不返恨天涯，旅榇空归葬海沙。楚国两龚长不食，淮阳一老久无家。苍松岁晚孤生苦，白鹭天寒两鬓华。闻道五经多注释，不知谁为作侯芭。

> 登高共忆雁门关，北望京华洒泪还。白马小儿犹汉殿，青牛老子已秦关。河声不解消长恨，山色谁知老玉颜？耆旧只今零落尽，北邙松柏为君攀！（《翁山诗外》卷十一）

"苍松岁晚孤生苦，白鹭天寒两鬓华。"不光是说亭林晚年坚持民族气节，同时也说出他自己的怀抱与经历。亭林死了，还有许多著作遗留下来，保存民族大义，但不知道门弟子谁能象侯芭一样，作扬雄的继承人呢！

他一再说到雁门高会，表示他眷恋的情怀。可是京华沦没了，国家破灭了，河声山色，不减当年，而老泪长挥，凄然北望。故旧一天一天的凋零，筋力一天一天的减损，内在的悲哀，又将向谁告诉？惟有手攀北邙松柏，遥致其哀吊之忱而已！

亭林和大均虽然不过天涯暂聚，但是他的怀抱，他的人格，他的学问，对于大均的影响，都是相当深刻的，所以他死后，大均反复致其哀慕的心情。此外如王山史、李因笃，都和他有相当的交情。朱彝尊虽然晚节不终，但他对大均的怀抱，也是能根本了解的。《九歌草堂诗序》说：

> 予友翁山，为三闾大夫之裔。其所为诗，多怆恍之言，矗然自拔于尘壒之外。盖自二十年来，烦冤沈菀，至逃于佛老之门，复自悔而归于儒。辞乡土，涉塞上。走马射生，纵博饮酒。其傥荡不羁，往往为世俗嘲笑者，予以为皆合乎三闾之志者也。嗟夫！三闾悼楚之将亡，不欲自同于混浊，其历九州，去故都，登高望远，游仙思美人之辞，仅寄之空言，而翁山自荆楚吴越燕齐秦晋之乡，遗圩废垒，靡不揽涕过之。其憔

悴枯槁，宜有甚焉者也。……翁山归自雁门，将筑室南海之滨，题曰九歌草堂，而先以名其诗集。予与翁山相遇南海，嗣是往来吴越之间。凡所与歌诗酒谶者，今已零落殆尽！至窜于国殇山鬼之林，散奔原野。翁山吊以幽渺凄戾之音，仿佛于九歌之旨。世徒叹其文字之工，而不知其志之可悯也。予故序之，以告后之君子诵翁山之诗者，当推其志焉。（《曝书亭集》卷十九）

他从大均的志趣来说明大均的诗歌，并告后代读大均诗集的人，"当推其志"，这都不是庸人之见。虽然他后来的出处和大均不同，但在少年时代，还富有强烈的民族意识。亭林曾引为知音，大均也曾赞美他的高节（见刘光汉《读曝书亭集》一文），这对屈氏的言行，都不无相当影响吧。

从上所述，可知道大均对爱新觉罗氏之复亡中国，和压迫汉族屠杀汉族人民之暴行非常悲愤，并受父母的熏陶，激于陈邦彦，张家玉，黎美周，夏存古等死事之壮烈，以及顾亭林等的影响，因而坚持民族大义，反抗清兵。一切险阻艰难，有所不顾。他在《翁山屈子生圹自志》中，总括他自己平生的遭遇说：

六十六年之中，无日而不蒙乎患难，无时而不处乎困穷。险阻艰难，备尝其苦，亦何尝有生之所耶？所受于父母者，而已毁伤（大均曾削发为僧，故云），所禀于天地者，而已戕贼。无罪而为城旦之髡，无辜而有裸国之逐，亦何尝一日而得为人也耶！则一日之生，非即一日之死耶？（《翁山文外》卷八）

这可以看出他平生艰苦的经历。他所著书，有《明四朝成仁录》，表章为反抗清兵而死节的烈士。有《广东新语》，备载广东的山川、物产、风俗、人情，以及畸人节士。又有《诗外》《文外》《易外》，合称为《屈沱五书》。而最为人所传的，则为他的诗作。

他的诗文，曾为清政府所嫉视。乾隆三十九年（1754）九月，以屈大均诗文集内有悖逆语，销毁其书，并刬毁其墓（郭伯恭《四库全书纂修考》33页）。

乾隆四十一年十一月，赐史可法谥谕旨中，也曾说到：

朕惟以大公至正为衡，凡明季尽节诸臣，既能为国抒忠，优奖实同一视。至钱谦益之自诩清流，腼颜降附，及金堡，屈大均辈之倖生畏死，诡托缁流，均属丧心无耻。若辈果能死节，则今日亦当在予旌之列，

乃既不能舍命，而犹假语言文字以自图掩饰其偷生，是必当明斥其进退无据之非，以隐殛其冥漠不灵之魄。（见《史忠正公集》卷首）

他把金堡、屈大均之避地为僧，和钱谦益之靦颜降附，相提并论，可谓尽情污蔑。至于说假借语言文字以自图掩饰其偷生，钱谦益良心未死，在语言文字中流露河山故国之思，我们有时还加以原谅，若大均等鞠躬尽瘁，不能成匡复之功，只能假借语言文字以发挥其民族大义，为后来的爱国志士播下革命的种子，这正是清政府所深恶而痛绝的。毁其书、刳其墓还不算，还要加上"偷生畏死"的恶名，明眼的人，是不会受他欺骗的。

三

大均的诗充满了爱国主义的精神，我们在朱彝尊的《九歌草堂诗序》中，即可以看出一个大概。同时的徐嘉炎，也颇能认识其中重要的意义。他说：

> 翁山少值流离，方袍圆相，走齐鲁燕晋诸地。所历残圩废垒，重关古戍，有可慨于中者，徘徊凭吊，长歌当哭，识者知其有托而逃。……酒酣耳热，纵谈古今兴衰治乱忠孝节烈之事，往往吟情勃发，千年会赴……忆自辛丑岁，翁山……借竹垞访余南州草堂，语及甲申死事诸公，烛花红泪，与目睫交映。……（《道援堂诗集》序三）

吊兵火之遗圩，谈殉国之忠烈，因以发为长歌，以写其胸中的悲愤，绝非流连光景，寄托闲情，大均诗之所以有深厚的内容、悲壮的情调，不是偶然的了。

"旧国旧都，望之畅然。"他怀念旧国，就先从怀念旧京说起。

> 羽翼秋高未奋飞，移家偏问帝王畿。文章总为先朝作，涕泪私从旧内挥。燕雀湖空荒草长，胭脂井满落花肥。城边亦有阴山在，怪得风沙暗翠微？
>
> 内桥东去是长干，马上春人拥薄寒。三月风光愁里度，六朝花草梦中看。江南哀后无词赋，塞北归来有羽翰。形势只余抔土在，钟山何必更龙蟠！（《旧京感怀》）

他眼见燕雀湖长满了荒草，胭脂井填满了落花，而胡骑纵横，风沙阴暗，无殊塞外的风光。回想当年旧京的繁华，不禁黯然涕下！他自己虽然抱着匡复的雄心,争奈奋飞无路。对着龙蟠虎踞的钟山,和寂寞的一抔黄土,是如何的伤怀!

他《过崖州崖山吊永福陵》诗说:

> 一路松林接海天,荒陵不见见寒烟。年年寒食无寻处,空向青山拜杜鹃!
>
> 万古遗民此恨长,中华无地作边墙。可怜一代君臣骨,不在黄沙即白洋!
>
> 北狩南巡总寂寥,空留抔土是前朝。凭君莫种冬青树,恐有人来此射雕?

于南宋末抗敌死难的君臣,备致其哀悼之意。他更联想到自己的身世,感到恢复渺茫无期,怎能不"对此茫茫,百端交集"?

此外如:

> 《肤施客舍》:"紫塞难障汉,黄河不限胡。"
>
> 《度居庸有感》:"中华无锁钥,辜负万重山。"
>
> 《复舟山下》:"大江流王气,台殿怨栖乌。"
>
> 《廉州杂诗》:"陆沉殊未已,何处有关河?"

对故国沦亡,表示其高度悲愤的情绪。他在诗中且慷慨激昂地表示他以死存民族大节。如:

> 《春山草堂感怀》:"慷慨干戈里,文章任杀身。尊周存信史,诗赋托词人。素发存三楚,愁心历九春。桃花风雨后,和泪共沾巾。"
>
> 《赠黄勉思》:"未敢忘沟壑,何当罢鼓鼙。"
>
> 《汉阳除夕》:"晞发无朝日,沉身有太川。"

意志是何等的坚决。他以为抗清事业不成功,而志节皎然,千秋永在。如《题谢皋羽墓》:

> 孤臣余犬马,后死亦徒然。血泪长江泻,愁心日月悬。千秋兰麝土,万里虎狼天。留得冬青树,凌霜自宋年。

皋羽从文天祥起兵抗敌失败了,然而千秋万世后,抔土犹作兰麝之香。手种冬青,自宋迄明,凌雪霜而永茂。他隐然以皋羽自比,也可以充分表现他的民族精神。

他万里飘零,志图匡复,常恐美人迟暮,无补时艰。在他的咏怀诗中,曾吐露出他的情绪:

> 驷马尚可縻,去日苦难追。平生履虎尾,慷慨将何为?转蓬如车轮,随风西北吹。故乡路遥遥,瞻望涕涟洏。……功业嗟未建,下民方调饥。洁身乃小节,谁能从鸱夷?

《过大梁》诗也说:

> 惊沙掠白日,垂涕向神州。徒怀匹夫谅,未报百王仇。

志士仁人的苦心,跃然呈露。

然而匡复事业,是要靠群策群力的。他举目四顾,昔日自命为志节磊落的人物,不久乃靦然事仇。他于是慨然感到自己力量的孤单,发出苍凉的音调。

> 硕果不可食,琼华化为荼。俯仰涕沾膺,何时旋故都?(《咏怀诗》)
> 故国江山徒梦寐,中华人物又消沉!(《壬戌清明》)
> 投荒频自苦,入海欲谁求?(《廉州杂诗》)
> 炎天行欲尽,白日坐无群。(《六月》)
> 故人那可别,浮世已无归!(《送凌子还旧京》)

他在无可奈何之中,认为那些草野遗民,不受清廷官爵引诱,还算是很难得的。所以说:

> 道在农桑日,天留草莽身。(《送凌子还旧京》)
> 寒光含雨雪,元气在茅茨。(《吉祥寺古梅》)
> 冰雪归玄鬓,乾坤寄缊衣。(《吉祥寺古梅》)

他因为匡复事业不成功,最后也不能不归老故乡了!这不禁使我们慨然兴叹。

四

大均诗气魄雄放,"如万壑奔涛,一泻千里。放而不息,流而不竭"(王瑛《岭南三大家诗选》序)。盖其蕴蓄至深,而人生之刺激,又至强烈,故真气磅礴,变化不穷。毛奇龄说他"廓然于天地之间,独抒颢气""超然独行,当世罕俦"(《道援堂集》序一)。惟其有卓荦的胸襟,坚贞不拔的操守,所以能达到此种境界。周炳曾亦说:"翁山之诗,兼李杜而有之。取材极博,镕铸以自成家。……盖诗之格调有尽,吾人之意境,日出而不穷。而才大则无不有,气大则无不举。未尝有急于求知当世之心,而当世无不知之。翁山之所以过人者,凡以此也。"(《道援堂集》序二)这是说他能有独创的意境,镕铸李杜,以自成其家数,而又不欲求知于当世,所以能毅然孤行其意于天地间。但意境不是凭空虚构,是由当前的社会和个人的生活实践所造成。惟其有大均所遭逢的身世,才能有慷慨郁勃的诗篇。而周炳曾又说他:"故犯忌讳,虽身命歼彝而不顾。假使其不蹈明季诸公愤懑之习,雍雍乎发而为盛世和平之响,其诗与人未必不传,而翁山断不以彼易此,是则翁山而已矣!"(《道援堂集》序二)他所谓"盛世和平之响",是在歌咏入主中国的爱新觉罗氏之伟烈丰功,这正是大均所深恶而痛绝,假如这样,也就不成为翁山之诗了。"翁山断不以彼易此",所以能孤行其意于天地,所以能有独创的景境。周炳曾的说法,所谓矛盾自陷了。他更指斥大均说:"己巳夏,余来粤,欲诣翁山有言,翁山盛暑被羊皮袄,狂怪不可近。居二载,不与通半刺。"(《道援堂集》序二)其实这正可以说明大均对达官贵人的蔑视,和坚持民族的气节,这也是他所以能自成家数的一种重要原因。周氏不探求意境产生的根源,只以为"吾人之意境,日出而不穷",便可以有新诗出现,这种说法未免太抽象了。

周炳曾虽不满意于大均之为人,然对他的诗,却非常倾倒。以为:"翁山之诗,为当世学士大夫所脍炙,以至遐方僻壤,小生俗儒,知与不知者,皆啧啧叫呼之,姓氏几逼海内。""翁山生于蛮乡,其人狂怪,不尽满于时俗,然其诗虽冤家仇人,欲投诸溷,使灭没不传,岂可得哉?"

他把大均的"人"和"诗"割裂开来,当然是错误的,然而也可以看出大均诗的感染力量,非常强大,可以影响到和他在人生路上完全相反的人。洪稚存批评岭南三家说:"尚得古贤雄直气,岭南犹似胜江南。"我以为三家中,大均尤为特出。不仅其诗以雄直胜,其词之悲壮激烈,也接迹稼轩。散文也是一大作手。可惜僻处岭南,知者不多,把他加以阐扬,也算是文学史上一种不可缺乏的工作吧?

(原载《中山大学学报》1959 年第 3 期)

南戏拾遗补

冯沅君

二十五年夏初，在北平看到《九宫正始》，我们曾以十日之力将其中题为"元传奇"的曲子辑录出来。是年暑假又根据史传和说部考释各传奇的本事，成《南戏拾遗》二卷。

此书出版后颇引起研究古剧者的注意。如顾羡季、魏建功、赵景深诸先生都曾来函商榷。这些富有意义的信札都已刊布在燕京大学中国文学系的文学年报。

我们很相信这部书有不少错误或遗漏的地方，所以始终存着个补正的志愿。抗战以来，南北流徙，精神时间既常作无谓的消磨，书籍缺乏更是个不易克服的困难，工作停顿的主要原因。在无数人为国家牺牲生命的今日，我们这点损失本如尘芥般轻微；但也正因为我们不会为国家流血，流汗，更应该尽自己的本分，尽可能的继续自己的工作。《南戏拾遗补》十六则就是这样写成的。

这十六则札记所补的都是关于各传奇的本事的。《南戏拾遗》应行补正的地方原不止此。他日有得，当再写二补甚至于三补。

浣纱女（《南戏拾遗》页六三至六五）

在《南戏拾遗》中，我们假定浣纱女的本事有两种可能：它可能是西施与范蠡的故事，也可能是溧阳女子与伍员的故事。现在我们觉得后者的可能性较大。下列数证便是我们的根据：

（1）《说鳝诸伍员吹箫》杂剧①中有浣纱女的故事。第二折曲白云：

（旦儿扮浣纱女提罐儿上，诗云）

每日头溪出浣纱，皆言妾貌似桃花，不须动问名和姓，濑水西头第一家。妾身浣纱女的便是。我的婆婆就唤做浣婆婆，有个兄弟乃是伴哥，

---

① 臧懋循编：《元曲选》丁集下，商务影印本。

在这江岸上耕田。我将这饭罐儿与俺哥哥送饭去咱。（正末云）正行之间，江边一个女子，提着两个瓦罐，我自问他咱。兀那女子，你这罐儿里是甚么东西？（浣纱女云）是豆儿粥水薄酒。（正末云）我是一个将军，走的路远，甚是饥馁。女子，你将此饭与俺暂且充饥，和这小哥也食用些儿，我日后必当重报。……（浣纱女云）如不嫌弃，这两罐都是将军食用波。（正末做吃再与芊胜吃科云）我吃了这饭也。女子，此恩日后必当重报。（浣纱女云）那个是头顶锅儿走的，区区一饭何报之有。（正末云）兀那女子，我有句说话分付你，残浆勿漏。……（浣纱女云）将军你放心的去，我只不说便了。（正末唱）（牧羊关）谢得你个幼女心儿善……我怎忘了你这濑水上的浣纱女，救了我走樊城的伍子胥。（云）我去之后，愿的你残浆勿漏。（浣纱女云）你去后倘有别人说时，也则是我说。罢罢罢，我教你去也去得放心。将军，我在此江岸上住。我乃浣纱女，母亲是浣婆婆，兄弟是伴哥。将军，你则记着。（诗云）将军名姓盖寰宇，一心待要投吴主。你是忍饿登程伍子胥，休忘了我抱石投江浣纱女（做投水科）。

第三折上小楼曲云：

> 有一个渔翁只为着一时意气，自刎了六阳的那首级。有一个浣纱女，脚踹着清波，手抱着顽石，扑冬的身跳在江里。……只可惜了那十三四女流之辈。

第四折则叙伍员败楚之后，为报一饭之恩，拟为浣纱女"建祠堂做香火烧"，并养赡浣婆婆的"下半世"。浣纱女既在该剧中占这样重要的地位，所以题目正名说："继浣纱渔父伏剑，说鱄诸伍员吹箫。"

（2）《雍熙乐府·无名氏曲》尾声云："则你学那抱石投江浣纱女。"①

（3）《赵贞姬身后团圆梦》杂剧，第一折，油葫芦曲云："有一个抱侄携男鲁义姑，……更有个浣纱抱石投江女，（媒云）这是为伍子胥。浣纱女抱石投江也是个好人。"②

由此三证观之，由元至明，作剧者多以浣纱女为溧阳女子，则元传奇的浣纱女当与元吴昌龄所作者为同一题材③。至于《九宫正始》所录的青衲袄

---

① 郭勋：《雍熙乐府》卷十三，四部丛刊续编本，第74页。
② 吴梅：《奢摩他室曲丛》第十七册，涵芬楼本，第4页。
③ 吴昌龄有《浣纱女抱石投江》杂剧，见《录鬼簿》《太和正音谱》诸书。

究竟是剧中何人所唱则不敢妄断,因为现存的材料太少了。

又《九宫正始》中的《浣纱女》与《浣纱》究竟是否一剧?我们的回答是"否"。《浣纱女》所谱的是溧阳女与伍子胥的故事,《浣纱》所谱的则应是西施与范蠡的故事。因为浣纱中的一句"忠良应阻隔"又见于梁辰鱼的《浣纱记》第十出。这许是梁剧因袭旧辞。

崔怀宝(《南戏拾遗》页八二至八五)

在《南戏拾遗》内,我们依据元人杂剧,散曲以及《诗余广选》《情史》等推断崔怀宝所谱的是崔怀宝与薛琼琼的故事,但对于这个故事的详细情节则属茫然。我们所知道的不外:一、薛琼是个"狭邪女";二、她与崔怀宝在花园中成匹配;三、她曾"入宫供奉"。年来读曲,又得了些补充的材料。

(一)《崔怀宝月夜闻筝》杂剧

郑德辉《崔怀宝月夜闻筝》杂剧久佚,《北词广正谱》卷八《越调》内却保存此剧的残曲。

绵搭絮第六格云:

你不疾快报与高圭呵,犹兀自等甚的!这其间船到江心补漏迟。当日搬弄我的是高圭,今日个事发也怎离你。①

拙鲁速第五格云:

眼见得连累,委实怎伶俐,教帝主行奏知!手诏单单赦了您,我觑也至容易。他每觑波有恩义,教悄悄入宫闱。只告舞霓裳杨贵妃。②

鬼三台第二格云:

非今日,关前世,大刚来则是夫妻福齐。比及见容仪,在梧桐树底。受君恩不离寝殿里。我行云倒嫌楚岫低。指望着万里前程,到闪得我三

---

① 李玉:《北词广正谱》卷八,北京大学影印本,第11页。
② 李玉:《北词广正谱》卷八,北京大学影印本,第13页。

梢末尾。①

送远行云：

> 寒波照落晖，潋滟涨玻璃。山色空濛雨亦奇。若共西施两处比，淡妆浓抹相宜。②

就宫调与韵脚观之，这四曲显然同属一折。这一折共用曲十五支，其联套的次序是：

斗鹌鹑　紫花儿序　送远序③　寨儿令　小桃红　鬼三台　金蕉叶　调笑令　秃厮儿　圣药王　紫花儿序　东原乐　绵搭絮　拙鲁速　妆尾④

所以四曲中，送远行最前，次为鬼三台。绵搭絮与拙鲁速衔接，并在一折之末。因此，鬼三台、绵搭絮、拙鲁速三曲所叙者显然为一事，而送远行的内容则与此迥异。

由这几支残曲推测起来，这一折所写的似乎是两个被隔绝了的情侣在宫中幽会，而被他人察觉了。这对情侣显然是崔怀宝与薛琼琼；因为琼琼曾入宫，而曲中言"受君恩不离寝里""教悄悄入宫闱"。这个故事发生于唐玄宗时，所以曲中言："只告舞霓裳杨贵妃。"

这一折在郑剧中应为第几折？我们认为它应该是第三折。理由有二：①就元杂剧使用宫调的惯例论，越调斗鹌鹑套多用于第二、第三两折，而用于第二折者尤习见。⑤ ②就元剧剧情发展的一般情况论，第三折所表现的多是剧情最紧张的部分，而此折的剧情适足以当之。

郑剧第三折的剧情既如是，倘根据它向前后推论，则第一折与第二折所

---

① 李玉：《北词广正谱》卷八，北京大学影印本，第 15 页。
② 李玉：《北词广正谱》卷八，北京大学影印本，第 19 页。又同书，同卷，第19－20 页，见《黄蔷薇》与《庆元贞》二曲，亦题为"郑德辉撰，月夜闻筝"。然其韵脚乃寒山，非齐微，绳以元杂剧每折一韵到底及每剧中宫调不许复用之律，二曲应是误收。《九宫大成谱》卷二十七，古书流通处影印本，第 34、35 页题二曲为散曲，亦一佐证。
③ "送远序"，应是"送远行"之误。《北词广正谱》卷八，第 19 页正作"送远行"。《九宫大成谱》卷二十七第 31 页亦作"行"不作"序"。
④ 李玉：《北词广正谱》卷八目录，北京大学影印本，第 2 页。
⑤ 盐谷温在《中国文学概论讲话》中曾统计元人百种曲所习用的宫调，认为越调斗鹌鹑套用于第二折者六，用于第三折者十五，用于第四折者一。

叙的应是崔薛由合而离,第四折所叙的应是大团圆,崔薛被赦宥,成眷属。元传奇崔怀宝的内容当与此无大出入。①

(二) 雍熙乐府

《雍熙乐府》,无名氏的《佳人误期》,梁州云:

> 这早晚不来呵,莫不是蓝桥驿无鱼书失了信的琼琼。这早晚不来呵,莫不是金井边恋啼红灰了心的翠屏。这早晚不来呵,莫不是西厢下变了卦的莺莺。②

又无名氏的《相思》,紫花儿序云:

> 钱塘江上小小,昭阳殿里琼琼,普救寺中莺莺。③

这两支曲中的琼琼应即薛琼琼,因为它所举的几个女子都是不用姓的。这两条材料虽极简,但对于我们也是有用的。第二条只有六个字是关于薛的,然它可为前引郑剧及《北窗志异》(《情史》同此)琼琼入宫说的佐证。第一条便更重要了,它使我们知道琼琼曾约崔怀宝在蓝桥驿相会,结果琼琼失约,且音书杳然。也许郑剧的第二折写的就是这段情节。也许在元奇传崔怀宝内这段情节也是个重要"关目"。

(三) 曲海总目提要

《曲海总目提要》"玉马佩"条下云:

> 汶水人路术淳撰。全据《北窗志异》,黄损妻裴玉娥因玉马佩自脱于吕用之之难,大段相同。其增饰者,薛琼琼本不为损妻,此云赐嫁双封,与本传异也。……玉娥籍灌州青城,移居浣花,与琼琼比邻,结为姊妹,受其筝法。琼琼慈母小娟为薛涛之义女,琼琼为薛涛之女孙。太尉高骈授房居停。骈移镇荆襄,吕用之欲夺琼琼为妾,小娟挈走长安,投其妹小嫣于北里。曲江上巳,与黄损遇,遗帕相邀,损以玉马佩为聘,

---

① 记得《复旦学报》曾登载赵景深先生论崔怀宝、薛琼琼的文章。现在僻处山城,《复旦学报》既寻不到,而该文的结论也因时间悠久复复记省,只记得赵先生也引用了《北词广正谱》。不果本文有与赵文相同者,是乃偶合,并非掠美。
② 郭勋:《雍熙乐府》卷九,第13页。
③ 郭勋:《雍熙乐府》卷十三,第77页。

遂成烟眷。损因应试抵触田令孜，令孜藏过对策，损因下第。田又取琼琼入宫，弹筝供奉。临别以玉马佩还损。损题诗赠琼琼……高骈聘损入幕。损因附舟得遇玉娥，潜遁入涪。其后遇僧指引，入都。擢第之后，劾斥用之。用之改损赠琼琼诗梦字为会字①，使人流传蜚语。僖宗召琼琼诘问，出诗以呈，乃系从前所作，路赐状元封诰，使归于损。……②

关于薛琼琼的材料，这段叙述算是比较详细的了，虽然它的时代较晚。以此与郑剧所写者比较，其间颇有差异：第一，琼琼的情侣是黄非崔③；第二，郑德符将此故事放在唐玄宗时，路术淳则把它放在唐僖宗时；第三，郑剧写崔薛在御花园④中相会，路剧则谓此乃奸人附会，实无其事；第四，郑剧中有奸人高圭，路剧则有田无高。

在郑、路二剧间，我们相信元传奇《崔怀宝》较近前者，虽然三剧我们都未见到。何以故？因为"崔怀宝"这三个字应该是该剧的简称，为《金鼠银猫李宝》之简称《李宝》，《柳耆卿诗酒玩江楼》之简称《柳耆卿》。它的完全的名目应与郑剧同，是"崔怀宝月夜闻筝"。顾名思义，它的关目或与郑剧相仿佛。⑤ 又该剧残曲一则曰："向沉香亭畔开时，醉中长看"；再则曰："沉香亭畔观牡丹"；可见作者同郑德辉一样，将崔薛的故事放在唐玄宗时。大约元代的作者多以琼属崔，不独元传奇为然。

蒋兰英（《南戏拾遗》页九七至九八）

在写《南戏拾遗》时，我们对于蒋兰英的本事是完全茫然的。后于《雍熙乐府》中得些许材料。该书无名氏的（枝节）醉太平云：

---

① 黄赠琼诗云："人间天上恨茫茫，薄命姻缘枉断肠；从此相似无著处，安排良夜梦秋娘。"见《曲海总目提要》自注。

② 董康：《曲海总目提要》卷二十五，大东书局本，第8-9页。

③ 元人曲中以崔为薛情侣者至多。如无名氏小□十二月带尧民歌云："一扇儿崔怀宝逢着薛琼琼."郑剧名目中既有崔怀宝，自然也是以薛属崔的。

④ 郑剧残曲并无御花园字样，但曲中曾言"在梧桐树底"，又云"教悄悄入宫闱"；而《元曲选·王月英元夜留鞋记》有薛琼琼与崔怀宝"花园中成匹配"之语，故假定二人幽会在御花园。

⑤ 《金鼠银猫李宝》《柳耆卿诗酒玩江楼》并见《永乐大典》戏文三种附录。南曲谱四。刷子序又一体集古传奇名有云："马上墙头继着月夜闻筝。"此亦"崔怀宝月夜闻筝"之简称。

贞烈似王凝妻性格，清标如卓氏女情怀，他比那蒋兰英死的不明白，与恁众猱儿出色①。

据此则蒋兰英似乎是个妓女之守节者。

薛苞（《南戏拾遗》页九九）

以薛苞故事谱为北剧者有《薛苞认母》。此剧本只见于《也是园书目》，近已发见。

赛金莲（《南戏拾遗》页九九至一〇一）

《也是园书目》古今无名氏杂剧中有《赛金莲花月南楼记》，其本事当与此同。

王魁（《南戏拾遗》页一一二至一一四）

王魁狎昵的妓女，说者以为是殷桂英，但在明朱有燉的《香囊怨》内却保存了个不同的传说：

> （外云）原来我的女儿死的是也。……白婆婆，你说我的女儿死的比谢桂英如何？（旦云）桂英有甚打紧，不在话下，你听我说。（旦唱）（甜水令）说起那谢氏当年，先为迎送，多曾经变，偏怎生到王魁绕肯把心专，便做是二十为娼，三十自尽，也曾有十年姻眷。（旦云）桂英死有甚希罕。（旦唱）多管为王花封诰诉屈声冤。②

据此则桂英不姓殷而姓谢了。这与《燕子楼》中的女主人究竟姓关，抑或姓许，同样的不易决定。王玉峰《焚香记》称桂英姓殷，后在谢家为娼，③大约是想调和二说吧。

---

① 郭勋：《雍熙乐府》卷十七，第14页。
② 吴梅：《奢摩他室曲丛》第十七册，第12页。
③ 王玉峰：《焚香记》，开明书店六十种曲本，第5页。

许盼盼（《南戏拾遗》页七〇至七一）

许盼盼是个节烈的姬妾，不独元无名氏散套，明朱有燉杂剧有此说，明王九思悼亡散套亦复如是：

他有那燕子楼许盼盼的声名，他不比普救寺崔莺莺的勾当。①

貂蝉女（《南戏拾遗》页七八至七九）

《也是园书目》古今无名氏杂剧内有《关大王月下斩貂蝉》，② 南戏《貂蝉女》或亦演述此事。

铜雀妓（《南戏拾遗》页九四）

《雍熙乐府》，无名氏的《忆情》，雁儿落云："冷落了春风铜雀宫，闲阻了夜雨阳台梦，阑珊了停云燕子楼，寂寞了流水桃花洞。"③ 按无名氏杂剧有《巫娥醉赴楚阳台》，侯正卿有《关盼盼春风燕子楼》，马致远有《刘阮误入桃源洞》④。准是推之，则铜雀宫的故事也有人谱为杂剧。南戏盖与此同一题材。

崔君瑞（《南戏拾遗》页一四七至一五〇）

在写《南戏拾遗》时，我们曾猜想《江天雪》是《崔君瑞江天雪》的改本。年来读曲，觉得这个猜想渐渐被证实了。

（1）钱南扬先生在《宋元南戏百一录》内据《词林逸响》集得崔君瑞江暮天雪六曲，其中如渔父第一、刮地风二曲并见《九宫大成谱》，并题为"江天雪"⑤。

---

① 陈闻编：《北宫词记》卷四，明刊本，第25页。
② 《曲录》卷一，曲苑本，第45页。
③ 郭勋：《雍熙乐府》卷十一，第9页。
④ 姚燮：《今乐考证》著录一，北京大学影印本，第2、21页；著录二，第15页。
⑤ 钱南扬：《宋元南戏百一录》，第175–176页。《九宫大成谱》卷十八，古书流通处影印本，第27页，又卷七十，第36页。

(2)《南戏拾遗》录崔君瑞吴小四暮曲云：

夫人听启，节使那日，不曾说有正妻，因此尚书招做女婿。谁知短命三不归，漾了甜桃寻苦李。①

《九宫大成谱》引江天雪吴小四曲云：

从头听得，教人痛悲。扑簌簌泪珠垂。别后如何音信稀。（合）谁知道短命三不归，漾了甜桃觅苦李。②

这两支曲的韵脚同，合唱句同，在剧本中显然是衔接的，前者大约是仆人王卞禀告夫人（月娘）之辞，后者则是夫人听王卞的报告后所唱。

（3）《南戏拾遗》录崔君瑞胜如花③，此曲又见《九宫大成谱》④，题"江天雪"。由此三点观之，崔君瑞江天暮雪与江天雪相同者似甚多。江天雪既为明人之作⑤，则崔君瑞当然是他的原本。《曲海总目提要》以江天雪为元杂剧《临江驿潇湘夜雨》的改本⑥，似误。

董秀英（《南戏拾遗》页一五五至一五六）

董秀英是《董秀英花月东墙记》的女主角，这是很显明的。但她的对手是谁？从前我们猜想是薛芳卿。因为旧编《南九宫谱》《南九宫十三谱》所引的《董秀英花月东墙记》残曲与《九宫正始》所引的《薛芳卿》残曲同，薛芳卿与董秀英或为一剧的异名，或以男主角名，或以女主角名。后来续玉环记又觉得董的情侣似乎不是薛，而是马君卿。玉环记六出曲白云：

（生）既是本司生长，敢问大姐记得多少杂剧院本？（贴）妾亦广博，文武杂剧也晓得五六十本。（生）请大姐明数一数。……（贴）污耳了。（后庭花）我记得东墙人月圆。（生）包兄，东墙人月圆的故事，

---

① 陆侃如、冯沅君：《南戏拾遗》，第 150 页。
② 《九宫大成谱》，卷五七，第 35 页。
③ 陆侃如、冯沅君：《南戏拾遗》，第 150 页。
④ 《九宫大成谱》卷七十七，第 6 页。
⑤ 董康：《曲海总目提要》卷十七，第 11 页。
⑥ 董康：《曲海总目提要》卷二，第 12 页。

知道么？（净）我前日记得，今日忘记了。（生）此乃是八月十五，董秀英约马君卿的故事①。

白仁甫的《董秀英花月东墙记》杂剧现已发现，不知是否于薛、马之外尚有第三人。

复落娼（《南戏拾遗》页一五四至一五五）

李婉复落娼的原因及她的情人的姓氏在武汉臣《李素兰风月玉壶春》杂剧中可以得点材料。该剧第二折白云：

（卜儿云）李玉壶你是个读书的人，好不聪明，你也知法度娶俺女儿，你姓李，俺也姓李，同姓不可成亲，你晓的么？李婉儿为甚复落娼？皆因李府尹的儿也姓李的缘故。②

读过这段简略的叙述，便晓得《宣平巷刘金儿复落娼》杂剧的尾声为什么说："想着你泼风声比李婉难同论。"

赵普（《南戏拾遗》页一五八至一五九）

罗贯中《龙虎风云》杂剧亦深及赵普。剧中第三折叙宋太祖雪夜访普，计议讨伐吴越南唐事。南戏所演或亦与此有关。

十孝记（《南戏拾遗》页三四）

《史记·扁鹊仓公传》亦言及缇萦事"太仓公者，齐太仓长，临菑人也。姓淳于氏，名意。少而喜医方术，……更受师同郡元里公乘阳庆。……为人治病，决生死多验。文帝四年，人上书言意，以刑罪，当传西之长安。意有五女，随而泣。意怒骂曰：'生女不生男，缓急无可使者。'少女缇萦伤父之言，乃随父西，上书"云云。③

---

① 杨柔胜：《玉环记》，第19页。
② 臧懋循编：《元曲选》丙集下，第16页。
③ 司马迁：《史记》卷一〇五，世界书局影印本，第469页。

王子高（《南戏拾遗》页三七至四〇）

王子高所遇女仙，亦有作谢琼姬者。《雍熙乐府》，无名氏曲，秃厮儿云：

谢琼姬不嫌王子高，同跨凤，宴蟠桃，吹箫。①

由"周瑶英"而"周琼姬"，名变而姓不改；由"周琼姬"而"谢琼姬"，则名姓并异了。

崔护（《南戏拾遗》页一五〇至一五二）

《本事诗》记崔护觅水事，本未言所遇女子的姓名，元人则以为谢菊英。如《曲江池》一折，油葫芦云：

如今那统馒的郎君又村，调浆的崔护又蹇，他来到谢家庄，几曾见桃花面。②

又如《百花亭》一折，醉扶归云：

莫不你前生元从谢，自笑我有那崔护诗才几些，怎敢便大厮八将凉浆调。③

这两条都是关于那位女主脚的姓氏的。如《留鞋记》一折，醉扶归云：

有缘千里能相会……刘晨曾误入武陵溪，那崔护曾在菊英行觅水。④

合这三条观之，那位女主脚应为谢菊英无疑了。

（原载《责善半月刊》1940年）

---

① 郭勋：《雍熙乐府》卷十三，第34页。
② 臧懋循编：《元曲选》乙集下，第3页。
③ 臧懋循编：《元曲选》壬集上，第7页。
④ 臧懋循编《元曲选》辛集上《留鞋记》，无此曲，李玉《北词广正谱》卷三，第25页，引此曲，附醉扶归下。

中国文学上的倚声问题

詹安泰

引　言

倚声者词也。曷不标以"词"而称"倚声"？以诸所论列者不溥及词而只及词之声，不如径命曰"倚声"之为切当也。然篇中则通用"词"矣，古人多单言"词"以与"诗""曲"对，不常复言"倚声"，既而约定俗成，则亦不必易以较为生疏之名耳。

夫我国文学之由来尚矣，作家年代之可考定者，已远在三千年前。递嬗演变，历世滋多，其体制之繁复，遂为世界各国所罕觏。近人采取西法以类分之，纲举目张，条理井然，持较前修，实为简括。顾或以名同，或以体近，必有据依，斯免凿枘。至若倚声，为调既繁，为体尤多（详后）；且调有定字，字有定声，按谱填倚，制限殊严。名称体制，俱为异域之所无；循名核实，岂可混同于诗歌！而或以派入诗歌一类，似亦未为精确也。

倚声之学，既为异域之所无，又以混同于诗歌，于是乎诗歌与倚声，乃受同等之待遇；以诗歌之得以自由抒写，而倚声之制限太严也，而"词之存废"与"词之应否解放"诸问题生焉。张天方、柳亚子、余慕陶、曾今可、张资平、章石承、张双江、褚问鹃、董每戡等，均曾有热烈之辩论（见《新时代》月刊、《文艺茶话》、《新垒》月刊等）。余以词既为我国特有之一种文学，大可用以自豪，稍有心本国文化者，当不忍令其绝灭，故存废问题，不容讨论；讨论问题，应在如何发扬与改革。将欲发扬词学，其必对于词学有精深之研究，固不待言；即思从事改革，亦不可不于词学先作周详之探索。观千赋而后可与言赋，读千碑而后可与言碑，彼不知词为何物而蔑视词者，吾复何言！倘其不蔑视词而欲究心于词也，则读吾此文，庶几不无涓埃之补云尔。

论严守四声说

词之形、质，盖异于他种文学，举其尤著者：曰声，曰调，曰韵，曰律。兹先言声。其调、韵、律之考求，请俟异日。

声者平、上、去、入四声也。《乐记》曰："人心之动，物使之然也；感于物而动，故形于声；声相应，故生变；变成方，谓之音。"是声之与音，固微有别。声较音为单简，凡出乎口而达于外者皆声也。古有长、短、粗、细、抗、坠、疾、徐之分，实无四声之辨。四声之辨，盖起于晋（晋张谅撰《四声韵略》，见《隋志》）。其在于诗，则于平、仄之外，上、去、入三声，虽亦有其运用之妙，顾无成式可按，故得仅守平、仄。其在于词，区别较严，甚或剖及阴、阳、清、浊，匪直上、去、入三声不可逾越而已。观白石自注鬲指之声：

> 予度此曲，即《念奴娇》之鬲指声也，于双调中吹之。鬲指亦谓之过腔，见晁无咎集。凡能吹竹者，便能过腔也。

（《湘月》词自序。按《念奴娇》本大石调，即黄钟商，煞声用"四"字；鬲指声入双调，则中吕高大石一宫，煞声用"上"字矣，故鬲指亦过腔也。例如张先之转声《虞美人》，自注"入高平调"。《虞美人》无入高平调者，而云"入高平调"，即林钟羽，煞声用"乙"字矣，故曰"转声"。又如晁无咎之《消息》，自注"自过腔，即越调《永遇乐》"。《永遇乐》调，天基排当乐人夹钟宫，煞声用"下乙"字；柳永、吴文英词入林钟商；煞声用"工"字，而云"越调"，则为无射商，煞声用"合"字矣，故注"自过腔"。凡转声、鬲指声，皆过腔也。）

守斋审订工尺之谱：

> 余向游紫霞翁门，翁精于琴，善音律。有画鱼周大夫者善歌，暗令写谱参订，虽一字之误，必随证其非。余尝扣之云："五、凡、工、尺，有何义理，而能暗诵如流？且既未按管，安知其误？"翁笑曰："君特未究此事耳，其间义理，更有甚于文章。不然，安能记之。"（周密《志雅堂杂钞》上。《宋稗类钞》所载略同。）

则其中微妙之理，诚有不容浅视者。现存讲求词学之专书，殆莫先于张炎之《词源》。词源亦曾有如下之记载：

先人晓畅音律……每作一词，必使歌者按之，稍有不协，随即改正。曾赋《瑞鹤仙》一词云："卷帘人睡起，放燕子归来，商量春事。芳菲又无几！减风光都在卖花声里。吟边眼底，被嫩绿移红换紫。甚等闲半委东风，半委小桥流水。

还是苔痕渍雨，竹影留云，做晴犹未。繁华迤逦，西湖上多少歌吹。粉蝶儿扑定花心不去，闲了寻香两翅。那知人一点新愁，寸心万里！"此词按之歌谱，声字皆协，惟"扑"字稍不协，遂改为"守"字乃协。始知雅词协音，虽一字亦不放过。信乎协音之不易也。又作《惜花春起早》云："琐窗深"；"深"字音不协，改为"幽"字，又不协，改为"明"字，歌之始协。此三字皆平声，胡为如是？盖五音有唇、齿、喉、舌、鼻，所以有轻重清浊之分，故平声字可为上、入者此也。

视姜、杨所言，更为详细明切。自时厥后，而词之应守四声，阴、阳、清、浊之说，乃班秩以起。约而为言，可分四说：

（1）仄声三种，不可随意移用说。万树云："平仄固有定律矣，然平止一途，仄兼上、去、入三种，不可遇仄而以三声概填。"（《词律·发凡》）俞彦云："词全以调为主，调全以字之音为主。音有平仄，多必不可移者，间有可移者；仄有上、去、入，多可移者，间有必不可移者。倘必不可移者，任意出入，则歌时有棘喉涩舌之病。"（《爰园词话》）此以上、去、入三声，须加明辨，不可随意移用也。

（2）以七音调四声，以明声字之不可苟用说。焦循释《词源》所举"扑""深""守""明"等字云："'扑'，'深'二字，何以不协？'守''明'二字，何以协？盖'粉'为羽音，'蝶'为徵音，'儿'为变徵，由外而入；若用'扑'字羽音，突然而出，则不协矣，故用'守'字，仍复内转接，直至'不'字则出为羽音。'琐窗'二字皆商音，又用'深'字商音则专重，故用'明'字羽音。自商而出乃协。"（《雕菰楼词话》）此全以七音为根据，而断言四声之不可妄下也。

（3）以七音调四声，而兼究阴阳清浊说。张德瀛云："词之用字，凡同在一纽一弄者，忌相连用之，宋人于此，最为矜慎。如柳耆卿《雨霖铃》词'今（见母牙音角属纯清）宵（心母齿头音商属次清）酒（照母正齿音商属次清）醒（心母齿头音商属次清）何（匣母喉音羽属半浊）处（清母齿头音商属次清），杨（喻母喉音羽属平）柳（来母半舌音徵属半浊）岸（疑母牙音角属平）晓（匣母喉音羽属纯清）风（非母轻唇音宫属纯清）残（从母齿头音商属半浊）月（疑母牙音角属平）。'其用字之法，询可为轨范矣。词必分清浊、轻重，李易安作《词论》亦云然。周德清撰《中原音韵》，判为阴阳二声，阴阳者，清浊之谓也。贾子明以轻清为阴，重浊为阳，宋张世南已有其说。阴阳四声俱备，它音易明，惟上声每难剖析，如董阴、动阳、子阴、矣阳，皆制词者所宜知。"（《词徵》卷三）此以七音分隶四声，而兼判阴阳、清浊之说也。（按谢元淮《填词浅说》谓"轻清上浮者为阳，重浊下凝者为阴"，与周德清、贾子明等说异。惟历来言阴阳、清浊者，则多从周说。）

（4）守四声，明阴阳，调九音，兼辨别哑、紧、口法说。刘熙载云："词家既审平仄，当辨声之阴阳，又当辨收音之口法，取声取音，以能协为尚。"（《艺概·词曲概》）蒋兆兰云："平、仄既协，须辨上、去；上、去当矣，宜别阴、阳；阴、阳审矣，乃调九音。所以然者：音律虽已失传，而近世填词家，后起益精，不精即不得与于作者之列；况词贵宛转谐和，若一句声牙，即全篇皆废。"又释《词源》所举"扑""守"二字云："盖'扑'字入声，其音哑，'守'字上声，其音紧，此其所以不同也。"（均见《词说》）此于四声阴阳之外，更及九音，且对音谓哑、紧、收音口法，均加讲求也。九音者即九声，乐律有宫、商、角、徵、羽五声，其宫、商、角、徵之高声曰宫清、商清、角清、徵清，谓之四清声，合之前五声，共为九声。以羽声最高，不能再得更高之声，故羽清缺焉。

总上四说，虽粗细不同，精垺或异，其后出转严之迹，略可考见，盖至是而辨声之能事尽矣。

论局部守声说

即字辨声，因声及律，其剖析之严明，考求之精审，实足令人惊叹！虽然，此特推极之论耳，比勘古人之名作，则殊未能尽合（详后），于是有局部严守之说。局部严守者，不必严守四声，于四声中之一部分，必当严守，或于某调中之某字必当严守某声也。试就所知，论列于后：

沈义父云："但看句中用去声字，最为紧要。……其次如平声，却得入声字替；上声字最不可用去声字替。"（《乐府指迷》）

万树云："夫一调有一调之声响，若上、去互易，则调不振起，自成落腔。"（《词律·发凡》）

又云："上声舒徐和软，其腔低，去声激厉劲远，其腔高，相配用之，

方能抑扬有致。"（同上）

戈载云："词字之宜用上，宜用去，宜用上去，宜用去上，有不可假借之处，关系非浅，细心参考，自无混施之病。"（《词林正韵·发凡》）

潘钟瑞云："以入作平者，入声可以融化；上声即不然，而去声犹甚。作词因最重去声，最要留心。"（《憩园词话》眉注）

此严论上、去二声，入声较可不拘也。其说一。

郭㲄云："词中仄字，上、去二声，可用平声，惟入声不可用上三声，用之则不协律。近体如《好事近》《醉落魄》，只许押入声韵。"（宋张侃《拙轩词话》引）

刘熙载云："古人原词用入声韵，效其词者仍宜用入，余则否。至于句中用入，解人审之。"（《艺概·词概》）

陈锐云："词调分上、去、入，用字则只知平、仄，此大误也。一词中有少数入声字，如《高阳台》《扫花游》之类；有多数入声字，如《秋思耗》（案耗字衍，已经前人考定）、《浪淘沙慢》之类。又如《莺啼序》中有少数上声字，千万不可通融者。今人不知上、去，况入声乎？"（《褒碧斋词话》）

况周颐云："入声字于填词最为适用。付之歌喉，上、去不可通作，唯入声可融入上、去声。凡句中去声字能遵用去声固佳，若误用上声，不如入声之为得也。上声字亦然。入声字用得好，尤觉峭劲娟隽。"（《蕙风词话》）

此则兼论入声之重要性。其说二。

李渔云："四声之内，平止得一，而仄居其三。人但知上、去、入三声皆丽乎仄，而不知上之为声，虽与去、入无异，而实可介乎平、仄之间，以其另有一种声音，杂之去、入之中，大有泾渭，且若平声未远者。古人造字审音，使居平仄之介，明明是一过文，由平至仄，从此始也。……词家当明是理。凡遇一句之中，当连用数仄者，须以上声字间之，则似可以代平，拗而不觉其拗矣。若连用数平字，虽不可以之代平，亦于此句仄声字内用一上声字间之，即与纯用去、入者有别，亦似可以代平。"（《窥词管见》）

此则专言上声之重要性。其说三。

更有以歌法、读法推定某字用某声者：

万树云："名词转折跌宕处多用去声。何也？三声之中，上、入二者，可以作平，去则独异。故余尝窃谓论声以一平对三仄，论歌则当以去对平、上、入也。当用去者，非去则激不起。"（《词律·发凡》）

周济云:"阳声字多则沉顿,阴声字多则激昂,重阳间一阴则柔而不靡,重阴间一阳则高而不危。"(《宋四家词选·目录叙论》)

杜文澜云:"平、上、入三声,间有可以互代,惟去声则独用。其声激励劲远,转折跌宕,全系乎此,故领调亦必用之。"(《憩园词话》)

谢元淮云:"四声平仄,呼吸抑扬,均有自然之妙。即平素不习工尺者,能于照谱填成之后,反复吟哦,自有会心惬意处。大略阴平宜搭上声,阳平宜搭去声,不必拘泥死法。昔人谓孟浩然诗,讽咏之久,有金石宫商之声。诗尚如此,词可勿乎哉!"(《填词浅说》)

吴梅云:"三仄之中,入可作平,上界平、仄之间,去则独异,且其声由低而高,最宜缓唱。凡牌名中应用高音者,皆宜用此。如尧章《扬州慢》'过春风十里','自胡马窥江去后','渐黄昏,清角吹寒',凡协韵后转折处,皆用去声,此首最为明显。他如《长亭怨慢》'树若有情时','望高城不见','第一是早早归来','算空有并刀';《淡黄柳》之'看尽鹅黄嫩绿','怕梨花落尽成秋色',其领头处,无不用去声者。无他,以发调故也。"(《词学通论》)

吴说盖本红友、筱舫,谢说略近止庵,其以歌唱或诵读之法而定声字则一也。

此外,有指出同声字不得叠用,不得倒用者,例如:

李渔云:"最忌连用数去声或入声。并去、入亦不相间,则是期期艾艾之文,读其词者与听口吃之人说话无异矣。"(《窥词管见》)

又云:"词则全为吟诵而设,止求便读而已。便读之法,首忌韵杂,次忌音连,三忌字涩。……音连者何?一句之中,连用音同之数字,如先、烟、人、父、呼、胡、高、豪之属,使读者粘牙带齿,读不分明,此二忌也。"(同上)

又若谢元淮摘王伯良"曲禁"中语以用于词,谓上、去字须间用,不得连用两上、两去,两上字连用,尤为棘喉。宜上、去不得用去、上,宜去、上不得用上、去。不得叠用三入声字。不论平、上、去、入,不得叠用四字。宜阴不得用阳字;宜阳不得用阴字。惟调有定格者例外(见《填词浅说》)。按《元和韵谱》云:"上声厉而举,去声清而远;相配用之,方能抑扬有致。"实为诸言不得连用叠声字说之所本。说虽若甚精微,尚非明通之见。古人名作,用叠声字者屡见不鲜:如周邦彦《渡江云》词中之"阵势起平沙","阵势"两去连用也;"骤惊春在眼"之"在眼",两上连用也;"渐渐可藏鸦"之"渐渐可",三叠上声字;"清江东注"之"清江东",三叠平声字（全调见后引）；又如周邦彦《大酺》词中之"邮亭无人处"句，连用四平声字；其"墙头青玉旆"句，"玉"字原为入声，吴文英倚此调，此句第四字亦用入声，而陈锐谓系以入代平，与"邮亭无人处"句法皆四平一仄（原文见后引）。是一词之中，两用四叠平声字之句法矣。邦彦提举大晟府，最称精审音律，而所作如此，则"同声字不得叠用"之说难尽信可知矣。亦有指出某调某字有定声者，例如：

万树注王沂孙《齐天乐》云："'过雨'，'更苦'，去上声妙，万万不可用平仄，而'万缕'尤为要紧。"（《词律》卷十七）

杜文澜云："韵上一字，亦有定律，如词中有应用去上处，自须协上声；而如《醉太平》、《恋绣衾》、《八六子》等平调韵上之仄声字，必须用去声，方是此调声响。"（《憩园词话》）又校《词律》吴文英《法曲献仙音》云："按此调首句第二字，次句第四字，四句第二字，五句第四字，必用入声。"校《词律》王沂孙《花犯》云："按词中应用去上声，惟此调最多。如'素靥'、'绀缕'、'岁晚'、'自倚'、'记我'、'浪里'、'卧稳'、'挂晓'、'凤冷'、'乍起'、'唤取'、'翠被'，凡十二处，周美成、方千里等名作皆同，为此调定格，必宜恪守。"（《词律》注）又评韩闻南《如此江山》词云："按此调前段第六句，后段第七句，及后结三韵，皆应去上声。"（《憩园词话》）评张应昌《烟波渔唱》词云："如《四字令》韵上一字应仄者用去声，平调《满江红》前后结三字用平去声，《齐天乐》三用去上声，《八声甘州》后结上一句中二字相连，《忆旧游》结句第四字用入声——皆按律之细密者。"（同上）

黄曾《瓶隐山房词集·发凡》论去、上字云："《扫花游》六见，《一枝春》八见，《花犯》十二见。"

郑文焯校姜白石《扬州慢》词云："按此曲近人和者，多于两煞失其音节。当于入声字处为逗，旁谱可证。"（按即指"角""药"二字。郑氏此说，夏承焘已有驳议，见夏著《白石道人歌曲斠律》。）

陈锐云："词中四声句最为着眼，如《扫花游》之起句、《渡江云》之第二句、《解连环》、《暗香》之收句是也。又如《琐窗寒》之'小唇秀靥'，'冷薰沁骨'，《月下笛》之'品高调侧'，美成、君特无不用'上、平、去、入'，乃词中之玉律金科。今人随手乱填，何也？"（《袌碧斋词话》）又云："清真《大酺》云：'墙头青玉旆'，'玉'字以入代平。下文云'邮亭无人处'，皆四平一仄。梦窗此句第四字亦用入声，守律之严如此。今人则胡乱用之矣。"（同上）又以《高阳台》《秋思》等应用入声字处不可忽略，引已见前。

吴梅云："清真词如《瑞龙吟》之'归骑晚，纤纤池塘飞雨'，《忆旧游》之'东风竟日吹露桃'，《花犯》之'今年对花太匆匆'；梦窗词如《莺啼序》之'快展旷眼'，'傍柳系马'，《西子妆》之'一箭流光，又趁寒食去'，《霜花腴》之'病怀强宽'，'更移画船'；白石词如《满江红》之'正一望千顷翠澜'，《暗香》之'江国正寂寂'，《凄凉犯》之'怕匆匆、不肯寄与误后约'；《秋宵吟》之'今夕何夕恨未了'，此等句法，平仄拗口，读且不顺，而欲出辞尔雅，本非易易，顾不得轻易改顺也"。（《词学通论》）

又云："如《齐天乐》有四处必须用去上声。清真词'云窗静掩'，'凭高眺远'，'但愁斜照敛'是也。此三句中，如'静掩'，'眺远'，'照敛'，万不可用他声。（按原文作四处，而举三例，恐讹脱。）故此词切忌用入韵，虽入可作上，究不相宜。又《梦芙蓉》亦有五处必须去上声。梦窗词'西风摇步绮'，'应红销翠冷，霜枕正慵起'，'仙云深路杳，城影蘸流水'是也。'步绮'，'翠冷'，'正起'，'路杳'，'蘸水'，亦万不可用他声。……又《眉妩》亦有三处用去上声。白石词'信马青楼去'，'翠尊共款'，'乱红万点'是也。中如'信马'，'共款'，'万点'，亦不可用他声。至如《兰陵王》之多仄声字，《寿楼春》之多平声字，又当一一遵守，不得混用上、去、入三声也。"（同上）

又云："词有必须用入之处，不得易用上、去者。如《法曲献仙音》首二句'虚阁笼寒，小帘通月'，'阁'、'月'宜入。《凄凉犯》首句'绿杨巷陌'，'绿'、'陌'宜入。《夜飞鹊》'斜月远堕余辉'，'兔葵燕麦'，'月'、'麦'宜入。《霜叶飞》换头'断阕经岁慵赋'，《瑞龙吟》'愔愔坊陌人家'，'侵晨浅约宫黄'，'吟笺赋笔'，'阕'、'陌'、'约'、'笔'宜入；《忆旧游》末句'千山未必无杜鹃'，'必'字宜入。"（同上）

考定词忌及某调中某字必用某声，其谨严之态度，殊足使疏于声律者知所矜慎。虽然，其取材大抵不出美成、白石、梦窗，碧山、草窗、玉田数家，以此数家持律最严，较观数家同出一律者，即用悬为定式耳。此数家外，以其定式，核之他作，则多不可通者；即以此数家所作同调之词互相比勘，亦时有所出入，玉田号称精于词学者，其自相出入处为尤多，斯则太事深求，反不免于过细之嫌矣！

破守声说

大抵唐、五代、宋初词人，多仅守平仄，不限四声，当时小词，不少流传，可资复按。四声之辨，殆与慢词有关。柳永为慢词开山大师，始略辨别去声；至周邦彦制调尤繁，乃有上、去之界。自时厥后，历白石、梦窗，以至守斋、草窗，声律之辨，弥益严密。彼等因皆能自制谱、自度曲，则其于声音微妙之理，洞究无遗，一字不苟，亦理势然也。白石《庆宫春》词自序云："盖过句涂稿乃定"；草窗《木兰花慢》词自序云："冥搜六日而词成。成子惊赏敏妙，许放出一头地。异日，霞翁见之曰：'语丽矣，如律未协何！'遂相与订正，阅数月而后定，是知词不难作而难于改，语不难工而难于协。"其寻声逐字之情态可想。盖至此而声律之重，殆已突过文辞，自来词人讲求声律之精严，莫有逾于此际者。虽然，此中奥蕴，固不尽关四声阴阳也。杨缵《作词五要》中第三要云："要填词按谱。自古作词，能依句者已少，能依谱用字者百无一二。词若歌韵不协，奚取焉。"是则昔人所悉心以求者，不惟四声阴阳也明甚。其所谓"句""谱"，假如同今日之论，仅指形迹之粗者而已，则依照正甚易易，而谓古人之所难能，岂理也哉！抑取当时诸家同调之词或一家中同调之词互相比勘，四声亦有未悉合者。如周邦彦《渡江云》：

　　晴岚低楚甸，暖回雁翼，阵势起平沙。骤惊春在眼，借问何时，委曲到山家？涂香晕色，盛粉饰、争作妍华。千万丝陌头杨柳，渐渐可藏鸦。

　　堪嗟！清江东注，画舸西流，指长安日下！愁宴阑，风翻旗尾，潮溅乌纱。今宵正对初弦月，傍水驿深叙蒹葭。沉恨处，时时自剔灯花。

与方千里和作：

　　长亭今古道，水流暗响，渺渺杂风沙。倦游惊岁晚，自叹相思，万里梦还家！愁凝望结，但掩泪、慵整铅华。更漏长，酒醒人语，睟睆有啼鸦。

　　伤嗟，回肠千缕，泪眼双垂，遏离情不下！还暗思、同翻香烬，深闭窗纱。依稀看遍江南画，记隐隐、烟霭蒹葭。空健羡，鸳鸯共宿丛花。

四声不同者凡十五字。《四库提要》于方千里和清真词，称其四声不易一字者，犹参差若是，其他概可想见。又取柳永《昼夜乐》词同属中吕宫者二首比勘之：

　　第一首：

洞房记得初相遇，便只合、长相聚。何期小会幽欢，变作离情别绪！况值阑珊春色暮，对满目、乱花狂絮。直恐好风光，尽随伊归去。

一场寂寞凭谁诉？算前言、总轻负。早知恁地难拼，悔不当初留住。其奈风流端正外，更别有、系人心处。一日不思量，也攒眉千度！

第二首：

秀香家住桃花径，算神仙、才堪并。层波细剪明眸，腻玉圆搓素颈。爱把歌喉当筵逞，遏天边，乱云愁凝。言语似娇莺，一声声堪听。

洞房饮散帘帏静，拥香衾、欢心称。金炉麝袅青烟，凤帐烛摇红影。无限狂心乘酒兴，这欢娱、渐入嘉景。犹自怨邻鸡，道秋宵不永。

全首九十八字中，竟有三十三字四声不合。耆卿深通音律，其所作俱堪付诸歌喉，而前后四声乖异若此，则解人之不系乎四声阴阳可知已。宋人讲论词学之专书，首推张炎《词源》，《词源》上篇论律，下篇论法，精思独运，剖析毫芒，然若以四声为准绳，则各大家中之作品，以玉田最为疏略，斯亦解人不专注四声阴阳之一明证。因之，词之妙用不关乎四声之说生焉。杨慎云："词人语意所到，间有参差，或两句作一句，或一句作两句，惟妙于歌者上下纵横取协。"（《词品》，《蓉塘词话》引郎仁宝说略同。）毛奇龄云："李于麟以填词法作乐府，谓乐府有声调，倘语句稍异，则于声调便不合尔。不知填词原有语句平仄正同，而声调反异者，如《玉楼春》与《木兰花》同，而以大石调歌之，则为《木兰花》类。然则声调何尝在语句耶？"（《西河词话》）升庵号称善度曲，西河自夸能唱词者，而所言如是。又先著云："宋词宫调失传，决非四声所可尽。"（《词洁》）刘体仁云："古词佳处，全在声律见之，今止作文字观，正所谓'徐六担板'。"（《七颂堂词绎》）方成培云："大抵宋词工者，惟取韵之抑扬高下与协律者押之，而不拘拘于四声。"（《香研居词麈》）观此诸说，则守声之士，为浪费精力；守声之说，为浪费笔墨；所谓平、上、去、入者，亦正可守，可不必守。倘必刻舟记柱，非真善用赵卒者矣。

词学发扬与改革之两大途径

然则词学上之声字，可以废置不讲耶？是又不然。"规矩立而后天下有良工，衔勒齐而后天下无泛驾。"使废声字而不讲求，则倚声之义将安附丽？

而亦不成其为词矣。特依古人之成式，而参以声字之本质，妙于运用而已。若株守古词之四声，则有不可通者三：

（1）词乐既已失传，虽墨守四声，仍不能付之歌喉，配以丝竹，以复古人之旧观。

（2）古词司宫调者其声字每有出入，既难定所适从；且以少数词家所作者悬为准的，亦未免固陋自封，作茧自缚。

（3）古词常喜运用方言、名物，时、地不同，读法随异，虽严守声字，仍难免出律之嫌。

故居今日而言词，不出下列二途：

（1）就形以求质，使声情吻合。

（2）变质以求形，使声乐吻合。

前者与美学相联系，后者与音乐相联系。兹分别论之。

第一，就形以求质，使声情吻合。关于此问题，须特别注意者：即为声字之本身与句、调之组织。此二者均与美学有关，果欲使声情吻合，舍此殆无他途也。声字本身之读法，颇不一致：

平声哀而安，上声厉而举，去声清而远，入声直而促。（〔唐〕《元和韵谱》）

平声平道莫低昂，上声高呼猛烈强，去声分明哀远道，入声短促急收藏。（〔明〕释真空《玉钥匙歌诀》）

平声轻迟，上、去、入三声重疾。（〔明〕顾炎武《音论》）

平声长空如击鼓，上声短实，去声如击土木，入声如石。（〔清〕江永《音学辨微》）

平声长言，上声短言，去声重言，入声急言。（〔清〕张成孙《说文谐声谱》）

平稍扬之则为上，入稍重之则为去。（〔清〕段玉裁《与江有诰书》）

同一声也，以舌头言之为平，以舌腹言之为上，急气言之即为去，闭气言之即为入。（〔清〕王鸣盛《十七史商榷》）

平声尚含蓄，上声促而未舒，去声往而不返，入声逼侧而调难自转。（〔清〕谢元淮《填词浅说》）

入声为短音，平、上、去三声为调：平声为水平调，上声为昂上调，去声为落下调。（〔英〕艾若瑟《华语考原》）

连类以举，其例实繁，近人有以异域线谱之法配合四声，尤起以确定四声之本质。果能因声字而细加推求，则节奏、情思之美妙，均可得而睹焉。吾人虽不必如上章所言专守声字者之拘执，然亦不得并节奏、情思亦置之不理。谓其"妙在歌者上下纵横取协"，谓为"声调何尝在语句"，固属悬揣之辞，推其极，亦不过谓歌者得以某唱法变动某字之本声而已，非谓依作者之本声以歌唱，即失其真美也。诚如是，则如上举柳永之作二首平仄四声互异者，其一可废矣。故精于声律，能自制曲者，尽可不必专注声字，有唱法音乐为依据，而转变移易，自可臻于美妙；而不精声律，不能制曲者，其所自作，既不可唱，又不协乐，而亦随意所之，转变移易，则大失"倚声"之义，而所谓词之美妙之境，亦必终不可得。词之唱法与乐谱虽已失传（仅白石词注旁谱，然亦不可协乐矣），然即词之声字与其句、调之组织以求之，其本质之美妙犹在也。何以明之？天下之物，纯整不美，纯散亦不美；全同无美，全异亦无美，惟能异中有同，寓整于散，或错综，或复叠，使人若应接不暇，而又觉头头是道；使人不知情之所由来，情之所由竟，而又觉深情往复于其间，而常与之冥会密切而不能自已，斯真天地之真美，无古今中外一也。词之声字之运用与句、调之组织，最合美学之原理。以声言：其配合略同诗句或辞赋、骈文者不具论，论其奇特者，有四字句而用四声者，如"玉肌翠被"（汤恢《二郎神》），"洞天日晚"（柳永《破阵乐》），"几时见得"（姜夔《暗香》），"立马断魂"（赵以夫《角招》）等是。有四字句全用仄声者，如"瞑霭向敛"（李甲《吊严陵》），"傍柳系马"（吴文英《莺啼序》）等是。有五字句全平者，如"裁春衫寻芳"（史达祖《寿楼春》）等是。有五字句全仄者，如"水竹旧院落"（周邦彦《浣溪沙慢》）等是。余尝取词各种声字不同之句法加以综合，二字句平仄凡四种，三字句平仄凡八种，四字句平仄凡十五种，五字句平仄凡二十四种，六字句平仄凡三十二种，七字句平仄凡四十二种（均有实例，繁不过录，见拙编《论词之章句》），其它八字之句，为一、七或三、五之变相，九字句为二、七或四、五之变相者，尚不计及，观此，则词之声字配合之复杂可知矣。以若是其复杂之配合，故无不可以表达之情思。大抵表现柔婉缠绵或悠扬凄清之情思多用平声字，表现幽咽沉郁之情思多用入声字；多用上声字，则矫健峭拔；多用去声字，则宏阔悲壮。其声情常相吻合，故得以清唱，谓之"雅音"，一字一音，白石旁谱，略可考见，非若曲之必曼衍其音或紧缩其辞而后始得显其节奏之美也。顾此就声字与句之配合而言耳，至其句调之组织，尤其错综繁复。以句言：有折腰句，如《夜游宫》之"看黄昏灯火市"，《凤衔杯》之"空目断遥山翠"等是。有尖头句，如《临江仙》之"对暮山横翠，衬梧叶飘黄"，《玉蝴蝶》之"念双燕难凭远信，指暮天空识归航"等是。有偶句，如《绮罗香》之"做冷欺花，将烟困柳"，《浣溪沙》之"无可奈何花落去，似曾相识燕归来"等是。有叠句，如《采桑子》之"爱上层楼，爱上层楼"，《东坡引》之"光阴如撚指，光阴如撚指"等是。有复句，如赵长卿之《摊破丑奴儿》，前阕结"也罗，真个是可人香"，后阕结复用此八字；苏轼之《皂罗特髻》"采菱拾翠"四字，篇中凡七见等是。以调言：有单调，最短如《十六字令》，最长如《寿山曲》是。有双叠，最短如朱敦儒之《柳枝》，最长如苏轼之《哨遍》，凡分前后两阕者均是。有三叠，三叠又有双拽头与非双拽头之别：如周邦彦之《瑞龙吟》，姜夔之《秋宵吟》等，双拽头也；柳永之《夜半乐》，康与之之《宝鼎现》等，非双拽头也。有四叠——又称序子，如吴文英之《莺啼序》，郑意娘之《胜州令》是。他如晏几道之《泛清波摘遍》，沈括《梦溪笔谈》云："凡曲有数叠者，裁截用之，谓之摘遍。"吴文英《梦行云》词，自注云："一句六幺花十八。"六幺本大曲，词特其中之一叠，则亦摘遍类也。赵以夫之《薄媚摘遍》，摘取薄媚大曲中入破第一之一遍为之，其句法全与薄媚大曲入破第一相合。即如《采莲令》《水调歌头》《法曲献仙音》《氐州第一》《六州歌头》《剑器近》之类，凡名与法曲、大曲同者，虽法曲、大曲多不流传，无从比勘，大率皆摘遍也。词调至于摘遍，则其组织已至"穷则变"之境地，此外，则惟有转踏、联章矣。据明孙能传、张萱等《内阁藏书目录乐府混成集条》云："内有腔板谱，分五音十二律类次之，原一百二十七册，今阙二十三册。"此书据云所载谱调最多，然已不可复睹。以今日可以考见之词籍而论，已得调八百七十余，得体二千三百余，数量不可谓不多，质素不可谓不繁，而或者犹以为不得自由运用，或持废置之说，或倡解放之论，一似行复杂之情思而词调太少不足以表现，有繁会之节奏而词语太简不足以相容者然，吾不知其果曾究心于此耶？其好持高论以哗世取宠耶？以余观之，取古人声情吻合之作，而归纳为若干部门，则某调宜于表现某种情态，必有蛛丝马迹可寻；然后以所欲表现之情态，择最适切之某调以填倚，必能使声情吻合也。《雍熙乐府》曾有宫调声情之说云：

仙吕宫宜富贵缠绵，正宫宜惆怅雄伟，大石调宜风流蕴藉，小石调宜旖旎妩媚，仙吕宫宜清新绵邈，中吕宫宜高下闪赚，南吕宫宜感叹伤悒，双调宜健捷激枭，越调宜陶写冷笑，商调宜凄怆怨慕，林钟商调宜悲伤宛转，般涉羽调宜拾掇坑堑，歇指调宜急并虚揭，高平调宜涤荡滉

漾,道宫宜飘逸清幽,角调宜典雅沉重。(此说并见周德清《中原音韵》)

虽宫调在今日,已有名无实,不知其果适切与否。然即以词之形态而细加揣摩,某调宜表现某种情形,亦可得而言:如唐、五代之令词,大都宜于温柔蕴藉或旖旎风流;如《六州歌头》《水调歌头》《沁园春》《满江红》《百字令》等调,宜于豪放悲壮;如《昼夜乐》《风流子》《百宜娇》等调,大都宜于艳冶缠绵;如《贺新郎》《齐天乐》《摸鱼儿》等调,大都宜于高俊清疏;如《绕佛阁》《凄凉犯》《霓裳中序第一》《尉迟杯》《兰陵王》《徵招》等调,大都宜于沉顿幽咽。连类以推,不能遍举。任何情态,均有适切之词调可资抒写,要在学者能究心否耳。总之,某调之宜于表现某种情态,亦以其调中各句之组织与句中各字之配合而定,故句调与声字须兼资并重。知句调而忽其声字,或守声字而乖其句调(明人词谱,斫句时有错误),厥失维均,不可不察也。

第二,变质以就形,使声乐吻合。词之初,以便歌协乐为主,与音乐结不解缘,其诉诸听觉之效力,盖较诉诸视觉之效力为尤大。今日流行之北宋初期之小词,有文字甚为拙劣,而当时传播人间,博得盛誉者,即以其声调妍美,便歌协乐,固不关乎文字之优劣也。故五代、宋时,或称"曲子词",或称"今曲子",或称"曲子",盖犹就乐曲之本体而言。朱熹云:"古乐府只是诗,中间却添了许多泛声。后人怕失了那泛声,逐一添个实字,遂成长短句,今曲子便是。"(《朱子语类》百四十)其于词之形成,言之极中肯綮。方成培云:"唐人所歌,多五七言绝句。必杂以散声,然后可被之管弦。如阳关诗必至三叠而后成音,此自然之理;后来遂谱其散声,以字句实之,而长短句兴焉。"(《香研居词麈》)所谓"散声",实与朱熹之"泛声"同为曲中之有声无辞者。词既并填实乐府中之有声无字者,故词之本身,即具有音乐之形态,不必增损其声字,即可歌唱,即可协乐,而自成其为音乐之文学,一字一音(白石旁谱,每字仅一音符可证,说已见前),一声一拍(王灼《碧鸡漫志》云:"今越调《兰陵王》凡三段,二十四拍。"又云:"近世有《长命女令》,前七拍,后七拍。"可证),不特"上不类诗,下不类曲"而已,恐自有文学作品以来,未有若是其特异之体制也。惜音乐每恃口耳相传,至易断绝,自元曲盛行以后,词之唱法,即已失传,后之作者,乃专致力于文辞之美妙,而忽略其与音乐之因缘。数十年来,词学复兴,名家辈出,如王幼遐、陈伯弢、郑叔问、朱古微、况夔笙等,核其所作,非不踵美宋贤,然亦不过专严四声之辨，多和宋贤之作，毫厘分寸，不稍宽假而已，于已失传之词乐，不一过问已。则信乎词学之大不幸，而词乐之必终至绝灭矣！窃以果欲保存我国特有之词学，则使之合乐，为第一要义。词乐虽不可复识，其所用之乐器与其用法，犹有可得考见者。姚华云："五代、北宋词，歌者皆用弦索，以琵琶色为主器；南宋则多用新腔，以管色为主器。弦索以指出声，流利为美；管色以口出声，的皪为优。"（《与邵伯䌹书》）斯实确切之论，沈括《梦溪笔谈》、王灼《碧鸡漫志》、蔡元定《律吕新书》、朱子《琴律说》、张炎《词源》、凌廷堪《燕乐考原》等书，于此多所论列；即宋人词集如《张子野词》《东坡乐府》《白石道人歌曲》等，亦时露一二，足资研寻，既考明乐器与其用法之后，再依古人唱词之一字一音、一句一拍法，就古词中较为圆美之调，或取后人较为习用之调，配以谱字。谱字配法，按之沈氏《梦溪笔谈》、朱氏《琴律说》、张氏《词源》中所配之简字，以证白石之旁谱，其确为诸家之所同者，则犹是宋谱之旧，不妨易以今字，试付管弦；（闻吴瞿安氏曾试以此法歌白石词，殊不悦耳。）不合，则为另配。其字音之高低，以调中声字之本质为准。宋人管色应指谱，有"大住""小住""掣""折""打"等记号，其理仍可通者，亦可参用。至"起调""煞声"之法，宋人成规，必趋一律，不容淆混，经已考定，不妨遵守。能如是，则词必复可歌矣。虽然，歌声须与该调中所表现之情态相应，不相应，则据音乐原理，加以改定，必使相应而后止，悦俗与否，可暂置不理也。宋词所失者乐，所存者形，依形以配乐，原已非复宋人之旧，旨在使词可以协乐，即易以他器，运以新法，庸何伤乎！世有宏达，或不河汉斯言。

使声情吻合，究心词学者类能言之；使声乐吻合，则非究心词学而兼精乐理，兼擅音乐者无能为役。余不慧，于音乐略无解悟。兹篇所及，仅属问题之提出，其问题之解决，仍有俟乎解人之专篇探讨也。

（原载吴承学、彭玉平编《詹安泰文集》，中山大学出版社2004年版）

韩昌黎古文之研究

王韶生

绪　论

清彭元瑞有言："萧选行而无奇不偶，韩集出而有横皆纵。"譬之叠嶂层峦，孤峰特秀，众星繁粲，日月相辉。是皆足以开风气之先，而蔚为一代之巨子者也。间尝论之：昌黎破骈俪而为古体，弃脂粉而崇质素，其摧陷廓清之功，可谓卓尔不群，昌黎才气伟大，魄力雄浑，浸淫典籍，钻研经史，风格逼近西京，诵习志乎三代，用是焕发光华，声宏实厚，踵孟庄荀韩之高踪，启欧苏王曾之先路，盖古文之名始此，而唐以后之为文者，莫不以韩为大宗。

虽然，凡一学说思想之成立，与夫文学之流变，其中莫不有蝉连之关系，递变之轨迹。椎轮为大辂之始，积水为层冰之渐，凡物莫不皆然。盖未有凭空产生，闭门虚造之事理也。昌黎古文之成立，其略可得而言：

（一）六朝文学发现败征

魏晋以来，为文者专注重于字句之矜炼，声韵之铿锵，叙事之致密。齐梁以降，属对愈工，浮夸靡淫，华而不实，美则美矣；然而遗理存异，寻虚逐微，竞一韵之奇，争一字之巧，连篇累牍，不出月露之形，积案盈箱，惟是风云之状（本李谔说），揆之义理，盖无取焉。昌黎挺出，抗志慕古，遂起文学界之改革。

（二）古文之黎明运动

黎明运动之人物，在北周有苏绰，史称自有晋之季文章竞为浮华，遂以成俗，周文欲革其弊，因魏帝祭庙，群臣毕至，乃命绰为《大诰》，奏行之，自是之后，文笔皆依此体。是可谓古文之滥觞。至初唐王勃、杨炯辈，行文骈散兼施，化靡丽之结习，存清刚之素质，迨至燕、许二公，典谟制诰，胎息西京，而文体为之一变。至于中唐，萧颖士、李华之文，渐趋于奇。元结，独孤及,大变排偶浓艳之习,昌黎从而推阐之,而古文于是告成功。

(三) 诗学革命之影响

初唐之诗,犹是六朝之旧,其浮夸绮丽,对仗工整,诗文皆同。陈子昂、张九龄一洗积习,上追汉魏,盖已拥彗前驱矣,嗣李、杜崛起,一以天才,一以学力,各树一帜,分道驰驱,遂雄敌千古。太白《古风》有云:"大雅久不作,吾衰竟谁陈。……自从建安来,绮丽不足珍。……我志在删述,垂辉映千春。希圣如有作,绝笔于获麟。"其自负可谓不凡,而子美亦云:"读书破万卷,下笔如有神。赋料扬雄敌,诗看子建亲。"此二人皆能于诗界起革命者也。芳躅未远,流风犹存,昌黎睹此,遂不能不生复古运动(文学革命)。今观昌黎诗有曰:"李杜文章在,光芒万丈长。"又曰:"少陵无人谪仙死,才薄将奈石鼓何?"则其倾倒极至矣,昌黎豪杰士也。推陈出新,盛业让谁,化腐朽为神奇,倡文学之革命,此亦受李杜影响之一原因也。

合此三因,遂成文艺之复古运动,美而益彰,盛而复传,信有征矣,盖昌黎导□作其先驱,而柳宗元、张籍、皇甫湜、李翱诸人作其后继,一扫六朝浮廓之习,愈真不愧为文学界之元勋矣。其古文学说影响于将来者极大,此在文学史上之价值,永不可没者也。兹取其论著,分篇研究如次。

一、理智

魏晋文章,日趋华媚,有类披锦服纨,耀眩耳目,风流倜傥,超脱形骸,颓废人生,挟破理法,此在古文家视之,所认为道衰文弊者也。昌黎则力倡文以载道之说,以矫其风,后世若苏东坡、曾国藩、林琴南诸人,皆深赞其因文见道,文质彬彬,谓足接孟轲扬雄之道统。其文道合一,疏瀹发明,亦与后世说理家用语录体者不同,盖融和文道,本昌黎一生之大主张也。今兹标举理智二字以论之者,诚以文学上之理智原素,在包涵普遍之真理,理智观念与人生真理相合耳。是等所需要之原理甚简,惟丰瞻、确实、明达三种而已。是故伟大文学之材料,在富于真理,而出之以正确畅达,流动可人,所谓言之有物,斯盖不刊之论矣。

昌黎文章之整饬悠扬,理解特达,论者多推五原篇。五原篇者,盖即《原道》《原性》《原毁》《原人》《原鬼》五篇是也。《原道》一篇,昔人多之,谓为卫道之作。《唐书》本传,称其《原道》《原性》《师说》等数十篇,皆奥衍闳深,与孟轲、扬雄相表里而佐佑六经云。尝试论之,昌黎《原道》诸作，其树义立论，尚非能确实精微，惟朴素动人，文理密察，此则万古常新者耳！

《原道》一篇，反复说明，大畅所蓄，要皆原于道德之意，此黄山谷所称为命意曲折，布置谨严者也。至《原性》徒篇曰："性也者，与生俱生也。情也者，接于物而生也。……性之品有上中下三种。上焉者，善焉而已矣。中焉者，可导而上下也。下焉者，恶焉而已矣。……上之性就学而愈明，下之性，畏威而寡罪。是故上者可学，而下者可教也，其品则孔子所谓不移也。"探人性之本原，究贤思之分际，大言炎炎，固与孟轲、孙卿、扬雄诸书相表里者也。盖人类本能，有与社会冲突者；有为个人图存者；善恶相混，利害参斯，扩充裁制，资乎教育，此则诸家之归宿点耳。昌黎斯篇，颇能透切发挥也。

《原毁》篇曰："吾尝试之矣，尝试语于众曰：'某良士，某良士。'其应之者，必其人之与也，不然，则其所疏远，不与同其利者也，不然则其畏也，不若是，强者必怒于言，懦者必怒于色矣。又尝试语于众曰：'某非良士，某非良士。'其应之者，必其人之与也。……不若是，强者必悦于言，懦者必悦于色矣。是故事修而谤兴，德高而毁来。"曲达人情，切中时弊，而人类妒忌心理，云涌其间，不快之感，跃然纸上，此岂非作者用动人之情感，贯串其丰赡、确实、明达之才，而能之乎？屈子行吟，哀高邱之无女，韩非说难，陈揣摩之难能，此后人诵之，所以怦然心动者也。至于《原人》简括，《原鬼》纯正，斯皆足以启学者之识力焉。

虽然，昌黎诸作，尚未可以此尽其大观也，其《说马》《获麟解》诸篇，天矫不群纵横驰骤，尺幅千里，变化无穷，光章明发之气，颇有类于周秦诸子。林琴南曰："说马语壮，言外尚有希求。解麟词悲，心中别无余望。"颇能见昌黎之用心耳，《讳辩》文笔犀利，壁垒森严，颇足见其精警，复有合于逻辑，曾文正以为大快利，非韩公上乘文字，是盖以文德衡之。

读《荀子》，读《冠子》，读《仪礼》，读《墨子》诸篇，咸能辨其异同，撮其旨要，文字矜慎，一字千金，湘乡曾氏以为类史公各年表序，斯足见作者之才识矣。

昌黎《答尉迟生书》有云："夫所谓文者，必有诸其中，是故君子慎其实，实之美恶，其发也不掩，本深而末茂，形大而声宏，行峻而言励，心醇而气和，昭晰者无疑，优游者有余。"又《答李翊书》有云："仁义之人，其言蔼如也。"斯皆丰富正大思想之准则，故克称大文豪者，盖以其判断纯正，经验宏富，对于重要事物之智识，能得其概要耳。以昌黎学养之丰富，宜其于文学界辟一新田地也。

二、情感

我国文学界，常以发情止义相号召，诚以文学之原则，在感发人之意志与激发人之善心，而其感动力之大小，每视作者情之发于德性，及感官所触之强弱为衡。凡人之作品与行为，能引起人表同情者，必其能用情深切而真挚者也。六朝文人，工于雕琢字句，转致束缚性灵，其文非不足引起人之美感，而所缺者只真情之流感耳。昌黎行文□一出之于自然，无丝毫雕琢气象，字里行间，皆足足以表示其情感之生动有势，与夫错综变化，持续恒久，及其品格性质。兹略论之。

昌黎文之生动有势，而感人最深者，莫如《张中丞传后叙》。余幼时读史迁《项羽本纪》，至项王则夜起帐中，歌虞兮之诗，深有慨于英雄末路之悲。迨读昌黎是篇，其所受印象亦最深。《项羽本纪》，一方面慷慨歌英雄，一方面缠绵叙幽欢，辄令人低回不置。若《张中丞传后叙》，则写出血性男儿激昂磊落之举，此诚足以鼓舞吾人之勇气者也。例如：

> 霁云慷慨语曰："云来时，睢阳之人，不食月余矣，云虽欲独食，义不忍。虽食，且不下咽。"因拔所佩刀，断一指，血淋漓以示贺兰，一座大惊，皆感激为云泣下。云知贺兰无出师意，即驰去，将出城，抽矢射佛浮图，矢着其上砖半箭，曰："吾归破贼，必灭贺兰，此矢所以志也。"

及今观之，霁云忠勇之气，千载如见，若语语从血性流出，此足令人一洒同情之泪，而壮心顿生者也。虽视史迁《刺客传》《李将军传》等，何多让焉。

祭兄子十二郎文，是情之出于错综变化者也。昔人谓读诸葛武侯《出师表》，而不知忠，读李密《陈情表》，而不知孝，读昌黎《祭十二郎文》，而不下泪者，必非人情，是可见其感动力之深矣。

昌黎少孤，不省所怙，迨及幼年复悲折翼，此家庭骨肉之间，所最难为情者也。因十二郎之丧，遂发出一篇悲痛沉着，深情至性文字，如：

> 两世一身，形单影只，嫂尝抚汝指吾而言曰："韩氏两世，惟此而已。"汝时尤小，当不复记忆，吾时虽能记忆，亦不知其言之悲也。

此昌黎回忆幼年景状，念门祚之不幸，而悲怀中来者也。慷慨有余哀，殆此之谓欤？

吾与汝俱年少，以为虽暂相别，终当久相与处，故舍汝而旅食京师，以求升斗之禄，诚知其如此，虽万乘之公相，吾不以一日辍汝而就也。

屈子有言曰："乐莫乐兮新相知，悲莫悲兮生别离。"盖悲欢离合之际，诚令人有不能忘情者矣。昌黎流离十载，遭骨肉之凋零，其心中伤感当如何耶？子建赋感节，士衡伤叹逝，此盖有同情之感耳。

呜呼！其信然矣！吾兄之盛德，而夭其嗣矣！汝之纯明宜业其家者，不克蒙其泽矣！所谓天者诚难测，而神者诚难明矣！所谓理者不可摧而寿者不可知矣！……死而有知，其几何离？其无知，悲不几时，而不悲者无穷期矣。

昌黎斯论，盖深痛于福善祸淫之无当，而发为凄怆怛恻之词，此盖道德上之悲观说也。如史迁《伯夷列传》，《游侠列传》序，皆有同等论调焉。

呜呼！汝病吾不知时，汝殁吾不知日，生不得相养以共居，殁不得抚汝以尽哀……吾行负神明而使你夭……彼苍者天，曷其有极！

真挚之情，直从心坎流出，夫因不得尽调护之责，而引疚于行负神明，其爱侄之心，骨肉之情，实较第五伦高一等。

自今以往，吾无意于人世矣。当求数顷之田于伊颍之上，以待余年，教吾子与汝子幸其长成，吾女与你女待其嫁而已。

生者慰死，死者勉生，其情固应尔。言有穷而情不可极其沉着深挚为如何耶？

统观此篇，其略可得而言：尽既悲门祚之衰微，复伤会合之弗谐，既伤天道之无知，亦悲执手之无期，文思曲折，情致哀感，此吾之所谓错综变化者也。

文学作品，当有一致之感觉，同时又有变化之妙如是，其动人之感情，始能持续与恒久，此种持久性，实基于作者之情致坚深，修词学上一贯律，盖感情持久之需要也。

昌黎生平与子厚交深，其二人之感情特厚，观于昌黎《祭柳子厚文》，及《柳子厚墓志铭》，益知其二人之情非泛泛可比。李杜并世而交深，子美赠太白诗曰："笔下惊风雨，诗成泣鬼神。"昌黎祭子厚文亦曰："玉佩琼琚，大放厥词，富贵无能，磨灭谁纪，子之自著，表表愈伟。"此俱非他人所能道也。

《柳子厚墓志铭》曰：

> 子厚少精敏，无不通达。……隽杰廉悍，议论证据古今，出入经史百家，率常屈其座人，名声大振，一时皆慕与之交。……居闲益自刻苦，务记览，为词章，泛滥停蓄，为深博无涯涘，而自放于山水间。……子厚前时少年，勇于为人，不自贵重，顾谓功业可立就，故坐废退。……然子厚斥不久，穷不极，虽有出于人，其文学词章，必不能自力，以传于后，于今无疑也。

是篇自始至终，情词一贯，要皆以简白表现子厚人格特性为主。虽词章采略无华芜之气，而写情则极其周到也。子厚之精敏通达，出入经史百家，继之以刻苦泛滥，肆于山水，此子厚游记，所以独步今古也。然惟其交游太广，故坐是废退耳。足幅之中子厚之文章事业，昭然黑白分明矣。而其隽杰廉悍之气象，亦可于此见之。

三、形式

心有所思，形于符号，而使人生同一之思。此表现之事物，或出之以简洁精致，或出之以庄严深密，或出之以典雅雄浑，或淋漓痛快，要皆足以达指明理，激发感情，此文之形式也。

苏明允《上欧阳内翰书》云：

> 孟子之文，语约而意深，不为巉刻斩绝之言，而其锋不可犯。韩子之文，如长江大河，浑浩流转，鱼鼋蛟龙，万怪遑惑而抑绝蔽掩，不使自露，而人望见其渊然之光，苍然之色，亦自畏避，不敢逼视。

老泉状韩文最善矣。盖昌黎信道笃，读书多析理精，行之以海涵地负之才，施之以英华浓郁之色，运之以神枢鬼藏之秘（本林纾说），发为文章，遂觉千变万态，光怪陆离，如天马之行空，大山之雄峙，含咽生峭，藻采高翔，温若美玉，炼似精金，论理原经，宏大雄肆，此吾人诵韩文所极叹为观止者也。

昌黎《进学解》有云：

> 春秋谨严。左氏浮夸。易奇而法。诗正而葩。太史所录，子云相如，同工异曲。先生之于文，可谓闳其中而肆其外矣。

此盖昌黎对于先秦两汉文学之批评，而自道其所以致力之处也。今观其生平诸作，咸能得诸家之遗意，所谓师其意不师其词。此故由于昌黎善造词，遂文从而字顺，斐然而成章耳。

昌黎之赋，见于集中者四。《复志赋》《闵己赋》《别知赋》三篇，系于《楚词后录》，晁无咎尝为之诠释。

《闵己赋》云：

> 就水草而休息兮，恒未安而既危。……君子有失其所兮，小人有得其时。

盖思古人静俟之义，以自坚其志，终之于无闷，犹贾生之赋鹏鸟以自广之意也。

《感二鸟赋》，苏子美谓其悲激顿挫，有骚人之思；及今观之，词旨纯正，与祢正平之赋鹦鹉，殆有轩轾之分矣。尝谓赋自唐以降，由古体而递为文体，由文体而递为俳体，皆不足观，惟昌黎是篇，犹有古赋之造，子瞻之前后《赤壁赋》，永叔之《秋声赋》，皆不可及也。

东方朔首倒《客难》，自是文中杰出；其后扬雄拟之为《解嘲》，尚极驰骋自由之妙。至崔骃仿之作《达旨》，班固作《宾戏》，张衡作《应闲》，蔡邕作《释诲》，皆章摹句仿，了无新意，此盖文人摹仿之通病也。昌黎作《进学解》，一洗前人旧习，端庄流丽，别立机杼，取其神而不袭其貌，此文之可贵者也。（考《日知录》卷十九，十三页）

湘乡曾氏谓，《进学解》之渊懿，不及《客难》《解嘲》；而论文、论道，二段实精警过之。盖其评论古籍，得其中之三昧，通达事理，得心气之和平，盖纯然一道德语。至于创意造端，丽词腴旨，更不俱论矣。

《平淮西碑》，说者谓模范全出《尚书》。而湘乡曾氏亦谓始悟昌黎诸文，皆学《书》《经》（《求阙斋日记》）。昌黎之文，原经而论理，自然有许多着力与得力处，惟是篇骏发严厉，直可上追周诰殷盘，篇中叙事述旨，文气振拔异常，骨力开张，风度端凝，此段文昌所不能及万一者耳，李义山《韩碑》诗曰："公之斯文若元气""濡染大笔何淋漓？"岂虚语哉！

文学之佳趣，固不由于一节之声调，一什之词句，然文字动人之力每有不由于意义，而由于声音者，因之求其作品之音节，足以羽翼感情，又文学上难能可贵者矣。昌黎《罗池庙碑》，情韵不匮，声调铿锵，如：

　　荔子丹兮蕉黄，杂有蔬兮进侯堂，……鹅之山兮桂之永，桂树团圆兮白石齿齿，侯朝出游兮暮来归，春与猿吟兮秋鹤与飞。

情文并茂，声律自然，恢恢乎有《九歌》之遗音矣。若欧阳永叔《祭石曼卿文》，庶几仿佛一二。

昌黎《谏佛骨表》，为天下之至文，留人间之正气，篇中历引黄帝、尧、舜之克享期颐，非关事佛，岂特破宪宗迷信之源，盖亦寓周书无逸之旨也。至于推论事佛之弊，直陈利害，语切而挚，篇末以祸祟之事，极力自任，则所谓慈故能勇者耶？后世若宋胡诠之《上高宋封事》，殆亦同有史鱼之直者矣！

书简一宗，论者皆多史迁之《报任少卿》，李陵之《答苏武》，若诸葛武侯王右军两家书翰，风神高远，湘乡曾氏笃称之，八家之中，并独推重昌黎。盖昌黎与人诸书，因人而变其词，如《应科目时与人书》，是阵乞者也，然不减其轩昂之气。《答崔立之书》《答胡生书》，是抒愤骂世而吞咽者也。《与孟尚书》，自明节概。《与张籍书》，倾吐心曲。《与李翊书》《答尉迟生书与》《与冯宿论文书》，而解释文字，为人导师，其篇章之美，结构之妙，纡徐卓荦，文采委曲。可谓琅然可诵者也！

《南海神庙碑》，声色古丽，凌纸怪发，藻绘缀施，刻画万态，较之西京词赋，虽骨力差减，然选言琢句，足以追相如作赋之才！如：

　　海之百灵秘怪，恍惚毕至，蜿蜿蜒蜒，来享来食，阖庙旋舻，祥飙送颿，旗纛旎麾，飞扬晻霭，铙鼓嘲轰，高管激噪，武夫奋掉，工师唱和。穹龟长鱼，踊跃后先，乾端坤倪，轩豁呈露。

直写得如火如荼，炫心骇目，殆逼近《羽猎》《上林》诸赋已。

墓志碑铭一体，在韩集中几占四分之一，其篇章可谓富矣。坐是论者多议昌黎谓多受谀墓金，此层诚不能不为先辈惜，同时不能为先辈讳也，若谓文尽铺扬，非公与是，则未色言之过当耳。昔蔡伯喈生平，撰述碑铭独富，独《郭有道先生碑》一篇，脍炙当时，犹有热肠古道，以谓昌黎固穷，岂尽作谀墓语哉？试观《柳子厚墓志铭》《贞曜先生墓志铭》，诚可谓"使死者无有所憾，生者得致其严"者矣。《故太学博士李君墓志铭》一篇，特抉服食之谬，警劝之道，盖近乎史。其美丽浑朴之处，诚有逊于秦碑，惟文字简质，此则昌黎碑铭一体之特色耳。

　　昌黎表状之文，其剀切详明之处，极得两汉疏奏，封事之遗，略无华芜之气标，清刚之素质，诚足以见其生平怀抱也。观于《论淮西事宜状》《论变盐法事宜状》诸篇，指陈利害，洞悉民艰，虽视充国《屯田》诸奏，晁错《论贵粟疏》，何多让焉。

　　《画记》一篇，平铺直叙，看去似属无奇，惟体贴人物煞费一层斟酌耳。论者谓此文出于《周礼》。自今观之，其言实非，盖其写人物之或行或立，惟省惟妙，实本之于《小雅·无羊》篇也。《无羊》之二章曰："或降于阿，或饮于池，或寝或讹，尔牧来思，何蓑何笠，或负其糇。"例证观之便明。此昔人所谓杜诗韩文，无一处无来历也。

　　《毛颖传》，寓言八九新奇二三，足以增进滑稽意味。《圬者王承福传》，极力写自食其力者之能善其身，此所谓愤世嫉邪者耶？昌黎文章，虽擅阳刚之美，然有时固绰约多姿也！

　　赠序之作，昌黎集中，无奇不备，无调不变，或则划然轩昂，跌宕顿挫，而雄姿英发，或则含情欲吐，湾沛寸心，而幽独咀含，譬之深山大泽，磅礴郁积，东箭南金之美，钟乳石英之富，皆包罗有之。

　　《送孟东野序》，最为岸异可喜，格奇而调变，一字立骨驱驾全篇，此后人所不能至者也。例如：

　　　　伊尹鸣殷，周公鸣周……周之衰，孔子之徒鸣之，其声大而远。其末也，庄周以其荒唐之词鸣于楚；楚大国也，其亡也以屈原鸣。臧孙辰，孟轲，荀孙，以其道鸣者也。杨朱，墨翟……孙武，张仪，苏秦，皆以其术鸣。

　　寥寥数语，已洞悉时代精神之影响，作者之人格表现与夫当日之政治道德思潮，故评论一种文学，真切确当，有赖于当时之历史智识耳。

　　《送董邵南序》，盖送董生游河北之作也。《新唐书·藩镇列传》叙曰："安史乱天下，至肃宗大难略平，君臣皆幸长安故瓜分河北地，付授叛将，一寇死，一贼生，迄唐百余年，卒不为王土。"昌黎于董生此行，遂发出一篇大议论。如："吾因之有感矣！为我吊望诸君之墓，而观于其市，复有昔时之屠狗者乎。为我谢曰：明天在上，可以出面仕矣。"

　　燕赵古称多慷慨之士，所谓"白马饰金羁"，"翩翩游侠儿"，咸出于其间。衽金革，蹈白刃而不厌，是固其特长。然为黠桀之徒所利用，则称戈而判乱。昌黎于董生此行，既勉之以慕义强仁之词，复希冀其感化浇俗，篇末结出正意，其劝戒之深，历历在目，临别赠言，固应如是耳。

至于因送李愿归盘谷，发为淋漓痛快之词，送王含秀才，而悲醉乡之徒，托昏冥之逃，俱足发人深省，若《送高闲上人序》有谓"机应于心，不挫于物"，足见气静神娴，炉火纯青。湘乡曾氏释之曰："机应于心，熟极之候也。庄子养生之说也。不挫于物，自谦之候也。孟子养气章之说也。不挫于物者，体也，道也，本也。机应于心者，用也，技也，末也。韩子之于文技也，进乎道矣！"（《求阙斋日记》）于是知形式之完备，实基于表现，情思之确切，作者心怀，活现纸上。排去肤浅，力求精深，形式与内容，岂不有息息相关者耶？

结　　论

昌黎之文，编简所存，浩翰如河海，巉绝如高山，织为珠玑，荣为华实，变如雷霆，势扒风雨，沉潜反复，犹不能尽其奇辞奥旨。末学如予，乃欲妄有论列，"宗庙之美，百官之富"，恐未能尽窥其万一耳。

爱其书而慕其人，历来之学韩论韩者多矣！如眉山苏氏父子，黄山谷，曾文正，林琴南诸人，皆有相当见解，远胜末学暗索盲求于万万。兹篇所陈，乃掇拾遗，撮其指要，作一系之探讨，如因此能引起学者之批评与指正，此至为欣愿者也。

一四，三，廿三，修正于广东大学西斋

（原载《国立广东大学潮州学生会年刊》1925年第1期）

关于《鸣凤记》的作者问题

苏寰中

《鸣凤记》是明代有名的忠奸斗争戏。当权奸严嵩死后不久,作者就把他祸国殃民的罪行编成剧本,搬上舞台。剧本愤怒地谴责了严嵩集团对外屈膝投降,对内残害忠良,屠杀人民的种种倒行逆施;热情歌颂了夏言、杨继盛等大臣对严嵩所进行的前仆后继的斗争。它在一定程度上表达了人民的爱憎,有深刻的现实意义。这种大胆而迅速地反映重大历史事件的精神,无疑对后来的《清忠谱》《桃花扇》有巨大的影响。

关于《鸣凤记》的作者,一般人都认为是明代的王世贞。最近朱星同志还说:"严嵩柄政二十年,活到八十六岁,直到严嵩死后,王世贞才敢写传奇《鸣凤记》四十一出,明骂严嵩专政误国更欺君,父子盗权济恶招朋党,浊乱朝廷。"① 一些人虽然不同意《鸣凤记》为王世贞所作,但也没有提出什么具体论据,不解决问题。《鸣凤记》究竟是不是王世贞所作呢?本文想提出一点不成熟的否定意见。

王世贞生于嘉靖五年(1526年),死于万历十八年(1590年),字元美,号凤洲,别号弇州山人,江苏太仓人。嘉靖二十六年(1547年)举进士,历官至南京兵部侍郎、刑部尚书。他很有骨气,在政治上坚决反对严嵩及其死党。严嵩为非作歹,杨继盛非常愤怒,上疏揭露他的五奸十大罪,因此遭严杀害。当时一般朝臣怕受牵连,躲避唯恐不及。但王世贞却挺身而出,哭"杨继盛于东市,经纪其丧"②。杨继盛妻上疏辨冤,王世贞又代她草拟奏章。由于得罪严嵩,后来他的父亲王忬竟被严嵩借故杀害。王世贞在当时文坛上有很高的声誉,《明史》说他"才最高,地望最显,声华意气笼盖海内。一时士大夫及山人、词客、衲子、羽流,莫不奔走门下。片言褒赏,声价骤起",生平著述极富,有《弇州山人四部稿》一百二十四卷,《续稿》二百零七卷,《弇山堂别集》一百卷。他对戏曲有一定的研究。他的《曲藻》对元

---

① 朱星:《〈金瓶梅〉的作者究竟是谁?》,载《社会科学战线》1979年第3期。
② 钱谦益:《列朝诗集小传》丁集上。

明戏曲有不少评述,引起人们的注意。

根据上面的介绍,王世贞政治上反对严嵩,与严党结下不共戴天之仇,文学上很有才华,写过戏曲评论,《鸣凤记》有可能是他写的。但可能毕竟还不是事实,说《鸣凤记》为王世贞作,是不大可靠的。

首先,这件事不见于当时的著述。明代的剧评远比元代发达,特别嘉靖以后,一些重要的作家作品问世,马上就会得到介绍和评论。但是翻遍明代的戏曲论著,都没有看到有关王世贞著《鸣凤记》的记载。是不是大家忽视了这个作家呢?不,相反这些戏曲论著多次提及王世贞。其中王骥德《曲律》中有十二次,沈德符《顾曲杂言》中有两次,徐复祚《曲论》中有六次,凌濛初《谭曲杂言》中有三次,张琦《衡曲麈谭》中有一次。这些戏曲论著不仅没有关于王世贞写《鸣凤记》的记述,而且还讥弹王世贞对戏曲外行。例如,徐复祚说:"王弇州一代宗匠,文章之无定品者,经其品题,便可折衷,然于词曲不甚当行。"① 王骥德又说:"世无论作曲者难其人,即识曲人亦未易得。《艺苑卮言》(王世贞作)谈诗谈文,具有可采,而谈曲多不中窍,何怪乎此道之汶汶也!"② 其他不同意王世贞戏剧评论的见解更比比皆是。这就不得不引起我们怀疑王著《鸣凤记》这一说法。

其次,在明吕天成著的《曲品》中,可以直接找到《鸣凤记》非王世贞著的根据。吕天成,原名文,字勤之,号棘津,别号郁蓝生。生卒年已不易考知,但王骥德《曲律》中说:"勤之风貌玉立,才名籍甚,青云在襟袖间,而如此人,曾不得四十,一夕溘先,风流顿尽。"可知他享年不满四十。《曲品》不仅是一部评论明代戏曲作家、作品的著作,也是现存最早的一部传奇作家略传和目录,王骥德曾赞扬"勤之《曲品》所载,搜罗颇富"③。根据吕天成的自序,《曲品》作于万历三十八年(1610年)(书成后又续有增补)。书成时间距王世贞之死仅二十年,他对王世贞的记述是比较可靠的。

吕天成《曲品》一书分上下二卷,上卷记述作家,下卷记述作品。上卷把作家分为三大类,一是传奇作者,共评述高则诚等八十八人;二是不作传奇而作南剧者,共评述徐渭等二人;三是不作传奇而作散曲者,共评述周宪王等二十五人。而王世贞是属于"不作传奇而作散曲者"的二十五个作家之一。他的名字下注有"凤洲,太仓人"五字。对他的评语是:"王司寇当代

---

① 徐复祚:《曲论》。
② 王骥德:《曲律》。
③ 王骥德:《曲律》。

宗工。"从《曲品》的记述看，王世贞明白无误地没有写过传奇，有力地驳斥了《鸣凤记》传奇为王世贞所作的说法。

《曲品》下卷记述传奇一百九十三种，分旧传奇和新传奇两大类，另附作者"无可考"的传奇。《曲品》下卷收有《鸣凤记》传奇，放在"作者姓名无可考，其传奇附列于后"的"后"面。吕天成对它评价颇高，列入"中上品"，评语是："纪诸事甚悉，令人有手刃贼嵩之意。词调尽邕达可咏，稍厌繁耳。江陵（张居正，江陵人）时亦有编《鸾笔记》，即此意也。"这个评语是比较中肯的，是作者对《鸣凤记》作了一番认真研究才写得出来的。吕天成这样熟悉和重视《鸣凤记》，上卷没有把它列入王世贞的作品内，下卷指出是无名氏的作品，是不会错误的。

也许有人提出，《曲品》不是清楚写着《鸣凤记》为王世贞作吗，你为什么闭眼不见呢！对，在《曲品》一些通行本中，在《鸣凤记》这个剧名及其评论下，还注有"王凤洲作"四个字。这是一个矛盾。吕天成在同一书中，既认为王世贞"不作传奇"，《鸣凤记》属无名氏的作品，为什么又另外注明《鸣凤记》为"王凤洲作"呢？我们仔细研究一下《曲品》的版本问题，这个疑团就可以迎刃而解了。根据中国戏曲研究院同志整理吕天成《曲品》的介绍，《曲品》的版本有两个系统，一是以曾习经见到的一个旧钞本刻印的，共有五种本子，其中最早的是清末民初刘世珩刻的暖红室刻本。这也是目前翻印的通行本的底本。另外在北京大学图书馆藏有《曲品》的黑格钞本一份。书口有"清河郡"字样，钞本纸色很旧，凡"玄"字都改写为"元"。清圣祖名玄烨，估计是抄写人避讳，所以将"玄"改"元"。从纸色和避讳看，这个钞本估计是康熙年间抄的，是目前能见到的最古《曲品》钞本。"清河郡本"在《鸣凤记》条下，原来根本无"王凤洲作"四字，而是后人另用朱笔添加进去的。"清河郡本"《曲品》为我们揭穿了一个秘密，吕天成的确没有写《鸣凤记》为"王凤洲作"，而是后人自作聪明强加上去的，以后的"通行本"以讹传讹，所以弄得矛盾百出。

稍后的明祁彪佳（1602—1644 年）根据吕天成《曲品》加以改写扩充，编成《远山堂曲品》。祁《品》所收剧目达四百六十六种，比吕《品》多收二百六十多种。书中没有看到对《鸣凤记》的专题评述，可能祁《品》是一个残本，关于评介《鸣凤记》的条目，刚好佚失了。但另在评述秋郊子著的《飞丸》时，却提到了《鸣凤记》，"易完虚（《鸣凤记》中的人物）几死于严世蕃，略见之《鸣凤记》，但传解免者为陆姑（亦《鸣凤记》中的人物）事；而此之出之世蕃女，卒与谐婚，未知是否。"这里也没有指明《鸣凤记》

为谁所作。总之,最迟在吕天成《曲品》成书年间(万历三十八年),《鸣凤记》为谁所作,已不易考知了。

还有人认为,《鸣凤记》虽写于严嵩死后,但严嵩死党盘根错节,有的仍高踞要位;王世贞害怕报复,所以虽然写了《鸣凤记》,但不敢公开自己的姓名。这种说法也是值得商榷的。王世贞官至尚书,在文坛有极高声望,家中宾客如云,清客满座,《鸣凤记》写后不久即被搬上舞台,王世贞如果写了《鸣凤记》是很难保密的。另外,王世贞对严党的斗争是很大胆的。严嵩当政,"炙手可热势绝伦"的时候,他敢于公开斗争,不怕得罪严嵩。严嵩死后,他更伏阙上疏,为父亲辨冤,指出他父亲是被严嵩杀害的。既然王世贞始终敢于向严党作公开的斗争,那么说他写了《鸣凤记》竟害怕得连名字都不敢说出来,不是很难说得通吗?

说《鸣凤记》为王世贞所作,大概是清人的意见。清无名氏《传奇汇考标目》、黄文旸《重订曲海总目》、无名氏《古今传奇总目》、支丰宜《曲海新编》、姚燮《今乐考证》都持这一意见,但都记述得很简略。其中最详细的算《传奇汇考标目》了:"王世贞字元美,号凤洲。太仓人,前明诗人,后七子之一。《鸣凤》。"亦不过二十三字,没有提出任何根据。为什么有人假托《鸣凤记》的作者是王世贞呢?明末清初《鸣凤记》在舞台上很受欢迎,名演员竞相演出,甚至争奇斗胜。侯朝宗《马伶传》说:"金陵为明王留都,……梨园以技鸣者,无论数十辈。而其最著者二:曰兴化部,曰华林部。一日,新安贾合两部为大会,遍征金陵之贵客、文人,与夫妖姬、静女,莫不毕集。列兴化于东肆,华林于西肆,两肆皆奏《鸣凤》,所谓'椒山先生'者。迨半奏,引商刻羽,抗坠疾徐,并称善也。当两相国论河套,西肆之为严嵩相国者曰李伶,东肆则马伶。坐客乃西顾而叹,或大呼命酒,或移坐更近之,首不复东。未几,更进,则东肆不复能终曲。询其故,盖马伶耻出李伶下,已易衣遁矣。"①《鸣凤记》在舞台上备受欢迎,人们为了提高它的身价,所以伪托作者为名人王世贞。

关于《鸣凤记》的作者,还有人认为应是王世贞门人。清焦循在《剧说》中说:"相传:《鸣凤》传奇,弇山门人作,惟《法场》一折是弇州自填。词初成时,令优人演之,邀县令同观。令变色起谢,欲亟去。弇山徐出邸抄示之曰:'嵩父子已败矣。'乃终宴。"这段记载颇生动具体。"弇山门人作",这一说法多为后人引用。著名的《曲海总目提要》力主此说,科学院

---

① 侯方域:《悔壮堂文集》卷五。

编的《中国文学史》也介绍了这一说法。但既然连焦循本人也仅说"相传"而已,当然不足为据。而且,严嵩倒台于嘉靖四十一年(1562年),那年王世贞还在家乡守父丧,"蔬食三年,不御内寝。至是(指嘉靖四十二年)除服,犹却冠带苴履葛巾,不赴宴会"①。除服后尚且不参加宴会,怎么会在守丧时设宴唱戏招待县令呢?另外,后面说《鸣凤记》搬演时,刚好传来严嵩父子倒台的邸抄,也有着明显的破绽。因为剧本不仅写到严嵩父子败绩,而且写到他们被贬后,继续在乡间为非作歹,鱼肉人民。终因林润的弹劾,严世蕃问斩,严嵩押去养济院收管。这个结局是基本符合历史事实的。作者当然无法预见以后的历史,这就说明《鸣凤记》的写作年代最早应在严世蕃问斩以后。说王世贞在严嵩倒台时就请县令观看《鸣凤记》的演出,是完全站不住脚的。这些都可证明焦循这条"传闻"的不可靠。

  根据以上分析,我认为《鸣凤记》不是王世贞所作,说为王世贞门人所作也缺乏根据,而应该是隆庆、万历间无名氏的作品。

(原载《中山大学学报》1980年第3期)

---

① 钱大昕:《潜研堂全书·弇州山人年谱》。

《桃花扇》校注本前言

王季思

一

公元 1699 年，继洪升《长生殿》传奇之后，经过作者孔尚任十余年苦心经营、三次易稿的《桃花扇》传奇脱稿了。当时在南中国各省起兵抗清的前后三藩早已平定，清朝的统治巩固下来了。在清政府利诱、威迫兼施的文化政策之下，被称为"一代正宗"的"望溪文集阮亭诗"①，都因才力单薄，为有识者所不满。"南洪北孔"就成为照耀当日文坛的双星。

《桃花扇》传奇是孔尚任通过明末复社文人侯方域与秦淮名妓李香君的爱情故事来反映南明一代兴亡的历史戏。公元 1644 年，李自成的农民起义军攻下了北京，明崇祯帝（朱由检）在煤山自缢，吴三桂勾引清兵入关，中国黄河以北各省陷入大混乱的状态。这年 5 月，凤阳总督马士英内结操江提督刘孔昭、南京守备徐弘基，外结靖南伯黄得功和总兵官刘泽清、刘良佐、高杰等，在南京拥立福王（朱由崧），建立了南明王朝。当时南明王朝统辖的中国南部各省都还完好，南京据长江下游形势之地，是明代二百多年的陪都所在，对南方各省还有一定程度的号召力量。清人入关之初，兵力不过十多万，占地不过关外辽东一带和河北、山东的部分州县。在这样的双方形势对比之下，当时中国人民对于南明王朝的最高期望，是激励人心，出师北伐，收复失地，重新在全中国建立汉族的统治权。即使办不到这一步，也希望它能够稳定内部，坚守江淮，徐图恢复。可是南明王朝建立之后不久，清兵即渡河南下，列镇望风迎降，扬州失守，南京跟着陷落。这曾经一度为中国人心所属望的南明政权，仅仅支撑了一年就土崩瓦解，不可收拾。后来南方的中国人民虽先后拥立鲁王、唐王、桂王等抵抗清兵，但比之南明王朝建立初

---

① 清袁枚诗："一代正宗才力薄，望溪文集阮亭诗。"《望溪文集》，方苞著；阮亭诗，指王士祯所写的诗。

期,形势已大相悬殊,终于为清兵所各个击破。为什么南明王朝会这样快地覆灭呢?明末清初的不少文人、学者曾经企图根据当时的历史事实加以说明,而孔尚任的《桃花扇》则是要求通过舞台艺术形象揭示出南明王朝没落的必然性的。

二

作者是怎样通过舞台艺术形象揭示了南明王朝没落的必然性呢?

在《桃花扇》传奇一开始的时候,作者就在我们面前展开了复社文人陈定生、吴次尾等对魏阉余孽阮大铖的斗争。这实际是明代从万历、天启以来统治阶级内部长期派系斗争的继续。代表统治阶级内部最腐朽黑暗势力的阮大铖,正在等待时机,重新起来执政。以陈定生、吴次尾为领袖的复社文人,在政治上继承东林党的主张,有他们进步的一面。然而他们在"中原无人,大事已不可问"的时候,依然流连风月,买醉征歌,这就通过舞台上的人物活动,说明他们不可能担当起挽回国家危急形势的艰巨任务。

跟着复社文人对阮大铖的斗争而来的是为了建立南明王朝而引起的统治集团内部的争论。以马士英、阮大铖为首的魏阉余孽勾结江北四镇,企图迎立福王。为复社文人所拥护的史可法、左良玉都曾表示反对,没有成功。福王即位,马、阮当权,他们一面卖官鬻爵,尽量搜刮,来满足他们荒淫无耻的生活;一面缇骑四出,捉拿东林、复社党人,企图一网打尽,使这新建立的王朝愈来愈离开了人民,也愈走向没落。《桃花扇》第二十五出,写福王当北兵即要南下时,他所关心的只是怎样在宫中选优演戏,及时行乐。第三十六出写马士英、阮大铖在南明即要灭亡的前夕,还念念不忘他们的"一队娇娆,十车细软",十分深刻地写出了这统治集团已经到了不可救药的地步。

当时南明王朝所赖以守御江北的是黄得功、高杰、刘良佐、刘泽清等四镇,所赖以镇守上游的是左良玉的兵力。由于这些部队本身的腐朽和统治集团内部无可调和的派系矛盾,终于使他们的力量在内战里面自相抵消。当史可法出守扬州,满心希望出兵北伐时,江北四镇将领就为了争夺扬州地盘,起了内讧。(《争位》出)后来经过史可法的苦心调停,高杰也自知寡不敌众,才同意离开扬州,前往开洛防河。(《移防》出)高杰引兵北上之后,为睢州镇将叛徒许定国所暗算。(《赚将》出)剩下黄、刘三镇又为了统治集团内部派系的斗争,被马士英、阮大铖等调去阻塞左良玉兵东下,河淮一带,千里空虚。因此当清兵南下时,只留下史可法一支孤军困守扬州。扬州一失,南明王朝也就跟着覆亡了。

当吴三桂勾引清兵入关、民族危机间不容发的时候，摆在南明王朝面前的主要任务，是缓和统治阶级内部的矛盾和统治阶级与人民之间的矛盾，同心同德，共同对付当前最大的敌人。可是由于明代统治阶级在当时已经十分腐朽，代表这个腐朽统治阶级的人物，不论文官、武将，都只知道尽量向人民搜刮财富供自己荒淫享乐。因此由这些代表人物所组成的南明王朝内部，除了彼此争夺派系的、个人的利益之外，是不可能从国家的共同利益出发，团结一心，来对付南下的清兵的。夏完淳《续幸存录》说："朝堂与外镇不和，朝堂与朝堂不和，外镇与外镇不和，朋党势成，门户大起，房寇之事，置之蔑闻。"吴伟业《清忠谱序》说："甲申之变，留都立君，国是未定，顾乃先朋党，后朝廷，而东南之祸亦至。"这是南明王朝覆灭的根本原因。读过《桃花扇》的人同样可以从传奇里所塑造的一连串艺术形象引出这样的结论。

当时在南明统治集团内部比较贤明的人物并不是没有，传奇中所写的史可法就是在这方面有代表性的人物。然而由于整个统治集团在走向腐朽、没落，他在这个统治集团内部的地位，也就愈来愈陷于孤立。《桃花扇》传奇演南明王朝建立之后，史可法即因为马士英所忌，出守江北。到他镇守扬州之后，江北四镇将士又因早就与马士英勾结，不听他的指挥。明末清初有些历史作者也看到了史可法才能短绌的一面；然而重要的并不是史可法个人才能的问题，而是当时整个形势使史可法的才能不可能得到发挥的问题。传奇第十八出当四镇将士为争夺扬州而自相水火时，史可法只能写一张告示来调停，效果当然不大的。第二十六出写史可法死守扬州时，只能以痛哭流涕激励部下，也不能挽回危局。然而作者已经通过一连串的戏剧行动，把史可法当时的处境揭示给读者：他上不得朝廷的信任，下不能指挥诸将，剩下部下的三千残兵，也同样受了这腐朽统治集团的影响，军心动摇；那他除了痛哭流涕、决心以一死报国之外，就很少别的道路可走了。

南明王朝内部派系之间的尖锐矛盾；马士英、阮大铖等亡国士大夫的荒淫无耻，倒行逆施；史可法的困守扬州，孤忠无助：它们从不同方面说明南明王朝没落的必然性。这些历史现象，在《桃花扇》传奇里得到了集中而完整的反映。

清人自称它的代替明朝统治是天命所归；自夸它兵力的强大为汉族人民所无法抵抗。《桃花扇》作者根据可靠的历史事实，通过舞台艺术形象，揭示南明亡国的根本原因在于王朝的昏庸腐朽，引起内部的分裂，不能一致对外，这就使人们有可能从这一巨大历史事件里接受有益的经验教训，揭穿了清朝统治者的种种欺骗宣传。同时由于戏中人物的艺术感染力量，人们同情史可法、左良玉等的遭遇，痛恨马士英、阮大铖等的弄权，刘良佐、刘泽清、田雄等的降敌，这就不能不引起他们对于前明亡国的深切怀思。《桃花扇》的爱国主义精神，也即作者所说的"兴亡之感"，主要表现在这些方面。

三

然而《桃花扇》不是历史教科书，作者在创作上所遇到的最大困难，是怎样通过当时流行的戏剧形式——传奇来反映南明的历史。既然是传奇，就需要通过剧中男女主角的离合悲欢，把南明一代的兴亡串连起来演给观众看。"借离合之情，写兴亡之感，实事实人，有凭有据"（《先声》出），正是作者在这方面的最好的自白。

那么作者是怎样借传奇中男女主角侯方域、李香君的离合之情，写南明一代兴亡之感的呢？

《桃花扇》传奇中的女主角李香君是明末南京秦淮名妓。作者在第二出最初介绍这个人物时就给我们一个与一般妓女不同的印象。她色艺非凡，曾得到当时复社领袖人物张天如、夏彝仲等的赞赏；她的师傅苏昆生又是在复社文人声讨阮大铖之后，坚决离开了阮家来教她歌曲的。我们从后来她在戏剧里所表现的一连串行动看，这些最初跟她接触的人物，对她的生活态度是起了正面的影响的。

明末东林、复社文人由于在政治上有比较进步的主张，跟以魏忠贤为首的阉党官僚展开了一连串的斗争，赢得了东南各大都市人民的好感，① 也受到歌台舞榭里那些丧失了人身自由的女子的欢迎。我们试看《板桥杂记》所记冒辟疆、方密之、陈定生等复社文人与秦淮名妓来往的事迹及秦伯虞题《板桥杂记》诗"慧福几生修得到，家家夫婿是东林"的句子，可以看出当时秦淮歌妓对东林、复社文人的倾慕。李香君既受到复社领袖人物张天如、夏彝仲的赞扬，她师傅苏昆生又是坚决反对阮大铖的人物，那当她跟侯方域结合之后，为了侯方域，也为了她自己的前途，把侯方域从阮大铖与杨龙友

---

① 《明季北略》二卷杨涟条，记东林党人杨涟被逮时，"都城士民数万拥道呼号"。《碧血录》记东林党人魏大中被逮时，"士民号恸者势几万人"。周顺昌被逮时，"百姓夹道执香，哭声干云"。《复社纪略》二卷记刘士年知太仓州事被劾去位时，"倾国数十万人为之罢市"。

所做成的圈套里挽救出来，是完全可以理解的。《却奁》这场戏的重要意义，在于它生动地反映了秦淮歌妓与复社文人的关系。这除了男女双方在才华上、容貌上互相倾慕外，还在政治态度上互相影响。这是在《桃花扇》以前的儿女风情戏里所少有的。

李香君在出色地演出了《却奁》这一出戏之后，不但成为侯方域的"畏友"，同时还赢得复社文人普遍尊敬。然而，这对于那要收买她来拉拢侯方域的阮大铖说，真是"赔了夫人又折兵"，他的老羞成怒，是势有所必至的。就这样，作者通过《传歌》《眠香》《却奁》等几场戏，逐步把这戏中的女主角推向当时统治阶级内部派系斗争的尖端。

当南明王朝建立之后，由于这个王朝是建立在极端腐朽的统治基础之上的，这王朝的代表人物，从福王由崧以至马士英、阮大铖、田仰等，他们所追求的是一种荒淫无耻的生活。李香君是一个以色艺著称的秦淮歌妓，她的名气愈大，这个腐朽统治集团里的人物就越要千方百计地把她抢夺过来，作为自己玩弄的对象。然而李香君由于过去在对阮大铖的斗争中，曾经为侯方域及复社文人所器重；为了复社，也为了她自己的前途，她自然要坚守妆楼，等待侯方域的到来，拒绝了南明统治集团里的人对她的追求。就这样，作者把李香君为了本身幸福所进行的斗争，跟当时统治阶级内部的政治斗争很自然地结合起来。传奇中第十七出总批说："南朝用人行政之始，用者何人，田仰也；行者何政，教戏也。因田仰而香君逼嫁，因教戏而香君入宫，离合之情又发端于此。"正确地指出了香君的不幸遭遇是与南明腐朽王朝的政治措施密切相关的。

作者所以采用侯方域赠给李香君的诗扇作为全部戏曲的主要线索，用意是深刻的。这诗扇本是侯方域与李香君定情的表记，当时习俗，它是象征着男女双方的全部爱情的，因此，它就有可能把有关侯、李双方的爱情关系贯串起来。从另一方面看，侯、李双方的结合是当时封建统治阶级内部政治斗争的一个小插曲，而李香君在这次政治斗争中一开始就表现了十分鲜明的态度，这就埋伏了后来马士英、阮大铖等对她迫害的祸根。传奇第二十一出写阮大铖怂恿马士英去强逼香君嫁给田仰时说："当年旧恨重提起，便折花损柳心无悔。那侯朝宗空空梳栊了一番，看今日琵琶抱向阿谁？"这就说明阮大铖等的迫害香君，还含有对复社文人进行报复的意图。那李香君的以诗扇做武器，抗拒了阮大铖等对她的迫害；最后更不惜血溅诗扇，以死守楼：不仅表现了她对爱情的坚贞，同时也即挫折了阮大铖借此对复社文人进行报复的卑鄙企图。这样，通过这把诗扇，又有可能把南明复社文人对魏阉余孽的斗争联系起来。

从《却奁》到《骂筵》，作者通过一连串的戏剧行动，发展了香君性格中优秀的一面，塑造了各种动人的舞台艺术形象，揭示了她在当时政治斗争中的鲜明态度。

> 堂堂列公，半边南朝，望你峥嵘。出身希贵宠，创业选声容，后庭花又添几种。
>
> ——《骂筵》出〔五供养〕曲
>
> 东林伯仲，俺青楼皆知敬重。干儿义子从新用，绝不了魏家种。
>
> ——《骂筵》出〔玉交枝〕曲

这里正是香君这个受南明统治集团重重压迫的人物，代表了当日广大人民对马、阮等权奸进行有力的鞭挞。

作者写香君坚决拒绝马、阮等权奸对她的迫害，坚守她对侯方域的爱情，还是从她本身生活出发的。传奇第二出《传歌》，当香君刚刚在戏中露面，她的假母李贞丽要她温习新腔时，她皱着眉头说："有客在座，只是学歌怎的？"这里已透露出她对自己处境的不满。由于她在当时是一个失去了人身自由的歌妓，从她自己所熟悉的生活里，她完全可以想象得到，十倍于此的难堪境遇正在后面等待着她。因此当她跟侯方域结合，并因而受到侯方域以及其他复社文人应有的尊重以后，坚决选择了她自己所认为比较美满的道路，拒绝了阮大铖、田仰等为她布置好的一个新的圈套，是丝毫也不足奇怪的。传奇第二十三出《寄扇》有着这样的一段对白：

> 杨龙友：你有这柄桃花扇，少不得个顾曲周郎，难道青春守寡，竟做个入月嫦娥不成？
>
> 李香君：说那里话，那关盼盼也是烟花，何尝不在燕子楼中关门到老。
>
> 苏昆生：明日侯郎重到，你也不下楼么？
>
> 李香君：那时锦片前程，尽俺受用，何处不许游耍，岂但下楼？

这就说明李香君的苦守妆楼，正是为了她自己所憧憬的一个美满幸福的前景。这样的刻画香君，才是合情合理，有血有肉，而不是作者主观概念的化身。

侯方域比之李香君有他软弱的一面，他最初的梳拢香君，不过是一种名士风流，借此消遣春愁的行径；《却奁》一场更在阮大铖、杨龙友的巧言利诱之下，在政治上表现了动摇。然而他毕竟是当时统治阶级里比较进步的政治集团的重要人物，因此当他被香君提醒之后，即坚决地跟阮大铖决裂，积极参加了南明王朝建立前后的各种政治活动，企图对当时的危急形势有所补救。然而由于马、阮的当权，四镇的专恣，高杰的有勇无谋，左良玉的不学无术，他在政治上的一切活动并没有收到效果。结果，他不但不能庇护香君，连自己也受了阮大铖的迫害，锒铛入狱。这不仅是侯方域个人的悲剧，同时关系着南明一代的兴亡。

四

为什么作者能在当时写成这样一部出色的"借离合之情，写兴亡之感"的历史戏呢？这除了当清朝统治已经巩固下来，人们痛定思痛，要求从南明一代的兴亡里取得历史教训外，还可以从我国戏剧发展的本身得到说明。

远在明代嘉靖、隆庆年间，公元1570年前后，著名戏曲作家梁辰鱼的《浣纱记》，即通过范蠡与西施的爱情故事，串演了春秋时期吴越两国兴亡的全部历史。到了明亡之后，吴伟业的《秣陵春》假托南唐学士徐铉之子徐适与南唐临淮将军黄济之女黄展娘的爱情故事，来抒发作者对于南明亡国的感慨。比孔尚任稍早的作家洪昇的《长生殿》，通过唐玄宗与杨玉环的宫廷生活，把唐代天宝前后盛极而衰的政治历史表演出来，同时寄托了作者对于明代亡国的深沉怀念。我们撇开某些关目的类似不谈，单就它们通过戏中男女主角的悲欢离合来演出一代兴亡这一主要内容说，无疑地给《桃花扇》作者孔尚任以一定程度的启发。

大约在与《浣纱记》的写成同时，我国戏曲史上出现了一本直接描写当代政治上派系斗争的历史戏《鸣凤记》。这本戏里的部分情节，孔尚任曾在《桃花扇》第二十四出里加以引用。到了明末清初，比孔尚任早一辈的重要戏曲作家李玄玉的《一捧雪》《清忠谱》先后在舞台上演出。这两部戏除了揭露明代权奸严世藩、魏忠贤等的丑恶嘴脸，表彰戚继光、周顺昌等的义烈行为之外，还成功地塑造了几个参与斗争的小人物，如《一捧雪》里的雪艳娘、《清忠谱》里的颜佩韦等。这些我国戏曲史上的重要著作，不论就题材的选择或人物的塑造说，同样给孔尚任的《桃花扇》传奇以相当深刻的影响。

从明代嘉靖、隆庆年间到清代康熙年间，是我国从元代以后另一个戏曲史上的重要时期。这一时期古典戏曲现实主义精神的发展，主要表现在一些把个人命运跟国家重大政治事件结合起来的历史戏上。从《浣纱记》到《长生殿》,这是它发展的一个方面,它们同样是通过戏中男女主角的悲欢离合,串演前代兴亡的历史的。然而这两部戏曲所根据的有不少是古代的神话传说,因此还不是比较严格的历史戏。从《鸣凤记》到《清忠谱》,是它发展的另一方面。这两部戏曲同样是表现当代政治上的派系斗争的,它们对于历史事实的表述比较忠实;而缺少戏曲艺术上集中、提炼的工夫,尤其是《鸣凤记》。孔尚任的时代,紧接着这些优秀作家之后,在他长期的创作活动上接受了他们有益的经验,避免了他们的缺点,因此能够写出既忠实于客观历史事实而艺术成就又极其辉煌的《桃花扇》传奇,把我国古典戏曲现实主义精神引向更高的阶段。

孔尚任在《桃花扇凡例》里说:"朝政得失,文人聚散,皆确考时地,全无假借。至于儿女钟情,宾客解嘲,虽稍有点染,亦非乌有子虚之比。"原书有《考据》一篇,列举他传奇中许多重要历史事实所根据的文献资料。此外如香君诨名香扇坠,南京谚语讽刺马士英"养马成群",王铎以乌丝栏写《燕子笺》传奇,这些偶然在戏中提到的无关紧要的事实,也都是得之见闻、确然有据的。《赚将》出写许定国妻子侯氏设计杀了高杰,原书眉批说:"康熙癸酉,见侯夫人于京邸,年八十余,犹健也,历历言此事。"康熙癸酉,为公元1693年,孔尚任正在北京任国子监博士。可见这一出所根据的素材,是他向当事人直接访问得来的。孔尚任生于清初考据学极盛时期。清初考据学家以实事求是的态度研究经史之学,这种态度在孔尚任的戏曲写作上也有所表现。

然而孔尚任如果仅仅忠于客观历史事实,而对于这些历史人物没有强烈的爱憎,加以突出的刻画,那是不可能这样成功地塑造一连串舞台艺术形象的。因此,我们还必须注意到作者另一方面的写作态度,即根据这些历史人物性格的特点,如史可法的忠心为国、杨龙友的随波逐流、阮大铖的阴险诡媚,有意识地加以美化或丑化,使观众感慨涕零,收到"惩创人心,为末世之一救"[①] 的社会效果。作者在传奇第十出里曾借柳敬亭的说书开篇,表示了自己这一方面的意见:

> 这些含冤的孝子忠臣,少不得还他个扬眉吐气;那班得意的奸雄邪党,免不了加他些人祸天诛。此乃补救之微权,亦是褒讥之妙用。

第二十四出《骂筵》,还通过马士英、阮大铖等的现身说法,表示作者是要

---

① 孔尚任:《桃花扇》小引。

利用戏曲这种文艺武器干涉人生，警戒无忌惮的小人的。

一面继承了我国戏剧善恶分明、爱憎强烈，"公忠者雕以正貌，奸邪者刻以丑形"① 的优秀传统；一面尽可能地忠实于历史事实，使读者不仅当作艺术作品欣赏，而且当作有借鉴意义的历史事件来看待。这是《桃花扇》传奇所以成为我国历史上一部划时代的历史戏的又一原因。

五

《浣纱记》《鸣凤记》等历史戏的出现，标志着中国戏剧史上一个新的时期的开始；然而这两个戏也有着共同的缺点，就是人物太多，头绪太繁。《桃花扇》揭示给读者的是明代覆亡前夕的整个社会面，它反映现实的深度与广度，都超过了在它以前出现的历史戏；然而在人物方面很难找出哪一个是多余的或来龙去脉不清的。这不但见出作者十分谨严的创作态度，同时表现了作者对现实进行艺术概括的才能。

在人物处理上，作者首先根据"借离合之情，写兴亡之感"这个主题，分清人物之间的不同态度与主次关系。原书上卷有《纲领》一篇，分戏中人物为左、右、奇、偶、总五部。左、右两部以正生侯方域、正旦李香君为主，组织了直接与他们有关的人物。如左部的陈定生、吴次尾、柳敬亭，右部的李贞丽、杨龙友、苏昆生等共计十六人，来表现戏中男女主角的离合之情。奇、偶二部，以效忠明朝的正面人物史可法、左良玉、黄得功等为中气，昏淫的弘光帝，权奸马士英、阮大铖等为戾气，卖国求荣的田雄、刘良佐、刘泽清等为煞气，共计十二人，表现了他们在当时政治斗争中的不同态度，来反映南明一代的兴亡。总部以张瑶星、老赞礼为传奇的一经一纬，总结了全戏的离合之情、兴亡之感。此外许多在当时政治斗争中起过重要作用的人物，一般只采取补叙或侧面反映的手法来表达。如复社三公子中的冒辟疆、方密之，只从阮大铖家人口中传出他们在鸡鸣埭饮酒听曲的情况（《侦戏》出）。五秀才中的刘城、沈士柱、杨廷枢、沈寿民，除在《哄丁》出以杂色登场外，只从柳敬亭口里提到马士英、阮大铖等要逮捕他们（《会狱》出）。这是作者在戏剧创作上集中人物、减少头绪的例子。

作者在已经集中的少数人物之中，依然要分清主次，选择最有代表性的来重点描写。除戏中正生侯方域、正旦李香君外，对当时政治上的正面人物，

---

① 吴自牧：《梦粱录》。

着重描写了史可法、左良玉，而史可法又是更主要的。反面人物着重描写了马士英、阮大铖，而阮大铖的形象又显得更其丑恶。戏剧里正面或反面人物，除了有他们共同的特征外，彼此之间又有差异，这就是人物分寸的问题。试以马士英、阮大铖为例，他们同是南明王朝内部最腐朽的人物。马士英有权有势，爱人趋奉，但才能比较平庸。阮大铖在政治上没有马士英的权势，但是一个"才足以济奸"的阴谋家。马士英没有阮大铖的暗中指使，寸步难行；阮大铖失去了马士英的凭借，也无法实现他的阴谋。作者不但注意了这两个人物营私结党、腐朽荒淫的共同特征，同时掌握了他们之间的不同分寸；这就成功地塑造了这两个舞台艺术形象。

在传奇里性格最为复杂、处理比较困难的是杨龙友①。杨龙友能诗善画，风流自赏，跟复社文人侯方域、秦淮名妓李贞丽有往来。然而另一方面，他又是马士英的亲戚，阮大铖的盟弟，当马、阮得势时，为了做官，也乐于向他们靠拢。作者在处理这个在南明派系斗争中关系相当复杂的人物时，一直是分寸掌握得很紧的。

杨龙友最初为了赏识李香君的才色，想帮衬她与侯方域成就好事。后来他听了阮大铖的话，又想利用李香君，为阮大铖拉拢复社文人。正是由于他除了为阮大铖拉拢复社文人之外还有一个为佳人物色才子的比较善良的动机，在《却奁》一场之后，他对侯方域、李香君虽然有所不满；但在紧要关头，即危及侯方域或李香君的生命时，他还是出力保护他们。这在《辞院》《媚座》《守楼》《寄扇》《骂筵》《题画》等出里都可以看到。

传奇中阮大铖与杨龙友同时出场的出数不少。但作者从没有把他当作同样的反面人物处理。《辞院》出写阮大铖在清议堂诬蔑侯方域暗中勾引左兵东来时，杨龙友即替他辩护。下场时，马士英要杨龙友同行，杨龙友辞了他，而阮大铖即借此时机，拉拢了马士英。又如《媚座》出当马士英要派人去强娶李香君送给田仰时，杨龙友怕太难为了她，阮大铖却恨不得把她处死。正

---

① 根据侯方域写的《李姬传》，在南京企图为阮大铖拉拢侯方域而为李香君所识破的是一个不知名字的王将军，作者把这情节归之于后来为香君画扇的杨龙友，是为了集中人物，减少头绪。既然在戏里由杨龙友演出这情节，就应该按照杨龙友这个特定历史人物的性格重新处理，不能简单地把《李姬传》里的王将军原封不动地由杨龙友代演。这些地方可以看出作者在对《桃花扇》传奇的素材进行艺术构思时的现实主义精神：他是在掌握大量的历史文献和材料的基础上进行艺术加工；是忠于历史事实，而又不为历史事实所拘束的。有些读者就传奇中个别情节不符合当时某些历史著作加以指责，不知这些地方往往正是表现了作者惨淡经营的苦心。

由于作者善于掌握人物的不同分寸,他所塑造的才是活生生的艺术形象,而不是一个模型里印出的东西。

就人物刻画的细致说,《桃花扇》也有它独到的地方。如《却奁》一出,李香君因杨龙友为她办了许多妆奁,一定要"问个明白,以便图报"。因为香君出身青楼,知道这些老爷不会毫无目的地浪掷他们处心积虑地压榨得来的人民脂膏的。侯方域是个豪华公子,金钱来得易,去得易,就只说"承情过后,也觉不安"。口角之间稍有不同,就揭出了他们的不同心理状态。又如《迎驾》一出,写阮大铖料事如神,可是在《选优》一出里,弘光帝为了没有声色之奉,闷闷不乐,要阮大铖猜他心事,阮大铖故意屡猜不着,到最后还低头沉吟说:"圣虑高深,臣衷愚昧,其实不能窥测。"这就更细致地刻画出阮大铖表面假作痴呆,骨子里别有用心的阴邪性格。

六

在关目处理上,作者首先抓住了与《桃花扇》直接相关的侯、李离合之情,作为传奇的中心线索;再联系这条中心线索,展开了南明一代兴亡的场景。传奇从第一出《听稗》到第六出《眠香》,主要在写侯、李的结合,同时展开了复社文人对阮大铖的斗争,因为侯、李的结合实际上是这一政治派系斗争所促成的。从第七出《却奁》到第十二出《辞院》,主要在写侯、李的由合而离,牵入了左兵的东下就粮(《抚兵》出),侯方域的修书劝止(《修札》出),柳敬亭的携书投辕(《投辕》出)。因为侯方域这一方面的活动成为马、阮攻击他的借口,逼他不得不离开香君往投史可法。从第十三出《哭主》到第十六出《设朝》,是南明兴亡的关键。由于为复社文人所拥护的史可法一派在这次斗争里的失败,这就成为后来侯、李两人遭受种种迫害的张本。下文从第十七出《拒媒》到第三十出《归山》,分两条子线交互发展。一条子线以香君为中心,通过马、阮等权奸对香君的迫害,揭示了南明统治集团腐朽的本质,同时表现香君对爱情的坚贞。一条子线以方域为中心,联系了四镇的内讧,高杰的被杀,马、阮等权奸的大捕东林、复社党人,为后来南明王朝内部矛盾进一步激化的张本。从第三十一出《草檄》至第四十出《入道》,写侯、李在江山无主、风景全非的情况之下,又由离而合。同时写左良玉为援救复社党人,声讨马、阮,马、阮调黄、刘三镇兵去防御,史可法困守扬州,孤立无助,直接带来了南明覆亡的后果。此外上本开首试一出《先声》,下本开首加一出《孤吟》,是上下本的序幕;上本末了闰一出《闲话》，是上本的小结场；下本末了续一出《余韵》，是全本的总结场。用这样的关目处理来加紧全剧的结构是前代的传奇里所没有的。然《孤吟》一出深得董解元《西厢记诸宫调》开篇的遗意，《余韵》一出神情上跟《浣纱记》末出《泛湖》相通，这些地方还是作者创造性地学习前人的结果。

元人白仁甫的《梧桐雨》杂剧根据白居易《长恨歌》的精神，上半极力描写唐玄宗、杨玉环的情话缠绵，唐宫的热闹场景，强烈地反衬出后来马嵬坡的生离死别，唐宫的夜雨凄凉；这在不同程度上给后来写历史兴亡戏的传奇作家以启发。孔尚任更有意识地掌握了这一点来加强《桃花扇》传奇的悲凉气氛。传奇《听稗》出〔解三酲〕曲："暗红尘霎时雪亮，热春光一阵冰凉。"已透露了这种用意。① 后来在《修札》出里更借柳敬亭与侯方域的对白，指出"那热闹局就是冷淡的根芽，爽快事就是牵缠的枝叶"。传奇上本写侯、李那样旖旎风光的生活，正为后来他们的凄凉岁月埋伏下根芽。下本写弘光帝的选优演戏，马、阮的赏雪观梅，传歌开宴，也招致了国破家亡的后果。作者的艺术构思，正是从他所谓"热闹局就是冷淡的根芽"这一现实认识出发的。

然而另外一面，作者从"爽快事就是牵缠的枝叶"这一看法出发，认为陈定生、吴次尾等复社文人对阮大铖等的斗争未免太厉害了，因此牵引起后来一连串的党祸。顾天石的《桃花扇序》已指出了这一点，作者在《哄丁》《闹榭》等出的关目处理上，也表现了他这一看法。然而复社文人当时所必须首先团结的是南明政治上、军事上比较进步的人物，而不是阮大铖等阉党余孽。正由于复社文人以及他们所拥护的史可法、左良玉等还没有做好这一方面的内部团结工作，因此当南明王朝建立时，被马士英、阮大铖等抢先了一步，掌握了中枢的政权。后来当左良玉引兵东下声讨马、阮时，先是遇到何腾蛟的反对，后又遭到黄得功的阻击，终于不能取得胜利；而不是由于复社文人对阮大铖的斗争过于厉害，因而引起党祸牵缠的问题。就这方面说，作者在开首几场戏的处理上多少留下了缺陷，容易使有些读者误认为阮大铖等阉党的倒行逆施是复社文人对他们过火斗争的结果。

此外，作者在剧情处理上还有两点值得我们注意。一是针线的细密，就全部传奇看，各个情节的发展，可以清楚地看出它们先后之间的联系：前面情节为后面情节的张本，后面情节为前面情节的照应，连环相牵，互相生发。这不但在重要关目的处理上是如此，即剧中许多极其微细的地方，也都细针

---

① 原书此处批语："此《桃花扇》大旨也，细心领略，莫负渔郎指引之意。"

密线,一丝不漏的。如第二十出写侯方域到蔡益所书坊里访问陈定生、吴次尾,因而一起被捕。在第一出侯方域上场时就先说陈、吴两人住在蔡益所书坊,与他时常来往。第三十四出苏昆生说自己与黄得功有一面之缘,要替左良玉去劝说他,在第五出里就先提到黄得功祭旗,要约苏昆生、柳敬亭吃酒。传奇第八出总批说:"左部八人未出蔡益所而其名先标于第一折,右部八人未出蓝田叔而其名先标于第二折,总部二人未出张瑶星而其名先标于开场,直至闰折始令出场,为后本关纽。后本二十八、二十九、三十折,三人乃挨次冲场,见述角色。"这些地方可以看出作者细针密线的功夫。

次是转换的灵活。在剧情处理上作者如只注意到情节发展的必然关系,而不注意到它们中间所可能发生的偶然因素,那将使戏中人物都像机器一样,只能按着重复刻板的公式行动,而不能真实地表现现实生活的丰富性与复杂性。传奇第一出《听稗》,侯方域本来约好和陈定生、吴次尾到冶城道院同看梅花,那知半途遇到家僮,说魏府徐公子要请客看花,道院早被占了。这时侯方域就建议到秦淮一访佳丽,而陈、吴二人则主张去听柳敬亭说书。侯方域说柳麻子是阮大铖的门客,不愿去听,吴次尾说他写了"留都防乱揭帖"声讨阮大铖,柳敬亭才知道阮胡子是魏阉余党,拂衣而去。通过这一转折,补叙了前一阶段统治阶级内部的派系斗争,同时还介绍了徐公子的豪华生活,柳麻子的侠义性格,映带后面许多情节。传奇第二出《传歌》,杨龙友去访李香君,看到四壁许多名人的题赠,本想和韵一首,沉吟了一回,觉得自己做他们不过,还是画几笔墨兰吧。后来看见蓝田叔在壁上画的拳石,就在拳石旁画了几笔兰花。经过这一转折,一面介绍了杨龙友的画笔,为后来在香君宫扇上点染桃花张本,同时还预先把后来寄居媚香楼的蓝田叔介绍给读者。又如《访翠》出,柳敬亭陪侯方域去访李香君,偏偏碰到她去参加盒子会去了。《修札》出侯方域正想听柳敬亭说书,杨龙友匆匆而来,说左良玉引兵东下,要抢南京。这些地方都见出作者在剧情处理上的善于转折变换,使读者看了上一节,不能预拟它下一节。作者在《凡例》里自说在排场处理上"俱独辟境界",他对于当时戏剧写作上的公式化倾向是有意通过创作实践跟它斗争的。如"激将法"在当时戏曲里已成为滥套,作者在《修札》出里当侯方域要用此法来激动柳敬亭时,柳敬亭当场拆穿了它,这就给人一种新鲜的感觉。又如生旦当场团圆已成传奇的惯例;作者写侯、李二人经过种种波折,才得相逢,又因张道士一声棒喝,彼此憬然大悟,撒手分离。然而就前一情节说,它是从柳敬亭的性格出发的(柳敬亭以说书擅长,诸葛亮的激张飞,宋公明的激李逵,早就烂熟的);就后一情节说它是切合侯、李两人在国破家亡以后的特殊境况的。从传奇里所表现的侯、李两人的全部斗争历史看，他们所热烈追求的除了双方爱情上的美满外，还有他们更大的政治上的抱负；因此经过张道士的一番指点，他们即憬然大悟，是完全可以理解的。正由于作者在情节处理上从人物的不同性格与特定环境出发，这才能"种种出奇而不失之怪"①，在创作上表现高度的现实主义精神，突破了当时传奇家的公式与滥套。

孔尚任是孔子第六十四代孙子，他在写戏上自比孔子的"正雅颂"，而在历史人物评价上又自比孔子的"作春秋"，所谓"春秋笔法"。如作者在第二出李贞丽出场时，说有个马士英的妹夫、阮大铖的盟弟杨龙友常到院中来；他的用意是让这两个奸臣的姓名首先从老鸨口里说出，表示对他们的贬斥。又如作者在第二十四出里，从阮大铖口里说出王铎补内阁大学士，钱谦益补礼部尚书，用意也是对钱、王两人的鄙弃。这些地方未免用意太深，就戏剧说，不是很适合的。

七

就曲词、宾白说，作者有一套完整的写作方法，俱见于原书《凡例》第五至第十二各条。这里可以就他在传奇里所表现的，扼要加以说明。

（1）曲文、说白，各有职司，位置得当，给人一种骨肉停匀的感觉。作者在《凡例》里说："词曲皆非浪填，凡胸中情不可说，眼前景不能见者，则借词曲以咏之。若应作说白者，但入词曲，听者不解，而前后间断矣。"这就严格地区别了词曲与说白的不同作用。即凡描摹人物的环境（眼前景）与内心活动（胸中情）时用词曲。一般事实的说明，情节的交代，要通过说白表现。这就作者全部剧作来检验，随处可以得到印证。

由于作者从戏曲所要表达的内容出发，对哪些地方用说白、哪些地方用词曲，有比较明确的界限。因此，在曲文、宾白的安排上较为匀称合度。作者在《凡例》里自说每长出止填八曲，短出止填四曲或六曲。这一方面是为了适合腔长拍缓的昆曲流行以后舞台上演唱的要求；一方面也由于作者把曲词的作用严格地限制在"眼前景不可见，胸中情不可说"的表达上，每出填的曲子自然要比一般传奇少了些。

（2）作者注意到了曲文风格与戏情的一致性。如《传歌》《访翠》《眠

---

① 这里借用李开先评乔梦符语。

香》等出，写儿女风情，许多曲文都表现了秀艳温柔的格调。《哭主》《誓师》《沉江》等出，写南明政治上重大事变，许多曲文都带着激昂慷慨的声情。就曲词切合人物声口说，多数地方表现得很好。如《听稗》出侯方域唱的〔恋芳春〕一曲，《投辕》出柳敬亭唱的〔新水令〕一曲，《骂筵》出阮大铖唱的〔缕缕金〕一曲，都是一开口即"如闻其声，如见其人"的。然而作者在这方面还是存在缺点的。如《听稗》出柳敬亭唱的〔懒画眉〕前腔，有"春雨如丝宫草香，六朝兴废怕思量"等句，与这个在传奇里一贯表现江湖豪侠之气的人物声口不类。《哭主》出左良玉上场时唱的〔声声慢〕，有"逐人春色，入眼晴光，连江芳草青青"等句，也不合这个出身行伍的武将的粗豪性格。

（3）作者在《凡例》里主张词曲要写得"词意明亮"，这是对的。我们从作者在《桃花扇》里许多写得较为流畅的词曲来检查，已基本上克服了从明代中叶以来梅禹金、屠赤水一派的典丽作风。然而另外一面，作者又主张制曲要"一首成一首之文章，一句成一句之文章"，主张在词曲中用典要"信手拈来，不露饾饤堆彻之痕"，这就说明他的"词意明亮"，只是就书本上的功夫说，还不可能像关汉卿、王实甫等作家除了从许多优秀的古典诗词里汲取有用的词汇外，还从人民口头上直接提炼语言，加强了曲子的表达力量。在说白方面，作者主张"宁不通俗，不肯伤雅"，也使戏中许多净、丑宾白丧失应有的泼辣与机趣。

总之，《桃花扇》传奇在语言运用上给我们的总的印象是典雅有余，当行①不足；谨严有余，生动不足。剧中许多曲词，我们在书房里低徊吟咏，真觉情文并茂；而搬到舞台上演唱，不见得入耳就能消化，这实际上表现了明清之间文人剧作的共同特征。

我国从明代中叶到清初，是文人写戏曲的极盛时期。从徐渭、梁辰鱼到李渔、李玄玉，他们写出了不少优秀的戏曲，同时也在创作实践上丰富了戏曲的理论知识，提高了戏曲的理论水平。《桃花扇》传奇不但在戏曲创作上接受了前人的丰富经验，成为划时代的巨著；即原书《凡例》及每出眉批、总批，② 也为今天研究中国戏曲的人提供了丰富的理论知识。然而作者虽自定《凡例》，而不为《凡例》所拘（如《闲话》出全用说白，《孤吟》出全用曲词，《劫宝》出没有下场诗）；重视前人经验，而不为前人经验所限。作

---

① 当行，指合于戏曲这个行业的要求。
② 《荀学斋日记》说《桃花扇》评语是孔尚任自己的手笔。

者在《凡例》里自称全剧布局"能脱去离合悲欢之熟径",在《先声》出的总批说:"首一折《先声》与末一折《余韵》相配,从古传奇有如此开场否?然可一不可再也;古今妙语皆被俗口说坏,古今奇文皆被庸笔学坏。"这些地方可以见出作者在戏曲创作上反对陈陈模拟、重视推陈出新的精神。

八

孔尚任字聘之,又字季重,号东塘,别号岸堂,自号云亭山人。公元1648年,生于山东曲阜县。他少年时读书曲阜县北石门山中,已博采遗闻,准备写一本反映南明一代兴亡的戏曲,这可说是他写作《桃花扇》传奇的思想酝酿时期。值得注意的是他少年时期接受了明末爱国诗人贾凫西的思想影响,[①] 成为他采取通俗文艺形式来反映南明兴亡的鼓舞力量。后来《桃花扇》《听稗》出的鼓词,就一字不动地采用贾凫西的《木皮子鼓词》。公元1684年,清康熙帝"南巡"江南,在这年冬天回京,路过山东,到曲阜祭祀孔子。孔尚任被荐举在"御前"讲经,得到康熙帝的褒奖,被任命为国子监博士。公元1686年,他随刑部侍郎孙在丰出差淮扬,疏浚黄河海口,到公元1689年的冬天才回北京。这时期他结识了明遗民冒辟疆、邓孝威、杜于皇、僧石涛等人。在扬州登梅花岭,拜史可法衣冠冢。在南京登燕子矶,游秦淮河,过明故宫,拜明孝陵,还到栖霞山白云庵访张瑶星道士。这些生活经历,加深了他对南明亡国的感慨,也丰富了《桃花扇》传奇的素材。

孔尚任回京以后,继续任国子监博士。当时清朝政权已经稳固,我国封建经济在明末清初一度萎缩之后又转向繁荣。北京为全国首都,戏曲演出极盛。公元1694年,孔尚任与顾天石合作的《小忽雷》传奇在景云部演出。小忽雷是唐宫的乐器,段安节《乐府杂录》有关于善弹这乐器的唐宫宫女郑中丞因忤旨赐死,被宰相权德舆的旧吏梁厚本所救,结为夫妇的传说。传奇以郑中丞为郑注的妹妹,与书生梁厚本有婚姻之约,被郑注献入宫中,又为宦官仇士良所陷害。中间牵入朝官李训、郑注等对宦官仇士良、鱼弘志等的斗争,反映了唐文宗一朝政治与当时著名文人白乐天、刘梦得等的生活。就主题及结构看,《小忽雷》跟《桃花扇》是同一类型的戏。传奇开端有散曲《博古闲情》一套,中间〔逍遥乐〕等三曲,生动地描写了孔尚任在北京的冷宦生涯:

---

① 参看孔尚任《木皮散客记》。

> 侨寓在海波巷里，扫除了小小茅堂，藤床木椅。窗儿外竹影萝阴，浓翠如滴，偏映着潇洒葛裙白纻衣。雨歇后，湘帘卷起，受用些清风到枕，凉月当阶，花气扑鼻。
>
> ——〔逍遥乐〕
>
> 偏有那文章湖海旧相知，剥啄敲门来问你。带几篇新诗出袖底，硬教评批。君莫逼，这千秋让人矣。
>
> ——〔金菊香〕
>
> 喜的是残书卷，爱的是古鼎彝，月俸钱支来不勾一朝挥。大海潮，南宋器；甘黄玉，汉羌笛；唐羯鼓，断漆奇；① 又收得小忽雷焦桐旧尾。
>
> ——〔梧叶儿〕

公元1699年，孔尚任在迁官户部主事五年之后，升任户部广东司员外郎，经过他十余年苦心经营的《桃花扇》传奇就在这年6月脱稿。由于这部戏曲反映明末清初社会现实的广泛性、深刻性，它的强烈的爱国主义精神以及它在艺术形象上的巨大感染力量，立即引起了广大读者的注意，并在舞台上经常演出，使有些明代故臣遗老，重新勾起亡国之痛，"灯炧酒阑，唏嘘而散"②。这年秋天的一个晚上，康熙帝派内侍向孔尚任索《桃花扇》稿本，孔尚任忙中从张平州家觅得一本，在半夜里送进去。由于孔尚任在《桃花扇》里表现了明末清初中国人民对明朝亡国的遗恨与哀思，表扬了史可法、左良玉、黄得功等忠于明朝的人物，讽刺了刘良佐、刘泽清、田雄等降清的汉奸，在《余韵》出里甚至以"开国元勋留狗尾，换朝元老缩龟头"形容那改换清代装束为清朝办事的徐青君，这就必然地要引起康熙帝以及他左右的不满。到了第二年春天，他就因一件疑案罢官。根据马雍先生的意见，认为这"很可能和《桃花扇》的脱稿有关"③。

孔尚任罢官以后，在北京又逗留了二年多，在公元1702年的冬天才回到曲阜石门山老家。当时以任侠著名的大兴王源写序送他说："先生以文章博雅重于朝，羽仪当世，而孜孜好士不倦。士无贵贱，挟片长，莫不折节交之。凡负奇无聊不得志之士，莫不以先生为归。先生竭俸钱典衣，时时煮脱粟沽酒，与唱佮谈谑，酣嬉慰藉。"在封建社会，这样的人物是不可能不引起统治集团的嫉视的。孔尚任留别王士禛诗："挥泪酬知己，歌骚问上天；真嫌

---

① 大海潮、汉羌笛、唐羯鼓，都是孔尚任在北京收罗到的古代乐器。
② 孔尚任：《桃花扇本末》。
③ 马雍：《孔尚任及其桃花扇》，载《光明日报》1954年5月24日。

芳草秽，未信美人妍。"也表现了自己罢官后的愤慨心情。

孔尚任罢官回家以后，过了六七年，《桃花扇》传奇才因得到津门诗人佟蔗村的帮助，刻板印行。此后又过了十年，在康熙五十七年戊戌，即公元1718年的春天，孔尚任死于曲阜石门山的家中，年七十岁。

孔尚任遗留的著作除《桃花扇》传奇外，还有《出山异数记》一卷，记载他因康熙帝到曲阜祭孔而出山任官的经过；《湖海集》十三卷，辑录了他在淮扬一带疏浚海口时所写的诗文；《享金簿》一卷，记录他平生所收藏的书画古玩：都是我们今天研究这位祖国历史上优秀戏曲作家的重要文献资料。

九

自从中华人民共和国成立以来，我国戏曲在毛主席"百花齐放，推陈出新"的正确方针指导之下，得到了空前的发展。连年来，我国戏曲代表团在亚洲、欧洲、非洲及南美洲各国演出，更得到各国人民普遍的赞扬，为我国人民在通过文化交流，促进世界和平的事业上作出卓越的贡献。然而我们今天的戏曲创作还远远落后于社会主义建设事业的前进步伐和舞台演出的水平。怎样使我国戏曲创作无愧于这个伟大的时代，符合于今天舞台演出的要求？除了要求戏曲作家们熟悉舞台艺术，熟悉历史上各阶层人民生活（这是写历史戏所必需的）和现代人民生活（这是写现代戏所必需的）外，还必须认真向我国历史上许多优秀的戏曲作家学习，批判地继承他们的创作经验，进一步加以提高与发扬。我们对《桃花扇》的整理工作，主要是从这个目的要求出发的。

我们的整理工作计分校勘、标点、注释三方面。校勘最初根据兰雪堂本、西园本、暖红室本、梁启超注本互校，择善而从。后来借到北京图书馆的康熙戊子刻本，又据以校正个别讹字。其中如"咱"字原文或作"偺"，"碰"字原文都作"砰"，一例改作现代通行的字，以便读者。

标点方面为便于读者的诵读，在曲文和说白中的骈语、诗词部分，除顾到语意外，还注意了它的音节和格调。我国戏曲的印刷款式，从宋元以来逐渐形成一种合于这种体裁的统一形式。梁启超先生的《桃花扇》注本把它改照话剧的形式编排，那是不必要的。

注释方面除了注明典故出处、疑难词句外，有时还就整句、连句甚至整支曲子加以串释，指出作者的用意所在。因为我们从许多青年读者方面了解，他们对于中国古典文学里的诗、词、曲子，有时每个字都认识，每个词都了解，但连成一句或二句时，依然莫名其妙。串释部分对于这些读者是有用的。然而我国许多优秀的诗篇或词曲，特别是其中精警之处，语言里所包含的意象极其丰富，我们串释时只能着重地指出它的某一方面，读者要深知作者之意，仍必须自己用心体会。又，这样的串释，比之只就原书引用典故注明出处，只就原书疑难字句注明字义、词意，容易犯主观片面的毛病，更可能由于对作者的原意体会不深以致曲解或误解，这些地方希望读者在发现时加以指正。

（原载《文学研究》1957年第1期。后收入《王季思全集》，河北教育出版社2005年版）

说"戏文"

董每戡

说宋代有所谓"戏文",我们都只能依据元明两代文人所记载的"片言只语",可惜到现在为止还不曾在宋代人的著作里找到较多较详的记载。目前只能知道有过两位由宋活到元初的词人约略提过:一是周密(公元1232—1308年)的《癸辛杂识》载温州乐清县一个恶和尚祖杰的事被编成戏文;二是张炎(公元1248—1320年)的《山中白云词》中有一阕《满江红》词:

> 赠《韫玉传奇》,惟吴中子弟为第一
> 傅粉何郎,比玉树琼枝漫夸。看生子,东涂西抹,笑语浮华。蝴蝶一生花里活,似花还似恐非花。最可人,娇艳正芳年,如破瓜。
> 离别恨,生叹嗟,欢情事,起喧哗,听歌喉清润,片玉无瑕,洗尽人间笙笛耳,赏音多向王侯家。好思量都在步莲中,裙翠遮。

最近有人说韫玉系演员名,非。这《韫玉传奇》虽然现在没有保存下来,明叶盛《绿竹堂书目》有东嘉《韫玉传奇》,仍存目,知道也是温州的出品;同时由这阕词的小序看来,当时有很多班子会演这个戏,在张玉田看来肯定"吴中子弟"演唱得最好,虽然证据不多,而且这两位宋人都活到元代,我们依然相信宋代确实已经接受了杂剧院本的影响,但也形成不同体制的戏文这东西,而且当时它叫"永嘉杂剧",也叫"戏文",就是后来称之为"南戏"的一种比较以前所有的戏剧更为完整的戏剧。

1973年《文物》杂志上赵景深氏《明成化本南戏〈白兔记〉的新发现》一文介绍的一段对白如下:

> 今日利(戾)家子弟,搬演一本传奇,不插科,不打问(诨),不为(谓)之传奇。倘或中间字籍(迹)差讹,马(抹)音寺(夺)字,香(乡)谈别字,其腔列调中间有同名同字,万望众位做一床锦被遮盖。天色非早,而即晚了也。不须多道撒(散)说,"借问后行子弟,戏文搬下不曾?""搬下多时了也。""计(既)然搬下,搬的那本传奇,

何家故事？""搬的是《李三娘麻地捧印，刘志远衣锦还乡白兔记》。""好本传奇！这本传奇亏了谁？""亏了永嘉书会才人在灯窗之下，磨得墨浓，斩（蘸）得笔饱，编成此一本上等孝义故事，果为是千度看来千度好，一番搬演一番新。"不须多道散说，我将正传家门念过一遍，便见戏文大义。

我未见原本，不能胡乱猜测它是宋末戏文抑元初南戏，总之它也是戏文发祥地温州的"永嘉书会"的产品。

元人刘一清的《钱塘遗事》一书，记南宋一代事，其中也提到"王焕戏文"说：

> 贾似道少时，佻达尤其。自入相后，犹微服闲行于伎家。至戊辰己巳间，"王焕戏文"盛行于都下，始自太学，有黄可道者为之。仓官诸妾见之，至于群奔。遂以言去。

戊辰、己巳是宋度宗咸淳四年到五年（公元1268—1269年），贾似道大红大紫的时期是在由理宗到度宗手里，理宗保佑六年（公元1258年）他作相，尤其度宗咸淳五年（公元1265年），封魏国公，入相。封公后微行伎家看戏文。刘一清用的"盛行都下"四字，颇值得我们注意，凡一物由开始到盛行，一定经过一个相当漫长的时间才有可能。那末，说它的初生期在宋室南渡之际，想不至有太大的问题。戏文本是民间创造出来的东西，必要经过一个困苦奋斗的漫长历程，才能由农村走进小城市，渐渐露头角、受欢迎，然后才能由县城走进都城，要在都下盛行，恐又需一段相当长的时间，所以明代人记载南戏的初生期在宋室渡江前后，是较合逻辑的。祝允明《猥谈》中说：

> 南戏出于宣和之后，南渡之际，谓之"温州杂剧"。予见旧牒，其时有赵闳夫榜禁，颇述名目，如《赵贞女蔡二郎》等亦不甚多。

北宋徽宗宣和（公元1119—1125年）之后，这个《赵贞女蔡二郎》戏文，已被列入禁演榜文之内。我们可以设想，一个剧种编成一个完整的戏，由农村或县城永嘉流行一个不太短的时间，才慢慢地走入大都市杭州，又得演出一个相当的时期，才能给统治阶级里的大人物知道这个戏的内容跟封建社会制度有某些违碍之处，这才把它列入禁榜，而且在这时被禁的戏文还不只一个。所谓"颇述名目"，所谓"等"，应该有好几个戏。我们更可以由此想见，当不是所有戏文都被列入禁榜，榜外仍可上演的为数当然更多，也许几倍或十倍于榜上有名的。倘如此，这种戏剧的初生期，起码也得在徽宗初年崇宁间才成，要不然，从宣和到南渡之际相隔不过七八年时间，一个初生的剧种能有那么多的剧本吗？别说在十二世纪，就在近代也不容易出现这个可能。所以我考虑戏文初生于温州的时期，即使不能跟杂剧一样地上溯到宋太祖或宋真宗时期，总不会迟于徽宗初年（公元1101—1119年），这是一件事物由萌芽到结果最低限度必需的时日。因此徐渭（文长）虽另有说法，却也同意了祝允明的说法。《南词叙录》说：

> 南戏始于宋光宗时永嘉人作《贞女》《王魁》二传；或曰滥觞于宣和。然自南渡始盛行，号曰"永嘉杂剧"，又曰"鹘伶声嗽"。其始皆用宋词，而益以里巷歌谣，不尽叶宫调，士大夫少留意者。元初北曲流行，风靡南土，宋词遂绝，而南戏亦衰；顺帝时，稍稍复兴，终不逮北曲，及永嘉高则诚造《琵琶记》，新词妙律，冠绝一代，卓然与北曲并峙矣。

若说"戏文"这个剧种始于光宗时，就错了；说"戏文"之有完整的剧本始于光宗时期，也不可靠，因光宗是宋室南渡后第三个皇帝，时间在公元1190—1194年。按一般戏剧发展的规律说，这时期决不是戏文的开始期，而是它的成熟期。所以徐文长也来个"或曰"，这就是同意了祝允明之说："滥觞于宣和，然自南渡始盛行。"这比较近理。此外，就是元末明初人叶子奇在所作《草木子》卷四下里的说法，他说：

> 俳优戏文，始于《王魁》，永嘉人作之。识者曰：若见永嘉人作相，宋当亡；及宋将亡，乃永嘉陈宜中作相。其后元朝南戏盛行，及当乱，北院本特盛，南戏遂绝。

这儿虽然没有明确提到时间，但说南宋之有"戏文"，而"戏文"始生于温州永嘉，这两点是无可怀疑的，因叶子奇在元末是跟刘基、宋濂齐名的浙西学者，他家乡龙泉邻近永嘉，正是"温州杂剧"——"戏文"流行的地区，相信他在儿时必常看戏文。他固然是活到明代的人，《草木子》却作于开国未久的洪武十一年（公元1378年）狱中，因此，他的话比较可靠。也因此，我要转到一个必须"争鸣"一下的问题上去，就是日本青木正儿氏在所著《中国近世戏曲史》中有一种异于一般人的见解，认为"戏文"不是"杂剧"的另一系统，实即南宋杂剧的说法。王静安氏认为"南戏当出生于南宋之戏文"，这句话经仔细体味，是说"元南戏当出于南宋之戏文"，应该简截了当地说"南戏即南宋之戏文",因"南戏"二字是元、明人以之和"北杂剧"区别而称呼的。他又说:"与宋杂剧无涉",这句话的原意若是指两者系不同体制的戏,并没有说错;若是指两者彼此毫无关联,那是错误的,因南宋戏文无疑地接受了北宋杂剧的影响,不能说两者毫无姻缘。青木氏对王氏这种不明确的论断怀疑,因而提出自己的意见,是好的。不过,青木氏否定了南宋已有跟杂剧不同内容和形式的"戏文"的存在,我们不能不认为错误的程度更严重。虽然青木氏没有明显地下了南宋无"戏文"的断语,由他的驳王氏之说看来,却显然有这个"言下之意"。这在第三章第二节的结语中,可推想得到(他行文吞吞吐吐,我只能说"推想"。凡引青木氏的话,均依王古鲁氏译文),他说:

  ……温州对于戏文之发展上寄与甚多,余亦并不否定此种事实。但以余所见,对于今日我人所能获见之元以后戏文体例,谓为"南宋时代已并行存在于杂剧之外,其发达者为后日之戏文"之说,未能首肯。盖南宋时温州杂剧与杭州杂剧无大差异,其后遂有一种新体戏文,当为温州人所创造者,惟其出现之时期,在南宋末期?抑在南宋为元并吞之后?无由推定耳。

虽然"闲烁其词",实际是想肯定后来的"一种新体戏文"——即元代戏文"当为温州人所创造者";至于时间虽提了一下"南宋末期",实则想肯定的还是"南宋为元并吞之后"。那末,他这看法跟我们的看法,距离十分遥远,可是国人中治戏剧史的还没有对这问题置一辞,我看是不对的,青木氏的提法特异,看来也有一些理由,究竟应该肯定或否定?必须说说。自然,我也没有绝对正确的看法,只因关系到我国一个古老剧种和戏剧体制的问题,不能不说说我的未成熟的看法而已。这儿——先摘抄青木氏的原文:

  南戏之起源,据明人之说,相传其起于北宋或南渡后浙江省温州地方。然则此与南北宋间盛行之杂剧,系统相异,而为别自温州土戏中发达而成者,似与杂剧毫无沿革之关系。王国维氏亦承认此说曰:"南戏当出于南宋之戏文,与宋杂剧无涉。"余之意见稍异……。明人仅见温州戏发达,绝未一顾盛行杭州之杂剧也。王氏推定南戏与南宋杂剧无涉,遂不考杂剧之行踪。一无使余首肯之说。

  盖王氏之说,拘泥于南戏别称之"戏文"一语,遂以为戏文与杂剧为全然别种之剧,遂至南戏之起源,谓为自一种与杂剧全异其系统之所谓"戏文"中发达而成者。以余考之,"戏文"一语,当为元代人初呼南宋旧杂剧之语,决非与杂剧为别种之剧。此说有征欤?请于下文少论述之。明何良俊曰:"金元人呼北戏为杂剧;南戏为戏文。"征之文献,呼南戏为戏文之事,元以后书中往往有之,而宋人书中则未之见也。其最早者,生存于南宋末至元初之周密所著《癸辛杂志》"祖杰"条,记温州乐清县怪僧祖杰之事,云:"乃撰为戏文,以广其事。"然据其所载者,此事为元灭南宋后之事,则此时已在元人创始杂剧之后矣。以愚考之,当元初北方新戏勃兴之际,为区别旧时院本与"新戏"计,效南宋杂剧而以杂剧自呼。然因南北名目相同难于区别,乃对于南方杂剧更新给以戏文之名称也。果若是,则戏文者用以对元杂剧之区别的名称;非仅对温州戏系统给以狭义的名称者。此事略有可征。元周德清《中原音韵》之《作词起例》曰:"南宋都杭,吴兴与切邻,故其戏文如《乐昌分镜》等,唱念呼吸,皆如约韵。"

自其"南宋都杭"一语,及其承上文之"故其戏文"口吻察之,此处所谓戏文者,当可解作周氏指一种流行范围以南宋首都为中心之杂剧,非狭义的指温州戏一系焉明矣。此其一征也。又《草木子》所举戏文始祖之《王魁》,疑与官本杂剧段数中《王魁三乡题》为同一剧本。果若是,则杂剧与戏文,为异称同体者,此其二征也。若南宋有与杂剧相异体例之戏——戏文——发达于温州时,则杭州与温州,距离既相近,决无不输入杭州以供都人士娱乐之理,然《梦梁录》《武林旧事》二书列举种种伎艺尽委曲之能事,独于其中,终未能发现可认为相当所谓戏文之伎艺者,则杂剧之外,实难认有戏文之存在,此其三征也。故假令温州为戏剧之产地,而有显著之地方的势力,然其戏究可包括于一种元杂剧类中,当与杭州流行之戏剧无大差异。况明人之说,亦以"温州杂剧"或"永嘉杂剧"之名传之耶?试思之,地相悬绝之金院本犹且与南宋杂剧无大差异,况杭州与温州相距之路有几何耶?亦可推知其戏之无甚相异也。

然南宋杂剧与元以后之南戏间,有不可一跃而达之悬隔。第一,一戏之长短上,后者较前者长数十倍。第二,在乐曲之编成法上,前者一剧中以纯用一种乐曲为主;后者杂缀众曲,又混用宫调而成极复杂之体裁。第三,前者先以"白"开演一段,次用歌舞;而后者以歌曲开演一出为通例。使人怀疑此种变化,似曾因受某种之刺戟而发生。试假定之为北方杂剧之影响,然上述三点无一与北剧类似。而求之诸宫调,皆无不合,若合符节。此使余之所疑南宋杂剧至元明南戏之中间径路尝受诸宫调之影响也。

青木氏的主要论据,不外乎南戏若是南宋产生的东西,必须在南宋人著作中常见才能算数,要不然,就是在南宋没有这一种跟杂剧不同内容和形式的"戏文",尤其《梦粱录》和《武林旧事》两书该有而没有,因此认为"'戏文'一语,当为元代人初呼南宋旧杂剧之语,决非与杂剧为别种之剧"。

我以为:第一,何良俊说"金元人呼北戏为杂剧;南戏为戏文"是对的,即叶子奇、祝允明、徐文长诸明代人的话也都大致不错;但我们可以退一步跟青木氏一样认为都不可靠,那末,去宋未远的元人说话该有一定的可靠性吧?元人提到戏文的有刘一清、周德清、钟嗣成、夏伯和,更有自宋至元的周密和张炎,即使像青木氏所说祖杰事被编为戏文是元初的事,难道一种文体就在元初从天而降?至少周密也还算是宋末的人,为什么不说"乃撰为杂剧,以广其事"而偏说"撰为戏文"呢?这不太可怪了吗?《辍耕录》作者陶宗仪也是元代人,又为什么说"院本、杂剧,其实一也"的话,而不说"院本、戏文,其实一也"呢?并且他也不以"戏文"概称宋代的一切戏,只以"戏曲"为概称。他在《杂剧曲名》的前文中说:

  稗官废而传奇作,传奇作而戏曲继。

这里的"稗官"当指汉魏六朝的志怪一类小说,"传奇"当指唐代的传奇小说。他在《院本名目》条就是说"唐有传奇小说,宋有戏曲……"的,那末是以"戏曲"概称宋代所有的一切戏,而下文的"传奇"和"杂剧"都指元北剧,戏曲仍称"宋戏曲",下文是:

  金季国初,乐府犹宋词之流,传奇犹宋戏曲之变,世传谓之杂剧。

"传奇犹宋戏曲之变"等于说"元杂剧犹宋杂剧院本戏文之变",他并没有以"南戏"或"戏文"概称宋代所有的戏剧。再则周德清的话,据青木氏说他的口吻是拿"戏文"概称流行于宋首都中心的杂剧,显然是主观臆测。因《南曲谱》载有"分镜传奇"的曲子,这正是戏文,而不是杂剧词,这且不说;问题重要的是青木氏在这儿故意把原文开头另一句可以推翻自己臆说的话略去不提,那就是"悉如今之搬演南宋戏文唱念声腔"。铁琴铜剑楼藏元椠《中原音韵》影印本及重订《曲苑》本《中原音韵》都有此语,这里索性抄前一种版本中的话:

……开口"陌"……"登"五韵,闭口"缉"……"凡"九韵,逐一字调平上去入,必须极力念之,悉如今之搬演南宋戏文唱念声腔。考自汉魏无制韵者,按《南北朝史》,南朝吴、晋、宋、齐、梁、陈建都金陵,《齐史》沈约字休文,吴兴人,将平上去入制韵,仕齐为太子中令;梁武时为尚书仆射。详约制韵之意,宁忍弱其本朝而以敌国中原之音为正耶?不取所都之内通言,却以所生吴兴之音,盖其地邻东南海角,闽浙之音无疑,故有前病;且六朝所都江淮之间,"缉"至"乏"俱无闭口,独浙有也,以此论之,止可施于约之邻里矣。又以史言之,约才如此,齐为史职,梁为大臣,孰不行其声韵也?历陈,陈亡,流入中原,自隋至宋,国有中原,才爵如约者何限?惜无有以辨约之韵乃闽浙之音,而制中原之韵者,呜呼!年年依样画葫芦耳。南宋都杭,吴兴与切邻,故其戏文如《乐昌分镜》等类,唱念呼吸,皆如约韵,昔陈之《后庭花》曲未必无此声也。总亡国之音,奚足为明世法!……

显然,周德清若是习惯于以"戏文"两字概称两宋所有的"杂剧"的话,即使不说"两宋",也该说"宋",为什么在此特别指定"南宋"?难道"杂剧"在南宋前还不曾出世吗?周氏决不会如此没常识。并且宋杂剧的"声腔"如何,他未必清楚,因宋杂剧并不以唱和它的唱腔著名,他又为什么说悉如那种唱念声腔呢?无疑所说"南宋戏文",就是我们所说的"南戏",不是两宋杂剧的概称。

至于因杂剧段数中有《王魁三乡题》这一名目,便贸然断定南宋戏文《王魁》就跟它是一而二,二而一,这更显得主观武断。写同样的故事,就可以用同一名称,何况两者仅主角的姓名相同。杂剧可以演《王魁》,戏文当然也可以演,但不能因此说它们是异称而同体。至于宋南戏和宋杂剧的体制绝不相同一点,可以由现存的《张协状元》看得出来。虽然它还有明显的杂剧和诸宫调的成分夹杂在内,究竟和杂剧院本不同,在叙述故事上无论如何比杂剧细致而完整些,虽说戏文还比不上元杂剧,至少比宋金的杂剧院本是发展得多了,且结构形式也大大不同。因而决不是二而一、一而二的东西。既然体制不同,周德清不会把它们混淆的。

又,元人钟嗣成《录鬼簿》卷下"沈和甫"条说到"以南北调合腔",这且不说,"萧德祥"条明提"南曲戏文",他说:

> 萧德祥　名天瑞,杭州人。以医为业,号复斋,凡古文俱檃括为南曲,街市盛行,又有南曲戏文等。

明贾仲明附词还说:"武林书会展雄才,医业传家号复斋,戏文南曲衡方脉,共传奇乐府谐……"分明指由南曲构成的戏文、杂剧在北宋初期就已经有,当然不用南曲,而元明人对南北曲之分是明确的,如明胡侍在《真珠船》卷三中说:

> ……今歌曲但统为南北二音,如伊州、凉州、甘州、渭州,本是西音,今并以为北曲,由是观之,则《击壤》《康衢》《卿云》《南风》《白云》《黄泽》之类,诗之篇什,汉之乐府,下逮关、郑、白、马之撰,虽词有雅郑,并北音也;若南音则《孺子》《接舆》《越人》《紫玉》,吴歈楚艳,以及今之戏文皆是。

同时,他还区别南北曲的声情,说"北曲音调,大都舒雅宏壮","若南曲则凄惋妩媚",足见无论元代人或明代人,一般都不会弄错的。这里所说"今之戏文",也是指直承南宋戏文的传奇。再则,元夏伯和的《青楼集》也举出过专工"南戏"的妓女,既有别于集里列举其他妓女所工的元杂剧,也有别于两宋的"杂剧";他还特别称颂两位妓女的歌唱艺术,一是"梁尘暗簌",一是"骊珠宛转",显然不是指杂剧。杂剧并不以歌唱为主,而"戏文"却是以歌唱为主,说白为次的。这些元代人都不是拿"南戏"或"戏文"来概称宋代所有的一切戏剧,所指的正是产自温州的杂剧——"戏文"。

第二,因《梦粱录》《武林旧事》两书没有载,就说当时没有这个事物,是过分相信两书的结果,"尽信书不如无书",书总难免挂一漏万,而且有些还可能是作者故意把它漏掉的。南宋戏文在宋人著作中极少见,可能是由于这个原因。徐文长有这样解释温州杂剧的话:

> 其始皆用宋词,而益以里巷歌谣,不尽叶宫调,士大夫少留意者。

我觉得这话说得不错。劳动人民创造的艺术,在封建社会里要很快就引起士大夫们留意就不是易事,何况要士大夫们尊重它而用文字记在自己认为"可藏之名山"的大著里,更属难事!别说遥远的宋代,即在解放前还是这样排挤、压抑劳动人民所创造的一切东西,那么宋人著作中极稀见"戏文"的记载,有什么可奇怪呢?《梦粱录》和《武林旧事》两书的作者都是封建时代的士大夫,少留意当时温州农村产生的"戏文",结果漏记了,或者压根儿不愿意记载它,都是很自然的现象。可是钱南扬氏在《宋元南戏百一录》中说:

> 《武林旧事》记演杂剧，共六见，都在理宗朝，上距南渡已百年，南戏盛行已久，故此处所谓杂剧，当然即指南戏。

这是"想当然"的说法，事实恐未必如钱氏所想象。因周密脑子里封建士大夫的思想在作怪，并未顾到"南戏盛行已久"这一事实。所以《武林旧事》中的杂剧，并不包括"温州杂剧"——"南戏"，不是周氏"孤陋寡闻"，只因为他明知两者体制不同，名义各别，但不愿予"戏文"以恰当的地位，使它跟杂剧一样平起平坐而也把它记下来。徐文长还有这样的话：

> ……晚宋而时文叫吼，尽入宫调，益为可厌！永嘉杂剧兴，则又即村坊小曲而为之。本无宫调，亦罕节奏，徒取其畸农市女顺口可歌而已。谚谓随口令者，即其技欤？……

畸农市女顺口而歌的"天籁"，纵使被士大夫们听到——鄙视"犹恐不及"，还会少加留意吗？因而记录它的事更不可必。这里，且举现实的例子来说。过去不见士大夫记载，或谁都不知道的剧种，在解放后由于中国共产党的领导，执行了"百花齐放"的正确方针，从而发现了不少个新剧种，难道我们可以说过去并没有它们？不说那些太陌生的，便说湖南的花鼓戏罢，产生于农村，抗战时期才走进小县城，而且还被反动派政府禁止，为士大夫们所鄙弃，解放后才在省城长沙显露头角，全国会演后，才为全国人民所知名、所热爱。我想温州杂剧——戏文所曾走过的历程，不会和这差得太远，它也产生于温州的农村，徽宗宣和左右进入了永嘉城，逐渐提高，南渡之际才进入国都杭州，但被一般知识分子冷淡，甚至鄙视，这倒是合于规律的现象，从而被当时的士大夫的著作挤掉了。

第三，青木氏最后一段话是比较近理的，说它受诸宫调的影响，恐怕是无法避免，而也是不应避免的事。《张协状元》可能是宋末的东西（青木氏意中以为是元初的），甚至一开头还直说诸宫调呢。同时，连杂剧院本也给了它影响，该剧接诸宫调之后就像杂剧院本的艳段或杂剧的散段杂班，一种戏剧决不是孤立成型的，和其他剧种都有相互影响的可能，这才符合发展规律。至于明代人也称"戏文"为"温州杂剧"或"永嘉杂剧"：第一，因"杂剧"出生的时间早，且流行的地域广，不仅明代人，连南宋不熟识"戏文"的人也可能称之为"杂剧"；第二，明代人对南宋"戏文"的理解是不太多的，甚至有根本不知"戏文"之体和"杂剧"之体相异的；第三，称之为"杂剧"，体制不一定跟"杂剧"相同，元代一本四折的北剧不也算杂剧吗？难道它跟宋"杂剧"相同吗？第四，地方相距路程的远近问题，我以为更不成问题，宋"杂剧"自宋开国就有，北宋地区跟后来金所有的地区毗邻也不能算远，自然受了诸宫调的影响；温州和杭州距离近，也不能不受"杂剧"的影响；同样也受未成国都前的杭州都市所有的唱赚和诸宫调的影响，甚至在叙述情节曲折的故事上说，接受了话本的影响。各种艺术互相影响是很自然的事，元"杂剧"受南宋"戏文"的影响，后来复兴期的"南戏"又反过来接受了元"杂剧"的影响，一点也不希奇；但决不能说受了影响而完成了自己独特体制的"戏文"就是给它影响的"杂剧"。因此王静安氏说"杂剧"跟"戏文"是两回事的话，并没有说错，他的错误只在于把"南戏"说成不就是"戏文"，而是出于"戏文"。而青木氏呢，说"戏文"受过"杂剧"和诸宫调的影响，应该说是正确的；但说宋代没有和"杂剧"异体的"戏文"，只有同体的"温州杂剧"，应该说是错误的。

总之，我以为温州在宋代确实有过和杂剧院本不同体制的戏文，最初是农村的畸农顺口而歌，后来进了城，初步加上市女的顺口而歌，接下受各种东西如队舞、唱赚、诸宫调、杂剧的影响，越趋丰富，最后形成一种独特的南戏——所谓"戏文"这一型，因而温州人管演剧叫"做戏文"，听戏叫"看戏文"，是有来历的。到南渡之际，温州戏文一度进入国都杭州，光宗、宁宗，尤其理宗、度宗时期，在都市的下层社会盛过一阵子，但不为上层士大夫所看重，也许还予以打击而至于衰落下去，这种打击，虽未见文字记载，我们却可以设想跟《赵贞女蔡二郎》戏文被禁演是差不多的，可能是属于与政治思想有关的矛盾，至于在国都站不住足，不得不退出为腐败的政治空气笼罩着的首都临安，只好回到出生地温州去了。这种剧，便是和都市中早已有的"杂剧"不同型的"戏文"。可是，一定有人问：你说周密明知两者不同，而又不愿意给"戏文"以地位，才不记在《武林旧事》内；那末为什么在《癸辛杂识》里又记下"祖杰戏文"呢？我仍是坚持前面的说法，也就是说宋末词人周密虽然十分知道有和杂剧不同体制的如"祖杰戏文"一类东西，但并没有看得起这民间的剧艺，所以在《武林旧事》中不记录，仍只录下官本杂剧段数。然而祖杰事轰动一时，引起他对祖杰的憎恨，所以在《癸辛杂识》中记下这一笔账——"祖杰戏文"，没有说"祖杰杂剧"，同时记它只为了祖杰事本身，而不是为了看重"戏文"。也许这戏文只在温州地区演出，他并未过目，仅据友人夏若本所说而照记下来。元人刘一清、周德清等也称《王焕戏文》和《乐昌分镜》为"戏文"，分别得一清二楚，不必把"戏文"并类归宗于"杂剧"。至于周密记祖杰事虽属元代事，却也是在元代开国不久就发生的。周密生于宋理宗绍定五年（公元 1232 年），卒于元武宗至大元年（公元 1308 年），共活了 77 岁。蒙古在至元八年（公元 1272 年）十一月建国号曰大元，宋还未亡。到元至元十六年（公元 1279 年）宋亡，他在国亡后不仕，作遗民约三十年，但《癸辛杂识》是住在杭州癸辛街时作的，郎瑛《七修类稿》说：

> 公谨居齐之东，作《齐东野语》；居杭癸辛街，作《癸辛杂识》……

《西湖志说》：

> 公谨生于湖，中年迁杭，晚仍还弁，号弁阳老人……

那末《癸辛杂识》是他中年五十岁左右所作，依此，祖杰事就发生在宋亡未久的元初至元中。《癸辛杂识》原文如下：

> 温州乐清县僧祖杰，自号斗崖，杨髡之党也。无义之财极丰……有富民俞生，充里正，不堪科役，投之为僧，名如思。有三子，其二亦为僧于雁荡。本州总管者，与之至密，托其访寻美人，杰既得之，以其有色，遂留而蓄之。未几，有孕。众口籍籍，遂令如思之长子在家者娶之为妻。然亦时往寻盟。俞生者，不堪邻人嘲诮，遂挈其妻往玉环以避之。杰闻之大怒，遂俾人伐其坟木以寻衅。俞讼于官，反受杖。遂诉之廉司，杰又遣人以弓刀置其家而首其藏军器。俞又受杖。遂诉之行省，杰复行赂，押下本县，遂得甘心焉，复受杖。意将往北求直，杰知之，遣悍仆数十，擒其一家以来，二子为僧者亦不免，用舟载之僻处，尽溺之，至剖妇人之孕，以观男女，于是其家无遗焉。……其子虽得其情，已行申省，而受其赂者而玩视不忍。旁观不平，惟恐其漏网也。乃撰戏文以广其事。后众言难掩，遂毙之于狱。越五日而赦至（夏若水时为路官，其弟若本备言其事）。

在元初至南宋亡不久这一段时期内，"戏文"这一种文体居然已经被人随便采用来写作时事剧，而且是被作为战斗的武器，那末，这种文体不可能是南宋将亡那一段时期才形成的，必然有较悠久的历史，才被公认为比宋杂剧更适合于表现祖杰这一较复杂的事件。同时，也被公认为广大人民最喜闻乐见的艺术形式，才选它来作这一场斗争宣传的武器，倘如我所想象，就更值得我们注意，祖杰虽是个和尚，却"无义之财极丰"，这样的和尚，在元代都是大恶霸地主，所以能结交本州总管。大官僚和大地主相勾结，凶僧祖杰才干下了"万恶不赦"的罪行，又居然能得到上面的赦令，那末他的恶势力之大和平时剥削人民压迫人民的残酷可以想见。这本戏文没有保存下来，但我们猜想它决不只叙述欺压俞生一事，一定还涉及祖杰平时一贯为非作歹的丑恶面貌，可以说这也是一场激烈的阶级斗争，因为群众看了戏激起义愤而起来斗争了。"戏文"在这场斗争中十分出色地起了作用，终于引起"众言难掩"，使贪官污吏不得不毙祖杰于狱，"戏文"所起的战斗作用十分可观！那末，总括起来：一是说明"戏文"久已成为比杂剧更完美的戏剧文体了，这就非一朝一夕可能达到的程度，自然已经过不少岁月。二是说明戏文在这时，已普遍流行为广大人民所欢迎，才拿它来宣扬凶僧祖杰的罪恶，起宣传鼓动的作用。三是这样情节复杂的新闻时事，只有长篇的戏文才能容纳得了。我们把《武林旧事》所载的官本杂剧段数和《辍耕录》所载的院本名目看一下，便知杂剧院本，虽也演述人物故事，但故事性都还很薄弱；反之，已知的一百几十本戏文的名目，几乎绝大部分是以主角的姓名为题，足见都是叙述主角所有的故事，其故事性之强，决非杂剧院本所可企及，因而祖杰事非杂剧院本所能办到，或办得十分出色。四是杂剧院本长于讽刺，原有它一定的思想性，但论战斗性之强，祖杰戏文，却是空前的，作者不用"借古喻今""指桑骂槐"那种迂回曲折的方法跟恶势力斗争，直接写"此时此地"发生的官僧相勾结残虐人民的事件，马上激动广大人民的义愤，群起跟恶势力作面对面的斗争，这该可以说是"戏文"在宋末元初写下的一页光荣史，值得我们特别重视！五是即使一般元代人习惯于称宋代的一切戏剧为"戏文"，由宋到元的周密是熟识"两宋杂剧"的体制不同于"温州杂剧"的，想决不会跟着一般人"囫囵吞枣"地称宋杂剧为"戏文"。

因此，我们该肯定地说"戏文"是浙江温州土生土长的地方杂剧，创造者是温州地区的劳动人民，它接受了宋杂剧、金院本，也接受话本、唱赚和诸宫调等的影响，再结合本地的民谣小曲而形成自己独特的体制，在内容和形式上都比宋杂剧提高了很多，至少脱离了杂耍的状态，用"曲""白"代言，敷衍一个有首尾的故事，善于处理冲突矛盾，刻画人物性格，自成一种前此不曾有的比较完整的戏剧形体，完成了文体上飞跃的发展。如果有人一定认"曲""科""白"三者俱全才算是真正戏剧的话，就得承认温州杂剧，这也叫"南戏"或"戏文"的东西，便是所谓完整的中国戏剧的祖宗；而它的初生时间约在北宋徽宗宣和之前，崇宁左右（公元1102年）；流行的时间，约在南渡之际（公元1127年）。我个人认为温州之所以成为"南戏故乡"，和这一地区的经济历来繁荣密切关联。温州近海，历来是对外贸易的基点，所以凡是宋人著的如《梦粱录》《武林旧事》等书上所载各种戏乐，几乎样样都有，甚至有些戏乐的规模盛大都超过吴、周两人所说临安的情况。例如每年的"三月三"迎神赛会和"五月五"划台阁，显然是南宋遗风，前者时间长达一个半月，自二月举行所谓"拦街福"起，大街、五马街、府前街等处都搭彩棚，上张各色纺绸天幕，游人日夜在绸幕之下熙熙攘攘地来往，豪奢之至！每晚各大街上有鳌山，放烟火，演傀儡戏；小巷也有唱弹词（南曲清音）、唱盲词、唱龙船、唱花鼓、唱道情、打抄儿（时事快板）、唱莲花落等等；各庙戏台上则演唱高腔、昆曲、乱弹和调戏。清末民初又有京剧，每日夜总有十多个戏班子在演出，任人选看，不花一文。后者，五月端阳节"划台阁"的热闹时间也达一月之久，且这玩艺儿为吴、周两人著作中所没有的。这样年年举行的热闹排场，恐是全国独一无二的，如果温州地区没有富裕的经济条件，决不可能华奢如此，因而，南戏在宣和前产生自温州是可以理解的。

可是，周贻白《中国戏剧史》上册"宋元南戏"章认为南戏出自北方的"目莲救母"杂剧，说法新鲜且有点缠夹，不妨录下：

> ……明祝允明《猥谈》云："……"其说与《南词叙录》亦无甚出入。"宣和间已滥觞"，或非温州杂剧，而是在《东京梦华录》所载"目莲救母"杂剧。然则南戏的出生，亦当由北而南的杂剧流播的关系了。按宋光宗在位共只五年（公元1190至1194年）大概此时的温州杂剧，还只是一种土生艺术。虽具戏剧形式，却不曾被人注意。以后因地域相近，便渐渐传播到临安（南宋都城，今之杭州），"盛行则自南渡"，当为已臻发达之谓。……

他的意思是说祝氏说南戏滥觞于宣和的话错了，不知周氏有什么更可靠的证据证明自己说的指"目莲救母杂剧"的话是可靠的？至于南戏跟"目莲救母"杂剧有否血缘关系，下边再谈。先谈这段文章后半段的缠夹不清，依语气，温州杂剧在此时——光宗时还只是土生艺术，未被人注意，可是倒过来早于光宗六十多年的南渡已发达了，这且不去管它，这当然是偶然的疏忽，且此书是周氏在解放前写成的。应该看他近年来的说法，却也很奇，似乎又推翻了"宣和间已滥觞""盛行则自南渡"的看法，认为在南渡之后，由北方路岐人到温州后才发明创造了"戏文"。1958年5月初版的周氏新著《中国戏剧史讲座》第三讲中说：

> ……但我们可以确信,在这一时期的金人统治的北方地区,在民间则已具有这类故事表演或说唱的基础;而在南宋统治下的南方一带,则以北宋时代东京勾栏上演"目莲救母"一类以表演故事的长篇杂剧为基础,由一些"路岐人"的南移,从而却有了一番新的发展。那就是所谓"温州杂剧",亦即"南宋戏文",简称"南戏"。

不只如此,1959年2月25日出版的《戏剧研究》第一期中周氏的《中国戏剧与杂技》一文里仍然说:

> 根据可以考知的记载,南宋光宗朝(公元1190至1194年)已经产生了温州杂剧,在当时叫做戏文,实际上却是以北宋时"目莲救母"这一类以表演故事情节为主的杂剧为其基础,由南迁的"路岐人"流传到浙江一带,进而与温州当地的里巷歌谣及村坊小曲等具有故事性的一类歌唱相结合,由是发展成为所谓戏文。以后因有文人参加编选剧本,又加入了一些南宋通行的韵文体制的所谓"词调",故联系那一时代而称之为南宋戏文,简称则为南戏。

我很奇怪,为什么那些北方的"路岐人",不愿在南移之前创造出"戏文"这一种跟杂剧不相同的体式在东京勾栏中出出风头,而一定要在南移之后才显身手?北方当也有民间谣曲,更应该有能写这一类东西的文人,为什么不在南渡前就形成描叙人情世态的长篇演述故事的北戏文呢?自然周氏在《讲座》中已具体地说明这个"北人南移始创南戏"之说的原因。他说:

> 当时的南宋,在政治上说,只好算是一个偏安于南方数省的小朝廷;经济上除了税收之外,对外交通,所依赖的是几个海口。当时设有所谓"市舶司"的地方,是浙江的宁波(当时叫明州)、温州、福建的泉州和广东的广州等地。离首都临安较近的是宁波和温州。这几处地方,不但是货物的出纳口,同时,也是水上的通道。当赵构南迁之初,北来的人多半都集中在杭州(临安),慢慢地才向其它地区疏散。其间一部分"路岐人"便向市面比较繁荣有"市舶司"的地方转移,以便谋生。这时期,温州地方本来已有一些具有故事性的歌谣或小曲的存在,不过没有构成一种扮演故事的形式,当一部分北来的"路岐人",流浪到了温州,以当地的歌谣或小曲的唱腔,和表演故事的杂剧形式相结合,由是产生了"温州杂剧"。当时的江湖术语,管这一项表演形式和声腔,叫"鹘伶声嗽"。"鹘伶"是伶俐的意思,"声嗽"则指声调,合而言之,就是"伶俐的声调"。后来因其以表演故事情节为主,有别于当时那些

因题设事的简短形式的杂剧,故另称为"戏文"。又因其产生于南宋地区,乃简称"南戏"。

不知何所据而云然?这儿有两点似乎值得商榷:

(1)照所说,戏文产生于南宋高宗赵构时,按高宗开始建都南京,时间是建炎元年(公元1127年)五月,到年底就逃往扬州,建炎共只有四年,第三年才奔向杭州,升杭州为临安府,仅有意定都,可是十二月就奔明州,接下逃亡海上;四年正月走温州,直到绍兴五年才还临安。而真正建都于此,却已是绍兴八年(公元1138年)的事了。所谓东京"路岐人"疏散的时间,可能在建炎间,但慢慢地再疏散到温州去,当在绍兴间,猜想他们未必能跟着赵构东奔西逃。庄季裕在《鸡肋篇》中也说:"建炎之后,江、浙、湖、湘、闽、广,西北流寓之人遍满。"估计那些"路岐人"离东京的时间总比赵构走时迟得多;就算是在定都于临安那几年吧,他们到了临安呆上一个时期才走向温州,同时不能一到就有发明,他们如果要创造前所未有的戏剧形式,必需有相当的时日,非得拖到绍兴末年不可。果如此,那末祝允明所见的旧牒上已有禁演《赵贞女蔡二郎》等戏文一事,不能不成为问题了。因为祝允明所说的"其时"是"南渡之际",那时已有剧本可禁,足见戏文成型早在南渡之前的崇宁、宣和间,不可能迟到绍兴年间才始创剧种,更不能在光宗期,才产生这一个戏剧体制。且周氏也不否认祝氏之说,逻辑上便很难说得通。

(2)照所说,在北宋年间好像南方除了歌谣小曲之外什么都没有,一定要等到北方"路岐人"南移后才有了戏乐,当不是事实。杂剧院本一定在北宋年代也流行于南方,因南方自唐代以来经济繁荣超过北方,且从来未经兵燹,戏乐事业当早已很盛,只因过去不曾作为国都,故未见记载罢了。因而往日在这一地区不可能没有"说话"、"唱诸宫调"、演"杂剧"和"院本",也不可能不酝酿着在这些基础上另行创造其他类型的戏乐,决不会等那些天才的"北人南移"后才有。周氏说南移的北方"路岐人"到了温州便一下子发明了"戏文",不免把北方"路岐人"捧得过高,把南方"路岐人"看得太低了,我以为这说法不很妥当。当然,北方"路岐人"是"皇帝脚下"东京勾栏里出来的,"见多识广",创造的能力可能强些,但为什么在东京时他们不造出长篇演述故事的剧本呢?难道故意留待到南方后才露这一手,所谓"摆点颜色"给浙江人看看吗?我看不一定是事实。况且北宋的"目莲救母",最早记载是在《东京梦华录》里,所记时间早已过崇宁,以政和宣和间事为多,那末它在北方出生的时期比戏文在温州出生的时期距离不太远,甚至可说是同样的,有什么必要非指定戏文由它来不可呢?倘使是指剧本的故事性，宋初的一般杂剧也已有，虽然还不够复杂完整，但北宋的"目连救母"也未必很完整，不能徒凭《东京梦华录》那么一条有关《目连救母》的简单的记载，该书说：

> 构肆乐人，自过七夕，便搬《目连救母》杂剧，直至十五日止，观者倍增。

依据这条材料便想象它的内容如何具故事性，又如何的长篇演述故事，是不行的，我猜想它在北宋恐也只是百戏形式的东西，不过花样繁多，度量很长罢了，决不像明代的"目连救母行孝戏文"。我记得少年时——六十年前在故乡温州看过一个通宵达旦的"目连戏"，几乎就是舞台上（而不是在广场平地耍戏罢了）的百戏杂艺，有思想性的短剧是没有穿插进去的，倒可能是北宋的遗风。甚至连明代的艺人余蕴叔所演的也不外以武技为主，明张岱《陶庵梦忆》：

> 余蕴叔演武场，搭一大台，选徽州旌阳戏子，剽轻精悍，能相扑跌打者三四十人，搬演"目连"，凡三日三夜，四围女台百什座，戏于献技台上，如度索、舞絙、翻桌、翻梯、觔斗、蜻蜓、蹬坛、蹬臼、跳索、跳圈、窜火、窜剑、锯、磨、鼎镬、刀山、寒冰、剑树、森罗铁城、血澥，一似吴道子地狱变相，为之费纸扎者万钱……

不过是些武打和杂技场面。我们承认宋杂剧、金院本给予戏文不少帮助，却不必特别强调"目连救母"杂剧是它的亲生娘，因南宋戏文百分之九十九是有完整故事的"文戏"。南渡后"南移"的艺人在汴京时期能创造以耍武技为主的"目连救母"杂剧，不一定也能在温州创造以生、旦演唱故事描述人情世态为主的"戏文"，何况时间上还有问题。倘真的像周氏说那时温州地区除民谣小曲外，啥也不曾有的话，民谣小曲不足以引起北方"路岐人"的灵感来那么个大创造而完成了为我国完整的"戏曲"之祖的"戏文"，我看，还须有十一世纪末年"鹘伶"的温州永嘉"路岐人"才能创造出"鹘伶声嗽"。

1979 年初夏，整补于中山大学

（原载黄天骥、董上德编《董每戡文集》，中山大学出版社 2004 年版）

关于我佛山人二三事

卢叔度

我佛山人（一八六六至一九一〇年）原名吴宝震，一名吴沃尧，字小允，号茧人，后易为趼人，别署趼、偈、佛、茧叟、茧翁、廞叟、趼廛、茧阁、检尘子、野史氏、老上海、岭南将叟、抽丝主人、中国老少年等等，而以我佛山人这个笔名最流行。正如李怀霜所说："自士夫以及贾竖，有不能名君字君者，称我佛山人，未尝不颔之若稔识。"（《我佛山人传》）我佛山人死后不久，李怀霜在《天铎报》上发表《我佛山人传》，纪述他的生平事迹，言之綦详。我佛山人的文学才能是多方面的，他的作品流传下来的，也非常丰富。

近来我读了一些我佛山人的作品和翻阅了一些资料，发现在叙述有关我佛山人的生平事迹时，大抵是根据一般小说史的论述和故老遗谈，没有掌握较充分的资料，加以分析研究，以致出现不少述说不够明确，以及一些与事实不符的错误论断。

我佛山人于何时到上海？各家说法略有不同，也不够明确。鲁迅先生说："年二十余至上海，常为日报撰文。"（见《中国小说史略·清末之谴责小说》）阿英亦沿此说（见《晚清小说史·晚清社会概观》）。北京大学中文系一九五五级编写的《中国小说史稿》也说："吴出身于仕宦之家，到他自己则破落贫困，二十多岁去上海谋生。"这种说法较为可靠。然而，简夷之在《二十年目睹之怪现状》的《前言》（见张友鹤校注《二十年目睹之怪现状》，人民文学出版社一九六三年一月再版）中却说："三十几岁时到上海，常为报纸撰写小品文字。"这是疏于核对和考订而出现的差错。其实我佛山人二十岁左右已经到上海了。我现在根据一些零星的资料，补充说明几句：清道光、咸丰年间，我佛山人的祖父吴尚志（字任卿，号莘畲）在京师任工部员外郎。他的父亲吴升福（字允祺，又字允吉）亦随宦至京师。丙寅年（公元一八六六年），我佛山人出生于北京"分宜故第"（指明世宗时奸臣严嵩的旧相府。因严嵩是江西分宜人，故称"分宜故第"。嘉庆年间，这幢旧相府，有部分第宅归吴荣光所有，吴尚志在京师做官时，全家都住在这个旧相府里）。戊辰年（一八六八年），他两三岁时，祖父在北京病逝，于是随父奉丧南归。过了几年，他的父亲"筮仕浙中"（浙江候补巡检），不久，"亦卒于官"。从此以后，我佛山人的家境便日趋破落。我佛山人随父南归以后，一直在故乡（广东南海县佛山镇）度过了青少年时代，二十岁左右，才从故乡跑到上海谋生。最初"佣书江南制造军械局，月得直八金"（李怀霜《我佛山人传》）。据我佛山人自己说："沃尧幼居家园，长游申浦……庚寅（一八九〇年）秋，叔父（吴炽福——笔者注）见背，是冬得赴，以辛卯（一八九一年）二月附轮北上，挈两弟持丧南来。课瑞棠读书，君宜则使肄艺于沪南制造局。"（见《趼廛诗删剩·清明日偕瑞棠弟展君宜大弟墓用辛卯都中寻先兄墓韵小序》）这时我佛山人才二十四岁。

我佛山人什么时候从上海转赴汉口任《楚报》编辑？又在什么时候东渡日本？在有关我佛山人的传记著作和小说史一类书中，都没有交代清楚。就现存的资料看来，虽然很难确定具体年月，但大约在什么时候还是可以推断出来的。一八九七年至一九〇一年间，我佛山人还在上海，曾先后担任上海《字林沪报》《采风报》和《寓言报》的编辑，至一九〇二年春才第一次离开上海"应汉口日报之聘"。据当时的作家紫英说："吾友刘志沂通守，接办上海《采风报》，聘南海吴趼人先生总司笔政。至庚子（一九〇〇年）春夏间，创议附送译本小说。……当时《寓言报》（一九〇一年创刊——笔者）为吴门悦庵主人沈君习之之业，笔政亦吴君趼人所主也。会壬寅（一九〇二年）春，吴君应《汉口日报》之聘。……"（见《书评·新庵谐译》，原载光绪三十三年一月，《月月小说》第一年第五期）

我佛山人自己也说过："壬寅（一九〇二年）春，与蒋子子才共事汉皋。"（《趼廛诗删剩自序》）

我佛山人东渡日本，可能是从汉口转回上海后不久，约在一九〇三年冬至一九〇四年春这段时间。他的名著《二十年目睹之怪现状》，是在一九〇三年十月才开始发表于梁启超主办的《新小说》，原稿是从上海邮寄日本横滨的，可以说明在一九〇三年冬以前，他尚未东渡日本。他的亲密朋友周桂笙说："趼人先生及余尝任横滨新小说社译著事，自沪邮稿，虽后先东渡日本，然别有所营，非事著书也。"（见《新庵笔记》卷三《吴趼人》）

我佛山人第二次从上海转赴汉口任《楚报》编辑，是从日本回国以后，约在一九〇四年春夏之间。《楚报》是美国人办的，他任该报编辑有两年时间。直至全国掀起反对美帝国主义的华工禁约运动，我佛山人才于一九〇六年七月愤然辞去该报主笔职务，跑回上海，参加反美爱国运动。他从汉口回到上海的日期，他在一篇短文里说得很清楚："仆自前岁六月（光绪三十二年六月，即一九〇六年七月）由汉返沪后，久已不预闻报界之事。……"（《本社撰述员附白》，原载光绪三十三年二月，即一九〇七年三月，《月月小说》第一年第六期）

在一般著述中，都认为《月月小说》是我佛山人和周桂笙创办的，看来好象没有多大问题，然细考之，却与事实相差太远。一九〇六年春夏之间，《新小说》和《绣像小说》相继停刊，而异军突起的小说杂志，则为《月月小说》。创办人不是我佛山人，也不是周桂笙，而是后来为我佛山人编纂《我佛山人笔记四种》的汪维甫（亦作惟父——笔者）。我佛山人被延为总撰述，周桂笙为总译述。《月月小说》创刊于光绪三十二年（一九〇六年）九月十五日，每月刊行一期，出至第八期（光绪三十三年四月，即一九〇七年五月），突然停刊。后由沈济宣接办，许伏民任总编辑。从此以后，我佛山人和周桂笙都不担任编辑职务了，仍被聘为该刊的特约撰述人。《月月小说》于同年九月（一九〇七年十月）初一日复刊，至光绪三十四年十二月（一九〇九年一月）停刊，共刊行二十四期。邯郸道人吕粹声发表过一篇短文，题名《月月小说跋》，清楚地记述了刊物从创办、停刊到复刊的情况。吕粹声说："汪子惟父，继横滨《新小说》之后，创办《月月小说》报，海内风行，有目共鉴，惜未周稔而辍。沈君济宣，以小说关系于改良社会，爰为赓续。冷泉伏民操选政，仍延我佛山人、知新室主（即周桂笙——笔者）综事撰译。更聘冷血、天笑、天僇诸巨手，佐其纂述。觥觥大著，炳炳文章，丁未重九之前，又发现于大千世界。"

鲁迅先生认为我佛山人自从一九〇七年主持广志小学以后，"甚尽力于学务，所作遂不多"（《中国小说史略·清末之谴责小说》）。简夷之在《二十年目睹之怪现状》的《前言》中亦沿此说："一九〇七年，主持广志小学，因为全力办学校，这一时期作品不多。"北京大学中文系一九五五级编的《中国小说史稿》既沿此说，又略加发挥："从吴趼人思想的发展看，他前期尚能谴责黑暗的现实，后期则完全走向反动。他的一些具有反封建色彩的作品，都是早期之作；一九〇七年以后的作品既少又坏。"这种说法并不符合事实。我佛山人有不少比较重要的作品，例如：《二十年目睹之怪现状》后半部，以及《发财秘诀》《劫余灰》《情变》《最近社会龌龊史》（以上均长篇小说），《黑籍冤魂》《立宪万岁》《平步青云》《快升官》《查功课》《人镜学社鬼哭传》《无理取闹之西游记》《光绪万年》（以上均短篇小说）和《邬烈士殉路》（戏曲）等等，都是在一九〇七年以后才陆续写成出版的。这些作品的思想内容，虽然存在着不少比较严重的问题，艺术技巧也不够成熟，缺乏感人的魅力，但具体问题总得具体分析，不能采取完全否定的态度。把这些作品放到当时特定的历史环境里进行探讨，实事求是地作出正确的评价，还要付出很大的劳动。

一九七九年五月

（原载《中山大学学报》1979 年第 3 期）

由先秦诸子论性之派别讲到孟子性善说的真义和真价

陈湛铨

人禀天地之灵,含五常之德,其生也与万物同载,而其所以生者弗同;其性也与万物同具,其性之程度也迥异。是故人之性不能喻之以犬马。虽然:人性固殊于万物矣,果何以哉?是则以先哲之持旨不同,故其为说亦互异。然而事有至当,理有固然,其说之的谬与否,则在吾人之识别而已!

战国时人心不一,各家学说争鸣,论性之言,多见于是,大别之有五:①性善派——孟子主之。其说详于《孟子》。②性恶派——荀子主之。其说详于《荀子·性恶篇》,据云:"人之性恶,其为善伪也。"③性无善无恶派——告子主之。其说亦见《孟子》。④性可以为善可以为恶派——周人世硕主之。其说见于汉王充《论衡》,有云:"周人世硕以为人性有善有恶,举人之善性,养而致之,则善长;恶性养而致之,则恶长。如此,则性各有阴阳,善恶在所养焉。故世子作养书一篇。"(《本性篇》)⑤性有善有不善派——宓子贱,漆雕开,公孙尼子等主之。其说亦见于《论衡》,云:"宓子贱,漆雕开,公孙尼子之徒,亦论情性与世子相出入,皆言有善有恶。"(《本性篇》)

夫论性之派别,若是其众且异也,则孰轻孰重,吾谁适从乎?然以鄙见观之,则以孟子性善说为至当。盖孟子以善心待人,人类循而行之,则感情浓洽无关,若如荀子等之主张,适足以乱天下耳!兹不惮琐烦,录之于次,所余四派,不复置论。

孟子道性善,言必称尧舜,盖忧于战国人心之诈谲,故不惜高声疾呼,以冀唤起其善念,而进于仁义之途。故曰"人性皆善","圣人与我同类者",其意以为人人皆有善端,苟能扩而充之,不为后天恶习所染,则人皆可以为圣人,为尧舜,即荀子之所谓"始乎为士,而终乎为圣人"者,此孟子始言性善之意。

孟子之学,原本孔子,然求孔子论性之言,未获多觏,故子贡曰:"夫子之言性与天道,不可得而闻也。"无已,惟"性相近也,习相远也"之说乎。而孔子是说,亦本《商书》,《商书》曰:"惟皇上帝,降衷于下民,若有恒情。"恒,即相近之义。夫"相近""相远",孔子无明别其为善与恶也,然就孔子之全部哲学思想观之，则偏于性善矣。故"相近"者，近于善也；"相远"者，远于善也。盖孔子有言曰："民之生也直，罔之生也幸而免。"是即孟子所谓性善者矣。《诗》云："天生烝民，有物有则，民之秉彝，好是懿德。"孔子读之，叹为知道，是孔子之论性，其偏于性善者益明。吾故曰："孔子之论性，与孟子同。"是见番禺陈兰甫先生《东塾读书记》言之至详，据云："性善之说（指孟子所持）与'性相近也，习相远也'正相发明。'心之所同然者何也？谓理也，义也。'性善也。'圣人先得我心之所同然耳！'性相近也。'富岁子弟多赖，凶岁子弟多暴，非天之降才尔殊也，其所以陷溺其心者然也。'习相远也。'所欲有甚于生者，所恶有甚于死者。'性善也。'非独贤者有是心也，人皆有之。'性相近也。'贤者能勿丧耳！'习相远也。'虽存乎人者，岂无仁义之心哉！'性善也。'平旦之气，其好恶与人相近也者几希。'性相近也。'梏之反复，则其夜气不足以存，夜气不足以存，则其违禽兽不远矣。'习相远也。孔孟之言，若合符节也。"孟子之说今既与孔子符，则其为洵然而不谬者，抑亦可以知矣。

且子思述《中庸》有言曰："诚者，天之道也；诚之者，人之道也。……自诚明，谓之性；自明诚，谓之教。"夫彼所谓诚者，发达其个性之本性也，乃所谓善也。他如孔子之所谓"有教无类"，亦合性善之意。更足以明孟子之说。

孟子性善之见，其与孔子、子思同，已述如上，兹复举其所言以伸其意。孟子所谓恻隐、羞恶、辞让、是非之心，人皆有之；如曰："人皆有不忍人之心……所以谓人皆有不忍人之心者，今人乍见孺子将入于井，皆有怵惕恻隐之心，非所以内交于孺子之父母也，非所以要誉于乡党朋友也，非恶其声而然也。"此言恻隐之心，人皆有之。又曰："一箪食，一豆羹，得之则生，弗得则死，呼尔而与之，行道之人弗受；蹴尔而与之，乞人不屑也。"此言羞恶之心人皆有之。又曰："绐兄之臂而夺之食，则食，不绐则不得食，则将绐之乎？"此言辞让之心，人皆有之。又曰："盖上世，尝有不葬其亲者，其亲死，则举而委之于壑。他日过之，狐狸食之，蝇蚋咕嘬之，其颡有泚，睨而不视。"此言是非之心，人皆有之。凡此四心，其为人本性也，言之成理，即东方朔淳于髡之徒在，亦无以置辩。夫所谓恻隐，羞恶，辞让，是非之心者，即仁、义、礼、智之端也。仁、义、礼、智，人皆知其善矣，今也，人皆备兹四端，则人性皆善之说，将可易夺乎？后之人，其所以疵孟子性善之说者，未明乎此也。

司马温公与王介甫有疑于孟子性善之言，于温公则以为仁、义、礼、智，既出乎性，而暴、慢、贪、惑，亦出乎性。于介甫则以为人固有怨、毒、忿、戾之心，未可以言人之性无不善。夫所谓暴、慢、贪、惑、怨、毒、忿、戾者，乃后天之所为也，非其本性然也，盖习俗足以移人故也，亦即孔子之所谓"习相远"也。善夫孟子之言曰："乃若其情，则可以为善矣，乃所谓善也。若夫为不善，非才之罪也。"盖夫象之性，诚恶矣，然乃见舜而忸怩，则其情可以为善矣。故又曰："求则得之，舍则失之，或相倍蓰而无算者，不能尽其才者也。"故余以为人之性本善，则所以不能尽其才，而有暴、慢、贪、惑、怨、毒、忿、戾之心者，殆有四因：其一，为后天环境之所影响。其二，由于自暴自弃。其三，以小害大，贱害贵。其四，养不得其当。此皆非才之罪也，疾故也。

孟子性善说之真义，上已述之，兹复论其真价。纵观孟子性善之言，其真价有三：其一，于伦理思想上之真价。如曰："人之所以不学而能者，其良能也，所不虑而知者，其良知也。孩提之童，无不知爱其亲也；及其长也，无不知敬其兄也。"又曰："人皆有不忍人之心……谓人皆有不忍人之心者，今人乍见孺子将入于井，皆有怵惕恻隐之心，非所以内交于孺子之父母。……"等等之精论，于伦理思想上，有莫大之帮助。其二，于心理学上之真价。如曰："无险诐之心，非人也；无羞恶之心，非人也；无辞让之心，非人也；无是非之心，非人也。"又曰："仁、义、礼、智，非由外铄我也，我固有之也，弗思耳矣。"此等论调，于心理学上，有无限之价值。其三，于教育思想上之真价。如曰："尽其心者，知其性也。知其性，则知天矣。存其心，养其性，所以事天也。"此兼言存养，即子思率性修道之义。又有恃于教育者矣！又曰："人之所以异于禽兽者几希，庶民去之，君子存之。"教育上只须存"人之所以异于禽兽"之人性。陆贾承孟子之说曰："天之生人也，以礼义之性。人能察己所受命则顺，顺之谓道。"此言人所受于天之性虽善，又在己察而顺之，益为归重教育之意矣，孟子性善说之真价，有斯三者，则其能独放异彩也，盖有由矣！

孟子采原于天，尊其魂而贱其魄，以人性之灵明皆善出于天生，而非禀于父母之厚待于人，舍其恶而称其善，以人性之质为可善，推之青云之上，而不甘躜于尘土也。盖天之生物，因才而笃，人为最贵，有物有则。天赋定理，人人得之，人人皆可以为善，可以平等自立。故推而行之，可以普天皆善，恺悌慈祥，和平中正，无险诐之心，愁欲之气，而进于升平太平之世，礼于小康之上，抵于大同。此孟子之所以述仲尼之意而倡为性善之说也。

荒芜之词，不达之见，固见笑于通人；然，恐诵其诗，读其书，而不知其人，不明其说，更贻罔殆之讥，故勉。

（原载《禺山学生》1935 年第 2 期）

"温柔敦厚"辨

邱世友

中国古代文学批评史上的述语或命题,怎样进行历史的、唯物的分析,还其历史的地位和辩证法;怎样从复杂的历史现象中一分为二地区分出有价值的理论因素,批判其封建糟粕。这仍然是文学理论批评者和美学史家今后的任务。如"温柔敦厚"便应该如此。

经过历史的考察,不难看到,"温柔敦厚"这一诗歌理论命题,具有两种不同的内涵,即诗歌的道德内容和审美内容;具有两种不同的原则,即诗歌的伦理原则和艺术原则。因为任何的一种艺术,诗歌包括在内,不可能与道德伦理截然分开,更不可能没有艺术方法,而二者是又分开又联系的。反映在理论批评上也往往如此。正如中国哲学史上的"道",既属本体论范畴,也属方法论范畴。本文本此原理来谈谈"温柔敦厚"这一命题。

一

"温柔敦厚"一语,始见于《礼记·经解》。《经解》云:"温柔敦厚,诗教也。……其为人也,温柔敦厚而不愚,则深于诗教者也。"很明显,"温柔敦厚"作为诗教,是儒者以诗施行教化,使人人识"礼"明"义"。他们强调这是国家治本的一个方面。无疑,在当时的历史条件下,这是封建统治阶级企图把诗作为实行礼教,进行统治的思想手段。他们要求诗歌塑造出温柔恭顺、没有反抗性的抒情形象和抒情典型性格,用以感化人的"善心",乃遂其治。所以,唐孔颖达作《礼记正义》时,对这几句经文作了这样的解释:"温柔敦厚诗教也者:温,谓颜色温润;柔,谓性情和柔,诗依违讽谏,不指切事情,故曰温柔敦厚诗教也。"又曰:"温柔敦厚而不愚,则深于诗教者也。此一经以诗化民,虽用敦厚,能以义节之,欲使民虽敦厚不至于愚,则是在上深达于诗之义理,能以诗教民也。"(同上)以诗教民,以诗化民,在孔颖达看来,是上层统治者的事,上层统治者须深达于诗教之义理。所谓

"诗教之义理",不外是诗的伦理原则和艺术原则,而首先是前者。依照这个原则,可以按他们的封建礼义规范去教化人民,使其朴厚敦实之性、忠厚之情和谐于封建道德而不至相乖离。所谓不愚,就是通过诗教使这种朴实敦厚之性合乎封建道德规范,使其行为既符合封建道德标准,又能按这种标准辨识行为的"是非""善恶",取舍从违。因此,温柔敦厚的诗教,自汉唐历两宋,作为诗歌伦理原则的诗教,是保守落后的,乃至反动的。这个理论自始至终在维护封建统治,自汉唐历两宋而明清,在二千多年的历史长河中,影响极其深远。尤其宋以后,随着理学的思想统治,诗教的统治使诗歌不能充分揭露和批判封建的黑暗统治,不能充分发扬民主思想。这是给全部文学史所证实了的。对于"温柔敦厚"作为诗歌的伦理原则,今后还必须继续批判。

但是,"温柔敦厚"作为诗歌的艺术原则和作为诗歌的伦理原则,则是有本质区别的。因为这两个原则毕竟属于两个不同的范畴。当然,在具体的历史现象中,二者又往往有密切的联系。"温柔敦厚"作为诗歌的艺术原则,或者说作为艺术的表现原则,就现有的历史文献看,是南朝齐梁时期刘勰首次提出的。刘勰在《文心雕龙·宗经篇》说:

> 诗主言志,训诂同书。摛风裁兴,藻辞谲喻。温柔在诵,故最附深衷矣。

《文心雕龙》宏篇巨制,体大思精,其《宗经》《征圣》本乎儒学以论文。但纵观全书,却没有把"温柔敦厚"作为宣扬封建道德的伦理原则来理解,即是说,没有把它当成诗教。而刘勰所强调的"摛风裁兴,藻辞谲喻",是本《毛诗大序》"主文而谲谏"的隐约讽谲;他强调的是"温柔在诵,故最附深衷"的含蓄蕴藉,而二者从艺术原则来说,实际上是一致的,所不同者是,"谲喻"和"温柔"是各有其特点和特征的艺术表现。前者强调通过比兴,委曲尽情地进行讽谏;后者则强调含蓄蕴藉,委婉入情。即"微妙在抑扬抗坠之间","响外别传之妙"(《说诗晬语》,见《清诗话》第 524 页),以表达深厚的思想感情,即所谓"深衷",所谓"敦厚""忠厚""深厚";而含蓄蕴藉也不离乎比兴,讽谏也不能不重乎深厚的思想感情。对刘勰这两句话作这样分析,是符合原意的。清楚看到,刘勰是主张温柔敦厚的艺术原则的。所以,在他看来,所谓温柔敦厚者是以含蓄蕴藉,婉曲达情的艺术形式和艺术手法去表达深沉敦厚的思想感情,这种思想感情当然也包括了刘勰所认为是"正确"的封建思想感情,这是不奇怪的。而刘勰的贡献在于,他的论述给我们明确地认识到"温柔敦厚"不作为诗教而作为诗歌艺术原则的历史理论形式。刘勰本此而倡隐秀而重在隐,主张"文外重旨""言外曲致"和"复意为工"。因此,他说:

夫隐之为体,义表文外,秘响傍通,伏采潜发。(《隐秀》)
深文隐蔚,余味曲包。(同上)

他用很形象而又适切的比喻说明这个道理和艺术现象:"珠玉潜水,而澜表方圆;始正而末奇,内明而外润,使玩之者无穷,味之者不厌矣。"(见《隐秀》。按其中多有他文羼入,而基本思想却是一致的)即使对具体作家的评论,如阮籍,也说"阮旨遥深"(《明诗》),有"深文隐蔚,余味曲包"之意,即以含蓄蕴藉、委婉曲致的艺术形式和手法,表现了深厚的意旨,表现了敦厚的思想感情。稍后的钟嵘对阮籍也作了类似的评价:"厥旨渊放,归趣难求"(《诗品》),明代徐祯卿又直接指明"阮生优缓有余"的艺术特点(《谈艺录》,转引自黄节《阮步兵诗注·咏怀诗之一》)。正因为阮嗣宗诗具优柔和缓、含蓄蕴藉的艺术形式,所以能写出"遥深""渊放"的"意旨"和"归趣"。简而言之,即以"温柔"的艺术手法抒写"敦厚"的思想感情。让我们举例说吧:

夜中不能寐,起坐弹鸣琴。薄帷鉴明月,清风吹我襟。孤鸿号外野,翔鸟鸣北林。徘徊何所见,忧思独伤心。(《咏怀》一)

阮籍处于司马氏专政之时,司马氏大肆杀戮知识分子,故优柔委婉以写之。诗中孤鸿以比贤人之在草野,翔鸟以喻权臣之在高位(用《文选》吕延济释意),乱世之征,危邦之兆,莫此为甚。故独怀忧思,展转不寐,弹琴寄意,徒增心伤。明月清风,何可涤烦?其意旨之深而微,其所表现之婉而曲,从美学意义上说,不可不谓之温柔敦厚含蓄蕴藉了。这样的例子,是足可以说明刘勰所解释的温柔敦厚艺术原则的,而温柔敦厚的诗教则无与焉。

即使最为代表儒家正统诗教的孔颖达,他的《礼记正义》,如前所引,在大发一套温柔敦厚诗教迂腐之论的同时,也指出"主文谲谏","不指切事情",继承《诗大序》所强调的诗歌要通过比兴起讽刺社会政治的作用,而讽刺又是要以优柔含蓄,蕴藉委婉的艺术形式表现的。这样才感人至深。清代著名文论家王夫之和沈德潜,他们对温柔敦厚诗歌艺术原则的说法同样是如此。

王夫之以"温柔敦厚"诗教作为诗歌的伦理原则,抨击了敢于暴露现实而写得浅近直露的诗歌，但又从"温柔敦厚"的诗歌艺术原则出发，与刘勰"温柔在诵，故最附深衷"相暗合，揭示出含蓄蕴藉、婉曲尽情的诗歌思想艺术的深度和高度，往往谈言微中，提出极为精辟的见解。他在《夕堂永日绪论》序中说：

> 涵泳淫泆，引性情以入微，而超事功之烦黩，其用神矣。
> 韵以之谐，度以之雅，微以之发，远以之致。有宣诏而无罨霭，有淡宕而无犷戾。

可见，他强调诗歌音乐性和谐微婉的重要。正如刘勰所说的"温柔在诵"一样，微婉淡宕，蕴藉雅致，既无罨霭，又无犷戾。这是诗歌的高格。因为罨霭则晦涩不明，犷戾则粗悍乖违，殊无余蕴，自然也就无意趣了。这些说法足可以帮助我们理解温柔敦厚诗歌艺术原则的意义。依此，王夫之也认为在诗歌风格上要引喻设譬，傍取侧收，使主题在微婉曲折中自然流露，而不犯本位。所以他又说：

> 《小雅·鹤鸣》之诗，全用比体，不道破一句，《三百篇》中创调也。要以俯仰物理，而咏叹之，用见理随物显，唯人所感，皆可类通；初非有所指斥一人一事，不敢明言，而姑为隐语也。（《姜斋诗话》卷二）

以鹤鸣于九皋，鱼潜于渊等喻贤人身虽深隐，而声名远扬，当国者应于深浅求之，以为自己规诲。这确是"全用比体"，所塑造的抒情形象体现了这类人事的普遍的道理，即所谓普遍性；并非斥指一人一事的隐语，而是典型化了的微婉曲折、蕴藉含蓄的抒情形象。因此，以微婉曲折、蕴藉含蓄为其形象形式的"温柔"特征，而"理随物显，所感皆可类通"则为其形象内容的"敦厚"特性。形象愈柔厚，其所揭示的事物就更具有一般性，更带本质的意义。这是无可置疑的，因为其中体现了典型化。在曹氏父子的评价中，我们不同意王船山抑子建而扬魏文，正如不同意刘勰为魏文申辩。但魏文的诗作，确乎被他发掘出"温柔敦厚"的艺术特点，而无关乎"温柔敦厚"的诗教。我们看船山在《古诗评选》中评魏文的《猛虎行》《燕歌行》就清楚了。他顺次评论说：

> 端际密宕，微情正尔动人。于艺苑讵不称圣！
> 倾情倾度，倾色倾声，古今无两。从"明月皎皎"入第七解，一径

酣适。

前首黄节引朱止谿语云:"曲词似别有寄托,'梧桐'二句,与古辞《猛虎》《野雀》兴比略同。倒结升降焉可知意,绝奇。"(见《汉魏乐府风笺》该诗笺)。"别有寄托",道出了当时知识分子宦海升沉之概,而且那样的蕴藉含蓄,所以"微情正尔动人!"后一首是历来赞美的名篇。诗中写思妇怀人,其幽情单绪,因秋风而增伤;空房孤寂,援琴弦而吟短;牛女相望,感别离之难遇。这样的一个思妇抒情形象,无疑有较高的典型性。不但她的声容体态栩栩动人,而且有着贞静而温厚的性格和令人怜爱的矜持态度,既无封建的伦理规范也没有诗教的色彩。这样地写思妇,其人其情写得如许含蓄委婉,反复回还;而容色倩丽,语言清美,音调谐畅,莫怪乎船山赞为"古今无两"。他的这种艺术倾向性,从"温柔敦厚"的艺术原则说,是不难理解的。

沈德潜是一个颇有代表性的温柔敦厚诗教的维护者,是一个借着诗教宣扬封建道德伦理的卫道士。即使这样的一个人物,对于温柔敦厚的艺术原则也有所阐发,和王夫之一样,提出了不少的精辟的见解。他首先对温柔敦厚诗的"主文谲谏"有比较中肯的阐明。如评《诗·卫风·硕人》:

> 庄姜贤而不答,由公之惑于嬖妾也。乃《硕人》一诗,备形族类之贵,容貌之美,礼仪之盛,国俗之富,而无一言及庄公,使人言外思之,故曰主文谲谏。(《说诗晬语》,见《清诗话》第526页)

这里点出《硕人》一诗,空灵蕴藉,不犯本位,而庄公从对庄姜所描写的对比中见其昏惑("重叹庄公之昏惑",《诗集传》该诗注),得其言外之意,这比一般的分析是深入一步的,因为只为了庄姜之美之盛而写其美盛,就失去了言志之义。如《诗经今注》便是。又如评《诗·桧风·隰有苌楚》《诗·秦风·蒹葭》,依次云:

> 政繁赋重,民不堪其苦。而《苌楚》一诗,唯美草木之乐。诗意不在文辞中也。(《说诗晬语》,见《清诗话》第526页)
>
> "蒹葭苍苍,白露为霜。所谓伊人,在水一方。"苍凉渺渺,欲即转离,名人画本,不能到也。明陈子龙谓秦人思西周之诗,卓然特见。(同上,第527页)

对《苌楚》的评论,沈德潜认为"诗意不在文辞中",而在文辞之外,在形象之外,所谓"文外曲致",委婉尽情,故写政繁赋重,民不堪其苦之意愈见深厚。这一点是众所肯定的。如诗的首段说:"隰有苌楚,猗傩其枝。夭之沃沃,乐子之无知。"以苌楚婀娜其枝的摇曳之态,赋与悠然闲乐之情,从而反衬出自己的悲苦之思。含蓄蕴藉,寄意题外。至于评《蒹葭》诗,沈德潜引陈子龙语,似以诗教说诗,又回到《小序》"秦人刺襄公不用周礼"之说。子龙语未得考,而沈德潜所说"苍凉渺渺,欲即转离",就其艺术意境来说是真切的,温厚含蓄,意绪无穷,画面虽写男女间的追恋,所谓"说(悦)之必求之,然惟可见而不可求,则慕说益至"(陈启源《毛诗稽古编·附录》)。尽写其企慕之至,其凄切动人之境之态之情都具在此。但不妨从艺术的普遍性引而伸之,则男女企慕之情常有通乎社会人生之大者。《小序》言刺襄公不用周礼,这固然迂执难通。而秦人企慕西周的文治政教,孔子所谓"郁郁乎文哉,吾从周",于理未尝不通。钱锺书先生说得很透,他说:"后世会心者以为善道可望难即,欲求不遂之致","盖非徒男女之私也",并引但丁《神曲》为之证云:"亦寓微旨于美人隔河而笑。"(Ella ridea dall' altra riva aritta)(均见《管锥编》第一册123页至124页)。洵然,王静安所谓"雅人深致"者也。陈子龙谓秦人思西周之诗,其理在此,不然何雅人深致之有?可见沈德潜说子龙解诗,"卓然特见",语非河汉,诗无达诂,而以不达达之,其达或有深焉者。这并非刻意求其甚解,而是艺术形象大于所描写的生活现象的缘故,是温柔敦厚艺术原则所强调的含蓄蕴藉的缘故。此外,沈德潜反复强调"优柔婉约""婉道无穷"的诗歌特点。如说:

> 讽刺之词,直诘易尽,婉道无穷。卫宣姜无复人理,而《君子偕老》一诗,止道其容饰衣服之盛,而首章末以"子之不淑,云如之何"二语逗露之。……苏子所谓不可以言语求而得,而必深观其意者也。(《说诗晬语》,见《清诗话》第526页)

> 王龙标绝句,深情幽怨,意旨微茫。"昨夜风开露井桃"一章,只说他人之承宠,而己之失宠,悠然可思,此求响于弦指外也。"玉颜不及寒鸦色"两言,亦复优柔婉约。(同上,第542页)

这些论述都是在阐明含蓄蕴藉、深婉微远之意,都是符合温柔敦厚的艺术原则的。这里就不再说了。

诚然,温柔敦厚的艺术原则和道德原则是不可分的。在诗歌的正确的道德原则下,提倡温柔敦厚的艺术方法,使诗歌含蓄蕴藉、委婉涵浑,或比兴,或寄托,从而表达其深厚敦实的思想感情,这是必要的。所以沈德潜又说:

事难显陈，理难言罄，每托物连类以形之；郁情欲舒，天机随触，每借物引怀以抒之；比兴互陈，反复唱叹，而中藏之欢愉惨戚，隐跃欲传，其言浅，其情深也，倘直质敷陈，绝无蕴蓄，以无情之语而欲动人之情，难矣。（同上，第523页）

这无疑和王夫之反对直率、粗犷而主张蕴藉含蓄，委婉曲折是一致的。这是温柔敦厚作为诗歌艺术表现的理论的阐述。这无论从主观方法，还是从客观历史发展来说，都是必然导致的艺术方法论和艺术风格论。

但是，艺术风格是多样的，应该承认如五七言歌行纵横排宕，雄放杰出，甚至"蓄愤斥言"，所在多有。这类诗的艺术特点和审美价值都不可忽视，律以一种风格，这当然是不对的。王夫之、沈德潜等艺术上虽主温柔敦厚，都非这样看。王夫之肯定了《诗·小雅》的《十月之交》《节南山》等诗，说：

若他诗所指斥，则皇父、尹氏、暴公不惮直斥其名，历数其愿；而且自显其为家父，为寺人孟子，无所规避。诗教虽云温厚，然光昭之志，无畏于天，无恤于人，揭日月而行，岂女子小人半含不吐之态乎？《离骚》虽多引喻，而直言处亦无所讳。（《姜斋诗话》卷下，见《清诗话》第18页）

然则，这和他的基本论点有否矛盾？应该说是有的，从"诗教虽云温厚"这句话逗出来了。王夫之未曾把这个矛盾提到理论上加以解决。因此而厌恶杜诗的纵横排宕。而沈德潜却用正变这个早从《诗大序》提出来的传统理论，并承横山师说，试图加以解决。在我们看来，《十月之交》《节南山》是变雅，《离骚》是变风变雅之遗。而其所以变，则有其离乱的时代背景，但这些诗是变之正声。叶燮《原诗》中阐发得极为深刻。这里就不再说了。沈德潜在其老师的理论基础上，把豪放排宕这些所谓变的诗歌特点，统一在含蓄蕴藉当中。这又正如苏东坡说"端庄杂流丽，刚健含婀娜"一样，找出其中的同一性。这难道不是美学原则的体现？沈德潜首先肯定诗之变，情之正：

苏、李、《十九首》后，五言最胜，大率优柔善入，婉而多风。少陵才力标举，纵横挥霍，诗品又一变矣。要其感时伤乱，忧黎元希稷卨，生平抱负，悉流露楮墨行间，诗之变，情之正也。（《说诗晬语》，见《清诗话》第534页）

尤其值得重视的是，在论正变的基础上关于这种矛盾同一的论点。这不但使其理论求得一致性，而且作为美学原则，作为诗歌评价的原则，更加显得重要了。关于这方面，他的见解是颇为精辟的：

> 杜子美独辟畦径，寓纵横排奡于整密中，故应包涵一切。（同上，第538页）

> 老杜以宏才卓识，盛气大力胜之。读《秋兴》八首，《咏怀古迹》五首，《诸将》五首，不废议论，不弃藻缋，笼盖宇宙，铿戛韶钧；而横纵出没中，复含酝藉微远之致；目为大成，非虚语也。（同上，第541页）

"横纵出没中，复含酝藉微远之致"，这不是矛盾统一的审美原则？在纵横排宕中见其含蓄深厚，在雄奇恣肆中见其蕴藉微远，在其他两种对立风格现象的统一中见其思想艺术意义，这不是审美的原则？杜甫《秋兴》诸诗达到了这个艺术境界。无怪乎自元稹序杜诗后，历代论赞都说杜诗为集大成者。但是，这毕竟是变之正声，是"感时念乱"所使然，不复为纯乎优柔蕴藉之作。早在沈德潜之前，明末陈子龙在为宋子野《佩月堂诗稿》写的序就说过："和平者，志也。其不能无正变者，时也。夫子野之乐，即古先王之乐也。奏之而雷霆骤作，风雨大至，岂非时为之乎？诗则犹是也。"（《陈忠裕全集》卷二五）与沈德潜同出于叶燮之门的薛雪，继承叶燮正变之论，更强调诗的正变："温柔敦厚，缠绵悱恻，诗之正也。慷慨激昂，裁云镂月，诗之变也。"（《一瓢诗话》文学出版社本，第103页）可惜薛雪没有象陈子龙那样从时代的昇平动乱来分析诗的正变。直到晚清，谭献论诗的变体，对于诗的所以变、且不得不变的时代社会原因就讲得更为明确具体，也更为动人了："至若屈（大钧）顾（炎武）处士，鼎湖之攀既哀，鲁阳之戈复激。慷慨任气，磊落使才，凭臆而言，前无古昔。乃有怨而近怒，哀而至伤者，时为之也。"（《复堂类集》文一《明诗录叙》）这是正确的。但他也没有提出如上述的矛盾统一的美学原则，只是当他建立了柔厚说的词论后，才体现这个统一的辩证性方法。王夫之是一个唯物主义者，在他的哲学思想中不乏辩证的因素，但偏偏看不到含蓄蕴藉和豪放雄奇相统一的可能性，看不到这矛盾着的两种艺术特质的辩证统一。他诋諆杜诗，这不是没有原因的。由此我们看到，沈德潜对杜诗"横纵出没中，复含蕴藉微远之致"，在理论上是很精妙的，在评核杜诗当然又是精确的。这是沈德潜在倡导温柔敦厚艺术原则时兼顾了正变关系所得出来的有益的结论。但是，沈德潜只看到"横纵出没中,复含蕴藉微远之致",却未看到蕴藉微远的作品,也须具刚健之气,二者相反相成。关于这,薛雪在《一瓢诗话》中作了很有益的补充:"诗重蕴藉,然要有气魄,无气魄决非真蕴藉。"(文学出版社本,第116页)无气魄的诗,岂不是象元遗山所评"有情芍药含春泪,无力蔷薇卧晓枝"的"女郎"诗?

二

前面我们讨论了诗的温柔敦厚艺术原则。这一原则要求诗歌创作必须含蓄蕴藉、婉曲微远。诗歌创作如此,作为抒情诗的特殊形式的词,更须如此。词,由于有其比诗更为显著的特点,即"意内言外""音内言外"①,体制甚小而音乐抒情性甚强。这些词的特点更要讲究含蓄蕴藉,婉曲深微。即使豪放的词,也要讲究蕴藉。直率浅露,粗犷狂末,一泻无余,不是豪放。在清代,浙派以朱彝尊、厉鹗为代表,讲清空;常州派以张惠言、周济为代表,讲寄托,也不离乎蕴藉含蓄。而空灵蕴藉又是词的高境。这一点,刘熙载在他的《艺概·词概》中是作为基本理论来论述的。这显然甄综了浙常两派之长而加以阐发的(详见《古代文学理论研究》第四辑拙作《刘熙载论词的含蓄和寄托》)。他说:

> 东坡《满庭芳》:"老去君恩未报,空回首弹铗悲歌。"语诚慷慨,然不若《水调歌头》:"我欲乘风归去,又恐琼楼玉宇,高处不胜寒",尤觉空灵蕴藉。(《艺概·词概》古籍出版社本,第121页)

而且融斋把空灵蕴藉和前人一样,是提到词的温柔敦厚艺术原则来理解的。因此,他又说:

> 苏(轼)、辛(弃疾)皆至情至性人。故其词潇洒卓荦,悉出于温柔敦厚。世或以粗犷托苏、辛,固宜有视苏、辛为别调者哉!(同上,第110页)

在这里,融斋把温柔敦厚与粗犷对举,可见他主要是论词的艺术原则,而非词的伦理原则。这清楚说明苏、辛豪放的词,在温柔敦厚艺术原则下,见其

---

① "意内言外",见张惠言《词选序》引《说文解字》卷九释"词"语。"音内言外",见刘熙载《艺概·词概》引徐锴《说文通论》释"词"语。

至情至性,见其含蓄蕴藉之美,而委曲尽情,那就更不必说了。苏辛词并非粗犷,并非剑拔弩张、了无余蕴的作品。

必须指出的是,有清一代词家辈出,词学也很繁盛,流派崛起,而在阳羡、浙西和常州三大派中,影响最深的还是常州派。常派主比兴寄托,自然强调变风和《离骚》了;在艺术表现上,则于温柔敦厚为近。张惠言《词选·序》说:

> (词)其言情造端,兴于微言,以相感动,极命(名)风谣。里巷男女,哀乐以道(导)。贤人君子幽约怨悱不能自言之情,低徊要眇,以喻其致。盖诗之比兴,变风之义,骚人之歌,则近之矣。(《茗柯文》二编卷上)

这里所谓"言情造端兴于微言"者,即"隐微不显之言","精微要眇之言"①。即是说,词是以蕴藉微婉、"低徊要眇"的艺术形象"喻其致"的,是寄托"贤人君子幽约怨悱不能自言之情"的。只有"低徊要眇",才能感动读者的心灵,而达其"幽约怨悱不能自言"的情思。所以张惠言论词,毕竟以比兴寄托归诸蕴藉含蓄、微婉委曲。这无疑是温柔敦厚艺术原则的继承和发展,赋与这个艺术原则以新的时代的内涵②,甚至发展成为谭献的柔厚说。尔后周济倡空实寄托之论(详见《文学遗产》1981年3期拙作《周济论词的空实和寄托》),又进一步把张惠言的理论系统化和完善化,扬弃了他的艰涩难通、片面未融的地方,而具备了艺术的辩证因素。所以周济对词的蕴藉深厚,有其宏通之论,而不偏执一格:

> 自温庭筠、韦庄、欧阳修、秦观、周邦彦,周密、吴文英、王沂孙、张炎之流,莫不蕴藉深厚,而才艳思力各骋一途,以极其致。(《词辨·自序》)

即使如南唐后主以下乃至辛稼轩辈那些豪宕感激之词,莫不揄扬其美:"南唐后主以下,虽骏快驰骛,豪宕感激,稍稍离矣。然犹皆委曲以致其情,未有尢厉剽悍之习,抑亦正声之次也。"(同上)"正声之次"只是因为时代关系而演为变声,而非艺术有所轩轾。豪宕感激的词如苏、辛一路,周济看到

---

① 均见李奇、颜师古注《汉书·艺文志》"仲尼没而微言绝"语。
② 详见拙文《张惠言论词的比兴寄托》,载《文学评论》1980年第3期,第111—120页。

了豪宕中有委曲之致，是很辩证的。其实苏、辛词，除刘融斋一人以为是正声之外，大都认为是变之正，因为以时代论，非变不足以纠靡丽之弊。正因为是变之正，苏辛词开拓了词境，一洗绮罗香泽之态，而壮怀浩气寄于语言之表，但又不离乎蕴藉含蓄的温柔敦厚艺术原则，如融斋前所评论。所以周济评东坡说：

> 人赏东坡粗豪，吾赏东坡韶秀。韶秀是东坡佳处，粗豪则病也。（《介存斋论词杂著》）

东坡粗豪处毕竟非其主流。我们于《水龙吟》咏杨花、《贺新郎》咏石榴可以见其韶秀，而且含蓄蕴藉，读之令人低徊。如咏石榴云："石榴半吐红巾蹙，待浮花浪蕊都尽，伴君幽独。"周济又说：

> 稼轩敛雄心，抗高调，变温婉，成悲凉。（《宋四家词选目录序论》）

悲凉以温婉出之，此之谓变。这是符合继承和创新的规律的，如果简单地以悲凉代替温婉，则不可谓之变，因为这是简单地否定。据此我们就不难理解稼轩词的风格有如火焰的蓝光，刚之极也柔之极。如《贺新郎》结拍："倩谁人唤取，红巾翠袖，揾英雄泪。"

如果说，张惠言、周济倡比兴寄托说只是从理论实质上看出其与温柔敦厚艺术原则的联系，还未标举温柔敦厚这样明确的术语和论题。但常州派发展到了咸、同、光绪年间，谭献继张、周诸人崛起于余杭，通过"有要眇之致"（冒广生评复堂词语）的词的创作实践，倡导词的柔厚说。这又发展了张惠言等人的词论。柔厚说，顾名思义即关于温柔敦厚艺术原则的理论在词学上的简约说法，并无别的涵义，当然理论内容却是丰富了，而且多有精辟之论。他叙录《箧中词》说：

> 余叙《箧中词》，终于中白，非徒齐名之标榜，同声之唱于，亦以比兴柔厚之旨相赠处者二十年。向序其词曰："闺中之思，灵均之遗则，动之哀愉而不能已。"中白（庄棫字）当曰："非我佳人，莫之能解也。"（《箧中词》五评庄棫词语）

又说：

> 大抵周（济）氏所谓变，亦予之所谓正也。而折衷柔厚则同。（《词辨》跋）

这里所谓柔厚之旨，即提出比兴寄托，使词要眇沉郁，含蓄蕴藉，总之要使常州派所倡导的"深美闳约"之旨不坠（《箧中词》续四），从而矫正当时词坛上流行的"绮靡、奋厉""轻剽、狂猘"的两种流弊。其理论的价值，蒋兆蓝曾作了这样的评价："谭复堂揭柔厚之旨，陈亦峰持沉郁之论。凡此诸说，犹书家观剑器，见争道，睹蛇斗，皆神悟妙境也。"（《词说》）这种评价是符合实际的。柔厚说所论的不是温柔敦厚的诗教，而是温柔敦厚的艺术原则，是关于如书法家观公孙大娘舞剑器所体会出来的艺术法则的理论。（详见《文学评论丛刊》第18辑拙作《谭献论词的比兴柔厚》）我们看晏几道《临江仙》结拍："当时明月在，曾照彩云归。"明月犹在，而曾照幽约归去的彩云已杳，抚昔伤今，感慨无端，所谓篇终接混茫也。全词含蓄深婉之至，写出了词人对歌妓红粉飘零命运的同情，同时也寄其落魄不遇之慨。谭献曰："所谓柔厚在此。"（《词辨》该词评语）这当然无关乎温柔敦厚的诗教了。诚然，谭献在评论词作时使用了许多和柔厚同旨的其他词汇，如忠厚、笃厚、温厚、深厚、婉笃、等等；甚至说："柔厚衷于诗教。"如果我们通过他所评的词的分析，这种评语却又并不是温柔敦厚诗教的伦理原则，而是温柔敦厚的艺术原则。即词的含蓄蕴藉、深婉缠绵这一类的特点。如宋征舆《蝶恋花》："新样罗衣浑弃却，犹寻旧日春衫著。"含蓄蕴藉，读之增旧情之重。所以谭献评云："忠厚悱恻。"（《箧中词》卷一该词评）正揭示出这首词的意旨和风格。又如乔守敬的《点绛唇》，复堂评为"温厚有余味"（《箧中词》卷四该词评），也揭示这首词的艺术造诣。我们看过片："还怕春深，花亦如人散。留春一半，判与闲莺燕。"不说人如花之散落，反说花亦如人散落，离人之苦以反迭写之，其拗怒如此，故顿挫中见深厚之思，蕴藉中见沉郁之情，后结的讽刺又何等深婉。这和陈同甫《水龙吟》"恨芳菲世界，游人未赏，都付与莺和燕"真有异曲同工之妙。在《箧中词》中，所选陈澧《忆江南馆词》比例既多，评价亦高。作为一个经学家的兰甫先生，他的词没有半点治经者容易犯的腐儒气，因而也就没有沾染温柔敦厚的道德说教，但却又贯彻了温柔敦厚的艺术原则。读其词，在风流蕴藉中见有一片真情一股清气流露于其间，而低徊要眇，朗婉动人。所以谭献说："兰甫先生，孙卿、仲舒之流，文而又儒，粹然大师，不废藻永。填词朗诣，洋洋乎会于风雅，乃使绮靡奋厉两宗废然知反。"（《箧中词》续二评兰甫词语）又云："文儒蔚起，导扬正声。"（同上，评沈世良词语）在他看来，兰甫词正可说明他的柔厚说的真谛。尔后的朱祖谋《彊邨语业》卷三对《忆江南馆词》也作了较高的评价："甄诗格，凌沈（指沈伯眉等）几家参。若举经儒长短句，岿然高馆忆江南，绰有雅音涵。"二家所评是符合实际的。我们看谭献在《箧中词》续四中评兰甫《甘州》就知道了。《甘州》词是写兰甫因惠州西湖畔东坡妾朝云墓，清明时节倾城士女酹酒罗拜所生的感慨。作者运用东坡被贬惠州时所写的诗，极浑化地写墓前"塔影微澜"，墓侧"零钟碎梵"，松林一片荒寒凄寂之景。而这个坟茔却赢得了上千上万的士女的凭吊。这就逗出了作者的想象和慰藉：死者竹根底下长卧①，香冢一抔，倒比"丹成逐我三山去，不作巫阳云雨仙"② 那种虚渺无著还好；又死者生长在杭州，因惠州西湖慰其故乡之念："似家山水仙祠庙，有西湖为镜照华鬘。"最后以东坡惠州咏梅七古第二首"玉妃谪在烟雨村，先生作诗与招魂"作结，词客凭吊之情，见于言外，故其含蓄温厚，凄切动人。所以谭献评曰："柔厚衷于诗教。"（《箧中词》续四该词评语）这里的诗教显然指的是温柔敦厚的诗歌艺术原则，并非诗歌伦理原则，即表现了"哀而不伤，怨而不怒"的情调；因为温柔敦厚作为诗的封建伦理原则和全首词的意境是大相径庭的。

还须谈到的是，与谭献同时的陈廷焯。他著《白雨斋词话》虽未臻纯熟之境，而提倡沉郁说，蒋兆兰也认为是"神理妙悟之作"。亦峰的沉郁说远追少陵。少陵认为"沉郁顿挫"是他自己的诗的特点。③ 前面说了，王夫之力诋杜诗，而沈德潜则从杜诗体会出沉郁顿挫中见温柔敦厚之旨，在横纵出没中复含蕴藉微远之致。亦峰就是从这方面宗少陵，而提出沉郁说的。当然，亦峰的沉郁说到底是词论。他也和谭献一样，承常州派张周等人的余绪，而发扬之："所谓沉郁者，意在笔先，神余言外，写怨夫思妇之怀，寓孽子孤臣之感，凡交情之冷淡，身世之飘零，皆可于一草一木发之。而发之又必若隐若现，欲露不露，反复缠绵，终不许一语道破，匪独体格之高，亦见性情之厚。"（《白雨斋词话》卷一）这当然是要贯彻温柔敦厚的艺术原则了，所

---

① 东坡《悼朝云诗》："归卧竹根无远近，夜灯勤礼塔中仙。"（《集注分类东坡诗》卷四，丛刊本）

② 东坡《书林逋诗后》："我笑吴人不好事，好作祠堂傍修竹，不然配食水仙王，一盏寒泉荐秋菊。"（《集注分类东坡诗》卷二五，丛刊本）今列陈澧《甘州》于后："惠州朝云墓，每岁清明，倾城士女，酹酒罗拜。坡公诗云：'丹成逐我三山去，不作巫阳云雨仙。'余谓朝云倘随坡公仙去，转不如死葬丰湖也。""渐斜阳、澹澹下平堤，塔影浸微澜。问秋坟何处？荒亭叶瘦，废碣苔斑。一片零钟碎梵，飘出旧禅关。杳杳松林外，添作荒寒。须信竹根长卧，胜丹成远去，海上三山。只一抔香冢，占断小林峦，似家山水仙祠庙，有西湖为镜照华鬘。休肠断，玉妃烟雨，谪坠人间。"（谭献编《箧中词》续四）

③ 葛立方《韵语阳秋》卷八引杜甫语："臣之述作，沉郁顿挫。扬雄、枚皋何及也。"

以他又说:"作词之法,首贵沉郁。沉则不浮,郁则不薄。……十三国变风;二十五篇楚辞。忠厚之至,亦沉郁之至。"(同上)他固然对温、韦、冯正中、欧阳修、晏小山、周邦彦、秦少游等婉约派词家衡以沉郁忠厚,以说明温柔敦厚的艺术原则。他对阳羡派的陈维崧颇有微词,也是由于迦陵词作不能"于豪放中见委婉,直抒感情中见含蓄"。在《迦陵词》中,求如《水龙吟》咏白莲、《摸鱼儿》听白生琵琶、《初夏临》本意、《东风第一枝》踏青、《满江红》赠顾梁汾那样于豪放中见含蓄蕴藉是不数数见的。所以亦峰评迦陵词说:"不患不能沉,患在不能郁。不郁则不深,不深则不厚,发扬蹈厉,而无余蕴。"(《白雨斋词话》卷三)陈其年词虽发扬蹈厉,少有余蕴,但毕竟是有清一代名家,说他粗才未免自负贬人,但亦峰通过沉郁说的阐述,温柔敦厚的艺术原理是有所创获的。

"温柔敦厚"这一诗歌理论命题,自来只就诗教方面,即只从诗歌的封建伦理原则方面加以否定。这是应该的,但不全面,也不是历史的辩证的研究态度。它有更重要的艺术原则意义,值得重新研究。笔者冒天下之大不韪,把问题提出来,愿受质于专家读者。

(原载《学术研究》1983年第5期)

广东马冈女子刻书考索

黄国声

在漫长的中国雕板印刷史上，女子刻书只是个特殊出现过的现象。正是这一鲜见的现象，打破了男性刻工长期垄断的局面，构成中国印刷史上多姿多彩的一页。近代学者已对女子刻书加以注意，但大多只限于一鳞半爪的介绍而缺乏深入的考察探讨。时人张秀民先生所著《中国印刷史》网罗甚广，考述精详，是部权威性的著作。但该书对于女子刻书的现象也只有简略的介绍。这恐怕是由于文献资料不足，又没有人对此作过研究的缘故。广东顺德县的马冈是国内几个存在过女子刻书的地区之一，有着长期的刻书传统和业绩。笔者乃留意现存的马冈刻本和有关文献，从中理出端绪。此外，又专程前往马冈访问根寻。综其所得，爰为短文介绍，冀或能补充雕板印刷史中的未备。

我国的女子刻书，大抵出现于清代。金武祥《粟香随笔》卷四谈及女子刻书情形云："书板之多，以江西、广东两省为最。江西刻工在金溪县之许湾，广东刻工在顺德县之马冈。"而叶德辉《书林清话》卷七则谓："湖南永州亦多刻书女工。"可见清代女子刻书集中在南方的江西、湖南、广东三地。其中赣、湘二省，文献记述较为疏略，情况难明。广东马冈则较受注意，如阮元创办的学海堂，即曾以咏马冈刻书为诗题，作为馆课。后来这些诗被选收入《学海堂集》中。咸丰间，郭汝诚修《顺德县志》则有较详细的叙述："今马冈镂板几遍艺林，妇孺皆能为之。男子但依墨迹刻画界线，余并女工。故价廉而行远。近日苏州书贾往往携书入粤，售于书肆，得值则就马冈刻所欲刻之板。刻成未下墨刷印，即携旋江南，以江纸印装，分售海内，见者以为苏板矣。"这段记载概述了马冈刻书的情况，但对于具体的制作、经营方式，刻印过的书籍等等仍没有介绍。

就笔者所涉及的文献来看，马冈的女子刻书始于何时，现尚难以确考。不过，乾隆十五年重修的《顺德县志》还未见提到过刻书的事，而现存最早的马冈刻本为嘉庆二年刻的《诗经小学》。因此，我们有理由相信，乾隆末年至嘉庆初即已开始刻书业务了。此后，广州书坊业繁荣发展，带动了马冈刻书剧增，直到清末，前后数十年长盛不衰。如此现象，的确值得我们重视和探究的。

从现存的刊本来看，马冈先后出现过的刻字铺号和刻本情况如下：

冯裕祥　嘉庆二年刻《诗经小学》四卷，卷首有嘉庆二年臧镛堂序。序后另行题"顺德胡垣表写样，冯裕祥镌字"。

梁体元　嘉庆十五年刊《花隐诗集》八卷，每卷首叶中缝均题"马冈梁体元刊刻"。

冯配珍　嘉庆二十三年刊《玉峰诗钞》十六卷，卷首谭氏序后另行题"马江冯配珍刻"。（按：马冈人士有为简单易写而写作马江的，近世犹然。）

冯学镌堂　咸丰六年广州味经堂重镌《圣谕像解》，扉叶背面题"广州味经堂书坊重镌藏板装印"。书末题"马冈冯学镌堂刊"。

冯怀香堂　咸丰中刊《读杜姑妄》三十二卷。作者自跋云："（刻）板本在马冈之冯怀香堂，其处浩劫屡经，而吾此书独无恙。"

冯继善堂　清末广州翰文堂刊《详订古文评注全集》十卷，卷首题"粤东顺邑马冈乡冯继善承刊"。卷终有大字牌记"粤东顺邑马冈冯继善承接刊"。又清末刊《校正四书补注备旨》十卷，亦题"顺德冯继善刊"。据马冈冯汝先生云：冯继善堂在马中村，主人冯姓。

冯积厚堂　宣统二年广州福芸楼刊《重校四书备旨补注附考》十卷，其《上论》卷一、二，《下论》卷三之首叶首行均题"顺邑马冈冯积厚堂承刊"。

李应掌　宣统间佛山文华阁刊《声律启蒙撮要》二卷，卷首题"顺邑马冈李应掌承刊"。

琢文堂　据冯汝先生介绍：铺在马北村，主人李姓。

以上这些只是马冈刻书中的一部分。实际上，广州、佛山都有许多书坊和私人委托马冈刻过书，只是出于委托者的要求，没有在书上刻题铺名，难以确认。汪宗衍先生《清代女子刻书》一文说到："粤中刻书若《皇清经解》、《广雅丛书》、《粤雅堂丛书》等大部头以至零星小种，无不为马江女子所刻者。即江浙之版本学者如黄丕烈之《士礼居丛书》，亦有一二种称为刻于药洲，当出马江女子之手。盖广州刻工虽稍逊于江浙，而刻字之费较廉也。"现存的《皇清经解》等书均为广州刻印，其未见有马冈刻书铺的题名，恐亦出于上述的原因。汪先生的父亲兆镛是学海堂弟子，清末的著名学者，所与交往均粤中名宿。宗衍先生本人熟精广东掌故，多聆故老遗闻，文中所说的情况，当必有据。

马冈是位于顺德县城南五公里处的一座山冈。其南面为容桂小道，北临顺德支流，水路交通十分便利。它在明代中期开始建村，分为马东、马南、马西、马北、马中五片，因五村环绕山冈，形状似马而得名。与县城近在咫尺，而县城有定期航船（粤人统称之为"渡"）直达广州及佛山，朝夕可至。这一有利的交通条件，对马冈刻书业的发展，起到相当重要的作用。笔者于1991年专门到马冈访问，得当地人士冯添业先生介绍，与他的父亲冯汝老先生详谈，获得许多可贵的资料。冯老时年八十二岁，身体健康，思路清晰。据他介绍，当地的女子刻书不知始于何时，但直到民国初年仍然零星存在。其中以马中、马北两村业此者为多，且以冯姓的人为主。至于马南、马东则没有刻书的。尤其马南为佘姓聚居，较为富裕，自宋代以来多为读书取功名之士，明清二代，仕宦尤多，所以该村妇女没有刻书的。一般刻书者多为二十至三十岁的妇女，也有年轻姑娘，他们略识字或全不识字，但心灵手巧，能够依样雕刻，纤毫不爽。他年轻时曾见母亲及两个妹妹替马北村的琢文堂刻书。当日刻书用的工作台、木凳、竹编工具篮子，现仍保存完好。书板刻好后，交回琢文堂，由该堂通过定期航船运到广州，交给书坊。回程则带回书坊交托新的书稿。村中女刻工都是分散在各家各户，在家中雕刻。至清末，广州的书坊多用铅印代替雕板，就只有日历、通书、木鱼书等仍继续交由马冈刻制。冯老本人也因受到村中及家庭刻书的影响，年青时曾到广州西关大观桥的广雅印务局做印刷工作。

此外，笔者又到马中村访问冯继善堂主人的遗孀刘老太太。据她介绍：自己不识字，只是代丈夫管理刻字铺的事务，所述经营情况与冯汝先生的介绍略同。她家原存有书板，因年代久远，已废弃无存了。又据顺德县方志办公室张解民副研究员介绍，李应掌仍有后人在国外居住，间或回马冈探亲，其人尚能缕缕忆述先人业务情况。马冈的刻书世家本还存有一些书板，但在"文革"期间遭到销毁。偶有幸存的，则已渐归朽坏，其后在人们改建房屋时作为废物处理掉了。

从以上情况可知，刻字铺是一个重要的角色。刻字女工是分散的，没有业务经营的能力，不可能与外地书坊建立业务关系。刻字铺则作为经营者担负起承接业务、交收书板的工作，对于马冈刻书业的顺利运作和发展起着重要的作用。现存刻本上常见的某某堂承刊、承接刊字样，而鲜见刻工的题名，正好反映了它的经营特点。《粟香随笔》和《顺德县志》所说的"男子但依墨迹刻画界线，其余女工雕镂"的情况，可能是由刻字铺的男工或店主将界线先刻好在板上，然后分发各家女工刻制，以收工速之效。

马冈女子刻书，历来毁誉参半。誉者称其工速价廉，故能行远。毁者病其讹误过多，质量不佳。但如果我们细加考察，便不难发现所誉固然不虚，所毁则未免失实。试想苏版书素号精良，享誉海内，倘若马冈刻工不良，书贾又怎能用它来冒充苏版书？徐珂《清稗类钞·工艺类·妇孺刻书板》说："湖南永州人民类以剞劂为业，妇孺且有从事者，牧牛郊野，辄手握铅椠，倚树镌之。广东顺德县之手民，率系十余岁稚女，价廉工速，而鲁鱼亥豕之讹误，则尤甚于湖南。"其论断是经不起推敲的。马冈女工世代相传，技艺纯熟，已具有专业化的味道。况且备有工作台及相应工具，安坐家中专心雕刻，其质量又怎会比"牧牛郊野""依树镌之"的永州刻板还差？徐珂所云，恐是未作实际考察，仅得之传闻而已。当然，作为刻书业，其产品自必有档次之分，从现存刻本看，也确有粗劣的大路货存在。大抵民间用书，普通读物等大路货，刻工就较为粗糙。如《声律启蒙撮要》是启蒙读物，恐是工价较低，所以字体板钝，雕刻粗糙。可取之处是极少错字。至于档次较高的书，则质量迥别，例如《花隐诗集》，书品宽大，字体仿灵飞经，秀雅悦目，刻得劲利优美，毫不逊色于私刻精品。又如《圣谕像解》一书，版面疏朗，字体秀劲，书品亦佳；所附图像浅线条遒美，全书文字并无错讹。这是封建时代宣传讲解皇帝训言的书，万万不能错漏。倘若马冈刻工马虎，刊行者的广州味经堂书坊是断不肯冒此大风险，委托他们刻板的。至于私人委托马冈刻的书，由于工价较高，要求较严，自然亦刻得精善而鲜错讹了。

刻工的名字，在马冈刻书中很少出现，这是由于已有刻字铺题名，刻书女工无足轻重，故不见于书题。据冯汝先生说，他的亲属刻工也从未有题名于书板上的。从现存刻本上，仅见有冯裕祥、冯配珍二人，而冯裕祥还可能是男性。马冈妇女刻书知名于世，又延历数十年之久，却未能藉此留其姓氏鸿爪，亦属憾事。

马冈刻书，早在清道光间已为人知，可惜文献语焉不详，评价亦欠允当，及今百年，尚未有深入考索而彰显之者。我不揆浅陋，尝欲为文一探。适美国包筠雅博士专程赴马冈考察刻书历史，便道来访，乘询一切。仓卒间言有未尽，爰为此文以详述之。

（原载《文献》1998年第2期）

论车王府抄藏曲本子弟书的文学价值

刘烈茂

"车王府曲本"指的是清代北京车王府内收藏的一批戏曲手抄本,除了京剧、昆曲、高腔、秦腔等戏曲抄本八百种,还有鼓词、杂曲以及三百篇子弟书。

子弟书是鼓词中的一支,也称单鼓词,它是满汉曲艺结合的产物。一般认为,它起于乾隆年间,演唱至光绪年间,历时近二百年。据清光绪年间震钧《天咫偶闻》一书所载:"旧日鼓词有所谓子弟书者,始创于八旗子弟。其词雅驯,其声和缓,有东城调、西城调之分。"

西城调近于昆曲,东城调近于弋腔。清顾玉琳《书词绪论》说:"其西派未尝不善,惟嫌阴腔太多,近于昆曲,不若东派正大浑涵,有古歌遗响。"由此看来,子弟书又是在戏剧中吸取养分而形成不同的风格的。

子弟书既创始于八旗子弟,流行于北京与东北地区,并有用"满汉兼"文体写作的,当有满汉文化作根基,因而它实际上是满汉文化合璧的产物。

清王朝被推翻以后,车王府子弟书也随之湮没无闻。重新发现它的特殊艺术价值的是郑振铎先生,他于1935年主编《世界文库》时,列入罗松窗的《东调选》和韩小窗的《西调选》共十一篇。随后他撰写的《中国俗文学史》、北京大学中文系1955级编写的《中国文学史》以及《中国大百科全书》都列有专题介绍子弟书,给予相当高的评价。1984年,我国著名戏曲研究专家赵景深教授为《子弟书丛钞》(关德栋、周中明编)作序,明确指出:"中国叙事诗过去著名的只有《孔雀东南飞》和《木兰辞》,现在子弟书这类叙事诗却是大量的,其中好多篇杰作并不比《孔雀东南飞》和《木兰辞》逊色。"

尽管专家们对子弟书评价如此之高,遗憾的是,大量的车王府子弟书抄本却长期默默地躺卧在图书馆的珍本室里,未能与广大读者见面。直至1993年江苏古籍出版社出版《车王府抄藏曲本子弟书集》(中山大学车王府曲本整理组整理)、1994年国际文化出版公司出版《清蒙古车王府藏子弟书》(北京市民族古籍整理出版规划小组辑校)才弥补了这个缺憾。

怎样全面认识这批抄本的特殊价值，尚有待于学术界进一步探讨。这里，谈点粗浅的看法，以求教于读者。

（一）从诗史角度看，清代子弟书的创作，带有弥补叙事诗空白的特殊意义

我国古诗源远流长，发展到唐代，已无愧于诗国之称。但叙事诗一向不发达。在小说等叙事文学兴起以后，宋元明清时期的诗人照样沉浸于各种抒情诗的创作里，叙事诗依然近乎一片空白。在这种历史条件下，子弟书作家却突破了诗歌创作传统的束缚，沿着民间鼓词、弹词的创作道路，创作了一篇又一篇佳妙的说唱叙事诗，为我国古代万紫千红的诗坛增添了一丛奇异的香花。日积月累，收藏到车王府里，竟达数百篇之多，聚集成一个说唱叙事诗的艺术宝库。综观这批抄本，其思想艺术尽管良莠不齐，高低有别，但作为一个艺术整体，弥补了我国古代叙事诗发育不全的不足。它在我国诗史上的地位的重要，不言而喻。

（二）从题材角度看，车王府子弟书是绚烂多姿、气象万千的叙事诗

子弟书在诗歌题材的开拓上比过去有很大发展。子弟书作家的文化艺术素养虽然很高，但他们的社会地位、生活遭遇和传统文人很不相同。他们接触和熟悉的人物是达官贵人、宫廷侍卫、厨子长随、破落子弟以及说唱艺人等。独特的生活圈和文化圈为他们提供了一个认识生活的新视角，使他们得到一个体验生活的小天地，因而创作出象《碧玉将军》《为赌嗾夫》《要账该账大战脱空》等古诗所无的子弟书。

更引人注目的是，子弟书作者没有让狭窄的现实生活局限自己的视野，而是从古今广阔的文化海洋里吸取诗情，从而结合自己的现实感受，将小说诗化、戏曲诗化、散文诗化，这是子弟书又一重要特色。在他们苦心经营下，庄周梦蝶、范蠡归湖、赤壁鏖战、林冲夜奔、游园惊梦、鹊桥盟誓、黛玉葬花等古代文学的精采篇章，都一一被改编为可供演唱和欣赏的优美诗篇；孔明、李逵、武松、莺莺、红娘、宝玉、黛玉、孙悟空和猪八戒等小说、戏曲人物都被化为诗的形象。为了演唱需要，子弟书的改编者们不能不顾及听众多种审美要求，因此，诗歌创作的选材也随之多样化，八戒撞天婚的谐趣、和靖赏梅的飘逸、绿衣女偷情的幽怨、湘云醉酒的豪放、打面缸的滑稽、宁武关的壮烈、草诏敲牙的剑拔弩张和全扫秦的嘻笑怒骂等各种风格，无所不

包;大至一朝兴亡、一族盛衰、一场大战,小至人物的一梦一哭一笑,以及以往诗人不屑一顾的家主戏环、烧灵改嫁、穷鬼哀叹等各种题材,无不入诗;此外,还有不少当时北京的社会生活、风土人情,也都成了子弟书的描写对象。北京大学中文系1955级文学史编写组经过多方考察和比较,得出这样的结论:"子弟书在内容上极为丰富多采。它与弹词、鼓词相比,在题材范围上要广泛得多。"这个论断是恰当的。因此,我们认为,子弟书是一批绚烂多姿、气象万千的说唱叙事诗。

(三)从改编角度看,车王府子弟书是再度创作、重铸灵魂的说唱叙事诗

诗歌和小说、戏曲、散文是不同的艺术形式。选取小说、戏曲、散文名篇改写为诗歌,成功与否,关键在于能否吟咏出诗情,有没有新的创造。如果只是满足于以诗的形式翻译、复述原作的情节,那决非叙事诗的上乘之作。幸好子弟书的多数作者并没有走这条简便的道路,而是本着旧曲翻新、再度创造的精神,赋予作品以新的生命。

《叹武侯》是诗人用血泪笔墨谱写的一首孔明颂歌,而不是《三国演义》孔明形象的再现。

《凤仪亭》《十问十答》里的貂婵并非《三国演义》连环计中貂婵的复写,诗人已照自己的审美情趣和审美理想,重新塑造了一个新的灵魂。

子弟书对小说、戏曲的改编不能说每篇都富有创造性,甚至有些远低于原著的水平。但确有不少属于创造性的改编。作者按照叙事诗的要求,对原著的结构进行大幅度的调整。如《拷红》,本来只是《西厢记》五本戏的一小折,到子弟书被扩大为八大回,红娘从配角变为主角。老夫人骂她是"坏丫头",莺莺赞她是"好丫头",张生到处碰壁之时,请求红娘姐:"你为人须为彻,一生全靠你出头。"红娘的智慧成了决定张生莺莺爱情婚姻命运的关键。围绕"拷红"的矛盾冲突,把红娘这个热心为人、聪慧机敏、勇于斗争的婢女形象,塑造得更为丰满动人。

有些子弟书似乎没有改变原著的情节,但在抒写笔墨里,题旨已经转移。《聊斋志异·大力将军》本意在表现"厚施"与"厚报",子弟书作者深感人世间英才难以施展,"叹风尘,不知埋没多少英雄"。因此认为"千金报德非难事",难得的是查公从大钟的手印里发现了力举千钧的壮士,出于爱才之心,以厚赠和荐书扭转了吴生的"衰运"。作者充满激情"补叙"了这段"巨眼知名士"的诗篇。

更为大量的子弟书则是在原有故事框架里注入作者的现实感受和理想追求。根据《红楼梦》改编的《二玉论心》，不仅以你心我心合为一条心强化宝玉对知心之爱的挚着追求，更把这种知心之爱和封建末期的世道人心作了对比而更为突出。诗里说："世界上都是些覆雨翻云交结来往尽黄金。""但有个效管鲍、赛雷陈、始终如一知心友，我情愿拜门墙、随鞭镫、赴汤蹈火乐追寻。"抒发了作者对真诚的人际关系的渴望，超出了原著宝玉的思想情怀。也可算为再度创作、重铸灵魂了。

（四）从反映时代的角度看，车王府子弟书是封建末世危机感应的叙事诗

诗人对时代的感应通常比一般人更为敏感。在子弟书中，以叹为题非常显眼。哀叹生活的艰辛，什么时代都会有，未必有特殊意义。譬如《先生叹》就不大可能叹出什么时代特色。教书先生历来都以清贫相伴，回想当年的青云梦，看看周遭的势利眼，不免感叹"一顶儒巾误少年"。《厨子叹》通过厨师操办婚宴的今昔对比，揭露天灾人祸造成物价飞涨、民不聊生的景况。虽然构思颇有新意，但其思想意义不宜估计过高。因为在中国古代，灾年是经常出现的老问题。值得注意的是子弟书写了那么多侍卫叹。皇宫侍卫的地位，照作者的看法，虽然难比翰林爵位，但由于担负保卫皇宫的重任，比步军已属人上人。因此，任此要职的必是靠祖上福荫出身豪门的贵公子。倘若躬逢盛世，这班卫士不知多么神气。如今，不论老的少的，执戟的、司仪的，守在皇宫外的、站在皇宫内的，无不同声发出哀叹。有个老侍卫，竟然要靠典当破被度日，以致老妻不得不常到坟场乞食祭余。他们的呻吟恐怕比厨子的哀叹更能表明封建王朝没落衰败的征候。

最令人高兴的是二酉氏创作了《碧玉将军》。在时代的狂风暴雨即将来临之际，它预告了封建大厦必将倒塌的信息。据有关专家考证，碧玉将军，即清代道光帝的侄儿奕经（1791—1855年），满洲镶红旗人。当英帝国主义发动鸦片战争，侵占我浙东定海、镇海、宁波三城后，1841年10月18日，道光帝任命奕经为扬威将军，调集内地数省军队，前往浙江应战［关德栋、周中明编《子弟书丛钞》（上）第398页］。出人意料，这位扬威将军竟把此次关系国家安危的授命看成玩乐和搜刮的好机会。从北京到浙江，一路上沉湎于酒色歌舞之中，"每日里，饮酒谈心，假红倚翠，他将这军前如花下，虎帐作兰房"。同时，借机"飞檄各省，征调钱粮"，巧立名目，搜刮民脂民膏。短短时间内，侵吞珠宝无数，翡翠堆积如山。因此获得了翡翠（碧玉）

将军的雅号。

由这样的将军担负拯救民族危亡的重任,结局如何,可想而知。他畏敌如虎,不敢领兵出战。等到朝廷下了战令,再也不能回避与敌寇交锋。他此时不禁胆战心惊,万虑俱呈:

>细思量:打仗冲锋谋画非细,扬威奋武责任非轻。
>倘若失机军兵失利,断难定保全首领进都京。
>只怕要血溅尸横魂寂寂,风寒露冷月朦朦。
>那时节,再不能春风桃李庭前宴,秋夜徘徊月下行。
>再不能席上娇歌听午夜,花前畅饮快三更。
>再不能香温玉软销金帐,妾美妻姣风月亭。
>再不能海味山珍充口腹,轻车怒马盛仆从。
>再不能博带峨冠骄士庶,高堂广厦宴亲门。

这就是清王朝扬威将军作战前夕的心态。封建官僚平日的享乐生活将因战死而失去,这使碧玉将军深感悲哀。他的头脑里没有一丝一毫想到自己负有重责把敌寇赶出国门。令他特别惋惜的是:

>空积下翡翠如山光烂漫,空积下金资过斗色光明。
>空积下田产膏腴一处处,空积下园林幽雅一重重。
>空招下南省军民生海谤,空招下北京黎庶恨难平。

也就是说,拼命搜刮得来的金山银屋,到头来讨诸东流。除了留下南省军民的怨恨,什么也得不到。对碧玉将军来说,这场灭顶之灾怎么惹上呢?他作了如下反思:

>也是我一念差池膺重命,才招下终身难避这灾星!
>实指望秉节南征多富厚,谁承望逆夷北上势狰狞。
>实指望贼众闻风逃窜去,大功垂手我独成。
>谁承望万死贼人多狡诈,仍然是,扬帆开炮在于江中。
>到而今,躲又躲不开,逃又逃不去,平又平不了,灭又灭不成。

这些诗,既是碧玉将军肺腑之言,又都是作者辛辣的讽刺,真是绝妙好词。用32行诗表现人物深层的内心世界,在古诗中,恐怕没有先例。

更荒唐的是,朝廷里的老元戎得到碧玉将军谎报"官兵大胜"的军情,他"明知道此事虚无,实难为信",却竟"乐得乎将计就计,飞奏天庭",还"铺张其势",把前线如何打大胜仗凭主观想象说得天花乱坠,特奏请朝廷传令嘉奖。通过这两个典型人物,表明当时的清王朝已经腐败到不可救药的地步。试想,国家出了这样的将军,这样的老元戎,百姓怎能不遭殃,国家怎能不衰败!《碧玉将军》的重要意义不仅在于深刻表现两个腐败将军的丑恶灵魂,而且通过对鸦片战争失败的描述,预示了清王朝难以抗御帝国主义的野蛮侵略,中国必将沦为半殖民地半封建社会的历史命运。

当中国近代史刚刚揭开第一页,子弟书已作出这样的感应,我们不能不佩服二酉氏深邃的眼光。

(五) 从艺术角度看,车王府子弟书是节奏明快、情深意浓的叙事诗

作为叙事诗,子弟书有什么特色呢?

叙事诗兼有叙事和抒情两个因素。子弟书产生在抒情诗特别发达的我国,更为重视抒情因素是很自然的。不过叙事诗的抒情不同于抒情诗的抒情,需要借叙事以抒情,为抒情而叙事。《巧姻缘》《下河南》和《百花亭》,整篇都是叙事,叙一个个动人的故事;又句句是抒情,抒情深意浓之情。作者完全以抒情的语言、抒情的笔调来叙事,可称为叙事诗的上品。如果叙事只是为抒情作铺垫,则多半采取快笔带过,以便腾出篇幅集中笔墨抒情。窦娥蒙受不白之冤的整个过程,关汉卿的《窦娥冤》共写了几折戏,到了子弟书《炎天雪》,被概括成四句诗。冤案的产生只是为窦娥、蔡婆相会倾诉衷情作了铺垫。《汉武侯》概括孔明一生的丰功伟绩,只用了十多行诗。然后着力于抒发孔明辞世后的无比悲哀:"哀书报到成都府,百万军民血泪流。满城里只闻哭声恸,处处悲哀都叹武侯。"随后用"可叹你""再不得""莫不是"等排比句反复吟哦,层层渲染,组成一曲万民同叹、同哭、同颂孔明的交响乐,表现了成都军民对孔明的无限深情。

子弟书的艺术特色,一般说来,叙事更为具体,抒情更为细腻。其中的佳作,叙事抒情达到深细微妙的地步。

拿子弟书《花木兰》和《木兰辞》作一比较,就可以看得很清楚。《木兰辞》全诗只有60句,《花木兰》扩大为六回近600句,比原作者加了近十倍,而且只写到从军为止。估计还有遗失的后半部。若加上轶稿,扩大的篇幅就更多了。子弟书为什么要扩大那么多的篇幅?为了抒情表意的深细微妙。作者力求以自己的经验、情感、修养去丰富、补充和拓展木兰诗的意象。譬

如，一个大闺女在封建时代有了代父从军的奇想，将怎样在家里引起极大的反响呢？特别是父母，大概不会那么容易答应亲闺女的请求吧！可是在《木兰辞》里，只有两句"不闻爷娘唤女声"，暗示木兰和父母相互挂念的情怀。《花木兰》的作者感到不满足，他以自己的人生体验，笔触深伸，细写了父母的拦阻和父女、母女之间的感情冲突。花公细细地诉说征夫的艰难和战争的残酷。以为这么一说，一定可以吓退女儿。谁知木兰"百折难回"，决心替父出征。因此，引发了第二回合的冲突：

> 花公说："我劝孩儿休生此念，女孩子家静守闺门是正经。
> 你本是一朵花儿才开放，怎比我蒲柳之姿已凋零。
> 与其叫姣儿身作疆场的鬼，莫如我一堆老骨去奔前程。
> 何况你自幼何曾离父母，你的娘怎舍孩儿去上军营？"

花公说的句句是真情是实话。最后一句的潜台词是即使我勉强同意，你母亲也舍不得将心头肉送去杀人场。

> 安人说："姣儿若去，老身先死，我在那黄泉路上等你的魂灵。
> 方才你父曾言讲，出征的光景句句是实情。"

安人说的话更伤心。在母亲看来，女儿出征无异于去送死。母亲怎能忍心娇嫩的女儿披盔带甲离家上战场。如果劝阻不了，便只好先死，去那黄泉路上等女儿的归魂。听了父母这些发自肺腑的血泪之言，倘若是别的女儿，可能打退堂鼓。但木兰决非一般女流。

> 木兰说："《吊古战场》说的透彻，奴也读过《从军行》。
> 这诗文不过是书生惧人以死，我若弃了命，那怕敌营敌骑千百重！
> 何况是孩儿的本领爹爹知晓，武艺精通算得了女英雄。
> 倘此去天兵大举贼人惧，奏凯班师谈笑中。
> 若叫我困守闺门埋头死，莫若投环自戕其生。
> 再不然爹娘那能长防范，我得空，于夜半，私逃直奔军营。"

说得何等斩钉截铁。自信、自豪，如同射出的箭，决不回头。不必等到上战场，从花木兰的言谈里读者已可见巾帼英雄的战斗风姿。

通过这一小段诗的分析，人们约略可知子弟书想的多细，挖的多深。不过以抒情诗衡之，还谈不上微妙。

《木兰辞》是我国早期的叙事诗，虽然以抒情方式叙事，但概括多于细描。因此，留下了广阔的感情空间，子弟书作者尽可以发挥想象加以填补。《红楼梦》细针密线，在描写人物的感情世界达到了前所未有的水平。这给子弟书的改编既提供了方便，也留下了难题：怎样发挥叙事诗的特有功能，在理解原著精髓的基础上进一步发挥原著的精神。

这样的课题不是谁都能够完成。但有些子弟书确实完成得很出色，不仅没有犯只见故事不见诗的毛病，而且能进一步在独特的情节里挖掘出诗情之微妙。如：《椿龄画蔷》描述宝玉在大观园里漫步，发现有个女儿躲在树丛里低头默坐，痴痴呆呆地在地上反复画着"蔷"字。宝玉心里想，这女孩子心里不知怎么煎熬呢，可恨我不能替你分些过来。子弟书作者想象宝玉此时必为这个女孩子左思右想，希望能帮她排难解忧。因此，特意为之设计了一段内心独白：

> 暗想道：这女子一定有什么心腹事，断不是因写蔷字忘了机。
> 莫非你姊妹行中有些闲气，莫非你父母跟前受了委曲。
> 你有什么胸中块垒难消化，你有什么肺腑衷情难对人题。
> 你若肯把一腔心事泄与我，能与你排难解纷也未可知。
> 似这等低首无言只是乱画，我看你画到何时是个了时。

《红楼梦》描写宝玉已有十分痴情，经过子弟书的再创作，痴情更增加到十二分，而且这是宝玉特有的痴情，所以称妙。任光伟在《子弟书的产生及其在东北之发展》一文中说："从道光以来，中国在戏曲、鼓词中改编《红楼梦》者屡见不鲜，但真能理解原作的精髓，体现并发挥原作之精神，并能经得起时间考验者，首推韩小窗的《露泪缘》。"现在经常在舞台上演出的北方大鼓传统曲目，如《黛玉焚稿》《宝玉娶亲》《宝玉哭黛玉》等，都是选自韩小窗《露泪缘》中的回目。(《说唱艺术简史》)

（六）从语言角度看，车王府子弟书是词品佳妙、雅俗共赏的叙事诗

我国古代文学向来有雅俗之分。文人韵士创作的雅文学和民间作家创作的俗文学各有长短。一般来说，雅文学属阳春白雪，难以为平民百姓所接受，俗文学属下里巴人，常被文化人瞧不起。只有少部分文学兼具雅俗两种风格，达到雅俗共赏的地步。像李白、白居易的一些诗，小说里的《三国演义》和《水浒传》，戏曲中的《窦娥冤》《琵琶行》等，都是雅俗共赏的佳作。

子弟书是演唱的底本，应划入俗文学的范围。照常理，在民众中演唱的子弟书该是浅显通俗的下里巴人。可是，由于作者艺术素养高，又善于融入别种艺术对自己有用的东西，特别是从诗词名篇、小说名著、戏曲名作里吸取了许多精美生动的语言，这就使子弟书变得相当高雅。看其文词，更接近阳春白雪。但话又说回来，子弟书毕竟不是案头之作，它要对多层次的听众进行演唱。因此，不管子弟书的作家们多么倾心于古典名著，在创作时，不能不吸取大量的口头语，在语气、语态、语感诸方面，尽力投合听众的需要。这样又使子弟书雅中带俗。从整体上看，子弟书因雅俗相融而深受听众的喜爱。除了演唱，作为文学读物，也具有较高的欣赏价值。

　　子弟书里的优秀篇目，其词品之妙，艺术水平之高，令人惊讶。出自《孽海记传奇》的折子戏《思凡》，适应晚清以来青年男女反对封建礼教束缚追求自由爱情的需要，昆曲、京剧、川剧、粤剧等都先后演过这个剧目。拿这些剧目和子弟书的《思凡》相比，就唱词而言，虽然各有特色，但整体上还是子弟书更为精美高妙。《思凡》的故事并不复杂，它写一位名叫色空的尼姑不甘寂寞撕破袈裟逃下山寻找情人。其中，描写尼姑在神态各异的罗汉面前的独特心理反应是各种剧目都有的一段。请看昆曲《思凡》如何写：

　　　　（哭皇天）又只见那两旁罗汉塑得来有些傻角：一个儿抱膝舒怀，口儿里念着我；一个儿眼倦开，朦胧的觑着我；惟有布袋罗汉笑呵呵，他笑我时光错、光阴过，有谁人，有谁人肯娶我这年老婆婆？降龙的恼着我了；伏虎的恨着我；那长眉大仙瞅着我，说我老来时有什么结果！

　　这是很著名的唱段，以独特的艺术形式表现人物的独特心理。没有比较的话，觉得满不错。看了子弟书，就可以发现其中的不足。子弟书《思凡》里的尼姑在骂月下老人将她婚姻误、气师傅管得严、恼同伴不容宽之后，来到了罗汉堂，又咒罗汉金刚惹人烦：

　　　　他们都似有情思将奴戏，一个个装模作样惹人烦。
　　　　见几个闭目垂头想着我，他想我月貌花容有谁怜。
　　　　见几个愁眉双锁叹着我，他叹我辜负着春在少年。
　　　　见几个悦色和容笑着我，他笑我无知女子也学禅。
　　　　见几个抱膝托腮怨着我，他怨我尘心太盛道心残。

　　当然戏曲的唱词和子弟书的要求有所不同，但深入表现人物的内心世界是一样的。将两段唱词作个比较，可以发现有几个不同点：

（1）罗汉情态有含蓄与含糊之别。艺术要求含蓄，但含蓄决不是含糊。昆曲《思凡》写布袋罗汉的笑，笑得好。但降龙罗汉恼什么，伏虎罗汉恨什么，实在看不明，很难捉摸。子弟书《思凡》没有含糊不清的毛病，罗汉们或想、或叹、或笑、或怨，各有其内涵，恰好曲折反映了尼姑的特殊心理。

（2）人物心理活动有简单复杂之分。昆曲《思凡》表现的人物心理比较简单，只怕错过时光，老来没结果。子弟书的尼姑内心复杂得多、丰富得多。尤其是笑她无知女子也学禅，突出了特殊环境下的特殊心理。

（3）精神境界有高低的差异。昆曲《思凡》表现尼姑随后扯破袈裟下山去寻个少年哥哥，"但愿生下一个小孩儿，却不道是快活煞了我！"她的行动是勇敢的，愿望是合理的，不过精神层次不算高。子弟书的尼姑受了罗汉的"刺激"，更引发她的怨恨和深思。在否定了一切宗教束缚之后，决定学个灵心俏胆的红拂女，到世间去寻找理想情人"李靖男"。比起昆曲的尼姑，在精神境界的追求上，不能不说有所超越。

浅析两种《思凡》的两段唱词，本意不在于褒此贬彼。只想说明子弟书的语言不俗，情思不俗。文化低的听众不觉其深，文化高的读者不嫌其浅。赵景深教授称赞子弟书的词语"以佳妙见长"，诚非过誉。

（原载《中山大学学报》1998年第6期）

论贾宝玉的"疯""呆""痴""狂"

曾扬华

和《红楼梦》的其他许多问题一样,作品的主角贾宝玉究竟是如何一个人物,也是众说纷纭,莫衷一是。有的看法甚至针锋相对,距离很大。尽管如此,却很难说某一种看法是绝对错误,没有根据的;相反,它们都不同程度地持之有故,言之成理,并非一派胡言乱语。其原因就在于贾宝玉这个形象,其性格内容十分丰富。人们可以从许多不同的角度来观察他,这样就自然"横看成岭侧成峰,远近高低各不同"了。虽然有这种种不同,但不能说人们看到的不是贾宝玉,只是许多人未见其庐山真面目罢了。而各持一端,互不相让,就永远也不能真正认识贾宝玉。这里,除了理论、观点之外,观察问题的方法、角度也是相当重要的。那么,我们应该从何着手去认识贾宝玉这个艺术形象呢?

一

文艺作品,尤其是小说,主要是通过人物形象来反映生活,表达作者的意图并感染读者的。人物形象塑造的好坏,是作品成败的重要关键。人物形象要能写得生动逼真,具有感人的力量,就必须写出他独有的、与他人不同的特征来,使之成为"这个"。构成人物的这种特征,当然首先必须写出他的思想、品性,但仅仅如此还是不够的,因为同一类型的思想品性往往是许多人都具有的,只有它,还不足以突出人物的特性。为了弥补这一不足,中国古代小说,往往通过精致的细节刻划来使同一类型的人物得到明显的区分,通过这些细节,让"读者自己分辨,不必见其姓名,一睹事实,知某人某人也"[①]。但到《水浒传》为止,中国古代小说所运用的这种方法,只是就人物某一方面的性格特点而言的,如《水浒传》里写性子粗卤的人很多,但他们的这种粗卤,由于具体表现不同,而又有各自的不同特点,如金圣叹所说的:

---

① 李贽:《忠义水浒传》第三回批语,容与堂本。

"《水浒传》只是写人粗卤处,便有许多写法,如鲁达粗卤是性急,史进粗卤是少年任气,李逵粗卤是蛮,武松粗卤是豪杰不受羁靮,阮小七粗卤是悲愤无说处,焦挺粗卤是气质不好。"① 先不论他的具体分析是否符合每个人物的情况,但却说明《水浒传》所写的人物是能在同中找出不同来的。单从这一点来说,《水浒传》刻划人物的方法是相当成功的。它标志着中国古典小说已进入了相当成熟的阶段,所以李贽称"《水浒传》文字妙绝千古"②,在当时来说,是当之无愧的。

然而,还不能认为这种方法已经达到了古典小说成功地塑造人物形象的艺术高峰,因为"粗卤"或性子急率,只是鲁智深、史进、李逵、武松、阮小七、焦挺等性格特征的一个方面,并不就是他们性格的主要核心,更不是这些人所共有的性格核心,否则,他们就不成其为独立生动的形象了。据此,则可以说,单从性子粗卤上的不同特点这一方面来写出这些人物形象的不同,是还没有完成塑造典型人物的任务的。

"自有红楼梦出来以后,传统的思想和写法都打破了。"③《红楼梦》对传统写法的打破,也表现在人物形象的塑造上,具体说来,有两个方面。一是人物的性格不单只通过一两件或一连串的细节来表现它,而是让要表现的性格,整个地溶化在人物的言谈举止、动作习性等一切细微末节之中,也就是使人物的内在性格与他的外表气质浑为一体,不可分离。这是符合有诸内必形诸外的生活自然规律的。而一个人的言谈举止、动作习性等细微末节,又与各人的出身经历、社会地位、文化教养等密不可分,这一切在现实生活中是不可能有完全相同的两个人的。因此能准确地把握它,进而充分地表现它,就能成功地塑造出富有个性特征的艺术形象来。二是前述人物的外部气质所要表现的人物内在性格,不是这个人物性格的某个侧面(如性情急躁,行动粗卤等),而是紧紧地把握住人物性格中最本质、核心之所在。这内外两者的有机结合,就成为活生生的,如脂砚所说"跃然纸上"的典型人物。

《红楼梦》中的一些主要人物,如贾宝玉、林黛玉、薛宝钗、王熙凤等,都充分具有这种特点。其他不下数十个重要人物也都在不同程度上具有这种特点。明白了《红楼梦》中艺术形象的这种特点,就可以为我们提供一个正确理解、评价这部作品人物形象的有效方法,就是自外到内,由表及里,从

---

① 金圣叹:《读第五才子书法》。
② 李贽:《忠义水浒传》第三回批语,容与堂本。
③ 鲁迅:《鲁迅全集》第八卷,第350页。

人物的外部气质去探究其内里的本质奥秘。无时无处不在的多愁善感，事不干己不开口、一问摇头三不知的浑厚深沉，"粉面含春威不露，丹唇未启笑先闻"的两重嘴脸，是理解林黛玉、薛宝钗、王熙凤的重要线索。

评价贾宝玉，也要找出这种线索来。

二

第三回贾宝玉一出场时，作者就在两首"西江月"里介绍他"无故寻愁觅恨，有时似傻如狂"，"行为偏僻性乖张、那管世人诽谤"，指出了他外部行为的特点：傻、狂、偏僻、乖张等等，因而备受"世人诽谤"。

事实也是如此，宝玉的母亲王夫人就说他"嘴里一时甜言密语，一时有天无日，一时又疯疯傻傻……"。众姐妹也曾说过："别和他说话才好，要和他说话，不是呆话，就是疯话。"所以贾琏的心腹兴儿向尤氏姐妹介绍宝玉时，就说他"成天家疯疯癫癫的，说的话人也不懂，干的事人也不知"。傅试家派来向宝玉请安的两个嬷嬷，第一次见面出来，就感到他"果然有些呆气"，"千真万真的有些呆气"，而且举出一些听来的事情，说宝玉"时常没人在跟前，就自哭自笑的，看见燕子，就和燕子说话，河里看见了鱼，就和鱼说话；见了星星月亮，不是长吁短叹，就是咕咕哝哝的"。

从以上可看出，作者向读者所介绍的贾宝玉，与书中无论主仆上下，里外亲疏的人对宝玉的印象都是一致的。我们把它归结起来，可以简单地概括为四个字，那就是"疯""呆""痴""狂"。可以说，贾宝玉的一切行动举止，在当"世人"看来，都带有这种特征，因而大受他们的"诽谤"。而这正是我们由表及里去探索贾宝玉性格的一条好线索。

在行动举止上表现出癫狂、乖僻、痴呆等一类异常现象者，在历史上代有其人，探索他们的情况，对理解贾宝玉也许不无启发意义。仅从文艺领域来看，这一类的有名人物如魏晋时期"竹林七贤"中的阮籍、嵇康、刘伶、阮咸，北宋著名书画家米芾（人称米癫），明代的李贽、徐渭等都是。他们的异常行为，其实都是一种与现实生活格格不入的表现。他们或不满当权者的统治，或不屑于封建礼教的拘束，或因此而受到横加迫害。他们的癫狂放诞，乃是心中郁积的那些不满的一种变态发泄，因此在历史上，这些人物都有不同程度的反封建的进步意义。

这种情况到了清初就更为明显。这一类癫、狂、痴、呆的行为，常常带有反抗清朝统治的强烈的政治意义。明末清初的一些具有强烈民族意识的遗民，就常常表现出这种情况来。

　　著名的岭南诗人屈大均，明亡后，积极地参加过抗清斗争，对清代统治极为不满。他尝"盛暑着羊皮袄，狂怪不可近"①。他自己也知道："时人皆谓我狂生，蓬头垢面纵横行。"② "我乃酒狂合自然"③，"有一酒狂人不容"④。尽管如此，他仍宣称要"痛饮狂歌度此生，从他竖子日成名"⑤。他还说："吾之佯狂自废，与世相违，则终于鸟兽同群而已矣。其为忧也，将与天地而无穷焉。"⑥ 可见其狂放违世之志何等坚决。

　　被屈大均称为"大江以南谁狂奴"⑦ 的王猷定（字于一）也是这一类人物。在江山易代之后，他处于"世换人多默，语低心可怜"⑧ 的极度压抑之下，一当忍受不了，就爆发出来。他的行为也就自然会惊世骇俗了。他常与同辈"酒酣则徜徉于黄河之岸，望故垒闻水声溅溅，雄心激荡，相与走狭邪，狂吟大叫，世俗之人，鲜不诧"⑨。它的结果，也就是必然象宝玉一样为"世人诽谤"："余性卞急，处世多所激昂，动辄得谤。"⑩

　　著名书画家朱耷（八大山人），是一个富有才华的人，明亡后，隐居不出。有一天，他在屋门上写一"哑"字，从此不说话，后又忽然病癫，"初则伏地呜咽，已而仰天大笑，笑已忽踺跔踊跃，号叫大哭，或鼓腹高歌，或混舞于市。一日之间，癫态百出"⑪。引着大批儿童在后面哗笑追逐，他也不以为意。所以，"世以狂目之"⑫。然而他却以精美绝伦的书画闻名于世。可见他的癫狂百态，亦是一种内心愤懑的发泄而已。朱耷原是明宗室之后，他的狂态包含有浓厚的政治意味，自可不言而喻。

　　以上所举，只是就其当时有名，表现突出者而言，而实际上，当时人在不同程度上以不同方式表现出这种狂放怪诞行为来对抗清廷的还大有人在，

---

① 周炳曾：《道援堂集序》。
② 屈大均：《愤歌》，见《翁山诗外》卷三。
③ 屈大均：《王允塞招饮竹林精舍醉赋》，见《翁山诗外》卷三。
④ 屈大均：《雷阳郡斋醉中走笔吴使君》，见《翁山诗外》卷三。
⑤ 屈大均：《遣怀》，见《翁山诗外》卷十五。
⑥ 屈大均：《寒香斋诗集序》。
⑦ 屈大均：《哭王处士》，见《翁山诗外》卷四。
⑧ 王猷定：《客燕借内僧话》，见《明遗民诗》卷一。
⑨ 王猷定：《祭万年少文》，见《四照堂集》。
⑩ 王猷定：《祭尚宝丞刘公文》，见《四照堂集》。
⑪ 小横香室主人：《清朝野史大观》卷九。
⑫ 赵尔巽：《清史稿·艺术（三）朱耷传》。

如遗逸中的周德林、夏叔直、唐汲庵、张命士、陈狂农等皆是，他们的行为都不是性格上的怪异或病理上的真正疯癫，而是一种变态的与现实对抗，是对清朝统治者表示不满的一种政治行为。其人数之众，可以说几乎成了一种潮流。

正因为如此，我们就会明白，清朝前期的统治者们对那些政治上的反对派所加的罪名，就常常用的是这一类的名目。试以雍正为例，雍正上台后，对与他争夺皇位的政敌（主要是他的兄弟们）的斥责，就都是用的这些辞语："廉亲王允禩狂悖已极……"①"（阿其那）举动狂悖。"②"塞思黑系痴肥臃肿，矫揉造作，粗率狂谬，下贱无耻之人。"③"允䄉于未到京之前，即露种种狂悖。"④"允禵，允䄉，允禟虽属狂悖乖张……"⑤"允禟狂悖糊涂。"⑥

由此可见，狂悖、怪诞、糊涂、乖张等等，在当时统治者的辞语里，乃是一种政治罪行。清初的遗民们也确是以这种形式来表达他们的悖逆不道的。

曹雪芹当然不会不知道这些辞语的含义，而他竟选择了它们作为书中主人公的外部气质特性，就决不是偶然的；它说明，作者所要写的贾宝玉不是一个风月场中的主角，而是一个与世格格不入，因而也不容于世的狂怪之人。作者借警幻仙姑之口，点出贾宝玉"于世道中未免迂阔怪诡，百口嘲谤，万目睚眦"就是一个很好的注脚。

当然，我们决不能以为作者是为了表明贾宝玉这一形象含有政治意义而把这一类特征的辞语强加到他身上去的，而是这一类辞语也十分客观地符合这种人物的特征，因为"疯""呆""痴""狂"这一些异常的特性，既是悖世者所采取的一种反抗形式和手段，同时也常常是在"百口""万目"的重压之下，一些人身上必然会呈现出来的一种性格扭曲状态。在贾宝玉身上，这两种情况都是存在的，因此，作者反复强调、渲染贾宝玉的这种性格特征，是从内到外深刻把握了这一人物特点的结果，也是我们正确评价这一人物的一条重要线索。

---

① 蒋良骥：《东华录》雍正四年正月。
② 蒋良骥：《东华录》雍正四年五月。
③ 蒋良骥：《东华录》雍正四年五月。
④ 蒋良骥：《东华录》雍正四年五月。
⑤ 蒋良骥：《东华录》雍正四年六月。
⑥ 蒋良骥：《东华录》雍正四年六月。

三

《红楼梦》产生的时代毕竟不同于明末清初,作者的身世经历及其思想也与清初的遗民们迥异,因此,在贾宝玉的"疯""呆""痴""狂"背后所蕴藏的思想,其具体内容是与屈大均、王猷定、朱耷等人截然不同的。我们不应象旧红学家中的革命家那样,把他看成是"排满"。要弄清它的性质,先要看看他有哪些具体表现。

他当然主要不是表现在自己淋得落汤鸡似的,还叫别人快去躲雨,或者自己手上烫起大泡还问别人烫痛没有之类,而主要表现在许许多多的与众不同,因而受到众人"嘲谤"和"睚眦"的思想和言行。择其要者有:

在人生道路上,封建社会的知识分子一般走的都是一条读书做官,从而达到光宗耀祖、显亲扬名的道路,这也是符合封建统治阶级的利益的。贾宝玉的父亲,从小也就是这样要求他的:"什么诗经古文,一概不要虚应故事,只把《四书》背熟就好。"目的就是去参加科举考试。对贾宝玉来说,以他的聪明俊秀及有利的家庭条件,这是一条十分便当的道路,然而他却偏偏不肯读这些东西,读了几年,"上本《孟子》就有一半是夹生的,若凭空提一句,断不能背;至'下孟'就有大半生的"。他当然不是不读书,而是所爱不在此。他的兴致在"一味的旁学杂搜",什么古今小说,飞燕、合德、则天、玉环的外传,与那传奇角本,都视为"珍宝"。他称《会真记》为"真是好文章",不仅爱看,而且能记,还随时能用上几句,与对《四书》的态度形成鲜明的对照。他不愿读《四书》,当然也就不愿去考科举,不仅自己不考,还骂"八股文"为"不过是后人饵名钓禄之阶"。骂迷恋于此者为"禄蠹",把劝他留意"仕途经济"的话斥为"混帐话",对说这种"混帐话"的人从不给以好颜色。世之批判科举者有之,如蒲松龄、吴敬梓等,但他们都是一些科场中的不得意者,热衷过功名富贵的人。蒲松龄考了一辈子未能得中,他一面著书揭露、批判科举中的种种弊病,一面还寄希望于他的儿孙,督促他们继续走这条路,"无似乃祖空白头,终老一经良足羞"①。他们的思想是好理解的。至于贾宝玉,他既非过来人的反戈一击,也不是遗民们那种出于民族意识不愿出仕与新的王朝合作,以他的聪慧及客观条件,走这条路本是十分自然又十分顺畅的,他却视若粪土,弃如敝屣。在时人看来,

---

① 蒲松龄:《喜立德采芹》。

自是乖僻、狂怪、不可思议的事情。

中国封建社会几千年来的传统观念都是男尊女卑，妇女地位低下，从孔子开始，就认为"唯女子与小人为难养也"①。此后则是夫为妻纲，妻子如衣服，兄弟如手足，夫权成为中国几千年来绑在妇女身上的一条绳索。直至今天，重男轻女的思想仍远远没有肃清。历来的文学作品中，虽也有为妇女鸣不平的，但只是哀其不幸，最多为之撒一掬同情之泪而已。贾宝玉则不然，他不但有一番从古未有、惊世骇俗的"奇"语"怪"论："女儿是水做的骨肉，男子是泥做的骨肉，我见了女儿便清爽，见了男子便觉浊臭逼人。"同时还时有一种"呆意"："料定天地间灵淑之气，只钟于女子，男儿们不过是些渣滓浊沫而已，因此把一切男子都看成浊物，可有可无。"这不仅是与传统的观念大相径庭，而且是完全颠倒过来了。因此能不被人们目为"奇"而且"呆"吗？贾宝玉的这种"女儿"观，在实践中证明它甚至是突破了阶级界限的。他不但"待姐妹们都是极好的"，在一般情况下，即使对众丫环也一样友善相处，"每每甘心为诸丫头充役"，就是怡红院外的丫头如平儿、鸳鸯受了委屈，他也替别人去向她们赔不是，为她们心里难受。特别是晴雯之死，使他发出了从未有过的怒吼："毁诐奴之口，讨岂从宽？剖悍妇之心，忿犹未释。"在《芙蓉诔》中，他还用了世界上最美好的辞语来歌颂被屈死的晴雯："其为质则金玉不足喻其贵，其为体则冰雪不足喻其洁，其为神则星日不足喻其精，其为貌则花月不足喻其色。"在中国历史上和古代文学史中，有谁见过一位贵族公子曾经这样赞美过她的丫环呢？在贾宝玉的眼里，晴雯不是一个丫环（他从未把她当丫环来对待、使唤），而是天地间灵淑之气的化身。他是把她作为一个清净女儿来加以至美赞颂的，无怪乎人们对他的言行根本无法理解，只能象兴儿说的那样，"说的话人也不懂，干的事人也不知"了。

与上面两个问题密切相关的是他的婚姻爱情问题，宝、黛二人自幼耳鬓厮磨，产生了爱情，这是古代戏剧、小说中常见的事情，不足为奇；奇特的是宝黛爱情产生、发展在宝玉身边有一大群女孩子这样的环境中，而贾宝玉却爱上了一个与封建传统婚姻标准大相径庭的林黛玉。史湘云比林黛玉更早就与宝玉相熟，薛宝钗可说是与林黛玉接踵而来到贾府的。以贾府这样一个贵族之家，他们传统的婚姻观念正如王熙凤所透露的，是"人物儿""门第儿""根基儿家私儿"，也即是人品（包括相貌和性格）、家庭出身和财产。

---

① 《论语·阳货》。

拿这几条稍一比较就会发现，林黛玉远不如史湘云，尤其不如薛宝钗。以人品来说，我们自然有不同于前人的标准来评价钗、黛，但起作用的却是当时荣国府里众人的看法："不想如今忽然来了一个薛宝钗，年纪虽大不多，然品格端方，容貌美丽，人人都说黛玉不及，那薛宝钗却又行为豁达，随分从时，不比黛玉孤高自许，目无下尘，故深得下人之心；就是小丫头们，亦多和宝钗亲近。"尤其是薛宝钗的相貌，对贾宝玉颇具吸引力，林黛玉说他"我知道你心里有妹妹，只是见了姐姐就把妹妹忘了"，不是没有根据的。以"门第儿"来说，薛家是显赫一时的金陵四大家族之一。他们之间的互通婚姻也已是惯例，自非父母双亡的林黛玉可比。以财产家私来说，薛家是有钱的皇商，"珍珠如土金如铁"，而林黛玉却是寄人篱下，因体弱多病想每餐吃一小碗燕窝粥也难以启齿，反而受到薛宝钗的施舍。

在条件相差如此悬殊的情况下，贾宝玉却不顾家庭的巨大阻力，毅然舍弃了人人赞好的薛宝钗，而爱上了孤苦无依且又十分"小性儿"的林黛玉。这在一般人看来，自然是不可捉摸的行为。因为它和《西厢记》里莺莺爱上张生是大不相同的。在崔、张之间，虽然还有一个郑恒存在，但郑恒比起张生，正如红娘说的："你是一分，他是百十分，萤火焉能比月轮？"莺莺之舍郑取张，就是可以理解的了。而贾宝玉只因与林黛玉思想意趣上相投，仅因这一点就把它放在全部传统婚姻标准之上，岂不更为怪哉？而钗嫁黛死，这种违反封建统治阶级常情的爱情被扼杀之后，贾宝玉竟然"眼睁睁把万事全抛"，"悬崖撒手"出家当和尚去了。这种怪事，也是世人所不可理解的。正如脂批所说："若他人得宝钗之妻，麝月之妾，岂能弃而为僧哉？"

以上是作者重笔酣写的几个重要方面，此外，虽着墨不多，但鲜明地反映出这种性格之处仍复不少。如"富与贵是人所欲也"①，而贾宝玉却有一种"呆想"，"可恨我为什么生在这侯门公府之家？……'富贵'二字，真真把人荼毒了！"所以当元春晋封为贵妃这件"非常的喜事"传出来时，"宁荣两处上下内外人等，莫不欢天喜地，独有宝玉置若罔闻"。亲友们如何来庆祝，府里如何热闹，众人如何得意，"独他一个皆视有如无，毫不介意：因此众人嘲他越发呆了"；贾府虽然内部充满了虚伪和欺诈，但那一套上下尊卑、长幼贵贱的表面礼节还是十分严格的，这自然是出于维护其统治的需要。因此，不仅"主仆之分甚严"，而且晚辈在长辈之前，其言笑起居都有一定的规矩，甚至"凡做兄弟的怕哥哥"，当宝玉进来时，在座的贾环、探春等都

---

① 《论语·里仁》。

要起立，以示尊敬。而贾宝玉却不要他们搞这一套，还要秦钟以兄弟朋友相待，不以叔侄相称。就是在奴仆面前，他也从不讲这一套礼规。不单对丫环们十分体贴，就是在小厮书僮们面前，如兴儿所说，他也是"喜欢时没上没下，大家乱玩一阵；不喜欢，各自走了，他也不理人，我们坐着卧着，见了他也不理他，他也不责备，因此没人怕他，只管随便，都过得去"；清代的官僚统治者们蓄奴成风，并以此为荣耀，贾府亦不例外。有脸面的大丫环袭人回家探母，王熙凤还要派几个仆人跟了去，以显示贾府的气派，而贾宝玉却打算回了王夫人，把屋里的人都放回去听其家人自便；生在公侯之家的贾宝玉，每日绫锦纱罗，羊羔美酒，象凤凰一般养着。在别人看来，就象神仙似的日子。秦钟就对他那"金冠绣服，艳婢姣童"的生活羡慕不已，而埋怨自己"偏偏生于清寒之家"，而贾宝玉却对自己的生活境遇十分不满，时不时说出"疯话"来：要化灰化烟，"趁着你们都在眼前，我就死了，再能够你们哭我的眼泪，流成大河，把我的尸首漂起来，送到那乌鸦不到的幽僻去处，随风化了，自此再不托生为人，这就是我死的得时了"等等。

  总之，类似这样的疯言怪行，在贾宝玉那里还可找到不少。这一切，在一般"世人"眼中是不可思议的，因为"世人都晓神仙好"，唯有功名、金钱、娇妻、子孙忘不了，而贾宝玉却与之恰恰相反，怎能不被目之为"疯""呆""痴""狂"呢？面对这样一个人物，不仅贾府中的许多人（包括他的亲属在内）不理解他，当时的许多评论者不理解他，就是与曹雪芹以及与《红楼梦》的创作关系甚密的脂批的作者也不理解这个人物。第十九回，当贾宝玉对袭人说到她的那些姐妹们"正配生在这深堂大院里，没的我们这种浊物倒生在这里"时，庚辰本有一段很长的脂批，反映了对贾宝玉这个人物惶惑不解的心情：

  这皆宝玉意中心中确实之念，非前勉强之词，所以谓今古未（有）之一人耳。听其囫囵不解之言，察其幽微感触之心，审其痴妄委婉之意，皆今古未见之人，亦是未见之文字；说不得贤，说不得愚，说不得不肖，说不得善，说不得恶，说不得正大光明，说不得混帐无赖，说不得聪明才俊，说不得庸俗平（缺一字），说不得好色好淫，说不得情痴情种，恰恰只有一颦儿可对，令他人徒加评论，总未摸着他二人是何等脱胎，何等骨肉。余阅此书亦爱其文字耳，实亦不能评出二人终是何等人物。……

在此之前，对贾宝玉自称"浊物"，又有一批曰：

妙号，后文又曰须眉浊物之称，今古未有之一人，始有此今古未有之妙称妙号。

尽管脂批承认无法确切说出贾宝玉究竟是何等人物，但从他的惶惑不解中，却给了我们今天评价这一人物以很大的启发，因为脂批反复指出贾宝玉是"今古未见之人"，是"今古未有之一人"，所以用传统的善、恶、贤、愚、不肖等等标准，都无法套在他身上。要真正认识这个人物，摸清他"是何等脱胎，何等骨肉"，只有从今天（《红楼梦》产生的时代）的历史条件中去进行探索。

《红楼梦》所得以产生的十八世纪中叶，从明中叶已生发的资本主义萌芽一度遭受压抑之后，至此又有了新的发展。在此历史背景下，从清初到曹雪芹的时代，曾产生了一批不同程度地具有初步民主主义思想的哲学家，如王夫之、顾炎武、黄宗羲、颜元、唐甄、戴震等等，他们成批地出现，说明这不是一个偶然现象。在哲学家中有，在其他领域里也应当会有。足以证明这种论断的可以与曹雪芹同时的"扬州八怪"为例。这"八怪"聚集、活动在资本主义萌芽较为发达的东南沿海，他们的共同特点是无论思想、行止以及艺术风格都有与传统迥异之处，故多与世俗社会格格不入，也因此才被目之为八"怪"。既然现实生活中有此"怪"人，那么在作家的作品中出现贾宝玉这样的人物也就成为很自然的事情了。贾宝玉这个艺术形象正是在这样一个新的历史条件下的产物，在他身上体现了资本主义萌芽带来的某些新的思想意识，不管它处在如何幼弱的状态，都是人们所没见过的，用传统的眼光是无法理解的，当时人们自然不可能认识到这一点。那么，脂批把他说成是"今古未有之一人"，在迷惑中倒也确实说出了这个人物的特点。

当我们弄清楚了贾宝玉这个人物的性质之后就会明白，把宝玉目之为"疯""呆""痴""狂"等，那是封建统治阶级从他们的正统立场出发所得出的结论，是一种"诽谤"。其实在《红楼梦》里，能理解贾宝玉这种性格的却不乏其人，如林黛玉就是与贾宝玉同一条路上来的人物。她不但不认为宝玉有何种怪诞之处，而是打一开始相见时，便觉得"何等眼熟"，以后更引为知己，托以终身，成为《红楼梦》里的天生一对，所以脂批认为宝玉"恰恰只有一个颦儿可对"，永忠也称之为"颦颦宝玉两情痴"[1]。此外，如妙玉也认为宝玉是一个"有知识的"，又如尤三姐，尽管她平日与贾宝玉毫

---

[1] 永忠：《因墨香得观红楼梦小说吊雪芹三绝句》之二。

无接触，可当她一听兴儿所述宝玉平日的情状，马上驳斥了那种贬斥宝玉"成天家疯疯癫癫"的看法，而认为"要说糊涂，（他）那些儿糊涂？""只不大合外人的式，所以他们不知道"。还有龄官，只因宝玉替他遮掩了在大观园里烧化纸钱一事，便"知他是自己一流人物"，而愿意将不能让第三人知道的隐情告诉他。贾宝玉整天在内帏厮混，不愿顶冠束带去应酬宾客，可是他在外面却也有两个十分相契的朋友，那便是柳湘莲和蒋玉函。

于是，我们便发现了一件十分有趣的事情，在对贾宝玉的看法上，《红楼梦》里有两个界线鲜明的营垒：以他的祖母、父、母、妹、表姐等为一方，把贾宝玉称之为"混世魔王""祸胎""孽障""无事忙""富贵闲人"等，是一个不可接受的"疯狂"的怪物；以林黛玉、妙玉、尤三姐、晴雯、龄官、柳湘莲、蒋玉函等为另一方，认为贾宝玉是情人、知己、朋友、同类。前者在血缘上与宝玉甚亲，但都是封建贵族中的正统派；后者与宝玉关系较疏，但都是中下层的平民、丫环或"连下三等的奴才"也不如的"戏子"。林黛玉乃寄人篱下者，并非贾府的"正经主子"，她曾愤怒地说："她们是公侯小姐，我原是民间的丫头。"他（她）们的社会地位与生活遭遇使他们能自发地接受新的思想意识（不管自觉与否）。这两个截然不同的营垒对贾宝玉的截然不同的看法，不也清楚地说明贾宝玉是一个什么性质的人物么？

四

我们说贾宝玉的思想带有初步民主主义的性质，是具有严格的含意的，不能夸大它，也不能无视它，稍有偏差，就会失真。而其关键则在于要准确地把握住产生这个人物的历史特点。

如前所说，《红楼梦》产生的历史时代已经有了资本主义的萌芽，但也仅仅是萌芽而已。由这种萌芽反映在意识形态领域里的新的思想也必然是幼弱的；它的对手，即封建地主阶级的传统思想，仍然是强大的。人们只可能朦胧地"秉赋"这种新思想，而不可能自觉地产生它。而且就是在带有这种思想的人身上，也往往不可避免地还会含有旧的思想污垢。贾宝玉正是这样一个人物。因此在评价他时，就得考虑到这些复杂的情况，过分夸大他的意义的观点，往往把他和欧洲文艺复兴时期的那些新人物联系起来，相提并论，而实际上两者之间却有极大的距离。文艺复兴时期的代表人物是作为新兴的资产阶级的代表，他们已有斗争的明确目标，有鲜明的政治口号；而具有同样性质的思想，在贾宝玉那里只是一种朦胧的意识，他自己也未必能理解它。

他并没有一个明确的目标并为之奋斗的信心,所以每当受到挫折,感到痛苦时,他就大叫大嚷要化灰化烟,再不托生为人,表现得十分软弱,因此把这个人物说成是"民主主义的战士",是自觉的什么"革命者"之类,都是溢美之辞,根本不符合他的实际。同样,无视他作为"今古未有之一人"的特点,只看到他身上还有种种旧的污垢,而看不到他与"世人"截然不同之处,因而把这个人物说成是地主阶级的浪荡子、多余的人,甚至色情狂等等,也是十分不恰当的。因为评价一个历史人物的意义,不在于他带有某些旧时代的东西(这是不可避免的),而主要的还在于他身上是否有新的、当"世人"所没有的东西,哪怕它还处在很微弱、萌芽的状态。这个道理是同样适用于评价文学史上的一些人物形象的。红学史上对贾宝玉这个人物形象的评价如此分歧,其中很重要的一个原因也许就在于没有很好地掌握住这一点吧。

曹雪芹能敏锐地感觉到这样一种新的思想萌芽,而且恰如其分地把它熔铸在自己塑造的艺术形象中,这正是他作为一个思想家、文学家的伟大所在。

(原载《中山大学学报》1985年第1期)

元剧的"杂"及其审美特征

黄天骥

多年前,王国维指出:自元剧始,"而后我国之真戏曲出焉"①。他揭开了元剧研究的帷幕,肯定了元剧在文学史上的地位,但对一些基本性的问题,却未遑顾及。直到今天,我们对元剧形态的认识,依然像雾里看花,若明若暗。为此,本文试图作一探索,进而论及其审美的特征。

一

元代出现的"真戏曲",人们例称之为元杂剧。早在元初,胡祗遹就说:"近代教坊院本之外,再变而为杂剧。"② 其后,贾仲明在为《录鬼簿》补写的吊词中,提到了关汉卿"总编修师首,捻杂剧班头";提到了王实甫"新杂剧,旧传奇,西厢记天下夺魁"。可见,元蒙之世,称以北曲为唱腔的戏曲为杂剧,已是人们的共识。

从现存的元代剧本看,它情节连贯,结构完整。但使人费解的是,为什么这明明是纯粹的"真戏曲",却被元人、明人称之为"杂"?关于这一点,戏剧史家董每戡早就提出过疑问,他说:"两宋的戏剧名'杂剧',后来元人的戏剧同称'杂剧'。其实就内容和形式来论,前者名符其实地杂;后者一点儿也不杂,不知为什么沿袭了这名称。"③ 的确,两宋时代演出的杂剧,包括口技、杂耍、说唱、滑稽小戏等等,它们同台演出,杂七杂八,称之为杂剧,那是名符其实的。而现存元代剧本,则丝毫不"杂",以此名之,颇有点牛头不对马嘴的味道。

有人认为,元剧沿宋金杂剧而来,所以也名之为"杂"。不过,宋金杂剧又可称为"院本",正如陶宗仪所说:"院本、杂剧,其实一也。"④ 既如

---

① 王国维:《元杂剧的渊源》,见《宋元戏曲史》第八章。
② 胡祗遹:《赠宋氏序》,见《紫山先生大全集》卷八。
③ 董每戡:《说剧》,人民文学出版社1983年版,第167页。
④ 陶宗仪:《院本名目》,见《南村辍耕录》卷25。

此,为什么元剧偏以"杂剧"而不以"院本"的称谓流传?可见此说仍未得其解。又有人采用胡祗遹的说法,认为:"既谓之杂,上则朝廷君臣政治之得失,下则闾里市井父子兄弟夫妇朋友之厚薄,以至医药卜筮释道商贾之人情物性,殊方异域风俗语言之不同,无一物不得其情,不穷其态。"① 其实,胡祗遹之所谓"杂",只就元剧的总体内容而言。若按此说法,那么,明代传奇的总体内容何尝不"杂",为什么却捞不到"杂"的名目?

不过,元人称其影响最大流传最广的剧种为"杂剧",应是有它的道理的。在明初,朱权指出:"元分院本为一,杂剧为一。杂剧者,杂戏也。"② 我们知道,元杂剧在明初依然流行,朱权当然是熟悉它的演出情况的。他所说"杂剧者,杂戏也",表面上似是同义重复,等于白说,可是,仔细一想,它却接触到问题的实质。

关于杂戏的名目,出自宋代。《东京梦华录》载:"内殿杂戏,为有使人预宴,不敢深作谐谑。惟用群队,装其似象。"又载:"勾杂戏入场,亦一场两段。"这里所说的"杂戏",也就是宋耐得翁在《都城纪胜》提到"通名为两段"的"正杂剧"。而这稍作谐谑讽刺略具情节的"正杂剧",演出时与诸种伎艺错杂相间。《东京梦华录》卷八载:六月六日崔府君生日时,"于殿前露台上设乐棚,教坊钧容直作乐,更互杂剧舞旋"。又说:"自早呈拽为戏,如上竿、趯弄、跳索、相扑、鼓板、小唱、斗鸡、说诨话、杂扮、商谜、合笙、乔筋骨、乔相扑、浪子、杂剧、叫果子、学相生、倬刀、装鬼、砑鼓、牌棒、道术之类,色色有之。"那"一场两段"的节目,与诸色伎艺混演,所以称之为"杂剧"。朱权在《太和正音谱》叙论了元代许多戏剧作品和作家之后,便说元杂剧即宋金杂戏,我想,无非是就其表演式样而言,或者起码可以说明,朱权看到的元剧表演,有许多地方和宋杂剧相似,有许多杂七杂八的东西。至于董每戡先生觉得它"一点儿也不杂",可能是受《元刊杂剧三十种》《元曲选》等文本的书写方式影响,产生了误解。

二

元剧以一人主唱,旦主唱的称"旦本",末主唱的称"末本",从剧本的文学性看,堪称"真戏曲";而从演出的角度考虑,如果它不"杂",也真

---

① 胡祗遹:《赠宋氏序》,见《紫山先生大全集》卷八。
② 朱权:《太和正音谱·词林须知》,"杂剧之说"条。

不行。

　　试想，一个演员连唱四折，若中间没有间歇，他（她）能吃得消吗？更重要的是，如何解决角色身份的问题呢？

　　元剧从故事发展的需要出发，有许多戏，主唱的旦或末，在同一部戏中要扮演不同的角色。例如《单刀会》第一折，正末扮乔国老；第二折，正末扮司马徽；第三折和第四折，正末则扮关公。又如《绯衣梦》第一、二折，正旦扮王闰香；第三折，正旦改扮茶三婆；第四折，正旦又扮王闰香。这一来，在折与折之间角色身份变换的时候，如何处理舞台上的时间空隙，就不能不引起我们的注意。

　　在元剧，演员宣示变换角色身份，除了要在演唱中自报家门，以及按照新的规定情景表演外，很重要的是靠扮相服装的变化，像《单刀会》中的乔国老是文官，司马徽是隐士，关公是武将，他们的穿戴扮相不一样，观众便从中辨别、认知人物的身份。据涵芬楼藏版《孤本元明杂剧》所录，元代有些戏目，其"穿关"变化还显得颇为复杂，像《蒋神灵应》头折，正末饰王猛，他的化装是"兔儿角幞头、补子圆领、带、苍白髯"；第二折正末改扮谢玄，其化装是"尖檐帽、蟒衣曳撒、袍、项帕、直缠、褡膊、带、带剑、三髭髯"。有些戏，主唱者角色没有变，但场景变了，化装也就跟着变了。像《伊尹耕莘》，楔子正末扮文曲星，化装是"如意冠、鹤氅、牌子、玎珰、三髭髯、执圭"。在头折，正末改扮伊员外，装扮为"一字巾、茶褐直身、钩子困带、苍白髯、拄杖"。到第二和第三折，正末改穿平民服饰，"散巾、补衲直身、绦儿、三髭髯"。而在第四折，正末虽然仍扮伊尹，但场景规定伊尹已做了大官，因此出场的打扮是"兔儿角幞头，补子圆领、带、带剑、三髭髯"，并且"踩马儿"。显而易见，当正末或正旦要变换身份，那么，在唱完了一套曲子并结束了一段表演时，便要赶紧下场，改装穿戴，做好变换角色的准备。

　　改变穿戴扮相，是需要花费时间的。

　　从现存的资料看，元代舞台没有帷幕，演员没有在幕后化装的可能性，他们在折与折之间的换装，只能在表演区之外进行。而装扮的改变愈大，所花费的空隙也愈多，这是不言而喻的。有些戏，即使服装不变，但角色容貌变了。像《豫让吞炭》，正末扮豫让在第三折下场后，第四折要"漆身吞炭妆癞哑上"。漆身，虽然是将身体涂墨，试想，这样的化装要花费多少功夫？

　　当演员换装之际，剧情停顿，舞台上也必然出现时间的空白。这该怎么办？难道让观众傻等？若如此，难免观众不会溜号。

在宋金时代，勾栏演出已经懂得重视观众心理，注意招徕观众。说唱演员为了吸引看客，在节目正式开始前还安排"得胜头回""焰段"等小节目，不让出现冷场的局面。很难想象，到了元代的戏剧演出，反会不懂如何解决折与折之间时间需要补空的问题。

其实，从宋代开始，勾栏和宫廷演出，已经注意到节目之间的时间衔接了。据《武林旧事》卷一载，在天基圣节，宫廷有杂剧上演。饮至第四盏，"何晏喜已下，做《杨饭》，断送《四时欢》"，饮至第六盏，又演杂剧，"时和已下，做《四偌少年游》，断送《贺时丰》"。可见在何晏喜、时和演出杂剧的前前后后，是有《四时欢》《贺时丰》等乐曲间插着的。另据《梦粱录》妓乐载：杂剧上演，"先做寻常熟事，名曰艳段，次做正杂剧。通名两段"。所谓两段，包括"艳段"和"正杂剧"。这两段之间，则"先吹曲破断送"，亦即在节目停顿的时候，增添乐曲，使整个演出"断"而不断。

近年，山西潞城发现了明代抄本《迎神赛社礼节传簿四十曲宫调》，这珍贵的戏曲史料所提供的宋以来民间酬神演剧的情况，与《武林旧事》等所载极为相似。例如酬神时献上"第一盏，〔长寿歌〕曲子，补空〔天净沙〕、〔乐三台〕"；献上"第四盏，《尉迟洗马》，补空《五虎下西川》"①。这里所说的"补空"，即以《天净沙》等小曲或《五虎下西川》等小节目，补足舞台上出现的时间空隙。以我看，"补空"者，就是《武林旧事》等书常常提到的"断送"，《礼节传簿》使用这一词语，倒是更准确地表述了舞台处理的涵义。总之，从宋杂剧开始，艺人们就在演出的过程中，注意到场面问题，文献资料中出现"断送""补空"等名目，适足说明他们有了处理"冷场""过场"的方法。

元剧在演出时，有没有采取类似"断送""补空"的办法，来解决舞台上出现时间空隙的问题呢？有的。这就是在折与折之间，插演诸般伎艺、小品。当观众被间场的节目吸引，舞台上的"空"便被"补"回来了。

在现存元剧的剧本中，最易使人产生"一点儿也不杂"的印象的，要算是臧晋叔《元曲选》所收诸戏。但是，臧晋叔分明知道，元剧在演出时，每折之间是插演各式伎艺的。他在改订《玉茗堂四种传奇》之《还魂记》第二十五折的眉批中写道："北剧四折，只旦末供唱，故临川于生旦等皆接踵登场。不知北剧每折间以爨弄、队舞、吹打，故旦末当有余力。"而在编纂《元曲选》的时候，臧晋叔却没有把"爨弄、队舞、吹打"安插在每折之间。

---

① 参看《中华戏曲》第三辑，山西人民出版社1987年版，第73页。

其他各种元剧本子,包括《元刊杂剧三十种》等也是如此。这可能是选家们出于文学性的考虑,更可能是每折之间的"爨弄、队舞、吹打"之类伎艺,究竟如何安排,并没明文规定,可以由艺人即兴发挥,这一来,选家们也就无从记录了。

根据臧晋叔的眉批,可以判断,在明中叶以前,人们所看到的从元代流传下来的戏剧演出,并非纯粹上演一个故事,而是像宋金杂剧那样,在过场中间插演诸般伎艺。作为一台戏,情节完整的故事段落,与伎艺杂耍并列,轮番上演,当然很"杂"。因此,我认为,元人明人之所以称元剧为"元杂剧",乃是从演出的角度给予它的名实相符的界定。

三

其实,只要我们多一个心眼,注意从演出的角度观察元代剧本,便可发现,在折与折之间,好些地方还保留着"爨弄、队舞、吹打"等伎艺的成份或痕迹。

例之一,《孤本元明杂剧》本的《单刀会》,正末在第二折扮司马徽,他唱完了〔正宫〕套曲,也下了场,而在他于第三折扮关羽上场之前,留在舞台上的道童,和鲁肃竟有一段与剧情无关紧要的诨闹:

〔道童云〕鲁子敬,你愚眉肉眼不识贫道。你要索取荆州,不来问我!关云长是我酒肉朋友,我交他两只手送与你那荆州来。〔鲁云〕……〔童云〕……〔唱〕
〔隔尾〕我则待拖条藜杖家家走……(下)

我们发现,《元刊杂剧三十种》中的《单刀会》,是没有插入道童和鲁肃的唱、白诨闹的。可见,《孤本元明杂剧》中保留的这一段具有过场性质的"杂扮",正是元代某个戏班演出情况的记录。

同样,在《元刊杂剧三十种》中,《单刀会》的第四折,正末扮关羽,拉着鲁肃送他上船,唱完了〔离亭宴带歇拍煞〕,按理他已下场了,但剧本竟在〔煞〕之后又有两首曲子:

〔沽美酒〕鲁子敬没道理,请我来吃筵席,谁想你狗行狼心使见识,偷了我冲敌军的军骑,拿住了怎支持!
〔太平令〕交下麻蝇(绳)牢拴子行下省会,与爱杀人懒烈关西,

> 用刀斧手施行可感到为疾，快将斗大铜锤准备，将头稍（梢）钉起，待□□掂只，打烂大腿，尚古自豁不尽我心下恶气！

我们拿《元刊杂剧三十种》与《孤本元明杂剧》本相校，发现后者的《单刀会》没有这两支曲子。而曲中说鲁肃偷走了马，说要把他抓来用大铜锤"打烂大腿"之类的话，俚俗粗鲁，也不似是关羽口吻，倒可能是扮演周仓的演员在主角离场后的"打散"。如果我们的推测不错，那么，这一段科诨，应是《元刊杂剧三十种》所保存的元代另一个戏班演出情况。

例之二，臧晋叔《元曲选》本《汉宫秋》，四折均由汉元帝主唱。在楔子与第一折、第一折与第二折、第三折与第四折之间，即主唱者下场以后，其他角色还有许多科白，可让主唱者有充分的喘息时间。唯独在第二折汉元帝唱了〔黄钟尾〕下场后，剧本写昭君只讲了几句话，第三折便开始，汉元帝上场就唱〔新水令〕。表面看来，间歇的时间很短，似乎演员没有多少周旋余地。但是，剧本在两折间插入〔番使拥旦上奏胡乐科〕的舞台指示。这说明，在第二折和第三折之间，是有一段乐曲作为过渡的，它就是臧晋叔所说的间以队舞、吹打之类的伎艺。有了它，饰汉元帝的演员是可以从容出场的。

例之三，《元曲选》本的《薛仁贵》，正末在第一、第二折扮薛大伯，第三折则改扮伴哥。而在第二、第三折之间，留在场上醉倒的薛仁贵做惊醒科，并向徐茂功诉说身世。这段自我介绍，竟以诗的形式出现：

> 〔诗云〕从小长在庄农内，一生只知村酒味，皇封御酒几曾闻，吃了三杯薰薰醉……告你个开疆展土老军师，可怜见背井离乡薛仁贵。

诗共十八名，颇似是可长可短的顺口溜。在薛仁贵念完下场后，剧本又插入一段丑扮禾旦唱〔双调豆叶黄〕：

> 那里那里，酸枣儿林子儿西里，俺娘着你早来也早来家，恐怕狼虫咬你。摘枣儿摘枣儿，摘你娘那脑儿，你道不曾摘枣儿，口里胡儿那里来，张罗张罗，见一个狼窝，跳过墙啰，唬你娘呵。

此曲唱毕，才由主唱的正末上场。虽然，在两折之间的薛仁贵的念白和禾旦的诨唱，和剧情并无内在联系，它们只具间场作用，属于补空的"爨弄"。

例之四，脉望馆本《蒋神灵应》，第二折正末扮谢玄主唱，在他唱了

〔南吕〕的尾声下场后，留在场上的谢安和王坦之却畅论围棋：

〔王坦之云〕老丞相，这棋中幽微之趣，可得闻乎？……

〔谢安云〕是一天、二地、三才、四时、五行、六律、七星、八方、九州……外有五盘小棋势……

〔王坦之云〕是那五盘小棋势？

〔谢安云〕是小巧势、小妙势、小角势、小机势、小屯势……又有二十四大棋势。

〔王坦之云〕老丞相，是那二十四大棋势？

〔谢安云〕是独飞天鹅势、大海求鱼势、蛟龙竞宝势、蝴蝶绕园势、锦经化龙势……

二人议论了一通，随后楔子才由正末扮谢玄再上。这一大段宾白，与剧情并无相干，主唱者倒可以赢得喘息的时间。至于谢安与王坦之的耍嘴皮掉书袋，则类似宋杂剧的"打略拴搐"。

上述诸例，说明元剧在演出时，折与折之间是有爨弄、队舞、吹打之类的片断作为穿插的。当然，《元曲选》中的许多剧本，已经懂得把间场的伎艺作为剧情发展的一个环节，在套曲结束，主唱者下场以后，戏剧的矛盾，由次要角色通过对白或科泛继续推动。但这些宾白科泛，备受重视的往往是它的伎艺性，像夏庭芝在《青楼集》中说天锡秀"足甚小，而步武甚壮"，侯副净"筋斗最高"，国玉第"尤善谈谑"，便是光从伎艺方面作出对演员的评论。总之，在元剧表演中，穿插于套曲之间的宾白科泛，与宋杂剧表演"有散说，有道念，有筋斗，有科泛"① 同出一脉。在这个意义上，人们仍称元剧为"杂剧"，自然是可以理解的。

在《孤本元明杂剧》中，还有《降桑椹》一剧。此剧写蔡顺为给母亲疗疾，孝感动天，桑树竟在大雪天长出桑椹，供他为药。此剧的第一折，插入王伴哥与白厮赖的大段诨闹；第二折插入两个医生即太医和糊涂虫的大段诨闹；第三折插入桑树神、风伯、雷公、电母的大段表演；第四折又插入王伴哥和白厮赖的诨闹。有趣的是，在各折的诨闹中，又有插白："〔外呈示答云〕得也么，这厮！"表明在表演区之外的类似"检场"的人员，也能参予哄闹。按理，《降桑椹》宣扬孝道，它的题旨是严肃的，但是，戏中反复加插大段诨闹、宾白、科泛，把原本是正儿八经的事情弄成稀奇古怪，把宣扬

---

① 陶宗仪：《院本名目》，载《南村辍耕录》卷25。

孝顺父母的庄重气氛冲洗得七零八落。若从剧本的文学性而言，《降桑椹》的编排无疑是拙劣的，但我怀疑编剧者未必看重故事内容的表述，而是以行孝的情节为框架，实际上是串演各式各样的伎艺。

不管怎样，《降桑椹》的做法，说明了元代一些剧作者十分重视伎艺的表演，乃至于有人竟不理会戏剧创作需要配合剧情营造相应的气氛，倒是利用剧情，添加枝叶，给伎艺性的表演提供机会。就重视伎艺表演而言，元剧与宋金杂剧是一致的，如果它们有什么不同，那不过是宋金杂剧纯属伎艺性表演，而元剧则注意到以故事表演为主体，尽量利用故事进行的间隙来显示诸般伎艺而已。

四

在元代，戏剧人物登场，所采取的程式，与宋杂剧如出一辙，这也是它之所以被称为"杂"的重要方面。

明代臧晋叔编纂的《元曲选》，往往在戏中出现"冲末"的角色。冲末是冲场的外末①，即由剧中的一个次要的男演员冲场而上，揭开戏剧的序幕。这"冲末"是剧中人，他的行为是戏剧冲突的组成部分。

但是，在最能真实反映元代演剧状况的《元刊杂剧三十种》中，却没有"冲末"一角，人物上场，使用的是"上开"的舞台提示。这一差异，很值得研究者注意。

"上开"，并不是一般意义的开场，试以宁希元校点的《元刊杂剧三十种》的《霍光鬼谏》② 为例：

第一折（昌邑王上开了）（外云了）（外上，谏不从了）（等外出了）（正末秉扮霍光带剑上开）

第二折（二净上开，往）（卜儿云了）（二净见了，下）（驾一行上开，往）（二净上，献小旦了）（卜儿上，再云，下）（正末骑竹马上开），在〔蔓菁菜〕一曲之后，有（等驾上开往）

第三折（二净云了）（驾一折）（外开一折）（正末做抱病扶柱开）

第四折（驾上开住）（做睡意了）（正末扮魂子上开）（等驾上，再

---

① 拙文《"冲末"、"外末"辨释》有较详细的分析，见拙著《冷暖集》，花城出版社1983年版。

② 宁希元校点：《元刊杂剧三十种》，兰州大学出版社1988年版。

开住）

从上例可以发现，第一，"上开"并非像"冲场"那样只用于全剧的开头，而是能用于每折，甚至能用于曲子的间歇中。第二，差不多每一类演员，包括驾、净、外、末等等，都可以"开"。第三，在同一个场景中，演员们可以轮流地"开"。第四，同一个角色，"开"了之后，还可以再"开"。这一切，说明了"开"是一种特定的表演动作或程式，它与臧晋叔《元曲选》中的冲末登场有很大的区别。

考诸宋金杂剧，演员上场时，往往是有"上开"的提示的。这"开"，就是"开呵"，或写作"开和""开喝"。按元刊《紫云亭》剧〔尧民歌〕，有"你这般浪子何须自开呵"，明朱有燉《八仙庆寿》有"替那鼓弄每开呵些也好"，《雍熙乐府》卷十八〔寨儿令〕曲有"开硬呵，发乾科"，可见，"开呵"是一种有特定涵义的演出术语。

关于"开呵"，徐文长在《南词叙录》云："宋人凡勾栏未出，一老首先出，夸说大意，以求赏，谓之开呵。"引证百回本《水浒传》五十回，艺人白秀英说唱诸宫调，唱之前，先由其父"持扇上开呵云：老汉是东京人士白玉乔的便是……"他介绍了一番之后，白秀英才开始演唱。《金瓶梅词话》第三十一回写"笑乐院本"的演出，"当先是外扮节级上开：法正天心顺，官清民自安……我如今叫副末抓寻着，请得他来见一见，有何不可，副末在哪里？"很清楚，《水浒传》和《金瓶梅词话》提到的白玉乔与节级，其身份、作用，等于徐文长所说的"夸说大意"的"老者"，是引导角色上场的人物，他们以念诗、说白主持演出。这一种做法，又分明是唐代歌舞表演"引戏""引舞""竹竿子"的孑遗。

又据任光伟先生介绍山西雁北于今尚流传的"赛戏"，在演出《投唐》《孟良盗骨》等戏之前，先有"摆队"，上场人物有真武爷、顶和、桃花女、三判等角色。演出时，先由兵校引顶和上。顶和肃立场中"致语"，（念）"唯××年之正月十四日××村扮社火一场"。随即鼓乐齐鸣，"口号"四句，接唱"曲板"四句，跟着是（白）："我有两个鬼厮，唤他前来，他就前来；他不来，就不来。"然后才是扮鬼厮的人上场。① 我认为，山西"赛戏"这一段表演，正是宋元以来"开呵""开和"的活化石。所谓"顶和"，无非是"开和"的蜕变。如果上面的分析不致大谬，便可说明宋杂剧的"开呵"，还

---

① 参看《中华戏曲》第三辑，山西人民出版社1987年版，第199页。

保留在现今的农村舞台演出中。既如此,元代戏剧上演时依然搬用宋杂剧的程式,自然是顺理成章的。

当我们弄清楚了元刊本中"开"的含义,就晓得元代演员登场时,是需要有人宣赞引导的。这个"夸说大意"的角色,其行径颇似于今天舞台或屏幕中的"节目主持人",他虽然出现在舞台上,活动于表演区中,却游离于剧情之外。他以局外者的姿态,使演员与观众沟通,让观众注意剧情的发展;而他的出现,又打断了戏剧动作的连贯线。对于这个专司宣赞引导的演员来说,"开"无疑也是一种专门伎艺,他对剧情或角色的推介,是否恰到好处,唱念、表情能否抓住观众,应该是有讲究的。在元剧演出中,这"开"的程式的存在,说明当时的舞台表演重视伎艺性,重视对观众的直接提示,却对故事情节的完整性、连贯性,显然还未给予足够的关注。

到明代,当臧晋叔编纂元剧的时候,"上开"的舞台提示被大量淘汰,代之以"冲末"冲场,间或出现"冲末扮××上开"的提法。戏曲术语的变化,反映了表演形态的变化。这一点,容另文论述。

五

上述的见解如能成立,那么,可以想见,元剧的表演体制,包括每折戏、每套曲的间场以及人物的登场方式,既是继承了宋金杂剧,又是十分驳杂的。而表演体制,既受一定历史时期观众审美情趣的限制,又反过来影响演出活动和演出效果。换言之,表演的体制和戏剧的审美特性,有着密切的联系。

在西方,从亚里斯多德开始,人们便把戏剧种类区分为悲剧和喜剧。与此相联系,近年来我国的学者,也有人把元剧区分为悲剧与喜剧。根据戏剧冲突的本质,亦即根据新旧两种力量在斗争中的态势,作品或是反映新生力量受到挫折,导致悲惨的结局;或是描写新事物取得胜利,嘲笑、否定旧事物的丑陋可笑,从美学范畴的意义划分元剧的种类,这当然不无道理,也易于"与国际接轨"。但是,按照我国传统观众,人们认为世间万物,彼此并非绝对对立的。包括物质和意识,除了"非此即彼"之外,同时存在"亦此亦彼""此中有彼"的状态。在审美方面,既有大喜大悲的区分,更多的情况是亦悲亦喜,悲喜交集。受儒家中和、中庸思想的影响,我国古典美学既注目于崇高、悲壮,更重视和谐、均衡。从元代戏剧演出和创作的情况看,经过悲欢离合,融合喜怒哀乐,最终达至矛盾的调协,情绪的和谐,是大多数剧目共同表现的审美意识。因此,简单地以悲剧或喜剧的概念给予界定,似既不符元剧的实际,也不能说明元剧乃至我国文化的特色。

判别戏剧的种类,除了要注意戏剧冲突所反映的社会本质之外,也不能不顾及它的演出所产生的美感,不能不考虑一台戏的整体、综合的效应。元剧在演出时,或以局外人的提示打断剧中人的动作线;或以伎艺性的部件隔断故事的连贯性,这势必使观众视点分散。试想,四大套的北曲,"中间错以撮垫圈、观音舞或百丈旗,或跳队子"①,这一类"杂扮"、伎艺,是会产生美感的,但与剧情没有必然联系,纯粹起"间场"的作用,作为一台戏的组成部分,又必然影响了观众对戏剧性的欣赏。当元剧的连贯线不断被"杂扮"、伎艺隔断,观众的情绪不断受到多方面的牵扯,人们却要把它截然区分为喜剧或悲剧,实在是困难的,也是不科学的。特别是那些被视为属于"悲剧"的戏,且不说它的团圆结局不能产生悲的效果,就从它不可避免地用伎艺间场,不断地以勾栏调笑插演来看,我们也难以视之为具有完整意义的"悲剧"。

研究戏剧史,不能不关注剧场的情况。我国戏曲演出,有其发展变化的过程。元代戏剧表演承宋金杂剧余绪,而且主要是受"诸宫调"演出的影响。一个主唱,势必需要以"杂扮""杂耍"诸般伎艺间场。到明代,传奇演出吸取了南戏每个角色均可主唱的方式,不存在演员更换装扮需要时间喘息的问题,这才抛开了"诸宫调"程式的制约,进而抛开间场的伎艺,戏剧便以连贯的故事表演,呈现在观众面前。当然,"杂"的痕迹还有遗留,像《牡丹亭》在"道现"一出中插演石道姑一段打诨之类。但毕竟和元剧把"杂扮"、伎艺作为演出机制的一部分大不相同。显然,当我国戏曲发展到以传奇为主体的明代,才向具有纯粹意义的戏剧表演迈进一步。

从另一角度看,元剧的杂,也说明了元人对戏剧审美功能的认识。在我国,儒家一直强调"文以载道"。但实际上,元剧作为文的重要方面,其演出却非完全"载道"的。戏者,戏也,戏谑、戏耍之谓也。试看宋杂剧,固然有"二圣环"之类稍具社会内容的小品,但更多的是"跳火圈""弄虫蚁""蛮牌""倬刀""跳丸""吐火""吞刀"之类杂耍伎艺,这又能"载"什么样的"道"?在元代,叙事性文学第一次居于创作的主导地位,舞台上出现了故事表演,这当然是戏曲史上的飞跃,也表明元初剧坛已充分注意戏剧的教育功能。然而,大量伎艺性的"杂扮"的存在,又表明看客们看戏时,还需要娱乐。我认为,不能把元剧以伎艺间场,仅仅视为编剧和表演水

---

① 顾起元:《客座赘语》卷九,"戏剧"条。

平的局限，还应视之为时代的产物，是特定时期的审美要求。当北方观众依旧习惯于宋金杂剧特别是"诸宫调"的表演，依然喜爱观赏伎艺性节目的时候，元剧"杂"的模式，就必然长期地保留。很明显，追求娱乐性，是元代观众审美理想的重要方面，他们既需要从完整的故事情节中获取教益，也需要从精湛的伎艺表演中获得愉悦。当"载道"与娱乐的双重需求在表演的层面尚未渗透、统一和水乳交融，元剧就呈现出"杂"的审美特征。

中国戏曲作为文学与唱做念打结合的综合艺术，在发展过程中有其历史的阶段性。元杂剧之所以被视为"杂"，恰好是戏曲发展到一定时期所留下的充满特色的烙印。弄清楚这一点，对历史地认识元剧的演出和创作，也许是有帮助的。

（原载《文学遗产》1998年第3期）

潮剧历史探源

吴国钦

潮剧的历史有多长？它的历史应从何时起算？

不少学者都认为，潮剧的历史应从明代嘉靖四十五年（1566年）算起，因为这一年刊行的《荔镜记》戏文，有八支曲子标明"潮腔"。既然"潮腔"已独立存在，潮剧的历史当然应从这个时候起算。照这样算法，潮剧至今已有450年的历史。

笔者认为，潮剧的历史，不应从《荔镜记》算起，而应从《刘希必金钗记》起计算。《刘希必金钗记》写本标示写于"明宣德六年"（1431年），潮剧的历史应从这个时候起算。即是说，潮剧的历史，迄今（2013年）已超过580年。

有什么根据这样说呢？

我们认为《刘希必金钗记》是一个南戏的潮剧改编本与演出本，潮剧的历史应从它算起。

明代宣德（1426—1435年）写本《刘希必金钗记》的出土，是戏文史上一件大事，与《永乐大典戏文三种》、成化本《白兔记》的被发现，意义可谓同样重要。《刘希必金钗记》属元代戏文，即《永乐大典·戏文（九）》收录的《刘文龙》（剧作主人公刘文龙，字希必），徐渭的《南词叙录》中录有属于"宋元旧篇"的《刘文龙菱花镜》。这本宣德写本《刘希必金钗记》，不少学者都把它作为南戏的一个本子，徐朔方认为它是"作为自然形态的南戏典型样本"[1]；刘念兹认为它"是一部早已失传的著名的宋元南戏剧本"，"是宋元时期南戏《刘文龙》在明初南方活动的一个实证"[2]；已故潮剧学者陈历明认为："《金钗记》是一个距今五百六十来年的南戏'新编'本子，是一个完整的南戏剧本。"[3] 这些见解，有大量的证据作依托，说明《刘

---

[1] 徐朔方：《南戏的艺术特征和它的流行地区》，见《徐朔方集》第一卷，浙江古籍出版社1993年版，第251页。

[2] 刘念兹：《金钗记》校注后记，广东人民出版社1985年版，第135页。

[3] 陈历明：《〈金钗记〉及其研究》，广西师范大学出版社1992年版，第8页。

希必金钗记》是一个南戏本子,这是毫无疑义的。但笔者认为,《刘希必金钗记》既是一个南戏本子,又是一个潮剧的改编本与演出本。主要证据有三:

证据之一,判断一个戏曲剧本属什么剧种,当然要看它所运用的语言。宣德抄本《刘希必金钗记》出现大量的潮州方言、俗语、土谈、谣谚,这显然是作者为适应在潮州演出而对原有的南戏本子进行改动增添的结果。现我们不厌其烦,将从剧本开头至结尾本子所用的潮州方言词一一录出(重复者不录),可以肯定地说,剧本演出时的说白部分,是用潮州方言进行道白的。请看——

第1出:照南戏惯例,属"家门大意"或称"自报家门",用诗词与书面语言介绍剧情,故本出无潮州方言词。

第2出:引领(引导)。

第3出:无过(果然如此)。

第4出:又着(还要),走来(走,或回来),过来(走近前来),咗(做),二支(支为潮州话量词),待我(等我),择好日(选择吉日)。

第5出:淡茶(即潮人口语"薄茶"),咗(同上。以下如有重复出现的词语,说明部分略去),口都酸(潮人谓话讲多了嘴巴累为"嘴酸"),酸痛(痛疼)。

第6出:老狗(潮语詈词,多用于老婆骂老公,有时也用来骂老头),相看未饱(尚未看够、恋够),有事我当(有责任我担当),就理(道理。刘念兹《金钗记》校本因未明其为潮语,误校为"理就"),乡里(故乡、乡下)。

第7出:共伊(同他。潮人口语称"他"为"伊"),霎时(一瞬间),顾管(照料)。

第8出:痛酸(实即上之"酸痛",因行腔用韵关系倒为"痛酸"),洗马桥(潮州有洗马桥、洗马河),相看(互相看)。

第9出:担担(挑担子,前"担"字为动词,读淡1;后"担"字为名词作宾语,读淡3),鸟脯(潮人形容人消瘦到皮包骨头为"鸟脯")。

第10出:旧时(昔时),十五夜(潮俗元宵节之称谓)。

第11出:勒路(跋涉走路)。

第 12 出：短命（潮语詈词）。

第 13 出：硬叮叮（直楞楞），十脚爬沙（十只脚在沙地上爬行。原本"爬"讹为"把"，今改），佐（做），无面（没面子），米粮（粮食）。

第 15 出：课（即卦。潮人读"卦"为"课"），拜兴（拜神就会运气好），粘香（点着香拜神），碌（潮语拟声词，摇动签筒的声音），故下句云"你碌那么紧"（你摇动这么快），（净白）碌紧才有出（摇动得快签筒里的"签丝"才能抖出来）。

第 16 出：了未（完事了吗），老公（丈夫），开春白（丑扮媒婆打诨的粗话，潮语粗话将男生殖器称为"臼仔锤"，这里喻妇女结婚后过性生活），佐。

第 17 出：佐，就理，搬唆是非（搬弄是非）。

第 18 出：老鸟（詈词，潮俗骂小孩子为"鸟仔"，大人则为"老鸟"），老公，乡里（乡下）。

第 19 出：儿夫（丈夫，潮州歌谣中也常见用"儿夫"指代丈夫）。

第 20 出：佐，鼠贼（小偷小摸），相杀（杀伐）。

第 21 出：就头（聚集，结合；另可解为随意、马虎）。

第 23 出：佐，几久（多久），妻房（妻子），盘墙（跳过墙去）。

第 24 出：无半张（潮人口语，全无书信意）。

第 25 出：佐，害害（坏事了坏事了），蚀本（亏本）。

第 26 出：佐。

第 27 出：我死（潮人口头语，意为我今次坏事了），参叉（交叉），害害，风说（即说谎，潮语"谎""风"同音，故"谎"音假为"风"），与你买棺柴（骂人的话，潮人将"棺材"读成"棺柴"——"材""柴"两字潮语发音不同），行过（走过），早早（一大早，或解为提前）。

第 29 出：要佐（要做），老狗，公婆相打（剧中科诨，潮州童谣有"公婆相打相挽毛"），二十九夜（潮俗除夕的称谓），奈（耐心等待），是生是死（生死未卜），相打（打架），拗折（折断）。

第 30 出：诚心（虔诚，诚挚），磨苦（受尽苦难）。

第 34 出：来去（一起去）。

第 35 出：舍（潮俗称阔少为"舍"），佐，痴歌（即痴哥，潮俗对好色者之称谓），伴脚（相偎相伴）。

第 40 出：佐。

第 41 出：老狗，惜（潮语疼爱，爱恋意），来去（去），儿夫，就理，佐，伊（他），面皮（脸皮、面子）。

第 42 出：家官（家翁。潮俗媳妇称家翁为"担官"、家婆为"担家"），佐，不才（自谦词），难过意（心里很难通得过。潮人表示愧疚，口头上常说"过意唔去"），乡里，行孝（孝顺）。

第 45 出：佐，蛤蟆吞象（俗谚云"人心不足蛇吞象"，潮谚则有"蛤婆吞象"之说）。

第 46 出：佐，兴（幸运，兴旺），贺（"保贺"之省语，潮语谓保佑为"保贺"），玉王（潮人对玉皇大帝之称谓），相拖带（互相提携照应），灵山（潮阳有灵山寺，是建于中唐的名刹。本出云"昨日灵山开法会"，可能是剧本就地取材提到潮汕地方胜迹），佐斋（做佛事）。

第 47 出：佐，来去。

第 50 出：三牲（潮俗年节拜神时用三种禽畜祭祀，如猪鸡鹅等，称为"三牲"），土地公公、土地婆婆、土地母母（潮俗拜土地神时简称为"拜公婆母"），偷走（溜掉）。

第 51 出：儿夫，待（等待），乡里。

第 54 出：闲心（休闲心境），舍，两头尖咀（两头不讨好），讨死（真要命）。

第 55 出：带累（牵连）。

第 58 出：槟榔（潮人逢喜庆节日有请客人吃槟榔之习俗，现则以橄榄代替，但仍称橄榄为"槟榔"），妈人客（潮语较年长女客之称谓。原本"妈"字近似"好"字，成"好人客"，也合潮俗，潮人称"客人"为"人客"），大卵（大的鸡蛋或鸭蛋，潮俗称蛋为"卵"），一话（一句话，本应为"一语"，但潮人谓"语"为"话"），汤水（指汤）。

第 59 出：佐，儿夫，耐死。

第 60 出：伊西你在东（即他在西你在东），伊家（他家）。

第 63 出：佐，心性急（潮人口语，急性子意），还在未死（还活着），起去看（上去看），去久长（口语，意为去了很长时间），大菜头（大萝卜），没房亲子孙（没有一个嫡亲子孙。潮俗谓兄弟分家为分"房头"，故云。下句"房亲"也同此意），无纸半张（潮人谓无音讯为无半张纸或纸无半张），四目无亲（举目无亲）。

第 64 出：佐，佐好事（潮俗办喜事称为"做好事"），佐斋（潮俗办丧事称为"做斋"），来去，脚儿早软（潮语谓腿脚走路累了为"脚软"或"脚酸"）。

第 65 出：佐，食酒（喝酒），拜得鲤鱼上竹竿（潮州民间一种古老的"决术"，即一种赌赛或求卜吉凶的术数），老公，平重（潮语同等重量之意），平长（潮语同样长度之意），勒迫（原倒为"迫勒"，指逼迫），直直而来（潮语谓直接来或去为"直直来"或"直直去"）。

第 66 出：老狗（这里是骂老人的话），老鸟，带累，佐。

第 67 出：了未，搬唆，乡里，伊。

以上笔者不厌其烦将《刘希必金钗记》抄本从头到尾运用潮州语汇的情况——摘出，无非是想说一个剧本运用了这么多的潮汕方言土话，这个剧本不是潮剧本又是什么呢？如果以上开列的一些语词如"老公""拖累""是生是死"等有人会以为不够典型，因为别的地域也有这样的词语，那么，剧中所用的一些"非潮莫属"的土谈俗语，只能证明剧本改编者如果不是潮汕本地人，至少也是在潮汕生活了相当长的一段时间，熟悉潮汕语汇者。像下面这些词语——痴哥、妈人客（或"人客"）、害害、奈、大卵、磨苦、大菜头、平重、平长、舍、三牲、讨死、食酒、无半张、做好事、做斋、儿夫、担担……这些充满鲜明潮俗色彩的语词在剧本中出现，不可能是偶一为之的，它有力地证明了剧作的乡土属性，证明这是一个用潮州话道白演出的本子。

证据之二，是《刘希必金钗记》的唱腔与用韵。唱腔当然是判断戏曲剧种的重要标志。但由于年代久远，又无音像资料流传，我们今天几乎无法判断宣德抄本《刘希必金钗记》究竟唱什么声腔，但可以作些猜测。

从剧本的唱腔曲调方面来看，嘉靖本《荔镜记》中有八支曲子特别标明"潮腔"，在《刘希必金钗记》中，除〔四朝元〕〔大河蟹〕二曲未见外，其余六支"潮腔"曲子皆出现过，且出现不止一次，有五出戏出现〔望吾乡〕曲，三出戏有〔风入松〕〔驻云飞〕曲。虽然《金钗记》戏文对这些曲子未标"潮腔"字样，但从实际情况看，其中不少曲子是押潮州话韵脚的。试举第六出几支〔风入松〕曲为例——

〔风入松〕告双亲宽坐听咨启，鸡窗十载笃志。只望一举攀仙桂，奈爹娘六旬年纪。今且喜冠娶完备，欲求功名事怎生区处？（公唱）

〔前腔〕孩儿说得有就理，安排打叠行李。只望你读书求名利，改门闾称吾心意。我儿，愿此去龙门及第，身荣贵早回乡里。（婆唱）

〔前腔〕孩子出去我挂心机，你夫妻三日便分离。不记得堂前爹共

妈，也须念夫妻恩义。休贪恋丞相人家女儿，休教爹妈倚门望你。（生唱）

〔前腔〕爹娘不必要心疑，我读书可存孝义。但愿衣归回来日，称双亲未老之时。恐媳妇缺少甘旨，望爹妈相周庇。

这几支〔风入松〕曲，韵脚用字是——

第1支曲：启志纪备处；
第2支曲：理李利意第里；
第3支曲：机离义儿你；
第4支曲：疑义时旨庇。

这几支〔风入松〕曲，除第1支收煞的"处"外，所有韵脚均押潮韵；且在曲文中运用潮州话词语"乡里"，而不是"故里""故乡""家乡"，"乡里"是潮州人对家乡的最亲切最直白的口语式称谓，非常值得注意。这是否说明这几支〔风入松〕曲乃"潮腔"呢？证据还不够确凿，我们当然不能下这个结论。但因为这几支曲子全含潮州话韵脚，它们也有可能属"潮腔"，只是未特别标出而已。

除了唱腔，我们只能作些推测外，宣德本《刘希必金钗记》中许多诗词，包括人物的上下场诗，也押潮韵。如第1出末尾末角介绍剧情：

忠孝刘文龙，父母六旬，娶妻肖氏三日，背琴书赴选长安。一举手攀丹桂，奉使直下西番。单于以女妻之，一十八载不回还。公婆将萧氏改嫁，□□日夜偷泪弹。宋忠要与结情缘，□文龙□□复续弦。吉公宋忠自投河，□□□□□□□。一时为胜事，今古万年传。

这一段韵白，基本上押潮韵。值得注意的是，这是全剧开场戏，要在潮州演出，只有押潮韵，才能招来潮州百姓观看，如果戏一开场就南腔北调，用官话介绍剧情，无异于将大部分潮州百姓驱赶出剧场。

还有一个很特别的情况，在全剧即将结束的时候，第63出写刘希必回到家乡，在洗马桥边邂逅肖氏，由于经历了约二十年的沧桑变化，刘希必几乎认不出自家妻子，肖氏也认不出丈夫，她唱了一首叫〔十二拍〕的曲子，共64句，这是全剧女主角用长篇说唱向观众交代自家的身世遭际——

〔十二拍〕奴是肖家亲女儿，为父官名肖伯彝；只因无嗣求神佛，

五旬年中奴出世。(生白:刘文龙从几岁与你求亲?)(以下说白略去)
七岁与君割衫襟,二家尊亲发誓盟,送聘黄金一百两,娶奴二八合成亲。
夫妻三宿两分张,抛弃妻室爹共娘,一去求官念一载,音书并无纸半张。
三般古记在君行,八条大愿告穹苍,洗马桥边分别后,教奴日夜守空床。
菱花古记双金钗,弓鞋一双分两开,菱花击破如缺月,明月团圆望郎来。
早朝起来点茶汤,三顿奉侍家常饭,晚与公姑铺床席,伏事(服侍)爹娘上牙床。只恩(只因)岁律庆新时,家家儿孙戏彩衣,公姑想他身没转,只怕年久无依栖。爹妈四目倚无亲,养得儿夫只一身,公姑主张奴改嫁,迫奴改嫁奴不听。奴推守孝又三年,朝望暮望不见转,念一年中守过了,情愿单身独自眠。吉公朝夕来搬唆,爹娘信他苦迫我,思量无计难躲闪,奴舍一身跳黄河。教奴嫁与宋郎君,奴推失计守夫灵,任他满园花似锦,死也不愿嫁他人。举目无人(亲)只望谁,不想公姑日夜催,女婿乘龙今宵里,奴心不愿泪双垂。不搽胭脂懒画眉,困弱身体慢挂衣,任他夫妻情浓美,望郎不转我也守孤栖。宋忠为人甚痴迷,误他多年数日期,奴肯将身陪伴你,等到石佛再生儿。相公剖判不公平,枉(你)读书达圣经(此句原作"一似农夫唱牛声"),你在朝中未辞驾,你家妻室嫁别人。相公说信报平安,说与公姑心喜欢,若是儿夫归来日,奴愿结草再衔环。①

这 64 句唱词,采用七字句,押潮州话韵脚,可见是用潮州话唱念的,十分类似潮州歌册,详尽地交代了肖氏的身世及其在丈夫刘文龙离开 21 载之后家庭的变故与自家的坚守。这是在全剧高潮之时用潮州歌册体把剧情复述一遍,让潮州本地观众明明白白地对全剧人物故事了然于心,所以,〔十二拍〕是全剧曲牌联缀体制中出现的一个例外,是典型的"潮州歌册"体说唱。所谓"十二拍",就是这 64 句唱念大约分属十二个不同的韵部的意思。知名潮剧音乐学者郑志伟也认为,从〔十二拍〕唱词的规律看,"它并非应用中州韵,也非洪武正韵,反而应用潮州词韵来演唱,则更加贴韵……可说是南戏正字官腔流入潮州以后,'易语而歌'地方化的一个生动例证"②。

证据之三,是宣德本《金钗记》中多处出现了潮州的风景胜迹、人情风

---

① 广东省潮剧发展与改革基金会:《明本潮州戏文五种》,广东人民出版社 1985 年版,第 124 – 128 页。

② 郑志伟:《略论潮州古戏文曲腔演进》,见《潮乐文论集》,中国戏剧出版社 2010 年版,第 98 页。

俗、名物掌故措写，说明南戏《刘文龙菱花镜》的改编者为了在潮州演出成功，是下了很大功夫将剧本"潮州化"的。如第8、9、10出提到潮州的洗马桥、洗马河，第12出提到凤城，第46出写到潮阳灵山寺名刹，第58出提到潮汕地区过年请客吃槟榔的习俗。他如将元宵节称为"十五夜"，将除夕称为"廿九夜"，写到潮州人办喜事叫"做（佐）好事"（第64出），办丧事称为"做斋"（第64出），这都是其他地方没有的非常特别的叫法称谓。第29出还将潮汕童谣中"公婆相打"①（相挽毛——即互相揪头发）这种旧时妇孺皆知的笑话搬上舞台，这样具有浓郁乡土味、潮州味的描写，不是潮剧的本子怕是很难出现的。

以上三大证据，说明改编者将南戏《刘文龙菱花镜》改成潮州戏文《刘希必金钗记》，是下了很大功夫的，把剧本"潮州化"，才能最大限度争取潮籍观众。宣德本《金钗记》还附有《得胜鼓》和《三棒鼓》的锣鼓谱和舞台提示，说明它是一个舞台演出本，它产生在以潮州大锣鼓闻名的潮州城，绝不是偶然的。

退一步说，以上三大证据中第二证据还不够确凿坚挺的话，单凭第一、第三条证据，也完全可以说明宣德本《刘希必金钗记》是一个潮剧本子。可以想见，剧中如此大量的潮州方言词与土谈俗语的运用，是连贯的，成一整体的，不可能在整句道白中，单挑一二个方言词来说潮州话而其他句子与词语依然说福建话或中州话，那完全是不伦不类，观众也会被弄得啼笑皆非的。

在这方面，我们可以京剧作为参照系。戏曲剧种的产生，常常以一次标志性的演出活动来标示。众所周知，京剧的历史是从1790年"四大徽班"入京为乾隆皇帝祝贺80大寿算起的，这个时候有京剧吗？当然没有。但"四大徽班"入京之后，京剧的"母体"诞生了，徽班与北京当地流行的京腔（指在北京流行的弋腔）、昆腔、秦腔等融合而生成新的剧种——京剧。1990年，全国京剧界隆重举行徽班进京200周年暨京剧诞生的纪念活动。1431年（即《金钗记》产生的宣德六年）有潮剧了吗？回答是肯定的。为什么？因为在这一年，在胜寺梨园完成了《刘希必金钗记》潮剧本的改编与演出，它标志着潮剧真真正正、确确实实在潮州的土地上诞生了。

当然，宣德本《金钗记》是从元代南戏《刘文龙菱花镜》改编的，限于

---

① "公婆相打"见潮州童谣《雨落落》："雨落落，阿公去闸泊（张网捕鱼），闸着鲤鱼共苦初（一种小鱼）。阿公哩欲煮，阿婆哩欲炣（煎焗），二人相打相挽毛；挽去见老爹（族长类人物），老爹笑呵呵，讲恁二人好'惕桃'（好玩）"。见陈亿绣、陈放编《潮州民歌新集》，香港南粤出版社1985年版，第67页。

改编者的水平与能力，他不可能将剧本"全盘潮化"，因此，我们在剧本中依然可以读到不少宋元戏曲常见而潮州人并不惯用的语词，如"原来恁的""寻思则个""兀自""多生受你""蓦地""则甚的"等等，这些官话语汇的出现正好说明剧本的源头是南戏的"宋元旧篇"。剧本还出现"邓州府福建布政司"字样（第46出），邓州府不在福建，不过，这说明该剧可能在福建演出过，然后经福建传入潮州。福建梨园戏至今仍保留有《刘文良（龙）》的剧目，莆仙戏则保留有《菱花镜》的剧目，它们与宣德本《刘希必金钗记》同属元代南戏《刘文龙菱花镜》的改编本。

《刘希必金钗记》的出土，给宋元戏文在南方的演出活动提供了一个典型的实证，说明在明初，戏文已南下粤东，并迅速"入乡随俗"，潮州化，本土化。这个距今580年的南戏的潮剧改编演出本的出土，改写了潮剧的历史，潮剧这个古老剧种之所以传统深邃，是由于它吸吮着九百年历史的南戏母体的乳汁，因此底蕴深厚，繁枝纷披，非常迷人！

（原载2016年11月10日《羊城晚报》，原题目为《潮剧迄今已有580年历史》）

南宋时期的岭南词

梁守中

词,本称曲子词,是唐代兴起的一种合乐歌唱的新的文学样式。曲子词首先盛行于民间,从唐代中叶开始,出现文人的拟作。晚唐、五代时,文人词有了进一步的发展。到了宋代,词的发展便进入了全盛的时期。两宋之际,涌现出许多杰出的词人,并形成各个不同风格的艺术流派,产生了大量的优秀作品。由于岭南地处僻远,唐五代、北宋时期,文献散佚,词作流传极少。岭南词人见于载籍最早的是五代连州(今连县)人黄损,现存的词仅有《望江南》一首:"平生愿,愿作乐中筝。得近佳人纤手子,砑罗裙上放娇声。便死也为荣。"此词格调低下,黄损虽有直谏之名,也被后世所讥。黄损之外,尚有曲江人何成裕"尤工小词",但词不存。北宋年间,岭南能诗者不少,但不见有词。被《粤东诗海》誉为"吾粤宋诗无出其右"的余靖,其《武溪集》中亦不见收有词作。直至南宋时期,崔与之、刘镇、李昴英、葛长庚、赵必瑑、陈纪等人出,岭南词家才稍著称于世。

一

崔与之(1158—1239),字正子。增城人。宋光宗绍熙四年(1193)进士,授浔州司法参军,转授广西提点刑狱。时岭外官吏用刑惨酷,贪虐害民,与之力为申论而痛惩之。百姓感其大德,刻《岭海便民榜》以彰其事。后召为金部员外郎,修守战备,以防金人入侵。累官秘书监,兼太子侍讲,权工部侍郎。未几,出知成都府,进本路安抚使。时将帅骄恣,相互猜忌,与之戒以"同心体国"之大义,协力御敌,敌不敢犯。后召还,蜀人思之,为绘其像于成都仙游阁,以配张咏、赵抃,名"三贤祠"。理宗时授广东经略安抚使、兼知广州。后拜参知政事、右丞相,皆力辞。以观文殿大学士致仕。封南海郡公。卒谥清献。著有《菊坡集》。

崔与之为南宋名臣,忧国爱民,政绩彰著。其诗亦多抒发政治理想之语,感情深挚,笔力老健。与之亦能词,有"粤词之祖"之誉。他在出任成都知府兼本路安抚使时，曾登临剑门关，写下一首传世名作《水调歌头·题剑阁》：

> 万里云间戍，立马剑门关。乱山极目无际，直北是长安。人苦百年涂炭，鬼哭三边锋镝，天道久应还。手写留屯奏，炯炯寸心丹。　对青灯，搔白发，漏声残。老来勋业未就，妨却一身闲。梅岭绿阴青子，蒲涧清泉白石，怪我旧盟寒。烽火平安夜，归梦到家山。

崔与之写这首词时，淮河、秦岭以北的大片土地，早已沦于金人之手。词人立马剑门，北望中原，不胜浩叹。此词上阕写作者决心抗敌守边，报效国家的一片丹心，下阕抒发老来功业未就的感慨。全词豪放劲健，充满家国之思，风格属辛弃疾一派。潘飞声在《粤词雅》中，称誉此词深具雄直之气，并盛赞"起四句雄壮极矣，虽苏（轼）辛（弃疾）亦无以过之"。麦孟华在梁令娴辑编的《艺蘅馆词选》中，对此词亦大表称赏，赞道："此词豪迈，何减稼轩！"给予很高的评价。

崔与之尚写有一首《贺新郎·寿转运使赵公汝燧》。这首寿词虽是一般应酬之作，但正如潘飞声所指出的，它能"出以典雅，亦复不易"。不过，与前面忧国忧民的《水调歌头》相比，就远为不及了。

崔与之存词极少，仅得二首；但却开创了以"雅健"为宗的岭南词风，对后世岭南词人影响甚大。南宋后期的李昴英、赵必㻌、陈纪等人，便是这种"雅健"词风的直接继承者。

刘镇，字叔安。南海人。宋宁宗嘉泰二年（1202）进士。性恬淡，有贤名。自号随如，学者称随如先生。曾与崔与之交游。崔逝时，刘吊以诗，有"始终无玷缺，出处最光明"句，人皆以为实录。刘镇工于词，以新丽见称。著有《随如百咏》，今不传。《全宋词》仅辑得其词二十六首。

刘镇虽存词不多，但颇得当时和后世的称赏。与他同时的江湖派领袖刘克庄称其词"丽不致亵，新不犯陈，周（邦彦）、柳（永）、辛（弃疾）、陆（游）之能事，庶乎兼之"（见《古今词话·词评》）；明人杨慎则在《词品》中誉之为"南渡填词巨工"。刘镇词以写时令物情的内容居多，亦以此见长。如赋咏茉莉的《念奴娇》，就写得非常出色：

> 调冰弄雪，想花神清梦，徘徊南土。一夏天香收不起，付与蕊仙无语。秀入精神，凉生肌骨，销尽人间暑。稼轩愁绝，惜花还胜儿女。
>
> 长记歌酒阑珊，开时向晚，笑浥金茎露。月浸栏干天似水，谁伴秋娘

窗户？因䈲云鬟，醉歌风帽，总是牵情处。返魂何在？玉川风味如许。

此词描写细腻，深能写出茉莉洁白清香、夏夜开花的特色。开头以"调冰弄雪"比喻花色之白，出句便是不俗，结尾以唐人卢仝（玉川子）品茶的典故，写茉莉花谢后，仍能把清香留在茶中，使人有回味不尽之意。词中提及稼轩（辛弃疾）惜花，因稼轩集中亦有赋咏茉莉的《小重山》词的缘故。杨慎极赏此词，谓"评者以为不言茉莉，而想象可得，他花不能承当也"。刘词中多立春、元夕、七夕、清明等节令之作，情思婉妙，时有新意，如《蝶恋花·丁丑七夕》，一反常调，不写团圆重会，却从别意着笔，情味更觉深永：

谁送凉蟾消夜暑？河汉迢迢，牛女何曾渡！乞得巧来无用处，世间枉费闲针缕。　　人在江南烟水路。头白鸳鸯，不道分飞苦。信远翻嗔乌鹊误，眉山暗锁巫阳雨。

又如《清平乐·赵园避暑》：

柳阴庭院，帘约风前燕。着雨荷花红半敛，消得盈盈绿扇？　　竹光野色生寒，玉纤雪藕冰盘。长记酒醒人静，暗香吹月阑干。

此词不写暑热炎威，扣紧"避暑"二字，逼出园中"寒"意，使人有清凉的感觉。结尾二句转写夜间园里情景，更添远致。"暗香吹月"四字尤佳，充分写出月下风送花香的怡人景象。

刘镇有几首寄远怀内之作，写得感情深挚，颇为动人。如《水龙吟·庚寅寄远》：

老来惯与春相识，长记伤春如故。去年今日，旧愁新恨，送将风絮。粉泪羞红，黛眉颦翠，推愁不去。任琐窗深闭，屏山半掩，还别有，愁来路。　　回首画桥烟水，念故人，匆匆何处？客情怀远，云迷北树，草连南浦。离合悲欢，去留迟速，问春无语。笑刘郎，不道无桃可种，苦留春住。

词人老来尚作客他乡，纵是满眼春光也了无欢趣。此词上阕主要写伤春，下阕主要写怀远，"旧愁新恨""离合悲欢"，交织在一起，堪称情文并至。他如《汉宫春》之"人去后，庭花弄影，一帘香月娟娟"，写对旧游的美好追忆；《庆春泽》之"客里情怀，伴人闲笑闲吟"，写客居他乡的百无聊赖；

《水龙吟》之"前度桃花,去年人面,重门深闭",写追怀前事的怅惘之感,均情真意切,耐人寻味。

刘镇性淡泊,故词中多见其旷远的襟怀,如"尘外闲寻行乐地,任旁人歌舞喧台榭"(《贺新郎》),"襟怀静吞八表,莫登山临水易惊秋"(《木兰花慢》),"物象搜奇,风流怀古,消得文章万丈虹"(《沁园春》)等句,"不以物喜,不以己悲",闲适恬静,颇见高格。潘飞声在《粤词雅》中盛赞道:"其词格高气远,情致绵邈,而才足以运之,为宋代词家特出。"给予很高的评价。

李昴英(1201—1257),字俊明。番禺人。宋理宗宝庆二年(1226)进士。初任汀州推官,保境爱民,颇有政声。曾随崔与之平贼,有赞画之功,甚得崔与之赏识。任直秘阁福建提举及直宝谟阁江西提刑时,慨然以洗冤泽物为己任,劾赃贪,决冤滞,道路肃然,贪吏望风解印。时逢大荒,又捐俸赈贷,活饥民无数,郡人同感大德。累官龙图阁待制,吏部侍郎。李昴英天性劲直,不畏强暴,在任上曾弹劾权臣史嵩之、贾似道,痛斥二人祸国殃民。宋理宗赏其直,誉之为"南人无党"。晚年归隐广州文溪。卒谥忠简。著有《文溪存稿》二十卷,为其门人李春叟所辑。《四库全书总目提要》评云:"其文质实简劲,如其为人。诗间有粗俗之语,不离宋格,而骨力遒健,亦非靡靡之音。盖言者心声,其刚直之气有自然不掩者矣。"可谓的评。

李昴英是南宋名臣,性耿介,词如其人。他的孤直节操,在词中时有反映。如《贺新郎·赋菊》,托物自喻,就是极佳的一首:

> 细与黄花说:是天教、开遇重阳,玉裁金屑?老行要寻松竹伴,雅爱山翁鬓雪。任满插、追陪节物。惟有渊明吾臭味,傍东篱、盘薄芳丛撷。便无酒,也清绝。　芒寒色正孤标洁。惯平生,餐霜饮露,倚风迎月。不比芙蓉偏妩媚,不比茱萸太烈。似隐者、萧闲岩穴。至老枝头犹健在,笑纷纷、红紫尘沙汩。香耐久,看晚节。

此词通首咏菊而寓有作者品格。上阕写松竹作伴,与渊明同味,以见词人高致;下以妩媚的芙蓉和浓烈的茱萸作比,反衬菊花似隐者一般冲淡平和,又以众花萎落而菊花至老犹健,逼出"香耐久,看晚节"二句。这结尾二句,也正是作者一生品格的概括。

李昴英志节高尚,故与力主抗金、反对和议的王埜(子文)十分相得。当王埜即将到太平州赴任时,他写了一首《摸鱼儿·送王子文知太平州》赠别。词中多以国事为念,有惺惺相惜之意:

> 怪朝来、片红初瘦，半分春事风雨。丹山碧水含离恨，有脚阳春难驻。芳草渡，似叫住东君，满树黄鹂语。无端杜宇。报采石矶头，惊涛屋大，寒色要春护。　　阳关唱，画鹢徘徊东渚。相逢知又何处？摩挲老剑雄心在，对酒细评今古。君此去，几万里东南，只手擎天柱。长生寿母。更稳坐安舆，三槐堂上，好看彩衣舞。

太平州在长江南岸，临近前线，地理位置相当重要。王埜出知太平州，正是被委以国防、江防的重任。此词上阕借景传情，抒写惜别之意；末尾"采石矶头"三句，则由惜别而写及局势的艰危。下阕主要写临别赠言。"摩挲老剑"二句，写二人同抒壮怀，细评今古。"君此去"三句，写作者对友人的殷殷嘱望，希望他做撑持大局的擎天一柱，肩负起拱卫东南的重任。此数句语极雄壮，有很强的艺术感染力。只惜结尾四句后劲不继，跌入祝寿俗套，出语陈腐，乃是败笔。

李昴英在广州期间的活动，有不少都与广州的风景胜地有关，如登越台、游景泰小隐、避暑白云寺等，其中写得最好的要数《水调歌头·题斗南楼和刘朔斋韵》一首：

> 万顷黄湾口，千仞白云头。一亭收拾，便觉炎海豁清秋。潮候朝昏来去，山色雨晴浓淡，天末送双眸。绝域远烟外，高浪舞连艘。　　风景别，胜滕阁，压黄楼。胡床老子，醉挥珠玉落南州。稳驾大鹏八极，叱起仙羊五石，飞佩过丹丘。一笑人间世，机动早惊鸥。

斗南楼旧在广州府治后城上。于此观山览海，极饶胜概。此词视野开阔，想象奇特，既想到烟波万里之外的异域，又想到广州别称羊城的神话传说，胸襟旷远，气概豪迈，有着鲜明的地方特色，堪称是描绘广州形胜的佳制。特别是"绝域远烟外，高浪舞连艘"二句，触景遐思，写出了中外通商贸易的繁忙景象，为宋词中所仅见。

李昴英词继承了崔与之的"雅健"风格，常常在凌云健笔中透出一股清雅之气。除前面提到的三首词外，他另有一首《水调歌头·题登春台》，也同样可以看到这种风格：

> 野趣在城市，崛起此台高。谁移蓬岛，冯夷夜半策灵鳌。十万人家甃碧，四面峰峦涌翠，远岫拍银涛。插汉笔双塔，簸两叶轻舠。　　我乘风，时一到，共嬉遨。江山无复偃蹇，弹压有诗豪。宝剑孤横星动，铁笛一声云裂，寒月冰宫袍。沧海一杯酒，世界眇鸿毛。

登高临远，游目骋怀，豪情胜概，聚于笔端。上阕侧重写眼前所见，下阕着意抒发"诗豪"弹压山川的气势。末尾"沧海"二句，化大为小，语极豪壮，具见作者的襟抱不凡。

宋词中写闺怨春恨，多有美人香草的寄托。李昴英的《兰陵王》亦属此类。他在淳祐六年（1246），因上疏弹劾枢密院陈韡等权臣，触怒了皇帝，被免官南归。《兰陵王》一词，大约写于这个时候。此词缠绵悱恻，寄慨深沉，与前面数首雅健之作不同，使用了另一副笔墨：

> 燕穿幕。春在深深院落。单衣试，龙沫旋熏，又怕东风晓寒薄。别来情绪恶。瘦得腰围柳弱。清明近，正似海棠，怯雨芳踪任飘泊。
> 钗留去年约。恨易老娇莺，多误灵鹊。碧云杳渺天涯各。望不断芳草，更迷香絮，回文强写字屡错。泪欲注还阁。　孤酌。住春脚。便彩局谁恹，宝轸慵学。阶除拾取飞花嚼。是多少春恨，等闲吞却。阑干猛拍，叹命薄，悔轻诺。

此词工于比兴，言近旨远，借写闺中春恨，抒发"信而见疑，忠而被谤"的情绪，词中流露出深沉的失望和悲愤，寄托着对君国安危的深切忧虑。杨慎在《词品》中极赞此词，谓"《兰陵王》一首绝妙，可并周（邦彦）、秦（观）"。李调元则在《雨村词话》中独赏"阶除"三句，认为拾嚼飞花、吞却春恨，句意生新可喜，是"前人所未经道"。

李昴英词以长调居多而短调甚少，擅长铺陈事物，写景言情，在当时和后世都有一定的影响。比他稍后的黄升在编选《花庵词选》时，就选入他那首送王子文赴任的《摸鱼儿》词，并誉之为"词家射雕手"。明代毛晋辑编《宋六十名家词》时，更收入他的《文溪词》，把他列为其中一家。在宋代的岭南词人中，李昴英是唯一享有这种殊遇的一个，足见他的名声不弱，在词坛上占有一席地位。

二

葛长庚，又名白玉蟾，号海琼子。琼州（今属海南省）人，一说闽（今福建）人。生卒年不详，活动在崔与之与李昴英年间，是个传说颇多的神奇人物。他自幼好道术，曾随陈翠虚学道，常往来罗浮、武夷、天台诸山。工书画，尤善诗词，著有《海琼集》。嘉定年间，曾应诏赴阙，馆太一宫，封紫清明道真人，后不知所往。葛长庚驱灾辟邪之异事甚多，甚至有传他已得道成仙的。他曾有诗自赞道："千古蓬头跣足，一生服气餐霞。笑指武夷山下，白云深处吾家。"可见其学道之自得其乐。《海琼集》中存词二卷，甚多"金公姹女""离龙坎虎"之类道士呓语，此类呓语意在为道家修炼作宣传，毫无艺术价值，读之使人生厌。下面试举一首《满庭芳》，以见一斑：

> 鼎用乾坤，药须乌兔，恁时方炼金丹。水中虎吼，火里赤龙蟠。况是兑铅震汞，自元谷、上至泥丸。些儿事，坎离复垢，返老作童颜。
> 五行，全四象，不调停火候，间断如闲。六天罡所指，玉出昆山。不动纤毫云雨，顷刻处、直透三关。黄庭内，一阳来复，丹就片时间。

作者在词中摆弄了一大堆修道炼丹的名词术语，得意洋洋，自我陶醉；读者却如听梦呓，兴味索然。此类呓语为数不少，约占《海琼集》的1/5，是词中的下品。但葛长庚确是虔诚的修道者，长在山中生活，因此对修道者的心态及周围的环境，都很了解和熟悉，写及这些内容时，笔底常带感情，显得清隽飘逸，颇为动人，与前面所述的那些炼丹呓语情趣大异。如《行香子·题罗浮》：

> 满洞苔钱。买断风烟。笑桃花流水晴川。石楼高处，夜夜啼猿。看二更云，三更月，四更天。　细草如毡。独枕空拳。与山麋野鹿同眠。残霞未散，淡雾沉绵。是晋时人，唐时洞，汉时仙。

上阕写山中修炼的自然环境和夜半静坐行炁的修炼生活，下阕写修道者侣麋鹿、眠白云的超然自得。如此写道家生活，便写得洒脱而富有野趣。又如《水龙吟·采药径》：

> 云屏漫锁空山，寒猿啼断松枝翠。芝英安在，术苗已老，徒劳屐齿。应记洞中，凤箫锦瑟，镇常歌吹。怅苍茫路杳，石门信断，无人问，溪头事。　回首暝烟无际，但纷纷、落花如泪。多情易老，青鸾何处，书成难寄。欲问双娥，翠蝉金凤，向谁娇媚？想分香旧恨，刘郎去后，一溪流水。

葛长庚词中常常描写"记忆"中的仙家旧事，这种"记忆"，实是一种梦境。梦境中的仙家生活是美好迷人的，但梦醒后却仙路杳茫，一无所有。两者反差强烈，更加深了梦醒时的悲哀。这首以"采药径"为题的词，正是写作者重游旧地时人事全非的失落之感。词中虚实结合，冷热交作，时而陷于狂热的幻想之中，时而跌入冷落的现实之内，将仙境与人间、幻想与现实融为一体，创造出一种凄艳而神奇的境界，别有一番迷离恍惚的味道。

但葛长庚写得最好的，并不是那些飘飘仙举、修道遁世的作品。他虽然向往仙家的生活，但却又未能一下子抛掉对人间生活的留恋，所以在他的词作中，有不少仍然散发出情意缠绵的人间烟火气息。正是这些有人情味的作品，才是《海琼集》中的佳制。陈廷焯在《白雨斋词话》中，就极喜他那首"无方外习气"的《水调歌头》：

  江上春山远，山下暮云长。相留相送，时见双燕语风墙。满目飞花万点，回首故人千里，把酒沃愁肠。回雁峰前路，烟树正苍苍。　漏声残，灯焰短，马蹄香。浮云飞絮，一身将影向潇湘。多少风前月下，迤逦天涯海角，魂梦亦凄凉。又是春将暮，无语对斜阳。

这首词把离情别意写得如此浓烈，正见作者对世情的执着。陈廷焯以"风流凄楚，一片热肠"评之，是十分精当的。

葛长庚不少佳作豪放劲健，情辞俊朗，颇近苏、辛的风格。如《酹江月·武昌怀古》一词，感慨淋漓，读之使人神旺：

  汉江北泻，下长淮、洗尽胸中今古。楼橹横波征雁远，谁见鱼龙夜舞？鹦鹉洲云，凤凰池月，付与沙头鹭。功名何处，年年唯见春絮。

  非不豪似周瑜，壮如黄祖，亦随秋风度。野草闲花无限数，渺在西山南浦。黄鹤楼人，赤乌年事，江汉亭前路。浮萍无据，水天几度朝暮。

一个方外人，写出如此感慨深沉的怀古词，足见他对世事尚未能忘情。在葛长庚的佳作中，确是时见"一片热肠"的。如下面一首《贺新郎》，陈廷焯就誉之为"意极缠绵，语极俊爽，可以步武稼轩（辛弃疾）"：

  且尽杯中酒。问平生、湖海心期，更如君否？渭树江云多少恨，离合古今非偶。更风雨、十常八九。长铗歌弹明月堕，对萧萧、客鬓闲携手。还怕折，渡头柳。　小楼夜久凉微透。倚危栏、一池倒影，半空星斗。此会明年知何处？蘋末秋风未久。漫输与、鹭朋鸥友。已办扁舟松江去，与鲈鱼、莼菜论交旧。因念此，重回首。

此词别意甚深，也友情甚深，脱尽方外习气，饱含着人间烟火的芳香，远非那些仙气弥漫的呓语所及。又如《水调歌头·丙子中元后风雨有感》一词：

> 一叶飞何处？天地起西风。夜来酒醒，月华千顷浸帘栊。塞外宾鸿来也，十里碧莲香满，泽国蓼花红。万象正萧爽，秋雨滴梧桐。　　钓台边，人把钓，兴何浓。吴江波上，烟寒水冷剪丹枫。光景暗中催去，览镜朱颜犹在，回首鹫巢空。铁笛一声晓，唤起玉渊龙。

此词起句奇兀，结句豪壮，词笔老健，境界雄阔。《历代词话》所引的《词统》认为，此词与苏轼同调之"明月几时有"一词，同属"画家大斧皴，书家擘窠体"，"足与匹敌"。所评虽有溢美之嫌，但葛词实在写得雄健隽逸，情辞双美，堪称佳作。

葛长庚词以长调居多，短调少。短调中的"山衔初月明疏柳，平野垂星斗"（《虞美人》），"沙头三两雁相呼，萧萧风卷芦"（《阮郎归》），写江边秋景如画，颇为不俗；"柳絮欲停风不住，杜鹃声里山无数"，"醉里寻春春不见，夕阳芳草连天远"（《蝶恋花》），景中有情，深见缠绵不尽之意。被潘飞声称誉为"壮游中饶有仙气，自成一格"的《霜天晓角·绿净堂》，虽不脱方外习气，但却写出了广州的风土特色，值得在这里一提：

> 五羊安在？城市何曾改？十万人家阛阓，东亦海，西亦海。　　年年蒲涧会，地接蓬莱界。老树知他一剑，千山外，万山外。

词中提到的"五羊"，有一个仙羊衔穗下临广州，祝愿此地永无饥荒的美好传说；正因为这个传说，故广州又名羊城。"东亦海，西亦海"，则写出当年广州几面环海的地理特点。下阕的"蒲涧"，在广州城北的风景胜地白云山上，相传为秦代郑安期隐居及成仙之地。此词虽亦有仙气，但却能写出广州的地方特色，与寻常的仙家呓语有别。

综观葛长庚词，入世之作胜于出世之作。他写得最好的，是带有人间烟火味的作品；泛写道家山中生活的则次之；最为下劣的是那些专意描述炼丹之作。总之，葛长庚佳作既多，劣作亦不少，是个优点与缺点都同样明显的词人。

三

南宋末年，广东成了抗元斗争的最后战场。民族英雄文天祥、张世杰、陆秀夫等都曾在这里率军抗敌，先后兵败就义。这期间，岭南地区一批爱国知识分子积极参加了抗元斗争，写下了不少充满爱国激情的诗篇。如袁玠、赵必𤩽、陈纪、李春叟、马南宝、何文季等人，诗多慷慨苍凉，充满家国之感；体格清劲，深具雄直之气。其中赵必㻑和陈纪二人，除诗之外，尚有少量词作传世。

赵必㻑（1245—1294），字玉渊，号秋晓。东莞人。宋度宗咸淳元年（1265）进士。历任高要、四会、南康等县官吏，有政声。文天祥开府惠州，赵往谒见，相与论时事，慷慨泣下。文天祥甚赏识他，辟摄惠州军事判官。宋亡，赵隐居东莞温塘村，足迹不入城市。每于海边遥望厓山，则伏地大哭；又画文天祥像于厅上，朝夕泣拜。眷怀故国，恋恋不已。著有《覆瓿集》。

赵必㻑才识俊迈，诗文清逸。年轻时甚喜周邦彦（美成）词，颇受其影响，词句工丽，多有绮思。如《风流子·别赣上故人用美成韵》，写春日离情，流丽自然，温婉可诵：

> 春光才一半，春未老，谁肯放春归？问买春价数，酒边商略；寻春巷陌，鞭影参差。春无尽，春莺调巧舌，春燕垒香泥。好趁春光，爱花惜柳：莫教春去，柳怨花悲。　　春心犹未足，春帏暖，炉薰香透春衣。说与重欢后约，春以为期。记春雁回时，锦笺须寄；春山锁处，珠泪长垂。多少愁风恨雨，惟有春知。

词中重复用了十六个"春"字，虽无深意，却亦颇有情致。又如《华胥引·舟泊万安用美成韵》：

> 沧浪矶外，小舣兰舟，旋沽竹叶。雨过溪肥，波心荡漾鸥对喋。烟晚欸乃渔歌，和橹声咿轧。要泛五湖，只恐西施羞怯。　　年少飘零，鬓未雪，底须轻镊？江南归雁，寄来鸳笺细阅。盟言誓语，满鲛绡罗箧。撩弄相思，琴心寸寸三叠。

此词上阕写泊舟的情景，下阕写对情人的眷念，可谓善写羁旅情怀。在赵必㻑《覆瓿集》所存的三十一首词中，有九首是"用美成韵"写成的。这九首词均写艳情与羁愁，格调极似周邦彦，足见他早年对周词是下过工夫的。他三十岁后，目睹南宋覆亡之哀，忧患余生，愤世嫉俗，词风为之一变。如《满江红·和李自玉蒲节见寄韵》一词，由端午佳节，想起耿耿孤忠的屈原，进而倾诉亡国孤臣的难平之恨：

> 如此风涛，又断送、一番蒲节。何处寄、黍筒彩线，龙馋蛟啮。已矣骚魂招不返，兰枯蕙老余香歇。俯仰间、万事总成陈，新愁结。
> 梅子雨，荷花月。消几度，头如雪。叹英雄虚老，凄其一咽。回首百年

歌舞地,骨涛点点孤臣血。问长江、此恨几时平?茫无说。

南宋覆亡是一段极为惨痛的历史。作者经历沧桑巨变,无力回天,故有"问长江、此恨几时平,茫无说"的末世哀感。此后他一直隐居不仕,以遗民终老。他在一首《念奴娇·饯朱沧洲》中,就表达了这种"高卧林壑"的归隐心境:

中年怆别,唱阳关未了,情怀先恶。回首西湖十年梦,几夜檐花清酌。人世如萍,客愁似海,吟鬓俱非昨。风涛如许,只应高卧林壑。

菊松尽可归欤,叹折腰为米,渊明已错。相越平吴,终成底事,一舸五湖羞乐。细和陶诗,径寻坡隐,时访峰头鹤。罗浮咫尺,春风寄我梅萼。

赵必𤩪是宋室王孙,曾奔走抗元,力图恢复,但大事不成,英雄已老,他已经无所作为了。"相越平吴,终成底事,一舸五湖羞乐",是自慰,也是自嘲,充分写出了作者百无聊赖的痛苦心境。

赵必𤩪诗多遗民意识,充满忠愤之气,而词则不类。词中除《满江红》等几首有遗民之痛外,其他词作则甚少反映这方面的内容,成就远不及他的诗歌突出。至于那些祝寿贺娶的应酬游戏之作,就更是等而下之,平庸无味了。

陈纪,字景元,号淡轩。东莞人。宋度宗咸淳九年(1273)中乡举。官至通直郎。宋亡后隐居不仕,与赵必𤩪、赵时清等遗民诗酒往还,唱酬自乐。著有《秋江欸乃集》《越吟斐稿》等,不传。《粤东词钞》仅辑得其词四首。

陈纪存词虽少,但质量较优。不论登临怀古,抑或咏物抒情,均见高格。如《满江红·重九登增江凤台望崔清献故居》,写他在重阳节追怀南宋名臣崔与之。词中以凤凰和老菊相喻,表达自己对前贤的景仰;又借登台的观感,诉说沉痛的家国之恨:

凤去台空,庭叶下、嫩寒初透。人世上、几番风雨,几番重九。列岫迢迢供远目,晴空荡荡容长袖。把中年、怀抱更登台,秋知否?

天也老,山应瘦。时易失,欢难久。到于今惟有,黄花依旧。岁晚凄其诸葛恨,乾坤只可渊明酒。忆坡头、老菊晚香寒,空搔首。

词中深能写出南宋遗民饱经世乱、伤于哀乐的中年怀抱,词笔清挺,颇有雅健风致。他的《念奴娇·梅花》，托物寓意，也同样可见这种雅健词风：

> 断桥流水，见横斜清浅，一枝孤袅。清气乾坤能有几？都被梅花占了！玉质生香，冰肌不栗，韵在霜天晓。林间姑射，高情迥出尘表。
>
> 除是孤竹夷齐，商山四皓，与尔方同调。世上纷纷巡檐者，尔辈何堪一笑。风雨忧愁，年来何逊，孤负渠多少。参横月落，有怀付与青鸟。

此词咏梅，具见逸民身份。"清气乾坤能有几"以下数句，极赞梅花高格。"除是孤竹夷齐"三句，以几个著名的隐士作梅花"同调"，亦花亦人，融为一体。词人赞美梅花，正是以花自况，表达自己隐居不仕的高洁情怀。此外，如《倦寻芳》写乱离愁绪，《贺新郎》写听琵琶的感受，也都清婉可诵，富有情韵。

总的来说，宋代的岭南词家不多，存词也较少，但这少量的词家词作，却已有可观的建树，在岭南文学史上占有重要的地位。崔与之和李昂英为南宋直臣，故词中见其凛然正气；赵必豫和陈纪生于末世，故词中深含遗民之恨；葛长庚词多学道之语，刘镇词多闲适情味。他们都以自己的作品，从不同方面，反映了南宋时期的社会状况和历史面貌，表达了各自不同的思想感情。他们的雅健词风，对后世的岭南词人影响巨大。

（原载《中山大学学报》1994年第1期）

南园诗歌的传承

陈永正

明、清两代,广东地区的诗人群体大批涌现,岭南诗歌进入了成熟期。岭南地区最有影响的诗人群体则是以孙蕡为首的南园诗社。南园诗社自元末建社以来,明、清两代多次重修,对岭南诗坛影响甚大。南园诗人,标榜汉魏,力追三唐,尤重风骨,对以"雄直之气"著称的岭南诗派的形成起过重要作用。南园诗社已成为岭南诗派的实体,在中国诗史上应占一定的位置。可以这样说,南园诗社史,就是一部岭南诗派史的简编。南园诗社的余韵流风,直到近代依然未绝。

一、南园诗社

元朝末年,天下动荡,群雄并起。广州地区尚未遭兵乱,得到暂时安定。元至正十八年(1358),青年诗人孙蕡、王佐与十多位诗友,结社于广州南园抗风轩(今中山图书馆南馆),号为南园诗社。孙蕡《西庵集》中有《琪琳夜宿与彦举联句》诗,其诗序对结社情况有明确的记载:"畴昔年十八九时,一时闻人相与友善,若洛阳李长史仲修,郁林黄别驾楚金,东平黄通守庸之,武夷王征士希贡,维扬黄长史希文,古冈蔡广文养晦,番禺赵进士安中,及其弟通判澄、征士讷,北平蒲架阁子文,三山黄进士原善,共结诗社南园之曲,豪吟剧饮,更唱迭和,而彦举与余为同庚,情好尤笃。"

序中提到的十二位诗人,有好几位籍贯都不在广东,其实如王佐、黄哲、李德等父辈已至粤,王佐则占籍南海,黄哲、李德早已落籍番禺,也应算是广东人了。还有,号称"南园五先生"之一的赵介,其名不见于此序中。黄佐云:"方孙蕡、王佐结诗社南园时,一时名士如李德、黄哲……皆与焉。豪吟剧饮,更唱迭和,文士宗之,而介自成一家言。世以蕡、佐、德、哲并之,称五先生云。"① 似乎说赵介不与结社,而明陈琏为赵介《临清集》作

---

① 黄佐:《广州人物传》卷十二,广东高等教育出版社1991年版,第303页。

序,强调指出:"羊城赵先生伯贞,气充才赡,发为诗歌,实肖其人。当元季,吾郡有南园诗社,诸公赋咏,盛于一时。长篇短章,葩华光彩,至今犹晃耀人目。于时先生实与之更倡迭和,往往度越流辈。"赵介的《听雨》诗中,有"南园多酒伴,有约候新晴"。可见赵介是加入了南园诗社的。清陈田谓赵介"或入社较晚,故仲衍《琪琳联句序》偶不及之耶"①。南园诗社成立时,孙蕡、王佐皆十八九岁,而赵介仅十二三岁,陈田的推测是正确的。青年诗人们欢聚一堂,诗酒酬唱,实在是极一时之盛。五先生的诗中也常提到当时这风雅乐事。南园诗社中的社友,除五先生外,其余如黄楚金、蔡养晦、黄希贡、黄希文、蒲子文、黄原善、赵安中、赵澄、赵讷等,他们的诗作早已散佚无存了。明崇祯十一年葛征奇为重刻《南园五先生诗》作序云:"岭海逶迤浩渺,蔚为人文,风雅代开,狎主齐盟,而首宗者则称五先生","上下三百年,榛莽未开,运会方新,有志之士,皆抱其孤致,以相角于骚坛菁垒,此南园之所为社也"。这是对五先生及南园诗社最简要的说明。

"南园五先生",又称"南园五子",后人亦称他们为"南园派"②。五先生为诗,上追三唐,力矫元代诗歌创作上的纤弱萎靡之风,岭南诗风为之振起。欧大任在《潘光禄集序》中指出:"明兴,天造草昧,五岭以南,孙蕡、黄哲、王佐、赵介、李德五先生起,轶视吴中四杰远甚。"屈大均《广东新语·诗语》亦云:"五先生以胜国遗佚,与吴四杰、闽十才子并起。皆南音,风雅之功,于今为烈。"《四库全书总目》云:"粤东诗派,数人实开其先,其提倡风雅之功,有未可没者。"③ 以孙蕡为首的"南园五先生"与以高启为首的"吴四杰"、以林鸿为首的"闽十子"同时,共开有明一代风雅之宗。明胡应麟谓"岭南诗派昉于孙蕡仲衍"④。岭南诗派之名亦自此著称于中国诗坛。

孙蕡(1337—1393),字仲衍,号西庵。顺德人。南园五先生之首。有《西庵集》。孙蕡才华洋溢,他的诗既有"气象雄浑"的一面,又有"清圆流丽"的一面。明清以来,学者对其诗评价很高,推许为"岭南明诗之首"。朱彝尊更盛赞道:"自蕡以下,世所称南园五先生也,仲衍才调,杰出四人。

---

① 陈田:《明诗纪事》甲签卷九,上海古籍出版社1993年版,第200页。
② 李保孺:《题宋芷湾诗卷真迹》,见《委怀诗舫遗草》卷二,同治九年刻本。
③ 永瑢等撰:《四库全书总目》卷一八九"广州四先生诗"条,中华书局1965年版,第714页。
④ 胡应麟:《诗薮》(续编)卷一,中华书局1962年版,第337页。

五古远师汉魏，近体亦不失唐音，歌行尤琳琅可诵。"① 如他的名作《下瞿唐》：

> 我从前月来西州，锦官城下十日留。回船正值重九节，巫山巫峡风飕飕。人言滟滪大如马，瞿唐此时不可下。公家王事有程期，敢惮微躯作人鲊？人鲜瓮头翻白波，怒流触石为漩涡。长年敲板助船客，破浪一掷如飞梭。滩声橹声历乱聒，紧摇手滑橹易脱。沿洄划转如旋风，半侧船头水花没。船头半没船尾高，水花作雨飞鬓毛。争牵百丈上崖谷，两旁捷走如猿猱。停酒把酒酹苍昊，因笑吾生真草草。吟诗未解追谪仙，万里经行蜀中道。巴东东下想安流，便指归州向峡州。船到岳阳应渐稳，洞庭霜降水如油。

此诗写舟行险滩急流的情景，笔力遒健，很有气势，真如《四库全书总目》所云"卓然有古格"。清人沈世良为诗亦每仿孙氏之体。

王佐（1337—？），字彦举，人称听雨先生。南海人。他与孙蕡同为南园诗社的发起者。时人称其"才思雄浑，体裁甚工"，"句意沉着"，"比之高适、岑参"②。其诗忧时感事，寄慨深沉。如《戊戌客南雄》：

> 寂寞江城晚，依依独立时。回风低雁鹜，返照散旌旗。家在无人问，愁来只自知。几回挥涕泪，忍诵《北征》诗。

李德，字仲修，人称易庵先生，自号采真子。番禺人。其诗多效李白、李贺，险拗奇崛，但也有一些清新可诵的小诗。如《立秋日登汉阳朝宗楼怀乡中诸友》：

> 湖山兴不浅，而我亦淹留。得罪缘微禄，怀君属早秋。淡云乡树远，孤月旅情幽。借问衡阳雁，何时到广州？

此诗写客居异地的孤苦之感与怀念朋友的深挚之情，颇为真切。

黄哲（？—1375），字庸之。番禺人。其诗以乐府和古体居多，重视气骨。近体诗亦用笔刚劲，不乏佳制。如《舟泊龙湾寄孙仲衍》：

> 吴樯楚尾十年间，又泊秦淮虎豹关。眼底故人成寂寞，梦中尘业付

---

① 朱彝尊：《静志居诗话》卷三，人民文学出版社 1998 年版，第 70 页。
② 黄佐：《广州人物传》卷十二，广东高等教育出版社 1991 年版，第 294 页。

高闲。九州风雨东南会，七泽波涛日夜还。江上思君云路杳，掀篷愁对蒋陵山。

通篇一气呵成，格高气朗，雄直深厚，在写景中融入深沉的感慨。

赵介（1344—1389），字伯贞。番禺人。终身不仕，人称临清先生。陈琏曾为《临清集》作序，称其诗"出入汉魏盛唐诸大家阃奥"，"气充才赡"。其《听雨》诗颇为后人推重，诗云：

池草不成梦，春眠听雨声。吴蚕朝食叶，汉马夕归营。花径红应满，溪桥绿渐平。南园多酒伴，有约候新晴。

"吴蚕"两句，设喻生新，前人未道。

南园五先生作为岭南诗派的代表人物，其主要特色就是标举唐音。朱彝尊《静志居诗话》云："自（孙）蕡以下，世所称南园五先生也。仲衍（孙蕡之字）才调杰出四人，五古远师汉魏，近体亦不失唐音，歌行尤琳琅可诵。"清人韩海在《郭苾亭诗集序》中指出："吾粤诗多以唐为宗，宋以下概束高阁。远自南园五先生开其源，近则屈、梁、陈三大家树之帜。粤人士从之，翕然如水之赴壑。"以南园前后五先生及岭南三大家为代表的岭南诗派，以唐为宗，七百年来，相承一脉。南园五先生之首孙蕡，为诗力追三唐，前人对此多有论述。梁守中点校《南园前五先生诗·前言》中，引录徐泰《诗谈》谓孙诗"清圆流丽"；黄佐《广州人物传》谓孙诗"气象雄浑，兴喻深致"，引录叶处元盛赞其五七言古风"虽唐人不能远过"；李时远亦谓"其七言古体不让唐人"，引录《四库提要》谓"其诗独卓然有古格"。如此种种，都说明孙蕡诗所标举的正是唐音。所谓"清圆流丽"的，如《寄王彦举》《古意二首》《广州歌》《白云山》《戏赠端孝思》《过扬州》《闺怨》等诗可为代表；所谓"气象雄浑"的，可以其大量的七古为代表，如《送何都阃济南省亲至京还广》《送翰林典籍张敏行之官西上》，宛然高、岑格调，而《次归州》《下瞿塘》则笔力老健，意态横肆，在李、杜之间。孙蕡之外，其余如赵介"出入汉、魏、盛唐诸大家阃奥"，李德学李白、李贺，黄哲"造晋、唐奥域"，王佐"雄俊丰丽"，皆自唐人出。

二、明中叶修复旧社

明代万历十七年间，诗人欧大任过南园故址，因怀南园五先生，作《五怀》诗,其序云:"孙蕡、王佐、黄哲、李德、赵介,岭南五先生也。国初结社南园,去今二百年矣。社已废而园故在,荒竹漉池,半掩蓬藋,其行谊风流,犹可想见。俯仰异日,爰怀五章。"从这序中可看到欧大任对南园五先生的景慕之情。

诗人梁有誉是明代诗坛著名的"后七子"之一,登进士第后,任刑部主事。奸臣严嵩父子闻其才名,欲罗致门下,有誉不屑与之交往,遂于嘉靖三十二年(1553)"谢病归,扃门吟哦,罕通宾客。修复粤山旧社,招邀故人,相与发愤千古之事。作《咏怀》十五,诗社中人自以为不及也"①。梁有誉所修复的"粤山旧社",汪宗衍认为即《广东新语》所载的由王渐逵、伦以训创立的"越山诗社",并"颇疑有誉拙清楼之粤山诗社在越秀山中,与南园在水湄者有别"②。而清代学者则多认为梁有誉所修复的是南园诗社。朱彝尊说:"(李)少偕与梁公实、黎惟敬、欧桢伯、吴兰皋结社,称'南园后五先生'。"③乾隆年间,粤中士人陈文藻等辑成《南园后五先生诗》,熊绎组作序云:"嘉靖年间,复有后五先生欧大任、梁有誉、黎民表、吴旦、李时行者,继南园以结社,振诗学于式微。"④檀萃亦云:"迨嘉靖时,社废园荒,欧虞部大任仑山,有《五怀》之作,因与梁比部有誉兰汀、黎参藩民表瑶石、吴刺史旦兰皋、李戎部时行青霞复恢前美,联吟于抗风轩,而'南园后五先生'称焉。"⑤自经朱彝尊等人品题后,南园后五先生之名,便与南园五先生后先辉映,乾隆二十八年(1763),督粮道京山熊定思答应郡人的请求,建"南园前后五先生祠"于抗风轩中。

"南园后五先生",又称"南园后五子"。五人早年都曾师事学者、诗人黄佐,颇受黄佐雄直恣肆诗风的影响,在当时浓厚的拟古氛围中,能够或多或少地摆脱"文必秦汉、诗为盛唐"的陋习,比较自觉地继承和发展南园前五先生开创的诗风。檀萃认为:"岭南称诗,曲江(指张九龄)而后,莫盛于南园;南园前后十先生,而后五先生为尤盛。"⑥后五先生不仅在岭南诗坛

---

① 陈田:《明诗纪事》,上海古籍出版社1993年版,第1902页。
② 汪宗衍:《南园诗社杂谈》,见《艺林丛录》(第三编),商务印书馆1962年版,第162页。
③ 朱彝尊:《静志居诗话》卷十二,人民文学出版社1998年版,第353页。
④ 陈文藻辑:《南园后五先生诗》,中山大学出版社1990年版,第171页。
⑤ 檀萃:《粤囊》上,见《楚庭稗珠录》卷二,广东人民出版社1982年版,第50页。
⑥ 檀萃:《南园后五先生诗·序》,见陈文藻辑《南园后五先生诗》,中山大学出版社1990年版,第171页。

上高张大纛，在中原地区也蜚声一时。

欧大任（1516—1595），字桢伯，号仑山。顺德人。有《欧虞部诗文全集》。欧大任曾与李攀龙、王世贞等结交，被王世贞誉为"广五子"（指欧大任、俞允文、卢柟、李先芳、吴维岳）之一，但由于"出黄才伯（指黄佐）之门，读书缵言，并有原本。虽驰骛五子列，而词气温厚，脱蹶张叫嚣之习，识者犹有取焉"①。欧大任才气纵横，学养甚深，因受到李、王等人的习染，追求"词气温厚""一归雅驯"，以成所谓"治世之音"，故其作品虽"正大典丽"而缺乏创作个性。但纵观其全集，仍有不少自抒胸臆、不依傍古人的佳作。如《九江官舍除夕》诗：

饯岁浔阳馆，羁怀强笑欢。烛销深夜酒，菜簇异乡盘。泪每思亲堕，书频寄弟看。家人计程远，应已梦长安。

黎民表（1515—1581），字维敬，自号瑶石山人。从化人。有《瑶石山人诗稿》。黎民表早年在广州与欧大任、梁有誉、吴旦、梁孜及胞弟民衷、民怀结社吟咏，进京后，与中原诗坛名流交往，诗名颇著。王世贞把他与王道行、朱多煃、石星、赵用贤合称"续五子"，朱彝尊认为"元美所取续五子，无愧《大、小雅》材者，仅此一人（指民表）而已"②。民表古诗结体严谨，用笔沉着，近体则清劲深远，颇得其师黄佐的神髓。如下面这首五古《出郭十里望白云山》：

伊余霞外心，夙协沧洲想。芳春戒簪朋，青溪肃徂两。弥弥清露溥，英英白云上。旭日熹阳崖，暄气散林莽。栈道既萦纡，窥川亦沉瀁。千吕气多奇，建木影殊状。陟云胆已捐，览胜心逾壮。玄圃非冥设，丹丘岂外象。愿矫凌风翼，永恣山泉赏。

此诗描写白云山景，抒写逸兴，笔墨神韵均逼肖六朝名家典雅之作。

梁有誉（约1521—1556），字公实，号兰汀。顺德人。有《比部集》。梁有誉是明"后七子"之一，在中原诗坛颇有声誉。朱彝尊云："兰汀学诗于泰泉，又与乡人结社，号'南园后五子'，所得于师友者深，虽入王（世贞），李（攀龙）之林，习染未甚。诵其古诗，犹循《选》体。五七律亦无

---

① 钱谦益：《列朝诗集》丁集第六"欧郎中大任"条，上海三联书店1989年影印本，第453页。
② 朱彝尊：《静志居诗话》卷十四，人民文学出版社1998年版，第397页。

叫嚣之状。四溟（指谢榛）以下，庶几此人。度越徐（中行）、吴（国伦），何啻十倍。"① 这个评价是十分恰当的。有誉古诗，多拟"选体"，而近体诗却清新婉美，颇有情致，亦有雄深悲壮、句律精严之作。如《崖门吊古》：

> 谁悟当年谶已真？汴杭回首总成尘。愤无勾践三千士，死恨田横五百人。海上乾坤春梦短，崖前风雨国仇新。贞魂若作啼鹃去，葛岭峰头哭万巡。

颔联神气贯注，写出宋亡时粤人的节烈。有誉才学均佳，王世贞曾叹息说："梁公实工力故久，才亦称之，尝为别余辈诗一百韵，脍炙人口。惜悟汴未几，中道摧殒，每一念之，不胜威明绝锷之痛。"②

李时行（1513—1569），字少偕。自号青霞子。番禺人。时行"栖踪霞外，神游物表"，为诗多得益山水灵气。晚年登越王台，作《夜》诗："登台不见月，空有列星光。北斗踊地出，西风吹众芳。"寄托深微，骨力骞举，意境苍莽，洵为佳作。

吴旦，字而待，号兰皋。南海人。朱彝尊称其"诗格清新俊逸"。如《文衡山山水画》诗：

> 路入云林一径斜，红尘飞断即烟霞。江南小隐无多地，杨柳阴中只数家。

南园后五先生中，李、吴二家，才力较弱，成就亦不及其余三家。然五人并驾联镳，组成一个有影响力的群体，足以抗手中原、皋牢一代了。

南园后五先生之诗，都是典型的唐音。《南园后五先生》卷首《诗评》中引朱用晦语，谓欧大任"歌行准嘉州（岑参），间出青莲（李白）语，近体羽翼盛唐，七言佳境颇类龙标（王昌龄）"；又引曹能始语，谓梁有誉"已入唐人之室""词意婉约，殊有风人之旨"；又引陈玉叔语，谓黎民表"歌行恢而张，达夫（高适）、嘉州之遗也；五言清而逸，排律整而洁，浩然、佺期之遗也"；又引李时远语，谓黎诗"和平典雅，泂泂乎盛唐遗响"。

---

① 朱彝尊：《静志居诗话》卷十三，人民文学出版社1998年版，第388页。
② 王世贞：《艺苑卮言》卷七，中华书局1983年版，第1061页。

三、明末重修旧社

崇祯十年（1637），礼部右侍郎陈子壮以抗疏得罪下狱，除名放归广州，"复修南园旧社，与广州名流十有二人唱和"①。此十二人，据欧主遇记载为：陈子壮、陈子升、欧主遇、欧必元、区怀瑞、区怀年、黎遂球、黎邦瑊、黄圣年、黄季恒、徐棻、僧通岸。② 并谓"先是吴、越、江、浙、闽中来入社多名流，而期不常会"，可知与会者不止十二位，亦不尽是广东籍人。参与修复南园旧社的多为地方官员，张萱曾为作记："南园旧社，国初岭南五先生之旧。初，祀废二百五十余年，今王太父太常虞石王公按粤时，偕黄士明、黄亮垣、韩绪仲、陈集生四太史，陈抑之、邓玄度、刘觐国三观察，高正甫太守，梁幼宁、韩寅仲二明府，韩孟郁、黎孺旬、黄逢永三孝廉及不佞萱捐资修复者也。"③

陈子壮等十二人被称为"南园十二子"。十二子皆能诗，而成就不一。略举数人于下。

陈子壮（1596—1647），字集生，号秋涛。南海人。后人汇刻其作为《陈文忠公遗集》。子壮关心国事，大节凛然，遗集中不乏忧国忧民的佳作。如《答欧子建》诗：

> 多年散木成劳薪，每羡文园卧病身。龙泉太阿知我者，历落崎可笑人。宗国亦忧漆室女，高天乃吊湘累臣。无端重下苍生涕，不愿君王问鬼神。

欧主遇，字嘉可，号壶公。顺德人。有《自耕轩集》。欧主遇诗多反映明、清之际的家国大事，满怀悲愤，故其集在清代被列为禁书。南明绍武政权与桂王相攻，为清兵所袭。主遇作《不寐》诗：

> 悲歌忧社稷，永夜思悠哉。虎豹关谁守？龙髯兆不来。几人沉屈水？何处凿颜坏？暂借卧游得，翻忘邻笛哀。

---

① 屈大均：《诗语》，见《广东新语》卷十二，中华书局1985年版，第355页。
② 欧主遇：《自耕轩集·忆南园八子》，见罗学鹏编《广东文献》四集卷十七，同治二年刊本。
③ 张萱：《西园存稿》卷十，康熙四年重修本。

可谓悲歌当哭,沉哀无尽。

区怀瑞,字启图;区怀年,字叔永。高明人。区大相之子。区大相为万历年间杰出诗人,屈大均谓:"启图、叔永皆能嗣其音响。予尝与为雅约社,并序其诗。俾世之言诗者知吾粤,言粤诗者知区氏焉。"① 怀瑞有《碧山草堂稿》,怀年有《玄超堂稿》。欧必元,字子建,顺德人。曾上书巡抚,指陈时弊,有"岭南端士"之誉。有《勾漏草》。黄圣年,字逢永,南海人。有《薛荔轩诗草》。

四、清末重开后南园诗社

及至清末,番禺梁鼎芬因弹劾奕劻、袁世凯而被斥逐回粤,遂与姚筠、李启隆、沈泽棠、吴道镕、汪兆铨、温肃、黄节等共八人,于辛亥闰六月十七日,聚于抗风轩,重开"后南园诗社",号召振兴广东诗学。与会者百数十人,姚筠、李启隆作画,梁鼎芬、汪兆铨、黄节等赋诗。梁鼎芬诗云:"十子芳型尚可镌,三忠祠屋旧相连。儒生怀抱关天下,时事销沉过百年。老柳疏疏人照水,山亭隐隐竹成烟。闲来风物当谁赋,长忆陈黎一辈贤。"汪兆铨和作云:"云篆犹留榜石镌,南州诗派断还连。清游不厌三庚暑,胜事重寻五百年。嘒嘒新蝉空唱晚,萧萧老柳尚摇烟。月泉举似疑身世,但肯高吟也自贤。"黄节诗云:"盛时台笠却难忘,一赋都人已足伤。高会及来随老辈,雅歌还得共斯堂。兴微国俗诗将废,俯仰前尘地亦苍。独使南园不寥落,参天林木起朝阳。"黄诗末二语,对广东诗坛的未来充满信心,为《蒹葭》集中少有的明快色调。开会时还举办了一些文化活动,如展览广东历代名家书画,并以《过学海堂有怀阮文达公》《珠江夜月》等诗题向与会者征诗,由梁鼎芬评阅选拔,各定名次,后来辑成《后南园诗社摘句图》一册,由蒋式芬、梁鼎芬作序刊行。

后南园诗社重开,是历时五百多年的南园诗社最后的一次盛会。几个月后,辛亥革命爆发,诗社的活动也停止了。

黄节对南园诗社重开之事,一直念念不忘。民国六年(1917)在北京,作《万生园赏菊赋呈节庵先生》诗,末联云:"不似昔年诗社日,追陪重辟抗风轩。"梁鼎芬答诗亦有"话别南园泪已深"之语。梁氏卒后,黄节作《梁节庵先生挽诗》,颈联云:"直道不回天下变,南园思续百年风。"强调南

---

① 屈大均:《诗语》,见《广东新语》卷十二,中华书局1985年版,第355页。

园诗社起衰继绝之功。黄节在民国廿二年（1933）《南国诸子送黎美周北上诗卷》作跋，亦重提此事："忆辛亥七月，梁节庵先生重开南园诗社，与会者八人，予以齿最居后，今亦老矣。"

五、南园今五子

"南园今五子"之名，源自民国时期的大名人冒广生。冒氏1935年南来广东，在广州勷勤大学、中山大学任教，兼任广东通志馆纂修，时与粤中文士往还。后因诗人陈融之介，得识其门下的五位青年诗人。1936年冬，作《赠今五子》诗，题注："余心一、熊润桐、曾希颖、佟绍弼、李履庵。""五子"前着一"今"字，以示与南园前、后五子一脉相承。

"南园今五子"，又称"颙园诗五子"。陈融曾筑别业于广州越秀山麓，称为颙园，五子都是颙园门下客。陈融有《怀心一、希颖、履庵、绍弼、闰同偶用斋壁惺默斋诗韵，并呈疚翁》一诗，结处有"商诗一老外，屈指五人谋"之语，可见诗坛老辈对后学的爱重。

李履庵（1902—1944），原名洸，号吹万，以字行。广东中山人。广东高等师范学校法科毕业，任本邑中学校长。履庵性情学问，皆超然独造，所惜享年不永，未得尽其才华。履庵诗，自谓积稿三千余首，抗战期间，散佚甚多，后自辑三百余篇，为《吹万楼诗》梓行。

履庵少时受知于陈融。冒广生在1934年冬来到广州，曾与陈融、李履庵、李仲诚同游花地杏林庄，并作诗以记。次年，为陈融作《颙园主客图记》，文中又提及李履庵等十余位颙园之客，"或诗与书画，皆足以名世"。①

履庵早岁之诗，才华艳发，各体俱佳，尤以五古、七律见长。甫及中年，频经丧乱，所为诗每有家国沧桑之感。如《重至南京望钟山诸陵》：

> 无心人事久喧阗，取义成仁世总猜。从古腹非宜有罪，至今党锢竟无才。游魂冢树谁歌泣，极目关河独往来。二月孝陵春似锦，柳丝重拂不胜哀。

领联痛切时事。至今读之，犹使人惘然不能自已。履庵在抗战期间，隐于故乡小榄。家有荆园，组荆园诗社与朋辈唱和，多有忧愤时事之诗。如《荆园

---

① 冒文收入《小三吾亭文丙集》，未刊稿。本文引自冒怀苏《冒鹤亭先生年谱》，上海学林出版社1998年版，第382页。

秋感寄怀兵中诸友》八首之五：

> 黄农虞夏忽焉没，此语今时独感伤。国岂无人吾欲问，路传失地孰能详。早知赤鸟趋南渡，空见青磷走北邙。志士不忘沟壑在，但教明耻共沙场。

又《戊寅秋日避兵村舍作》十四首：

> 悲悯天人际，宁辜作述心。死生原一瞬，祸乱政相寻。违难情何极，扶伤力未任。哀鸿遍南北，凄断不成音。（其一）
>
> 万劫吾生值，兴亡祇益哀。路存豺虎恶，秋入雪霜摧。谋国谁孤注，牵肠日九回。汍澜对儿女，摩眼倦还开。（其二）
>
> 鱼烂有今日，空辜蓁养恩。民嚚仍罔恤，士气故难伸。釜底魂徒泣，车前鬼又新。未遗膏泽在，死节更何人？（其五）
>
> 乡校真成毁，于今叹郑侨。道穷冠作溺，风变室为鸮。无力狂澜挽，何时块磊消。昔贤都讲地，怅望一萧条。（其十二）

两组诗皆源于老杜。五律更直逼宋人吕本中《兵乱后杂诗》二十九首。余心一（1904—1942），字印可，广东潮安人。广东高等师范学校毕业。年二十一，任澄海县长。后转徙上海、广州、香港、南京等地。余氏卒后，友人熊润桐为整理遗作《阙思斋诗集》。今诗集恐已佚。陈永正曾从旧报刊中辑得五首，载于《岭雅》第二十七期。中有五古题为《逭暑郑仙祠晚饮村舍同润桐、希颖》，可征数子交往之迹：

> 巾车骋假闲，芳甸揽清旷。祠荒岚翠入，夏深溪语涨。一亭风蝉幽，潇洒此相向。坐雨遂及夕，归兴托村酿。黄尘逼烦热，人生苦刚抗。三十四十交，登临常跌宕。远山使客愁，名酒令意荡。君看李杜才，激越终凋丧。安得近郭凉，葛衣时三两。饮食混樵苏，敛诗归平畅。

心一与熊润桐年少相知，情谊最笃。熊氏《劝影斋诗》中有多首唱酬之作。冒广生曾于1937年8月手书《晚翠轩诗》题跋以赠心一，备见对余氏奖掖之情。①

曾希颖（1903—1985），原名广隽，号了庵，又号思堂，以字行。广东

---

① 冒怀苏：《冒鹤亭先生年谱》，学林出版社1998年版，第388页。

番禺人。曾希颖早年游学苏联，于莫斯科习政治军事。归国后曾任李宗仁军中参议。1936 年 6 月，陈衍、冒广生南来广州，客于颙园，陈融置酒海珠，"今五子"皆在座间。曾氏即席赋七律咏海珠红棉，为诸老所倾赏，骚坛一时传为佳话。① 曾氏浮沉宦海，郁郁不得志。1945 年弃官后，以诗酒自娱。40 年代末，曾氏移居香港，任教于大专院校。与廖凤舒、刘伯端结成坚社，提倡词学。三十余年，成就弟子甚众。殁后由门人洪肇平整理遗稿，得诗 162 首，词 48 阕，成《潮青阁诗词》印行。

曾希颖才情横溢，所为诗不囿于唐宋门户，风格遒上。曾氏论诗，主清真刻露，创作必以事、景、情三者融而为一始为佳品。如《穷途》：

雕虫射虎技何殊，负气真同看壮夫。十万罪言私激烈，一场春梦太模糊。抱冰盛暑肠犹热，望旦遥天眼欲枯。最是难忘江湜句，不知诗外是穷途。

曾氏性情豪纵，其诗自有迈往之气，格高调响，无凡近之语。又如《叔雍赐书慰藉良厚赋答一首》：

停云怅望邈相思，万里南溟去雁迟。每自乌头伤逐客，漫从犀角话奇儿。风波突起图难状，霜霰交侵酒不支。细绎赠言终破涕，爨桐犹有作琴时。

抒写牢落之感，友生之谊，亦见此老峥嵘胸次。曾氏在香港所作诗，每以丽句写沉郁之情，如"别愁安用歌纨扇，晚遇居然返玉环"（《中秋有赠》），"药栏痴立情如昨，须记嫣红有落时"（《屯门雅集》），皆天然好语。

曾氏晚年专意词学，亦以词鸣世。《潮青阁诗词》中，录词仅四十八阕，然多精品，其弟子洪肇平序云："其词以清真、梦窗植其筋骨，东坡稼轩敷其气味，得北宋之秾挚，返南宋之清泚，奇思壮采，飞轩绝迹。然后敛雄心，抗高调，变温婉，成悲凉。"婉丽中有豪放之气，此为曾氏之一大特色。如《烛影摇红·红棉谱就，感慨未阑。璞翁邀集翠阁选茗谈词，爰拈此解，并和碧城》：

日盖霞标，台高曾引攀天意。今如飘絮懒回头，谁共春风醉？万感银壶未洗，任销磨，英姿霸气。海尘迷梦，边角呼愁，人间何世！小约

---

① 曾希颖：《潮青阁诗词·序》，1988 年香港自印本，第 1 页。

黄昏，琐窗闲坐环深翠。水边烛影漫摇红，盘蜡添鲛泪。细认香罗绣字，怕凄凉，年时无比。骋觞蛮府，赓社南园，故花应记。

此词刘梦芙评云："藻采纷披中有郁勃不平之气，诚合梦窗、稼轩为一手者。"① 词末谓"赓社南园"，另《寄润桐》诗，亦有"莫问南园旧酒徒"一语，足见"南园"在曾氏心中的位置。

南园今五子中，成就最高的当数熊润桐。

熊润桐（1899—1974），字鲁柯，又字濯柯，号则庵。广东东莞人。广东高等师范学校毕业，终身从事教育工作。熊氏少时，尝持诗往谒陈洵，中有《题渊明与子俨等疏》："可怜宅畔新栽柳，莫问江边旧种桑。魏晋宁关寒饿计，对儿犹自说羲皇。"陈洵欣然曰："子诗甚有意境。"又谓"魏晋"二句"直是我辈人中语"②。尔后遂追随陈洵左右。冒广生来粤，于陈颙处见熊氏《检理旧籍作》诗："又费经旬检点疲，廿年辛苦亦徒痴。贫无善本充豪举，妄有名山入梦思。道术久为天下裂，生涯今悔牖中窥。何当一卷聊遮眼，直到鸿蒙未辟时。"大为激赏，曰："此大句也，有涵盖乾坤之意。"③ 后在文酒会中作《赠今五子》诗。熊氏有和作《次韵酬冒鹤亭先生》云：

闻道常忧晚，于名讵敢先。抗风谁继武，得主客忘年。怀古遥云在，横空大月悬。深衷自有托，容借酒徒传。

小注云："鹤亭以南园前后五子见戏。"自此"南园今五子"之名便喧传广东诗坛。

熊氏之诗，深为国中诗坛名宿所赏。李宣龚赞其诗语"意境阔大，声调沉雄"，夏敬观谓其"诗笔精悍"，章士钊称其五律"求之近人，不可得矣"！杨树达更谓"自王湘绮老人殁后，数十年来未尝见此笔矣"。熊十力读其诗后，覆书云："大诗颇有意趣，知吾子可入理矣。"黄节更是熊氏的良师益友，曾亲书己诗以赠，且谓其"文章卓跞，他日必当大成"④。

熊润桐诗，作者晚年自定为《劝影斋诗》十二卷、《入海集》一卷，存诗凡七百九十余首。后人又编有《东莞熊鲁柯先生诗文集》。

《劝影斋诗》，可分为三个创作时期，第一期为1924年—1937年6月，

---

① 刘梦芙：《二十世纪名家词述评》，安徽文艺出版社2006年版，第200页。
② 采薇：《劝影斋诗纪事释引》，载《岭雅》第24期，第86页。
③ 采薇：《劝影斋诗纪事释引》，载《岭雅》第24期，第87页。
④ 采薇：《劝影斋诗纪事释引》，载《岭雅》第24期，第88页。

第二期为 1937 年 7 月—1946 年 8 月，第三期为 1946 年 8 月—1953 年秋。

第一期，是青年时代之作，熊氏诗才早熟，早岁之诗，写景咏物，抒怀说理，直入宋人堂奥。学黄节体尤为逼肖，如《感事次晦闻先生辍咏韵》诗：

  一曲沧浪意可思，要知天命在人为。民多偷乐何云国，士到沈忧欲废诗。秋水鸣蛙声亦暂，深池瞎马语尤危。瞻乌未识于谁屋，只有林宗共此悲。

置诸《蒹葭》集中，几不可辨。此时作者精力弥满，摛藻遣辞，心机用足，佳句甚多。如"挥杯劝影谁当和，折节随人事本难"（《晚寒独酌》），"不为尺书能见忆，极知朋旧要相闻"（《秋日过参化寓居》），"寒在尚疑春未半，梦回翻讶被犹温"（《二月二十夜作》），"乘时汝亦应投袂，乞食谁能不辱身"（《岁暮柬希颖仍用市楼旧韵》），皆精金百炼，非寻常作手可得。但此类诗，如影随形，即如为陈融、冒广生等老辈所倾赏诸作，亦未见作者之真面目。

"国家不幸诗家幸，赋到沧桑句便工。"遗山二语，真是不刊之论。1937 年 7 月，抗日战争全面爆发。广东各界旋即举行"御侮救亡大会"，通电："百粤民众，誓以热血同赴艰危。"诗人的创作也转入一个新阶段。《七月廿六日作》云：

  破晓惊雷作，飞轺挟弹翔。仰窥天惨淡，瞑想血玄黄。高枕徒三窟，危栏自八方。微躯游羿縠，不必叹迷阳。

"羿縠"语本《庄子·德充符》，此暗用后羿射日之典。夏历七月廿六日，即阳历八月三十一日。是日日本飞机六架首次空袭广州，为我国空军击落二架，重伤一架。此后抗战期间所作之诗，熊氏编成《羿縠集》，即《劝影斋诗》中卷三下半至卷六上半。

《羿縠集》诗，纪载着一位有良知的学者、诗人在乱离岁月中的心迹。如《秋感八首次履庵韵》，悲慨苍凉。《村居杂述》十四首，写乱离中的艰辛生活："为儒尘土贱，寄命虎狼余"，"妙算夸焦土，藏书等赘疣"，"市荒难备药，医缺自寻方"，"坐叹人伦废，谁云国可持"，"天意昌群盗，酸儒岂慢藏"等，直逼老杜丧乱之作。又如《广州归后作》：

  登坛叱咤气何雄，谁料名城一夜空。狗盗乘时多致富，将军逃命尚论功。鹎衔腐鼠鹈遭吓，蚓饮黄泉士本穷。太息乾坤焉置我，万方同在泪痕中。

时日本飞机频袭广州，各大学纷纷外迁，市民亦返乡暂避。此后数年，此类诗作愁苦语多而豪壮语少，诗人善感的个性在诗中表现尤为深挚。

抗战胜利后，民劳未得小休，内战即全面爆发。1947年，是熊氏创作最旺盛的一年，竟得诗百余首，编为《厄闰集》一卷，小序中有"天其有意欲昌吾诗而故厄吾身"一语。此时期作者正值壮年，饱经忧患，诗学诗功亦臻极诣，故所为诗甚多佳作。值得注意的是，诗中还涉及一些社会题材，如五古《闵灾》，五律《潦叹》六首，是年七月三江大水，各乡堤围溃决，农田被淹。"潦灾遍三江，恶耗传满纸"，"官家谈赈济，民命待煎熬"，"物价休劳问，应同水并升"，"微躯安所惜，傥及汝偕沉"，"读报惊灾况，凭轩写病呻"，皆仁人长者之语。此数年间诗，多写个人的困苦生活，怫郁情怀，语特感人。如《端午雨中》：

> 依然迭鼓动江城，谁解惊心到死声。无地与埋终古痛，彼苍何靳片时晴。原知风雨随潮急，都付儿郎击楫轻。寂寞深杯聊独写，醉来歌哭不分明。

此诗真可谓惊心动魄，一字千金者。

1949年中华人民共和国成立后，诗人尚在广州，徘徊观望。"一例衣冠随世换，几家眉黛费新描"（《开岁至人日得此诗》），"枯蝉阅世噪余声"（《西塘晓饮示韶清》），"深杯自闷忧时意，举世难回已死心"（《连雨独饮》），"邦危语激良非计，云重风高带薄雷"（《雨中偕韶清过孟浏晚饮》），"追怀别日危言验，真恨平生见事迟"（《闻湘父兄殁耗》），"天地侧身亡乱际，古今流恨去来潮"（《答能履病中见怀》）。这样的感情，这样的思想，当然是无法与新时代合拍的。年过半百的诗人决然离去了。

1953年秋暮，熊润桐移居香港。此后数年诗编为《入海集》一卷。熊氏在港初以行医为业，后任珠海书院及联合书院教授。所为诗多眷怀故里，自伤身世。可以《医叹》为代表作：

> 终朝惟隐几，卖药倏经年。一怒欲投石，长吁空仰天。游魂嗟满眼，削迹愧前贤。写我悲忧意，滔滔只逝川。

老笔颓唐，诗人已经感到，他不再属于这个社会，不再属于这个时代了。卷终收入二首《老去》诗,末二语云:"老去江湖偏不死,可堪留眼对残山。"其情亦可哀矣。

佟绍弼(1911—1969),原名立勋,字少弼,号腊斋。广州人。曾先后任教于勷勤大学、广东大学、国民大学、广州大学。1949 年后任广州知用中学语文教师,年未五十,因肺病退闲在家。卒时仅五十八岁。诗集亦在乱中散佚。2004 年,陈永正为辑得遗诗四百余首,成《腊斋诗集》一册印行。

佟氏出身汉军,家风尚武,性情刚猛。在南园今五子中,年最少,亦最为陈融所爱重。佟氏论诗,首重唐音,强调要以杜、韩为宗,并继承岭南诗歌"雄直"的诗风。曾有句云:"更须雄直气,韩杜是吾师。"(《题永正诗后》)佟氏本人的创作,亦出唐人宋,遍参晚清诸家,自成一体。诗歌感情丰满、真实,贯注着一股刚劲之气,有别于当时流行的赣、闽派。

抗战期间,佟氏滞留广州,就任教职。在日寇铁蹄之下,委曲求生,既愤激,复无奈,所为诗多写个人痛苦矛盾的心情。如《辛巳中秋》:

> 中华寇乱几经秋,岁岁中秋月亦愁。故里初逢惟有恨,冷杯相对不胜幽。沈灾地赤家何托,流血风腥死未休。空巷悄然人事绝,苍茫只见雾云浮。

此外如:"丧乱饥村多病死,周围乔木老烽埃"(《晓行回校触梅感赋》),"一身饿死浑闲事,争奈亲心待此儿"(《开岁之六日愤然有作》),"烽火遗黎共命轻,刚肠激烈向天明"(《元旦试笔》),"时移动变心知愧,地老天荒世代更"(《注成老子感赋》),"悠闲知苦味,忍死可伴狂"(《残腊》)。恐怕这也是在沦陷区中一部份读书人的真切感受。

抗战胜利,"中华能再睹尧天,鼓腹讴歌合醉眠"(《失题》),诗人欣悦之情,才不多时,又化为牢愁满腹。如《八月十四日夕寄润桐》:

> 炎赫眠难稳,烦冤郁所思。来周俱酷吏,胡李不同时。法网从来迫,儒冠自古悲。避时非寄拙,行露会多疑。

此后几年间,佟氏诗多愤懑之语:"忧世讵忘烽烬热,挹秋先演簟纹凉"(《为陈寂题枕秋阁图》),"民劳输狗彘,群哄向狐狸"(《遣兴》),"追源乱事无涯涘,寻味今朝更苦酸"(《与念庵相见》),他热切盼望着社会的变革。1949 年所写的《废兴》一诗,正表达了此时心境:

> 易暴而为暴,从来有帝秦。数穷辽海战,谋及岭南人。巧妇炊无米,

平时爨称薪。废兴成定局，征募尚劳民。

1949年，是动荡的一年。师友纷纷各寻出路。陈颙流寓澳门，友人傅子余、陈湛铨、何曼叔、汤定华、黎廷榮、潘小盘等也先后移居香港。诗人因有"捱尽风霜须劲节，无人同醉菊花黄"（《己丑重阳》）之叹，他选择的是，留在广州，准备迎接新的生活。

1950年春，佟绍弼写下了多首感情激昂、色调明快的诗篇，如《漫兴》：

缤纷云彩太阳东，惊起诗人睡梦中。努力晨光随众出，赏心天气爱春融。岁时红入千花嫩，雨露春归万木同。筋力料量仍健壮，莫将人事误疏慵。

他的诗中充塞着全新的语汇，如"勤劳四体随群众，风会工农不更须"（《春阴》）。他努力参与政治活动，改造思想，紧跟时代的步伐，殊不知自己早已被定性为革命的对象，一次又一次的运动，一场又一场的批判接踵而来，可是，诗人还自以为在追随革命，不断进步。

60年代初，佟氏因病退休，过着闲散的日子，还在继续写"风云开创地天新""阅世丹心摧未破""红旗一往无拦阻""满腔热血当空洒"一类的大块文章。他在城中的腊斋，则成为广州青年诗人聚集之地。1966年"文化大革命"爆发，佟氏也像往常那样，欢呼革命的到来。这时他写了相当数量的诗词，歌颂"大串连""上山下乡"等"新生事物"。可是，他得到什么回报呢？大规模的抄家，把他心爱的藏书扫荡净尽，在街召开的斗争会上被一群女工谩骂围攻。气郁伤肺，终于旧病复发，吐血不止。经济日见拮据，医药不继，一代才人竟含恨而终。

熊润桐与佟绍弼，这两位昔年齐名的诗人，中年以后，分道扬镳。佟氏为"划清界线"，绝少与海外的旧友联系，熊氏晚年手定的《劝影斋诗》中，竟删去全部与佟氏唱酬之作，可见两人在思想上分歧之大。佟氏卷入政治的漩涡而无法自拔，熊氏佗傺无聊而有"心死"之哀。两位同属于旧时代的文人，无论个人选择怎样的道路，也还是白首同归，摆脱不了文化遗民悲剧的宿命。

"南园今五子"中，余心一、李履庵早逝，曾希颖后期以写词为主，熊润桐、佟绍弼虽然在20世纪50—60年代还在写诗，但其创作高峰期早已过去。所以，五子都只能算是民国时期的诗人。熊、曾、佟三人晚年最重要的成就，是作为中华文化的传承者，培养了一批青年学子。熊、曾二人在香港，长期执教于大专院校,其门弟子如全汉升、韩云山、李荣仙、贺文略、区静寰、潘镐澄、麦秀歧、汤定华、潘兆贤、洪肇平诸子,皆卓然有以自立,溥益社会。

综观明代三度南园诗事,前后五先生及十二子,均以唐音为主,传承曲江一脉。其中或有上溯汉魏、出入梁陈者,或有直追初唐、下承中晚者,皆万变不离其宗。如屈大均所评:"兢兢先正典型,弗敢陨越。所著悉温厚和平,光明丽则,绝不为新声野体,淫邪佻荡之音,以与天下俱变。"①

清末重开后南园诗社,情况则略有变化。时主其事者为梁鼎芬、姚筠、李启隆、沈泽棠、吴道镕、汪兆铨、温肃、黄节等八人,诗学诗功为时人所宗尚者,当数梁鼎芬及黄节。梁、黄二人虽亦追摹唐人,但已时参宋格。梁诗如陈衍所谓"窥中晚唐及南北宋诸名家堂奥"②,黄氏如黄浚所谓"致力于宛陵、后山,笔极刚峭"③。二人都是唐宋合参的,形成为近代粤中诗坛所称道的"唐面宋骨"的特殊风格,有异于同时学宋的闽赣派诸子。

民国时期的南园今五子,沿袭清末诗坛的遗风,取舍于唐宋之间。熊润桐平生精力尽之于诗,少时力学黄节,中年以后骨格更为苍老,遍参陶、谢而直逼老杜;佟绍弼以杜、韩为宗,更取屈大均、陈恭尹诸家之雄直之气。熊、佟二人的风格是有代表性的,他们的影响至今深远,广州、香港诗坛风雅之道亦赖以不坠。

六、南园新五子

诗人群体的形成,是诗坛繁荣一个重要的标志。20世纪30年代前期,广东政局较稳定,经济也有一定程度的发展。主粤政者重视传统文化教育,这期间粤中诗风甚盛,无论从诗人数量或诗歌质量上,绝不逊于江浙、京津。更有陈融、叶恭绰等名宿主持坛坫,能诗之士麕集门下,诗酒唱酬,遂形成大小不等的各种诗人群体,南园今五子则是其中佼佼者。广州诗坛,直到40年代末,还是异常兴旺,《广东日报》"岭雅"副刊中众多的名人佳作可为明证。

50年代至70年代三十年间,大陆诗坛表面上一片沉寂。诗人们私下里

---

① 屈大均:《诗语》,见《广东新语》卷十二,中华书局1985年版,第357页。
② 陈衍:《陈衍诗论合集·石遗室诗话》,福建人民出版社1999年版,第15页。
③ 黄浚:《花随人圣庵摭忆》,上海古籍书店1983年影印本,第29页。

还继续进行创作,但绝对没有公开发表的机会。他们常自嘲地称作"一袋诗人",把诗稿放在衣袋里,偷偷地掏出给诗友看,旋即收回。笔者少时接触过不少老辈诗人,他们无视禁令,逆风而行,以诗歌表现个人在特定环境中的情怀,字字句句,真是由心血浇灌而成。可惜的是,由于种种原因,这些诗人的遗稿无人收拾,多已散佚无存。

60 年代前半叶,广州诗坛有过一段短暂的兴旺时期,其原因或许是多方面的,但有几点颇值得注意。

第一,经过三年严重的"自然灾害"后,经济开始恢复,社会环境有所宽松,文化娱乐活动亦逐步开展。如各公园时开设迎春花会、中秋灯会,还有各种书画摄影展览,评选"羊城新八景"等文化活动,这些都免不了请诗人题咏。

第二,1962 年广东省文史研究馆创办省内第一所"私立广州文史夜学院",学制三年,开设中文专业,聘请学者、诗人王季子、潘叔玑、李曲斋、朱庸斋等讲授古文、诗词,部分学员亦尝试诗词写作。

第三,一些老诗人为传授诗道,热心接待来访求教的青年,满腔热忱培育后学,不计报酬,高情雅操,至可称道。其中较著者有陈寂、黄咏雩、佟绍弼、李小竹、林世鸿、张采庵等。朱庸斋在家设帐授徒,教授词学,培育甚众。

第四,诗人的雅集亦时有进行,如萝冈赏梅、兰圃品茗等皆有赋咏。

第五,1955 年中学语文教学改革,语文课分为"文学"与"语言"两门课程。文学课本内容全部改为古典文学,按文学史顺序选编。历时短短两年的改革,却影响了整整一代人,不少青少年自此爱上古典诗词,并尝试写作。

就在这样特殊的环境下,20 世纪 60 年代初,出现了新中国成立后第一批青年诗人。这里可举所谓"南园新五子"为例。1961 年秋,有几位青年常聚会于佟绍弼的腊斋中,切磋诗艺。他们是黎益之、潘元福、周锡䪍、刘斯奋和陈永正。黎、潘是诗人林世鸿的学生,林氏令其转投佟门。周是佟氏的拜门弟子,陈是周的中学同学,因周之介得谒佟氏。刘父名逸生,是佟氏的好友。佟氏读到五人的诗词十分兴奋,并写诗志感。诗题甚长,述与五人相识经过。诗云:

> 南国五子十先生,玉润珠辉万古明。愧我才疏而志广,羡君年少更时清。鸢飞鱼跃天连海,鬼哭神愁句不情。吹裂伶伦孤竹管,碧梧争唱

凤新声。

佟氏以毛笔亲书与周锡䪖。老诗人胡希明读此诗后，即戏呼五人为"南园新五子"，"新五子"之称一时遂广为人知。1966 至 1976 年是五人诗词创作最丰盛的时期。可以说，五人的诗词，反映了"文革"时青年一代诗人的心声。

1982 年，广州老诗人刘逸生、杨伟群以及周锡䪖、刘斯奋、梁鉴江等商议组织全市性的大型诗社。陈永正提出恢复"南园诗社"之名，以继承南园诗歌的传统，得到众人的同意。后呈请有关部门审定，最后定名为"广州诗社"。

（原载《学术研究》2007 年第 12 期）

古典诗歌中的地名特点初探

郭培忠

中国是一个诗的王国，自古诗人之众，如星空灿烂，佳作之多，浩如烟海。古典诗歌中的地名极其繁多，探讨古典诗歌中的地名特点，对于阅读和欣赏古典诗歌，继承和发扬历史文化遗产，无疑是有帮助的。以下拟从七个方面予以论述。

第一，地名相同：中国幅员辽阔，地名相同的现象很多，尤其是一些山川形胜，命名重复的现象更为突出。这些同名现象在诗歌中也屡见不鲜，一不小心就会张冠李戴。以西湖为例，浙江杭州市西湖，举世闻名。宋苏轼《饮湖上初晴后雨》诗："欲把西湖比西子，淡妆浓抹总相宜。"成为脍炙人口的名句。近人刘声木《苌楚斋随笔》云："以地名西湖者，天下三十有六，除杭州最著名外，当以福建福州府、广东惠州府为次。"他没有列出其余33个的名字，但据统计，其他大大小小的西湖，分布面遍及河南、山东、河北、四川、陕西、浙江、江苏、福建、广东等省，现举其要者如下：①在今四川广汉县城西，唐房琯主持开凿，故又称房公湖或房公西湖。唐李德裕有《月夕游房太尉西湖》、杜甫有《陪王汉州留杜绵州之房公西湖》，又严公弼《题汉州西湖》诗有"西湖创置自房公，心匠纵横造化同"句。②在今河南许昌市西。宋苏轼有《许州西湖》、梅尧臣有《西湖闲望》与《夏日晚晴登许昌西湖》诗。③在今山东济南市内大明湖。宋曾巩《西湖纳凉》诗"问吾何处避炎热？西湖十顷照眼明"句。④在今安徽阜阳市西北。唐许浑有《西湖亭宴饯》、宋苏轼有《陪欧阳公燕西湖》及《西湖戏作》诗。⑤在今福建福州市区西北隅。宋朱熹有《和赵汝愚开西湖》诗。⑥在今广西桂林市西。宋范成大有《六月十五日夜泛西湖风月温丽》诗。⑦在今广东惠州市西。宋苏轼有《西湖戏作》诗。又杨万里《游西湖》诗有"三处西湖一处秋，钱塘颍水及罗浮"句。众多的同名西湖，这就带出了一个中国地名中最常见的同名现象，可以说，同名之多，不可胜数。但笔者在探讨诗歌地名中发现，同名现象是有一些规律的：①以数字命名的地名，同名的情况很多，如一线天、三贤祠、四望楼、五峰山、六鳌山、七星岩、八角亭、九龙山、十方院等均有同名，少者 2～3 个，多者逾 10 个。②跟方位连在一起的，以山、湖、楼、园为例，据笔者不完全统计，东山同名 27 个，西山同名 20 个，南山同名 23 个，北山同名 8 个。东湖同名 12 个，西湖同名 36 个，南湖同名 13 个，北湖同名 3 个。东楼同名 6 个，西楼、北楼同名各 8 个，南楼同名 17 个。东园同名 8 个，西园同名 10 个，南园同名 9 个，北园同名 6 个。③以美好名称命名的地名同名的较多，如金山同名 11 个，龙山同名 19 个，凤凰山同名多达 31 个。④佛教在西汉末东汉初逐渐传入中国后，对中国文化有十分深刻和广泛的影响，佛教寺院全国各地都有，且同名的现象很多，比较出名的有法华寺同名 8 个，报恩寺同名 16 个，开元寺同名 19 个，华严寺同名 20 个，观音寺同名 10 个。

第二，一地多名：在诗歌地名中有一个有趣的现象，一方面地名重复的很多，另一方面，一地多名的也不少。如岭南，指五岭以南地区，相当今广东、广西、海南及越南人民共和国北部一带，也称岭外、岭表。唐高适《送柴司户》诗："岭外资雄镇，朝端宠节旄。"张说有《岭南送使》诗。广州，别称羊城（全称五羊城，得名来自五羊的传说）。唐杜甫有《送段功曹归广州》诗，高适《送柴司户充刘卿判官之岭外》诗有"海对羊城阔，山连象郡高"句。白门，六朝时建康城南门为宣阳门，又称白门，在今江苏南京市城区南隅，后人因以作为南京市的别称。宋王安石《谢公墩》诗："走马白门下，投鞭谢公墩。"南京又有建业之称，那是因为东汉末改称秣陵县为建业，治所在今江苏南京市，晋初改名建邺，后又改为建康，但习惯上后人仍称今南京市为建业。如唐刘沧有《经过建业》诗，韦应物《赋得暮雨送李曹》诗有"楚江微雨里，建业暮钟时"句。南京还有金陵之称，那是战国楚筑金陵城于江苏南京市清凉山上，后人因以金陵作为今南京市的别称。南朝齐谢朓《入朝曲》诗："江南佳丽地，金陵帝王州。"唐李白有《金陵白杨十字巷》与《月夜金陵怀古》诗等。一地多名在古典诗歌中时有出现，如终南山，又称太乙山、南山、秦山，即今陕西秦岭山脉。唐王维《终南山》诗有"太乙近天都，连山到海隅"句；岑参有《太乙石鳖崖口潭归庐招王学士》诗；卢照邻《长安古意》诗有"独有南山桂花发，飞来飞去袭人裾"句；杜甫《同诸公登慈恩寺塔》诗有"秦山忽破碎，泾渭不可求"句。苏州，治所在吴县（今江苏苏州市），隋改吴州置。唐刘禹锡《白太守行》诗："苏州十万户，尽作婴儿啼。"又杜牧有《送沈处士赴苏州李中丞招以诗赠行》诗。姑苏（一作姑胥、姑余）则是苏州的别称。唐杜荀鹤《送人游吴》诗："君到姑苏见，人家尽枕河。古宫闲地少，水港小桥多。"又张继《枫桥夜泊》诗有"姑苏城外寒山寺，夜半钟声到客船"句。韶阳，即旧韶州的别称，治所在曲江县（今韶关市西南）。唐韩愈《送灵师》诗："韶阳李太守，高步凌云烟。"韶州则是隋开皇九年（589）平陈时以东衡州改置。十一年（591）废。唐贞观元年（627）又改东衡州置。天宝元年（742）改为始兴郡，乾元元年（758）复为韶州。唐杜甫《送段功曹归韶州》诗："交趾丹砂重，韶州白葛轻。"宋苏轼有《狄韶州煮蔓菁芦菔羹》诗。雷阳则是今广东海康县的别称，唐置雷州治此。宋李纲有《初发雷阳有感》诗二首；屈大均有《雷阳作》诗。海康县则是隋置，宋李纲有《归次海康登平仙亭次莱公韵》诗。端峡，又名端溪峡、端州峡、羚羊峡、高峡、高要峡，在今广东肇庆市东、西江上。除高要峡（未知）外，其他五个名称都有诗人吟咏：唐杨衡有《经端峡》和《经端溪峡中》诗；元范梈有《渡端州峡》诗；明杭世骏《高峡》诗有"羚羊峡束初上潮，断岸千尺被青茅"句。

一地多名，非常复杂，古典诗歌中时有出现，我们阅读有关诗作时，应该结合诗人年谱或其行藏，认真思考，细加辨析，才不会弄错。

第三，地名泛指：古典诗歌中出现的地名，一般来说都是实指的，即指明具体的地点，但是，也有一些是泛指的，即不专指某一地点，如三越，即吴越、南越、闽越的合称，泛指今江苏南部、浙江、福建和广东、广西一带。唐骆宾王《送刘少府游越州》诗："一丘余枕石，三越尔怀船。"南越，一作南粤，泛指今广东、广西、海南及越南人民共和国北部一带，古为越人所居。唐薛令之《老姥山》诗有"东瓯冥漠外，南越渺茫间"句（东瓯泛指今浙江南部瓯江及灵江流域一带，秦汉时为瓯越族所居）。闽越则是泛指今福建一带，古为闽越族所居。唐齐己《送赵长史归闽川》诗："荆门与闽越，关戍隔三川。"闽川意同闽越、闽中。闽中也是泛指今福建一带，秦时属闽中郡。唐高适有《送郑侍御谪闽中》诗。关中是泛指故函谷关或潼关以西、陇山以东陕西中部地区。唐司空图《丁巳元日》诗有"关中留王气，席上纵奇兵"句。岑参《与高适薛据登慈恩寺浮图》诗有"秋色从西来，苍然满关中"句。关东则是泛指函谷关或今潼关以东地区。东汉曹操《蒿里行》诗："关东有义士，兴兵讨群凶。"（关东旧称又指今河北山海关以东辽宁、吉林、黑龙江三省）江汉是泛指今湖北长江以北汉江下游地区。唐僧齐己《答知己自阙下寄书》诗："知恋文明在，来寻江汉来。"又杜甫有《江汉》诗。江淮是泛指今安徽、江苏、河南及湖北东北部长江以北、淮河以南地区。唐高亭《讥元载》诗有"上元官吏务剥削，江淮之人皆白著"句。江南则是泛指长江以南地区。南朝梁柳恽《江南曲》诗："汀洲采白苹，日落江南春。"唐杜甫《江南逢李龟年》诗："正是江南好风景，落花时节又逢君。"中国一名则有两种情况，一是泛指整个中国。唐骆宾王《久戍边城有怀京邑》诗有"河气通中国，山途限外区"句。二即中原，泛指今黄河中下游一带。三国魏王粲《七哀》诗有"复弃中国去，委身适荆蛮"句。中原又称中土、中州。南朝宋谢灵运《述祖德》诗有"中原昔丧乱，丧乱岂解已"句。金高士谈《梨花》诗有"中原节物正，梨花配寒食"句。中州一般指今黄河中下游地区一带，或指整个黄河流域，也有指全中国的。唐王维《奉和圣制暮春送朝集使归郡应制》诗有"宸章类河汉，垂象满中州"句，其义即指全中国。金田锡《牧牛图》诗："干戈扰扰遍中州，挽粟车行似流水。"其义指黄河中下游。类似这种情况，我们在阅读古典诗歌时，必须仔细审辨。

第四，地名省称：诗歌的语言特别简洁、精练，格律诗每句的字数还要固定，或五字，或七字，在这种情况下，诗歌中的地名，如果用全称，有时会受到其字数的限制，于是，诗人往往用省称。如唐李白《奔亡道中五首》，其四有"函谷如玉关"句，函谷即函谷关，在今河南灵宝县西南。玉关即玉门关，汉置，在今甘肃敦煌县西北小方盘。而玉门关还有一处在今甘肃安西县东双塔堡。唐岑参有《玉关寄长安李主簿》诗。而脍炙人口的名句"羌笛何须怨杨柳，春风不度玉门关"（王之涣《凉州词》）的玉门关亦指此。李白《越女词五首》有"长干吴儿女""耶溪采莲女"等句，长干是长干里的省称，里巷名，故址在今南京市秦淮河南，靠近长江。耶溪即若耶溪，在今浙江绍兴县。杜甫《秦州杂诗二十首》有"水落鱼龙夜，山空鸟鼠秋"句，鱼龙是鱼龙川之省称，即今陕西西部渭水支流千河及其上源之一关山沟河。鸟鼠是鸟鼠山之省称，在今甘肃渭源县西。宋苏轼《发广州》诗："蒲涧疏钟外，黄湾落木初。"黄湾即黄木湾，今广州黄埔港前的江面，因诗为五言句，又要与上句对偶，不得不用省称。苏轼另一首《浴日亭》诗有"剑气峥嵘夜插天，瑞光明灭到黄湾"句，诗中的黄湾也是省称。陆游《秋晚登城北门》诗有"一点烽传散关信，两行雁带杜陵秋"句，散关即大散关，在今陕西宝鸡市西南。清黄文杰《文鸾湖》有"谁言西北少平湖，偏有文莺入画图"句，文莺即文莺湖，一名小东湖，在今山西大同市东南。清沈灿有《游秋林》诗，秋林即秋林夏馆山之省称，在今河南内乡县北。

中国历代政区名称繁多，变化也大，在诗歌里，政区用省称的不少。如元吉安路、明吉安府，治所均在庐陵县（今江西吉安市）。元萨都剌有《吉安道中》诗，这里的吉安是吉安路之省称。明杨溥有《送闽进士林琼田教授吉安》诗，这里的吉安则是指吉安府了。扶风县、扶风国、扶风郡均省称为扶风。扶风县治所即今陕西扶风县，唐以湋川县改置。韦应物有《过扶风精舍旧居》诗。扶风国治所在池阳县（今陕西泾阳县西北），晋以扶风郡改置。刘琨有《扶风歌》诗。扶风郡治所在雍县（今陕西凤翔县），隋以岐州改置。

唐李白《扶风豪士歌》："扶风豪士天下奇，意气相倾山可移。"又李商隐有《十一月中旬至扶风界见梅花》诗。

诗歌地名省称有几种类型：一是省去最后一个字，这种情况较多。行政区划中的地名多有这种情况，如上述的吉安路、吉安郡等。一些山名、水名省去末字也较多，如鸟鼠山省称为鸟鼠；鱼龙川省称为鱼龙。一般来说，这类省称都是省去通名（如路、郡、山、水），保留专名（如吉安、鸟鼠等）。二是省去地名中第一个字，如若耶溪，省称为耶溪；终南山，省称为南山。三是省去地名中间一字，如黄木湾，省称为黄湾；桃花溪，省称为桃溪；函谷关，省称为函关。后二种情况的省称比较少见。地名省称大多是省去一字，也有省去二字以上的。如秋林夏馆山（今河南内乡县北），省称为秋林，清沈灿有《游秋林》诗。冬瓜湖塘（在今浙江嘉兴市北，一名东郭湖塘），省称为冬瓜。清朱彝尊诗："四更枕上歌声起，泊遍冬瓜堰外船。"省去二字或二字以上的情况不多见。

第五，地名旧称：随着时间的推移，有些地名改变了，但是诗人好古，作诗时不用今地名，而用旧的地名。如明末清初人屈大均有《奉寿天雄成少傅》诗，天雄即天雄军，唐、五代方镇。唐天佑元年（904）以魏博节度使号为天雄军，治所在魏州（五代后唐改名兴唐府，后晋改名广晋府，后汉改名大名府，在今河北大名县东），五代为梁所并。显然，五代以后，天雄之名不复存在，屈大均在这里用的是旧的称呼。屈大均还有《自胥江上峡到韶阳作》和《复上韶阳述怀呈使君》诗，诗中的韶阳用的也是旧称，因韶阳是故韶州的别称，而韶州于至元八年（1271）废。屈大均另有《上端州作》和《端州道中》诗，端州于隋开皇九年（589）置，以境内端溪得名，治所在高要县（今肇庆市），以后名称时有变化，明清两代为肇庆府，治所不变，辖境则有变化。诗有端州之名显系旧称。清代查慎行《英山二首》中"英州山又胜韶州"句。英州于五代南汉乾和五年（947）置，治所在浈阳县（今英德县），从明洪武二年（1369）起降为英德县，清代因之。韶州如上述。故查慎行诗中的英州和韶州都是用旧称。唐代韩愈《左迁至蓝关示侄孙湘》诗有"夕贬潮阳（一作潮州）路八千"句，这里的潮阳是潮阳郡，治所在海阳县（今潮州市）。考潮阳郡是唐天宝元年（742）以潮州改置，辖海阳、潮阳、程乡三县。乾元元年（758）又改为潮州。韩愈贬潮州是在元和十四年（819），此时的潮州称为潮州，韩愈诗中用潮阳是旧称。王力主编的《古代汉语》（1963年版，1978年广东第四次印刷）下册第一分册957页介绍韩愈的生平时说："宪宗元和十四年（819）在刑部侍郎任时，又因谏迎佛骨，触怒了皇帝，被贬为潮州（广东省丰顺、揭阳、潮阳一带）刺史。"这里的解释欠妥,他把潮州的治所海阳县忽略了,造成这个错误的原因是对潮州与潮阳郡的变化及辖地不清楚。

诗歌有平仄相叶的问题,遇到应用平声而今地名却为仄声时,诗人会改用平声的古地名以照顾全诗声韵,反之亦然。如清屈大均《榴花村吊宋义士熊将军飞》诗有"东官自是英雄地,熊氏将军首建威"句,东官即东官郡,东晋咸和六年(331)置,治所在宝安县(今深圳市南山区),辖宝安、海丰、兴宁三县,以后治所和辖地时有变化,隋开皇十年(590)废。而东莞县则于唐至德二年(757)以宝安县改名,治所即今深圳市南头区,北宋开宝五年(972)废,次年复置,移治今东莞莞城镇。从诗题看,榴花村在东莞境,诗用东莞之名最好,但"莞"字是仄声,不合诗的平仄,而东官的"官"字是平声,合诗的平仄,虽然东官是古称,辖地范围较大,但东莞也包括在东官之内,故诗用东官而不用东莞。屈大均另一首诗《重至白门宿余鸿客山堂作》诗有"白下啼鸟地,愁人自六朝"句,白下即白门(今南京市),因诗用仄声,故改白门为白下。

第六、名称改变:诗歌中出现的地名不是一成不变的,有的地名随着时间的推移而改变。例一,唐刘言史有《广州王园寺伏日即事寄北中亲友》诗,清张锦芳有《偕虚舟过光孝寺自公房》诗,两诗题的王园寺、兴孝寺都是同一地,即今广州市光孝寺。光孝寺是西汉初年最后一位南越王赵建德的住宅,东晋时曾名王园寺,唐贞观十九年(645)改为乾明法性寺,以后名称屡易,南宋绍兴二十一年(1151)才改为今名。例二,宋陶弼有《送赵枢寺丞宰虔化县》诗,清顾祖禹有《送魏叔子还宁都》诗,两诗题的虔化县、宁都(县)为同一地,即今江西宁都县。例三,南朝宋谢灵运有《入彭蠡湖口》诗,唐孟浩然有《彭蠡湖望庐山》诗,宋赵抃有《经鄱阳湖》诗,明林常有《风雨过鄱阳湖有感》诗,诗题中的彭蠡湖和鄱阳湖都是同一地,即今江西鄱阳湖。所谓名称改变,就是说,在历史的发展进程中,某一个时期出现的地名,到了另一个时期,其名称不再沿用,而另起新名。其名称出现,在时间上有先后之分,这与一地多名不同,一地多名,大致上是同一个时期拥有一个、两个或几个名称。

第七,治所变化,名称不变:这是指行政区划而言。我国历代政区的划分,除秦代实行郡县两级制以外,基本上都是三级制,各级政区的治所时有变化,而政区名称不变(当然,也有治所变化,名称也改变的),这里要探讨的就是这一方面的问题。例一,桐庐县:①治所在今浙江桐庐县西分水江西岸,三国吴置。南朝宋谢灵运有《初往新安桐庐口》诗。②治所即今浙江桐庐县,唐代移置。唐韦庄有《桐庐县》诗、宋范成大有《桐庐》诗。例二，广陵郡：①治所在广陵县（今江苏扬州市西北蜀冈上），东汉改广陵国置。三国魏文帝曹丕有《至广陵于马上作》诗，南朝陈阴铿有《广陵岸送北使》诗。②治所在江都县（今江苏扬州市），隋代移置。唐杜甫有《湖南送敬十使君适广陵》诗，赵嘏有《广陵道》诗。上举二例是两级政区的情况，其治所变化属于同一类型，即今地在同一级政区之内。下面再举两个例子，例一，渭州：①治所在襄武县（今甘肃陇西县东南），隋置。唐岑参有《西过渭州见渭水思秦川》诗，王建有《题花子赠渭州陈判官》诗。②治所在平凉县（今甘肃平凉县），唐代移置。宋梅尧臣有《邵伯埭下王君玉饯王仲仪赴渭州经略席上命赋》诗。例二，南阳郡：①治所在宛县（今河南南阳市），战国秦置。唐李白《读诸葛武侯传书怀赠长安崔少府叔封昆季》诗："当其南阳时，陇亩躬自耕。"②治所在穰县（今河南邓县），隋代移置。唐韩愈有《过南阳》诗，又杜牧《途中作》有"绿林南阳道，千峰势送随"句。上举二例又是另一种情况，其治所变化，今地不属于同一级政区。

此外，在古典诗歌地名中，还有一种借代情况，如陆游《花时遍游诸家花园十首之八》："常恐夜寒花寂寞，锦茵银烛按凉州。"凉州，古代地名，在今甘肃境，这里代替少数民族乐曲。屈大均《赠前端州张君》诗有"哲兄勋业河西盛，归听甘州唉紫驼"句。甘州也是古代地名，在今甘肃境，这里同样代替少数民族乐曲。

古典诗歌中涉及的地名极其繁多，笔者试从上述七个方面分析探讨，希望对古典诗歌的阅读和欣赏有所帮助。由于古典诗歌中的地名相当复杂，时过境迁，这就要求我们在阅读古典诗歌时，遇到诗歌中的地名必须仔细审辨，除了利用辞源、辞典这类工具书外，还要根据诗歌内容、作者行藏等认真考虑，有时还要借助地方志。只有这样，才能尽量避免失误，准确地把握古典诗歌中的地名，提高古典诗歌的鉴赏能力。

参考文献

[1] 彭定求等编. 全唐诗 [M]. 北京：中华书局，1960.

[2] 魏嵩山主编. 中国古典诗词地名辞典 [M]. 南昌：江西教育出版社，1989.

[3] 陈永正主编. 屈大均诗词编年笺校 [M]. 广州：中山大学出版社，2000.

（原载《中山大学学报》2002年第1期）

韶州灵树古刹遗址考

仇 江 林 建

一、灵树寺与如敏大师、文偃大师

灵树寺是唐末至南汉末韶州曲江一座著名的禅寺,南汉时期知圣如敏禅师、创立云门宗的文偃禅师先后住持于此,这两位大师在禅宗特别是云门宗的历史上有重大的影响,并受到南汉皇朝几代君主的尊崇,因此,灵树寺在当时颇负盛名,影响深广。入清以来,由于各种原因,灵树寺史迹逐渐湮没,志书所载,或付阙如,或语焉不详,甚至错讹混淆,近代灵树遗址已不可知。一代名寺,湮灭致此,令人感叹。而灵树寺遗址之谜,也一直是近代岭南佛门历史上引人关注的问题。

如敏禅师是一位具有传奇色彩的高僧,据《宋高僧传·感通篇》载:"释如敏,闽人也。始见安禅师,遂盛化岭外。其为人也宽绰纯笃,无故寡言,深悯迷愚,率行激劝。刘氏(龑)偏霸番禺,每迎召敏入请问,多逆知其来,验同但合契。广主奕世奉以周旋,时时礼见,有疑不决,直往询访。敏亦无嫌忌,启发口占,然皆准的,时谓之'乞愿',乃私署为'知圣大师'。"

知圣如敏大师"逆知其来"的神通,还表现于他与文偃禅师具有神秘色彩的相知相契关系。据《五灯会元》卷十五载:"初,知圣住灵树二十年,不请首座,常曰:'我首座生也'、'我首座牧牛也'、'我首座行脚也'。一日令击钟,三门外接首座。众出迎,师(文偃)果至。"

如敏大师与文偃禅师素未谋面,而相知如此,正同《大汉韶州云门山光泰禅院故匡真大师实性碑序》所称:"大师以心机相露,胶漆契情",即请文偃禅师担任灵树寺首座和尚。南汉乾亨二年(公元918年),如敏大师圆寂于灵树寺,寂前留帖向高祖刘龑举荐首座文偃法师:"高祖初称帝,将事兵戎,诣如敏院,使决进止。未至,如敏已先知之,忽一日召其徒语曰:'吾已不久住世,灭后必遇无上人为吾荼毗。'因留一缄,使俟驾至进之,逾年遂坐逝。高祖适至，惊问其徒曰：'师何时得疾？'对曰：'师无疾。适遗一缄，令呈陛下。'高祖启函，得一帖云：'人天眼目，堂中上座。'高祖悟，遂决意寝兵。命火其尸，得舍利无数，赐号'灵树禅师'。诏塑其形于方丈祀之。"（《南汉书·卷十七》）

刘龑乃"于时诏师（文偃）入见，特恩赐紫。次年敕师于本州岛厅开堂。师于是踞知圣筵，说雪峰法，实谓禅河汹涌，佛日辉华，道俗数千，问答响应"（《大汉韶州云门山光泰禅院故匡真大师实性碑序》）。五年后，文偃大师"倦于延接，志在幽清，奏乞移庵，帝命俞允。癸未〔刘龑白龙七年（公元923年）〕领众开云门山"（《大汉韶州云门山大觉禅寺大慈云匡圣弘明大师碑序》）。文偃大师从此离开驻锡十二年的灵树寺，创建云门宗，开始弘法的新阶段。

由上述可知，知圣如敏住持灵树数十年并圆寂于此；文偃大师任灵树首座七年，又继主灵树五年方赴云门开山，如果说云门是云门宗的祖庭，则灵树就是云门祖庭之祖庭了。对于这样一所孕育了云门宗的重要庙宇，岭南的佛门是比较重视的。清初战乱后，著名高僧天然和尚、澹归和尚等曾寻找灵树遗址并恢复古寺。近代，以一身承嗣五宗法脉的当代禅宗泰斗虚云老和尚也一直关注着灵树遗址问题，在开始兴修云门寺之前，首先就是访寻灵树寺，"民国二十九年，云公以重建曹溪六祖道场竟（完结），偕粤僧福果往曲江、乳源各地，访寻灵树道场。未获"（《云门山志》第三章）。

二、灵树古寺寻踪

五代南汉（公元911—971年）时期，佛教在岭南得到长足的发展，灵树寺可谓声名显赫，观乎南汉君主亲临请益以及北宋名臣余靖的诗咏即可知。而历史上有关灵树地点的记载却很简略。《宋高僧传》只说"韶州灵树院"，《五灯会元》只提"韶州灵树"，《南汉书》稍详，亦只云"僧如敏，福州人，栖韶州灵树山"而已。近世出版的《云门山志》提及灵树寺，只注"灵树（山名，在韶州附近。确址待考）"。既然有关的史书没有确凿的记载，我们只能到方志、文史等书籍中寻求线索了。

我们能够搜集到的有关方志有如下几种：明嘉靖十四年《广东通志初稿》、嘉靖四十年《广东通志》、清雍正《广东通志》、道光《广东通志》；康熙十二年《韶州府志》、康熙二十六年《韶州府志》、光绪《韶州府志》；康熙《曲江县志》、光绪《曲江县志》、宣统《曲江乡土志》。

要查阅的问题主要有以下几项：

在方志的"寺观"一栏查"灵树寺"的有关记载，后来因发现与建封寺的关系异常密切，便增加了"建封寺"（或"建风""建峰"）的内容；在"坊都村落"一栏查灵树寺所在行政区划历史沿革以及有关数据；在人物志的"仙释"一栏查"如敏""文偃"等有关禅师的资料。

再由以上的数据引出新的线索，继续跟踪探究。由于数据太多，关系繁杂，未能细列，这里只能介绍一些重要的史料以及寻踪的推断过程。

（一）灵树寺

关于灵树寺，年代最早的两种明代《通志》都不载。

最早记载灵树寺的方志是清初康熙十二年的《韶州府志》，在其"寺观"一栏中记："灵树寺：韶石［社］都灵光村。五代知圣禅师道场，云门继席于此。"十四年后，新编《韶州府志》与《曲江县志》同年出版，关于灵树寺的记载，与前版《府志》几乎完全相同，兹引《曲江县志》所载："灵树寺：韶社都灵光村。五代知圣禅师道场，云门继席于此。久废。国朝康熙十九年僧如光开复。"同时，康熙二十六年出版的这两种新志，在"仙释·灵树知圣禅师"传略中都增加了一些内容，再引《曲江县志》所记："……今寺已废，然风雨中耕民常见大神现身，入夜或闻钟鼓之声。山后亦无敢樵采者。"《府志》所记，个别字眼不同而已。

由于这两种方志是在僧如光于康熙十九年开复灵树寺之后几年修成的，对当时的人物事件比较了解，所以对灵树寺的介绍比较具体、详细。此后历代的方志所载都没有超出它们所述的内容。

纵观以上多种有关方志对灵树寺的记载，可以得出一个统一的认知：

灵树寺，在（韶州曲江县）韶社都灵光村。五代知圣禅师道场，云门继席于此。久废。康熙十九年建复。

这里最重要的信息就是"韶社都"和"灵光村"。

（二）韶社都和灵光村

韶社都，明代的两种《通志》都有记载。最早的《广东通志初稿》卷六《坊都》中记载韶州府曲江县区划说："都，三十有四：曰长桂一、长桂二……韶社、下礼、墨石三。"

从明中叶一直到清末，各种有关的方志所载曲江县坊都圩村区划都有韶社都。康熙间出版的《韶州府志》及《曲江县志》记韶社都的方位作："韶社都,去城北九十里。"

至于村落,《县志》更具体地记载说:"灵光村、八村、黄圯坑村、总铺村、下道村、灵溪村。俱韶社都。"

而光绪版《曲江县志》则记为:"韶社都,在城北九十里。经管平圃司属村。"下属有冷田、零[灵]溪、大桥、周田、黄坑、大坝等六个圩共二十二村,村名不赘录。

可知自明中叶到清末,韶社都一直存在,它位于曲江县的东北角,离府城约九十里(清代有关志书皆录康熙《曲江县志》所载"去城北九十里",不确)。数百年来,该都辖地时有变化,但主要圩镇就是平圃、大桥、周田、灵溪、冷田、黄坑等。灵树寺就在这个不大的范围之内。

"灵光村",它只在康熙年间的《韶州府志》和《曲江县志》中有所记录,可惜到雍正年间的《广东通志》就失载了。这样,不但康熙十九年灵树寺开复后的情况不得而知,存疑后世,而且灵树寺所在的灵光村亦随着销声匿迹。我们曾经请教当地耆宿、曲江县博物馆刘成德先生以及周田镇的一些干部群众,他们都表示,从来没有听说过灵光村这个地名。

(三) 韶社都的庙宇

据清代有关的方志所载,韶社都只有两座庙宇,一座自然是灵树寺,另一座是乾隆年间建复的青云庵。青云庵现存大桥镇境内可勿论,灵树寺不存,则韶社都理应没有寺庙了。但是,在周田镇还有一座相当规模的建封寺,直至1958年才被毁,如今还剩废址。

(四) 位于韶社都却不属韶社都的建封寺

康熙年间的《韶州府志》《曲江县志》,还有雍正年间的《广东通志》在"寺观"一栏中都有记载:"建峰(或封)寺,在上礼都。"《曲江县志》更载:"上礼都,城南四十里。""简田、私盐头、黄坑、周田、黄竹坑等村,属上礼都。"(《卷七·都里》)黄坑、周田、黄竹坑这些在"城北九十里"的韶社都内的村镇,怎么又属于"城南四十里"的上礼都?

清末编撰的《曲江乡土志》为我们解释了其中的原因。原来清代曲江县的"都"与所属的圩镇村落不是固定不变的,而是根据粮赋完成的情况加以调整:"其在本都者曰'经管',其不在本都者曰'兼管',甚而甲都乙属者曰'分管',此固粮籍过割,多用活图,其间一村或隶两都,此都而或管彼村,一经考正,了然明白。"可知建封寺还是在韶社都的周田镇地面,只是以"兼管"或"分管"的形式隶属于一百多里外的上礼都。康熙、雍正两朝的有关方志都采用"在上礼都"的说法。道光之后的志书则不然（也可能周田不再属于上礼都了），多采用康熙《韶州府志》中的《韶石图》来标示建封寺的位置，光绪《韶州府志》和《曲江县志》根据《韶石图》以文字记述："建封寺、文殊寺、伏坑寺、韶石庵，俱在韶石下。（图册）"

因此，建封寺是在韶社都境内，而且在韶石山下，从《韶石图》上看，建封寺滨临浈江，位于韶石地区的东端。

（五）灵树寺位于韶石地区

据五代及北宋的一些诗文，灵树寺同样身处"韶石"之区。

韶石位于古时韶州府东北约七十里，因"昔舜南游，登石奏韶乐"而得名（《寰宇记》）。据康熙《韶州府志》所载《韶石图》，韶石共有三十六石，天然分峙，峰峦奇秀，千姿百态，形各有异，以韶石最为清丽，"双阙"最为绝奇。韶石地区早在宋代就已成为游览胜地，建封、伏坑、文殊等寺院和尽善亭、韶亭等亭台阁榭点缀其中。

文偃大师圆寂前写给南汉皇帝的《遗表》叙述了他一生的经历，称他住锡灵树寺时"身限韶石之云，头变楚山之雪，以至荣逢景运，屡沐天波"。可知灵树寺就在韶石地区。

还有，北宋的余靖有《灵树喜长老属疾见寄，次韵酬之》诗（《武溪集·卷一》），首句是："鸣韶山下客，多病似吾身。"是说住锡鸣韶山下灵树寺的喜长老，像我一样多病。也明确指出，灵树寺就在韶石山下。余靖生于宋真宗咸平三年（公元1000年），距南汉灭亡的宋太祖开宝四年（公元971年）不足三十年，他是曲江人，对家乡史实知之最详，应无疑问。

由此可证，灵树寺就在韶石地区。

（六）灵树寺与建封寺

建封寺在韶石下，灵树寺也在韶石下，它们有什么关系？

灵树寺历史的辉煌不必再述，建封寺也是名气很大的古寺，宋哲宗年间（公元1086—1100年）苏东坡被贬岭南，有《宿建封寺晓登尽善亭望韶石》诗，令建封寺名扬天下留芳千古。穿越韶石地区的"南雄古道"旁，还留存着与苏东坡同时的岭南名士谭粹应建封寺僧之请题辞的刻石。

灵树是五代南汉的名寺，建封则是始于北宋的大刹，文献中记载的这一先一后同处韶石之下的两座名寺，会不会是同一座寺庙？

《曲江县文物志》为我们提供了启示。该书第四章第一节的《周田建封寺》载："建封寺位于周田镇麻坑村东北约 1 公里，寺庙面临浈江，与周田村隔河相望。""1959 年，周田小学在此辟地栽种蓖麻，曾挖出一件刻有'南雄大道'的四字石碑，可见其是韶石古道的必经之路。"

　　而后面的记载是最值得注意的："据附近老人说，寺前原有一株'龙角树'，其枝巨大低矮，横贯于路，凡人到此，不管达官贵人还是过往客商，都须下马下轿，躬身而过。"

　　一座寺院，所有官商士民经过都须下马下轿，躬身而过，必定是被皇帝膜拜过或住锡过国师级高僧大德，方能如此高贵尊荣。一般的寺庙根本不会有这样的传说。而且树称"龙角"，显然与所谓"真龙天子"有关，足见该寺与皇家关系之密切。在韶社都一地，只有南汉时代备受几任南汉主尊崇供养，由知圣如敏大师、云门文偃大师住持的灵树禅院，才会如此高贵尊严，才会在民间留下这样的传说。而始自北宋的建封寺，虽然历史长久，声名昭著，但它与皇室并没有这样的缘份。因此，民间传说的主角，应是灵树寺，而不会是建封寺。

　　五代时的"灵树"，北宋时称"建封"，普通民众只知"建封"，把它的前身"灵树"的史迹传说也套到"建封"的头上，自然为识者所笑，但如果知道"建封"的前身就是"灵树"，则民间传说就符合历史事实了。

　　综合分析以上方志中的有关史料，我们可以得出一个结论：灵树寺就是建封寺的前身，建封寺是在灵树殿基上新建的庙宇。

　　当然这只是一个推断，还没有直接记述灵树寺与建封寺关系的文字证据。本来康熙十九年重建灵树寺，必定刻碑记载，留存后世，但 1958 年拆毁建封寺，片瓦不存，只字不留。为此，我们需要付出更多的时间精力，争取在文史资料中寻觅到有关的证据。

1. 黄佐的"建封灵树"：一字千钧

　　最早阐明这个问题的是明代岭南著名的学者黄佐。在他编撰的《广东通志》卷六十四"仙释"中，有宋初粤北名僧惠林的传记，其中记述了惠林大师、邵思和尚与余靖之间的友谊，更重要的是，文中记载了粤北地区从五代至宋初这段时期一些著名僧人的情况并作了评价，这是岭南禅宗非常珍贵的史料。原文说：（与惠林）"同时有龙光晓空、建封灵树、伏坑理皎，皆名僧，其派实本自曹溪云。"

　　请注意，如同"龙光晓空""伏坑理皎"一样，"建封灵树"这个词组中，"建封"指寺庙，"灵树"指禅师名，而非寺庙名。因灵树寺的如敏禅师寂后被南汉主赐名"灵树禅师",故后世常以"灵树"指称。

这就是说：与惠林同时代的有龙光寺的晓空禅师、建封寺的灵树禅师、伏坑寺的理皎禅师，都是著名的僧人，他们的法派都是出自曹溪禅宗。

龙光寺，在粤北南雄。宋余靖有《留题龙光禅刹呈周长老》诗（《武溪集·卷一》）。另外还有《游龙光寺》诗（残句）（宋阮阅《诗话总龟》前集卷三三）。后来苏东坡北返路经有偈，题为《东坡居士过龙光，求大竹作肩舆，得两竿。时南华珪首座方受请为此山长老，乃留一偈院中，须其至授之，以为他时语录中第一问》（《苏文忠公全集·卷二二》），偈曰："斫得龙光两竹竿，持归岭北南人看。竹中一滴曹溪水，涨起西江十八滩。"可知在北宋中后期，龙光寺与曲江曹溪南华寺以及世俗的士人多有联系。至于当年的名僧晓空禅师，未详。

伏坑寺，在曲江县东北韶石下，与建封寺相近，是韶石地区四座古寺之一。康熙《韶州府志》之《韶石图》以及光绪《韶州府志》《曲江县志》之"寺观"一栏俱有记载。可惜自北宋后不见史册。理皎禅师，亦未详。

至于"建封灵树"这四个字，言简意赅，言浅意深，实际上已表达清楚了灵树大师与建封寺的关系。知圣如敏禅师住灵树寺数十年并圆寂于此，寂后南汉主赐号"灵树禅师"，这怎么会与北宋的建封寺有关系？为什么说灵树禅师出自建封寺呢？

我们不妨先考查一下灵树寺、建封寺的历史：

根据记载，如敏大师"居灵树四十余年"（《南汉书·卷十七》）。其寂年为南汉乾亨二年（公元918年），前溯四十年为唐僖宗乾符五年（公元878年），可知灵树寺始于唐末。至于该寺何时毁废，诸有关方志皆称"早废"而不记年代。我们觉得灵树寺毁败应该是在南汉王朝覆灭那一年即宋太祖开宝四年（公元917年），当时北宋大军南下，粤北遍地烽烟，宋余靖在《韶州善化院记》（《武溪集·卷九》）一文中记道："'善化'，唐朝旧额也。五代兵火后，其名仅存。"

《曹溪通志·卷一》更记叙了禅宗的祖庭——南华寺亦惨遭破坏："宋太祖开宝初，王师平南海，刘氏残兵作梗，祖（六祖惠能）之塔、庙鞠为煨烬。"

备受南汉皇室尊崇的灵树寺在这场改朝换代的战乱中难逃劫难，正在常理之中。

进入北宋，社会趋于安定，各寺庙也渐次恢复。建封寺始建于何时，书史无载，未详。不过，苏东坡贬岭南曾宿建封寺，有诗传世，因此建封寺之始创，不会迟于宋哲宗登基之时，当然也可能早至宋初。由于建封是建筑于灵树旧基之上，灵树寺就是它的前身。北宋时岭南普通人都知道这段历史，所以不论称"灵树"，还是称"建封"，所指还是那座庙。在这样的背景下，黄佐直书"建封灵树"，把灵树寺的如敏称为出自当时已改名的建封寺，也就不难理解了。实际上，这句话表达了灵树寺与建封寺先成后继的关系，也反映了明代士人对此的认知。

嘉靖之后历代有关方志一直沿载黄佐《通志》中《惠林》这篇传记，从未见反驳质疑之说，可见这是近五百年来岭南史学界的共识。

清初一些僧人的诗文，让我们了解到佛门中人对灵树与建封寺关系的认识，从而对当初的推断更有信心。

2. 天然和尚与石鉴和尚的有关诗作

首先，是天然和尚的《建封滩寻灵树禅师旧址》（《瞎堂诗集·卷十三》），诗曰："青松高出建封寺，信棹滩头问古津。旧址久成豪族塚，原田半入俗居人。坡斜漫灭无行径，竹出参差多着尘。五百方袍何处去，清溪水涸石磷磷。"

天然函昰是明清之际岭南著名的高僧，他在康熙五年至十年间应其徒澹归和尚之请，主法丹霞山别传寺，诗就是在这期间写的。

单从诗题就可以看出，天然和尚对这段佛门的历史很清楚：五代灵树禅师的古道场就在建封寺。顺便说一下，建封寺面临浈江，江对岸是周田村，寺下江边有渡口叫建封渡，清康熙十二年《韶州府志》载："建风（封）渡，在周田村。"此后清代历朝《韶州府志》及《曲江县志》俱有载如此。渡口附近一带江滩称建封滩，俱以寺得名。他的看法和一百多年前黄佐所记如出一辙，可见佛门与世俗对这段历史的认知是相同的。

其次，是石鉴和尚的《经见峰滩寻灵树禅师旧址》。清初岭南洞宗海云一脉有《海云禅藻集》，卷一收石鉴和尚诗二十首，上诗是其中之一。石鉴和尚名今覞，是天然和尚第二法嗣，历主栖贤、长庆法席。此诗写于康熙朝前期，诗曰："巉岏千迭枕长河，土室萧条带绿萝。龙象不来行径没，牛羊归去野烟多。终怜胜地埋芳草，谁道遗风逐逝波？无限樵歌催落木，高天翘首意如何。"

从本诗所记及随后灵树寺的重建，反映出清初僧人普遍认知灵树乃建封寺前身的史实。

3. 澹归和尚与灵树寺的复建

再次，是澹归和尚《停舟总铺，访灵树遗址，赠华、邓诸子》诗及"与邓、华二公"两封信（《偏行堂集·卷三十·七律、卷二十九·尺牍》）。诗中已经标明灵树与建封寺的关系，书信所述直接关系灵树寺的建复，使我们对当时的背景有所了解，亦颇有意义。

澹归今释俗名金堡，明末崇祯进士，南明诤臣，国亡出家为僧，成天然和尚嗣法弟子。康熙元年澹归入丹霞诛茅建寺，五载后请本师开法别传寺。康熙十年，天然和尚赴庐山栖贤寺，澹归主丹霞直至康熙十七年出岭请藏经，上述的诗及信件即写于此段时间。

先看《停舟总铺，访灵树遗址，赠华、邓诸子》诗："停舟为访真灵树，长短枝条念本根。要路未经心已到，感时虽去意长存。畲田难得千年主，建刹全归寸草恩。他日鲸音重吼处，不教辜负古云门。"

总铺是清代浈江边的一处地名，有渡口，与建封渡相邻。据光绪《曲江县志》"渡"一栏载："总铺前渡，在韶社都。"可见灵树寺的位置就在浈江边上。

澹归和尚的第一封信摘录如下："灵树为知圣禅师道场，云门继席，盖出格宗匠阐扬之地，冠冕祖庭。""顷化主还山，备述居士欲舍故基，重开生面，闻之合掌赞叹不已。""若大心顿发，克成此举，则居士今日续施之因缘，即当年首创之功德，使慧灯晦而复明，龙剑隐而复现，知圣、云门一会俨然未散。""山僧虽衰老，敢不闻音击节，为高门称贺，为祖庭志喜耶！"

由于澹归到丹霞开山建成别传寺，在社会上影响很大，因此有邓居士等愿将其拥有的建封寺亦即灵树寺遗址的山地捐给佛门，请澹归和尚重建灵树道场。从澹归对邓居士的赞叹称贺以及为祖庭志喜，可知他对建复灵树的热心支持。

第二封信很简短，照录如下："承答教，殊慰老怀，此居士心光与知圣常寂光互相涉入之候也。中秋节内恐有人事应酬，过此当择日奉期握晤于古殿基之上。草草未尽。"

可知澹归和尚已准备约同邓居士前往灵树旧址会晤视察，共商建复大计。后来果然成行，有诗留念。

可惜康熙十七年澹归北上请藏，再没有回韶，十九年八月圆寂于平湖。虽然澹归没有参与灵树寺的重建，但是在他圆寂那一年僧如光主持了灵树寺的开复，很可能就是在邓居士捐献的旧基上修建的。

康熙二十六年版《曲江县志》《韶州府志》都记录了如光禅师开复灵树寺这件事，并对古寺的历史有所记述。可惜的是，此后有关的方志再不见有灵树寺的任何新的讯息，给后世留下了许多困惑与遗憾。

4. 韶石考察

我们对建封寺位置的判定，主要是依据古方志中的《韶石图》。但《韶石图》是古人按想象来描绘的，方向、位置都不大准确，甚至有疏漏错讹之处，则现时建封寺遗址，是否即《韶石图》所示之所，未敢确定。为此我们向中山大学地环学院教授彭华先生请教。彭教授十分重视，认真听取了我们的介绍和疑问，初步作出肯定的判断。为慎重起见，彭教授还抽空亲自驾车和我们一起赴韶石地区，考察了建封寺及南面邻近的鲶鱼转（即《韶石图》中的"上鱼鳞""下鱼鳞"），初步判定了东北方相邻的"使石"的位置。通过对山、石、地形地貌的考察，终于判定，现时建峰（封）寺的遗址，确实就是《韶石图》上所示韶石山东部临江的建封寺的遗址，亦即灵树古寺的遗址。目前遗址为一向东南开口的舒缓谷地，背靠灵树山，面对浈江，是一处绝佳的风水宝地。遗址现有当年建筑基址，估算约有八十亩。保留古枫香树一株，一人高度树围 7.5 米，据植物专家估计，应该有千年的树龄，应是初建时期的古树。

三、灵树—建封寺历史沿革

根据搜集到的文史数据，我们可以初步勾勒出灵树—建封寺的简单的历史沿革。

唐末僖宗年间（公元 874—888 年）弘法岭南的如敏禅师选择了韶州府城东北韶石地区东部、面临浈江的灵树山，在山腰建起一座寺庙，名灵树禅院。

五代南汉乾化元年（公元 911 年），文偃禅师礼参灵树，如敏集众相迎，并委文偃任首座。

南汉刘龑乾亨二年（公元 918 年）如敏禅师圆寂本寺，之前向广主举荐文偃首座。如敏被赐号"灵树禅师"。文偃禅师应邀开法韶州，踞灵树筵，说雪峰法，宗风大振。

南汉乾亨七年（公元 923 年）文偃禅师倦于延接，奏请移锡云门开山建寺。多年一直受到南汉皇帝尊崇，赐赍迭加，宗风远播。

宋太祖开宝四年（公元 971 年），宋师南下，岭东兵火遍地，玉石俱焚，历代志书皆载灵树寺"早废"，当指其在南汉覆亡的战乱中毁灭。

入宋之后，宋太祖因曹溪亦遭兵火，"有制兴复，赐名'南华禅寺'"（《曹溪通志·卷三》）。粤北其他寺院逐渐开复。灵树寺旧基之上当有新兴之寺庙。

宋仁宗皇佑至嘉佑年间（公元 1049—1063 年），余靖有《灵树喜长老属疾见寄，次韵酬之》诗，可知当年尚有灵树寺。至于当时的寺庙仍为"灵树"，或者已改为"建封"还是其他名称，尚待考证。由于古人喜欢沿用过去的地名、官名、衙署名来指代现前的事物，所以即使当时灵树寺已经改名，余靖很可能会沿用"灵树"来称谓它。

宋哲宗绍圣年间（公元 1094—1100 年），苏东坡被贬岭南时有《宿建封寺晓登尽善亭望韶石》诗。

宋哲宗元符二年（公元 1099 年），韶州名士谭粹应建封寺僧之请为题辞刻石。

建封寺由于苏东坡等著名文人的诗文而名扬天下，逐步取代了灵树寺的地位，以致后世有建封山、建封渡、建封滩等皆以建封寺得名。"灵树"之名因代远年湮而逐渐淡出历史。

明清易代之际，建封寺毁废已久，人迹不至。

康熙初，天然和尚开法丹霞，有《建封滩寻灵树禅师旧址》诗。

康熙前期，石鉴和尚有《经见峰滩寻灵树禅寺旧址》诗。

康熙十七年（公元 1678 年）之前，邓居士发心捐献灵树寺旧址请澹归和尚建复祖庭。澹归与邓、华等考察灵树旧址并赋诗《停舟总铺，访灵树遗址，赠华、邓诸子》。后澹归因越岭请藏，不克参与此事。

康熙十九年（公元 1680 年），僧如光重修庙宇，开复灵树寺。

康熙二十六年（公元 1687 年），新修的《韶州府志》与《曲江县志》都对灵树寺开复一事有较详细的记载。此后书史再没有灵树寺的消息，寺院还榜"建封"之名以存。

至中华民国三十三年（公元 1944 年），据一位老人回忆，当年的建封寺，还是"高墙瓦檐，绿树浓荫，蔚为可观"。由于利用寺庙作学校，"殿堂里的佛像都用布遮围起来，以便学生能够安心上课。（邓嘉乐《韶关灵树古寺遗址勘查行记》（未刊稿））

1958 年，建封寺"寺庙和周围参天古木，被毁一空"，"幸留者只有寺后一株直径约 1 米的大枫树"（《曲江文物志》）。

四、结论与建议

通过对以上史料的考证分析，以及对建封古寺遗迹的勘察，我们认为，灵树古寺是宋代建封寺的前身，如今建封寺的遗址，就是灵树古寺的遗址。

我们建议：

（1）组织有关学者专家考察论证；

（2）在当地（重点是老周田村、麻坑村及猪头皮村）宣传、征集有关建封寺的文物，包括碑刻、用具、字画等；

（3）组织在原址发掘，估计能找到一些实物证据。

（原载《韶关学院学报》2009 年第 30 卷第 2 期）

元杂剧的酣畅美和元代少数民族史诗

罗斯宁

一

元杂剧获得与唐诗、宋词并称的美誉，魅力何在？王国维在《宋元戏曲考》中归之为："自然而已矣"，"有意境而已矣"。愚意以为，"自然"确乎为元杂剧的特色之一，"而已"则未免绝对了些。元杂剧的魅力是多方面的，酣畅、阳刚亦为元杂剧之特色，非仅为"自然而已矣"。"自然"较多体现了元杂剧对传统文学中"意境美"的继承，而酣畅则体现元杂剧对传统审美观的反叛与创新，换句话说，元杂剧异于唐诗、宋词之美何在？在酣畅矣。

元杂剧酣畅美的第一个审美特征是抒情上"显而畅"，"舒其郁积不平之气"，具有打动人心的感情力度，此为"情畅"也。吴伟业《北词广正谱序》云："今之传奇，即古者歌舞之变也。然其感动人心，较昔之歌舞更显而畅矣。盖士之不遇者，郁积其无聊不平之慨于胸中，无所发抒，因借古人之歌呼笑骂，以陶写我之抑郁牢骚，而我之性情，爰借古人之性情，而盘旋于纸上，宛转于当场。……而元人传奇，又其最善者也。""显而畅"是指既通俗而又酣畅地抒发剧中人的感情，而这种"歌呼笑骂"，如江河倾泻般的感情宣泄，却是剧作家的"不平之慨"的反映。君不见，《窦娥冤》窦娥临刑前骂天地、斥贪官的唱词："天地也，做得个怕硬欺软，却原来也这般顺水推船。地也，你不分好歹何为地？天也，你错勘贤愚枉做天！"何等痛快淋漓，吐尽受压迫者胸中的怨气。又不见，《汉宫秋》中汉元帝斥群臣的唱词："似箭穿着雁口，没个人敢咳嗽。""少不的满朝中都做了毛延寿。我呵，空掌着文武三千队，中原四百州，只待要割鸿沟。陡恁的千军易得，一将难求。"何等回肠荡气，岂止是汉元帝一人之愤慨，更是作家"借古人之歌呼笑骂"，骂尽天下汉奸，道尽民族屈辱的悲愤。这种文字所产生的美感是一种积储能量的大释放，被压抑感情的大宣泄，从而获得生命的大快酣，从快感转而产生美的魅力。

元杂剧酣畅美的第二个审美特征是"尽而无遗"地"演畅物情",具有描绘事物的深度和广度,此为"事畅"也。姚华《曲学一勺》云:"惟曲尽而无遗,乃人情之真谛。若论世而尚友,与求之鸿博,不知曲之深切而著明也。""曲之历世也,亘四五百年……无非演畅物情,表彰人事。"姚华说戏曲表现人情物态都要"尽而无遗""演畅",形容曲尽,饱满酣畅,这实际上是元杂剧始有之特点。《西厢记》中《闹柬》一折写红娘为张生、莺莺传书送简,将本来很简单的情节写得波澜迭出,莺莺内心狂喜而表面假作发怒,张生时而埋怨哭泣时而欣喜若狂,"字字皆击开情窍,刮出情肠"(何璧《西厢记·序》),"尽而无遗"地抒写崔、张在挣脱封建枷锁、追求自由爱情的过程中的矛盾心理,"人情之真谛","演畅物情",从而具有美的魅力。无名氏《赚蒯通》第四折蒯通历数韩信十大功三大愚,反证韩信是功臣屈杀,其洋洋洒洒的雄辩,也令人击节称赏。孟轲说:"充实之谓美,充实而有光辉之谓大。"(《孟子正义·尽心章句下》)元杂剧那些光彩照人的人物形象、生动饱满的故事情节、精妙细腻的做工、刻画心理细致入微的唱词,就具有这种"充实而有光辉"之美。

元杂剧酣畅美的第三个审美特征是"字畅语俊","摹绘神理,殚极才情",语言绘声绘色,生动逼真,"有如许洒洒洋洋无数文字"[①],此为"字畅"也。周德清云:"关、郑、白、马,一新制作,韵共守自然之音,字能通天下之语,字畅语俊,韵促音调。"(王世贞《曲藻》转引)陈与郊为王骥德《古杂剧》作序云:"夫元之曲以摹绘神理,殚极才情,足抉宇壤之秘。"如何才是"字畅语俊""摹绘神理"呢?孟称舜在《古今名剧合选·序》中的一段论述可作注解:"迨夫曲之为妙,极古今好丑、贵贱、离合、死生,因事以造形,随物而赋象……笑则有声,啼则有泪,喜则有神,叹则有气,非作者身处于百物云为之际,而心通乎七情生动之窍,曲则恶能工哉!"即用生动酣畅的语言,"有声""有气"地表现人情物态,使观众得到身历其境的真切感受。且看元剧《货郎旦》第四折三姑说唱李春郎一家逃难遇雨的情景:

〔六转〕我只见黑黯黯天涯云布,更那堪湿淋淋倾盆骤雨,早是那窄狭狭沟沟堑堑路崎岖,知奔向何方所?犹喜的潇潇洒洒断断续续,出出律律忽忽噜噜阴云开处,我只见霍霍闪闪电光星炷。怎禁那萧萧瑟瑟

---

① 金圣叹批评,傅晓航校点:《贯华堂第六才子书西厢记》卷二,甘肃人民出版社1985年版,第11页。

风,点点滴滴雨,送的来高高下下凹凹凸凸一搭模糊,早做了扑扑簌簌湿湿渌渌疏林人物。倒与他妆就了一幅昏昏惨惨潇湘水墨图。

大量运用通俗的叠字、象声词,有声有色地尽情描绘风雨交加的情景,舞台上虽没有真雨,但观众觉风雨逼人。梅尧臣谓诗要"状难写之景,如在目前"(欧阳修《六一诗话》转引),元曲亦得之矣,惟其达到的途径不同,诗用含蓄语出之,元杂剧用酣畅语出之。这是中国文学史上一种崭新的语言,王国维《宋元戏曲史·元剧之文章》云:"古代文学之形容事物也,率用古语,其用俗语者绝无。又所用之字数亦不甚多。独元曲以许用衬字故,故辄以许多俗语,或以自然之声音形容之。此自古文学上所未有也。""元剧实于新文体中自由使用新语言,在我国文学中,于《楚辞》、《内典》①外,得此而三。……其写景抒情述事之美,所负于此者,实不少也。"王国维高度评价元剧语言的创新性,这是对的,但他认为元剧语言"新"在"用许多俗语""自然而已矣",则未能道出个中秘奥,陶渊明诗、李清照词何曾不自然、不用俗语?元杂剧语言之新,在于酣畅,大量运用叠字叠句、排比句、象声词等写景抒情,语言精力弥满而通俗自然。此种语言,方能与《楚辞》《内典》鼎足三立。

二

元杂剧的酣畅美是对传统文学审美观的一个反动。传统中国文学是以含蓄、简炼为美的,"简古""简明""含蓄"是对诗文常用的赞语。古代以竹简刻字,费时费工,受此传播工具的限制,诗文自然以言简为妥。此外,自《礼记·经解》提出"温柔敦厚,诗教也"以来,诗文都提倡一种温文谦恭、含蓄儒雅的风格,以简炼含蓄为贵。钟嵘《诗品》对陶渊明诗的赞语是:"文体省净,殆无长语。"而苏轼则讥讽秦观词《水龙吟》中"小楼连苑横空,下窥绣毂雕鞍骤",为"十三个字,只说得一个人骑马楼前过"(曾慥《高斋诗话》引)。可以说,直至宋代,文坛仍以言简意深为尚,而以言长句复为病。此外,传统文学重视"中和之美",孔子提出"乐而不淫,哀而不伤",故诗词都重视吞吐有致,余韵悠长,不将话说尽。而元曲却恰恰犯了传统审美观之忌,一本四折,曲词数十支,洋洋数万言,叙事抒情"显而

---

① 佛教徒称佛经为内典,见《辞海》册一,商务印书馆1979年版,287页。

畅""尽而无遗",完全违反"言简""含蓄""中和"等传统规矩,但仍然使人观之不厌,读之不倦,何也?这是一种全新的审美观在起作用。人们发现,"言长"不一定等于冗长,语俗不一定等于浅陋,那些如江河倾泻般酣畅抒情的曲词,那些绘声绘色如在目前的景色描绘,令人痛快舒畅,别有一种特别的魅力,不同于传统文学如嚼橄榄,须仔细咀嚼方知甘味,而是如饮甘醴烈酒,畅快淋漓。

　　酣畅美是俗文学争取读者观众、战胜雅士偏见的重要手段。俗文学面向的是文化不高的平民大众,语言浅显,抒情直率。但如一直停留在浅显直率的水平上,就难以适应观众日益提高的欣赏要求,更为雅士们所鄙视;而酣畅叙事抒情,则成了补救浅率的重要手段。元杂剧之酣畅,非简单等同于繁复浅显,而是精心描绘人物的感情世界,充分展示情节以表现人物,浅显中见深刻,繁复中见充沛,从而深化了主题,给观众以充实美的享受。《李卓吾先生读〈西厢记〉类语云》:"读《水浒传》,不知其假;读《西厢记》,不厌其烦。文人从此悟入,思过半矣。""尝读短文字,却厌其多;一读《西厢》曲,反反复复,重重叠叠,又嫌其少,何也?"这是因为《西厢记》并非简单地将原来《莺莺传》的故事拉长,而是在更高层次上丰富和充实了故事原本,既"如长河之流,率然之蛇"(方诸生《西厢记》评语),酣畅饱满,又"如花间美人"(朱权《太和正音谱》评语)顾盼多姿,故令雅士俗人一齐俯首。李渔《闲情偶寄·贵显浅》又云:"元人非不深心,而所填之词,皆觉过于浅近,以其深而出之以浅,非借浅而文其不深也。"俗文学有了这种浅中见深、繁中见精的酣畅之美,就能避免粗鄙肤浅,富有艺术魅力。关汉卿的剧作语言质朴而又"曲尽人情"(王国维《宋元戏曲考》评语)、"奔放滉漾"(吴梅《词余讲义》评语),被尊为"元人第一";明代著名小说《水浒传》《西游记》等,通俗酣畅,既为市民庄家所喜闻乐见,又为文人雅士们所激赏,都说明了酣畅美对俗文学的重大作用。

　　酣畅美更是通俗戏剧走向成熟、提高品位的必要条件。中国戏剧发源得很早,不少人认为在先秦已有了戏剧的萌芽,可是为什么直至元代才成熟呢?为什么要经历这样长的孕育过程呢?原因是多方面的。但不可忽视的重要原因之一,就是元以前的戏剧,只有通俗而缺乏酣畅,很难成为成熟的作品。仅以宋杂剧为例,当时戏剧演出已相当兴盛,但多为"大抵全以故事,务在滑稽唱念,应对通遍"(吴自牧《梦粱录》卷二十),为相声式表演或"脱剥杂剧"的武打表演,简单粗糙,连剧本都没有流传下来。而元杂剧则不同,刻画人物浓笔重彩,故事情节丰满曲折,尤其洋洋洒洒的大段唱词将人物的内心感情抒发得十分饱满酣畅。故宋官本杂剧《裴少俊伊州》亡而元杂剧《墙头马上》享盛名,金院本《张生煮海》不存而元杂剧《张生煮海》流传至今,题材相同,命运各殊。更显著的例子是《西厢记》,反封建婚姻主题的作品自《诗经》以来便比比皆是,可是直到《西厢记》之前,没有一部爱情作品能将青年男女挣脱封建枷锁的爱情故事写得如此酣畅透彻,因而此剧成为中国文学史上爱情作品的第一个里程碑。可以说,戏曲是否具有酣畅之美,是其高下、文野之分的标准之一。

三

元杂剧为何会转变传统的审美趣味,由简炼含蓄转为酣畅明快呢?

其实,早在唐代、宋代,这种审美趣味的转变已露端倪,只是由于传统文学势力的强大,这种新的审美趣味多局限于宗教文学和民间文学的范畴,在文坛上不占主要地位。唐代佛寺道观为争取信徒而开设的"俗讲""变文""说经"① 等说唱文学,就有许多长篇的叙事故事,如著名的《维摩诘经变文》《目连救母变文》就以通俗畅晓为其特色。被发现于敦煌莫高窟藏经洞的《维摩诘经讲经文》卷末题载:"广政(后蜀孟昶年号)十年八月九日,在西川静真禅院写此第二十卷文书。"可见篇幅之长;同为敦煌宝藏的《大目乾连冥间救母变文》《目连缘起》和《目连救母》等,成为后世"目连戏"的故事来源,宋代佛教节日多演此类戏剧,孟元老《东京梦华录》卷之八"中元节"云:"构肆乐人,自过七夕,便般'目连救母'杂剧,直至十五日止。"一个剧能连演数日,可见篇幅之宏伟,故事之曲折动人。不少学者认为,中国唐宋时期的佛教剧本,是印度梵剧随着佛教东渐向中国渗透的结果,如新疆新发现的佛教剧本——回鹘文《弥勒会见记》成书于公元767年,其序章中提到了马鸣等五位古代印度梵文文学的鼻祖和剧作家的名字和古代焉耆翻译大师法来、福授、圣月等;② 尤为重要的是,印度梵剧的渗透使中国的叙事文学改变审美趣味,主要是由简炼含蓄转为丰满酣畅。胡适《白话文学史》云:"印度人的幻想文学之输入确有绝大的解放力。试看中古

---

① 《辞源》中"说经"一词含义为:1. 讲解儒家的经书;2. 宋元说话人流派之一,以讲说佛经故事为主。此处取第 2 种含义。见《辞源》第四册,商务印书馆 1983 年版,第 2895 页。

② 多鲁坤·阚白尔:《〈弥勒会见记〉成书年代新考及剧本形式新探》,见曲六乙、李肖冰编《西域戏剧与戏剧的发生》,新疆人民出版社 1992 年版,第 17、18 页。

时代的神仙文学如《列仙传》《神仙传》，何等简单，何等拘谨！从《列仙传》到《西游记》《封神传》，这里面才是印度的幻想文学的大影响呵。"郑振铎先生也认为："戏文产生的很早，是受了印度戏曲的影响而产生的。"（《中国俗文学史》）外来的审美趣味开始影响中国文学的进程，但由于唐代文坛的主要体裁为诗文，也由于传统势力的强大，社会总体的审美趣味并未发生根本性的变化。

至宋代，由于城市经济的繁荣，市民队伍的壮大，对俗文学的需求日益增长；而活字印刷术的出现，使书籍可以大量印刷出版，也使文学作品可以更为酣畅地叙事抒情。雅文学的一统天下的格局已被打破，以俗词和话本为标志的俗文学占据了文坛的一席之地。俗词的代表人物是柳永，他的《望海潮》写杭州的繁荣景象，被陈振孙称为"承平气象，形容尽致"（《直斋书录解题》）。李之仪《姑溪词跋》也誉之为："铺叙展衍，备足无余。"这些评论都透露了这样一个信息，即柳永词不是像晏殊、欧阳修词那样以含蓄精炼见长，而是以"形容尽致""备足无余"取胜，虽然既篇幅长又一览无余，违反了传统文学的审美趣味，受到晏殊等"雅士"的侧目，但却因写景抒情的酣畅明快而深受市民大众的欢迎。另一支俗文学的生力军是话本，"瓦舍"说书人用长篇叙说故事，塑造人物浓墨重彩，反复渲染。宋话本《风月相思》写冯琛与云琼的恋爱故事，用了二十多首诗、词叙述他们花前月下互题情诗的绵绵情意；《大唐三藏取经诗话》① 写唐三藏西天取经途中经历的重重苦难，更具有了长篇小说的气势。

至金代，则有诸宫调这支俗文学的劲旅。诸宫调在北宋已经产生，王灼《碧鸡漫志》云："熙、丰、元祐间……泽州孔三传者，首创诸宫调古传。"但从现存宋诸宫调《张协状元诸宫调》《刘知远诸宫调》等情况来看，内容和形式都较为简单粗糙，远不是成熟的作品。而金代董解元《西厢记诸宫调》共有193套曲，长达五万余字，抒情叙事形容尽致，被胡元瑞《庄岳委谈》称为："精工巧丽，备极才情"，"当是古今传奇鼻祖，金人一代文献尽此"。金朝与两宋同期而异域，为何诸宫调盛于金而非两宋？掌权的女真族的文学趣味是重要的影响因素。女真族擅长说唱文学，其古代长篇说唱故事《尼山萨满》刻画一位英雄女萨满（女真族信奉的萨满教的女巫）尼山，用过人的巫术上天入地，锄强扶弱，作品长达二万余言，描写细腻传神。《西

---

① 《风月相思》和《大唐三藏取经诗话》一般归入"宋元话本"；胡士莹《话本小说概论》（中华书局1980版）经考证定为宋话本，此取后者。

厢记诸宫调》叙事写人酣畅精工，女真族说唱文学的影响不容忽视。但是，由于与金对峙的南宋仍为汉族政权，金国的汉族人民，仍保留着北宋的文化传统，文坛的主要体裁仍以诗文为主，而诗多江西诗风，元好问编的《中州集》、房祺的《河汾诸老诗集》等，都"正坐染江西习气，能摆脱者无几人"①。社会总体的审美观亦未发生根本性的变化。

在宋、金俗文学"山雨欲来风满楼"的情势下，元代出现了改变社会总体审美观的决定性因素——蒙古族掌握了中原的政权。大量的西北少数民族如回回、畏吾尔（即今维吾尔）族的成员随蒙古军征战而最后定居中原，元蒙统治者实行民族歧视政策，汉族儒生被抛到了社会的底层，这时，汉族文学根深蒂固的传统审美观被击破，而以蒙古族为首的少数民族的固有文化和审美趣味则占据了文坛的主要地位，社会总体审美观产生了突变：酣畅明快代替了简炼含蓄。中国的汉族少有长篇叙事诗，而少数民族却多有长篇史诗，如蒙古族的《江格尔》长达十万诗行；藏族的《格萨尔王传》的蒙古文本多达十三章，塑造了三千多个艺术形象；柯尔克孜族的《玛纳斯》也长达二十多万诗行，被称为"三大英雄史诗"。这些史诗都是说唱文学，由众多民间艺人世代口耳相传，其篇幅不受印刷工具和个体作家才力的限制，一般都篇幅较长；而在风格上，蕴含着古代北方游牧民族的性格特征，富有雄伟的魄力和奔放的气势。《岭·格萨尔王·霍岭战争》中册写格萨尔王的大臣珠·德·却江外乃亥唱道：

> 轰呀！轰呀！对着敌人轰！／轰得辽阔天宇似火红。
> 轰呀！轰呀！对着敌人轰！／轰得广大虚空声隆隆。
> 轰呀！轰呀！轰轰轰！／对准霍尔军营轰！／保卫格萨尔大好江山，／给我岭尕尔争威留名。轰它个地角天涯都在摇动，／"勾"、"贡"、"浩"之声震荡苍空。
> 轰呀！轰呀！轰轰轰！／对准霍尔军营轰！／让万恶的敌人粉身碎骨，／罪魁祸首白帐王无处逃生；／愿我东方花花岭国，／苍松一样万古长青！②

其唱段用反复、夸张的手法，刚健有力的语言，表现战胜敌人的英雄气

---

① 顾奎光选辑，陶玉禾眉批：《金诗选》卷四，乾隆十六年刻本，第26页。
② 王歌行、左可国、刘宏亮整理：《岭·格萨尔王·霍岭战争》中册，中国民间文艺出版社1986年版，第7页。

概,富有酣畅之美。元代蒙古族信奉藏族佛教,尊番僧八思巴为帝师,随着藏族佛教的东渐,藏族英雄史诗《格萨尔王》也传入蒙古族地区,演变改造为蒙古族史诗《格斯尔传》。

蒙古族的英雄史诗《江格尔》,在13世纪前已产生,它用饱满而明快的笔调写古代英雄江格尔和洪古尔的征战事迹。《江嘎尔》(即《江格尔》)第十一章《西拉·胡鲁库败北记》写英雄洪古尔与敌人胡鲁库的战斗场面:

洪古尔高呼宝木巴的战斗口号,/挥舞着钢枪冲入敌人的中军。/洪古尔跨着铁青马左撞右冲,/好象灰狼冲进羊群,/杀得敌人胆战心惊。……

英雄的洪古尔心中暗想:/在我未进七层地下之前,/在我未去红海受难之前,/我要砍断西拉·胡鲁库的大纛,/我要鞭打西拉·胡鲁库的头颅,/我要揪住他的七十层衣甲拎过马背,/那时江嘎尔的宫殿不知将会怎样,/那时西拉·胡鲁库又不知是什么下场?①

大量采用铺陈、夸张、反复等表现手法,富有酣畅之美。另外,蒙古族等少数民族喜爱并擅长歌舞,往往在节日喜庆、重大集会时举行盛大歌舞演出,不少史诗说唱伴以歌舞表演,已初具戏剧的成分,如哈萨克族史诗《英雄托斯提克》就在节日说唱,需演唱一昼夜②。元蒙统治者在掌握政权之后,庙堂歌舞就更为豪华排场,《元史》卷七十一《乐队》记载了皇宫元旦庆典时"乐音王队"的盛况:"次四队,男子一人,戴孔雀明王象面具,披金甲,执叉,从者二人,戴毗沙神象面具,红袍,执斧。""次十队,妇女八人,花髻,服销金桃红衣,摇日月金镊稍子鼓舞唱同前。"这些乐舞多用演员戴面具扮演鬼神,已初见歌舞戏的形式;而演员阵容多达数百人,反复"舞唱同前",足见场面之豪华,表演之酣畅。元代回回族诗人萨都剌的《上京杂咏》诗也记载了蒙古贵族喜爱歌舞的状况:"一派箫韶起半空,水晶行殿玉屏风。诸王舞蹈千官贺,高捧蒲萄寿两宫。""凉殿参差翡翠光,朱衣华帽宴亲王。红帘高卷香风起,十六天魔舞袖长。"何为"十六天魔舞"?元末明初叶子奇《草木子》云:"其俗有十六魔天舞,盖以朱缨盛饰美女十六人,为佛、菩萨相而舞。"另一元诗人袁桷《上京杂咏》诗亦云:"沙场调俊鹘,草窟射丰

---

① 色道尔吉、梁一孺、赵永铣编译评注:《蒙古族历代文学作品选》,内蒙古人民出版社1980年版,第109页。

② 马学良、梁庭望、张公瑾编:《中国少数民族文学史》上册,中央民族学院出版社1992年版,第145页。

貂。闹舞花频簇,狂歌酒恣浇。"这"闹舞""狂歌"亦体现出蒙古族奔放粗犷的民族性格,崇尚阳刚、酣畅的审美倾向。

元代蒙古族及其他北方少数民族的审美趣味影响了整个元代文学,戏曲、散曲、话本等富有酣畅美的俗文学上升为文坛的主要形式,而诗文等富有含蓄美的雅文学则退居次要地位。但是,元代文学的创作主力仍然是汉族作家,历史悠久的汉族文学与刚从奴隶社会脱胎的蒙古族等少数民族文学相比,毕竟有精粗之分;如果没有广大汉族作家的参与,元代文学只能停留在粗糙幼稚的阶段。元代的汉族作家在遭受自身价值和传统审美价值的巨大失落之后,经过艰难的探索,终于在外来文化的冲击和本民族的原来文化结构之间,找到了一个恰当的"契合点",这就是既为汉族人民所欢迎又为蒙古族等少数民族人民所喜爱的戏剧形式——元杂剧。这种中国戏剧史上崭新的戏剧形式,既保留了唐诗宋词意境优美、文词绮丽的特长,又富有北方少数民族长诗奔放酣畅的优点;既保留了汉代以来汉族的角觝戏、歌舞戏、参军戏和宋杂剧的创作经验,又吸收了少数民族歌舞戏的成就,融合为一种"唱念做打"俱全,集说白、歌舞、武打为一体的戏剧形式,改变了宋金杂剧功能较为单一、内容较为简单的状况。元杂剧的风格特色为自然、酣畅、阳刚,三者都具有西北少数民族崇尚勇武与质朴、激情饱满的特征,而自然美又包含着汉族自庄子以来就崇尚的"返朴归真"的天然美,自《诗经》以来的诗词所包含的意境美,元杂剧那些时而精力弥满时而优美动人的唱词,时而泼辣刚强时而情思缠绵的人物形象,是汉族文学和少数民族文学的结晶。且看《汉宫秋》第三折的名曲〔梅花酒〕:

> 呀!俺向这迥野悲凉,草已添黄,兔早迎霜。犬褪得毛苍,人搦起缨枪,马负着行装,车运着粮糗,打猎起围场。他、他、他伤心辞汉主,我、我、我携手上河梁。他部从入穷荒,我銮舆返咸阳。返咸阳,过宫墙;过宫墙,绕回廊;绕回廊,近椒房;近椒房,月昏黄;月昏黄,夜生凉;夜生凉,泣寒螀;泣寒螀,绿纱窗;绿纱窗,不思量。

此曲以深秋郊野景色之凄清烘托汉元帝送别昭君出塞之哀愁,情景交融,被王国维作为"写景之工者""有意境"的例证(《宋元戏曲史·元剧之文章》),激赏者多类此。而我认为,其更具创新意识的是运用修辞中"顶真续麻"的手法,用反复回旋的句子,生动描绘出汉元帝一步一回头的舞台形象,缠绵而酣畅地抒写出他内心的忧伤,将意境美与酣畅美融和为一体。

此外,如《西厢记·长亭送别》一折中《〔正宫〕端正好》"碧云天,黄花地"一曲化用范仲淹《苏幕遮》词句塑造优美动人的意境,而〔叨叨令〕"见安排着车儿、马儿不由人熬熬煎煎的气"一曲运用叠词、排比句,酣畅地抒发崔莺莺的离愁别绪,以往论者多注意其语言"选择和融化古代诗词里优美的词句和提炼民间生动活泼的口语,镕铸成自然而华美的曲词"(游国恩等《中国文学史》),而忽视了少数民族文学的审美趣味的影响,仅注意意境美,而忽略了酣畅美,是有所欠缺的。

可以说,没有少数民族酣畅美的审美观的渗入,没有汉族知识分子审美观的改变,就没有元杂剧的丰厚收获;反过来说,如果元代汉族作家没有找到少数民族文学与汉族文学恰当的"契合点",不能将两种审美观完美结合,兼收两种文学的成就,那么,也不能使元杂剧如此丰富生动,创造出中国戏剧史上的黄金时期。

四

元杂剧的酣畅美对我国通俗文学的发展具有重要的意义。如果没有这一审美观的重大突破,仍是以言简意深为美,就不可能有长篇的叙事作品,就不可能有元杂剧以及明清戏曲小说的繁荣。我国第一部文人创作的戏剧长篇是元杂剧《西厢记》;我国章回体小说的开山之作《三国演义》产生于元末明初,它的作者罗贯中同时又是杂剧作家,二者从此开始了中国长篇戏剧和长篇小说的新纪元,这一现象发人深省。

此外,元杂剧"情畅""事畅""语畅"的特色,为后世长篇叙事文学作品提供了塑造丰满人物、敷演动人故事的有效手段,从此中国的戏曲和小说创作才摆脱了简单幼稚,进入成熟和鼎盛的阶段,创造出崔莺莺、曹操、诸葛亮、武松、贾宝玉、林黛玉等一系列既丰满复杂又光彩照人的人物形象;中国剧坛才出现了堪与世界一流悲喜剧媲美的《窦娥冤》《西厢记》,小说界才出现了成为中华民族骄傲的《红楼梦》等四大名著。

历史的经验说明,每一次外来文学的进入,都会对传统文学带来冲击,但要开拓文坛的新局面,还须在传统文学和外来文学之间找到一个恰当的"契合点",一种恰当的表现形式,唐宋人、金人未能找到,而元人找到了,这就是酣畅美和意境美兼备的元杂剧。

(原题目为《论元曲的酣畅美》,载《戏剧艺术》1996年第4期。后修改为现题目,并增加了内容,收入《元杂剧和元代民俗文化》一书,2007年广东高等教育出版社出版。后又收入《古代戏曲研究丛稿》一书,中山大学出版社2020年出版,有所修订)

从《孔雀东南飞》的人物形象看该诗的悲剧意义

郭精锐

在《孔雀东南飞》（下称《孔》诗）的评价上，曾有一段时间出现过"扬刘抑焦"的现象。有一些文章立足于批评仲卿的软弱，对兰芝的反抗性格则突出到一个不切实际的高度。当这种评判超出一定的界限时，人们不禁要问：仲卿既然是个软弱无能的货色，兰芝与他依依厮守有什么价值？兰芝是封建时代的一个小媳妇，她处处体现着强烈的反抗性格，不正是"理所当然"要受到焦母的驱遣吗？随着评论的深入，另一种对立的意见随之而起。有的同志认为，仲卿是坚强的；① 有的认为，仲卿的反抗没有兰芝那种明显的起伏，但表现得极主动。在兰芝的评价上，有的同志提出，凡是封建统治者所要求妇女的所谓美德，她几乎都具备了，她"四德"不缺，不犯"七出"，"知礼仪"是她的主要的性格特征。② 有的同志提出，兰芝是"封建妇道的体现"③。

《孔》诗的评价从一种倾向发展为另一种倾向，正是人们为了准确地把握它的价值而不断探讨、认识的必然体现。但是，如何评价这首长诗，不仅存在着一个准确度的问题，也存在某些方法问题。而这实际上涉及如何实事求是地、恰如其分地评价古典文学作品的问题。因此，把诗中的人物形象重新提出来分析，以求作出准确的评价，还是有意义的。

一

评价《孔》诗，应该注意的是，在没有充分依据之时，不要依据诗中的只言片语去评定人物的出身；而应根据民歌的基本特点，根据人物的行动及

---

① 李嘉言：《焦仲卿的性格懦弱吗》，载《文汇报》1961年12月17日。
② 陈健：《关于〈孔雀东南飞〉评论的一些问题》，载《韩山师专学报》1980年第1期。
③ 张玉奇：《〈孔雀东南飞〉并不反封建》，载江西师院《语文教学》1979年第5、6期。

其精神面貌去评价诗中的人物形象。

"昔作女儿时，生小出野里，本自无教训，兼愧贵家子。"这是兰芝即将离开焦家"上堂谢阿母"时说的几句话。有的同志根据"生小出野里"一句，便认为兰芝出身于贫苦的村野家庭。这几句话是诗人有意点明兰芝的身分，还是兰芝于特定环境下的"谦词"或"讽词"，是大有讨论的余地的。如果我们根据这一点就去评定兰芝的身分，将寸步难行，因为诗中与"出野里"相悖的描写比比皆是。

有的同志正是根据兰芝嫁妆的富丽，不仅否定了兰芝的"出野里"，而且断定兰芝的家庭有"相当的社会地位"，不然，县令、府君便不会"相继慕名而来为自己的儿子求婚"①。这种看法同样背离了文学分析的基本方法。

《孔》诗是民歌，民歌有民歌的特点。从《诗经》中的民歌到汉代乐府民歌，虽然都是"饥者歌其食，劳者歌其事""感于哀乐，缘事而发"的现实主义之作，但是，并不排除它也可以包含浪漫主义（理想主义）的成分。《陌上桑》是这样铺染采桑女秦罗敷的："头上倭堕髻，耳中明月珠。缃绮为下裙，紫绮为上襦。"我们能够据此而断定罗敷是贵妇人吗？显然不能。恩格斯在《德国人民的书》中谈到民间文学时说："人民的书的使命是：在一个农人晚间从辛苦的劳动中疲乏地回来的时候，使他得到安慰，感到快乐，使他恢复精神，忘掉繁重的劳动，使他的石砾的田地变成馥郁的花园。人民的书的使命是：使一个手工业者的作坊和一个疲惫的学徒的可怜的屋顶变成诗的世界和黄金的宫殿，而把他的健壮的情人形容成美丽的公主。但是，人民的书还有这样的使命：除了《圣经》以外，它能阐明他的精神品质，使他认识自己的力量，自己的权利，自己的自由，激起他的勇气，唤起他对祖国的热爱。"恩格斯在论述民间文学的娱乐作用和教育作用时，正包含着民间文学的浪漫主义精神。不难看出，民间文学的这种浪漫主义精神是与作者的乐观主义精神分不开的，它同时也正是民间文学表现出来的一种气概。

《孔》诗在塑造兰芝这一形象时，便体现了民间文学的这种特点。从兰芝的姿容、嫁妆、织素、裁衣、弹箜篌、诵诗书以及"鸡鸣入机织""三日断五疋"的才干上，人们看到的是一个人美、物美、品德也美的人物形象。兰芝不仅聪明、能干、勤劳，同时也知书识礼。一个被损害受煎逼而归家的媳妇，居然惊动了县令、太守二级地方官，接踵而来的求婚以及声势显赫的

---

① 张玉奇：《〈孔雀东南飞〉并不反封建》，载江西师院《语文教学》1979年第5、6期。

迎娶,在这些充满悲剧气氛而又洋溢着喜剧色彩的渲染中,理想主义的成分是溢于言辞的。诗人之所以将一个被摧夭的弱小者形容成一个惊才绝艳、盖世无双的人物,正体现了他对于笔下主人公的高度同情,也体现了民间文学的乐观主义精神。

由于民间文学充满浪漫主义气息与乐观主义精神,它的用笔常在虚实之间。它所追求的往往是情感的真实,至于情节是否合理,那是次要的。《陌上桑》中的秦罗敷夸说夫婿时,人们便看不出她的丈夫是武将还是文官。《陌》诗之所以泼墨如云地夸说夫婿的堂皇伟岸,目的在于压倒使君。诗中所表达的正是人民鄙视贵族豪门的这种真实的情感。不理解这种精神,错将夸说当真实而去考证夫婿的身分,舍本求末的结果只能是水中捞月一场空。《孔》诗同样如此。如果我们根据诗中的夸张铺染,认为兰芝的嫁妆真的"箱帘六七十",姿容真的"精妙世无双",那实在是痴人面前说不得梦。县令、太守家的求婚,在于推动悲剧情节的发展。从生活逻辑上讲,一个普通人家的女子而又是被遣归家的吏人妇,引动了二级地方官府的求婚,是有点"不合理"的;从文学特点看,它又是符合文学上的夸张的。因此,如果我们背离了文学作品的基本特点,抛弃了作者的爱憎情感而根据作品的表面现象去论定人物的出身,那就无异于买椟还珠了。

兰芝究竟出身于贫苦的村野家庭,还是有"相当的社会地位",我们并不清楚。不清楚不要紧,从总体上可以说,兰芝并非出身于上流社会或统治阶级家庭。在这个前提下,我们是不必勉力去求索兰芝的具体出身的。因为,评价这类作品,关键的、首要的还是看待人物在事件中的行动及其精神世界。

已如上述,兰芝聪明、能干、勤劳、美丽,诗人是以无限同情的笔调来表现这一人物的。还应进一步指出,吸引着《孔》诗作者的思想情感的,并不仅仅是对兰芝这种弱小者的同情,诗人所要表现的兰芝是能长人志气的。这从诗歌的处理上便可看出。《孔》诗没有自然主义地停留在琐事的描绘上,没有花更多的笔墨去表现焦母对兰芝的虐待,而是以快刀斩乱麻的腕力,一下就从兰芝的"请归"突起。"请归"是由驱遣所致,《孔》诗一开始却首先由兰芝口中道出:"便可白公姥,及时相遣归。"这种处理,使兰芝一出现便带着一种反抗的主动性。她虽是弱者,却不是随风摆布的弱柳,在她的性格中别具着一种刚性。

兰芝这种刚性,在每一关键时刻总是体现出来。上堂辞阿母时,她穿戴极为整齐,绝不给人以狼狈而归的感觉。她的眼泪可以对小姑流泻,却不在婆婆面前掉落一滴。"仰头答"阿兄时,更表现了不屑与阿兄一辩的坚强性格。

象兰芝这样具有刚性的妇女形象,在文学史上并不鲜见。宋元话本中的李翠莲是个泼辣的女子。她"问一答十""问十答百""能言快语",出嫁几天,与先生、媒人、夫主、公婆、叔姑全斗遍了,最后自愿削发为尼。《刘东山夸技顺门城》中有一段插曲。插曲中的"黑长妇女"有理敢与婆婆斗,婆婆只敢背后议论她,当面却不敢多道一言。《雷峰塔》中的白蛇仙女更是个胆大包天的角色。她无媒自聘,捉弄官府,训劣绅,惩妖道,水漫金山,大战法海。如果拿她们与兰芝相比较的话,前三者的反抗性格或如烈火,或似狂飙,兰芝的性格则是内向的。

同样具有反抗性格,为什么兰芝的性格是内向的?因为,诗人除了着力表现兰芝的刚性之外,还刻意于表现兰芝的知书识礼。可以说,知书识礼与反抗刚性是对立统一在兰芝身上的,二者既是互相制约又是互相补充的。兰芝无法忍受焦母的虐待,勇敢地提出归去,这是她的反抗性格的体现;但是,这种反抗却不是大吵大闹、拼将一死式的反抗。兰芝辞阿母时,既显示了一个受歧视者的刚性,她的举动又是极有分寸的。她没有因为自己含冤莫白而力求在婆婆面前一吐为快。她有着满腹委屈,却作了委婉的检讨。她顾念着婆婆,嘱咐小姑要"勤心养公姥",更显示出她善良的本质。兰芝的善良、知书识礼,用仲卿的话就是"女行无偏斜",用兰芝自己的话就是"儿实无罪过"。诗人塑造的正是一个既能长人志气而又"无罪过"的人物形象。她的性格与李翠莲那堂上气煞公婆是大不相同的。如果说,《快嘴李翠莲记》以诙谐的笔调塑造出来的这个充满浪漫气质的李翠莲,可以在艺术中引起一种痛快感的话,兰芝的刚柔相济、不卑不亢的态度与善良的本质,则既不失气概而又更能唤起读者的同情。因此,我们在评价兰芝这一形象时,既要注意到她的反抗性格,对于她知书识礼这一方面同样不可忽略。反之,有的同志注意到兰芝知礼仪这一方面,却忽略了她的反抗刚性,因而得出,兰芝是"封建妇道完善体现者的形象",这同样没有顾及兰芝的全人。

封建妇道的核心是在"妇德"上。"妇德"谓"贞顺"。兰芝的死仅仅是出于"一女不嫁二夫"的"贞"吗?面对焦母、刘兄的焦逼,她所表现的举动仅仅是一种妇道式的"顺"吗?兰芝如果真的是"封建妇道完善体现者"的话,她不仅应该劝仲卿顺从母亲之意,同时,更应该劝仲卿不可违背孝道而踏上死路。兰芝之所以是个活生生的人物,正因为她一方面既力图按照特定时代的道德标准去做,另一方面,现实的压迫又使她本能地萌发出反抗的刚性。我们是从总体来感受并评价这一形象的。兰芝的本质既然不是服服贴贴，逆来顺受，我们又怎么能将她当作"封建妇道完善体现者的形象"来看呢？

爱情与礼教的冲突，在文学史上是一个极常表现的主题，不管是诗人、剧作家还是小说作家，都曾满腔热忱地关注着这一问题，并以自己的创作使人们看到旧时代妇女的精神面貌及其悲惨命运。由于侧重面与创作方法的不同，作家笔下的人物形象也必然不同。现代短篇小说《疯妇》① 中的"疯妇"，是在婆婆保守、落后的封建意识之下被逼疯而死的。同为反映旧时代妇女的悲惨命运，"疯妇"与兰芝是属于两种不同的典型的。人美物美品德也美的兰芝，更多地沐浴着理想主义的霞光；尤其是兰芝表现出来的刚性，更使她具有代表中国妇女不甘忍受凌辱的先进性。

二

仲卿这一人物首先给予我们的印象是老实厚道。

由于仲卿老实厚道，做府吏"守节情不移"；做丈夫忠于爱情；做儿子愿意尽人子之孝。

人物性格的不同方面是互相关联的。正因为仲卿老实厚道，在母亲面前，他不愿颠倒黑白、混淆是非地冤枉妻子，"女行无偏斜，何意致不厚？"他既敢向母亲提出质问，也敢在母亲的淫威面前表明自己的决心："今若遣此妇，终老不复取！"这正体现他的是非观念。

但是，另一方面，也由于仲卿老实厚道，在这个家庭中，他不象刘兄那样占有压倒母亲的权力。如同《水浒传》中的林冲，高衙内已经在他头上动土，他虽然不满、愤怒，却不敢象鲁智深那样敢冲敢打，老实人往往为上下尊卑等伦理观念所拘。伦理观念使仲卿在同母亲的斗争中不能不退让屈从。

不难看出，仲卿既非唯命是从式的孝子，他也不愿做个"不孝"之子而去与母亲闹翻。在观念上他是明辨是非的，完全违抗母亲的意志也不是他一时所能做得出的。因此，在是否休妻这一问题上，他只好采取暂时的离弃以求日后相会的权宜之计。

仲卿这种息事宁人的权宜之计，有的同志完全将它看作一种斗争方式，不承认仲卿性格中存在着软弱的一面；有的同志则认为仲卿软弱无能、一筹莫展。这两种意见，我们都未敢完全苟同。悍母不可与之争，尊长不容与之

---

① 见作家许钦文同志的短篇小说。

斗，可以想见，仲卿采取这种方法，是想以时间来冲淡这场家庭矛盾的。但是，这里又不仅仅是个审时度势、害怕将事情闹僵的问题。它同时也说明仲卿一时还没有足够的勇气去冲决礼教的藩篱。这便是仲卿身上存在着的软弱的一面。

虽然如此，仲卿毕竟不是一筹莫展的怯弱书生。在礼教面前，他退让屈从，内心却没有屈服。如果他果真怯弱到一筹莫展的话，他就不可能在母亲那"吾意久怀忿，汝岂得自由"的训斥之下明确地表明自己决不再娶的决心。"吾已失恩义，会不相从许。"母亲是将话说绝了，仲卿却敢于一而再、再而三地叮兰芝："不久当还归，还必相迎取。""慎勿违吾语"，"誓天不相负"。信誓旦旦，丝毫没有模棱两可之意。在"父母不悦出"的教条面前，仲卿作为一个明伦理、懂礼教的人，内心表现的却是对母命的反抗，对爱情的忠诚。

忠于爱情，需不需要坚强的意志？尤其是当爱情与礼教发生矛盾时，这个问题更不应回避。有比较才有鉴别。巴金《家》中的高家长子觉新，也曾追求进步。他与那个"能够了解他，安慰他"的梅小姐有极深的感情，"梦想他将来的配偶就是她，而且祈祷着一定是她"。可是，在决定自己婚姻大事的关键时刻，他却只能顺从家庭的意志，由父亲"拈阄"而去与李家姑娘结合。相比之下，仲卿虽然采取了暂时的离弃，但他坚定地执行着"君当作磐石"的誓言，母亲二次以求取"可怜体无比"的东邻女，想使他回心转意，都无法动摇他那"终老不复取"的决心。直至仲卿误解兰芝再醮之时，他所萌发的仍不是再娶之心，而是表示了"吾独向黄泉"的决心。在对待爱情上，仲卿与觉新，何者坚强，何者软弱，不就明显地表露出来吗？伟大的爱国主义诗人陆游与他的表妹唐婉也曾有过一段花前月下形影不离的爱情生活，由于母亲以这位内侄女"不本分"，借口免致儿子恋闺房而"惰于学"，休弃了唐婉。陆游也曾极力辩解、请求，都无济于事，双方被逼分手，最后终于在父母作主之下另婚再娶而各各遗憾终生。我们并不要求陆游也走仲卿之路，但是，由此却不难看出，在封建时代，想要违抗"父母之命"而不另婚再娶，并不是一件容易做到的事。仲卿是这样表态也是这样做了，这需要意志。他终于以生命去殉情，就更需要坚强的意志了。

坚强的意志并不意味着没有思想斗争。《孔》诗现实主义地通过仲卿死前"徘徊东南枝"，使人想见他的思想沉浮。有的同志抓住仲卿的"徘徊"以及他对母亲说出自己的计划，而且顾念自己死后阿母的孤单这些情节，未作具体分析地认为是仲卿怯弱的表现。这就未免过分了。

人在生死关头，怎能没有思想斗争？即使兰芝，也不象某些同志所说那样，"没有流露出痛苦与悲哀，表现得何等从容"。其实，从兰芝"仰头答"阿兄起到她"举身赴清池"止，诗人是多次表现她对生的顾恋的，"阿女默无声，手巾掩口啼，泪落便如泻"，"晻晻日欲暝，愁思出门啼"。兰芝有这些痛苦，仲卿就不能有一时的"徘徊"吗？还应指出，仲卿与兰芝虽然同样殉情，但在男尊女卑的社会，舆论压力往往是不同的。陈祚明《采菽堂古诗选》谴责仲卿"不能慰母之心，而但知徇妇之爱"，对于兰芝则赞曰："吾甚悲女之贞烈有此至情也。"同样是死，兰芝被视为壮举，仲卿却遭到非议，这恰好说明舆论与压力的不同。舆论来自传统习惯，传统观念甚至比法律还厉害。因此，在旧时代，一个男子想要以生命去殉情，是不可能没有思想斗争的，这正需要坚强的意志去战胜它。

死，不仅有肉体的痛苦，有舆论的压力，对于仲卿，还有赡养母亲与小妹的问题。仲卿死前对母亲所说的一席话，既包含着对母亲的不满，也表现着对母亲的良好祝愿以及无法奉养母亲的内疚。这固然可以说是仲卿的"软弱"，却并非"软弱"所能完全说明的。在私有制与封建的个体经济的基础上产生的孝道，是有着两重性的。统治阶级提倡"孝悌"，归根结底是为了维护其统治，但是，敬爱兄长、孝顺父母又是"为庶民所乐于接受的一种道德"。愿意侍奉母亲，做个孝子，原非坏事。这恰好说明仲卿并非仅仅是个"但知徇妇之爱"的人。他有道德，晓伦理，但是，当现实逼得他只能作此"不良计"时，他明白向母亲说出了死的计划，并且指出，怨神怨鬼是没有用的，"儿今日冥冥，令母在后单。故作不良计，勿复怨鬼神"。这就表现了他善良而又最终不愿屈服的性格。

概言之，在仲卿身上始终交织着对母亲的孝以及对妻子的爱的矛盾斗争。如果说，在同母亲的第一次较量中，仲卿的这种是非观念以及对妻子的爱虽然让位于孝道，随着矛盾的激化，当事态的发展与仲卿的理想南辕北辙时，孝道就不能不最终让步了。处于重重思想矛盾之中的仲卿，实际也反映着诗人思想上的矛盾。诗人既同情仲卿，却并非完全不要这种伦理。由于原不是仲卿不愿奉养母亲，而是现实将他逼上绝路的，正是这样，"多谢后世人，戒之慎勿忘"。诗人所要告诫的是，作父母的切不要专擅顽固，以免造成子女的悲惨结局。

三

乍一看，焦母的专横已到了令人发指的地步。同为封建家长，她既不象

《西厢记》中的老夫人那样以"慈母"的面目出现，也不象《红楼梦》中的贾母那般"溺爱"宝玉；虽然这种"爱"逼得莺莺、宝玉痛苦不堪，但是崔老夫人与贾母毕竟有着所谓的父母、长者之爱，相形之下，焦母便显得凶狠了。

论严厉，《牡丹亭》中的杜宝犹如冰川霜雪，但是，这个勤政爱民，为国忘家的所谓正派人物毕竟可以讲出点"先贤之道"。他责备妻子"纵容女孩子闲眠，是何家教"。人们可以看出，他是以封建社会安身立命的道德标准来"关心"女儿的。俄国作家奥斯特洛夫斯基的剧作《大雷雨》中的卡巴诺娃，是个极专制的人物。她在煎逼儿子、儿媳时，却能够讲出一套大道理："父母对你们严厉，是为了爱，他们骂你们，也是为了爱，他们总是希望教你们好。"焦母呢？没有多少道理可讲。"吾意久怀忿，汝岂得自由"，"吾已失恩义，会不相从许"。一切以她为核心，她的话就是金科玉律，只有她说了算。她那"槌床便大怒"的姿态就如浮雕似地凸现在读者面前。

如果将焦母同上述上流社会的封建家长相比较的话，焦母更多地带着中下层封建家长的烙印。论地位，她无法与崔老夫人那相国之家比肩，也无法与贾母那钟鸣鼎食、诗书簪缨之族匹敌。由于焦母没有那高贵的门第，缺乏高度的文化教养，因此，她不象崔老夫人那样循循善诱、软硬兼施地力图使莺莺就范于礼教的巢臼；也不象杜宝、卡巴诺娃那样能讲出一套安身立命的大道理。焦母这种人，正如封建时代某些自私、偏狭的中下层封建家长一样，他们娶来媳妇，往往就是找来奴隶，一方面既不给媳妇以做人的自由，另一方面又将媳妇当作半头牛来使唤。"三日断五疋，大人故嫌迟"。焦母的苛严，已是到了挑剔的地步。

但是，同为中下层封建家长，焦母为什么不象某些处于社会底层的封建家长那样，他们虽然也将媳妇当作牛马来使唤，却晓得穷人家再找一房媳妇谈何容易。焦母口口声声对仲卿说："东家有贤女……阿母为汝求。"这是一句漫不经心的话吗？不！象焦母这样一个小康之家，离弃媳妇再找一房并不难，她的这种经济地位不能不在一定程度上助长了她的专横与随心所欲。

焦母身上集中地展示了一个封建家长的专断。封建的个体经济，一家一户为单位的生产方式，决定了家长是一个家庭的生产组织者以及各种事务的决定者。家长掌有经济大权，掌握全家人的命运，居于支配地位。焦母的专断正是在家长制的土壤上孕育出来的。

焦母是以声色俱厉开始，以声泪俱下结束的。象她这样一个人物，为什么始于专横地驱遣媳妇，终于以声泪来合葬敢于违抗母命的儿子以及被她认为"无礼节""自专由"的媳妇呢？

究其实，焦母虽然凶悍，却非没有爱子之心。天下的父母绝大多数都是疼爱子女的，他们也都是依照自己认为最合适的方式去为子女操心。焦母会认为，遗弃了"无礼节"的媳妇才对得起儿子；她要为儿子求取东邻女，在她看来显然也是为儿子操心。

如同《疯妇》中的婆婆逼死了媳妇而又在坟前凄凉地哭泣一样，焦母这类人因循、集结着家长制落后、保守、自私、偏狭的观点与恶习。但是，作为中下层封建家长，焦母这种人毕竟不是封建制度的根基柱石，因此，她不象贾政之对待宝玉，"不如今日里结果了他的狗命，以绝将来之患"；也不象杜宝执意要将独生女儿杜丽娘打死那样凶残。

焦母这类人的可悲就在于她既代表着封建势力，推行着封建礼教；从另一个角度上，她又是这一制度与封建礼教的受害者。正是在这个角度上，我们便不难看出，封建礼教与封建家长制是如何在家庭中造成畸形的关系的。

《孔》诗的主题思想及其悲剧意义正是通过诗中的人物形象体现出来的。

已如前述，"多谢后世人，戒之慎勿忘"。诗作者主要是有感于兰芝与仲卿之死，要告诫天下人，特别是作父母的切不要专擅顽固，造成子女的悲惨结局。但是，《孔》诗的客观效果却要比作者的创作意图更为深广。它在展示焦、刘的爱情悲剧时，客观上暴露了家长制的罪恶，从一个侧面使人看到封建礼教吃人的本质。按理，老实厚道的仲卿与勤劳、能干、善良的兰芝是可以建立一个美好的家庭的。但是，封建礼教与封建势力却将生活中这"美好的东西撕得粉碎"，这便是《孔》诗的悲剧意义。

由于《孔》诗展示的是封建时代一个普遍的社会问题，因而，这曲向现世悲鸣、向苍天泣诉的泪血之歌对后世产生了巨大的影响。《潜山县志》载："（县城）南十有五里曰小市港。小市港即小吏港，汉焦仲卿妻刘氏投水处。"《怀宁县志》卷五《山川志》载："小吏港者，以汉庐江小吏焦仲卿得名。"这种记载可能来自民间的附会，但它却从一个方面说明了《孔》诗在民间的影响力。因此，如何进一步对《孔》诗作出正确的估价，是不容忽视的。

（原载《中山大学学报》1985 年第 3 期）

南越王赵佗与任嚣、陆贾

吕永光

广东地区,古有南越、岭南、岭表、岭海、岭外、粤东诸名。僻处南疆,远离中原,交通困阻,地域相对封闭。在相当长的历史时期内,这个地区的经济文化,与黄河流域的中原地区,以及长江流域的吴越、荆楚地区相比,发展缓慢,显得比较落后。直至唐宋之际,岭南还是被视为"南蛮"之地。然而,岭南同时又是特别开放的地区:一方面,岭南素得滨海之利,早在汉代,印度文化和阿拉伯文化就先后通过海路传入岭南,促进了岭南经济文化的发展。到了明清时期,西方资本主义迅速兴起,岭南又率先接受西方文明的影响,工商业发展尤快,出现了资本主义的萌芽,而独领风气之先。另一方面,岭南地区也自始至终地接受了岭北中原、吴越、荆楚等地区文化的巨大影响。岭南自古百越杂居,秦汉以来,随着岭北汉族的几次大规模南迁,逐步实现了汉越民族的交融。在漫长的历史进程中,岭南文化在自身不断创造发展的同时,以其开放性和兼容性,不断吸收融入岭北文化,成为华夏文化中的一个颇具特色的组成部分。

在岭北文化影响岭南文化的过程中,一些岭北入粤历史名人发挥了尤其重要的作用,至今还受到岭南人民的称道。其中南越王赵佗和任嚣、陆贾,更是岭南开拓定制的重要人物。

考古资料表明,自春秋中晚期起,岭南就已进入了奴隶制,但直至战国末期,尚滞留在不发达的奴隶制阶段。古南越族各部落聚居溪峒,各自为政,互不相属。部落间为了某种利益时而结成联盟,又为争夺地盘和奴隶、生产资料而时有冲突和战争,基本上处于一种松散无治的状态,与中央王朝仅保持着宗主和从属的关系。

公元前 223 年,秦国攻灭楚国后,曾令军队"南征百越之君",开始了对岭南的征战。公元前 221 年(秦始皇二十六年),秦兼并六国,分天下为三十六郡,而岭南不在其内。为进一步统一中国,秦始皇命令把更多的军队投入征伐岭南的战争。但尉屠睢统率的五路大军,遭到越人的顽强抵抗,使秦军三年不敢解甲弛弩,长期处于战斗状态。由于南征长期受阻,秦军给养运输困难，又令监禄率领士卒开凿灵渠，连接湘水、漓江，沟通长江和珠江水系。秦军于是得以长驱南下，直入越人腹地，击杀西瓯君译吁宋，并"以苛法钳制粤人"。越人素以强悍著称，他们奋起反抗，宁"与禽兽处，莫肯为秦虏"，"皆入丛薄中"，与秦军展开丛林战，乘秦军疲惫，夜间潜出奇兵攻之，大破秦人五军，杀死尉屠睢。

公元前214年（秦始皇三十三年），秦朝继续补充兵力，"发诸尝逋亡人、赘婿、贾人略取陆梁地"（《史记·秦始皇本纪》），终于平定了南越，并设置桂林、南海、象郡，两位秦军主将任嚣和赵佗，分别被命为首任南海尉和龙川令。任嚣，高乐（今河北省南皮县）人。此人雄才大略，不但具有丰富的军事经验，而且具有卓越的政治才能。他吸取尉屠睢的失败教训，对南越"抚绥有道，不敢以秦虎狼之威，复加荒裔"，任职数载，秦"以谪徙民五十万人戍五岭，与越杂处"，而嚣又能"和辑粤众"，故"粤人皆附"，岭南的局势很快就安定下来。其时，秦朝"北有蒙恬，威詟漠庭；南有任嚣，恩洽扬越，而始皇乃得以自安"（《广东新语·坟语·任嚣墓》）。任嚣审时度势，留意到由于秦行暴政，天下早酝动乱之机；又览察岭南形势，认为足可自守，偏霸一方，于是早作兵备，"筑关隘以遏寇虐，保障人民"。秦始皇死后，"天下大乱，而南海晏然不被兵革"，人称得嚣之力。

任嚣又善识人，他从多年共事的同僚中，察见赵佗也是一位超卓不凡、敢作敢为的人物，对他自是特别器重。秦二世时，群雄纷起反秦，海内大乱，任嚣本可凭藉苦心经营数年的岭南颇有一番作为，但无奈重病加身，危殆将死。于是急召龙川令赵佗，对他说："闻陈胜等作乱，秦为无道，天下苦之，项羽、刘季、陈胜、吴广等州郡各兴军聚众，虎争天下，中国扰乱，未知所安，豪杰畔秦相立。南海僻远，吾恐盗兵侵地至此，欲兴兵绝新道，自备待诸侯变，会病甚。且番禺负山险阻，南海东西数千里，颇有中国人相辅，此亦一州之主也，可以立国。郡中长吏无足与言者，故召公告之。"（《史记·南越列传》）随即又立委任书让赵佗代行南海尉之职，顺利地完成了权力的交接。

赵佗（？—公元前137年），真定（今河北省正定县）人。因曾任南海尉，后世亦称尉佗。生性豪迈而有胆略。他果然不负任嚣所托，嚣死，他即传令横浦、阳山、湟溪三个重要关口的守军说："盗兵且至，急绝道聚兵自守！"稍后，又设法诛杀三关的秦朝官吏，改派自己的亲信代任。秦亡，赵佗乘机攻取了桂林、象郡，自立为南越武王，并定国都于番禺。赵佗于秦朝时曾"使人上书，求女无夫家者三万人，以为士卒衣补。秦皇帝可其万五千人"(《史记·淮南衡山列传》),他让这些女子与军队的官兵组建家庭,成为他建立南越国的重要社会力量。立国后,赵佗遵循任嚣"和集百越"的政策,力倡汉越族的和睦相处,其本人的装束服饰,亦同南越风俗,以示汉越一体之意。由于他的努力经营,在岭北普遍遭受战争严重创伤的情况下,南越国却社会稳定,人口不断增加,国力日益增强。

  汉朝建立后,高祖刘邦对南越实行怀柔政策,公元前196年(汉高祖十一年),特派陆贾前往岭南,说服赵佗归顺汉朝。陆贾,楚人,曾跟从刘邦打天下,是一位能言善辩的政论家。赵佗接见汉使时,一身越人打扮,结着椎髻,箕踞而坐,摆出一副轻慢不恭的样子。陆贾从容地对他说:"大王的亲族祖墓都在真定,却以蛮人自居与汉朝为敌。汉王承天意定天下,登天子位,连西楚霸王项羽都不是敌手,何况区区之越呢?大王将大祸临头了!"赵佗听完一惊,马上站起来谢罪。又开玩笑地试探说:"我与萧何、曹参、韩信相比谁更贤?"陆贾说:"大王似乎较贤。"赵佗又问:"我与皇帝谁更贤?"陆贾正色说:"皇帝继五帝三王之业,统理中国。中国之人以亿计,地广万里。大王只不过拥有数十万的蛮族人,地方又偏狭,好比汉朝的一个郡,大王怎能与皇帝相比呢!"赵佗大笑说:"我并非兴起于中原,所以在此称王。假使我当时亦在中原,哪见得就比不上汉皇呢?"于是,与陆贾相交甚欢。陆贾宣诏道:"会天下诛秦,南海尉佗居南方长治之,甚有文理,中县人以故不耗减,粤人相攻击之俗益止,俱赖其力。今立佗为南粤王。"(《汉书·高帝纪》)赵佗特在越秀山上筑了一座土台,拜受汉朝之封,后人称为越王台。又筑朝汉台,以表对汉朝的尊崇和臣服。赵佗还盛情挽留陆贾饮宴达数月之久,请他多讲些汉朝之事。陆贾北还时,赵佗厚赠以价值二千金的珠宝和其他礼物。于是开通道,复贸易。汉朝向南越提供岭南最缺乏的铁器、牛马等物资,南越则向汉朝贡输璧玉、犀角、驯象、鹦鹉、孔雀之类的珍贵特产。岭南的社会经济由此得到进一步的发展。

  到吕后当政时,听从某些偏狭官吏的主张,下令:"毋予蛮夷外粤金铁田器,马牛羊即予,予牡,毋与牝!"(《汉书·两粤传》)赵佗为此三次遣使谢罪,都被拘留。又风闻其父母坟墓被掘,兄弟亲族被捕杀。一怒之下,干脆于高后五年(公元前183年)自尊号为南越武帝,发兵攻长沙边邑,攻克数县而还。吕后派兵讨伐,时值暑湿季节,不服水土的汉军中发生了大瘟疫,不能越岭。两军相持一年多,吕后病卒,即罢兵。赵佗借着兵威,向东边的闽越、西边的西瓯、西南边的骆越分别送去财物,使他们听命于南越。南越的势力竟达"东西万余里",宫室服饰,都与汉天子等同。南越与汉朝,一时形成了分庭抗礼之势。

　　汉文帝刘恒即位后,重新执行汉高祖优抚南越的政策,派人重修赵佗祖墓,抚其亲族。又听从丞相陈平的举荐,命太中大夫陆贾再次出使岭南,利用他与赵佗的交谊,说服南越恢复旧好。文帝亲自写了一封言辞恳切的信,声称自己不想对南越用兵,南越也不要再攻扰长沙了,今后岭南仍归南越王治理。彼此当以国以民为念。并请赵佗去除帝号,恢复通使。陆贾乘舟由牂牁江东下入粤,途径端溪(今广东德庆县)附近,只见江边一座柱形石山,拔地而起,状如华表,甚为壮观。陆贾对山祝祷说:"若佗降,当以锦为报!"贾至,南越王阅文帝之信后深受感动,当即表示自己"愿奉明诏,长为藩臣,奉贡职",并下令国中:"自今以来,去帝制黄屋左纛。"又回书向汉文帝谢罪,自称"蛮夷大长老",说高后时因"内不得振于汉,外亡以自高异",且西瓯、闽粤、长沙诸小国皆称王,所以自己也便"妄窃帝号,聊以自娱",只是"自帝其国,非敢有害于天下",他早为"不得事汉"而深自不安,今蒙皇帝宽宥不究,"老夫死骨不腐,改号不敢为帝矣!"自此以后,直至赵佗逝世,南越都"称臣遣使入朝请"。赵佗在王位70年,南越国实际上处于一种半独立的状态。虽然"其居国,窃如故名",但是"其使天子,称王朝命如诸侯"(《汉书·两粤传》)。赵佗的后代,又有三世四人继位南越王,除赵建德被丞相吕嘉要挟谋反外,其余三王均向汉朝称臣通好。

　　自秦朝统一中国,岭南首置郡治。任嚣领南海尉,善抚粤众,远堵战火,稳定岭南。赵佗继任嚣,建立南越国,促进汉越民族的交融,加速岭南的经济文化发展。汉代暴秦,陆贾奉诏二使南越,说服赵佗归属汉朝,为日后汉武帝一统中国奠定基础。他们对岭南的社会进步和中国的统一大业是功不可没的。

　　据说陆贾说服赵佗去帝号,重受南越王封号后,与佗泛舟珠江,溯牂牁江(西江)而上,至所祷石山,于是以锦匹包山石,锦不够,即广植花卉以代,开花时漫山灿烂若锦,故名锦石山。山的西边五十里许,有一溪水,称为陆溪。溪口旧有陆贾祠,是粤人纪念陆贾安南越之功所建。昔日岭南不少地区曾为任、赵、陆建祠庙,又于广州越秀山镇海楼左建"三君祠",祭祠这三位先贤。今任嚣墓、佗城、越王台、越王井等故迹犹在,"三君"对岭南文化的影响,是甚为深远的。

(原载《中国典籍与文化》1993年第4期)

试论俗曲体戏曲及其在中国戏剧史上的地位
——以蒲松龄《禳妒咒》为中心

康保成

引　言

中国传统戏曲一向被分为曲牌联套体（简称曲牌体，又称乐曲体）和板式变化体（简称板腔体，又称诗赞体）两大类型。这种分类既是音乐结构上的分类，也是文学体制上的分类。仅从文学的角度说，曲牌体依照规定的格律制曲，其句式一般为长短句，并按一定的规律在每折（出）中联成一套；而板腔体一般以对称的上下句作为基本单位，句式整齐，每曲可长可短。然而，这样的分类并不能概括所有的戏曲作品。实际上，早期南戏就不是严格的曲牌联套体制。明代中后期以来，一种既不属于曲牌体也不属于板腔体的俗曲体戏曲渐渐萌发、形成并传播开去，清中叶以后逐渐在中国戏剧史上占有了不可忽视的一席地位。其中，《聊斋志异》作者蒲松龄（1640—1715）的《禳妒咒》应被视为早期俗曲体戏曲的代表作品。

根据清雍正三年（1725）所立之"柳泉蒲先生墓表碑"阴面著录，《禳妒咒》为 14 种"聊斋俚曲"之一（该碑毁于"文革"，1979 年据原碑拓片重刻，现立于淄博市淄川区蒲家庄蒲松龄墓前）。聊斋俚曲，一般认为是说唱文学体裁。然周贻白 1946 年即指出：聊斋俚曲中"或为叙述体，或为代言体，完全是用杂牌曲调写成，且插入表白"①。八年后的 1953 年，周先生在《中国戏剧史》中明确指出：聊斋俚曲中的《禳妒咒》"即为戏剧的体裁"，"颇值得注意"，该作品中的曲牌，一部分是"市井俗唱"，一部分是南北曲的"通俗化"。周先生说：

> 蒲氏这种办法，虽出无心，实际上却与最初使用南北曲的情形不谋而合。而一切词句，皆以俚俗方言出之，不惟极端本色，直薄元人，且

---

① 周贻白：《蒲松龄的聊斋俚曲》，载《大晚报》（沪）1946 年 10 月 1 日第 3 版。此文由国家图书馆程鲁洁博士提供，谨此致谢。

亦打破历来剧作家渲染辞藻的习惯。至于不用典故，纯重白描，足使我们觉得一般传奇杂剧之"堆金砌玉"，实为文字上一重魔障。

　　蒲松龄能写俚俗的文学，已经具有超时代的卓见，且以这种手腕运用到戏剧上来，诚不失为人杰。假使他这番见解能有人继起提倡，昆腔的声调，也许会随之有所改变，似不必等到乱弹腔因能获得大众的爱好，始行揭竿而起了。①

半个多世纪过去了，尽管周先生在后来出版的著作中一再重复他的上述观点，但回应者不多。周氏之外的戏剧史、文学史著作，以及各种剧目类著作或辞典，乃至《中国大百科全书》中国文学卷、戏曲曲艺卷，《中国戏曲志·山东卷》等，对《襄妒咒》均未著录或提及。至于有人把《襄妒咒》和聊斋俚曲中的许多作品都看做是"戏文"②，也并不符合实际。惟庄一拂《古典戏曲存目汇考》在"蒲松龄"下著录《闹窖》等三种作品时谓："别有牌子戏《襄妒咒》《磨难曲》《墙头记》三种，均以俗曲构成，今存。"③但这三种"牌子戏"并未被庄氏著录。看来，庄氏是不把"以俗曲构成"之"牌子戏"看成是戏曲的。最近有人提出："周贻白说蒲松龄具有开拓戏剧新境界，打破戏剧用曲陈套的自觉意识，这明显拔高了蒲松龄，并不符合蒲松龄创作俚曲的实际情况。""综合上述聊斋俚曲的演出方式、话语运用、回目设置、音乐曲调、时人对之的称呼等方面的考察，笔者认为聊斋俚曲的文体当为说唱体。"④ 那么，《襄妒咒》究竟是不是剧本呢？如果答案是肯定的，这种"以俗曲构成"的戏曲在中国戏剧史上有什么意义呢？

一、《襄妒咒》的剧本性质

　　《襄妒咒》改编自《聊斋志异·江城》，故事梗概没有变化，但从文言改为白话，篇幅扩充了许多，并增加了一些细节和次要人物，使全剧共有33回，约7万字组成，是一部篇幅较长的剧本。

---

　　① 周贻白：《中国戏剧史》，原书1953年由中华书局出版，本文引自《湖湘文库》本，湖南教育出版社2007年版，第392-393页。
　　② 例如何满子就把《姑妇曲》《慈悲曲》《翻魇殃》《寒森曲》《襄妒咒》《富贵神仙》《磨难曲》，都看成是从《聊斋志异》"衍化"成的"戏文"。参何满子《蒲松龄与聊斋志异》，上海出版公司1955年版，第41-42页。
　　③ 庄一拂：《古典戏曲存目汇考》，上海古籍出版社1982年版，第727页。
　　④ 蒋玉斌：《聊斋俚曲文体辨》，载《海南大学学报》2012年第1期。

用"回"来结构全剧，明显受到章回小说的影响，但并不能改变这一作品的剧本性质。清嘉庆年间刊刻的楚曲剧本中的《杨四郎探母》《临潼斗宝》《蝴蝶梦》《花田错》《李密降唐》《杀四门》，每剧都由"四回"组成，并有回目。光绪六年竹友斋刻《梨园集成》中的《火牛阵》《因果报》分六回，《双义节》分二十一回，《麟骨床》分十九回，除《因果报》外，每剧都有回目。可见，"回"和杂剧的"折"，传奇的"出"，以及某些剧本的"卷"一样，只不过是区分剧本段落的一个术语而已，并不影响其文体性质。

戏曲剧本与讲唱文学底本的一个重要区别是设不设脚色名目以及是否提示人物的装扮和上下场。讲唱文学不需要提示脚色名目和人物上下场，故事中的人物装扮以第三人称口吻叙述出来。《禳妒咒》则基本符合戏曲剧本的特征，其中提示的脚色有：小生（扮男主人公长命）、贴旦（扮女主人公江城）、末（扮陈举人）、旦（扮樊满城）、净（扮张三疯）、丑（先后扮媒婆、先生、李婆、厨子）。剧本第八回出现"生唱"的提示，根据剧情，此处的"生"应是"小生"所扮演的长命。需要指出两点：其一，作品只在该脚色第一次出场时予以提示，之后便直接提示人物姓名。例如第二回提示"小生扮长命上，贴旦扮樊江城上"，此后便直接提示"长命"与"江城"之名。其二，并不提示所有剧中人的脚色名目，例如长命的父母亲高仲鸿和周氏，江城的父母亲樊子正和徐氏，就只以高公、高母和樊公、周氏或其姓名提示，至于用何种脚色扮演则付阙如。

本来，是否提示剧中人由何种脚色扮演，并不影响剧本的文体性质。然而我国戏曲是通过脚色演人物，从元杂剧到明清传奇都是如此，所以有无生旦净末丑之类的脚色提示，就成为区分剧本与讲唱文学的一个标志。而《禳妒咒》无疑是符合传统戏曲剧本标准的。

讲唱文学不需要提示演员上下场，《禳妒咒》不仅有上下场提示，而且还常常提示演员上场时的动作或者行头装扮，其中有的用脚色提示，有的直接用剧中人姓名或身份提示。例如第一回"丑笑上"，第五回"丑扮媒婆上"，第八回"丑破巾服扮先生上"，第二十四回"丑扮厨子上"，第三十二回"净扮张三疯破衣赤足上"，第十八回"公子勒头上云"，第十九回"王子雅、王子平家人抬酒上"，等等。

以杂剧、传奇为代表的古典戏曲，在角色第一次上场时往往"自报家门"。演员以剧中人的身份（第一人称的口吻）自我介绍。这是演员进入角色的手段，此时演员消失了，观众面对的是剧中人。"自报家门"之前还要念诵上场诗，虽未必用剧中人口吻，但一定与剧中人所处的情景或心境相吻合。《禳妒咒》的"自报家门"与元杂剧、明清传奇完全相同。例如第二回开头：

> （高公、高母上云）年岁周花甲，鬓边白发生；有子万事足，无妾一身轻。咱家姓高名猷，字是仲鸿，本贯临江府峡江县。俺本宦官后人也，家中有万金产业。我合夫人周氏，都是六十余岁。五十上生了一子，叫小长命。自从读书，起了个名字叫高蕃。可喜他聪明俊秀，今年方才十岁，已是成了文章，也是一件好事。①

再如第三回开头：

> （樊公上云）虚度人间五十秋，短袍破烂又流丢；街头个个称师傅，实与人家去放牛。咱家姓樊名才，字子正，每年以教书为业。赁了高仲鸿家一口屋，不觉住了四年。主人到极盛德。明年的馆在北门里头，隔着这里太远，不免携家搬去。②

在明清传奇中，剧中人下场时要念诵四句五言或七言诗。有时一人念，有时二人以上念；有时提示念诵者，有时只概括剧情并不提示念诵角色。《禳妒咒》全剧33回，除第一回"开场"、第十六回"夸妒"、第十八回"殴姊"外，其余30回均有下场诗，其中多数是四句七言诗，少数也有两句五言的，且多数明确提示了念诵者。例如第二十一回"观剧"末尾的提示如下：

> （老两口抱头大哭说）哎！苦哉！苦哉！诗：
> （高公）丑事赃名日日多，（夫人）不知究竟更如何？
> （高公）但求速死黄泉下，（夫人）永闭双睛不见他！（哭下）③

在《禳妒咒》中，就连剧中人临时下场也有下场诗。例如第九回，长命与江城吵架后，念二句下场诗："生来不幸遭狮吼，不免身为陈季常"，然后拂袖而去。江城亦念四句下场诗，后二句为："晚间早把门关上，不叫亲娘门不开"，并提示："重二句作发恨下介，长命上。"若非剧本，出现这种提

---

① 路大荒编：《蒲松龄集》，上海古籍出版社1986年版，第1150页。本文引《禳妒咒》均据此版本。标点有出入者为笔者所改，下同。
② 路大荒编：《蒲松龄集》，上海古籍出版社1986年版，第1152页。
③ 路大荒编：《蒲松龄集》，上海古籍出版社1986年版，第1226页。

示就不可思议了。

在我国古典戏曲中,杂剧提示动作多用"科",传奇则多用"介"。《禳妒咒》用"介"提示剧中人动作,与传奇相同。例如第三回"子正抬头看介""急走介""作进门介""江城哭介";第六回"你看我,我看你介""背介""公子拿着汗巾细细端相介";第八回"众应介""拜介""众引介""叫介""闭眼介";第九回"刺绣鞋介""作捻介""作打喷介",等等。这样的提示贯穿全剧,不胜枚举。

区分剧本与说唱文体最关键的要素是:前者是代言体而后者是叙述体。《禳妒咒》的代言体性质非常明显。第一回"开场",有点类似明清传奇的"副末开场",只有"丑"一个脚色上场,与幕后的"内"一问一答。剧本提示:"丑笑上【西江月】",接着就是丑的独白,当他说到"仰(应为扬,引者注)起巴掌照着脸,瓜得"时,"内"开始插话。请看二人的如下对白:

（内问云）是你打他么?
（丑哭云）那里,是他打我。(作介)我只雄赳赳的闯进门,扑哧……
（内问云）这是怎么?
（丑笑云）扑哧一声,我就跪下了。
（内问云）你就这么怕老婆么?
（丑云）列位休笑,天下那一个不是怕老婆的呢?……①

接着"丑"一连讲了好几个怕老婆的故事,连大名鼎鼎的戚继光也怕老婆。"丑"回答"内"的发问,边讲边唱,共唱了11首【调寄山坡羊】和2首【皂罗袍】曲。"丑"在下场前的一句白是:"说起来你不信,如今就现有一个哩,你看,那不是怕老婆的他达来也?"这种开场方式,和许多南戏、传奇作品非常相似,只是篇幅较长。

自第二出以后,剧中人一一登场了,他们的对白和唱词基本上都是代言体。例如第九回"闺戏"写江城和公子长命吵架的一段:

（公子说）你骂嗄哩?
（江城说）我骂了还骂,怎么着我!
（长命唱）骂了姐又骂娘,好眉好眼不贤良,我也没气合你强。有

---

① 路大荒编:《蒲松龄集》,上海古籍出版社1986年版,第1145页。

心待要照着他，又不知待闹几场，终朝须是常打仗。只得是存心忍耐，低着头上了书房。

诗：生来不幸遭狮吼，不免身为陈季常。（下）

（江城说）贼强人躲了去了，你就再休上门了！

骂了声小囚根，说出话来气杀人，骂了几句还不念。以后惹恼了我这性，我只是狠掘他那亲，着他睁眼把我认。到晚上把门关了，我看他那里安身！①

按照本剧的书写习惯，某一曲牌只在首次出现时予以标明，上引长命和江城的唱曲，前文已标明是【耍孩儿】，故此处从略。江城白后即唱，"唱"字也略而不书，但读者一瞧便知白与唱的区别。这种书写方式在古典戏曲作品中比比皆是，不赘举。

再看第五回长命之父高仲鸿和媒婆的对白，并媒婆的一段【调寄呀呀油】唱词：

（仲鸿说）我是个乡瓜子，不敢攀那大头脑。

（王婆说）大爷，你真个不合他做亲么？

（仲鸿说）你看我这里扯着来么？

（王婆说）不着我去罢。

（仲鸿说）你吃些饭去。

（王婆说）罢呀，挦塑匠两口子扎春牛，忙着那，忙哩。（唱）

【调寄呀呀油】运气低，运气低，返回就到了日头西。一门亲事没既成，到走的俺这腿儿细。再休题，再休题，撞着高家这谬东西。费了脚步没赚钱，又瞎淘了多少气。

一心忙似箭，两脚走如飞。（下）②

众所周知，在传统戏曲中，唱词具有很强的抒情性，有时不完全与剧中人所处的情景和心境相对应。也就是说，唱词有时并非严格的代言性质。但在《禳妒咒》中，不仅对白，连唱词也基本是代言体。这种情况即使在之前的杂剧、传奇剧本中也不多见。

当然，《禳妒咒》中讲唱文体的痕迹也随处可见，这多数表现在对剧中

---

① 路大荒编：《蒲松龄集》，上海古籍出版社1986年版，第1180页。
② 路大荒编：《蒲松龄集》，上海古籍出版社1986年版，第1161页。

人动作的提示上。比较典型的如第十三回：

> 正说着，只见公子歪待（戴）着方巾，喘吁吁的跑来，藏着在仲鸿身后。高公忙问："怎么来？怎么来？"但见江城随后怒冲冲的，挈着一根棍子，赶进房中。夫人忙问"怎么说？怎么说？"江城并不答言，便来仲鸿身后，抓着公子痛打一顿，把公公错打了一下。仲鸿说："打死我也！"叫唤起来，江城才去了。公子搽眼，高公、夫人都哭着说："苍天苍天！"①

再如第十九回：

> 石菴回来，坐不多时说不好，不好！跑出来说不能远行，就在这近处罢。墩下便泻。仲美回来，忽然又大吐，子雅又回来了，石菴回来一行又吐，仲美正坐着又说不好，不好！往外跑着说这裤里像有了物了。墩下又泻。石菴又跑着说不好，不好！跑了去相对孤堆着唯哼，子雅说我也还不调贴。也去孤堆着一处，少时子雅起来，回来说哎哟！亏了我还轻些。②

毋庸讳言，《禳妒咒》对某些细节和动作的提示采用叙述体表述。但这些表述与代言体的对白和歌唱相比，与对演员上下场的提示相比，分量要轻得多。这就犹如许多当代影视作品插入"画外音"一样（例如红极一时的电视剧《潜伏》），并不能影响全剧的代言体剧本性质。实际上，传统戏曲剧本中完全的代言体是不多的。《禳妒咒》用叙述的口吻介绍剧情或提示动作，是从俗曲清唱向剧本过渡时残存的讲唱文学痕迹，详后文。

二、《禳妒咒》的曲牌特征、连缀方式及其来源

据笔者统计，《禳妒咒》全剧共使用曲牌33种（含异名同格曲牌），曲子441支，基本使用代言体由剧中人唱出，详见下表：

---

① 路大荒编：《蒲松龄集》，上海古籍出版社1986年版，第1196页。
② 路大荒编：《蒲松龄集》，上海古籍出版社1986年版，第1218页。

《禳妒咒》使用曲牌及连缀情况统计表

回目	曲牌名称并连缀方式	演唱脚色或剧中人	曲数
第一回：开场	【调寄山坡羊】11支+【皂罗袍】2支	丑	13
第二回：双戏	【耍孩儿】2支+【跌落金钱】4支	高公、高婆 小生、贴旦（对唱）	6
第三回：迁居	未标7支+【黄莺儿】4支+【香柳娘】5支+【皂罗袍】3支	樊公、樊婆、高公	19
第四回：入泮	【耍孩儿】3支+【银纽丝】7支	高婆、高季、高公	10
第五回：择偶	【耍孩儿】2支+【调寄呀呀油】7支+【罗江怨】3支+【清江引】2支	高公、高婆 丑（媒婆）、末（陈举人）	14
第六回：邂逅	【耍孩儿】2支+【叠断桥】8支	长命、高婆	10
第七回：订婚	【还乡韵】4支+【倒扳桨】13支+【皂罗袍】4支	长命、高婆、高公、江城	21
第八回：花烛	【耍孩儿】3支+【西调】2支+【皂罗袍】5支	长命、众、生（小生）、樊公、樊婆、江城、高公、高婆	10
第九回：闺戏	【耍孩儿】9支+【跌落金钱】2支+【耍孩儿】3支+【叠断桥】3支	长命、江城	17
第十回：退婚	【银纽丝】7支+【闹五更】5支+【清江引】1支	长命、高婆、高公、江城	13
第十一回：私会	【耍孩儿】6支+【叠断桥】12支+【呀呀油】9支	长命、王子雅、吴丽华、樊公、樊婆	27
第十二回：复合	未标9支+【劈破玉】5支	樊公、高公、长命	14
第十三回：挞公	【耍孩儿】1支+【银纽丝】1支+【呀呀油】3支+【银纽丝】3支+【呀呀油】1支+【房四娘】4支+【樟歌】1支	高公、高婆、王婆、樊公、仆从	14
第十四回：招妓	【鸳鸯锦】6支+【刮地风】8支	长命、李婆、吴丽华	14
第十五回：装妓	【耍孩儿】2支+【西调】2支+【虾蟆曲】3支	江城、李婆、长命	7

(续上表)

回目	曲牌名称并连缀方式	演唱脚色或剧中人	曲数
第十六回：夸妒	【劈破玉】6支	旦、江城	6
第十七回：中伤	【银纽丝】2支+【耍孩儿】7支	长命、葛天民、满城	9
第十八回：殴姊	【哭皇天】3支+【房四娘】7支	长命、江城、葛天民	10
第十九回：毒友	【耍孩儿】9支	王子雅、张石庵、长命	9
第二十回：男装	【耍孩儿】2支+【罗江怨】6支+【跌落金钱】1支+【叠断桥】3支+【刮地风】7支	长命、王子雅、兰芳	19
二十一回：观剧	【耍孩儿】1支+【皂罗袍】3支+【还乡韵】2支	江城、耍猴戏者、高公、高婆	6
二十二回：夺门	【耍孩儿】5支+【呀呀油】8支	高公、高婆、长命、王子平、王子雅、高季、王宁	13
二十三回：秋捷	【耍孩儿】2支+【玉娥郎】2支+【满词】1支+【玉娥郎】2支	高公、高婆、江城	7
二十四回：挞厨	【黄莺儿】5支+【哭笑山坡羊】12支+【耍孩儿】5支	丑（扮厨子）、江城、高公、高婆	22
二十五回：喜聚	【桂枝香】5支	长命	5
二十六回：虐妒	【耍孩儿】3支+【满调】4支+【蛤蟆歌】3支+【银纽丝】1支	长命、江城	11
二十七回：占化	【叠断桥】5支+【浪淘沙】4支+【叠断桥】2支+【哭皇天】7支+【还乡韵】4支	长命、高公、高婆、和尚、春香、江城	22
二十八回：纳婢	【耍孩儿】9支	江城、高婆	9
二十九回：买妓	【银纽丝】3支+【耍孩儿】4支+【鸳鸯锦】5支+【耍孩儿】3支	江城、长命、兰芳	15
三十回：馆选	【耍孩儿】9支+【北黄莺】3支	高公、高婆、江城、兰芳、樊公	12
三十一回：锦归	【劈破玉】6支+【鸳鸯锦】2支+【十和解】10支+【黄莺儿】3支	高公、江城、长命、丫头	21

（续上表）

回目	曲牌名称并连缀方式	演唱脚色或剧中人	曲数
三十二回：贺子	【耍孩儿】6支+【倒扳桨】9支+【皂罗袍】3支	长命、石庵、仲美、子平兄弟、天民、高公、净（张三疯）	18
三十三回：祝寿	【耍孩儿】6支+【桂枝香】4支+【四朝元】4支+【黄莺儿】4支	长命、兰芳、高婆、江城、春香、高公	18

根据以上统计，作品依次使用的曲牌有：【调寄山坡羊】【皂罗袍】【耍孩儿】【跌落金钱】【黄莺儿】【香柳娘】【银纽丝】【调寄呀呀油】【罗江怨】【清江引】【叠断桥】【还乡韵】【倒扳桨】【西调】【闹五更】【呀呀油】【劈破玉】【房四娘】【棹歌】【鸳鸯锦】【刮地风】【虾蟆曲】【哭皇天】【玉娥郎】【满词】【哭笑山坡羊】【桂枝香】【满调】【蛤蟆歌】【浪淘沙】【北黄莺】【十和解】【四朝元】。这些曲牌，绝大多数属于俗曲。经比较，【调寄呀呀油】与【呀呀油】，【虾蟆曲】与【蛤蟆歌】，【满词】与【满调】，词格相同，应是同一曲牌的异写。

所谓"俗曲"，亦即明清两代民间流行的时尚小曲，也称"俚曲"或"小曲"。李开先（1502—1568）《市井艳词序》云："正德初尚【山坡羊】，嘉靖初尚【锁南枝】……二词哗于市井，虽儿女子初学言者，亦知歌之。"[1] 这里所说的【山坡羊】和【锁南枝】，虽然与南北曲曲牌名称相同，但实际上词格和唱法却与南北曲迥异，正是俗曲。顾起元《客座赘语》卷九"俚曲"条云：

> 里巷童孺妇媪之所喜闻者，旧惟有傍妆台、驻云飞、耍孩儿、皂罗袍、醉太平、西江月诸小令；其后益以河西六娘子、闹五更、罗江怨、山坡羊。山坡羊有沉水调，有数落，已为淫靡矣。后又有桐城歌、挂枝儿、干荷叶、打枣干等。虽音节皆仿前谱，而其语益为淫靡，其音亦如之，视桑间濮上之音，又不翅相去千里。诲淫导欲，亦非盛世所宜有也。[2]

---

[1] 李开先：《市井艳词序》，见卜键笺校《李开先全集》（修订本），上海古籍出版社2014年版，第565页。

[2] 顾起元：《客座赘语》，中华书局1997年版，第302页。

沈德符《万历野获编》卷二十五"时尚小令"条举出的俗曲曲牌有：
【锁南枝】【傍妆台】【山坡羊】【泥捏人】【鞋打卦】【熬髹髻】【耍孩儿】
【驻云飞】【醉太平】【闹五更】【寄生草】【罗江怨】【哭皇天】【干荷叶】
【粉红莲】【桐城歌】【银纽丝】【打枣竿】【挂枝儿】。德符谓其"不问南北，不问男女，不问老幼良贱，人人习之，亦人人喜听之。以至刊布成帙，举世传诵，沁人心腑。其谱不知从何来，真可骇叹！"①从沈氏的叙述中，可看出俗曲在当时传播之广，影响之大②。又，万历间多有将俗曲与戏曲合刊之曲选，一般以南北曲（多为昆曲）敷衍的戏曲占主要篇幅，而将俗曲放置在夹缝之中或接近书眉之顶层。如《玉谷新簧》卷一中层，收有《时兴各处讥妓【耍孩儿】歌》；《摘锦奇音》卷一上层收有《选时兴【罗江怨】妙歌》，卷二有【哭皇天】【闹五更】【劈破玉】，卷三有从各戏曲剧本中汇集的【劈破玉】。此外《词林一枝》《八能奏锦》《大明春》《徽池雅调》都在刊刻戏曲的夹缝中录入了数量不等的俗曲。

上述俗曲曲牌，有的袭用了南北曲的名称，却在文词格律、音乐结构及演唱方面另辟蹊径；有的则与南北曲毫无关联。《禳妒咒》中的曲牌亦如此。正如关德栋在《聊斋俚曲选·前言》中所说：蒲松龄俚曲"每回中歌唱的乐曲组成并不是套曲……所采用的曲调，多数为明清以来的时调歌曲，少数来自南北曲，也往往是突破了定格经过通俗化的"③。限于篇幅，本文仅以【耍孩儿】【山坡羊】【闹五更】等为例，来观照这个俗曲体剧本的曲牌特征及其来源。

【耍孩儿】曲牌，从金元北曲到明清俗曲，流播极广，格律变化也很大。④《禳妒咒》全剧的33回中，有18回以【耍孩儿】为首曲，占了全剧一半以上。其中第19、28两回，仅以9支【耍孩儿】连缀而成。从词格和韵脚

---

① 沈德符：《万历野获编》，中华书局1980年版，第647页。
② 关于俗曲的搜集与研究，上世纪二三十年代有刘复、李家瑞编的《中国俗曲总目稿》和李家瑞所编《北平俗曲考略》，最近有板俊荣、张仲樵的《中国古代民间俗曲曲牌、曲词及曲谱考释》等著作。有人认为："'俗曲'一词是日本人在1870年新造的一个词汇，我国在20世纪初引入使用了该词。"（徐元勇《明清俗曲流变研究》，东南大学出版社2011年版，第78页）非是。宋朱熹《琴律说》即云："俗曲繁声，亦或有取，则亦非君子所宜听乜。"（《晦庵集》卷六六）元明清三代用"俗曲"者比比，不必从日本引入。惟"俗曲"所指内涵，或有不同。
③ 关德栋：《聊斋俚曲选》，齐鲁书社1980年版，第2页。
④ 参见姚艺君《戏曲音乐曲牌〔耍孩儿〕的形态研究》，载《中国音乐学》1993年第4期。

看，《禳妒咒》中的【耍孩儿】与金元而下的南北曲有明显的差异，而与明清教派宝卷和道情最为接近。请看第二回的第二支曲子：

> 十来胎不存留，看今生已罢休。不想还生下这块肉。已是生了瘢和疹，又不瞎眼不秃头，心满意足今生够。但得他长命百岁，不指望富贵千秋。①

众所周知，《董西厢》中的两首【耍孩儿】均为九句，其句式为：七（四、三韵）、六（四、二韵）、八（三、五韵）、七（三、四韵）、七（四、三韵）、七（四、三韵）、三、四、四（韵）。杜善夫《庄家不识勾栏》中的【耍孩儿】套，每煞句格均有变化，依然呈现出长短句特征。明万历间刊《大明春》《玉谷新簧》中的俗曲【耍孩儿】为七句，句格为七（韵）、七（韵）、七、七（韵）、三（韵）、三、七（韵），已呈现出向齐言转变的趋势。明清教派宝卷和部分道情作品中的【耍孩儿】为八句，其一般的词格为：六（三、三，韵）、六（三、三，韵）、七（韵）、七（韵）、七、七（韵）、七（韵）、七、七（韵）。如康熙三十二年（1693）刊《普覆周流五十三参宝卷》（以下简称《五十三参宝卷》）卷上有四首【耍孩儿】相连，其一为：

> 劝大众早回心，休贪恋哭沉沦。无字真经常持诵，昼夜随佛回圈转，采取真阳炼花精。明明俐俐出身径，两壁厢吹弹歌舞，频频响音乐歌颂。②

再看道情。道情作为民间讲唱和戏曲艺术，源远流长，不暇备述。其音乐结构，有诗赞体和俗曲体两种，而以后者最为流行。在俗曲体中，使用【耍孩儿】曲牌的道情作品广为流传，其句格不尽相同。武艺民《中国道情艺术概论》总结明代"蓝关腔"中【耍孩儿】"独具特色的结构特征是"："八句三段体，第四、七句要求转辙"，"第一、二两段均为三句式结构（由两个上句和一个下句组成），艺人称之为'三条腿'"，"第一段的前两句为六字句（每三字为一片语）"③。而这与《禳妒咒》以及宝卷中的【耍孩儿】基

---

① 路大荒编：《蒲松龄集》，上海古籍出版社1986年版，第1150页。
② 矶部彰编：《清初教派系宝卷二种的原典和解题》，日本东北大学东北亚研究中心2010年印，第169－171页。
③ 武艺民：《中国道情艺术概论》，山西古籍出版社1997年版，第331页。

本相同。山东人丁耀亢（1599—1671）所撰《续金瓶梅》第四十八回，有"道人"手持"渔鼓、简板"说唱道情的情景。他先唱【西江月】一首，接唱14支【耍孩儿】，除首曲外，每支曲子皆以"莫不是"开头。并且在第4、6、8、10、12、13、14支曲子之后，插以说白。其首曲歌词如下：

> 我向前细细寻，又退后默默思。可怜你三魂五脏无踪迹，只见饥鸦啄破天灵盖，饿犬伤残地阁皮，模样儿真狼狈。映斜阳眼中睛陷，受阴风耳窍风嘶。①

三者相比，其相似程度昭然。当然无论宝卷、道情抑或《禳妒咒》，其中的【耍孩儿】皆可略作变通，但句数、韵脚不变，只是在某句增减一两个字而已。例如前两句可为六字，分读作三、三，也可为七字，极个别也有八字句。第三、四、五、六句少数可增加衬字作八字或九字。最后两句为七字句，几乎没有例外。此外，作为套数的【耍孩儿】，无论在金元散曲抑或元刊杂剧中，自始至终不换韵。而宝卷、道情、《禳妒咒》中的【耍孩儿】，几乎每支曲子使用同一个韵，像是一支支同名曲牌连缀而成。《禳妒咒》在各曲牌之间有人物念白和动作提示，道情则在多支曲牌中间插有说白。

值得关注的是，蒲松龄生活的山东淄博一带，也是道情流传的地区。而且蒲松龄在俚曲中还提到了"道情"，如《增补幸云曲》（又名《正德嫖院》）第七回有如下描述：

> 那万岁正往里走，从里头出来了一个老汉，说道："长官，你来院里做什么？"皇爷说："我来耍耍。"老儿道："你会刀呀，是耍枪？耍把戏、弄傀儡、说快书、唱道情，你去上那十字街前，耍给人看，挣几百钱好买嘎吃，你来这里耍，可给你甚么？"②

因而，《禳妒咒》以及聊斋俚曲其他作品中的【耍孩儿】，也有来自道情的可能。还要说明的是，宝卷和道情有时相互渗透。例如北方流行的《长城宝卷》"通篇说唱道情〔耍孩儿〕"③。

---

① 丁耀亢：《续金瓶梅》，引自陆合、星月校点《金瓶梅续书三种》，齐鲁书社1988年版，第466页。
② 路大荒编：《蒲松龄集》，上海古籍出版社1986年版，第1579页。
③ 尚丽新、车锡伦：《北方民间宝卷研究》，商务印书馆2015年版，第256页注1。

【山坡羊】最早也是北曲，在元代散曲和戏曲中广泛使用，后传入南方①。其中祖籍山东的张养浩（1270—1329）所作的小令《潼关怀古》非常有名，作品共九句，其句法为：四、四、七、三、三、七、七、四（一、三）、四（一、三），句句押韵。这也是元代【山坡羊】的典型词格。进入明代以后，【山坡羊】分途发展：文人笔下走向典雅，民间俗曲则另是一番景象。前者的代表作可举出《牡丹亭·惊梦》中的"没乱里春情难遣"一曲为例，而山东人李开先《词谑》中所记录的一首"市井戏谑之词"【山坡羊】，风格迥然有别：

尝记的老彭祖，滴溜着洒跋擎，就在你家行走。谁知你是一个织机梭儿，一包穗都在里边。难言，心坎里埋伏着一万把杀人不眨眼的刀山；详观，眼角旁斜挂着一领捏褶子的人肉布衫。②

同为山东人的蒲松龄，在《禳妒咒》中的【山坡羊】，不仅比开先所录更加通俗、诙谐，而且句法也有大幅度改动。例如第一回【调寄山坡羊】：

不怕天不怕地，单单怕那秋胡戏。性子发了要杀人，进来屋里没了气。尽他作精尽他治，放不出个狗臭屁。休笑汉子全不济，这里使不的钱合势。③

全曲八句，除第一句六字、末句八字之外，全部是七字句。诵读或唱念时，首句可分解为三、三，末句"使不得"三字连读或连唱，也是七字句的节奏。更有意思的是第二十四回，丑脚扮演的厨子吴恒连唱12支【哭笑山坡羊】。其中单句在倒数第二句前提示"哭"，复句则在同一位置提示"笑"。限于篇幅，仅举第3、4两支曲子如下：

遇着那胡突官儿，厨房只一间儿，又是热杀人的天儿，打上呕杀人的烟儿，那汗成了湾儿，又没人倒倒班儿。（哭）忙起来就是热杀，那里躲闪！

黑了点上灯儿，使船看看风儿，谯楼上还有个更儿，帘子上还有个钉儿，粮食有个升儿，秤上有个星儿，何况是眼里放着钉儿，怎么不听

---

① 参见杨栋《【山坡羊】曲调源流述考》，载《文学遗产》2010年第2期。
② 李开先：《词谑》，见《李开先全集》，上海古籍出版社2014年版，第1543页。
③ 路大荒编：《蒲松龄集》，上海古籍出版社1986年版，第1146页。

听声儿?（笑）该用心不该用心,俺自有个成算宗儿。①

除了语言通俗、诙谐之外,一连串的儿化,加上单句"哭"和复句"笑"的提示,成为此曲牌最显著的特点。板俊荣等称其为【双调山坡羊】,"即上下两阕,'哭'一阕,'笑'一阕"②。这一曲牌在聊斋俚曲中反复运用。《富贵神仙》第十一回也有一首"少哭老笑的【山坡羊】",据作品说:因为"是个年小的秃妮子,嫁了个一只眼的老汉子",所以演唱时"少哭老笑"③。《磨难曲》第二十三回,蒲氏再次使用【哭笑山坡羊】,唱词与《富贵神仙》略同,不赘引。

明中叶以来,【山坡羊】成为最流行的俗曲曲牌之一,同时也屡屡受到改造,出现了许多不同的名称。上引顾起元《客座赘语》提到"山坡羊有沉水调,有数落",沈宠绥《度曲须知》提到"侉调"【山坡羊】,明末方以智有《听黔调山坡羊》诗,凌濛初《初刻拍案惊奇》卷三十二有【奋调山坡羊】,《金瓶梅》第三十三回陈经济唱"果子名【山坡羊】",第六十一回申二姐弹唱了一曲【四不应·山坡羊】,第八十九回吴月娘、孟玉楼先后唱【哭山坡羊】;《金屋梦》第二十三回有【猫儿山坡羊】,第五十三回有药名【山坡羊·张秋调】。张秋,即今张秋镇,位于鲁西平原阳谷县境内。更值得一提的是,蒲松龄的前辈,山东人丁耀亢在《续金瓶梅》第四回,借西门庆之手也写了一曲【哭山坡羊】,长达20多句。

杨荫浏《中国古代音乐史稿》,分别从苏州派剧作家朱佐朝《渔家乐》传奇《藏舟》出、清中叶《雷峰塔》传奇《断桥》出、《太古传宗》所收之《思凡》出以及王世贞所作散曲《昭君》中各抽出一支【山坡羊】进行比较,指出这几首同名曲牌"已达到了使人不易辨认的程度";"同一曲牌,容许其变化的幅度愈大,其适应性愈广,其表现力愈强"④。这个说法是对的。但杨先生认为,上述四首【山坡羊】的前两首"属于'海盐腔'体系的一般的南曲,后二曲为属于与'弋阳腔'有关的'弦索调'体系的南曲"⑤,这就值得商榷。其实,朱佐朝所作与《雷峰塔》均是昆曲,而后两首属于俗

---

① 路大荒编:《蒲松龄集》,上海古籍出版社1986年版,第1235页。
② 板俊荣、张仲樵:《中国古代民间俗曲曲牌、曲词及曲谱考释》,南京师范大学出版社2013年版,第140页。本书第151页有板俊荣译配的《禳妒咒》中【双调山坡羊】中的一阕曲谱,可参看。
③ 路大荒编:《蒲松龄集》,上海古籍出版社1986年版,第1349页。
④ 杨荫浏:《中国古代音乐史稿》下册,人民音乐出版社1981年版,第883页。
⑤ 杨荫浏:《中国古代音乐史稿》下册,人民音乐出版社1981年版,第881页。

曲。至于弦索调，它来自北曲，是明代俗曲的前身，而不属于弋阳腔。详后文。

本来，【山坡羊】也是明清教派宝卷和道情说唱中经常使用的曲牌。但康熙之前的宝卷和道情中未见到有如《禳妒咒》中所用基本属于齐言体者，尤其【哭笑山坡羊】之名在宝卷中未见。因此，不排除《禳妒咒》中的【山坡羊】出自蒲松龄的独创，而【哭笑山坡羊】是在【哭山坡羊】的基础上进一步加工而成的。

现在来看【闹五更】，这个曲牌来源很早，别名也非常多。板俊荣列出的有：【五更转】【五更调】【五更月】【五更谣】【五更吟】【五更思】【五更啰嗦】【五更鼓】【哭五更】【叹五更】【劝五更】等40余种①。迄今所知，这类五更体作品中，以南朝陈时（557—589）伏知道的《从军五更转》为最早，全诗五段，每段四句一换韵，每句五字，其唱词从"一更"唱到"五更"。后来的五更体作品，在从乐府诗经由佛曲、道曲向文人诗、南北曲和明清俗曲的演变过程中，其格律发生了较大变化。最迟从南戏《琵琶记》开始，已经出现以"五更"为名称的曲子内容并不涉及五更，而某些不以"五更"为曲牌名称的曲子反而从"一更"唱到"五更"的情况②。到明代俗曲中，这种情况更为普遍。《金瓶梅词话》第七十三回，写吴月娘让郁大姐唱【闹五更】，"郁大姐便调弦高声唱【玉交枝】"。其形式是一首【玉交枝】加一首【金字经】，反复唱五遍，从"一更"唱到"五更"③。限于篇幅，其唱词不赘举。

《禳妒咒》沿着明代戏曲、俗曲的方向继续前进。第十回中的5支【闹五更】，丝毫不涉及"五更"的内容。然而在第十四回6支【鸳鸯锦】曲子中的前5支，第二十回7支【刮地风】的后5支，则分别从"一更"唱到"五更"，例如后者的唱词是：

一更独自立庭前，人声寂净更凄然。走来走去无人问，深夜还愁长似年。人哪哎哟长似年！

---

① 板俊荣、张仲樵：《中国古代民间俗曲曲牌、曲词及曲谱考释》，南京师范大学出版社2013年版，第274页。
② 参见东新、葛超《"五更转"源流演变及其意义刍论》，载《中国韵文学刊》2012年第2期；朱恒夫：《"五更"曲考论》，载《上海师范大学学报》（哲学社会科学版）2015年第6期。
③ 兰陵笑笑生：《金瓶梅词话》影印明万历刊本，香港太平书局1993年版，第2129页。

二更里心绪更难堪,心头冤苦对谁言?趁着宿酒还未醒,带醉容易眠,人哪哎哟容易眠。

三更鼓声半夜天,忽然酒醒一身寒。四肢冰冷人将死,死在中庭谁见怜。人哪哎哟谁见怜?

四更天冷不堪言,搞头蹲在画帘前。坐下嘴唇着双膝,臀腿酸麻斜正难。人哪哎哟斜正难!

五更鸡叫闹喧喧,一刻难捱最可怜。看看东方已放亮,太阳好似鳔胶黏。人哪哎哟鳔胶黏。①

此外,蒲氏《尼姑思俗曲》的【叠断桥】曲牌,也从"一更"唱到"五更"②。

傅芸子早已注意到了五更体作品中曲牌名与所咏唱的内容相脱离的情况,他认为:到明代,"闹五更"已经变成了小曲的内容,它原来的曲牌意义已经消失,"可见沈德符所记是错误的"③。其实,凡词牌、曲牌均是以长短句为主体的。伏知道的《从军五更转》已经是五言诗的文体,其"曲牌意义"很早就已经不存在了。据车锡伦统计,明清教派宝卷中有【五更耍孩儿】【五更浪淘沙】【五更黄莺儿】【五更绵搭絮】等曲牌,另有【五更】【闹五更】【哭五更】曲牌④。康熙三十二年(1693)刊《五十三参宝卷》中有【五更金字经】【五更皂罗袍】曲牌,其内容,都是从"一更"唱到"五更"。据此可知,完全没有五更内容的五更体曲牌,有可能是名称不全所造成的。以上所举《襄妒咒》中的五更体曲牌,全名应为【五更刮地风】【五更鸳鸯锦】【五更叠断桥】。此时"五更"是内容,而【刮地风】【鸳鸯锦】【叠断桥】才是真正的曲牌名。

最后再简单看一下【皂罗袍】。【皂罗袍】本为南曲曲牌,较早使用于《白兔记》《杀狗记》等剧,后成为昆曲中最常用的曲牌之一。《牡丹亭》中的那首"原来姹紫嫣红开遍"一般人耳熟能详,但《襄妒咒》第二十一回中的【皂罗袍】是这样的:

---

① 路大荒编:《蒲松龄集》,上海古籍出版社1986年版,第1224页。
② 路大荒编《蒲松龄集》未收《尼姑思俗曲》,此曲见于盛伟编《蒲松龄全集》,学林出版社1998年版,第2426-2427页。
③ 傅芸子:《〈五更调〉的演变》,见《白川集》,东京文秋堂书店1943年版,第249页。
④ 车锡伦:《明清民间教派宝卷中的小曲》,载台北《汉学研究》2000年第20卷第1期。

> 刘智远一生放荡，去投军撇下三娘。哥嫂叫他受苦磨房，一推一个东放亮。天色明了，奔走慌忙，担筲打水，才把磨棍放。①

再请看《五十三参宝卷》中的【皂罗袍】：

> 通传了无为妙法，真三昧乃是法华。一船普度百千家，愚痴不醒难说话。不愁生死，只恋荣华。无常二字，水上浮花。我的佛，无常到来都撇下。

请注意，"我的佛"三字原用小字刊刻，可理解为唱词中插白。这样看来，《禳妒咒》中的【皂罗袍】就与宝卷基本相同了。

《禳妒咒》的曲牌连缀方式也与南北曲迥然有别。其主要特点是：无宫调区分，不用【引子】和【尾声】，而直接采用曲牌连缀。其连缀方式有两种：一是同名曲牌连缀。作品第十六回、十九回、二十五回、二十八回，均只用数支同名曲牌连缀。二是剩余各回，均在同一回中用两支以上的不同曲牌连缀。往往是连唱数支同名曲牌之后，再接唱下一个曲牌。如第一回，连唱11支【调寄山坡羊】，再接唱2支【皂罗袍】；第三十三回，连唱6支【耍孩儿】，接唱4支【桂枝香】，接唱4支【四朝元】，再接唱4支【黄莺儿】。但第十三回情况特殊，是先唱1支【耍孩儿】，接唱1支【银纽丝】，接唱3支【呀呀油】，接唱3支【银纽丝】，接唱1支【呀呀油】，接唱4支【房四娘】，最后再唱1支【棹歌】。这种情况，在全剧中仅此一例。

《禳妒咒》的曲牌连缀方式和明末清初教派宝卷十分相似。宝卷中的俗曲同样不分宫调，基本不用【引子】和【尾声】，且常常在连唱数支（通常是4支）同名曲牌后，接唱下支曲牌。例如《五十三参宝卷》卷上，先后使用的俗曲曲牌是【驻云飞】【桂枝香】【五更金字经】【柳摇金】【风入松】【挂金锁】【上小楼】【画眉序】【挂金锁】【懒画眉】【皂罗袍】【步步娇】【侧郎儿】【五更皂罗袍】【浪淘沙】【黄莺儿】【耍孩儿】【清江引】【罗江怨】。除【五更金字经】【五更皂罗袍】连唱5支、【挂金锁】连唱6支之外，其余曲牌均连唱4支，再接下一曲牌。从笔者看到的明末清初宝卷的刊刻格式看，凡曲牌名，均在首曲之前单独占一行，接唱的同名曲牌不再出现曲牌名称。《五十三参宝卷》亦如此。其中仅在第4支【风入松】后有一处小字

---

① 路大荒编：《蒲松龄集》，上海古籍出版社1986年版，第1225页。

刊刻的"尾声"提示,且不占行,或许作者或刻书者不把它当做曲牌名①。这一作品分上中下三卷,卷下有"分",总共 53 分即"五十三参",堪称长篇巨制。在明清教派宝卷中,无论是俗曲格律、连缀方式,抑或篇幅之长,《五十三参宝卷》都很有代表性。

明末清初,是教派宝卷最为活跃的时期,而河北、山东及河南东北部、山西中南部,是教派宝卷活动的中心。蒲松龄正是在这一时间和空间范围创作出以《禳妒咒》为代表的俗曲体戏曲的。车锡伦先生因而提出:"宝卷应是聊斋俚曲的源头之一。"② 这个论断,无疑是恰当的。然而,在包括《禳妒咒》在内的聊斋俚曲中,见于宝卷的俗曲曲牌有 25 种,不见于宝卷者有 26 种③。这说明,宝卷并不是聊斋俚曲的唯一源头。

明末王应遴(?—1644)《逍遥游》杂剧(一名《衍庄新调》)的曲牌使用和联套方式十分奇特。这个戏开场由末上场念【西江月】(《禳妒咒》是丑念【西江月】),然后依次由生唱【浪淘沙】十曲,净、丑、生分别唱【黄莺儿】四曲,最后再由生唱【耍孩儿】九曲。经比较,【浪淘沙】和【黄莺儿】使用的均非南北曲,而是格律与《禳妒咒》基本相同的俗曲。【耍孩儿】九曲,首曲之后的每支曲子前依次标【七煞】【六煞】直至【尾煞】,看起来像是组套。但除了首曲和最后的【尾煞】之外,自【七煞】到【一煞】的七支曲子,竟全部用的是与《禳妒咒》相同的俗曲格律。即每支曲子八句,每句基本为七字,或首句、次句为六字句可分读作三、三句格;第一、二、三、五、六、八句押韵,第四、七句倒辙。如【六煞】:

  葛和裘夏与冬,饮和食俭与丰。圣人制与民间用。平心取利方为吉,利不平心定是凶。阿睹物将人弄,阎罗殿那收钱钞,华藏界不鄙贫穷。④

《逍遥游》杂剧原收录于明沈泰所编《盛明杂剧》,最近王宣标博士在日本国立公文图书馆发现另一版本,题名《衍庄新调》。这一版本的主要价值在于保存了常新道人的《引》、王应遴的《自题》及《凡例》。《凡例》中云:

---

① 矶部彰编:《清初教派系宝卷二种的原典和解题》,日本东北大学东北亚研究中心 2010 年印。

② 车锡伦:《宝卷中的俗曲及其与聊斋俚曲的比较》,载《蒲松龄研究》2000 年 Z1 期。

③ 车锡伦:《宝卷中的俗曲及其与聊斋俚曲的比较》,载《蒲松龄研究》2000 年 Z1 期。

④ 王应遴:《逍遥游》,见《盛明杂剧》二集卷二六。

"是编全套只三四牌名,并不同过宫入赚等。盖不惟渔鼓、简板,非此不便合拍,而亦令歌伶易于演习也。"王文将此作品与舜逸山人所撰道情《骷髅叹》比较,并根据《凡例》中"渔鼓简板"之说,得出结论:《衍庄新调》乃是"据道情《骷髅叹》改编而成"①。我认为这一结论可信。但王文说王应遴是"将诗赞体的道情改编成曲牌体的杂剧",就未必准确了。实际上,明代流行在陕西、山西、河南、山东等地的道情,以【耍孩儿】【皂罗袍】【清江引】等为主要曲牌,正是一种俗曲体的讲唱文学样式,有的后来发展成了戏曲。在戏曲史上,从曲牌体向俗曲体、板腔体(诗赞体)演变或靠拢的例子间或有之,而把诗赞体改编成曲牌体的可能性不大。

洛地主编《戏曲音乐种类》一书指出:"浙东高腔,原则上是皆以'单曲'入剧。一剧、一出(折)使用何曲牌及曲牌如何先后或连接,并无定规的组合程式或体制。"② 台湾学者施德玉从《中国戏曲志》《中国戏曲剧种大辞典》《中国戏曲音乐集成》等资料中,总结出"地方小戏"有一种"民歌小调杂缀"的音乐体制,她说这种体制:"将多首民歌依故事情节需要缀合使用。虽然乐曲结构是以不同歌谣贯穿而成,但是唱词是连贯性的,并不因乐曲更换而中断。由于专剧专曲的音乐,是以同一首民歌的曲调反复重头的方式演唱一出戏,旋律的变化性小,但易上口,但重复性太大,加以脚色划分之需求,与剧情趋于复杂之搭配,乃逐渐发展为一剧多曲。"③ 这里指出的从"一剧单曲"向"一剧多曲"的发展过程是否准确可以讨论,但《襄妒咒》采用的,正是这种"民歌小调杂缀"的音乐体制,也正是洛先生所说的"无定规的组合程式或体制"。

三、《襄妒咒》与俗曲体戏曲的形成

《襄妒咒》以俗曲构成,这种文学体制与音乐结构与"弦索"声腔有着难解难分的血缘关系。纪根垠为《中国大百科全书·戏曲曲艺卷》撰写的"柳子戏"条指出:

  柳子戏属于弦索系统的剧种。元、明、清以来,中原地区一直流传

---

① 王宣标:《明王应遴原刻〈衍庄新调〉杂剧考》,载《文化遗产》2012年第4期。
② 洛地主编:《戏曲音乐种类》,艺术与人文科学出版社2002年版,第49页。
③ 施德玉:《中国地方小戏音乐之探讨》,学海出版社2000年版,第13页。

着【锁南枝】【傍妆台】【山坡羊】【耍孩儿】【驻云飞】【打枣杆】等俗曲小令……柳子戏就是在它的基础上发展形成的……清康熙年间，蒲松龄曾采用民间流行的俗曲演唱形式，编写成坐唱及接近戏曲体裁的14种俚曲，所用曲牌多与柳子戏同名。①

所谓"弦索"，本来指的是诸如三弦、琵琶一类的弦乐器，或因其用于北曲伴奏，故后来成了清唱北曲的代称。胡应麟（1551—1602）《少室山房笔丛》辛部"庄岳委谭"下云：

> 《西厢记》虽出唐人《莺莺传》，实本金董解元。董曲今尚行世，精工巧丽，备极才情，而字字本色，言言古意，当是古今传奇鼻祖。金人一代文献尽此矣！然其曲乃优人弦索弹唱者，非搬演杂剧也。②

王骥德（？—1623）《曲律》也说："金章宗时，董解元所为《西厢记》，亦第是一人倚弦索以唱，而间以说白。至元而始有剧戏，如今之所搬演者是。"③ 这样，《董西厢》便成了清唱北曲的代表作。到清李斗《扬州画舫录》、梁廷枏《曲话》，乃至王国维《录曲余谈》均直接称《董西厢》为"弦索西厢"；清代的一些《董西厢》刊本，书名就是《弦索西厢》。

明中叶以后，"弦索调"不仅可以用作清唱，同时也是戏曲声腔，但已经南曲化了。据何良俊的《四友斋丛说》，正德年间（1506—1521），南教坊的乐工顿仁随驾至北京，学得了北曲亦即弦索的演唱方法，转而被何氏邀约在南京授徒。清厉鹗（1692—1752）《东堂观剧四首次西颢韵》其一云："秋河雨后湿模糊，小部征歌集饮徒。此是武宗弦索调，江南倦客得知无。"④ 这里所说的"武宗弦索调"当即来自何良俊的说法。据此，"弦索调"直到清中叶尚在剧唱中运用。

明宋懋澄（1569—1620）《顺天府宴状元记》一文，记万历丁未（1607）春三月十八日，顺天府"一贵人"家宴，"二献，则上弦索调，唱'喜得功

---

① 《中国大百科全书·戏曲曲艺卷》，中国大百科全书出版社1983年版，第223－224页。
② 胡应麟：《少室山房笔丛》，上海书店出版社2001年版，第428页。
③ 王骥德：《曲律》，引自《历代曲话汇编》明代编第2集，黄山书社2009年版，第110页。
④ 厉鹗著，董兆熊注，陈九思标校：《樊榭山房集》，上海古籍出版社2012年版，第1508页。

名遂',乃《吕圣功破窑记》末出也"①。此处的《吕圣功破窑记》并非王实甫的北杂剧《吕蒙正风雪破窑记》,而是南戏《吕蒙正》。何良俊《四友斋丛说》卷三十七引南戏《吕蒙正》"红妆艳质,喜得功名遂",并引《拜月》《王祥》《杀狗》《江流儿》《南西厢》《玩江楼》《子母冤家》《诈妮子》中唱词,云其"皆上弦索。此九种即所谓戏文,金元人之笔也"②。南曲"上弦索",亦即《南词叙录》所说的"南曲北调,可与筝琶被之"③。无论清唱或剧唱,"南曲北调"都会存在腔调不协与发音不准的情况。正如沈宠绥(?—1645)所说:"至如弦索曲者,俗固呼为北调。然腔嫌裊娜,字涉土音,则名北而曲不真北也。"④ 这是说,所谓"弦索"曲调,虽然一般人叫做"北曲",但由于不按《中原音韵》发音,已经不能算是真正的北曲了。所以他才写了《弦索辨讹》,对《西厢记》等"弦索诸曲","详加厘考,细辨音切"⑤。不过他又指出,北曲的发音其实并未消亡,而是留存在优人口中,"口口相传,灯灯递续,胜国元声,依然嫡派"。他特别举出的曲牌有【罗江怨】【山坡羊】等,并云"江左所习【山坡羊】,声情指法罕有及焉。虽非正音,仅名侉调,然其怆怨之致,所堪舞潜蛟而泣嫠妇者,犹是当年逸响云"⑥。显然,这里所说的【罗江怨】以及"侉调"【山坡羊】,并不是南北曲曲牌,而是俗曲曲牌。也就是说,在沈氏看来,明代中期以后流行的俗曲中,保存了元代北曲的逸响。换言之,蒲松龄的俚曲,包括已经成为戏曲剧本的《禳妒咒》,源自元代北曲。

不过,论及俗曲体戏曲的形成,南方诸声腔的影响也不可忽略。明代嘉万时期,除了以昆腔雅调为代表的格律规范的曲牌联套体戏曲之外,还存在着大量民间色彩浓厚的地方声腔。其中,弋阳腔沿袭了南戏的一些民间曲牌和"一唱众和"(不用伴奏的干唱)的唱法,弋阳腔、太平腔、青阳腔均出现了"滚唱"(在唱词前后或中间加上句式整齐的五七言诗句)。王骥德《曲

---

① 宋懋澄著,王利器校录:《九籥集》,中国社会科学出版社1984年版,第31页。
② 何良俊:《四友斋丛说》,中华书局1997年版,第343页。
③ 徐渭:《南词叙录》,引自《历代曲话汇编》明代编第1集,黄山书社2009年版,第482页。
④ 沈宠绥:《度曲须知》,引自《历代曲话汇编》明代编第2集,黄山书社2009年版,第617页。
⑤ 沈宠绥:《弦索辨讹序》,引自《历代曲话汇编》明代编第2集,黄山书社2009年版,第476页。
⑥ 沈宠绥:《度曲须知》,引自《历代曲话汇编》明代编第2集,黄山书社2009年版,第618页。

律》卷二"论板眼第十"云:"今至弋阳、太平之'衮唱',而谓之'流水板',此又拍板之一大厄也。"① 此处"衮唱"即"滚唱"。王骥德把齐言体的"滚调"唱法称作"流水板",且谓其为"拍板之一大厄",正透露出与曲牌体不好协调的板腔体的节奏特点。流沙在论述青阳腔的支脉"徽池雅调"时指出:"由于滚调词句在一个曲牌中大量出现,使其固定的曲牌词格已经无法保留,加上帮腔乐句的减少,引起整个剧种在音乐唱腔上的变化是打破曲体结构,从而创造一种新的曲体。这种曲体有点类似板腔体的音乐形式。"② 这一推测,似已意识到俗曲体的存在。王骥德《曲律》"论腔调第十"云:

> 数十年来,又有弋阳、义乌、青阳、徽州、乐平诸腔之出。今则石台、太平梨园,几遍天下,苏州不能与角什之二三。其声淫哇妖靡,不分调名,亦无板眼;又有错出其间,流而为"两头蛮"者,皆郑声之最,而世争膻趋痂好,靡然和之,甘为大雅罪人,世道江河,不知变之所极矣!③

这里所说的"不分调名,亦无板眼"的"两头蛮",应当与早期南戏的"本无宫调,亦罕节奏"意思是一样的。也就是说,在南方,俗曲体的基因并没有随着南戏向传奇的转变而完全泯灭。南方的"两头蛮""滚调"与北方的"弦索",共同构成了俗曲体戏曲的先声。

以《董西厢》为代表的"弦索",虽早已被北杂剧、南戏以及明代的海盐腔、昆腔等分别吸收④,成为戏曲声腔,但其清唱形式依然在民间流传。除上文所引外,明末小说《梼杌闲评》第七回写:"进忠拣个年长的问道:'这可是戏班子下处么?'那人道:'不是,这都是小唱弦索。若要大班,到椿树胡同去。'⑤ 这里的"小唱弦索"与搬演戏曲的"大班"相对而言,明

---

① 王骥德:《曲律》,引自《历代曲话汇编》明代编第 2 集,黄山书社 2009 年版,第 76 页。

② 流沙:《明代南戏声腔源流考辨》,台北施合郑民俗文化基金会 1999 年版,第 177 页。

③ 王骥德:《曲律》,引自《历代曲话汇编》明代编第 2 集,黄山书社 2009 年版,第 75 页。

④ 关于张野塘、魏良辅汲取弦索调创立昆曲水磨调的情况,可参叶梦得《阅世编》卷一〇引陈子龙(1608—1647)语;关于海盐腔源于元代北曲,可参王士禛《香祖笔记》卷一引元姚桐寿(约1340前后在世)《乐郊私语》。

⑤ 佚名:《梼杌闲评》,成都古籍书店 1981 年版,第 68 页。

显指俗曲清唱。

如前所述，明中叶以降，俗曲清唱还进入到北方宣卷和道情讲唱之中。宝卷、道情与"小唱弦索"不同，而是一种以宣教为目的的说唱文学。其中有唱有白，有时候还以第一人称的语气讲经说法，距离戏曲只有一步之遥了。蒲松龄从中汲取营养，从而创制了戏曲文学和戏曲音乐的一种新体制。《禳妒咒》之所以残存着非代言体的讲唱文学痕迹，即是为此。

周贻白提出："如果要追溯源流的话，蒲氏的《禳妒咒》应当就是柳子腔这一系统的最早的剧本。"① 纪根垠则认为："在蒲松龄编写《禳妒咒》等俚曲之前，山东境内已经有用民间俗曲编写戏文的先例了，很可能就是当前流行的柳子戏（弦子戏）等弦索腔系的戏曲剧种。蒲松龄的俚曲作品绝非独出心裁，凭空编创，而是模仿和采用这种地方戏曲形式进行编写的。"② 从逻辑上说，纪氏的推论不无道理，但目前尚未发现早于《禳妒咒》的完整的俗曲体剧本，故周先生的说法仍然站得住。

值得指出的是，包括《禳妒咒》在内的蒲松龄的俚曲作品，不是纯粹的案头之作，而有可能曾经演出过。蒲松龄之子蒲箬在为其父撰写的《清故显考岁进士候选儒学训导柳泉公行述》中，说蒲松龄"又演为通俗杂曲，使街衢里巷之中，见者歌，而闻者亦泣。其救世婆心，直将使男之雅者、俗者，女之悍者、妒者，尽举而匋于一编中"③。"女之悍者、妒者"，应当指的就是《禳妒咒》中的女主角江城吧？可以认为，《禳妒咒》中的【哭笑山坡羊】中"哭"和"笑"的提示，应是表情和动作提示，演员唱到此处，应有相应的表演。俗曲体曲牌在蒲松龄笔下处理得如此自由自在、得心应手，固然彰显了蒲氏的文学才华。但蒲氏却并不是信口开河地胡编乱造，而应是在当时山东一带流行曲调的基础上进行的艺术加工，有相当雄厚的群众观演基础。

成书于康熙末年的《太古传宗》，其第三部分《弦索调时剧新谱》为乾隆十四年后所增刻④。但书坊刻书应晚于"时剧"流行的时间，故这部分剧目应是康熙至乾隆初流行的俗曲体戏曲。如《思凡》《僧尼会》《大王昭君》《小王昭君》《花子拾金》《芦林》《夏得海》《罗和做梦》《醉杨妃》《红梅算命》《金盆捞月》《旷野奇逢》《临湖》《踢球》《花鼓》《唐二别妻》《借

---

① 周贻白：《中国戏剧史讲座》，中国戏剧出版社1958年版，第203页。
② 纪根垠：《柳子戏简史》，中国戏剧出版社1988年版，第52页。
③ 蒲箬：《清故显考岁进士候选儒学训导柳泉公行述》，见路大荒编《蒲松龄集》，上海古籍出版社1986年版，第1818页。
④ 徐文武：《清传本〈太古传宗〉考述》，载《图书馆学研究》2015年第9期。

靴》《磨斧》等。这些剧目所使用的俗曲曲牌有【山坡羊】【玉娇枝】【驻云飞】【四边静】【挂枝儿】【竹马儿】【诵子】【耍孩儿】等。《时剧新谱》引录了其曲词，并标明工尺，为我们研究清初俗曲体戏曲提供了可信的资料①。此外，乾隆五十七年（1792）叶堂所编《纳书楹曲谱》刊刻，其中外集卷二也有"时剧"类，所收剧目除多出《小妹子》一种外，其余均与《太古传宗》雷同。

《太古传宗》与《纳书楹曲谱》中的"时剧"，在《缀白裘》中称为"杂剧"。名称的改变，也许意味着这批剧本已经不新。其中包括三集卷一之《小妹子》，六集卷一之《买胭脂》《落店》《偷鸡》《花鼓》、卷二之《途叹》《问路》《雪拥》《点化》、卷三之《探亲》《相骂》、卷四之《过关》《安营》《点将》《水战》《擒么》，十一集卷一之《堆仙》《上街》《连相》《杀货》《打店》《借妻》《回门》《月城》《堂断》《猩猩》、卷二之《看灯》《闹灯》《抢甥》《瞎混》《斩妖》《闹店》《夺林》《缴令》《遣将》《下山》《擂台》《大战》《回山》、卷三之《戏凤》《别妻》《斩貂》、卷四之《磨房》《串戏》《打面缸》《宿关》《逃关》《二关》。剧本中使用的俗曲曲牌或腔调有：【梆子驻云飞】【吹腔】【梆子皂罗袍】【凤阳歌】【花鼓曲】【高腔急板】【梆子山坡羊】【吹调驻云飞】【西调】【西调小曲】【银纽丝】【四大景】【乱弹腔】【灯歌】【寄生草】【急板令】【高腔】【京腔】【吹调】【秦腔】【批子】【梆子腔】【五更转】【梆子点绛唇】【西调寄生草】【夜夜游】（即《襄妒咒》中之【呀呀油】，引者注）等。

收录在《太古传宗》《纳书楹曲谱》和《缀白裘》中的这批剧目，有的虽改编、移植自昆曲折子戏，却并不注明原传奇名目，而特别标明其为"时剧"或"杂剧"。其用意，显然在于与昆曲折子戏区分开来。有研究者指出："这些作品的剧本体例，多逸出一般南北曲联套的作法，音乐表现亦有不同。"② 其实，这正是与南北曲联套有明显差异的俗曲体剧本体制特征。

上引沈宠绥《度曲须知》，提到俗曲曲牌中的"侉调"【山坡羊】。"侉"也可以写作"夸"。明末陆云龙（约1628年前后在世）《清夜钟》第七回写道："刘耍子道：'忘了，忘了，我原说姐姐弹得好，寻哥来，没奈何，姐姐

---

① 《太古传宗》收入刘崇德主编《中国古代曲谱大全》第 1 册，辽海出版社 2009 年版，第 677－744 页。

② 林佳仪：《〈纳书楹曲谱〉研究——以〈四梦全谱〉订谱作法为核心》，花木兰文化出版社 2012 年版，第 93－95 页。

弹一曲。'魏鸾假谦了谦,拿过琵琶来,一连两个誇调【山坡羊】。"① 袁于令（1592—1672）《西楼记》传奇第六出有如下一段描写：

> （小净随意将时曲一只唱作誇调介,众笑赞介,净附丑耳云）方才老一唱的曲儿,这几个调,我都摹拟在此了。（丑）你摹拟像个什么来?（净）那一个阔调呵,【黄莺儿】如把破筒敲。（丑）哑调呢?（净）癞蛤蟆猛醋哕。（丑）低调呢?（净）雨中曲蟥啼阴调。翻高字,雌猫怕交。做拖腔,绵纱漫摇,快来好似鸱鸦叫。（净搔喉介,丑）把喉搔,接连几套。（小净）越听越难熬。②

很显然,这里对"誇调"的描写,带有对民间曲调极度鄙视的态度。《西楼记》完成于明末崇祯年间,可见当时"誇调"（侉调）流行的情况。

朱素臣的《秦楼月》传奇完成于康熙年间,其中第七出,写孝子李九儿对湖州太守袁皓说道："每是吃饭头上,要博娘笑脸,一定唱支山歌曲子他听,银绞丝、山坡羊、打枣竿、边关调都会唱的,老爷,我就唱支你听听。"接着写九儿"随意唱誇调介"③。这说明,侉调指的就是原来流行在北方,后传播到江南的民间俗曲。吴伟业辑《绥寇纪略》卷十二："兵未起时,中州诸王府中乐府造弦索,渐流江南,其音繁促凄紧,听之哀荡,士大夫雅尚之。又江南人多唱【挂枝儿】,而大河以北所谓'誇调'者,其言尤鄙,大抵男女相愁离别之音,靡细难辨。"④ 这段话,大体说明了"弦索"与俗曲【挂枝儿】亦即北方所谓"侉（誇）调"的关系,且可大略看出其自雅而俗的流变过程。

"侉调"之"侉",本义是自夸。《尚书·周书》："骄淫矜侉,将由恶终。"伪孔安国注："言殷众士骄恣过制,矜其所能,以自夸大,如此不变,将用恶自终。"⑤ 清文康《儿女英雄传》第十二回："听他说话虽带点外路口

---

① 陆云龙：《清夜钟》,引自路工、谭天合编《古本平话小说集》上,人民文学出版社2006年版,第190页。

② 袁于令：《西楼记》,引自陈多《西楼记评注》,黄竹三、冯俊杰主编《六十种曲评注》第15册,吉林人民出版社2001年版,第520－521页。

③ 朱素臣：《秦楼月》卷上,见《古本戏曲丛刊三集》第63种,影印康熙刊本。

④ 吴伟业辑：《绥寇纪略》,《丛书集成初编》本,上海商务印书馆民国二十六年版,第278页。此段话原为宋征舆《琐闻录》、叶梦珠《阅世编》引陈子龙语,惟"又江南人多唱【挂枝儿】"一句为前两书所无,乃《绥寇纪略》所加。

⑤ 孔颖达编：《尚书正义》,见中华书局影印阮刻本《十三经注疏》1979年版,第245页。

音儿,却不侉不怯。"将"侉"与"怯"相对,颇能凸显其本义。沈宠绥所云"侉调",主要是从语音、声腔的角度,将保留有元代北曲逸响的语调与明代的所谓"正音"相对而言的。明末署名西周生的长篇小说《醒世姻缘传》三十五回:"他平日假妆了老成,把那眼睛瞅了鼻子,口里说着蛮不蛮、侉不侉的官话,做作那道学的狙腔。"① 这里的"侉",与沈氏所言吻合,且作者也是山东人,离蒲松龄家乡最近。

中原历来有"南蛮北侉"之说,但这种说法是相对的。河南人可以称山东、山西、河北人为侉子,但淮河以南也可以称河南人为侉子。例如《申报》1876年8月18日第3版题为《导奸陷子》的一则报导说:"江南、江北呼山东、河南人为侉子。"但总的来看,明清两代以称山东人为侉子者居多。这个说法,一直延续到近现代。朱自清(1898—1948)《自传:我是扬州人》一文说:"扬州人在本地也有他们的骄傲的。他们称徐州以北的人为侉子,那些人说的是侉话。"② 徐州以北,就是山东了。

以"侉调"演唱之戏曲,就是"侉戏"。最近,学者们注意到,清宫档案中,有自乾隆三十一年至三十五年间,内廷有四次于上元佳节前后上演侉戏的记录③。另有学者发现,乾隆年间搬演的宫廷大戏《鼎峙春秋》《忠义璇图》中已出现"侉戏"或"侉腔"的标注④。丁汝芹认为当时"民间腔调侉戏,已在清宫立足,获得在圆明园演出的机会"⑤。还有人分析:"侉戏演出全用黑炭而唱曲则主要用煤,从另一个角度说明侉戏在乾隆中期宫内受关注的程度已经超越昆曲。"⑥ 这个说法虽未必准确,但乾隆中期宫廷演出"侉戏"的事实,说明俗曲体戏曲最迟清初已经在民间流行。清宫藏康熙皇帝谕旨称:

> 弋阳佳传,其来久矣。自唐霓裳失传之后,惟元人百种世所共喜。

---

① 西周生:《醒世姻缘传》,华夏出版社2013年版,第322页。
② 朱自清:《自传:我是扬州人》,见《朱自清自传》,江苏文艺出版社1997年版,第4页。
③ 据丁汝芹《清宫演剧再探》(《戏曲研究》2013年第2期)一文,这些资料首先由就读于美国斯坦福大学的博士生陈凯莘女士在《历代日记丛钞》中的《乾隆添减底账》中发现。
④ 戴云:《清南府演戏腔调考述》,载《文化遗产》2015年第3期,第69–76页。
⑤ 丁汝芹:《清宫演剧再探》,载《戏曲研究》2013年第2期。
⑥ 王岩:《〈乾隆添减底账〉涉及南府演剧史料探微》,载《兰台世界》2017年第8期。

渐至有明，有院本北调不下数十种，今皆废弃不问，只剩弋阳腔而已。<u>近来弋阳亦被外边俗曲乱道，所存十中无一二矣</u>。独大内因旧教习，口传心授，故未失真。①

据此可知，康熙时俗曲体戏曲在宫外已经十分繁荣，并且使弋阳腔受到某种程度的改造，然而却未能够进宫。但到乾隆时期，"侉戏"却堂而皇之地进宫演出了。

然而，我国戏曲文化是分层次的，尤其在宫廷中，弋在昆之下，而梆、黄、侉又等而下之。王政尧以"丑角（脚）为主"作为判断依据，认为宫中的两册《弋、侉腔杂戏提纲》中的"侉腔"戏剧目有：《十字坡》《快活林》《探亲相骂》《煤黑上当》《查关》《针线算命》《魏虎发配》《倒打杠子》《打灶分家》《摇会》《打面缸》《夺被》《打刀》《顶砖》《踢球》《金定探病》《时迁偷鸡》《瞎子拜年》《高手看病》《李鬼断路》《锯缸》《打樱桃》《徐母击曹》等共23出②。笔者根据宫中的《弋侉腔杂戏场面提纲》，认为除上述剧目之外，宫中上演的"侉戏"剧目还可以补充《张旦借靴》《打门吃醋》《请美猴王》《懒妇烧锅》《灏不服老》《花子判断》《张三打父》《瞎子逛灯》《送盒子》《油漆罐》《拷打红娘》等11种③。这些以净、丑为主脚的戏，其风格是诙谐、滑稽。把最下层的民间戏曲引入宫中，其目的或只是为博统治者一笑，却无形中反映了俗曲体戏曲繁荣的实际情况。戴云根据现存南府剧本所标注的声腔指出：乾隆时期进宫演出的戏曲声腔，除昆弋之外，还有吹腔、四平调、弦索调、梆子腔、秧歌、侉腔、秦腔等声腔④。上述声腔，除梆子和秦腔之外，基本都属于俗曲体戏曲。可以说，乾隆时期，俗曲体戏曲已呈遍地开花之势。

《清稗类钞·戏剧类》"演《探亲相骂》"条云：

《探亲相骂》一剧，原为昆曲中之梆腔杂剧，虽京戏亦演之，然悉仍其旧。盖道、咸之际，乐风渐变，趋重京剧，自后内廷传唱，常例皆京昆并奏，故率将昆曲阑入，各地伶人遂亦相沿成习，意谓亦在京戏范

---

① 丁汝芹主编：《清宫文献》，见《京剧历史文献汇编》清代卷三，凤凰出版社2011年版，第76页。
② 王政尧：《清代戏剧文化考辨》，北京燕山出版社2014年版，第184页。
③ 谷曙光整理：《弋、侉腔杂戏场面提纲》，见《京剧历史文献汇编》清代卷二，凤凰出版社2011年版，第777—790页。
④ 戴云：《清南府演戏腔调考述》，载《文化遗产》2015年第3期。

围。实则此剧纯用吹腔，固犹是昆曲之面目也。惟服装做工，则因时会而迁移，间有不相沿袭者。而唱白腔调，悉与《缀白裘》同。（调门悉用【银绞丝】曲）①

此处把《探亲相骂》说成"昆曲中之梆腔杂剧"，今天看来非常奇怪。昆曲与梆子腔为不同声腔剧种，何以相混？我认为这正说明晚清尚无泾渭分明之声腔剧种观念，值得我们反思。又云"此剧纯用吹腔"，"唱白腔调，悉与《缀白裘》同"，并特别指出"调门悉用【银绞丝】曲"。这就说明《探亲相骂》用的既非梆子、京剧之板腔体，亦非昆曲之曲牌体，而是俗曲体。此剧本今存于清乾隆间钱德苍编《缀白裘》六集卷三，惟将《探亲》与《相骂》分开作两剧，但情节相连。其中20余支曲子，全用【银绞丝】，试举丑唱的一曲如下（动作提示略）：

使我闻言怒气也么发，骂了一声贱婢小歪喇！气杀了咱，枉了养你十七八！不痴又不聋，眼睛又不瞎，忘了在家嘱咐你的话？远巴巴的前来瞧你，仔么倒惹得你婆婆嘴里喇撒？你这孽障儿阿！气杀人也么人气杀！气杀人，活把人气杀！②

再看蒲松龄《禳妒咒》第十三回高母所唱的一首【银纽丝】：

愁咱那孩儿泪汪也么汪，向来欢喜不寻常。细端相，今日这容颜改了腔，饭也不多吃，行动闷怏怏，看他像有个愁模样。你我只有这儿郎，软弱禁不的怎么降！我的天，惆怅人，真叫人惆怅！③

二者相似之处显而易见。民国初年王大诺编京剧剧本集《戏考》，收录有《探亲相骂》，剧中人仍唱俗曲【银纽丝】。而云南花灯也有此剧目，详后文。

从金元弦索、明代俗曲宝卷到《禳妒咒》，再到《太古传宗》《纳书楹曲谱》中的时剧、《缀白裘》中的杂剧、宫中的侉戏以及吹腔、四平调、弦索调、秧歌等，俗曲体戏曲的形成与发展脉络依稀可见，而《禳妒咒》无疑是俗曲体戏曲形成的重要标志。

---

① 徐珂编：《清稗类钞》，中华书局1985年版，第5056页。
② 钱德苍编选，汪协如点校：《缀白裘》第6集，中华书局2005年版，第188页。
③ 路大荒编：《蒲松龄集》，上海古籍出版社1986年版，第1194页。

四、俗曲体戏曲在戏剧史上的地位

中国戏曲史上旧有"南昆、北弋、东柳、西梆"之说,① 这里所说的"东柳",不仅仅指流行在山东的柳子戏,而是可以泛指所有用俗曲演出的民间戏曲。可惜的是,长期以来,我们缺乏对这种戏曲体制的认识与研究,甚至许多俗曲体戏曲的剧种已经面临濒危。无怪乎,张庚、郭汉城主编的《中国戏曲通史》,一方面指出十八世纪以来我国声腔剧种之繁荣"是一个空前的历史现象",同时又慨叹:"可惜,由于资料记录的缺乏,我们从以往的戏曲史料中见到的,只是清代中叶这些地方戏曲蓬勃兴起以后的情况,在这以前几乎是一片空白。"②

其实,俗曲体戏曲在我国源远流长。前文分析"弦索",已指出明代流行在北方的俗曲演唱、宣卷乃至蒲松龄的《禳妒咒》等,堪称元代北曲的逸响。入明以后,北曲、宣卷一方面为后来的俗曲体戏曲提供了音乐与文学方面的遗传基因,另一方面又对南方的昆山腔、弋阳腔、海盐腔、青阳腔等产生了程度不同的影响。

本文开头就指出:早期南戏不是严格的曲牌联套体制。正如《南词叙录》所说:"'永嘉杂剧'兴,则又即村坊小曲而为之,本无宫调,亦罕节奏,徒取其畸农、市女顺口可歌而已。""夫南曲本市里之谈,即如今吴下【山歌】、北方【山坡羊】,何处求取宫调?"③ 据统计,在《张协状元》《荆钗记》《琵琶记》《成化本白兔记》所用340多支曲牌中,属于村坊小曲的约占48%④。不仅是曲牌,而且早期南戏的联套方式也是十分自由的。众所周知,宋元南戏不分出。钱南扬先生整理《张协状元》,"为了阅读和称引的方便,把它分开"⑤。钱注本以演员上下场为一出的原则,将全剧分为53出。

---

① 齐如山曾经记录老净脚胜庆玉口述:"同治初年余在科班时,曾听那些兄老教习们说过:清初北京尚无二簧,只有四种大戏,名曰:南昆、北弋、东柳、西梆。"见齐如山《京剧之变迁》,辽宁教育出版社2008年版,第46页。

② 张庚、郭汉城主编:《中国戏曲通史》,中国戏剧出版社2006年版,第883页。

③ 徐渭:《南词叙录》,引自《历代曲话汇编》明代编第1集,黄山书社2009年版,第483、484页。

④ 侯百朋:《瓯歌与温州戏文》,见《南戏探讨集》第6、7合集,温州艺术研究所1992年编,第68页。

⑤ 钱南扬:《〈永乐大典戏文三种校注〉前言》,见《永乐大典戏文三种校注》,中华书局1979年版,第3页。

其中第7、21、22、28、30、31、34、36、38、46、49十一出，仅有1支曲牌；而第3、6、11、15、19、26、40、43、44、47、51、52十二出，仅用2支曲牌，都谈不上联套。即使曲牌多于3支，也有颇多在同一出中连唱同一曲牌的情况。例如第8出连唱4支【福州歌】，第9出连唱4支【油核桃】，第16出连唱4支【添字赛红娘】等，而且绝大多数不用【尾声】。这与曲牌体的差异非常明显。由于后来文人的介入，南曲格律渐趋规范化，从而嬗变为另一种戏剧形态——传奇。质言之，早期南戏本是我国最早的俗曲体戏曲，但由于它被传奇所使用的规范的曲牌联套体制所替代所遮蔽，故阻断了它对明末清初新一轮俗曲体戏曲的直接影响。于是，明中叶以来产生的俗曲，经与弦索清唱和宣卷、道情的结合，萌生出了俗曲体戏曲，并开始了它先由北向南，再由南及北的传播过程，并在传播中不断壮大。当然，宋元南戏中的俗曲和明中叶以后的俗曲，在文学体制上并不完全相同。二者的最大区别在于，南戏中使用的"村坊小曲"走的是长短句的路子，而明清俗曲则明显向齐言体靠拢。

成书于乾隆年间的长篇小说《歧路灯》第七十七回写道："那快头是得时筲役，也招架两班戏，一班山东弦子戏，一班陇西梆子腔。"第九十五回提到："陇西梆子腔，山东过来弦子戏，黄河北的卷戏，山西泽州锣戏。"① 这里提到的声腔剧种，除了梆子腔属于板腔体之外，弦子戏、卷戏、锣戏，都是俗曲体，也都流行在北方，具体而言就是山东、山西、河南、河北四省。

上文提到，"弦索"曾是俗曲体戏曲形成中重要的一环。李调元（1734—1802）《雨村剧话》卷上说："女儿腔，亦名'弦索腔'，俗名'河南调'。音似弋腔，而尾声不用人和，以弦索和之，其声悠然以长。"② 严长明（1731—1787）《秦云撷英小谱》则说："弦索流于北部，安徽人歌之为枞阳腔（今名石牌腔，俗名吹腔）；湖广人歌之为襄阳腔（今谓之湖广腔）；陕西人歌之为秦腔。"③ 二者都把弦索看成是北方民间产生的声腔，但从后者看，其流行范围已经到达南方。前者还给我们指明了弦索声腔的一个特征，即"尾声不用人和，以弦索和之"，而后者提出了弦索的一个别名：吹腔。

清王廷绍（1763—1820）编《霓裳续谱》卷七载有两首【秦吹腔花柳

---

① 李绿园：《歧路灯》，中州书画社1980年版，第745、885页。
② 李调元：《雨村剧话》，引自《历代曲话汇编》清代编第2集，黄山书社2009年版，第302页。
③ 严长明：《秦云撷英小谱》，引自谷曙光、吴新苗编《京剧历史文献汇编》清代卷一，凤凰出版社2011年版，第11页。

歌】，其歌词如下：

其一：高高山上一庙堂，姑嫂二人去烧香。嫂子烧香求儿女，小姑子烧香求少郎。再等三年不娶我，挟起个包袱跑他娘。可是跑他娘，思人哪。（花柳腔尾有声无词）

其二：姐在房中绣荷包，忽听的门外闹吵吵。推开纱窗往外瞧，一对狸猫鸾凤交。相思情一蹦，有个鸾凤交。雌猫吒吒叫，雄猫把眼瞧，两下里一凑不差分毫，（哎哟）好风骚，（重）死在了黄泉变做猫，可是变做猫，妙人呵，思人哪。（花柳腔尾有声无词）①

可以推测，这两首歌词中末句的"有声无词"，与"尾声不用人和，以弦索和之"说的是一回事。而弦索腔又名"吹腔"或"秦吹腔"的说法，也可以获得诸多佐证。清王培荀《听雨楼随笔》卷一录陆箕永《竹枝词》云："山村社戏赛神幢，铁拨檀槽柘作梆。一派秦声浑不断，有时低去说吹腔。（原注：俗尚'乱谈'。）"② 陆箕永，生卒年不详，康熙五十一年（1721）出宰绵竹，上述《竹枝词》是他在川中所作。这里所记录的山村演社戏赛神，用的是"秦声"与"吹腔"，而"铁拨檀槽"正是弦索伴奏的特征。"乱谈"即乱弹，泛指与昆曲相对的花部诸声腔，这里指的很可能就是俗曲体戏曲。纪根垠指出，在鲁西南、豫东、冀南、苏北、皖北流行的柳子戏又名"吹腔"③。余从《戏曲声腔剧种研究》亦谓："'东柳'就是指以演唱俗曲为主的柳子戏。柳子戏，又称弦子戏，在临清地区叫吹腔。用三弦、笙、笛等乐器伴奏。"④ 何丽丽深入到沂南县北沿汶村弦子戏剧团考察，证实了"在临清当地，柳子戏称为吹腔"⑤。

李斗（1749—1817）《扬州画舫录》记载了清中叶俗曲在扬州、苏州一带的流行情况，书中除列举了当时流行的俗曲曲牌之外，还说："有于苏州虎邱唱是调者（指【劈破玉】，引者注），苏人奇之，听者数百人。明日来听者益多。唱者改唱大曲，群一噱而散。"这说的是俗曲在南方受欢迎的情况。又说："于小曲中加【引子】【尾声】，如《王大娘》《乡里亲家母》诸曲。

---

① 王廷绍编：《霓裳续谱》，引自《明清民歌时调集》下册，上海古籍出版社1987年版，第354-355页。
② 王培荀著，魏尧西点校：《听雨楼随笔》，巴蜀书社1987年版，第41页。
③ 纪根垠：《柳子戏简史》，中国戏剧出版社1988年版，第9页。
④ 余从：《戏曲声腔剧种研究》，人民音乐出版社1990年版，第129-130页。
⑤ 何丽丽：《柳子戏音乐文化研究》，中国社会科学出版社2013年版，第29页。

又有以传奇中《牡丹亭》《占花魁》之类谱为小曲者，皆土音之善者也。"①这说的是以俗曲连缀而敷衍戏曲的情况。前文已经指出，俗曲不仅可在同一曲牌前加【引子】后加【尾声】联套敷衍民间小戏，而且还可以用这样的方法于移植、改编昆曲中的流行大戏。

仔细翻检《霓裳续谱》（1795）和《白雪遗音》（1828）这两部俗曲集，就会发现其中包含着不少戏曲剧本。其中有的是从流行的传奇剧本中拆出来的，有的则是民间小戏。属于前者的，赵景深先生在《霓裳续谱序》中已经一一指出，这正属于用俗曲移植、改编昆曲的情况。属于后者的，如《霓裳续谱》中以【银纽丝】【秦吹腔】【京调】【鼓岔】【南罗儿】组套的《乡里亲家》，以【岔曲】【剪靛花】【杨柳调】【寄生草】连缀的《女大思春》，还有《白雪遗音》中的【岔曲】《母女顶嘴》《婆媳顶嘴》《王大娘》、【银纽丝】《盼五更》《两亲家顶嘴》等，基本上都属于民间编创的代言体民间小戏。在当时，这些俗曲体小戏在民间广泛搬演，其中"王大娘"这个人物多次在不同的剧目中出现。成书于乾隆五十年（1785）之《燕兰小谱》卷二，有诗赞昆曲演员"郑三官"云："吴下传来补破缸，低低打打柳枝腔。庭槐何与风流种，动是人间王大娘。（原注：是日演《王大娘补缸》，杂剧中如《看灯》《吊孝》《卖胭脂》《骂鸡》，何王氏之多佳话耶!）"② 可知当时南方的一些昆曲演员，也同时热心俗曲体小戏的扮演。

相比而言，北方的俗曲体戏曲根深叶茂。纪根垠《柳子戏简史》一书指出："弦索声腔系统，或简称弦索腔系，包罗的剧种不少，它们都是在元明清以来流行于民间的俗曲小令的基础上逐步发展形成的，所以也有人称它为'明清俗曲腔系'。"③《简史》中的《弦索声腔系统剧种对照表》，从剧种名称、别名、代表性曲牌、主奏乐器、流布地区、吸收其他声腔、剧目等七个方面进行了对照，所包含的声腔剧种有柳子戏、大弦子戏、罗子戏、卷戏、河北丝弦戏、罗罗腔、老调、晋北耍孩儿、河南越调、湖北月调、河南曲剧、陕西眉户。纪氏还提出："山西平陵、夏县、芮城及河南灵宝、陕县等地流行的'弦儿戏'唱【五更】【闹调】【背宫】【岗调】等；山西东北部的'弦子腔'，与罗罗腔合称'弦罗腔'。山东临淄五路口村的'八仙戏'，唱【驻云飞】【耍孩儿】【混江龙】【桂枝香】等；'陕南安康曲子戏'、'甘肃曲子

---

① 李斗：《扬州画舫录》，江苏广陵古籍刻印社1984年版，第245-246页。
② 吴长元：《燕兰小谱》，引自《京剧历史文献汇编》清代卷一，凤凰出版社2011年版，第32页。
③ 纪根垠：《柳子戏简史》，中国戏剧出版社1988年版，第2页。

戏'、'云南花灯'……以及由'八角鼓'、'道情'（如晋北说唱道情、神池道情、阳城道情等）发展形成的戏曲剧种，也以演唱曲牌为主，都和弦索声腔系统存在一定的血缘关系。"① 实际上，道情戏的流行地域相当广泛。武艺民把分布于全国的道情艺术分为歌曲道情、说唱道情、戏曲道情、皮影道情四种形式。其中戏曲道情19种，分布在山西、陕西、内蒙古、甘肃、河南、河北、山东、安徽各省区。② 此外宁夏的曲子戏、陕西的弦子戏、河北的西调、山东的蓝关戏、湖北鹤峰的柳子戏、崇阳的提琴戏、评剧的前身蹦蹦戏，还有多地流行的皮影戏、秧歌、花鼓戏等，在音乐结构上，都属于或基本属于俗曲体戏曲。名闻遐迩的黄梅戏，原本也是俗曲体，现在虽以板腔体为主腔，但还保留了演唱俗曲的花腔。

在南方，江浙沪流行的滩簧，浙江平阳、泰顺一带的和剧，越剧的前身绍兴文戏，福建的高甲戏、莆仙戏、梨园戏，都属于俗曲体。或者原属俗曲体，后来向板腔体靠拢。广东的正字戏、白字戏等，以往被视为宋元南戏的逸响，属于曲牌体。但它们在流传的过程不断增入当地新出现的俗曲曲牌，已经与南北曲的曲牌联套体制有了很大的不同，明显地在向俗曲体转变。③

限于篇幅，以下仅以北方剧种"晋北耍孩儿"和南方剧种"云南花灯"为例，来讨论现存俗曲体戏曲的基本情况。

"晋北耍孩儿"以曲牌名作为剧种名称，"是以一支完整曲牌（【平耍孩儿】）为骨架，利用若干情绪乱句（钹子）的相结合而构成各种唱段"④。前文已述，【耍孩儿】是《禳妒咒》中用得最多的曲牌。其格律为每煞八句，每一、二、三、五、六、八句押韵，四、七句倒辙，第五句尾字押平声韵。任光伟指出，【耍孩儿】的句格，无论在《禳妒咒》中，还是在山西的"耍孩儿"戏中，都是一样的。经任先生实地调查，发现在晋北耍孩儿以及山东的柳子戏、二夹弦、四根弦、五音戏、肘鼓子、柳腔、茂腔，以及东北的一些民间小戏中，不但【耍孩儿】句格完全相同，而且就连在实际演唱中，第八句往往在后半句起腔（高八度），也是一样的。⑤

---

① 纪根垠：《柳子戏简史》，中国戏剧出版社1988年版，第11页。
② 武艺民：《中国道情艺术概论》，山西古籍出版社1997年版，第164–170页。
③ 以上两节的资料来自《中国戏曲志》各省分卷及《中国戏曲音乐集成》各省分卷，不一一注出。
④ 武艺民：《中国道情艺术概论》，山西古籍出版社1997年版，第341页。
⑤ 任光伟：《【耍孩儿】纵横考——兼谈柳子声腔的渊源与流变》，载《戏曲艺术》1989年第3期。

不仅在山西、山东、东北，而且在河南的一些濒危剧种中，【耍孩儿】（亦称【娃娃】）的运用亦十分广泛，而且其句式、韵律均与《禳妒咒》相同。这些剧种包括二夹弦、罗戏、大弦戏、咳子戏、乐腔、北调子、四股弦等。有学者总结："河南濒灭剧种中的【耍孩儿】，继承了'弦索腔'的'尾声不用人和，以弦索和之，其声悠然以长'的特点。"① 我认为，这里所说的尾声"以弦索和之"，与山东地方戏中的后半句"起腔"，均和上文所引"花柳腔尾有声无词"意义相同，即：由于"高八度"，若以人声便只能以假嗓演唱，假如以弦索代人声，便"有声无词"了。

明末王应遴的《逍遥游》杂剧，其最后一部分由八首【耍孩儿】组成；《群音类选》卷一所录《王魁诉神》，一连27支【耍孩儿】加【尾声】。这里的【耍孩儿】曲牌，还是九句式的南北曲曲牌。《扬州画舫录》卷五引黄文旸《曲海目》，在《蓝关道曲》下注："皆【耍孩儿】小调。"② 这应当就是八句式的俗曲曲牌了。现存山东省莱州市一带的"蓝关戏"，或即清代《蓝关道曲》的逸响，由于这一剧种多用【耍孩儿】，又称"耍儿会"，与晋北耍孩儿戏遥相呼应。

清宫大戏《忠义璇图》五本二出，武松出场先唱【侉腔】："刚肠热，壮气豪；提葫芦，半醉了。去寻红杏枝头闹。"后唱【耍孩儿】（众人接唱），其词如下：

琉璃钟，琥珀浓；珍珠槽，清若空。似醴泉出地波齐涌，掀开度阁似屏风。碎却乌几翻瓷瓮，似维摩方丈天花迸。（赛花引众小夥各持棍上接唱）笑醉汉胡来搬弄，母门神怎肯放松。③

两相比较，【侉腔】的句式为六（三、三）、六（三、三）、七，【耍孩儿】的句式为六（三、三）、六（三、三）、七、七、七、七、七、七。格律基本一致，只不过后者是一首完整的八句式俗曲牌子【耍孩儿】，而前者可看成是【耍孩儿】的前半段。

在实际运用过程中，民间艺人根据剧情需要或人物情感的变化，可以使【耍孩儿】有许多变体。例如河南各剧种中的【原板耍孩儿】【慢板耍孩儿】

---

① 冯建志：《河南濒灭剧种中"耍孩儿"音乐形态考略》，载《天津音乐学院学报》2004年第3期。
② 李斗：《扬州画舫录》，江苏广陵古籍刻印社1984年版，第114页。
③ 周祥钰：《忠义璇图》，见《古本戏曲丛刊》九集，影印乾隆本五本二出。

【二八板耍孩儿】【接板耍孩儿】【武耍孩儿】【塌耍孩儿】以及各式【娃娃】①，在各类道情戏中的【正调平耍孩儿】【正调苦耍孩儿】【正调抢耍孩儿】【正调紧耍孩儿】【反调平耍孩儿】【反六字耍孩儿】等②。可见，【耍孩儿】曲牌在俗曲体戏曲中运用之广、影响之大、变化之多。

再看云南花灯。20世纪40年代，徐嘉瑞在云南农村搜集、研究"旧灯剧"，发现在13个剧本中，使用的俗曲曲牌有【提水调】【挂枝儿】【打枣竿】【双叠调】【川调】【放羊腔】【绮罗调】【老羊调头】【倒背古人】【十二杯酒】【闹五更】【倒搬桨】【金纽丝】【银纽丝】【哭皇天】等。徐先生还将云南农村的灯剧和《缀白裘》所收之"杂剧"作了比较，指出《缀白裘》所收之"《探亲》《相骂》所用的调子，全是【银纽丝】，结构唱词和云南农村戏曲的'乡城亲家'大同小异；但是以分量来说，云南农村戏曲超过《缀白裘》所收的三十倍以上"。"《看灯》所用的调子，全是【灯歌】。又，和《看灯》相连续的有《闹灯》，所用的调子，全是【寄生草】。和云南农村戏曲的《瞎子观灯》相比，分量不及十五分之一，内容也简单得多了。"徐先生总结说："足见花部诸曲，流入云南，增加上许多地方的色彩和曲调，就是科白对话，也是随时随地增加上去，分量增加，内容也就更复杂。"③

徐先生对云南灯剧的研究成果，可以用来观照云、贵、川所有的花灯戏剧种。川剧由昆、高、胡、弹、灯五种唱腔组成，其中的"灯"调即花灯唱腔，自不必言。花灯之外，北方流行的秧歌，南方的采茶、花鼓，有的也兼用俗曲曲牌和板腔体音乐。即使一些后起的剧种，例如台湾歌仔戏，在从三小戏向大戏靠拢的过程中，既汲取了来自高甲戏的曲牌【紧叠仔】【慢头】【浆水】【五开花】，梨园戏的曲牌【相思引】【出汉关】【南倍思】【恨冤家】，也吸收了北管系统的"梆子腔""流水""平板"等④。

最后来讨论，俗曲体是不是从曲牌体走向板腔体的过渡形式？答案是：俗曲体是处于曲牌体与板腔体之间的中间形态，但未必是过渡形态。也就是说，板腔体未必是从俗曲体蜕变而成的。这样说的原因有二：其一，从时间

---

① 冯建志：《河南濒灭剧种中"耍孩儿"音乐形态考略》，载《天津音乐学院学报》2004年第3期。
② 武艺民：《中国道情艺术概论》，山西古籍出版社1997年版，第402-419页。
③ 徐嘉瑞：《云南农村戏曲史》，原出版于1943年，引自云南人民出版社1958年版，第8-29页。
④ 陈孟亮：《当代戏曲多元化演出形态之探讨——以歌仔戏音乐为例》，见《戏曲表演艺术回顾与前瞻》下册，台湾戏曲学院2017年编印版，第109-126页。

上看，俗曲体形成的明末清初，板腔体也已经形成，故板腔体不大可能来自俗曲体。其二，整体上看，曲牌体、板腔体、俗曲体是三种相对独立的文学与音乐结构形式，把中间形态看成"过渡形态"，有可能对俗曲体的意义估计不足。

当然，我们这样说，不排除曲牌体、板腔体、俗曲体三者之间的相互影响，尤其是不能排除某些后起的剧种从俗曲体向板腔体靠拢甚至转化成为板腔体的情况。明中叶以来，民间歌手在对固有的南北曲加以改造的同时，也创作出一批新的带有向齐言体靠拢的"时尚小令"，并且进入到宣卷和道情讲唱中。现存明末清初的宝卷和道情作品，既有七字句、十字句（三、三、四句格）的念白，又使用大量俗曲演唱，在推动板腔体形成的同时，更直接催生出了俗曲体戏曲的诞生。明末的《衍庄新调》已经使用了俗曲，但依然有联套倾向。只有在《禳妒咒》中，我们才发现了完整的从长短句向齐言句式过渡的俗曲体戏曲形态。康熙以后，俗曲体与板腔体进一步融合，《缀白裘》中的【梆子山坡羊】、北方各省地方戏中的各类板式【耍孩儿】等就是明证。这表明，俗曲体戏曲在走一条介于曲牌体和板腔体的中间道路。无怪乎有人称晋北耍孩儿、二夹弦、柳子戏等剧种为"综合体"，意思是这类戏曲"兼具"或综合运用了曲牌体和板腔体的音乐体制①。

不过，以上所谓"综合体"的剧种，依然以演唱民间俗曲为主。不妨以柳子戏为例。据说，柳子戏艺人会唱的俗曲曲牌以往有数百支之多，1984 年整理出来的牌子仍有百支以上。其中，【黄莺儿】【娃娃】（即【耍孩儿】）【山坡羊】【锁南枝】【驻云飞】为五大曲，又称"五大套"。"这'五大套'有时在同一剧目中全部出现，有时分别与其他俗曲混用，没有严格的规范。②"所以，从总体上说，"南昆、北弋、东柳、西梆"，各大声腔系统既相对独立又相互影响，在形成之后并行不悖。一些后来形成的声腔剧种，分别从俗曲体与板腔体中汲取文学和音乐元素，正说明俗曲体戏曲的生命力之旺盛。

俗曲体戏曲，从元明以来的俗曲清唱，进入到宝卷、道情讲唱，发展到

---

① 参钱建华《联曲体与板腔体兼备的戏曲艺术——析雁北耍孩儿戏的音乐特征》，载《中国戏曲学院学报》2009 年第 4 期。再如尼树仁编著《二夹弦唱腔音乐初探》提出："二夹弦的唱腔属于由多系统的板腔体和曲牌体相结合的综合体。"（山东人民出版社 1983 年版，第 26 页）何丽丽《山东柳子戏音乐文化研究》："在音乐体制方面，柳子戏是曲牌体联缀与板腔体综合运用的戏曲。"（中国社会科学出版社 2013 年版，第 52 页）

② 纪根垠：《柳子戏简史》，中国戏剧出版社 1988 年版，第 181 页。

分脚色彩唱，最终形成了独立的代言体的戏曲形式。在后来的发展中，俗曲体戏曲既含有各类不合南北曲格律的俗曲，又加上梆子腔的元素，故《缀白裘》将其列为"杂剧"。北方民间普遍流传着"九腔十八调，七十二哎哎"之说，① 形象地描绘出这类戏曲（包括一些地方的影戏、偶戏）丰富多彩、自由变化的声腔特征，这和曲牌体、板腔体均明显不同。民国《林县志》卷十记载：

> 弦子戏，脚色全同梆子戏，惟乐器有笛子及弦子而无梆子。声调颇多曲折，而曲文说白，辞多俚俗。说白尤全用土话，君相衣冠，牧童声口，令人作呕。剧本亦全系历史戏，而自成特殊一种，与梆子、反调等绝不相通。数十年前尚盛行境内，今甚式微，将有绝灭之势。②

这段记载，与"东柳、西梆"的说法，以及前引《歧路灯》中的描述，不约而同地道出了一个事实：柳子戏、弦子戏这些俗曲体戏曲，与板腔体的代表剧种梆子戏不是一回事。清康熙间李声振《百戏竹枝词》，明确把吴音（昆曲）、弋阳腔、秦腔（梆子腔）、乱弹腔（昆梆）、月琴曲（丝弦腔）、唱姑娘（姑娘腔、齐剧）、四平腔（绍兴弋腔）分开表述。③ 这些声腔中，除昆、弋、梆之外的唱腔，都属于俗曲体。清宫文献记载，嘉庆七年五月初五日"长寿传旨：内二学既是侉戏，那有帮腔的？往后要改"④。弋阳腔有帮腔，此条记录将属于俗曲体的"侉戏"，与属于曲牌体的弋阳腔明确区分开来。唐英（1682—1756）《巧换缘》第九出副末白："纵团圆是梆腔、侉戏，倒不如两下开交。"⑤ 说出了梆子腔与侉戏亦即俗曲体戏曲的区别。

至于在民间演剧的场合，俗曲体戏曲与昆腔、弋腔、海盐腔、青阳腔、梆子声腔频繁交流，造成某些演唱方法在两种以上声腔中共存的现象，是不难理解的。例如俗曲体中句尾翻高八度的唱法，在海盐腔和板式体戏曲（如

---

① 顾颉刚：《中国影戏史略及其现状》，载《文史》1983年第19辑，第128页。本人2005年带领研究生到华北各省及辽宁调查皮影戏，艺人们经常如此说。又何丽丽《山东柳子戏音乐文化研究》（中国社会科学出版社2013年版）第78页也提到柳子戏艺人有此说法。

② 王泽溥修，李见荃纂：民国《林县志》，民国二十一年石印本，第9页。

③ 李声振：《百戏竹枝词》，参路工编《清代北京竹枝词》，北京出版社1962年版，第149–150页。

④ 丁汝芹主编：《清宫文献》，见《京剧历史文献汇编》清代卷三，凤凰出版社2011年版，第99页。

⑤ 唐英：《古柏堂戏曲集》，上海古籍出版社1987年版，第366页。

豫剧）中都曾广泛流行①。无怪乎有些地方（如河南省汝南县）把梆子腔看成是"侉戏"②。

有学者曾提出以"小曲"区别于南北曲曲牌，以"小曲体"区别于曲牌体③。这是有根据的，因为在明清两代的文献中，常有称流行俗曲为"小曲"或"时曲"者。但"大"和"小"的概念是相对的，是会有变化的。谈到"大曲"，人们只会联想到唐宋大曲，而很少有人把南北曲称为"大曲"。明崇祯八年（1635）刊刻的《帝京景物略》卷二"灯市"条，将"套数"与"小曲"并提④，可见此时的"小曲"是小令的意思。而且，南北曲未必就大，只是它们联套所演绎的传奇篇幅较长而已。小曲也未必一定小，蒲松龄的《穰妒咒》比一般的传奇还要长，剧中的【西调】，一曲长达70多句近500字。我们提出"俗曲体"的概念，是从音乐结构和文学体制的角度而言。虽然花灯、秧歌一类小戏多用俗曲，但从音乐的角度看，俗曲体既可以改编昆、弋、梆子剧目，也可以直接演唱大戏。例如上文所举清宫大戏《忠义璇图》《鼎峙春秋》多处唱【侉腔】（【耍孩儿】），此外张照执笔的宫廷大戏《劝善金科》，其唱腔虽以昆、弋为主，但标明使用"吹腔"的也不少。例如第四本第十四出全用"吹腔"，其俗曲曲牌有【罗衣湿】【金水歌】【晚风柳】【摇钱树】【红颜叹】【褪花鞋】【羊肠路】【开笼鹅】等，第八本第十二出亦全用"吹腔"等，曲牌名兹不赘举。可见"小曲体"的说法不仅容易产生歧义，而且不够准确。

也有人称俗曲体为"牌子曲"，是就俗曲曲牌联缀表演故事而言⑤。但由于"牌子曲"多数用于讲唱而非戏曲，故本文开头引庄一拂《古典戏曲存目汇考》称《穰妒咒》为"牌子戏"但却不予著录。所以我们认为，作为一种

---

① 臧晋叔在《还魂记写真》【尾声】批语中说："凡唱尾声末句，昆人喜用低调，独海盐多高揭之。"这里所说的尾声"高揭"的唱法，与弦索系统即俗曲体戏曲的唱法完全一致。又《中国戏曲志》编辑委员会编《中国戏曲志·河南卷》："过去，豫东调和豫西调翻高八度以假声行腔的唱法，叫做'赝腔'或'讴'，二十世纪四十年代后，这种唱法逐渐减少而终告绝迹。"见《中国戏曲志》编辑委员会编《中国戏曲志·河南卷》，第194页。

② 李乐同：《汝南近代戏曲活动记略》，见汝南县政协文史委员会编《汝南文史资料汇编》第一卷，2002年内部印刷，第456页。

③ 参见路应昆《小曲、曲牌辨异》，载《星海音乐学院学报》2012年第4期。

④ 刘侗、于奕正：《帝京景物略》，北京古籍出版社1982年版，第58页。

⑤ 例如杨荫浏说："明清以来，利用当时民间流行的小调，以一定形式联接起来，成为套曲，用以演唱故事，称为'牌子曲'。"见《中国古代音乐史稿》下，人民音乐出版社1981年版，第845页。

与南北曲联套相区别的戏曲文学和戏曲音乐体制，还是称俗曲体较为妥当。

此外，俗曲体戏曲与"乱弹"的关系也颇为复杂。因为，"乱弹"是一个游移不定的概念。有时候，"乱弹"泛指昆弋之外的各种声腔，有时甚至连弋阳腔也被指为"乱弹"。在这两种场合，"乱弹"包括俗曲体戏曲和板腔体戏曲梆子腔、皮黄等。但有时候，"乱弹"可以专指俗曲体戏曲。判断"乱弹"是否指的是俗曲体戏曲，其标准只有一个，这就是看它是否使用俗曲曲牌，以及使用的分量有多大。

明代俗曲的繁荣与传奇的形成基本同步，而俗曲体戏曲的形成则远在传奇之后了。如果以《禳妒咒》创作的清康熙年间作为新的俗曲体戏曲形成起点的话，那它的终点则一直延伸到现当代。《太古传宗》所收《醉杨妃》中【新水令】"海岛冰轮初转腾"，与梅兰芳代表作《贵妃醉酒》中的唱词几乎一模一样。傅雪漪判断："通过这套乐曲的全部唱段，可以清楚地看到京剧的《贵妃醉酒》，完全是从弦索调衍变而成的。"① 俗曲体戏曲的巨大影响，于此可见一斑。

结　　语

蒲松龄以文言短篇小说集《聊斋志异》而享有盛誉，然而他的戏剧创作却远未引起足够的重视。不仅研究成果少之又少，就连著录也常常弄错。

傅惜华《清代杂剧全目》著录了"蒲松龄"的《考词》《钟妹庆寿》《闹窘》《闹馆》四种杂剧，然而《考词》与《闹窘》本为一剧。庄一拂《古典戏曲存目汇考》著录《闹窘》《钟妹庆寿》《考词九转货郎儿》三种，其实【九转货郎儿】是一个独立的散套，既不是戏曲，也与《闹窘》(《考词》)没有任何联系。路大荒编的《蒲松龄集》则把《九转货郎儿》附在《闹窘》之后，亦欠妥。至于以《禳妒咒》为代表的俗曲体戏曲，就根本不被多数研究者看成是戏曲，更谈不上深入研究了。

惟戏剧史家周贻白多次提出《禳妒咒》是一个戏曲剧本。此后马瑞芳先生进而认为："《禳妒咒》是完善的戏剧体裁，《墙头记》《磨难曲》也初具戏剧形式。"② 任光伟先生认为聊斋俚曲中有"戏文多种"，"最有代表意义

---

① 傅雪漪：《明清戏曲腔调寻踪——试谈〈太古传宗〉附刊之〈弦索时剧新谱〉》，见《戏曲研究》第15辑，文化艺术出版社1985年版，第103页。

② 马瑞芳：《蒲松龄俚曲的思想成就和语言特色》，见《蒲松龄研究集刊》第1辑，齐鲁书社1980年版，第198－212页。

的是《禳妒咒》"。任先生还提出,以《禳妒咒》为代表的柳子声腔体系最早当孕育于晋、陕、豫、河套三角洲,明代初、中叶传入晋北,然后西至甘肃、新疆,北到内蒙,东至河北、京、津、山东,从山东再南下则达扬、淮。① 当然,这个看法还须进一步验证。钱建华则对《禳妒咒》的上场角色(应为脚色,笔者注)作了介绍与分析。② 纪根垠认为《禳妒咒》与《磨难曲》《墙头记》等篇"都接近戏剧体例,有丰富多彩的内容、起伏跌宕的结构和引人入胜的情节、排场……音乐结构兼有联曲体与板腔体。实际上已经是完整的戏曲剧本了"。"蒲氏俚曲《禳妒咒》与《磨难曲》等也应视为戏曲作品。蒲松龄不仅在中国文学史,而且在戏曲和柳子戏发展史上同样占有一席重要的地位。"③ 而戏曲音乐家常静之下面这段话,对蒲松龄创作俗曲体戏曲的描述更加到位:

> 俗曲由抒情衍进为叙事的说唱,由叙事的说唱转化为戏曲艺术,至晚在清初就已成事实。从说唱艺术举例来看,"道情"就是用【耍孩儿】【锁南枝】【皂罗袍】等俗曲唱道家和世俗故事的。以作家作品为例,则《聊斋志异》作者、清初山东淄川人蒲松龄就采用俗曲【耍孩儿】【罗江怨】【山坡羊】【银纽丝】【跌落金钱】等50种左右曲牌,编写俚曲13种。其中《禳妒咒》《磨难曲》《墙头记》等,有唱白科介,有上下场,已相当接近戏剧排场了。④

这些真知灼见,都为本文的写作提供了启发与借鉴,增强了笔者的信心。本文只不过是为周贻白等先生的见解作一个较为详细的注脚而已,而且限于篇幅,未能对《墙头记》《磨难曲》展开研究。这两种作品的说唱痕迹更重,论证它们是剧本需要提供更多的证据。故而,进一步的研究,只有留待来日了。

(原载《文史》2018年第4辑)

---

① 任光伟:《【耍孩儿】纵横考——兼谈柳子声腔的渊源与流变》,载《戏曲艺术》1989年第3期。
② 钱建华:《雁北"耍孩儿"戏与蒲松龄俚曲》,载《蒲松龄研究》2007年第2期。
③ 纪根垠:《柳子戏简史》,中国戏剧出版社1988年版,第52、56页。
④ 常静之:《中国近代戏曲音乐研究》,人民音乐出版社2000年版,第59页。

戴善夫《陶学士醉写风光好》杂剧本事嬗变探微

——从杂传故事到通俗文学的个案考察

欧阳光

一

元人戴善夫《风光好》杂剧叙宋初陶谷出使南唐，被韩熙载等设美人计色诱的故事，其本事多认为出自北宋郑文宝之《南唐近事》与释文莹之《玉壶清话》。《南唐近事》载：

> 陶谷学士奉使，恃上国势，下视江左，辞色毅然不可犯。韩熙载命妓秦弱兰，诈为驿卒女，每日弊衣持帚扫地，陶悦之，与狎，因赠一词名《风光好》，云："好因缘，恶因缘，只得邮亭一夜眠？别神仙，琵琶拨尽相思调，知音少，待得鸾胶续断弦，是何年？"明日，后主设宴，陶辞色如前，乃命弱兰歌此词劝酒。陶大沮，即日北归。①

《玉壶清话》云：

> 朝廷遣陶谷使江南，以假书为名，实使觇之。李相密遗（韩）熙载书曰："吾之名从五柳公，骄而喜奉，宜善待之。"至，果尔容色凛然，崖岸高峻，燕席谈笑，未尝启齿。熙载谓所亲曰："吾辈绵历久矣，岂烦至是耶？观秀实公，非端介正人，其守可隳，诸君请观。"因令宿留，俟写六朝书毕，馆泊半年，熙载遣歌人秦弱兰者，诈为驿卒之女以中之。弊衣竹钗，旦暮拥帚洒扫驿庭。兰之容止，宫掖殆无。五柳乘隙因询其迹。兰曰："妾不幸夫亡无归，托身父母，即守驿翁妪是也。"情既洽，失慎独之戒，将行翌日，又以一阕赠之。后数日，醼于澄心堂。李中主命玻璃巨钟满酌之，谷毅然不顾，咸不少霁。出兰于席，歌前阕以侑之，谷惭笑捧腹，簪珥几委，不敢不醮，醮罢复灌，几类漏卮，倒载吐茵，

---

① 《中国野史集成》第四册，巴蜀书社1993年版，第600页。

尚未许罢。后大为主礼所薄,还朝日,止遣数小吏携壶浆薄饯于郊。迨归京,鸾胶之曲已喧,陶因是竟不大用。其词《春光好》云:"好因缘,恶因缘,奈何天,只得邮亭一夜眠？别神仙,琵琶拨尽相思调,知音少,待得鸾胶续断弦,是何年？"①

上引两条材料或略或详,但其主要人物与情节却是一致的,与戴善夫《风光好》杂剧比勘,亦可见其一脉相承之迹。治曲者视其为《风光好》杂剧的本事②,显然是不错的。

然而,被治曲者所忽视的是,在这一故事的流传过程中,并不仅有以上一种说法,据笔者考察,至少还存在着两种不同版本,其一为龙衮《江南野史》。其文云:

　　曹翰使江南,惟事严重,累日不谈笑。后主无以为计。韩熙载因使官妓徐翠筠为民间妆束,红丝标杖,引弄花猫以诱之。翰见,果问主邮者:"此女为谁？"伪对曰:"娼家。"翰因留之。至旦去,与金帛无所受。曰:"止愿得天使一词以为世宝。"不得已,撰《风光好》遣之。翰入谢,留宴,使妓歌此词。翰知见欺,乃痛饮数月而归。③

其一为沈辽所作之《任社娘传》：

　　吴越王时,有娼名社娘者,姓任氏。妙丽善歌舞,性甚巧。其以意中人,人辄不自解,盖其天媚者出于天资。
　　乾兴中,陶侍郎使吴越。陶文雅蕴藉,有不羁之名,神宗深宠眷之。王知其为人也,使使谓社曰:"若能为我蛊使者,我重赐汝。"社即谢王曰:"此在使者何如,然我能得之,必假王宠臣,使我居客馆,然后可为也。"王许诺。社即诈为阍者女,居穷屋,服弊衣,就门中窥使者。使者时行屏间。社故为遗其犬者,窃出捕之,怵惧迁延户旁。陶一顾已

---

① 文莹:《玉壶清话》,中华书局1984年7月排印本,第41-42页。
② 张庚主编《中国大百科全书·戏曲曲艺卷》（中国大百科全书出版社1983年版)、庄一拂《古典戏曲存目汇考》(上海古籍出版社1982年版)、邵曾祺《元明北杂剧总目考略》(牛州古籍出版社1985年版)、李修生主编《古本戏曲剧目提要》(文化艺术出版社1997年版)等均采此说。
③ 丁传靖：《宋人轶事汇编》卷四引。按,《续百川学海》、宛委山堂《说郛》、《五朝小说大观》、《中国野史集成》中《江南野录》一卷本、《豫章丛书》、《中国野史集成》中《江南野史》十卷本均无此条,《宋人轶事汇编》所据何本未详。

心动。其暮出汲水，驻立观客车骑甚久，陶复觇之，然而社未尝敢少望使者也。

明日，王遣使劳客，乐作，社少为涂饰，杂群女往来乐后以纵观。陶故逸荡其性，既数目社，因剧饮为欢笑。会且罢，使者休吏就舍，是时，客使左右非北吏，多知其事，吏既出，使者独望厅事上，社谬为不见使者，复出汲水，方陶意已不自持，乃呼为社曰："遗我一杯水来。"社四顾已为望见使者，乃大惊，投罋瓶拜而走。陶疾呼谓社曰："吾渴甚，疾持入来。"社为羞涩畏人，久之，方进。使者曰："汝何为，乃自汲?"颔动不应。复问之，社又故作吴语曰："王令国中有敢邀使客语者，罪至死矣。"陶曰："汝必死，复何惮我也，令汝不死。"乃强持其手曰："我闻中故静，我与汝一观。"社固辞不敢。即强引入闱中，排置榻上，曰："敢动者死。"社即佯喋不敢语。陶即出呼吏，喜曰："持烛来。"吏进奉烛，烛来已具，吏引阖其户而去。社曰："我贱不可，我归矣。"比其就寝，甚艰难。已而，昼漏且下，社曰："我安从归?"陶曰："我送汝矣，然明日复来，我以金帛为好也。"社曰："我家贫，受使者金帛，是速我死。然我平生好歌，为我度曲为词，使我为好足矣。"陶许诺。乃为送至其家。然尚不知其为娼也。

使者明日见王，王劳之，语甚欢。既还馆，为作歌，自歌之，歌曰："好因缘，恶因缘，奈何天，只得邮亭几夜眠? 别神仙，琵琶拨断相思调，知音少，待得鸾胶续断弦，是何年?"是夕，书以赠之。

明日，王召使者曲宴于山亭，命娼进，社之班在下，其服褒博，陶颇不能别也。王既知之，从容谓陶曰："昔称吴越之女善歌舞，今殊无之，未知燕赵之下定何如也?"陶曰："在北时闻有任氏者，今安在?"王曰："公孰得之?"陶曰："久矣。"王乃使社出拜，陶熟视而笑，知其为王所盅也，亦不以为意，而社遂歌其词，饮酒甚乐。社前谢王，王大悦，赐之千金。

明年，北使来，请见社于王。王命社出。使者曰："昔谓何如，今乃桃符。"社应声曰："桃符正为客厉所畏。"使者不悦，已而，又嘲社曰："社如龟荚，何客不钻。"社曰："客兆得游魂，请视其文。"使者大惭。明日，王赐千金。后社之家甚富。既老矣，将嫁为人妻，乃以其所居第与橐中金百万为佛寺，在通衢中，自请其榜于王，王赐之名，所谓仁王院者也，至于今，其寺甚盛。

余初闻乐章事，云在胡中，盖不信之，然其词意可考者，宜在他国。

及得仁王院近事，有客言其始终，颇异乎所闻，因为叙之。寺为沙门者多倡家，余所知凡数辈。①

上引的四条史料，从时间顺序来讲，应以《南唐近事》为最早。其作者郑文宝，字仲贤，南唐镇海节度使彦华之子。初仕为校书郎。入宋，举太宗太平兴国八年（983）进士，历官至陕西转运使、兵部员外郎。据其自序，该书作于太平兴国二年（977），其时犹未仕宋也。其次为《江南野史》，大约成书于宋真宗时期（998—1022）②。再次为《玉壶清话》。作者文莹字道温，为钱塘僧。其所撰《湘山野录》卷上"欧阳公顷谪滁州"条，记欧阳修送友人词，并云："予皇祐（1049—1054）中，都下已闻此阕，歌于人口者二十年矣。"又云："文莹顷持苏子美书荐谒之。迨还吴，蒙诗见送……"据此可知，其活动年代大致与欧阳修、苏轼同时。最后是《任社娘传》，作者沈辽，字睿达，钱塘人。曾任官西院主簿、太常寺奉礼郎监杭州军资库、转运使使摄华亭县。受知于王安石，安石尝与诗，有"风流谢安石，潇洒陶渊明"之称。曾巩、苏轼、黄庭坚皆与唱酬相往来。元丰（1078—1085）末卒，年五十四③。由此可见，这一故事在北宋前期的一百余年时间里是相当流行的④，且呈现出多种版本并存的局面。

二

考察以上几种北宋的版本，不难发现，它们存在着同中有异的现象。先说同的方面。这主要指其核心情节的基本一致——四个版本都是以美人计和《风光好》（一作《春光好》）词作为构成故事的基本元素，而且无论是美人计的实施过程还是《风光好》词的文字，均无大的不同。相异之处则有三点：首先是故事发生的时空的不确定。就时间来说，《南唐近事》《江南野史》和《玉壶清话》三种均无明确的纪年，其中能提供年代线索的，《南唐近事》有"明日，后主设宴，陶辞色如前"之句，《江南野史》有"后主无

---

① 沈辽：《云巢集》卷八，文渊阁四库全书本。
② 参见燕永成《龙衮和他的〈江南野史〉》，载《赣南师范学院学报》1994年第4期，第77—99页。
③ 脱脱、阿鲁图鲁：《宋史》卷三三一《沈辽传》。
④ 北宋时期记载这一故事的还有彭乘《续墨客挥犀》和张邦几《侍儿小名录拾遗》，此两种与《玉壶清话》文字大体一致，只是略有删节而已，显然是转抄于《玉壶清话》。

以为计"之句,是知故事发生在后主李煜时期,即公元961—975年间;《玉壶清话》则云:"后数日,醮于澄心堂,李中主命玻璃巨钟满酌之",是故事发生时间又上推到中主李璟时期,即公元942—960年间。《任社娘传》是唯一有明确纪年的版本,文中云:"乾兴中,陶侍郎使吴越。"按乾兴(1022)为宋真宗赵恒年号,据《宋史·陶谷传》,谷卒于"开宝三年(970)",此时距谷卒已52年,且谷出使之吴越钱氏,于宋太宗太平兴国三年(978)即已降宋①,至乾兴已过去了44年,故《任社娘传》的记载显然有误②。就故事发生的地点来说,《南唐近事》《江南野史》和《玉壶清话》三种均作江南,即南唐,则故事发生的地点显然应为当时的南唐都城金陵;惟《玉壶清话》作吴越,则故事发生的地点又在杭州了。另外,沈辽在《任社娘传》末的按语中云:"余初闻乐章事,云在胡中",则知此故事发生的地点不仅在南方,也有在北方的说法,只不过由于材料的缺乏,我们无法得知其详情。

其次是人物的不确定。就故事的男女主人公来说,男主人公存在两说,即《南唐近事》《玉壶清话》和《任社娘传》的陶谷(陶侍郎),《江南野史》则作曹翰;女主人公亦有三说:《南唐近事》《玉壶清话》的秦弱兰,《江南野史》的徐翠筠和《任社娘传》的任社娘。另外,主行使美人计者,《南唐近事》《江南野史》《玉壶清话》均为南唐大臣韩熙载,《任社娘传》则为吴越王。

再次是人物性格的不确定。这主要指男主人公而言。可分为两个系统。《南唐近事》《江南野史》《玉壶清话》男主人公的性格主线是虚伪——表面上正人君子道貌岸然,实则好色之徒。如《南唐近事》云,其初时"辞色毅然不可犯";《江南野史》的描写是"惟事严重,累日不谈笑";《玉壶清话》则作"容色凛然,崖岸高峻,燕席谈笑,未尝启齿"。正因有前面的这一铺垫,因此后面美人计真相大白后,就显得格外狼狈:"陶大沮,即日北归"(《南唐近事》),"翰知见欺,乃痛饮数月而归"(《江南野史》),"谷惭笑捧腹,簪珥几委,不敢不釂,釂罢复灌,几类漏卮,倒载吐茵"(《玉壶清话》)。《任社娘传》中的陶侍郎则是另一种面貌。一开始就强调他"文雅蕴藉,有不羁之名",出使吴越后亦无故作清高矜持之态。他初次见到社娘就"一顾已心动",甚至在吴越王的宴会上也毫不掩饰其色欲之心:"陶故逸荡

---

① 详《宋史》卷四《太宗本纪》、卷四八〇《世家》三《吴越钱氏》。
② 《任社娘传》记载之误非止此一处,传文中还有"陶文雅蕴藉,有不羁之名,神宗深宠眷之"之语,按神宗即位为1068年,此时距陶谷卒已97年了。

其性,既数目社,因剧饮为欢笑。"接下来与社娘苟合的场面更是赤裸裸地近乎野蛮了:"强持其手曰:'我闺中故静,我与汝一观。'社固辞不敢。即强入闺中,排置榻上,曰:'敢动者死。'"即使后来"知其为王所蛊也,亦不以为意"。这里所写的陶侍郎,性格单一且无变化,不仅没有上面三种版本男主人公刻意表现的虚伪,甚至有点不顾廉耻的痞子味道。

从上面简单的介绍我们可以得出以下结论:这一故事自北宋初期开始流传,流传中存在着多种不同版本,流传的地域有南方亦有北方。各种版本故事的基本框架并无明显不同,但也存在着若干差异。这种同中有异的情形说明,在该时期这一故事还处于最初流行的阶段,尚未完全定型。

到了南宋,这一故事仍在继续流传。据笔者所检得的材料,主要是以下两种:一为周煇《清波杂志》所载:

> 陶尚书谷奉使江南,恃才凌忽,议论间殆应接不暇。有善谋者选籍中艳丽,诈为驿卒孀女,布裙荆钗,日拥篲于庭。谷一见喜之,久而与之狎,赠以长短句。一日,国主开宴,立妓于前,歌所赠"邮亭一夜眠"之词,谷大惭沮,满饮致醉,顿失前日简倨之容。归朝,坐此抵罪。①

另一种是题为皇都风月主人编辑的《绿窗新话》,原题《陶奉使犯驿卒女》,注云:"出《玉壶新话》。"可见,南宋时流传的这一故事完全是从北宋的《南唐近事》《玉壶清话》一脉承袭而来的,这一故事最终定型在这一版本上,而另两个版本则在流传过程中不见踪影了。这是为什么呢?个中原因,似值得作进一步探讨。

先看《江南野史》。该本的男主人公是曹翰。曹翰史有其人。周世宗时仕至德州刺史。入宋后从太祖征太原、平江南,终官左千牛卫上将军,卒谥太尉。曹翰乃一介武夫,《宋史》本传说他"少为郡小吏,好使气凌人,不为乡里所誉";平江南时,"江州军校胡德、牙将宋德明据城拒命。翰率兵攻之,凡五月而陷,屠城无噍类,杀兵八百,所略金帛以亿万计"②。可见其性格暴戾残忍。曹翰也有诗作流传后世,题为《内宴奉诏作》,诗云:"三十年前学六韬,英名常得预时髦。曾因国难披金甲,不为家贫卖宝刀。臂健尚嫌

---

① 周煇:《清波杂志》卷八"邮亭曲",刘永翔校注本,中华书局1994年版,第342页。
② 脱脱、阿鲁图:《宋史》卷二六〇《曹翰传》。

功力软,眼明犹识阵云高。庭前昨夜秋风起,羞睹盘花旧战袍。"① 亦是一副武夫口吻。将一个软性成分居多的风月故事加之于刚性的武夫身上,显然有些不伦不类②,曹翰的被淘汰就不足为奇了。

奇怪的是《任社娘传》。在有关这个故事的所有版本中,大多只是记录了故事的梗概,惟有《任社娘传》与《玉壶清话》情节曲折,细节丰富,最为详赡生动,它何以也销声匿迹了呢?通过对这两个版本略作比较,或许可以找到答案。

我们先从历史人物陶谷谈起。陶谷(903—970),字秀实,邠州新平人。初仕后晋,历任校书郎、著作佐郎、监察御史等职,继仕后周,为户部侍郎、翰林学士,入宋,为礼部尚书、翰林承旨③。《宋史》本传谓其"十余岁,能属文",又谓:"谷强记嗜学,博通经史,诸子佛老,咸所总览;多蓄法书名画,善隶书。"可见是一个典型的文人和文官。《宋史》作者对其评价不高,在传文中多有褒贬,其中所记的几件小事犹可见其思想性格之一斑:

> 崧族子昉为秘书郎。尝往候崧,崧语昉曰:"迩来朝廷于我有何议?"昉曰:"无他闻,唯陶给事往往于稠人中厚诬叔父。"崧叹曰:"谷自单州判官,吾取为集贤校理,不数年擢掌诰命,吾何负于陶氏子哉?"及崧遇祸,昉因公事诣谷,谷问昉:"识李侍中否?"昉敛衽应曰:"远从叔尔。"谷曰:"李氏之祸,谷出力焉。"昉闻之汗出。
>
> 初,太祖将受禅,未有禅文,谷在旁,出诸怀中而进之曰:"已成矣。"太祖甚薄之。
>
> 谷性急率,尝与兖帅安审信集会,杯酒相失,为审信所奏。

这几件小事生动地反映出陶谷的性格品行:急率、奸狡、背德弃义,特别是关于李崧的一条,对自己所做坏事并不掩饰,而且向受害者的亲人和盘托出,活现出一副赤裸裸的无行文人的嘴脸。对《宋史》记载的这个陶谷,我们可以骂他"无耻",但无论如何是和"虚伪"挂不上钩的。

《任社娘传》的男主人公陶侍郎虽没有出现名字,但结合这个故事流传的情况综合考察,应是指的陶谷。《宋史》没有记载陶谷曾出使过南唐或吴

---

① 厉鹗:《宋诗纪事》卷二,上海古籍出版社1983年排印本,第30页。
② 王世贞《艺苑卮言》"陶谷风光好"条:"或有以为曹翰者,翰能作老将诗,其才固有之,终非武人本色。"载唐圭璋编《词话丛编》本,中华书局1986年版,第391页。
③ 脱脱、阿鲁图:《宋史》卷二六九《陶谷传》。

越。仅就人物性格来加以比较,不难看出,《任社娘传》的描写与其比较接近。无论是初次见到社娘时的"一顾已心动",还是苟合时的欲火焚身迫不及待,抑或是丑行败露后的厚颜无耻,无不与《宋史》所提供的陶谷的性格品行若合符节。可见,《任社娘传》虽然记的是正史未记之事,但基本上是按照作为历史人物的陶谷的本来面目记录这一人物的,虽然在记录中也吸收了一些民间传说的东西,如细节的丰富、心理的描写等,但从总体上看,用的仍然是史传实录的笔法。《玉壶清话》则显然是另一路数。在它所描写的陶谷身上,已很难看出历史人物陶谷的影子,整个故事重点表现的是陶谷表面上道貌岸然、正人君子,实则一肚子男盗女娼的虚伪嘴脸。可见,这里不过是借用了陶谷的名字,披上了他的衣冠,而内在精神、性格已做了根本改造,实际上是把民间对文人的劣根性——虚伪这一看法,赋予他的身上,至于这种描写是否符合历史人物的本来面目,则完全不被重视。实际上,这正是民间文学惯常使用的手法,即按照民众的趣味和审美取向对正史人物加以重塑。《玉壶清话》这一版本系在流传中最终淘汰了其他版本,正是民众趣味和审美取向的胜利。

三

治曲者在论述戴善夫《风光好》杂剧的本事时,只提《玉壶清话》这一版本系统,显然是不完全的。《任社娘传》的人物性格虽然为杂剧作者所不取,但这并不说明该传对杂剧毫无影响。例如,有关故事发生的地点,杂剧的处理是,陶谷出使南唐时中了韩熙载等人所设的美人计,真相暴露后,他无颜北返,于是亡命吴越,这显然是将《玉壶清话》和《任社娘传》的故事地点加以综合的产物。

然而,杂剧作为这一故事的集大成者,主要是沿着《玉壶清话》一脉民众趣味和审美取向的方向发展,并对这一故事进一步加以改造,主要表现在三个方面:

第一是进一步强化了《玉壶清话》对陶谷性格的描写。在这方面,杂剧将戏剧体裁擅长刻画人物的特点可谓发挥得淋漓尽致。如在《玉壶清话》中,对陶谷初时假道学的表现,只不过用了"容色凛然,崖岸高峻,燕席谈笑,未尝启齿"寥寥数语,杂剧中则对此作了浓笔重墨的渲染:当韩熙载设宴,并唤秦弱兰唱曲助兴时,陶谷的反应是:"大丈夫饮酒,焉用妇人为?吾不与妇人同食,教他靠后,休要恼怒小官!"当韩熙载命令奏乐时,陶谷却云:"住了乐声!小官一生不喜音乐,但听音乐,头晕脑闷。""小官乃孔门弟子,放郑声,远佞人;郑声淫,佞人殆。"秦弱兰上前为陶谷把盏,陶谷大怒,呵斥道:"泼贱人靠后!小官一生不吃妇人手内饮食!""我头顶儒冠,身穿儒服,乃正人君子,不得无礼!"以致秦弱兰都被其假象欺骗了,无奈地唱道:"〔金盏儿〕我这里觑容颜,待追攀,嗨,畅好是冷丁丁沉默默无情汉。则见那冬凌霜雪都堆在两眉间,恰便是额颅上挂着紫塞,鼻凹里躺着蓝关。可知道秀才双脸冷,宰相五更寒。"而当晚间在驿舍再次见到秦弱兰时,陶谷马上换了另一副嘴脸,他毫不掩饰自己的色欲熏心,惊呼:"一个好女子也!"并迫不及待地表示:"小官乃大宋使臣陶学士。若小娘子不弃,愿同衾枕。"只不过变换了一下场合——从公开变成了私下,其表现马上判若云泥。正如秦弱兰所唱的:"〔隔尾〕我则道他喜居苦志颜回巷,却原来爱近多情宋玉墙。这答儿厮叙的言语那停当,想昨日那座上,苦眼铺眉尽都是谎!"不难看出,在塑造这一形象时,如何迎合观众的趣味和审美取向,如何调动一切手段来表现主题和塑造人物,成为作者关注的首要因素,在这种创作方法指导下,陶谷的形象比之历史人物越来越远了,但作为艺术形象却越来越饱满和生动了。

第二是隐语的运用。所谓隐语,又叫廋词,指的是不把本意说出而借别的词语来表示的一种类似谜语的文字游戏。隐语的使用在我国有着悠久的传统,《左传》《国语》里已有关于隐语的记载,汉代将这种拆字游戏谓之"离合体",如蔡邕书曹娥碑阴"黄绢幼妇,外孙齑臼",杨修解之为"绝妙好辞"四字之类①。这种既含蓄委婉,又富含机锋的文字游戏,在宋元时期尤为盛行,称为拆白道字②,不仅文人士大夫喜用它来谐谑逗趣,在民间流行的通俗文艺中亦得到广泛应用③,如元杂剧范子安《竹叶舟》行童的打诨:

(做入见科,云)师父,外面有个故人,自称耳东禾子即夕。特来相访。

---

① 参见赵翼《陔余丛考》卷二二"谜"。
② 如黄庭坚《两同心》:"你共人、女边著子,争知我、门里挑心。"(载唐圭璋编《全宋词》,中华书局1986年版,第401页)即拆"好闷"两字为句。又如赵翼《陔余丛考》卷二二"谜"所载:"王介甫柄国时,有人题相国寺壁云:'终岁荒芜湖浦焦,贫女戴笠落柘条。阿侬去家京洛遥,惊心盗寇来攻剽。'东坡解之曰:'终岁,十二月也,十二月为青字;荒芜,田有草也,草田为苗字;湖浦焦,水去也,水去为法字;女戴笠,为安字;柘落木,剩石字;阿侬是吴言,吴言为误字;去家京洛为国,寇盗为贼民。盖言青苗法,安石误国贼民也。'"此为拆字诗,亦拆白道字之一种。
③ 有关宋代的情况,可参见孟元老《东京梦华录》卷五"京瓦伎艺"条、陶宗仪《武林旧事》卷六"诸色伎艺人"条。

（惠安云）这厮胡说，世人那有这等姓名的人？
……
（行童云）我说与你，这个叫做拆白道字：耳东是个陈字，禾子是个季字，即夕是个卿字。却不是你的故人陈季卿来了也？

这种插入剧中的拆白道字显然对增加情节的趣味、活跃剧场的气氛起到积极作用，它得到观众的喜爱是可以想见的，在《风光好》杂剧之前，这个故事流传的各种版本中并没有拆白道字的记载，杂剧第一折所写的陶谷在墙壁上题写"川中狗，百姓眼，虎扑儿，公厨饭"十二字，然后被韩熙载破译，乃"独眠孤馆"四字这一情节，显然是杂剧作者的创造。作者将深受民众欢迎的拆白道字引入剧中，的确为这出轻喜剧增色不少，有了这一铺垫，后面情节的开展就更有层次，陶谷虚伪的性格特征也更加鲜明生动，同时也使得杂剧本身更富娱乐性。

第三是大团圆结局。《玉壶清话》的结局是写到美人计真相大白后，陶谷狼狈北返，至于秦弱兰的结局则没有作任何交代。《任社娘传》则写任社娘完成色诱任务后，受到吴越王的奖赏，成为巨富。后嫁为人妻，捐金百万为佛寺，香火甚盛。这两种结局似都没有摆脱史传实录的窠臼，对富于同情心和追求完满的民众心理来说，显然感到残缺而不满足。杂剧将结局改为陶谷羞于北返，逃往吴越，投奔故人钱俶；南唐被宋所灭后，秦弱兰亦逃到吴越，于是，在钱俶主持下，与陶谷结为夫妻。这就将原本是表现政治阴谋的故事，演化成了旖旎的才子佳人的爱情故事，这一结局也许是荒唐可笑的，但它却是符合当时民众的心理和愿望的。

从宋初的笔记杂传到元代的杂剧，这个故事的嬗变显示了一条清晰的轨迹：它离正史渐行渐远，虚构创作的成分则越来越浓，而在这一发展趋向后面，我们可以强烈地感到有一只看不见的手在起着导向性的作用，这就是民众的趣味和审美取向。作为个案，它对我们认识古代通俗文学作品的演化规律，颇具启迪意义。

（原载《文学遗产》2001年第4期）

西晋二十四友

师　飙

公元265年12月，司马懿的第九子司马伦被晋武帝封为琅琊王，潘岳的父亲潘芘被任命为琅琊内史。

那年，潘岳十九岁，正是刻苦读书、磨砺奋发的时候，潘芘将一名郡吏拨给他使用。小吏叫孙秀，聪明狡黠，文墨亦佳。性情轻躁的潘岳却经常鞭笞他，个中原委，史焉不详。晋代，吏和兵是为人所贱视的，本不足怪。但是在孙秀心底，却因此而埋下了对潘岳刻骨镂心的仇恨。

永康元年（公元300），赵王伦、梁王肜矫旨废贾后、杀贾谧，司马伦自掌相国，都督中外军事，独揽政权，其最得力的干将就是昔日的小吏、今天的中书令孙秀。

山雨欲来风满楼，潘岳感到死神已经逼近，他惴惴不安地试探："孙令犹忆畴昔周旋不？"孙秀傲然作答："中心藏之，何日忘之？"《诗经》中优美的诗句，在潘岳听来，只觉得森冷彻骨，不寒而栗。这化解不了的宿仇，蓄之既久，其发必烈！

孙秀也不放过石崇。石崇有个名动天下的爱妾绿珠，孙秀早就垂涎，但石崇断然拒绝了他的非份之求："绿珠吾所爱，不可得也。"石崇还很天真，他以为逆忤了王室亲信，其罪"不过徙流交、广矣"！决不至于杀头。阴险的孙秀却早已为他们准备好了叛乱的罪名，并将得罪过赵王伦的欧阳建——石崇的外甥罗织入案，于是，潘、石、欧阳三人并诛及夷三族。石崇在刑场上惨然问潘岳："安仁，卿亦复尔邪？"潘岳答道："可谓'白首同所归'。"这是潘岳《金谷集作诗》中的最后一句："投分寄石友，白首同所归。"想不到竟成了他们毕命的谶言。

那时以潘岳为首的二十四友经常在石崇的金谷园别墅聚会，欢宴吟诗。《晋书·刘琨传》载：

> 秘书监贾谧参管朝政，京师人士无不倾心，石崇、欧阳建、陆机、陆云之徒，并以文才降节事谧，琨兄弟亦在其间，号曰二十四友。

二十四友的核心人物,除上列六人外,还有潘岳、左思。

考核史实,二十四友并不是贾谧手中的政治力量,在西晋混乱的政坛上亦非一个强有力的政治派别,如果用帝、后两派之争,将它划到外戚集团,显然大错。其实,它至多是一个文学沙龙似的圈子,一个松散的士大夫的团伙。他们从来就没有过统一的政治行动,更为重要的一点,他们并不都是贾谧的亲信,例如刘琨:

> 赵王伦执政,以琨为记室督,转从事中郎。伦子荂,即琨姊婿也,故琨父子兄弟并为伦所委任。(《晋书·刘琨传》)

在金谷园里,有的只是文学活动:

> 时征虏将军石崇河南金谷涧中有别庐,冠绝时辈,引致宾客,日以赋诗。(《晋书·刘琨传》)

金谷园的主人石崇也曾将二十四友诗作收集成册,并亲作序言。

然而,尽管是文学圈子,他们中的一些人却对以世家大族为统治基础的司马氏政权怀有不同程度的不满,甚至是仇恨。他们都是希望以自己的才华匡扶社稷、报效晋室的人,但那个门阀制度的社会却压抑他们、蔑视他们,大约正是这一点,使他们汇聚到了金谷园。

石崇是晋开国元老石苞的儿子。军人出身的石苞,虽然是佐命功臣,却在宴会上被司马王族的人公然辱骂为"老兵"。这是一种带侮辱性的称呼,犹今人侮骂当兵的为"丘八"一样。

石崇的哥哥石统曾得罪触犯了扶风王骏,于是,"内外有司,望风承旨",要治他重罪,并且连及石崇,石崇上疏抗辩,方得幸免。

石崇是心高气傲的人,"任侠而无行检"(本传),司马王族对他们家的蔑视和排斥,他是咽不下这口气的,他的竞奢斗富,固然是封建官僚地主骄奢淫逸、腐朽糜烂生活的真实写照,同时也应看作是他对司马王族不满的宣泄。他那不肯认输的斗富,其对手都是司马王族的贵戚王恺、羊琇之流,甚至是晋武帝司马炎,《晋书·石苞传》记载:

> 武帝每助恺,尝以珊瑚树赐之,高二尺许,枝柯扶疏,世所罕比,恺以示崇,崇便以铁如意击之,应手而碎。……(崇)悉取珊瑚树,有高三四尺者六七株,条干绝俗,光彩曜目。

这是示威！是石崇以自己拥有的财富向司马王族示威。

这种示威方式，很巧妙地遮掩了他政治上的不满情绪，既可堂而皇之无节制地享乐，又可用强大的经济力量压倒司马王族，满足他那种不甘人下的优越感。

于是，流言随之而起，说石崇的巨大财富是他在任南中郎将、荆州刺史时，"劫远使客商，致富不赀"的，言下之意，石崇是江洋大盗。

但是，在石崇传里，紧接着上述指控的后面，又记载了朝廷对他的擢拔：

> 征大司农，以征书未至擅去官免，顷之，拜太仆，出为征虏将军，假节，监徐州诸军事，镇下邳。

流言毕竟没有什么根据，石崇便依旧做他的官去了。制造流言的人，是妒忌眼红，还是诬陷诽谤，史无明言，不可臆测。然而，这也就成了一个千古之谜，即石崇那富可敌国的财产是从何而来的。

史书中留下了一点蛛丝马迹。看来，他那巨大的财富，应是通过经商聚集来的。当时经商是可获巨利的。但经商不仅为舆论所鄙视，朝廷也严令限制。泰始五年，晋武帝下令整饬郡国计吏、守相、令长，务尽地利，禁游食商贩。然而经商百禁不止。由于经商可获暴利，以至不少王公大臣，乃至方镇，都参与经商。石崇走的正是这样一条路。

当时经商可获巨利的地方，一是西域，一是交、广。交、广则是石崇领南中郎将、荆州刺史的管辖范围。

海南诸国多产金银，以金银为货；石崇库藏珊瑚，均来自南海；石崇爱妾绿珠，乃交州合浦郡人。

作为朝廷封疆大员，石崇经商，自然是官商，可以巧夺豪取，但若说他月黑杀人，风高放火，经年累月，肆无忌惮，去干强盗勾当，就很令人怀疑了。

石崇有了巨大财富，聚众于金谷园，俨然以一个士人核心与王室分庭抗礼，这是司马王族的家天下所不能容忍的。他的被杀，并非是由于孙秀向他强索绿珠不遂，其根本原因，是他临刑前才醒悟的"奴辈利吾家财"也。

潘岳是贾谧的积极拥戴者，那是因为贾谧非常赏识他的才华。他"栖迟十年"，"负其才而郁郁不得志"，仕途乖蹇，一旦为人赏识，自当奋发其为。本传中记他"与石崇等谄事贾谧，每候其出，与崇辄望尘而拜"。这里，史官的褒贬是鲜明的，但其中的封建正统观念也是明白的。司马氏和贾氏的斗争，不过是最高统治集团内部的权力之争，望贾谧而拜固然无行，而对司马氏卑躬屈膝的又何止千万！潘岳和石崇藐视司马王族，而对贾谧恭敬如斯，何尝不是一种示威的表现？

况且贾谧也并非完全的奸佞之人，他"参管朝政，京师人士无不倾心"，足见其人望政举，二者尚无大的疵瑕。潘岳醉心功利，也保持着是非正邪之分。他的被杀，固然植根于孙秀的积怨，但细分析他的诗文，则又可以得出更深一层的原因来。

元康初年，赵王伦担任征西将军，都督雍梁二州诸军事，对当地的编户齐民实行了残暴的统治和血腥镇压。正当秋收时节，他和孙秀驱赶编户齐民离开雍梁，迁徙江淮就食。人民愤怒反抗，他们便"诛羌大酋数十人，胡遂反"。（《文选》潘岳《关中诗》李善注）以齐万年为首的氐羌族人民将赵王打得一败涂地。之后，梁王肜接任，伙同贵戚勋爵夏侯骏和振威将军卢播，陷害建威将军周处，损兵折将，导致关中战乱数年不息。

元康九年（公元299），战乱始平，潘岳奉诏作《关中诗》十六章，并为位末名卑、在汧城守卫战中立下卓著战功的尉督马敦作诔文。

《关中诗》道："飞檄秦郊，告败上京。周殉师令，身膏氐斧。人之云亡，贞节克举。卢播违令，投畀朔土。为法受恶，谁谓荼苦。哀此黎元，无罪无辜。肝脑投地，白骨交衢。夫行妻寡，父出子孤。"

《马汧督诔》写道："俾百姓流亡，频于涂炭。建威丧元于奸氐，州伯宵遁乎大溪。"

在这一组诗文中最值得注意的，一是潘岳以极其沉痛的心情，纪录了人民因战乱而遭受的无穷苦难；二是潘岳借揭露卢播等文臣武将败师冒功的丑行，含沙射影地对赵王伦、梁王肜及孙秀进行了讽刺和抨击。

第二年（公元300），潘岳即被杀。他是死于孙秀那没齿不忘的旧恨新仇，这个新仇，就是潘岳不与司马诸王合作的对立态度。

陆机、陆云出身江东望族，祖、父皆东吴名将，身世原本不低，但却受到中原士人那固有的轻视和排挤。元康六年（公元296），二陆到了洛阳，就接连受到侍中王济及卢志等人的冷嘲热讽，这种嘲讽如《世说·言语篇》中所记的一样："吴楚之士，亡国之余，有何异才？"二陆横遭歧视，处境维艰，"进无所立，退无所守"（陆机《与陆典书书》）。直到他为成都王司马颖信任，节制二十万人马时，他还被一名叫孟超的小都督当众羞辱谩骂："貉奴能作督不？"

自三国以来，北方人侮辱江南吴人为貉子，《魏书·司马睿传》："中原冠带呼江东之人皆为貉子，若狐貉类云。"

江东望族的后裔尚且如此，一般吴国旧人就更不待说了，象御史中丞周处，仅因得罪了梁王肜，竟被司马王族的党羽合谋，阴险地害死。

尽管如此，陆机报国之心未减。"时中国多艰，顾荣、戴若思等咸劝机还吴，机负其才望，而志匡世难，故不从。"后来追随成都王，也是"观朝廷屡有变难，谓颖必能康隆晋室，遂委身焉"（《本传》）。可见陆机并非不分好歹地一味"好游权门"，他与贾谧亲善，是因为贾谧没有轻视猜忌他；他加入二十四友，是因为在那里可以寻觅到不受歧视的平等相待和一定程度上的志同道合。假若因为他与贾谧交往而指谪他，显然不很公道。

再看二十四友的左思，他因《三都赋》而名重一时。左思也是一个有志向的人，"左眄澄江湘，右盼定羌胡"（《咏史》之一），以澄清宇内为理想。泰始八年（公元272），他妹妹左棻入宫拜修仪，他满以为可以一展身手，做一番事业了。但根深蒂固的世族门阀制度将他的希望击得粉碎，他的《咏史》诗写道：

  世胄蹑高位，英俊沉下僚。
  地势使之然，由来非一朝。（之二）
  峨峨高门内，蔼蔼皆王侯。
  自非攀龙客，何为欻来游。（之五）

对于自己的愿望追求，他后悔了，醒悟了。他拿起了手中的如椽巨笔，如匕首投枪般狠狠地刺向门阀制度。

金谷园的风流们被雨打风吹去了，潘岳、石崇的被杀，终于令他收拾起那希图发展的残破的梦，"绝意仕宦"，振衣而去。

综观二十四友的几个代表人物，不难看出，他们都对司马政权的世族门阀制度怀有不同程度的愤懑情绪，他们原来都怀抱有安邦定国的热情，为了进入仕途而实现定寰宇、济天下的大志，他们暂时凑到了一起。为了求得自身的发展，他们各自运用不同的方式，经历了不同的途径，希图冲决出门阀制度的桎梏，但最终却还是在司马氏专制政权下同归于毁灭。

金谷园二十四友体现了西晋时代一大批庶族地主向世族地主集团所进行的极其微妙而曲折的斗争，同时也生动而深刻地反映了这个阶层的士大夫表现个性、追求人生价值的独特的历史现象。

岂止是二十四友，就是他们的死敌孙秀，也在西晋社会那腐臭的烂泥坑里挣扎。对于出身更为低贱、卑微的小吏孙秀来说，他要跻身最高统治集团，就只有按照这个集团凶残冷酷的政治品质来塑造自己，成为他们所需要的人。

他成功了，由琅琊国书佐这个不能参加品评的下人，一直做到了赵王伦的国侍郎，成为赵王伦的亲信。

　　在这一条求得生存发展的路上，他由一个被欺凌者成为欺凌者，但是他也毁灭了自己，毁灭得很不光彩。他的心灵被腐蚀，人性被扭曲，人格被吞噬，他的报复心疯长。赵王伦一掌权，他就滥杀朝士以发泄积年的仇恨，同时将象他一样出身的"奴卒厮役皆加以爵位"（《晋书·孙秀传》），这就完全成了一个歇斯底里的变态者，可悲而又可耻。

　　注：本文中关于陆机事，引用了周一良先生《魏晋南北朝史札记》中"西晋王朝对待吴人"一节的某些材料，特此说明。

（原载《古典文学知识》1988 年第 5 期）

论词的叙事性

张海鸥

叙事学自 20 世纪 60 年代兴起于法国,此后风行全球,对文学、史学、语言学等许多学科产生了重大影响。在文学研究领域,叙事学的研究对象基本是散体的、故事性强的作品,如小说、史传、回忆录、神话传说、民间故事、叙事诗、戏剧等。作为中国传统文学重要样式之一的词,至今未受到叙事学的关注,因为词通常被认为是抒情作品而不是叙事作品。

词到底有没有叙事性?叙事学研究对词学研究有无意义?从学理上说,叙就是叙述,叙述是人类的言说行为,它超越任何具体作品的体裁形式。换言之,任何体裁的作品都是人类叙述方式之一种,词当然也是。词叙述的内容不可能只有情、景而没有事。词人将自己在一定时空中的存在、行为或心理活动表述为词,都是对已然的叙说,即便是以抒情为主的词,也不可能全无叙事因素。

那么词到底怎样叙事?其叙事有何特殊性呢?本文借鉴叙事学的理念和方法,首先探讨词的文体叙事结构;然后探讨词的文本叙事方式和特点。

一、词的文体叙事结构及其特征

词的文体结构,最多有四部分:调名、题目、序、正文。这四部分都具有叙事功能。

1. 调名点题叙事

词调俗称词牌[①],其主要功能是标示曲调类型和歌词格式,但早期的词调名称往往缘自歌词内容并提示内容,可以称之为缘事而定名。《词学季刊》第 1 卷第 4 号载失名者《词通》"论名"云:"有词之先,既无所谓调,即无所谓名。故有一词既成,乃取词句以名其调者,如《闲中好》、《花非花》、

[①] 王骥德:《论调名》,见《曲律》卷 1:"曲之调名,今俗曰牌名。"

《章台柳》，皆本词之首句，亦犹唐人诗以首句为题。"①

刘永济《词论》卷上《调名缘起》云：

> 调名缘起，约有数端。……有以作者本事而名者，如《忆余杭》因潘阆忆西湖而作也，《菊花新》因陈源念菊夫人而作也，《醉翁操》因东坡追思六一翁而作也。②

马兴荣《词学综论》"词调名称的形成"云：

> 还有一类是以词中所写的人和事为调名。如《谢秋娘》……始自朱崖李太尉镇浙日为亡妓谢秋娘所撰。……再一类是以传说故事为调名，如《阮郎归》以刘晨、阮肇……的传说为调名的。又如《鹊桥仙》以织女……的传说为调名的。又如《凤凰台上忆吹箫》以箫史……的传说为调名的。③

以上诸家所举词调，其名称皆缘事而定，调名本身含有点题叙事性。

还有一些调与事合的情况，但后人已经搞不清词调与歌词孰先孰后了。黄升《唐宋诸贤绝妙词选》卷1李珣《巫山一段云》下注云："唐词多缘题，所赋《临江仙》则言仙事，《女冠子》则述道情，《河渎神》则咏祠庙，大概不失本题之意。尔后渐变，去题远矣。"唐圭璋、潘君昭《论词的起源》云：

> 敦煌民间词，其中很多首的内容与词调有关，如《天仙子》有"天仙别后信难通"之语，《竹枝子》有"垂珠泪滴，点点滴成斑"之语，《泛龙舟》有"无数江鸥水上游，泛龙舟，游江乐"之语。《斗百草》（第一）有"喜去喜去觅草"之语。另如《柳青娘》咏柳青娘之美、《浣溪沙》咏人如西子之美。④

黄升所谓"缘题"，以及唐、潘所论，都是指调名与歌词内容正相吻合。但他们的说法有点模糊：到底是先定歌词再选词调呢？还是先定词调再写歌

---

① 龙沐勋主编：《词学季刊》第1卷第4号，上海书店影印本，1985年，第109页。
② 刘永济：《词论》，上海古籍出版社1981年版，第31页。
③ 马兴荣：《词学综论》，齐鲁书社1989年版，第21页。
④ 唐圭璋、潘君昭：《论词的起源》，见《唐宋词学论集》，齐鲁书社1985年版，第9页。

词呢？这两种情形在早期词中都存在。今存唐词，词调名称与词意吻合者很多，随便翻检《全唐五代词》①，缘题之作比比皆是，除以上诸家所举外，如李隆基《好时光》写女子应该趁着年轻貌美，嫁个有情郎，"莫负好时光"；刘长卿《谪仙怨》写迁谪情景；张志和《渔父》五首皆写渔隐生活；无名氏《渔父》15 首、张松龄《渔父》一首皆写渔隐生活；又德诚所作《拨棹歌》39 首，与张志和《渔歌子》同体，亦写泛舟渔隐之事。可见唐人作词，既有缘事而创调名者，也有据事而选已有调名者。黄升的缘题之说，模糊地涵盖了这两种情况。这两种情况都说明：早期的很多词调都含有叙事因素，其基本叙事功能是点明题材或题旨。

词至宋代，缘事而自创词调者仍然很多。先举张先几首词②为例：

《谢池春慢·玉仙观道中逢谢媚卿》，杨湜《古今词话》载："张子野往玉仙观，中路逢谢媚卿。初未相识，但两相闻名。子野才韵既高，谢亦秀色出世，一见慕悦，目色相授。张领其意，缓辔久之而去，因作《谢池春慢》以叙一时之遇。"词的上阕写玉仙观景致，有"池水渺"句关合词调名，下阕写"逢谢女，城南道"之事。调名"谢池春"，也有深意：《晋书·王凝之妻谢氏传》载才女谢道蕴事，后人因称才女为"谢女"；谢灵运亦有名句"池塘生春草"。张先取"谢池春"为调名，很可能是巧用谢家故事。

《一丛花令》，《中国词学大辞典·词调》云："此调始见于宋张先《张子野词》。"③杨湜《古今词话》载此词本事，言张先"尝与一尼私约，其老尼性严，每卧于池岛中一小阁上。俟夜深人静，其尼潜下梯，俾子野地登阁相遇。临别，子野不胜惓惓，作《一丛花》词以道其怀。"萧涤非曾撰短文《张先〈一丛花〉本事辨证》，论证此事可信④。调名"一丛花"，显然有点题叙事之意。词中有"双鸳池沼水溶溶，南北小桡通，梯横画阁黄昏后，又还是，斜月帘栊"之类叙事性很丰富的句子，加上词话的记载，特别诱使读者想像那一段故事情节。

张先还有《山亭宴慢·有美堂赠彦猷主人》《泛清苕·正月十四日与公择吴兴泛舟》《少年游慢》等多种自创词调，都是缘事而取名，《词谱》称这

---

① 曾昭岷、王兆鹏等编：《全唐五代词》，中华书局 1999 年版。
② 下引张先词及相关资料，均据吴熊和、沈松勤校注《张先集编年校注》，浙江古籍出版社 1996 年版。
③ 马兴荣等主编：《中国词学大辞典》，浙江教育出版社 1996 年版，第 475 页。
④ 张先著，吴熊和、沈松勤校注：《张先集编年校注》，浙江古籍出版社 1996 年版，第 113－114 页附录全文。

种情况为"赋本意也"①。

像这类缘事创调,调名即题目,正文则缘题而赋本事的情况,在《全宋词》中有很多,如柳永《望海潮》(东南形胜);王诜《忆故人》(烛影摇红);秦观《添春色》②(唤起一声人悄);周邦彦《一剪梅》(一剪梅花万样娇);史达祖《惜黄花·九月七日定兴道中》《双双燕·咏燕》;吴文英《惜秋华·重九》等。

在自创词调并利用调名点题叙事方面,姜夔无疑是最值得重视的词人。据夏承焘《姜白石词编年笺校》③(以下简称夏《笺》)、《论姜白石的词风(代序)》所论,姜夔创制词调有两类。一类是已有他人曲谱,但"虚谱无辞"④,他依谱填词,从而创为词调者,如《霓裳中序第一》《角招》《徵招》《醉吟商小品》《凄凉犯》《玉梅令》等。其中后三种词调的歌词是赋调名本意的。另一类是姜夔"初率意为长短句,然后协以律"⑤的,就是先写成歌词然后再制谱。姜夔称之为自度曲或自制曲,据夏《笺》共得十首,兹略叙于下:《扬州慢》咏"淮左名都"扬州之今昔;《湘月》写湘江月夜泛舟事;《翠楼吟》因"武昌安远楼成"而"度曲见志";《惜红衣》咏荷花;《石湖仙》"寿石湖居士";《琵琶仙》"枨触合肥旧事之作……合肥人善琵琶"(夏注);《淡黄柳》写合肥柳色"以纾客怀";《长亭怨慢》写"离愁千缕",有"谁似得长亭树,树若有情时,不会得青青如此"之怨;《暗香》《疏影》二首共一序,乃石湖咏梅之作。

这十首自度曲,都是缘事而取调名的,歌词内容皆赋词调之本意。不仅词调名称具有点题叙事性,而且均有长序叙述创作背景、本事、作法等等。通观姜夔词,利用词调名称标示词意乃是他作词的一大特色,不论是自创调名还是选用已有调名。

词体文学在燕乐和诗的基础上兴起的时候,词调名称的来历大约有两种:一是依已有乐曲取名创调,如张先《熙州慢》、柳永《八声甘州》、周邦彦《兰陵王》等,这类词调基本没有叙事性。二是据所咏之事创调取名,调名

---

① 王奕清:《钦定词谱》卷35注,文渊阁四库全书本。
② 徐培均校注:《淮海居士长短句》,上海古籍出版社1985年版,第193页。
③ 见夏承焘笺校《姜白石词编年笺校》,上海古籍出版社1981年版。
④ 姜夔:《霓裳中序第一》序,见夏承焘笺校《姜白石词编年笺校》,上海古籍出版社1981年版,第5页。
⑤ 姜夔:《长亭怨慢》序,见夏承焘笺校《姜白石词编年笺校》,上海古籍出版社1981年版,第36页。

通常就是题目，携带着具体的叙事因素，而这一类歌词都是缘题而赋本事的。这类词调的数量肯定远远多于现在能见诸记载的那些。古今人在所著词律、谱、图、词话之类的书中，尽可能说明某一词调是否缘题，因歌咏何事而得名。但由于史料有限，流传至今的一千多个词调，多数已失本事。随着词调的定型，缘题而赋本事的现象逐渐减少，但词人在具体的创作中，根据所咏事情而选择词调的情况却很常见。清人沈祥龙《论词随笔》云："词调不下数百，有豪放，有婉约。相题选调，贵得其宜。调合则词之声情始合。"①

"相题选调"，是指叙事风格、内容与词调的音乐品类相适合。比如写缠绵婉转之情，《鹊桥仙》《声声慢》就比《六州歌头》合适。另外，词乐失传后，词调文字的表义性也可能影响作者的选择，比如为人祝寿而选《千秋岁》之类，也算是相题选调吧。

2. 词题引导叙事

随着词体文学的成熟，词调日益形式化，主要用来表示乐曲类型及相应的歌词格式，叙事因素逐渐减少。于是自北宋出现了缘事而立的词题，专门承担起标明题旨、引导叙事的任务。词调之外另立的词题，与乐曲调类无关，用意专在于指事。

宋人为词另立题目，直接受诗、文标题传统的影响。在词诞生之前，中国古代诗、文经历了从无题到有题、题目由简单到精致的过程。至魏晋隋唐时代，标题之学已经非常成熟，题目的功能也多了。吴承学《诗题与诗序》云："此时诗题已经成为诗歌整体形式的不可或缺的有机部分，诗人完全有意识地利用诗题来阐释其创作宗旨、创作缘起、歌咏对象，标明作诗的场合、对象。""到初唐、盛唐时期，古诗制题已经完全规范化，诗题成为诗歌内容准确而高度的概括，成为诗歌的面目。"② 那么产生于唐代的词体文学，何以到宋代才出现另立题目的现象呢？这或许是词疏离音乐，疏离世俗大众，开始走向文人案头或酒筵的一个信号吧，所以王国维有"词有题而词亡"③ 之论断。另一方面，随着词调日益定型，存形去意，同一词调可以不断用于不同内容的歌词，词人为了标示同调之词内容不同，就要给词加上一个叙事性的题目，以便阅读和编辑。

---

① 唐圭璋：《词话丛编》第 5 册，中华书局 1986 年版，第 4060 页。
② 吴承学：《诗题与诗序》，载《文学遗产》1996 年第 5 期。
③ 况周颐、王国维：《蕙风词话　人间词话》，人民文学出版社 1960 年版，第 218 页。

在词调之外另标词题始于何人，尚待考索。吴熊和《〈彊村丛书〉与词籍校刊》①第六节"订词题"云："自《花间集》、《尊前集》以至晏殊《珠玉词》，词皆无题。王安石、张先，稍具词题。"此说似欠精确。据《全宋词》，在张先之前，词另立标题者尚有7人22首：王禹偁《点绛唇·感兴》；陈亚《生查子·药名寄章得象陈情》《生查子·药名闺情》；聂冠卿《多丽·李良定公席上赋》；范仲淹《苏幕遮·怀旧》《渔家傲·秋思》《御街行·秋日怀旧》《剔银灯·与欧阳公席上分题》《定风波·自前二府镇穰下营百花洲亲制》；沈邈《剔银灯·途次南京忆营妓张温卿》二首；杨适《长相思·题丈亭馆》；柳永《玉女摇仙佩·佳人》《御街行·圣寿》《长相思·京妓》《玉蝴蝶·重阳》《木兰花·杏花》《木兰花·海棠》《木兰花·柳枝》《爪茉莉·秋夜》《女冠子·夏景》《十二时·秋夜》。另外，晏殊虽比张先小一岁，但张是晏的门生，他们同时喜欢作词。晏殊有四首词另有标题：《采桑子·石竹》《山亭柳·赠歌者》《破阵子·春景》《玉楼春·春恨》。张先今存词175首，其中60首使用了词题或序。此前及同时词人中，尚无人如此大量采用题序。王安石词确有六首有词题，不过他年辈比上述诸人至少晚三十余年，其前使用词题者已多，他远非开风气者。

上举词题是否皆为作者所立，尚不能完全确定。吴熊和《〈彊村丛书〉与词籍校刊》第六节"订词题"云：

> 宋时坊间唱本《草堂诗余》之类，每于所先名家词下，辄增"春景"、"春游"、"春怨"、"春闺"等题，取便时俗应歌；又所附词话，多出宋人杂说，若杨湜《古今词话》，所记每多不实。此后皆归入本集，补为词题，滋惑甚焉，非但有乖本旨而已。毛本《梦窗词》甲乙二稿，几乎无一词无题，其中"秋感"、"春情"、"春晴"、"夏景"及"有感"、"感怀"诸题，凡二十余见，显出俗手滥增，任意标目，朱孝臧一律删去。

此方家之论。后人所见词题未必皆出于作者，如范仲淹"怀旧""秋思""秋日怀旧"，及柳永、晏殊的词题。但多数词题是出于作者是无疑的，特别是那些隐含着作者本事并以作者语气标明的题目，如沈邈《剔银灯·途次南京忆营妓张温卿》，据吴曾《能改斋漫录》卷十七载："宿州营妓张玉姐，字温卿，本蕲泽人，色技冠一时，见者皆属意。沈子山为狱掾，最所钟爱。既

---

① 吴熊和：《吴熊和词学论集》，杭州大学出版社1999年版。

罢，途次南京，念之不忘，为《剔银灯》二阕……"

词题不论是否出自作者原创，其作为标题的引导叙事功能显而易见：或标明所咏节序，如"秋夜""春景""上元""中秋"；或标明所咏之物，如"杏花""红梅""井桃""海棠"；或标明所咏情事，如"怀旧""闺情""感兴""观舞"；或标明寄赠的对象，如"赠歌者""寄子山"；或交代作词的缘起、时间、场所，如"雪上送唐彦猷""中秋不见月""晏观文画堂席上""南郊夜饮""渭州作""送临淄相公"等；或标示作词的特殊方式或体例，如"与欧阳公席上分题""次韵子瞻送元素内翰""药名寄章得象陈情"。总之，为词另立标题的用意，主要在于叙述或说明有关这首词的一些事情或有关写作的某些特殊方式、体例。

毫无疑问，词题虽小，其叙事性却是很强的。

3. 词序说明式叙事

当词人觉得词调或词题之叙事尚不尽意时，便将词题延展为词序，以交代、说明有关这首词的一些本事或写作缘起、背景、体例、方法等等。

序即叙。序体文历史悠久且用途颇广，叙事是其基本功能。诗、文、赋之序，自汉至唐已经丰富多彩，但词序出现却比较晚，唐五代词尚无序体。张先最先将词题延长为序，但他60首另有题序的词，题和序并不分明，其短者两字，长者数十字，其中勉强可视为词序者仅三例：

《天仙子·时为嘉禾小倅，以病眠不赴府会》，词中描写自己在暮春时节饮酒听歌，伤酒醉眠，醒后忽生惜春伤逝之情。序文的作用是交代作词时间、自己在何处任何职，因身体不适而未上班，"午醉醒来"就作了这首词。序与词毫不重复，在时间上前后相接，在内容方面隐约有点因果关系——因病而伤时。

《定风波令·雪溪席上，同会者六人：杨元素侍读、刘孝叔吏部、苏子瞻、李公择二学士、陈令举贤良》，此词又称"六客词"。苏轼有《书游垂虹亭》① 专记其事。张先此词记叙这次六客雅集之盛事，其序与词不重复，是对词所叙之事进行解释和补充。

《木兰花·去春自湖归杭……》的序与前边两序不同，与词意重复。兹对照如下：

去年春入芳菲国　　序：去春自湖归杭，忆南园花已开
青蕊如梅终忍摘　　序：有"当时犹有蕊如梅"之句

---

① 苏轼著，孔凡礼点校：《苏轼文集》卷71，中华书局1986年版，第2254页。

阑边徒欲说相思，绿蜡密缄朱粉饰。
归来故苑重寻觅　　序：今岁还乡
花满旧枝心更惜　　序：南园花正盛
鸳鸯从小自双双，若不多情头不白。　序：复为此词以寄意

此序的作用是叙事比词更明确，序文客观叙述性较强，正文侧重诗意抒情。

在较早使用词序的人中，苏轼作词序多于张先。据《全宋词》所收苏轼词，有题序者257首，其中标明"公旧序云"者17首，另有未标"序"字而实为序者15首，共32首词有序文。其序也比张先更长，如《洞仙歌》（冰肌玉骨）词序96字，叙述作词的缘起和词之本事。《醉翁操》词序是一篇180多字的散文，叙述欧阳修与琅琊醉翁亭故事，及作词之缘起等等。苏轼词序受诗序影响，而他的诗序则受陶渊明影响，他的一百多首《和陶诗》中就有不少较长的序。在词史上，苏轼"以诗为词"颇受关注，他把作诗的理念、方法以及诗序的形式全面引入词体。如《江神子》词序：

> 陶渊明以正月五日游斜川，临流班坐，顾瞻南阜，爱曾城之独秀，乃作斜川诗，至今使人想见其处。元丰壬戌之春，余躬耕于东坡，筑雪堂居之。南挹四望亭之后丘，西控北山之微泉，慨然而叹，此亦斜川之游也。

词的正文是：

> 梦中了了醉中醒。只渊明，是前生。走遍人间，依旧却归耕。昨夜东坡春雨足，乌鹊喜，报新晴。　雪堂西畔暗泉鸣。北山倾，小溪横。南望亭丘，孤秀耸曾城。都是斜川当日境，吾老矣，寄余龄。

序与词比照可知，序的主要作用是叙述写作缘起，为正文作一些相关的交代和铺垫，正文则由此而兴发出一些议论和情致。

北宋词人中最善于作词序者，除了苏轼，就数黄庭坚了。据《全宋词》，他的词序有22篇，最长是《醉落魄》的序，133字：

> 旧有《醉醒醒醉》一曲云："醉醒醒醉。凭君会取皆滋味。浓斟琥珀香浮蚁，一入愁肠，便有阳春意。　须将席幕为天地，歌前起舞花前睡。从他兀兀陶陶里，犹胜醒醒，惹得闲憔悴。"此曲亦有佳句，而多斧凿痕，又语高下不甚入律。或传是东坡语，非也。与"蜗角虚名"、

"解下痴绦"之曲相似，疑是王仲父作。因戏作四篇呈吴元祥，黄中行，似能厌道二公意中事。

此序主要是叙述写作这一组《醉落魄》的缘起，兼有辨识作品归属之语，而四首词的内容都是议论人生之醉、醒境界，故每首皆以"陶陶兀兀"（醉酒状）开头，议论如何面对名利、忧乐、忙闲、醉醒之类人生课题。序与正文分工明显：序文叙事，正文论理。

苏、黄不仅"以议论为诗"，而且以议论为词，因此他们很需要用一段序文来交代写作缘起、背景等等，这是他们的词较多序文的主要缘故。通览词史，可以说词序始于张先，兴于苏、黄。

词序的交代式、说明式叙事功能，很适合以议论或抒情为主的词，序文很自然地成为词的铺垫或补充。苏、黄之后，南宋人作词序者更多，辛弃疾、姜夔皆擅此道。辛词用序与苏、黄相似，重在叙事；姜词用序则于叙事之外，更详于音乐性的说明。据夏承焘《姜白石词编年笺校》所收词 84 首，有题序者 81 首，无题无序者仅 3 首。题序中叙事层次较多、可视为序者 36 篇，其短者十余字，长者一二百字，叙述创作背景、缘起、过程，词、曲作法，本事等等，其中对曲调的专业性说明很多，这是他比张先、苏轼、黄庭坚、辛弃疾作词序明显不同之处，说明他深谙音律。他的序文亦如苏、黄等人，不论所叙内容长短，皆简明扼要，有些还很优美，宛若小品文。

后人裒集词话，侧重于词之本事。凡词调之下标有题、序者，都是词话编纂者感兴趣的。此亦说明题、序是词体文本叙事的重要方式。

词调、词题、词序的叙事，都是先于正文的引导叙事，其文体叙事结构比小说、戏剧等文类略显复杂，这与词的正文难以充分展开叙事有关。词的正文叙事也有许多独特之处，以下逐一探讨之。

二、词的文本叙事方式及其特征

韵文叙事与散文叙事不同，而在各体韵文中，词是最少叙事性的文体。由于词牌的限定，词的篇制最无弹性。小令之短者只有十几字，长调之长者亦不过一二百字。因此它不可能像小说、传记、神话传说、民间故事或者叙事诗那样有头有尾有完整情节地叙事。但是词又不可能无事，即便是以写景、抒情为主的词，也存在着叙事因素。那么词是怎样叙事？其叙事方式有何特殊之处呢？

1. 片断与细节叙事

词的叙事通常都不是完整叙事，而多是片断与细节叙事。浦安迪《中国叙事学》云：

> 假定我们将"事"，即人生经验的单元，作为计算的出发点，则在抒情诗、戏剧和叙事文这三种体式之中，以叙事文的构成单元为最大，抒情诗为最小，而戏剧则居于中间地位。抒情诗是一片一片地处理人生的经验，而叙事文则是一块一块地处理人生的经验。当然，我们事实上很难找到纯抒情诗，纯戏剧或者叙事文的作品。……上述三方面的因素，它们互相包容，互相渗透，难解难分。①

小说、长篇叙事诗等叙事文体，一定要通过一系列丰富的情节、曲折的过程、复杂的事件来构成故事，塑造人物，再现社会生活或历史。词受篇制所限，只能采用片断式、细节式的叙事方式。比如杨贵妃的故事，在陈鸿《长恨传》、白居易《长恨歌》、白朴《梧桐雨》、洪昇《长生殿》中，都可以从长叙述，而在词中，就只能片断出现，如《全宋词》中咏及杨妃事者：

> 霓裳弄月，冰肌不受人间热。……玉环旧事谁能说，迢迢驿路香风彻。（韩元吉《醉落魄》）
> 君不见玉环飞燕皆尘土。（辛弃疾《摸鱼儿》）
> 海上仙山缥缈，问玉环何事？苦无分晓。（张炎《解语花》）

以上三词都不是专咏杨妃，只是借用其故事名目。《全宋词》中有一首无名氏所作专咏"长恨"故事的《伊州曲》：

> 金鸡障下胡雏戏，乐极祸来，渔阳兵起。銮舆幸蜀，玉环缢死。马嵬坡下尘滓，夜对行宫皓月，恨最恨、春风桃李。洪都方士，念君萦系。妃子。蓬莱殿里，寻觅太真，宫中睡起。遥谢君意，泪流琼脸，梨花带雨。仿佛霓裳初试。寄钿合，共金钗，私言徒尔。在天愿为，比翼同飞，居地应为，连理双枝。天长与地久，唯此恨无已。

此词可以说是《长恨歌》的简本。以每一韵为一层意思，对照《长恨歌》，即可见诗中的一段段情节，在词里都只是简短的片断："兵起"前15

---

① 浦安迪：《中国叙事学》，北京大学出版社1996年版，第7页。

字,是诗中"惊破霓裳羽衣曲"以前224字(32句)乐极生悲的情节;"桃李"前27字,是诗中"魂魄不曾来入梦"以前294字(42句)妃死和思念的情节;"洪都方士"以下76字,是诗中"临邛道士"以下302字(46句)寻妃念旧的情节。相比之下,同是叙写一段历史,一个流传已久的故事,诗用了940字,而且这并不是规定的叙述长度,如果有必要,诗可以无限延长;而《伊州曲》词调限定118字,其叙事只能提纲挈领,只能选择一些经典性的片断或细节,如"胡雏戏""玉环缢死""夜对行宫""寻觅太真""寄钗"等。

在叙事的丰富性和完整性方面,小说和诗都有文体长度优势,词则远远不及。从独立叙事的意义上说,词只能叙述一段短小的故事,如晏殊《破阵子》"巧笑东邻女伴,采桑径里逢迎,疑怪昨宵春梦好,元是今朝斗草赢"。又如苏轼《蝶恋花》"墙外行人,墙里佳人笑。笑渐不闻声渐悄,多情却被无情恼"。这勉强可算是独立叙事,但并不是完整的故事,而只是一个小故事的片断。如果面对"李杨旧事"这样一个大故事,词就不能独立完成叙事了。如果没有史、传、小说、叙事诗、笔记、词话等其它叙事文本辅助,即便是《伊州曲》这样专叙一事的词,也很难完成完整而丰富的情节叙事。

不过倘若是一组词,文本长度就有一些弹性了。比如北宋人赵令畤曾作《蝶恋花》商调12首,前有二百余字长序说明这组词是据元稹的传奇《莺莺传》故事改写为词,以便"被之音律","播之声乐,形之管弦"。奇特的是,他将《莺莺传》原作"略其烦亵,分之为十章,每章之下,属之以词。或全摭其文,或止取其意。又别为一曲,载之传前,先叙前篇之意。调曰商调,曲名蝶恋花。句句言情,篇篇见意"。

这是词体文学叙事的一个特例。小说《莺莺传》叙述的是一个"始乱终弃"的悲情故事,赵令畤遂用"商调"唱之,以合悲情格调。古代五音中,"商声主西方之音,……商,伤也"①,以之演唱悲情故事自然适宜。这就意味着"商调"的"商"字隐含着提示叙事情调之意。"曲名蝶恋花",则与恋爱故事一致,具有提示叙事之意。《蝶恋花》词双调60字,不足以演唱《莺莺传》故事,所以用12首词并序来完成叙事。12首词前各有一篇序文,构成一词一序的格局。第一首词之前,是总序,说明写作缘起和体例。总序之后,第一首词概述莺莺故事,并扼要表述了作者对故事的评价:"丽质仙娥生月殿。谪向人间,未免凡情乱。宋玉墙东流美盼。乱花深处曾相见。密

---

① 欧阳修:《秋声赋》。

意浓欢方有便,不奈浮名,旋遣轻分散。最恨多才情太薄。等闲不念离人怨。"

　　这首词与总序各有分工,互不重复。第 12 首词是讲完故事之后,作者意犹未尽,继续发表一些评论和感慨,其序文既是对这些评论和感慨的解释,又是对为何要写尾声词的说明,词与序的内容有所重复。首尾之外,第 2 首至第 11 首词是故事本身。作者将小说的文本按情节分为十章并扼要缩写,置于每首词之前,实为词序,也就是把歌词将要咏唱的情节借小说文本形式先讲述一遍,然后再用歌词咏唱,从而形成说书、唱曲、阅读皆宜而互补的叙事形式。兹举第三首为例:词前的序文截取《莺莺传》中"张生自是惑之……立缀春词二首以授之"一段,即张生思慕莺莺,红娘牵线传书的情节,然后词曰:"懊恼娇痴情未惯。不道看看,役得人肠断。万语千言都不管,兰房跬步如天远。废寝忘餐思想遍,赖有青鸾,不必凭鱼雁。密写香笺论缱绻,春词一纸芳心乱。"

　　可见词文是对小说故事的变体叙述。这组词的联章说唱叙述方式,被后世兴起的元杂剧等戏剧文体和元散曲普遍吸取了。研究《西厢记》源流的学者,常常提及这一组联章词。

　　联章词是词体文学中的特殊体式,由两首以上同调或异调的词组合成一个套曲,用来叙述一些内容相关或相类的事情。例如五代后蜀牛希济《临江仙》7 首,分别写巫山神女、谢家仙观、秦楼箫史、黄陵二妃、洛神悲情、洞庭龙女、潇湘斑竹等 7 个流传久远的爱情故事,一首一事,联章组套。又如北宋后期毛滂作联章《调笑》转踏一套 10 首,前 9 首各咏一位美女,最后一首总述惜春伤逝之意。这两组词的叙事都是一词一事,因类联章,与赵令畤《蝶恋花》12 首词叙一事不同。故事既多,则叙述必然简略,每首叙一事,与单词叙事无异,其不同只在于组群规模较大,将若干同类故事联章叙之,事虽多而话题集中。

　　以上所举都是在已有故事的基础上,形成词体叙事文本,词之外,还有或多或少的辅叙文本。然而流传至今的词,多数已经很难找到辅叙文本或相关故事了,但人们会认为这可能是本事失传,因而历代词学家注释前人词作的一大重点,就是努力寻绎词之本事。其实词之叙事,有实叙也有虚构,而不论虚实,都是文学性叙事。读者即使找不到辅叙文本,也能凭生活经验、文化修养、理解和想像能力去"接受"作者的叙事。这是读者对词进行叙事阅读的通常情形。

2. 跳跃与留白叙事

不能完整详细地叙事，这本是词体叙事的短处，但也正是其灵活之处。词的片断叙事可以大量借助跳跃与留白，营造出诱发读者联想的叙事空间。

叙事学将文本长度称为"叙事时间"，将所叙事件长度称为"故事时间"①。词是叙事时间最短的文体，但其所叙的故事时间却未必短。词也能写很长时间的事，但必须截取片断，选择细节，跳跃地叙事，留下许多叙述空白。这正是词体叙事的灵活性，不论词调长短，都可以跳跃、留白。长调如吴文英 240 字的《莺啼序》，跳跃地叙述生平悲欢离合之片断情事。短调如李清照的《如梦令》（昨夜雨疏风骤），非常精炼地通过对季节、天气、场景、人物、对话的细节式叙述，表现出主仆资质、修养、情感的差别。这种片断式、细节式的叙事方式，在词中灵活地表现为不同的故事长度。吴词所叙之事的时间长及数十年，李词叙事只在"昨夜"至今晨之间。

与叙事时间的长度相适应，词体文学形成了铺叙式叙述和浓缩式叙述。长调适合铺叙，短词必须浓缩。比如柳永词长于铺叙，《戚氏》三叠 212 字，借鉴屈骚笔法，叙写深秋时节，逆旅困顿，"停灯向晓，抱影无眠……暗想从前，未名未禄，绮陌红楼，往往经岁迁延。帝里风光好，当年少日，暮宴朝欢。况有狂朋怪侣，遇当歌对酒竞流连"。历历往事叙述得或疏或密，或略或细。王灼《碧鸡漫志》卷 2 引前辈语云："《离骚》寂寞千载后，《戚氏》凄凉一曲终。"王灼不赞成"前辈"将柳永与屈原相比，他接下去说："柳何敢知世间有《离骚》？唯贺方回、周美成时时得之。"王灼大约是从风格着眼的。那么"前辈"何以认为《戚氏》有似《离骚》呢？仔细看来，柳词中那份"凄然望乡关"的怀才不遇之情，显然与屈原相似。然而柳永写怀才不遇的词很多，"前辈"何以独拈此篇与《离骚》并论呢？此词的独特之处显然是以"赋体"写"骚情"，或许这才是"前辈"的关注点。

这首词凭长调优势，以"赋体"叙事抒情，后人于此亦有关注，蔡嵩云《柯亭词论》云："《戚氏》为屯田创调，'晚秋天'一首，写客馆秋怀，本无甚出奇，然用笔极有层次。""用笔极有层次"，就是铺叙，就是赋的作法。刘勰《文心雕龙·诠赋》云："赋者，铺也，铺采摛文，体物写志也。"柳词叙事，往往于长调中采用赋的铺陈手法，比如他的《望海潮》（东南形胜）、《倾杯乐》（禁漏花深）、《木兰花慢》（古繁华茂苑）等词写都市繁华，令当时人范镇感慨："仁宗四十二年太平，余在翰苑十余载，不能出一语道之，

---

① 参见罗钢《叙事时间》，见《叙事学导论》第 4 章，云南人民出版社 1994 年版。

乃于耆卿词见之。"① 李之仪《跋吴思道小词》云："至柳耆卿始铺叙展衍，备足无余，形容盛明，千载如逢当日。"② 当代学者对柳词以赋体铺陈叙事亦有论述，如孙维城《论宋玉〈高唐〉、〈神女〉赋对柳永登临词及宋词的影响》③，吴惠娟《试论北宋词发展的重要途径——赋化》④ 等。

以赋体作词，铺叙展衍，也是周邦彦之所长，陈振孙《直斋书录解题》称周"长调尤善铺叙，富艳精工"。袁行霈曾有《以赋为词——清真词的艺术特色》⑤ 专门论述。

两宋以后，以赋为词，铺叙展衍，成为慢词创作的重要手法。然而铺叙之法只是利用长调的叙事长度，尽可能比短调叙述得充分一些，却不可能改变词体叙事之跳跃、留白的基本体制特征。因为词的篇幅毕竟有限。

小令的浓缩式叙事，也可以容纳不同的故事时间。就是说，词中故事时间的长度不一定受叙事时间的长度制约，它可以"突然而来，悠然而去，数语曲折含蓄，有言外不尽之致"⑥。比如温庭筠的《望江南》："梳洗罢，独倚望江楼。过尽千帆皆不是，斜晖脉脉水悠悠，肠断白蘋洲。"27 字的叙事时间，容纳了很长的故事时间。读者可以按词句的引导，在叙事的跳跃留白部位展开想像式解读：词中的女主人公大概是一位曾经有过丈夫或情人的少妇吧（当然她也可能是任何年龄的女性，只是文学阅读习惯于想像她是少妇，从而获得更多的阅读美感），她在某一年某一季节的某一天，也可能是相当一段时期中的每一天，晨起梳妆之后，倚楼而盼望意中人归来，但她"上千次"地失望了。"过尽千帆"是客观的故事时间，因"皆不是"而"肠断"，是主观的、心灵的故事时间。尤其耐人寻味的是：这"过尽千帆皆不是"的时间是一天呢？还是一年呢？甚或是一生的守望呢？故事时间可以在想像中无限延展，以至于延展为人类生存中普遍而永远的守望。词中的个

---

① 祝穆：《方舆胜览》卷 11。
② 李之仪：《姑溪居士全集》卷 40，见《丛书集成初编》第 4 册，中华书局 1985 年版，第 310 页。
③ 孙维城：《论宋玉〈高唐〉、〈神女〉赋对柳永登临词及宋词的影响》，载《文学遗产》1996 年第 5 期，第 62－69 页。
④ 吴惠娟：《试论北宋词发展的重要途径——赋化》，载《中国韵文学刊》2000 年第 2 期，第 32－39 页。
⑤ 袁行霈：《以赋为词——清真词的艺术特色》，载《北京大学学报》1985 年第 5 期。
⑥ 沈祥龙：《论词随笔》，见唐圭璋《词话丛编》第 5 册，中华书局 1986 年版，第 4050 页。

别叙事因而可以变成人类的普遍叙事，就像今人或未来人站在重庆朝天门码头或者英国剑桥上守望而不果一样。没有留下本事记载的词，就是这样给读者提供可解读的、可伸缩的故事时间。

又如辛弃疾的《鹧鸪天·有客慨然谈功名，因追念少年时事，戏作》："壮岁旌旗拥万夫，锦襜突骑渡江初。燕兵夜娖银胡䩮，汉箭朝飞金仆姑。追往事，叹今吾，春风不染白髭须。却将万字平戎策，换得东家种树书。"这首词有其它的辅叙文本，因而读者对词中空白的故事时间的想像不能过于随意，必须根据作者的生平事迹，去想像 55 字的叙事时间中所容纳的词人漫长生命时间中的两个最具代表性的故事，这里不必赘述。可见故事时间可以不受叙事时间制约。

不受叙事时间制约的意思，并不是可以随意在想像中延长故事。比如周邦彦《少年游》："并刀如水，吴盐胜雪，纤手破新橙。锦幄初温，兽烟不断，相对坐调笙。低声问向谁行宿？城上已三更。马滑霜浓，不如休去，直是少人行。"据词话记载，此词叙述的只是一个夜晚的一段情事。作者对故事时间有具体的指定。可见叙事时间的长度与故事时间未必成正比。

叙事时间的长度影响词的叙事容量，但对故事长度却没有必然的影响。不论长调还是小令，不论铺叙还是浓缩，不论用赋体还是比兴，其所叙之事既然都是跳跃式的，那么故事长度、过程、情节等等，就可以被或多或少地留白，让读者"透过聚焦部分，去窥探聚焦以外部分，去寻找和解读有意味的空白"[①]。如温词《梦江南》中"过尽千帆"和"斜晖脉脉"的过程中、辛词《鹧鸪天》"往事"和"今吾"之间，都有大量"有意味的空白"。留白的多少，与"故事时间"的跨度大小有关。比如上举周邦彦的《少年游》、李清照的《如梦令》，词中的故事时间集中在一夜之内，留白就很少。而同样是短词，温庭筠的《望江南》时间跨度大，留白就多。可以说，"留白"是词体叙事区别于其它叙事文体的最大特点，这当然是因其篇制的局限所致。

3. 诗意叙事

与散体叙事文类相比，韵文叙事更注重诗意，词尤其如此。所谓诗意叙事，类似于王国维所谓"风人深致"[②]，他所举《诗·蒹葭》和晏同叔之《鹊踏枝》，颇可说明诗意叙事之特征，即意境叙事、意象叙事、雅言叙事。

词讲究意境，而意境是含有潜在叙事因素的。比如李煜《浪淘沙》（帘

[①] 杨义：《中国叙事学》，见《杨义文存》第 1 卷，人民出版社 1997 年版，第 250 页。
[②] 况周颐、王国维：《蕙风词话　人间词话》，人民文学出版社 1960 年版，第 202 页。

外雨潺潺）之凄凉绝望的意境中，隐含着亡国的故事。柳永《八声甘州》（对潇潇暮雨）之旅愁和相思的意境中，隐含着离别漂泊的故事。陆游《卜算子》（驿外断桥边）之孤芳自赏、清高自守的意境中，隐含着怀才不遇的故事。词的意境叙事与小说的情节叙事不同，词人要表述的不是故事的客观过程，而是人在世事中的意。词人用景、情、事、理融合的方式营造出一种富于象征和暗示意蕴的话语环境，事件在其中通常不是显在的情节，而是潜在的故事背景。比如毛滂联章《调笑》词第六首写《莺莺传》故事：

何处？长安路。不记墙东花拂树，瑶琴理罢霓裳谱。依旧月窗风户。薄情年少如飞絮，梦逐玉环西去。

38字的词不可能叙述情节曲折的故事，于是词人就用这种片断的、细节的、跳跃的、留白的叙述，营造出一种梦幻人生的意境，强调欢爱难久的感伤。词中并未讲述具体的故事，但这个意境却是以潜在的莺莺故事为背景的。作者在已有故事的基础上，拈出"墙东花拂树""月窗风户""薄情年少"三个模糊情节，用类似写意画的笔法点染出一个爱情幻灭的意境，并在词后注明所咏乃"莺莺"，从而提示读者在阅读时只能联想莺莺故事。故事只是衬托歌词意境的模糊的事影。他这组联章体词叙述九位美女故事，皆用此技巧。这与赵令畤《蝶恋花》12首词咏唱一个故事有所不同。

12首词咏唱一个故事，意境叙事的特点也很明显。比如其中最简短的一章一词：

是夕，红娘复至，持彩笺以授张曰："崔所命也。"题其篇云：《明月三五夜》。其词曰："待月西厢下，迎风户半开。拂墙花影动，疑是玉人来。"

这是取自《莺莺传》的原文。词人每次节录小说原文之后，都以"奉劳歌伴，再和前声"八字引起歌词，好像说书人另请演唱者登场一样。这一段的歌词是：

庭院黄昏春雨霁。一缕深心，百种成牵系。青翼蓦然来报喜。鱼笺微谕相容意。　待月西厢人不寐，帘影摇光，朱户犹慵闭。花动拂墙红萼坠。分明疑是情人至。

歌词是对故事的重新叙述，两种文本叙述相同的情节，但并非完全重复。

歌词上片从张生的视角进行叙述,将"是夕"二字展为16字,渲染成一种富于暗示性的、诱发人联想的相思情境,从而使原本短小的词具有可延展阅读的言外之意。"蓦然"二字则正是词体叙事的一大关键,"蓦然"原本是主人公的感觉,表明其内心喜出望外的惊讶,但它同时又是潜在叙事,表明故事发生了柳暗花明的转折。词的下片转换了视角,从莺莺的角度演绎她自己的书信内容,实际上是对莺莺期待情人的行为和心理活动的诗意叙述。"待"字领起意境叙事:朦胧摇曳的月光花影,给人一种飘忽不定的感觉,暗示怀春的少女在初夜即将来临的焦急守望中,激动而又不知所措、渴盼而又忐忑不安的微妙心理。小说中清晰的情节叙事在这里变成了模糊的意境叙事。

意境的潜在叙事,给读者留下较多想像故事的空间。读者既可以顺着作者的暗示去想像这个故事,又可以发挥想像,由此及彼地联想或类比其它事情。比如王国维从三种词境联想到"古今之成大事业、大学问者,必经过三种之境界……"①,使三种词境的潜在叙事从晏、柳、辛三人的个人情事,延伸指向人类世事。

如果把意境叙事比作一个潜在的事场,那么意象叙事就是一个个携事的单元。意象可能参与意境叙事,也可能独立叙事。意象叙事又可称为隐喻叙事。西方诗学认为,隐喻是诗歌的生命,是诗歌最本质的表达方式。史蒂文斯甚至说"没有隐喻,就没有诗"。亚里士多德说"隐喻是把属于一事物的字用到另一事物上"。柯勒律治说"诗的力量……在于把活力灌输进人们的大脑,以迫使想像去创造图画"。巴费尔德说隐喻使"接受者可以抓住暗示给他的新意义"②。西方诗学所谓隐喻,与中国诗学中的比、兴是同类范畴,都是将意象视为诗歌的基本元素和主要表达方式。意象就是因象寓意。当一个意象隐喻某事时,它便具有叙事意味。尤其是有些意象在长期的使用中,总与某类事情相关,从而形成了固定的用法和特定的意蕴,就成为原型意象。原型意象通常都有类型化叙事的意味,如杨柳依依隐喻离别情事,孤鸿飘渺通常隐喻怀才不遇,秦楼月落隐喻深闺寂寞,等等。原型意象用于具体作品中,就变成了具体的隐喻叙事。比如上举赵令畤《蝶恋花》词中红娘传书的情节,作者以"青翼"代"红娘",暗用"青鸟"神话典故;以"鱼笺"代"彩笺",暗用"鱼传尺素"典故。这两个流传久远的典故具有深厚的叙事张

---

① 况周颐、王国维:《蕙风词话 人间词话》,人民文学出版社1960年版,第203页。

② 转引自特伦斯·霍克斯《论隐喻》,高丙中译,昆仑出版社1992年版,第8、9、66、94页。

力，使词的故事性大增。又如贺铸《青玉案》中"凌波"这个意象，不仅代指风姿绰约的美人，而且链接着《洛神赋》故事，从而既隐喻美人难求的人类故事，又可能隐喻着作者个人的一段情事：一面是深闺幽独，一面是嘤鸣不偶。历代词家注释这个意象，无不溯源于《洛神赋》。又如辛弃疾《摸鱼儿》（更能消几番风雨），用玉环飞燕隐喻红颜薄命、君恩难久，其中潜在的叙事背景是：英雄失意、小人得志、君心难测等等。

然而更多的意象并非原型式意象，但不论是否原型，都可能具有显在或潜在的叙事性。比如贺铸《青玉案》中用"横塘"隐喻隔离，李清照《醉花阴》用"黄花瘦"婉叙夫妻离别，陆游《钗头凤》用"东风恶"隐喻某种势力迫使夫妻"离索"，等等，都具有潜在的叙事性。

并不是所有的意象都有叙事性，但在篇幅有限的词中，词人如果能利用意境和意象实现潜在或显在的叙事，无疑会增加词的故事容量。意境和意象叙事的隐喻性、模糊性、诱导性，使词的诗意叙事特征更为鲜明。

词的诗意叙事表现在语体上，是雅言叙事。雅与俗是相比较而言的，并无固定的标准。诗、词、文同属雅言文体，但词语可能略俗。若与戏曲、小说相比，词的语体又雅致得多。比如前举宋人《伊州曲》词的语体风格与《长恨歌》一致，都可以称之为雅言叙事，与小说、戏剧的俗言叙事就明显不同。以马嵬坡贵妃缢死这一情节为例，《长恨传》的叙述是：

> 当时敢言者请以贵妃塞天下怨，上知不免，而不忍见其死，反袂掩面，使牵之而去。仓皇展转，竟就死于尺组之下。

洪昇《长生殿》：

> 众军……围驿下……（李、杨抱哭）
> 旦唱：魂飞颤，泪交加。
> 生唱：堂堂天子贵，不及莫愁家。
> 合唱：难道把恩和义，霎时抛下？
> 旦跪介：臣妾受皇上深恩，杀身难报。今事势危急，望赐自尽，以定军心。
> ……
> 丑持白练上：启万岁爷，杨娘娘归天了……自缢的白练在此。

这都是俗言（口语化）叙事，与《长恨歌》"六军不发无奈何，宛转蛾眉马前死"、《伊州曲》"鸾舆幸蜀，玉环缢死。马嵬坡下尘滓，夜对行宫皓月"的雅言叙事有明显的语体区别。雅言叙事增强了叙事的诗意特征和抒情性。

4. 自叙式叙事

叙事学还有一个重要研究理念——叙事视点。华莱士·马丁在《当代叙事学》中说:

> 正是叙事视点创造了兴趣、冲突、悬念、乃至情节本身。
> 它被美国和德国批评家认为是叙事的规定性特点。
> 视点（point of view）：这个术语泛指叙述者与故事的关系的所有方面。视点包括距离（distance）（细节和意识描写的详略，密切还是疏远），视角（perspective）或焦点（focus）（我们透过谁的眼睛来看——视觉角度），以及法国人所谓的声音（voice）（叙述者的身份与位置）。①

简言之，视点就是从谁的角度观察和叙述事件。叙事学特别注重区别作者、叙述者与叙事的关系。斯坦泽尔在《叙事理论》中区别了三种叙述：第一人称叙述、作者叙述、形象叙述。第一人称叙述是由作品中的"我"叙述故事，"我"也是故事中的人物。作者叙述是叙事作品最常用的方式，作者隐身于故事之外讲别人的故事。形象叙述是故事中的人物在感受和思索他所置身的世界，他并不叙述故事②。事实上，在这三种情况中，作者可能都不是在叙述自己的故事，而是隐身于事外，用不同的方式讲别人的故事（只有自传体作品才是叙述自己的故事）。作者在讲故事时，他本人以叙述者的身份完全不介入或不完全介入故事，其介入与否及介入程度与他采取的人称话语、叙述声音的强度正相关③。

叙事学的视点、人称、叙述声音等概念，一般是就小说而言的，但对词学研究不无启发。词体文学的叙事视点，多数是作者自己，词体叙事主要是作者自叙，在自叙中，作者完全地、直接地介入叙述，其介入的强度远远超过小说。词的自叙中隐含着第一人称"我"，这个"我"正是真实的作者自己，因而他的叙述声音也趋雅而避俗。换言之，小说家通常是在编故事，词

---

① 华莱士·马丁:《当代叙事学》，伍晓明译，北京大学出版社1990年版，第159、3、148页。
② 华莱士·马丁:《当代叙事学》，伍晓明译，北京大学出版社1990年版，第163页。
③ 罗钢:《叙述声音》，见《叙事学导论》第6章。

人则通常是在叙述自己；小说以虚构为主，词以写实为主；小说中的人物语言必须符合其身份，当俗则俗，词的语言通常只符合作者的身份，文人之词自然以雅言为主。

词当然也有"他叙"，比如李白的《忆秦娥》（箫声咽）、温庭筠的《菩萨蛮》（小山重叠金明灭）、晏殊的《破阵子》（燕子来时新社）等。词也有虚构故事或改编故事，如上文所举牛希济《临江仙》、毛滂《调笑》、赵令畤《蝶恋花》三组联章词。但通览历代词作，自叙无疑是主要的叙述方式，比如白居易《忆江南》、李煜《虞美人》（春花秋月何时了）、柳永《鹤冲天》（黄金榜上）、晏几道《鹧鸪天》（彩袖殷勤捧玉钟）、苏轼《水调歌头》（明月几时有）等。这实在是无须过多举证的。这种"我言说我"的真实自叙方式，与小说、戏剧等文体的"他叙"、虚构方式大大不同。

词的自叙性，使作者本人既是叙述者，又是被叙述者，作者本人的私人生活场景、心理场景被自我呈现出来，这就使词比其它文体更加个性化，不同作者的词具有不同的叙述模式和人文内涵。比如柳永词的叙事就带有"浪子"情调、游士情怀和市井风情，晏殊的叙事有贵族气，晏小山的叙事有情痴味道，姜夔的叙事有清客特征，辛弃疾词有军旅英雄气质。这都是只属于作者自己的生命内涵。这就意味着对词进行叙事学研究，也有助于社会的、历史的、文化的、人本的研究。

研究词的叙事内涵，可以直指作者，在作家与作品之间寻绎作者的个性化、具体化的故事内涵，这有别于小说叙事学研究可以淡化作者，淡化内涵研究，偏重文本结构和形式的综合化、抽象化倾向。从事小说叙事学研究的某些学者，把作品视为"一个不受任何外部规定性制约的独立自足的封闭体系。……它不是通过叙事作品来总结外在于作品的社会心理规律，而是从叙事作品内部去发掘关于叙事作品的自身的规律。这种内在性的观点意味着，叙述学的对象是自成一体的，它杜绝任何影响作者心理、作品产生和阅读的社会历史条件的介入。与之相应，叙述学研究所关心的不再是叙事作品与外界因素的关系，而是其自身内部诸因素之间的关联"[①]。词的叙事学研究不能如此，因为词的自叙性和真实性，所以词的作者正是研究的重要对象。被小说叙事研究"杜绝"的所谓文本以外的因素，必然被纳入词体叙事研究的视野。

其实叙事学也不是只注重结构形式而完全忽略内涵的。华莱士·马丁说：

---

① 张寅德：《叙述学研究·编译者序》，中国社会科学出版社1989年版，第5页。

形式并非仅仅是故事如何被讲述的问题，它也可以包括从情节中浮现出来的形象、隐喻和象征的结构，因此小说就可以用已经被成功地运用于诗歌的方法来研究。①

反之，借鉴小说叙事学研究的方法来看词这种抒情文体，其中的"形象、隐喻和象征的结构"中，肯定是携带着"情节"叙事的。

（原载《中国社会科学》2004年第2期）

---

① 华莱士·马丁：《当代叙事学·导论》，伍晓明译，北京大学出版社1990年版，第3页。

"诗能穷人"与"诗能达人"

——中国古代对于诗人的集体认同

吴承学

在古代文论的原始语境中,理论的"生态"往往是平衡的,每种理论常常是和它的对立面相反相成地存在的。但是,经过人们的阐释与接受之后,"平衡"就被打破了。某些理论凸显了,某些理论隐没了。考察相关理论从"平衡"到"失衡"的历史与原因,不但是有趣的,也是必要的。这往往也是中国文学批评史研究的一个薄弱环节。司马迁所谓"好学深思,心知其意"① 是治史之道,亦是治学之道。我们需要从中国文学批评的内在理路与文献史料出发,也需要能越超文字之表和惯性思维的悟性与洞察力。本文试图在还原古代文论原始语境的基础上,从中国古代对于"诗能穷人"与"诗能达人"的选择中,考察出中国古人的一种文学观念,即对"诗"与"诗人"的集体认同。②"诗人薄命""穷而后工"在古代诗学观念中既不是唯一的,也不是理所当然的经典意识。它的形成是不断被选择的过程,而主导这个过程的就是中国古代基于深层价值观念的集体认同。了解这一点,再反观"诗人薄命""穷而后工",我们就会感受到更多的言外之意与味外之味。

一、从"伐能"到"薄命"

在中国古代,"诗人"这个概念,有广、狭之义。狭义特指《诗经》作者,所以往往与"辞人"相对。如《文心雕龙·情采》谓:"昔诗人什篇,

---

① 司马迁:《史记》第1册卷1,中华书局1959年版,第46页。
② 在中国古代,包括"诗人"在内的"文人",是一个有共性的群体。但是由于诗歌更为直接、更为强烈地反映出诗人的个性与情感,"诗骚"传统与诗人的形象更为鲜明突出。诗人既是文人群体的一部分,又是其中最具代表性和典型意义的一部分。文学批评上既有"诗人薄命"之论,也有"文人命蹇"之说,两种说法本质是相通的,也是不可分的。不过,"诗人薄命"之论要比"文人命蹇"之说更为普遍,更为流行,"诗人薄命"之论无疑更集中地反映出中国古人的文学观念。鉴于文人群体的共性和诗人在文人群体中的代表性,本文的研究范围和文献资料将以诗人为中心和重点,部分也涉及文人群体,在理论上则以讨论"诗人薄命"之论为中心,同时涉及"文人命蹇"之说。

为情而造文；辞人赋颂，为文而造情。"① 广义泛指写诗之人，当然也包括"辞人"在内了。自从司马迁《史记》著《屈原贾生列传》以后，屈、贾并称。两人虽时代不同，然而平生都忧谗畏讥，遭遇相似，又皆长于辞令，故屈、贾遂渐成为古人心目中某类诗人、文人的代表人物。正如陶渊明《读史述九章·屈贾》诗说："嗟乎二贤，逢世多疑。候詹写志，感鹏献辞。"② 这类诗人的特点就是才华出众而与世多违。汉代以后，人们开始注意到诗人与文人的不幸命运。不过，早期人们比较多地把诗人、文人的不幸与他们才性上的缺陷——张扬自我而忽于操持——联系起来。班固《离骚序》批评屈原"露才扬己"。宋袁淑《吊古文》曰："贾谊发愤于湘江，长卿愁悉于园邑。彦真因文以悲出，伯喈衔史而求入。文举疏诞以殃速，德祖精密而祸及。夫然，不患思之贫，无若识之浅，士以伐能见斥，女以骄色贻遭。以往古为镜鉴，以未来为针艾，书余言于子绅，亦何劳乎菁蔡。"③ 在中国古人的观念中，诗人与美人之间，具有某些共性。这里，将"士"之"伐能"与"女"之"骄色"相提并论，认为他们过于表露自己的才华或容貌而遭受贬抑，其遭遇多少是自身的缺陷所造成的。

颜之推《颜氏家训·文章》也谓"自古文人，多陷轻薄"，并历数屈原以来许多诗人文人的轻薄与厄运。他谈到其原因时说："每尝思之，原其所积，文章之体，标举兴会，发引性灵，使人矜伐，故忽于持操，果于进取。"④ 颜之推是从"文章之体"的特点入手来讨论这个问题的。推衍其意旨，文章的特点与本质就是使人"标举兴会，发引性灵"的，所以文章之士难免喜欢自我表现而忽略自我操守。粗看起来，颜之推所言与前人批评文人伐能之说相同，但其实是有所不同的。颜之推认为，文章之士的厄运固然是由于其自身的道德缺陷所造成的，但是更深层的原因，则是由文章之体所决定的。实际上，颜之推已涉及一个深刻的问题，即"文章之体"引发形成文章之士的性格特点，从而又决定了文章之士的某种命运。

"诗人薄命"的命题在唐代被明确提出来，此后又不断被重复与强化，积累而成一种长久流行的文学观念。这种观念的产生有其深刻的思想文化原

---

① 刘勰著，詹锳义证：《文心雕龙义证》，上海古籍出版社1989年版，第1156页。
② 陶渊明著，逯钦立校注：《陶渊明集》卷6，中华书局1979年版，第183页。
③ 欧阳询著，汪绍楹校：《艺文类聚》卷40"吊"，上海古籍出版社1965年版，第730页。
④ 颜之推著，王利器集解：《颜氏家训集解》，上海古籍出版社1982年版，第221、222页。

因。从文学内部来看,在唐代以前,"诗人薄命"的观念已隐约存在。汉代司马迁已经强调作者的生活遭遇与创作之关系,而诗歌以悲怨为美的观念在古代也有深远的传统。① 唐代以来,儒学对诗学的影响更为显著,人们对于诗人社会责任感的要求也更高了。从文学价值观的角度对心目中的好诗与好诗人进行历史考察,自然会涉及诗人的命运问题。从社会政治制度的层面来看,唐代以诗取士,诗艺之工拙关乎仕途之通塞,这就更直接引发人们进一步思考诗人的悲剧性命运问题。杜甫《天末怀李白》已感叹说:"文章憎命达。"② 白居易接过这个话题,又大加发挥,明确提出"诗人薄命"之说。"采石江边李白坟,绕田无限草连云。可怜荒垄穷泉骨,曾有惊天动地文。但是诗人多薄命,就中沦落不过君。"③ "辞人命薄多无位,战将功高少有文。"④ "翰林江左日,员外剑南时。不得高官职,仍逢苦乱离。暮年逋客恨,浮世谪仙悲。吟咏流千古,声名动四夷。文场供秀句,乐府待新词。天意君须会,人间要好诗。"⑤ 白居易又以李白、杜甫为例,说明他们在世时历经乱离磨难,但诗名却传之久远。言外之意谓此是一种"天意":人间需要好诗,所以诗人要经过乱离才行。白居易《读邓鲂诗》也列举数位本朝诗人薄命之例云:"诗人多蹇厄,近日诚有之。京兆杜子美,犹得一拾遗。襄阳孟浩然,亦闻鬓成丝。嗟君两不如,三十在布衣。擢第禄不及,新婚妻未归。少年无疾患,溘死于路岐。天不与爵寿,唯与好文词。此理勿复道,巧历不能推。"⑥ 他觉得诗人蹇厄是一种人们无法理解与推测的神秘天数。白居易《自解》诗又云:"我亦定中观宿命,多生债负是歌诗。"⑦ 白居易这里提出了诗人的"宿命"。白居易的"宿命"是佛教的概念,指前世的生命。佛教认为人之往世皆有生命,辗转轮回,故称宿命。"多生",也是佛教术语。佛教以

---

① 钱锺书《诗可以怨》:"古代评论诗歌,重视'穷苦之言',古代欣赏音乐,也'以悲哀为主'。"(见钱锺书《七缀集》,上海古籍出版社 1985 年版,第 113 页)又钱锺书《管锥编》有"好音以悲哀为主"条。(见钱锺书《管锥编》第 3 册,三联书店 2007 年版,第 1506 页)
② 杜甫著、仇兆鳌注:《杜诗详注》第 2 册卷 7,中华书局 1979 年版,第 590 页。
③ 白居易:《李白墓》,见《白居易集》卷 17,中华书局 1979 年版,第 363 页。
④ 白居易:《宣武令狐相公以诗寄赠,传播吴中,聊奉短章,用申酬谢》,见《白居易集》卷 24,中华书局 1979 年版,第 530 页。
⑤ 白居易:《读李杜诗集因题卷后》,见《白居易集》卷 15,中华书局 1979 年版,第 318 页。
⑥ 白居易:《读邓鲂诗》,见《白居易集》卷 9,中华书局 1979 年版,第 185 页。
⑦ 白居易:《自解》,见《白居易集》卷 35,中华书局 1979 年版,第 791 页。

众生造善恶之业，受轮回之苦，生死相续，谓之"多生"。白居易意谓自己之往世今生，皆为诗人，亦受其轮回之苦。白居易把中国本土的命运之说与佛教传入的宿命之论结合起来，谈论诗人的命运问题。

宋代以后，这种说法更为流行，苏轼诗云："诗人例穷蹇，秀句出寒饿。"① "诗人"与"穷愁"似乎结下了不解之缘。而诗人的穷苦，又是上天的意思，是一种不可解脱的宿命，好的诗人与好的诗都要经过穷苦的磨练。东坡又云："诗人例穷苦，天意遣奔逃。"② 诗人穷苦乃为"天意"，此亦为"宿命"。苏轼所言与白居易意思相同，而用词却有所差异。白居易谓"多薄命"，而苏轼则说"例穷苦"，穷苦成为诗人的通例与规律。不穷苦的诗人，反而是极少数的例外。虽然"诗人例穷苦"之说是诗人之语，不能过分执着地去理解，不过当其他诗人也持相同说法的时候，我们就不能把它当成某位诗人一时兴到之语。如宋人徐钧诗云："自古诗人例怨穷，不知穷正坐诗工。"③ 诗人不但自己薄命，还连累了身边的事物。"阴霏非是妒春华，薄命诗人带累花。"④ 因为阴雨霏霏，而想到是因为"薄命诗人"连累了梅花。这也是很有趣的联想。

对文章之士命运的关注，是古已有之的。不过，对其不幸遭遇原因的阐释则有所变化。从汉代的"文人伐能"之说，到唐宋的"诗人薄命"之说，是一种转折。⑤ 它意味着人们从关注诗人自身的品德缺陷变成关注诗人悲剧性的宿命，对诗人的态度也从批评转为理解与欣赏了。

古人已注意到在唐代以前，是不以穷达论诗的，以穷达论诗始于中唐。元代黄溍云："古之为诗者，未始以辞之工拙验夫人之穷达。以穷达言诗，自昌黎韩子、庐陵欧阳子始。昌黎盖曰：'穷苦之言易好'，庐陵亦曰：'非诗能穷人，殆穷而后工耳'。自夫为是言也，好事者或又矫之，以诗能达人之说，此岂近于理也哉？《匪风》、《下泉》诚穷矣，《凫鹥》、《既醉》，未或

---

① 苏轼：《病中大雪数日未尝起观虢令赵荐以诗相属戏用其韵答之》，见《苏轼诗集》卷4，中华书局1982年版，第159页。

② 苏轼：《次韵张安道读杜诗》，见《苏轼诗集》卷6，中华书局1982年版，第26页。

③ 徐钧：《孟郊》，《史咏诗集》下卷，见《续修四库全书》第1321册，上海古籍出版社2002年版，第117页。

④ 张镃：《寓舍听雨忆园中梅花》，《南湖集》卷5，见《文渊阁四库全书》第1164册，上海古籍出版社1987年版，第582页。

⑤ 这种"转折"并不是说，唐宋以后"文人伐能"说就消失了，而是"诗人薄命"说代表新的诗学观念。

有不工者。窃意昌黎、庐陵特指夫秦汉以来，幽人狷士悲呼愤慨之辞以为言，而未暇深论乎古之为诗也。"① 为什么在以诗取士的唐代反而会出现"诗人薄命"之说？正如上面所论，这种观念的产生有其悠久的历史传统，有其深刻、复杂的思想文化以及文学内部原因。而在唐代，这种观念从原先的隐约和个别，变成明晰与系统，则更直接地与政治制度相关。

在未实施科举制度之前，诗人的前途命运与文学才华并没有必然的关系，所以人们很少去考虑诗人的穷达问题。正是到了唐代实施以诗取士的科举制度后，能诗者普遍可平步青云，取得上流社会的入场券。而一旦其中有能诗却穷苦不达的诗人，则与人们原有的期望值形成巨大的反差。虽然是少数，但给人以更为强烈的印象。与贵族政治时代由血缘出身决定人的等级差异不同，科举制度强调的是对于人才的平等精神。在这样"平等"的时代，如果杰出的人才还遭遇穷困，其原因大概只能归之天命了。自唐代以后，诗歌功能出现两极化：诗歌既是吟咏情性的工具，也是平步青云的阶梯，这就引起人们对不同类别诗歌的审美价值、不同际遇诗人的历史地位的思考。因此，以诗取士的制度与其他思想文化以及文学内部因素共同构成"诗人薄命"说产生的社会背景。

二、"诗能穷人"与"诗能达人"

在研究文学批评史时，我们会把司马迁的"发愤著书"、韩愈的"不平则鸣"以及欧阳修的"穷而后工"等说法作为文学批评史的一条理论线索。② 这其实只是古人说法的一个方面。在古代文论的原始语境中，每种理论往往是和它的对立面相反相成地存在的。宋代以后，"诗能达人"之说正是针对唐代以来"诗人薄命"与"诗能穷人"而提出来的。客观地看，"诗能穷人"与"诗能达人"是中国文学史史实与理论中不可分割的两个方面。古人既有认为诗能穷人的，也有认为诗能达人的。这原本是两个自有道理、各有例证的话题。把"诗能穷人"与"诗能达人"两个话题放到一起考察，相互印证，对中国诗学的理解才比较全面、真实和圆融，也比较深刻。

在"诗人例愁苦"说流行之时，就有人对此表示怀疑。宋人许棐直截了

---

① 黄溍：《蕙山愁吟后序》，《金华黄先生文集》卷18续稿15，见《续修四库全书》第1323册，上海古籍出版社2002年版，第265页。
② 钱锺书：《诗可以怨》，载《文学评论》1981年第1期，又见《七缀集》。

当地表示,"不信诗人一例穷"。① 在宋代,一方面诗人薄命之说更为普遍,另一方面也出现完全相反的说法,那就是"诗能达人"。可是,这种说法并不流行,甚至差不多被后人遗忘。这种遗忘当然有它的道理,但是从学术研究的角度看,如果完全漠视这种说法,可能会显得片面和肤浅。

《孟子·尽心上》:"穷则独善其身,达则兼善天下。""达"有显贵、显达之意,"穷"特指不得志。作为诗学命题的"诗能穷人"与"诗能达人"在对举时,其"穷""达"之义大致与此相仿。但在具体语境中,意义却比较复杂。"穷"有生活困顿、穷愁潦倒这种物质层面的"穷",也有理想与现实强烈矛盾的精神层面的"穷"。"达"可指社会地位的显达,也可指诗名远扬的显达。我们要注意到在不同语境中的意义差异。

在文学批评史上,最早提出"诗能达人"的是宋人陈师道。他在《王平甫文集后序》云:"欧阳永叔谓梅圣俞曰,世谓诗能穷人,非诗之穷,穷则工也……方平甫之时,其志抑而不伸,其才积而不发,其号位势力不足动人,而人闻其声,家有其书,旁行于一时,而下达于千世,虽其怨敌不敢议也,则诗能达人矣,未见其穷也。夫士之行世,穷达不足论,论其所传而已。"② 陈师道以王平甫为例,说明"诗能达人,未见其穷"。不过,他所理解的"达",不是现世的"显达",而是诗歌在当下与后世的影响与流传。元代李继本也说:"余意诗能达人,则有之,未见其穷也。不有达于今,当有达于后。从古以来,富贵磨灭,与草木同朽腐者,不可胜纪,而诗人若孟郊、贾岛之流,往往有传于后,岂非所谓达人者耶?"③ 他所谓的"达",与陈师道同意。这种"诗能达人"之说在理论上与"穷而后工"并没有本质差别。

宋代的陈与义就是当时人们认为"诗能达人"的典型。葛胜仲《陈去非诗集序》:"世言诗能穷人……予谓诗不惟不能穷人,且能达人。"④ 为何以陈与义为"诗能达人"的典型呢?宋人胡仔说:"简斋《墨梅》皋字韵一绝,徽庙召对称赏,自此知名,仕宦亦浸显。陈无己所以谓之'诗能达人矣,未

---

① 许棐:《挽沈晏如》,《梅屋集》卷1,见《文渊阁四库全书》第1183册,上海古籍出版社1987年版,第197页。
② 陈师道:《王平甫文集后序》,见《后山居士文集》卷16,上海古籍出版社1984年版,第718-719页。
③ 李继本:《冰雪先生哀辞》,《一山文集》卷7,见《文渊阁四库全书》第1217册,上海古籍出版社1987年版,第772-773页。
④ 葛胜仲:《丹阳集》卷8,见《文渊阁四库全书》第1127册,上海古籍出版社1987年版,第488页。

见其穷也'。葛鲁卿序《简斋集》，亦用此语，盖为是也。"① 这里的"达人"，与陈师道所言内涵不同，是指现世的显贵。这种"诗能达人"的含义更为普遍和流行。在下文中，我们谈到"诗能达人"时，便是特指这种含义。

类书是中国古人体系化的"常识"。在宋代的类书中，就有"诗能穷人"与"诗能达人"两种完全相反的词条，反映出当时的文学观念。南宋祝穆《事文类聚》别集卷9"文章部"有"因诗致穷"类，又有"诗能达人"类。除了类书之外，古代大量的诗话对此也有所记载。如《诗话总龟》中的"知遇""称赏""投献"等门类，也记载了大量诗能达人的故事。

历来对"诗能达人"之说论述最为全面的是南宋的胡次焱，他在《赠从弟东宇东行序》一文中说：

> 诗能穷人，亦能达人。世率谓诗人多穷，一偏之论也。陈后山序《王平甫集》，虽言穷中有达，止就平甫一身言之。予请推广而论。世第见郊寒岛瘦，卒困厄以死，指为诗人多穷之证。夫以诗穷者固多矣，以诗达者亦不少也。②

胡次焱还举出许多例子，说明有"以诗擢科第者""以诗转官职者""以诗蒙宠赍者"，而且"诗可完眷属""诗可以蠲忿""诗可以行患难"。胡次焱以实证的方式用大量的历史事实（其中不乏小说家言）来证明"世谓'诗能穷人'，岂公论哉？"从胡次焱所举例证来看，诗不仅能使人在现实社会中尊贵与显达，而且还具有消灾解困之功用，所以胡次焱"诗能达人"之说带有世俗社会强烈的功用色彩。

宋代以后，理论家们开始追溯历史，以事实证明诗人不必皆穷，亦有达者。姚鼐云："夫诗之源必溯于风雅，方周盛时，诗人皆朝廷卿相大臣也，岂愁苦而穷者哉？"③ 徐世昌《读梅宛陵诗集书后》："人谓诗以穷而工，我谓工诗而后穷。自古诗人多富贵，《雅》《颂》作者何雍容。"④ 他们都指出

---

① 蔡正孙：《诗林广记》后集卷8引，中华书局1982年版，第371页。
② 胡次焱：《梅岩文集》卷3，见《文渊阁四库全书》第1188册，上海古籍出版社1987年版，第549页。
③ 姚鼐：《陈东浦方伯七十寿序》，见《惜抱轩诗文集》文集卷8，上海古籍出版社1992年版，第118页。
④ 徐世昌：《晚晴簃诗汇》卷125，见《续修四库全书》第1631册，上海古籍出版社2002年版，第692页。

早期中国诗史，《雅》《颂》的作者多为达者。此外，也有人指出，唐代以来的诗人，也多有命运不薄、福寿双全者。清程晋芳《申拂珊副宪七十寿序》："人咸言诗人少达而多穷，又或谓呕心肝，擢胃肾，非益算延年术也，是特就一二人言之耳，乌足概其全哉？由唐以来，诗大家香山、放翁，官未尝不达，而年近耆耆，庐陵、临川，皆至宰辅。近人朱竹垞、查他山辈，官虽不高，寿皆至七、八十岁。盖天欲厚其传，非使之长年则撰著不富。"① 他们指出，无论是历史还是现实，诗人穷苦，只是极个别现象而已。他们所说的"达"，又是指福、禄、寿齐全式的世俗社会幸福生活。

清代严首升针对"穷而后工"之说，引诸史实，特别指出"达"更有利于创作：

> 自古诗人，若陈拾遗、孟襄阳等辈，皆相望于穷，或遂以为诗能穷人，或以为穷而后工，皆不然之论也。王文穆、杨徽之皆以一字、数联立致要路，诗何尝不能达人？摩诘佳处什九在开元以后，苏明允既游京师，落笔敏于山中时，又安在不达而后工哉？夫抱心者身也，身实有苦乐，而心安得不有艰易？先民有言，惟福生慧，穷尚工矣，何况达乎？予因以是细数古今词赋之事，自人主为之，鲜不加于民间数等，其次则诸王宗室与幕府宾客，倡和园林，亦必有群中鹤立之美，往往然也。陈隋之主无道已，文皇、明皇独步三唐。若乃淮南、陈思、昭明、谪仙、长吉诸君子，一时作者，咸逊为弗如，此曷故哉？大约本支百世，氤氲已久，且其色声香味，既与人殊，宜其心之所思，亦莫得同也。②

严首升说的"达"则不仅指有高贵的社会地位，还指具有能为艺术审美活动提供充分条件的物质生活基础。他既认为"诗何尝不能达人"，又进一步明确提出诗人"达而后工"之说，似乎有故作翻案，谲诡怪诞之嫌。古人认为，"居移气，养移体"（《孟子·尽心上》）。社会地位高者，可以广泛交流，转益多师，视野开阔，居高临下，故"达"者亦可"工"也，正如"穷"而未必皆"工"。社会地位高贵的"达"者也是可以有忧患的，也可能产生理想与现实矛盾的苦闷，"达"者亦有"穷"时。事实上，有些好诗

---

① 程晋芳：《勉行堂文集》卷2，见《续修四库全书》第1433册，上海古籍出版社2002年版，第317页。
② 严首升：《种玉堂集序》，《濑园文集》文集卷2，见《四库禁毁书丛刊》集部第147册，北京出版社1997年版，第156–157页。

确是"达"者才能写出来的,像刘邦《大风歌》:"大风起兮云飞扬,威加海内兮归故乡,安得猛士兮守四方!"① 像曹操《短歌行》:"山不厌高,海不厌深。周公吐哺,天下归心。"② 退一步讲,这种诗就算"穷"者能写出来,也是矫情而不实的。"穷而后工"之"穷"应该是特指那些具有突出的艺术才华,有理想,有抱负而遭遇挫折者。许多处于社会底层的"穷"者却可能是平庸的,或"穷"不思变的。就诗人而言,古代有大量三家村之诗人,困于生计,限于交际,独学无友,孤陋寡闻,虽穷之甚,而诗多不工。严首升所论,或有偏颇。然而,他认为诗人由于"穷",受到物质条件与主观条件的限制,其交际和阅历、眼界和胸襟都可能受到影响。此说从创作心理的角度,强调诗人的社会地位、物质基础与创作的关系,强调诗人良好的环境与心境对于创作的正面影响,力破传统"诗穷而后工"之说的某种思维定势,不为无见。

明清时期,出现与"诗能穷人""诗能达人"密切相关又有所引申的另一对命题,即"文章九命"与"更定文章九命"。"文章九命"是明代王世贞提出来的。"薄命"的内涵颇为含混,古人泛指穷愁不达之类的生活际遇。王世贞则把"薄命"的内涵明确细化,并以"文章九命"进行分门别类:

> 古人云:"诗能穷人。"究其质情,诚有合者。今夫贫老愁病,流窜滞留,人所不谓佳者也,然而入诗则佳。富贵荣显,人所谓佳者也,然而入诗则不佳。是一合也。泄造化之秘,则真宰默雠;擅人群之誉,则众心未厌。故呻佔椎琢,几于伐性之斧,豪吟纵挥,自傅爱书之竹。矛刃起于兔锋,罗网布于雁池。是二合也。循览往匠,良少完终,为之怆然以慨,肃然以恐。曩与同人戏为文章九命,一曰贫困,二曰嫌忌,三曰玷缺,四曰偃蹇,五曰流窜,六曰刑辱,七曰夭折,八曰无终,九曰无后……吾于丙寅岁,以疮疡在床褥者逾半岁,几殆。殷都秀才过而戏曰:"当加十命矣。"盖谓恶疾也。③

王世贞"九命"一词,或为一时兴到之言,或为换骨脱胎之语。周代的官爵分为九个等级,称"九命"。王世贞可能仿古代官制而"戏为"调侃之词,

---

① 逯钦立辑校:《先秦汉魏晋南北朝诗》上册,中华书局 1983 年版,第 87 页。
② 逯钦立辑校:《先秦汉魏晋南北朝诗》上册,中华书局 1983 年版,第 349 页。
③ 王世贞:《艺苑卮言》卷 8,见丁福保辑《历代诗话续编》,中华书局 1983 年版,第 1080 – 1087 页。

亦谐亦庄。所谓文章"九命",是指文章给人带来的各种厄运。这里的"文章",所指甚广,但也包括了诗歌。王世贞分析"诗能穷人"的两大原因:一是从审美来看,诗中表现穷苦之言比表现富贵之言更有价值;二是从诗的社会效应来看,诗歌揭露了造化的秘密,引发上天的暗恨,诗人的声誉又挑起众人的妒忌。王世贞力图从文学与社会学的角度,从内部与外部揭示"诗能穷人"之秘密,虽略有夸张,然颇有道理。

王世贞"文章九命"之说一出,即成为当时文人热议的话题。胡震亨《唐音癸签》卷28:"王弇州尝为'文章九命'之说,备载古今文人穷者,今摘唐诗人,稍加订定录后。"① 他又列举唐诗人为例,加以补充。胡应麟《诗薮》云:"若陶婴、紫玉、班婕妤、曹大家、王明君、蔡文姬、苏若兰、刘令娴、上官昭容、薛涛、李冶、花蕊夫人、易安居士,古今女子能文,无出此十数辈,率皆寥落不偶,或夭折当年,或沈沦晚岁,或伉俪参商,或名检玷阙,信造物于才,无所不忌也。王长公作《文章九命》,每读《厄言》,辄为掩卷太息,于戏!宁独丈夫然哉?"② 胡应麟从历代女诗人之厄运的角度补充"文章九命"之说:不独男子如此,女子也是如此,可见此说具有普遍性。明沈长卿云:"王元美戏为《文章九命》,伤才士数奇也……予谓'十命'当分'天刑'、'人祸'两则。绮语诬谇者,遭阴殛之报,天刑之;愤世怨怼者,罗阳网之报,人祸之。然平坦之肠,必无警句。光尘之品,宁有奇文?即欲抑其才以自韬而不能,此数奇之由也。若曰:享名太过,销折其福,依然忌者之口也。更有说焉,文入于妙,不必更作他业,即此已为世所深恨。犹入宫之女,岂尝罝诸嫔嫱,而反唇侧目者趾相接也。"③ 此则是对王世贞"文章九命"之补充,以之分为"天刑""人祸"两种,谓文人之"数奇",不可避免。

自明代以来,王世贞《文章九命》影响甚大,甚至成为文人诗文创作中的独特话语。比如诗中有云:"尘劫三生终杳渺,文章九命独蹉跎。"④"五字

---

① 胡震亨:《唐音癸签》卷28,上海古籍出版社1981年版,第295页。
② 胡应麟:《诗薮》外编,上海古籍出版社1958年版,第133页。
③ 沈长卿:《沈氏日旦》卷2,见《续修四库全书》第1131册,上海古籍出版社2002年版,第346页。
④ 王昶:《闻李贡生宪吉旦华之讣兼讯其尊人绎曾同年集》,《春融堂集》卷9,见《续修四库全书》第1437册,上海古籍出版社2002年版,第431页。

长城七子才，文章九命古今推。"① 文中有云："呜呼！自古才人，造物所忌。文章九命，真堪流涕！人生缺陷，万事难遂。"② 总之，在诗文中"文章九命"已成为文人命蹇、才士数奇的代语。

到了清代，有人力反其说，重新编制具有正面意义的"文章九命"。清王晫《更定文章九命》："昔王弇州先生创为《文章九命》……天下后世尽泥此言，岂不群视文章为不祥之莫大者，谁复更有力学好问者哉？予因反其意为《更定九命》，条列如左，庶令览者有所欣羡，而读书种子或不至于绝云。"③《更定九命》具体的内容为：一曰通显、二曰荐引、三曰纯全、四曰宠遇、五曰安乐、六曰荣名、七曰寿考、八曰神仙、九曰昌后，各引古人往事以实之。王晫的"九命"是有意与王世贞的"九命"一一对应而相反的。

王晫《更定文章九命》引导读书人乐观地看待文章与命运的关系，清代施闰章《王丹麓松溪诗集序》说："王元美'文章九命'之说，足使文人失志，悉反其说，取古文人之通显、寿考、声实荣畅者，辑为《更定文章九命》一编，读之阳气且满大宅，若春日之暖寒谷也。"④ 不过，为其写序，可视为世故的客气话，不太具有实际的批评内涵。而事实却是：王世贞的《文章九命》非常知名，非常流行，而《更定文章九命》在文学批评史上，不但没有流行，而且很少有人注意到。这种现象，耐人寻味。

三、"诗人薄命"：一种集体认同

中国古代既有"诗能穷人"之说，又有"诗能达人"之说；既有"穷而后工"之说，也有"达而后工"之说；既有《文章九命》，又有《更定文章九命》。但是前者成为流行的说法，而后者则少为人所接受。这是中国文学批评史上一个奇特的现象，我把它称之为"诗人薄命化"倾向。

那么，"诗人薄命化"倾向是如何形成的？难道是因为它揭示了中国文

---

① 吴骞：《题徐兰圃楚畹近稿二首》，《拜经楼诗集》卷12，见《续修四库全书》第1454册，上海古籍出版社2002年版，第119页。
② 尤侗：《公祭陈其年检讨文》，《西堂文集》杂组三集卷8，见《续修四库全书》第1406册，上海古籍出版社2002年版，第485页。
③ 王晫：《更定文章九命》，见王水照主编《历代文话》第4册，复旦大学出版社2007年版，第3852页。
④ 施闰章：《王丹麓松溪诗集序》，《学余堂文集》卷7，见《文渊阁四库全书》第1313册，上海古籍出版社1987年版，第83页。

学史的普遍规律吗？不是。总体来说，重视诗赋等文学创作是中国古代的社会风尚，"雅好文章"和提拔文章之士是君主的雅趣。《汉书》中记载西汉枚乘、司马相如都因善赋而见用。《后汉书》也记载东汉班固因《两都赋》名闻天下，"及肃宗雅好文章，固愈得幸"①。马融"上《东巡颂》，帝奇其文，召拜郎中"②。六朝以还，此风尤盛。隋代李谔上书隋高祖，以批评的口吻谈到江左齐梁"爱尚"诗歌的风气："世俗以此相高，朝廷据兹擢士。禄利之路既开，爱尚之情愈笃。于是闾里童昏，贵游总丱，未窥六甲，先制五言。"③ 他明确指出，诗歌已经成为"朝廷据兹擢士"的"禄利之路"。但是在齐梁时代，"朝廷据兹擢士"应指对于善诗者可特别加以升迁④，尚未成为面向一切社会阶层以诗取士的制度，尽管它对后来的科举以诗文取士有重要影响。自从唐代实施科举制度，尤其是设立注重文词的"进士科"，诗歌便成为下层士子改变命运的途径，真正成为对所有读书人开放的"禄利之路"。诗歌为许多士子带来的恰恰是幸运，而不是厄运。不仅如此，在中国古代，诗歌是当时社会交往的一种重要工具。无论在上流社会还是民间社会，能诗是一种荣誉，也具有很高的才华显示度。文章之士通过考试能获得担任官员的资格，便在当时世界范围内，中国文人也是少有的"幸运"者。故可以说，"诗能达人"在中国古代也具有某种程度的真实性。古代诗人遭受厄运的毕竟是少数，而为诗所"穷"，纯粹由于写诗的原因而遭受厄运的诗人，更是少之又少——多数是出于"政治"的原因。所以如果从数字统计的角度来看，诗歌和"薄命"是没有必然关系的，诗人薄命并不是普遍的事实，而仅仅是片面的真实："诗能达人"与"诗能穷人"同时构成事实的整体。

  正因为"自古诗人多薄命"不是普遍的历史真实，它的理论内涵、理论价值和意义才更为凸现出来：它不是对事实的客观总结，而是一种带有强烈

---

① 范晔：《后汉书》第 5 册卷 40，中华书局 1965 年版，第 1373 页。
② 范晔：《后汉书》第 7 册卷 60，中华书局 1965 年版，第 1971 页。
③ 魏征：《隋书》第 5 册卷 66，中华书局 1973 年版，第 1544 页。
④ 比如《梁书》卷 41《王规传》："六年，高祖于文德殿饯广州刺史元景隆，诏群臣赋诗，同用五十韵，规援笔立奏，其文又美。高祖嘉焉，即日诏为侍中。"（姚思廉：《梁书》，中华书局 1983 年版，第 582 页）《梁书》卷 41《褚翔传》："中大通五年，高祖宴群臣乐游苑，别诏翔与王训为二十韵，限三刻成。翔于坐立奏，高祖异焉，即日转宣城王文学，俄迁为友。时宣城友、文学加它王二等，故以翔超为之，时论美焉。"（姚思廉：《梁书》，中华书局 1983 年版，第 586 页）

集体性主观色彩的想象与含混的印象,① 也是出于对理想的诗歌和诗人的深切期待。"诗人薄命"不是真实的命题,而是理想的命题。从这个角度看,"诗人薄命"反映出中国古人超越现实的创造性的诗学理想,其内涵的深刻性和丰富性还有待探讨。

如果我们超越表面现象,便可看出,中国古代文论中关于"诗人薄命"之说其实是一种有选择性的集体认同:在"诗能穷人"与"诗能达人"两者中,选择了"诗能穷人";在"穷而后工"与"达而后工"两者中,选择了"穷而后工";在《文章九命》与《更定文章九命》两者中,选择了《文章九命》。选择就是一种批评。孤立地看,"诗能达人"之说是可成立的,但当它与"诗能穷人"或"穷而后工"之说相提并论时,两者的差异与深浅便显现出来。虽然,"诗能达人"也具有某种真实性与合理性,但这种理论大多仅是对世俗社会现象的总结,没有更深邃、更崇高的传统诗学理想与价值观来支撑,有时还流露出某种世俗功利色彩。② 而"诗能穷人"或"穷而后工"之说虽然是"片面"的,却显深刻。它反映的是一种超越世俗、追慕崇高的诗学理想。

历史之所以做出这种选择,固然与司马迁、韩愈、白居易、欧阳修、苏轼等文坛领袖的强势话语有关,固然与中国古代经典诗歌多为"穷苦之言"有关,但从某种意义而言,这些是"果"而不是"因",更深层的原因是潜藏的中国古代诗学价值观念的影响。中国诗学始终强调和重视诗人的社会责任,而当"事业"与"文章""常患于难兼"时,"失志"诗人不得已就把用世之志寄寓于诗文。诗歌对于他们不仅是一种语言形式,而是生命价值的现实体现与历史延续的最佳载体。他们对于社会、人生、生命的体验特别深切、特别丰富,他们对于诗歌的追求分外投入、分外执着。因此,他们的诗歌也就具有特别的审美价值。历史之所以做出这种选择,从更根本来看,它所体现的是深厚的中国传统文化心理。中国诗学精神主体的根基是以孔孟为

---

① 比如说,"贫困""嫌忌""玷缺""偃蹇""流窜""刑辱""夭折""无终""无后"这些所谓典型的"薄命"现象,难道是诗人文人所特有的而其他阶层或群体所没有或少有的?事实上,任何阶层和群体都可能有此遭遇,甚至还可能更为严重:如"贫困"之于农夫,"嫌忌""流窜""刑辱"之于官宦。又比如说,诗人在何种程度上便是"薄命"?古人所言,时而指终身困苦,时而指人生过程中遭遇某些穷厄。所以"诗人薄命"这一命题是无法用统计和量化的方法来论证的。

② 这里所论,不包括上述陈师道等人所说的"诗能达人",因为他说的"达",是指其诗歌可"下达于千世",与一般的"诗能达人"的含义不同。

代表的儒家思想。以"诗言志"为开山纲领的中国传统诗学,特别强调风雅比兴与怨刺精神,强调发愤抒情。诗人在对人生悲剧、忧患愁苦的体认、接受和抒发之中,更多地体现了对道的坚守和追求,因而其心灵深处充满了以道自任、任重道远的使命感与悲剧性的崇高感。所以真正诗人之"穷"就不仅只关乎诗人本身的一己之困顿,而是与生命本质和人类的命运息息相关的。所以,诗人表达的生老病死与穷愁哀伤可以超越个人的际遇,而与人类的普遍情感相通,从而能超越时代引起人们的普遍共鸣。"穷而后工"的"工",绝不仅是技术层面上的成就,更因为它是具有深刻人文主义情怀与理想的艺术精品。

文学的集体认同,既不是统计学上的平均值,也不是一种实证,而是一种对于事实的选择性接受和传播,主导着这种集体认同的则是中国古代潜藏不露的深层文学观念。我们的一切接受都是在"前理解"之中进行的。这种前理解,可以使人"有所见",也可以使人"有所蔽"。可以使人"明察秋毫",也可以使人"不见舆薪"。文学的理解当然也不例外。①"诗人多薄命"暗含了丰富的内涵,它并不是对于所有诗人命运的准确总结,而是一种想必如此、理应如此的期待与想象之词。事实并不是"诗人例愁苦",但是按照读者的理解却应该这样。而对大量"诗能达人"的现象却视而不见,或者熟视无睹。所谓"诗人多薄命"的"宿命",不是上天所注定的"宿命",而是读者所理解、所向往的必然选择。"天意"不是别的,正是中国古人自诗骚雅怨以来世代积淀而成的基于深层价值观念的集体认同。

在中国古代文学批评上存在一些"集体认同",它不是代表某个理论家、某部理论著作,而是多数人的共识,它甚至可以超越阶层与身份,超越地域与时间。它不一定有系统完整的理论阐释,更多的是想象与印象的集合体。集体认同具有某种强大的力量,它不但会使人们在大量的现象中选择符合自己理想的事实,甚至也会改造事实,扭转事实的指向。在文学批评上,这种集体认同会引导读者对历史事实进行选择性考察,在这种"滤光镜"的作用下,"诗人薄命"的现象也就非常明晰地凸现出来了,而不符合集体认同的大量事实则被遮蔽了。

集体认同的过程,已经包含了对历史事实进行虚构和改造。比如司马迁《史记·太史公自序》中提出"发愤著书"之说,认为历史上许多名著——

---

① 吴承学、沙红兵:《古代文学研究的历史想象——超越"前理解"与"还原历史"的二元对立》,载《文学评论》2009年第6期。

包括后来学术分类上的经（《周易》《春秋》《诗经》）史（《国语》）子（《吕氏春秋》）集（《离骚》）——都是作者遭受不幸的产物，但司马迁所举例证却多与《史记》所载不符。如《太史公自序》中说："孔子厄陈蔡，作《春秋》。"① 据《史记》卷47《孔子世家》，孔子作《春秋》是在"西狩见麟"之后，远在"厄陈蔡"之后。② "不韦迁蜀，世传《吕览》。"而《史记》卷85《吕不韦列传》则记载："吕不韦乃使其客人人著所闻，集论以为《八览》、《六论》、《十二纪》，二十余万言，以为备天地万物古今之事，号曰《吕氏春秋》。"③ 则《吕氏春秋》明显是在"不韦迁蜀"之前，是得志时所作。"韩非囚秦，《说难》《孤愤》。"《史记》卷63《老庄申韩列传》："非见韩之削弱，数以书谏韩王，韩王不能用……故作《孤愤》、《五蠹》、《内外储》、《说林》、《说难》十余万言……人或传其书至秦，秦王见《孤愤》、《五蠹》之书曰：'嗟乎！寡人得见此人，与之游，死不恨矣！'"④ 则《说难》《孤愤》明显是入秦之前所作，与"囚秦"毫无关系。"《三百篇》，大抵贤圣发愤之所为作也。"基本上也是想象之词，至少有以偏概全之嫌。司马迁以上诸语，都有与《史记》相矛盾之处。作为历史文体的《史记》，所载是更为真实的历史；而《太史公自序》文体上属于子论，要表达的是作者的思想观念，虚构和改造正是子论文体常用的修辞手法。司马迁处于"遭李陵之祸，幽于缧绁"的语境，为了强调作者的遭遇（"厄""迁""囚"）与写作的关系，从而把著述的时间、地点和原因都做了改动，从而成为"此人皆意有所郁结，不得通其道也，故述往事，思来者"思想观念之有力证据。⑤ 而这些被改造过的史实后来又成为集体认同的基础，乃至成为后人的"前理解"。

集体认同也引导读者对批评理论进行选择性理解。这里以古人对韩愈的经典理论"不平则鸣"与"穷言易好"的理解为例。

韩愈《送孟东野序》开宗明义说："大凡物不得其平则鸣。"⑥ 在文学批

---

① 司马迁：《史记》第10册卷130，中华书局1959年版，第3300页。下引《太史公自序》皆同。
② 司马迁：《史记》第6册卷47，中华书局1959年版，第1943页。
③ 司马迁：《史记》第8册卷85，中华书局1959年版，第2510页。
④ 司马迁：《史记》第7册卷63，中华书局1959年版，第2154页。
⑤ 郭绍虞主编：《中国历代文论选》第1册，上海古籍出版社1979年版，第81页。
⑥ 韩愈：《送孟东野序》，见马其昶校注、马茂元整理《韩昌黎文集校注》卷4，上海古籍出版社1986年版，第233页。

评研究中，人们也往往以"不平则鸣"来阐释诗人作家的不幸遭遇和痛苦生活对于创作的积极作用，并且把它与"发愤著书""穷而后工"作为同一理论源流。假如把"不平则鸣"单纯解释为对于不公平事情的愤慨，则《送孟东野序》中出现了大量难以解释甚至矛盾之处。宋代学者洪迈在《容斋随笔》中认为，韩愈既说"物不得其平则鸣"，而文中却以唐虞时代的皋陶、大禹，殷代的伊尹、周代的周公等等为"善鸣者"，这些人都是成功的政治家，似乎难和"不平"扯到一起；而且文中还说"天将和其声而使鸣国家之盛"等等，这就更谈不上"不平则鸣"了。洪迈认为韩愈所举之例与"不平则鸣"的说法不相符。① 钱锺书在《诗可以怨》一文中说："韩愈的'不平'和'牢骚不平'并不相等，它不但指愤郁，也包括欢乐在内。"② 钱先生这个解释是很有见地的，它纠正了以往一些对"不平"的狭隘理解。不过韩愈所说的"不平"并不限于人的感情问题，"平"是指平常、平静、平衡、平凡等；"不平"则是指异乎寻常的状态，既可指事物受到压抑或推动，也可指事物处于发展变化，或充满矛盾的状况。总之"不平"所指甚广，并不仅指逆境。"不平则鸣"应是指自然、社会与人生若处于不寻常的状况之中，一定会有所表现。韩愈认为孟郊是一个"善鸣"的诗人，但不知道老天爷是让他"鸣国家之盛"呢，还是"使自鸣其不幸"，不过不管哪种情况都不会影响孟郊的"善鸣"，所以劝他不必为处境顺逆而"喜""悲"。在这里韩愈并不单纯强调"不幸"对于诗人的作用。为什么后来的读者理解"不平则鸣"往往偏重于不幸、愤懑这一方面的含义呢？这既因为孟郊本来就是一个穷苦的诗人，让人偏向于把"不得其平"理解为像孟郊一样由于生活的穷苦而悲愤。但更重要的是，这是人们的"前理解"所致。

如果说，《送孟东野序》是为孟郊写序，而孟郊的生活际遇容易让人把"不得其平"理解为穷厄逆境，那么，韩愈《荆潭唱和诗序》③ 是为达官贵人的诗集写序，但是人们仍偏向认为韩愈倡导诗歌要表现"愁思之声"和"穷苦之言"，这也是选择性理解的结果。按照古代"书序"的文体惯例，序文大体会对所序优秀作者与作品有所褒扬。本文也不例外。从语境来讲，作为一篇诗集之序，"和平之音""欢愉之辞"其实是为了下文"荆潭唱和诗"张目的，而且所指就是荆潭唱和诗，这是一种巧妙的修辞方式。在具体文本

---

① 洪迈：《容斋随笔》卷4，上海古籍出版社1978年版，第52页。
② 钱锺书：《七缀集》，上海古籍出版社1985年版，第107页。
③ 韩愈：《荆潭唱和诗序》，见马其昶校注、马茂元整理《韩昌黎文集校注》卷4，上海古籍出版社1986年版，第262－263页。

中，"欢愉之辞难工，而穷苦之言易好也"。"难"与"易"两个字是关键字。在该序中，作者强调的是"和平之音"与"愁思之声""欢愉之辞"与"穷苦之言"两者在所产生的艺术效果与艺术创作上的难易，而不是两者本身艺术价值的高下。序言的主旨恰恰是说：裴均与杨凭两人是达官，不但喜欢诗歌，而且诗歌居然写得"铿锵发金石，幽眇感鬼神"，所以更为难得，作者的目的是称赞他们两人"才全而能巨"，这样理解才"得体"（文体之要）。所以林云铭认为，本文所说的道理，"与欧阳公所谓'诗能穷人'等语了不相涉"①。但是历来解读《荆潭唱和诗序》大都偏向于认为，韩愈倡导诗歌应该写"愁思之声"和"穷苦之言"。这可以说也是一种有意义的误读，因为不管有意无意，它是有选择性的。在"不平"的种种状态之中选择"牢骚不平"，在"和平之音"与"愁思之声"、"欢愉之辞"与"穷苦之言"的对举中，选择"愁思之声"和"穷苦之言"，这种对韩愈的解读，实际上是集体认同在起作用。

四、从"薄命"到"无穷"

对于"诗人薄命""诗能穷人""穷而后工"之说的选择反映出中国古人基于诗学观念与价值判断之上的集体认同。至于诗人何以薄命的原因，古人的理解似乎出现明显的分歧，不过，最终价值指向还是统一到集体认同之上。

有一种说法认为，这是上天对诗人的惩罚。清代计东云："夫富于文章，富于学问，与富于金钱等耳。夫多获者，必有少取者矣。多少相耀，多者必见妒于少者，人之情也。岂特人也，天亦然。汝不见'文章九命'乎？"②诗人因为"富于文章"而引起造物者的妒忌，叶梦得诗云："天公可是怜风月，判遣诗人一例穷。"③诗人怀疑老天爷是不是因为爱惜美景而惩罚诗人，让他们遭受穷苦？刘克庄诗云："菊涧说花翁，飘蓬向浙中。无书上皇帝，有句

---

① 林云铭：《韩文起》卷5，转引自阎琦校注《韩昌黎文集注释》，三秦出版社2004年版，第400页。

② 计东：《与李岘瞻书》，《改亭文集》卷10，见《四库全书存目丛书》集部第228册，齐鲁书社1997年版，第663页。

③ 叶梦得：《戏方仁声四绝句》，《建康集》卷2，见《文渊阁四库全书》第1129册，上海古籍出版社1987年版，第603页。

恼天公。世事年年异，诗人个个穷。"① "有句恼天公"而导致"诗人个个穷"。宋赵蕃《秋怀十首》："吁嗟古诗人，达少穷则多。定逢造物嗔，故此成折磨。"② 诗人受折磨是因为造物者嗔怒，同时也因为受到造物者所"妒"。诗人把自然神秘之处都表现出来，造物者感到受嘲弄，即受到诗人挑战，而惩罚诗人。这种观念本身没有什么理论深度，甚至似乎有点荒唐。但是，如果我们本着"了解之同情"的话，就可以看出，古人这种观念的前提是认为，诗歌具有一种神秘的力量，"天地入胸臆，吁嗟生风雷。文章得其微，物象由我裁"③。天公创造自然，诗人也在创造自然。诗人揭示了人生、自然与社会的奥妙之处，产生了一种"动天地、感鬼神"④ 的伟大力量，"笔落惊风雨，诗成泣鬼神"⑤，甚至引起造物者的嗔怒和妒忌。古人这种虚构的夸张可谓"无理而妙"，因为它从另一个角度，说明在中国古人心目中诗歌与诗人之伟大。相类似的另一种是诗人不得兼美之说。如陈师道在《王平甫文集后序》中说："天之命物，用而不全。实者不华，渊者不陆。物之不全，物之理也。尽天下之美，则于贵富不得兼而有也。诗之穷人又可信矣。"⑥ 因为诗人的才华已"尽天下之美"，为了公平起见，上天就不让诗人兼得富贵。

　　关于"诗人薄命"的另一种说法：是因为天公厚爱诗人。正如孟子所说："故天将降大任于斯人也，必先苦其心志，劳其筋骨，饿其体肤，空乏其身，行拂乱其所为，所以动心忍性，曾益其所不能。"（《孟子·告子下》）古人也以同样的思路来理解"诗人薄命"。宋代姜特立《诗人》："自古诗人多坎壈，早达唯有苏长公。流离岭外七年谪，受尽人间半世穷。我方六十遇明主，前此独卧空山中。岂唯食粥动经月，门外往往罗蒿蓬。呜呼诗人天爱

---

① 刘克庄：《赠高九万并寄孙季蕃》之二，《后村先生大全集》卷8，见《四部丛刊初编本》第1册，第72页。
② 赵蕃：《秋怀十首》，《章泉稿》卷1，见《文渊阁四库全书》第1155册，上海古籍出版社1987年版，第342页。
③ 孟郊：《赠郑夫子鲂》，见《孟东野诗集》卷6，人民文学出版社1959年版，第110页。
④ 《毛诗序》，见阮元校刻《十三经注疏》，中华书局1980年版，第270页。
⑤ 杜甫：《寄李十二白二十韵》，见仇兆鳌注《杜诗详注》第2册卷8，中华书局1979年版，第661页。
⑥ 陈师道：《王平甫文集后序》，见《后山居士文集》卷16，上海古籍出版社1984年版，第718－719页。

惜，不与富贵咥穷空。彼苍于我亦厚矣，但畀明月和清风。"① 因为"天爱惜"诗人，所以故意不让他"富贵"而让他"穷空"。明人艾穆云："今人士不得志于时，辄仰天诧曰：'造物忌才！'……嗟嗟，岂知造物忌才，乃所以为玉才哉？"② 许宗彦云："呜呼！欢音难好，作者皆然。穷者后工，斯言尤信。凡才人之薄命，原造物之玉成。"③ 清尤侗《西堂杂组》一集卷8："佳人薄命，才子亦薄命。虽然，不薄命何以为才子佳人哉……天之报之甚矣厚矣，谁谓才子佳人为薄命哉。"④ 此皆所谓艰难困苦，玉汝于成之意。宋代余靖云："世谓诗人必经穷愁，乃能抉造化之幽蕴，写凄辛之景象。盖以其孤愤郁结，触怀成感，其言必精，于理必诣也。"⑤ 这是很有理论价值的阐释，因为它深层地解释了诗人的穷与创作之工的关系：诗人因为"穷"，经过磨练和体验，对人生与自然的理解才更为透彻，其表现更为精当。

以上两种说法看似相反，实是相承，两者的前提即对于诗人的理解是一致的。无论是上天厚爱也好，上天妒忌也好，在中国古人的观念中，诗人便是天生具有悲剧命运的人，这是诗人的"宿命"，这是一种集体认同。古人诗云："酒能作祟可忘酒，诗不穷人未是诗！"⑥ "不穷人"的诗便失去诗的资格，若按此推理，不穷的诗人也难为合格之诗人。杨万里诗云："窗间雨打泪新斑，破处风来叫得酸。若是诗人都富贵，遣谁忍饿遣谁寒？"⑦ 如果诗人不承受饥寒，那么谁来承受饥寒呢？此语令人惊心动魄，其背后潜藏的深层文学观念——承受人间苦难是诗人分内之事！王国维说："尼采谓'一切文学，余爱以血书者'。后主之词，真所谓以血书者也。宋道君皇帝《燕山亭》词亦略似之。然道君不过自道身世之戚，后主则俨然有释迦、基督担荷

---

① 姜特立：《梅山续稿》卷16，见《文渊阁四库全书》第1170册，上海古籍出版社198年版，第108页。
② 艾穆：《玉才篇送陈洞衡之光山》，《艾熙亭先生文集》卷3，见《四库未收书辑刊》第5辑第21册，北京出版社1997年版，第720页。
③ 许宗彦：《孙碧梧女史诗序》，《鉴止水斋集》卷20，见《续修四库全书》第1492册，上海古籍出版社2002年版，第500页。
④ 尤侗：《西堂文集》，见《续修四库全书》第1406册，上海古籍出版社2002年版，第275页。
⑤ 余靖：《孙工部诗集序》，《武溪集》卷3，见《文渊阁四库全书》第1089册，上海古籍出版社1987年版，第25页。
⑥ 方岳：《梅边》，《秋崖集》卷7，见《文渊阁四库全书》第1182册，上海古籍出版社1987年版，第209页。
⑦ 杨万里：《过望亭》，见辛更儒笺校《杨万里集笺校》第2册卷28，中华书局2007年版，第1438页。

人类罪恶之意,其大小固不同矣。"① 这里对宋徽宗与李煜词的评价未必准确,但其意可取。真正的诗人,他的作品是用血泪所写成的,虽然表达的是个人的悲伤,却不仅是一己之私情,而是与全人类的悲剧之情相通。

中国古代对于诗人形象的想象也存在集体认同。诗人既是孤独的,也是清高的。"举世皆浊我独清,众人皆醉我独醒,是以见放。"② "前不见古人,后不见来者,念天地之悠悠,独怆然而涕下。"③ 虽然孤独,但是诗人具有一种遗世而独立的超凡脱俗。屈原是中国古代第一位伟大的诗人,他代表了中国诗歌这种独立不阿、超越世俗的崇高追求。《楚辞·渔父》:"屈原既放,游于江潭,行吟泽畔,颜色憔悴,形容枯槁。"④ 虽是忧郁寂苦,但决不变心从俗,神态傲岸,气宇轩昂,飘然远行。屈子这种形象在中国古人观念中,是比较典型的诗人形象。⑤ 唐宋以后,"诗人蹇驴"也是一个对诗人形象有特殊意味的想象。陆游《剑门道中遇微雨》:"衣上征尘杂酒痕,远游无处不消魂。此身合是诗人未?细雨骑驴入剑门。"⑥ 钱锺书解释说:"李白在华阴县骑驴,杜甫《上韦左丞丈》自说'骑驴三十载',唐以后流传他们两人的骑驴图(王琦《李太白全集注》卷三十六,《苕溪渔隐丛话》后集卷八,施国祁《遗山诗集笺注》卷十二);此外像贾岛骑驴赋诗的故事、郑綮的'诗思在驴子上'的名言等等(《唐诗纪事》卷四十、卷六十五),也仿佛使驴子变为诗人特有的坐骑。"⑦ 张伯伟曾撰文说,驴是中国古代诗人喜爱的坐骑,是诗人清高心志的象征。诗人骑驴是与高官骑马相对的,表现了在野与在朝、隐与仕的对峙。⑧ 杨万里《跋陆务观剑南诗稿》二首之二:"可怜霜鬓何人问,焉用诗名绝世无。雕得心肝百杂碎,依前涂辙九盘纡。少陵生在穷如虱,千载诗人拜蹇驴。"⑨ "千载诗人拜蹇驴"一语,可以说是对唐宋以来诗人意

---

① 王国维:《人间词话》,人民文学出版社 1960 年版,第 198 页。
② 屈原:《渔父》,见洪兴祖补注《楚辞补注》,中华书局 1983 年版,第 179 页。
③ 陈子昂:《登幽州台歌》,见《陈子昂集》,中华书局上海编辑所 1960 年版,第 232 页。
④ 洪兴祖补注:《楚辞补注》,中华书局 1983 年版,第 179 页。
⑤ 这种对诗人形象的想象,最典型表现在明代陈洪绶《屈子行吟图》之上。
⑥ 陆游:《剑门道中遇微雨》,《剑南诗稿》卷 3,见《陆游集》第 1 册,中华书局 1976 年版,第 84 页。
⑦ 钱锺书:《宋诗选注》,人民文学出版社 1988 年版,第 199 页。
⑧ 张伯伟:《再论骑驴与骑牛——汉文化圈中文人观念比较一例》,载《清华大学学报》2007 年第 1 期。
⑨ 杨万里:《跋陆务观剑南诗稿》,见辛更儒笺校《杨万里集笺校》第 2 册卷 20,中华书局 2007 年版,第 1021 页。

象的一个概括，它之所以有意味，是因为它是一种文化积淀，与"诗人薄命"的集体认同若合一契。

虽然"诗人薄命"，但是他们却可能因此获得"不朽"与"无穷"。这种希望正是激励中国诗人忍受薄命与苦难的目标。在诗人的世界里，诗歌具有至高无上的价值。"浮世荣枯总不知，且忧花阵被风欺。侬家自有麒麟阁，第一功名只赏诗。"① 中国古人认为，诗人与文人的价值不在当下，而在未来。中国古人强调三不朽，其价值次序的排列是立德、立功、立言。但是在一些人心目中，文章的价值并不逊色于建功立业。"盖文章，经国之大业，不朽之盛事。年寿有时而尽，荣乐止乎其身，二者必至之常期，未若文章之无穷。是以古之作者，寄身于翰墨，见意于篇籍，不假良史之辞，不托飞驰之势，而声名自传于后。"② 无论是镌刻在石头上，还是记载在历史上的声名，都不如文章那样留在人心之永恒。③ 在中国古代，文人大都有追求功名的理想，但只有诗歌，能让他们摆脱世俗的观念，卑视功名，追求永恒。如上所述，在理论的原生态中，每种理论通常是和它的对立面相反相成地存在的。无可讳言，中国古代诗人在现实面前，也常常会怀疑诗歌的价值，如李白就曾感叹："吟诗作赋北窗里，万言不直一杯水！"④ 但是在一次次的自我怀疑之后，诗人还是坚守自己的信念。所以李白诗又云："屈平词赋悬日月，楚王台榭空山丘。兴酣落笔摇五岳，诗成笑傲凌沧洲。功名富贵若长在，汉

---

① 司空图：《力疾山下吴村看杏花十九首》，见赵宧光等编《万首唐人绝句》卷34，书目文献出版社1983年版，第832页。

② 曹丕：《典论·论文》，见萧统编、李善注《文选》卷52，中华书局1977年版，第720页。

③ 当然我们注意到另一种声音。明代宋濂《白牛生传》自谓："生好著文，或以'文人'称之，则又艴然怒曰，'吾文人乎哉？天地之理欲穷之而未尽也，圣贤之道欲凝之而未成也，吾文人乎哉？'"（《文宪集》卷11，见《文渊阁四库全书》第1223册，上海古籍出版社1987年版，第563页）。这里的"文人"特指单纯舞文弄墨，不识义理胸无大志者。又如顾炎武说："宋刘挚之训子孙，每曰'士当以器识为先，一号为文人，无足观矣'。然则以文人名于世，焉足重哉！"这种说法可谓别有怀抱的有寄托之言，也是为了批评唐宋以来那些"不识经术，不通古今，而自命为文人者。"（《日知录》卷19"文人之多"，见顾炎武著、黄汝成集释《日知录集释》，上海古籍出版社2006年版，第1089页）并不是泛泛地否定文章之士。

④ 李白：《答王十二寒夜独酌有怀》，见《分类补注李太白诗》卷19，四部丛刊初编本第142册，第276页。

水亦应西北流。"① 这典型地体现了中国诗人对于诗歌价值的想象。这种想象也是激励诗人忍受"薄命"的动因。杜荀鹤《苦吟》云:"世间何事好,最好莫过诗。一句我自得,四方人已知。生应无辍日,死是不吟时。"② 诗人生命的尽头才是诗歌创作终点,却不是诗人声名的终结。宋代陈人杰《沁园春》,是一首奇特有趣的词作:

> 诗不穷人,人道得诗,胜如得官。有山川草木,纵横纸上,虫鱼鸟兽,飞动毫端。水到渠成,风来帆速,廿四中书考不难。惟诗也,是乾坤清气,造物须悭。　　金张许史浑闲。未必有功名久后看。算南朝将相,到今几姓?西湖名胜,只说孤山。象笏堆床,蝉冠满座,无此新诗传世间。杜陵老,向年时也自,井冻衣寒。③

陈人杰是在"诗能穷人"这个传统语境中,形象地表达了诗人自己的价值观:诗歌是永恒的,而功名是短暂的,所以在这个意义上,"诗不穷人"。要特别指出的是,无论是"诗能穷人"之说还是"诗不穷人"之说,它们所指向的诗学价值观念是完全一致的。

中国文化既有世俗化、功利性的一面,又有高贵与超越性的一面。可以说,中国诗人是中国文化高贵传统的代表,他们对于诗歌有一种执着的追求与愿为之牺牲的信仰。晋朝张季鹰曾说"使我有身后名,不如即时一杯酒"④,这确是旷达而沉痛的真话。杜甫诗云"千秋万岁名,寂寞身后事"⑤。尽管如此,中国诗人梦想中的"光荣",既不是"来生",也不在"彼岸",而是与本人全不相干的"身后"之名。中国诗人对于"身后名"的梦想与追求,实在是一种非功利的、悲剧性的崇高信仰。

总括言之,"诗人薄命"并非是一种对历史事实的全面真实的总结,而是古人的一种集体认同。表面看来,这种集体认同比较消极,似乎是出于无奈的悲慨哀伤;然从深层考察,却有相当丰富而积极的意义,它表现出古人对诗歌的价值判断以及对于诗人的想象与期待:诗不仅是一种爱好与技艺,

---

① 李白:《江上吟》,见《分类补注李太白诗》卷7,四部丛刊初编本第141册,第135页。
② 杜荀鹤:《杜荀鹤文集》卷3,见《宋蜀刻本唐人集丛刊》第25册,上海古籍出版社1994年版,第93页。
③ 唐圭璋编纂:《全宋词》第5册,中华书局1965年版,第3079页。
④ 刘义庆著,杨勇校笺:《世说新语校笺》,中华书局2006年版,第665页。
⑤ 杜甫:《梦李白二首》之二,见仇兆鳌注《杜诗详注》第2册卷7,第558页。

更是高尚的精神寄托，是承载苦难、超越功利的神圣信仰。"诗人"在古代中国是一个被赋予悲剧色彩的崇高名称。诗人必须面对苦难和命运的挑战，承受生活与心灵的双重痛苦，必须有所担当，有所牺牲。"诗人薄命"，却可能赢得"文章之无穷"与"千秋万岁名"。这种诗人的"宿命"，正是中国古代对于诗人的集体认同，其本质也是人们对于文学使命的一种期待。

（原载《中国社会科学》2010年第4期）

《三国》与《水浒》：两个英雄世界

石育良

一

作为中国古代最早成熟的两部长篇小说，《三国志通俗演义》和《水浒传》都是以英雄为主角的。但正如这两部小说与后代主要作品有着重要差别一样，《三国》与《水浒》之间的差别也是不可忽视的。《三国》中的曹操曾说，只有"胸怀大志，腹隐良谋，有包藏宇宙之机，吐冲天地之志"的人"方可为英雄"，水浒英雄很难符合这一标准。有趣的是，水浒英雄时常以三国英雄为榜样，或流露出对三国英雄的崇敬之情。朱武、陈达、杨春三人"不求同时生，只愿同时死"。自以为，"虽不及关、张、刘备的义气，其心则同"。鲁智深自比关羽："俺便不及关王？他也只是个人。"也要依关王刀的重量，打一条八十多斤的禅杖。李逵听"关云长刮骨疗毒"一段说书后，情不自禁地说："这个正是好男子！"《水浒》所提到的三国人物故事不一定出自今本《三国志通俗演义》，但与后者的内容基本相同。水浒英雄对三国英雄的模仿和赞叹表明了两者之间的差异。以下分别从英雄与具体环境和自身条件的关系上，从英雄与神的关系上、区分两类英雄的不同形态特征。

三国英雄与水浒英雄都有人的形貌和血肉之躯，都必须以饮食男女作为生存和生命延续的基本条件。而且，他们都无法超越生与死的自然规律。在这个意义上说，他们都是人，与普通大众无甚差别。但三国英雄显然比水浒英雄更少受到具体环境特别是家庭伦理的局限。许多常人感到两难的问题，三国英雄总是能果断地作出决定。张飞因为自己未能保护好嫂嫂而要"自刎"，刘备却并没有因夫人失陷敌手而被痛苦困扰："古人有云：兄弟如手足，妻子如衣服。衣服破，而尚有更换；使手足若废，安能续乎？"在结义兄弟与结发夫妻这两种情感之间，刘备更重前者。父子之间也同样如是。赵云于长坂坡救出阿斗，刘备将儿子掷于地上，说："为汝这孺子，几乎损吾一员大将。"但在水浒英雄身上，夫妻、父子等自然伦理情感却成了行动的障碍。林冲对高衙内举起拳头而又放下，这与他平时与娘子"未曾面红耳赤，半点相争"的温和性格相一致。他打算找陆虞侯算帐，娘子一句"你休得胡做"的劝告便打消了他的念头。林冲被逼上梁山的"逼"字突出地表现了环境的压力及其对行动的牵制。一直到无路可走的时候，才铤而走险。宋江不得不上梁山而又迟迟不能上梁山，是因为"家中上有老父在堂，宋江不曾孝敬得一日，如何敢违了他的教训，负累了他？"这与曹操兴兵报父仇完全两样，后者说干就干，无所顾忌；前者则表现出后顾之忧。

三国英雄超越了痛苦，特别是超越了肉体上的痛苦。关云长刮骨疗毒，"血流盈盆"；帐上帐下见者皆"掩面失色"，他本人却"饮酒食肉谈笑奕棋"，并且说："此臂屈伸如故，并无痛矣。"夏侯惇拔矢啖睛之后，仍能用枪搠死敌手。典韦"身无片甲，上下前后被数十枪"，仍战斗不止，所向披靡。不仅身体的伤残未能削弱英雄的力量，就是死亡也未能停止英雄的作用。郭嘉遗计定辽东，关羽死后追吕蒙，死诸葛走生仲达，等等，生命由于克服了局限性而达到永恒。但对水浒英雄来说，不仅死亡，就连疾痛也使他们痛苦不堪。武松"因害虐疾，当不住那寒冷"；宋江背发痈疽，"身体酸疼，头如斧劈，身似笼蒸，一卧不起"；林冲脚被烫肿，"晕了，吃不得，又走不动"。打方腊之后，林冲"染患风病瘫了"；杨雄"发背疮而死"；时迁"感搅肠沙而死"；武松"虽然不死，已成废人"。对他们来说，意志再坚强，也无法抗拒身体的伤残。

水浒一〇八将分别为三十六天罡星和七十二地煞星。许多三国英雄也都有天上的将星与之对应。人与上天的互渗使两类英雄具有不平凡的来历。在具体描写过程中，他们却分别向理想的神性和现实的人性两极滑动。诸葛亮不仅预知风云气候，而且能呼风唤雨，改变了冬天没有东南风的自然规律。同样有神机妙算的周瑜惊叹道："此人有夺天地造化之功，有鬼神不测之术。"刘备面临"河阔数丈""其波甚急"的檀溪而危急万分时，坐下的卢马"忽从水中踊身而起，一跃三丈，飞上西岸"，作品引诗赞曰："千古且休夸骏马，分明背上是真龙。"神秘的性质和力量从人物自身散发出来，因而是人—神一体的。在曹操试神卜管辂、孙策怒斩于神仙等情节中，英雄由于与神对抗而与神同格。人—神一体的特征与中国神话历史化和历史神话化的传统一脉相承。但在《水浒》中，英雄与神灵发生了分离，他们需要神灵的帮助和指点。宋江躲在古庙里乞求神明庇佑，玄女娘娘传给他三卷天书，并为宋江及梁山好汉指出了行动的方向和救赎的途径："汝可替天行道，为主全忠仗义，为臣辅国安民，去邪归正。他日功成果满，作为上卿。"后来与辽国兀颜统军作战，也是玄女娘娘晓示军机，宋江军队才从"连败数阵"的困境中摆脱出来。宋江还请罗真人"指迷前程"，罗真人也只能无可奈何地说："大限到来，岂容汝等留恋乎！"即使是水浒英雄的保护神和指路人也比三国英雄逊色得多，猥琐得多。

为了准确把握两类英雄的形态特征，不妨借鉴批评家弗莱关于形象层次的划分。在《批评的解剖》一书中，他根据行动力量而非道德标准，把文学史上的主角形象分为五个层次：一是神话主角，在本质上超越一般凡人及凡人的环境；二是传奇人物，在程度上超越他人及自身环境，其行为固然神奇，但身份仍旧是人；三是史诗或悲剧主角，或称"高等模仿型"人物，在一定程度上超越他人，但仍受自身环境的限制；四是喜剧或现实主义小说中的人物，又称"低等模仿型"人物，不能超越他人或环境，是日常生活中的普通人；五是"反讽型"人物，其能力、智力都低于普通人。在弗莱的理论中，五类形象分别对应于不同的体裁，既依时间先后更迭，又相互交叉。其理论框架建立于整个西方文学史的基础上，不一定符合中国文学史的规律。但其五类人物层次的分划显然是很有实用价值的。通过上述分析可见，三国英雄大致属于第二个层次，又具有第一个层次的特点；水浒英雄属于第三个层次，又具有第四个层次的特点。前者人—神一体，对英雄的崇拜有如对神的崇拜；后者不仅作为被崇拜的英雄，而且，他们也有自己的崇拜对象——神灵，英雄不能与神灵同等而降低一格。

与两个不同层次相辅相成的是，在《三国》里，就连姜维和徐庶的老母、陈登的父亲陈珪、赵昂的妻子王氏、马邈的妻子以及王允的养女貂蝉等等，这些最世俗的角色也都能超越家庭伦理的羁绊，表现出自觉的献身精神和无畏的品格。而在《水浒传》里，李小二、郓哥、潘金莲、武大、王婆、阎婆惜等等，则以典型的市井形象而活得有声有色。他们或给英雄提供必要的帮助，或给英雄带来种种麻烦和困扰。因此，《三国》英雄不可能生活在《水浒》的世界里，《水浒》英雄也不可能生活在《三国》中。

二

从客观上讲，两部小说依据不同的时代背景，《三国》叙事始于"汉灵帝中平元年，终于晋太康元年"（庸愚子序），《水浒》则主要以宋徽宗时期为背景。前者中的大多数英雄事迹都可以在官修史书中找到原形，后者除宋江等人尚可在《宋史》中找到踪迹外，大多数人不见诸正史，而出自小说作者的虚构。小说与外部史事或史载之间的关系不同,至少在两个方面影响到小说内部的艺术形态:三国英雄受正统的史传文化的模塑,因而更具有崇高感和典范性,由于时代久远,他们更容易被后代作者或读者理想化;水浒英雄不被正统的史传文化接纳,当然也就更难被涂上理想的光彩,其时代的接近也使得作者或读者更可能按现实中的人来想象他们。不同层次的形态特征具有不同的文化内涵,或者说,不同的文化内涵表现为不同层次的形态特征。

在《三国》里,黄巾作乱,十常侍和董卓先后专权误国,汉朝政权已名存实亡。经过九十多年的群雄逐鹿,终于形成了魏、蜀、吴三国鼎足之势。这种开国奠基的过程与远古神话中开天辟地的过程具有相同的结构,都是从混沌(或混乱)到有序。三国英雄的业绩也在于结束汉末的纷乱,使天下形成鼎足而立的稳定结构。区别只是在于,神话以宇宙为背景,小说则偏重于社会历史方面。以"匡扶社稷""拯救黎民"为己任的三国英雄,实质上是以远古神话中的创世或救世英雄为原型的,他们是创世或救世英雄在历史演义小说中的表现形态,对三国英雄的热情与远古人类对神话英雄的热情一脉相通。

创世或救世英雄在历史演义小说中有两个显著特征:一是他们的皇权性;二是他们的高贵血统。不管他们是否正式登基称帝,魏、蜀、吴三国实际上是三个皇权政体。他们有各自的领土,有各自的年号。刘备、曹操、孙权与各自手下将领的关系是君臣关系,手下将领如关羽、夏侯惇、周瑜等人由于环绕着帝王而有了皇权性质。在中国古代,王者受命于天,具有崇高的神圣性;帝王的存在意味着国家的存在和黎民百姓的安定。因此,在创世和救世英雄所焕发的原型情感中,在对社会秩序的认同里也就包含着对皇权的崇拜。《三国》对英雄的高贵血统的强调则为了证明其皇权或救世者地位的合法性。刘备是"中山靖王刘胜之后,汉景帝阁下玄孙";曹操"乃相国曹参之后";孙权"乃孙武子之后"。正是这种血缘关系给他们赋予了力量、地位和使命感。尽管皇权和高贵血统是普通民众无法企及的,但英雄的业绩关系到国家社稷的整体境况,普通民众包括作者和读者因而分享到英雄的荣耀。

与三国英雄相关联的是国家社稷的整体存在,而不是个人的命运,所以在他们身上,除了叱咤风云的意志和力量,除了夺取王位的野心和名垂青史的抱负,几乎见不到他们的儿女私情和个人生活趣味。家庭背景消融在广阔的空间——"天下"——之中,夫妇、父子等世俗伦理关系和情感统统被排斥或被提升到重大的历史主题上来。刘备和孙夫人的婚姻实质上是蜀、吴两个集团军事联盟的手段,操纵两人婚姻的是双方的军师——诸葛亮和周瑜。

曹操与张济妻、吕布与貂蝉的纠葛也只是作为诱发军事冲突的契机而被提到，或者本身就是一次政治圈套。三国英雄之所以更少受到家庭环境的局限，其原因盖在于此。也正是由于小说所关注的是国家社稷的整体境况，英雄们或以"上报国家，下安黎庶"为己任，或以"剿戮群凶""拯救社稷"相号召，一出场便有着不言而喻的历史使命感。他们自始至终活动在历史的大舞台上，除了历史性的内容之外，看不到现实中的个人所具有的其它因素。在这个意义上说，他们完全被传统观念"历史化"了，或者说，他们是历史趋势和历史力量的人格化，历史的理念通过具体可感的形象呈现出来。因此，每一个形象都负载着现实中的任何个人不可能具有的力量，每一个个体实质上是一种"超个体"，他们是投射在历史天幕上的巨大身影。

水浒英雄则逊色得多，或者说现实得多。他们没有开国奠基的皇权性质，也没有可以继承的高贵血缘关系。特别是先后成为梁山领袖的王伦、晁盖、宋江，一个是白衣秀士，一个是东溪村的光棍，一个是郓城县的小押司，地位都很卑微。这一方面使水浒英雄不可能像三国英雄那样具有更大的行动力量，另一方面则使他们更具有普通人的情感、嗜好和价值观念。林冲与娘子的恩爱，宋江对父亲的孝道，李逵要接老娘上山"快乐几时"，武松对哥哥武大郎的手足深情，等等，都表明他们不仅是力量过人的英雄，而且是普通意义上的丈夫、儿子和兄弟。就连赤条条来去无牵挂的鲁智深也懂得："男大须婚，女大必嫁。这是人伦大事，五礼之常。"拳打镇关西、大闹桃花庄等举动都是为了维护普通平民和世俗家庭的利益。对物质享乐的追求也是水浒英雄的一大特点。阮小五之所以向往水泊梁山，很大程度上是因为那里"论秤分金银，异常穿绸绵，成瓮吃酒，大块吃肉，如何不快活"。鲁智深在五台山落发为僧，一反佛门清规戒律，吃喝拉撒，把俗人生活的日常节目表演得淋漓尽致。生命本身的价值在身体条件对水浒英雄的局限性中突现出来。

高俅发迹，报复王进，陷害林冲，虽然表明乱自上作，但并没有象董卓、十常侍那样威胁和动摇皇权。在这个意义上说，蔡京、童贯以及高俅等人在《水浒》中的性质与镇关西、牛二、西门庆差不多。他们或贪赃枉法，陷害无辜，或巴结官府，欺凌弱小，或者泼皮无赖，惹是生非，其结果是造成日常生活中的不平不公，给普遍家庭和个人特别是弱者带来耻辱和不幸。因此，水浒英雄所面临的境况不是社稷整体的倾覆，而是国家法度存在、社会整体稳定情况下日常生活中的道德问题。他们不是国家社稷的拯救者和开创者，而是普通家庭和个人，特别是弱者的保护人，是德道英雄。水浒英雄领袖宋江之所以被称为"及时雨""呼保义"，就因为他"疏财仗义""济弱扶倾"。

在中国古代，皇权法度通过国家的官僚系统来运作，在这一系统之外而出现的英雄没有"合法"的地位，自然会与现实社会发生冲突。值得注意的是，武松、宋江、朱仝、杨雄、李逵等人都曾经是触犯王法而在逃的犯人，尽管在情理上令人称快。"洪太尉误走妖魔"的情节深刻地象征了水浒英雄的自发性、原始性和野蛮性。正如从万丈深穴冲天而起的一道黑气既雄伟壮观，又令人恐惧，"若还放他出世，必恼下方生灵"，"他日必为后患"。水浒英雄所宣泄的正是社会意识深处的原始冲动。在社会公道和正义正常运作的情况下，这种力量处于一种休眠状态；一旦社会公道和正义遭到践踏，社会理性被扰乱，它就会如火山一样爆发，势不可挡。因此，在水浒英雄身上，一方面是敢于反抗"交结权势""欺压良善"的黄文炳，显得堂堂正气，可歌可泣；另一方面，是以其心肝为众头领做醒酒汤的野蛮快感。母夜叉孟州道卖人肉馒头；为赚取朱仝上山，宋江派李逵杀死了又白又嫩的四岁小衙内等等，这与刘备、曹操、关羽等人杀死张任、沮授、庞德等人之后又给予悼念和埋葬的情况完全不同。

要取得自己的合法地位，只有企求招安，"替朝廷出力"，"做国家臣子"，但做了国家臣子之后便不再是英雄了。征辽、打方腊之后，众英雄先后阵亡，剩下的二十七个回到朝廷，"天子特命文扮，却是幞头公服，入城朝觐"——英雄的本色已丧失殆尽。水浒英雄要么与社会相冲突，要么走向消亡，二者必择其一。只有在水泊梁山才能暂时超越这一矛盾，只有用"替天行道"这一形而上的、宗教式的旗帜才能确认自己的合理性。水泊梁山在小说中的意义绝不仅是众多地名中的一个，它由于与外部社会一水相隔而象征着英雄的理想归宿。但它毕竟存在于现实社会之中，不能不受到现实社会的制约。当水浒英雄离开这一栖身之地后，英雄的梦幻终于一步步走向破灭。宋江挥泪斩小卒的时候，哭道："今日一身入官，事不由我，当守法律。"吴用也说："仁兄往常千自由，百自在，众多弟兄亦皆快活。今来受了招安，为国家臣子，不想到受拘束，不能任用。"英雄之梦破灭之后，宋江、李逵、吴用、花荣等人只能"神聚蓼儿洼"——埋葬在一个"和梁山泊无异"的地方。

三

以上从两类英雄的形态特征进一步论述了各自的文化内涵。这两方面互为表里。必须指出的是，《三国》与《水浒》都产生于封建皇权时代，它们是这一时代社会意识在小说上的反射，因而属于同一文化范畴。两部小说的差异实质上是这一范畴的两个侧面。它们既互相对立，又互相补充，反映出这一范畴的内在矛盾性。

分开来看，《三国》通过对开国奠基的英雄业绩的赞颂，认同并证明了皇权社会秩序的合理性；《水浒》则通过英雄的悲剧命运流露出对这一秩序的反叛和不满，这是两部小说各自不同的文化功能。但把它们结合起来看，这种差异实际上反映出古代小说文化对皇权社会秩序的双重心态。一方面，人类社会之所以产生，就因为有了秩序，没有秩序就没有人类社会。以追溯人类起源和宇宙起源为特征的上古神话就是"根据当时文化所固有的认识，对业已存在的社会秩序和宇宙秩序加以阐释，并予以肯定。神话向人们说明人本身及周围世界，以期维系现有秩序"（［苏］叶·英·梅列金斯基《神话的诗学》，商务印书馆1990年版第186—187页）。只是不同的民族、不同的历史时期有着不同的宇宙模式和社会模式罢了。《三国》所肯定的就是皇权社会模式。另一方面，秩序又往往是一种束缚，因而潜藏着打破这一秩序的冲动。《三国》和《水浒》分别与这两种意向相对应，前者为了证明皇权社会秩序的合理性，叙事始于皇权旁落的汉末动乱，这为三国英雄挽救和开创皇权社会秩序提供了契机；后者为了表达与现存社会相抗衡的冲动，以洪太尉误走妖魔作为开端，高俅、蔡京、童贯等人的"乱自上作"为这种冲动的释放打开了合适的缺口。对秩序的肯定意向具有理性力量，占主导地位；对秩序的否定潜藏在下意识中，属于被支配的因素。因此，三国英雄具有不言而喻的自觉性和典范性，属于更高的层次，水浒英雄具有明显的自发性和原始性，处于较低的层次上。《三国》与《水浒》由于表达了同一文化范畴的双重心态而同宗同谱。

实际上，这种矛盾心态分别体现在两部小说中，只是两者的侧重点不同罢了。有趣的是，宋江于浔阳楼题反诗说："他年若遂凌云志，敢笑黄巢不丈夫"，这是在他"乘其酒兴""狂荡起来"的情况下写的，酒醒之后，"全然不记得昨日在浔阳楼上题诗一节"。当戴宗把黄文炳告发反诗一事告诉宋江时，宋江因自己"酒后狂言"而追悔莫及。在总体上，宋江与李逵之间的关系属于互补关系。前者盼望"天王降诏、早招安"，后者则说过"杀去东京，夺了鸟位"，最有反叛色彩。宋江与李逵的互补实际上是理性与下意识的互补。这种互补有如《三国》与《水浒》之间的互补。《三国》由于以肯定皇权社会秩序的理性意识为主导，打破这一秩序的下意识冲动则更隐蔽一些。三个皇权政体的并存实际上是与皇权社会秩序的一统性相矛盾的。作者对秩序的体认中迸现出对非秩序的快感。古代读者一方面在蜀、魏孰为正统的问题上争论不休,表现出对秩序问题的极大兴趣,另一方面又为"三国争天下之局之奇者"而拍手称快,就是上述矛盾心态的曲折反映。

对秩序的双重心态是人类对自身处境的体验和反应,是人类生存的基本命题之一,不同时代的人们都将面临这一命题,并以不同的形式作出回答。《三国》与《水浒》正是在对这一命题的最初反响中奠定了小说在中国文化中的地位和存在价值。古代史传文化同样以叙事形式面对社会历史的秩序问题,但"史之为务,申以劝诫,树之风声;其有贼臣逆子,欺君乱主,苟直书其事,不掩其瑕,则秽迹彰于一朝,恶名被于千载"(刘知几《史通·直书》)。"大抵史家之裁制不同,所以扶翌纲常,警世励俗,则一而已矣。"(归有光《震川先生集》)这种文化功能当然影响到小说,特别是历史演义小说。但史传文化显然滤去了潜藏在秩序背后,与秩序相对立的冲动。即使有所叙述,也并不把这种冲动看作与秩序相反相成的因素,绝不肯定其合理性,因此,这种文化具有更明显的理性精神和功利色彩。小说把对秩序的价值认同与对非秩序的快感完整地纳入自己的范畴,因而触及到更广泛、更生动的文化心理,获得比史传文化更普遍的读者群。袁宏道曾说:"予每检《十三经》或《二十一史》,一展卷,即忽忽欲睡去,未有若《水浒》之明白晓畅,语语家常,使我捧玩不能释手也。"(袁宏道《〈东西汉通俗演义〉序》)李渔评《三国》也说:"今览此书之奇,足以使学士读之而快,委巷不学之人读之而亦快;英雄豪杰读之而快,凡夫俗子读之而亦快也。"语言的通俗性固然是小说区别于史传文化的主要标志,但与通俗语言相关联的是多层次的、既复杂又统一的文化意识。

(原载《文学评论》1993年第3期)

"诗无达诂"论

孙 立

一部作品一经问世，它的命运便掌握在读者手中。古拉丁语有句话："每本书都有自己的命运。"① 周亮工引徐世溥语曰："诗文之传，有幸有不幸焉。"② 诗文命运的幸与不幸，受制于读者的阅读和接受活动。从文学作品传播的过程看，虽然文学作品的文本是一个常量，是确定的，但它的传播却是变量，是一个流动不居的过程。作者在文本中所蕴含的意旨与文学接受者之间往往存在着不同的反应，或相合，或相乖，或不及，或过之，随之也带来了不同的价值判断，造成了种种"诗无达诂"的现象。"诗无达诂"作为一种文学传播和文学接受的现象，其中蕴含着重要的理论因素，值得我们重视。本文不揣浅陋，试图进一步挖掘它的基本理论，显示出其价值和意义，以就教于方家学者。

一、诗无达诂与断章赋诗

"诗无达诂"作为一种理论的总结，最初见于西汉董仲舒《春秋繁露》卷五《精华》篇："所闻《诗》无达诂，《易》无达占，《春秋》无达辞。从变从义，而一以奉人。"③《说文解字·言部》："诂，训故言也。"段玉裁注："释故言以教人是之谓诂。"④《说文通训定声》引《毛诗·周南·关雎》诂训传疏："诂者，古也，古今异言，通之使人知也。"⑤ 所说均指以今言释古语，侧重于语言的通训，这是"诂"之本义。但其实际运用却并不限于一般语辞的通释，《春秋公羊传》、《尔雅》、《字林》、《广雅》、《汉书·扬雄传》

---

① ［意］弗·梅雷加利：《论文学接受》，见胡经之、张首映主编《西方二十世纪文论选》第三卷，中国社会科学出版社1989年版，第207页。
② 周亮工：《书影》第一卷，上海古籍出版社1981年版，第25页。
③ 董仲舒：《春秋繁露》，中华书局2011年版，第58页。
④ 许慎著，段玉裁注：《说文解字注》第三卷第二篇上，商务印书馆1930年版，第26页。
⑤ 朱骏声：《说文通训定声》，武汉古籍书店1983年版，第411页。

注、《后汉书·桓谭传》注在通古言、释故言之外，也兼指通"义"。联系上引董仲舒的"从变从义，而一以奉人"，可见"诗无达诂"既指诗语字面的无通释，也指一首诗诗义的无定解。前人引"诗无达诂"，往往忽略了后文的"从变从义，而一以奉人"一语，其实，这是董仲舒提出的解决"无达诂"的方法。"从变从义"，即解诗既应考虑诗语诗义的变迁，注意理解的历史性；又要合宜，使之符合文本的基本旨义。因此，董仲舒既承认了"诗无达诂"这一理解的历史性原则，充分肯定了读者之"变"的主观随意性，又顾及了文本的客观有效性，二者综合而生成的"一"才是董仲舒所提倡的解诗方法。

"诗无达诂"是汉人通行的看法。除董仲舒外，刘向《说苑·奉使》也有一则记载："传曰：《诗》无通诂，《易》无通吉，《春秋》无通义。"① 据其文中所论，刘向也主张读者理解应用的变通性，不能拘于章句。王充《论衡·书虚篇》认为"传书之言，多失其实"，使听者、览者失其真旨，《语增篇》更申论语言的夸饰易生误解，因而主张读者应"通览"②。王充虽是从"疾虚妄"的角度申说书之不能尽信，但也暗含了文本是一个开放性的结构，应以变通之法去阅读的思想。这是理论方面的倡导。在实践上，则有《韩诗外传》的引诗述理。引诗述理也是解诗的一种形式。《韩诗外传》引诗之不符《诗》义，历来为人诟訾。问题是，这种不尽合《诗》本义的解诗方法是否有其存在的合理性呢？班固《汉书·艺文志》有"取《春秋》、采杂说，咸非其本义"③之语，訾其不合《诗》义。而《史记·儒林传》则称："韩生推诗人之意，而为内、外《传》数万言，其语颇与齐鲁间殊，然其归一也。"④ 言辞之间，颇为赞赏。元钱惟善《韩诗外传序》更称其书"断章取义，要有合于孔门商赐言《诗》之旨"⑤。王先谦《诗三家义集疏序例》也说韩诗"夫诗《三百篇》中，迩之事父，远之事君，兴观群怨之旨，于斯焉备"⑥，对《韩诗外传》的立足于文本又脱离文本的解法予以肯定。陈澧《东塾读书记》卷六更申论《孟子》《坊记》《中庸》《表记》《缁衣》《大

---

① 刘向：《说苑》，王天海、杨秀岚译注，中华书局2019年版，第613页。
② 王充撰，黄晖校释：《论衡校释》，中华书局1990年版，第1160页。
③ 班固撰，颜师古注：《汉书·艺文志》，中华书局1962年版，第1708页。
④ 司马迁：《史记·儒林传》，中华书局1959年版，第3124页。
⑤ 钱惟善：《韩诗外传序》，见钱惟善《江月松冈集·文录》，收入杨讷编《元史研究资料汇编》第67册，中华书局2014年版，第202页。
⑥ 王先谦撰，吴格点校：《诗三家义集疏序例》，中华书局1987年版，第10页。

学》引《诗》者，多似《外传》，并说："其于诗义，洽熟于心，凡读古书，论古人古事，皆与《诗》义相触发。"① 这说明解《诗》用《诗》者，应撮其大要，举其大义，既不完全脱离文本，又不限于文本。不脱离文本，就要对诗义洽熟于心；不限于文本，则要与诗义相触发，能引类而譬之，于诗义有新的发明。

汉人"诗无达诂"的理论与"以己意说诗"的实践，实乃春秋赋诗断章与孔门说诗的承传。春秋鲁定公以前，群臣外交谈判，燕享酬酢，常常赋诗言志。所引之诗，虽为当时人们所熟习，但引诗者却别有所指。《左传·襄公二十八年》记载卢蒲癸言曰："赋诗断章，余取所求焉。"② 就是当时人引诗的通例。有趣的是，引诗者所引虽不合于诗本义，但听者会心，皆能明其所指。《左传·襄公二十七年》载，郑七子赋《诗》言志，人赋一首，赵孟听了，居然通晓其志，并一一作覆。这种情况在《左传》中多有记录，曾异撰所谓："左氏引《诗》，皆非诗人之旨。"③ 说明春秋时"以己意说《诗》"的现象非常普遍，虽言人人殊，但无人不晓。当然，春秋断章赋诗者引用《诗》句，并非出于文学鉴赏的目的，而是为了适应政治和社交的需要，孔子所谓："诵《诗三百》，授之于政，不达；使于四方，不能专对；虽多，亦奚以为？"④ 是把《诗》作为政治生活的工具看待。章实斋《文史通义》所说"六经皆史"，就指出了《诗》作为王官之学的特征⑤，也说明所谓断章赋诗是在"用诗"，而非"读诗"。但一种风气的开创，流风所及，其影响往往超出作俑者，《韩诗外传》的说诗"咸非诗人本义"，就是在春秋断章赋诗的基础上进一步发扬光大的结果，而董子的"诗无达诂"更使这一现象理论化。

再看孔门说诗。儒家诗说，最重读者自悟，孔子、孟子均有所论。这大概与儒家的"内省"精神相符，也可能与春秋断章赋诗、各取所需的风习有关。商、赐说诗，深得孔子赞许，就是因为他们能于诗义有新的发明，善于用诗。子贡以"如切如磋，如琢如磨"引证"富而好礼"，被孔子称为"始可与言《诗》已矣"⑥。子夏以"礼后乎"体会"巧笑倩兮，美目盼兮，素

---

① 陈澧：《东塾读书记》卷六，清光绪刻本。
② 左丘明著，杜预注：《左传》，上海古籍出版社2016年版，第650页。
③ 曾异：《纺授堂集》，明崇祯刻本，文集卷五。
④ 朱熹：《四书章句集注》，中华书局1983年版，第143页。
⑤ 钱穆：《中国文学讲演集》，巴蜀书社1987年版，第98页。
⑥ 朱熹：《四书章句集注》，中华书局1983年版，第53页。

以为绚兮",孔子也认为"起予者商也"①,说明孔门说诗,也是"咸非诗人本义",而重在读者对诗义的感触兴发,能引譬连类,自证自悟。孔门另一大师孟子也不例外,《孟子》一书引《诗》三十,论《诗》者四②,也多有断章取义、以诗证史者。他所批评的"固哉高叟"与主张的"以意逆志""尽信书,则不如无书",无一不是倡导读者积极参与的精神。孔门诗说的这一传统对"独尊儒术"的汉人来说,无疑具有巨大的影响力。

因此,从断章赋诗、孔门说诗到"诗无达诂"、四家诗说,展示了"诗无达诂"理论初期的发展轨迹。尽管董仲舒的"诗无达诂"有为儒家经生进行功利主义和道德化说教铺路的嫌疑,但它毕竟在理论上揭示了文学阅读活动中读者与作者理解不一致的现象。所以,它虽然原是由一种政治的需要所造成,但最终却超出了政治的范围,如细流入海,其始也微,其终也大,遂发展成为一种广有影响力的诗说理论。

二、古调独弹难索解

汪康古曾慨叹"古调独弹难索解"③,说明了读者解诗之难。综观解诗者,无非两端。一是寻绎诗之定解本旨,为之矻矻不倦者。历代皓首穷经、固守章句为一类,知人论世、以史证诗者为另一类。前者由诗语文字的考订训诂求绝对定解,所谓:"书之义,兼复深奥,训诂成义,古人所以为典雅也。"④后者借助于诗外功夫以求本旨⑤(以《诗序》为代表)。但无论哪一类,自以为有得,都不免招人讥刺。二是以为诗本身不存在所谓定解,解法可因人而异者。卢文昭所谓"《诗》无定形,读诗者亦无定解"⑥,伽达默尔所谓诗歌"始终具有一种独特的非确定性"⑦。二者相较,应该说后者更为接近阅读现象的实际。"诗无定形",意味着诗之为言,虽有一定的给定性,但诗语的多义性、包容性,诗体结构的跳跃性,使文本有大量的非确定因素,

---

① 朱熹:《四书章句集注》,中华书局1983年版,第63页。
② 陈澧:《东塾读书记》卷三,清光绪刻本。
③ 汪孟铸:《读编修诸草庐先生近诗》,见《厚石斋集》卷七,收入《清代诗文集汇编》第348册,上海古籍出版社2010年版,第296页。
④ 傅亚庶:《孔丛子校释》,中华书局2011年版,第132页。
⑤ 朱熹:《诗集传》,中华书局1980年版,第1页。
⑥ 卢文昭:《抱经堂文集》卷三,乾隆六十年(1795)刻本。
⑦ [德]伽达默尔著,王才勇译:《真理与方法》,辽宁人民出版社1987年版,第209页。

由此决定了诗体有形而"无定形",留给读者大量的想象空间。罗大经《鹤林玉露》所谓:"大抵古人好诗,在人如何看,在人把做什么用。""只把做景物看亦可,把做道理看,其中亦尽有可玩索处。"① 在这个意义上,诗确实是无定形的,而读者的理解也因此而有了相当的灵活性,这也许正是诗之"难索解"的症结所在。伽达默尔也有类似的说法:"无疑,文学以及在阅读中对它的接受,就表现出一种最大限度的非制约性和灵活性。"② 新批评派领袖艾·阿·瑞恰兹也说:"交流或许绝不是完美的,因此第一种和最后一种经验将存在差异。……就每一首十四行诗而论,有多少读者就有多少不同的诗。"③ 用江淹的"别虽一绪,事乃万族"④ 一语来形容读者的这种万花筒般的阅读反应是非常合适的。

自汉人发明"诗无达诂"之后,魏晋隋唐间所论较少。至宋,这种言论开始多了起来。从文人笔记诗话的记录来看,胪列诗无达诂现象的,既有读者与读者理解的不一致,也有读者与作者理解的不一致。前者如姚元之《竹叶亭杂记》卷五所记,钱箨石与翁覃谿交密,"每相遇必话杜诗,每话必不合,甚至继而相搏"⑤。黄庭坚《书林和靖诗》:"欧阳文忠公极赏林和静(靖)'疏影横斜水清浅,暗香浮动月黄昏'之句,而不知和静(靖)别有咏梅一联,云:'雪后园林才半树,水边篱落忽横枝'似胜前句,不知文忠公何缘弃此而赏彼。文章大概亦如女色,好恶止系于人。"⑥ 后者如欧阳修所说:"披图所赏,未必得秉笔之人本意也。"⑦ 朱熹所说:"学者观书多走作者。"⑧ 贺贻孙所说:"凡他人所谓得意者,非作者所谓得意也。"⑨

无达诂的原因也五花八门,有历时性差异造成的无达诂,有以诗喻史、穿凿附会造成的无达诂,也有因读者好尚、趣味不同或门户之见而造成的无

---

① 罗大经著,王瑞来点校:《鹤林玉露》乙编卷之二,中华书局1983年版,第149页。
② [德]伽达默尔著,王才勇译:《真理与方法》,辽宁人民出版社1987年版,第237页。
③ [英]艾·阿·瑞恰兹著,杨自伍译:《文学批评原理》,百花洲文艺出版社1992年版,第205页。
④ 萧统编,李善注:《文选》,中华书局1977年版,第237页。
⑤ 姚元之:《竹叶亭杂记》卷五,中华书局1982年版,第125页。
⑥ 黄庭坚:《豫章黄先生文集》卷二六,《四部丛刊》景宋乾道刊本。
⑦ 欧阳修:《欧阳文忠公集·集古录·跋尾》卷五,《四部丛刊》景元刊本。
⑧ 黎靖德编,王星贤点校:《朱子语类》,中华书局1986年版,第178页。
⑨ 郭绍虞编选,富寿荪校点:《清诗话续编》,上海古籍出版社1983年版,第178页。

达诂,还有因复义(ambiguity)现象造成的见仁见智的无达诂,以及因文字的误读而造成的无达诂。王山史《山志》初集卷二云:"余幼时喜言钟谭,其文集皆细加丹铅。今每翻及,面为之赤。"① 是老而悔少,因阅历加深,而改变初衷。袁伯长《清容居士集》卷四十六《跋朱文公与辛稼轩手书》云:"尝闻先生盛年以恢复为最急,议晚岁则曰:'用兵当在数十年后。'辛公开禧之际,亦曰:'更须二十年。'阅历之深,老少议论,自有不同焉者矣。"② 周亮工《因树屋书影》卷一亦云:"古文人初持其一偏之说,与人凿凿不相下;殆识益高,心亦下,未有不翻然自悔者。"③ 则是对这种历时性差异的说明。贺贻孙《诗筏》评杜牧《李昌谷诗序》云:"唐人作唐人诗序,亦多夸词,不尽与作者痛痒相中。"④ 是因时人同好所蔽而造成的无达诂。王世贞《读书后》卷四《书苏诗后》云:"苏长公之诗在当时,天下争趣之,若诸侯王之求封于西楚,一转首而不能无异议。至其后则若垓下之战,正统离而不再属。今虽有好之者,亦不敢公言于人。"⑤ 是说因读者好尚、时移势异而造成的无达诂。另外还有因读者修养不同而造成的无达诂,陆机所谓:"虽浚发于巧心,或受蚩于拙目。"⑥ 谭献所谓:"阅乐天诗,老妪解,我不解。"⑦ 像"所谓《序》者,类多世儒之误,不解诗人本意处甚多"⑧,此则是穿凿索隐而造成的无达诂。

上述现象无疑说明了"诗无达诂"在阅读活动中是一个普遍的客观存在。这种现象的产生,首先在于文学作品在客观上是一个开放性的结构,而不是一个人人均有共识的终极真理"标本"。这个开放性结构从纵向上讲是发展变化而无定形的,在不同的历史阶段有不同的接受历史,所谓"诗文之传,有幸有不幸焉";从横向上讲,文学作品一经出世,就要面对所有读者,"书本是为一切人而不是为一人的,这是针对每一本书——并不仅仅是针对

---

① 王山史:《山志》初集卷二,清初刻本,第19页。
② 袁伯长:《清容居士集》卷四十六,台北中华书局2016年版,第3页。
③ 周亮工:《因树屋书影》卷一,清康熙六年(1667)刻本。
④ 郭绍虞编选,富寿荪校点:《清诗话续编》,上海古籍出版社1983年版,第190页。
⑤ 王世贞:《读书后》卷四,《景印文渊阁四库全书》第1285册,台湾商务印书馆1986年版,第48页。
⑥ 陆机著,金涛声点校:《陆机集》,中华书局1982年版,第4页。
⑦ 谭献撰,范旭仑、牟晓朋整理:《谭献日记》,中华书局2013年版,第235页。
⑧ 黎靖德编,王星贤点校:《朱子语类》,中华书局1986年版,第2068页。

某本著名的书——所说的"①。因此，面对众多的不同阶层的读者，它表现出"最大限度的非制约性和灵活性"，这是文学作品文本的给定性与阅读的开放性的统一。任何文学作品都是这二者的统一，概莫能外。昔者司马相如作《大人赋》，欲以讽谏汉武帝的服食求仙，文章的给定性应是明确的，但武帝读之"反飘飘有凌云之志"，正说明了文学作品具有开放性的结构。

从读者的角度而言，每个读者的阅读又有其主观随机性。这个随机性既不是读者的凭空想象，也不是整齐划一的千人一腔，而是带有各自历史条件制约的随机性。读者的阅读一方面是主观的再创造活动，另一方面又受其自身历史条件的制约。从这个意义上说，读者的阅读活动，是历史性原则与读者自我创造的统一。阅读的历史性原则是西方接受美学和读者反应批评的一个重要的理论支柱，它指出读者的头脑并非被动接受的一片空白，文学阐释者都出自各自不同的历史及文化环境，这种不同的背景，使得不同的人对作品有不同的理解和阐释，这是造成"诗无达诂"现象的一个重要原因。《韩非子》中有一则著名的寓言："郢人有遗燕相国书者，夜书，火不明，因谓持烛者曰：'举烛。'而误书'举烛'。举烛，非书意也。燕相国受书而说之，曰：'举烛者，尚明也；尚明也者，举贤而任之。'燕相白王，王大悦，国以治，治则治矣，非书意也。"②燕相之所谓"举烛者，尚明也；尚明也者，举贤而任之"诸语，是明显的误读、曲解。这种误读，是由他的身份、地位及政治需要而决定的。在阅读活动中，像这类明显的误读都会发生，何况读者面对的是以夸饰增华为特征的文学语言呢？

三、片言可以明百意

西方的新批评派及阐释学派都注意研究文学语言的特性，区别出"科学语言""散文语言"与"情感语言"的不同，像瑞恰兹在《文学批评原理》一书中说："就科学语言而论，指称方面的一个差异本身就是失败：没有达到目的。但是就情感语言而论，指称方面再大差异也毫不重要，只要态度和情感方面的进一步影响属于要求的一类。"③中国古代的诗论家在肯定"诗无

---

① [德]伽达默尔著，王才勇译：《真理与方法》，辽宁人民出版社1987年版，第235页。

② 王先慎撰，钟哲点校：《韩非子集解》，中华书局1998年版，第279页。

③ [英]艾·阿·瑞恰兹著，杨自伍译：《文学批评原理》，百花洲文艺出版社1992年版，第244页。

达诂"时,也注意到了诗语、诗体的独特性。冯班《钝吟杂录》卷五说:"诗者言也……但其言微不与常言同耳……但其理元(按:元当为玄,因避讳而改元)或在文外。"① 何良俊《四友斋丛说》卷一云:"余尝谓《诗经》与诸经不同。故读《诗》者亦当与读诸经不同。盖诗人托物引喻,其辞微,其旨远。故有言在于此而意属于彼者。不可以文句泥也。"② 张翰风《宛邻文》卷一《古诗录自序》亦云:"诗道之尊,由于情深文明,言近指远。"③所谓辞微旨远,正是诗的特性,也是诗体别于诸经文体之所在。文学语言,尤其是诗语,往往具有深广的包蕴性,它的"能指"虽是给定的,"所指"却是无限的。像月之为言,可喻愁绪:"雨过月华生,冷彻鸳鸯浦。"④(柳永《甘草子》)可指恋人之心:"愿逐月华流照君。"⑤(张若虚《春江花月夜》)也可指怀乡之情:"举头望山月,低头思故乡。"⑥(李白《静夜思》)使读者举一隅而三隅反,咀嚼不尽。诗语的片言只字,波诡云谲,五光十色,"横看成岭侧成峰",足令读者见仁见智。古人云:"片言可以明百意,坐驰可以役万景。"⑦正是诗语具有丰富包蕴性的说明。

诗的多义性是诗体开放性结构的基础和作者历史性理解的前提,没有诗语的多义性,诗体的开放性结构没有意义,读者的见仁见智也无从表现。所以,文学语言的多义性与"诗无达诂"是相与表里,互为因果的。

汉语向有以简驭繁、一以当十的表达习惯,这在古诗中有更突出的表现。中国诗人无论赋事、写景、言情,均以含蓄为尚。含蓄者,以少总多,寄直于婉、摧刚为柔之谓也,也就是将众多的意绪缩于片言,将直言的义理托于婉讽,使读者在有限的文辞之外,领悟到深细微婉的意蕴。刘勰《文心雕龙·隐秀》所谓"情在词外曰隐""隐以复义为工"⑧;张玉田所谓"数句之中,已具数十句不了之势,数十句之后,尚留数十句不了之味"⑨;贺贻孙所

---

① 冯班:《钝吟杂录》卷五,商务印书馆1937年版,第66页。
② 何良俊:《四友斋丛说》卷一,中华书局1959年版,第5页。
③ 张琦:《宛邻集》卷三,见《续修四库全书》第1486册,上海古籍出版社2002年版,第184页。
④ 柳永撰,薛瑞生校注:《乐章集校注》,中华书局1994年版,第15页。
⑤ 彭定求编:《全唐诗》,中华书局1960年版,第1184页。
⑥ 彭定求编:《全唐诗》,中华书局1960年版,第1709页。
⑦ 刘禹锡:《刘禹锡集》卷十九《董氏武陵集纪》,中华书局1990年版,第237页。
⑧ 刘勰著,范文澜注:《文心雕龙注》,人民文学出版社1958年版,第632页。
⑨ 张炎:《乐府指迷》卷上,明保颜堂秘笈本。

谓"悠然情深,令读者低回流连,觉尚有数十句在后未竟者"①;均要求诗体能义兼多项,文蕴复义,篇有余味,令读者流连深思,别有所得。中国诗人常用的咏史、引典、比兴、寄托、婉讽等手段,都是力图在片言之中孕有丰富的意蕴。因此,在中国旧诗中,咏史和用典已不仅是诉说前朝旧事,而是"以史为咏""搅碎古今巨细,入其兴会"②。比兴也"非流连花鸟,叙述情景止也"③,而是"墨气所射,四表无穷,无字处皆其意也"④。常州词派论词讲求比兴寄托,上溯"诗之比兴,变风之义,骚人之歌"⑤。间取《花间》《尊前》香草美人、闺帷儿女以抒失志落魄、家国兴衰、政教隆污之慨,倡言微辞托兴,以有寄托入,以无寄托出,也是要创制"金碧山水、一片空蒙"⑥,富有包孕性的词境,以令读者"意感偶生,假类毕达","万感横集,五中无主"⑦,"指事类情,仁者见仁,知者见知"⑧。中国古诗的这一"片言可以明百意"的特点,无疑使之具有更能动的开放性结构,也使"诗无达诂"有了更广泛的基础。

值得注意的是,中国古代批评家们不仅要求诗体具有多义的功能,而且把诗的多义与读者的反应结合在一起,使之成为一种文学价值判断的标准。叶燮《原诗》说:"诗之至处,妙在含蓄无垠,思致微渺,其寄托在可言不可言之间,其指归在可解不可解之会;言在此而意在彼,泯端倪而离形象,绝议论而穷思维,引人于冥漠恍惚之境,所以为至也。"⑨ 李渔《笠翁文集·答同席诸子》亦云:"自谓帘内之丝,胜于堂上之竹;堂上之竹,又胜于阶下之肉……大约即不如离、近不如远;和盘托出,不若使人想像于无穷耳。"⑩ 由此看来,"诗之至处,妙在含蓄无垠"是因为它能"引人于冥漠恍

---

① 郭绍虞编选,富寿荪校点:《清诗话续编》,上海古籍出版社1983年版,第185页。
② 王夫之评选,周柳燕校点:《明诗评选》,上海古籍出版社2011年版,第60页。
③ 郭绍虞编选,富寿荪校点:《清诗话续编》,上海古籍出版社1983年版,第205页。
④ 王夫之撰,戴鸿森笺注:《薑斋诗话笺注》,人民文学出版社1981年版,第138页。
⑤ 张惠言:《词选·序》,清道光十年(1830)宛邻书屋刻本。
⑥ 程千帆主编:《清人选评词集三种》,齐鲁书社1988年版,第149页。
⑦ 周济:《宋四家词选·序》,清滂喜斋丛书本。
⑧ 周济:《介存斋论词杂著》,清光绪四年(1878)刻本。
⑨ 叶燮著,霍松林校注:《原诗》,人民文学出版社1998年版,第30页。
⑩ 李渔:《答同席诸子》,见《李渔全集》第一卷,浙江古籍出版社1992年版,第198页。

惚之境"，令读者在可言不可言之间、可解不可解之际去体悟自得。而"即不如离，近不如远"，也是因为即和近不如离和远那样能令读者"想像于无穷"。沈德潜所谓："古人之言，包含无尽，后人读之，随其性情浅深高下，各有会心。如好《晨风》而慈父感悟，讲《鹿鸣》而兄弟同食，斯为得之。董子云：'诗无达诂。'此物此志也。"① 诗语的包含无尽与读者的各有会心便联系在一起，成为一首好诗的衡量标准。

新批评派的瑞恰兹也有类似的说法："无论如何可以肯定一味仔细研究交流的可能性，同时又极其强烈地渴望交流，但却缺乏诗人的冲动与读者可能产生的冲动之间息息相关的自然感应，那是绝对不足以交流的。所有十分成功的交流都包含着这种感应，任何策划也无法取而代之。"② 伽达默尔也说："不涉及接受者，文学的概念根本就不存在。"③ 因此，文学的多义性是和读者的反应密切相关的，文学作品如果没有包含无尽的多义性，读者的反应将逊色得多；反过来，如果没有读者的参与，作品也显现不出它那五彩斑斓的意义。在这个意义上，任何一部成功的作品都应包含文本与读者之间强烈的呼应，这在中西方都是一样的。

四、作者未必然，读者何必不然

从董仲舒的"诗无达诂"意识到文学作品面对读者的开放性，从肯定读者理解的历史性应"从变从义"，到众多理论家意识到文学作品的多义性与读者多重理解的合理性，表明中国古代诗论家对读者积极参与阅读，重建文学作品意义的认可。在此基础上，一些理论家更明确地鼓励、倡导读者的再创造活动。像朱熹记陈君举云："陈君举说《春秋》云：'须先看圣人所不书处，方见所书之义。'"④ 主张读者从无字处领悟、重建书中之意。宋于庭《洞箫楼诗纪》卷三《论词绝句》之一云："引申自有无穷意，端赖张侯作郑笺。"自注云："张皋文先生《词选》申太白、飞卿之意，托兴绵远，不必作

---

① 沈德潜编：《唐诗别裁集·凡例》，中华书局1975年版，第3页。
② ［英］艾·阿·瑞恰兹著，杨自伍译：《文学批评原理》，百花洲文艺出版社1992年版，第22页。
③ ［德］伽达默尔著，王才勇译：《真理与方法》，辽宁人民出版社1987年版，第237页。
④ 黎靖德编，王星贤点校：《朱子语类》，中华书局1986年版，第2067页。

者如是。是词之精者，可以仁者见仁，智者见智也。"① 其对张惠言《词选》的"申太白、飞卿之意"大为赞赏，以为无穷之意正赖说诗者的作笺引申。张惠言《词选·序》也自述其说词是"义有隐幽，并为指发"②。张氏《词选》固然有穿凿失实之处，但其理论倡导却不无可取之处。因为"书不尽言，言不尽意"③，读者须"虑而后能得"④，否则，"尽信书，则不如无书"⑤。读者只有主动参与，才能领悟教外别传，妙处悬解，生成新的意蕴。

文学作品意义的重建，要求读者能创造性地对待作品的文本。杨时《龟山先生语录》卷三云："仲素问诗如何看？曰：诗极难卒说。大抵须要人体会，不在推寻文义……惟体会得，故看诗有味，至于有味，则诗之用在我矣。"⑥ 刘辰翁说："凡大人（指杜甫）语不拘一义，亦其通脱透活自然……观诗各随所得……同是此语，本无交涉而见闻各异。"⑦ 刘辰翁曾批点杜诗，他的注杜实践了他的读诗理论。其所注杜诗，虽不必尽合本旨，也可略备一说。但后人对刘氏注杜却有不同看法。钱谦益批评刘辰翁之评杜："点缀其尖新隽冷。近日之评杜者，钩深摘异，以鬼窟为活计，此辰翁之牙后慧也。"⑧ 指责他超越文外，"点缀尖新"。而胡元瑞则针锋相对："千家注杜，犹五臣注选。辰翁解杜，犹郭象注庄，即与作者语意不尽符，而玄言玄理，往往角出，尽拔骊黄牝牡之外。"⑨ 赞扬他能于"骊黄牝牡之外"，别得"玄理"，尽管"与作者意不尽符"。刘辰翁生当宋亡之际，宋室覆亡之后，他自著诗文或批点诸集，往往眷怀麦秀，寄托遥深。其虽批点杜诗"意取尖新，太伤佻巧"⑩，但"以他人之酒杯浇自己之块垒"，托意婉讽，也不无可取者。而且辰翁为人鲠直，宋亡后拒不做官，其经历与钱之官仕"伪朝"殊不相类，钱之斥刘，抑有不可言说之苦衷也未可知。何况诗之为言，见仁见智，

---

① 宋翔凤：《洞箫楼诗纪》，见《清代诗文集汇编》第513册，上海古籍出版社2010年版，第100页。
② 张惠言：《词选·序》，清道光十年（1830）宛邻书屋刻本。
③ 王夫之撰，王孝鱼点校：《周易外传》，中华书局1977年版，第177页。
④ 朱熹：《四书章句集注》，中华书局1983年版，第3页。
⑤ 朱熹：《四书章句集注》，中华书局1983年版，第364页。
⑥ 杨时：《龟山先生语录》卷三，商务印书馆1934年版，第24-25页。
⑦ 刘辰翁：《须溪集》卷六，《文渊阁四库全书》本。
⑧ 杜甫撰，钱谦益笺注：《钱注杜诗·注杜诗略例》，上海古籍出版社2009年版，第4页。
⑨ 胡应麟：《诗薮》杂编卷五，上海古籍出版社1958年版，第322页。
⑩ 永瑢等：《四库全书总目》，中华书局1965年版，第1409页。

由《晨风》而悟慈父，由《鹿鸣》而感兄弟同食，"所言在此，反若不必在此"①，不必以文义拘也。

林希逸云："彻底书须随字解，造微诗要似禅参。"② 指出读文与读诗之不同。文为说理之用，故书须彻底，尽量不留游移未定之点，读文者也应随字作解，亦步亦趋。诗则言情造微，"其称名也小，其取类也大"③，读者读诗也应像禅家之参活句，不脱也不粘，方为上者。袁中郎云："古之为诗者有泛寄之情，无直书之事；而其为文也，有直书之事，无泛寄之情，故诗虚而文实。"④ 但有很多人不明"诗虚而文实"，唐代李远有"青山不厌三杯酒，长日唯销一局棋"一联，《幽闲鼓吹》记令狐绹荐李远为杭州刺史，宣宗曰："我闻远有诗云：'长日唯销一局棋。'岂可以临郡哉？"绹对曰："诗人之言，非有实也。"⑤ 宣宗的"岂可以临郡哉"可编入文苑笑谭，但相信在读诗人中也非特例。这种情况更说明倡导读者积极参与阅读的必要性。

在这方面，宋明理学家的言论值得重视。如果说汉人仅是对"诗无达诂"现象进行了一种客观总结的话，宋明理学家则因重视人的主观精神强调"格物致知"（朱熹语）、"心即是理"（陆九渊语）、"心外无理"（王阳明语），因此比汉人更为明确地主张读者自身的体验。宋以后才开始大量出现"诗无达诂"的言论，并波及明清两代，不能不说是宋明理学家的功劳。宋明理学家自身也有读诗传习之语，朱熹说："解《诗》，多是推类得之。"⑥ "古人说'《诗》可以兴'，须是读了有兴起处，方是读《诗》。若不能兴起，便不是读《诗》。"⑦ 强调读者的"兴发志意"。王阳明也有类似的主张："门人有私录先生之言者，先生闻之，谓之曰：'圣贤教人，如医用药，皆因病立方，初无定说……若拘执一方，鲜不杀人矣……'"⑧ 这些倡导以读者之心去体悟文本的主张，作为宋以后在思想上占统治地位的宋明理学体系的一部分，无疑对"诗无达诂"理论的传播起了推波助澜的作用。过去的论者研究

---

① 吴省钦：《白华前稿》卷十二，清乾隆刻本。
② 林希逸：《即事》，见曹庭栋编《宋百家诗存》卷三十二，《景印文渊阁四库全书》第1477册，台湾商务印书馆1986年版，第805页。
③ 王弼注，孔颖达疏：《周易注疏》卷十二，《文渊阁四库全书》本。
④ 袁宏道：《雪涛阁集·序》，见《袁中郎全集》，台北世界书局2009年版，第6页。
⑤ 钱锺书：《谈艺录》，中华书局1984年版，第388页。
⑥ 黎靖德编，王星贤点校：《朱子语类》，中华书局1986年版，第2128页。
⑦ 黎靖德编，王星贤点校：《朱子语类》，中华书局1986年版，第2086页。
⑧ 王阳明撰，邓艾民注：《传习录注疏》，上海古籍出版社2012年版，第1页。

"诗无达诂",常常根究于《易》、庄、禅,将其作为理论来源,自然是非常有道理的。但真正使这一理论发扬光大,并直接推动其发展的,当首推宋明理学家的思想。联系"诗无达诂"理论的发展脉络,其意可明矣。

明清二代,尤其是清人,多有主张读者创造活动的。著名的像王夫之说:"作者用一致之思,读者各以其情而自得。""人情之游也无涯,而各以其情遇,斯所贵于有诗。"① 谭献说:"作者未必然,读者何必不然。""侧出其言,傍通其情,触类以感,充类以尽。甚且作者之用心未必然,而读者之用心未必不然。"② 这些看法更为鲜明地确定了读者在艺术鉴赏活动中的重要地位,它们把文本与读者看作艺术创作过程的两端:"作者用一致之思",创作出文本;读者则以各自的思想与经验去发扬文本。二者互相联系,又互为补充,构成艺术创作的全过程。由于读者个体的情形千差万别,"各以其情遇",就会出现阐释的差异。这种差异在王夫之和谭献看来,不仅是允许的,而且是更理想的——"斯所贵于有诗"。

在这个方面,西方文论也有相应的论述。T. S. 艾略特说:"一首诗对不同的读者或许是有非常不同的意蕴,而且所有这些意蕴大概也与作者原意不符。读者的阐释也许不同于作者,但同样正确有效,甚至会更好。一首诗所包含的意蕴比作者意识到的丰富。"③ 伽达默尔也说:"所有理解性的阅读,始终是一个再创造和解释。"④ 因此,文学的阅读活动不可能没有读者的参与,而读者的参与又不可能不是一种理解性的再创造和解释。在这个意义上,所谓绝对权威性的"定解"是不存在的。而且,这种再创造和解释对诗的鉴赏而言,是好事而非坏事,"作者未必然,读者何必不然"的意义也许正在于此。

五、阅读的自由与限制

不管承认与否,读者理解的多重性是一个客观存在。在批评史上,也有

---

① 王夫之撰,戴鸿森笺注:《薑斋诗话笺注》,人民文学出版社1981年版,第4、5页。

② 谭献:《复堂词话》,见郭绍虞、罗根泽主编《介存斋论词杂著·复堂词话·蒿庵论词》,人民文学出版社1959年版,第19页。

③ 译自 T. S. Eliot: *On Poetry and Poets*, Faber 1969, p. 30。

④ [德]伽达默尔著,王才勇译:《真理与方法》,辽宁人民出版社1987年版,第236页。

众多的理论家肯定读者阐释多样性的合理合法。但是,这绝不意味着阅读可以由此导向阐释的绝对自由。因为作品的文本虽是一个开放性的结构,读者的理解也可因人而异,但阅读活动毕竟有它相对的客观规定性,在阅读过程中,文本的客观性与读者的随机性是相互制约、互为补充的。如果过分强调阅读的随意性,或者胸中先有一定见,再去文本中寻绎与之相合的例证,就必然会导致文学作品客观规定性的丧失,甚至使阅读活动犹同猜谜射覆,滑入歧途。

这种情况在中国古代的阅读活动中并不鲜见。远的像汉儒说诗,动辄牵入君臣父子、伦理教化之义,变《关雎》为"咏后妃之德",《静女》成"男女之大防",索隐曲说,遗人笑柄。近的像谭友夏《古诗归》评诗,割裂字句,附会文义,"常语看作妙,浅语说作深"①。常州词派以比兴说词,劣者亦沦为比附说词。这些人的说诗解词,"多是心下先有一个意思了,即将他人说话来说自家底意思,其有不合者,则硬穿凿之使合"②。其结果自然是完全脱离了文本的客观规定性,将香艳之篇淆于美刺之史论。中国古代向有以诗证史的传统,如运用不当,就会"井画而根掘之"③,像谢叠山评韦应物《滁州西涧》,将言情之什穿凿为"考槃在涧""小人如流""国家患难"④,就明显地超出了文本之"能指",使镜花水月多成粘皮带骨,也可算诗之一厄。英美新批评发展到后期,威廉·K. 维姆萨特和蒙罗·C. 比尔兹利二人在1948年写的《意图谬见》一文中,对瑞恰兹的读者反应批评进行反批评,认为它"将诗与诗的结果相混淆……其始是从诗的心理效果推衍出批评标准,其终则是印象主义和相对主义"⑤。说明不适当地强调读者反应的能动性,将使诗作为一个批评的客观对象趋于消失,可谓一针见血,应引以为戒。

文学作品的客观规定性是指由文字构成的情景结构的大致指向,这是读者所依据的基础。读者无论怎样发挥主观创造性,都不能离开这个基础。在这个方面,王若虚的话说得最为透彻:"圣人之意,或不尽于言,亦不外于言也。不尽于言,而执其言以求之,宜其失之不及也。不外于言,而离其言

---

① 钱锺书:《谈艺录》,中华书局1984年版,第306页。
② 黎靖德编,王星贤点校:《朱子语类》,中华书局1986年版,第185页。
③ 王夫之撰,戴鸿森笺注:《薑斋诗话笺注》,人民文学出版社1981年版,第5页。
④ 谢枋得注,赵蕃、韩淲编:《谢注唐诗绝句》,浙江古籍出版社1988年版,第1页。
⑤ 赵毅衡选编:《"新批评"文集》,中国社会科学出版社1988年版,第228页。

以求之，宜其伤于太过也。"① 可见，仅执其言，则失之不及，外于言，又恐伤于太过。正确的方法应是既执其言，又外其言。执其言者，由文字出发；外其言者，又于文字之外，别有所得。这正是阅读的自由与限制的和谐统一，二者缺一不可。以前的论者注意到庄子的"得意而忘言"一说，似乎言意割裂，殊不知"言者所以明象""象者，所以存意"②。读者须先由言而明象，由象而得意，先资言语，再资象喻，然后意乃可得。张惠言所谓："夫不尽见其辞而欲论其是非，犹以偏言决狱也。"③ 清代张萧亭在《师友诗传录》中答郎廷槐问亦云："《易》曰：'书不尽言，言不尽意。'若能因言求意，亦庶乎其有得欤？"④ 都强调了读者的理解与阐释先须立足于文字。朱熹也说读者读诗"如人入城郭，须是逐街坊里巷，屋庐台榭，车马人物，一一看过，方是"⑤。如未仔细看过，便说都知道了，甚且随意发挥，强作解人，就匪夷所思了。

因此，文学作品虽是一个开放性的结构，语言及诗意虽然具有多义性的特点，读者的参与阅读更使作品显示出万花筒般的意蕴，但并不因此就表明读者的理解阐释是绝对自由而无限制的。读者既有参与创造的权力，也有服从文本相对客观性的义务，既要"从变"，也要"从义"，二者的有机结合，才是正确的解诗方法。

（原载《文学遗产》1992 年第 6 期）

---

① 王若虚：《滹南遗老集》卷三，《四部丛刊》景旧钞本。
② 王弼著，楼宇烈校释：《王弼集校释》，中华书局 1980 年版，第 609 页。
③ 张惠言：《茗柯文编》二编卷上，清同治八年（1869）刻本。
④ 郎廷槐：《师友诗传录》，商务印书馆 1936 年版，第 12 页。
⑤ 黎靖德编，王星贤点校：《朱子语类》，中华书局 1986 年版，第 2086 页。

成鹫"通海"辨

杨 权

清初岭南的著名高僧成鹫（字迹删），俗名方颛恺（字麟趾），生于明崇祯十年（1637年）三月二十一日，广州府番禺县韦涌乡人。成鹫天性聪慧，卓荦不凡，少年时即有"神童"之号。13岁时曾应南明永历朝童子科试，被录为博士弟子员。清征服岭南后尽弃制科业，以砚耕为生，在广州及周边地区设席课士。成鹫早年以"晚世之真儒"自任，曾为淳民气化风俗而孜孜以求。但41岁那年（康熙十六年，1677年），却忽然放弃持奉多年的儒家价值观而遁身佛门。出家后曾先后在西宁（今郁南）翠林僧舍、罗浮山石洞禅院、琼州府（今海南）会同县灵泉寺、佛山仁寿寺、香山（今中山）东林庵、仁化丹霞山别传寺、肇庆鼎湖山庆云寺禅修。康熙四十年（1701年），入主座落在广州珠江南岸的大通烟雨宝光古寺。康熙四十七年（1708年）后应合山大众之请入鼎湖主法，成为庆云寺第七代方丈。六年后退席，还居大通。康熙六十一年（1722年）十月圆寂，世寿86，僧腊45。① 成鹫学问博洽，才气纵横，清胡方在《迹删和尚传》中曾断言："大抵其才以敏捷雄浩推倒一世，艺苑之士无与抗衡者。"② 清沈德潜则说成鹫"所著述皆古歌诗杂文，无语录偈颂等项，本朝僧人鲜出其右者。"③ 其一生著述颇丰，作品有《楞严直说》、《纪梦编年》、《金刚经直说》、《老子直说》（或作《道德经直说》）、《注庄子内篇》、《鹿湖草》、《诗通》、《不了吟》、《自听编》、《鼎湖山志》、《渔樵问答》及《咸陟堂集》等，在岭南佛教史上和文学史上均占有重要地位。

基于对某些史实的误解，近代著名学者、北京大学邓之诚教授把成鹫视为反清复明的政治人物，认为他有"通海"的嫌疑。邓氏在《清诗纪事》初编卷2中写道：

---

① 清胡方《迹删和尚传》谓成鹫卒于康熙壬寅（六十一年，即1722年），并说成鹫"世寿九十有余，僧腊五十有奇"，当误。
② 释成鹫：《咸陟堂集》，清道光刻本。
③ 沈德潜：《清诗别裁集》卷32，中华书局1975年版。

集中有《鬻剑诗》云："尝蓄古剑承景藏之十年，以待不平，今既平矣，无所用之。"不类出世人语。与陶环、何绛结生死之交，环字握山，① 绛字不偕。致握山地下书屡言握山失却出家机会，盖以出家为隐语，即谋恢复再造。环、绛皆熟于海上，奉永历正朔者，故成鹫往澳门主普济禅院，又尝渡海至琼州，踪迹突兀，实有所图。北田五子陈恭尹为首，恭尹居西樵，成鹫自号东樵，若舆之抗。恭尹之没，成鹫为文祭之，称造物使之全节，以见先人于地下，若微示不满者。

邓说影响颇大，屡为来学所承袭，已成定谳。例如覃召文先生判定："成鹫入清后坚守气节，曾参与南明抗清活动。"② 蔡鸿生先生认为："联系到康熙二十一年（1682年）成鹫的琼州之行，他作为身在佛门的遗民，确实踪迹突兀，情系海南，似乎参与过某种通海的密谋。"③ 姜伯勤先生分析："普济禅院与莲峰庙的两件《莲座》中俱不见成鹫的名字，这更增其'踪迹突兀'的秘密工作色彩。"④ 黄国声先生认为邓先生的推断"是颇可信的"，"因为当时抗清义士，每每利用寺院作掩护，以进行秘密活动"⑤。刊载于某网站的一篇介绍广东僧尼与居士历史与现状的文章，也提到成鹫曾往澳门普济禅院，秘密进行反清复明活动。⑥ 笔者最近在点校《咸陟堂集》的过程中对此问题做了研究，认为所谓成鹫"通海"之说实不能成立。为显示真相，兹先对邓先生所提出的诸条证据进行一番辨析。

《鬻剑诗》载于《咸陟堂诗集》卷11，是成鹫将自己所收藏的古剑与人易粟后的戏作。邓先生说"尝蓄古剑承景藏之十年，以待不平……"等语"不类出世人语"，是说成鹫藏剑本有所图，"图"些什么？当然是指成鹫想让此剑在反清复明中派上用场。这一分析应该说颇为勉强，因为就一般而言，作为骨董的古剑多半已失实用功能，与其说是"武器"，不如说是艺术品；而且成鹫诗序中有"戏赠"二字，这说明他所说的一番话带有游戏的意味。纵使成鹫所收藏的古剑还具有实用功能，又纵使在成鹫的戏语中包含认真的成分，我们顶多也只能推导出他藏剑是为了及乱防身，而不是为了在造反时

---

① 陶环应为陶璜，见陈恭尹《独漉堂集》卷12《陶握山行状》。
② 覃召文：《岭南禅文化》，广东人民出版社1996年版，第133页。
③ 蔡鸿生：《清初岭南佛门事略》，广东高等教育出版社1997年版，第101页。
④ 姜伯勤：《石濂大汕与澳门禅史》，载《清初岭南禅学史研究初编》，学林出版社1999年版，第472页。
⑤ 陈永正：《岭南文学史》，广东高等教育出版社1993年版，第246页。
⑥ http://210.76.65.23:8080/was40/outline?page=22&c（广东省情信息库）。

充作利器。

邓先生所说的"致握山地下书"收在《咸陟堂文集》卷14，原篇名为《致亡友陶握山书》，这是成鹫写给其阴间故友陶璜的信，通篇所表达的，都是对故友未能把当年同作方外游付诸行动的惋惜：

> 古德有言，出家乃大丈夫事，非将相所能为。予谓不出家亦大丈夫事，非声闻缘觉之可比。黄面瞿昙不能挽维摩出毗耶，东林长老不能致渊明入莲社，江西马驹不强道玄弃妻子，出家与否，各从其是，不必牵之使同也。予薙染有年，未常一语要人使弃所学而从我，惟于老弟分中，则区区之心辄不能已。常以不近情、不入耳之言苦相劝勉。

成鹫为何不厌其烦地劝说故友出家呢？这是由于在他看来，陶璜不仅有出家的迫切需要，而且也有出家的合适条件："适来适去，不昧前因，面目本来，曾无损益，一也；二亲早背，一子殇殂，眷属无缘，恩爱易割，二也；名场永辞，嗜欲早澹，脱屣纷华，性成习近，三也。"可惜故友在此问题上犹豫不决，屡失良机，最终以肺疾辞世。作者在信中逐一回忆了前后的经过。邓先生居然从此书中得出成鹫"盖以出家为隐语，即谋恢复再造"的结论，其实事情哪有这么复杂？成鹫所说的"出家"，就是通常所理解的落发为僧，而不可能是别的什么。陶璜与成鹫曾有住山之约，这是许多材料可证明的。例如，《咸陟堂诗集》卷11有《与陶握山订住山之约》诗，诗中有"在世了无投足地，入林应是息肩时"之句；同卷的《归隐罗浮留别陶握山、罗戒轩》诗则有"苦海看谁先到岸，长途怜我始分岐"之句。《咸陟堂文集》卷3《石洞遗稿后跋》载："先师在日，予与陶子握山相约出家，为方外之游。予竟绝尘先奔，被先师一手按定，穿却鼻孔。握山逡巡畏缩，几番错过，竟以白衣老死牖下。"而成鹫在自传《纪梦编年》中亦提到自己出家时，"相约披发入山者"有故人陶握山。因陶子最终并没有剃染，作者感慨地说："握山前身为白云山濂泉行僧，乘愿再来，予与生同庚，居同城，长同学，同负不羁之志，思与造物者争覆之权，争之竟不能胜，将还之造物，寻濂泉之旧隐矣。与予盟，卜日剃发。奈彼壮志未销，风力所转，寒盟而去，终其身为俗人，惜哉！"①

邓先生又以成鹫曾"往澳门主普济禅院，又尝渡海至琼州"作为其"踪

---

① 释成鹫：《纪梦编年》，清同治二年（1863年）岭南遗书本。以下凡未注出处的引文均出此。

迹突兀""有所图"的证据,这个结论笔者也不认同。因为仅仅以被讨论对象曾到过哪里就作出了他参加了反清复明运动的推定,这在思想方法上显然是有很大问题的。成鹫曾到过海南和澳门是事实,但是我们要问他是什么时候到的,为什么到。成鹫到海南是在康熙二十一年(1682年)九月,这在《纪梦编年》中有明确记载。他为什么要到这个当时大陆人心目中的荒僻之壤去呢?看一看《纪梦编年》就明白了。在赴岛之前,成鹫曾遵师命在罗浮山石洞禅院清修。他原本是打算长居罗浮的,故在上山时曾指江而誓:"此去大事不明,生恩不报,誓不复过此河!"但在石洞未及一年便逃下了山,因为盗贼的啸聚抢劫与官兵的狂捕滥杀让他无法安生。他"由是知人有名不可以住山,山有名不可以久住,思得无贼无兵无名之地而往焉"。此时"客有从海南来者,盛称琼崖乡国之胜,夏不缔绤,冬不裘袄,户不夜闭,路不拾遗,民不知有饥寒,俗不知有治乱,诚乐土也"。成鹫于是翛然有浮海之志。后来恰遇其友人吴谓远到琼州府任职,他便乘搭官船来到了海岛。成鹫登岛后一直寄身于会同县多异山海潮岩的灵泉寺,总共在海南住了两年,直至返大陆前夕才做了一次以观风俗为目的的全岛游。上述情况说明,成鹫到海南只是希望寻找一个可以替代罗浮山的禅修之地,并不怀有政治动机。

《咸陟堂诗集》卷13有《寓普济禅院寄东林诸子》诗,卷14又有《丁丑夏客墺门岛普济禅院赠剑平师》诗,据此可知,成鹫到澳门时为康熙三十六年(1697年),① 即在鼎湖山庆云寺修纂《鼎湖山志》完成重返东林之后。诗题中的"客"字,说明他并不是寺院的常住,因此邓先生所谓"往澳门主普济禅院"之说是不成立的。姜伯勤先生《石濂大汕与澳门禅史——清初岭南禅学史研究初编》提到普济禅院与莲峰庙的两件《莲座》俱无成鹫之名,这也是成鹫不曾主法普济的证明。如果仅以成鹫为期短暂地访问了一次普济禅院,便断言他到澳门是"有所图",这显然是不能令人信服的(即使是真的"主法"普济,也不能得出这样的结论)。我们注意到,在到澳门前后的一两年时间里,成鹫身体极差,《纪梦编年》在回忆丙子——即到澳门的前一年——之事时,曾说到自己"不纳水谷,病将不起,予亦不愿有生也";在回忆从澳门回来以后的事时,则说自己一连大病了好几场,几至丧命。成鹫还提到自己有"宿命之通",自断必在康熙三十七年(1698年)三月二十

---

① 姜伯勤先生《石濂大汕与澳门禅史——清初岭南禅学史研究初编》亦认为成鹫此年在澳门。但章文钦先生在《澳门与中华传统文化中的航海保护神》一文(见澳门海事博物馆、澳门文化研究会合编《澳门妈祖论文集》,1998年出版)认为成鹫曾于1692年春与1697年夏两度到澳门。

七日"无常至"。在这样的身体条件和心理状态下，要说成鹫在澳门会有什么"密谋"，那是很难想象的。连《纪梦编年》都说作者自己这段时间里"鱼鱼鹿鹿，无可述者"。

如果说孤立地分析个人的行踪形迹还不足以证明成鹫是否"通海"的话，回顾一下当时社会的形势，事实真相也许会变得比较清楚。清朝统治者在入主中原之初，确曾遭到过各地士民的激烈抵抗，在顺治时期，南北的反清复明运动可谓此伏彼起。但是到康熙朝之后，国家的政治军事形势已发生了重大变化，其中有三个方面的情况应引起特别的注意：一是顺治十八年（1661年）吴三桂逼缅王交出了永历帝，并在次年将其杀害于昆明，南明的最后一个王朝覆灭，反清复明运动因此失去了号召士民的旗帜。二是自从从福建沿海退守台湾的郑成功于康熙元年（1662年）在台南病故之后，郑氏政权偏安一隅，势力日衰，并最终于康熙二十一年（1682年）被清朝消灭，清朝的海上威胁从此解除。三是康熙十二年（1673年）发生的以吴三桂为首的"三藩之乱"，经过4年的政治、军事较量之后，最终被朝廷平定。成鹫到海南岛时，永历朝已覆灭20年，"三藩"已被铲除6年，远在台湾的郑氏势力行将灭亡，试问成鹫若"通海"，谁是其对象？成鹫到澳门，在时间上比到海南晚了15年，其时清朝已进入"康熙盛世"，政治已十分稳固，连"海禁"之律都废除了，在此背景下，明朝哪里还有"恢复再造"的可能？成鹫还"通"什么"海"？

至于说成鹫自号"东樵"若与居西樵之陈恭尹相抗之说，就更牵强了。《纪梦编年》载："东樵者，罗浮之别名。最初出家，先住罗浮，不忘本也。"

以上是对邓先生的各条证据的辩析。除此之外，笔者还可从出家原因和宗派关系两方面来进一步否定成鹫"通海"说。

成鹫的出家经过比较奇特，他是在41岁那年忽然自我断发、宣布离俗的。是什么原因导致了成鹫出家呢？对此问题成鹫自己并未正面回答，曾让学者感到疑惑。清沈德潜《国朝诗别裁集》有言："（成鹫）中年消发，不解其故。"[①] 成鹫只是提到自己与佛门有"夙缘"（因为其母在生他前夕曾梦见"老僧入室"），又说其母一生崇信三宝、焚修不断的敬佛态度对自己有影响。但这些显然并不构成其离俗的决定因素，否则他早就出家了，而不至于拖到41岁。仔细析读《纪梦编年》，会获得某些信息：

---

① 沈德潜：《清诗别裁集》卷32，中华书局1975年版。

> 是时,丁巳岁五月五日也,余年四十有一矣。闻变而起,仰天大笑曰:"久矣夫,吾之见累于发肤也!"左手握发,右持并剪,大声疾呼曰:"黄面老子,而今而后,还我本来面目,见先人于西方极乐之世矣!"

"闻变而起"四字,透露了成鹫的出家与当时的政局有密切关系。成鹫所言之"变",是指三藩之乱被清廷平定。三藩之乱在性质上本是地方割据势力与中央王朝势力之间的利益争斗,但是由于为首的吴三桂是打着"兴明讨虏"的旗号来与清廷相对抗的,① 因此当时有不少人产生了错觉,以为大明的天下恢复可期。当时大名鼎鼎的屈大均离乡背井、跑到吴三桂的队伍去任"监军",便是受了这种错觉的支配。作为一名曾参加过南明科举的汉族知识分子,成鹫显然曾对三藩的前途抱有过期待。然而让他感到失望的是,经过4年的较量,获胜的一方却是清廷!"滇黔之炎炎者,将见扑灭;闽广之滔滔者,渐睹安澜;冠冕之峨峨者,又不免于裂冠毁冕,退修初服矣",这个结果给成鹫泼了一盆冷水,并最终促成了他的离俗。"闻变而起……"等语清楚地表明他是因对政治现实失望而出家的,故与他同时的李来章曾在《咸陟堂诗集》的序中分析道:"意其人固豪杰倜傥之流,殆有所托而逃焉者乎?"② 尽管在内心中有遗民情结,但甲申鼎革时才7岁的成鹫在俗时并未参加过反清活动,在宣布离俗之后更不可能参加,因为在主观上无动机,在客观上无条件。在康熙时代,连曾频频奔波于抗清斗争,且被永历帝封为锦衣卫指挥佥事的陈恭尹都已壮志消磨,③ 因厌世而宣布割断与世俗干系的成鹫,又怎可能"有所图"?

自我落发的成鹫本来"无师无名,且无戒体",宣布离俗后最初在广州府南海弼唐的亦庵自修,后又寄迹于陶握山在小漫山的别业中。康熙十八年(1679年),与入云门扫祖师塔罗浮山石洞禅院方丈离幻元觉邂逅于小漫山,二人一见相契,遂成师徒。元觉是华林寺首任方丈宗符智华的法嗣,而宗符智华则是临济宗31世、清初名僧木陈道忞的法嗣,因此在宗派法系上成鹫属临济宗天童系。④ 众所周知,就政治态度而言,清初岭南佛门以心向明朝的

---

① 吴三桂曾传檄远近,声称拥立"先皇三太子",并规定士民皆要蓄发、易衣冠。
② 释成鹫:《咸陟堂诗集》,清道光刻本。
③ 陈恭尹在"三藩之乱"中曾被牵连入狱,从此心怀畏惧,寄情诗酒,时与达官贵人往来,时人曾讽讥他:"可怜一代夷齐志,错认侯门是首阳。"
④ 木陈道忞之师曾主法宁波天童寺。

"故国派"与拥戴清朝的"新朝派"为左右两端,"故国派"的首领是曹洞宗海云系名僧天然函昰,而"新朝派"的首领则是临济宗天童系名僧木陈道忞。道忞最初并未曾忘情故明,但自顺治十六年(1659 年)三月被皇帝召往京城说法并受到厚遇之后,其政治态度就发生了根本的变化。在他离京还宁波天童寺时,顺治帝曾留其衣、杖、笠、蒲团、念珠等九件物品存供于大内;而道忞则在回到南方后在宁波天童寺兴建"奎焕阁",供奉钦赐的"奎章""旷典",并作《奎焕说》以张扬之;又在会稽(今绍兴)平阳寺建御书楼。其所作所为,在当时就受到了世人的讥议。《居易录》卷24《康熙卅三年纪事》载:

> 金粟大陈忞公,顺治末应诏进京,赐号弘觉国师,南还至淮上,与诸当道酬酢,气焰烜赫,从者如云,为诸方口实。尝一至金陵,其弟子某供张辄数百金,至称贷以应。康熙乙巳,予谒华山见月律师,师蹙额语予云:"渠胸中面上,只有'国师大和尚'五字。"①

作为天童系的宗师,道忞在顺治末年对朝廷的立场无疑为本系僧人的政治态度定下了基调。虽然天童系僧人的政治态度或立场不可能完全一致,但是很难想象,祖师爷道忞热烈拥护朝廷,作为徒曾孙的成鹫却在密谋反清。

笔者花了这么多笔墨来讨论问题,无非是想证明一个事实,即成鹫根本没有参加过反清复明运动。出家后的成鹫是一个与世俗社会距离很远的人,平日屏迹城市,从不过问政治,这是有文字可稽的。与成鹫相知颇深的胡方曾在《迹删和尚传》中说成鹫"一意终隐,不肯出世"②;而李来章在为《咸陟堂诗集》所作的序中也说成鹫"晚年匿影大通,足迹不入城市。人或见之,道话之外,公私一无所及。遇家人辈有所谘,瞑目趺坐,寂然若无闻也"③,又说在其诗文集《咸陟堂集》中,"怨尤之思,悲愤之气,斩然不见于笔端"④。也认为成鹫有"通海"嫌疑的黄国声先生曾感到疑惑:"奇怪的是成鹫平时不仅足迹不入城市,与人谈论亦不及世事,诗作更无遗民常作的激烈哀痛之语。"⑤ 其实只要明白成鹫未曾"通海"的事实,就没有什么可奇

---

① 近代著名学人陈垣为了以古讽今,曾在抗战时作《清初僧诤记》,指斥木陈道忞的拥清。
② 释成鹫:《咸陟堂集》,清道光刻本。
③ 释成鹫:《咸陟堂集》,清道光刻本。
④ 释成鹫:《咸陟堂集》,清道光刻本。
⑤ 陈永正:《岭南文学史》,广东高等教育出版社1993年版。

怪的了。在《咸陟堂集》中，不仅没有遗民语，而且有若干与达官要人酬答的文字，为集作序写跋的人亦多为当时的地方政要。连山知县李来章在序中说"大通迹删上人以文字说法，著名海内，贤士大夫多与之游"①，道出了成鹫与清朝官员过从颇密的事实。

当然，成鹫虽然没有参加反清复明运动，但是作为一名汉族知识分子，他在内心中对以异族入主中国的满清统治者是持排斥态度的，对明朝的天下是怀有留恋之情的。他在《纪梦编年》中说自己"尝侍先君侧，闻与客谈论甲申之变曰：宰相误国，某相公奸，某相公贪婪，某相公庸鄙，秉钧失人，是致丧乱，不可救也。予闻而心愤之"。此事真切地反映了他当时的政治立场。同书又载："年十有五，岁在辛卯。岭南底定，文宗李名颐，驰檄远近，岁例校士，士子一名不到，以叛逆罪罪之，永谢场屋。先君既有命矣，至是公令严督。自凭血气之勇，文以忠孝之名，毅然不赴。"这分明是欲以身家性命来与新朝对抗。如果不是当时未赴考的士子太多，诛不胜诛，成鹫很有可能要丢脑袋。在《咸陟堂集》的某些文字中，我们也可以看出他对奋起抗击清军征服的人士所怀有的同情和敬意，他的《仙城寒食歌四章》的第三首所抒发的便是对南明隆武帝的哀悼之情，《会祭陈独漉文》公开表彰陈邦彦英勇抗清、矢志尽节的精神，②《羽指挥死节诗序》高度评价了屈大均《成仁录》所载守卫广州城的抗清志士为国死节的义举。同样，他为今释作《舵石翁传》，亦是基于同样的立场。如果细心寻绎，在其作品中还能寻到一些遗民志士（如"北田五子"、屈大均等）的行踪和心迹。因此我们不否认成鹫在本质上也是一位袈裟遗民。但是持什么政治立场是一回事，有没有反清活动又是一回事。

（原载《学术研究》2009年第2期）

---

① 释成鹫：《咸陟堂诗集》，清道光刻本。
② 邓之诚先生说"在恭尹之没，成鹫为文祭之，称造物使之全节，以见先人于地下，若微示不满者"，这一分析倒是相当正确。

中国戏曲的演化路径与前海学派的深度阐释

——以"先上马,后加鞭"说为中心

董上德

引　言

张庚、郭汉城主编《中国戏曲通论》曾经提出一个值得深思的问题:"中国的戏曲大致是在十二世纪中叶昌盛起来的,不论南戏或北曲,都是在几乎差不久的时间相继出现。为什么这么巧?"① 这是该书第一章"中国戏曲与中国社会"里的文字,此章由张庚先生执笔。

在张庚先生看来,不论是南戏还是北曲,它们尽管体式有差异,但是均有一些"共同条件":"比如需要叙事文学、特别是叙事诗歌的发达做它的前提。这一点,无论南戏或北曲都是一样的。中国文学的发展史,是一部统一的历史,无论国家分裂成南北政权或三国鼎立,文学发展的趋势却是统一的,北杂剧的形成得力于诸宫调为它开了先路。南戏的产生,也有鼓子词、话本等为它作了故事题材上和艺术形式上的准备,地域相隔虽远,而历史的基本条件还是相同的。"② 张庚先生这番话是相比较而言的,他所要比较的对象是梵剧,他说:"中国戏曲里的剧中人常常跳出人物的身份用叙事体的口气说话,而梵剧是纯粹代言体的戏剧形式,而中国戏曲却带着相当浓厚的叙事文学色彩,如果中国戏曲是从梵剧直接移植过来的形式,为什么当时的移植者不按纯戏剧的样子来学习,却偏要加进许多叙事的成分呢?这许多叙事的成分又是从哪里来的呢?"③ 张庚先生对某些学者的"中国戏曲是直接受梵剧的影响"的说法表达不同意见,同时,他也实事求是地指出中国戏曲不像印度梵剧,即它不是纯粹的代言体戏剧。按说,中国戏曲作为一种文体,其主要特征是代言体,王国维先生《宋元戏曲史》已经指出,元杂剧"视前代戏曲

---

① 张庚、郭汉城主编:《中国戏曲通论》,上海文艺出版社1993年版,第14页。
② 张庚、郭汉城主编:《中国戏曲通论》,上海文艺出版社1993年版,第15页。
③ 张庚、郭汉城主编:《中国戏曲通论》,上海文艺出版社1993年版,第5页。

之进步"的指标之一就是"由叙事体而变为代言体",且说:"虽宋金时或当有代言体之戏曲,而就现存者言之,则断自元剧始,不可谓非戏曲上之一大进步也。"① 而张庚先生所特别指出的"中国戏曲里的剧中人常常跳出人物的身份用叙事体的口气说话"也是客观事实,不容忽视。换言之,像元杂剧这样的"代言体",不是纯粹的,而是在有的时候与叙事体如说唱文学难以切割,混杂一起,相互缠绕,这一特点,相沿成习,成了中国戏曲的一个"基因"。此外,张庚先生还指出,南戏一开始"在剧目上的准备并不充实",随着时间推移,逼不得已,试编新的剧目,"而剧目的唱腔也仍是杂凑,宋词也要,里巷歌谣也要,只要有人会唱,就可以拿来用。南戏似乎就是这样'先上马,后加鞭'地逐渐形成起来的"②。

其实,"先上马,后加鞭"的提法,不仅适用于南戏,也适用于整个中国戏曲,它十分准确地表述出中国戏曲的演化路径。《中国戏曲通论》还特别指出:"许多地方戏并不是在条件准备充足以后才进行创造的,而多半是先上马后加鞭,经过千辛万苦才形成一个剧种的。这种情形,在近代以至直到解放前好些小剧种的诞生都是经过了的。如像今天的越剧、评戏、吕戏等等都是如此。"③ 可以说,"先上马,后加鞭"就是一部中国戏曲史的通则,只是此说法较为通俗形象而已。具体地说,"先上马",即作为"戏剧",在条件尚未充分"俱备"的情况下以带有一定的说唱艺术的"戏曲"的形式服务于有着迫切审美需要的观众;"后加鞭",即在已然"上马"的前提之下,不断因应着各种限制与条件加以完备与完善,尤其是不断地调适着戏曲的音乐结构与戏剧结构的矛盾关系,久而久之,形成了中国戏曲的整套审美规范和美学特质。这也是以张庚先生等为代表的前海学派在《中国戏曲通论》及《中国戏曲通史》里的阐释思路。

笔者受到上述提法的启发,试图将以上二书详加对读,写下这篇研读札记,以求教于方家。

一、戏曲借力于说唱艺术而"先上马"

如前文所引,张庚先生说"北杂剧的形成得力于诸宫调为它开了先路。

---

① 王国维:《宋元戏曲史》,上海古籍出版社2008年版,第56-57页。
② 张庚、郭汉城主编:《中国戏曲通论》,上海文艺出版社1993年版,第16页。
③ 张庚、郭汉城主编:《中国戏曲通论》,上海文艺出版社1993年版,第17页。

南戏的产生,也有鼓子词、话本等为它作了故事题材上和艺术形式上的准备",换言之,戏曲借力于说唱艺术而"先上马"(话本穿插诗词,以念诵的形式表演;某些话本在讲唱时还有音乐伴奏,见胡士莹著《话本小说概论》①;故而话本与说唱艺术也难以切割),这是一个十分重要且客观的判断。

沈达人先生在《中国戏曲通论》第三章写道:金元杂剧、宋元南戏对当时各种艺术样式进行同化,"首先解决的是说唱音乐的戏剧化问题。纵观戏曲历史的客观过程,使我们不能不充分估价说唱艺术在戏曲形成期所起的巨大作用,因为说唱艺术在为戏剧演出提供了丰富的戏剧内容的同时,也为戏曲音乐的构成提供了丰富的艺术材料和艺术经验。"② 这可以说是一种具有"发生学"意义的认识。

王国维先生在《宋元戏曲史》里曾说:"后代之戏剧,必合言语、动作、歌唱,以演一故事,而后戏剧之意义始全。"③ 这是一种"事后判断"而并非是"发生学"意义上的认识。本来,小说或说唱文学是讲"故事"的,为什么戏剧的目的也是"演一故事"呢?二者岂不是具有"同质关系"吗?既然具有"同质关系",为何要区分为小说(说唱文学)与戏剧文学呢?其实,王国维先生只是依据戏剧的一般规律说"必合言语、动作、歌唱"云云,以示戏剧与小说(说唱文学)之不同,却没有考虑到戏曲借力于说唱艺术而"先上马"的"发生学"问题。

所谓戏曲借力于说唱艺术而"先上马",已经表明戏曲不是为了简单地"必合言语、动作、歌唱,以演一故事",而是另有主意,别有布置。试想,关汉卿写作《窦娥冤》,并非只是为了"演述"一个"东海孝妇"般的"故事",白朴写作《梧桐雨》,也不是为了仅仅"演述"一个《长恨传》"故事";不论是《窦娥冤》还是《梧桐雨》,都是为了以舞台演出的方式强烈表现或激越高亢或哀怨深沉的人的感情,以求情感表现的"最大化"。这是小说(说唱文学)所难以企及的。这一切,都不能够仅仅以"演一故事"来阐释。

然而,前海学派的高明之处在于,客观上承认"先上马"是权宜之计,其主要目的不是为了"演一故事",而是注意到艺术样式的创新与转换是有一个"草创阶段",难以求其完善与完美,只能在不断熟悉"马"的脾性之

---

① 胡士莹:《话本小说概论》,中华书局1982年版,第90页。
② 张庚、郭汉城主编:《中国戏曲通论》,上海文艺出版社1993年版,第142页。
③ 王国维:《宋元戏曲史》,上海古籍出版社2008年版,第28页。

后渐进式地加以改进。沈达人先生说"说唱艺术在为戏剧演出提供了丰富的戏剧内容的同时,也为戏曲音乐的构成提供了丰富的艺术材料和艺术经验",这就不只是看到说唱艺术所提供的"故事",更为关注到说唱艺术"为戏曲音乐的构成提供了丰富的艺术材料和艺术经验",这就解释了宋元戏曲乃至于明清相当部分的戏曲作品为何采用曲牌体或曲牌联套体的"起因"。

《中国戏曲通史》对北曲(元杂剧)的音乐结构形式有如下阐释:"各种传统音乐对北曲的影响表现在音乐的结构形式上,也就是在曲牌联套的方法上。这种影响,表现得更为复杂深刻,所谓曲牌联套,是将若干支不同的曲牌联成一套曲子,这在传统上也叫做'套数'。'套数'是与只曲、小令相对而言的。曲牌联套,并不是任何一群曲调的自由组合,而是将若干个互有联系的曲调按一定的规律、规则组织起来,使之共同构成一套完整的乐曲结构。因此,曲牌联套的出现,也就形成了一种完整的、严密的乐曲结构体制。北曲中严谨的联套体制,以及多样的联套方法的运用,常呈现着各种传统音乐复杂交错的影响。"① 作为说唱艺术的诸宫调,以及散曲"套数",它们的音乐结构方式为"戏曲"的"曲"提供了样板和借鉴,较为方便地使得作为新兴的艺术样式的"戏曲"得以初步成型。

因而,《中国戏曲通史》也相应地指出:杂剧表演中"一人主唱"的特殊表演形式,"反映了杂剧表演形式中还保留着某种说唱艺术的遗迹。在说唱艺术中,不论短篇还是长篇,都是连说带唱一人包到底。到了杂剧舞台上,'说'的部分可以分给各行脚色;演唱部分则仍保留了说唱的特点,只不过是由正末或正旦代替了说唱艺人的地位"。与此同时,"在杂剧表演艺术的形成过程中,说唱艺术的影响是很复杂的。例如舞台上人物上场时,其介绍人物的方法,很明显地是从说唱形式中演化而来的"。于是,基本的判断是:"在北杂剧表演中,由于说唱艺术的影响,结合当时舞台演出的物质条件,已形成戏曲舞台时间空间处理的特殊表现形式。"②

至于南戏的前身"温州杂剧",《中国戏曲通史》也做出"发生学"意义的判断:"温州杂剧开始只在温州附近的城乡演出,剧本也是由本地人编写的。剧目不多而简约,还不是我们所见到的荆、刘、拜、杀这样的大型而完整的戏,甚至也还不是《张协状元》这样表现方法比较丰富的南戏,它只

---

① 张庚、郭汉城主编:《中国戏曲通史》上册,中国戏剧出版社2006年版,第292页。

② 张庚、郭汉城主编:《中国戏曲通史》上册,中国戏剧出版社2006年版,第315 – 317页。

不过是以民间歌舞加上一些宋词的调子来演一个有头有尾的故事而已。"① 此与民间说唱也是脱离不了关系的。

总而言之，前海学派对于中国戏曲的演化路径有着不同于王国维先生的把握。他们以历史唯物主义的立场和观点看待戏曲的演化线索，综合了艺术学、社会学、民俗学、经济史、城市发展史等视角，聚焦于"戏曲发生学"的判断与阐释，不再只是看到戏曲"演一故事"的浅表层面，而是深入到戏曲的不断层累叠加的错位矛盾的深层结构之中，揭示其持续磨合调适的生成机制和不懈地自我革新的完善方式，透彻地论述了中国戏曲在条件不完备的前提之下"历史地"以因地制宜的草创方式适时满足不同时代民众的戏剧审美需求的发展历程。这是中国戏曲演化的"内在逻辑"，同时也是中国戏曲一再反复出现的变化通则。

二、戏曲音乐结构与戏剧结构的长期磨合与多方调适

与戏曲借力于说唱艺术而"先上马"这一戏曲发生学的"逻辑起点"相对应，中国戏曲作品内部存在着双重的结构，既有不得不"就范"的音乐结构，此跟说唱艺术的制约作用脱不了关系，也有在叙述一个"故事"时为了区别于小说（说唱文学）而形成的戏剧结构，它内含着悬念、冲突、人物关系的"翻转"，以及矛盾双方力量的此消彼长、对"情感高潮"的期待等戏剧因素，这些因素每每不能轻易"服从"于音乐结构。音乐结构相对稳固，且在"曲本位"观念约束之下具有不可冒犯的规定性；而戏剧结构总是处于动态的变化之中，任何一点"稳固"的规范都会造成戏剧结构的不该有的"变形"，这对戏剧结构而言无疑是一种伤害。

这样的格局，是"先上马"的临时性策略所造成的。

元杂剧的体制是"四折一楔子"，就其曲体部分而言，四折戏内含着四套曲子，在某种意义上，杂剧作家的主要任务是"填满"这四套曲子。一定程度上说，这样的格局对于一些不太了解"戏剧"真谛的作者来说比较容易导致"戏"与"曲"的疏离，而难以实现"戏"与"曲"的结合。这是一个不得不面对的无法回避的问题。

不仅是杂剧如此，南戏也不例外。《中国戏曲通史》指出："后期南戏文

---

① 张庚、郭汉城主编：《中国戏曲通史》上册，中国戏剧出版社2006年版，第80－81页。

学形式针对着早期南戏的不足，有了很大的发展和革新，奠定了后来传奇剧本形式的基础。但是元代南戏也有它始终没有解决的问题，例如，一本南戏动辄数十场，由于结构过于庞大，不免流于松散，产生一些多余的场面。再如，由于音乐结构的日趋严密，在音乐结构和戏剧结构之间，往往也产生一定的矛盾，有时为了适应音乐结构的安排，而把戏剧结构不适当地加长或缩短等等。这些不足之处，到了明代昆山腔和弋阳诸腔剧本创作中，才逐步地得到改进。"①

其实，"先上马"策略所造成的局限性只能在不断的实践中去加以克服或改进。于是，就出现了戏曲音乐结构与戏剧结构的长期磨合与多方调适的"戏曲史现象"，这也是"后加鞭"的重要意蕴之一。

正如上文所引已经点出的线索，元代以后的传奇剧本的内在矛盾，"到了明代昆山腔和弋阳诸腔剧本创作中，才逐步地得到改进"；换言之，音乐结构与戏剧结构的长期磨合与多方调适总是处在"进行时"状态，没有停歇过。直到梆子腔的兴起，依然在磨合与调适，只不过，这时的磨合力度和调适程度超越了前代，以至于遍地开花，且较为彻底地解决了长期困扰戏曲界的音乐结构与戏剧结构的深层次矛盾。《中国戏曲通史》如此阐释："梆子腔兴起后，促使戏曲艺术形式发生了一次重大的变革，这就是突破了曲牌联套的传奇形式，创造出以板式变化为主的'乱弹'形式。戏曲艺人的这一创造，从艺术形式上反映了人民群众要求戏曲艺术更能自由灵活地表达激越、悲壮的时代感情的需要。从梆子腔本身来说，也由于它的基础是从民歌和说唱演变来的民间小戏，在艺术形式上原也比较自由活泼，是整齐句格的东西，不过多地受旧有的传奇形式和曲牌长短句格的拘束。从传统的戏曲形式变化来看，早在明代末叶时，传奇形式也已适应时代和群众的要求，以适应表达内容和抒发感情的需要，而产生了向板式变化发展的趋势。在明末《钵中莲》传奇中，就有了把整齐句格的【西秦腔二犯】等曲调吸收运用到传奇形式中的情况，给突破原有的形式带来了新的因素。新兴的梆子腔与传统的传奇形式的结合，才变化发展出新的以板式变化为特征的乱弹形式。"与此同时，不仅音乐结构与戏剧结构相互协调了，而且还导致舞台呈现方式的改观："这种变革，对戏曲艺术的发展，不仅表现为一种戏曲音乐上的创造，而且还促使唱、做、念、打等各种艺术表现手段的进一步综合，使每种艺术手段

---

① 张庚、郭汉城主编：《中国戏曲通史》上册，中国戏剧出版社2006年版，第225页。

能够得到更充分的发挥。梆子以前的曲牌体剧种，大都受昆曲载歌载舞的影响，而从梆子起，才形成了唱时不舞或不作激烈的舞，舞时不歌的新的表演方法。这都为戏曲舞台艺术的丰富和提高打开了广阔的道路，更有利于戏曲艺人从事剧目和舞台艺术方面的创作。"① 换言之，解决音乐结构与戏剧结构的矛盾，是戏曲变化发展的"牛鼻子"，抓住了这一"牛鼻子"，逐步弱化音乐结构对戏剧结构的制约作用，相对应地，逐步强化戏剧结构对音乐结构的"适配性"，或者说，尽量使得后者更好地服务于前者而不是相反，这是戏曲演化路径的"大方向"，也是理解中国戏曲改革脉络的关键所在。

  顺带提及一个不可忽视的戏曲史现象："戏"与"曲"的疏离对于中国戏剧文学的健康发展是颇为不利的。由于长期以来形成了"曲本位"的观念，一些不懂得戏剧真谛的作家以为借助"曲"来"演一故事"就是戏曲创作的"全部"，于是，误以为"故事"就是"故事"，不嫌人多势众，热热闹闹才好，而不顾及戏剧结构应有的特定人物关系和必要的情节张力，于是，就出现了清李渔在《闲情偶寄》里所严肃批评过的现象："后来作者不讲根源，单筹枝节，谓多一人可曾一人之事。事多则关目亦多，令观场者如入山阴道中，人人应接不暇。殊不知戏场脚色，止此数人，便换千百个姓名，也只此数人装扮，止在上场之勤不勤，不在姓名之换不换。与其忽张忽李，令人莫识从来，何如只扮数人，使之频上频下，易其事而不易其人，使观者各畅怀来，如逢故物之为愈乎？"② 李渔指出的创作弊病，带有一定的普遍性，即不少戏曲家在创作时过度关注音乐结构而忽视戏剧结构，甚至将戏剧结构误以为就是讲"故事"的小说结构，以小说叙事取代了戏剧叙事，其作品变成是带有"唱词"的"小说"，而未能将"戏"与"曲"有机地结合起来，导致明清时期戏曲作品（主要是曲牌体传奇）数量颇多而精品较少的尴尬局面。

  这一现象从反面证实，戏曲音乐结构与戏剧结构需要长期的磨合与多方的调适，惟其如此，才能逐步拉近"戏"与"曲"的关系，进而强化"戏"与"曲"的"协同性"和"适配性"。这是一个漫长的过程，也是中国戏曲发展史的主要脉络。所谓"后加鞭"，不可能是"一步到位"的，而是加鞭又加鞭，不断进取，时加改善，逐步提升。中国戏曲的辉煌成就，是戏曲艺

---

  ① 张庚、郭汉城主编：《中国戏曲通史》下册，中国戏剧出版社2006年版，第769-770页。
  ② 李渔著，江巨荣等校注：《闲情偶寄》，上海古籍出版社2000年版，第28页。

术自身在"乡土中国"的大地上不懈地演化的结果。

三、声腔系统内含"差序格局"与花部的出现

张庚先生在《中国戏曲通论》的第一章对戏曲声腔系统做了一个明晰的定义:"所谓声腔系统,乃是一种声腔从它的发源地流传开去,在各地生根,而形成这个声腔的各种地方分支,这些分支和它们的母体声腔形成一个系统,我们就称之为戏曲上的声腔系统。如梆子腔系统、皮黄腔系统、高腔系统等。"① 研究中国戏曲史,声腔系统是一个重点,甚至可以说,某个声腔系统的"母体"是"纲",由此而演化出来的分支是"目",纲举目张,这是戏曲史研究的基本局面。

如今,剧种史研究正在成为"显学",有不少剧种史著作问世,这是可喜的现象。可剧种史写作也不宜"各自为政",如果将"单体"的剧种置于所属声腔系统的框架内来思考其来龙去脉,就可能更为科学、更加全面地阐释本剧种的渊源与特色。

回到上引张庚先生的定义,结合中国戏曲声腔系统的实际情况,我们可以领会到,"一种声腔从它的发源地流传开去,在各地生根,而形成这个声腔的各种地方分支,这些分支和它们的母体声腔形成一个系统",如果借用费孝通先生发明的术语,就可以说这内含着一个"差序格局"。费先生在《乡土中国》一书中有一章叫"差序格局",他使用这个术语是为了揭示中国乡土社会的结构:"我们的社会结构本身和西洋的格局是不相同的,我们的格局不是一捆一捆扎清楚的柴,而是好像把一块石头丢在水面上所发生的一圈圈推出去的波纹。每个人都是他社会影响所推出去的圈子的中心。被圈子的波纹所推及的就发生联系。每个人在某一时间某一地点所动用的圈子是不一定相同的。"② 其实,与之相似,一个声腔的母体衍生出各个分支,各个分支与母体之间"亲疏关系"不尽相同,也是一种"差序格局"。如此理解声腔系统,可以提示我们注意地域文化(包括地方剧种)不是孤立的存在,而是在"大一统"前提下的"差序格局"中各有其自身的位置。这不仅是艺术问题,而且是文化认同问题。明乎此,以声腔系统内含"差序格局"的认识来理解中国戏曲在"后加鞭"时代的各种作为,不失为一个切实的阐释

---

① 张庚、郭汉城主编:《中国戏曲通论》,上海文艺出版社1993年版,第23页。
② 费孝通:《乡土中国·生育制度·乡土重建》,商务印书馆2016年版,第27页。

思路。

而中国戏曲在"后加鞭"时代的各种作为之中,清中叶以来花部(地方戏)的出现是一个划时代的事件。一方面,它表明戏曲艺术的传播范围越来越广;另一方面,它还显现出声腔系统的"差序格局"给与各个地方的戏曲艺人以各自发挥聪明才智的巨大空间,以此来补救"先上马"策略带来的局限与不足,此乃剧种史研究的大题目,当另行研讨,此处不赘。

前海学派是历史唯物主义者,他们是辩证地看待声腔的传播的。换言之,不是任何声腔都具有传播力,张庚先生在《中国戏曲通论》第一章写道:"同时出现的声腔,有的壮大了,有的虽然也在成长,然而只局限于一地,还有的发展了一个时期,却被别的声腔所吸收、所吞并,有的则干脆自行消亡了。如弋阳腔就发展成为一个庞大的系统,流布在全国各地,特别是长江以南的地区;而余姚腔却成为一个下落不明的声腔,我们在没有找到它的下落时,暂时只好说它是消亡了;海盐腔原来也兴盛过一阵,但自昆山腔兴起以后,它就湮灭无闻了。"① 客观地说,声腔的传播力的强弱,成因复杂,但有一点是明显的,即传播力较弱的声腔不具备广泛的民众基础,而传播力较强的声腔是各地民众和艺人的集体"审美"所认可的,是具备艺术的"通约性"的,故而能够以"母体"的身份演化出不同的地域分支。于是,关于地方剧种,我们不宜只是看到"地方特色",还要顾及它身上具备的本声腔系统的"通约性",两相结合,互相融化,才是地方剧种艺术的"全部"。

张庚先生对这一点是特别重视的,他还写道:"一种声腔要形成一个声腔系统,还有一个必要的条件,即它非得在所到之处扎根,成为各个地方的老百姓所喜闻乐见的艺术不可。简单说,即非地方化不可。否则这个声腔就只能在这里热闹一时,而不能深深扎根,自行生长。我们看,高腔之成为系统,首先就不拘泥于保持弋阳腔的纯洁性,而变成了带滚调的'徽池雅调'或青阳腔。它流传到湖南就运用了湖南的语言来演唱,并结合湖南的民歌以及本地原有的某些腔调而形成了湖南高腔,流传到四川,就形成了四川高腔。甚至在一个省区以内,如在湖南,还分长沙高腔、祁阳高腔等。"② 这番话,正好说明了声腔系统内含"差序格局"。我们研究某个声腔系统,乃至于研究某个声腔系统内的某个地方剧种,张庚先生的话具有方法论意义。

当然,声腔因传播而形成"差序格局",仅从艺术的角度还不能完整地

---

① 张庚、郭汉城主编:《中国戏曲通论》,上海文艺出版社1993年版,第23页。
② 张庚、郭汉城主编:《中国戏曲通论》,上海文艺出版社1993年版,第25页。

阐释清楚，《中国戏曲通史》对此有重要的补充："清代地方戏在这时出现了一个在全国范围内遍地开花的局面。这是前代戏曲所未曾达到的。这种局面的出现，是和康乾时期社会经济的恢复与发展所提供的条件分不开的；也和戏曲本身传统日渐深厚有关。"限于篇幅，本文不拟引用原书对于康乾时期社会经济的恢复与发展的具体论证文字。而上引文字提供的思路是，"戏曲本身传统日渐深厚"与具体时空的经济繁荣，两相结合，促进了清代花部的出现与兴盛；在此前提下，再看艺术的原因，即"后加鞭"时代如何加鞭的问题就更为清晰了："继昆山腔与弋阳腔的盛行之后，到十八世纪初至十九世纪中叶，即清康熙末叶至道光末年，我国戏曲艺术的发展又出现了一个新的面貌，这个新的面貌就是民间地方戏的兴起和盛行。民间地方戏，继承了弋阳诸腔在民间流布、演变的传统，吸收了昆山腔的艺术成就，在新的历史条件下，对原有的戏曲形式进行了革新、创造。它们突破了杂剧传奇联曲体形式，创造了板式变化为主的'乱弹'形式，使我国戏曲艺术经历了一次重要的变革。从此，我国戏曲跨入了一个新的历史阶段，即'乱弹'时期。其主要标志，就是梆子、皮黄两大声腔剧种在戏曲舞台上取代了昆山腔所占据的主导地位，从而使戏曲艺术更加群众化，更加丰富多采。"①

至此，我们可以明白"先上马，后加鞭"的戏曲演化之路走得颇为曲折，却也走得越来越接地气。"先上马"，本来是为了适时满足民众的戏剧审美需求，不待条件"俱备"而仓促问世；"后加鞭"，一步一步摆脱草创时期的"粗疏"与"局限"，逐渐解决比较顽固的结构性问题。到了花部的出现，这类结构性问题终于较为彻底地解决了。可见，"后加鞭"表现出中国戏曲的"后劲"具有"内部的修正功能"。

其实，在"后加鞭"时代，中国戏曲的"后劲"不仅具有"内部的修正功能"，而且还积蓄着"后续优化发展"的提升能力。《中国戏曲通论》有一节专门谈戏曲导演的形象构思问题，指出戏曲演出在由广场表演转变为剧场表演时导演起着相当重要的作用，导演思维的要点是既要注重舞台演出的歌舞化呈现，又要将程式化与个性化相结合，更要建构好虚拟时空，三者并重，使得一台戏曲演出浑然天成。② 这就属于戏曲艺术的优化提升的范畴，同时也是"后加鞭"的题中应有之义。

---

① 张庚、郭汉城主编：《中国戏曲通史》下册，中国戏剧出版社2006年版，第751页。
② 张庚、郭汉城主编：《中国戏曲通论》，上海文艺出版社1993年版，第539－544页。

以上札记，是将《中国戏曲通论》与《中国戏曲通史》二书对读之后的粗浅看法。总之，"先上马，后加鞭"的戏曲演化之路，具有鲜明的中国特色，在世界戏剧史上独树一帜。而以张庚先生等为代表的前海学派对这一演化之路的深度阐释贯串于以上二书的字里行间，值得反复细读，认真琢磨；本文对此专题疏理，略加己见，以期对戏剧发展史上的"中国话语特色"做进一步的探讨。

2021 年 5 月 3 日于中山大学

（原载《戏曲研究》第 119 辑，文化艺术出版社，2021 年 12 月版；发表时题目为《先上马，后加鞭——中国戏曲的演化路径与"前海学派"的深度阐释》，收入本文集时改为今题，并有所修订——作者，2024 年 4 月 2 日）

《香囊记》作者新考

黄仕忠

明"天池道人"在嘉靖十四年乙未(1535)作序的《南词叙录》中说:"《香囊》乃宜兴老生员邵文明作。""《香囊》如教坊雷大使舞,终非本色,然有一二套可取者,以其人博记,又得钱西清、杭道卿诸子帮贴,未至澜倒。"① 因知《香囊记》为宜兴邵文明作,"得钱西清、杭道卿诸子帮贴"而定稿,故钱、杭二人可视为作者之一;又据"诸子"一词,可能参与者还不止此二人。

又,明吕天成(1580—1618)《曲品》卷下著录《香囊记》,注云:"毗陵邵给谏所作,佚其名。"卷上所载作者信息,则说:"常州邵给谏,既属青琐名臣,乃习红牙曲学。词防近俚,局忌入酸。选声尽工,宜骚人之倾耳;采事尤正,亦嘉客所赏心。存之可师,学焉则套。"② 按:宜兴,一称毗陵,属常州郡,所言地名似殊,其实相同。据此可知,《香囊记》的作者为邵给谏,但今日学术界多认为此说有误。

笔者曾撰《〈香囊记〉作者、创作年代及其在戏曲史上的影响》一文(《中山大学学报》2017年第1期),参酌之前学者的观点,根据文徵明为杭氏文集所作序、杭淮等为钱孝《马迹山志》所撰序等,考订杭濂(道卿)、钱孝(西青)的生平年代,推测邵璨(文明)若与杭濂年岁相近,亦当生于成化元年(1465),卒于嘉靖初年,并推测《香囊记》的定稿时间在正德十年(1515)钱孝开设西青小隐前后。但根据最近所获邵氏族谱资料,方知拙文推测有误。今查得邵璨的世系、墓志铭、小传等,其中详载邵璨生卒年;又杭道卿的生卒年,也可据新得墓志铭加以确认;至于"邵给谏",当即邵璨之侄邵天和,他可能也是"帮贴"创作《香囊记》的"诸人"之一。故撰此新考,亦以求正于方家。

---

① 天池道人:《南词叙录》,见《中国古典戏曲论著集成》第3册,中国戏剧出版社1959年版,第243页。按:天池道人序,通行本作嘉靖三十八年(1559),此据上海图书馆藏清黄丕烈旧藏本所署,作者当非徐渭。

② 吕天成撰,吴书荫校注:《曲品校注》,中华书局2006年版,第7、179页。

一、邵璨的生卒年

郑振铎《插图本中国文学史》,明确指出"邵文明"即邵璨:"璨,字文明,宜兴人。但《曲品》则以他为常州人。'常州邵给谏,既属青琐名臣,乃习红牙曲技。调防近俚,局忌人酸。选声尽工,宜骚人之倾耳;采事尤正,亦嘉客所赏心。'(《曲品》)徐渭云:'《香囊》乃宜兴老生员邵文明作。'是邵氏未尝为'给谏'。"① 傅惜华《明代传奇全目》则说:"邵燦,一作宏治,字文明。江苏宜兴人。邵圭兄。约生于明正统景泰间。生员。事迹无考。"② 按:傅氏所记,多据明人所说,其中如写作"燦",号"宏治"等,实未确。不过他直接称其为"邵圭兄",应是别有所见,惜因未言所据,故以往未为学者所重视。

吴书荫《〈香囊记〉及其作者》据万历十八年(1590)刻《宜兴县志》,查得其小传如下:

> 邵璨,字文明。读书广学,志意恳笃。少习举子业,长耽词赋。晓音律,尤精于弈。善论古人行谊,每有所契,则意气跃然。有《乐善集》存于家。[陈遴玮、王升等纂修《(万历)宜兴县志》卷八,《原国立北平图书馆甲库善本丛书》,国家图书馆出版社2013年版,第317册,第1844页]

吴文参照《南词叙录》所载,对杭、钱二人有过探考:他从方志考得杭道卿小传,知其本名杭濂,为诸生,并提出邵璨应与杭濂年岁相若;又从《常郡八邑艺文志》检得杭淮(道卿之兄)所撰《奉赠西清钱先生》诗一首,认为钱西清可能是杭氏"师长一辈"人物。而邵璨、邵圭二人可能不是兄弟关系。③

拙文《〈香囊记〉作者、创作年代及其在戏曲史上的影响》,在吴文基础上,同样以杭、钱生平考索为切入点,从文徵明为杭濂文集所撰序及其仲兄杭淮的生年,推断杭濂当生于成化元年,约卒于嘉靖九年(1530);若邵璨

---

① 郑振铎:《插图本中国文学史》下册,岳麓书社2013年版,第769页。
② 傅惜华:《明代传奇全目》,人民文学出版社1959年版,第8—9页。
③ 吴书荫:《〈香囊记〉及其作者》,载《戏剧学习》1981年第3期。后以《〈香囊记〉及其作者邵璨》为题,收入吴书荫《汤显祖及明代戏曲家研究》,复旦大学出版社2018年版,第230—234页。

与杭濂年岁相当,则亦当生于成化元年前后,卒于嘉靖初年。又考钱西清,应作西青,名孝,字师舜,诸生,系杭濂次兄杭淮早年的老师,曾任教谕训导等职;他在正德十年归隐故里,筑"西青小隐",广会宾客,宜兴邵宝有文记之。杭濂、钱孝与邵璨会聚,"帮贴"润色《香囊记》,或即是在西青小隐,则《香囊记》的撰成,当在正德十年之后,嘉靖五年(1526)之前。①

但拙文所说邵璨、杭濂生卒年,均据推测而得,未可视为定谳;此外,明人《说楛》记载《香囊记》作者为号"半江"的邵某的兄弟,拙文否定了这种可能性,而据最新发现的资料,邵璨与邵珪是堂兄弟,故《说楛》所记,真伪掺杂,尚须细斟。

《成化五年(1469)进士登科录》载有"邵珪"一条,② 引录如下:

> 邵珪 贯直隶常州府宜兴县,军籍。县学增广生。治《诗经》。字文敬,行七,年二十九,二月初九日生。曾祖商霖。祖文穆。父昉。母张氏。具庆下。兄璟、理、珎、璨,弟璋。娶龚氏。应天府乡试第四十五名,会试第二十四名。(龚延明主编,方芳点校《天一阁藏明代科举录选刊·登科录》,宁波出版社2016年版,上册,第386页)

这里,在邵珪的兄长中,赫然列着邵璨其人。傅目称邵燦(邵璨)为"邵珪兄",所据当即相同。邵氏同族兄弟之取名,均以"玉"为偏旁;邵璨字文明,邵珪字文敬,亦可见其间的关联。故撰写《香囊记》的邵璨,确为邵珪的哥哥。但是否为亲兄弟,尚不得知。

查光绪二十一年(1895)邵丕承、邵丕平纂修《永定邵氏世谱》(上海图书馆藏本),共三十卷,其中卷首为序跋、凡例、目录等,系表十四卷,又《艺文内集》七卷(收录家族成员作品),《艺文外集》七卷(收录他人与家族成员有关的作品),卷末一卷,为"轶闻""杂录"。从中检得邵璨有关的许多珍贵资料,不仅可确考邵璨的生卒时间,还有其他传、记(此项族谱资料由曾庆兰同学检出)。

卷二《大新房世表》"白云公派","第九世"内有邵璨:

> [邵]璨,邑庠生。高隐。行宏六。字文明,号乐善。生正统四年己未七月二十一日,卒宏(弘)治三年庚戌五月初五日。年五十有二。

---

① 参见黄仕忠《〈香囊记〉作者、创作年代及其在戏曲史上的影响》,载《中山大学学报(社会科学版)》2017年第1期,第17—26页。

② 此条材料由郑嘉靖同学检出。

葬兴福巷东。娶武进东节桥王氏讳珪女,名妙音,生正统六年辛酉五月三十日。葬合兆。子二,长天觉,次天骏;女一,适滕上张参政次子僖。

由此知邵璨生于正统四年,卒于弘治三年,享年五十二岁。

《艺文内集》卷一并有《乐善公传略》:

> 公为人洞达明坦,不事矫饰,与人处久而益笃,有宽鄙敦薄之风,自奉俭约而厚于周人,义声闻两浙,孤寒之士多归焉。公悉给其薪水,坐皋比讲解不倦,文章一经指点,咸有法则。少补博士弟子,以左目眇,见鄙于有司,遂弃去,肆力古学。五经子史、天文医卜、稗官小说,一览成诵,皆能精晓。雅好佳山水,遇风日和畅,辄布衣角巾,诗瓢茗椀,与名士徜徉竟日。每过一方,问奇相从,恒以百数。卒之日犹即事赋诗,不及家事,怡然就枕而逝。所著有《香囊五伦传》行世。其他若《乐善诗稿》《芙蓉屏记》《押韵渊海》,并藏于家。邑志载其高隐。

据此可知,他"少补博士弟子","以左目眇,见鄙于有司",这是他未能科举入仕的主要原因之一。"义声闻两浙""与名士徜徉竟日",可以看到他的交游与影响。"著有《香囊五伦传》行世",第一次从乡邦文献直接证实邵璨是《香囊记》的作者。"五经子史、天文医卜、稗官小说,一览成诵,皆能精晓",则是其创作《香囊记》的基础。邵璨其他著作中,尚有《芙蓉屏记》一种,疑即《南词叙录》"本朝"内所载同名戏文。

又,《艺文外集》卷九有徐淮所撰《乐善邵公墓志铭》,兹全文移录如下:

> 宜兴擅山水之秀,人皆儒雅朴实,有古之遗风,故家大族能以礼法自持者甚众。永定邵氏,于诸故家大族尤为称首。自宋元以来,代有闻人。宗族子弟合数千指,无少长贫富,悉知读书尚义。邵氏多贤子弟,固如是也。抑亦有贤父兄标准于先,故后人得以视效取则,观感而兴起欤?予每造其里,考求故家文献典型,而病于疏慵,竟不可得。间于群会中获见邵氏老成者三人,曰桂岩先生,曰乐善先生,曰半江先生,皆有德有贤,实所谓标准于先、能使后人视效取则、观感而兴起者也。曾不十载,三先生相继沦没。呜呼!可哀也已。
>
> 乐善卒于宏(弘)治庚戌五月五日。越四年,甲寅三月七日,其子天觉始卜葬于兴福巷之新阡,先期乞余铭其墓。呜呼,乐善诚善人也,善人云亡,铭何忍辞?

按状，乐善讳璨，字文明，号乐善。为人明白洞达，不事矫伪。少习举子业，尝试于有司，以左目眇，为有司所鄙，遂弃去。攻为古诗，一时诗人推服。性聪慧，天文地理、医卜星命之学，无不讲究。下至稗官小史之书，一览辄能成诵。乡之学者有疑问，悉就咨访，乐善一一酬应如指掌。自奉俭约而厚于周人，宗族贫不能葬者，竭力为之营办，故旧以急难来投者，咸与尽力，义声传布两浙，孤寒之士多从之游。雅爱名山清溪、茂林胜地，遇风日和美，必携友登临眺玩，觞咏终日。幼能弈，及长益精。东南素称善弈者，莫敢为敌。群从子弟有窃学者，则责之曰：吾放弃山林，天以枯棋三百逸吾老耳。尔辈年少，读书务学，自有乐地，奈何亦欲事此末技乎！群从惭惧不敢复为。春秋五十有二而卒。卒之日，犹即事赋诗，语不及私，怡然就枕而逝。配王氏，有贤行。子男二，天觉、天骏，皆循循谨饬。女一，适邑庠生张僖。孙男三、孙女一。

呜呼！以乐善之才、之德，使有民社之任，则可以养其困乏而安颠连，不然，而久处于草莱，亦足敦薄俗而化鄙夫。今乃贫贱终身而寿竟止于是，苍苍之天，余不知其如何也。岂善者之报，不于其身而于其子孙耶？是未可知也。

铭曰：才足以为政而不得为，德足以致寿而不能致。吁嗟乐善，命也何愧。

铭称其"性聪慧，天文地理、医卜星命之学，无不讲究。下至稗官小史之书，一览辄能成诵"，所以他关注南戏，追慕丘濬之《五伦全备记》而作《香囊记》，也就毫不奇怪了。

墓志铭撰写者徐淮，明毛宪《毗陵人品记》卷八有载，曰："徐淮，无锡人，以贡为上高训导，赘物一无所问，贫者顾有资焉，三檄之署县皆辞。母病，乞致仕，御史重其去，淮固请而归。邵文庄为之志。"①

据《永定邵氏世谱》，第七世邵文穆生四子，长子邵曙，育二子邵理、邵璨；第三子邵昉，育三子邵璟、邵珪、邵璋。故《登科录》所载，系族内排行。邵璨实为行六（谱中称"宏六"），邵珪行七。族谱《艺文内集》卷六"书"中有邵珪《与桂岩、乐善二兄书》，开端称"月日寓淮浦弟珪拜宏三、宏六二位长兄"，亦即给排行第三、第六的两位堂兄邵理（号桂岩）、邵

---

① 毛宪著，吴亮等增补：《毗陵人品记》卷八，见《中国古代地方人物传记汇编》第18册，北京燕山出版社2008年版，第387-388页。

璨（号乐善）的书信，书中说："小牙来，即审伯姆病势，备得所以，奈何奈何。因忆前年，五兄母子不月并殂，继之回禄延及我房，煨烬之余，老亲至今局促无宁处。"可知确是堂兄弟。

《永定邵氏世谱》之《艺文外集》卷九有陆节所撰《桂岩处士墓志铭》。可知邵璨的亲兄邵理，字文序，号桂岩，生于正统元年（1436），卒于弘治五年（1492），享年五十七岁。即邵璨去世两年后，邵理也去世了。兄弟二人皆未获高寿。

二、邵给谏与《香囊记》

邵珪与李东阳（1447—1516）为同僚，在当时颇有诗名。所著有《邵半江诗》五卷（有正德十年其子邵天和寓居夷陵时所刻本）、《邵半江存稿》四卷，尚存于世。①

李东阳《怀麓堂诗话》说："邵文敬善书、工棋，诗亦有新意。如'江流如白龙，金焦双角短'之类。又有'半江帆影落尊前'之句，人称为'邵半江'。间变苏书，予亦以苏书答之，跋云：'戏效东曹新体。'邵误以为效其诗，作'依'字韵诗抵予，首句曰：'东曹新体古来稀。'予又戏次其韵曰：'东曹新体古来稀，此意茫然失所归。字拟坡书聊共戏，诗于昆法敢相讥。休夸骡裹才无敌，未必葫芦样可依。却问棋场诸国手，向来门下几传衣？'因相与大笑而罢。"② 按"东曹"即邵珪，自号"东曹隐者"③。李东阳《邵文敬所藏画松图》诗，有"城南风景无尘埃，东曹隐者心悠哉"句，亦涉此号。④

杨慎《升庵集》卷五八"半江"条云："近传邵文敬'半江帆影落樽

---

① 按：《明别集版本志》著录有邵氏别集两种：《邵半江诗》五卷，国家图书馆、美国普林斯顿大学葛思德图书馆、台北"故宫博物院"（原国立北平图书馆藏本）有藏（《原国立北平图书馆甲库善本丛书》据北平图书馆藏本影印，国家图书馆出版社 2013 年版，第 722 册）；《邵半江存稿》四卷，湖南省图书馆有藏。参见崔建英辑《明别集版本志》，中华书局 2006 年版，第 216 页。

② 李东阳著，李庆立校释：《怀麓堂诗话校释》，人民文学出版社 2009 年版，第 278 页。

③ 蒋一葵《尧山堂外纪》卷八七载："邵珪，字文敬，宜兴人。在郎署日，自号东曹隐者。"（见《续修四库全书》第 1195 册，上海古籍出版社 2002 年版，第 92 页）

④ 李东阳：《怀麓堂集》卷七，见《景印文渊阁四库全书》第 1250 册，台湾商务印书馆 1986 年版，第 68 页。

前'之句，以为奇绝，遂号为邵半江。然唐赵嘏诗'半江帆尽见分流'之句，宋米元章亦云'六朝山色落樽前'，已落前人第二矣。"① 又，王世贞《新刻增补艺苑卮言》卷四："……邵工部'半江帆影落樽前'此等语，入弘、正间不复可辨。"②

原北平图书馆所藏《邵半江诗》四卷，中有《寄文明兄》一诗，云：

忽忆青山误起来，几时尊酒涤黄埃。招邀逸客风流社，看取吾兄敏给才。远道悲秋罗袂湿，寒江梦晓锦帆开。功名自是无情物，只合相从茹野莱。（邵珪《邵半江诗》卷四，《原国立北平图书馆甲库善本丛书》第722册，第316—317页）

从诗中内容来看，这位"文明兄"即是邵璨。据"功名自是无情物，只合相从茹野莱"一联，此诗作于成化五年邵珪中进士之前。同时，邵璨一生之迍邅，于此时已显端倪。他虽有敏给之才，但因眼疾而遭歧视，遂弃举子业，无缘功名，"只合相从茹野莱"，最终以"老生员"的身份结束一生。

由于邵半江的名声远过于其兄，所以《香囊记》的作者，在晚明也一度与邵半江捏合在一起。

明焦周《焦氏说楛》卷七载：

邵弘治，荆溪人。有"半江帆影落樽前"之句，因号"邵半江"。尝作《香囊》传奇，至"落日下平川"，不能续，其弟应声曰："何不云'归人争渡喧'乎？"时邵方与弟讼田，因大喜，割畀之。今名"渡喧田"。（焦周《焦氏说楛》卷七，《四库全书存目丛书》子部第113册，齐鲁书社1997年版，第121页）

荆溪亦为宜兴旧称。焦周为焦竑之子，江宁人。这条材料显然出自传闻，且在口传过程中，有所演绎增饰，导致人名颠倒、真假参半，如邵弘治并无其人，邵半江则是邵璨的堂弟邵珪之号。但此说亦非空穴来风，剧作者邵璨与其弟"意不相洽"，因其弟献诗句而相和好，则诚有其事。《永定邵氏世谱》卷末"乐善公轶闻"条，载其事云：

---

① 杨慎：《升庵集》卷五八，见《景印文渊阁四库全书》第1270册，台湾商务印书馆1986年版，第541页。

② 王世贞：《新刻增补艺苑卮言》卷四，见《续修四库全书》第1695册，上海古籍出版社2002年版，第486页。

乐善公初与半江公同游庠，乐善公居首，以左目瞽，督学见而诮之，公亦以微词相应，中其所忌。督学怒，公即脱襕衫而出，而半江公寻举于乡，公意不相洽。一日坐楼上作《香囊》传奇，阁笔苦吟。半江公适楼下过，听之，云："何不续以'落日下平川，归人争渡喧'句？"公拍案鼓舞下楼，挽半江公而上，兄弟相抱持，叫笑欢甚，终其身交友爱焉。

据明王鏊（1424—1495）《严州知府邵君墓志铭》①，邵珪字文敬，初号雪鸿。世居宜兴永定里。"少踔厉不群，不屑治生事，亦不意学。"弱冠时家道衰落，遂折节读书。成化四年（1468）中应天乡试，次年登进士第，授户部山西司主事，监三河草税。十二年（1476）奉敕之南京，又二年升广西司员外郎。因作诗有"半江帆影落樽前"之句，大为词林所赏，更号为半江。十八年（1482）转贵州思南知府，旋丁内艰。服除，犹三年侍母侧。强之起，改授浙江严州知府，弘治元年（1488）闰正月赴任，九月廿二日因疾而卒，享年四十八岁（1441—1488）。

邵璨与小两岁的堂弟邵珪同入庠序。邵璨学业出众，唯因左目眇而为有司所鄙，遂弃其业。邵珪初时"踔厉不群，不屑治生事"，亦即浪荡子，且"不意学"，这可能为邵璨所不喜，但过得不久，"差生"邵珪却已"举于乡"，而"优等生"邵璨则仕途无望，所以心中不爽，致与邵珪"意不相洽"。当邵璨在楼上"阁笔苦吟"时，邵珪主动向邵璨建议用"落日下平川，归人争渡喧"这两句诗，使堂兄弟之间的不睦关系，由此发生了喜剧性的转变，邵璨"拍案鼓舞下楼，挽半江公而上，兄弟相抱持，叫笑欢甚"，"挽半江公而上"，即邀请邵珪上楼一起商讨如何撰剧；"终其身交友爱焉"，亦意味着相争、不洽的两家归于和睦，这为邵璨与侄儿邵天和的和睦关系埋下了伏笔。

从意不相洽到兄弟抱持，终身友爱，这是家族内部的"轶闻"，作为"佳话"流传，虽不免有所修饰，但其核心成分，较之外人之传闻，允当接近事实。

据王鏊所撰邵珪墓志铭，邵珪中进士后一直在各地任职，从成化十九年到成化二十三年（1483—1487）这五年，因丁艰、事母，一直在宜兴家居。故邵珪参与作剧的时间必在这五年间，从而可以确定《香囊记》的初创，也应在这五年间。

---

① 王鏊：《思轩文集》卷一八，见《续修四库全书》第1329册，上海古籍出版社2002年版，第611－613页。

因此，邵璨写作《香囊记》时，曾接受了丁艰、孝母中的堂弟邵圭的相助。进士出身的邵圭，也是此剧创作的参与者之一。

吕天成《曲品》记《香囊记》的作者："常州邵给谏，既属青琐名臣，乃习红牙曲学。"清初《传奇汇考标目》著录《香囊》，亦谓："邵弘治，号半江。宜兴人，官给谏。"① 别本第二十九条云："邵文明，常州人。"② 此外，无名氏《古人传奇总目》、黄文旸《曲海目》、焦循《曲考》、梁廷枏《曲话》、支丰宜《曲目新编》等，皆谓《香囊记》作者为"邵给谏"③。

"给谏"是明代六科给事中的别称。据瞿蜕园《历代职官简释》"六科给事中"条："明制，按六部分为六科，各设都给事中一人，左右给事中各一人。……均为正、从七品官，其职务部分仍沿唐、宋之旧，而稽察六部百司之事则又与御史互为出入。给事中廨署即在午门外东、西朝房，章奏均必经其手，故权势尤重。与御史合称科道，或称台垣。台指御史，垣指给事中。"④

邵圭曾任户部主事，为正六品，给事中则为正七品，所以这"邵给谏"不可能是邵圭；而邵璨只是一名老生员，也与他无关。

那么，为什么会出现"邵给谏所作"这一说法，并在晚明广为流传呢？

我们在查找邵氏家谱及其后人的过程中，发现邵圭之子邵天和，曾担任"吏科给事中"，时人称其为"邵给谏"，他很可能就是明清曲目所载的"邵给谏"，而且"章奏均必经其手，故权势尤重"的给事中，也确实是"青琐名臣"。

《（万历）宜兴县志》卷八有邵天和传：

---

① 佚名：《传奇汇考标目》，见《中国古典戏曲论著集成》第 7 册，中国戏剧出版社 1959 年版，第 195 页。

② 佚名：《传奇汇考标目》，见《中国古典戏曲论著集成》第 7 册，中国戏剧出版社 1959 年版，第 256 页。

③ 无名氏：《古人传奇总目》，见《中国古典戏曲论著集成》第 6 册，中国戏剧出版社 1959 年版，第 277 页。黄文旸：《重订曲海目》，见《中国古典戏曲论著集成》第 7 册，中国戏剧出版社 1959 年版，第 335 页。梁廷枏：《曲话》，见《中国古典戏曲论著集成》第 8 册，中国戏剧出版社 1959 年版，第 241 页。《曲考》已佚，然据清姚燮《今乐考证》"《曲考》此本署邵给谏作，不知何据"，可知《曲考》亦云《香囊》为"邵给谏"作。又支丰宜《曲目新编》，见《中国古典戏曲论著集成》第 9 册，中国戏剧出版社 1959 年版，第 137 页。

④ 瞿蜕园：《历代职官表》附录《历代职官简释》，上海古籍出版社 2005 年版，第 23 – 24 页。

> 邵天和，字节夫，太守珪之子。正德初，由庶吉士授吏科给事中。时刘瑾窃政，连差勘问外官事。比复命，瑾怒其不株参、不纳贿，衔之，旋差查盘河东盐课回，谪判曹州，复嗾山西查盘张御史，劾其受平阳府馈，捏指（旨）发山东巡按提问，革职为民。瑾诛，事白，复符丞，历升云南副使。所至以清白称，卒于官。籍案为发其橐，仅银三钱而已。[《（万历）宜兴县志》卷八，第1836页]

又毛宪著、吴亮增补本《毗陵人品记》亦有其小传：

> 邵天和，字节夫，宜兴人，珪之子。正德乙丑进士，由庶吉士授吏科给事中。刘瑾擅权，屡差勘问外官，旋差查盘河东盐课，俱无所贿。瑾衔之，谪判曹州。复嗾御史劾其受平阳府馈，捏旨削籍。瑾诛，事白，晋符丞，历升云南副使，所至以清白称。卒于官。（《毗陵人品记》卷八，第389页）

据《明实录》及《永定邵氏世谱》，邵天和的主要履历如下：弘治十八年（1505）三月，与顾鼎臣等得赐进士及第出身有差；辛亥，与崔铣、严嵩等为翰林院庶吉士读书。正德二年冬十月，授吏科给事中；正德三年（1508）二月癸未，记吏科给事中邵天和有奏；正德四年（1509）三月乙未，有给事中邵天和等查盘过河东运司在库赃罚事；己酉，调吏科左给事中邵天和为曹州判官。正德五年（1510）夏四月丁酉，给事中邵天和等查盘河东盐课将还，畏刘瑾索赂，谋于运使李德仁，德仁遂敛所属银一万八千三百有奇，和、昊、麟、渊及巡盐御史周廷徵、魏彦昭，分取各数千，潜橐至京，寄于给事中白思诚家，而德仁自入者亦数千，为瑾缉事者所发。时和已坐事为民，乃遣给事中田汝耔往按之，具得其实还奏。有旨天和罚米二百石。①

"世谱"载有邵天和《陈情疏》，内称："臣直隶常州府宜兴县人。由宏（弘）治十八年进士，孝选翰林院庶吉士，钦除吏科给事中。正德四年为查盘事被刘瑾怪不参官，捏旨调任曹州判官，寻又废黜。正德九年（1514）仰荷圣明怜枉，起任夷陵州判官，即升南京后军都督府都事，再升南京都察院经历，渐升今职。"（《永定邵氏世谱·艺文内集》卷六"疏"）上此疏时，邵天和正在尚宝司丞任上。

---

① 台湾"中央研究院"历史语言研究所编：《明实录》，上海古籍书店1983年版，第32－34册。

综上所述,邵天和从正德二年冬十月到正德四年三月,担任"吏科给事中"。他的身份,正属"青琐名臣"。后为刘瑾所忌,于正德四年谪判曹州,次年遭贬为民。刘瑾伏诛之后,邵天和曾上《辩诬疏》(《永定邵氏世谱·艺文内集》卷六"疏"),其事得白;再获起用,则在正德九年之后。

邵珪于弘治元年去世,邵璨则在弘治三年去世,杭濂、钱孝诸人"帮贴"完成《香囊记》的定稿,当在邵璨去世之前。设以成化二十三年(1487)为界,该年邵天和二十八岁,杭濂二十三岁,两人均为生员,且同乡同里,很可能在同一"庠序"内读书。钱孝是杭濂之兄杭淮的老师,其时或在宜兴授徒,也一起参与了修订。两位年轻的生员,与邵璨、钱孝这两位"老生员",在研讨时文的同时,也以闲心一起琢磨如何写剧填词,为邵璨的新作《香囊记》作打磨,并为其曲文增添了亮色,也是可以想象的。

只是由于邵天和在弘治十八年中了进士,并且成为"青琐名臣",仕途畅达,他参与作剧,在当时毕竟不是一件能被官场所接纳的事情,所以被隐去不言,也属情理之中。邵天和担任"吏科给事中"多年,并在此任上因忤刘瑾而遭贬,乃至削籍,故人多称其"给谏"而不名。如《永定邵氏世谱》卷四"节夫公"小传称:"忤当事,出为吏给谏。时逆瑾用事,重公才望,欲援致之,公不应。又尝于众中目摄公曰:'此邵给谏也。南人冠何其高。'公不为礼。"(并见于《艺文内集》卷一"独山公"传略,文字间有出入)

邵天和号独山,年长于杭濂五岁,长于杭淮两岁,杭淮有《滇南行有日作歌奉送独山亲丈》诗(据《永定邵氏世谱》所录。《续修四库全书》内杭淮《双溪集》卷六收此诗,诗题改作《送邵节夫副使往金腾兵备兼寄张侍郎》),说明两家旧有姻亲关系,邵璨及邵天和辈分均高于杭氏兄弟。《南词叙录》说《香囊记》"又得钱西青、杭道卿诸子帮贴,未至澜倒",杭氏与邵家有姻亲关系,钱孝为杭淮的老师,邵璨为人又好客,家传称其"自奉俭约而厚于周人,义声闻两浙","雅好佳山水,遇风日和畅,辄布衣角巾,诗瓢茗椀,与名士徜徉竟日。每过一方,问奇相从,恒以百数",可以想见当邵璨写剧的时候,周边亦是"名士"环绕,不仅有进士邵珪,有生员钱孝、杭濂,可能在与堂弟相睦之后,堂侄邵天和成为"诸人"中的一员。也因为邵天和的参与,导致不知情者误以为他才是《香囊记》的作者,所以有"邵给谏所作"之说流传于世,并为吕天成《曲品》等所据。

三、关于杭道卿

关于杭道卿,郑嘉靖同学从吴仕《颐山私稿》卷九查得《大川处士杭君墓志铭》，载杭濂生于成化元年，卒于嘉靖七年（1528），享年六十四岁，其卒年较拙文之推测早两年。① 按：此铭涉及史料颇为重要，卷八尚有《祭大川杭君文》，郑嘉靖在论文中未作移录和引用，今录于后：

> 嘉靖戊子八月十七日，吾友大川子杭君，以疾卒于家。其子璧，将以卒之年十二月某日，葬之于离墨山之阳，而属铭于予。予以其伯氏之显且文也辞，璧曰："此固吾诸父意也。诸父哀吾父也过，不忍铭。惟吾父平生所知先生为深，其言公传之也信，敢以请。"予不获已，乃叙而铭之。
>
> 按状，杭君讳濂，字道卿，大川其别号也。曾大父讳某，父讳某，以长子贵，封吏部主事。母王氏，赠安人。初，君在妊，母梦一巨星陨，掇取之。既而生君，有异质。方八岁，即善属对。比成童，遂能词赋。弱冠间，尝作《惜鸦说》《恶蚤行》等篇，吾伯兄宁庵先生见而奇之，劝之学。于是始业举子。治《周易》，熟诵精思，更昼夜不辍。游学吴中，声称籍甚。居数年，学益古，文益奇，而不为有司所知，试辄不利。间闻古润邘补斋先生名，往从之游。时予亦偕往，与之共邸舍，接几席，见其究意图画，研综几微，至忘寝食。而予之庸惰为之起。
>
> 君性孝友，虽游学于外数百里，时致其甘旨之奉不缺，其于丧葬尤致情，为之期无憾焉乃已。同生诸昆季凡六人，皆贤而有文，时相赓咏为乐，意气愉怡，无间言。君故饶于资而拙于治生，家日落，不逮其初，然急于为义不少怠。若念其嫠姊贫，岁分租入赡之以为常。有所知逋负于人，窘甚，乃捐己赀代之偿，不令其知。遇岁侵，为馈粥于道，以食饿者。若是者，非君之力固有余也，而黾勉为之不已，其于义何如哉！
>
> 君少有用世之志，久之不遂，恒悒悒焉见于颜面。予每慰解之，不听，乃更诟让之曰："古之贤豪所以自树立者，当不止是，而君顾于不可必得者，营营焉求之，何不达也？予素重君，乃以是相薄耳。"君俯首受之，喋无一语以对。徐察其意，终不能忘，此其蔽也。
>
> 君于古文辞，不蹈袭陈故语，其气亦漫瀚不穷。诗宗杜少陵，意豪语逸，□之精切焉，则几矣。书法遒劲，杂唐、晋为之，而自为一家。嗟乎！以君之才，克其所至，岂惟跨视时流哉！而竟不获与古之作者并驱，惟其溺意比偶之习，以媲时好焉累之耳，嗟哉乎时也。其厄人之才

---

① 郑嘉靖：《明传奇形成期曲家补考》（硕士学位论文），中山大学 2021 年，第 16－17 页。

也如是哉！平生所著作，多不存稿。璧裒集散逸，得二百篇，藏于家。

君生于成化乙酉，距其卒之日，享年六十四岁。娶管氏，贤足相配。子男四，长即璧，次玺，次垍，后弟文卿。次阶，早卒。璧、垍皆游邑庠，克世其业。女二，长适邑庠生张观，次适无锡华铸。孙男七，长某，次某，次某，余幼未名。女五，俱幼未字。其所葬离墨山之原，乃生时用其所善浙士王克平之言勘定，今用之。

铭曰：维彼列宿，为章于天。或降于下，乃生材贤。君协于梦，岂曰非祥。以文以行，厥宗之光。其所未遂，□子成之。天之佑之，庶其在□。离墨崇崇，蒲溪弥弥。君其归止，历千万祀。（吴仕《颐山私稿》卷九，《四库全书存目丛书》，集部第 70 册，第 82 页）

《祭大川杭君文》曰：

惟君性行高洁，蕴负深纯；凡在交游，有如饮醇。忆予同事，古润之阳；艺业相长，形骸以忘。迄于今兹，垂三十祀；追思往昔，忽若梦寐。中间形迹，显晦或殊；惟此情好，终始不渝。是岁之春，予行指晋；君实念我，有诗我贶。亦复追送，舣舟江浔；情谊郑重，感君为深。既予改命，于彼闽中；湖山登览，有约不终。比予膺疾，解组而还；方期高士，结社香山。云胡计问，得自归途；嗟哉苍天，负我良图。春花秋月，酒社词坛；望君不见，有泪泛滥。天风萧萧，河水齿齿；我来奠君，君其鉴只。（《颐山私稿》卷八，《四库全书存目丛书》，集部第 70 册，第 90—91 页）

从以上二文可见杭濂的一生，及吴仕与他的交谊。吴仕，字克学，宜兴人，正德九年进士，官至四川参政，引疾致仕，与魏庄渠、王蘗谷、徐养斋、唐荆川数人为古道交。① 文中所称"伯兄宁庵"，即吴俨，字克温，成化二十三年进士，官至南京礼部尚书，杭濂弱冠时得其赏识，始举子业。丁补斋即丁玑，号玉夫，丹徒人，成化十四年（1478）进士，官至广东提学副使，杭濂游学吴中时，与吴仕一起从丁玑游。将这篇墓志铭与文徵明所撰《大川遗稿序》（前刊拙文有录）合观，可见杭濂的经历、交游，以及因着意"古文辞"而终困场屋的情况。杭濂的为人与经历，与邵璨颇有相似之处。他追随于邵

---

① 张弘道、张凝道辑：《皇明三元考》"正德二年丁卯科解元"条，见周骏富辑《明代传记丛刊》第 19 册，台湾明文书局 1991 年版，第 369–370 页。

璨身边，既有姻亲的关系，也有志趣的因素。

四、余 论

笔者此前考《香囊记》作者生平，主要参照杭濂的生卒年来作推测，所得结论并不准确。今据《永定邵氏世谱》所载世表及墓志铭，得以较为全面地梳理他的家世、经历与生卒。

当邵璨写作《香囊记》"阁笔苦吟"、文思不接之际，堂弟邵垲过其楼下，为邵璨提供了两句诗，邵璨激动下楼，"挽半江公（邵垲）而上"，也即正式邀请邵垲商讨作剧，所以邵垲也是此剧创作的参与者之一。根据邵垲丁艰、侍母家居的时间，以及他在弘治元年起复赴任、九月去世的情况，可以推定《香囊记》的写作，应是在成化十九年至二十三年之间；《南词叙录》说"又得杭道卿、钱西青诸人帮贴"，这个"帮贴"时间，也应在此时或稍后。将《香囊记》视为成化末年作品，应当是符合事实的。《南词叙录》说："《香囊》乃宜兴老生员邵文明作。"邵璨完成此剧时，年在五十左右，确实是一位"老生员"。

在邵垲参与创作之后，邵垲的儿子邵天和可能也参与了修订。邵天和后来官吏科给事中，为皇帝近臣，所以又有此剧为"邵给谏所作"、作者系"青琐名臣"之说的流传。这种说法得以流传，可以从另一个角度说明邵天和可能对此剧的定稿与传演起过重要的作用。

景泰元年（1450），尚未中举的丘濬旅寓金陵新河客邸，"每见世人扮杂剧，无端诬赖前贤。伯喈受屈十朋冤，九原如可作，怒气定冲天"①，因创作《五伦全备记》一剧，"分明假托名传，一场戏里五伦全。借他时世曲，寓我圣贤言。……自古传奇皆是主于戏谑，此独主于伦理，盖因人之所好尚者以化诱之"（《凡例》）。他重举《琵琶记》"关风化"的旗帜，将三纲五常伦理道德灌注于通俗演剧之中，用来教化民众，"虽是一场假托之言，实关万世纲常之理，其于世教不无小补"（第一出）。这是明代文人第一次对戏文功能的正面认知与利用，因而具有"里程碑"意义。

邵璨这位"老生员"，年轻时因左目眇而见鄙于有司，但他有"敏给才"，为学"博记"，"五经子史、天文医卜、稗官小说，一览成诵，皆能精晓"，并且"耽词赋，晓音律"，所以在成化末年，他将"时文"的兴趣与眼

---

① 丘濬：《五伦全备记》第一出，据明世德堂刊本。

光,转移到了当时尚未引起文人士子关注的南戏之中,追慕大儒丘濬所作的《五伦全备记》,继其踵而创作了《香囊五伦传》(明继志斋刻本题作"五伦传香囊记"),开篇即称:"今即古,假为真,从教感起座间人。传奇莫作寻常看,识义由来可立身。"他沿袭的是《琵琶记》《五伦全备记》所标称的"关风化"的传统,也是对戏曲教育功能的新认知。虽然在隆万之后,在传奇大兴之际,曲论家大多抨击此类作品是"道学""迂腐",但在景泰至成化间南戏刚开始露出复兴曙光的时候,文人学士对于戏曲的关注与参与,我们首先应从推进戏曲发展的角度,给予正面的肯定。

邵璨"每过一方,问奇相从,恒以百数",在生员、士子群体中有着很大的号召力。他创作《香囊记》时,邀请了多位合作者共同参与创作,《香囊记》实际上汇集了多位生员的志趣与才华,开创了"以时文为南曲"一脉,这是明代以文人审美方式来撰写戏曲的开端——《五伦全备记》主要是在内容取材上作了改变,重在"风教",与儒家礼教宗旨相吻合,语言上则尚未走向文人审美中的典雅;《香囊记》继承了《五伦全备记》上述内容的同时,在语言表达方面做了更大的改变,也是明人对于文人"传奇"的较早尝试,它虽然不十分适合面向大众的舞台演出要求,却在事实上为民间南戏脚本转变为文人写作的"文体"架起了一座桥梁,所以在当时产生了巨大的影响,到嘉靖中后期就已经成为《琵琶记》和四大南戏之外的典范之一(蒋孝《旧编南九宫谱》有大量例曲取于此剧)。可以说,《香囊记》是从景泰初年落第举子丘濬撰写《五伦全备记》到正德末年、嘉靖初年文人传奇创作骤然兴盛之间的转折点,它在从南戏向传奇的转变过程中起了十分重要的作用。此剧作者生平的梳理及创作时间的推定,对于了解这一时期南戏创作的变迁,有着重要的意义。

附记:本文在资料检索上得到郑嘉靖、曾庆兰两位同学的帮助,识此谨表感谢。

(原载《文学遗产》2022年第5期)

王国维遗书考论

彭玉平

  1927 年 6 月 2 日，王国维突然自沉北京颐和园昆明湖，令中外学术界深感震惊，毕竟"现代中国从未产生过走得这般前面又涉猎如此丰富的博学者"①；同时因为其曾任逊清皇帝溥仪的南书房行走，在政坛和遗老界也引起了诸多议论。这些议论或根于与王国维曾经的交往，或耳闻于坊间各种各样的传闻，或因为特殊的背景而带来的种种猜测。②何以一人之死能引发如此多的关注呢？如今距离王国维去世已近百年，如果说到王国维死因，还大多是持一种模糊影响之论。为何对一场自杀事件的原因追踪，历经近百年而难得明晰之答案呢？我觉得与对王国维留存遗书一直欠缺精准、系统而有深度的分析有关。事实上，自遗书被发现以来，引用者虽一直很多，但整体审察遗书的文章至今似尚未见到。本文则拟作一初步尝试，以求正于方家。

---

  ① 伯希和（Paul Pelliot）：《王国维》，原刊《通报》1929 年第 26 期。此转引自陈平原、王风编《追忆王国维》（增订本），三联书店 2009 年版，第 354 页。又，桥川时雄《悼静安先生》一文说："先生之噩耗一传，无论既知未识，不问学之新旧，无不惋悼叹惜。驻京日本及欧美之新闻记者，且详细打电，报告此间消息。"载《文字同盟》第四号，1927 年 7 月 15 日。又，梁启超《国学论丛·王静安先生号序》亦云："海宁王先生之殁，海内学者同声恸哭，乃至欧洲、日本诸学术团体，相率会祭表敬悼，出版界为专号纪念者亦数四。"载《国学论丛》第一卷第三号。《图书馆学季刊》第二卷（1928 年）第一期"纪载"栏目刊《王静安先生之自杀》亦云："先生之学问尤为外人所倾服，最近德国东方学会拟举之为名誉会员，书未发而先生已殁世矣。然则先生之遽然自杀，固不仅我一国之损失也。"第 171 页。可见，王国维之自沉，已成一具有国际影响之重要事件。

  ② 《国学月报》第二卷第八、九、十号合刊《王静安先生专号·引言》云："（王国维）为什么自杀，除了听信这些传说以外，恐怕只好凭自己的意见猜拟吧。报纸上闹的笑话，你们也许还记得：有的说他是复辟党、保皇派，有的说有人逼他去死，有的又说他在前清并没有做过官，有的又说他不过一个经学家……他们或者发挥一点感想，或者纪载几句批评，不是恭维，就是猜度。"1927 年 10 月，第 1 页。按，本期编辑为姚名达、储皖峰，此引言当为二人之作。

一、遗书的被发现及其基本内容

或许是为了给世人一个简单的交待，或许无意让世人透彻了解死因，王国维去世前虽然写了一封遗书，但起笔便出语恍惚，并不容易让人有豁然明白之感，以至于后来歧论纷纷，难以折衷一是。作为留给世间的最后一篇文字，遗书的内容一般包括对自杀原因的简单交待和对自杀后的相关安排。那么，从遗书中是否能寻找到一些关于死因的线索呢？我们不妨先把这封遗书抄录在这里：

> 五十之年，只欠一死。经此世变，义无再辱。我死后，当草草棺殓，即行槁葬于清华茔地。汝等不能南归，亦可暂于城内居住。汝兄亦不必奔丧，因道路不通，渠又不曾出门故也。书籍可托陈、吴二先生处理。家人自有人料理，必不至不能南归。我虽无财产分文遗汝等，然苟谨慎勤俭，亦必不至饿死也。五月初二日父字。①

"平生赍恨齐泰山，书别妻孥只半纸。"② 何以面对如此深重的人生遗憾和羞辱之感，王国维留给家人的只是短短半页纸？这说明这半纸承载的情感其实极为厚重，我们没有任何理由看轻看偏或看错这封遗书中所透露出来的丰富信息。遗书是前一日晚临睡前所写，自杀次日下午四时左右验尸时被发现藏于内衣。原件置于一信封内，封面书"送西院十八号王贞明先生收"。1927年6月4日，王贞明致信其兄王高明云：

> ……至昨日下午三时始验尸体，衣袋中有洋四元四角……及遗

---

① 此遗书原件初由王国维次子王高明庋藏多年。上世纪50年代初，王高明将包括遗书在内的一百余件王国维遗墨真迹经赵万里之手捐献给今国家图书馆。1927年罗氏贻安堂印行《王忠悫公哀挽录》时曾将遗书石印若干作为哀挽录附入之件，"王氏后人、王门弟子为纪念亲师，留存手泽，每本均夹订附入一石印原大遗嘱，天壤间所存尚多"。参见王亮《王国维先生的藏书和遗文》，见《学林漫录》十八集，中华书局2011年版，第12页。2004年11月，《广州日报》等报道，在容庚家属捐给广州博物馆的藏品中发现遗书"原件"，一时舆论哗然，其实不过是容庚当年所获石印原大遗嘱之件而已。此引自房鑫亮编校《王国维书信日记》，浙江教育出版社2015年版，第732页。

② 周学渊挽诗，王高明等编：《王忠悫公哀挽录》，第17页。

嘱一。①

"昨日"也就是6月3日。吴宓云：

> 六月三日下午四时……检察厅之检察官始至验尸。此时于王之内衣袋中，搜出遗嘱一封。②

金梁也云：

> 次日入殓，校生集哭，群奉尸出园，为易衣冠，始于里衣中得遗嘱，函纸均透湿，惟字迹完好，即影传于世之遗墨也。遗嘱末注"初二日"，实殉节前一日。③

柏生（即刘节）亦云：

> 次早即发讣告。其家属定是日申酉之交往殓。……法官率检验吏至，已下午四时许矣。略事查问，即行检验，同学等审视在侧，于先生衣袋中得遗书一通，封面书曰："送西院十八号王贞明先生收。"其遗命云……先生自沉在旧历五月三日，此书前一日所作也。④

此四人所记虽有详略及时间之不同，然因为皆在王国维遗体入殓现场，故其所记乃亲见亲闻。综合而言，遗书的发现经过大致如下：遗书作于农历五月二日（公历1927年6月1日）夜，王国维自沉于6月2日，6月3日下午4时左右法官率检验官验尸，检验官在内衣口袋中发现一封遗书，内有遗书一页，外套封面，封面写：送西院十八号王贞明先生收。虽函纸湿透，但字迹完好。此后此遗书曾影写若干随《王忠悫公哀挽录》一书流传于世。

王国维共有六子，长子潜明已于前一年去世，次子王高明在沪工作，王贞明为王国维三子，时在清华学校大学部旁听，故书其为遗书收启者。在起笔隐约迷离的十六字之后，遗书的内容大致分为以下几个方面：

---

① 陈乃乾：《关于王静庵先生逝世的史料》，见谢维扬、房鑫亮主编，房鑫亮、胡逢祥分卷主编《王国维全集》第20卷，浙江教育出版社、广东教育出版社2010年版，第270页。
② 吴宓：《继屈平投江之王国维投昆明湖自杀》，载《顺天时报》1927年6月7日。
③ 金梁：《王忠悫公殉节记》，见《王忠悫公哀挽录》，第2页。
④ 柏生：《记王静安先生自沉事始末》，载《国学月报》第二卷第八、九、十号合刊《王静安先生专号》，1927年10月，第538－539页。

其一，丧事从简，不必费资，以最简单的方式葬于清华园附近坟地即可。王国维"草草棺殓"四字，与鲁迅遗嘱说自己身故后"赶快收敛，埋掉，拉倒"① 同一旨趣，亦是去留随意、看淡生死之意。

其二，安排家人先暂居城内以避乱。此当是王国维估计自己身后家人一时难以南归，亦难以长住清华园，故预作安排，亦是先确保家人安全之考虑。

其三，特别告诫次子王高明不必北上奔丧。这主要是继续丧事从简的意思，王高明时在上海邮务局工作，王国维亦担忧世乱中交通不便。

其四，不能忘怀平生藏书的去向，全权委托陈寅恪、吴宓二先生处理。盖王国维生前与彼二人交往较多，尤其是与陈寅恪，过从甚密，而吴宓乃研究院主任，所以托付他们处理书籍，谅此批书籍能得其所哉。但陈寅恪与吴宓因种种原因实并未参与"处理"王国维之书籍，实际整理书籍的主要还是赵万里。

其五，家人最终需要南归，盖根底在南方。"南方"曾经是王国维最初拒绝北京大学之请时的地域理由，后来虽因故北上，而当此临别人世之际，京城既无可恋，也乏生计条件，家人回到南方，自然是回到"初心"，也是最适合的安排。

1928年阴历六月中旬，也就是在王国维去世一年之后，清华放暑假，全家除了王贞明继续在清华研究院任职书记外，其余悉数南归了。他们从天津塘沽上船，先到上海王高明处稍作停留，然后就回原籍海宁王国维夫人父母家定居，生活又以另外一种模式重新开始了。②

其六，自述无分文遗产留给家人，但勉以"谨慎勤俭"四字，自能求得最低之生存。这与鲁迅遗嘱"孩子长大，倘无才能，可寻点小事情过活"③，正可彼此对勘。"谨慎勤俭"四字是王国维持以处世和生活的基本法则，王氏子女也果然奉此以为家训。王东明说：

> 父亲逝世迄今，已整整六十年了……这六十年来，我们做子女的，无人能克绍箕裘，继续他的学问，只有二哥高明（字仲闻）在词学方面略有小成。其余仅能实事求是，学以致用而已。不过都能恪遵遗言"谨

---

① 鲁迅：《死》，转引自《鲁迅全集》第六卷，人民文学出版社2005年版，第635页。
② 参见王东明《怀念我的父亲王国维先生》，载台湾《中国时报》1985年6月。
③ 鲁迅：《死》，原刊《中流》半月刊1936年9月20日。此转引自《鲁迅全集》第六卷，人民文学出版社2005年版，第635页。

慎勤俭"四字为生活准则，无敢陨越。①

可见"谨慎勤俭"四字对王国维后人的深刻影响。

以上文字如果再简而言之，可以简单、南归、书籍、家训八字概之。其中除了关于书籍处理是对"外人"而言，其余关于丧事从简、次子高明不必奔丧、暂居京城、稍后南归等，皆反映出一个基本事实：除了看淡生死，决然离世，王国维当时的家庭经济情况也比较困窘，至少在去世前半年，王国维尚处于负债的状态。因为他深明家境，所以对后事的处理以节俭为原则，能省却的一概省却，能简化的尽量简化。而最后寄语"谨慎勤俭"四字，则是为其家人昭示最基本的生存之道，其中包含的对家人的关切与爱护情见乎词。

二、"暂于城内居住""道路不通"与"世变"之关系

对家人的安排在这封遗书中占了不少篇幅，这部分文字因为内容相对琐碎，也不大为考察王国维死因的学者注意。而在我看来，其中"暂于城内居住"与"道路不通"，实大有深意者在，应大致反映了王国维对当时社会情形的基本判断，也可直接呼应"世变"之说。当时北伐军已经逼近北京，一路北上，风声鹤唳，令人惊惧。陈寅恪此前就曾建议王国维到城里居住以避动乱，而吴宓也分别在 1927 年 4 月 6 日和 15 日将不常用之西书以及其它书籍运进城里，"盖恐清华为党人解散之时，匆促忙乱，检取不及故也"②。诸人当时对清华的处境和未来，确实是十分担忧的。相对而言，觉得北京城内还是安全了许多。蒋复璁说：

十六年六月一日中午，清华研究院因暑假而举行师生叙别会，当时谣言很盛，梁任公先生城中赶来，在席间说，时局消息不好，他就想回天津的家，当晚或者要住进东交民巷。静安先生以为任公先生消息最灵，革命军即将到北平了。还有研究院同学何士骥亦自北平赶来，还带了北大沈兼士先生及马叔平的一个口信，请劝静安先生进城，住到他们的家，北大同人可以保护他，最好请静安先生将辫子剪去。于是，研究院同学

---

① 王东明：《巨星陨落一甲子》，载台湾《中国时报》1987 年 6 月 2 日。
② 吴宓著，吴学昭整理：《吴宓日记》第三册（1925—1927），三联书店 1998 年版，第 327 页。4 月 15 日运书事参见第 330 页。

大多劝静安先生进城暂避。但是静安先生说:"我自有办法。"这个口信本来是沈、马二先生的好意,那知成了催命符。①

面对当时紧迫的形势,王国维"我自有办法"五字,应已蓄自沉之志,故在陈寅恪、沈兼士、马衡以及研究院同学此起彼伏一片进城暂避的声音中,他沉静如此。但王国维可以不进城,而当他决意自沉后,从家人的安全考虑,仍建议先进城再南归。而事实上,王家虽欲遵王国维遗嘱入城居住,但因为要按月从清华领取抚恤金,在诸师友的建议下,还是在清华园住了一年,然后才南归。

据今来看,居住在清华园的风险并不如预料的那么大,蒋复璁在王国维去世五十年后,回看1927年,即以"谣言很盛"视之。若是在"谣言"席卷之时,王国维自具判断,对当时形势的预感不至如此危急,自沉的事情是否还会发生,就是一个未知数了。

"道路不通"在王国维的语境中往往与世事纷乱有关。1916年4月15日王国维致信罗振玉云:"此间今日戒严殊甚,浙省独立,火车已断,仅开至松江。至今亦未接海宁、嘉兴等戚串信,恐邮政亦阻滞。"② 4月21日复致信罗振玉云:"现杭沪车不通已十日矣。"③ 1925年12月16日,王国维致信罗振玉云:"近日风云又变,道途恐有阻滞,故不敢赴津。"④ 1926年4月16日,王国维致信罗振玉云:"今日国军退出以后,京津交通想可次第恢复……今日城门皆闭,城中与郊外电话亦不通。"⑤ 可见交通问题的背后是政局是否动荡的问题。这当然是王国维去世前一年或更多年前的情况,但相关语境仍可对勘。

当然,要详细说明其中深意,或许需要更多的材料。但离开清华园去北京城内居住,是王国维自杀前一二十天不断有人反复提出的建议,这当然是出于保护王国维的安全考虑。而在遗书中突然出现这个意见,显然王国维也当认同在"世变"即至之时,城内比城郊安全的看法。而"道路不通",正隐含着当时因战乱而导致南北道路阻隔的事实,也与遗书"经此世变,义无

---

① 蒋复璁:《追念逝世五十年的王静安先生》,载《幼狮文艺》47卷6期。此转引自陈平原、王风编《追忆王国维》(增订本),三联书店2009年版,第125页。
② 房鑫亮编校:《王国维书信日记》,浙江教育出版社2015年版,第105页。
③ 房鑫亮编校:《王国维书信日记》,浙江教育出版社2015年版,第107页。
④ 房鑫亮编校:《王国维书信日记》,浙江教育出版社2015年版,第454页。
⑤ 房鑫亮编校:《王国维书信日记》,浙江教育出版社2015年版,第457-458页。

再辱"云云直接相关。在这种情况下,王国维之自杀与时势的关系乃是必须加以考察的内容。

三、"家人自有人料理"与王国维对罗振玉最后的信任

家藏书籍的安排既有着落,王国维遗书接着关注的问题便是:此后家人的生活如何继续呢?遗书中"家人自有人料理"一句究竟何意呢?这个被王国维认为注定会料理其家人的人究竟是谁呢?是否潜意识里还是指向罗振玉呢?此虽然不能起王国维以问,但至少在事实上,罗振玉尽心尽力地履行了料理王国维家人生计的职责。

罗振玉显然也以料理王国维后事及其家人生计自任。他在《集蓼编》中说:

> 予伤忠悫虽致命,仍不能遂志,既醵金恤其孤嫠,复以一岁之力,订其遗著之未刊及属草未竟者,编为《海宁王忠悫公遗书》,由公同学为集资印行。①

"醵金恤其孤嫠"应是罗振玉直接资助部分,据说是一千元,居当时诸亲友所赠之首。② 但除了直接资以金钱之外,罗振玉更从长计议王家未来的生活,希望通过编印王国维遗书,售以度日。1927年6月22日,赵万里致信陈乃乾云:"此间诸友人议,《遗书》全部编成后,即捐募巨款为之印行,作为遗产之一。"③ 赵万里这里的说"诸友人",有些大概是可以明确的,如陈寅恪、吴宓等,而主议此事的正是罗振玉。盖刊行遗书,所费确乎不菲,故须多方募捐,以毕此事。

今检罗刊《海宁王忠悫公遗书》(以下简称"罗刊遗书"),其四集之末仿汉碑出钱之例,开列捐资印行遗书之名单与金额,共得义捐5100元,其中罗振玉家族(含亲友)一门三代即捐资1000元,其中亲家商衍瀛(福颐岳

---

① 罗继祖主编,王同策副主编:《罗振玉学术论著集》第十一集,上海古籍出版社2010年版,第76页。
② 沙洲《王国维死因又一说》一文云:"罗振玉从天津赶来……他自己送了葬礼银一千元,为诸亲友之首。"载《解放日报》1986年7月6日。
③ 陈乃乾:《关于王静庵先生逝世的史料》,见谢维扬、房鑫亮主编,房鑫亮、胡逢祥分卷主编《王国维全集》第20卷,浙江教育出版社、广东教育出版社2010年版,第271页。

丈)、胞弟罗振常、长婿刘大绅、长子罗福成、四子罗福葆、五子罗福颐、长孙罗继祖、次孙罗承祖、三孙罗绳祖、四孙罗兴祖各 100 元。清华学校研究院也不过捐 500 元，此外，清华学校并无个人捐款者，此甚可异也。他如金梁、金铠合捐 500 元，陶湘、马裕藻、樊炳清、金兴祥等各捐 100 元，等等。罗振玉虽未列名其中，但在王国维去世之年，罗氏诸孙中长孙罗继祖（福成出）生于 1913 年，其时侍罗振玉读书，尚无俸禄可言；次孙罗承祖（福葆出）生于 1922 年，时不过五龄；三孙罗绳祖（福葆出）生于 1926 年 4 月，才一岁余；四孙罗兴祖（福葆出）生于 1928 年 4 月，已在王国维身故十月之后，而遗书四集成于 1928 年 5 月。则诸孙所捐当只是具名而已，颇疑实际所捐或出于罗振玉，其他义捐者也大率与罗振玉有着比较密切的关系。则"由公同学为集资印行"云云，实未必尽然。从这一意义上来说，推动义捐工作的应该主要是罗振玉。

1927 年 6 月 23 日，在王国维自沉 20 余天后，罗振玉致信陈乃乾云：

> 观堂之变，凡皆士林莫不痛惜，矧在三十年之故交乎！迩来与其门徒商量善后，为其嗣续谋生计，则著作刊行亦可补助，故已议定，其遗著不论已刊未刊或他人代刊者，一律将版权收归其家人。现已由小儿首先捐助印赀……印成以后即将印本归诸其家售以度日。①

将王国维著述编好"售以度日"，就是罗振玉"为其嗣续谋生计"的具体考虑，"续谋"正是"前谋"之继续。可能是生计问题不容耽搁，故罗振玉向赵万里"索遗稿付印甚亟"②。罗刊遗书分初集、二集、三集、四集，每集预约价十元六角，定价则为十六元五角。③ 此书编成，罗振玉不断通过容庚、孙壮等以谋销售，尽最大努力为王国维家人安排生计。《北平北海图书馆月刊》第二卷第三、第四号合刊曾刊登第六号预告，内有一则《介绍王静安先生遗书》购书信息云：

---

① 谢维扬、房鑫亮主编，房鑫亮、胡逢祥分卷主编：《王国维全集》第 20 卷，浙江教育出版社、广东教育出版社 2010 年版，第 279 页。
② 赵万里：《观堂集林校记》，转引自陈乃乾《关于王静庵先生逝世的史料》，见谢维扬、房鑫亮主编，房鑫亮、胡逢祥分卷主编《王国维全集》第 20 卷，浙江教育出版社、广东教育出版社 2010 年版，第 279 页。
③ 参见 1928 年春罗振玉致孙壮信，见萧文立编注《罗振玉书信集》，未刊稿本，第 81 页。

王静安先生《遗书》共计四集，实价每部三十二元，邮费八角在外。总批发处：北平清华大学研究院王贞明。①

从地址和收件人信息，可知罗振玉"印成以后即将印本归诸其家售以度日"乃是事实。王国维还只是考虑到有人安排家人南归，而罗振玉考虑的远非止此。即王国维家藏之书在捐献之外所剩下的部分，其中也有不少由罗振玉委托罗振常在沪上售卖，以继续接济王国维家属，王国维之"故友、后学若内藤湖南、狩野直喜、铃木虎雄、久保得二、神田喜一郎、仓石武四郎、吉川幸次郎等均曾获致"②。大谷大学藏明末朱墨套印本《西厢记》第四册末即有内藤湖南识语，其中即提及"王忠悫公自沉殉节，沪上蟫隐主人售其旧藏以充恤孤之资"③云云。此种种安排，足见罗振玉恤孤之意。

罗振玉在王国维生前，即为其多谋生计，尤其是在日本与寓居沪上期间，为其多方联络，甚至曲为之计，争取最好之待遇，以免其后顾之忧，使其安心学术。在罗振玉看来，王国维乃是当时如顾炎武一流的人物，若使这样的学术天才仆仆于谋生之途，则是友朋之耻。以此可见罗振玉在雅重故人之情之外，学术襟怀之博大。不能因为罗振玉晚年与王国维因子女问题交恶，而认为罗振玉只是因愧疚而补偿。对王国维一家的生计，罗振玉在结识王国维之后，便一直引以为分内之事。此王国维即便已决定告别人世，也深可预料到的。"家人自有人料理"，或许可以视为王国维对罗振玉最后的信任，而罗振玉的所作所为也果然不负故人心曲。

虽然"那张遗书上一个字也未提到罗，好像二人根本并不相识"④，但在音信阻断、交恶半年后，要王国维在遗书上明确提及罗振玉的名字，也未免太不近人情。然而王国维环顾四周，溥仪的赏银二千元，王国维不可能预知，若果然事先拟一封遗折，也许王国维还能稍作想象。而陈寅恪、吴宓、赵万里等资历甚浅，条件有限，尚无力为自己料理家人，与梁启超彼此敬重，但

---

① 《北平北海图书馆月刊》第二卷第三、第四号合刊所登第二卷第六号预告，1929年4月。

② 王亮：《王国维先生的藏书和遗文》，见《学林漫录》十八集，中华书局2011年版，第4页。

③ 转引自王亮《王国维先生的藏书和遗文》，见《学林漫录》十八集，第4页。

④ 参见刘蕙孙《我所了解的王静安先生》，见陈平原、王风编《追忆王国维》（增订本），三联书店2009年版，第467页。

两人情分可能还未到请其照料家人的地步。① 清华若有一笔抚恤金，数量料也不多。② 而料理自己的后事、家人生活的暂时安顿、稍后的入城避乱以及未来的南迁海宁所需资金必然不菲，若无一个有力者的支持，要完成这些事情就十分困难了。

  而这个人会是谁呢？其实在当时的历史条件下，舍罗振玉之外，并无第二人能进入王国维的考虑对象之列。虽然因长子去世，与罗振玉结下的怨情尚未在形式上解开，但时隔半年，彼此也应渐趋平淡，大体可以放下了。再说去秋之事，王国维自己的情绪也有激烈甚至失控之时，或许此时王国维也略有悔意。近三十年的一路相伴，尤其是罗振玉对王国维一家生计的持续照顾，王国维不可能忘却。王国维虽然不能提及罗振玉的名字，但以对罗振玉近三十年的了解，在自己去世后，一切的怨情也必然随之而去，这个时候的罗振玉应该会大致回到当年两人如同金石之交的时候。③ 王国维其实是深刻了解罗振玉其人的。这一点，罗振玉之孙罗继祖之说也可与此对勘。他说：

> 观堂突然自沉，祖父没有预想到，接王家来电，非常惊愕。回头想起二十年来的深厚交谊竟被一点儿女私嫌闹翻了脸，连信息也不通了。责任在两方面，自己这方面似乎更重些……观堂身后，祖父尽到后死的责任，编刊遗书，照顾家属南归。也算不负死友。④

---

  ① 梁启超在王国维去世次日（五月初四）即回到清华，参与料理其后事。参见梁启超《给梁令娴等的信》，原载《梁启超年谱长编》，上海人民出版社1983年版。此转引自陈平原、王风编《追忆王国维》（增订本），三联书店2009年版，第88页。按，罗振玉刊行之《海宁王忠悫公遗书》后附捐资名单，梁启超、陈寅恪、吴宓与赵万里均未在列，或仅列百元以上者？

  ② 王国维去世后，清华照付王国维薪金以一年为期，这可能也是王国维生前没有想到的。王东明《怀念我的父亲王国维先生》一文云："父亲的恤金，清华原定每月照付薪金到一年为期，由三哥按月领了汇给二哥管理，合并其他的钱，勉强够我我们的生活教养费。"台湾《中国时报》1985年6月14日。王国维自沉次日，吴宓即会同梁启超等见清华校长，请其向当时外交部申请王国维恤金，结果仅准两月即八百元。参见《吴宓日记》第三册（1925—1927）1927年6月17日记，三联书店1998年版，第356页。

  ③ 商承祚《关于王国维先生之死》一文说："恶耗（按，指王国维去世的消息）传来，罗先生为之五内摧痛，对于既往，似有忏悔之心，乃为经营身后，无微不至，并于半年之间，将王已刊未刊之文，厘定为《海宁王忠悫公遗书》四集问世，殆所以报亡友之恩也。"载《晋阳学刊》1983年第3期。

  ④ 罗继祖：《庭闻忆略》，吉林文史出版社1987年版，此转引自陈平原、王风编《追忆王国维》（增订本），三联书店2009年版，第450–451页。

罗振玉的反应与行动，确实不负王国维临终暗托，这也说明两人确实是彼此知之甚深的。其实，王国维在遗书中如此自信地说"自有人料理"，原因是他多少知道自己在罗振玉心中始终是有地位的。在与王国维交恶并中断联系后，罗振玉还曾悄悄以王国维之名义赠 200 元于升允，王国维后来意外获悉，料亦感其如故之旧谊。1927 年 2 月 16 日，王国维致际彪信云：

> 去岁弟因长儿之变，于外稍有欠项，其十月二百元之款，弟实无此事，想叔蕴先生以己款假弟之名以济尊处急用者。此事诚不宜揭破，然亦不敢掠美，谨以实闻。①

罗振玉之续念旧情，王国维在自沉前三个多月已深感之。故今传王国维在闻知叶德辉被杀后曾去信罗振玉，提请其注意，或正是释去前嫌以回报罗振玉之旧情。② 王国维之女王东明也注意到罗继祖在《观堂书札再跋》中提及此事，并认为"可见先父为人的敦厚与怀旧之情的殷笃"，对这封信也持相信的态度。③ 可见在王国维来说，他肯定以为罗振玉既寓目此信，自然会略释旧怨。④ 虽然这封信罗振玉应该并没有看到，但毕竟时光冲淡了记忆，那个当年殷殷切切的罗振玉还是如王国维所料如期而至了，只是面对天人永隔的情况，两人无法一笑泯恩怨了。

---

① 房鑫亮编校：《王国维书信日记》，浙江教育出版社 2015 年版，第 725 页。
② 此据罗继祖之说。罗继祖《庭闻忆略》云："李元星同志提供消息，说他在旅顺博物馆从我父亲被抄去遗物中发现了观堂给祖父的一封信，是两张红八行写的，内容他也不能全记，只记得上面写了叶奂彬（系叶德辉的字）被难及北伐军即将成功云云，意思是唤起祖父的注意。但经过'文革'，这封信，现在又无可踪迹了。这封信为什么祖父没看到而落在我父亲手里呢？当日天津邮差送信都是送到贻安堂书店，仿佛它是总收发处一样，所以信件都先到我父亲手，我父亲看到这封信的内容，可能他认为给祖父看不大好，就暗地藏起来了，事后也没再和人提。……通过这封信，可以看到观堂在临死前有过种种考虑，既考虑溥仪，也考虑自己，也考虑祖父，观堂是从最坏处着想的。"见陈平原、王风编《追忆王国维》（增订本），三联书店 2009 年版，第 450 页。
③ 参见王东明《为母亲说几句话》，台湾《中国时报》1984 年 10 月 23 日。
④ 王国维去世后，王、罗两家的关系确大为缓和。即罗孝纯也恢复了与王家的联系。王东明《读父亲王国维年谱有感》一文云："还有一事，值得一提，就是在父亲逝世我们返回海宁老家后，大嫂因事从天津到上海，曾专程到海宁探视潘氏母亲，时间虽短暂，诚意仍令人感动，平时书信往来，未尝间断，直到罗氏举家出关，始绝音讯。"见陈平原、王风编《追忆王国维》（增订本），三联书店 2009 年版，第 483 页。

四、"只欠一死"与"恨不死于去年"之关系

遗书最值得关注的当然是开头十六个字:"五十之年,只欠一死。经此世变,义无再辱。"这十六个字明显分为两层意思:前八字言已久立必死之心,后八字言不愿再受辱之意。但我们不能简单理解为王国维乃是不愿因世变受辱,而以一死偿之。只是王国维既久蓄死志,则面对可能的再次受辱,加速了其走向生命终点的进程而已。现在要考量的是:何以王国维要将世变与自己受辱联系在一起,何以说求死乃其宿志?这个"只欠一死"究竟是怎样欠下的呢?

"五十之年"不能简单等同于"五十年",特别强调的是五十岁这一年,这是对勘相关语境,需要明确的前提。王国维觉得对这个生活了五十年的世界,尤其是当自己的生命已经跨入五十岁之年,他已经不欠这个世界任何东西了,道义上不欠,人格上不欠,学术上不欠,所欠者止一死而已。而"欠死"云云说明自沉并非突然起意,而是因为自己此前偷生已久,现在迫于外在世界的偿还压力,"偷生"也失去了意义,只能选择一死了之,以平自己与世界之间的不平衡关系。此显然是从稍远处说,自己的生命本该早就结束,苟延至今,心有亏欠之感。

很有意味的是,这样的辞世之言,先见于吴伟业《过淮阴有感》其二:"浮生所欠止一死,尘世无繇识九还。"这是基于怎样的悲凉和绝望,才有可能写出的诗句。既然尘世上已经不可能有起死回生的九还丹,则所欠之死,也就到了必须偿还的时刻。只是吴伟业虽然这么说,行为其实并没有跟上。吴伟业此诗的背景应该是后悔入清为仕,而王国维后悔的是什么呢?考虑到吴伟业是王国维熟参过的人物,相信吴伟业"浮生所欠止一死"的背景,王国维是了然的。今存王国维《静庵藏书目》中有《梅村诗笺注》八本,其中若《圆圆曲》《永和宫词》《临淮老妓行》等,更是他在学部任职时经常与刘季英等朗诵的诗歌。[①] 从吴伟业的语境中感受自己的心情,在王国维而言倒是自然而然的。

后八字从近处说,"世变"是切近的背景,在道义上不愿受辱是主观感受。如此早该结束之生命遂到了无法拖延、不得不了结的时候了。何以王国

---

① 参见刘蕙孙《我所了解的王静安先生》,见陈平原、王风编《追忆王国维》(增订本),三联书店 2009 年版,第 460 页。

维觉得活着就是"欠",死了才是平欠呢?究竟是怎样的"世变",使得王国维在道义上有绝对无法接受的大辱将至的感觉呢?

显然,这封遗书中的"世变"是关键词,是造成王国维毅然决然结束自己生命的直接原因,而间接原因则是由来已久,他觉得用生命来偿还已经到了刻不容缓的时候了。考察王国维自杀的原因,我们需要兼顾这两个方面。

考察王国维的死因,至少应该上推至前一年,也就是1926年,王国维当时已然有只欠一死之感了。1926年10月25日,王国维致信罗振玉云:

> 承赐衣料,处此境地,恨不死于去年,又何寿可言!然却之不恭,特行鸣谢!①

这是十分重要的信息,可惜至今未引起任何人的注意。今存罗振玉致王国维信,自1926年9月23日至10月23日间无存。但据书信语境,期间二人必有往返信札,或王国维一怒之下烧毁之罗信,正以这一月间的为主,因其近在案头之故也。② 王国维的生日为公历1877年12月3日(农历十月二十九日),1926年生日这一天,王国维亲友及门弟子均展拜于堂称觞致贺,并请贵阳姚茫父绘画为寿。而王国维在生日宴会上则"始终默默然"③,可见这个"五十之年"的生辰之庆,已经唤不起王国维任何精神了。罗振玉提前一个多月寄奉贺礼,也可见其时两人虽然因为家事骤起矛盾,而处于比较激烈的情感纠纷中,但近三十年的情谊依然有着很强的惯性和韧性。这也是在目前可见王国维致罗振玉信中唯一言及自己生趣顿失的文字。若将王国维死志定于1926年10月,应该是有依据的。需要特别指出的是,其时尚无令人惊惧的"世变"或即将到来的世变,直接促成王国维之自杀。

按此信中所述,王国维认为自己应该在1925年即告别这个世界,到了1926年依然没有决然辞世,所以到了1927年才有"五十之年,只欠一死"

---

① 房鑫亮编校:《王国维书信日记》,浙江教育出版社2015年版,第461页。
② 参见王东明《最是人间留不住》,见陈平原、王风编《追忆王国维》(增订本),三联书店2009年版,第388页。王东明《先父王公国维自沉前后》一文曾说:"说到二人失欢是否尚有其他因素,因罗最后给先父的书信已被先父焚毁,无从查考。"载台湾《中国时报》1984年5月19日。按,王东明也认为王国维所焚毁罗振玉来信主要是最后的数封,盖其中罗振玉言辞仍颇激烈,王国维读后心气不平,又不愿再回应,故一怒之下,将其焚烧。
③ 王东明:《最是人间留不住》,见陈平原、王风编《追忆王国维》(增订本),三联书店2009年版,第385页。

之说，到了必须偿还的时候了。何以王国维这一时刻后悔没有在前一年作别人世呢？尤其是在收到罗振玉生日贺礼之时，既有"却"礼之意，更言早生死志，这种很不寻常的言语之间，其实有着很深的现实背景。

王国维虽然自沉于1927年，但其实1926年才是他生命中最感痛苦、最无生趣的一年。这一年从国家、社会和政治的角度来说，虽动乱依然，但无所谓狂波巨澜，故也无所谓大的"世变"。但对王国维而言却有着刻骨铭心的"事变"：其一是深爱的长子潜明遽然去世，令其从此郁郁寡欢。赵万里说："先生久历世变，境况寥落，至是复有丧明之痛，乃益复寡欢。"① 其二是因长子去世而直接导致他与罗振玉近三十年的友情走向终点。这就是王国维信中"处此境地"的主要内涵了。从这一意义上来说，我认为马衡的说法倒是简单而直接的，他说：

  偏偏在去年秋天，既有长子之丧，又遭挚友之绝，愤世嫉俗，而有今日之自杀。②

对照遗书以及10月25日王国维致罗振玉信所述，把"长子之丧"与"挚友之绝"两点作为王国维重要死因来考察，确有其合理性。因为如果"死于去年"，这两种情感上的巨大痛苦也就不必去艰难地承受了。

对此，王国维之女王东明也持相似的看法。她说：

  他的投湖自尽与大哥过世有很大关系。父亲最爱大哥，大哥病逝，给父亲很深的打击，已是郁郁难欢，而罗振玉先生又不声不响的偷偷把大嫂带回娘家，父亲怒道："难道我连媳妇都养不起？"然后把大哥生病时医药花费全汇去罗家，他们寄还回来，父亲又寄去，如此往复两回，父亲气得不言语，只见他从书房抱出一叠信件，撕了再点火焚烧。③

作为亲自见证了王国维情绪转变直至大怒的王东明，她直言大哥之去世给其尊人带来的悲凉心情，以及与罗振玉交恶后的愤怒之形，都可以见出这两件相关的事情让王国维平生第一次难以控制自己的感情了。长子之丧尚可

---

① 赵万里：《王静安先生年谱》，见谢维扬、房鑫亮主编，房鑫亮、胡逢祥分卷主编《王国维全集》第20卷，浙江教育出版社、广东教育出版社2010年版，第477页。

② 殷南（即马衡）：《我所知道的王静安先生》，载《国学月报》第二卷第八、九、十号合刊《王静安先生专号》1927年10月，第524页。

③ 王东明：《最是人间留不住》，见陈平原、王风编《追忆王国维》（增订本），三联书店2009年版，第385－386页。

以悲凉视之,挚友之绝给王国维带来的正是人格和道义上强烈的侮辱之感。

王潜明丧事初了,罗振玉即私携罗孝纯回到天津,撇开此前罗孝纯与王家的矛盾不说,王国维认为至少海关下发的王潜明抚恤金的本意,乃是为罗孝纯日后生活考虑的,"此中外古今人心所同,恐质之路人,无不以此为然者也"①,"此款在道理、法律,当然是令媛之物,不容有他种议论"②。换言之,在王国维看来,如果罗孝纯连这笔抚恤金也不肯收,不仅挑战了道理和法律,而且挑战了常人的底线了。而罗孝纯在罗振玉的支持下,却一再拒绝,王国维的情绪遂不可抑制地爆发出来。今存王国维致罗振玉最后一信云:"以当受者而不受,又何以处不当受者?是蔑视他人人格也。蔑视他人人格,于自己人格亦复有损。总之,此事于情于理皆说不过去,求公再以大义谕之。"③ 以平时极为简默理性的王国维而出如此犀利之言,足见其在人格受到蔑视之后的愤怒之意。王国维所谓"大义"显然由道理、法律和人格组成,王国维强烈地感受到自己在道义上被蔑视的受辱感,这是可以从事实上清晰地考察"义无再辱"一句中可以关联"义"和"辱"的地方。

从"恨不死于去年"一句,我们至少知道,王国维之自沉与溥仪被逐出紫禁城无关。若果然有关,应该表述为恨不死于"前年",甚至"再前年"。再前年(1923年)可以不必见证甲子之变,前年(1924年)可以在甲子之变后以自沉略见殉清心志。但据同官金梁说:"甲子之变,左右或慷慨论忧辱、议生死,公独始终无一言。"④ 面对突然的政治变化,王国维一如既往的简默和冷静。或者也可以将自己的死年更前推至辛亥革命前后,如此才能密切绾合殉清之意。

在今存罗振玉的相关文字中,也曾提及王国维"值宫门之变,公援主辱

---

① 1926年10月25日,王国维致罗振玉信,见房鑫亮编校《王国维书信日记》,浙江教育出版社2015年版,第461页。

② 1926年10月31日,王国维致罗振玉信,见房鑫亮编校《王国维书信日记》,浙江教育出版社2015年版,第462页。

③ 1926年10月31日,王国维致罗振玉信,见房鑫亮编校《王国维书信日记》,浙江教育出版社2015年版,第462页。

④ 金梁:《〈王忠悫公哀挽录〉书后》,见陈平原、王风编《追忆王国维》(增订本),三联书店2009年版,第74页。

臣死之义，欲自沉神武门御河者再，皆不果"①。晚年罗振玉撰自传《集蓼编》，其中也有云："武昌变起，都中人心惶惶。时亡友王忠悫公亦在部中，予与约：各被米盐，誓不去，万一不幸，死耳。"② 这是罗振玉自述与王国维曾有两度相约殉清之意。但在王国维去世之时所撰诸文，罗振玉并未言及辛亥之时即有死志。如其《祭王忠悫公文》只言及"及辛亥国变，相与避地海东"之事。③ 而其《海宁王忠悫公传》也仅言："及辛亥冬国变作，予挂冠神武，避地东渡，公携家相从，寓日本京都。"④ 何以在 1927 年之时，罗振玉所撰诸文未曾言及辛亥时两人即有赴死之准备，而到了晚年突然拈出此事呢？最可能的原因是罗振玉一直不遗余力要把王国维之死往殉清方向指引，以此为王国维赢得死后之哀荣。"主辱臣死"四字当为罗振玉虚拟代述王国维心志。若辛亥就有赴死之准备，甲子再有相约自沉之意，则事不过三。自沉本是世上最简易之事，若真欲自沉，岂有再三不果之理？而王国维自己无论是在这一时期的通信还是在其它著述中，皆未有过拟赴死之意的记载。

其实罗振玉何尝对王国维在信中言及的"恨不死于去年"没有印象？岂有生辰之时而反言死志如此的呢？罗振玉要将王国维死因往殉清方向指引，恐怕也有淡化在当时学界几乎广为人所知的王国维与罗振玉交恶之说以及逼债之说。⑤ 若将死因落定在"殉清"之说上，罗振玉显然也可从这一事件中安全脱身了。所以，王国维将自己最适合的赴死之年定在 1925 年，明显疏离了甲子之变的影响，而出于个人原因的考虑居多，一如梁启超挽联所云，乃

---

① 罗振玉：《海宁王忠悫公传》，见谢维扬、房鑫亮主编，房鑫亮、胡逢祥分卷主编：《王国维全集》第 20 卷，浙江教育出版社、广东教育出版社 2010 年版，第 230 页。按，罗振玉在这里似乎将自沉的提议者归为王国维，但在其《祭王忠悫公文》中则说："十月之变，势且殆，因与公及胶州柯蓼园学士约同死。"则又将赴死的提议者归为自己。一事所记参差如此，故不免让人生疑。参见《王国维全集》第 20 卷，第 232 页。

② 谢维扬、房鑫亮主编，房鑫亮、胡逢祥分卷主编：《王国维全集》第 20 卷，浙江教育出版社、广东教育出版社 2010 年版，第 249 页。

③ 参见谢维扬、房鑫亮主编，房鑫亮、胡逢祥分卷主编《王国维全集》第 20 卷，浙江教育出版社、广东教育出版社 2010 年版，第 232 页。

④ 谢维扬、房鑫亮主编，房鑫亮、胡逢祥分卷主编《王国维全集》第 20 卷，浙江教育出版社、广东教育出版社 2010 年版，第 228 页。

⑤ 关于王国维与罗振玉晚年交恶之事，可参见拙文《王国维、罗振玉晚年交恶考论》，载《清华大学学报》（哲学社会科学版）2022 年第 2 期，第 60－83 页；关于罗振玉"逼债"说之形成，可参见拙文《罗振玉"逼债"说源流及其与王国维经济关系考论》，载《北京大学学报》（哲学社会科学版）2022 年第 1 期，第 95－107 页。

是"一死明行己有耻之义"①。这是用来解读遗书"五十之年，只欠一死"乃源于个人之事最有力的证据。

五、梁启超、世变与王国维"义无再辱"试解

但问题还是有的，如果仅仅把死因归于"长子之丧"与"挚友之绝"，则关联的仅是此前之辱。前辱既可忍而偷生，如何在1927年便无法再忍了呢？故此二点与"经此世变，义无再辱"的关联性就未免弱了。从遗书中言及的"城内居住""交通不便"等语，可知所谓"世变"确实与北伐军逼近北京有关。

首先，"世变"一词并非王国维在遗书中首次提及，而是在其文章和通信中经常出现，其例甚多。1906年，王国维尊人王乃誉去世，他在《先太学君形状》中说："君自光绪之初，睹世变日亟，亦喜谈经世之学。"② 这里把"世变"至少定位在从光绪初年至光绪三十二年（1906）之间，也即是晚清时期，尚与民国无涉。他在《沈乙庵先生七十寿序》一文中也说："……虽承乾嘉专门之学，然亦逆睹世变。"③ 沈曾植的七十之年，即1919年，则其所谓"世变"乃从晚清直至民国年间。又致信沈曾植云："先生洞观世变，尽知情伪。"④ 又说朱祖谋"……遭遇世变，惟以填词、刊词自遣"⑤。如果说王国维论其尊人而言"世变"尚在前清一朝，而其言及沈曾植、朱祖谋之"世变"乃从晚清而至民国，其中易代之意，昭然在焉。这意味着王国维语境中的"世变"，其内涵需要做具体的分析才能明确其边界。

其次，"世变"并非王国维个人的特定词汇，而是当时知识阶层庶几共同的词汇。或者说，在民国年间，"世变"其实是一个高频词。在王国维周边的友人中，即颇多涉及于"世变"话题者。如张尔田致王国维信屡云：

世变滔滔，殆无可为。

---

① 王高明等编：《王忠悫公哀挽录》，天津罗氏贻安堂1927年刊本，第29页。
② 参见谢维扬、房鑫亮主编，房鑫亮、胡逢祥分卷主编《王国维全集》第14卷，浙江教育出版社、广东教育出版社2010年版，第68页。
③ 王国维：《沈乙庵先生七十寿序》，见谢维扬、房鑫亮主编，房鑫亮、胡逢祥分卷主编《王国维全集》第8卷，浙江教育出版社、广东教育出版社2010年版，第618页。
④ 房鑫亮编校：《王国维书信日记》，浙江教育出版社2015年版，第62页。
⑤ 王国维：《彊村校词图序》，见谢维扬、房鑫亮主编，房鑫亮、胡逢祥分卷主编《王国维全集》第8卷，浙江教育出版社、广东教育出版社2010年版，第622页。

> 呜呼,世变至此,书契以来所未有也。
> 世变云诡,令人忆庚子年。
> 世变日亟,闭门商榷旧学,亦殊自得其乐。
> 盱衡世变,能不怆然。①

张尔田语境中的"世变",其要义不外以下几点:其一,近来之世变乃是人类有文字记录以来从未有过的,带有灾难性和毁灭性——喻示数千年封建帝制的结束;其二,这次世变的激烈程度类似庚子年八国联军进京,给人异常沉痛的感觉;其三,这次世变让人无所适从,只能沉浸在旧学中暂时麻痹自己。张尔田有这样的感觉,谅王国维也与此相似。

黄节所用"世变"一词,义亦与此相近。他在自序《阮步兵咏怀诗注》中也云:"世变既亟,人心益坏,道德礼法,尽为奸人所假窃,黠者乃藉词图毁灭之。"② 很显然,黄节在这里提到的"世变"并非有一个具体的事件指向,而是对一时期社会状况的总体印象。这个"一时期",当然主要是清末以及民国建立后的若干年了。这个总体印象主要体现在人心益坏与道德礼法的被损坏方面。世道人心在晚清民国时期发生了质的变异,这可能是这一时期士大夫相当自觉的集体认同。

"义无再辱"四字也顿起许多风云,或以为有"再辱",必先有"一辱"。如果"再辱"是指"世变"所带来的可能的侮辱,那么"一辱"是指什么?持"殉清"说者,以"一辱"为1924年溥仪被逼出宫之事;持罗振玉"逼债"说者则以逼债为"一辱";而刘雨则以北京大学关于清宫遗产的宣言为一辱。③ 赴任南书房行走之"义"与甲子之变给王国维带来的"辱",这确实是王国维亲自说过的。在时隔甲子之变近两年后,王国维在为蒋汝藻五十寿辰写的序中说:

> 癸亥春……余奉入直南斋之命……而义不可辞,遂凤驾北上。逾年而遘甲子十月十日之变,自冬徂春,艰难困辱,仅而不死。④

---

① 张尔田致王国维信,见马奔腾辑注《王国维未刊往来书信集》,清华大学出版社2010年版,第244、246、247、256页。
② 转引自黄秋岳《黄晦闻先生事略》,载《文学杂志》第13期。此转引自古直主编、黄纯仁协编、徐晋如校订《文学杂志》,浙江大学出版社2019年版,第510页。
③ 参见刘雨《王国维死因考辨》,载《江淮论坛》1982年第3期,第105页。
④ 王国维:《乐庵居士五十寿序》,见谢维扬、房鑫亮主编,房鑫亮、胡逢祥分卷主编《王国维全集》第14卷,浙江教育出版社、广东教育出版社2010年版,第308页。

此"义"和"辱"之感确与溥仪相关,这样的"辱"虽然"仅而不死",但并未让王国维遽然有终结生命之念。王国维语境中的"义"和"辱"的内涵实因时而变。即其稍后数月与罗振玉因长子潜明去世而导致的抚恤金事件,王国维同样言及"义"和"辱",则其内涵已经转变为道义和人格。问题是甲子之变"仅而不死",而抚恤金之事已然引发王国维"恨不死于去年"之感。这种义和辱给王国维的感觉明显要强于甲子之变所带来的。所以我认为与其强分一辱与再辱,不如把"再辱"理解为再也不愿经受侮辱之意。盖王国维一生所受之辱,实际上是多量的,积辱所感,已经到了无法承受的时候了。这开头的十六个字无非是久蓄死志,而今世变正烈,已经不愿意再忍辱负重面对这个世界了。

王国维面对的究竟是怎样的"世变",以及这一世变对他可能有怎样的影响呢?有这样一些信息值得注意。王东明说:

> 稍早,先父曾告先母说:"梁启超约我赴日暂避,尚未作考虑。"①

这是王国维在家中所述之语,可见对北伐军即将到京,王国维、梁启超等均甚担忧并有设法暂避之意。王国维既"尚未作考虑",或已隐具就死之心。梁启超在给女儿梁令娴等的信中也说:

> 静安先生自杀的动机,如他遗嘱上所说:"五十之年,只欠一死,遭(引者按,应作"经")此世变,义无再辱。"他平日对于时局的悲观,本极深刻。最近的刺激,则由两湖学者叶德辉、王葆心之被枪毙……王葆心是七十岁的老先生……被暴徒拽出,极端窘辱,卒致之死地。静公深痛之,故效屈子沉渊,一瞑不复视……半月以来,京津已入恐慌时,亲友们颇有劝我避地日本者,但我颇不欲往……现已实行"闭门"二字,镇日将外园铁门关锁,除少数亲友外,不接一杂宾,亦不出门一步,决可无虑也。②

当时正寓居清华园为父亲梁济编订年谱的梁漱溟也说:

> 梁任公……某日从天津回学院,向人谈及他风闻红色的国民革命军

---

① 王东明:《先父王公国维自沉前后》,见陈平原、王风编《追忆王国维》(增订本),三联书店2009年版,第392页。
② 丁文江、赵丰田编:《梁启超年谱长编》,上海人民出版社1983年版。此转引自陈平原、王风编《追忆王国维》(增订本),三联书店2009年版,第88—89页。

北伐进军途中如何侮慢知识分子的一些传说。这消息大大刺激了静庵先生。①

也能证明梁启超信中所述的真实性。清华研究院学生蒋复璁在王国维去世五十年后，追忆王国维自沉前一日在工字厅举行的师生叙别会的情形：大意是席间梁启超告知在座各位，时局即将有大变，他当晚即拟入住东交民巷，次日回天津以避。而王国维素来认为梁启超是消息灵通人士，对他的信息深信不疑。②

而在这令人不安的时候，研究院学生何士骥又转述北大沈兼士、马衡的口信，希望王国维能剪掉辫子进城暂避。这也让王国维进一步确认了梁启超所说风雨欲来的情形，可能的剪辫子之辱以及可能与叶德辉、王葆心二人相似的命运，让王国维顿然加速了走向生命终点的进程。蒋复璁因此总结说：

> 他证实了任公先生的话，同时要剪辫子，恐怕还要蹈叶德辉与王葆心的覆辙……静安先生遗嘱说"五十之年""义不再辱"，这是对剪辫子及恐作叶、王之续的一个解释。③

可见关于"世变"的话题，王国维的资讯来自梁启超的居多。更为重要的是：王国维对梁启超的判断颇为信任，再加上其他人传来的信息，也大致坐实了梁启超所述。这一次他便再也不愿"欠"这一死了。

梁启超说"他平日对于时局的悲观，本极深刻"。检王国维这一时期与人通函，确多悲观之语。如1926年5月26日，王国维致信刘承干云："秋冬以后，戎马生郊，不独南北阻绝，即京津咫尺，亦邈若千里。劫数未已，如何如何！"④ 其实关于这一时期国民革命军北伐对京津等地人心的威慑见于很多人的记载。而这里之所以重点引录梁启超的信件，就在于梁启超是对女儿说，而王东明引述的是家常谈话，其真实性可以得到充分保障。

王国维既在家转述过梁启超的话，则梁启超与谈相关北伐军的情况料也

---

① 梁漱溟：《王国维自沉昆明湖实情》，载《龙门阵》1985年4期，此转引自陈平原、王风编《追忆王国维》（增订本），三联书店2009年版，第110页。

② 参见蒋复璁《追念逝世五十年的王静安先生》，载《幼狮文艺》47卷6期，1978年6月。此转引自陈平原、王风编《追忆王国维》（增订本），三联书店2009年版，第125–126页。

③ 蒋复璁：《追念逝世五十年的王静安先生》，见陈平原、王风编《追忆王国维》（增订本），三联书店2009年版，第125页。

④ 房鑫亮编校：《王国维书信日记》，浙江教育出版社2015年版，第489页。

比较充分。从"闭门"二字，可见梁启超考虑的乃是自身安全问题，足见他们对时局的担忧已经到了相当紧张的地步，避地日本不仅是梁启超相约王国维之意，也是关心梁启超的亲友们力劝之事。或许正是王国维"尚未作考虑"，对去日本比较消极，而引发了梁启超"颇不欲往"之意。这就是王国维面对的实实在在的"世变"。

但是，这"世变"与受辱之间的关系究竟如何呢？梁启超信中所述叶德辉、王葆心之遭遇，王国维不仅知悉，而且深受刺激"深痛之"。叶德辉曾与王国维都是当时中华图书馆协会名誉会员，1927年4月11日在长沙被枪杀，距离王国维自沉不到50天。在梁启超看来，王国维平时对时局的悲观、当下对世变可能带来"极端箠辱"的担忧，都是催促他走向自沉之路的催化剂。梁启超对"经此世变，义无再辱"的关系分析，不仅有着此前与王国维彼此交谈的现实基础，也切合当时形势的发展变化。

顾颉刚读了他的遗书，"恍然明白他的死是怕国民革命军给他过不去……以为党军既敢用这样的辣手对付学者，他们到了北京也把他如法炮制"①。虽然顾颉刚经过多方面分析，认为王国维实际上是过虑了，因为他与叶德辉、王葆心并非同一类型之人，但身在其中、久蓄死志的王国维就未必能分得那么清楚了。从这一意义上说，王东明说："先父确视自杀为解除他内心痛苦，并可避免未来难以预测的侮辱之唯一办法。"②"至于说辛亥满清退位，及民国十三年冬冯玉祥逼宫时不死，而于此与清廷无关时殉节，实在有些勉强。"③确实，在这种语境中，要把王国维之死往殉清方向靠拢，未免牵强了。

赵万里说："四月中，豫鲁间兵事方亟，京中一夕数惊，先生以祸难且至，或有更甚于甲子之变者，乃益危惧。"④"以祸难且至"而危惧，现在看来确乎是事实，但一定要与甲子之变联系起来，就未免受到周围舆论影响而有跟风主流之嫌。若甲子之变，乃是事变，而非世变，这在张尔田的语境中是非常清晰的。1925年张尔田致信王国维："古丈此词系咏去岁十月事变者，

---

① 顾颉刚：《悼王静安先生》，载《文学周报》第五卷一、二期合刊，1927年8月7日。此转引自陈平原、王风编《追忆王国维》（增订本），三联书店2009年版，第112页。

② 王东明：《先父王公国维自沉前后》，载台湾《中国时报》1984年5月19日。

③ 王东明：《先父王公国维自沉前后》，载台湾《中国时报》1984年5月19日。

④ 赵万里：《王静安先生年谱》，见谢维扬、房鑫亮主编，房鑫亮、胡逢祥分卷主编《王国维全集》第20卷，浙江教育出版社、广东教育出版社2010年版，第479页。

本不欲发表,弟则以为外间恐无人能识也。"① 盖甲子之变只涉及溥仪小朝廷命运的变化,即其时与溥仪关系尚可称密切的王国维,也不过安然退居清华讲学而已;而国民革命军的北伐所带来的则可能是全国性的变化,这种变化与王国维的关系就更为疏远。两者显然并非同一概念之事。

王国维以为即将到来的冯玉祥入京,张作霖退至山海关以东,必然导致北京城的剧变,而清华又当"兵事之冲"②,故深以为忧。据今来看,这其实是被渲染出来的谣言而已。大概在自沉前十日,王国维还与陈寅恪一起在吴宓住处,商议避难之事。③ 可见其从断然立下死志到决然自沉,其实不足十日。王国维要在剧烈的世变发生之前彻底完成所欠之一死。而实际上,王国维是错估了形势,一直到当年十月,北方的情形还是总体安稳如昔的。④"南势分崩,北局未改,院中依然修旧业,从容讲学如故。"⑤ 清华学校国学研究院的一切并没有大的改变。只是梁启超、赵元任、陈寅恪等虽然依旧在从容施教,而清华园的学生却再也见不到王国维之杖履并聆听其雍容淡雅之教了。

六、北伐、剪辫与受辱之关系

或有认为王国维担心之"辱"与北伐军进京,有可能剪其辫子,而他视剪辫为辱有关。这一说法,其来有自,但尚须仔细辨别。在清末留学日本时

---

① 马奔腾辑注:《王国维未刊来往书信集》,清华大学出版社2010年版,第261页。
② 1925年7月10日,王国维致蒋毂孙信云:"弟住此地当兵事之冲,乡间困苦不堪问,惟未波及学校耳。"见房鑫亮编校《王国维书信日记》,浙江教育出版社2015年版,第634页。
③ 吴宓于1927年6月2日追忆十日前与王国维、陈寅恪商议应对时局之事云:"盖旬日前,王先生曾与寅恪在宓室中商避难事。宓劝其暑假独游日本,寅恪劝其移家入京居住,己身亦不必出京。王先生言'我不能走'。"见吴宓著、吴学昭整理《吴宓日记》第三册(1925—1927),三联书店1998年版,第345页。
④ 王国维固然错估了形势,但对时势的惊慌感,也是当时清华园不少人共同的感觉。参见吴宓著、吴学昭整理《吴宓日记》第三册(1925—1927),三联书店1998年版,第327、328、353页。
⑤ 参见柏生《记王静安先生自沉事始末》,载《国学月报》第二卷第八、九、十合刊,1927年10月,第540页。从当年六月到年底,清华园因循为学潮与校长人选之事,而鲜受北伐之影响。

和入直南书房后，据说王国维曾两度剪过辫子。① 尤其是入直后，因为溥仪带头剪辫，王国维也奉旨剪过辫子，只是事后又留起了辫子而已。换言之，王国维去世时身后的这根辫子只是留了三四年时间，长度垂到背心的中部而已。② 刘蕙孙说："静安先生则一直留着辫子。作了南书房行走后，一次来到天津，静安先生的辫子没有了。罗家人窃窃私议，后来才知道是奉旨剪掉了。其实后来雪堂先生入南书房，溥仪也劝他剪辫。罗未奉旨，溥仪也未再问。可见所谓上谕也是与本人意愿相结合的。"③ 可见对是留还是剪辫子，王国维并非执一其念。他既然可以两度剪辫子，自然留着辫子也不至于有太多的象征意义。王东明追忆在清华时，每天清晨由母亲为王国维梳理辫子，先顺发，再编辫。王东明记述了一段其父母关于辫子的对话：

> 有次母亲忍不住道："别人的辫子全剪了，你还留着多不方便。"父亲不吭气儿，过了好一会儿冷冷地回答："留着便是留着了。"④

王国维只是持"留着便是留着了"这一顺应自然的想法。换言之，辫子剪了也就剪掉了，留了也就留着了。辛亥以后，王国维因为随罗振玉寓居日本京都，这根辫子并不需要面对是剪是留的问题。而他 1916 年初从日本回国后，刻意剪掉辫子自然也不符合他的性格。在去世前不久的一段时期，除了沈兼士、马衡托人带口信来希望王国维剪掉辫子，以策安全；清华园的学生也"日往造其家，柔色巽词，以去辫为请"⑤，似乎这条辫子与其命运密切相关。

---

① 顾颉刚《悼王静安先生》一文云："他少年到日本早已剪发，后来反而留起了辫子。"按，"少年"应是"青年"。载《文学周报》第五卷一、二期合刊 1927 年 8 月 7 日。毕树棠《忆王静安先生》一文亦云："读者或者知道，他在前清东渡日本的时候，是曾剪过发的。"载《宇宙风乙刊》1939 年 5 月第五期。吴其昌《王国维先生生平及其学说》一文云："先生的辫发本早已剪去，且平居西装革履，俨然是一新少年。"载《风土什志》第一卷 1943 年 9 月第一期，此转引自陈平原、王风编《追忆王国维》（增订本），三联书店 2009 年版，第 217 页。

② 徐铸成《王国维与梁启超》一文云："有一天清晨……忽然看到王先生低着头缓缓走了过去……我还注视一下他的背影，瓜皮帽下的小辫，只垂到背心的中部。"见《旧闻杂忆》，四川人民出版社 1981 年版，第 85 页。

③ 陈平原、王风编：《追忆王国维》（增订本），三联书店 2009 年版，第 466 页。

④ 王东明：《最是人间留不住》，见陈平原、王风编《追忆王国维》（增订本），三联书店 2009 年版，第 385 页。

⑤ 周光午：《我所知之王国维先生》，见平原、王风编《追忆王国维》（增订本），三联书店 2009 年版，第 132 页。

而王国维则说:"此辫只有待他人来剪,余则何能自剪之者。"① 可能"留着便是留着了",这淡淡的一句中包含着十分坚定的意志在内。对此,知父莫若女,王东明说:

> 辫子是父亲外表的一部分……从他保守而固执的个性来看,以不变应万变是最自然的事。这或许是他回答母亲话的含意吧。②

所以与其说王国维的那根辫子是政治的标志,不如说是性格的象征。

剪辫之风,民国后一直风行南北。黄节在辛亥革命广州光复后,也曾代当时的广东省总督胡汉民拟了一份《剪辫文告》。其文略云:

> 民国已成,与民更始,首涤膻俗,在复黄历,剪辫发……顺治二年乙酉闰六月,再下薙发令,违者杀无赦,于是吾族皆辫发垂后,盖又至于今矣。我邦人一念辫发所自来,能无亡国之痛……辫发非我国之礼,不自今始,凡我邦人,宜一律剪辫发,以芟夷国耻,远师往古……③

看来这条辫子在当时已经不只是一种民俗与习惯问题,而是涉及民族尊严的政治问题。黄节在甲午海战清朝败于日本之后,对清廷的革命意志便愈趋强烈,民国后他积极奔劳的思想基础也在此。而同在广州颇有乡望的梁鼎芬,则是另外一种情形。梁鼎芬则显然属于比较极端的保守派,对梁鼎芬而言,保留辫发就是一种气节和精神的标志。在剪辫成风的时代,曾经出现学生在大街上强行剪辫的现象,梁鼎芬即未能幸免。1914年3月27日,罗振玉致信王国维云:"节老辫发竟被其学生剪去,今安一假辫,沈、曹则不复他出故幸免。"④ 节老即梁鼎芬,乃是遗老中意志极为坚定者,被学生剪去辫发,梁鼎芬自然认为是一种极大的侮辱,故要安一假辫以自我安慰,也是宁失其辫、不失其志的表现。沈曾植、曹元弼因梁鼎芬之事而闭户不出,可见真正的遗老群体对这条辫子,确实视为一种精神的象征。

张勋复辟时,段祺瑞、冯国璋、黎元洪等军阀在南北也各有反响,1917年7月5日,王国维致信罗振玉云:"海上人心浮动,以后便拟简出,恐招意

---

① 周光午:《我所知之王国维先生》,转引自陈平原、王风编《追忆王国维》(增订本),三联书店2009年版,第132页。
② 王东明:《怀念我的父亲王国维先生——清华琐忆》,转引自陈平原、王风编《追忆王国维》(增订本),三联书店2009年版,第401页。
③ 王晓东编:《黄节文选》,广东人民出版社2019年版,第231页。
④ 萧稿,第15页。

外之侮辱也。"① 这个"意外之侮辱"具体指什么呢？1917年8月27日，王国维在致罗振玉信中曾委婉说出。他说："前小川博士过沪见访一次，永以不出未能往答，因告以不出之由，彼云：'此甚不便，何不去此障碍物？'殊可笑也。"② 王国维不能回访小川的原因，正在这根辫子在当时过于醒目，而小川则以去此障碍物，自可行动自由相语。王国维觉得小川之语很可笑，罗振玉在复王国维信中也说"小川博士所言，可发一笑"③。看来王国维当时与罗振玉对辫子的坚守是相当彻底的。两相对照王国维前后之语，其当时拟简出以免受侮辱的原因，其实就是不愿曲意改变之意。

何以在这个时候，辫子特别容易带来侮辱呢？在民国六年之时，男子依旧保留着辫子的情形已经十分少见了，而王国维恰恰是留着的。在张勋复辟开始形势尚好，但在最终情况尚不明朗的情况下，这根辫子有可能招致侮辱，倒也真是有可能的。而在张勋复辟失败之后的短时期内，这根辫子也许在人群中更具一定的刺激性。王国维的敏感和谨慎其实是有道理的。总之，辫子与可能的受辱之间是有过直接的关系的。

不过，王国维毕竟与梁鼎芬、曹元弼、罗振玉不同，他至少在清末就曾剪过辫子，而且早年西装革履，俨然是一新派人物。④ 只是后来又留起了辫子，而在入值南书房之后，他也再度剪过辫子。如果把这根辫子看作是王国维生命所系，似乎也言之过重。虽然王国维也对姜亮夫说过："亮夫我总不想再受辱，我受不得一点辱。"而王国维说受辱的背景，也确与当时王国维的友朋、学生纷纷劝其剪辫子的背景有关。⑤ 但我并不赞同将此说推向极致，说王国维是担心北伐军进京后剪去其辫子，与其剪辫受辱，不如一死了之的说法。可能的剪辫之辱，在王国维的死因中只是一个枝节问题。王国维只是说到了这个时候，辫子留也就留着了，既久蓄死志，欠死有年，何须在这个时候自乱阵脚、刻意剪掉呢？对一个数年前就拟赴死的人来说，这显然是多此一举，自取其辱，这就是王国维的性格。

---

  ① 房鑫亮编校：《王国维书信日记》，浙江教育出版社2015年版，第249页。
  ② 《罗振玉王国维往来书信》，第286页。
  ③ 1917年9月5日，罗振玉致王国维信，见《罗振玉王国维往来书信》，第288页。
  ④ 吴其昌《王国维先生生平及其学说》一文云："先生的辫发本早已剪去，且平居西装革履，俨然是一新少年。"原刊1943年9月《风土什志》第一卷第一期，此转引自陈平原、王风编《追忆王国维》（增订本），三联书店2009年版，第217页。
  ⑤ 参见姜亮夫《忆清华国学研究院》，见《学术集林》卷一，上海远东出版社1994年版，第244页。

七、"不赀之身"与王国维曾经的生命意识

王国维虽然以自沉的方式诀别人世,但如果参诸其此前种种话语,王国维其实一直十分珍惜上天所赐给自己的生命。在罗振玉居日情绪萎靡之时,王国维曾致信罗振玉云:

>现世界事无可言者,所可宝者唯此不赀之身。①

此可见王国维虽然关注时事,情绪也偶有跌宕,但总体还是超然的,尤其能认识到生命之无价可贵。何况虽身处不堪之世,还有学术的乐趣丰富和滋润着王国维的人生。

1916年,年过五十的罗振玉,因为家事而怀抱不畅、情绪郁结,王国维努力开导,并希望他爱惜身体,试图用学术的未来唤起罗振玉之精神。1916年12月29日,王国维致信罗振玉云:

>自夏后所得公书,每想见怀抱不畅,迩年心情,想亦今兹为劣矣。公书时以家事为言,然此事亦正无法,大抵有可设法补救则补救之,无则姑置之。愤怒忧郁无补于事,而徒伤于身……公年力俱尚未艾,此数年中学问上之活动总可继续二十年。试思此十年中之成绩以度后之二十年,其所得当更如何!公之事业尚未及半,切勿以小事介于怀抱而使身体受其影响,此非维一人之私望也。②

王国维深知"愤怒忧郁无补于事,而徒伤于身"的道理,所以希望以学术来唤起罗振玉的颓丧之心。王国维对罗振玉尚且持如此积极的生命心理,何况对于自身呢!1926年适逢沪上密韵楼主人蒋汝藻五十寿诞,王国维面对因经营失败而藏书庶几散尽的蒋汝藻,也是以"盖往者必复者,天之道也;困而后作者,人之情也"相慰藉。③ 又致信蒋汝藻曰:"天道剥而必复,人事

---

① 1918年3月24日王国维致罗振玉信,见房鑫亮编校《王国维书信日记》,浙江教育出版社2015年版,第318页。
② 房鑫亮编校:《王国维书信日记》,浙江教育出版社2015年版,第217页。
③ 参见王国维《乐庵居士五十寿序》,见谢维扬、房鑫亮主编,房鑫亮、胡逢祥分卷主编《王国维全集》第14卷,浙江教育出版社、广东教育出版社2010年版,第308页。

愤而后发,实有此理,非漫为慰藉也。"① 对于罗振玉、蒋汝藻的五十岁,皆是以未来可期的乐观之心劝慰之,可见王国维生命之心的强固。而当王国维面对自己的五十之年时,则心态已然不同了。

读王国维这类文字,要把王国维与自杀联系在一起,至少在当时来说,确实还是十分遥远的。王国维原本不仅珍爱生命,而且对于自杀素持反对之态度。在王国维去世二十年前,也就是1907年,王国维曾有一番关于自杀之原因及如何看待自杀的论述:

> 自杀之事,吾人姑不论其善恶如何,但自心理学上观之,则非力不足以副其志而入于绝望之域,必其意志之力不能制其一时之感情,而后出此也。而意志薄弱之社会反以美名加之,吾人虽不欲科以杀人之罪,其可得乎!②

20年后,如果我们用王国维的自杀行为来诠释他的这一番话,我们就大致能够明白,王国维应该正陷入"非力不足以副其志而入于绝望之域,必其意志之力不能制其一时之感情"这两种情况之中。当意志力无法控制一时之情感的时候,自杀也就变成比较自然的事情了。问题是:王国维何以意志力突然无法控制一时之感情,再或者是这一时难以控制之感情与"世变"又是怎样的关系呢?而这"一时之感情",在王国维遗书中,也就是"义无再辱"四个字了。这个"义"由前之分析,显然不是君臣之义,而是道义与人格之意。

更有意味的是,王国维似乎预知了自沉垂死时的心理状态,而这来源于他早期对西方心理学家相关论述的关注。王国维去世十年前曾读到曹倦圃所书《心经》并一长跋。1916年12月20日致信罗振玉云:

> 跋中纪其受流贼拷掠后昏绝中状态,谓一生所读之书、所历之境、所作之事,皆现于一刹那中,此与西洋心理学家言人溺水垂死时情状略同,此跋甚有味也。③

---

① 1926年7月22日王国维致蒋汝藻信,见房鑫亮编校《王国维书信日记》,浙江教育出版社2015年版,第609页。
② 王国维:《教育小言十则》,见谢维扬、房鑫亮主编,房鑫亮、胡逢祥分卷主编《王国维全集》第14卷,浙江教育出版社、广东教育出版社2010年版,第125页。
③ 房鑫亮编校:《王国维书信日记》,浙江教育出版社2015年版,第211页。

据说王国维在去世前不久，还曾以此问过周边之人。① 他最终选择以自沉的方式诀别这个世界，或正与此有关。只是我们难以窥测在他入水的两三分钟内，他现于一刹那的究竟是所读何书，所历何境，所作何事？

在生活中，王国维同样见过或听闻过关于自沉的故事。1916 年正月初五，王国维时在从京都回上海的客轮中，在将入长崎口之时，就曾遇同船之人蹈海之事。其记云：

> 船内三等客中有一人蹈海自尽，闻其人年二十余，浪费主人千余金，因谋自杀。昨日作遗书数通，旁人知其事，因监视之，竟以小疏脱身投海。船因停驶，下舢板寻觅，卒不可得。②

一个年轻人因为经济问题而自尽，这事就发生在王国维身边，而其叙述却如此冷静客观。千余金换取一条生命，王国维在冷静之中显然隐寓惋惜之意。王国维大致不会为经济问题而自沉，似乎在这里也可以得到一定的印证。

另一件自沉之事便是梁济殉清。

1918 年 11 月 10 日，梁济自沉北京积水潭"殉清"而死，生前著有多份遗书自述心志。张尔田致信王国维直陈自己的看法说：

> 梁君之死，其志诚可嘉，但吾人持论当为后世标准，则必当绳之以经谊。……考六经，以事死君难者盖有之矣，未闻以殉君见褒者也。
>
> 夫以父子夫妇之亲，圣者尚不忍责人以死，况君臣之以义合者乎？
>
> 弟于故国位在四品，不可谓卑，天泽大义，宁不素讲？顾乃不忍老死空山。③

今检《王国维书信日记》，内并无王国维致张尔田信，然王国维曾回信张尔田则是确凿的。张尔田"奉书极慰"④，即可见王国维对张尔田之说的认同。张尔田在《哭静庵》一诗"义本当然安足诧"句下自注云：

> 往岁广西梁某殉国，偶与君语及，君大不谓然曰："死岂我辈求名地耶！"固知君之志早定于先矣。

---

① 縠永（浦江清）《论王静安先生之自沉》一文云："先生尝询人，人言自沉者能于一刹那顷，重温其一生之阅历。信否？"见陈平原、王风编《追忆王国维》（增订本），三联书店 2009 年版，第 149 页。

② 王国维：《丙辰日记》。

③ 马奔腾辑注：《王国维未刊来往书信集》，清华大学出版社 2010 年版，第 242 页。

④ 马奔腾辑注：《王国维未刊来往书信集》，清华大学出版社 2010 年版，第 244 页。

又在"早拼九死不生还"句下自注云：

去夏见君蒋氏乐地盦，君惨然不乐，自是遂永诀。①

可见"殉清"的思想，王国维早就明确否定了的。他既断然否定梁济之殉清，则自己再踵而殉清，于情于理都说不过去了。这是我否定王国维"义无再辱"之"义"是君臣之义的原因所在。而"去夏"之惨然不乐，正与长子遽然去世有关。1927年1月15日，王国维致信神田喜一郎云："弟秋间有长子之丧，心绪恶劣。"② 1927年3月3日致信藤田丰八云："去秋曾荷赐书，适以长子之丧……以心绪恶劣，久稽裁答，至以为歉。"③ 王国维在致友人书信中一再言及长子去世后自己的"心绪恶劣"，这自然是考量王国维死因时不能忽略的。

1919年5月19日，罗振玉致信王国维云：

到此无近闻，惟知有粤梁巨川者名济，六十老人，曾官翰林，去岁愤于时局，投积水潭而死，曾蒙予谥。④

罗振玉此时从日本临时回国寓居天津，此前因客居京都，故获悉国内消息相对滞后。而王国维虽然早知悉梁济殉清之事，却未在此前致罗振玉信中透露任何信息，此足见王国维对此的冷漠态度。以至于后知后觉的罗振玉把六个月前的旧闻当作"新闻"告知王国维。现存王国维致罗振玉书信未见对此的回应，但由张尔田诗注，可见王国维不仅知道此事，而且并不赞同梁济殉清之举。无意以此出名，这也符合王国维素来静默、无关名利的性格。以此而言，王国维自沉后所受的广泛关注，也未必是他愿意看到的，一如鲁迅遗嘱第三条"不要做任何关于纪念的事情"⑤，两人意旨实大体相似。"死岂我辈求名地耶"，王国维这掷地有声的话，哪里还有往殉清方向去寻求其死因的空间呢？

毂永（浦江清）曾综合王国维言及自杀之例的情况说：

解脱之道亦多端。先生素不主自杀，尝讥脑病蹈海之留学生为意志

---

① 《文字同盟》第四号，第37页。
② 房鑫亮编校：《王国维书信日记》，浙江教育出版社2015年版，第702页。
③ 房鑫亮编校：《王国维书信日记》，浙江教育出版社2015年版，第726页。
④ 《罗振玉王国维往来书信》，第454页。
⑤ 鲁迅：《死》，原刊《中流》半月刊1936年9月20日。此转引自《鲁迅全集》第六卷，人民文学出版社2005年版，第635页。

薄弱,而社会之铺张之者,可科以杀人之罪。其论《红楼梦》,谓金钏之堕井,司棋之触墙,尤三姐、潘又安之自刎,均非解脱。又岂知二十余年以后,先生亦不得已而出此意志薄弱之举动耶?则世变逼之使然也,则世变逼之使然也。①

一个素来反对自杀的人,在经历了人生太多的磨难而生趣渐失之时,可能更惨烈的"世变"的到来,便极容易摧毁了他此前的生命信念,而将生趣渐失变成生趣消尽。此前并不认同的解脱方式,此时遂成为唯一之选择。重读以上这些言论,令人顿悟人生的今昔之感,原本就未必是一条直线,其中有曲线,甚至有折返之线。这些错综复杂甚至前后矛盾的情况,确实不是"理性"二字而能解释清楚的。

余论　回归遗书:追寻王国维死因的铁门限

一般而言,没有很复杂的死亡,只有很复杂的生存;或者说,只有很简单的死亡,才是对很复杂生活的一种终结。若是把简单的问题复杂化,则简单也就失去了意义;若是把看似复杂的问题简单化,则原本许多议论蜂起的问题,在过滤杂质、直接情境之后,便自然会呈现出简单的原貌。也许完全契合本来的解说只是一种理想,但不可否认的是,我们确实可以不断接近这一理想。这也是学术探索的魅力所在。

我之所以要断然否定王国维之死乃"殉清"之说,原因还在于这封遗书不过是写给三子王贞明的,而落款不过是一个"父"字,主要是一个父亲临终对儿子的絮絮交待而已。因为面对的是儿子,故关于自沉的原因也无须详述,只须恍惚其言,略道其故。至于王贞明及家人是否明白,王国维觉得并不重要;而世人是否理解,就更不在王国维的考虑范围之内,所以遗书的重点就落在对自己后事及家事的安排上面。若果然有殉清之意,也应该先备一个上奏溥仪敬表忠心的遗折,然后再有一个道义广大的遗书,如此才能合成"殉清"的宏大格局。②虽然梁济自沉积水潭,也没有奏折,但王国维与梁济

---

① 縠永:《论王静安先生之自沉》,载《大公报·文学副刊》1928年6月4日第22期。
② 王国维寓居京都时,即明治四十五年(1912年),明治天皇去世,日本乃木大将感愤于当时纷乱无序之政治形势而切腹身殉明治天皇,而乃木预作遗表及遗书数通,彰显殉国之意,王国维与罗振玉等闻此"皆叹仰不置"。参见罗庄《海东杂记》,转引自陈平原、王风编《追忆王国维》(增订本),三联书店2009年版,第356页。可见殉国应有的文字格局,王国维固知之甚深,而一旦临终,却只草遗书,未拟遗折,亦略见其心矣。

不同，他的人生与溥仪曾有过如此密切的交集，即便溥仪被逐出紫禁城移居天津之后，王国维也时常趋津问候，而且他也一直很感念溥仪的赏爱之心。若真是积忧焚心，写一封与溥仪告别的奏折，也实在是合情合理的事情。但王国维并未这样做，在遗书中也无任何一字涉及溥仪或逊清皇室，在起笔飘忽的十六个字后，就是纯粹的后事与家事安排。心事如此纯白，能有多少联想的空间呢？

彼时彼刻，王国维只想悄然地离开这个世界，故他在 6 月 1 日为谢国桢等题扇，笔墨沉稳如故，当晚依旧在认真批改学生作业，给家人的印象，仿佛日子就在这种节奏中一直循环下去似的。他在临睡前写好遗书，藏于内衣，然后安然入睡。第二天晨起，毫无异样地请太太编好辫子，与家人一起吃完早餐，再到书房小坐，然后如往常一样去研究院公事房办理本学期和下学期的教学事务，并不动声色地向湘籍同事侯厚培借款五元，然后到清华园西门，坐着黄包车一路驶向颐和园。入园后步行至鱼藻轩前，在轩前石舫临流独立，吸纸烟一枚，烟尽而跃然入水，不过二分钟而气绝。在这个过程中，王国维没有一丝的慌张和匆忙，一切如事先设计好一般一步一步往前推进。若非心理强大，抱必死之志，很难想象王国维能有这样一份临终的从容和决然之姿。这果然是"五十之年，只欠一死"，积欠日久，一旦到了还欠的时候，心理反而是异常平静的。只是王国维全家和清华国学研究院顿失柱梁，家人此后散在多方，此不赘述。

拂去历史的尘埃，从遗书本身考察王国维死因，原本应是最重要的路径。但实际的情形是：在近百年的相关学术史中，遗书似乎变成了一种可有可无的存在，而各持立场、各具身份的畅意尽兴之论说反而拥堵在学术史上，令人目眩神迷，罔识东西。我们不能因为遗书文字的迷离倘恍而失去考索的动力，更不能以遗书文字的飘忽为自己茫无边际的脱空玄想寻找借口。回归遗书本身是追寻王国维死因的铁门限，以对王国维的深度考量来对勘其遗书，一些潜藏的信息总会慢慢现出端倪。对这一考察路径的最终完成，也许不是一蹴而就的，其中甚至会有曲折，但只要方向正确，总能无限接近真相。

（原载《复旦学报》2023 年第 4 期，有所删改）

中山大学中国语言文学系百年系庆丛书
中山大学中国语言文学系　编

中山大学中国语言文学系百年论文选（文学卷）·下册

彭玉平　张均　主编

·广州·

版权所有　翻印必究

图书在版编目（CIP）数据

中山大学中国语言文学系百年论文选．文学卷：全二册/彭玉平，张均主编．--广州：中山大学出版社，2024.10．--（中山大学中国语言文学系百年系庆丛书）．
ISBN 978-7-306-08219-0

Ⅰ．H1-53；I206-53

中国国家版本馆 CIP 数据核字第 20241WW074 号

ZHONGSHANDAXUE ZHONGGUO YUYAN WENXUEXI BAINIAN LUNWEN XUAN（WENXUE JUAN）·XIACE

| 出 版 人：王天琪 |
| 策划编辑：舒　思 |
| 责任编辑：舒　思 |
| 封面设计：曾　斌 |
| 责任校对：陈生宇 |
| 责任技编：靳晓虹 |
| 出版发行：中山大学出版社 |
| 电　　话：编辑部 020-84111997，84110283，84113349 |
| 　　　　　发行部 020-84111998，84111981，84111160 |
| 地　　址：广州市新港西路 135 号 |
| 邮　　编：510275　　传　真：020-84036565 |
| 网　　址：http：//www.zsup.com.cn　E-mail：zdcbs@mail.sysu.edu.cn |
| 印 刷 者：恒美印务（广州）有限公司 |
| 规　　格：787mm×1092mm　1/16　64.25 印张　1187 千字 |
| 版次印次：2024 年 10 月第 1 版　2024 年 10 月第 1 次印刷 |
| 定　　价：218.00 元（全二册） |

如发现本书因印装质量影响阅读，请与出版社发行部联系调换

现当代文学研究

革命时代的文学

——四月八日在黄埔军官学校①讲

鲁 迅

今天要讲几句的话是就将这"革命时代的文学"算作题目。这学校是邀过我好几次了,我总是推宕着没有来。为什么呢?因为我想,诸君的所以来邀我,大约是因为我曾经做过几篇小说,是文学家,要从我这里听文学。其实我并不是的,并不懂什么。我首先正经学习的是开矿,叫我讲掘煤,也许比讲文学要好一些。自然,因为自己的嗜好,文学书是也时常看看的,不过并无心得,能说出于诸君有用的东西来。加以这几年,自己在北京所得的经验,对于一向所知道的前人所讲的文学的议论,都渐渐的怀疑起来。那是开枪打杀学生的时候②罢,文禁也严厉了,我想:文学文学,是最不中用的,没有力量的人讲的;有实力的人并不开口,就杀人,被压迫的人讲几句话,写几个字,就要被杀;即使幸而不被杀,但天天呐喊,叫苦,鸣不平,而有实力的人仍然压迫,虐待,杀戮,没有方法对付他们,这文学于人们又有什么益处呢?

在自然界里也这样,鹰的捕雀,不声不响的是鹰,吱吱叫喊的是雀;猫的捕鼠,不声不响的是猫,吱吱叫喊的是老鼠;结果,还是只会开口的被不

---

① 黄埔军官学校:孙中山在国民党改组后所创立的陆军军官学校,校址在广州黄埔,1924年6月正式开学。在1927年4月12日蒋介石发动反共政变以前,它是国共合作的学校,周恩来、叶剑英、恽代英、萧楚女等许多共产党人都曾在该校担任过负责工作和教学工作。

② 指三一八惨案。1926年3月,在冯玉祥国民军与奉系军阀张作霖、李景林等作战期间,日本帝国主义者因见奉军战事失利,便公开出面援助,于12日以军舰两艘驶进大沽口,炮击国民军守军,国民军亦开炮还击,于是日本便向段祺瑞政府提出抗议,并联合英、美、法、意、荷、比、西等国,借口维护《辛丑条约》,于3月16日以八国名义提出最后通牒,要求停止津沽间的军事行动和撤除防务等等,并限于四十八小时以内答复,否则,"关系各国海军当局,决采所认为必要之手段"。北京各界人民为反对日本帝国主义这种侵犯中国主权的行为,于3月18日在天安门集会抗议,会后结队赴段祺瑞执政府请愿;不料在国务院门前,段祺瑞竟命令卫队开枪射击,并用大刀铁棍追打砍杀,当场和事后因重伤而死者四十七人,伤者一百五十余人,造成了帝国主义和封建军阀互相勾结屠杀我国人民的大惨案。

开口的吃掉。文学家弄得好，做几篇文章，也许能够称誉于当时，或者得到多少年的虚名罢，——譬如一个烈士的追悼会开过之后，烈士的事情早已不提了，大家倒传诵着谁的挽联做得好：这实在是一件很稳当的买卖。

但在这革命地方的文学家，恐怕总喜欢说文学和革命是大有关系的，例如可以用这来宣传，鼓吹，煽动，促进革命和完成革命。不过我想，这样的文章是无力的，因为好的文艺作品，向来多是不受别人命令，不顾利害，自然而然地从心中流露的东西；如果先挂起一个题目，做起文章来，那又何异于八股①，在文学中并无价值，更说不到能否感动人了。为革命起见，要有"革命人"，"革命文学"倒无须急急，革命人做出东西来，才是革命文学。所以，我想：革命，倒是与文章有关系的。革命时代的文学和平时的文学不同，革命来了，文学就变换色彩。但大革命可以变换文学的色彩，小革命却不，因为不算什么革命，所以不能变换文学的色彩。在此地是听惯了"革命"了，江苏浙江谈到革命二字，听的人都很害怕，讲的人也很危险。其实"革命"是并不稀奇的，惟其有了它，社会才会改革，人类才会进步，能从原虫到人类，从野蛮到文明，就因为没有一刻不在革命。生物学家告诉我们："人类和猴子是没有大两样的，人类和猴子是表兄弟。"但为什么人类成了人，猴子终于是猴子呢？这就因为猴子不肯变化——它爱用四只脚走路。也许曾有一个猴子站起来，试用两脚走路的罢，但许多猴子就说："我们底祖先一向是爬的，不许你站！"咬死了。它们不但不肯站起来，并且不肯讲话，因为它守旧。人类就不然，他终于站起，讲话，结果是他胜利了。现在也还没有完。所以革命是并不稀奇的，凡是至今还未灭亡的民族，还都天天在努力革命，虽然往往不过是小革命。

大革命与文学有什么影响呢？大约可以分开三个时候来说：

（1）大革命之前，所有的文学，大抵是对于种种社会状态，觉得不平，觉得痛苦，就叫苦，鸣不平，在世界文学中关于这类的文学颇不少。但这些叫苦鸣不平的文学对于革命没有什么影响，因为叫苦鸣不平，并无力量，压迫你们的人仍然不理，老鼠虽然吱吱地叫，尽管叫出很好的文学，而猫儿吃起它来，还是不客气。所以仅仅有叫苦鸣不平的文学时，这个民族还没有希望，因为止于叫苦和鸣不平。例如人们打官司，失败的方面到了分发冤单的

---

① 八股：明清科举考试制度所规定的一种公式化文体。它用"四书""五经"中文句命题，每篇由破题、承题、起讲、入手、起股、中股、后股、束股八个部分构成。后四部分是主体，每一部分有两股相比偶的文字，合共八股，所以叫八股文。

时候，对手就知道他没有力量再打官司，事情已经了结了；所以叫苦鸣不平的文学等于喊冤，压迫者对此倒觉得放心。有些民族因为叫苦无用，连苦也不叫了，他们便成为沉默的民族，渐渐更加衰颓下去，埃及，阿拉伯，波斯，印度就都没有什么声音了！至于富有反抗性，蕴有力量的民族，因为叫苦没用，他便觉悟起来，由哀音而变为怒吼。怒吼的文学一出现，反抗就快到了；他们已经很愤怒，所以与革命爆发时代接近的文学每每带有愤怒之音；他要反抗，他要复仇。苏俄革命将起时，即有些这类的文学。但也有例外，如波兰，虽然早有复仇的文学①，然而他的恢复，是靠着欧洲大战的。

（2）到了大革命的时代，文学没有了，没有声音了，因为大家受革命潮流的鼓荡，大家由呼喊而转入行动，大家忙着革命，没有闲空谈文学了。还有一层，是那时民生凋敝，一心寻面包吃尚且来不及，那里有心思谈文学呢？守旧的人因为受革命潮流的打击，气得发昏，也不能再唱所谓他们底文学了。有人说："文学是穷苦的时候做的"，其实未必，穷苦的时候必定没有文学作品的；我在北京时，一穷，就到处借钱，不写一个字，到薪俸发放时，才坐下来做文章。忙的时候也必定没有文学作品，挑担的人必要把担子放下，才能做文章；拉车的人也必要把车子放下，才能做文章。大革命时代忙得很，同时又穷得很，这一部分人和那一部分人斗争，非先行变换现代社会底状态不可，没有时间也没有心思做文章；所以大革命时代的文学便只好暂归沉寂了。

（3）等到大革命成功后，社会底状态缓和了，大家底生活有余裕了，这时候就又产生文学。这时候底文学有二：一种文学是赞扬革命，称颂革命，——讴歌革命，因为进步的文学家想到社会改变，社会向前走，对于旧社会的破坏和新社会的建设，都觉得有意义，一方面对于旧制度的崩坏很高兴，一方面对于新的建设来讴歌。另有一种文学是吊旧社会的灭亡——挽歌——也是革命后会有的文学。有些的人以为这是"反革命的文学"，我想，倒也无须加以这么大的罪名。革命虽然进行，但社会上旧人物还很多，决不能一时变成新人物，他们的脑中满藏着旧思想旧东西；环境渐变，影响到他们自身的一切，于是回想旧时的舒服，便对于旧社会眷念不已，恋恋不舍，因而讲出很古的话，陈旧的话，形成这样的文学。这种文学都是悲哀的调子，

---

① 复仇的文学：指十九世纪上半期波兰爱国诗人密茨凯维支、斯洛伐支奇等人的作品。当时波兰处于俄、奥、普三国瓜分之下，第一次世界大战后于1918年11月恢复独立。

表示他心里不舒服，一方面看见新的建设胜利了，一方面看见旧的制度灭亡了，所以唱起挽歌来。但是怀旧，唱挽歌，就表示已经革命了，如果没有革命，旧人物正得势，是不会唱挽歌的。

不过中国没有这两种文学——对旧制度挽歌，对新制度讴歌；因为中国革命还没有成功，正是青黄不接，忙于革命的时候。不过旧文学仍然很多，报纸上的文章，几乎全是旧式。我想，这足见中国革命对于社会没有多大的改变，对于守旧的人没有多大的影响，所以旧人仍能超然物外。广东报纸所讲的文学，都是旧的，新的很少，也可以证明广东社会没有受革命影响；没有对新的讴歌，也没有对旧的挽歌，广东仍然是十年前底广东。不但如此，并且也没有叫苦，没有鸣不平；止看见工会参加游行，但这是政府允许的，不是因压迫而反抗的，也不过是奉旨革命。中国社会没有改变，所以没有怀旧的哀词，也没有崭新的进行曲，只在苏俄却已产生了这两种文学。他们的旧文学家逃亡外国，所作的文学，多是吊亡挽旧的哀词；新文学则正在努力向前走，伟大的作品虽然还没有，但是新作品已不少，他们已经离开怒吼时期而过渡到讴歌的时期了。赞美建设是革命进行以后的影响，再往后去的情形怎样，现在不得而知，但推想起来，大约是平民文学罢，因为平民的世界，是革命的结果。

现在中国自然没有平民文学，世界上也还没有平民文学，所有的文学，歌呀，诗呀，大抵是给上等人看的；他们吃饱了，睡在躺椅上，捧着看。一个才子出门遇见一个佳人，两个人很要好，有一个不才子从中捣乱，生出差迟来，但终于团圆了。这样地看看，多么舒服。或者讲上等人怎样有趣和快乐，下等人怎样可笑。前几年《新青年》① 载过几篇小说，描写罪人在寒地里的生活，大学教授看了就不高兴，因为他们不喜欢看这样的下流人。如果诗歌描写车夫，就是下流诗歌；一出戏里，有犯罪的事情，就是下流戏。他们的戏里的脚色，止有才子佳人，才子中状元，佳人封一品夫人，在才子佳

---

① 《新青年》：综合性月刊，"五四"时期倡导新文化运动，传播马克思主义的重要刊物。1915年9月创刊于上海，由陈独秀主编。第一卷名《青年杂志》，第二卷起改名《新青年》。1916年底迁至北京。从1918年1月起，李大钊等参加该刊编辑工作。1922年7月休刊，共出九卷，每卷六期。后曾两次复刊，1926年7月停刊。鲁迅在"五四"时期同该刊有密切关系，是它的重要撰稿人，并曾参加该刊编辑会议。下文所说的大学教授，指吴宓（1894—1978），陕西泾阳人，早年留学英美，曾任清华大学国学研究系主任，时任东南大学教授。作者在《二心集·上海文艺之一瞥》中说："那时吴宓先生就曾经发表过文章，说是真不懂为什么有些人竟喜欢描写下流社会。"

人本身很欢喜，他们看了也很欢喜，下等人没奈何，也只好替他们一同欢喜欢喜。在现在，有人以平民——工人农民——为材料，做小说做诗，我们也称之为平民文学，其实这不是平民文学，因为平民还没有开口。这是另外的人从旁看见平民的生活，假托平民底口吻而说的。眼前的文人有些虽然穷，但总比工人农民富足些，这才能有钱去读书，才能有文章；一看好像是平民所说的，其实不是；这不是真的平民小说。平民所唱的山歌野曲，现在也有人写下来，以为是平民之音了，因为是老百姓所唱。但他们间接受古书的影响很大，他们对于乡下的绅士有田三千亩，佩服得不了，每每拿绅士的思想，做自己的思想，绅士们惯吟五言诗，七言诗；因此他们所唱的山歌野曲，大半也是五言或七言。这是就格律而言，还有构思取意，也是很陈腐的，不能称是真正的平民文学。现在中国底小说和诗实在比不上别国，无可奈何，只好称之曰文学；谈不到革命时代的文学，更谈不到平民文学。现在的文学家都是读书人，如果工人农民不解放，工人农民的思想，仍然是读书人的思想，必待工人农民得到真正的解放，然后才有真正的平民文学。有些人说："中国已有平民文学"，其实这是不对的。

诸君是实际的战争者，是革命的战士，我以为现在还是不要佩服文学的好。学文学对于战争，没有益处，最好不过作一篇战歌，或者写得美的，便可于战余休憩时看看，倒也有趣。要讲得堂皇点，则譬如种柳树，待到柳树长大，浓阴蔽日，农夫耕作到正午，或者可以坐在柳树底下吃饭，休息休息。中国现在的社会情状，止有实地的革命战争，一首诗吓不走孙传芳，一炮就把孙传芳轰走了①。自然也有人以为文学于革命是有伟力的，但我个人总觉得怀疑，文学总是一种余裕的产物，可以表示一民族的文化，倒是真的。

人大概是不满于自己目前所做的事的，我一向只会做几篇文章，自己也做得厌了，而捏枪的诸君，却又要听讲文学。我呢，自然倒愿意听听大炮的声音，仿佛觉得大炮的声音或者比文学的声音要好听得多似的。我的演说只有这样多，感谢诸君听完的厚意！

（原载 1927 年 6 月 12 日广州黄埔军官学校出版的《黄埔生活》周刊第四期；作者略作修订，收入《而已集》）

---

① 孙传芳军队的主力于 1926 年冬在江西南昌、九江一带为国民革命军击溃。

革命与文学

郭沫若

我们现代是革命的时代,我们是从事于文学的人。我们所从事的文学对于时代有何种关系,时代对于我们有何种要求,我们对于时代当取何种的态度,这些问题是我想在这儿讨论的。

我们先来讨论革命与文学的关系。

革命与文学一并列起来,我们立地可以联想到的,便是有两种极端反对的主张。

有一派人说:革命和文学是冰炭不相容的,这两个东西根本不能并立。主张这个意思的人更可以分为两小派:一派是所谓文学家,一派是所谓革命家。

所谓文学家,尤其是我们中国人的所谓文学家,他们是居住在别外一种天地的别外的一种人种。他们的生涯是风花雪月。他们对于世事是从不过问的。世事临到清平的时候,他们或许还可以讴歌一下太平,但一临到变革的时候,他们的生活便感受着一种威胁,他们对于革命,比较冷静的,他们可以取一种超然的态度,不然便要极力加以诅咒。这种实例无论是旧式的文人或者新式的文人,我们随处都可以看见,在他们看来,文学和革命总是不两立的。

的确也会是不两立的。文学家对于革命极力在想超越,在想诅咒,而革命家对于文学也极力在想轻视,在想否认。我们时常听着实际从事于革命的人说:文学!文学这样东西于我们的革命事业究有甚么?她只是姑娘小姐们的消闲品,只是堕落青年在讲堂上懒爱听讲的时候所偷食的禁果罢了。从事于文学的人根本是狗钱不值的。

文学家极力在诅咒革命,革命家也极力在诅咒文学,这两种人的立脚点虽然不同,然而在他们的眼光里,文学和革命总是不能两立的。

文学和革命根本上不能两立,这是一种极普遍的主张,事实上是如此,而且理论上也的确是如此。然而和这种主张极端反对的,是说文学和革命是完全一致!

文学是革命的前驱——在革命的时代必然有一个文学上的黄金时代——这样的主张我们也是时常听见的。

我们且先从历史上来求它的证据罢。譬如一七八九年法国革命之前产生了不少的文学家，如象佛尔特尔，如象卢梭，他们都是划时代的人物，而且法国革命许多批评家和历史家都是说由他们唤起来的。又譬如一九一七年的俄国革命也是一样。在俄国革命未成功之前，俄国正不知道产生了多少文豪，这其中反革命的当然不能说是没有，然而勇敢地作为革命的前驱，不亚于法国佛尔特尔和卢梭的也正指不胜屈。

回头再说到我们中国罢。譬如周代的变风变雅和屈子的《离骚》，都是在革命时期中所产生出的千古不磨的文学，而每当朝代换易，一些忠臣烈士所披沥的血泪文章，至今犹传诵于世的，我们也可以说是指不胜屈的了。

据这样看来，文学和革命也并不是不能两立，而且是互为因果，有完全一致的可能。主张这种见解的人，自然不能说是全无根据。

那吗我们对于这两种不同的主张，怎么才可以解释呢？

同是一个问题而发出两种不同的主张，而且这两种主张都是证据确凿，都是很合理的。我们要怎样才可以解释呢？

这个问题好象是很难解决的问题，但是我们只要把革命的因子和文学的性质略略讨论一下，便不难迎刃而解了。

革命本来不是固定的东西，每个时代的革命各有每个时代的精神，不过革命的形式总是固定了的。每个时代的革命一定是每个时代的被压迫阶级对于压迫阶级的彻底反抗。阶级的成份虽然不同，反抗的目的虽然不同，然而其所表现的形式是永远相同的。

那吗我们可以知道，每逢革命的时期，在一个社会里面，至少是有两个阶级的对立。有两个阶级对立在这儿，一个要维持它素来的势力，一个要推翻它。在这样的时候，一个阶级当然有一个阶级的代言人，看你是站在那一个阶级说话。你假如是站在压迫阶级的，你当然会反对革命；你假如是站在被压迫阶级的，你当然会赞成革命。你是反对革命的人，那你做出来的文学或者你所欣赏的文学，自然是反革命的文学，是替压迫阶级说话的文学；这样的文学当然和革命不两立，当然也要被革命家轻视和否认的。你假如是赞成革命的人，那你做出来的文学或者你所欣赏的文学，自然是革命的文学，是替被压迫阶级说话的文学；这样的文学自然会成为革命的前驱，自然会在革命时期中产生出一个黄金时代了。

这样一来，我们可以知道文学的这个公名中包含着两个范畴：一个是革命的文学，一个是反革命的文学。

我们得出了文学的两个范畴，所有一切概念上的纠纷，都可以无形消灭，而我们对于文学的态度也就可以决定了，文学是不应该笼统的反对，也不应该笼统的赞美的。这儿我们应该要分别清楚，我们无论是创作文学的人或者研究文学的人，我们是应该要把自己的脚跟认定。每个时代的每种文学都有她的赞美人和她的反对人，但是我们现在暂且作为第三者而加以观察的批判的时候，究竟那一种文学真是应该受人赞美？那一种文学真是应该受人反对呢？我们要解决这个问题，在先有探求社会构成的基调和社会发展的形式之必要。

文学是社会上的一种产物，她的生存不能违背社会的基本而生存，她的发展也不能违背社会的进化而发展，所以我们可以说一句，凡是合乎社会的基本的文学方能有存在的价值，而合乎社会进化的文学方能为活的文学，进步的文学。

社会构成的基调究竟是在甚么呢？我敢相信，我们人类社会的构造是在求最大多数人的最大幸福。假使最大的幸福是被少数人垄断了的时候，社会生活是无从产生，而已成的社会也会归于瓦解。在这已成的社会中，最大多数的不幸的人一定要起而推翻这少数的垄断者，而别求一合乎这个构成原理的新的社会，这就是该个社会中的革命现象。

但是社会中的革命现象，自从私有财产制度产生以后是永远没有止息的，社会中的财富渐次垄断于少数人的手中，所以每次革命都要力求其平，而使大多数人得到平等的机会。所以社会进展的形式是辩证式（Dialectics）的。就是甲的制度失掉了统制社会的权威，必然有乙的一种非甲的制度出而代替，待到时代既久非甲的乙渐次与甲调和而生出丙来，又渐次失掉了统制社会的权威，又必然有非丙的丁出而代替。如此永远代替，永远进展起去，其根基都在求大多数人的幸福的生活。所以在社会的进展上我们可以得一个结论，就是凡是新的总就是好的，凡是革命的总就是合乎人类的要求，合乎社会构成的基调的。

据这样看来，我们可以说凡是革命的文学就是应该受赞美的文学，而凡是反革命的文学便是应该受反对的文学。应该受反对的文学我们可以根本否认她的存生，我们也可以简切了当地说她不是文学。大凡一个社会在停滞着的时候，那时候所产生出来的文学都是反革命的，而且同时是全无价值的。

我们中国的八股，试帖诗，滥四六调的文章之所以全无价值，也就是这个原故了。

那吗我们更可以归纳出一句话来：就是文学是永远革命的，真正的文学是只有革命文学的一种。所以真正的文学永远是革命的前驱，而革命的时期中总会有一个文学的黄金时代出现。

所以我在讨论文学和革命的关系的时候，我始终承认文学和革命是一致的，并不是两立的。

文学和革命是一致的，并不是两立的。
何以故？
以文学是革命的前驱，而革命的时期中永会有一个文学的黄金时代出现故。

那吗文学何以能为革命的前驱，而革命的时期中何以会有一个文学的黄金时代出现呢？这儿是我们应该讨论的第二步的问题。

大凡的人以为文学是天才的作品，所以能够转移社会。这样的话太神秘了，我是不敢附和的。天才究竟是甚么，我们实在不容易攥捉。我看我们在这儿不要在题外生枝了，我们让别人拿去作恭维的话柄，我们让别人拿去作骂人的工具罢。我们要解决这个问题，另外当求一种比较不神秘的合乎科学的根据。

我们人类的气质（Temperament）是各有不同的，从来的学者大别分为四种：一种是胆汁质（Choleric），一种是神经质（Melancholic），一种是多血质（Sanguinic），一种是粘液质（Phlegmatic）。神经质的人感受性很锐敏，而他的情绪的动摇是很强烈而且能持久的。这样的人多半倾向于文艺。因为他情绪的动摇强而且持久，所以他只能适于感情的活动而且是静的活动。因为他的感受性锐敏，所以一个社会临到快要变革的时候，在别种气质的人尚未十分感受到压迫阶级的凌虐，而他已感受到十二分，经他一呼唤出来，那别种气质的人也就不能不继起响应了。文学能为革命的前驱的，我想怕就在这儿。文学家并不是能转移社会的天生的异材，文学家只是神经过敏的一种特殊的人物罢了。

文学在革命时代能够兴盛的原故也可以同用心理学上的根据来说明。

我们知道文学的本质是始于感情终于感情的。文学家把自己的感情表现出来，而他的目的——不管是有意识的或无意识的——总是在读者心中引起同样的感情作用的。那吗作家的感情愈强烈愈普遍，而作品的效果也就愈强烈愈普遍。这样的作品当然是好的作品。一个时代好的作品愈多，就是那个时代的文学愈兴盛的表现。革命时代的希求革命的感情是最强烈最普遍的一种团体感情，由这种感情表现而为文章，来源不穷，表现的方法万殊，所以一个革命的时期中总含有一个文学的黄金时代了。

更进，革命时期是容易产生悲剧的时候，被压迫阶级与压迫者反抗，在革命尚未成功之前，所有一切的反抗都是要归于失败的。阶级的反抗无论由个人所代表，或者是由团体的爆发，这种个人的失败史，或者团体的失败史，表现成为文章便是一篇悲剧。而悲剧在文学的作品上是有最高级的价值的，革命时期中容易产生悲剧，这也就是革命时期中自会有一个文学上的黄金时代的第二个原因了。

以上我把革命和文学的关系略略说明了。这儿还剩着一个顶大的问题，就是所谓革命文学究竟是怎么样的文学，就是革命文学的内容究竟怎么样。

这个问题我看是不能限制在一个时代里面来说话的。社会进化的过程中，每个时代都是不断地革命着前进的。每个时代都有每个时代的精神，时代精神一变，革命文学的内容便因之而一变。在这儿我可以得出一个数学的方式，便是：

$$革命文学 = F（时代精神）$$

更简单地表示的时候，便是：

$$文学 = F（革命）$$

这用言语来表现时，就是文学是革命的函数。文学的内容是跟着革命的意义转变的，革命的意义变了，文学便因之而变了。革命在这儿是自变数，文学是被变数，两个都是 XYZ，两个都是不一定的。在第一个时代是革命的，在第二个时代又成为非革命的；在第一个时代是革命文学，在第二个时代又成为反革命的文学了。所以革命文学的这个名词虽然固定，而革命文学的内涵是永不固定的。

我们现在请就欧洲的文艺思潮来证明革命文学的进展罢。

欧洲的文艺思潮发源于希腊，希腊的人本主义输入罗马而流为贵族的享乐主义，在五九〇年，罗马法王格雷戈里一世即位之前，罗马皇帝及其贵族们的专擅、淫奢，使一般的民众不能聊生，而生出厌世的倾向。应时而起者便是基督教的禁欲主义。所以在当时的革命是第二阶级的僧侣对于第一阶级的王族的革命，而在文学上的表现便是宗教的禁欲主义的文学对于贵族的享乐主义的文学的革命。宗教的禁欲主义的文学在当时便是革命文学。

宗教渐渐隆盛起来，第二阶级的僧侣与第一阶级的王族渐渐接近，渐渐妥协，渐渐狼狈为奸，禁欲主义与享乐主义苟合而产出形式主义来。形式主义在文学上最鲜明的表现便是所谓古典主义。在这时候与第一阶级和第二阶级的联合战线相反抗的，便是一般被压迫的第三阶级的市民。当时一般的市民失掉了个性的自由，在两重的压迫之下行将窒息，所以一时个人主义和自由主义的思潮应运而起，滥觞于意大利之文艺复兴，而爆发于一七八九年之法兰西大革命。这时候在文艺上的表现便是浪漫主义对于形式主义的抗争。浪漫主义的文学便是最尊重自由，尊重个性的文学，一方面要反抗宗教，而同时于别方面又要反抗王权，意大利文艺复兴期中的诸大作家，英国的莎士比亚、米尔顿，法国的佛尔特尔、卢梭，德国的歌德、席勒，都可以称为这一派文学的伟大的代表。这一派文学，在精神上是个人主义自由主义，在表示上是浪漫主义的文学，便是十七八世纪当时的革命文学。

然而第三阶级抬头之后，以个人主义自由主义为核心的资本主义渐渐猖獗起来，使社会上新生出一个被压迫的阶级，便是第四阶级的无产者。在欧洲的今日已经达到第四阶级与第三阶级的斗争时代了。浪漫主义的文学早已成为反革命的文学，一时的自然主义虽是反对浪漫主义而起的文学，但在精神上仍未脱尽个人主义与自由主义的色彩。自然主义之末流与象征主义神秘主义唯美主义等浪漫派之后裔均只是过渡时代的文艺，她们对于阶级斗争之意义尚未十分觉醒，只在游移于两端而未确定方向。而在欧洲今日的新兴文艺，在精神上是彻底表同情于无产阶级的社会主义的文艺，在形式上是彻底反对浪漫主义的写实主义的文艺。这种文艺，在我们现代要算是最新最进步的革命文学了。

我们这样把欧洲文艺思潮的进展追踪起来，可以知道革命文学在史实上也的确是随着时代的精神而转换的。前一个时代有革命文学出现，而在后一个时代又有革革命文学出现，更后一个时代又有革革革命文学出现了。如此进展以至于现世，为我们所要求的革命文学，其内容与形式是很明了的。凡是表同情于无产阶级而且同时是反抗浪漫主义的便是革命文学。革命文学倒不一定要描写革命，赞扬革命，或仅仅在文面上多用些炸弹，手枪，干干干等花样。无产阶级的理想要望革命文学家早点醒出来，无产阶级的苦闷要望革命文学家实写出来。要这样才是我们现在所要求的真正的革命文学。

现在再说到我们自己本身上来。我们自己处在今日的世界，处在今日的中国，我们自己所要求的文学是那一种内容呢？

我看我们的要求和世界的要求是达到同等的地位了。资本主义逐渐发展，看看快要到了尽头，遂由国家的化而为国际的。资本主义的国际化便是我们现刻受着压迫而力谋打倒的帝国主义。随着资本主义的国际化而发生的，便是阶级斗争的国际化，所以我们的打倒帝国主义的要求，同时也就是对于社会主义的一种景仰。我们现在除反抗帝国主义的工作外，当然也还有许许多多的国民革命的工作，但在我看来，我们对内的国民革命的工作，同时也就是对外的世界革命的工作。譬如我们中国的军阀，他们完全是由帝国主义派生出来的，他们的军饷是帝国主义的投资，他们的军火是帝国主义的商品，他们的爪牙兵士是帝国主义破坏了我们中国固有的手工业，使一般的人陷为了游民，而为他们驱遣去的鱼雀。所以我们要彻底打倒军阀，根本也非彻底打倒帝国主义不行；所以我们的国民革命同时也就是世界革命。我们的国民革命的意义，在经济方面讲来，同时也就是国际间的阶级斗争。这阶级斗争的事实（须要注意，这是一个事实，并不是甚么人的主张！）是不能消灭的。我们中国的民众大都到了无产阶级的地位了，表同情于民众，表同情于国民革命的人，他们根本上不能不和帝国主义反抗。不表同情于民众，不表同情于国民革命的人，如象一些军阀、官僚、买办、劣绅等等，他们结局会与帝国主义联成一线来压迫我们（实际上已经是做到这步田地的了）。那吗我们的革命，不根本还是以无产阶级为主体的力量对于他们有产阶级的斗争吗？所以我们的国民的或者民族的要求，归根是和他们资本主义国度下的无产阶级的要求完全一致。我们要要求从经济的压迫之下解放，我们要要求人类的生存权，我们要要求分配的均等，所以我们对于个人主义的自由主义要根本铲除，我们对于浪漫主义的文艺也要取一种彻底反抗的态度。

青年！青年！我们现在处的环境是这样，处的时代是这样，你们不为文学家则已，你们既要矢志为文学家，那你们赶快要把神经的弦索扣紧起来，赶快把时代的精神提挈。我希望你们成为一个革命的文学家，不希望你们成为个时代的落伍者，这也并不是在替你们打算，这是在替我们全体的民众打算。彻底的个人的自由，在现代的制度之下也是求不到的，你们不要以为多饮得两杯酒便是甚么浪漫的精神，多诌得几句歪诗便是甚么天才的作者，你们要把自己的生活坚实起来，你们要把文艺的主潮认定！你们应该到兵间去，民间去，工厂间去，革命的漩涡中去，你们要晓得我们所要求的文学是表同情于无产阶级的社会主义的写实主义的文学,我们的要求已经和世界的要求是一致,我们昭告着我们,我们努力着向前猛进!

民国十五年四月十三日草成于广州

(原载《创造月刊》1926 年 5 月 16 日第 1 卷第 3 期)

诗　　论

郁达夫

一、诗的意义

在文学上所说的"诗"，是英文 Poetry 的译文，包括得很广，凡一切创造的文艺作品，都包含在内。原来英文 Poetry 的语原，是拉丁文的 Poeta，系创造的意思。中国古时，把诗字解作广义的文艺创作品的时候也有，譬如《书经》《舜曲》里的"诗言志"，《诗序》里的"诗者志之所之也，在心为志，发言为诗，情动于中，而形于言"。《乐记》里的"诗言其志也，歌咏其声也"等，都是如此，和外国文里的广义的"诗"的意义相等。

不过后来年深月久，字义变化，现在一般人所说的"诗"，却和英文的 Verse 相当，专指有韵律的诗而说，使和散文（Prose）相对立。此地所说的"诗"，当然也是作狭义的"诗"解，现在先想把各家的定义来介绍一下。

诗的定义，不消说是很难下的。古代希腊的哲学家，对于诗的定义也有，然而这些定义，都系和他们所下的一般艺术或文学的定义相差不远。下面所引的，是近代的诗人或批评家的见解，虽都不能满足的解答诗是什么的问题，然而至少可以使我们知道一个轮廓。

第一，英国的诗人 Wordsworth（1770—1850）在他的 *Lyrical Ballads* 的序文里说："Poetry is truth carried alive into the heart by passion." 诗是热情感发于人心的真理，是知识的一切，是知识的神魂灵气。在另一地方，他又说诗是不能自已的感情的流露，其源系出于静思回忆中的热情的。

"Poetry is the spontaneous overflow of powerful feelings, taking its origin from emotion recollected in tranquillity."

本来的热情在回忆之中消失，另外一种 Imaginative emotion 就起来了，流露出来，就成为诗。这是诗人尉迟渥斯的见解，系专就诗的内容讲的。与此相近者，还有几家：

Emerson（1803—1882）：Poetry is the perpetual endeavor to express the spirit of things！

Browning（1812—1889）：Poetry is the presentiment of the correspondency of the universe to the deity of the natural to the spiritual, and of the actual to the ideal.

与此相反，光从诗的外形（form）上着眼，下的定义也不少。不过这些修辞学家的见解，总觉得太呆板，太笼统，不能为训，现在且举出一个Whateley氏在他的《修辞学》第三部第三章三节里所说的例来：

"Any composition in verse（and none that is not）is always called, whither good or bad, a poem, by all who have no favouriter hypothesis to maintain."

意思就是没有一家特有的主张的人，称各种凡有韵的东西为诗。当然诗的重要要素，系在外形上的抑扬，音数，押韵。然而"不问好坏，凡是分行写而有韵的文字，都可称为诗"的定义，也未免太泛了。Winchester笑他说"那么几何数学，以韵文来排列起来，譬如说'九月原来三十天'（'Thirty days hath September'），一类的东西也可以说是诗么？"

内容外形，两面同时顾及，比较得把诗的内容详细的分说在那里的，是英国来汉脱（Leigh Hunt，1784—1859）在他的《英诗选》（*English poets*）头上的一篇文章《什么是诗》里的定义。他说："诗是热情对于真，美，力的表白。它把它的概念具体化，以想象为用，且把言语调整，使合于多样统一的音节的原则。"

"Poetry is the utterance of a passion for truth, beauty and power, embodying and illustrating its conceptions by imagination and fancy, and modulating its language on the principle of variety in uniformity."

再举一个例，就是美国加州大学文学教授盖利（C. M. Gayley）在他的《英诗选》头上绪论里所说的话："诗和散文不同的地方，就是散文的言语，系日常交换意见的器具，而诗的实质，系一种高尚集中的想象和情感的表现。诗系表现在微妙的，有音节的如脉动的韵语里的。"

从上面所举的各家对于诗的定义看来，我们可以知道，诗有内外的两重要素。无论如何，第一，诗的内容，总须含有不断的情绪（Emotion）和高妙的思想（Thought）。第二，外形总须协于韵律的原则（To be written in metrical form），凡具此两重要素的作品，有时候形状上虽不是诗，如中国的有韵的词赋之类，然实际上已经是诗了。

诗是有感于中而发于外的，所以无论如何，总离不了人的情感的脉动。所以诗的旋律韵调，并不是从外面发生的机械的规则，而是内部的真情直接的流露。天地间的现象，凡是美的生动的事物，是没有一件，不受这旋律（Rhythm）的支配的。风声雨声，日月的巡环，四季的代序，行人的脚步，舻棹的咿呀，以及我们的呼吸脉动，长幼生死的变迁，广义的讲起来，都是一种或长或短的旋律运动。旋律缓慢的时候，就如秋夕的斜阳，静照大海，这时候的情调，是沉静悲凉。旋律急促的时候，就如千军万马，直捣黄龙，这时候的情调，是欢欣热烈。所以恋爱成就的时候，战争得手的时候，生死危急的时候，或长夜孤眠辗转反侧的时候，登高望远，遥情难遏的时候，有感于中，就发为诗。韵律或幽或迫，音调或短或长，虽由当时的情景如何而互异，然而起伏有定，高低得宜，总不能逃出旋律的范围以外，却是一定的。

原始时代，文学正在萌芽的时候，艺术与旋律的关系，更显得密切昭著。例如文学的原始的 Ballad dance 就是最初的诗，最好的旋律和声调的具体化，最纯粹的热情的表白。或者无邪的小孩，看见远别的父亲回来的时候，或者月明的春晚，相思的男女，偶尔相遇的时候，或者愚直的农民，当秋收完了，岁丰人乐的时候，不晓得文字，不晓得技巧的这些上帝的恩宠者，只好张开喉来高唱，举起脚来舞蹈。这时候他们不要金钱，不要荣誉，简直不要生命，大自然就是我，我就是大自然，物我相化，四大皆空，所有的世界只是旋律的世界，感情的世界，不能以言语来命名的世界。试问世界今古的大诗人，哪一个能够做出这样的作品来？这就是诗的三昧境呀！

二、诗的内容

严格的讲起来，诗的内容外形，分离不开，正如人的灵魂和肉体一样。不过为讲解分析的便利起见，暂且把它分作两部分讲亦未始不可。我们知道言语文字，有意义音调的两重价值。诗虽然说是重在音调，然而既系以文字来表现的东西，当然在意义上也依然保有它的价值的。诗的内容或实质（Substance），系指这一方面而讲的。

天地间万有充盈，人事纷杂，这些事事物物，诗人都可以拿来做他的材料。不过要歌咏这些复杂的事物，内容当然不能单纯，所以第一诗里的思想，可以分作：

（1）中心思想（Main Thought）。

（2）辅随思想（Minor Thought）。

举几个例出来说明，比较得便利。例如韦应物的《休暇日访王侍御不遇》：

> 九日驰驱一日闲，寻君不遇又空还。
>
> 怪来诗思清人骨，门对寒流雪满山。

其中心思想在第二句，第一句已经是辅随思想了，至于第三第四句，毕竟是为增加诗的美，烘托第二句的情景，附加上去的。那么第一三四句不要就对了，何必多此一举呢？这又是不懂诗的人的抢白，若依此演而进之，那么诗简直可以不做，连第二句都可以不必，光是那个题目，岂不是直接了当么？所以在我们讲解的时候，不妨把一首诗来分离宰割，实际上无论哪一字哪一句，在一首诗里，都有同样的价值。不能说中心思想是重要的，辅随思想是不重要的。要了解这一层意思，但须把我们的头脑躯体和手足发肤的关系来一想，便能明白。底下再举一首外国诗的例：

Work without Hope

Coleridge

> All Nature seems at work, Slugs leave their lair,
> The bees are stirring, birds are on the wing,
> And Winter, slumbering in the open air,
> Wears on his smiling face a dream of Spring!
> And I, the while, the sole unbusy thing,
> Nor honey make, nor pair, nor build, nor sing,
> Yet well I ken the banks where the amaranths blow,
> Have traced the fount whence streams of nectar flow,
> Bloom, O ye amaranths! bloom for whom ye may;
> For me ye bloom not! Glide, rich streams, away!
> With lips unbrightened, wreathless brow, I stroll:
> And would you learn the spells that drowse my soul?
> Work without Hope draws nectar in a sieve,
> And hope without an object cannot live.

在这首十四行诗里，中心思想是诗人的幻灭。而第三四两句绝妙的文章，和其他的花草禽虫，都系辅佐这一个中心思想的附随物。我们人类光有了魂灵，不能显出我们的美来。我们要有了身体发肤。有了文饰衣冠，才能说到整个儿的美。至于胭脂花粉，却不是必要的条件，用之过度，反足以隐蔽自然的真美。由此一点，我们可以悟到诗中辅随思想的配度了。

其次诗的内容,是热烈丰富的感情。例如窦群的《初入谏司喜家室至》的一诗里:

一旦悲欢见孟光,十年辛苦伴沧浪。
不知笔砚缘封事,犹问佣书日几行。

有几多悲欢离合之情,在那里起伏脉动。古今中外的诗里,差不多没有一首是没有感情含蓄在里头的。上篇所讲的思想或诗想,根底必须建筑在感情上,才能生动(参看前篇尉迟渥斯的主张)。不带着情感的单纯的思想,在诗里是不能存在的。虽然有教训诗哲理诗等,完全是以诗中的思想为主,然而这些宣教师所乐诵的东西,在诗的原理上看来,并不能承认它们为诗的代表,只能说它们是诗的变体。

感情两字,依外国的心理学家说起来,可分作两种。一种是情绪(Emotion),一种是情操(Sentiment)。

情绪系由感觉或观念而惹起的带有知的作用的感情。其中又可分作两种:一是自我的情绪,二是社会的情绪。自我的情绪(Egoistic Emotion),起因于自己保存或发展的本能。大抵以关于个人的利害者为多,例如愤怒,恐怖,悲哀,怨嗟等情就是。有人主张这种利己的情绪,不能成为诗的要素,因为它们的价值不高。我以为这种主张是错的。同是一种感情,你要把它分定甲乙,评论价值,是不通之论。就是我们在这里为便利而设的感情的分类,彻底的讲起来,还觉得说不过去,更何况把它们拿来一斤八两的分轻重定高低呢!要证明这一种主张的错误,只须引一两个例子就够了。例如孟郊的《古别离》:

欲别牵郎衣,郎今到何处?
不恨归来迟,莫向临邛去。

这是度量狭小的妇人的嫉妒之情,当然是利己的情绪。以平常的价值观念来判断,这是无价值的下等情绪,你能因此就说孟郊的诗,是没有诗的价值么?再举一个例,譬如刘义的《怨诗》:

君莫嫌丑妇,丑妇死守贞。
山头一怪石,长作望夫名。
鸟有并翼飞,兽有比肩行。
丈夫不立义,岂如鸟兽情。

这一种愤激之情，总算是没有价值了，然而你能说他不是诗么？同样的还好引一首《长门怨》（《乐府诗集》卷四十二）：

宫殿沉沉夜欲分，昭阳更漏不堪闻。
珊瑚枕上千行泪，不是思君是恨君。

所以我想主张，诗既是以感情为主，那么无论哪一种感情，都可以入诗，都是一样的价值。不过诗的效果在感动人，若以效力的大小来说，只能说社会的情绪，比较得效力大些。

情绪的第二种［就是社会的情绪（Social Emotion）］系带有社会性的，比较的注重他人的安宁快乐，而自己常处于一种牺牲的地位。例如爱情，同情等类是。古今中外诗坛上的长篇短什里，差不多没有一篇不讲爱情的，实在因为爱情是结合天地，创造一切社会的动力。天性总是利己的人类，所以能够继续存在世上的原因，也是因为有这一点爱情在那里的缘故。爱情始于男女，进而为夫妇，父子，兄弟，朋友间之爱。诗三百篇的所以以《关雎》起首者，大约也是这个意思。再推而广之，同情就发生了。同情系一种因他人的情绪而惹起的自己胸中的反响。譬如一个不遇的诗人，跑到祢正平的坟上去，看了那小小的祠堂，卑陋的荒土，就觉得自家的心里，要难过起来。或者譬如一个年老的妇人，因为伤了儿子，在那里痛哭，你听见了，也要鼻酸眼热，恨不得赔他一个娱老的骄儿。这些都是因他人的情绪而惹起的自己胸中的同情。有人把这一类的同情，都归入自己怜悯的情感中去的，话也可通。不过有许多同情，却不是专因自己怜悯而起的，例如为义愤而牺牲自己的生命之类，当然不单是由我们的利己的 Self-pity 中发生出来的。

总之诗的实质，全在情感。情感之中，就重情绪。所以西洋有许多文学论里，只把 Emotional Element 列入，使和 Intellectual Element 相对。不过我们觉得情操也有研究一下的必要。

情操系完全随知的作用而发生的感情。与情绪不同的地方，就是一方带知的性质太多，一方带知的性质较少，平常把情操分成四种：

（1）知的情操（Intellectual Sentiment）。
（2）美的情操（Aesthetic Sentiment）。
（3）伦理的情操（Ethical Sentiment）。
（4）宗教的情操（Religious Sentiment）。

知的情操，如用尽知力而不能理解的时候的惊异之情，或苦费思索之后，而终得解决的时候的满足之情等，大抵于运用知力以后起来的情感。这一种情操，知力不发达的人，比较的少些。

美的情操，在文学上占有重要的地位。简单点说，就是因美丑而惹起的快感与不快感。美的情操的性质，在它的完全非实用的一点，它与我们的生命保存发展上，绝无关系。所以美的目的，就在美，除美以外，系别无作用的。美的情操的内容，大约由①感觉的感情，即随伴声色而起的快感；②观念的感情，即因各种感觉统一后的观念而生的感情；③观念的联合，即与其他的各种观念联合交错之后，发生的美感等集合而成。平常所说的趣味（即 Taste）系根据美的情操而来。所以这种情操，可由修养而扩大，实为赏鉴文学（The appreciation of literature）的最大要件。

伦理的情操，系对于自他的行为，行道德的判断而起的感情。大抵恶恶善善，是人之常情，这种情操，是谁也有的。

宗教的情操，本由恐怖惊异而来。对于不可知的事实，认为神道，视为绝对的事实，因而归依崇拜之。这时候的感情，是一种知力用竭后的麻木陶醉的状态。

总之诗的实质，重在感情。思想在诗上所占的位置，就看它的能否激发情感而后定。若思想而不能酿成情绪，不能激动我们人类内在的感情全部，那么这一种思想，只可以称它为启发人智的科学，不能称它为文学，更不能称它为诗。

介乎思想情感之间，在广义的文学上也十分重要，尤其是在诗的领域内，须臾不可离去的，是诗人的想象（Imagination）。

想象，系根于过去的经验，由感觉记忆智力等而得之心像，综合创造，使各个心像（Image）同时得发生感情的一种统合作用。

允楷斯太的《批评原理》里，把想象分为下列的三种：

（1）创造的（Creative）。

（2）联想的（Associative）。

（3）演绎的（Interpretative）。

第一种创造的想象，系由经验得来的各元素中选择改组，使不完不美之零星心像，得成为完整的新的物事的想象。若这种改组不合理时，那么想象就流为空想了。第二种联想的想象，为联结近似的观念心像等于一物，使感情焕发的想象。若这联想非本于情感近似的观念的时候，那也就变为空想了。第三种演绎的想象，系把事物内在的价值，灵的意义，摘发出来的想象。凡此三种想象，互相作用，互相呼应，诗人得借了外的形状事物，来唤起我们内在的情绪精灵。无论诗歌小说里，若没有这一种想象作用，那么情绪也不能发生，思想也无从传播，所以有人竟把纯文学叫作 Imaginary Literature 的，从此也可见得想象在文学上的重要了。

三、诗的外形

诗大抵由兴奋的状态里发生。兴奋的时候的节奏，是急迫的。节奏的急迫，并不是混乱的意思。譬如大风卷水，万斛波纹，一见好象零乱，其实其中自然有秩序，系统，整齐的分子，含在那里。诗的格律就是表现这一种节奏的美的形式。

韵律系人类的情绪自然所有的活动的形式，与肉体的运动（舞蹈），音乐的要素，原是一体。无知野蛮的人，或者快乐的时候，或者作工的时候，自然而然流出来的歌唱的音调，是诗的格律的原形。不过后来经过许多人的制造文字，又经过许多人的研究音韵，就造作了几个人为的规则出来，想以这几个规则来表现人类天赋的情绪流动的形式。当然这几个规则，并不是千古不可磨灭的东西，也不能说是已经满足地可以把人类情绪的活动全部最自然的表现了。这些规则，诗学上称之为韵律（Rhythm and Metre）。

诗的韵律，大抵可分抑扬，音数，押韵的三种。我们中国的文字系单音文字，所以外国人所说的音数（Number），在中国就是字数。

外国诗里的抑扬（Accent），系由单音的一昂一下而定的韵律。例如英文内脏虫 Entozoön 的一个字，共有扬 En 抑 to 扬 zo 抑 on 的四音。中国的平仄，与外国的抑扬相等，外国诗句的各种抑扬或扬抑格，却与中国的平起仄起等诗的调子相等，现在先把外国的各种格式的重要者，分列如下：

（1）抑扬（Iambus）例如 De—cay′. （ ⌣ — ）
（2）扬抑（Trochee）—Morn′—ing. （ — ⌣ ）
（3）抑抑扬（Anapaest）—To the fame′. （ ⌣ ⌣ — ）
（4）扬抑抑（Dactyl）—Ten′—der—ly. （ — ⌣ ⌣ ）
（5）抑扬抑（Amphibrach）—Tre—men′—dous. （ ⌣ — ⌣ ）
（6）扬扬（Spondee）—Sea′—Weed′. （ — — ）

第一种抑扬格的诗例，举一个出来，譬如扑奥拍（Pope）的《人生论》（Essay on Man）（1733）就是：

    Awake my Saint John leave all meaner things
    To low ambition, and the pride of kings.

Let us (Since life can little more supply
Than just to look about us and to die)
Expatiat free o'er all this scene of man

一抑一扬，交错成句，句相联而成节，长短高低，使谐合而造成诗形之美。其他的格式，可以依此类推，不再举例了。

中国近体诗，对于平仄的规矩稍严，古诗则看诗人的驱使魄力如何，不拘于平仄。不过王渔洋所讲的神韵，大半似亦有关于平仄，非任凭才力纵横乱写的诗人所能做得到，袁子才笑他一代诗人才力薄，或者也有点意思。现在不惭辞费，暂且把中国近体诗的平仄格式，举出两种来：

五言平起截句
平平平仄仄　仄仄仄平平
仄仄平平仄　平平仄仄平

　　江南曲　丁仙芝
　　长干斜路北　近浦是儿家
　　有意来相访　明朝出浣纱

五言仄起
仄仄平平仄　平平仄仄平
平平平仄仄　仄仄仄平平

　　渡汉江　宋之问
　　岭外音书断　经冬复历春
　　近乡情更怯　不敢问来人

七言平起
平平仄仄仄平平　仄仄平平仄仄平
仄仄平平平仄仄　平平仄仄仄平平

　　绝句　滕玉霄
　　吟人瘦倚玉阑干　酒醒香消午梦残
　　燕子不来春社去　一帘疏雨杏花寒

七言仄起
仄仄平平仄仄平　平平仄仄仄平平

平平仄仄平平仄　仄仄平平仄仄平

彭城杂咏　萨天锡
雪白杨花扑马头　行人春尽过徐州
夜深一片城头月　曾照张家燕子楼

绝句的平仄两次合起来，就成为律诗的抑扬。中国诗的抑扬，平常说是"一三五勿论"，第一三五个字，可以不守规则的。上例中五言首句，若要押韵，依末一句的平仄就对了。七言的例，都系自成绝句的例；若要合成律诗的时候，当然第五句不能押韵，第一句也可以不押韵，举出两个例来，就可以明白：

秋柳（四首录一）王渔洋
秋来何处最销魂？残照西风白下门。
他日差池春燕影，只今憔悴晚烟痕。
愁生陌上黄骢曲，梦远江南乌夜村。
莫听临风三弄笛，玉关哀怨总难论。

江夏城上怀古（二首录一）王式丹
西连荆益湘波远，东下光黄驿路长。
紫盖飘残吴帝去，碧云飞尽楚宫荒。
前朝芽舍原藩辅，近日萑符几战场。
只有霜风吹木叶，山山终古送斜阳。

外国诗里的抑扬，和中国诗的平仄一样，我们已经知道了。可是还有一种外国诗里的头韵，是中国诗里所没有的。头韵（Alliteration）就是一句中几个字头同韵的格式，英国上代的诗里很流行，大抵上句重要的二语，和下句一语，共三语是字头协韵的。后来这三语的规则渐渐消失，近来这一种头韵的用法，也少下去了。举两个例：

John Dryden（1631—1700）：Zimli,
He had his jest, and they had his estate
He laughed himself from court; then sought relief
By forming parties, but could ne'er be chief.

此中的 He had his，had his 和下句的 He，himself，就是头韵，散文里如 Thick and thin，Fish，flesh and fowl 之类，都是头韵的好例，举起来却不胜其烦了。

押韵就是脚韵（Rhyme）。密耳敦谓押韵为 The jingling sound of like endings，实在是不错，例如葛莱（T. Gray, 1716—1771）的《墓畔哀歌》第一节：

> The curfew tolls the knell of parting day,
> The lowing herd winds slowly o'er the lea,
> The plowman homeward plods his weary way,
> And leaves the world to darkness and to me.

中之 day 与 way 及 lea 与 me，就是间句押的韵。又如 W. Cowper（1731—1800）的 The Poplar Field 一类的诗：

> My fugitive years are all hasting away,
> And I must ere long lie as lowly as they,
> With a turf on my breast and a stone at my head,
> Ere another such grove shall arise in its stead,

却不间句而押韵的。外国诗里的押韵方法，变化很多，不能一一举例说明，最后我想举一种无韵诗 Blank verse 来作压尾。例如：

> Nothing is here for tears, nothing to wail.
> Or knock the breast; no weakness, no contempt,
> Dispraise, or clame; nothing, but well and fair,
> And what may quiet us in a death so noble?
>
> Milton：Samson Agonistes

之类，诗句里的抑扬音数的规矩是守的，不过是不押韵的诗。这种无韵诗，为保持诗意的连续起见，在长诗里常有人用。莎士比亚和密耳敦两个，就是这种诗的最大的作者。中国的古诗，平仄字数可以猫虎，而押韵的规则，却须严守，否则就不成其为诗，这一点，是中外的诗律不同的地方。

其次要说明的，是韵律的定形（Fixed form），就是排列的规则。外国诗的排列成立的阶段有四：

（1）步（Foot）。

（2）列或句（Line or verse）。

（3）偶（Couplet and Triplet）。

（4）节（Stanza）。

步系造句之单位，上节所说的 Iambus，Trochee 等格每个就是一步，步连结起来，就成为句或列了。不过有一步为一句的，有两步三步为一句的，所以句的中间，又可以分出许多名目来：

A. 一步句（Monometre）。

B. 二步句（Dimetre）。

C. 三步句（Trimetre）。

D. 四步句（Tetrametre）。

E. 五步句（Pentametre）。

F. 六步句（Hexametre）。

G. 七步句（Heptametre）。

H. 八步句（Octometre）。

例如美国 Bayard Taylor（1825—1878）的 National Ode：

　　　　She was born／of the long／ing of ag／es
　　　　By the truth ／of the no／ble dead；

系由三个抑抑扬格连成者，称为三步句（Anapaestic Trimetre）。

"偶"即押韵诗句的两句或三句的总称。古时用这一对的句子的诗人很多，尤其是 Chaucer（1340—1400）在他的 The Legend of Good Women 里，用的新样，称为 Heroic Couplet。

　　　　A thousand times have I heard men tell
　　　　That there is joy in heaven and pain in hell—

"节"系由句或偶连结起来的诗篇中的一大段落。一篇短诗，也许光是一节的，一首长诗，也许有几十百节的，例如 Shelley's A Lament：

　　　　O World！O Life！O Time！
　　　　On whose last steps I climb,
　　　　Trembling at that where I had stood before；
　　　　When will return the glory of your prime？

No more—Oh, never more!

Out of the day and night
A joy has taken flight;
Fresh spring, and summer, and winter hoar
Move my faint heart with grief, but with delight
No more—Oh, never more!

就是由两节而成的一篇诗。中国古诗如《长恨歌》《琵琶行》之类。转韵换意的地方很多，当然可以分节。不过近体长句，却很不能说，譬如褚厚之的《投节度邢公》：

西风昨夜坠红兰，一宿邮亭事万般。
无地可耕归不得，有恩堪报死何难。
流年怕老看将老，百计求安未得安。
一卷新诗满怀泪，频来门馆诉饥寒。

一气呵成，你说它只是一节好呢？还是说它是两节三节？现在暂且把这些琐碎的问题丢开，先来讲一个目下被一般人所痛骂的起承转合问题。

原来起承转合，是为初学者而设的一个做文学作品的笨则，不过紧凑的作品却自然而然的合乎这个死规则，例如杜荀鹤的《辞九江李郎中入关》：

帝里无相识　何门迹可亲
愿开言重口　荐与分深人
卷许新诗出　家怜旧业贫
今从九江去　应免更迷津

作者何尝有心，而诗却适合法度。尤其是奇怪的，外国人的好诗，也有合乎这起承转合的死律的，例如尉迟渥斯的《水仙花》：

The Daffodils

W. Wordsworth

I wandered lonely as a cloud,
That floats on high o'ev vales and hills.
When all at once I saw a crowd,

A host of golden daffodils,
Beside the lake, beneath the trees
Fluttering and dancing in the breeze.

Continuous as the stars that shine
And twinkle on the milky way,
They stretched in never-ending line
Along the margin of a bay;
Ten thousand saw I at a glance
Tossing their heads in sprightly dance.

The waves beside them danced, but they
Out-did the sparkling waves in glee:
A poet could not but be gay
In such a jocund company!
I gazed—and gazed—but little thought
What wealth the show to me had brought;

For oft, when on my couch I lie
In vacant or in pensive mood.
They flash upon that inward eye
Which is the bliss of solitude;
And then my heart with pleasure fills,
And dances with the daffodils.

我们在此地可以见到修辞学上的种种规约，也有它们特有的意义，不能一概抹杀，然而也不必死守。何以见得呢？因为不守那些规则的天才，也有很好的诗，可以做得出来。所以法国的魏而伦（Verlaine，1844—1896）、马拉儿美（Mallarme，1842—1898）、魏儿亚郎（Verhaeren，1855—1916）等对于法国旧式诗的形式，抱了不满，自倡新格以来，法国的抒情诗又演进了一步。没有他们的几个前驱者在那里开道，自由诗（Vers libres）在世界上，恐怕还不至于这样的盛行。中国现在的语体诗的流行，实在也出于时代的要求，断不是仅仅几个好异者流所提倡得出来的。我们且把中国的语体诗搁在一边，先放开眼睛来看看英美的写象派（The Imagist）的运动和所谓未来派（Futurism）的诗吧！

写象派的诗人，可以说是自由诗的共鸣者，他们尤其崇拜那大胆的美国诗人 Leaves of Grass（1855）的作者辉脱曼。他们主张完全打破陈腐的格调和死的字句，作诗要以一瞬间所得的影像对于个人的反应为主，能够十分明了的强有力的把这反应写出来，诗就成功了。现在把此派的领袖，Men, Women and Ghosts（1916）的作者亚密·罗惠儿（Amy Lowell）女士在一九一五年出版的《写象派诗人》（Imagist Poets）的序文及《美国新诗之倾向》（Tendencies in Modern American Poetry, 1917）里所主张的话，简要的分列在下面：

（1）用日常通用的言语，但须用最正确者，稍正确或仅能充装饰之用的言语，一概排去。

（2）要表现新的情调，应创造新的韵律。只是旧式情调的表现和旧式韵律，绝对不模仿。

（3）选择题目的绝对自由。

（4）将细处描写得很正确的影像（Image）呈现出来。

（5）作明确坚固之诗，不作暧昧不确定者。

（6）务祈紧缩。

这六条当然是古来文人为文的要旨，然而写象派的诗人，却把它们应用到诗上来了。所以写象派的诗：实在可以说是把散文和诗的好处兼并在一处，而新造出来的一种新的美的 Form。现在想举一首诗出来，作个例子：

Summer

Richard Aldington

A butterfly,
Black and scarlet,
Spotted with white,
Fangs its wings
Over a private flower.

A thousand crimson foxgloves,
Tall bloody pikes,
Stand motionless in the gravel quarry;
The wind runs over them.

A rose film over a pale sky
Fantastically cut by dark chimneys;
Across an old city garden.

  工厂商人很多的美国，也有几个做诗的人；并且能够立这一派新旗帜，以应合世界的思潮，是一件可喜的事情。在这一样银行很多的美国，又有几个英国守旧党的模仿者，在那里痛心疾首的诋毁这几个诗人，也是一件可喜的事情。因为他们至少是承认了"天地之间，是应该有诗的"。并且至少也承认了新诗的思潮，是不是他们的十八世纪的遗脑，所能了解的。不过他们骂新诗的态度，却很高尚，很坦白。充其量，也不过造了几个很有趣的名词出来。他们叫新诗作 Lazy Verse，意思是说新诗人不通音韵，不肯用功，没有学力。说新诗是"The product of aboriginal indolence"。

  把韵律的范围限得很小，以为"只有几个经前人用过的方式，是合乎韵律的原则的。合乎这几个定则者是诗，否则就不是诗"的这种见解，我们一时不敢赞同。不过我们可以有一个主张，就是在"诗意义"里说过的诗的第二个条件"外形总须协于韵律的原则"。韵律的原则，是否只包含在几个人造的规则上？这一个问题，想来大家都能明白的答复，我们可以不必再说。假如韵律的原则，不仅仅是几个规律可以包括得了，那么我们又哪里能够断定说"自由诗"是不合乎韵律的原则的呢？

  自由诗并不是法国的特产，也不是光由写象一派所能代表得了的。鲍特来儿（Baudelaire，1821—1867）的小散文诗集 *Petits poemes et prose* 流行以来，各地的散文诗作者也多起来了，这当然也是由自由诗派生出来的一条支脉。其他的派别，还有许多，最强有力同时又最奇特的一派的主张，是所谓未来派（Futurism）的主张。现在想把它介绍一下，就当作这一章的煞尾。

  未来派本来是三十年前，在意大利发生的一派新画家的名称。他们对于过去的压迫，起了绝端的反抗，想把过去的一切，完全切断丢掉，以现在或未来的生命为艺术的内容。当初这一派的主张，不过限于美术的一隅，后来这一派的主唱者马利乃的（Marinetti）想把它应用到诗歌小说戏剧音乐上去，大大的宣传起来。结果一九○八年因为一本小说的缘故，坐了风俗坏乱的罪，去入监牢。裁判的结果，马利乃的，终被释放，于是他的同志者就高呼未来主义的万岁，在巴黎的 Figaro 报上，发起宣言来了。

  他们崇拜精力和近代文化，以速力为最高的美。博物馆图书馆美术馆，全是陈死人的积贮所，应该烧了才对。大炮军舰飞机工场，才是真正的人智的胜利证。他们反对历史，反对道德，反对已成的一切观念。支配世界的应该是"力"这一个东西。懦弱无能者，应该死到地狱里去。罗马的古城，不如一乘小汽车的机关。

他们的这一种主张，在一首马利乃的的名为《土耳其要塞包围》全以名词作成的诗里，就可看出一个好例来。

未来派的主张，有一部分是可以赞成的，不过完全将过去抹杀，似乎有点办不到。譬如我们已经长成了一个人的中年者，来主张完全幼年时代割舍丢弃，那么这主张贯彻了的时候，非要要求个个母亲，生下来的孩子，都是三十岁以上的人不可，这事情哪里能够办到呢？

与这未来派的主张相象的，是德国在革命后起来的一派表现派的主张。德国表现派（Expressionismus）的诗人，若 Reinhard，Goering，Georg Kaiser，Walter Hasenclever，Fritz von Unruh，Anton Wildgans 等，都已经有很好的作品出来，现在正在风行。

不过他们这些工作，究竟是已经达到了最后的目的地没有？却是疑问。尤其是他们的作品的奇矫，难解的地方太多，一般人不能够同样的欣赏，实在与他们所说的为民众的意趣相背。所以德国的利曼（Riemann）在他著的《自歌德至表现派》（*Von Goethe zum Expressionismus*，1922）一书里说：

> 德国现在的文学界，实在是最混杂也没有了。从经验上看来，这大约是一个发酵时代（Gaerungszeit）吧！永远的成就，总还有待于将来哩！

在青黄不接，新旧混杂的现代中国的诗坛上，我们所敢直说的，也不过是利曼一样的话罢了。

（《诗的意义》与《诗的内容》曾发表于 1925 年 5 月 20 日和 30 日《晨报副镌·艺林旬刊》第五、六期；1926 年 6 月与《诗的外形》收入《文艺论集》；收入《敝帚集》时，三篇合并，题为《诗论》）

文艺批评杂论

成仿吾

一、主观的与客观的

主观与客观是相对的，有此必有彼。主观不外构成对象界之内面的作用。素朴的实在论 Naiver Realismus 以客观的实在为与主观独立存在，然而这种对立关系是依然存在的，由认识论 Evkenntnislehre 说来，在意识中，凡直观等单系由经验所统一的皆为主观的统一，若再经过悟性 Verstand 的统一便可以称为客观的。换句话说，在直观发展的途中，统一、区别而固定自己的普遍即是对象（客观），这是与直观之内面的统一——自我 Ego（主观）——对立的。

在目前常识缺乏的一般人的眼中，大多数往往把主观与客观的作用认为绝对的，这是对于了解文艺批评的一种障碍。然而这里还有第二种，或者可以说是更大的一种障碍，那便是一般人对于主观的 Subjectiv 与个人的 Individual 两字的误会。我们可以绝大的公算 Probability 断定现在一般研究文艺的青年和一部分努力或介绍文艺批评的人大多数把这两个不同的字混用了。这种错误，一半是基因于"主观的"一字之误解，一半是因为他们误认感情为个人的瞬间的状态。感情在纯粹的状态为体验 Erlebnis 的指示，自有普遍妥当性 Allgemeingueltigkeit，自是超个人的。

关于"客观的"Objectiv 一字，一般的用法亦不免有错误混淆之点。这个字决不能如一般人所臆想，可认为与自我独立的。它的意义是如康德 Kant 所谓，指经过先验的统一 Tianszendentale Einheit 的。

总而言之，"主观的"含有超个人的性质，而客观的真理的要素在有普遍妥当性与必然性 Nothwendigkeit；意识 Bewusstsein 之求心的 Zentripetal 方向为主观的，远心的 Zentrifugal 方向为客观的，这中心便是自我。这些概念的理解，对于文艺批评的研究是绝对必要的，而要点在给它们以正确的解释。假如我们不能给它们一种正确的解释，那么，我们研究的结果终不免是一些空中的楼阁。

研究文艺批评的人常分文艺批评为主观的与客观的。假使我们对于所谓"主观的"与"客观的"采用常识上的见解，那么，这两种批评上的主张是相反的，结果，是二者皆无意义，因为主观与客观是绝对不能单独存在的。文艺批评家往往忽视批评所根据的 A Priori。所以各自高筑空中的楼阁，往往达到相反对的结果。假使我们明白文艺批评所根据的 A Priori，假使我们了解这主观与客观的意义，那么，这两种不同的批评的主张究不过一内容的两方面。

主观论者的大多数完全把"主观的"与"个人的"硬挂在粗笨的天秤的两侧了。他们所高呼的口号，大致可以"趣味"二字表出。他们的意思大约以为世界上有这许多人，就必有这许多不同的趣味，所以文艺不能有一定的客观的标准。

我们的趣味 Taste 不是一个单纯的东西，它是感情、想象与理智的混合体。这三种元素之中，理智可以说是超个人的，想象半是个人的，感情多半是个人的。然而想象与感情是可由理智的增加而变化的；过某程度，想象可以是超个人的；再过极端的某程度，则感情亦脱离个人气质的影响。所以理智的分量过某程度之后，我们的趣味可以是超个人的。

文艺在鉴赏上亦可分为悦意 Agreeable、优美 Beautiful 与完全 Perfect 三个阶级。最低阶级的悦意对于理智的要求较少，中间阶级的优美对于理智的要求便大增加，最高阶级的完全便非有充分的理智不能赏鉴了。不曾见过雕刻的人，在路旁见一泥人，亦可加以称赞，但是他见了一片著名的雕刻，倒会摇头起来。浅薄无聊的文字，在常人口中，津津可口，但是对于一篇名文，亦不过如是如是。这都是理智不足的结果，一个 Sphinx 或一个 Laocoon 在常人眼中只是一些鬼怪的制作。

主观论者的错误在以为个人趣味（不是理论的研究）的提高可以增加我们的鉴赏的能力。然而趣味的三元素之中，感情的增加是与感受力无多大的关系的，而想象的增加是依靠经验的世界之扩大的。所以趣味的提高，归根起来，究不外理智的发达；而理智的分量过某程度之后，趣味会永远成为超个人的。所以高级的趣味必然地是超个人的，只有低级的趣味是个人的感情的领土。这便是为什么一阵单调的锣鼓声可以使儿童倾听，而一片粗拙的图画可以使常人欢喜的原因。

趣味的高低自然是相对的，同时，文艺的阶级也是相对的。然而批评（希腊文 Krino）的原义不外"分别"，我们的心的作用能把这种"分别"为对象，加以"分别"的作用——这里我们有批评一般的公准 Postnlat。阶级既然成立，那么，各阶级的通性便成为客观的标准。

客观的标准是主观论者所誓不承认的。然而当那个 Philosophical Monk 佛兰士 Anatole France 说"自己的灵魂在杰作中的冒险"的时候，他已经偷偷摸摸地建设了杰作一个阶级了。这位 helemite 在把他的 Wits 铸成金钱的时候，大约把一生二、二生四的公理撇在脑后了。

我们如果要研究批评的性质，我们不可不先关于批评所以成立的 A Priori 有切实的了解。否则我们的研究不仅得不到真的知识，我们并且没有可以凭据的基础，主观论者自称他们的工作为批评，然而他们却想把他们的公准抹杀了，虽然他们暗暗里仍依靠着这公准。我们可以怀疑批评的可能，我们可以怀疑一切，然而这些是形而上的问题，我们一经从事批评便是永远把这些问题肯定了。

又从批评的作用上说起来，它的目的决不止于表现自己，它并含有要求一般人承认的性质。我们对于仅仅表现自己的文字，只能称为感想。所以普遍妥当性实是批评的生命，所谓客观的不外是普遍妥当的别称。

所以我们如果解释"主观的"为"超个人的"而"客观的"为"普遍妥当的"，那么，不仅主观客观的纷争，可以避免，而且他种争论亦可消灭于无形，对于文艺的本质的考察亦可除去不少的障碍。

这种的真理是，除了先验的自我之外，我们是外的世界所形成，我们是无所谓异质的自己。我们与世界是立在内包与外延的关系。这真是一种绝大的不幸。然而正因为这个缘故，苍蝇与猩猩意识中的自然与我们的不会有实质上的差别，我们毫无羡慕它们的必要。我们真是被限定了的，如同在一个永恒的狱里。我们所能作为的，乃是回到纯粹意识的境地，由绝对的自我乐享创造的愉悦，或感受真善美的无限的欢喜。

然而我们如要做到这个境地，我们不可没有一番基本的工夫，这便是批评所以重要的道理。我们可以由文艺批评介绍一些美的东西于我们的同类，也可以告诉他所以美的道理。然而若仅就 Shakespeare，或就 Racine 或就 Pascal，或就 Goether 关于自己说话，那么，除非由绝对的自我立说，这种话不免是个人的感想，只对于个人是真，不能适用于别人的。这种话不能说是批评，或者可以称为创作。

批评如果要有权威，它须是普遍妥当而必然的，约言时，必须是客观的。这种工作之可能，全在纯粹意识的作用。

十五年二月六日，于长沙

二、内容与形式

自从柏拉图（Plato）主张他的理想（Ideal）、亚里士多德（Aristotle）制定他的法则以来，文艺批评便有了偏重内容与偏重形式的两派。

这里我所谓内容德文是所谓 Inhalt，或进一步说是英文的 Matter；我所谓形式（Form）是单就结构而言的普通的意义。哲学上所常用的"思维的形式"之类的用法当然不是这里所要用的。

在这种含义之内，我们可以把古往今来的为数不少的批评家分为这两派中的这一派或那一派。

为明了内容与形式的关系起见，我们不妨就最初分歧的柏拉图与亚里士多德为进一步的探讨。

柏拉图是一个理想主义者；他的批评是文艺在"原理"的灯下的检验，而这种原理是从人生的研究引导出来的。他的原理有三：思想在形式之先；艺术的伟大关于艺术家的道德；艺术与道德是有连带关系的。他在他的《理想国》里头，替他的理想国定下了一个检验诗与美术的标准。对于他，善即是美；由表现善的程度可以判定美的程度。"形式、节奏及谐和上的缺点是与思想及性格的缺陷相关的，而它们的美点是与克己温良等道德的优越相关的。"

亚里士多德是一个现实主义者；他的批评是就眼前确在的文艺材料考察出来的。他的批评没有伦理的动机，自成一种特别的研究。他说"艺术是创制能力与理智合作的出产"。他由悲剧的结构与方法的研究，定下了一些基本的法则。它们之中最紧要的是布局 Plot，他曾称为"悲剧之最后的目标"，"灵魂"与"中心的原则"。

柏拉图认文艺的制作为装载哲理的器具，所以批评的目的不外察出诗及美术的内容与哲学的内容一致的程度。亚里士多德承认了文艺的独立性，并且多少承认了艺术家创造的能力，纵然他所谓创制能力（Creative faculty）的根源仍不外模仿之原始的冲动。这是一种解放，一种极大的进步。有了这一步的前进，文艺才由庸奴的境遇得了解放，而文艺批评也才确立了实质的基础。

然而这种进步，与其说是亚里士多德与柏拉图分歧，宁可说是为柏拉图补足。我们不能离开形式而讲内容，内容必有形式才能存在。艺术的形式可以分为"论理的"与"审美的"两类。一种思想，或一种感情，必取一种论理的或审美形式才能成立；如果没有形式，决不能成为具体的存在。更进一步说，一个内容必有它的内在的形式；艺术家的工作不外捕住这内在的形式，用他的媒质（Medium）表现出来，使不可见的成为可见的。柏拉图在他的Phaedrus上说："凡文辞应当做得如象一个生物，有它自己的身体，也不缺头，也不缺足；辞的躯干与尖端应当互相调和而且与全体调和。"这是与亚里士多德所主张如出一辄。然而这身体、头、足是一个内容所本有的，不是我们能由一个内容扭出一头或一足来。

一个艺术的内容须有论理的与审美的形式。论理的形式是满足我们的智力的要求（Intellectual demand）的要件，因为我们的智力的河流（Intellectual flow）要求内容依着我们的智力之自然的顺序（Natural order）排列而流去。这是心理学上显明的事实，注意或智力的经济常能使我们发生快感。我们鉴赏艺术的时候，它的内容在我们的识域中波动着，我们由注意与记忆的作用，将零碎的结为一体。内容如果是反论理的，我们识域中的波形必不能成为平滑的（Smooth）曲线，必被中断；我们的智力必然感觉不快，终于发生反感。

审美的形式是满足我们的审美的要求（Aesthetic demand）的要素，任功利主义者怎样巧辩，无论如何，美是艺术的生命，至少是艺术的生命之火的保燃体。全然缺少审美的形式的艺术，是我们所不能想象的。音乐可以说是全由审美的形式成立的。在文学里头，绘画的心象、音节及韵律等皆可以称为审美的形式；由内容的结合所生的美感与人格美、崇高美之类的感情，当做内容看待。

康德说："审美的形式是对象对于我们的智力的适合。"（Aesthetic form is the adaptation of the object to our faculty of knowing.）这里所讲的审美的形式一种是广义的见解，与艺术的形式同义；如果应用于我的说法，应改为"论理的形式是对象对于我们的智力的适合"。同样，我们可以说"审美的形式是对象对于我们的感受力的适合"。

就绘画、雕刻及其余的成形艺术而言，形式如果变更，内容也立即改变，内容与形式几不能分，几成主观与客观的对立。在文学上，内容与形式的界线稍明，然而决不是各自独立存在的。外观上似乎独立存在的只是艺术家所用的媒质。

艺术的内容与形式的关系既是如此，我们当能进一步，对于文艺批评所取的路径做一番比较批评的思考。

一个艺术家是一个创造者，他在创造他的世界的时候，应该是绝对自由的。我们不应当由我们的世界拿着一个理想或一个原则去规范他。对于他的艺术的内容，我们是不当拿外界的理想或原则去测量的。我们在批评他的艺术的时候，最要紧的是检查他的形式能不能满足我们的智力的及审美的要求，他的形式是不是论理的与审美的。

由这样的立脚点试一回顾柏拉图以来的文艺批评的时候，我们替古往今来没在艺术的深渊里不能自拔的一群艺术家感觉层层的束缚与压迫。他们在创造自己的世界的时候也是不能自由的，他们须把这自己的世界扭成一定的形式，或则建设在一定的磁场里。

自由是艺术的生命。艺术与道德、社会及人生许有偶然的或必然的关系，然而它们都是第二义的要素，并且不是可以要求混入艺术的内容而能达到宣传他们的目的同时保全其艺术的价值的。这些宁可说是一个艺术家的修养上的要素，我们可以对于艺术家为这种修养上的要求。一个艺术家如果真是道德的，真是对于社会有热情，对于人生有信仰的时候，他的艺术自然是道德的、社会的而且热爱人生的。

然而在他一方面，古来的形式批评却又不免是狭义的。极端的更只注意可见的外形，不曾注意到内在的形式。

三月十九日于广东大学

（原载1926年《创造月刊》第1卷1期、3期）

再 谭 诗
——寄给木天、伯奇

王独清

木天、伯奇：

我现在动笔给你们两个写这封信，我底身子已在上海了。

离欧洲以前，在意大利 Venise 住了好久，后又重历罗马，直探 Pompei 之废墟，在那著名的古文明的遗迹中徘徊痛哭——哦，那时的我，简直想长眠在那儿！简直想那在我面前喷着黑烟的火山再崩了下来，好使我和那片最可爱慕的土地一同熔化！那时的我，真不愿再回来了！后又在瑞士留连了好久，取道里昂，由马赛上船归国。可是不幸得很，船一到了 Port Said，看见那些可怜的埃及人，使我对于东方的感情立地变成了幻灭的悲哀。唉，可怜的东方！像埃及那样古文明的国家，现在竟堕落到那步田地！他们，那些可怜的埃及人，只知道驾着帆船来接客，或是拿着种种的商品叫卖，简直像忘记了他们往日的伟大和光荣。我禁不住便吟出了我底哀歌：

　　唉！埃及人，埃及人，埃及人，埃及人！
　　我对你们是有无限尊敬的热忱，
　　难道你们却只做这样接客的人？

　　唉！埃及人，埃及人，埃及人，埃及人！
　　我对你们是抱着个爱慕的真心，
　　难道你们却只能作这样的商人？

我近来做诗，很爱用叠字叠句，我觉得这是一种表人感情激动时心脏振动的艺术，并是一种激刺读者，使读者神经发生振动的艺术。——木天！我一到了上海，沫若便把你底信拿出来给我看，我不觉吃了一惊：何以你对于诗的观念竟这样和我相似！你在谈 J. Laforgue，而 Laforgue 恰是我精神上的 Mritres，我曾把他底诗集放在床头日夜熟读，我曾把他底诗集带到咖啡馆，带到散步场去和我相伴。不错，他就是一个最爱用叠字叠句的诗人。他出名的 "L'hiver gui vient" 和 "Dimanches" 都是用这种方法的。你说念不懂他底诗，其实并不止你，我在法国，和许多法国友人谈到他底诗时，十有九都是在骂他的。可怜！可怜 Laforgue 竟不能得到他同国人全部的了解，倒还是我这个外国人能懂他底语言。但是，木天，你既是主张"诗要暗示"，你既是主张"诗最忌说明"，我想你对于他底诗，总不至于"念不懂"罢？

归国后第二天便和沫若谈了许多关于诗上的杂话。读了你底《雨后》，觉得你是完全受了 Remy de Gonrmont 底影响的。我觉得我们现在唯一的工作便是锻炼我们底语言。我很想学法国象征派诗人，把"色"（Couleur）与"音"（Musique）放在文字中，使语言完全受我们底操纵。我们须得下最苦的工夫，不要完全相信甚么 Inspiration。沫若说我爱上了象征派底表现法，要算是一种变更：因为我从前的诗作法全是 Byron 式的，Hugo 式的，这话狠不错。我现在很想来和你谈一谈我对于诗底艺术所下的工夫，就是说我近来苦心把"色"与"音"用在我们语言中的经过，或者也是你所愿意听的罢？

我上前年第一次游罗马时，曾做了一篇《吊罗马》的长诗，这诗寄回国时，沫若、伯奇曾同读过，那虽不免是一篇很接近 Byron 式的诗篇，但中间已经插入了：

  徘徊呀徘徊！
  我底心中郁着难吐的悲哀！
  看这不平的山岗，
  这清碧的河水，
  都还依然存在，
  为甚开这山河的人呀，
  却是一去不回！

这已是注重音节的句调了。以后我便渐渐地以全副精神来做这方面的工作。要是可以不管文学史上的年代与派别，只以个人底爱好而定过去诗人底价值时，那我在法国所有一切的诗人中，最爱四位诗人底作品：第一是 Lamartine，第二是 Verlaine，第三是 Rimbaud，第四是 Laforgue。Lamartine 所表现的是"情"（émotion），Verlaine 所表现的是"音"，Rimbaud 所表现的是"色"，Laforgue 所表现的是"力"（Force）。要是我这种分别可以成立时，那我理想中最完美的"诗"便可以用一种公式表出：

$$（情+力）+（音+色）=诗$$

其次，我所取的诗形有以下数种：

1. 散文式的——无韵,不分行。
2. 纯诗式的——有韵,分行 $\begin{cases} 限制字数 \\ 不限制字数 \end{cases}$
3. 散文式的与纯诗式的。

在以上的公式中最难运用的便是"音"与"色",特别是中国底语言文字,特别是中国这种单音的语言与构造不细密的文字。我最倾心 Verlaino 所说的:

Do lu musique avant toute chose,

但我同时又感到实行这个信条的困苦。我最爱读 Verlaine 底 Chanson d' automue 一类的诗歌,那样用很少的字数奏出合谐的音韵,我觉得才是最高的作品。但这类作法实在不是一回容易事,稍一粗糙,便成了不伦不类的东西。我曾有一首《我从 Café 中出来》,觉得尚可满意:

> 我从 Café 中出来,
> 身上添了
> 中酒的
> 疲乏,
> 我不知道
> 向那一处走去,才是我底
> 暂时的住家……
> 啊,冷静的街衢,
> 黄昏,细雨!
>
> 我从 Café 中出来,
> 在带着醉
> 无言地
> 独走,
> 我底心内
> 感着一种,要失了故国的
> 浪人底哀愁……
> 啊,冷静的衢街,
> 黄昏,细雨!

这种把语句分开，用不齐的韵脚来表作者醉后断续的，起伏的思想，我怕在现在中国底文坛，还难得到能了解的人。这首诗底诗形就是我所采取的"纯诗式"中"限制字数"的。这诗除了第一句与末二句两节都相同外，其余第一节中第二第三第四第五第六各行与第二节中第二第三第四第五第六各行字数相同。并且两节都是第二行与第五行押韵，第三行与第六行押韵，第四行与第七行押韵。这样，故表形尽管是用长短的分行表出作者高低的心绪，但读起来终有一贯的音调。这样，我觉得才是 Stimmungskunst 呢。

要治中国现在文坛审美薄弱和创作粗糙的弊病，我觉得有倡 Poèsie pure 的必要。——木天！如你所主张的"诗的统一性"和"诗的持续性"，我怕也只有 Poèsie pure 才可以表现充足。像 Verlaine 底"La bonne chanson"中的第六篇便是一个最好的例。Samain 也正是这样的一个诗人，像"Chanson d'été"（见"An jordin de l'infante"集中）那种诗篇原也不能说是亚于 Verlaine 底《合欢会》集中诸名作，我们也应当要求其产生。

Rimband 在他底"地狱中之一季"（Une saison en enfer）中说到他对于艺术的主张，开首便先自命为疯狂，——"A moi. L'histoire d'une de mes folies"——这实在是不错的。因为一个诗人总应该有一种异于常人的 Gout：常人认为"静"的，诗人可以看出"动"来；常人认为"朦胧"的，诗人可以看出"明了"来。这样以异于常人的趣味制出的诗，才是"纯粹的诗"。Baudelaire 底精神，我以为便是真正诗人底精神。不但诗是最忌说明，诗人也是最忌求人了解！求人了解的诗人，只是一种迎合妇孺的卖唱者，不能算是纯粹的诗人！若果诗人底诗篇引动了民众底鼓掌，那只是民众偶然能相当的了解诗人底诗篇，却并不是诗人故意求民众了解。（木天，至于纯粹诗歌与国民文学不矛盾的所在，你已说得很透彻了。）故我以为要求最好的诗，第一先须要求诗人去努力修养他底"趣味"（Go-ût）。——这似乎还没有人主张过，但我却认为是一个最重要的尤其是中国现在的诗坛不可缓的要求。

可不是？正因为 Rimbaud 有异于常人的 Goût，即所谓"疯狂"，他才能有

   A noir, E blanc, I rouge, O bleu, U vert.

的发明。真是的！他底诗实在非一般人所能了解。但要是有人能用很强 sensibility 去诵读，我相信定会得到异样的色彩。像这样的艺术，就是我极端所倾慕的艺术。我也曾在这方面努力，虽然中国底文字有种种阻碍成功的缺点。我曾有过这样的诗句：

> 在这水绿色的灯下，我痴看着她，
> 我痴看着她淡黄的头发，
> 她深蓝的眼睛，她苍白的面颊，
> 啊，这迷人的水绿色的灯下！

这种"色""音"感觉的交错，在心理学上就叫作"色的听觉"（Chromatic audition）；在艺术方面，即是所谓"音画"（Klangmalerai）。我们应该努力要求这类最高的艺术；我们应该要求如伯奇所说的"水晶珠滚在白玉盘上"的诗篇；我们应该向"静"中去寻"动"，向"朦胧"中去寻"明了"：我们唯一要入的是真的"诗的世界"。

其次，我所以爱 Lamartine，就是因为他虽然未必用心去制造甚么"色""音"一致的艺术，但他那种在沈默中求动律的手腕也可以使他底作品成为"纯粹的诗"（像"Le Lac""Le premier regret"等都是很适当的例）。至于 Laforgue，他的诗简直可以说十有八九都是我想吟咏的：他底诗才不是平面；他底诗才是运动的，数学的；他底诗才是有统一性与持续性的作品——他是最高的力之表现的诗人，他是我精神上的 Maitre。

其实，Laforguee 只算得是我底同调者。我爱读他底"L'hiver qui vient"，但当我还未曾读他这篇诗时，我曾做过一首《最后的礼拜日》，不料竟同他有不期而合的地方。当我做那首诗时，意思是在想表一种冬日（法兰西底冬日）底 Melancbelia：我想，最好是用极不相同的长短句与断续的叠字叠句来表现。故我那首长诗中往复地用着：

> 唉，这突然的风！唉，这突然的雨！

与

> 哦，雨！哦，风！哦，风！哦，雨！

及至读了 Laforgue 底"L'hiver qui vient"，才知道他已先我而用了。他是同样的在叫着：

> Oh! tombée de la pluie! Oh! tombée de ia unit!
> Oh le vent! …

法兰西冬日底 Chasse，算是一件最能引起人特别感情的事。只要你听过那些 Taiant 等的呼声和猎号（Cor）底鸣响，你一定会觉到异样的悲哀与凄楚。所谓"ton ton ton taine，ton ton"，即是 Cor 所奏的猎曲中每节底末句：这是我最爱听而又最怕听的一种声音。我在"最后的礼拜日"中曾这样写道：

> 这又是远处的 Cor——听！听！
> 远处的 Cors，在用它们野愁的音调来振动我底神经……
> 它们也不管人家心中是怎样的酸痛，
> 只是奏着 Ton ton，ton taine，ton ton！…
> 啊啊，Ton ton，ton taine，ton ton！
> ——停止罢，你们这些难听的声！
> 你们就任风把你们送，送，送，
> 把你们送到北，送到南，送到西，又送到东……
> 但是我底神经已受不住这样的振动，
> 唵！停止罢，你们这些难听的声！

我那首诗自己还觉得有相当的满意，但不料 Laforgue 在他底"L'hiver qui vient"中也有了同样的描写。不过他底写法另是一种情调：他简直被 Cor 底声音聒扰得要发起狂来了！木天，这便是你所引的

> Les cors，les cors，les cors——Mélancoliques！…
> Mélancoliques！…
> S'en vont，changeant de ton,
> Changeant de ton et de musique,
> Ton ton ton taine，ton ton！…
> Les cors，les cors，les cors！…
> S'en sont allés an vent du Nord.

其余我那首还有与 Laforgue 类似的地方，也再不必举例了。总之这种叠字叠句的写法，这种长短断续的写法，可以说是一种"力"之表现。

  木天！你说你主张诗底形式力求复杂，这话狠对。可惜中国现在诗坛底诗大部分还不成其为形式。我以为诗底形式固不妨复杂，但每种形式都必须完整。中国人近来做诗，也同中国人作社会事业一样，都不肯认真去做，都不肯下最苦的工夫：所以产生出的诗篇，只就 technique 上说，先是些不伦不类的劣品。从前中国诗人有因苦思蹙脱了眉毛，又因沉吟而走入醋瓮；欧洲近代诗人更为了求艺术的精进，不惜吸 baschisch 以自戕。独有我们中国现在的诗人粗制滥造，不愿多费脑力：这真是一件最可痛心的事！木天！我望我们多下苦工夫，努力于艺术的完成，学 Baudelaire，学 Verlaine，学 Rimbaud，

做个唯美的诗人罢!

诗,作者不要为作而作,须要感觉而作(écrire pour sentir),读者也不要为读而读,须要为感觉而读(lire pour senter)。可惜我们中国现在既无这样的作者,更无这样的读者。Verlaine 底"Nocturne parisien"正是这样作出而要求这样读者的诗。我很想在这方面努力,可惜力量太不足了,比较能满意的有:

> 我把我底心留给你底头发;
> 你底头发是我灵魂底住家;
> 我把我底心留给你底眼睛;
> 你底眼睛是我灵魂底坟莹。

还有,我所取的诗形中有"散文式的诗与纯诗式的",这是 Rimbaud 应用过的("Une saison en enfer")。我觉得形式也很重要。因散文式有散文式能表的思想事物,纯诗式有纯诗式能表的思想事物;如一篇长诗,一种形式要是不足用时就可以两种并用。我由法国动身时曾有一篇"动身归国的时候",即是采取这种形式。木天,我很望将来你一读它呢。

伯奇!这封信一半是沫若叫我写的;一半是我读了木天给沫若底信,觉得很有同感,不由得要求加入一谈。对于这种新的艺术,沫若底意见也正一样。不过,我同木天一样,虽然主张唯美派的艺术,但同时又承认这与国民文学毫无矛盾而主张国民文学!虽然我归国后,感到了种种幻灭的悲哀,但我底归国,毕竟是受了 Nostalgia 底诱惑的。我在那篇《动身归国的时候》的长诗中曾有一节法文诗(诗篇中加外国文字,也是一种艺术,近代欧洲诗人应用者甚多。这不但是在本国文学中所不能表的可以表出,并且能增加一种 exotic 的美;更可以使诗中有变化及与人刺激诸趣味)。道:

> Assez vu! sur les bonlevards, les gens lents on gais,
> Assez vu! toutes les longueurs des ponts et des quais,
> Assez vu! devant Notre-dame, les geux des filles éclatants de flammes,
> Assez vu! sur les Chainps-elysées, la vive volupté' du pas des femmes.

伯奇!只样这四行诗,你也可以看出我归国时的心情了罢?
——我在最后希望你们两个对我这封信都写些意见。

独清。1926年2月4日,在上海。

(原载1926年3月16日《创造月刊》第1卷1期)

鲁迅论诗

陈则光

一

鲁迅曾一再说他"不懂诗",对诗"外行"。虽然他在青年时代就写过诗,在"五四"文学革命时期更写过不少的诗,可是他后来却表白道:"我其实是不喜欢做新诗的——但也不喜欢做古诗——只因为那时诗坛寂寞,所以打打边鼓,凑些热闹,待到称为诗人的一出现,就洗手不作了。"① 这自然是自谦之词。其实鲁迅一生所留下的几十首诗,不论新旧,都有它的独特的风格,至今仍为大家所传诵。不过以鲁迅的整个成就而论,诗并不占主要部分。"五四"以后,他也写过一些诗,毕竟是偶一为之。然而作为中国新文学运动的组织者和领导者的鲁迅,对于中国诗歌的命运及其发展前途,是一直关怀的。早在1907年在日本留学时,他就写了长达2万言的《摩罗诗力说》,向中国介绍了拜伦、雪莱、普式庚、莱蒙托夫、显克威支、裴多菲等富有反抗精神的民主爱国诗人。尤其是着重的介绍了长期被异族压迫的波兰的诗人,据他自己说,因为"那时满清宰华,汉民受制。中国境遇,颇类波兰。读其诗歌,即易于心心相印"②。鲁迅介绍被压迫民族的诗人,目的是要激发中国人民的爱国热情,借以促进中国爱国诗歌的成长。以后他还译过海涅、雨果、裴多菲、奥翰斯·迈伊尔的诗,日本露谷虹儿的画选诗及武者小路实笃的诗歌理论,厨川白村的"东西的自然诗观"。又曾作专文评价苏联诗人勃洛克及中国青年革命诗人殷夫的作品。在鲁迅的著作中,论及诗的地方是很多的,尽管是一鳞片爪,都非常宝贵。鲁迅的这些有关诗歌的见解和理论,过去影响并指导过中国的诗歌活动,今后仍是我们提高和繁荣诗歌创作的重要的诗学遗产。

---

① 鲁迅:《集外集·序言》。
② 鲁迅:《且介亭杂文二集·题未定草》。

当旧民主主义革命时期，谭嗣同、夏曾佑等倡导"诗界革命"，号称"新派诗"。所谓"新派诗"者，除了"捋扯新名词以自表异"而外，① 黄遵宪提出以"我手写我口"②的主张，固然使"新派诗"的成就达到了最高限度，可是黄遵宪的诗也只是在题材和构思方面表现了一定程度的革新，其思想内容和艺术形式仍然有其局限性。故晚清的"新派诗"并没有充分发挥为革命服务的战斗作用。而一班模仿唐宋的诗人，虽然也有忧时愤世之作，但他们的世界观大都没有摆脱封建士大夫阶级的范畴，形式是古的，风格是旧的，调子是低沉的。鲁迅针对晚清诗界的这种情况，在《摩罗诗力说》里写道："今索诸中国，为精神界之战士者安在？有作至诚之声，致吾人于善美刚健者乎？有作温煦之声，援吾人出于荒寒者乎？"因此，他向中国介绍了外国的"凡立意在反抗，指归在动作，而为世所不甚愉悦"的民主爱国诗人。这些诗人，"无不刚健不挠，抱诚守真。不取媚于群，以随顺旧俗。发为雄声，以起其国人之新生，而大其国于天下"。同时着重指出，当时"呼维新既20年，而新声迄不起于中国"，所以"精神界之战士贵矣"。鲁迅面对当时衰落的中国诗界，强调诗人应该是"精神界的战士"，这一正确而深刻的理解，在中国还是初次。诗人应该反抗不合理的现实，积极的从事革命斗争。他的声音，应该是雄伟的，刚健的，热忱的，能够激发人们为追求理想的生活而发奋起来。它反映着一个国家一个民族大多数人民的精神面貌和文化思想。这样的诗人，才是真正的诗人，才为半殖民地半封建的中国社会所迫切需要。

诗人既为"精神界的战士"，他的作品，就必须是代表广大群众的呼声、愿望和利益的，因而能深深的感动人，引起人的共鸣。"盖诗人者，撄人心者也。凡人之心，无不有诗，如诗人作诗，诗不为诗人独有，凡一读其诗，心即会解者，即无不自有诗人之诗。无之何以能解？惟有而未能言，诗人为之语，则握拨一弹，心弦立应，其声澈于灵府，令有情皆举其首，如睹晓日，益为之美伟强力高尚发扬，而污浊之平和，以之将破。平和之破，人道蒸也。"诗人以其独创的艺术形象和优美的诗的语言，恰当的表达了蕴藏在人们内心深处的意念。打破人们安于故常的"污浊之平和"，使人们"为之美伟强力高尚发扬"，也就是人道主义精神的发扬。这便是诗人最基本的创作任务。

---

① 梁启超：《饮冰室诗话》。
② 黄遵宪：《人境庐诗草·杂感》。

诗人要完成这样的任务，就要有为人类服务的"至诚"，没有"至诚"，便没有诗。"谓诗有主分，曰观念之诚。其诚奈何？则曰为诗人之思想感情，与人类普遍观念之一致。得诚奈何？则曰在据极溥博之经验。故所据之人群经验愈溥博，则诗之普博视之。所谓道德，不外人类普通观念所形成。故诗与道德之相关，缘盖出于造化。诗与道德合，即为观念之诚，生命在是，不朽在是。"①"诚"是诗的生命，有"诚"诗才可能流传不朽。所谓"诚"，就是诗人的思想感情，与人类的普遍观念一致。诗人不是纯粹的表现自己而显得伟大，而是表现连我自己也在内的人类的普遍观念才显得伟大的。别林斯基说："伟大的诗人谈着'我'的时候，就是谈着普遍的事物，谈着人类。因为他的天性里就存在着人类所感受的东西。因此，人们能在诗人的忧郁中认识自己的忧郁，在他的灵魂中认知自己的灵魂。并且在那里不仅仅看到诗人，还看到'人'是兄弟般和他们互通的'人'。"②鲁迅理解诗人与人类的关系，正与别林斯基相同。诗人不是站在人类之外，更不是站在人类之上，他是象普通人一样站在人类中间的，他是人类欢乐和痛苦的最杰出的歌手。怎样才能成为一个"至诚"的诗人呢？那就必须具有丰富的生活经验。诗人的生活经验愈丰富，才可能在他的作品里表现本质的典型的东西，从而体现出人类的最高道德。这样的诗人，才能做到"每响必中于人心，清晰昭明，不同凡响"③。鲁迅固然对于人类的"普遍观念"和"道德"没有加以阶级的界说，不能不说是一个缺陷。但是在50年前，这样的理论无疑的是最先进的，对于旧民主主义革命时期的文化运动有着巨大的启蒙意义。

别林斯基曾经说真实的外界的描写和内心世界的忠实的深刻的表达就是现实主义。1907年的鲁迅，已经奠定了中国现实主义诗学理论的基础。他强调诗人的"观念之诚"，就是说诗人要忠实的深刻的表达自己的内心世界。然而伟大的诗篇并不是诗人纯粹主观的产物，诗人的思想感情，是应该与广大群众的思想感情取得一致的。所以诗人必须深入生活，在生活中丰富经验。凡对生活有深刻体验的诗人，才可能创造典型形象，揭露生活本质，真实的描写外界事物。故诗人内心世界的忠实的深刻的表达，是以客观现实为依据的，而不是架空的幻想。这便是鲁迅早期的现实主义诗学理论的基本观点。但鲁迅认为诗人是"精神界的战士"，诗人要"反抗"，要"动作"，他的作

---

① 鲁迅：《坟·摩罗诗力说》。
② 季摩菲耶夫：《文学发展过程》，查良铮译，第147页。
③ 鲁迅：《坟·摩罗诗力说》。

品，不论内容、形式、风格，必须"雄伟""刚健""清晰昭明"。这又不同于当时国内外一般的现实主义，而已经提高到革命的战斗的现实主义了。鲁迅以后成为中国杰出的人民作家和马克思列宁主义的文艺理论家，就是在这个革命的战斗的现实主义的文艺思想的基础上，逐步发展，逐步跃进而达到高峰的。

二

中国的古文，到 20 世起初期，已经完全失去继续生存的价值。旧诗到这时也到了穷途末路，不得不有所变革了。鲁迅曾经指出：旧诗中的"一切好诗，到唐已被做完。此后倘非能翻如来掌心的齐天大圣，大可不必动手"①。这是说，做旧诗即使有莫大的才能，也很难超过唐人。旧诗再不能给现代人以出路。现代人做诗，必须从旧诗中澈底解放出来，用现代的语言、思想、感情，反映现代的生活现实，来为革命服务，这便是现代人所需要创造的新诗。用新诗代替旧诗，是绝对必要的，也是文学的发展规律所规定的。所以"五四"时期，新诗成为文学革命运动比较活跃的部门，很是热闹过一阵。当时发表新诗最多的杂志是《新潮》，而《新潮》的诗却没有注意多方面的发展，只是偏重写景叙事，缺乏抒情的作品。在一个澈底反帝反封建的启蒙的时代里，是迫切的需要热情奔放、反抗呐喊的抒情作品的，郭沫若的《女神》中的那些象火山爆发似的抒情诗篇就起过巨大的影响。因此鲁迅即时（1919 年）向《新潮》提出了意见，"《新潮》里的诗写景叙事的多，抒情的少，所以有点单调。此后能多有几样作风很不同的诗就好了"。并提出"翻译外国的诗歌也是一种要事"②。提倡诗歌形式内容多样性的发展，要求诗歌创作有各种不同风格的作品不断出现，这样才能使诗歌走向繁荣的道路。要使诗歌摆脱陈腐的气味，打破旧格式的藩篱，吸收外国诗歌的长处和外国诗歌的新鲜的东西，也是重要的。当旧诗歌濒于没落，新诗歌尚在尝试的时期，翻译外国诗歌，作为借鉴，尤其有必要。鲁迅的这两点意见，不论现在的诗界，或是将来的诗界，都应该遵从的。当时鲁迅为了促进新诗迅速的健康的成长，写过许多首意味深长的抒情诗和讽刺诗，翻译了好些外国著名诗人的优秀诗歌，对"五四"初期的新诗运动起过很大的推动作用。

---

① 《鲁迅书简·给杨霁云》。
② 鲁迅：《集外集·对于"新潮"一部分意见》。

可是"五四"初期的新诗运动热闹过一阵之后，随着"五四"退潮又趋向沉寂。当时除郭沫若、闻一多以及创造社和文学研究会的少数进步诗人取得了一定的成绩，继续坚持新诗的创作外，其余以胡适、徐志摩为代表的大多数资产阶级的诗人不是不能摆脱封建的骸骨，便是无原则的倾倒于欧化。他们的诗，渗杂着封建买办思想，形式半新不旧，语言堆砌矫饰，正是鲁迅所诅咒的"美而有毒的曼陀罗花"。而他们却满足于这样的"成就"，并以此作为"领导"文学革命的"功绩"，厚颜的自加炫耀。"五四"以后，胡适停止了他对新诗的"尝试"，整理国故去了，于是徐志摩将欧美世纪末的诗歌情调搬了过来，追求所谓"无声的音乐"，企图把中国诗歌引向神秘阴暗、奇异虚幻的道路上去。鲁迅遂撰《音乐》一文，给了他一番辛辣的嘲弄，自是"无声的音乐"只有徐志摩之流才去欣赏了。就在这个时侯，由于封建势力的卷土重来，封建复古主义者从笼统的攻击白话诗，转而攻击白话诗的题材和主题了。他们板起面孔，讨厌恋爱诗，实际上是反对诗歌题材和主题的解放。鲁迅正确的估计了"五四"以来新文学的发展情况，那时的戏剧还没有取得成就，诗歌的成长，也很迟缓，胡适、徐志摩等的诗是不能代表真正的新诗的，而封建复古主义者对新诗的污蔑，更阻碍了新诗的发展，所以他在《诗歌之敌》里写道："说文学革命之后而文学已有转机，我至今还未明白这话是否属实。但戏剧尚未萌芽，诗歌却已奄奄一息了。即有几个人偶然呻吟，也如冬花在严风中颤抖。听说前辈老先生，还有后辈而少年老成的小先生，近来尤厌恶恋爱诗，可是说也奇怪，咏叹恋爱的诗歌果然少见了。以我似的外行人看起来，诗歌是本以发抒自己的热情的，发讫即罢。但也愿意有共鸣的心弦，则不论多少，有了也即罢。对于老先生的一颦蹙，殊无所用其惭惶。"鲁迅明确的指出了"五四"以来新诗肖条落后的现象，实际上对胡适自命为"新诗的开创者"和陈西滢等把徐志摩捧为"诗圣"的无耻谰言，给了有力的否定。鲁迅认为诗不但是"发抒自己的热情"，而且要有"共鸣的心弦"，写恋爱诗倒是无妨的。因为好的恋爱诗，同样有社会意义，同样能激发人们高尚的感情。因此，革命的诗人要勇敢的冲破封建复古主义者的虚伪的批评尺度，大胆的选择为广大群众所喜爱的题材和主题，使新诗获得澈底解放，成为广大群众的心声，这样的诗，才能在群众中扎下根来。

鲁迅的这一论断，是很关重要的。一方面在一定程度上抑制了诗歌的封建买办思想倾向的泛滥，另一方面支持并鼓励了诗歌努力向新的方向发展。鲁迅认为诗歌有诗歌自己的美学特征，与哲学科学是两回事。诗人的头脑，也不象哲学家科学家那样冷静，那样直截了当的理解问题。诗人的视野是广阔的，胸怀是博大的。"诗歌不能凭仗了哲学和智力来认识，所以感情已经冰结的思想家，即对于诗人往往有谬误的判断和隔膜的揶揄。最显著的例子便是洛克，他观作诗，就和踢球相同。在科学方面发扬了伟大的天才的巴士凯尔，于诗美也一点不懂，曾以几何学者的口吻断结说：'诗者，非有少许稳定者也。'凡是科学底的人们，这样的很不少，因为他们精细地研钻着一点有限的视野，便决不能和博大的诗人的感得全人间世，而同时又领会天国之极乐和地狱之大苦恼的精神相通。"① 哲学抽象的思考着世界，科学用公式和定律阐明世界，诗则是通过具体的形象来反映世界。诗的形象，是诗人对外界所引起的感觉，注入了诗人自己的思想感情，经过艺术塑造而完成的。作诗不是象"踢球"那样简单，诗不能拿科学上的"稳定"与否来理解，也不能"用解剖刀来分割"。诗的美在于诗人所感觉的客观世界和他的主观世界达到了艺术的统一。一首诗不仅使人从那里了解他所明白表现的东西，而且还可以由它联想起一些不曾明白表现出来的东西。诗人不是躲在艺术之宫里追求个人的美满，而是把视野扩大到"全人间世"，与人民群众休戚相关，共同苦乐。鲁迅根据诗歌的美学特征，把中国诗歌从封建的买办的歧途上引向了与广大人民群众相结合的方向。

  然而诗人——尤其是抒情诗人，却往往为社会上不懂得诗的人所"骂杀"。那些"感情已经冰结的思想家"，对于他们又"往往有着谬误的判断和膜隔的揶揄"，鲁迅揭露谴责了这种不正常的现象。诗人的作品应当受到公正的评价，诗人在政治上、生活上、精神上，也应该受到公正的待遇。因此他向查理九世的所谓"诗人就象赛跑的马，所以应该给吃一点好东西。但不可使他们太肥。太肥，他们就不中用了"的谬论，提出了抗议。在封建社会或资本主义社会里，统治者们有时也给诗人一点"报酬"，目的在使他们肯做一些好诗，点缀升平，以娱统治阶级的耳目。鲁迅严正的指出：这些统治者"豢养文士，仿佛是赞助文艺似的，而其实也是敌"。又如裴多菲题 B. S. 夫人照象的诗中有这样的话："听说你使你的丈夫很幸福，我希望不至于此。因为他是苦恼的夜莺，而沉默在幸福里了。苛待他罢，使他因此常常唱出甜美的歌来。"② 这话的意思是说诗人要常常在苦恼和苛待中才可能写出好诗，鲁迅举出幸福的勃朗宁夫妇为证，否定了这种说法。过去的诗人，"少达而多穷"，"吃的是草，挤出的是牛奶、血"。这是事实。他们往往在苦恼中吟

---

 ① 鲁迅：《集外集·诗歌之敌》。
 ② 鲁迅：《集外集·诗歌之敌》。

哦，在苛待中歌唱，也是事实。如果说诗人一定要穷，要"吃草"，要常常在苦恼苛待中，才能成为伟大的诗人，这是反动统治者的谬论。其实诗人"要创作，是必须有余裕的。故'花呀月呀'不出于啼饥号寒者之口。而'一手奠定中国的文坛'亦为苦工猪仔所不敢望也"①。鲁迅为诗人争取公正的待遇，是为了要撇开统治者的"豢养"，使诗人有"余裕"从事创作。啼饥号寒的穷人，是无心吟花弄月的，在政治上、经济上受压迫的工农群众，也就不可能在文化战线上有所施展。已往的许多诗人，象是在巨石底下曲折生长出来的花草，受尽磨折。在革命的时代里，诗人们应该起来抗争，改变这不合理的现实，打倒一切"诗歌之敌"，繁荣诗歌创作，这在1925年前后的军阀统治时代和诗歌消沉的季节里，是具有重大的战斗意义的。

三

鲁迅认为诗人是永远真诚纯朴、热爱生活的。他有广阔的视野、博大的胸怀。他的思想感情，以及呼吸脉搏，与整个人类紧紧的结合着，他是人类的良心，反抗世界上一切丑恶和黑暗的存在，不论是祖国的，还是祖国以外的。他对于那些在苦难中生活的被迫害被侮辱的人们，如同身受。诗人的眼泪，并不仅仅为了个人的失意或哀愁而流的。鲁迅觉得俄国盲诗人爱罗先珂就有着这样的襟抱。鲁迅爱爱罗先珂具有"俄国式的大旷野的精神"，他的作品，"是用了血和泪所写"。"他只有着一个幼稚的、然而优美的纯洁的心，人间的疆界也不能限制他的梦幻，所以对于日本常常发出身受一般的非常感愤的言辞来。"诗人目睹在英国统治下的印度人民并不戚戚于自己不努力于人的生活，却愤愤于被人禁了"撒提"，即使并无敌人，也仍然是笼中的"下流的奴隶"，于是向印度人民表示了异议。鲁迅衷心的赞叹道："广大哉诗人的眼泪！我爱这攻击别国的'撒提'之幼稚的俄国盲人爱罗先珂，实在远过于赞美本国受过诺贝尔奖金的印度诗圣泰戈尔。我诅咒美而有毒的曼陀罗花。"② 他"不象宣传家，煽动家，他只是梦幻，纯白，而有大心。也为了非他族类的不幸者而叹息"③。爱罗先珂是一个无政府主义者，他抱着和平而宽大的思想，美的感情，梦幻的态度，希望出现在他眼前的是一个美满的世

---

① 鲁迅：《三闲集·在钟楼上》。
② 《鲁迅全集补遗续编·〈狭的笼〉译者记》。
③ 《鲁迅全集补遗续编·〈池边〉译者附记》。

界，这当然是一种空想，这是我们要指出的。可是爱罗先珂的那颗优美的纯洁的心，不分族类国界的人道主义热情，确是表现了一个诗人的崇高品质与理想。鲁迅在这里说明了诗人的伟大，在于他既属于他自己的祖国与人民，同时也属于世界人类。

鲁迅在第一次国内革命战争时期，一方面与中国的"诗歌之敌"进行了斗争，另一方面则时刻关心到革命诗歌的成长。爱罗先珂虽然有诗人的某些气质，但毕竟不是革命的诗人，谁可以作中国革命诗歌的借鉴呢？最后鲁迅把探索的目光移向苏联了。起初他注意的是俄国十月革命时期的著名诗人勃洛克。勃洛克擅长于"将精气吹入所描写的事象里，使它苏生。也就是在庸俗的生活，尘嚣的市街中，发现诗歌底要素"。他取卑俗、热闹、杂沓的材料，写成了在十月革命时期的重要诗篇《十二个》。鲁迅深入的分析了这篇作品之后，作出了这样的结论："呼唤血和火的，咏叹酒和女人的，赏味幽林和秋月的，都要真的神往的心，否则一样是空洞。人多是'生命之川'之中的一滴，承着过去，向着未来，倘不是真的特出到异乎寻常的，便都不免并含着向前和反顾。诗《十二个》里就可以看见这样的心。他向前，所以向革命突进了，然而反顾，于是受伤。"鲁迅并指出"能在杂沓的都会中看见诗者，也将在动摇的革命中看见诗"①。勃洛克的《十二个》，便因此登上了"革命的舞台"。可是背叛旧世界，向革命这边突进的勃洛克，终于在《十二个》之前停止了向前看，他掉过头又去看见了戴着白玫瑰花圈的耶苏基督。所以鲁迅说勃洛克"究竟不是新兴的革命诗人"，因为新兴的革命诗人对于无产阶级革命事业要有"真的神往的心"，而这种"真"要"真的特出到异乎寻常"。

诗人无论他拥护什么，反对什么，都要有"真的神往的心"，诗里面只有真实，真诚，不能掺杂着丝毫的虚伪或犹疑。"你要是爱谁，便没命的去爱他。你要是谁也不爱，也可以没命的去自己死掉。"② 这是鲁迅在1918年写的诗句。"无论爱什么——饭、异性、国、民族、人类等等，——只有纠缠如毒蛇，执着如怨鬼，二六时中，没有已时者有望。"③ 这是鲁迅在1925年写的杂感。诗人的爱，是这种非常执着的爱，也就是"真的神往的心"的体现，"真的特出到异乎寻常"。由于诗人对于他所追求的东西爱之深，向往

---

① 鲁迅：《集外集·〈十二个〉后记》。
② 鲁迅：《集外集·爱之神》。
③ 鲁迅：《华盖集·杂感》。

之切，那他在他所从来的道路上就决不会反顾，对他所憎恶的也就决不会回避或妥协。鲁迅说："文人不应该随和，而文人也不会随和。会随和的，只有和事老。但这不随和，却又并非回避，只是唱着所是，颂着所爱，而不管所非和所憎。他得象热烈地主张着所是一样，热烈地攻击着所非，象热烈地拥抱着所爱一样，更热烈地拥抱着所憎——恰如赫尔库来斯的紧抱了巨人安太乌斯一样，因为要折断他的筋骨。"① 诗人的爱，是永恒的爱，诗人的憎，是极端的憎，爱和憎是分明的。这是作为一个革命诗人的重要条件之一。《十二个》的作者勃洛克算是向革命突进了，然而不澈底，他还没有忘记耶苏基督给他的影响，于是不得不在革命的边缘上受伤。鲁迅特别指出这一点，对当时新文学阵营已经起了分化，因而发生动摇的许多资产阶级和小资产阶级的诗人，给了启示。

但勃洛克毕竟是有才能的诗人，他深入的观察现实，而且随现实的发展而进步，因此他能在杂沓的都会里看见诗，也能在动摇的革命中看见诗。最难得的，是他的作品，达到了"将精气吹入所描写的对象里，使它苏生"的艺术境地。鲁迅在这方面肯定勃洛克，是完全正确的。诗人要善于在错综复杂的社会现象中，寻找自己所要诅咒或要歌唱的对象。一个革命诗人，要善于在动荡的革命浪头中把握住诗的题材和主题。诗人的主要任务，在通过凝住了自己的思想感情的艺术形象，使生活再现，所以诗人的世界观和创作方法在他的作品中占有同等的地位，不能偏废。

五卅惨案发生后，全国人民的爱国热情高涨起来，各报刊出现了不少的反抗国内外暴力的诗歌。这些诗歌作品，大都是热情的呼喊，缺乏艺术魅力，不能深深的感染读者。鲁迅当即提出批评："沪案以后，周刊上常有极锋利肃杀的诗，其实是没有意思的。情随事迁，即味如嚼蜡。我以为感情正烈的时候，不宜做诗，否则锋芒大露，能将'诗美'杀掉。"② 诗应该要有"诗美"，要讲含蓄，仅凭锋利和狂热是不成的。诗不能引起人们的美感，没有东西使人思索，使人感到意味深长，干巴巴的，味如嚼蜡，那就失去了诗的功能和永远流传的可能性了。鲁迅在这里结合了当时诗歌创作的实际，强调了诗人须懂得调剂自己的感情，须讲求能使自己的作品发生永久影响的艺术方法。至于说"感情正烈的时候，不宜做诗"，则是鲁迅有感于当时一般诗创作的缺点而言，不能视为定论。因为当时写诗的人，只凭一时感情的冲激，

---

① 鲁迅：《且介亭杂文二集·再论文人相轻》。
② 鲁迅：《两地书·三二》。

太不注意诗的技巧了。

鲁迅一向把文艺看为"是国民精神所发的火光","是引导国民精神的前途的灯火"①。他论到美术家时说过这样的话:"美术家固然须有精熟的技巧,但尤须有进步的思想与高尚的人格。他的制作,表面上是一张画或一个雕象,其实是他的思想与人格的表现。令我们看了,不但欢喜赏玩,尤能发生感动,造成精神上的影响。""我们所要求的美术家,是能引路的先觉,不是'公民团'的首领。我们所要求的美术品,是表现中国民族知能最高点的标本,不是水平线以下的思想的平均分数。"② 这两段话,同样可以作为鲁迅对于诗的看法的。诗是崇高的艺术,诗人是崇高的艺术家。无疑的他应该具有高度的艺术技巧,没有技巧的诗,也就不是艺术品。但是诗人讲求技巧,是为了更好的发抒他的热情,表现他的愿望。也就是说,诗人在他的作品里所采取的一切艺术手段,都是为了某一种思想的传播,世界上没有一首诗是不宣传任何思想的。诗人写诗的目的,主要是要使读者发生感动,造成精神上的影响。故别林斯基说:诗人"必须同时是思想家,否则才能也是无济于事的"。马雅可夫斯基也说:"诗从有倾向的那个地方开始。"诗如果离开了思想,没有鲜明的倾向性,任凭诗人有多大的才能,怎样藻饰琢磨,也不能挽救他的作品的失败。这样的诗,是不会挑拨起人们共鸣的心弦的。尤其是一个革命诗人,他的思想,必须是代表某一历史时期的最先进的思想。从他的作品中可以看出诗人所属国家民族智慧的最高点。这样他才不愧为是人类真正的"引路的先觉"。诗人自始至终要以"精熟的技巧"正确的表现他的"进步的思想",要做到这一点,则与诗人的修养有密切关系。鲁迅强调艺术家必须有"高尚的人格",这是因为"从喷泉里出来的都是水,从血管里出来的都是血"的缘故。人格卑污的诗人怎么能够写出伟大的诗篇呢?怎么能够成为人类"引路的先觉"呢?伊萨柯夫斯基勉励"初学写诗的人在学习中首先要作为一个人成长起来,使自己的人格成长起来"③ 也就是这个道理。

诗既有倾向性,诗人既同时是思想家,如果一个诗人脱离了哲学理想和政治理想,那就不可想象了。实际上自古以来并没有一个完全超政治超人间世的诗人,鲁迅评论陶潜时就非常肯定的指出了这一事实:"据我的思想,即使是从前的人,那诗文完全超于政治的所谓'田园诗人','山林诗人',

---

① 鲁迅:《坟·论睁开了眼看》。
② 鲁迅:《热风·随感录四十三》。
③ 伊萨科夫斯基:《谈诗的技巧——谈诗的"秘密"》,孙玮译。

是没有的，完全超出于人间世的，也是没有的。既然是超出于世，则当然连诗文也没有。诗文也是人事，既有诗，就可以知道于世事未能忘情。"① 中国的正统派文人向来把陶潜说成是超政治超尘世的"隐逸诗人""田园诗人"之类，其实在陶潜的诗文中，处处留心朝政，也不能忘掉死，而且憧憬着象"桃花源"那样的一个美好的社会。陶潜是有他的哲学理想和政治理想的，是热爱生活的。否则他的诗文就不会那样富有吸引力。中国的正统派文人往往企图把优秀的古典文学引向脱离政治、逃避现实的道路，实质上是维护统治阶级的利益。鲁迅指出这一事实，是在"四一二"事变之后，对当时一班经不起革命的风霜，企图不问政治，或表面上标榜清高，实际作了帝国主义和封建军阀的代言人的诗人们来说，实不啻是当头棒喝，从而粉碎了他们的梦想和骗术。

由于诗人不可能超政治超尘世，故鲁迅引用了拉狄克的话说明了"在一个最大的社会改变的时代，文学家不能做旁观者"。拉狄克这话是对俄国诗人叶遂宁和梭波里的自杀而发的。如叶遂宁当初也非常欢迎十月革命，当时他叫道："万岁！天上和地上的革命！"又道："我是一个布尔什维克"了。然而一到革命后，实际情形完全不是他所想象的那么一回事，于是失望、颓废，终于自杀了。鲁迅说："我因此知道凡有革命以前的幻想或理想的革命诗人，很可有碰死在自己所讴歌希望的现实上的命运。而现实的革命倘不粉碎了这类诗人的幻想或理想，则这革命也还是布告上的空谈。但叶遂宁和梭波里是未可厚非的，他们先给自己唱了挽歌，他们有真实。他们以自己沉没，证明着革命的前行，他们到底并不是旁观者。"② 鲁迅在这里批判了那些被革命现实破灭了他的浪漫的幻想，因而失望、颓废，以致沉没的小资产阶级的诗人们，在一个变革的时代里，诗人不能是逃避政治斗争和社会斗争的旁观者。而革命实际的发展与小资产阶级诗人们的浪漫的幻想，是永远不会相符的。革命时代的诗人，他不仅是革命的追随者，而且应该是革命的实践者。不然象叶遂宁和梭波里的挽歌中的"真实"，也只有"证明着革命的前行"。鲁迅的这些意见，为以后"左联"时期的革命文学运动，打下了必要的思想基础。

---

① 鲁迅：《而已集·魏晋风度及文章与药及酒之关系》。
② 鲁迅：《三闲集·在钟楼上》。

四

"左联"时期，政治斗争是非常激烈的，反映在文艺斗争方面的也很复杂尖锐。在这时期，已经跃进为杰出的无产阶级战士的鲁迅，对于诗歌的各种反动倾向进行了坚决的斗争，同时对革命诗歌的内容和形式提出了许多重要的论点和正确的批评。鲁迅首先批判了与法国颓废诗人波特莱尔相类似的那些"纸张上的革命家"："法国的波特莱尔，谁都知道是颓废的诗人，然而他欢迎革命。待到革命要妨害他的颓废生活的时候，他才憎恶革命了。所以革命前夜的纸张上的革命家，而且是极澈底，极激烈的革命家。临革命时，便能够撕掉他先前的假面——不自觉的假面。"① 波特莱尔表面上欢迎革命，实际上是一个颓废主义者，革命与颓废是不能相融的，革命一到，他为了要保卫个人的"颓废"不得不反对革命了。鲁迅指出革命前夜的纸张上的革命家，无论说得怎样澈底，怎样激烈，等到真的革命来了，便经不起考验。他们先前的假面，也就在革命面前，无情的被撕掉。在中国，戴着这样不自觉的革命假面的资产阶级和小资产阶级诗人，是数见不鲜的。清末属于"南社"的诗人们，就是一个例子。"属于'南社'的人们，开初大抵是很革命的，但他们抱着一种幻想，以为只要将满洲人赶出去，便一切都恢复了'汉官威仪'，人们都穿大袖的衣服，峨冠博带，大步地在街上走，谁知赶走满清皇帝以后，民国成立，情形却完全不同，所以他们便失望，以后有些人甚至成为新的运动的反动者。"最后鲁迅警惕大家说："我们如果不明白革命的实际情形，也容易和他们一样的。"② 鲁迅一再列举中外实事，勉励左翼作家必须对革命前途有充分的认识，要坚持到底。"左联"的许多青年作家和诗人，就是在鲁迅这样的教导之下，成为了坚强的革命战士。

鲁迅对当时颇为流行的"新月派"等外表上工整华丽，骨子里充满了毒素的作品，号召革命的文艺界给以毫不容情的揭露和批判。他们有一位诗人曾公开的这样说："诗人要做诗，就如植物要开花，因为他非开不可的缘故。如果你摘去吃了，即使中了毒，也是你自己错。"颓废主义者，唯美主义者，以及形式主义者的诗人们往往片面的酷嗜或强调美学上的某一点，来为他们所散播的反动思想作辩护。他们认为诗只是凭诗人一时的灵感或冲动，就象

---

① 鲁迅：《二心集·非革命的激进革命论者》。
② 鲁迅：《二心集·对于左翼作家联盟的意见》。

花一样，只要开出来颜色好看，能迷惑人，有毒与否，诗人是不负责任的。这是多么狡猾而危险的论调。所以鲁迅说："这比喻很美，也仿佛很有道理。但再一想，却也有错误。错的诗人究竟不是一株草，还是社会里的一个人。况且诗集是卖钱的，何尝可以白摘。一卖钱，这就是商品，买主也有了说好说歹的权利。""即使真是花罢，倘不是开在深山幽谷，人迹不到处，如果有毒，那是园丁之流就要想法的。花的事实，也并不如诗人的空想。"① 鲁迅严正的指出了美而有毒的花，只要不是开在深山幽谷，人迹不到处，园丁之流就应该设法把它摘掉。如果让它自由自在的生长，那就必然会使欣赏者受害。而诗人是社会中的一个人，他的作品是在社会上流传的，假如它的内容反动，读者就有权利反对它，批评它，否则人们必然要受其毒害了。我们今天为了在马克思列宁主义的指导下，正确贯彻百家争鸣、百花齐放的方针，坚决在文艺园地上铲除各种各样的毒草，也是这个缘故。毛主席说过："内容愈反动的作品而又愈带艺术性，就愈能毒害人民，就愈应该排斥。"② 鲁迅的意思，正是这样。

与"新月派"异曲同工的是"民族主义文学"。鼓吹"民族主义文学"的诗人们企图利用诗歌的形式，散播法西斯毒菌，以达到反共反苏的目的。首先是黄震遐的诗剧"黄人之血"，把苏联当作假想敌，大力的宣扬成吉思汗率领中国各民族远征俄罗斯的"赫赫之功"。接着他俩在各报刊发表了许多杀气腾腾的诗歌作品。鲁迅指出"这些诗里很明显的是作者都知道没有武器，所以只好用'肉体'，用'纯爱的精灵'，用'尸体'。这正是'黄人之血'的作者的先前的悲哀，而所以要追随拔都元帅之后，主张'友谊'的缘故。武器是主子那里买来的，无产者已都是自己的敌人，倘主子又不谅其衷，要加以惩膺，那么，惟一的路也实在只有一个死了"③。"民族主义文学"者"不过是飘飘荡荡的流尸"，他们的"叫"和"恶臭"，"呜呼阿呀死死活活的调子"，于帝国主义是有益的，但是可怕的是主子和奴才能否"同存共荣"。他们"将只尽些送丧的任务，永含着恋主的哀愁"，最后还是逃不出"死"的命运。鲁迅的深刻的批判，给了"民族主义文学"的诗歌逆流以致命的打击。

关于革命诗歌中的一些不好的倾向和庸俗的作风，鲁迅也进行了批评。

---

① 鲁迅：《花边文学·看书琐记（三）》。
② 毛泽东：《在延安文艺座谈会上的讲话》。
③ 鲁迅：《二心集·"民族主义文学"的任务和命运》。

如1932年的《文学月报》第四期发表了署名为"芸"的一篇诗,满纸辱骂恐吓,鲁迅于是写《辱骂和恐吓决不是战斗》一文,指出"这诗,一目了然,是看了前一期的别德纳衣的讽刺诗而作的。然而我们来比一比罢,别德纳衣的诗虽然自认为'恶毒',但其中最甚的也不过是笑骂。这诗怎么样?有辱骂,有恐吓,还有无聊的攻击,其实是大可不必作的"。别德纳衣是苏联出色的讽刺诗人,可是因为他的某些诗由讽刺降低为诽谤笑骂,曾经受到列宁、斯大林严厉的指责。诽谤笑骂与讽刺完全是两回事。鲁迅一向认为"文学是战斗的",诗歌当然也是战斗的,然而"战斗的作者应该注重于'论争',倘在诗人,则因为情不可遏而愤怒,而笑骂,自然也无不可。但必须止于嘲笑,止于热骂,而且要'嬉笑怒骂,皆成文章',使敌人因此受伤或致死,而自己并无卑劣的行为,观者也不以为污秽,这才是战斗的作者本领"①。在文化战线上,辱骂恐吓并不能战胜敌人,惟有经过"论争",才能使敌人理屈辞穷。诗歌的讽刺,决不能离开真实,在表现方法上尤应注意含蓄,诗是以真实的生动的艺术形象说明真理的。要这样才能发挥诗的战斗力量。

鲁迅也批评了那些满足于已得的一点小成绩,从此不再从事写作的诗人们,他在左翼作家联盟成立大会上就特别提到这一点:"我们常常看见有些人出了一二本诗集或小说集以后,他们便永远不见了,到那里去了呢?是因为出了一本或二本书,有了一点小名或大名,得到了教授或别的什么位置,功成名遂,不必再写诗写小说了,所以永远不见了。这样,所以在中国无论文学或科学都没有东西,然而在我们是要有东西的,因为这于我们有用。""五四"以来不少诗人,往往出了一二本诗集,便傲然的戴着诗人的桂冠,沾沾自喜,不再坚持固有的创作岗位。这样就使得诗人的成就,以及整个诗歌的成就,都难以达到应有的高度,因此"五四"以来的新诗的成长是很迟缓的。成功的作品实在不多。要弥补这个缺口,只有诗人们不断的辛勤的劳动。鲁迅说:"要在文化上有成绩,则非韧不可","所谓韧,就是不要象前清做八股文的'敲门砖'似的办法"。换言之,就是不要为了要当教授或做官而写诗,写诗是为了丰富祖国的革命文学,为广大的人民群众创造更多更好的精神食粮,因此诗人不应该中途放弃他的职责。我们读了鲁迅这段文章,不禁联想到提倡一本书主义的丁玲。丁玲以为一个作家只要写一本书,就可以受用无穷了,谁也打不倒他了。这种卑劣的思想,殊不知鲁迅在二十多年

---

① 鲁迅:《南腔北调集·辱骂和恐吓决不是战斗》。

前，就严厉的申斥过。

同时鲁迅充分的估计了革命前途的艰苦性，勉励从事革命实践的诗人要作长期吃苦的准备。对劳动群众来说，诗人不应当有任何的优越感，自以为自己最高贵，高于一切人，要受到劳动群众特殊的优待。鲁迅说："以为诗人或文学家高于一切人，他底工作比一切工作都高贵，也是不正确的观念。举例说，从前海涅以为诗人最高贵，而上帝最公平，诗人在死后，便到上帝那里去，围着上帝坐着，上帝请他吃糖果。而现在，上帝请吃糖果的事，是当然无人相信了。但以为诗人或文学家，现在为劳动大众革命，将来革命成功，劳动阶级一定从丰报酬，特别优待，请他坐特等车，吃特等饭，或者劳动者捧着牛油面包来献他，说：'我们的诗人，请用吧！'这也是不正确的。因为实际上决不会有这种事，恐怕那时比现在还要苦……如果不明白这情形，也容易变成'右翼'。……不待说，知识阶级有知识阶级的事要做，不应特别看轻，然而劳动阶级决无特别例外地优待诗人或文学家的义务。"① 这一段话，说明了诗人要无条件的全心全意为人民服务。诗人写诗，为了革命，为了劳动大众的幸福和解放，这是诗人的职责，不应计较任何报酬，希望在革命成功后，人民给他例外的优待，相反的那时可能比现在更苦，诗人就要有吃更多的苦的准备。鲁迅这样勉励"左翼"诗人，是必要的，否则"左翼"就有变成"右翼"的危险。自然诗人也不应该看轻，他在群众中是受人爱戴的，在社会上是有地位的。然而这不是出于诗人主观的要求或愿望。可是丁玲、冯雪峰、艾青，以及文艺界的许多右派分子，并没有接受鲁迅的教导。他们在民主革命时期是左翼，在社会主义革命时期，却变成右翼了。为什么呢？就是因为他们始终把个人的名利地位，摆在党和人民的利益之上。当他们取得了某些成就时，便向党向人民索取更多的报酬。如果他们的野心、欲望，一旦受到抑制，便对党对新社会表示不满，甚至加以仇视。解放后，他们这种资产阶级的个人主义思想，不断的发展，因而蜕化为反党反社会主义的右派。鲁迅的话，不论现在或是将来，仍然值得每一个文艺工作者警惕。

诗人怎样才能正确的表现革命和劳动群众的生活呢？鲁迅对于这个问题固然没有作过专门论述，但是他谈到中国的艺术时，说过这样的话："现在有许多人，以为应该表现国民的艰苦，国民的战斗，这自然并不错的。但如自己并不在这样的旋涡中，实在无法表现。假使以意为之，那就决不能真切，

---

① 鲁迅：《二心集·对于左翼作家联盟的意见》。

深刻,也就不成为艺术。"① 实际上这也是对诗人说的,这与毛主席所说的"中国的革命的文学家艺术家,有出息的文学家艺术家,必须到群众中去。必须长期地无条件地全心全意地到工农群众中去,到火热的斗争中去,到唯一的最广大最丰富的泉源中去,观察、体验、研究、分析一切人,一切阶级,一切群众,一切生动的生活形式和斗争形式,一切文学和艺术的原始材料,然后才有可能进入创作过程"② 意思根本相同。诗人不能靠臆断、想象来写人民的痛苦和斗争。他必须到群众中去,到火热的斗争中去,接触生活。也就是鲁迅所说的诗人要在人民"艰苦"和"战斗"的"旋涡中"。这样才能使他所要写的达到真切深刻的艺术高度。中国的诗人们大都出身于资产阶级或小资产阶级,没有或者很少受到革命的锻炼,鲁迅着重提出这一点,是非常重要的。

五

鲁迅对文学革命的看法是:"没有冲破一切传统思想和手法的闯将,中国是不会有真的新文艺的。"③ 而"五四"以来的新诗就没有做到这样澈底的程度,很少产生为众口所传诵的作品。"左联"领导下的诗歌创作,思想性确有一定的进步,然距真正的大众化还是很远,不论形式、语言、结构,仍旧是欧化的多。在利用旧形式方面,生搬硬套,形式和内容显得很不调和。这些作品,群众听不懂,唱不来,记不住,他们不喜爱,既不喜爱,就无法生根,旧诗自然也就还有活动的余地。这确是诗歌创作进程上的一个严重的问题,"左翼"以外的诗歌更不消说了。鲁迅针对这种情况,提出了他的见解:"我只有一个私见,以为剧本虽有放在书桌的和演在舞台上的两种,但究以后一种为好。诗歌虽有眼看的和嘴唱的两种,也究以后一种为好。可惜中国的新诗大概是前一种,没有节调,没有韵,它唱不来,唱不来,就记不住,记不住,就不能在人们的脑子里将旧诗挤出,占了它的地位。许多人也唱'毛毛雨',但这是因为黎锦晖唱了的缘故,大家在唱黎锦晖之所唱,并非唱新诗本身,新诗直到现在,还是在交倒楣运。我以为内容且不说,新诗先要有节调,押大致相近的韵,给大家容易记,又顺口,唱得出来。"④ 后来

---

① 《鲁迅书简·给李桦》。
② 毛泽东:《在延安文艺座谈会上的讲话》。
③ 鲁迅:《坟·论睁开了眼看》。
④ 《鲁迅书简·给窦隐大》。

他又再一次的表示了他的主张:"诗须有形式,要易记、易懂、易唱、动听,但格式不要太严。要有韵,但不必依旧诗韵,只要顺口就好。"①

鲁迅特别强调诗要能够唱,要记得住,所以必须讲求形式,有节调,韵律自然,语言容易了解,念起来很动听。总之,要使大家能懂爱看,可以顺口唱出来,又不容易忘记。这是中国历代优秀诗歌在艺术性方面的传统特色。这些诗歌,经过一个时代又一个时代的考验,仍不失去它强烈的魅力,就是因为它具有这样的特色。中国的新诗,要生存发展,永远活在人们的嘴上,把旧诗挤出新时代之外,那就必须创造性的掌握这些原则,既不能迷恋骸骨,也不能祈求于舶来品。它是在一定的历史条件下,冲破了一切传统的思想和手法,所产生的具有时代特征的艺术成果。鲁迅的见解是对的。高尔基说:"假如诗人同音乐家一起试作一些歌曲——世界上还未有过的但是应该有的新的歌曲,那末世界会感激地倾听诗人的声音。"② 又武尔贡说:"诗歌作品在诗人的书桌上诞生的,它在人民的记忆中才开始生活。艺术作品生存的长久取决于人民的公认。"③ 伊萨柯夫斯基也很注意诗的形式:"如果一个诗人不关心自己的歌的形式,如果他是随随便便地用信手拈来的字句去写它,那么任何的内容,甚至于最丰富和最鲜丽的内容,都会变得贫乏和苍白。"④ 故诗的语言须朴素易懂,音调要和谐,情节要单纯易记,苏联的著名的作家诗人,与鲁迅的见解是相互接近的。

诗本来不一定要用口号,假如做到了以上各点,即使把口号用进去,一样不失为好诗,否则用了进去也不会加强诗的战斗性。"其实,口号是口号,诗是诗,如果用进去还是好诗,用亦可,倘是坏诗,即和用不用都无关。譬如文学与宣传,因为其中总不免传布着什么,但后来却有人解为文学必须故意做成宣传文字的样子了。诗必用口号,其误正等。"⑤ 鲁迅说明了口号在诗中能否起作用,须视形式完整与否和表达技巧如何而定。如果诗不讲求艺术形象,没有使诗的形式语言、音韵、节调、结构等达到完美和谐的技巧,徒然搬弄政治上的标语口号,是不会在群众中取得更大更好的艺术效果的。在第二次国内革命战争初期,革命诗歌中这种搬弄标语口号的风气,颇为普遍,差不多很多作品都象是故意做成的宣传文字,缺少诗味,所以鲁迅在这时一

---

① 《鲁迅书简·给蔡斐君》。
② 高尔基:《苏联的文学:在苏联作家第一次代表大会上的结束语》,曹葆华译。
③ 武尔贡:《第二次全苏作家代表大会关于诗歌的报告》,孙玮译。
④ 伊萨科夫斯基:《谈诗的技巧——谈苏联的歌曲与谈诗的"秘密"》,孙玮译。
⑤ 《鲁迅书简·给蔡斐君》。

再的强调作品的内容，必须与技巧并进，但不是玩弄技巧。

"左联"的中心口号是文艺大众化，这标志着中国革命文学运动的一大进展。鲁迅主张诗歌须易记、易懂、易唱，就是从诗歌大众化的立足点出发的。诗歌的大众化固然是一个新的任务，但它与中国的文学传统有着内在的历史联系，它并不是无源之水，无本之木。因此新的诗歌应该吸收外国诗歌的长处，保存本国古典诗歌的优点，尤其要向本国的民间文学学习，吸取营养。所以鲁迅很重视诗经的国风，东晋到齐、陈的子夜歌和读曲歌，唐代的竹枝词和柳枝词等。这些优秀的诗歌作品，原都是民间无名氏的创作，经文人的采录润色之后，留传下来的。现在到处还有民谣、山歌、渔歌等，这就是不识字的诗人的作品。鲁迅说："不识字的作家虽然不及文人的细腻，但他却刚健，清新。""文人往往吸入自己的作品，作为新的养料。"当"旧文学衰颓时，因为摄取民间文学或外国文学而起一个新的转变，这例子是常见于文学史上的"①。鲁迅根据文学史发展的规律和历代诗歌的承传关系，肯定了民间文学在整个文学发展过程中的巨大作用和影响。民间文学虽然不及文人的作品细腻，但是刚健清新，是真正人民创造，而且喜爱的东西。它的风格、语言、情调，以及表现形式，经过了许多无名作者长期的集体创造，它的内容，同样经过了许多无名作者不断的充实和改进。因此那些民谣、山歌、渔歌等得以长期的广泛流传。诗歌不走大众化的道路则已，如果要走大众化的道路，向民间文学学习是十分必要的。加里宁说过："最有天赋的诗人，最有才能的作曲家，能在创作上成为天才，只有当他们接触到人民的创作，并且从人民创作的源泉中去进行发掘的时候，否则就不会有天才的人物。"②加里宁的话是正确的。中国的大诗人屈原、陶潜、李白、杜甫、白居易、苏轼等都曾受过民间文学的影响，俄国的大诗人普式庚、莱蒙托夫、涅克拉索夫等也受过民间文学的影响。中国新的诗歌，要想在广大的群众中受到欢迎，仅仅了解群众的生活是不够的，还要学习群众自己的艺术形式来进行创作才行。

鲁迅号召诗人向民间文学学习，既不是照原形式生搬硬套，求其貌似，更不是将原形式改头换面，失其神髓。而是学习它的刚健清新的内容与风格，学习它的生动活泼的表现方法和浅近易懂的语言情节，在这个基础之上，艺术加工，进一步加以提高。所以鲁迅对于古今许多诗人取得民间的东西以后，

---

① 鲁迅：《且介亭杂文·门外文谈》。
② 加里宁：《论文学——在列宁格勒音乐院工作人员授奖典礼上的演说》，草婴译。

而使它艰深化、僵硬化、公式化起来，表示极力反对。他说："歌、诗、词、曲，我以为原是民间物。文人取为己有，越做越难懂，弄得变成僵石，他们又去取一样，又来慢慢的绞死它。譬如楚辞虽有方言，倒不难懂。到了扬雄就特地'古奥'，令人莫名其妙。这就离断气不远矣。词曲之始，也都文从字顺，并不艰难，到后来可就实在难读了。现在的白话诗，已有人掇用'选'字，或每字必一定，写成一长方块，也就是这一样。"① 又说："士大夫是常要夺取民间的东西，将竹枝词改为文言，将'小家碧玉'作为姨太太，但一沾着他们的手，这东西也就随着他们灭亡。他们将它从俗众中提出，罩上玻璃罩，做起紫檀架子来。教他用多数人听不懂的话，……雅是雅了，但多数人看不懂，不要看，还觉得自己不配看了。"② 诗歌本来起源于群众的劳动，最早的诗歌作品，也是来自民间，可是到了封建士大夫或资产阶级文人手里，便把它窜改为远离群众，只是为极少数的有闲阶级的茶余酒后的消遣品，这是诗歌的反动。真正好的诗歌，都或多或少的与民间歌谣相接近，它的形式韵律是比较自由的，它的语言是容易懂的，广大的人民群众都能欣赏它，喜爱它，这就是诗歌的大众化的方向。违背这个方向，任何诗歌作品便不可能获得永恒的生命。

关于评论诗和诗人，鲁迅认为必须就其全体立论；不能取全诗的一二句，取诗人的某几篇作品，或撇开社会背景不谈，片面的武断的作出结论。"世间有所谓'就事论事'的办法，现在就诗论诗，或者也可以说是无碍的罢。不过我总以为倘要论文，最好是顾及全篇，并且顾及作者的全人，以及他所处的社会状态，这才较为确凿。要不然，是很容易近乎说梦的。"鲁迅这话，是为驳斥朱光潜的唯心主义的美学观点而说的。朱光潜把陶潜说成浑身"静穆"，取钱起的"曲终人不见，江上数峰青"两句诗来打杀屈原、阮籍、李白、杜甫等。鲁迅有力的指出陶潜固然有"悠然见南山"之类的"静穆"，但也有"猛志固常在"之类的"金刚怒目式"。而"这'猛志固常在'和'悠然见南山'的是一个人，倘有舍取，即非全人，再加抑扬，更离真实"，又指出钱起也不见得浑身"静穆"，他也有"不免有些愤愤"的诗作。③ 鲁迅对陶潜、钱起的诗的具体全面分析，使朱光潜的唯心主义的美学观点完全破产了。而且为诗歌批评确立了一个非常重要的准则，即论诗必须顾及全篇，

---

① 《鲁迅书简·给姚克》。
② 鲁迅：《花边文学·略论梅兰芳及其他（上）》。
③ 鲁迅：《且介亭杂文二集·题未定草六—七》。

顾及作者全人，以及他所处的社会环境。不然就会脱离真实，近乎说梦了。

六

总的说来，鲁迅虽不是以诗鸣家，但是自他开始从事文学活动起，就一直关心着中国新的诗歌的发展。他根据每一个时期诗歌发展的实际情况，提出了许多中肯的意见，批判了诗歌创作中的各种不好的倾向，与反动的诗歌流派进行了不调和的斗争。鲁迅对于中国新的诗歌的成长与繁荣，实有重大的贡献。鲁迅在1907年，就提出了诗人应该是"精神界的战士"，打破了中国几千年来所谓"温柔敦厚，诗教也"的正统说法，这是在中国文学史上特别值得提到的。因为诗人是"精神界的战士"，那就要积极的反抗一切不合理的存在。诗人的心是至诚的，思想是进步的，感情是热烈的，人格是高尚的，有广阔的视野、博大的胸怀，尤须有执着的爱，爱整个人类，爱一切受迫害受侮辱的人们，诗人是伟大的人道主义者。诗人为了实现他的崇高的理想，完成他的光辉的创作任务，他必须亲身参加生活实践和革命实践，到广大群众斗争的旋涡中去，通过自己所独创的艺术形象，真实的表现人民的痛苦和斗争，从而引起人们共鸣的心弦。诗人要有全心全意为人民服务的精神，不希望人民给他例外的优待。鲁迅也很重视诗人的表现方法和艺术技巧，诗的类型，应该是多样性的。诗要有完美的形式，清新的风格，韵调和谐，声音铿锵，要易记，易懂，易唱，动听，要向民谣、山歌、渔歌等吸取营养。评论诗人和诗歌作品，要顾及全面。鲁迅是诗歌大众化方向的确立者。简言之，鲁迅对于诗的主张，主要在于尽可能使进步的思想内容与完美的艺术形式达到高度的统一，所以内容的充实，必须与技巧并进。鲁迅的这些意见，已成为中国近代诗学遗产中最可贵的部分。

在鲁迅逝世的岁月里，正如鲁迅所说的，新诗"还是在交倒楣运"。老诗人本来不多，写一阵又停下来了，新诗人虽有一些，写得还不够成熟。偶尔出现一二个有希望的作家，鲁迅则以非常爱护的心情来关怀他、鼓励他，如牺牲了的青年革命诗人殷夫，就受过鲁迅的教育与培养。殷夫是有才能的青年诗人，他为中国的革命诗歌打开了一条出路，鲁迅在他的诗集《孩儿塔》的序文里这样写道："这孩儿塔的出世，并非要和现在一般的诗人争一日之长，是有别一种意义在。这是东方的微光，是林中的响箭，是冬末的萌芽，是进军的第一步，是对于前驱者的爱的大纛，也是对于摧残者的憎的丰碑。一切所谓圆熟简练，静穆幽远之作，都无须来作比方，因为这诗属于别一世界。"① 鲁迅给了殷夫的诗以很高的评价,因为这诗是属于共产主义世界的。这样的诗,在当时确实少见,太值得珍惜了。

　　抗日战争期间,还是没有产生伟大的诗歌作品。自延安文艺座谈会以后,诗歌创作的质量,才有显著的提高,为老百姓所喜闻乐见的作品渐渐多起来了,这无疑的是受了毛主席"讲话"的影响。但就这些优秀诗歌的艺术特征来看,同时也证实了鲁迅对诗歌的见解的正确性。解放以来,中国的诗歌更走向了繁荣的道路,而鲁迅的诗歌理论也就更显得光辉灿烂。然而无可讳言的,我们今天的诗歌创作,还出现了不少失败的作品。这些作品失败的原因,仔细分析起来,大都是违背了鲁迅的原则,或者没有充分实践鲁迅的原则。而丁玲提倡一本书主义,冯雪峰主张办19世纪或21世纪的诗刊,艾青认为写诗,就是为了赢得地位,赚很多很多的钱,更形成了今日诗界和文艺界的一股逆流。为了使新中国的诗歌运动健康发展,为了使我们在诗歌园地上进一步获得丰收,为了澈底肃清右派分子的种种谬论给文艺界带来的毒害,我们重新温习鲁迅的诗歌理论,是必要的。

1956 年 12 月 6 日于中大荣光堂
1957 年 10 月 28 日重加修改于中大寓所

（原载《中山大学学报》(哲学社会科学版) 1957 年第 3 期）

---

① 鲁迅:《且介亭杂文末编·白莽作〈孩儿塔〉序》。

徐志摩和他的诗

吴宏聪

徐志摩是"五四"运动高潮过去以后走上中国文坛的诗人。他的主要活动,在1922年到1931年革命形势发生急遽变化的年代。他生前死后共出版了四本诗集——《志摩的诗》《翡冷翠的一夜》《猛虎集》和《云游》,此外还有小说、散文等。在短短的十年期间,拿出那么多的作品和读者见面,在同时代的诗人中是不多见的。

关于他的生平已有许多文章作过介绍,不必赘述。然而,解放后报刊上发表的研究文章中,对徐志摩诗歌中反映的不同思想倾向到底该怎么解释,他的创作在中国诗歌发展过程中究竟起了什么作用,意见还很分歧,值得进一步探讨。

一般说来,徐志摩早期、中期的诗歌,视野比较开阔,第一本诗集《志摩的诗》就比他去世后别人替他结集出版的《云游》要好。象《毒药》《盖上几张油纸》《人变兽》等诗,在一定程度上揭露了封建军阀的黑暗统治,流露出对战乱给劳苦群众带来深重灾难的同情,具有积极的社会意义。他早期的抒情诗歌,有的调子也比较清新。但在《云游》里,这一类的诗却比较少见了。有不少诗表现了一种悲观失望的情绪和个人的悒郁,收在1931年出版的《猛虎集》里,还有思想内容反动的诗篇。他的政治倾向是如此明显,这就向读者提出了一个问题:为什么写过《婴儿》《大帅》《西伯利亚》等诗的作者,又写了《秋虫》和《西窗》?这里反映的思想矛盾应该如何解释?有的同志提出"做人第一、做诗第二,诗出来以后,却只能就诗论诗,不应以人论诗"①。这种说法,当然有其一定道理,但是文学是一种社会意识形态,它是社会生活在作家头脑中的反映,象徐志摩这样不忘情政治的诗人,受过欧美的教育和欧洲许多作家的影响,编辑过《晨报》副刊和《新月》月刊、《诗刊》,办过新月书店……跟社会有那么广泛的联系,如果就诗论诗,撇开了"人",有些现象恐怕很难解释,要对作品进行具体分析就更受限

---

① 卞之琳:《徐志摩诗重读志感》,载《诗刊》1979年第9期,第87-96页。

制了。

不过，徐志摩先后发表了《自剖》《再剖》《求医》《想飞》《迎上前去》和《〈猛虎集〉序文》等文章，多少可以帮助我们了解徐志摩对生活的感受和这些感受在创作中的表现。他的思想发展的来龙去脉还是清楚的。

徐志摩说过，他"这一生的周折，大都寻得出感情的线索"，这话的确是真的。我们不妨按照时间的顺序看下去。首先，是1918年他出国留学时写的那篇《志摩启行赴美文》，这篇洋洋洒洒的文言文，直抒胸臆，不失其真。他痛感国难方兴，忧心如捣，许下了匡时济世的宏愿，很有自己的抱负。列宁说："每个被压迫民族的资产阶级民族主义，都含有反对压迫的一般民主主义内容。"[①] 徐志摩早期的民主思想有其内在的根据，他的思想和许多作家一样也有一个发展过程。

"五四"运动那一年，徐志摩正在美国留学，1922年回国。那时，民主科学的口号，风靡一时，徐志摩一方面竭力鼓吹欧美资产阶级最高的意识形态，向往资产阶级自由、民主、平等、博爱，成为欧美资产阶级民主政治的热情拥护者；另一方面却又接受空想社会主义，认为造成社会祸害的根本原因是人们不懂得自己的本性。他一开始并没有把共产主义看作是"洪水猛兽""异端邪说"。他怀疑传统，反对传统，不承认已成的一切，扬言"一切都重新来过"。但是他和那些空想社会主义者一样，把希望寄托在统治阶级身上，企图取得他们的帮助和支持，建立起所谓"新村"式的伊甸乐园。这两种思想在他的诗歌中都有不同程度的表现。他对中国封建军阀黑暗统治的揭露和抨击，对战祸频仍、流离失所的人民痛苦生活的同情，固然带有浓厚的人道主义色彩，他歌咏自然，崇拜性灵，景仰没有"污染"的文明，更具有"返朴归真"的乌托邦性质。《南行杂记》中他对自己接受空想社会主义的经过有相当详细的叙述，很值得注意。他说："我最初看到的社会主义是马克斯前期的，劳勃脱欧温一派，人道主义，慈善主义，以及乌托邦主义混成一起的，正合我的脾胃。我最容易感情冲动，这题目够我发泄了；我立定主意研究社会主义。"过去，空想社会主义对徐志摩的思想影响，一直很少人提到，他自己说过的"单纯信仰"也有各种不同的解释。事实上，他在《南行杂记》中已经交代了他在未出国之前原来相信"实业救国"，"见着高耸的烟囱，心里就发生油然的敬意"，到了美国，读了罗斯金、欧文、马克

---

① 列宁：《论民族自决权》，见《列宁选集》第2卷，人民出版社1972年版，第524页。

思等人的著作，开始对现代工业起反感。后来，到了英国，对劳工益发同情，感到劳工神圣，甚至感到"贵族、资本家，这类字样一提着就够挖苦"！在同一篇文章中，他还沾沾自喜，说"我自问是个激烈派，一个社会主义者，即使不是个鲍尔雪微克"等等。

现在，我们还不大了解他在美国究竟读了欧文等人的哪些书，在实际生活中也看不出他有什么"激烈"的行动。唯一值得注意的是徐志摩不止一次说他是个不可教训的个人主义者，是个理想主义者。这是理解他的思想的一个主要方面。但是，这里的个人主义是不能单纯从字面上去寻求解释的。从他的诗歌来看，"个人主义"更多的是指个性解放、自我表现等等。至于"理想主义"，恐怕要和空想社会主义联系起来考察，特别是跟泰戈尔①鼓吹的所谓"农村建设计划"联系起来考察，才能找到"感情的线索"。1924年印度泰戈尔来华的时候，徐志摩充当他的翻译，随侍左右并写文章赞誉泰戈尔，说泰戈尔"这次来华，我个人最大的盼望，不在他更推广他诗艺的影响，不在传说他宗教的哲学乃至玄学的思想，而在于他可爱的人格"②。在他给泰戈尔的信中，甚至吹捧对方为"世上一位伟大无比的人物"，"他的人格就是我们认识至圣至善的最近捷的近路，光明和荣耀都出于此"。事实上，泰戈尔访华并不是单纯宣扬印度的哲理思想和他所服膺的所谓东方文化，他还想在中国推行他的"农村建设计划"。徐志摩对泰戈尔鼓吹的所谓农村建设计划也同样表示了浓厚的兴趣。不过，令人感到奇怪的是他在诗文中从来没有提到过这件事。近年出版的《徐志摩英文书信集》③详细地介绍了1924年泰戈尔来华时徐志摩陪同泰戈尔和他的助手恩厚之④一行到山西太原去见山西军阀阎锡山的活动，他们准备争取阎锡山的支持，在中国推行"农村建设计划"。《徐志摩英文书信集》为我们提供了研究徐志摩思想的重要材料。据说当时阎锡山表示愿意接受这笔外援，并且答应拨给山西晋祠一带地方作为实验基地。他们的具体目标是在农村建立学校、救火队、医疗队、蓄水池、合作社，加强畜牧业和手工业，提倡全民性的文艺运动等等。但是这个计划，由于军阀混战、社会动荡不安而胎死腹中。到了1928年徐志摩第三次出国，分别访问了英国恩厚之在英国德温郡置地买园建立的达廷顿庄（Dartington Hall）和印度泰戈尔自己在印度苏鲁主持的山迪尼基顿庄（Satiniketan Hall）

---

① 泰戈尔（Tagore，1861—1941），印度诗人，曾获1912年诺贝尔文学奖。
② 徐志摩：《泰戈尔来华》，载《小说月报》1922年第14卷第9期。
③ 梁锡华编译：《徐志摩英文书信集》，联经出版事业公司。
④ 恩厚之（L. K. Elmhinst），英国人，曾任泰戈尔助手。

以后，他们又旧事重提，要在中国试验泰戈尔式的农村建设计划。徐志摩回国后亲自到江苏、浙江进行调查，选择地点。这回是由英国的恩厚之出钱，在上海的银行开了户口，并从英国汇来了巨款。但也因为时局的影响，计划没有实现。

达廷顿庄是泰戈尔农村建设计划在英国的样板，徐志摩参观达廷顿庄后给恩厚之夫妇的信中这样说："根据我在这个世界的阅历，达廷顿的道路是直达人类理想乐园的捷径。"他访问印度后给恩厚之信中还重重的加了几笔，说什么"从今以后，我能遥指英伦的达廷顿和印度的山迪尼基顿，点明这两个在地球上面积虽小，但精神力量极大的地方，是伟大理想在进行不息，也是爱与光永远辉耀的所在"。这段话可以说是徐志摩所标榜的理想主义最好的注脚，也是研究徐志摩思想变化的最重要材料。因此，我认为他诗歌中反映的复杂的思想矛盾，很大程度上是现实生活跟他的空想社会主义的矛盾。他日夜盼望出现的"馨香的婴儿"，与其说是欧美民主政治，不如说是达廷顿山庄。

徐志摩的思想是很芜杂很矛盾的，这从他的诗歌中就可以看出来。最能说明他思想矛盾的诗，恐怕要数《西窗》和《秋虫》了。这两首诗都是1927年大革命失败后历史进入新的时期的作品。在《西窗》这首诗里，徐志摩带着阶级偏见，攻击和咒骂普罗文学运动。《秋虫》的感情色彩又是那样的强烈，即使"思想被主义奸污得苦"中的"主义"不指实为共产主义，也掩饰不了这个时期他思想上的沉重的负担。他在《迎上前去》中直言不讳地承认："生命还不是顶重的负担，比生命更重实更压得死人的是思想那十字架。"1927年大革命失败后，有不少人对生活失去了信心，对革命发生了怀疑、抵触，徐志摩就是其中一个。他诗里所反映的矛盾，不仅是他个人的思想矛盾，而且也是一种社会现象。在1925—1927年的大革命中，资产阶级原来就是革命中的右翼，徐志摩所依附的阶级——资产阶级既然从反帝反封建的革命统一战线中分化出来，他根本就找不到什么社会力量，也不知道新出现的社会将是什么样子。他响往的"性灵"，他号召的"EverLasting yea"，他的"单纯信仰"，他的"理想主义"等等，通通成为一句空话。所谓"空想社会主义"，更失去其任何实践的意义和任何理论根据。如果联系徐志摩1927年的思想状况来看，这种矛盾也是徐志摩思想无法避免的矛盾。《徐志摩英文书信集》里，收辑了1927年4月1日徐志摩致其英国友人恩厚之的一封信，他这样写道："……你问中国成了个什么样子；你能略加想像吗？唔，我肯定你不会相信的。中国全国正在迅速陷入一个可怕的恶梦中，其中所有的只是理性的死灭和兽性的猖狂。用什么可以挽此狂澜呢？一切明智的力量已遭蹂躏，而且在这个加速崩溃的过程中，余下的一点点也会很快就全然绝迹了。今天是什么人掌权呢？无知工人，职业恶棍，加上大部份二十岁以下的少男少女。不是的，你不要把这帐都算给俄国人。他们无疑是了不起的天才策划者，但单有这份伎俩还不会保证他们成功的。中国本土肥沃得很，正适合革命来生根发芽：关键就在于此了。中国目下的动荡局面实在是一场奇怪而好看的把戏，这是以俄国革命为蓝本的一场拙劣的滑稽表演。""如果说俄国革命很成功地根绝贵族和资产阶级，这里的革命也是以此为目的。以我看来，共产党目前在这里最伟大的成就不但划分了阶级，更造成阶级仇恨。你是知道的，中国在以往的世代根本没有这劳什子，所以现在是魔鬼得势了。昔日有些地方还可以享受一点和平与秩序，但一经他的影响，就立刻充满仇恨。……所有的价值都颠倒，一切的尺度都转向。打倒理性！打倒智慧！打倒敢作独立思考的人！这样的一个地方，当然不适宜我辈生活。"这封信很长，不能全录，但已经足够表明他的思想倾向。他既不了解俄国革命，也不了解中国革命。从时间上看，这封信是紧接着1927年3月上海工人三次武装起义取得辉煌胜利之后写的，他把事实颠倒过来，对革命形势作了如此的描绘，他的立场，他的态度，不是十分明显吗？我之所以不厌其详地引证一些材料，并不是想据此给他下政治结论。俄国革命后，苏联就有一些知名作家不了解十月革命的伟大意义。以人品和创作而论，在沙俄这个阴暗帝国连被称为大才大智、最光明磊落的人物之一的柯罗连科，开头对共产党人也"有过非常严重的分歧"①。不过柯罗连科没有把共产主义当作罪恶，并且承认共产党人是一支为人民造福的部队，但他"无法从美学上理解革命"②，"在道德上也不能接受革命"③。可见情况往往是很复杂的。当然柯罗连科跟徐志摩不能相提并论。我举柯罗连科的例子无非是想在这里说明两点：第一，徐志摩对二十世纪二十年代后期发生的一场暴风骤雨式的革命持这种态度不是不可理解的；第二，我不同意分析他的诗歌的时候，回避矛盾，或有意无意地替他辩解。细心的读者，可以发现1925年他出国经过苏联，眼看到十月革命后俄罗斯土地上发生的翻天覆地的变化，给他留下了深刻的印象；无产阶级为解放全人类而献身的精神，也使他很受感动。他曾经赞扬俄国十月革命为人类立下了一个勇敢的尝试的榜样。但他也带着忐忑不安的心情凝神注视着

---

① 卢那察尔斯基：《符·加·柯罗连柯》，见《论文学》，人民文学出版社1978年版。
② 卢那察尔斯基：《符·加·柯罗连柯》，见《论文学》，人民文学出版社1978年版。
③ 卢那察尔斯基：《符·加·柯罗连柯》，见《论文学》，人民文学出版社1978年版。

无产阶级革命的进一步发展,最后又板起脸孔告诫年轻人:"不要轻易讴歌俄国革命,要知道俄国革命是人类史上最惨刻最苦痛的一件事实。"这一切该怎样解释呢?在半封建半殖民地的中国资产阶级,受到帝国主义和封建主义的双重压迫,注定他们不喜欢封建主义,反抗民族压迫并在一定程度上同情工农,同情革命;但到革命起来,触及到他们阶级的利益的时候,他们又害怕工农,害怕革命。这种资产阶级两面性,在徐志摩身上表现得极其充分,使我们很清楚地看到了中国资产阶级在时代洪流冲击下精神破产的全部过程。

当然,他对"四一二"反革命政变后篡夺了革命果实的国民党反动政权并不怀着什么希望。1929年他给恩厚之的信中特别提到当时北方遭受到特大天灾的人民苦难生活,说"天平的一头是那些毫无心肝的统治者,另一头是那些默然受苦的民众。这种情形,一定会导致即将来临的滔天灾难"。看上去,徐志摩在现实面前,已经没有勇气承担任何责任,也没有办法抓到一样可以持守的东西了。他向谁去呼吁呢?谁也不相信他的"理想主义",谁也不注意他对现存制度的批判。所以尽管他在《〈猛虎集〉序文》中说他"抬起头居然又见到天了",而且"相信真的理想主义者是受得住眼看他往常保持着的理想萎成灰,碎成断片,烂成泥"①,却始终摆脱不了"理想主义"者的空虚和幻灭。他自己不就分明说了吗?

> 不妨事了,你先坐着罢,
> 这阵子可不轻,我当是
> 已经完了,已经整个的
> 脱离了这个世界,飘渺的,
> 不知到了那儿,仿佛有
> 一朵莲花似的云拥着我,
> (她脸上浮着莲花似的笑)
> 拥着到远极了的地方去……
> 唉,我真不希罕再回来,
> 人说解脱,那许就是罢!
> ……
>
> ——《爱的灵感》

早在1932年,茅盾便认为"新诗人中间的徐志摩最可以注意。因为他的

---

① 徐志摩:《迎上前去》。

作品最足供我们研究。他是布尔乔亚的代表诗人"①。这个观点很有见地，直到现在我仍然认为值得重视。因为它在中国文学史上第一次指出徐志摩是中国资产阶级"开山"的同时又是"末代"的诗人，他的作品"是中国布尔乔亚心境最忠实的反映"！"百年来的布尔乔亚文学已经发展到最后一阶段，除了光滑的外形和精秘缥渺的内容以外，不能再开出新花来了！这悲哀不是志摩一个人的！"说得多好！难道事实不正是这样吗？由于徐志摩的出身和教养，他熟悉资产阶级生活，在他的作品里对这种生活作了极其精确的描绘，揭开了二十年代中国资产阶级精神世界的一角，使我们看到在郭沫若、蒋光慈等人的诗歌中完全不相同的天地。翻开《志摩的诗》，开篇第一首《雪花的快乐》中头两节就这样写道：

> 假如我是一朵雪花，
> 翩翩的在半空里潇洒，
> 　我一定认清我的方向——
> 　飞扬，飞扬，飞扬，——
> 这地面上有我的方向。
>
> 不去那冷寞的幽谷，
> 不去那凄清的山麓，
> 　也不上荒街去惆怅——
> 　飞扬，飞扬，飞扬，——
> 你看，我有我的方向！

这是一首浪漫主义的抒情独白，"是作者为爱所煎熬，略返凝静，所作的低诉。柔软的调子中交织着热情，得到一种近于神奇的完美"②。你看字里行间所表现的那种矜持，那种自诩，跟后来他写的《我不知道风是在那一个方向吹》的感情、风格，多么的不同啊！这里的雪花，可以说就是自我陶醉中的诗人的写照。

在同一诗集中的《石虎胡同七号》也很典型，也很清晰地留下"高门巨族"的声音笑貌，不妨抄录其中的两节来看看：

---

① 茅盾：《徐志摩论》，载《现代》1933 年第 2 卷第 4 期。
② 沈从文：《论徐志摩的诗》，载《现代学生》。

我们的小园庭，有时轻喟着一声奈何；
奈何在暴雨时，雨搥下捣烂鲜红无数，
奈何在新秋时，未凋的青叶惆怅地辞树，
奈何在深夜里，月儿乘云艇归去，西墙已度，
远巷薤露的乐音，一阵阵被冷风吹过——
我们的小园庭，有时轻喟着一声奈何。

我们的小园庭，有时沉浸在快乐之中；
雨后的黄昏，满院只美荫，清香与凉风，
大量的蹇翁，巨樽在手，蹇足直指天空，
一斤，两斤，杯底喝尽，满怀酒欢，满面酒红，
连珠的笑声中，浮沉着神仙似的酒翁——
我们的小园庭，有时沉浸在快乐之中。

  石虎胡同七号并不算是什么高楼大厦，但通篇写的是什么呢？狂篇醉句，不就是"良辰美景奈何天，赏心乐事谁家院"的流风余韵？徐志摩擅长写情诗，他有不少抒情诗歌，抒发了个人爱情的追求以及理想和现实的冲突，但评价很不一致。一首被人传颂的诗，不论长短，总得从生活中来，写得比较真实，不仅饱和着作者的感情，而且能够概括典型的感受，才具有艺术感染力量。何其芳同志认为一首情诗，"虽然是为爱情所触发，它的意义却并不限于爱情"[1]。被鲁迅称为"中国最为杰出的抒情诗人"冯至的诗，表达了"一种沉重的浓郁的感情，好象就是这种感情本身构成了它的艺术魅力"[2]。冯至自己也说他的"诗里抒写的是狭窄的情感，个人的哀愁，如果说他们还有些许意义，那就是从这里边还看得出'五四'以后一部份青年的苦闷"[3]。这说明渴望爱情和在爱情中感到痛苦，正是当时一部份青年的苦闷，是有典型性的。徐志摩的抒情诗呢？用他自己的话来说："它的歌里有它独自知道的另一种世界的愉快，也有它独自知道的悲哀与伤痛。"这里也同样可以看得出"五四"以后一部份青年的苦闷。我认为徐志摩的抒情诗的长处和缺点也可以据此进行评价，不能一概排斥。不过他有一些抒情诗，似乎有一种病态，跟冯至的抒情诗迥然不同，这也许受他的一波三折的爱情生活的影响吧！

---

[1] 何其芳：《诗歌欣赏》，人民文学出版社1978年版。
[2] 何其芳：《诗歌欣赏》，人民文学出版社1978年版。
[3] 冯至：《〈冯至诗文选集〉序》，人民文学出版社1978年版。

象《别拧我，疼》一类诗里还有不少轻佻放荡的痴情话，是应该批的。

在"五四"诗人中，徐志摩并没有提出什么完整的有关诗歌的理论。他自己说过："我素性的落拓始终不容我追随一多他们在诗的理论方面下过任何细密的工夫。"其实，他在艺术实践上倒是很认真的。他写过各种形式的诗，用现代白话写诗，用方言入诗，对诗歌的表现形式和表现手法都作过一些尝试。他不但注意形象、意境、音节、用字，还注意怎么去调动艺术手段，使诗韵更能挑逗读者，具有更大的魅力。例如《常州天宁寺闻礼忏声》中，他把"这鼓一声，钟一声，磬一声，木鱼一声，佛号一声……乐音在大殿里，迂缓的，曼长的回荡着，无数冲突的波流谐合了"换个句子，写成"这一声佛号，一声钟，一声鼓，一声木鱼，一声磬，谐音盘礴在宇宙间"。他认为经过这番渲染、安排，天宁寺的礼忏声仿佛就成了"天籁"。接下去自然就是他憧憬的大千世界——

　　大圆觉底里流出的欢喜，在伟大的，庄严的，寂灭的，无疆的，和谐的静定中实现了。

　　颂美呀，涅槃！赞美呀，涅槃！

说实在的，这首内容"神秘缥渺"的诗毫不新奇，并不是什么好诗，但可以从中看到徐志摩是怎样写诗的。他对诗歌的构思、选题、用字、遣词、押韵、渲染气氛、表现技巧等都很讲究，他是十分重视艺术表现形式和艺术表现方法的诗人。

但是，我们也不能说徐志摩不重视诗歌的内容。问题是什么内容。1923年他应清华大学的邀请作过一次题为《艺术与人生》的演讲，鼓吹"生活是一件艺术品"。他认为只"要将你的生活丰富起来，扩大起来，加多，加强，更重要是把它灵性化，这样艺术自然就来了"。随后，他又强调"单纯的信心是创作的源泉"。这两种观点，显然是矛盾的，但作为一个诗人，徐志摩还是努力使他的诗歌的内容与形式尽量统一的。他的诗歌音乐感、节奏感比较强，这是许多人承认的。他的诗集中，最常见的四行一节的抒情诗就很注重音节、韵脚，加上他善于运用叠句、譬喻、对偶、排比，诗到了他的手里，往往就显得有许多变化。就拿《再别康桥》来说：

　　那河畔的金柳，
　　　是夕阳中的新娘；

波光里的艳影，
　在我的心头荡漾。

软泥上的青荇，
　油油的在水底招摇；
在康桥的柔波里
　我甘心做一条水草！

感情色彩跟《我所知道的康桥》这篇散文多么相似，他差不多没有说过一句《我所知道的康桥》中没有说过的话。但前者是诗，后者是散文，各以它不同的艺术形式去感染读者，使人不感重复，不显得多余。再如《沙扬娜拉》，论情节再简单不过了：一个年轻的日本女郎，临别的时候不胜依依，温柔地、羞涩地说了一声再见（"再见"日语为沙扬娜拉）。这在日常生活里似乎人人都有可能碰到的事，但徐志摩用中国旧诗中常用的"最是那"的句式起头，用"沙扬娜拉"结束。一瞥惊鸿，把视觉形象和听觉形象揉合在一起，使他梦魂萦绕，也给读者留下了广阔的想象的天地，显出徐志摩诗歌特有的情韵。"五四"时期，为了打破旧诗的框框，许多作者都用现代白话写诗，自由体诗、小诗风靡一时，徐志摩同样用现代白话写诗，但他分行押韵的诗，音乐感、旋律感比较强，确有自己的风格。他的诗，有的调子比较清新，语言朴素，简直象白描，但仍具有音乐感，容易上口。例如《我来扬子江边买一把莲蓬》，他用"心比莲心苦"的通俗比喻来表现他强烈的感情和思念，这首诗跟《沙扬娜拉》一样，表现形式和所表现的内容是和谐的。"新月派"诗人中，他在诗坛上的影响最大，他曾经用方言入诗（如《一条金色的光痕》），并不成功。但他善用口语，象《再休怪我的脸沉》《决断》，就没有什么矫揉造作，比较自然。甚至格律严谨的诗《再不见雷峰》《半夜深巷琵琶》《她是睡着了》等也显得圆熟、轻巧、挥洒自如。他受西洋诗歌的影响，又极力摆脱这些影响，另辟蹊径，给"五四"以后的自由体、格律诗带来一种新的气息。

　　徐志摩有好些诗意境完整，形象鲜明。如《为要寻一个明星》《无题》《海韵》等诗都是被认为意境比较完整或形象比较鲜明的诗。例如《无题》中的朝山客成为一种象征，那里有他对理想的追求，对幸福的憧憬，诗歌所概括的就不是个人的感受。再如《海韵》，以一个对着大海高吟低哦，最后被浪涛所吞没的女郎的形象入诗，开头结尾都用"女郎，啊女郎"的重迭句式，回环往复，富于节奏感，悲剧气氛也很浓，近乎王国维在《人间词话》里所说的"意与境浑"了。

陈梦家先生在《〈新月诗选〉序》里说，《我等候你》是徐志摩"一首最好的抒情诗"。但论意境，论形象，我认为《鲤跳》《杜鹃》《黄鹂》就比《我等候你》更有特色。这几首都是短诗，《黄鹂》只有十句：

> 一掠颜色飞上了树，
> "看，一只黄鹂！"有人说。
> 翘着尾尖，它不作声，
> 艳异照亮了浓密——
> 像是春光，火焰，像是热情。
>
> 等候它唱，我们静着望，
> 怕惊了它。但它一展翅，
> 冲破浓密，化一朵彩云；
> 它飞了，不见了，没了——
> 像是春光，火焰，像是热情。

的确写得很形象，很细腻，难怪有的人把这首诗里的黄鹂看作是徐志摩的化身。最后两句，一语成谶，引起了不少人的叹惜。1931年他乘飞机失事意外身亡以后，胡适等人写的哀悼文章便引了这首诗，把他比作翘着尾尖、爱唱不唱的黄鹂。我想，这首诗歌如果缺乏完整的意境和艺术形象，要引起这样强烈的共鸣是很难想象的。

当然，徐志摩的诗歌还有它的特点，有自己的风格的。他的诗歌，辞藻华丽、浓艳。例如《在病中》：

> 我是在病中，这恹恹的倦卧，
> 看窗外云天，听木叶在风中……
> ……
> 有谁上山去漫步，静悄悄的，
> 去落叶林中捡三两瓣菩提？
> 有谁去佛殿上披拂着尘封，
> 在夜色里辨认金碧的神容？
> ……

他把"病中的心情一瞬间的回忆",比作碧水潭中过路的天空;闪过雪白墙隅的阴影;袅袅不断的缕缕炊烟;飞不成字的寒雁……他一口气用了七个比喻,仿佛要把心中的积愫全部倾泻出来,不留半点余地。在其他诗中,也有类似内容空虚、音色俱美、引人注目的句子。不过他刻意求工的诗,难免有点过份的雕琢。例如感情强烈得有点刺眼的《翡冷翠的一夜》就有斧凿的痕迹。长诗《爱的灵感》也不例外。个别诗句甚至经不起推敲。关于这一点,早已有人写过文章①不再赘述了。这里要谈的是中外作家对徐志摩到底有什么影响的问题。徐志摩是梁启超的弟子,林语堂说他的文章得力于宋词和元曲。根据何在?林语堂没有说明。在同时代的诗人中,他自己倒说了受闻一多《死水》的影响,这大概是指他的格律诗。全面来看,徐志摩受西洋诗的熏陶比较明显。他心目中认为了不起的西洋诗人多得很,他赞赏拜伦,称赞拜伦"是一个美丽的恶魔,一个光荣的叛儿"。他崇拜意大利的丹农雪乌和英国的哈代。特别是哈代,徐志摩对他佩服得五体投地。1925 年他第二次出国旅行,他说自己这次旅行完全是一次"感情作用的旅行"。他除了想去会见泰戈尔以外,还想见见法国的罗曼罗兰,意大利的丹农雪乌,英国的哈代。关于泰戈尔,前面已略有论述,这里只想简单介绍一下徐志摩与丹农雪乌和哈代的"交往"。这两个人对他的诗风的影响,实在太明显了。

丹农雪乌(Dannunzio,1863—1938 年,通译邓南遮)是意大利的诗人、小说家、戏剧家,其创作倾向主要是唯美主义。他年轻的时候发表了诗歌集《新歌》和小说集《处女地》,文字艳丽,轰动欧洲,后来又发表了《死的胜利》,更名噪一时。尽管丹农雪乌在第一次世界大战时,拥护帝国主义战争,日趋反动,徐志摩对他仍十分崇拜,盛赞丹农雪乌运用感性意象的手法表达出来的音、色俱美的文章和浓得化不开的诗句。他在意大利并没有见到丹农雪乌,但他在意大利居留期间和离开意大利后不久,先后写了《丹农雪乌》《丹农雪乌的作品》《丹农雪乌的小说》《丹农雪乌的戏剧》等文章。他认为丹农雪乌以爱和死作主题的《死的胜利》这本小说是"最成熟的作品"。他后来对丹农雪乌的兴趣越来越淡,不知是什么原因。不过可以肯定,徐志摩赞美爱和死,认为为了爱而牺牲是一桩伟大的事业,也是实现崇高理想的一项手段,决不是偶然的,而是受了丹农雪乌的某些影响。

还有哈代(Thomas Hardy,1840—1928 年)这位英国老诗人的气质、诗风对徐志摩也有影响。在徐志摩介绍外国诗人的文章中,哈代占了第一位。

---

① 均哉:《评〈志摩的诗〉》,载《武汉文艺》1931 年第 1 卷第 4 期。

他后期一些探索爱情、生死而又悲观色彩很浓的诗歌，就有哈代的影子。他在《汤麦斯哈代》一文中曾说："不能随便用悲观主义来形容哈代。"但在《哈代》这首诗中却称"哈代是厌世的，不爱活的"，看法前后颇有出入。是什么缘故呢？我手头资料不足，不便妄猜。然而在英国诗人中他最崇拜哈代而且在思想中有共鸣那是毫无疑问的。有的文章说徐志摩一直是"乐观的"，这不符合实际。徐志摩在《〈猛虎集〉序文》中就说过这样的话："一份深刻的忧郁占定了我；这忧郁，我信，竟于渐渐的潜化了我的气质。"试把《问谁》《生活》《火车禽住轨》《难忘》等诗跟《爱眉小札》参照一下，诗人何尝乐观来？

据说徐志摩最爱他自己收到《翡冷翠的一夜》里的《偶然》①，在他与陆小曼合编的剧本《卞昆岗》里，还让那个瞎子弹着三弦，唱着这首小诗：

　　我是天空里的一片云，
　　偶尔投影在你的波心——
　　你不必讶异，
　　更无须欢喜——
　　在转瞬间消灭了踪影。

　　你我相逢在黑夜的海上，
　　你有你的，我有我的，方向；
　　你记得也好，
　　最好你忘掉，
　　在这交会时互放的光亮！

我不太了解他为什么最喜欢这首诗，但如果能把有关材料包括丹农雪乌、哈代等人的代表作品和徐志摩自己的诗、书信、日记等作一番比较、研究，我相信对他的诗歌的评价，肯定是有帮助的。

（原载《中山大学学报》（哲学社会科学版）1982年第2期）

---

① 胡适：《追悼徐志摩》，载《新月》月刊第4卷第1期。

论中国现代文学史的阐释体系

黄修己

20世纪80年代以来,中国现代文学史的面貌发生了巨大变化。在50—60年代的中国现代文学史著作中,从"五四"新文化运动开始,新文学就是无产阶级所领导的,经过一系列斗争——从与封建复古主义的斗争(如林纾、《学衡》、《甲寅》),发展到与资产阶级(如现代评论派、新月社、自由人、第三种人等)的斗争,与国民党(如民族主义文艺运动)的斗争,再到与所谓"革命队伍内部敌人"或"修正主义"(如胡风、冯雪峰、王实味、丁玲)的斗争。斗争步步深入,现代文学也步步前进,从文学革命发展到革命文学、左翼文学,再到为工农兵的文学,确立了毛泽东《在延安文艺座谈会上的讲话》为根本的指导方针,把1942年延安文艺整风运动作为划时代的伟大事件。作家的格局是"鲁郭茅,巴老曹",50年代还加一个赵树理。徐志摩、沈从文地位低,或被视为文学史上的批判对象。钱锺书、张爱玲被遗忘了。

而今天,从已出的所有现代文学史著中看到的已是很不相同的另一副面貌:"五四"新文化运动和文学革命,被确认为一场启蒙运动,一场提倡"民主""科学"的思想解放运动。其间于80年代初,还发生过一场关于"五四"新文化运动的领导思想问题的批判性的争论;历次文学论争并不是有一条一贯正确的道路或路线,与另一条反动的、反革命的道路或路线不断斗争,以前被认为革命的、正确的一方倒是常犯"左"倾错误的;对延安文艺整风运动的评价发生变化,不再认为这是现代文学史的划时代事件;左翼作家包括鲁郭茅都受到质疑、"贬抑",原先未得到充分评价的自由主义作家地位上升了。首先是对胡适的评价上蹿,承认他在新文化运动中的领导作用,大有与鲁迅并列的趋势。以前的"鲁郭茅,巴老曹"格局,已被人变成"鲁沈(从文)张(爱玲),周(作人)穆(旦)曹"了。此外,现代文学的"纯粹性"已被打破,纳入了台港文学、少数民族文学、通俗文学、旧体诗词等。现代文学不单是雅俗文学"双翼齐飞",而更像"千手观音"了,因而出现了"大文学史"的概念。

一段不过32年的文学史，其面貌在一段同样短短的时间里竟有这么大的变化，好像川剧里的"变脸"。历史可以这样地变来变去，这是个惊人的实例。人们不禁要问：为什么会有这样的现象呢？

一、我们怎样认识文学史

文学史是一门专史，我们要从史学的角度来考察并回答上述问题。

"历史"这个概念包含两个不同的内涵，一是指已经发生过的事情，一是指后人记载下来已发生过的事情，即历史著作。前者为实际发生过的，后者为书写的历史。我们不妨把前者称为"实史"，即"历史本体""历史实在"。这是客观的，一次性的，不可重复、不可还原的；把后者称为"编史"，即"历史书写""历史文本"，这是后人所编纂的，是主观的精神产品，其面貌可以随着后人思想观念的变化而不断变化。人的认识总是随着社会的发展，随着对客观世界认识的进展而不断地变化着的，所以"编史"便也总是在不断变化着，这就造成"历史无定论"。我们常说"盖棺论定"，实际上这是不可能的。一个人盖棺了，他的"实史"结束了，不可能再有变化了，的确是"定"了。但后人"编史"时，对此人的评价则一定会随着不同时代价值观的变化而不断变化，不可能"论定"。我们现在说的中国现代文学史，就专指的"编史"，就其建构过程而言，正处于社会急遽的变动中，人的认识变化很快，对其阐释也就变化很快，因而历史书写处于不稳定的状态。这时，阐释对于现代文学史面貌的建构，就有举足轻重的作用。

严复在谈小说与历史的关系时说过："有人身所作之史，有人心所构之史。"① 现在就借用他的话，把"实史"比为"身作之史"，指人们实践所创造的历史；把"编史"比为"心构之史"，这样来把笼统的"历史"一词所含的两个内涵区别开来。

"编史"的面貌起变化，一般说来出于两方面的原因。一是发现了新的史料（如考古的发现、新资料的发现等），纠正了原先对某一历史面貌的认识。二是史实不变，但对它的阐释变了。一般文学史都包括文学史实和对史实的阐释。这阐释不仅指的对史实要做出评价，也体现在对史实的选择、剪裁、编排、组织等方面。没有史实无法构成一部文学史；没有阐释，史实可

---

① 严复：《本馆附印说部缘起》，载《国闻报》1897 年 11 月 18 日，转引自徐中玉主编《中国近代文学大系·文学理论集 2》，上海书店 1994 年版，第 249 页。

能只是一堆缺少联系的零散的史料，无论多么丰富，也同样不能构成一部完整的文学史。所以，在文学史的编纂中，史实和阐释都是重要的。中国现代文学因为是不久前发生的事，距今甚近，所以它的史的面貌起变化，最主要的并不是因为发现了什么新的史实，其原因还在于对历史阐释的不断变化。在20世纪50—60年代，每一次政治运动后，现代文学史都要来一次重写。到了"文革"结束，随着一场新的思想解放运动的展开，对中国现代革命历史的评价有了很大的变化，对新文学的重新评价更成了那时的热门话题。克罗齐的"所有历史都是当代史"的理论大为行时，发生了轰动一时的"重写文学史"的讨论和对现代作家的重新排位，让人深感历史人物的重新排位，多半是人的现实关系重新排位的反映。这是与现实生活还有着切不断的联系的现代文学史研究与古代文学史研究的重要区别。

面对自己的研究对象，文学史家们都有依托不同时期的社会价值观所形成的阐释体系。能够成体系，一般都有自己的理论，依据这种理论所产生的评价标准和方法，依据这标准和方法所构搭的一段历史的大轮廓。一旦这个阐释体系发生变化，依其构建的文学史面貌当然也就随之而变。但文学史又有自己的特点，因为涉及文学作品的评价，还受不同学者、学派审美主张、审美趣味的制约，评价上更具主观性，其所呈现的历史面貌便可能大有不同。这使得有的人认为"客观的文学批评，和客观的艺术一样，没有存在的余地"①。有人因此不承认文学研究是科学，以为应属于艺术。如闻一多说："文学是属于艺术的范畴。文学的批评与研究虽也采取科学方法，但文学终非严格的科学。"② 不过至今还未有因审美观的差别而致不同史家笔下的现代文学史相貌迥异的实例。因为这至今尚非人们的关注点。

阿基米德说："给我一个支点，我可以撬动地球。"我们的文学史家也总在寻找理论的支点，以求把历史翻转。下面将对曾经被普遍采用的几个阐释体系，进行一番考察和反思，看它们出现的背景、理论支点，对现代文学的阐释、贡献和局限等，以具体地阐明现代文学史面貌多变的原因。

二、进化论的阐释体系

这是现代文学史建构中影响最大的一个阐释体系。"五四"一代先驱，

---

① 华林一：《印象主义的文学批评论》，载《东方杂志》第25卷第7号。
② 闻一多：《调整大学文学院中国文学外国语文学二系机构初议》，见《闻一多全集》第三卷，三联书店1982年版，第491页。

都以进化论为文学革命的理论依据。这里所说的进化论，是受生物进化论影响的社会进化论或文化进化论。胡适在《文学改良刍议》中说："文学者，随时代而变迁者也。一时代有一时代之文学。……乃文明进化之公理也。"①因而要反对旧文学，创建新文学。此论打破了传统的"一治一乱，周而复始"的循环论，肯定一时代有一时代之文学，强调发展是从低级走向高级，由简单进而复杂，而且新的比旧的好，为新文学生存的合法性和它的生命力确立了理论基础。其他如陈独秀、李大钊、鲁迅、周作人等文学革命的先驱者，当时也都是以社会、文化的进化论为反对旧文学、提倡新文学的理论根据的。

中国现代文学史最早的历史架构，也是胡适等文学革命的先驱们依照他们的进化论阐释体系建构起来的，其影响直到今日不曾衰微。人们已经习惯地认定凡新出者必较之原有的旧物为进步，旧物既已落后了、过时了，便应破坏或毁弃，以免妨碍新物的成长。这就使得进化论阐释体系在促使新文学的诞生，在创建中国现代文学史架构中建立了大功的同时，也在具体的阐释中出现不少问题。

首先便是偏激地完全否定了旧文学。胡适一方面承认"一时代有一时代的文学"，另一方面又创造了"活文字""死文字"的概念，把文言文说成从来就是"死文字"，三千年前就是死文字，从来都没有什么价值，不承认它在历史上的作用。他为此特意写了《白话文学史》（1928年，上海新月书店出版），提出这样的观点："白话文学史就是中国文学史的中心部分。中国文学史若去掉了白话文学的进化史，就不成为中国文学史了，只可叫做'古文传统史'罢了。"② 于是把历史上许多优秀的文言文的作品，如杜甫、李白的诗，全都说成是白话的或近于白话的。而用文言文写的作品，则全被否定。这样就把文言文，把以其为工具的文学全否定了，把文言文"从'正宗'变成了'谬种'，从'宇宙古今之至美'变成了'妖魔''妖孽'"，说"这是我们的'哥白尼革命'"③。

需要说明的是，按照达尔文的理论，新种并不一定优于旧种，而只是比

---

① 秉此论，则"今日之中国，当造今日之文学。"参见胡适《新青年》1917 年第 2 卷第 5 号。胡适还把他的这种理论称为"历史的文学观念论"。参见胡适《新青年》1917 年第 3 卷第 3 号《历史的文学观念论》。

② 胡适：《白话文学史》，见《胡适文集》第 4 集，人民文学出版社 1998 年版，第 21 页。

③ 胡适：《中国新文学大系·建设理论集导言》，良友图书公司 1936 年版，第 22 页。

旧种更适应自然环境。否定旧种的思想是在达尔文之前的［法］让·拉马克（1744—1829）的用进废退、新陈代谢的理论：

> 其实这种对进步的信奉，主要来自法国启蒙思想的影响，18世纪法国启蒙学者深信，人类社会存在着进步倾向，明天会更好，这是毫无疑问的事实。拉马克只是把这样的信念移入了进化理论之中。然而，判断"进步"需要一种标准，它还意味着后者一定要胜过前者。这种过于强烈的价值判断，在一定程度上已超出了科学客观性所能承受的范围，这才是拉马克理论的关键性失误，而后来的达尔文则竭力避免这样的用语，诸如高级与低级之类，他只是强调"适者生存"，而适者是无所谓简单与复杂、高级与低级之分的。①

而按照胡适的解释，新种诞生了，那些简单、低级的旧种也就消灭了。在描述历史时，以为有了"新支"，其他"旧支""别支"便都消亡了。不承认"新支"必与"旧支""别支"并存，共同构成文化生态的平衡。对新文学这一文学进化的最新成果而言，"旧支""别支"指的是各种旧体文学，如旧体词、旧戏曲、章回体小说等，它们在"五四"后仍在发展中，不但没有全都"气绝"（鲁迅语）了，有的还创造了新的优秀成果，同样具有现代性。但是，按照胡适的进化论的阐释，"五四"以后的中国文学就只是以白话为工具的新文学，别的全不具有历史的合法性，没有资格进入文学史。于是"五四"后所建构的现代文学史只是单纯的"新文学史"，最早的这类著作（直到20世纪50年代的王瑶本）大都叫做"新文学史"。

在文化领域里，新文学因为是新时代的产物，便有着旧文学所没有的新因素，代表着文学发展的新方向。但有所进化的同时可能在另一些方面有所退化。生物的进化是这样的，其他事物也是这样的，后出的新事物并不一定在一切方面都优于旧物。文学尤其如此，因为文学是人类的精神产品，是特定时代的创造物，不同时代的创造物会有它的独特价值。人类最早的文学创造如神话，早已过时了，却仍能给我们以精神享受；而今天创造现代文学的人们已经写不出像希腊神话这样的作品了，所以马克思赞美希腊神话，以为是后世难以企及的。在我国，新诗艺术至今还不能超越古诗。这一点不少新诗人心里明白得很。何其芳曾说过："我认为，今天的新诗都比不上古代第二流诗人如孟浩然、王维等人的诗。"他说自己从小到老，都喜欢杜甫的

---

① 陈蓉霞：《为什么要亲近科学经典?》，载《中华读书报》2006年10月11日。

《赠卫八处士》,"而今天的许多新诗,却不一定能作到这样。按理说,文学应当是有魅力的。现在的作品,有些却不是这样的"①。

还有,进化论的阐释往往是一刀两断论。本来,新的是从旧的进化来的,新旧之间必然保持着历史的联系。尤其是文化传统,有着长久的生命力,旧时代过去了,它还会长时间保留着自己的影响。而胡适却用辛亥革命来做类比,他举清朝的匪乱和太平天国为例,因为不是"有意识有计划的排满运动",所以都失败了。而辛亥革命"因为是有意识的主张,有计划的革命,故能于短时期之中,收最后的胜利"。因此,文学上也应该有有意识的革命:"这个有意的主张,便是文学革命的特点。"② 但辛亥革命是政治革命,目的在于打碎旧政权机器,这是短期内可能做到的。文化革命要解决思想上的问题,思想是不能打碎,也消灭不了的。思想的更替更要靠建设,不可能短时间里彻底解决问题,所以新旧思想不可能一刀两断,会有一个并存过程。在这过程中,有的旧文化不适应新的时代环境,不被新时代所接受而逐渐消亡;有的会被新环境所改造,逐渐演变出新面貌,成了新文化的新品种,继续留在新时代。这样的变化过程总是渐进式的。这才是文化革命的特点。新旧的"一刀两断"使新事物没有了历史渊源,使新文学失去了历史根基,好像是从外国移植过来的,这不符合历史实际,也没有把文化革命的特点揭示出来。

最后,线性进化图式不符合历史发展的实际。文学进化论者认定文学发展是有共同规律的,有一种不分民族和国度的共同进化的模式,因而容易用现代化先发国家的发展道路来预设、规划后发国家的文学发展途径。从"五四"开始,文学革命的先驱就是根据这样的认识,以西方文学比照中国,以为中国文学也会照着西方文学的发展路子走向现代化。郑伯奇曾非常典型地做了说明。他根据美国心理学家史丹莱·霍尔(Stanley Hall)的心理发生学理论,提出在文化史上"人类文化的进步,是将以前已经通过了的进化过程反复一番而后前进的"。"文化落后的国家或民族,它的文学虽在一个新的潮流之中产生,而先进国所通过了的文学进化过程,它还要反复一遍,虽然这反复的行进是很快的。"③ 因而,"五四"后,"西欧两世纪所经过了的文学

---

① 何其芳:《关于研究中国古典文学》,见《与青年朋友谈治学》,中华书局1983年版,第54—55页。
② 胡适:《五十年来中国之文学》,见《胡适文集》第4卷,人民文学出版社1998年版,第330页。
③ 郑伯奇:《中国新文学大系·文学论争集导言》,良友图书公司1935年版,第1—2页。

上的种种动向,都在中国很匆促地又很杂乱地出现过来"①。这样,中国文学的发展史,就被套在了西方文学进化史的框架里了。不过,郑伯奇还不是始作俑者,他只是为自己的见解找到一种理论根据而已。早在提倡新文学之初,陈独秀的《现代欧洲文艺史谭》(《新青年》第1卷第3号)就是以欧洲近代以来文艺发展史为参照系来预设中国文学的发展的,认为中国也会按照欧洲的路线向前走,因此要有文学革命。他们所画出的就是线性的文学进化路线。

而现代中国文学有自己的特点,在一段时间里,由于社会发展的不平衡性,出现了落差非常大的多种文学并存且多头并进的局面。"五四"后,我国仍是半封建半殖民地,广大地区还处于"前现代",但一些大城市、一些沿海地区有现代社会的因素。到了20世纪80年代,从国外传来了"后现代"的影响,虽然我们还没有在整体上实现现代化,但在全球化的背景下,社会生活中也可以有某些"后现代"的成分。这样,便有了"前现代""现代""后现代"同时并存于我们的社会。这是线性进化图式表现不了的。

进化论曾给了中国人民重大的帮助,使我们相信从大宇宙到人类社会都是在发展中的,而发展变化的趋势,总的说来是向前的,是不断进步的。(至于怎样评价社会达尔文主义,当另作讨论。)这种观念已成人们的思维定势。这很容易形成一种简单化的、僵硬的思维方式,看不到人类社会和文化的发展进步与自然界进化不同,实际情况要复杂得多,并不总是直线式的,而是曲折的、反复的,有时前进有时后退,也不乏偶然性。误认新的都是好的,旧的都是坏的,此类简单化思想,曾对人们认识客观世界造成危害,对现代文学史的编纂也有消极影响。

三、阶级论的阐释体系

阶级论是现代文学史建构中有长期、深刻影响的阐释体系。阶级论深化了进化论,把生存竞争的实质归结为阶级斗争,把阶级斗争视为社会进化的动力,以此解释文学的发展。例如"五四"新文学为什么产生,不再是新旧文学之争的结果,而是因为此时中国有了新兴的资产阶级和无产阶级,他们为了反帝反封建而斗争,包括进行思想领域、文学领域的革命。此后新文学的发展,如无产阶级文学的倡导,解放区文艺整风运动,各种文学流派之间

---

① 郑伯奇:《中国新文学大系·文学论争集导言》,良友图书公司1935年版,第3页。

的论争等,无不认为是不同时期阶级斗争的表现。这种阐释体系在 1949 年后成为中国现代文学史建构的指导思想,逐渐形成系统性的文学批评与研究的理论、方法。

阶级论的阐释以"反映论"为哲学基础,认为文学是社会生活的反映,因此能否正确地反映现实,是作品成败的关键。而要正确地反映现实,就必须站在无产阶级的立场上,因为只有无产阶级是最先进的、最有前途的阶级,才敢于正视现实,敢于往前看。在文学批评上喜用"社会—历史的批评",以衡估作品对社会、历史反映的真实、深刻程度。在文学功能上坚持"工具论"或"武器论",即认文学为阶级斗争的工具或武器,怎样反映现实也就成了要做哪个阶级的工具、武器,为哪个阶级服务的问题。不妨以瞿秋白对《子夜》的评价为例。首先是看作品写了什么:

> 它不但描写着企业家、买办阶级、投机分子、土豪、工人、共产党、帝国主义、军阀混战等等,它更提出许多问题,主要的如工业发展问题,工人斗争问题,它都很细心的描写与解决。从"文学是时代的反映"上看来,《子夜》的确是中国文坛新的收获,这可说是值得夸耀的一件事。①

> ……所有这些,差不多要反映中国的全社会,不过是以大都市做中心的,是 1930 年的两个月中间的"片段",而相当的暗示着过去和未来的联系。这是中国第一部写实主义的成功的长篇小说。②

瞿的归纳是不错的,但《子夜》对现实的反映的好坏、深浅,他都未作深入分析。在他看来,只要是写了现实社会问题的就是好的,就应该肯定。其次,"应用真正的社会科学,在文艺上表现中国的社会关系,在《子夜》不能够不说是很大的成绩"③。他总结了《子夜》中的八个内容,除了表现知识分子,表现女性、恋爱观和立三路线外,其他四个方面是中国封建势力的崩溃,以帝国主义为后台的各派军阀混战,懦弱的中国资本家的矛盾,"在帝国主义桎梏下的中国资本家,到底也战不胜洋商的资本雄厚;……这事实说明中国民族工业不能抬头"④。这些都很正确地表现了社会科学的理论。所以他也

---

① 施蒂而:《读〈子夜〉》,载《中华日报·小贡献》1933 年 8 月 13 日。
② 乐雯:《〈子夜〉和国货年》,载《申报·自由谈》1933 年 4 月 3 日。
③ 乐雯:《〈子夜〉和国货年》,载《申报·自由谈》1933 年 4 月 3 日。
④ 施蒂而:《读〈子夜〉》,载《中华日报·小贡献》1933 年 8 月 13 日。

承认"《子夜》在社会史上的价值是超越它在文学史上的价值的"①。但他仍觉得有所不足,所以提出"假使作者从吴荪甫宣布'停工'上,再写一段工人的罢工和示威,这不但可挽回在意识上的歪曲,同时更可增加《子夜》的影响与力量"②。如果这样写,在瞿秋白看来就更符合社会科学理论了。

瞿秋白的结论不是从人物的形象分析、性格解剖或者艺术解析中引出的,他是根据反映了多少当时的社会现实,这些反映是否符合社会科学理论,来评价作品的。所造成的直接后果是,只要小说所描写的生活能符合某种理论所规定的生活,那就是好作品了。这样的方法曾长时间流行于文学批评之中。

人类早已进入了阶级社会。将阶级观点引入文学研究领域,有助于人们对文学的某一方面特性的认识,这是它能够在长时间被许多知识分子、研究家接受、使用的原因。但这种阐释体系有明显的局限性:把文学发展的历史归结为阶级斗争史,早在左翼文艺运动初起时,就因此而引发了批判"五四"新文化运动是资产阶级性质的文化运动,批判鲁迅是小资产阶级或资产阶级作家等一系列"左"倾错误。后来政治运动频仍,现代文学史编纂中越发加强阶级斗争的表述,受批判的作家也越发多了,准予入史的人越来越少。

这种阐释体系的局限还在于只强调阶级斗争的作用,忽视了社会发展的多方面因素,如经济、生产、科技、城市、教育、传媒等诸多因素也曾对于文学的发展、变迁有重要的作用。这造成研究者视野狭窄和思想偏枯,狭隘地以作家的阶级成份、作品的阶级内容和在阶级斗争中的作用作为评价文学的标准,忽视文学的审美作用、娱乐作用,也忽视了文学自身的发展规律,使文学失去独立品格,成了政治的随从。以至至今艺术的分析、研究仍是现代文学研究中的弱项。这对于创作欣赏,都是不利的。

同时,为了坚持阶级观点,还全盘地否定人性论,直接损害文学创作的发展。否定人性论是20世纪30年代左翼文学运动的重大理论错误之一,其严重的后果超出了文学。文学要表现人,故习称为"人学"。其实在主张文学的阶级性时,完全不必去否定人性。人具有多重属性,人性和阶级性都是人所具有的。人之为人,必然有人性。但人是社会动物,所以他的身上又有各种社会属性。如民族性,不同民族的人具有自己的民族性格。有国民性,鲁迅当年提出改造国民性的课题,就是希望克服中国人普遍的思想性格上的弱点。在阶级社会,则人又具有阶级性。在一个阶级中,还会有一部分人明

---

① 施蒂而:《读〈子夜〉》,载《中华日报·小贡献》1933年8月13日。
② 施蒂而:《读〈子夜〉》,载《中华日报·小贡献》1933年8月13日。

确地意识到本阶级的存在、特点、利益，组成、加入代表自己阶级利益的政党，自觉地为本阶级的利益而奋斗。这一部分人还具有党性。在人的各种属性中，党性处于最高的地位，不是阶级里的每一个人都能具有的。在人的各种属性中，人性最低，凡是人就都具有，因此也最为普遍。两个不同阶级的人，可能因为利害关系而发生尖锐的冲突，但在人性上却可能又有某些共同性，这就造成人的复杂性。文学作品应该表现人的这种复杂性。

过去长时期里，人性论和人道主义不断遭到批判，不仅在文学创作上，也在社会生活中造成了严重的后果。正因为人有多重属性，现代文学史上不同作家各有不同的关注点，有的着重描写人性，有的只求表现人的社会性、阶级性。当然还有的作家在塑造人物时，能够把人性和阶级性统一起来。我们应该认真总结他们的经验，促进优秀作品的产生，而不应该把人性和阶级性完全地、绝对地对立起来。

到了40年代，因为毛泽东《新民主主义论》的发表，更有了属于阶级论范畴的新的阐释系统。该论著中对"五四"新文化运动和此后的文化、文学历史做了总结，在阶级论的阐释体系中最具完整的理论形态。它纠正了对中国社会性质的"左"倾理解，肯定了当前仍然是反帝反封建的民主革命阶段；但区别新旧两种性质的民主革命，从理论上肯定了中共领导新的民主革命的正统地位。从此以后，特别在建国以后，这些观点长期指导着现代文学史的编纂，现代文学的历史就有了统一的阐释。在这个阐释体系里，强化了阶级论色彩，对现代文学史不同阶段的描述，都特别注意表现无产阶级的领导作用，强调现代文学中的"社会主义因素"，力求把现代文学史说成自始（"五四"新文化运动）就是在共产主义思想指导之下发展起来的，逐步发展到实现中共对它的组织领导，并建立了系统的领导文艺的理论、方针、政策。认为这种领导作用越加强，现代文学就越繁荣发达起来。40年代解放区文艺就是在中共的直接领导下成为现代文学新高峰的，成了1949年后全国文艺的榜样。建国后，从王瑶的《中国新文学史稿》开始，就力图按照《新民主主义论》来建构中国现代文学史。这是1949年后所创建的现代文学史与1949年前的，包括也是以阶级论为指导的同类著作的最根本区别。

但是，上述的论断并不一定都能得到实证的支持。例如关于"五四"新文化运动是无产阶级领导的论断，尽管文学史家努力发掘，想要找出那时传播马克思主义文学观的史料，但所获不多，不足以有力地支持这一论断。李大钊是"五四"时期具有初步共产主义思想的最有代表性的人物，经过挖掘找到他的《什么是新文学》《新旧思潮之激战》两文，把《什么是新文学》

中所说"坚信的主义"解释为就是指的马克思主义。而实际上，他在这篇文章中提出三个对文学的要求：一是"社会写实的文学"，二是"以博爱心为基础的文学"，三是"为文学本身的文学"，都看不出他说的"主义"就是马克思主义。而"博爱"才是他的最重要文艺观。他说：

> 我相信，人间的关系只是一个"爱"字，而只有"爱的生活才是人的生活"。
>
> 我们的至高理想，在使人间的一切关系都脱去力的关系，而纯为爱的关系。作为人的情感与精神的解放的标志，在个人方面是"自由的我"的形成；在群体方面则是"人类互相之间，自然要各自尊重各自的个性"。①

这些重要的内容都被有意地遮蔽了。或者只介绍他的《Bolshevism 的胜利》《我的马克思主义观》等，其实这时他也还在宣传："我们现在所要求的，是个解放自我的我，和一个人人相爱的世界。"②

新文化运动的领导问题曾长期困扰现代文学研究界。事实是"五四"后的中国，文化、文学领域在 1949 年前始终保持多元并存的局面，各种文学思潮不断发生矛盾、冲突，这才是比较接近历史事实的。

新民主主义论的阐释体系强调现代文学是无产阶级领导的，强调"社会主义因素"，很自然就要在文学史的编纂中突出、抬高革命文学、左翼文学、解放区文学的地位，特别看重作家的阶级、党派身份，而不是根据他们实际的文学创作成就来评论高低。这就是中国现代文学史曾被编成了"革命文学史"的原因。这样的文学史著当然不能真实、完整地记述丰富多彩的现代文学历史面貌，显出这一阐释体系思想上的狭隘性，不利于全面、深刻地反映那一个时代的文学面貌。

四、启蒙论的阐释体系

启蒙论的阐释体系是 20 世纪 80 年代出现的。那时被称为新启蒙的时期，从反思"文革"而激起的批判封建专制主义的热情，促发了启蒙主义思潮的

---

① 李大钊：《双十字上的新生活》，见《李大钊文集（下）》，人民出版社 1984 年版，第 96 页。
② 李大钊：《我的世界》，见《李大钊选集》，人民出版社 1959 年版，第 221 页。

涌动，也促成了现代文学研究领域的启蒙论阐释体系的形成。它把长期以来现代文学研究的政治视角，扭转为文化视角，即从文化史、思想史的角度来重新认识现代文学史，对于原先占主导地位的阶级论、新民主主义论阐释体系，形成强有力的冲击。

1985年，美学家李泽厚从总结现代思想史的角度，提出著名的"救亡压倒启蒙"的命题，认为"五四"启蒙精神未能得到发展，原因在于民族危机加深，"救亡"成了当务之急；而担负救亡主力军的是被启蒙的农民，使启蒙主义思潮消退。继而刘再复提出中国社会运动重心的转移等原因，造成具有现代人格的知识分子与农民的历史角色互换，导致启蒙精神失落。① 同一时间，黄子平、陈平原和钱理群提出"20世纪中国文学"的概念，也给"五四"启蒙主义文学以高度评价，并认为20世纪中国文学的总主题是"改造民族灵魂"，审美风格是"悲凉"等，以这些启蒙文学的特征为20世纪文学的总体特征。这些观念在当时被不少人所接受，以解释现代文学的发展路程。在反思启蒙主义的命运时，便有"花甲轮回""五四怪圈"等论点，即认为从1919年"五四"运动开始的反封建主义的思想运动，经过大约60年的迂回曲折，绕了个圆圈，到了80年代又重新回归"五四"。民主、科学、个性解放、改造国民性等思想又重新唱响了。从这样的视角来考察现代文学，于是改变了现代文学史上许多问题、许多作家的评价。正是在这股思潮的冲击下，上海有"重写文学史"的讨论，北京有新文学经典大家的重排座次等。此后现代文学史面貌大变，是与出现这一阐释体系并产生很大影响密切相关的。

实际上，在1949年之前，早已有人从启蒙主义的角度来阐释现代文学史。胡风早就说过"五四"新文学要建设的是"人的文学"：

> 那时的"为人生"和"为艺术"，前者是，觉醒了的"人"把他的眼睛投向社会，想从现实的认识里面寻求改革底道路；后者是，觉醒了的"人"用他的热情膨胀了自己，想从自我的扩展里面叫出改革的愿望。……他们却同是属于在市民社会出现的人本主义底精神。②

---

① 刘曾在《文艺报》上发表《"五四"文学启蒙精神的失落与回归》，经《人民日报》删节修改后又以《两次历史性的突破》为题，发表在该报1989年4月25日第6版。
② 胡风：《文学上的五四——为五四纪念写》，见《胡风评论集》，人民文学出版社1984年版，第122—123页。

80年代启蒙主义的走红，可说是旧话重提，不过却有其独特的现实背景。那就是"文化大革命"刚刚过去，人们正在沉痛地反思这历史大灾难的思想根源。此时批判封建专制主义的现实表现，具有不言而喻的尖锐性和敏感性，因而牵动人心，使启蒙成了社科界一时最热门的话题。

依照启蒙论的阐释体系，在新文学史编纂中一般都高度赞扬"五四"的"人的文学"思想，热情地肯定文学中的人道主义和个性解放的主题，给这一类创作以特别的重视和很高的评价。同时也或隐或显地描述知识分子与农民的角色互换和文学中启蒙思潮衰退的历史。虽然至今很难找出哪一部书系统、完整地表现了启蒙论的阐释体系，但在此后许多作品中都能看到它的影响的痕迹。其中有表现得比较充分的，如许志英、邹恬主编的《中国现代文学主潮》（2001年）。在现代文学的第一个十年里，专设"人的文学""自我表现""个性解放""人生探索""非战文学""乡土文学"等章节，从思想和创作两方面来突显"五四"的启蒙思潮。在20年代末又设有"个性解放主题的淡化"一节，说明社会运动的发展对新文学的影响在20—30年代之交已经越发明显了。在抗战时期解放区文学中的"启蒙与被启蒙"一节中，描述了角色互换的完成。稍后，张光芒在《中国文学史（5）——现代文学史》（2004年）中也企图用启蒙主义来贯串全书。特别是在"五四"编里（第一个十年），也用启蒙主义思想解剖并结构这段历史。该书把"五四"文学革命内容概括为"从'活的文学'观到'人的文学'观"，以为这是"一场决定性的战役"。把此时出现的文学革命先驱称为"应历史呼唤而出的第一代'现代人'"，分析这些人是"超人"，也是"孤独者"。以"在'人'的旗帜下"为题，概括他们所建立起来的新文学。设有"启蒙浪潮：不倒的人道主义大旗"（内含"觉醒者俯视下的'人'""觉醒者平视中的'人'"）、"自我表现：挖掘不尽的'内心郁积'"（含"高唱'新我'的诞生""生的苦闷，性的苦闷""为爱情而歌咏爱情"）。虽未能较完整地反映"五四"文学革命和第一个十年的历史亦在所不惜，只为要突出一个启蒙主义的中心。在启蒙论的标准下，后来在文艺为政治服务思潮下产生的成果，当然就不可能总是受到赞美了。

启蒙论的阐释体系也有其局限性，用启蒙文学来概括20世纪中国文学，容易把百年文学的复杂性、丰富性简单化了。"五四"后的文学不是仅有一种启蒙文学，也不一定只有启蒙性质的作品最好。既不能用一个"总主题"、一种"风格"来概括30年或100年的文学，把现代文学史描写成只有启蒙文学一条线，只肯定、赞美这条线，像过去只肯定、赞美革命文学一条线那样；

现代文学史的历程也不是"救亡压倒启蒙"一句话所可以概括的。还要注意守住文学艺术,不让现代文学史变成现代思想史的附庸,用各种思想、学说来肢解文学作品,把文学作品当作思想的例证。

目前对文学上启蒙主义思潮的研究还在深入中。一是以文艺复兴、宗教改革、启蒙运动以来,西方关于启蒙主义的理论(包括各种有关"人学"的学说)相当丰富也相当成熟,这也是我国近代以来启蒙思潮的主要理论来源。而以往的教学并未予以重视,从事现代文学史研究的学者对此尚不能说已经十分谙熟,这方面的知识与哲学、史学界一些思想史、文化史研究家有差距。理论资源的匮乏成为深入剖析、评析"五四"的瓶颈。二是怎样运用理论来对"五四"后的文学实践(包括创作、理论、译介等)进行整理、研究,也不是轻松之事。有人已有初步的成果,如张光芒的《中国近现代启蒙文学思潮论》(2002年),试图对近代以来文学上的启蒙主义思潮做一番理论的审视。现在很需要史论两方面齐头并进地深入下去。

20世纪80—90年代之交,出现寻求新的阐释体系的趋向,这就是对中国现代文学的现代性阐释的逐渐风行,到世纪之交已成为现代文学研究中的热门选题。它接续正在落潮中的80年代启蒙主义思潮。

如果说启蒙主义阐释的兴起主要来自社会内部从反思"文革"所激起的批判激情;那么,现代性阐释的出现则更多是外部的推动,那就是西方"后现代"思潮对我国学术界的冲击。现代性的提出,是在西方发达国家建成现代工业社会之后,已经能够看到现代化过程中社会的很多弊病,于是回过头去对现代化的历史进行反思,从而出现了"反思现代性""反抗现代性""现代性终结"等被称为"后现代"的思潮。20世纪80—90年代之交的中国现代学研究界面临着"新儒家"和"后现代"的两面夹击。海外新儒家的著作,如林毓生的《中国意识的危机》等,已经传入国内。新儒家批评"五四"新文化运动对传统的全盘否定,这实际上也是对启蒙主义的批评、冲击,理所当然地引起某些现代文学研究者的反应、反击。另一方面"后现代"思潮在国内涌现,它们要批判、反思的现代性,在某些现代文学研究家看来恰是新文学的"命根子"。因为从来对现代性的解释虽然五花八门,莫衷一是,但大体上认为就是理性精神、民主、科学等,而这些恰是启蒙主义的最重要的内容和目标。在研究者中"有的把启蒙等同于现代性,有的则把启蒙作为现代性的一种"[①]。因此,批评了现代性好像也就从根本上动摇、否

---

① 张光芒:《中国近现代启蒙文学思潮论》,山东文艺出版社2002年版,第1页。

定了现代文学似的。

只因事涉"五四"评价,"新儒家"和"后现代"的影响也波及中国现代文学研究界。而现代文学研究界的反应只能说是微弱的,反击也并不有力,远远不能与哲学、史学等领域相比。实际上也反映了现代文学学科在学术领域的地位。有人担心在双重夹击下,现代文学学科会被颠覆。现在看来,这是没有必要的忧虑。现代文学研究在中国的特定语境里进行,自有自己的路,不可能由于外来的什么思潮竟能把已成的历史都颠覆了,把一个学科也颠覆了。不过,在这种外部力量冲击下,进入90年代以后,"现代性"研究倒成为热门了。在某些成果里,以现代性为题展开的论述,甚至可以说就是启蒙阐释的换装登场。一些十分重视现代性研究的学者,他们叙述启蒙主义和现代性的关系时说得很明白:"启蒙主义确立的理性和主体性原则,成为现代性的核心。……启蒙主义的基本特点中,核心的精神是对于现代性的鼓吹。"① 这种认识获得普遍的认同,在对现代性理解的十分歧义、十分混乱中,这种认识已经成为大势了。因此,描述、总结现代文学现代性建构的历史过程和经验教训等,便与总结启蒙文学不会有太大的差别。我们也就没有必要把目前很流行的这种阐释单列为第四种阐释体系,把它挂在启蒙论的阐释体系之下就足以说明问题了。将来如果这种阐释有所发展、变化,不能再包容在启蒙思潮之内,还可以把它独立出来。

"现代性"被从"后现代"思潮中剥离出来,为研究中国现当代文学的人所重视、所采用,也因为有学术上的需要。以前,研究者们已经普遍使用"现代化"的概念,认为现代文学的诞生是适应中国社会走向现代化的历史趋势,也是中国文学现代化的开始。但文学的现代化应该有哪些精神内涵,是并不很明确的。唐弢的博士生汪晖在1996年写的《我们如何成为现代的?》中说,他曾问过唐先生什么是现代文学的"现代",唐只是回答这是个复杂的问题。此例可证人们对"现代"的精神内涵缺乏明确认识。"现代性"比之"现代化",更适用于解释精神领域的现象。现代化多指的是形而下的,如工业、农业现代化;现代性指的是形而上的,即现代社会在精神上与古代社会的区别。现代文学当然有别于古代文学,这本是不成问题的,但是什么是"现代精神",就缺乏比较一致的准确的理解。所以,人们便用"现代性"来作为现代文学的标准、标志,以规范现代文学的精神内涵。于是"现代

---

① 杨春时等主编:《现代性与20世纪中国文学思潮》,广西师大出版社2005年版,第5页。

性"被作为与启蒙思潮相关的概念被普遍接受。海外一些研究中国文学的学者,也曾这样考察中国的现代文学。在费正清主编的《剑桥中华民国史》中,负责写作"五四"后文学史的美籍华裔学者李欧梵,用的题目就是"现代性的追求"。[李的《现代性的追求(1895—1927)》单行本,已于2000年由北京三联书店出版。]这无疑对国内学者运用现代性的概念起了鼓舞、推进的作用。当启蒙思潮落潮之时,"现代性"就被认为可以用来引领新潮的理论,虽然很可能对它还未有深入的理解、消化、掌握。

再有,20世纪80—90年代现代文学研究的一些重要成果,对启蒙主义的阐释体系造成了冲击,暴露了启蒙主义阐释体系自身的某些狭隘性。例如对清末民初兴起,延续到1949的都市通俗小说的整理、研究,挖掘出这类创作(也叫旧派小说、鸳鸯蝴蝶派小说等)的某些成就;有人认为这些"旧派小说"应该入现代文学史,完整的中国现代文学史应该是雅俗文学的"双翼齐飞"。这样的观点已被普遍接受,90年代后出版的现代文学史著,大多增加了通俗小说的章节。"现代性"可以为此提供理论上的支持,如有美籍学者从现代性的视角审视中国新旧文学的转型,认为这些通俗小说已具备现代性,它所涉及的内容甚至比"五四"新文学还要宽阔。若以"现代性"为标准来考察,便认为现代文学从"五四"算起,那就压抑了这之前一段时间的文学,主要是清末民初的通俗小说。他们问道:"没有近代,何来'五四'?"某些学者提出现代文学的发生,应该在19—20世纪之交,那时便已经开始了一个新的文学时期。(可参看2001年《复旦大学学报·社科版》上关于中国文学史分期问题的讨论。)启蒙主义的阐释握着一个准入的标准,严格把守。"现代性"的阐释拿着基本相同的标准说:那些被拒之门外的,也是够标准的,应该请他们进来才是。到底到了什么时候中国文学才够得上"现代"的标准,看来还要讨论一阵子。

目前,"现代性"的概念虽已渗透到中国现当代文学研究之中,是当今很时髦的一种阐释。但对它的理解还有很大分歧。"现代性"既可以被解释为就是"资本主义性",也有人提出"反现代性的现代性""社会主义的现代性",甚至还有"暴力革命的现代性"等,连"革命样板戏"里也不乏"现代性"了,真是令人惊叹!这正如有的学者所看到的:"中国的现代性选择呈现出共名下分歧。同是追求现代性,胡适的英美式自由主义与李大钊选择的俄苏式社会主义,是如此不同;'五四'张扬的人道主义、理性,与尼采等人的非理性也构成矛盾。今天看来,中国现代(文学)史上的不少争论……不是是否选择现代性的问题,而是围绕选择怎样的现代性而展开的讨论。"① 有一些争论更纯粹是理解上的分歧。如有人认为文学的现代性"不是对现代性即理性的认同、肯定,而是对现代性即理性的超越、否定"②,从而认为中国的现代文学缺乏审美现代性,缺乏对社会(世俗)现代性和启蒙理性的批判,故只具有"前现代"的性质,不是现代文学。这样的意见当然引起了反对者的驳难,认为"倘若单纯以审美的超越性衡量文学,在中国,现代文学史就几乎不能成立了"③。难怪有人面对这种状况,称现在的状况为"多种含义的胶着状态",并认为"这些概念的歧义性已经严重影响到了我们对于实际文学问题的真切把握"④。这时自然还不可能产生比较集中地用"现代性"的阐释编纂的现代文学史。大家对"现代性"的认识比较晚,中国之现代化社会建设也还没有完成,对一些问题的认识便不能深刻。这都可能是造成认识分歧的原因。

由于"现代性"之进入新文学研究,不像阶级论、启蒙论等,其背后有着强大的社会动力,是代表着某种社会思潮的,因而缺少20世纪阶级论阐释在30年代、启蒙论阐释在80年代的那股冲击力、震动力,讨论更多地在学术层面上展开,其影响力、推动力就小一些。看来一种阐释体系能够取代原先的旧体系,成为某一时段支配地位的新阐释体系,它必须同时有一个新旧价值体系转换的机遇。如果没有价值评价、认定上的变化,只能在原有价值体系里修修补补,其影响力就不会太大。如果只在套用某种外来的概念或理论框架,其能有多少真正的学术价值也是令人怀疑的,不论它是否曾经热火朝天过。

"现代性"是来自思想史的概念,可以用来说明、证明我们的现代文学,对于加深现代文学性质的认识,有一定的积极意义。但另一方面,它原先毕竟并非从文学史里,而是从思想史里总结出来的,用到文学领域后,所讨论的也偏重于文学的思想性问题,还来不及用它来深入地研究文学自身的问题,便给人以离文学渐远,又回到思想史去,甚至又回到政治问题上去了之感。进化论还讲文体的演进;阶级论在政治第一的前提下还有艺术第二。启蒙论

---

① 杨联芬:《现代性与中国现代文学研究》,见《现代性与20世纪中国文学思潮》,广西师大出版社2005年版,第303页。
② 杨春时:《现代性与中国文化》,北京国际文化出版公司2002年版,第138页。
③ 杨联芬:《现代性与中国现代文学研究》,见《现代性与20世纪中国文学思潮》,广西师大出版社2005年版,第306页。
④ 李怡:《现代性:批判的批判》,人民文学出版社2006年版,第24、33页。

就偏重于思想了,到了现代性就更把新文学拉进中国现代思想史去了。所以有人质疑这是"思想史取替文学史"①。从 20 世纪 70 年代末的思想解放中,提出"回到文学"的愿景,至今未实现,却仍只是绕着思想问题的圈子团团转。这说明直到今天,人们还没有把研究的兴趣放到文学本身或艺术问题上去,所以还没有出现一个以艺术为坐标的对新文学的阐释体系。人们的兴奋点还在他们所最关心的问题上。

从以上介绍的三种阐释体系,可以看到历史是怎样地被阐释着。按照这三种阐释,同一段中国现代文学史可以迅速地变换出多种不同的面貌来。哪怕是最强调客观性的编纂者,他的"编史"也必包含着他的主观"心构",不可能百分之百的客观。我们还看到,哪一种阐释体系成为某一时段的主流,都有一定的社会背景,都受那时主导的价值观的影响,并不是纯粹由于学术思想的变化。纯然出于学术思想的差异而形成不同阐释,使得多种面貌有别的现代文学史并存共生的局面,至今还没有出现。某一种阐释体系占有主导地位,既然有其时代的原因,因此,在正常的历史条件下,能被接受并影响、支配着编纂的阐释体系,一般都会对人们的认识发展有某种程度的推进。也因此,每一种阐释也都会有自己的时代局限。宣告自己的阐释是唯一科学的,这本身就是不科学的。实践经验告诉我们,为提高中国现代文学史的编纂水平,有两个方面缺一不可。一是在史料上进一步收集、整理,力求史实翔实可靠;二是还要提高理论的素养,能够提出自己独特的理论阐释。这后者可能是更困难的,更需要下功夫的。

(原载《学术研究》2007 年第 8 期)

---

① 温儒敏:《思想史取替文学史?》,见南京大学中国现代文学研究中心编《中国现代文学传统》,人民文学出版社 2002 年版。

周炳形象与欧阳山的"奇人家族"

黄伟宗

一、"奇人"家族与周炳的血缘

翻阅中外古今的文学史即会发现,享有盛誉的作家所创造的人物形象,大都构成某种意义上的系列或体系,亦可称之为家族。这就是说,作家往往从自己熟悉的人物出发,以自己的世界观、美学观和艺术方法,自觉或不很自觉地在自己的一系列作品中,创造某种类型的人物(主要是作品中的主要人物)。例如巴尔扎克的《人间喜剧》,大多是高老头、葛朗台式的人物,屠格涅夫在《贵族之家》《父与子》等小说中大都是"罗亭"式的形象,鲁迅小说中的人物主要是孔乙己、阿Q式的病态人物,以及当今的小说家蒋子龙笔下的"开拓者"家族,高晓声的陈奂生系列,张洁笔下的女性形象系列等等。对于欧阳山这样一位老作家来说,也是如此的,而且是更为明显地自成一格的。

欧阳山笔下的人物,我看可以称之为"奇人"家族。这就是说,他写的人物大多着重表现其思想性格或经历的奇特,或者说所写的人物实际上并不奇而被视为奇。这种人物典型家族或系列的创造,在欧阳山来说,自然有一个从不很自觉到自觉,从不很成熟到成熟的过程;同时,这类人物的每一个也有着各自不同的个性,有着各自不同的社会意义和艺术价值。

"奇人"家族在欧阳山初期创作中已有胚胎。《玫瑰残了》的主人公"我"(V),就是一个被社会迫害得精神与身体"病态"的人物。这个人物的"奇",一方面他本是学生民主运动先进分子,后来变成了逃避现实的悲观主义者,另一方面他本来有情投意合的情人,但又因种种原因而不得或回避自己之所爱。这两个方面的"反常",实际上是反常的社会所促使的。《再会吧,黑猫》中的乞丐黑猫,虽身处每日不得温饱的极度穷困境地之中,但仍性格倔强,有一种爱与人们"顶嘴"的怪癖。这个人物之"奇",既在性格,也在遭遇。两者都在"奇"中显示了社会下层人群的品格和苦难。

作为欧阳山艺术道路第二个里程碑的《竹尺和铁锤》，主人公阿菊的思想性格，可以说不是一个"奇人"的形象，她的生活道路也不是奇特的遭遇，但与她密切相关的人物却是种种下层的"奇人"，如她母亲王九姑，是一个善良、正直的人，却是被人歧视的暗娼；她的哥哥阿华，正直青年，却又是一个流浪汉；同屋的明叔，有一个奇特的"妙中妙"外号，是一个患有摆头病的收破烂者；同屋的阿秋是一个工人，他父亲是强盗，他妻子跟人跑了，他将婴儿活活整死，从外地跑来广州……总之，在这部小说里，也即是在小说所写的广州万福街16号这个破烂居民点里，集中了旧社会下层的三教九流，各种各样的"奇人"。可以说是一窝"奇人"的群像。小说写他们的苦难，写他们不同的经历和性格，以阿菊的纯真性格将这群人的"奇"烘现出来，又以阿菊参加革命罢工运动的胜利和结束，将这群社会下层的前途展示。这种人物创造系列，一方面是表明欧阳山的"奇人"创造从单个转向群像组合的趋势，初显在形象综合创造上的艺术功力，另一方面也明朗地表现了他开始自觉地进行对自己较熟悉的社会下层群众的种种"奇人"形象系列的创造，显示了他有意识地创造这种形象"大厦"的意图和本领。

欧阳山的第三个里程碑是《战果》。这篇作品是作者以"长河"式的纵深表现来创造"奇人"的开始。这部小说的主人公丁泰，是一个学生，家穷，在校念书因为有小偷小摸的行为被开除。村里唯有一位名叫东乾叔的硬汉子看得起他，信任他。由于丢失托他保存的巨款更失去信誉。战争时，他到城里给人擦皮鞋，将自己全部擦鞋收入献出抗日。最后，在轰炸中为救出东乾伯母而牺牲自己生命，成了令人尊敬的抗日小英雄。丁泰的思想性格有两重"奇"：一是在他的品格上虽开始有某些不轨行为，但在实际上他的品质是好的，他的缺点是在发展中得到克服，他的优秀思想品质在时代的发展中增添了新的光彩；二是他思想品格本来并不如人们所认为的那样坏，实际上是社会的坏，欺凌或歧视他的人坏。这两重意义的艺术与思想内涵，就是：以人的表里、前后的对立统一写出人物的性格，以人与社会的对立统一，写出人物的思想与社会环境。这个人物形象同周炳的形象，有着更近的血缘关系。

同周炳形象有最亲血缘的，莫过于《高干大》中的主人公高生亮。这个人物，原来是个十足的农民，后来逐渐变成一个共产党员，但是还没有变完。现在他大半个是共产党员了，小半个还仍然是农民。他有庞大的身躯、弯曲的膝部、猩猩似的走路样儿。他识字不多，革命知识，农业、工业、商业的知识，却渊博得很。他面貌丑陋而心地和善，脾气暴躁而办事细心；说话粗鲁，爱顶撞人；有时心软象婆姨家，听话象小姑。有些事情很激进，有些事情很保守。他不信没有看见过的东西，但是对于鬼神却不能彻底否定……可见，作者是有意识地创造这样一个"奇特"的人物形象。从着意于"奇人"形象创造这个意义上看来，这是欧阳山对这种形象创造的继续，是这种人物家族中的一员。但从这形象的思想和艺术意义上看来，这个形象的创造却又有着崭新的功力和意义。这主要表现在：第一，这个形象所具有的两重性格，比他过去创造的形象更为丰富复杂，对立的因素更为尖锐，然而却又是高度和谐于一体之中；第二，这个形象思想性格是发展的，但却又不是过去创造的形象那样，将人物身上的缺点彻底清除的；第三，这个人物的创造，旨在表现人物与新社会某种不正之风的对立，同时也表现人物某种落后思想与社会落后意识的一致，表现出人物与时代的某种特定性与局限性。这三个特点自然是前面谈到的这部小说被称之为具有"新的写作作风"的标志之一。同时这也是欧阳山笔下的"奇人"家族出现新的形象年代的一种标志。从《一代风流》开始酝酿的时间上推论（作者说是延安整风时酝酿的），周炳形象与高干大的形象，大致是同时或者时间相距不远的时候产生的。从创造方法上说，也是基本一致的。所以，真正理解高干大的形象，也就会对周炳形象有所理解。

在《一代风流》动笔之前和进行写作的过程中，欧阳山还写了大量的短篇和中篇小说，这些小说中的主要人物大都属于"奇人"的家族，与周炳有更近、更亲的血缘关系。这里，有两篇是值得特别注意的：一篇是中篇小说《英雄三生》，写的是主人公符琼，从一个野孩子成长为一位革命英雄的历程。这个人物的基本性格特征，是既倔强而又温驯的，他的经历是平常的，又是惊险奇特的。作者着重从人物的奇特性格与奇险经历而将英雄形象创造出来。另一篇是短篇小说《慧眼》，主人公周邦是一个聪明的孩子，是一个眼睛能够看见人的心是红还是黑的"奇人"（按照现在的术语，可谓具有"特异功能"），坏人或者讲假话的人心黑，好人或讲真话的人心红。他讲真话，做好人，与坏人和讲假话的人作斗争，为此屡遭种种波折，展现了现实生活的真善美与假丑恶的斗争。在形象创造上，也可以说这是"奇人"形象的一种新发展。它以周邦具有某种"特异功能"的"奇"和思想性格的正直，反射现实生活的是与非，这是与周炳形象创造更有直接关系的一点。可以说《英雄三生》《慧眼》和《高干大》在创作奇人形象上，体现着作家三种不同的方法，而周炳的形象创造，则是这三种体现的组合，是以这三种方法或结构方式进行创造的。

二、周炳形象的纵横结构

对欧阳山笔下的"奇人"家族和周炳的血缘的探讨,足以说明周炳形象是作家数十年艺术道路(特别是人物形象创造上)的长河的产物,又是他"奇人"家族这座艺术大厦中的一个主要的、具有顶峰意义的成员。这是周炳形象具有长河与大厦综合结构的一层意义。另一层意义是在周炳形象的生活思想内涵与艺术创造上,也是这种结构的纵横组合。把握这两层意义,才能真正理解这个在中国文学史上独特的典型形象。

让我们先谈在第一重意义上周炳形象的特征。从纵的方面来看,欧阳山笔下的奇人形象,主要是这样一个系列:V君、黑猫、钟手、万福街16号一群、丁泰、高干大、符琼、周邦、周炳;与周炳同时或之后的是:赵奇、司徒老先生、骄傲的售货员、金牛和笑女、奥·康诺太太和黄中杰。从这系列我们可以看到:其一,这些人物各自的生活道路或某个生活横断面,都在不同的深度和广度上反映了其生活年代的社会生活,以及每个人物所属阶级或阶层的社会生活,从而,这串人物系列也就在总体上反映了从二十世纪二十年代直到八十年代中国社会每个阶级的社会状况,以及六十多年来的社会变化和发展的历史;其二,从这系列中,每个人物都有鲜明个性,又都具有"奇人"的总体特征,而每个人物之"奇",又是以不同的内涵或结构方式组合的,同时,这串人物在"奇"的特征和形象创造上,又是逐步明确、逐步成熟、逐步多式多样的。从横的方面来看,这串人物形象也有几个特点:一是分属于各种阶级或阶层,有知识分子、乞丐、工人、农民、干部、儿童、学者等等,与每个作品主要人物相关联的次要人物更是多种多样,几乎每个社会阶级和阶层的人都有所描写;二是与此相联系的是,每个人物都有一定阶级或阶层属性,但又不全是单纯的阶级阶层属性,往往是某阶级或阶层属性中的某方面,又兼有其他阶级、阶层属性的复杂组合,并且这些人物往往都有错综复杂的社会关系,是程度不同、方式不同的"社会关系的总和"(马克思语);三是这串人物的"奇",基本上每个都有不同的组合方式,有的是两重性的性格组合(如高干大),有的是群象组合(如《竹尺和铁锤》),有的是前后变化组合(如丁泰、司徒老先生、金牛和笑女),有的是表里反成组合(如售货员),有的是内外反成组合(如周邦、赵奇),有的是奇遇经历组合(如符琼),有的是两重对比组合(如奥·康诺太太与黄中杰)等等。

周炳的形象创造，首先就是这纵横两个方面汇合的产物。一方面，《一代风流》写周炳的成长道路，旨在体现三十年中国社会和中国革命发展的进程，体现这三十年中每个历史阶段和各个主要阶级阶层的社会状况。另一方面，从奇人的形象创造上说，周炳形象又可以说是这一串"奇人"形象的总汇，是这个"家族"的典型代表。因为这个形象融汇了和体现了"奇人"形象的总体特征，又综合运用和融汇了这串形象创造的各种结构方式和方法，并且又有了新的发展和创造。这两个方面的纵横组合及其发展创造特征，具体表现在：

其一，性格上的内外纵横组合，是以奇为轴心的内外反衬和发展变化，构成了性格的独特性和深广的内涵。小说从始至终，都着意呈现周炳的"痴、傻、呆、笨"。其实，这是一些人们对他的看法或印象，是他的思想性格的独特表现方式；他不是真的生理上的"痴"，而是赤诚的一种表现，即对某种自己认为值得献身的事业或感情、对某些值得盘根追究的问题，坚守不渝、执着追求，达到如醉如痴的地步；他也不是真正生理上的"傻"，而是他对人对事的赤诚坦白，不像一些人那样见风使舵，由此往往使他吃了苦头，所以被人们认为"傻"；他也不是真呆、真笨，而是他性格憨直的一种表现，即遇事往往苦思苦想，坚定追求，不贪捷径，不投机取巧，不怕自己吃亏。小说在一系列的情节中，所呈现出周炳的性格，正是他的赤诚、憨直；写人们将其认为是痴、傻、呆、笨，恰恰更反衬出他这种性格特征。小说塑造这个形象，是以此作为其思想性格的基点或轴心的，由此而进行纵横组合，赋以深广的社会生活内涵和典型的思想意义。这种纵横组合，又是其内外组合的延伸和发展。从横的方面说，它以此显示了人物与环境的辩证关系，既以人物与环境的一致而显示思想性格、形成及社会内涵；又以人物与环境的对立而显示思想性格的特征和反映时代生活。例如《三家巷》前十二章的描写，主要是写周炳出生的家庭和社会环境。在这个环境中，有众多与周炳心地相通的人，包括他的家庭成员周铁、周金、周榕、周泉，以及区桃一家、胡柳一家等等，这些人和环境影响了周炳的思想性格，这些人才真正理解周炳。这是与他思想性格一致的社会环境。另一方面，在这环境中有陈万利、何应元两家对立阶级的人，包括陈文雄、何守仁、陈家姐妹等，这是与周炳的本性对立的环境。这些人对周炳是不理解的、对立的，所以在一系列情节中，周炳往往被这些人认为是痴、傻、呆、笨。而这，既进一步呈现了周炳的赤诚、憨直的性格，又从对立中表现了当时社会环境和这些人物的虚伪、狡猾、奸诈，这就起到了揭示社会本质的作用。从纵的方面来说，小说以周炳这种赤诚、憨直性格，在他的成长道路上的发展变化，而显示了人物思想性格与社会生活的发展。在十二章以后的章节，直至终卷，小说关于周炳思想性格及其形成环境的描写，更一步深于一步地赋以一定的社会阶级内容，逐步完成了周炳的思想性格与作品反映生活的要求。周炳的性格发展，总的说可以分为入党前和入党后两个阶段。在前一阶段，主要在于显示其由于欠缺阶级观念而在阶级搏斗的社会中所受的坎坷曲折，从而逐步增进这种性格的阶级和思想性质，也即是使周炳在省港大罢工、广州起义、白色恐怖下的上海生活、震南村起义、振华纺织厂等斗争的洗礼中，逐步使这种赤诚、憨直转入到革命的阶级觉悟上来，从抽象的转为具体的，具有明确的思想与阶级内容的特性。第二阶段，这种特性更进一步转化为阶级的思想觉悟。在抗日战争的华南大撤退、延安的土改和整风运动、华北农村土改运动中，显示了这种赤诚、憨直性格有了内在更深的内涵，外在却现出了老练、成熟，改变了过去痴、傻、呆、笨的外观，从而既完成了人物的思想性格，又显示了中国革命和社会发展的历程。所以，周炳的形象，在性格上面是一种内外纵横组合的结构，又是以此而创造出的发展的形象。

其二，美学上的内外纵横组合，是以美为轴心的内外反衬和发展变化，构成了美的特征。作者在一篇短文中讲过，"有些人问高尔基，为什么在现实生活中从没见过马尔法那样美的女人？高尔基回答得很好：马尔法是劳动人民理想的美的化身"（欧阳山：《应当有浪漫主义精神》，1962年9月27日《羊城晚报》）。显然，作者是有意识创造"劳动人民理想的美的化身"的。周炳是作者孕育时间最长、下的功夫最大而创造的典型。开卷第一章的标题是"长得很俊的傻孩子"，写周炳的起点；小说一、二卷着意描写周炳的美貌，可见作者将美的表现，是作为这个形象基本构成的要素之一的，是具有表现劳动人民"理想的美的化身"的艺术追求的。值得注意的是，他这种追求和美学观，似乎有意与我国二十世纪五六十年代人物形象塑造的时尚相对立，即：一是敢于写，并强调外形美；二是不理想化，不"高大全"，即是在表现周炳的外貌美的同时，表现出他的心灵的欠缺。这是与当时流行的典型观对立的。周炳的心灵欠缺，在小说的一、二卷中，可以说与他的外貌美的表现，与他心灵中美的本质的表现一样，都是充分的；他对敌对阶级的幻想和由此带来的重大损失（包括周金牺牲、周榕被捕等等），在困难时候的极度消沉，都是这种心灵的欠缺所致及其表现；这些欠缺，既与他的外貌美和心灵中美的部分对立而又密切关联，有的几乎是直接的因果关系（如陈文婷与他的爱情主要因素在此，悲剧也在此）。这就是从横的方面说的美与丑、外貌美与心灵欠缺的对立统一组合结构。从纵的方面说，自《柳暗花明》之后，对周炳外貌美的描绘则不强调了，甚至有意识地回避了，这固然与周炳的手被弄成残废有关，更主要的是作者的美学追求到了完整体现的阶段。这就是说，作者旨在塑造的是心灵美的理想典型。这种美的典型，才真正是崇高的、可贵的。如果说外貌美是天赋的话，那么心灵美则是社会的造就和主观努力的结果。这就是周炳形象的美学意义。如果说，在前二卷着重表现周炳的外貌美，那后三卷则着重表现周炳的心灵美，是在于表现心灵美与外貌美的深一层意义上的对立统一。这是周炳形象发展过程。在美学上，他是前后的对比和对立统一的纵横组合，从而在形象美的塑造上，体现了辩证的美学观和美学理想。周炳的形象具有独特的美学价值，在典型的美学意义体现上具有与众不同的开拓意义。

其三，在思想上的内外纵横组合，是以追求革命为轴心，将错综复杂的社会关系与曲折坎坷的历程有机地结合起来，创造了具有纵横延伸能量的发展式的典型。欧阳山在《三家巷》《苦斗》"再版前记"中，阐述了根据毛泽东关于人民也是有缺点的分析而选定周炳为主角的创作意图，清楚地表明了作者写周炳的形象是旨在创造一个体现改造过程的典型。这个典型的创造，作者又是基于他"比较典型，比较有普遍性，并且比较有教育意义"的思想出发的。这些意义何在呢？一是在于中国的知识分子（以至所有的革命者），大都经历这样的改造过程；二是在于人们大都具有相似的社会关系和社会经历，也程度不同、方式不同地具有相似的优缺点。这两个方面，使得这个形象，可以供广大读者认识自己，也同样更广泛地认识社会、认识革命，以及革命与社会的发展。这些普遍性和教育意义，是怎样体现的呢？就在于这个形象是辩证的内外纵横的发展组合。但同时又是具体的、实体的、独特的"这一个"。这个组合的具体特点，他的思想成分是：本质和内在具有无产阶级的思想，但他又是生活在错综复杂的社会关系中，使他又具有种种非无产阶级思想。这就是周炳的思想两重性。这种两重性，在一、二卷的表现是很明显充分的；在后三卷，基本上是他克服这种两重性的过程，完成这过程就是这形象的完成。其次，更为主要的是，这个矛盾组合的形象，是有轴心（即主导性）的，这就是他出于阶级本性的反抗和对革命的追求。这是他的内在主体，是他贯串始终的主干脉络。复杂的社会关系及其影响，一方面是使他的思想增加了非无产阶级革命的东西，另一方面也是对他这内在主体和主干脉络的考验。从反面增强了这主体方面。当周炳成长到一定阶段和这些社会关系随着时代与环境的变化，这些反面的东西也就随之克服，反成为他的思想主体的催长剂。这是这个形象与西方小说形象复杂性格结构的最根本的区别。总而言之，周炳的形象，是一个有本体性、主导性的内外纵横组合结构。就形象本身而言，他的内外组合，就是他的无产阶级本性与非无产阶级社会关系所造成的思想影响的组合；他的纵横组合，就是他出于无产阶级本性的反抗和追求革命的主干脉络，与他在漫长生活道路上所经历的坎坷曲折及其影响的组合。这些组合因素是辩证的，在一定条件下联结，又在一定条件下变化发展的。这些变化发展，就是他本体性、主导性的增长，最后完成为无产阶级的革命者形象。从这个形象的生活内涵而言，他的内外组合就是他既体现了无产阶级的本性，又以他的社会关系而反映了广阔的社会结构与阶级状况，从各个方面反映了中国革命一些重大斗争和一些历史阶段的时代风云；他的纵横组合，就是以他的生活道路反映了一些历史阶段的社会现实，以他三十年的历程从若干侧面反映了中国革命的历程和社会发展。所以，这个典型是具有"较大的思想深度和意识到的历史内容"（恩格斯语）的。

其四，爱情生活上的内外纵横组合，是以诚挚为主导的内外反衬和发展变化，构成了思想与情操交相辉映的艺术形象。爱情生活是每个人的生活中的重要方面，也是人物形象创造的重要方面。有史以来，具有重大影响的文艺作品大都正面或侧面描写爱情，往往以爱情描写作为开展故事情节和创造人物的纽带。《一代风流》同样如此。这方面的描写，既是整个形象的有机组合的重要方面，与这个人物的性格特征、美学特征、思想意识等方面是有机组合的，又是将这些方面更充分、更深入地体现出来的，是辩证地有机地结合在一起的。周炳的爱情生活，同他的思想生活道路一样（也即是在这条道路上）有着曲折坎坷的过程。总的来说，他与区桃、陈文婷的爱情关系，是第一阶段；他与陈文英、胡柳的关系，是第二阶段；他与何守礼、胡杏的关系，是第三阶段。这三个阶段也即是他思想生活道路的三个阶段。在第一阶段中，他对区桃的爱情，既有思想品质的一致，又有出于美貌的吸引因素，是尚带童贞味的爱情，是纯洁的，也是幼稚的，揭示周炳赤诚、憨直的基本品格；区桃之死，表现了他在爱情观上的诚挚，表现了他的革命意识，也表现了他存在的小资产阶级个人主义与软弱性；与此同时，陈文婷对他的追求，不可否认是出自真诚的爱，但陈文婷的爱则是带有阶级色彩的。周炳开始对她的追求无动于衷，倾向于区桃。区桃死后，在周炳心灵空虚的情况下，她被看作为"陈家的唯一例外"而填补了周炳心中的空白。她也是以充当这一角色为荣的。但是在周炳说来，虽然似有接受陈文婷爱情之意，但实际上仍是恋于区桃的，并不是迎新忘旧，而是以新怀旧。所以，周炳对陈文婷并不是情投意合的爱情关系,但也不是虚假的、玩弄式的爱情。这样,在周炳与区桃、陈文婷的爱情关系中,就具有纵横的内外组合与对比作用:纵的方面,是表现了周炳对区桃的爱情的纯真,也表现了他的脆弱;横的方面,在区、陈之间的倾向区桃,表现了他的本质;区、陈两者的关系,都对周炳的内心世界产生反响,他的爱情倾向和发展,也就体现了他的内心世界,体现了他诚挚的爱情观,也体现了他的思想缺陷。同时也从这个侧面,反映了当时的时代气势和阶级状况。陈文婷对周炳的追求,与大革命时期各革命阶级的反帝反封建的时代气势相关联,后来她的"变情"与大革命时期的国共分裂,大资产阶级投靠帝国主义与封建势力的时代变化有密切关系。这就是第一阶段上的内外纵横组合与对比。第二阶段中主要是周炳先后与陈文英、胡柳的关系,分别产生自不同的环境。陈文英对周炳的爱情追求,不过是出于资产阶级太太精神空虚的填补,似真非真,小说的描写,与其说是写周炳的爱情生活,不如说是出于对爱情与思想品格自外而内的考验和反衬。陈文英的自作多情,周炳的无动于衷,所呈现的主要是周炳对资产阶级思想生活的抗拒力,同时包括对资产阶级虚伪性和腐败本质的揭露,也显示了当时白色恐怖下大资产阶级的气焰与无产阶级在困境中反抗的时代脉搏。周炳与胡柳的爱情,是对区桃爱情的继续和发展,既包含和继续了与区桃爱情的纯真,又增添了更深的革命思想内容与斗争色彩。这是在阶级搏斗和革命斗争中产生的爱情,显示了周炳思想的成长和革命品格的增进。周炳与陈文英的关系,和他与胡柳的爱情,从横的方面说是两者对比;从纵的方面说是先后的发展;从手法上说是内外反衬,即从先后的拒陈倾胡,与第一阶段的先倾于区、后爱于陈形成对照,对比和反衬出周炳的爱情观诚挚和革命思想品格的增长,也反映出时代发展的曲折气势与生活。第三个阶段是周炳与何守礼、胡杏的爱情:这是周炳思想成熟阶段的爱情生活,是在革命斗争环境中和革命队伍内的爱情关系,是周炳思想成熟的一个方面标志,同时也体现了革命的时代与环境、革命的生活与人的关系。从艺术上说,这阶段的爱情描写与第一阶段相似,是两峰并举。稍不同的是第一阶段周炳与区桃、陈文婷的爱情是两线皆明,倾区薄陈;而这阶段周炳与何守礼的关系是明而不取,与胡杏的关系则是含而露求。周炳对何守礼的追求心知不受,与第二阶段陈文英的追求异曲同工,是自外而现周炳内心世界;周炳对胡杏的深情是含而不露、心照不宣的。这则是在周炳与其他人物关系中未用过的手法。周炳与何、胡也是一组内外纵横组合与对比的关系。何对周炳的追求,与陈文英的追求有不同性质,前者是真心倾慕,后者主要是填补空虚;何的倾慕虽真心,但也是有思想杂质的，渗有小资产阶级知识分子的虚荣心和占有欲，这可以说是对周炳思想感情和爱情观更深一层考验或锻炼。周炳心知不受，也就是自外而内地表现了周炳的品格。胡杏对周炳的爱情，含而不露，周炳也是心照不宣。小说对此描写虽有过分"封闭"之嫌，显得有些做作，但基本上还是符合周炳这时的年纪、地位和处境的，其中也含有对比的艺术匠心，这就是与何守礼的追求形成对比：既是何守礼外向性格与爱情，同胡杏内向性格与爱情的对比；又是周炳在面对这两个人爱情的对比、选择中，思想性格与爱情观的前后发展对比。纵观全书五卷，始终贯串着周炳爱情生活的描写。小说描写的爱情虽多，作者的倾向显然是肯定周炳与胡杏的爱情：这是周炳爱情的最后归宿；是他的爱情观的成熟体现；也是他思想成熟的一个方面标志。周炳与胡杏的关系，早在三家巷种白兰树时已有伏线，此后一直逐步发展，最后终成眷属。这是从纵的方面表现周炳爱情观的诚贞。周炳与胡杏爱情的理想结局，自然也具有与他过去与陈文婷、陈文英、何守礼的关系，形成鲜明的对比作用。从对比中显示了周炳的思想发展，这也是一个方面的纵的前后对比。这些纵的前后对比，又是与周炳在三个爱情阶段的描写所构成的横的对比中密切关联、犬牙交错的，是与内外的反衬和对比有机结合的。

以上四个特征，或者说这四个方面所呈现的周炳形象特征及结构，与作者过去所创造的形象比较起来，既有相承又有发展。总的来说，周炳是欧阳山笔下创造的人物形象的总代表和最高峰，是他的典型观的集中体现。或者可以这样概括：他是谋求以普通、平常、然而又被视为反常的"奇人"的曲折生活道路，以及多种的生活经历与生活方面，体现丰富的生活、思想与内容与美学理想，将人物的成长和改造过程与社会及革命的发展改造过程联系起来，从而在完成史诗画卷的同时，创造了周炳"这一个"奇特而又正常、平凡而又非凡、正直而又具有好些缺点，并在发展中逐步改正、逐步成熟的形象。周炳的典型意义，主要不是在于他是无产阶级中的一种在改造中前进的典型，而是在于他具有广泛而丰富的生活、思想内容与美学价值，在于典型创造上的价值。因为这个形象的创造早在五十年代就与流行的"一个阶级一种典型"和"一个典型身上具有一种阶级特质"的理论相径庭，在清一色的英雄典型画廊中增添了具有奇色的形象；在以"高大全"的单面结构为法规的年代里，敢于坚持以"社会关系总和"为基石的辩证结构而创造典型；又在今天将典型的二重结构简单套用的情况下，坚持创造既有本体性又有复杂性（多重性）的发展典型，起码在这些先后的潮流中是具有自成一格或一体的意义的。

三、多样化的人物及其纵横系列

《一代风流》的人物形象群，有似万花筒，千姿百态，五彩缤纷；三十年中国社会的各色人等，各阶级各阶层的男女老少，几乎无不写及；以艺术的笔触而点染活现的人物形象数以百计，有相当典型性者也五十有余；在我国现代当代文学很少写到的形象除周炳外，尚有陈文雄、陈文婷、胡杏、区桃、何守礼、何守仁、李民魁、陈万利、何应元、陈文婕、吴生海、王大善等人物。要对这众多人物进行全面分析，或者将这些比较突出的典型进行逐个论述，非本文所能及。眼下我们只能从"来龙去脉"的角度，从总体上去探讨欧阳山在这人型创作中所显露出创造人物形象的若干基本特色。

从总体看来，作者创作这部作品的主要目的，是为了反映中国革命和中国社会三十年的发展进程，反映这进程中社会和革命的纵横面。这个基本要求，也就促使作者对人物形象的选择、提炼，对作品的结构、布局等等，要以最大限度地反映出这进程的纵横面去考虑；另一方面，作者在确定这一主旨之后，选定了以主人公周炳的生活道路作为途径去实现这个基本要求，在进行周炳典型塑造的同时完成这史诗形象的创造；这样，在以反映社会和革命纵横面而创造多种人物的要求基础上，也就增加了一层限制，即要以周炳的思想性格发展及其环境的要求和可能，去创造多种人物，在多种人物塑造中展现社会与革命进程的纵横面。前者是反映生活的要求，后者是在前者基础上的艺术要求。这两者要求的相互关系是辩证的。基此，我们即可以此为钥匙，揭开这个万花筒的奥秘，管窥这些千姿百态、林林总总的人物群，原来都分属于井井有条的系列：有的是属横的系列，即在展现某个社会生活横断面中发挥能量，也即是在某个历史阶段的环境中活现出来，如《三家巷》中的区桃、周金，《苦斗》中的胡柳、胡源，《柳暗花明》中的侦缉课长贯英，《圣地》中的杨生明，《万年春》中的吴生海、王大善等等；有的是纵横几个历史阶段的人物，如"十大寇"、陈家四姊妹等等；贯串始终的人物主要是周炳、胡杏、何守礼三个，陈文雄、李民魁、张子豪主要在前四卷描绘。这些纵横的人物系列，与主要人物周炳之间，构成了纵横的人物关系：从横的方面说，构成了人物的活动环境，形成了缩影或体现某个历史阶段社会结构和斗争状况的典型环境；从纵的方面说，构成了周炳思想性格发展的历史活动环境，展现了中国社会和革命发展的斗争历程，谱写了漫长曲折的壮阔历史画卷，同时也就创造了众多的具有多种不同思想深度与历史社会内容的生动人物形象，组成了纵横交错的人物形象系列。

小说取名为《一代风流》，用意何在呢？当一些读者巡视这画卷中的纵横人物系列的时候，很快即发生疑问：在这些林林总总的人物形象中，除去若干真名实姓的重要历史人物之外（如张太雷、苏兆征、周文雍、廖仲恺等等，而这些人物有的只作些少描写，有的只是略略提及，严格来说，不能算是作品塑造出的艺术形象），按流行的英雄人物概念，几乎没有一个是可以称得上无产阶级革命英雄典型数得上是当今的"风流人物"的。主人公周炳是这样，为革命牺牲的区桃、胡柳、杨承辉、冯敬义、谭槟等人，不是有这种"不足"，就是有那种"不够"的人，既然如此，"一代风流"是何所指呢？照我看来，"风流"者，是有英雄之意，但主要不是指英雄人物，而是指英雄的时代，是写英雄的时代造就时代的人物，而不是着意写造就时代的英雄。"一代"者，也并非主要指周炳这一辈人物，主要是时代的涵义。即将中国新民主主义革命时期，作为中国的一个时代；另一方面，如果将这革命进程中每个历史阶段（即第一次革命战争时期，二十年代；第二次革命战争时期，三十年代；抗日战争时期和解放战争时期，四十年代）来理解，也可以将这"一代"作为这些时期来理解，这就是说："一代"既有纵的总体时代风云之意，又有横的每个历史时期风貌之谓。这个理解不一定准确，提出来讨论。我想这不是做咬文嚼字的文章，而是关系到对这部巨著人物形象的理解和作者塑造人物特点的重要问题。从作品实际看来，作者的英雄观是"群众是真正的英雄"，是"时势造英雄"。这样说的根据是什么呢？这是可以从整部作品的人物形象总的特点上分析出来的，从它的纵横系列看出来的。小说这些形象总的特点有二：一是所着重刻划的，不是名垂青史的重要历史人物（在一些地方提到的革命领袖或真名实姓的英雄，不是主要描写人物），不是创造了什么重大历史功勋和全面体现革命本质的形象，而是一些普普通通的平民百姓。他们虽然平凡，但在时代的浪潮中又是一朵朵飞溅的浪花，对时代是起着推动作用的，是作出自己力所能及贡献的英雄豪杰；这群人物形象，不是以他们个体的力量，而是以群体的力量，体现了人民是历史发展的真正动力，体现了人民是真正的历史创造者。二是这些人物，都是因其具体的环境和生活的局限，在具有优秀品质的同时，往往有着某种不足或某种缺点，有的在斗争的重要时刻，以他们自身的行动填补或克服了他们的不足；有的则是在革命斗争的发展中，逐步地克服了这些不足或缺陷，锻炼成为坚强的革命战士。这就是"浪淘尽千古风流人物"！在革命浪潮中冲洗掉身上的污垢。如果说，前一个特点是"群众是真正的英雄"的英雄观体现，那么后一个特点则是"时势造英雄"的旨意。把握这两个特点，我们就可以因此理解这部小说人物形象纵横系列的第二层意义：这就是说，所写的人物有两种，一种是在各个历史阶段的斗争风云中起到推动作用的群众，如在省港大罢工中牺牲的区桃，在广州起义中牺牲的杨承辉，在震南村斗争中牺牲的胡柳，在抗日战争中牺牲的冯敬义，在省港大罢工、广州起义、震南村起义、振华纺织厂等斗争中先后作出贡献的区苏、黄群、陶华等"十大寇"，以及在华北土改运动中郑得志、王福嫂、蒋忠良等农民，等等。这些人物，在反映一定历史阶段时代风云的意义上，可以说是横的形象系列，他们分别起到时代对社会各阶层群众的冲击和各阶层（主要是作为革命主要力量的社会下层）对历史发展的推动作用。另一种是在整个革命历程中，逐步成长的人物，也即是在"改造客观世界的同时改造主观世界"的人物，如周炳、胡杏、何守礼、李为淑、杨承荣、江炳、张纪文、区卓、张纪贞等等。这些人物，正如周炳在《盖世英雄》（四卷1568页）中所说"也别光说那些死去的人才算英雄豪杰。咱们这些活着的人也应该说是英雄豪杰：咱们经历过多少斗争、多少奋战、多少辛酸、多少痛苦！咱们都没有死——那不过是要咱们做更多的事情。碰到现在这样百年不遇的盛世，咱们都应该好好地起来施展一番，战斗一番，也不枉咱们活了这一辈子！"这段话，清楚地体现了作者的英雄形象创造，主要是着意于描写历史发展中作出各种实际推动作用，并在历史长河中前进的平常人物，旨在写出创造英雄历史的群体性、广泛性和发展性。与这相反的是在历史潮流中起到逆流作用和被历史淘汰的人物纵横系列，也是一种相联系相对抗的纵横结构。如横的系列是陈万利、何应元、何不周、贯英、陈文英、陈文娣、王大善等人物；纵的是陈文雄、张子豪、李民魁等人物。这些人物先后被历史淘汰，是各个不同历史阶段或整个历史进程阶级结构变化的体现。有的人物，如陈文婕的"开明"状态，区细开始参加革命后来变成陈文婷太太的附庸，何守礼、李为淑等资产阶级后代变为革命队伍的人；这些人物都具有纵横体现历史对各阶级人物冲击所引起分化的意义。这也是一种意义上的人物形象纵横系列。

欧阳山在1986年2月广东省中青年作家创作实践研讨会上，谈了自己创作《一代风流》的体会，其中谈到：他要创造出各种不同类型的不同个性的人物。照他的意思，在某种阶级共性与个性之间，应该有一种类型性。创造人物形象，不仅要注意阶级的共性和人物的个性，还应当注意到那些既出身于同一阶级，后又在各自不同的人生道路上受社会环境影响出现变异性的一面。如周家三兄弟虽然都具有父辈的优秀素质，但又各不相同：周金爽直而有胆识；周榕沉着从容；周炳年青时则是憨直而又患得患失。陈家这个系列的人物，陈万利、陈杨氏这老一代，贪婪、狡诈的本性令人发指；但第二代的陈文雄与陈家四姊妹的本性又不像他们那样狭隘和外露。陈文雄的本性表现为投政治之机和对周家的占有欲（包括爱周泉和要驾御周炳）。陈文英、陈文婷、陈文娣则表现为分别对周炳、周榕的占有作为；陈文婕才是陈家的"唯一例外"，这"例外"也不是与本性完全绝缘的。陈家这些第二代人物总的说又比老一代开明得多。何家老一代的何应元、何杨氏，贪婪、吝啬的本性，在第二代何守仁身上有较完整的继承，但何守仁则较多于政治上的表现。如此等等，都说明这部小说中的人物，是既有阶级的共性，而又是有着各种不同的类型和个性的。即同中有异，异中有同。既是在纵的时与代之间异中有同，又是在横的同代人之间同中有异。看来这是作者提出类型性观点在实践上的体现之一。其二，从小说所写这些同阶级的人虽有共性，但一代与一代之间有差别；同代人之间共通处较多，但又有不同道路。这种现象与作者较注意时代的浪潮表现密切相关。即较注意人物时代性的表现，注意到时代浪潮所引起的阶级关系和阶级性的变化，造成了阶级共性的变异和出现不同的人物类型。如陈家四姊妹既与老一代不同，彼此之间既有同又有异，她们开始都具有较强的新的意识，陈文英信教，陈文娣开始敢于与周榕私奔，追求自由恋爱，陈文婕追求实业救国，陈文婷开始追求革命，热恋周炳，都是时代浪潮冲击的结果，是时代浪潮席卷这个资产阶级家庭引起的变化。她们分别在以后走上了不同的道路，陈文娣回到三家巷，做了何守仁的太太；陈文婷嫁了南海县长宋以廉；陈文英做了官僚张子豪的贵妇人；陈文婕一再搞"劳资合作"而又一再失败。这些不同道路也是时代风云变幻所致，也是这些资产阶级人物在这个时代中所产生的不同生活道路与类型。由此可见，时代对阶级的影响和人物的时代性，恐怕也是作者类型性的内容之一。这种现象，在小说所写的几个阶级家庭的人物变化中，都是如此的。与此相关的是，有一种现象也可以说是时代造成的类型性表现：在小说描写两种对立阶级体系的人物关系和变化上，总的说是劳动阶级（周、胡、区）是一代比一代发展；剥削阶级（陈、何两家及其亲属）是日益没落，第三代则背叛了本阶级。这种总的趋势是时代发展的反映，同时也是一种人物类型性的表现；从纵的意义上说是阶级地位的变化，从横的意义说是阶级分裂。这也是小说人物形象纵横系列的一种表现。

　　第四层意义的人物形象纵横系列，是交错对比的系列。在对比中创造人物，表现人物和人物关系的发展变化。比如说，小说前半部着重写周炳的美貌，后半部则着重写周炳的心灵美；这是一种纵的对比。后半部（三卷以后）却写了一个假周炳——区细，因他的相貌酷似周炳，他是从震南村斗争中逃回广州，被陈文婷作为周炳的化身而收养身边，以填补精神空虚的。这样就形成了两个类型的周炳形象对比，在对比中写出周炳的发展和区细的堕落，写出陈文婷的沉沦。周炳对区桃、陈文婷在年青时代有过爱情苗头，区桃、陈文婷也同样爱过周炳，但各人的表现和出发点不同，这是从横的对比中显现出来。后来陈文英、胡柳先后与周炳有过关系，是出自两种完全不同的爱情观，这也是横的对比。最后是何守礼、胡杏对周炳的爱情，这横的对比也显出不同性格。从纵的方面来说，周炳这三个爱情生活阶段又是具有相互对比的作用的：从对比中看到周炳思想的发展。就这些女性来说，也是有相互对比的作用的，区桃、胡柳、胡杏，都是心灵与外貌均美的少女，但各有不同的美法：区桃是"生观音"，胡柳是"黑观音"，胡杏是"翻生区桃"；她们又与陈文婷、陈文英、何守礼形成对比；在三陈与何守礼之间又有对比，陈文婷又有自身的前后对比（年青时与成县长太太之后的对比），这些都是纵横交错的对比，是系列性的。这些对比，显示了人物的类型性和不同的个性，在形象塑造上，起到彼此相互对照、衬托和相互刻划的作用；如陈文婷将区细作周炳化身来填补空虚，形似神非，陈文婷有得而有失，这既是刻划了陈文婷和区细的堕落，也刻划了周炳的今非昔比；陈文婷自身将周炳与区细对比，更是表现这个人物矛盾重重的内心世界之妙笔。看来作者在人物布局上也是具有交错对比的艺术匠心的。

　　《一代风流》人物多样化和系列性的特色，是与作者多年创作中都具有的一种艺术特点相关联的。这就是善于以具有纵横结构的具体环境去反映社会现实，也即是从反映一定社会现实出发，将社会的各阶层人物尽可能汇于一个特定环境之中。所以，在他的创作中（主要是中长篇），写的人物大都是分属各种社会阶层的；又主要是写社会的下层及其环境。《竹尺和铁锤》《战果》《高干大》等中长篇小说都是这样。在《一代风流》中，每卷都写不同的社会具体环境，以周炳的历程串联起来（也可以说是以周炳的生活道路而展现出来的）。首卷《三家巷》以周炳生活在三家巷，将社会各阶级阶层的人汇于这条小巷之中，形成了缩影社会结构的具体环境；《苦斗》开始是写周炳在张子豪家生活，受时代和环境的具体局限，也仍写到江炳等工人；后来在震南村，又以陈文捷的农场开办而将"十大寇"这些工人、胡源家的农民、地主何家等组织了当时农村的社会环境；《柳暗花明》先是以振华纺织厂，后来是监狱、华南撤退，又组织成抗日战争前期的几种具体社会环境；

《圣地》分别以周炳在重庆和延安的活动,以陈文雄到重庆和张子豪、何守仁、李民魁到西北而组织了国统区环境,胡杏、李为淑、何守礼等到延安参加土改、整风,又组织了陕北边区的环境;《万年春》又以到华北土改,组织了解放区农村的环境。在这些环境中,既主要写小说的主要人物,又写了每个环境中的各种社会阶级和阶层,在每个环境的斗争中写出各种各样的人物。这是小说人物形象纵横系列的含义之一,也是小说这种特色的"来龙去脉"的所在。这个特色,也进一步表明欧阳山的典型观,同主人公周炳形象创造所说明的一样,是从更深更广地反映现实的基点出发的。

(原载《文艺理论与批评》1987年第3期)

鲁迅与中大学生毕磊

李伟江

提起鲁迅在广州,人们自然想到毕磊。鲁迅与毕磊相处虽不到三个月,但他们的深情厚谊决非时间所能计量。

然而有关毕磊的情况,似乎仍然是鲁迅研究乃至党史研究的一块空白。笔者根据毕磊亲属及其战友提供的一些材料,并查阅了部分历史档案,对毕磊及他跟鲁迅的关系作出初步的研究和探讨。

一

毕磊祖籍湖南衡阳江东岸。一九〇二年七月十三日毕磊诞生于湖南澧县,未及周岁即随父亲迁至长沙北门稻谷仓,后又移往附近的兴汉门宜园巷子,因而一般把他当作长沙人。

先来介绍毕磊的一家及其变化。

毕磊父亲毕继沅是个小职员,终日为生计劳碌奔波。母亲平莲静,生下四男四女。他们无田无屋,时向"百善堂"的邻居借贷,维持一家十口,生活颇为清苦。一九二五年,毕继沅从长沙到广州,在国民革命军第二军(谭延闿部队)任书记(即搞文书工作),不久随军北伐。后谭任南京政府行政院长时,毕任科员。一九四六年,七子毕硕在湘潭结婚,他请假回湘,留家一月,在返回南京途经九江时,因所乘轮船失火遇难,时年六十二岁。母亲是个贤慧的家庭妇女,一九六一年病逝长沙,时年七十岁。

在孩子们中,毕磊居长,下有三弟四妹。二弟毕硐,族名椿蕙,小时当徒工,成了印刷工人,解放后在郑州铁路局工作,因积劳成疾,于一九五一年病故,时年四十二岁。三弟毕磻,族名椿荃,只读了几年书,便在卫生列车服务,一九四四年在长沙被日本飞机炸伤身亡,死时还不满三十岁。四弟(排行第七)毕硕,族名椿蔚,在湖南长沙从事化工工作,现年六十二岁。大妹毕贞莹,五十年前病死湘潭。其夫胡静波,在日寇攻陷长沙时投金城江自尽。二妹毕贞顺,也于五十年前病死长沙。三妹毕贞毛,早年丧夫,神经失常，一九四九年病死湘潭。四妹毕满贞，也在五岁时病死长沙了。

再来介绍毕磊少年时代的生活。

毕磊从小有许多名字：乳名澧儿，又名小澧，族名椿萱，学名毕磊，号安石。后来还用三石、坚如等笔名发表文章。他自幼聪颖，志向远大。七岁入明德中学附属小学读书，当时为七年制（初小四年，高小三年），十四岁始毕业。由于学习成绩优异，得到免费升入著名的私立明德中学（即今向群街的长沙市第三中学）。毕磊学习勤奋，考试放榜一贯名列前茅；生活俭朴，课余时总喜欢到校旁的菜园去劳动。平素他沉默寡言，但辩论问题却陈词慷慨。他工作认真，对人热情，对事负责，在学生中威信极高，常有进步学生集结在他家里活动。校长胡子靖对他也很器重。毕磊在明德一共念了十三年书，二十岁高中毕业，因为家贫无力升学，便由原校保送到广州肄业，以官费考入国立广东高等师范学校英语部。校方的意图是让毕磊在师范毕业后回校教书。

二

一九二二年夏，毕磊辞别亲人，离开家乡，奔赴广州。当时他特地照相赠给亲友留念，在毕磊的珍贵遗物中，至今还能看到一张英姿勃勃的照片和亲笔题字：

> 此相拍于长沙，年二十，时正赴粤求学，将寄此以慰离别之感，乞我公妥为藏之。
>
> 静波妹倩惠存
>
> 磊识

据了解，静波姓胡，就是毕磊的大妹夫，他与毕磊感情融洽，相处甚笃。

毕磊考入广东高等师范学校后，努力攻读英语。有一次上英语课，教师点名时不懂"磊"字的汉语读音，念成"three stones"（三块石头），这或者是他后来所用笔名"三石"的因由。

一九二二年十一月四日，高师学生余心一、余鸣銮、禤参化等人以"求知致用"为宗旨，发起组织知用学社，毕磊参加了该社。

一九二四年一月，孙中山在广州召开了有共产党人参加的中国国民党第一次全国代表大会，并在中国共产党帮助下改组了国民党，重新解释三民主义，确定了"联俄、联共、扶助农工"三大政策，实现了国共合作。就在这个时候，毕磊加入了中国国民党，领导全校学生，参加了各种群众运动。但是，当时两派学生斗争还很激烈，主要是"新学生社"与"民权社"的斗争。社会主义青年团（简称 S. Y.），后改为共产主义青年团（简称 C. Y.），领导左派学生于一九二三年六月十七日组织"新学生社"，次年十二月二十三日进行了改组，主要成员有阮啸仙、沈宝同、郭瘦真、赖玉润（先声）、杨石魂、张善铭、王克欧、陈志文、卢季循等，该社在一九二三年七月一日创办《新学生》半月刊，一九二五年七月二十一日改为旬刊，讨论青年问题及作政治批评。国民党领导青年学生于一九二三年六月间成立"民权社"，也进行过改组，主要成员有阮绍元（退之）、陈伯熹、刘范、毕磊、陈书农、许学彬、古有成、陆宗骐、张汉儒等，始则拥戴孙科、伍朝枢，继又接近廖仲恺、汪精卫，后来内部发生分裂。该社在一九二三年九月十六日创办《民权》半月刊，一九二五年改为旬刊，宗旨不定，时而国家主义，时而三民主义，由毕磊、刘范、许学彬主编。

三

一九二四年二月六日，孙中山曾指令将国立广东高等师范学校、广东公立法政专门学校、广东公立农业专门学校合并改组，创办国立广东大学，设文、理、法、农四本科及预科。自六月起，孙中山每周到广东大学礼堂讲三民主义一次。同年十一月十一日补行成立典礼（当时误认此日为孙中山诞辰，实为十二日）。翌月又接收广东公立医科学校，增设医科。校长邹鲁（海滨）原是孙中山秘书，后参加西山会议派，他敌视群众运动，甚为反动。毕磊领导一部分革命学生起来反抗，终于在一九二五年九月开学时把邹鲁赶跑了。就在这年夏秋之交，共青团广东区委沈宝同和广大医科支部柯辉萼（柯麟）对毕磊进行了耐心的思想教育，于八月间把他争取过来。毕磊随即加入了共青团，同年年底加入共产党。这时"民权社"瓦解了，次年六月"新学生社"也按共青团的指示而自动解散。右派势力被打了下去，左派力量顿时大增。但是，国民党右派学生并不甘心失败，在年底又组织"孙文主义学会"，与共产主义青年团相对抗。

一九二四年九月十四日，毕磊与张瑞权、唐富言、禤参化等广州知用学社社友，在广州西门纸行街九十号创办知用中学。他在紧张的学习期间，还于这年秋至次年夏，抽空到知用中学任课，讲授英语。

一九二五年九月二十六日，广州各青年团体成立"广州革命青年联合会",推举妇女解放协会代表邓颖超为大会主席。次日选出执委会各部负责人,宣传部由林丛郁、毕磊负责。

邹鲁下台后,广东大学校长由顾孟馀、陈公博代理,后又由褚民谊继任。当时毕磊在学生会任职。据一九二五年十二月一日《广大学生会周刊》第四期记载,"本会消息"栏的"新任各科中枢委员会名单"中"文科"的第一个名字便是毕磊。又据同年同月二十九日《广大学生会周刊》第八期记载,"本会消息"栏组织"特别委员会"名单中也是毕磊的名字领先。在一九二五年十二月十八日广东大学学生会临时党务委员会第一次会议的议决案中,"分职任事"一栏明确写着"主席毕磊"。一九二六年一月二十三日,广大学生会召集五百余人开会,讨论提前放假和特别委员会问题,会议由"临时主席毕磊"主持,并先由他"代表特别委员会报告",但"树的党"分子何觉甫及其妻沈芷芳捣乱会场,"强拉毕磊下台而去",因而激起了广大学生的无比愤怒(见一九二六年一月二十五日《工人之路》第二一二期)。又在同年一月三十一日广东大学学生会第六次中枢委员会议录中,也写着毕磊当主席,他还提议组织校务革新运动特别委员会,即席推举出毕磊等十五人为委员。可知,毕磊在一九二五年冬至一九二六年春曾任文科中枢委员、特别委员会委员和学生会主席等职务。中枢委员会大概是各科学生代表的领导机构,校务革新运动特别委员领导全校学生开展革新运动(包括"择师运动"等),编辑出版过几期"校务革新特号",毕磊也写过《教职员欠薪问题》等文章。但当时毕磊主要是撰写国际评论,于一九二五年冬,先后写有《近东风云中之摩苏尔问题》《四国银行团作怪》《欺骗的关税自主案》等等文章。

一九二六年三月初,即孙中山逝世周年纪念前夕,毕磊发表了一篇题为《奋斗》的文章。他热情地颂扬了孙中山的崇高品格:"孙先生毕生的生活是革命,唯一的方法是奋斗。"指出"革命第一要义便是奋斗"。他又分析了与反革命势力进行较量的必要性,说明"唯有奋斗可以得着安慰,唯有奋斗可以达到成功,唯有奋斗可以吓退一切反革命的恶势力"。他还表示:"官可以不做,钱可以不要,饭碗可以打碎,情面可以不顾,而革命是不可以不干的。"如此热情洋溢的文章,正是他为人的生动写照。

四

邹鲁当广大校长时,文科学院一直被前清翰林把持着。学生把邹鲁赶跑后,要求改组该院,聘请郭沫若任文科学长。但在文科学院的教授、讲师中,右派力量仍很大，他们反对郭沫若当学长。一九二六年春，右派学生也组织了以"孙文主义学会"为背景的"树的党"，主要分子有李悦义、沈鸿慈、何觉甫、曾兆鹏、沈家杰、沈芷芳等，多是广大法科学院学生，其政治后台是国民党广州市党部青年部长谢瀛洲及国民党右派头目古应芬。这伙暴徒以广大为大本营，专门拿棍棒毒打进步学生，声称要"从广大打到广东，而打到全国！"于是学生们都把这伙拿着棍打人的"孙文主义学会"分子叫作"树的党"，把"女权运动大同盟"分子叫作"树的婆"。"树的"是英语stick（手杖、棍子）的音译，当时意大利的法西斯党又译为"棒喝党"，所以"树的党"也有法西斯党的意思。由于左派学生的积极斗争，学校当局才作了让步，答应聘郭沫若来校。一九二六年三月二十日，蒋介石在黄埔制造了"中山舰事件"，郭沫若正好"在政治圈中是还呈着发酵状态"的时刻来到广州，三月二十八日到广大任文科学长。当天中午，文科学生开了一个盛大的欢迎会，创造社的成仿吾、郁达夫、王独清也参加了这个盛会。郭沫若来校后，文科学院进行了大整顿，腐败的前清翰林被清除出去，新聘了不少左派教授，学生运动也有了新发展。

在郭沫若执教期间，毕磊依然在学生会任职，并参与国民党广大特别党部的活动。一九二六年三月三十日上午，国立广东大学学生会在大礼堂举行"追悼北京殉难烈士大会"，毕磊担任主席，郭沫若发表了悲愤激昂的演讲。五月十日晚上，中华全国工农代表团来广东大学参观，广大师生召集了一个欢迎大会，先由郭沫若宣布开会理由，次由毕磊致欢迎辞，继请工农各代表刘少奇等同志演说。六月五日，毕磊、沈宝同、刘范等出席了广大特别党部第七次执行委员会，会上讨论了关于工人党员大会的筹备等事宜。与此同时，毕磊也结束了在广东大学高师部四年的学业。在毕磊的遗物中，还珍藏着一张略有残缺的团体毕业照片，上面题着两行字：

国立［广东］大学高师部十五年班毕业［典礼］摄影纪念 十五年五月十日（方括号内因字迹缺落，由笔者拟补）

从上述广东大学的沿革过程来看，这张照片是一九二六年五月十日，毕磊在广大毕业时集原高师部同年毕业班摄的。在毕业典礼大会上，毕磊亲聆了文科学长郭沫若的讲演。郭勉励他们："在社会里头，无论做什么事情，一定要靠革命的手段，努力为群众利益前途奋斗。"

七月二十一日，郭沫若离开了广东大学，参加北伐去了。

五

就在这个时候,中山大学正酝酿成立。本来早在一九二五年八月,当时的广东大学为纪念孙中山先生,曾呈请国民党中央执行委员会,改校名为中山大学。后因邹鲁下台,国民政府派甘乃光等人来校"调查",惹出一场轩然大波,此事暂告停顿。次年三月,重新成立筹备中山大学委员会,由褚民谊任主席。筹备工作于七月就绪,九月一日,广东大学改为国立中山大学,分设文、理、法、农、医、工、预等科系。增设政治训育部,由经亨颐代理校长。十月十四日改为委员制,戴季陶任委员长,并于十月十七日正式举行就职典礼。但大学停课一学期,实行整顿。

毕磊在广大毕业后,随即转入中大文科继续学习,但实际上是在外头工作。一九二六年七八月间,他为国民党广州特别市党部宣传部(共产党掌握)主编《广州评论》旬刊。在表明发刊宗旨的《编辑余谈》中说:"每期要有时事评论及专门论著(如政治经济问题的讨论及主义的研究)的文章。"希望"大家同志都有投稿和监督的权能",坚信"世界上有价值有目的努力始终是不致于白费了的,我们确有这样的自信"。该刊紧密配合当时政治斗争,出版了"北伐专号""拥护省港罢工专号"。毕磊在编辑之余也亲自写了不少文章,如《解决罢工的问题》《"最挂心的是中国国民党"——为纪念廖先生作》《本党最高党部联席会议之召集》等。他在长篇论文《解决罢工的问题》中,详尽分析了省港罢工的前因后果及其发展变化,怒斥"英帝国主义者的外交政策向来是顽强狡狯",断定"谁都不肯相信""英帝国主义者有诚意解决罢工"。文章最后提出:

一、其将不念先烈沉冤,无条件屈服乎?
二、抑将不但屈服,且进而接受其所谓实业借款条件乎?
三、或不愿屈服,须再接再厉,继续奋斗,以求最后之胜利乎?
(《省港罢工委员会致全国同胞书》三条出路,我们走哪一条?我们回答说:我们不愿屈服!务须再接再厉,继续奋斗,以求最后之胜利。我们誓死拥护省港罢工!)

笔锋尖锐泼辣,具有很强的鼓动力。这个理论刊物,颇受群众欢迎。

同年九十月间,毕磊开始调往中共广东区委员会领导的学生运动委员会工作。学委会大约是一九二五年秋成立的,负责管理广东的文化教育和共青团工作，也管黄埔军校的青年工作。学委会书记是恽代英，副书记是毕磊，委员有萧楚女、邓中夏、徐文雅等。毕磊主要是领导广州革命学生联合会工作，与"树的党"作斗争。早在一九二六年五月七日，广州各界在广大操场举行"国耻纪念大会"，毕磊作为"市学联代表"，和毛泽东同是大会主席团成员（见一九二六年五月十二日《工人之路》第三一七期）。六月二十日，又在广大召开代表会议，选举产生了广州学联会第四届"正式执行委员"毕磊等二十一人。从同年十一月一日《广州学生》旬刊第一期中可以看到，十月二日他出席广州学生联合会执行委员会第十三次常会的情况。据一九二七年二月一日《广州学生》旬刊第六、七期合刊的《中大学生会新执委分配工作》记载，全部名单中并无毕磊的名字。又据同年一月一日《国立中山大学校报》第三期报道，一九二六年十二月二日，中大学生会及学联代表进行选举，选出各科执行委员，选出全校学生会执行委员，选出学生会出席广州学联会代表，前两项也没有毕磊的名字，而第三项则列有"毕磊……文本一年"。可见，那时候毕磊已从领导一校的学生会进而领导全市的学生界。

　　繁忙的工作几乎使毕磊忘记了家庭，往往个把月也没有给家里写一封信，母亲常对人说："他很忙！"他只是在广大毕业后回过一次长沙，就是这一次，家里多次动员他与先前订婚的一位湘潭唐姓姑娘结婚，可是他坚意不肯。他当时生活很艰苦，老是穿着一套旧哗叽，经常还得向人借钱过活。他个子不高，白白瘦瘦的，额前有一撮头发，走起路来摇摆着，但他待人诚恳忠厚，讲话从容不迫。关于这段斗争生活，他的学友范师任《悼毕磊同志》一文中有记述："广州各种热烈的群众大会，由毕同志领导者居多，他在广东虽不久，但他的广东话说得很好。实在说一句，他那活动的能力比谁都要大，他的责任心比谁都要重，他的革命的色彩比谁都要浓厚！"（载一九二七年六月七日汉口《中央副刊》第七十四号）

六

　　鲁迅与毕磊有着一种特殊的关系。他们既是师生，又是战友。但他们不是私人之间的关系，而是党组织与个人的关系。毕磊沟通了鲁迅与党组织的联系。鲁迅与党的血肉关系，严格说来是从这里开始的。

　　鲁迅之所以能够来广东，除了郭沫若在任职期间，曾商同校长褚民谊聘请鲁迅来当教授以外，起决定作用的是由于中共广东区委员会的推荐，而毕磊是当中得力的执行者。

一九二六年十月,中山大学改校长制为委员制,由五人组成中山大学委员会。蒋介石、张静江推定戴季陶(传贤)任委员长,副委员长是顾孟馀(兆熊),委员有徐谦(季龙)、丁惟汾(鼎臣)、朱家骅(骝先)。当时中共广东区委书记陈延年很注重对敌思想斗争,直接来抓中大工作,因而中大左派力量占了优势。在二千多名学生中,共产党员和共青团员就有二百余人,全校成立党团总支,各科系分设党团支部,总支书记兼文科书记是徐文雅,学生会的实权也掌握在左派手里。同时,在广东的国民党中央党部大都由共产党人担任要职。戴季陶在上海出版了《孙文主义之哲学的基础》及《国民革命与中国国民党》两本反动小册子,慑于革命力量的强大,躲在老家浙江湖州白雀山,钻进书法家赵孟頫的遗迹里,发思古之幽情,托病不敢来粤上任。据以宁《戴季陶治下的广州中山大学》报道:"这个时候戴季陶似乎还自己感觉得没有什么把握,他终于称病不肯来就职,同时又将他所有书籍尽数捐入校中以为纪念。"(载一九二六年十二月二十日《中国青年》第六卷第二十、二十一期合刊)他耍了各种手段后,便跑到上海向担任中共中央总书记职务的陈独秀提出:希望共产党能支持他当委员长,并表示愿意接受共产党提出的推荐名单作为交换条件。陈独秀妥协退让,错误地通知陈延年:戴到广东后可以和他谈判,让他进中大当委员长。

陈延年坚决与之斗争,召开了广东区委学生运动委员会及有关领导会议,研究斗争策略和争取鲁迅问题。参加会议的有恽代英(学委会书记兼黄埔军校政治部总教官)、穆青(中共广东区委组织部长)、李求实(共青团广东区委宣传部长)、毕磊(学委会副书记)、徐文雅(中共中山大学总支书记)、熊锐等。会上,陈延年对鲁迅自"五四"以来的言行,特别是"三一八"前后的斗争作了分析,认为鲁迅是随着时代的发展而不断前进的,对帝国主义、反动军阀及其走狗进行了不调和的斗争。他着重指出:鲁迅过去是一贯面向真理、站在革命方面;根据他的发展趋势,是完全应该争取、而且一定可以争取过来的。恽代英也认为鲁迅是能够争取的。会议一致决定:推荐鲁迅,欢迎鲁迅!

当戴季陶一到广州,陈延年便布置学委会与他进行了几次具体谈判,由恽代英、邓中夏、毕磊、徐文雅等出面。在共产党的推荐名单中,首先是要求中山大学委员会立即聘请鲁迅担任文学系主任,其次是推荐共产党的干部恽代英、施存统(复亮)、于树德等同志兼任中大政治训育部的训育员,还推荐从德国回来的共产党员熊锐担任中大附中校长。在革命形势的逼迫下,戴季陶不得不接受共产党所提出的条件,命顾孟馀、朱家骅立即发出聘请鲁迅的函电。

当年参加谈判的徐彬如（原名徐文雅）在《回忆鲁迅一九二七年在广州的情况》中作过详尽的叙述："这时鲁迅正在厦门，我们提出要请鲁迅来中大当文学系主任。我们与戴季陶谈判了两三次，提出许多条件，聘请鲁迅便是其中一条。最后一次是恽代英、邓中夏、毕磊和我四个人一同去的。其时实际上条件都已谈好，因为我是中大总支书记，让我去见见面的；恽代英、邓中夏、毕磊是代表区委。去前陈延年很严肃地告诉恽代英，要和戴季陶斗，要大骂他一顿，思想斗争是不能让步的，界限必须划清。记得戴住在东山中大医科部内一座小洋楼里，他假装很诚恳地向我们说：你们有什么要求我都可以答应，我听共产党的话。还说：现在国共合作，你们帮助国民党呀！你们要有人来做国民党工作，不然国民党要垮台啦！其实他是要我们挂名跨党，为国民党服务。恽代英严厉批评他说：你那本书（按：指《孙文主义之哲学的基础》）全是胡说八道，欺骗群众！把他骂了一顿。戴接着又假惺惺地说：现在还有什么别的理论呢，只有马列主义才是理论，我是瞎说的。我们一起骂他是'自觉的反革命'。最后他和他的老婆把我们送出来。"（载北京鲁迅研究室编《鲁迅研究资料》第一辑，文物出版社一九七六年十月出版）关于这件事，党内的一些同志也是知道的。当年中共中山大学文科支部委员韩托夫（原名韩财元）在《一个共产党员眼中的鲁迅先生》中也有记载："据我所知，当郭沫若先生一九二六年离开广东大学后，两广区委党的组织曾派恽代英、毕磊、徐彬如等同志向学校当局提出要求聘请鲁迅先生来中山大学主持文学系，结果学校当局是答应了。"（载一九五六年十月十五日《文艺报》第十九号"鲁迅纪念专号"）

七

鲁迅与毕磊还有一层更为密切的关系；那就是中共广东区委会委派毕磊作为党与鲁迅的直接联系人。

在鲁迅接到中大聘书决定来粤的时候，陈延年曾专门找毕磊、徐文雅去汇报欢迎鲁迅的准备工作，指示他们：鲁迅抵粤以后，你们应该迅速帮助他了解当时、当地情况。鲁迅是很有判断力的人，只要他对局势有所了解，就会决定何去何从的。陈延年还要毕磊多陪鲁迅到各处走走，看看。他说：鲁迅最喜欢青年人，你们去的时候要活泼一点。最后，他指定由毕磊公开与鲁迅联系，定期把党团主办的刊物送给鲁迅。

根据区委指示，中大党团总支开会作了研究，决定：首先组织一个欢迎鲁迅的大会，借此帮助青年学生认清当今时代的特征；其次争取鲁迅协助办一个刊物，使广州的文艺青年活跃起来。

　　一九二七年一月十八日，鲁迅到达广州，翌日移入文明路六号（今文明路二一五号）号称"南方革命学府"的中山大学大钟楼二楼居住。不久，被任为文学系主任兼教务主任。这时，据徐彬如上述文章回忆："区委除指定毕磊和他联系外，又加派了一个陈辅国，记得是我提出的。……他们两人是以学生领袖的身份同鲁迅接触的。"鲁迅一进中山大学，毕磊便带着徐文雅等前往探望。鲁迅正在房子里翻书，床上桌上都是书报杂志，地下堆着线装书，还有蓝印花土布包的行李。助教许广平站在他身边。鲁迅好像事先已知道他们的身份，非常诚恳、热情地接待了这几位年青的共产党员。他们向鲁迅谈了些政治形势。自此以后，毕磊和陈辅国几乎每天都到鲁迅寓所或陆园茶室与他会面，纵谈一切，更是亲密无间了。

　　鲁迅住在一间靠西南窗的小房子里，这里经常坐满了青年。除毕磊他们外，甘乃光操纵的"国民党左派青年团"的人也去找鲁迅。开头鲁迅对他们也还热情，后来知道这伙人不好，便很冷淡了；而对毕磊他们一直很好。一月二十四日那天，中大政治训育部副主任甘乃光登门拜访，学生会主席李秀然来邀参加欢迎会，正在东山别墅度假的委员朱家骅也来大献殷勤。鲁迅对他们都十分冷淡，当面拒绝。但是，当天毕磊、徐文雅等来找鲁迅，请求他出席欢迎大会，他始则婉言劝止举行，后亦默然应邀赴会了。在座谈中，毕磊他们总是把政治形势和斗争策略告诉鲁迅，鲁迅又把国民党企图拉拢他而遭拒绝的事告诉毕磊他们。这样，鲁迅了解党的意图，党也掌握鲁迅的情况。韩托夫在上述文章中也有谈及："据我所知，当时国民党陈公博、甘乃光之流，曾企图拉拢鲁迅先生，也曾'欢迎'鲁迅先生，并送礼品给他。但鲁迅先生早已看穿他们的真面目，非常鄙视他们，并将他们的丑态和送礼的事告知我们党所委托的与鲁迅先生联络的同志们。"

　　一月二十五日下午，以中大学生会及特别党部名义召开了欢迎鲁迅的大会。鲁迅在毕磊陪同下走上讲台。朱家骅却以国民党中大特别党部委员身份抢先主持会议，并且语无伦次地把一顶顶"战士""革命家"之类"纸糊的假冠"套在鲁迅头上。鲁迅有针对性地作了二十分钟的讲演，要点有三：一、声明自己不是什么"战士"和"革命家"，朱家骅说的那套，一概不承认！二、分析当时广东的政治形势，指出广东还是旧的，并没有什么特别的情形。就像满街红布标语中用白粉写的字——"红中夹白"。这种"革命"

真使人有点担心！三、鼓励青年起来大胆革新，有声的发声，有力的出力。鲁迅就是这样鲜明地站在共产党一边，击退国民党官僚政客的拉拢和吹捧。

鲁迅非常关怀革命青年的学习，在全校欢迎会后两天，又应毕磊的邀请，参加中大社会科学研究会举行的欢迎会，并作了讲演，勉励他们努力学习革命理论。会后，又与毕磊一伙青年漫步珠江河畔，游览海珠公园，鼓舞他们勇敢地斗争下去。

原来，广东区委会为了适应形势需要，用革命理论武装干部，以便更有力地对国家主义派、国民党右派和帝国主义的御用文人展开斗争，决定在中山大学组织一个以学习马列主义理论为主的社会科学研究会。该会于一九二六年十二月二十四日成立，选出毕磊、欧阳继统、何思源、刘云门、李绍华、丘启勋、李冰若、许金元、陆冠莹等九人为干事，实际上是毕磊领导整个研究会，而欧阳继统负责处理日常工作。主要成员是中大的共产党员、共青团员近一百六十名，还有广州市各中学和大专学校的骨干四十多名参加。内分社会学、经济学、政治学、社会问题、国际问题等五股十八组，进行社会科学训练。研究会在筹办过程中，屡遭中大当局阻挠和刁难。朱家骅对该会要求学校暂拨费用及房屋之事，均一概拒绝；后又谲称必须在学校"指导监督"之下，才可"酌予津贴"，结果以派教授任指导员为名，派出一个亲信前去监视。学员们对此非常气愤，纷纷行动起来，凑集经费，捐书六百五十三册，办起了图书室，利用寒假留在校内进行紧张的学习；还在学生宿舍走廊出版壁报，争论着世界形势和中国革命问题。

鲁迅从毕磊口中得知此情，十分同情，决心从精神到物质都给予支持。他赴会讲演之后，有时特地跑去看那生动活泼的壁报，看得入神便留连好一会。他特别赞赏毕磊的文章，认为内容极好，战斗性强。他还按月从自己薪金中拿出一部分来慷慨捐助。三月三十一日、四月十三日的《鲁迅日记》都写着："捐社会科学研究会泉（按：即钱）十元。"

八

毕磊除了经常到鲁迅住处座谈访问，陪同鲁迅讲演游览之外，还定期给鲁迅赠送革命报刊。

当时在广州发行或出版的革命刊物有：中共中央执行委员会编的《向导》周报，共青团中央执行委员会编的《中国青年》，中共广东区委会编的《人民周刊》，共青团广东区委会编的《少年先锋》，共青团广州地委学生运动委员会编的《做什么?》，等等。这些，毕磊他们都定期送给鲁迅阅读，鲁迅的文章、日记，当年的资料、后来的回忆，都有记载。《鲁迅日记》一月三十一写道："徐文雅、毕磊、陈辅国来，并赠《少年先锋》十二本。"二月九日又写道："徐文雅来，并赠《为什么》（按：应为《做什么?》）三本。"徐彬如的回忆文章又说："陈延年非常注意做团结鲁迅的工作，指示我们把党主办的刊物经常给鲁迅送去。我到鲁迅那里去，主要就是送刊物，记得送过《向导》周报、《人民周刊》、《少年先锋》、《做什么?》等。"鲁迅接过这些珍贵的刊物，很是高兴，表示一定要认真读读。

上述几种刊物，以较多的篇幅登载马列主义原著及介绍文章，为鲁迅学习马列主义提供了有利条件。例如《向导》周报发表过毛泽东的《湖南农民运动考察报告（二月十八日长沙通信）》前七节；《人民周刊》发表过马克思的《哲学的贫困》和《工钱劳动与资本》（通译《雇佣劳动与资本》）的片断，恩格斯的《共产主义原理》前十一题，列宁的《布尔扎维克应夺取政权》〔通译《马克思主义和起义（给俄国社会民主工党中央委员会的信）》〕的摘译，斯大林的《俄国之经济状况》（通译《联共（布）第十四次代表大会·中央委员会的政治报告》）的摘译；《少年先锋》发表过马克思的《法国的内乱》（通译《法兰西内战》）的附录一，列宁的《青年团的任务》《伟大的创举》《中国的战争》的片断，斯大林的《论列宁》一文中的《山鹰》、《列宁的谦退》（通译《谦逊》）、《胜利之后》（通译《不骄傲》）三节；等等。这些篇章，鲁迅是读过或可能读过的，笔者将另文论述，暂略。这里只简单介绍一下《少年先锋》《做什么?》两种刊物与鲁迅的关系。

《少年先锋》创刊于一九二六年九月一日，前期由李求实主编，后期可能是恽代英主编，目前已知出至二卷十九期，最后一期出版于一九二七年四月一日。鲁迅对《少年先锋》特别重视。他充分利用这个刊物学习马列主义原著，并灵活运用来分析中国革命的问题。他精读第一卷第八期的《胜利之后——"怎样干"之一》这段译文，便根据列宁关于不要骄傲、要巩固胜利、要彻底消灭敌人的教导，对中国革命的进行作了精辟的分析，写下了著名杂文《庆祝沪宁克复的那一边》。他还注意该刊所反映的共产党对敌思想斗争的动向，并在自己的杂文中主动配合作战。他看到了第二卷第十七期一声的《孙总理逝世二周年纪念与国民革命成功问题》一文，批判了国民党右派所散播的"国民革命已经或快要成功了"的谬论，便立即写了《黄花节的杂感》《扣丝杂感》等予以驳斥。时间之紧凑，步调之一致，充分表现出鲁迅作为党的亲密战友的姿态。

一九二四年间，为了适应斗争形势的发展，减轻广东区委的负担，成立了共青团广州地区委员（简称地委，相当于现在的市委），下设学生运动委员会（简称学委），主管市内文化教育事务。地委书记是杨善集，后为黄居仁；学委书记是沈宝同，后为恽代英。一九二七年初，毕磊被调往地委工作，因而地委与鲁迅又发生联系。

据徐文雅主编的中共中山大学总支内部刊物《支部生活》第五期（大约出版于一九二七年二月上旬）"内外消息"栏报道："地委转来别校同志共四十四人（按：从具体单位名额累计应为四十五人）参加研究"，"新增同志经地委批准编入者十九人"。这里指的是鲁迅曾赴会讲演并捐款资助过的社会科学研究会的组织情况。该刊同期同栏还有一则极为重要的报道："地委检《少年先锋》十二期，使毕磊持往与鲁迅接洽。"这又进一步说明了地委、《少年先锋》、毕磊与鲁迅之间的关系。

不仅如此，地委为了击退国民党右派对鲁迅的进攻，帮助青年们正确理解鲁迅，还委托刘一声（当时在宣传部工作，大革命失败后堕落）执笔写了一篇文章，题为《第三样世界的创造——我们应当欢迎的鲁迅》（按：正题应为《第三样时代的创造》），发表在一九二七年二月二十一日《少年先锋》旬刊第二卷第十五期上。这篇专论一开头便点出在欢迎鲁迅问题上两种根本不同的态度，对国民党新贵们的拉、捧、打手段给予辛辣的讽刺。接着详细分析了鲁迅前期作品（特别是杂文）产生的时代背景、思想意义和社会作用，指出："他对于敌人的攻击，每一击都有力，中了要害，使敌人受伤。""他的论文所攻击的对象都是所谓礼教，所谓国粹，精神文明，东方文化等等一类的封建思想。除了以推翻整个旧制度为专业的共产主义者而外，在中国思想界中，像鲁迅一般的坚决彻底反抗封建文化的理论，是很少的。"这是最早论述鲁迅战斗生活及其杂文意义的文章之一，在一定程度上反映了当时广州党组织对鲁迅的看法和评价；文章某些提法虽然不够精当，但仍不失为研究鲁迅与党的关系的一份重要历史材料。

《做什么？》创刊于一九二七年二月七日，毕磊主编，目前只发现第一期原件及第二期目录。经过陈延年修改的发刊词《我们应该做什么？》为革命青年指明了前进的道路。毕磊写了编后《我们的话》，说明这是着重提倡社会科学研究和文艺创作的综合性刊物。他还以"坚如"的笔名发表《欢迎了鲁迅以后——广州青年的同学（尤其是中大的）负起文艺的使命来》，针对当年如同一块沙漠的广州文坛，指出"骆驼是任重而道远的，我们便应该做文艺沙漠上的骆驼"。号召"广州'撒哈拉'的文艺骆驼们联合起来"，"在西南的园地上开发几朵灿烂的鲜花"。该文还引用了鲁迅在中大学生会欢迎会上讲演的一些原话,保留了这一有价值的史料。鲁迅也很心爱《做什么?》,曾认真拿起它来与叛徒孔圣裔主编的《这样做》两相对照,结果看出由国民党的所谓"革命文学社"出版的《这样做》"是和《做什么》反对,或对立的",它们是"大相反对的两种刊物"(《三闲集·怎么写——夜记之一》)。

九

毕磊的主要贡献之一,是安排鲁迅与陈延年的秘密会见。

关于这次会见,目前还无法查到档案材料,只能根据一些老同志的回忆。当年与鲁迅同在广州的许广平在《鲁迅回忆录》和徐彬如在上述回忆文章中都肯定其事。徐彬如说:"有一回,鲁迅和我谈起党的事情,问陈延年是否负责广东党的工作,还说陈延年是他的'老仁侄',人很聪明。这件事我向陈延年谈了,陈延年也说鲁迅是他的父执。不久,鲁迅向毕磊表示希望与陈延年见面,陈延年听到毕磊的反映,立即同意了,后来鲁迅和陈延年就作了一次秘密会见。这事是由毕磊和陈延年的秘书任旭(此人后是托派,改名任曙)安排的。"可见,鲁迅是通过毕磊,并由毕磊安排跟陈延年会晤的。

六十年代初,徐彬如在接受上海《鲁迅》电影文学剧本创作组资料人员多次访问时,也提供了一些会晤的细节:"有一次在粤区区委,毕磊同志向陈延年同志汇报和研究他们两人(即鲁迅先生和陈延年)之间会晤的问题,这时候正是上海工人举行第三次武装起义的前后,鲁迅先生曾经表示过、而陈延年同志觉得有必要两人见面交谈一下。为此事具体安排、奔走的则是毕磊同志。……过了不久,又听到陈延年同志谈起:'已经和鲁迅见过面了,谈得很愉快……'当时毕磊同志正在旁边,接口说:'鲁迅先生在见面以后,流露了非常满意和兴奋的情绪……'"(见沈鹏年《鲁迅和陈延年会见——电影〈鲁迅传〉采访札记》,载一九六二年四月十日《羊城晚报》副刊《晚会》)

关于他们会晤的时间,应在一九二七年三月下旬,地点应在中共广东区委员会二楼的会客室,坐落在中山大学斜对面,即文明路七十五至八十一号(今文明路一九四至二〇〇号)。它是党、团广东区委对外未公开的办事处,只以共产党俱乐部名义出现过,俗名通称"管东渠"。有人认为是在陆园茶室,但陆园茶室位于闹市区财政厅前,不大可能是会晤的地点。

关于谈话的内容，也与毕磊有点关系。据许寿裳亲属材料，一九三一年三月四日许寿裳到上海找鲁迅，鲁迅对许寿裳说起在广州会见陈延年，并说：当时陈延年谈到毛泽东搞农民运动，并介绍了毛泽东对农民运动的看法，鲁迅很受启发。许家亲属记录的这段话是有一定根据的。在广州时期，鲁迅曾由毕磊带领参观过毛泽东主办的农民运动讲习所旧址番禺学宫，并极可能在毕磊赠送的《向导》周报上拜读过毛泽东的《湖南农民运动考察报告》。鲁迅对农民问题也作过长期的思考和探索。因此，陈延年对他谈的内容应该会引起鲁迅的注意（关于这次会晤的详细考析，已见《鲁迅与陈延年的会晤——读〈鲁迅研究文丛〉札记之四》，此处从略）。

鲁迅与陈延年会见后，思想和态度有明显改变。当国民革命军出师北伐，黄埔军校的两位共产党干部孙炳文和熊雄，邀鲁迅抽暇到军校讲演一次，并派刘弄潮前往接洽，鲁迅欣然答应。四月八日晚上，他在共产党员应修人的陪同下，到黄埔军官学校作了《革命时代的文学》的讲演，明确指出："必待工人农民得到真正的解放，然后才有真正的平民文学。"接着又写了《庆祝沪宁克复的那一边》这篇著名杂文，标志着他的思想发生了伟大的飞跃。而毕磊对鲁迅思想的飞跃是做出了一定贡献的。

十

鲁迅与毕磊的革命情谊，以毕磊的被捕、牺牲，与鲁迅的营救、悼念表现得最为突出。

三月二十九日黄花节那天，鲁迅出于对校内国民党右派及"正人君子"们的厌恶和憎恨，也为了更好地读书和写作，便决然搬出中山大学大钟楼，移居东堤白云路白云楼二十六号二楼（今白云路五号）。毕磊依然在外头工作，也依然住在中大校内，但他仍经常来到白云楼，与鲁迅联系。

不久，风云突变。蒋介石在上海发动了"四一二"反革命政变，接着广州也发生了"四一五"血腥大屠杀。

这是一个蓄谋已久的反革命事件。事前，接蒋介石密电广州军政，准备"肃清一切反动分子"，并散布谣言。谓"共产党拟乘十六日举行之沪宁占领祝贺会，嗾使广州附近之农民军，一方由黄埔军官学校学生一部分策应，一方占领广东省政府，广东党部"云云（见一九二七年四月十九日北京《晨报》）。十四日下午六时，广州军政召开会议，阴谋策划分路搜捕革命党人，由广州警备司令钱大钧任临时戒严司令，指挥海陆部队，广州公安局局长邓彦华则担任市区搜索。深夜十二时下达紧急戒严令，临时佩戴白布蓝字臂章的反动军警把守交通要道，荷枪实弹的反动武装对各革命机关和工会组织施行突然袭击，白色恐怖笼罩着整个广州。

与此同时，一队反动武装在几个"树的党"头目的带领下，凶神恶煞地闯入黑暗沉寂的中山大学。他们冲进学生宿舍，按照预定的黑名单抓人，第一名便是毕磊。十四日那天，毕磊在外头布置工作，回校较晚，自己住的房间已关上了门，便到另一间房汪浩（也是支部委员）的床上睡着了。当戴着黑眼镜、拿着手电筒的反动家伙破门而入时，人们猝不及避，毕磊、陈辅国等三十余名革命学生就这样被抓走了。

据当时报载，四月十五日那天，逮捕共产党人和革命分子共二千四百余名，重要者五十余名押解警备司令部及公安局，其余拘留于南关戏院六百名，明星电影院一百三十名，东园、惠州会馆、劳动学院及嘉南堂四楼等处各三四百名。有些报纸还直接点了毕磊的名字，例如"闻军警捕获萧某某（按：指萧楚女），容某某（按：指容保辉），熊某（按：指熊锐）等，在中大学校捕获毕某（按：指毕磊）等……"（见一九二七年四月十六日广州《现象报》）；又如"共党被捕首要为刘尔崧，邓少铭，雷荣甲，谭其镜，毕磊，萧楚女，沈春雨"（见同年四月十七日上海《申报》）。可见毕磊是"重要分子"之一，已被押赴公安局了。还传说捕人者"各月得津贴三百元"（见同年五月七日北京《晨报》）。

在这腥风血雨之夜，鲁迅在白云楼上难以入眠。十五日清晨，许宅的老家人"阿斗"跑来，惊慌失措地说：不好了，中山大学贴满了标语，也有牵涉到鲁迅的，"叫老周（鲁迅）快逃走吧！"鲁迅听后，不仅没有逃跑，反而冒着生命危险回去看个究竟。鲁迅回到中大，一些进步师生便围了上来，接着走进教务处，自发地开了一个短会，共同诉说着昨夜的遭遇。鲁迅知道毕磊、陈辅国等三十余名革命青年被非法逮捕后，决定发出紧急通知，下午召开各主任会议，营救被捕学生。

当天下午，大雨滂沱。鲁迅来到大钟楼二楼的教务会议厅，以教务主任身份，主持了各科系主任紧急会议。到会者除各科系主任和各部门负责人外，还有教授，朱家骅也参加了。当年经济学系主任何思源在《回忆鲁迅先生在中山大学情况》对会议有生动的描写。鲁迅虽然为营救学生一事据理力争，但无济于事。鲁迅回到白云楼，无比气愤，一语不发。后来经不住许广平、许寿裳的恳切询问，才把事情经过细说一遍，但晚饭却未进一口。

紧急会议无效，鲁迅又多方奔走营救。十六日日记写道："下午捐慰问被捕学生泉十。"他还采取坚决行动，三次退回中大聘书，四次寄去辞职信件。校方派出代表"慰留"，鲁迅拒而不见。朱家骅四次来访，鲁迅表示"我是不走回头路的"。中大妄图不发薪水为难他，鲁迅却把金钱置诸度外。相反，他时刻惦念着毕磊他们的安危，据许寿裳在《亡友鲁迅印象记·广州同住》中回忆："他时常提起，有某人瘦小精悍，头脑清晰，常常来谈天的，而今不来了。"

原来，毕磊他们自四月十五日凌晨被押去公安局后，受到严刑拷打与审讯，但他们始终坚贞不屈，顽强斗争。四月二十日晚上又被解往戒严司令部，由钱大钧提讯。毕磊穿着白衬衣、戴着铁镣铐站了出来，操着湖南口音，慷慨激昂地斥骂这伙败类"卑鄙无耻"，"背叛孙中山"，"真正的反革命"！反动军警奉命星夜用两艘军舰把毕磊和其他"首要分子"移押珠江南岸的南石头"惩戒场"，进行秘密杀害。毕磊视死如归，领着难友们高呼"打倒国民党反动派！""中国共产党万岁！"最后，反动军警把毕磊捆绑起来，用刺刀乱戳，连同巨石抛入白鹅潭……

毕磊四月二十二日深夜或二十三日凌晨遇难的消息，当年的报刊虽不敢如实报道，但也略有披露。北京《晨报》的广州特约通讯员执中，专写"四一五"事件报道，在《共产党首领均被枪决》一文中写道：

> 又闻十五日所捕获之共产党稍为重要者，业经军政督察委员会一再提讯，被认为危险分子谋乱有据者，实仅数十人，此数十人中，已有十二人，确于二十二夕，由公安局解往戒严司令部，复由钱大钧提讯确凿，经赉夜用两兵舰，解往南石头执行枪决。其姓名职业如下：（一）刘尔崧，工业专门学校毕业，广州工人代表会执行委员。（二）李森，中华全国总工会驻粤办事处主任。（三）萧楚女，黄埔军事政治学校训育主任。（四）何耀全，省港罢工委员会执行委员。（五）毕磊，中山大学学生会执行委员（按：不确）。（六）沈春雨，法政专门学校毕业，前届省党部执行委员。（七）刘剑雄，缉私卫商处巡缉队主任。（八）邓培，中华全国铁路工人联合会驻粤办事处主任。（九）容保辉，公安局政治指导员。（十）李溶。（十一）陈辅国。（十二）熊锐。均黄埔入伍生政治部宣传员。以上十二人，枪毙后即秘密瘗埋，并未将罪状宣布，故外间尚鲜有知之者。（载一九二七年五月十一日北京《晨报》）

上述范师任《悼毕磊同志》一文的开头也写道：聪明而能干而勇敢的毕磊同志，于四月廿三被蒋介石的走狗杀死了。因此，这个消息是千真万确的。直到六月二十九日，戴季陶、朱家骅才贴出"处置共产党分子"的《本校布告》（第三十六号），以"中大特别党部改组委员会"名义，开除了四百八十余名学生教员的学籍或职务，其中便有"毕磊（文本二）"的名字。

然而，在"大夜弥天"的形势下蛰居白云楼的鲁迅，很迟才听到一点风声。当他隐约获悉毕磊壮烈牺牲的消息时，心中悲痛不已。毕磊那熟悉的面影，不时浮现在他眼前。直到离开广州前夕的九月二十二日，还在《怎么写——夜记之一》中满怀深情地说：

> 现在还记得《做什么？》出版后，曾经送给我五本（按：日记作三本）。我觉得这团体是共产青年主持的，因为其中有"坚如"，"三石"等署名，该是毕磊，通信处也是他。他还将十来本《少年先锋》送给我，而这刊物里面则分明是共产青年所作的东西。果然，毕磊君大约确是共产党，于四月二十八日（按：应为十五日凌晨）从中山大学被捕。据我的推测，他一定早已不在这世上了，这看去很是瘦小精悍的湖南的青年。

这段沉痛的悼词，既体现了毕磊对鲁迅的关心，也表达了鲁迅对毕磊的好感。一九二八年冬，鲁迅在上海偶尔遇到徐文雅，又谈起广州的事，半晌，鲁迅说："毕磊死了，是被铁链锁住了弄死的……"毕磊的英勇形象在鲁迅心中是很深刻的。

十一

上面叙述了毕磊二十年代的斗争生活，以及鲁迅与毕磊的革命情谊。从上述情况分析，我们可以看出如下几点：

第一，毕磊短促的一生，是光辉的、战斗的一生。他出身贫寒，从小勤奋好学，博闻强记，具有多方面的才华。然而，他在革命的征途上也有过波折、彷徨和苦闷；在共产党的耐心帮助、教育下，才逐步成为无产阶级的先锋战士，最后把自己宝贵的生命献给共产主义事业。因而范师任在悼文中写道："你的血已经洒遍了你从前领导一切群众开大会的东较场！你为反抗一切反动派而死！你死在你一生奋斗当中！你身上喷出来的一点一滴的血，正在灌溉那一朵朵含苞欲放的革命之花！"

第二，就现有材料看，鲁迅与党的关系是从与毕磊的接触正式开始的。在北京时期，鲁迅虽然与中共北方区委书记李大钊有联系，并且结成"站在同一战线上的伙伴"(《南腔北调集·〈守常全集〉题记》),又读到党的机关刊物《政治生活》;与党员学生刘弄潮、任国祯等也有接触,并且为任"校《苏俄之文艺论战》"(一九二五年四月十六日《鲁迅日记》),刘亦受李大钊的委托拜访过鲁迅。但他们都没有公开身份,只是作为个人交往或工作联系,并不算组织上的关系。在厦门时期,鲁迅与厦门大学学生自治会主席、党团总支书记罗扬才有过联系,在学生欢送鲁迅会上也一起照过相,但还没有足够材料说明这是鲁迅与党的关系。

到了广州时期,这个问题有了重大发展。正如鲁迅所说:"我在厦门,还只知道一个共产党的总名,到此以后,才知道有 CP 和 CY 之分。"(《而已集·通信》)中共广东区委会推荐鲁迅来粤任教,委派毕磊等共产党员专门与鲁迅联系,由毕磊把革命刊物赠送给鲁迅,并安排鲁迅与广东区委书记陈延年会见,这样,鲁迅与党组织已经直接联系,自己也主动与革命步调一致,协同作战。因此,鲁迅与党的血肉关系,应该说是从广州建立的。

第三,鲁迅轰毁进化论的思路,与毕磊等革命青年的遇害有极大关系。北京时期,鲁迅对青年已有所分析,指出:"青年又何能一概而论?有醒着的,有睡着的,有昏着的,有躺着的,有玩着的,此外还多。但是,自然也有前进的。"(《华盖集·导师》)然而,鲁迅的进化论思路并没有因此轰毁,这个问题到了广州才得到解决。为什么呢?鲁迅说过:"我一向是相信进化论的,总以为将来必胜于过去,青年必胜于老人……然而后来我明白我倒是错了。……我在广东,就目睹了同是青年,而分成两大阵营,或则投书告密,或则助官捕人的事实!我的思路因此轰毁,后来便时常用了怀疑的眼光去看青年,不再无条件的敬畏了。"(《三闲集·序言》)

鲁迅初到广州时,除了毕磊等革命青年常去拜访他外,"非共产党而称为什么 Y 什么 Y 的"青年也去拉拢他,如 L. Y.(即甘乃光等操纵的所谓"国民党左派青年团")、T. Y.(即叛徒孔圣裔等组织的"三民主义同志社")、K. Y.(即由"民权社"蜕变而来的"左进青年社")等便是,甚至"自以为正统"的"树的党"也去监督思想。鲁迅在党的帮助下刻苦学习马列主义,开始用阶级观点去分析青年问题,对那些居心叵测的青年逐渐地冷淡和警惕起来。特别是经过"四一五"血案以后,目睹毕磊等由于"树的党"的告密而被杀,认识到青年是分成两大阵营的,"杀戮青年的,似乎倒大概是青年"(《而已集·答有恒先生》)。这样,他只信进化论的"一种妄想破灭了",坚信"惟新兴的无产者才有将来"(《二心集·序言》)。这可以从一个方面说明"四一五"前后是鲁迅思想发展的"关节点",而对青年的看法又是促使鲁迅思想转变的核心问题。这也许是人们常常将鲁迅与毕磊这两个名字联系在一起的缘故吧。

毕磊烈士殉难五十周年纪念初稿
一九七八年暑期修改于广州中山大学

附录：毕磊著作编目

教职员欠薪问题　　　　　　　　　　　　　　　　　　　三石
载一九二五年十一月二十日《广大学生周刊》第三期

近东风云中之摩苏尔问题　　　　　　　　　　　　　　　三石
载一九二五年十一月二十日《广大学生周刊》第三期

四国银行团作怪　　　　　　　　　　　　　　　　　　　三石
载一九二五年十二月一日《广大学生周刊》第四期

欺骗的关税自主案　　　　　　　　　　　　　　　　　　三石
载一九二五年十二月九日《广大学生周刊》第五期

奋斗　　　　　　　　　　　　　　　　　　　　　　　　毕磊
载一九二六年三月六日国立广东大学纪念总理逝世
周年筹备会出版《纪念总理》

编辑余谈　　　　　　　　　　　　　　　　　　　　　　三石
载一九二六年七月十日《广州评论》旬刊
第一期"北伐专号"

解决罢工的问题　　　　　　　　　　　　　　　　　　　毕磊
载一九二六年七月三十一日《广州评论》旬刊
第二、三期合刊"拥护省港罢工专号"

"最挂心的是中国国民党"
　　——为纪念廖先生作　　　　　　　　　　　　　　　毕磊
载一九二六年八月二十日《广州评论》旬刊第五期

本党最高党部联席会议之召集 　　　　　　　　　　　毕磊
载一九二六年八月三十一日《广州评论》旬刊第七期

欢迎鲁迅以后——广州青年的同学（尤其是中大的） 　　坚如
负起文艺的使命来
载一九二七年二月七日广州《做什么?》旬刊第一期

自古以来未之有也
　　　——读《中国青年》　　　　　　　　　　　　　三石
载一九二七年二月七日广州《做什么?》旬刊第一期

我们的话 　　　　　　　　　　　　　　　　　　　　编者
载一九二七年二月七日广州《做什么?》旬刊第一期

大家都想知道的 　　　　　　　　　　　　　　　　　三石
载一九二七年二月某日广州《做什么?》旬刊第二期

新努力的方向 　　　　　　　　　　　　　　　　　　毕磊
载一九二七年二月某日广州《做什么?》旬刊第二期

往事近谈 　　　　　　　　　　　　　　　　　　　　三石
载一九二七年二月某日广州《做什么?》旬刊第二期

读罢《扬鞭集》 　　　　　　　　　　　　　　　　　坚如
载一九二七年二月某日广州《做什么?》旬刊第二期

（原载 1980 年 12 月《中国现代文艺资料丛刊》第五辑，收入西安《鲁迅研究年刊》1980 年号；略作修订，又收入《现当代作家作品论》，中山大学出版社 1985 年版）

《野草》论辩

金钦俊

鲁迅全部作品中,最是格式独特的,莫如《野草》,最为幽昧难识的,也莫如《野草》。

《野草》为散文诗集,本文二十三篇,写于 1924 年 6 月至 1926 年 4 月。二十年代中期,正是第一次国内革命战争开始和发展的时期,南方已燃遍革命之火。但在北洋军阀政府统治下的北方,却仍然是风沙扑面,四外是一片出奇的混沌与阴沉,使"五四"文学革命沙场冲杀过来的鲁迅陷入了一生中罕有的巨大苦闷与沉思之中。他愿借文字释愤抒情,一浇胸中的块垒,但"那时难于直说",他只好徘徊于"废弛的地狱边沿",把心头杂沓纷纭的感想,化为几朵"惨白色小花"①——我们今天读到的《野草》。把这种曲笔理成"直说",是不容易的。又因为它不同于同时期创作的杂文随感(《坟》的大部分文章和《华盖集》正、续编),并非直接对时弊痛加针砭,而是抒写现实人生在他明敏心灵中反射的折光组成的心曲,故它笔下的形象距现实的原来样子较远,而距作者自己的心灵更近。这都给人们准确理解这些作品造成一些客观的困难。尤其是多年以来文学研究领域中"左"的倾向的干扰,形而上学与教条主义的盛行,更造成《野草》研究中出现许多并非实事求是的意见。本着正确学习与宣传鲁迅的目的,本文即就近年来出版的有关专著与文章中的一些观点进行论辩。

一

离开作品实际与作者当时的思想实际,片面强调、夸大作品某一方面的"内蕴""深意"或"暗示性",以此来拔高主题或作者,这是近年《野草》研究中时可见到的现象。

关于《雪》的分析是突出例子之一。有一种意见认为:《雪》中"江南

---

① 鲁迅:《二心集·〈野草〉英文译本序》。

的雪'滋润美艳',生意盎然,不正象征着祖国南方各省方兴未艾的革命形势吗?那色彩绚烂'隐约着青春的消息'的雪景,不正是象征着诗人对革命的憧憬和期待吗?"① 有的再进一步,指实鲁迅写《雪》是"把希望寄托在广大人民群众身上,寄托在中国共产党身上,寄托在南方",并抓住"朔方的雪"是"雨的精魂"发挥道,"本来雨和雪是互相转化的,鲁迅利用这一点,巧妙地寄寓了自己对广东革命根据地的向往、歌颂之情,而且把自己在北京的革命斗争与广东革命根据地的斗争紧紧地联系起来"②。这些意见是大可商榷的。

不错,《雪》中确有以自然环境隐喻现实的地方,但那不是"江南"而是"朔方";以朔方"凛冽的天宇"象征北洋军阀统治下的北中国。这篇作品的重心也并不在赞美江南的雪,而在于讴歌那不畏严寒蓬勃奋飞的"朔方的雪"。篇首对于"滋润美艳之至"的江南的雪的深情回忆与着意描绘,当然表现了作者对生活中美的事物的怀恋,并与荒凉肃杀的北方形成了对照。但我们不可忘了,作品接着还写了雪罗汉的消释,最后"成为不知道算什么,而嘴上的胭脂也褪尽了"。如果按照上引论点,这江南的雪"象征着祖国南方各省方兴未艾的革命形势",象征着在南方奋战的中国共产党和广大群众,则这雪罗汉的消释岂不成为一种污蔑之词?可见,"政治地理"不能代替作品实际,上述看法是离开了作品实际的带有很大任意性的发挥,因而是难以成立的。事实上,雪罗汉的笔墨,含有雪景虽好,但只是足供赏玩而已的意思。这分明是惋惜,而绝非赞美。作者神往的,乃是不畏凛冽在无边旷野上蓬勃奋飞,"使太空旋转而且升腾地闪烁"的"朔方的雪"。你看它,"在日光中灿灿地生光,如包藏火焰的大雾",形象多么雄美;文字之间又该含有多少赞叹!显然,这"朔方的雪"正是鲁迅所呼唤的反抗黑暗的战士的雄姿。

《野草》各篇和同期创作的短篇集《彷徨》一样,都是"五四"退潮后鲁迅在前进中"荷戟独彷徨"艰苦摸索时期的产物。鲁迅自述它们"战斗的意气却冷得不少",原因就在"《新青年》的团体散掉了",又不知"新的战友在那里",使他"成了游勇,布不成阵了"③。如按上述意见,那时鲁迅已寄希望于中国共产党,而且把自己的斗争"与广东革命根据地的斗争紧紧地

---

① 严恩图:《谈鲁迅的散文诗〈雪〉》,载《安徽师大学报》1979 年第 2 期。
② 曲辰:《谈鲁迅的散文诗〈雪〉》,载《破与立》1979 年第 3 期。
③ 鲁迅:《南腔北调集·〈自选集〉自序》。

联系起来",岂不是"新的战友"早已找到,"游勇"也早成"联队"了么?又何以"战斗的意气却冷得不少"呢?可见,上述意见同时也是离开鲁迅当时的思想实际的。

为了证明鲁迅的"预见",以他事后的认识,去解释当时的作品,也是造成有的结论脱离实际的原因之一。其突出例子,便是对于《失掉的好地狱》的某些解释。有的著作认为"鲁迅不满于北洋军阀的统治,同时又对那时尚未取得政权的国民党抱有保留态度"①,因作是文。有的说得更直接:"魔鬼"是"暗喻北洋军阀","人类"是指"国民党右派",作品表明"对于当时已开始和北洋军阀在争夺这地狱的统治权的国民党右派,作者也预感到将来他们的统治,不会比军阀们更好。这预感是惊人的!"②

《失掉的好地狱》作于1925年6月。其时别说北伐战争尚未开始,就连国民政府也还未成立,权且未得,鲁迅何由"预见"他们统治下的情形?如说是据广东的情形推知,则那时广东还不是"地狱"而是万众向往的革命根据地。再说国民党当时正以一个革命政党的面目出现于国人之前,鲁迅何独以看得如此之坏?要说是"国民党右派"吧,则蒋介石反共的两个重要信号"中山舰事件"和"整理党务案"也是这之后第二年才发生的,鲁迅又凭什么"预见"它日后要比北洋军阀更坏?其实,就是在翌年秋天鲁迅到厦门后,他也还一再为北伐的胜利欢欣鼓舞,并决意前来广东。可见,上述"预见"说虽然动听,却是经不起推敲的。我们知道,鲁迅感觉出革命的危机,是在踏上广州土地之后,他对蒋介石集团的看穿,也主要在"四一五"事件发生时。鲁迅不只一次地自述他到广州是"抱着梦幻而来"③,便是最有力的证明。人们也都知道,"四一二"政变后,鲁迅对那些投向"新的战胜者""于是乎南下,南下,南下"④的"正人君子"们表示了极大的鄙薄,假如1925年中鲁迅便看穿了国民党(或说其"右派")的本质,那么他本人一年多后的"南下"又该怎么解释呢?显然无法解释。足见上述说法既缺乏事实根据,于事理上也是不通的。

我以为,这篇作品写的是蒙上梦幻色彩与阴界外纱的严酷的现实,而不是对于未来的"预见"。作品开头展示的地狱惨状("一切鬼魂们的叫唤无不低微,……造成醉心的大乐"),是北洋军阀统治下民不聊生的艺术写照。这

---

① 唐弢主编:《中国现代文学史》。
② 李何林:《鲁迅〈野草〉注解》。
③ 鲁迅:《三闲集·在钟楼上》。
④ 鲁迅:《而已集·"公理"之所在》。

地狱不是别的，就是"魔鬼"所讲述的"人类"统治下的地狱。它和后面那"油一样沸，刀一样铦，火一样热；鬼众一样呻吟，一样宛转"，正是同一个东西。"魔鬼"因为被赶下台，所以对新上台的"人类"大为恼恨，便根据"人类"接管地狱后的暴行对它进行斥责，并为自己的统治进行辩护（即所谓"好地狱"）。"好地狱"云云，当然是谎言："魔鬼"对于"鬼魂们"（人民大众）从来不施仁政。至于"人类"的暴虐却是确的（"我"亲眼见到的），"魔鬼"正是从这抓到了攻击的把柄。所以这里的"人类"也还是指军阀，"魔鬼"和"人类"的统治的更迭，便是对民元以后各派军阀争权夺利、混战不休的政治局面的艺术概括。鲁迅在写这篇作品前一个多月，曾愤慨斥责这混战局面带给人民的沉重灾难："称为神的和称为魔的战斗了，并非争夺天国，而在要得地狱的统治权。所以无论谁胜，地狱至今也还是照样的地狱。"① 这话正可与《失掉的好地狱》互相印证，它们都形象地说明：不管各派军阀打出什么旗号（"天神""魔鬼"或"人类"），其为抢夺统治权以暴虐百姓之本质则一。而且随着战事连绵不断，老百姓的命运将日益不幸，连现有的地狱"也必须失掉"。这里就已显示了作品的强烈战斗性，无须乎求之过深，牵扯到当时鲁迅不可能"预见"的国民党（或其"右派"）将如何动作上去。

鲁迅自述《失掉的好地狱》的成因是："但这地狱也必须失掉。这是由几个有雄辩和辣手，而那时还未得志的英雄们的脸色和语气所告诉我的。我于是作《失掉的好地狱》。"② 上述论者把这里的"英雄们"释为国民党或其右派，如说："'英雄们'是指当时还未取得统治权的国民党反动派的有些人。"③ 查查1977年后新出的几部《中国现代文学史》，差不多都是这样认为的。如说："对于当时还未得志的国民党'英雄们'，则预言他们决不是地狱的破坏者，相反却是整饬地狱的使者，一旦他们取得了政权，被压迫人民将会受到更严重的迫害。"④

可是，持这种看法的同志没有一位能根据历史事实或鲁迅本人论述给自己的解释提供任何有力的证据。而据我所知，直到1925年及此后一段期间内，鲁迅全部文章中还未曾出现过所谓"预言"国民党将变坏的记载。要说这方面的文章，怕还得首推《而已集》的第一篇《黄花节的杂感》。但那已

---

① 鲁迅：《集外集·杂语》。
② 鲁迅：《二心集·〈野草〉英文译本序》。
③ 李何林：《鲁迅〈野草〉注疏》。
④ 林志浩主编：《中国现代文学史》。

是一年又九个月之后的事了。那时鲁迅不但早已离开北洋军阀统治中心的北京，到厦门观察北伐形势，而且已在广州实地考察了两个多月了。鲁迅不是什么"早具慧眼"的"先知"，他只能如此。相反，在1925年前后，我们倒是屡次见到他十分关切孙中山领导的国民党"党人""党军"的事业，1925年4月8日他致许广平信中就说："所以我想，无论如何，总要改革才好。但改革最快的还是火与剑，孙中山奔波一世，而中国还是如此者，最大原因还在他没有党军，因此不能不迁就有武力的别人。"① 可见鲁迅是认为孙中山领导的革命是志在"改革"中国的，信中这种替中山先生惋惜的口气，正是鲁迅对他们寄予希望的反映。总的来说，1925年前后，鲁迅对国民党的态度是欢迎的，而不是拒绝的；是信任的，而不是怀疑的。说鲁迅挖苦的"英雄们"指国民党或其右派，恐怕也还只是一种猜测之辞，是缺乏任何确证的。

那么，这"英雄们"指谁呢？我以为还是指当时争夺领导权的军阀。1924年9月，接连爆发了现代史上有名的两场军阀战争：苏浙战争和第二次直奉战争。10月，直系吴佩孚部下冯玉祥率部倒戈，举行"北京政变"，囚禁了贿选"总统"曹锟，吴佩孚败走武汉。于是张作霖乘机率奉军进入华北，段祺瑞则乘机攫取政权，自任"中华民国临时总执政"。此际正是老军阀倒台，新的军阀政权又还未巩固之时，于是那些"有雄辩和辣手，而那时还未得志"的各派大小军阀便狗争骨头般地互相抢权。鲁迅当然对他们存着戒心，因而通过《失掉的好地狱》告诫人们：不管哪个军阀得胜，都是一个样，即使有以新的面貌出现的当权者，也不能对其存有幻想。鲁迅在与本文同日写的《杂忆》中，痛心于民元后"有宗社党的活动和遗老的谬举而两族的旧史又令人忆起，有袁世凯的手段而南北的交恶加甚，有阴谋家的狡计而省界又被利用，并且此后还要增长起来！"可作为此解的参考。

还有一种和上述看法完全相反的意见，说《失掉的好地狱》中的"'人类'指革命派"②，其理由是："人类"的残暴是"魔鬼"的泄愤之辞，不足信的。这同样是站不住脚的。首先，它无法解释鲁迅关于本篇成因的自述。其次，"魔鬼"对于"人类"虽多有诋毁，但"人类"统治下地狱的惨状却是"我"所亲见，并非误信。所以这种看法也还只能是一种臆测。这篇文章还认为，"英雄们""也许是指属于'狂飙社'的人们"，看来是在指高长虹。这也不确。首先，从语气上看，鲁迅这里指的不象是文艺界中人，而应

---

① 鲁迅：《两地书·一〇》。
② 顾农：《〈野草〉试释（二则）》，载《徐州师范学院学报》1980年第3期。

为军政界的一些头面人物。文人虽然喊喊喳喳，但"天下究竟非文氓之天下"①，而是"武人"的天下。其次，它于事实也不符。鲁迅 1925 年 4 月 28 日致许广平信："长虹确不是我，乃是我今年新认识的"，他们认识不久，且刚刚合办起《莽原》周刊（1925 年 4 月 24 日创刊），不会给鲁迅留下这么坏的印象。鲁迅和高长虹关系的破裂主要是 1926 年鲁迅在厦门时的事，这只须看《华盖集续编》便可知，不赘。

　　这样，通过对《雪》《失掉的好地狱》的部分评论意见的引述，人们便看到一个十分奇特的现象：同是鲁迅同期的作品，有的说是反对北洋军阀而热烈歌颂南方的革命的，有的却说是预告南方来的新统治者（国民党或其右派）要比北洋军阀政府更坏；同是鲁迅，也似乎一个是向往革命的南方的，一个却是大大怀疑南方的。读者到底听哪一个好呢？他们有什么法子把这些意见统一起来呢？应该说，离开作品实际与作者实际去给作品"增添"思想光彩，只能是一种拔高主题或拔高作者的非正确态度。在这种态度之下，有时就会出现上面那种论点互相"打架"的现象，于作品和作者固然无补，于读者的求解也是十分不利的。

　　有的研究者倒不一定是主观地要从外面给作品"添加"什么，而是习惯孜孜地从"微言"中求得"大义"，结果同样有违于实际。

　　《风筝》早已是人们熟悉的作品了。它写的"我"对从前戕贼儿童天性的粗暴行为不胜懊悔和悲哀，感动、教育了无数读者。有一种注本在题解中正确指出："文中的'我'怀着沉重的心情，回忆儿时对喜爱风筝的小弟弟的粗暴行为以及事后补过不及的'无可把握的悲哀'，反映了作者对孔孟宣扬的长幼尊卑的封建伦理道德的否定和对虐杀儿童精神的封建教育的愤懑。"② 这本来已经够了，但它又接下去说道："全篇沉浸在对'严冬'环境的憎恶和对故乡'春天'的怀念的艺术氛围中，传达出鲁迅不满黑暗现实、向往美好生活的心情。"这可就多少有点"续貂"的味道了。不错，作品中那四面的"严冬的肃杀"是"我"所讨厌的，它确是作者身处的社会环境的写照。但通观全篇，它意在写出由于从前做错了事而现在得到了惩罚——"带着无可把握的悲哀"的情景，那身外的"肃杀"主要的还是为了映衬"我"身内的"肃杀"，即心境的悲怆，并非正面去描绘现实并作出自己的评价。而"久经诀别的故乡的久经逝去的春天"，虽然是"我"所怀念的，但

---

① 鲁迅：《致郑振铎》。
② 扬州师院中文系等注《野草》注释本（人民文学出版社 1977 年征求意见本）。

作品压根儿没写出那是"美好生活"。相反，作品写的是"我"的小兄弟"多病，瘦得不堪"；是秘密被发现后"惊惶"不已，"失了色瑟缩着"，最后"绝望地站在小屋里"。不仅不"美好"，而且简直是可怜。1980年发现的鲁迅1919年佚文《自言自语》①中的《我的兄弟》，使我们知道《风筝》便是它的改写和扩大。它里面更明白地写着："我的父亲死去之后，家里没有钱了。我的兄弟无论怎么热心，也得不到一个风筝了。"则"我"兄弟俩童年生活之远不"美好"更属明白无误。这样看来，上述题解末尾的话，虽象很能"增强"主题，但实际上还是附不上去，不得不落了空。

除上述情况外，还有一种似乎是有点讳言《野草》中流露的悲观情绪甚或虚无主义的东西，因而给了积极的或正面的别的解释。这方面的代表性例子，是对《墓碣文》的某些解释。

《墓碣文》中墓碣正面和阴面的刻辞都是墓中人的自述，因而是一个整体。正面的两段（自"于浩歌狂热之际中寒"至"终以殒颠"）表现墓中人生前内心的悲观、绝望、虚无，以及这种阴暗情绪对他致命的伤害。阴面的两段（自"抉心自食"至"本味又何由知"）则是上面"自啮其身"的另一种写法，表现墓中人汲汲于认清这种阴暗情绪而始终无由认识、无法摆脱而产生的痛苦与烦躁。墓中人坐起说的"待我成尘时，你将见我的微笑！"更表现他认为只有完全的毁灭才能得最后解脱的阴冷绝望的思想。应该说，形象本身提供的思想是比较明确的。

我们也看到完全不同的解释。有的说墓碣正面的话"都是好的"，"于浩歌狂热之际中寒"句"是说感觉异常敏锐"，"是一种可贵的反潮流的精神"。"于天上看见深渊"句"是说眼光异常深刻，能透过现象看到本质"。"于一切眼中看见无所有"句是"彻底否定了黑暗的现实而不抱任何幻想"。"于无所希望中得救"句"说的是对进化论的幻灭"②。有的又认为墓碣正面的这四句话"是说墓中人的生前，对于一切事物和人生都比别人看得深刻尖锐，他能从事物的现象看到事物的本质，从事物的表面看到事物的里面，甚至看到事物的反面。……他（按，指墓中人）的看法却是非常合于辩证观点的"。"所以，这墓碣上正面的刻辞，是对于墓中人，也就是对鲁迅先生自己，人格和精神的赞颂。"③ 这两种意见都力图赋予刻辞以正面的深意，实际上却都

---

① 鲁迅：《自言自语》，载《人民日报》1980年5月3日第5版。
② 顾农：《〈野草〉试释（二则）》，载《徐州师范学院学报》1980年第3期。
③ 许杰：《释〈墓碣文〉》，载《天津师院学报》1979年第2期。

离开了形象本身。在浩歌狂热的当儿中了寒（"于浩歌狂热之际中寒"），这是狂热之后的冷却、萎靡，并非什么"反潮流精神"。放眼天宇，不见光明，反见深渊（"于天上看见深渊"），这是幻灭，是失望，并非什么"透过现象看到本质"。从一切人们的眼光中只见到虚无（"于一切眼中看见无所有"），是因为看者自己虚无的缘故，并非一切人都无可救药，所以也不是什么"彻底否定了黑暗的现实"。惟绝望之时刻方能得救（"于无所希望中得救"），更是绝望情绪之直接流露，不知与"进化论的幻灭"有何瓜葛？所有这一切，都不是什么"辩证观点"，而是一种虚无思想。说这四句刻辞是对某种"人格和精神的赞颂"，那么这种"人格"和"精神"便颇可怀疑了。这种误解的产生，也是和论者在方法上把正面的刻辞从墓碣文整体中分割开来有关的。不把墓碣两面的碑文有机联系起来，就难以准确理解它的涵义。认为正面刻辞"都是好的"的那篇文章，又说"墓碣背面的文字却说自己解剖自己是不可能的"。既然正面碑文表现了墓中人如此高度的认识与觉悟，则这"自己解剖自己"还有何必要？这样，论者自己就无法把前后两种看法统一起来，不自觉地使自己陷于窘境了。

无庸讳言，墓中人这种绝望、虚无思想，是作者曾经不同程度地存在过的。鲁迅曾坦率地承认："我自己总觉得我的灵魂里有毒气和鬼气，我极憎恶他，想除去他，而不能。"①"墓碣文"正是这种"毒气和鬼气"的更为强烈的表现。这是鲁迅所自来的"旧营垒"烙在他思想上的瘢痕；鲁迅从不掩饰而且大胆暴露它，我们又有什么必要来为他"讳过"呢？

《墓碣文》的末尾，"我疾去，不敢反顾，生怕看见他的追随"表现了"我"对墓中人阴冷绝望思想的否定，虽只三言两语，但至关重要。它说明作者把墓中人的思想和形象写得那么阴冷可怖，正是为了使人悚然思避，不再重蹈他的道路。鲁迅在《墓碣文》之前一个多月写的《杂感》中就已写道："仰慕往古的，回往古去罢！想出世的，快出世罢！想上天的，快上天罢！灵魂要离开肉体的，赶快离开罢！现在的地上，应该是执着现在，执着地上的人们居住的。但厌恶现世的人们还住着。这都是现世的仇仇，他们一日存在，现世即一日不能得救。"这种主张"执着现在"、反对"厌恶现世"的积极人生态度，也就是《墓碣文》的不十分响亮但却实在存在的主调。这才是我们应该"赞颂"的鲁迅"人格和精神"。

---

① 鲁迅：《致李秉中》。

二

忽视散文诗作为诗歌一体在表现方法与抒情方式方面的特点,把诗中抒情主人公"我"的形象或诗中出现的其他形象与作者等同起来,是《野草》研究中另一个比较常见的现象。

例如《墓碣文》,近年来就出现这样的说法:它"反映了作者剧烈的思想斗争及其自我解剖的努力:'抉心自食,欲知本味。创痛酷烈,本味何能知?'作品的根本精神,不只表现作者勇于自我解剖,还表现在他是以一种否定的态度来对待自己的旧思想的:'我疾走,不敢反顾,生怕看见他的追随'"①。"墓碣阴面残存的文句,写出了作者忍受着酷烈创痛而进行的深刻的自我剖析:'抉心自食,欲知本味。创痛酷烈,本味何能知?'"② 再如上面提到的认为正面刻辞"是对于墓中人,也就是对鲁迅先生自己,人格和精神的赞颂",也属于这一类。

第一例把墓中人和做梦的"我"都当成了鲁迅,第二、三例则把墓中人视作鲁迅,它们都把作品里出现的形象视为生活里的实在人物(作者)了。这种无视文学特点的简单化处理实在是人们难以接受的。事实上,在所有各种体裁、形式的文学作品中,除了文艺性的自传(如郭沫若的《我的童年》《反正前后》等)、部份记实性的游记文学或散文(如朱自清的《欧游杂记》、鲁迅的《朝花夕拾》)等少数例外,文学作品中出现的"我"都不会是也不可能是作者自己的写实。就连自传性的小说如高尔基的《童年》《在人间》和《我的大学》,也不能说主人公阿列克塞(简称阿辽沙)的思想、性格、经历、行为、谈吐、爱好,一一皆为高尔基当年之所具或所为,而只能说是以作者的经历为蓝本的文学创作,含有较大的自传性而已。若是狄更斯的自传性长篇小说《大卫·科波菲尔》一类,则加工更大,虚构成分更多,更难在主人公与作者之间划上等号。自传性的小说尚且如此,其他文学创作就更可想而知了。拿《墓碣文》来说,"我"及其所见的墓中人固然含有作者某些思想因素在内:前者暗喻作者积极进取的一面,后者象征作者急想抛弃的悲观消极思想一面(但不全然如此),成为体现人物内心深处矛盾冲突的对立形象。这是抒情性散文诗表现方法的特点之一。但是,对于上述

---

① 田仲济、孙昌熙主编:《中国现代文学史》。
② 赵潮钧、汪裕雄:《鲁迅〈野草〉初探》,载《安徽师大学报》1979 年第 2 期。

三例解释，我们不禁要问：作品什么地方或作者在别的什么地方告诉你，诗中那"做梦""疑惧""疾走"的"我"就是作者自己呢？没有。至于那"胸腹俱破，中无心肝"的"死尸"之不能是鲁迅，更是常识之事。"抉心自食，欲知本味"，虽略近作者自我解剖之意，但人们何时见过鲁迅"抉心自食"呢？散文诗与抒情诗相似，往往突破题材的现实的界限，而达到精神的抽象，具象的幻化，往往以不常有、不能有的艺术化了的形象来象征或隐喻高度浓缩、集中的思想、感情和内容。墓碣文的谲特，墓中人抉心探味的异想，以及死尸坟中坐起的奇思，正属于这种情况。它们虽是现实生活之艺术的写照，但却是不能以现实生活实有的样子衡之的，更何况是干脆将它与作者等同起来呢！

还有一种意见，除了直接肯定做梦的"我""显然是作者"之外，还说"墓碣前后所记都是鲁迅自己的思想"[①]。鲁迅思想当时尽管有不少寂寞、苦闷以至悲观的消极面，但何曾到此地步？如果 1925 年的鲁迅思想真个如此阴冷绝望，那就很难想象他同年作的思想性、战斗性极强的杂文集《华盖集》怎么写得出来。《华盖集》的大部分篇章围绕"女师大事件"和"五卅惨案"而写，直接斥责北洋军阀政府的"治人者""有权者"和"替暴君奔走"的文士；面对帝国主义的疯狂屠杀，指出中国青年应有"共同抗拒，改革，奋斗三十年。不够，就再一代，二代……"的觉悟和准备。这种高昂的战斗精神与积极的人生态度，岂是背上"墓中人"式阴沉思想的人所能具备的？可见，忽视了散文诗表现方法与抒情方式上的特点，就容易得出既不符合实际又有违事理的不正确结论。

再一种情况，是研究者并不直接肯定作品中的某一形象即鲁迅自己，但在诠释作品的段落、文句时仍然以鲁迅的思想或言论来套它，使一些年轻读者以为这些地方是实指鲁迅的。如《过客》中的这段台词：

客——称呼？我不知道。从我还能记得的时候起，我就只一个人，我不知道我本来叫什么。我一路走，有时人们也随便称呼我，各式各样地，我也记不清楚了，况且相同的称呼也没有听到过第二回。

这除了表明"过客"的孤独作战外，主要在说明对这个黑暗社会的反叛者，人们多是漫不经心地对待他的，当权者还会随时制造各式各样的、无一相同的罪名加害于他。至于这些罪名是什么，读者自会根据他们对"过客"

---

① 李何林：《鲁迅〈野草〉注解》。

形象的理解以及自己的生活经验、阅历、学识等去补足，是注释者无须实指也难以实指的。但我们还是读到这样的注文，说这一段"暗喻敌人对作者加以各种称呼进行攻击。作者在《阿Q正传的成因》一文中说：'不但对于阿Q，连我自己将来的"大团圆"，我就料不到究竟是怎样。终于是"学者"，或"教授"乎？还是"学匪"或"学棍"呢？"官僚"乎，还是"刀笔吏"呢？……'"① 这里虽有"暗喻"二字，但实际上还是同样有以"过客"为鲁迅的毛病。成功的文学形象总是较实际人物有更大的容量或更多的特色，"过客"的形象能够包涵象鲁迅这样的革命民主主义战士的探索，鲁迅个人当时的一些事例反不足以包囊"过客"形象的全部意义。所以这样比对是没什么意义的。同书中还对催促"过客"不舍昼夜行进的"前面的声音"作了如下的注："这是时代的战斗召唤，也是作者改革社会、向往光明的信仰。"其不够妥确之理同上。如果把其中"作者"二字改为"过客"，那便对了。

但，上引各例毕竟还只是把《野草》一些篇章中的形象看作鲁迅自己，无如下面这种看法更来得彻底："《野草》中的'我'一般都可以看作是作者本人（这一点与他用第一人称写的小说不尽相同，《野草》二十四篇中有十四篇出现过作为一个人物的'我'，均是作者自指）"，因此认为《墓碣文》中的"'我'固然是作者，而那'胸腹俱破，中无心肝'的'死尸'也代表鲁迅"②。这就提出了两个问题：

第一，《野草》与鲁迅"用第一人称写的小说不尽相同"。这是文章作者的理论根据。何以故呢？没有申述。这种把散文诗"放逐"于文学创作之外的观点，不但无视散文诗的体裁特点和表现特点，而且也是对文学基本特征的粗暴否定。此理甚明，故不多说。

第二，《野草》中的"我""均是作者自指"。这也未免有违实际。事实上，《野草》中出现的"我"的形象，分别有几种情况：一、是记实性的，"我"即鲁迅，如《一觉》。这从文中"我"如何在北京大学教员预备室与"浅草社"的青年晤面等记述中可看出。但整本《野草》中，能确断其中的"我"即鲁迅者，也就仅此一篇。二、"我"中作者自己的成份多一点的，如《风筝》《秋夜》《希望》《好的故事》等。《风筝》论者多以为系鲁迅自述，但看少年鲁迅与兄弟融乐相处的情景，便可知那时鲁迅不一定至于如此专制的。把它与它的前身《我的兄弟》联系起来看，可知写实成份甚多（如身处

---

① 扬州师院中文系等注《野草》注释本（人民文学出版社1977年征求意见本）。
② 顾农：《〈野草〉试释（二则）》，载《徐州师范学院学报》1980年第3期。

北京、江南故乡的回忆、小兄弟的描写、中年的情景和后一篇中父亲亡故、家境中落等），但其中记述与感情仍然是经过典型化即概括了更多的人与事入其中的，故不必也不能说这"我"即是作者本人。三、"我"中作者自己的成份少一点的，如《死火》《狗的驳诘》等。四、有的情况较复杂，如鲁迅自述"是为爱我者的想要保存我而作的"①《腊叶》，它用"我"对枫叶的怜爱来比喻青年对自己的关切。"我"告诉青年人，病叶的斑斓的颜色是保存不住的，不必再费心关切它了，可知这"我"含有许多作者自己的成份。他是感激青年的爱护而又怕辜负他们的厚意的。所以有人把这个"我"看作鲁迅②。但据许广平提供的情况，我们知道这里的"腊叶"是鲁迅的"自况"③。这样，那极想保存腊叶的"我"又似乎是比喻那爱护鲁迅的青年了。有人就认为这"'我'是'爱我者'"④，即青年。腊叶是鲁迅自况，这是确的，"我"多含鲁迅成份，也是显然的。这并不矛盾，因为它是用己之也愿腊叶不枯而不可能来一面感谢"爱我者"的苦心和厚谊，一面又开导他们将宝贵的精力放到事业中去，——这正是鲁迅精神之可贵，也正是文学的特征之所在。把"我"单单当成作者或"爱我者"似乎都机械了一点。五、尤为重要的是，这"我"是文学化了的，决不能与现实生活中的人等同。《影的告别》中的"我"虽有作者的成份，但它是"影子"；《立论》中的"我"是个小学生，而作者那时已届中年；《我的失恋》中那因失恋而眼泪横抛的"我"想来无人敢说就是鲁迅；《死火》中的"我"已被碾死在车轮底下；《死后》中的"我"一开始就陈尸路边……怎能根本无视这种真实然而奇特的艺术想象与描绘而说它们统统就是鲁迅啊！

多年以来，文艺领域中文学艺术教条主义十分盛行，他们机械地、人为地把政治与艺术、内容与形式分割开来，对立起来，只要前者，不要后者。这种分析文学形象时置艺术于不顾，把作品中各各不同的"我"还原为作者自己，然后破腹取物，抽出一点论者需要的"思想内容"，以为他们的立论奠基的做法，我以为正是文学教条主义影响下的产物，是必须认真克服的。

---

① 鲁迅：《二心集·〈野草〉英文译本序》。
② 李何林：《鲁迅〈野草〉注解》。
③ 许广平：《因校对〈三十年集〉而引起的话旧》。
④ 李逸涛：《〈野草〉的艺术特色》，载《华中师院学报》1979年第3期。

三

对作品缺乏深入、全面的分析，对有的语意（尤其是讽刺语、反语方面）缺乏细致的辨析，而作带主观随意性的分析或解释，因而结论距形象较远或与形象不符，同样是《野草》研究中较普遍的现象。

比如《立论》，它通过"老师"那精采的故事与神态毕现的叙述，讽刺了主人不敢正视现实，一味要听好话（其实就是"谎话"）的鸵鸟态度，以及那些专以谎话讨好、巴结主人的客人的市侩哲学，合起来就是对那个以真话为作恶、以谎话为真言（"说谎的得好报，说必然的遭打"）的畸形社会的入骨揭露。但有的却说："《立论》中的师生，知道在他们生活的环境里，'说谎的得好报，说必然的遭打'，然而他们却想要'既不谎人，也不遭打'，于是遇事就只好用一堆不表明自己真正态度的感叹词进行敷衍。作品对这种不敢正视现实的市侩式的圆滑态度作了强烈的讽刺。"① 这样，他们就把这无辜的"师生"当作作者讽刺、鞭挞的对象了。其实，作品中生是请教，师是讽刺，并非一老一少串通一气去"进行敷衍"。所谓师生"遇事就只好用一堆不表明自己真正态度的感叹词进行敷衍"，当是指作品末尾老师说的"啊呀！这孩子呵！您瞧！多么……。阿唷！哈哈！Hehe！he，hehehehe！"但解释者没理解对。老师这番话乃是承上而来的对于市侩们那种"哈哈主义"的挖苦，只须看那语气的夸张，用语的特别，便清楚不过的了。可见，缺乏对作品深入细致的分析，就容易离开作品的规定情节及其提供的思想内容，有时就会弄错了批判对象，从而曲解了作品的原意。

有的研究者在正确指出《立论》鞭挞了市侩作风之后，又节外生枝地说它"抨击了'既不谎人，也不遭打'的中庸哲学的虚伪性"②。这同样是离开了作品的规定情节。一、它忘记了说这话的是一个"正在小学校的讲堂上预备作文，向老师请教立论的方法"的小学生，而且这话是在听了"说谎的得好报，说必然的遭打"的可怕事实之后的一种带有稚气的自然反应。而只孤立地摘取其中片断，似乎这发话者乃是个入世很深、相当世故的成年人了。二、小学生"既不谎人，也不遭打"的话本就没错：不愿撒谎，是诚实的表现，不愿无辜挨打，也是正当的自卫行为，何以见得是一种"虚伪"的"中

---

① 扬州师院中文系等注《野草》注释本（人民文学出版社1977年征求意见本）。
② 中南七院校编：《中国现代文学史》。

庸哲学"？再说年纪这么小的孩子，有什么"哲学"可言？所以这种看法有欠实事求是。

对《求乞者》的评论，也存在类似情况。《求乞者》着重表现的是："我"对装腔作势的求乞者不予布施，只"给与烦腻，疑心，憎恶"，并决定自己哪怕"得到虚无"也不求乞，从而体现了与黑暗社会绝不妥协的斗争精神。有一种意见却认为："作者所要告诉我们的是'四面都是灰土'、人与人之间充满冷酷、隔膜，他们之间，不但没有怜悯和同情，即使有人求乞，包括用各种声调、各种手势和姿态的求乞，都不会有一点布施，甚至一点布施心……这个社会里人与人之间的关系，是这样的冷酷而没有同情。"① 这样，《求乞者》便似乎成了一篇慨叹"世风日下"的作品，而且"求乞者"是应得同情与布施，那不肯布施的"我"反成了该诅咒的人物了。

我以为，这与作品的原意是颇有出入的。在作品中，"我"先后碰到两个乞儿。第一个是"不见得悲戚，而拦着磕头，追着哀呼"，因而"我厌恶他的声调，态度。我憎恶他并不悲哀，近于儿戏；我烦腻他这追着哀呼"。这不肯布施的理由是交代得十分清楚的。第二个乞儿"也不见得悲戚，但是哑的，摊开手，装着手势"，因而"我就憎恶他这手势。而且，他或者并不哑，这不过是一种求乞的法子"。这同样是憎恶他的做作。因而"我"决定只"给与烦腻，疑心，憎恶"。很明显，"我"对乞儿在四面灰土中行乞是痛心的，但他更痛心于乞儿的向旧社会低头和为了求得布施而装腔作势的不真实态度。这种描写与鲁迅自己的思想及态度有关。鲁迅在《我的"籍"和"系"》一文中，便反对"将'尊敬'来布施和拜领"，说道："我本来也无可尊敬；也不愿受人尊敬，免得不如人意的时候，又被人摔下来。更明白地说罢，我所憎恶的太多了，应该自己也得到憎恶，这才还有点象活在人间；如果收得的乃是相反的布施，于我倒是一个冷嘲，使我对于自己也要大加侮蔑，如果收得的是吞吞吐吐的不知道算什么，则使我感到将要呕哕似的恶心。"鲁迅明白宣布他憎恶旧社会的代表人物，也愿这些人憎恶他。但如果这些人给他以"尊敬"和"布施"，于他倒是一个"冷嘲"：因为那表示他和旧社会妥协了。因此，他《求乞者》中的"我"不愿作为布施者而受人"尊敬"，也不愿作为求乞者而得人"布施"。同样的道理，"我"不愿孩子们向旧社会求乞以取得布施，也不愿给他们以布施，免得增加他们对旧社会

---

① 许杰：《论鲁迅〈野草〉的艺术特色》，载《文艺理论研究》1980 年第 1 期。

的幻想。这里正体现鲁迅对旧社会"偏不遵命,偏不磕头"① 的决绝态度。上引看法却说是批判人们之间"没有怜悯和同情",不肯布施和无布施心,认为作者鞭挞了"我"的"冷酷",这就完全偏到别的方面去了。

与这有联系的是对《死后》的某些理解。《死后》通过一个极新奇大胆的想象("我"死后"只是运动神经的废灭,而知觉还在",故死后还不得不一再受看客、虫豸、巡警、书商的折磨),从一个独特的侧面揭露了可诅咒的"人间苦",这一点研究者似没多大出入。但作品末尾"万不料人的思想,是死掉之后也还会变化的"那一大段该怎么解呢?有的说是表现"'我'在死后还想到自己的仇敌并没能从'我'的死中得到欢欣,因而感到快意"②,这就正好和作者的原意相径庭了。鲁迅对于仇敌从来不讲"恕道",他鄙视他们的一切:连同欢欣和悲哀。"我"正艺术地表现了作者这一性格。他知道"几个仇敌祝我灭亡",准备从这里得到"欢欣"。而"我"呢,"现在又影一般死掉了,连仇敌也不使知道,不肯赠给他们一点惠而不费的欢欣",故而"觉得在快意中要哭出来",以至决定不该就这样匆匆死去,"坐了起来",——那本已"废灭"的运动神经也忽地复原了!所以这"在快意中要哭出来"并非"感到快意",而是其相反:难过("要哭")。是为未经宣告就匆忙死去没给敌人留下一点"惠而不费的欢欣"而难过。前面说的"有一种力将我的心的平安冲破",这种想头便是这种巨大的"力"。这样写,对敌人的憎恶就更有力地显示出来了。如果照上引说法,"我""因此感到快意",那"我"便照旧死去可也,何必又重新"坐了起来"呢?可见,对有的语意缺少细致的辨析,也同样会死于句下的。

《死火》中的"死火"是什么形象?作品的基调是什么?这也是历来有争议的。许多研究者认为,"死火"是"革命火种""革命力量"③,是"曾经革命过的革命者"④,或说"以'我'与'死火'邂逅冰谷,写出对革命者的期望和对革命的追求"⑤。我觉得这些地方"革命"的词儿用得滥了点,"死火"并没有这么高的觉悟。当"我"对"死火"表示"愿意携带你去"时,它骇怕地说"唉唉!那么,我将烧完!"当"我"表示"便将你留下"时,它又惊惧地说"唉唉!那么,我将冻灭了!"便是它并非"革命火种"

---

① 鲁迅:《华盖集续编·小引》。
② 扬州师院中文系等注《野草》注释本(人民文学出版社 1977 年征求意见本)。
③ 中南七院校编:《中国现代文学史》。
④ 李何林:《鲁迅〈野草〉注解》。
⑤ 李逸涛:《〈野草〉的艺术特色》,载《华中师院学报》1979 年第 3 期。

或"革命者"的证明,我认为"死火"乃是黑暗、冰冷的社会里被压抑的生命的象征。它曾经燃烧过,有如红珊瑚般美丽,但在四周"一切冰冷,一切青白"的"冰谷"(社会)中,它的热情被浇灭,生命被封冻,终成"死火"。这曾是旧社会里无数青年知识分子的生活遭际,鲁迅自己也曾经历过这样一个阶段。辛亥革命爆发,鲁迅曾满腔热情参加宣传活动。随着辛亥革命成果落入军阀之手,复辟迭起,黑暗重张,鲁迅很快由失望转入苦闷。在北京几年时间里,他公余便枯坐残败的会馆,一面抚摸心灵的创伤,一面埋头抄古碑,辑残简,研究佛经,潜心古籍,感受着啮人的"寂寞的悲哀","生命却居然暗暗的消去了"①。所以这"死火"多少还含着作者"已逝的寂寞的时光"。但正因为生命("火")是非所愿地被逼成"死火"的,所以时机一到,它在略略犹豫(怕"烧完""冻灭")之后,便愿意"重行烧起",并在有为者("我")的带领下冲出冰谷,灿烂"如红彗星"。《死火》启发人们:是"火"(生命)就得"永不冰结,永得燃烧"。为了使冰结的"死火"得以复燃,"我"愿献出自己的体温以至生命。可以看出,"火"也部分地是鲁迅的写照,他自绍兴会馆跃出参加《新青年》的团体后,"便一发而不可收",终成伟大文化战士。这就说明《死火》表现的是积极进取的人生态度。这也就是作品的基调。有的研究者认为"死火的前途却是'烧完','我'则终于被'大石车''碾死在车轮底下',大石车也'坠入冰谷中',革命力量和黑暗势力同归于尽,这又流露了作者对革命前途的虚无情绪"②,这也很不确切。首先,"死火"的前途不是"烧完",而是分明跃出冰谷,复活了("再也遇不着死火了")。其次,"我"虽死于象征黑暗势力的"大石车"下,但他坦然、欣然("我得意地笑着说,仿佛就愿意这样似的")。这不但因为"我"晓得战斗是艰苦的,有时难免会有牺牲,而且更重要的是他的初战已获得成果;被封冻、禁锢的生命胜利地冲出了冰谷。所以这里流露的是宁可牺牲生命也要点燃生命之火的顽强斗争精神,是面对死亡粲然一笑的乐观主义态度,决非什么"对革命前途的虚无情绪",不然就真的失之千里了。

《影的告别》是《野草》中尤称难识的作品,故评论中弄颠倒了的现象更时有出现。如一种意见认为:"《影的告别》中的'影',是鲁迅所说的'毒气和鬼气'的化身,着重指一种'黑暗和虚空'的思想感情。"鲁迅

---

① 鲁迅:《呐喊·自序》。
② 中南七院校编:《中国现代文学史》。

"不但在批判'影'的思想,而且肯定了'你们将来的黄金世界'的'你们'中有'人'在其内,'人',是追求'将来的黄金世界'的一员"①。这就把作者肯定与否定的对象弄颠倒了。为了弄清文意,有两个至关重要的句子是不能轻轻放过的:一个是"人睡到不知道时候的时候"是指什么?一个是何以"你就是我所不乐意的"?我的理解,第一个句子指这"人"的昏睡如泥,近于昏死。也就是鲁迅说的旧社会"铁屋子"里"不久都要闷死了,然而是从昏睡入死灭,并不感到就死的悲哀"的"熟睡的人们"②。"昏睡",正是未觉醒、无悲哀、不奋发的表现,是与他相随的"影"所不满的,故而有了第二个句子:"影"认定"你就是我所不乐意的",前来"告别"。底下"影"的自白,更清楚地说明它是宁愿"在黑暗里沉没"也不愿苟活于明暗之间的清醒者。昏睡与清醒这一对矛盾,就是"人"与"影"的主要矛盾,是"影"告别"人"的原因所在。"影"的不愿到"天堂""地狱"和人们预约的"黄金世界",正是它执着现实,对黑暗世界一切现实和虚幻的存在表示愤懑的表现。据冯雪峰的回忆,二十世纪二十年代后期有人据《影的告别》来指责鲁迅的"虚无主义"时,鲁迅曾反驳道:"我不曾看得那么黑暗,以为就没有将来","黄金世界,该有的罢,也不能以我不乐意去,别人就不去了……"③。可见,"影"部分地是作者的自况,它表现的主要是作者思想中积极的、振作的一面。"影"的自愿"在黑暗里沉没",也不是如评论者说的是"'毒气和鬼气'的化身",是什么"'黑暗和虚空'的思想感情",而恰恰是相反。因为"光明"则"影"在,"黑暗"则"影"没,"影"的自愿沉没于黑暗,正是为了放人们走进光明。鲁迅作为精神界的战士,具有为了最终战胜黑暗而不惜自我牺牲的自觉。早在 1919 年,他就号召人们各各解放自己的孩子,愿意"自己背着因袭的重担,肩住了黑暗的闸门,放他们到宽阔光明的地方去"④。《影的告别》结尾的"我独自远行,不但没有你,并且再没有别的影在黑暗里。只有我被黑暗沉没,那世界全属于我自己",正是这一自觉的另一种形象的表现。

当然,"影"也如当年的鲁迅一样,思想中常有光明与黑暗、乐观与悲观、振作与消沉的交战,带着跟"黑暗与虚无""作绝望的抗战"的身姿,自白中有不少"偏激的声音"。它不满"人"的昏睡,却无路可走;不愿彷徨于明暗之间,却又只能得到黑暗和虚空。这种宁愿"彷徨于无地"(明知

---

① 赵潮钧、汪裕雄:《鲁迅〈野草〉初探》,载《安徽师大学报》1979 年第 2 期。
② 鲁迅:《呐喊·自序》。
③ 冯雪峰:《回忆鲁迅》。
④ 鲁迅:《坟·我们现在怎样做父亲》。

无处可彷徨，也硬要离开"人"去彷徨）的悲哀是深刻的，是"影"始终无法排解的。这正是作者那时"常觉得惟'黑暗与虚无'乃是'实有'"而又"终于不能证实"① 的思想矛盾的曲折流露。但，这与论者所说鲁迅是在"肯定"昏睡的"人"，而"批判'影'的思想"却是两回事了。

还有一种情况是更应引起注意的，那就是有的研究者对作者的思想已有某种比较固定的看法，因而评论作品时往往不是从具体分析中引出应有的结论，而是先入为主地用他脑中那个比较固定的看法去套作品，使作品评价纳入他那预立的结论中去。多年来，不少同志不顾鲁迅思想前、后期在质上的区别，把前期的鲁迅看成一个马列主义修养和觉悟都很高的战士，从而也就往往不是实事求是地进行分析，爱把作品提到辩证唯物主义和历史唯物主义的高度上去。比方《雪》，有的说其中雪罗汉消融的描写，是说明"斗争的征途中还会有反复和变化"，说明鲁迅清醒地看到"斗争的长期性和复杂性"②；有的说，从"雨"和"雪"的描写，使人们想到"普通的群众能转化成勇猛的斗士，勇猛的斗士来自普通群众"，说明了"勇士和群众有着血肉相联的关系"③；等等。这些同志似乎是在那里烛幽探微，实际上不免穿凿附会；似乎是在尊崇鲁迅，实际上却有违鲁迅关于"知人论世"等科学见解。在这种方法之下，再好的作品也将沦为一篇篇蹩脚的政治寓言了。所以，这种例子虽不多见，却是不能不予以特别注意的。

只有以马克思主义的辩证唯物论和历史唯物论为指导，坚持从作品实际和作者思想实际出发，做到政治倾向性和历史真实性的统一，革命性和科学性的统一，这才是研究鲁迅著作应该遵循的原则和采用的方法。这是笔者巡视了近年来《野草》研究状况之后感受更深的一点认识。但限于水平，本文偏颇与错误之处定然不少，欲待前辈与同行的教正。

1981 年 4 月下旬于广州

（原载《中山大学学报》1982 年第 1 期）

---

① 鲁迅：《两地书·四》。
② 曲辰：《谈鲁迅的散文诗〈雪〉》，载《破与立》1979 年第 3 期。
③ 管武常、文之墟：《散文诗〈雪〉简析》，载《山西教育》1979 年第 4 期。

论聂华苓的创作

王晋民

聂华苓是当代海外著名作家。她的作品的主题思想的深刻性和对现实生活描写的真实性统一得较好；由于在继承我国文学传统的基础上大胆吸取西方文学技巧，使她的作品既民族化又现代化；她擅长于细致地刻划人物的性格心理和巧妙的艺术构思；在文学创作上作了许多新的探索，取得了新的成就。一九七七年，三百多位各国作家推举聂华苓和安格尔为诺贝尔和平奖金候选人。现在她正主持爱荷华"国际写作计划"的工作。

聂华苓在文学方面的辛勤劳动给她带来了丰硕的成果，她已经出版的主要作品有：短篇小说集《翡翠猫》《一朵小白花》《台湾轶事》《王大年的几件喜事》；中篇小说《葛藤》；长篇小说《失去的金铃子》《桑青与桃红》；散文集《梦谷集》《旧人札记》；以及评论集《沈从文评传》等。本文试就她的代表作品《台湾轶事》《失去的金铃子》和《桑青与桃红》作一些论述。

一

一九四九年至一九六四年间，聂华苓创作了许多反映台湾现实的小说，出版了好几个短篇小说集，《台湾轶事》是作者从过去的几个短篇集中，专门为国内读者所选的一个集子。

《台湾轶事》主要是描写形形色色的从大陆流落到台湾去的"小市民"的生活和心理，表现他们的精神苦闷和怀念亲人、故土的乡愁。

《爱国奖券》和《王大年的几件喜事》，是写台湾小公务人员的苦闷与乡愁。《爱国奖券》里三个主要人物，都是对生活已经绝望了的人物：乌效鹏为了排遣心中的郁闷，经常在三个榻榻米的小房间里不断的来回散步，从吃过晚饭一直走到深夜；马守成因有家难归，有国难投，仕途无望，为了消磨时间，他整夜整夜的抄东西，抄一个字念一个字；顾丹卿对生活已经完全厌倦，连话也不想多说，只想沉默，但是他的大平岛两父子竞选皇帝的漫画，却反映出他对台湾蒋家王朝独裁政治的愤怒情绪。他们三个在绝望中都把最后的希望寄托在"爱国奖券"的中奖上,但却落了空。《王大年的几件喜事》的主人公王大年是个台湾当局嘉奖的模范教员,但是他却和他的朋友"夫子"制订了一个庞大的"养鱼"的发财计划。这两个故事,都反映了台湾社会的黑暗和窒息,台湾下层人物的希望与绝望、梦想与幻灭、挣扎与消沉。这一主题思想可以说是作者创作内容上的一个很重要的特点。在海外现代派的早期作品中,还很少有人象聂华苓这么尖锐地和勇敢地揭露过台湾社会现实的黑暗。

《高老太太的周末》和《寂寞》,主要是描写老人晚年的寂寞和对大陆亲人的怀念。《高老太太的周末》的主人公高老太太内心的寂寞与孤独感,及对大陆死去多年的丈夫的怀念,也反映了台湾由于资本主义思想的侵入,具有传统道德观念的老一代,和受资本主义自由思想影响的新一代,在婚姻、道德观念和兴趣爱好方面有着一道不可逾越的鸿沟,形成两代人的隔膜。《寂寞》的主人公袁老头,在寂寞孤独的晚年为儿子讨了媳妇,他抑制不住内心的喜悦,逢人便夸赞他儿媳的漂亮、能干,并由此回忆起自己年轻时代在家乡晒谷场上追逐未婚妻"穿花布衫的大姑娘"的情景。但是邻居、朋友甚至自己的儿子儿媳都不理解他的心情,对他的喜悦毫不关心。小说结束时,袁老头不禁转喜为悲,掉下了一颗眼泪。小说反映出台湾社会人与人之间的冷漠,人们不是为金钱而忙碌,就是为生活而挣扎,根本顾不及旁人。

《珊珊,你在那里?》和《一朵小白花》,主要是描写从大陆流落到台湾的小市民对昔日的青春、爱情和友谊的眷恋、怀念和向往。《珊珊,你在那里?》的男女主人公李鑫和他的女友珊珊,青年时代在四川的桔子园里曾经有过一段浪漫主义的初恋故事,在男主人公李鑫的回忆里,珊珊简直是一首诗,他在黄昏中见到的她简直就是从天国的光辉里走来的一位小天使。但是,当十多年后的今天,李鑫在台湾的公共汽车上见到珊珊时,她已经是一位肥胖、庸俗、有一群孩子的家庭主妇了。《一朵小白花》写"我"在台湾叩访了中学时代的女友、现在台湾的一个小学的校长谭心辉。这位小学校长初见面时一板正经、严肃,但是一谈到在四川跑土匪、捉弄校长、舍监等青年时代的有趣生活时,她们立刻活泼起来,青年时代的纯朴与笑声又回到了身边。这两篇小说都反映了书中人物对失去的青春、爱情、友谊的惋惜和怅惘,也反映了国家的动乱给他们带来的不幸。

《一捻红》《君子好逑》《李环的皮色》主要是描写从大陆流落到台湾的小市民在家庭、婚姻和爱情问题上的挫折及其内心痛苦。这类作品中,《一捻红》是颇具典型性的。小说中的主人公蝉媛,在大陆时和自己的丈夫有很深的感情，来到台湾后由于生活所迫，她不能不委身于一个纺纱厂的老板，但是她只同意同居，不愿意结婚，在门口的牌子上仍然写着自己丈夫的姓；她虽然对这个维持她一家生活的老板很感激，但对他却没有感情，她时常想念着的却是留在大陆的丈夫，并且感到无限的内疚。小说深刻地反映了祖国的不统一给家庭和个人带来的悲剧。

从上面的分析中我们可以看出，聂华苓早期作品的一个重要特色，就是比较注意集中描写人物的心灵，通过人物的心灵描写来反映现实世界。作者通过对各色各样的从大陆流落到台湾的小市民的苦闷、绝望情绪和怀念亲人、故土的乡愁的描写，真实而深刻地反映了台湾社会的黑暗、腐败和令人窒息，表现了他们要求返回大陆、回归祖国的呼声。我觉得，就文学作品所反映的从大陆流落到台湾小市民的生活和心理来说，在二十世纪五十年代和六十年代的台湾和海外作家中，还很少有人写得象聂华苓这么深刻和真实。

聂华苓所以能取得这些成就，是与她对这些人物的熟悉分不开的。抗战时期，作者曾在重庆读书，她在那里认识了许多人物，也了解了许多故事，后来作者又和这些人物中的很多人都流落到台湾，沦为小市民、小公务员，她和他们经常生活在一起，他们之间有很相似的经历和遭遇，因此这些小市民的形象在她的笔下就显得栩栩如生。这些经历都为作者的早期作品提供了生活基础和思想基础。

《台湾轶事》中的大部分作品都有巧妙的艺术构思，作者对某些情节的安排出人意料，别开生面，使作品收到良好的艺术效果。

聂华苓曾多次谈到她的小说《王大年的几件喜事》，看得出来，她对这篇小说是有特殊感情的。这确实是一篇寓言体的好小说，它的意象丰富，含意深刻，充满象征，这说明它确是经过作者苦心经营的。但在《台湾轶事》中，我特别喜爱的却是《珊珊，你在那里?》。它故事好，人物好，语言美，是一篇很完美的小说。但其中最令人赞赏的却是这篇小说的巧妙的艺术构思。

《珊珊，你在那里?》写的是一位中年男子重访在大陆时代初恋女子的故事。但是作者并没有把故事的地点放在女友的家里，让他们叙述重逢的欢乐，而是把故事放在去访问途中的汽车上。作者在公共汽车上安排了各色各样的人物：其中有在四川干过县长当过行政专员，来台后赋闲了的秦老先生；有一张名片前后挂满头衔的正在得意的吴大有；有脱离台湾社会实际的富于浪漫幻想的作家齐志飞；有酒糟鼻女人和大肚子的两脚浮肿的孕妇；还有那个脸孔硬板板，动不动就训人骂人的女车掌；以及那个公主般傲视一切的少女……这些人物各有各的思想、个性和经历。这些偶然相聚的人物就在车厢里一路说笑着谈论着。乍看起来，作者这些描写，仿佛是信手拈来，毫不着意，其实可谓用心良苦。这个车厢，其实就是一个小社会，一个小台湾。车厢里各色人物的举止谈吐，正是台湾当今社会风气、人情世态和人们心理情绪的写照，也可以说是作者勾勒的台湾现实社会的讽刺画。

  这篇小说还有一神来之笔。当主人公李鑫一登上车时，就一再叮嘱车掌到"吉林路九十七巷六号"叫他下车。一路上，他就不断的回忆着青年时代和小天使珊珊在四川初恋时期的诗一般的爱情。但车到吉林路当车掌叫他下车时，他却忽然听见仍在车上的酒糟鼻女人正对着窗外大声说："邱太太，我那天来陪你打小牌。你多少巷？我又忘了。""吉林路九十七巷，六号！"已经下车的大肚子女人大声回应。李鑫立刻目瞪口呆，原来这个庸俗、肥胖、两脚浮肿的孕妇就是他青年时代热恋过的小天使珊珊！他决定不下车了，车掌也只好不耐烦的咔哒一下将车门关上，咕噜地说："莫名其妙！"这一巧妙的情节安排，出人意外，令人震惊，发人深思，收到很好的艺术效果。这篇小说作者虽然没有正面描写重访女友的过程，但是小说主人公对失去的青春与爱情的悲哀以及在台湾社会中人的精神空虚和庸俗，都在这突如其来的震惊与事件中充分表现出来了。

  《寂寞》的构思却又是独具一格，别开生面。正如题目所标明的，小说的主题是写台湾老人在晚年的"寂寞"，但是小说通篇都是写主人公袁老头在儿子娶亲时的"高兴"，但是奇怪的是却没有人对他的"高兴"诉说感到兴趣，甚至连儿子儿媳也不大理他。直到小说结尾时，他才转"喜"为"悲"，掉下一滴眼泪。这种以"喜"写"悲"、以"高兴"写"寂寞"的表现手法，不仅反映了作者构思的独特，熟练地掌握了艺术表现的辩证法，也反映了作者观察生活的细致深入，对人物的熟悉。失去老伴多年的袁老头，在儿子结婚时，想用"高兴"和"喜悦"来排解他心中的孤独寂寞，但儿子的婚事不但无法排解心中的孤独寂寞，相反，亲戚、朋友、邻居的冷淡，更增加了他内心的寂寞孤独情绪。

  《一朵小白花》写的也是"重访"的故事，但是和同样写"重访"的《珊珊，你在那里？》的构思却完全不同。作者把故事发生的地点放在主人公的学校，让两位旧日的同窗促膝长谈，回忆青年时代无忧无虑的生活。但是，作者并没有让这种回忆平铺直叙地交谈下去，在谈话中间，作者有意引出两个人物，一个是来找工作的周先生，一个是学校总务主任来谈外宾参观学校的事。这两位女友一谈到中学时代的生活和种种恶作剧，就愉快、活泼、笑声朗朗，而一和周先生、总务主任谈到公务，就神情庄严、脸若冰霜。这种

"过去"与"现在"、"轻松活泼"与"严肃紧张"的对比交替出现,不仅使小说的情节发展有张有弛,而且也使人感受到书中人物对公务的厌倦,对青年时代那种无忧无虑、天真烂漫的生活的向往。

《台湾轶事》中的许多小说都运用了讽刺手法,这也构成了聂华苓早期创作的一个重要特色。描写人物的幻想在现实中的破灭,是作者经常运用的讽刺手法之一。如《爱国奖券》中的马守成,做了一夜很美的梦:梦见他们的"爱国奖券"中奖了,但是正当他的梦做得最美的时候,突然屋顶垮下了一大块石灰,正好打在他的头上,把他惊醒了。小说中的四个人物虽然对"爱国奖券"都寄予很大的希望,但结果都落空了。这些描写,表面上似乎讽刺书中人物的耽于幻想,实际上是讽刺台湾的黑暗和腐败的社会现实,在这样黑暗和腐败的社会现实面前,任何希望和幻想都会被碰得粉碎。描写表里不一、名不符实的人物和现象,也是作者经常采用的讽刺手法之一。如在《王大年的几件喜事》中,王大年的"工作表"从早上六时半到晚上十一时,都作了周密的安排,非常堂皇,台湾省当局也颁发奖状嘉勉他,但是由于生活所迫,这个模范教员却在暗中和他的老同学"夫子"制订了一个庞大的"养鱼"计划,对教育毫无兴趣。这一表里不一、名不符实的描写,实是讽刺台湾教育事业的衰败和教育界人士对此工作的厌倦及对上级的欺骗。《台湾轶事》中的许多小说的题目,如《爱国奖券》《王大年的几件喜事》《一捻红》《君子好逑》所包含的讥讽,也基本属于这一类讽刺手法。作者还经常用寓言故事和暗示手法来讽刺台湾当局。如在《爱国奖券》中,乌效鹏大叫反攻大陆,说两父子在太平岛上竞选皇帝的相声,顾丹卿自我解嘲地说:"我是个守法的小公务员,上班、下班、吃饭、睡觉,还有——生孩子,生孩子总不是为共党张目吧?"在《王大年的几件喜事》中,大年把四岁的儿子当作自己的大军,进行检阅。这些描写,都是影射和讽刺台湾当局在台湾实行法西斯的军事独裁,不自量力空喊反攻大陆,以及动不动就以"为共党张目"的罪名来鱼肉百姓。

聂华苓曾说过她在台湾写的作品是相当西化的,以后才逐渐回到民族化的道路,好像绕了一个大圆圈才回到原地。我不大同意聂华苓这种说法。我认为,从去年香港出版的作者的短篇小说集《王大年的几件喜事》和中国出版的《台湾轶事》来看,聂华苓早期在台湾写的许多短篇作品,不论从故事叙述、人物刻划、艺术构思、情节安排,和讽刺手法的运用来看,都是相当中国化、民族化的。《台湾轶事》基本上是一本继承了我国文学传统的非常写实主义的小说,倒是后来的作品,特别是到了《桑青与桃红》,写法才相当西化了。

二

《失去的金铃子》写于一九六〇年。当时作者在其中工作了十一年的台湾《自由中国》杂志，由于批评了蒋介石而被勒令停刊了。主持人雷震及其他三名同事亦以"涉嫌叛乱"罪被关进牢里；作者被国民党的特务严密监视，和外界完全隔绝。为了排除恐惧、寂寞和穷困，寻找精神上的寄托，作者开始从事长篇小说《失去的金铃子》的创作。

这部小说的抒情成份很重，可以把它称为一部抒情小说，或者说是抒情与写实结合的小说。如果说，《台湾轶事》主要是描写在台湾的大陆人的内心苦闷和寂寞，从而反映台湾社会的黑暗和腐败，那么《失去的金铃子》则主要是通过对大陆的山村景物和人物的描写，抒写深沉的思乡之情，流露对乡土的怀念、眷恋和对青年时代生活的神往。作者想以此来排遣当时精神上的孤独和苦闷。

《失去的金铃子》描写的是抗日战争时期贵州山村的一个爱情婚姻悲剧故事。假期，在重庆读中学的少女苓子回到了她妈妈逃难的山村，暗暗爱上了山村里的医生尹之舅舅，但是尹之舅舅却早已爱上了新寡的巧姨。由于封建势力的反对，最后巧姨和尹之也无法结合，巧姨被赶出村子，尹之被人栽赃暗害为鸦片贩子，被警察逮捕。苓子只好又和妈妈离开这个山村到重庆去。

除了这个主要故事之外，小说还写了好几个爱情婚姻悲剧的小故事：丫丫爱着郑连长，但是她的妈妈黎家姨妈为了金银首饰、房屋田产，逼着她要和常年生气喘病的廖春和结婚，丫丫被迫和郑连长私奔，由于外面无法生活，又被迫回到家里；玉兰年青时许给杨家湾的赖家，还没过门，赖家儿子死了，她就守了一辈子的空门寡；年轻寡妇为了排除自己的寂寞和痛苦，天天夜晚把铜钱撒在地上，在黑夜里摸黑找一夜铜钱。小说还描写了几个男人纳妾和胡搞的故事。如殷实的生意人黎家姨爹纳妾，不但无人非议，还举行盛典，大摆筵宴；庄家姨爷爷，道貌岸然，俨然摆出一副封建礼教卫道士的严肃冰冷脸孔，把触犯了封建礼教的儿子和儿媳都赶出了家庭，但是他却和玉兰明来暗去。这一系列的爱情婚姻故事，都有力的揭露了封建礼教和封建婚姻制度对中国妇女的深重压迫，表现出作者对旧中国妇女悲惨命运的深切同情。

小说在人物刻划方面，主要继承了我国传统的写实主义手法，善于通过人物的外貌描写和生动的对话，来刻划人物的性格。如小说描写庄家姨爷时写道："庄家姨爷大块头，两道浓眉像两搭茅草，罩在眼睛上，一小撮胡子象把小白锥子。他能一口气吃二三十个猪油桂花汤圆，一次背几十斤木柴过溪。"描写巧姨是："她穿着宝蓝滚白韭菜边的袜子，黑布裤子，罩着荷叶边白围裙；鬓边簪着一朵小小的白绒线花；头发脑后紧紧扎个小髻，托出一张尖俏的脸；两颊大概是灶火烤红的吧，因为嘴唇没有血色。"这些人物的肖像描写，一看就使人自然地联想起《水浒》《红楼梦》中的人物肖像描写，也极容易从人物的外貌描写中窥见人物的身份、个性和心境。

通过人物的对话来刻划人物的性格和心理，也有许多成功的例子。例如小说第十五章黎家姨爹的大老婆黎家姨妈和小老婆新姨就有一段极精彩传神的对话。当时黎家姨爹正和一群人在屋里打麻将，小老婆新姨进来后，把小儿子交给了黎家姨爹，并由她替代他的位置。黎家姨爹只得起身接过孩子，在厅里踱来踱去，这时新姨娇声娇气、话里有话地对黎家姨爹说：

"喂，递根烟给我，我一打牌就想抽烟！哎呀呀，腻死人了，抱着儿子连亲直亲，好像八辈子没有儿子一样！"

"吵死了！"黎家姨妈听了之后眉心打了个结，大声斥道："滚开，来富！"她踢着桌下的狗："你这个狗杂种，养了你几天，就狗眼不认人了，就抖起来了，滚开呀！"

"啊，啊，引弟乖，引弟好，一觉睡到大天光。"黎家姨爹念念有词，抱着儿子钻进新姨房里去了。

在男权为中心的旧社会，大小老婆之间的斗争谁胜谁负，往往决定于谁能为丈夫生儿子。谁有儿子，这家就是谁的天下。这段对话，真可谓一石三鸟，它把为丈夫生了儿子的小老婆新姨的骄傲心情和对黎家姨妈的讽刺和蔑视，大老婆黎家姨妈对新姨的嫉妒和又不能公开骂新姨而只能指狗骂人的恼怒心情，以及黎家姨爹在两边炮火连天中怕两面夹攻的恐惧心情，都活灵活现地表现出来了。

但是，《失去的金铃子》对人物的心理性格的刻划，也明显地受到外国小说的影响。这部小说的主要故事，是描写苓子对尹之和巧姨关系的探索及在此探索中苓子的内心变化和性格成长过程。小说中苓子的心理描写和性格塑造，很可能是受到了亨利·詹姆斯的《德莫福夫人》的影响。但是，《失去的金铃子》所描写的主题、题材和人物故事等等都是完全中国化民族化的。这就说明，聂华苓在自己的创作中，善于在继承传统的基础上，吸取外国优秀作品中的有益的经验。

《失去的金铃子》的特色，在很大的程度上取决于它富于个性化的写景。可以说，这部小说是一幅优美的风景画、多姿多彩的风俗画；也可以说是一首优美的田园山水诗。小说中的秀丽山川、人情风土的描写，寄托了作者和书中人物殷切思念故乡和人民的情怀，使小说带上了很浓厚的抒情色彩。

　　作者善于融情于景，通过象征手法，把自己的情感融入景物描写之中。如作者描写金铃子的声音："我正感到失望，忽然听见一个声音，若断若续，低微清越，不知从何处飘来，好像一根金丝，一匝匝的，在田野上绕，在树枝上绕，在我心上绕，愈绕愈长，也就愈明亮，我几乎可以看见一缕细悠悠的金光。"这段文字，作者把看不见、摸不着的金铃子的声音描写为缭绕在田野上、树枝上的一根根、一匝匝的金丝和一缕缕、细悠悠的金光，既形象，又美丽，显示了作者很高的表现技巧；同时，这段写景又有象征意味，它抒发了作者和苓子内心"剪不断、理还乱"，如金丝缭绕般的"乡愁"——对故乡、亲人的怀念，以及对青春、理想的向往。

　　作者善于描写巴山蜀水间的人情风俗和独有的风景。如三斗坪力伕抬的兜子，有两个圆环宛如青蛇的背篓，山村结婚的风俗，乡间人物的纯朴，山间的小石路，河边的大土阶，背柴的女人，清彻的小潭，溪边的独木桥，灰色的杜鹃鸟，打枣子的老婆子，山顶的养虎人，江边的纤夫，树林里枯树叶子和烂木料发出来的霉味，草丛里丝丝啼叫的金铃子……这些山村独有的景色和风俗，都尽收笔底，构成了一幅幅美不胜收的图画。

　　作者还善于用大胆丰富的想象，去表现他所要描写的景物。如小说第四章写道："乍醒时候，几乎不知道自己在那里。突然一阵鸟叫，好像迸溅的火星，撒满了山野。四方小窗口，好像一小块剪贴，贴在土墙上，蓝色的发光纸粘着几根苍劲的枝桠，粘也粘不牢，叶子是虚飘飘的。"作者把山间的鸟啼比作"迸溅的火星"，把窗口的景物比作一块粘在墙上的"剪贴"，这些比喻，都颇为新鲜，表现了作者的丰富的想象力和独特的感受。

　　这部小说虽然存在着许多优点，但是由于它所描写的大多是封建地主家庭或小康人家的妇女，对于真正穷苦的山村妇女却描写得很少；同时由于书中妇女所受的压迫也没有充分的展开描写，而把大部分的篇幅放在景物描写上，这就势必使小说在反映生活的广度和深度受到影响，这也是《失去的金铃子》为什么不如《桑青与桃红》那么引人注意的一个重要原因。另外，把苓子与尹之安排为既是舅舅和外甥女的关系，又有微妙的爱情关系，似乎有点别扭，不大符合中国的生活实际；苓子发现尹之与巧姨幽会时大叫，以致使尹之和巧姨遭到封建礼教的沉重打击，也有损于苓子的天真纯洁的性格。

三

《桑青与桃红》描写的是一个中国人在动乱中逃亡造成精神分裂的悲剧故事。小说分四部分：一、主人公桑青为了躲避日军，乘船沿长江西向逃亡；二、在解放军兵临城下之际，桑青由于不理解共产党，而逃离北京城；三、桑青和丈夫沈家纲因挪用公款，被警察追捕，躲在台湾一个小阁楼；四、桑青在美国受移民局追捕，精神分裂，变成一个纵欲狂，改名桃红。这是一部比较新颖的小说，它在作品的主题、人物、结构、表现方法，都作了新的尝试和探索，有所突破，取得了新的成就。

过去的海外作家，曾经写过不少流浪者的悲歌，反映飘泊海外的中国人有家难归、有国难投的精神痛苦，聂华苓的《桑青与桃红》的主人公桑青在美国流浪期间，同样表现了这种精神痛苦。但是桑青精神上所受到的打击和震动似乎要比以往作品中的同类人物深刻得多，除因脱离祖国民族而产生的怀乡病之外，作者还描写了桑青在抗日战争中逃日本，解放战争中因不理解共产党而逃共产党，在台湾逃国民党的通缉，在美国逃移民局追捕的种种苦难经历。在如此广阔的历史背景上来表现飘泊海外的中国人的精神痛苦，把海外中国人的精神上的痛苦同中国近代历史的动乱联系起来。这对同类题材的作品的思想内容来说，不能不说是一个突破。

另外，小说通过主人公的逃难经历，对抗日战争时期中国人民的苦难，对腐朽黑暗的中国封建社会的崩溃及新中国的诞生，对台湾社会的黑暗、腐朽、恐怖、窒息，对具有高度物质文明的美国社会中人的精神空虚和苦闷等，都作了广泛的艺术概括，从一个侧面再现了中国的近代历史和美国社会的真实面貌，这在台湾和海外作家的作品中也是颇为罕见的。

《桑青与桃红》的主人公桑青也是一个创造。这个创造主要表现在两方面：第一，作者非常具体地描写了人物性格的发展变化过程：年青时代的反对封建家庭、追求自由解放的桑青，如何逐渐变成一个失去一切道德伦理观念、价值观念的纵欲狂的桃红。第二，作者非常具体地描写了女主人公精神、性格的分裂：作为纯真少女的桑青，和作为纵欲狂的桃红，如何同时在主人公的身上和脑子里展开了激烈的斗争。而作者在描写主人公的这种性格变化及其精神分裂过程时，又是和描写中国近代历史中中国人民的苦难生活同时进行的。因而，作者笔下这个精神分裂的人物，既不是西方现代文学中精神分裂者的单纯仿制品，也不是作者的无病呻吟，而是在中国的历史和现实的土壤中产生出来的一个人物。桑青的性格有着深刻的历史和社会内容。桑青的精神悲剧，反映了中国近代历史的悲剧，在桑青的身上，我们可以看到近代中国的历史动乱如何给一部分中国人带来深沉的灾难和精神上的深刻创伤，从而促使人们为永远清除这种灾难和创伤而努力。

《桑青与桃红》的结构有两个特点：第一，小说的发展是跳跃式的、不连贯的。这和中国传统小说的结构方式有点不同。中国传统小说的写法都是故事有头有尾、前后连贯、紧密衔接，但《桑青与桃红》的结构却有点象戏剧结构，作者对每一个历史时期却只是摘取其历史生活的一个片断，让人物在作者所安排的生活舞台上去表演。第二，笔者认为，作者的戏剧结构方式所以能在小说中取得成功，主要由于作者具有高度的艺术概括力和她的艺术描写的高度典型化。这种典型化包括事件的典型化、人物的典型化和细节的典型化。因而作者就能用极浓缩的生活场面和极省俭的笔墨去概括，表现整整一个历史时代。如小说第一章写桑青坐船逃日本，就是高度典型化的，这条船的人在逃难中所经历的各种苦难和困境，实际上就是抗日战争时期中国人民的遭遇和苦难生活的一种高度概括和浓缩；船上各种人物的不同性格和思想，也是当时中国复杂的社会面貌的一种反映。第二章写桑青在北京，第三章写桑青在台湾，第四章写桑青在美国。这些生活及其周围人物，都是高度典型化了的。因而就能在一定程度上真实地反映出该时期的整个历史面貌。通过个别反映一般，使个性与共性高度统一，这是聂华苓小说的一个很大的艺术特点和艺术成就，也是《桑青与桃红》的跳跃式结构的基础。笔者认为，作者的艺术概括力和典型化手段，是很值得研究的。它的"双重"结构将桑青"过去"的故事与"现在"的故事同时进行："过去"的故事，主要是通过"旧记"来叙述，表现桑青青年时代的逃难经历；"现在"的故事，主要通过给移民局的信来叙述，表现桑青在美国的流浪生活。"过去"与"现在"互相穿插，彼此交替，不仅使小说结构显得变化多端，摇曳多姿，而且通过"过去"与"现在"的对比，可以看到桑青性格前后的鲜明对比及其精神分裂过程。所以这种"双重"结构还是为了更好地表现桑青的性格服务的。

《桑青与桃红》在艺术表现方面的特点是写实与象征的结合。这种结合当然不是机械的、平均主义的，而是多种多样的、丰富多彩的。小说中有的部分以写实主义为主，同时有浓厚的象征意味；有的部分以象征为主，同时又有很浓厚的写实主义成份；有的部分则很难说写实与象征究竟何者为主了。

小说的第二部分对解放军兵临北京城下的描写，就是非常写实主义的，不论对当时整个局势的描写，还是对人物的刻划，或是细节的描绘，都是如此。在小说中我们可以看到，在解放军的重兵压境下，国民党盘踞的北京城内一片紊乱，到处人心惶惶，有钱人家四处疏散钱财和南下逃亡，物价飞涨，国民党政权处于风雨飘摇之中；而当解放军入城时，北京市人民却一片欢腾，在尘雾弥漫的天安门前列队欢迎解放军。小说中的人物沈太太及其一家的描写也是非常真实的。沈太太青年时代穷奢极欲和腐朽糜烂的生活，家庭内部的勾心斗角和夫妻之间的互相欺骗，新生一代的分裂及其各奔前程，这一系列的描写，都形象地表现出黑暗腐朽的中国封建制度的灭亡和新中国的诞生，是一种不可避免的历史趋势。其中特别令人赞赏的是，关于沈太太临死前如数家珍地数着首饰箱里的金银珠宝的细节，简直是神来之笔，它把沈太太年青时代"凤冠霞帔"的历史，把封建阶级在死亡前的心理和情绪：对旧世界的留恋，对黄金时代的向往，都非常生动地表现出来了。正因为有这些写实主义作基础，所以小说中描写的沈太太的气息奄奄及其断气，以及她在临死前大叫："九龙壁倒掉了！"就有很浓厚的象征意味，使人很容易联想到，这是预示着中国封建制度的彻底崩溃与死亡。

小说的第三部却是一个以象征为主的寓言故事：一个逃犯躲在一个摇摇欲坠、老鼠横行、灰尘满布、时钟停摆、与世隔绝的台北小阁楼，还听到台南有个地方有个僵尸时时出来吃人。这个寓言故事，深刻地揭露了台湾政权的吃人本质与台湾社会的令人窒息。但是这个象征和寓言故事中，又有很多写实的成份，例如小说写阁楼的人物收集了不少剪报，其中有荒山黄金梦、三峰真传固精术、分尸案、故都风物等，这些真实描写，都反映了台湾社会中光怪陆离、千奇百怪的现象以及人们对大陆的思念，这是一个很现实的世界。聂华苓用不加评论的社会新闻作为揭露台湾黑暗社会的手法，也使人常常想起鲁迅杂文中常用的这类手法。

至于小说的第一部分和第四部分，就很难说是以写实为主，还是以象征为主了。

《桑青与桃红》是一部好小说，但也不是完美无缺的。和许多小说一样，它也有些可以商榷的地方。例如作品中过多的性的描写；作者为把人物语言模仿成精神分裂症者的语言，语句短促，而且一律用句号，这种写法削弱了语言的表现力，也失去了语言的美感；象征太多，也令人陷入迷糊的境地。

（原载《文学评论》1981 年第 6 期）

秦牧散文的美学追求

陈 衡

秦牧是一位知识渊博、治学严谨、写作勤奋的多产作家。几十年来，他一直保持着严肃、朴素、辛勤的生活方式，创作了数以百万字计的文学作品。其中尤以散文创作的突出成就和独特的艺术风格，最引人瞩目。他的散文已经成集出版的，建国前有《秦牧杂文》（1947年，上海开明书店），建国后有《星下集》（1958年，广东人民出版社）、《贝壳集》（1958年，作家出版社）、《花城》（1961年，作家出版社）、《艺海拾贝》（散文体裁的文艺评论集，1962年，上海文艺出版社）、《潮汐和船》（1964年，作家出版社）。1977年，秦牧把《花城》和《潮汐和船》两个集子中的大部分文章，和在1976年到1977年间写的新作编成一本散文自选集《长河浪花集》（1978年，人民出版社），这集子是他的散文代表作。粉碎"四人帮"后，作家被压抑多年的创作热情象火山般地喷发出来，成为强大的艺术生产力，在七年多时间里写了三百多篇作品。1979年，他将四十篇散文编成《长街灯语》集（百花文艺出版社），这是他在1978年中写成的一本散文集，一年写一本散文集，是他"首次的经历"。此后，他每年写作和出版一本散文集，1980年出版了《花蜜和蜂刺》（人民文学出版社），1981年出版了《晴窗晨笔》（花城出版社），1982年出版了《北京漫笔》（北京出版社）和《秦牧序跋集》（花城出版社），1983年出版了《秋林红果》（人民文学出版社），花城出版社和上海文艺出版社也同时出版了散文体裁的理论著作《语林采英》。

这些散文，有访问记，有抒情散文；有杂文、小品，有札记、随笔；有序跋、书评，也有艺谈、政论。"尽管形形色色，林林总总"，但都是曾经使作家"激动、感奋、欢乐、愤恨或者思索、寻味的事情"，都是作家几十年来的"见闻、感触和学习的记录"（《长河浪花集序》）。因此，我们从秦牧的散文中，不仅可以强烈地感受到时代脉搏的跳动，社会前进和人民跃步的信息，而且清晰地看到了作家的艺术追求，人生意蕴探索的前进轨迹，和美学理想的光芒，听到了时代生活的浪涛拍击作家心扉所发出的声响。

秦牧是在二十世纪四十年代初，以创作杂文、小品作为起步走上文学道路的,到现在已经有四十多年的创作历史了,我在《秦牧的生平及其创作》[①]一文中说过:"如果说,秦牧在四十年代写的杂文、小品,是站在革命民主主义者的立场上,以战斗的人道主义作为主要的思想武器,用冷峻的笔触,'含泪的幽默',集中笔力声讨、控诉旧社会'私刑、人市、血的赏玩',和一切人压迫人、人吃人的罪恶,无情地暴露阶级敌人的伪善和凶残,鞭挞'高等动物'的淫虐心理和'英雄兼丑角的生命',批判'慈爱和愚昧混合着'的东方古文化的糟粕,以及一切封建迷信思想,深切同情受害者的遭遇,用饱含着血和泪的事实,促使人们'瞵视到历史隙缝漆黑里的悲凉',唤醒他们去思考历史的和现实的社会生活中'教人伤心的秘密',从而'接受苦难生活所启示的真理',揭竿而起,彻底改造'压迫我们的环境',昭示人们追求和创造光明的未来;那么,解放以后,他所创造的散文,则是自觉地站在无产阶级立场上,用马克思主义世界观和方法论,把赞美和鞭挞、反映现实和表现理想统一于自己的艺术描写之中,形成新的思想艺术风格,这就是真、善、美的统一,思想性、知识性和趣味性的统一,政治方向一致性和艺术风格多样性的统一。"这"三统一"既是秦牧在建国后散文创作走向成熟的标志,也是他不断追求的艺术目标和美学理想。

一、真、善、美的统一

真、善、美的统一,是文学艺术永恒的生命和长久存在的价值,是作家孜孜以求的崇高的艺术目标和美学理想。秦牧自觉把真、善、美的统一作为自己的文学创作的美学追求,并对真、善、美的内涵作了明确的规定和阐述。他说:"中外古今人们论述文学,提出的各种要求,可以概括为真、善、美的统一这样一句话。真,表示它是合于生活的实际的;善,表示它是阐发崇高的思想和宣扬宝贵的伦理的;美,表示它是通过艺术手段让人读后获得美感的。"(《语林采英·优美》)他认为,在真善美的关系中,三者是统一的、不可或缺的。即要讲真话,准确反映客观现实;要有正确思想,宣传崇高的道德;要有艺术加工,给人以美感,具有魅力。生活和真实事物,不一定都是善美的,也有丑恶。对丑恶的事物,全靠作家站在正确的立场上加以鞭挞,加以剖析,赋予作品以一定的思想性,才有积极的主题。即是善美的内容,只有作了艺术的加工,才有所谓的"艺术美"。秦牧的散文创作,就是这种

---

① 陈衡:《秦牧的平生及其创作》,载《湘潭大学社会科学学报》1982年第1期。

美学主张的成功实践，为社会主义的文艺宝库增添了新鲜的经验，放出夺目的异彩。

秦牧在散文创作中，追求真、善、美的统一，首先是强调"实事求是"，即强调描写真人真事，并在大量的真人真事的素材中，努力捕捉住"尖端状态"的有典型意义的事物，或者精心选择有启示作用的平凡的生活事象，着力描绘和宣扬崇高的思想和道德，揭示"真"中蕴藏着善美，"阐发生活的本质"，从对"实事的"（包括一切物质的和精神的客观存在）的叙述中，"求"（即研究、阐释和揭示）出"是"（即客观规律性）来，从而达到生活真实和艺术真实的统一。

秦牧强烈反对"四人帮"鼓吹的报告文学可以写真人假事、假人真事、假人假事的说谎主张，他无论选取什么题材，是现实的还是历史的题材，是国内的还是国际的题材，是人类社会的还是自然界的题材，都是确有其人其事其物的，时间、地点、事件、人和物，甚至引用的数目字都是准确的、真实的。无论是访问记、游记，还是抒情散文；无论是政论性杂文，还是艺谈、随笔，他都把自己的观点建立在对可靠的事实准确描述和阐释之上。在《艺海拾贝》《语林采英》这两本散文体裁的理论著作中，作家就是从一些具体的事物出发，探索一系列和思想、生活知识血缘密结的艺术技巧上的问题和语言运用的问题，他所阐发的观点，是经受得起时间的敲打和实践的检验的。即使作家从中国文学、外国文学、民间文学和历史著作中选取的历史典故、人物故事、笑话传说、趣闻轶事写成的那些借古讽今的历史小品和介绍知识、剖析事理的知识小品，虽然不一定都是真人真事，但他做到持之有故，言之成理，新颖深刻，使读者信服。

秦牧多次说过，小说和散文都是以生活为创作的唯一源泉，但创作手段和表现方法是有很大的不同。小说用的是概括的、典型化的手段，从现实生活的基础上虚构情节、故事和人物，散文则强调写真人真事，排斥虚构，不用"概括"，而用"选择"，即从真人真事中，选择"尖端状态"的事物，或选择有意义的平凡的生活事件来写。在各个领域都有许多独特的、尖端的、强烈的事物，秦牧以极大的注意力选择这一类突出事物，加以描绘阐释，而且使用新鲜独特的语言，把道理说通说透，给人以强烈感，从而使蕴藏于其中的思想，让阶级立场、审美观点相同或接近的人产生共鸣！如《江湖捉鳖人》《赌赛》《千斤力士》《赞渔猎能手》《摸鱼老手》《巡堤者的眼睛》《赞巧手厨师》等，就是秦牧选择有"奇才异能的人物"，加以着力描绘的代表作。我们从捉鳖人、赌赛的汉子、千斤力士、渔猎能手、摸鱼老手、巡堤老农、巧手厨师的绝技和特殊本领中，不仅看见了他们的身上闪耀着思想和智慧的火花，"深深感受到一种劳动者创造世界的豪迈气魄"，由此敬慕他们，而且从他们的事迹中，还可以加深理解和"掌握马克思主义哲学的认识论"。在《巨茄》中，作家由巨茄联想到其他蔬果，用浓重的笔墨加以描绘和阐释，披露藏于其中的思想："特大的蔬果，是人类的劳动、智慧、科学成就创造出来的奇迹，并且显示着园艺的壮丽的前景。"我们读后感到由衷地喜悦，为劳动者感到骄傲自豪，具体领悟到劳动的伟大。

秦牧不仅注意描写"尖端状态"的事物，而且以敏锐的目光，精心选择大量有启示作用的平凡生活事件和现象，显露平凡中的伟大，揭示各种事物的社会意义和实际价值，从"真"中找出善美的意蕴。在《谈北京药材铺》中，作家从近六十年来中国考古界两项震惊世界的发现——殷墟甲骨文和周口店"北京人"化石，与北京药材铺发生的关系谈起，论古道今，从琳琅满目、货式繁多的药物来源，谈到北京药材铺在中国文化史上竟发挥了博物馆的作用；从配药员慢条斯理、从容不迫的常见风度，谈到细心、谨慎，可使病人家属、买药者都获得了安全感，从而得出一个启示："我不相信在忙乱的状况中可以生长思想家，可以有计划地编出好读物，可以使医疗不生事故！"在《人民大会堂买茶叶》《北京美事谈》《国家新庆》《1979年的晨钟》《北京春节》等篇章中，他信手捡来许多小事情：人民大会堂买茶叶，书店门前排长龙买书，老人早晨练拳舞剑，北京人假日的游园和远足活动，街道上的行人以礼相待，公共汽车上互助新风，群众阅读三中全会公报时喜悦的笑脸，人们在公共场合谈论国家大事畅所欲言的热烈情景，北京春节前夕的节日气氛……作家"透过一些小小镜头"，不仅窥视到在十年内乱中遭受到严重损伤的伟大的民族、伟大的国家、伟大的党、伟大的人民的机体在康复，而且"依稀见到高度发扬理性和公德的人类的远景"。

历史的辩证法告诉我们，光明与黑暗、革命与反动、真善美与假恶丑总是在相比较而存在，相斗争而发展的。秦牧根据这个历史辩证法，揭示文艺基本的社会功能，就是"歌颂、壮大光明面和抨击、缩小阴暗面"（《北京美事谈》），明确指出："文学不但写光明面，有时也要写阴暗面，要面对脓血，鞭挞丑类，唯有这样，才能够赞扬正面人物，伸张正义，达到'善'的要求。"（《语林采英·优美》）因此，他在描写真人真事时，总是努力运用辩证唯物主义和历史唯物主义观点，把伸张正义与鞭挞邪气、宣传真善美与反对假恶丑、宣传共产主义思想体系与反对剥削阶级思想体系结合起来，以此作为达到"善"的境界的根本途径。在作家的笔下，那些革命先行者、爱国赤子、民族英雄、老一辈无产阶级革命家和文化战士，以及一切雄狮般的"人中豪杰"，成为我们一代又一代的榜样力量，在人们的心中永远放射出光彩；那些逆历史潮流而动的跳梁小丑、叛徒、败类、野心家、阴谋家以及一切虎豹一样、豺狼一样、鬣狗一样、蝙蝠一样的人面东西，永远钉在历史的辱耻柱上，成为人们反面的历史教员。

美既是一个内容的问题，也是一个形式的问题，而且美往往体现在内容和形式的和谐统一上。秦牧在《心灵美和风格美》中，"反对假的美，提倡真的美"，指出："思想美是艺术美的灵魂。"因此，在散文创作中，他极尽语言表现之能事，把革命的政治思想内容和尽可能完美的艺术形式统一起来，从而造成强烈的艺术美感。

我们讲艺术形式，或者表现技巧问题，主要是语言运用的艺术问题。秦牧认为，在真善美中，"这最后一项，在文学上也就含有文字优美的因素在内"。写崇高的人物，颂光辉的事迹，要有凝练的语言、优美的文字，在描绘丑恶的人物、卑劣的事迹的时候，"尽管是鞭挞性的，文字的优美仍然必须注意"。他以鲁迅描绘那些复古派人物，以为"国粹"就什么都好，形容他们对脓疮自以为"红肿之处，艳若桃花；溃烂之时，美如乳酪"为例，说明无论是歌颂性的，还是鞭挞性的事物，都应该注意"形象描绘，美妙的譬喻，和谐的节奏，铿锵的音调，以及简洁、清新、凝练、活泼等等因素"（《语林采英·优美》），这不仅可以造成和增强艺术的美感，而且可以达到歌颂或鞭挞的更好的效果，比如《花蜜和蜂刺》，这是秦牧自称追随在千百代的人们之后，再给蜜蜂献上的"一篇颂词，一顶桂冠"。在他的笔下，蜜蜂是一个"既能辛勤劳动，必要时又能挺身战斗"，"既善良又英勇"的劳动者和战士，拟人描绘，形象生动，寓意深刻，倾注感情"赞美它的蜜"，也"赞美它的刺"；议论剖析，新颖贴切，读后既得到艺术美感的享受，又受到哲理的启迪。在《社稷坛抒情》《天坛幻想录》《古战场春晓》《土地》等篇章中，他以唯物史观和辩证法，在联想和想象中，拨开层层"神秘的烟幕"，用色彩斑斓、优美多姿的语言，再现历史生活的真实画面，"凭着思想和感情的羽翼"，"会一会古人，见一见来者"，"看他们的举动，听他们的声音，然后又穿过历史的隧洞，回到阳光灿烂的现实"。他把怀古与思今，回顾历史与探索现实、展望未来结合起来，生动有趣地阐释了"历史发展的规律"。我们读后，感情激越，神思飞扬，联想翩翩。在那些鞭挞性的杂文里，作家"寓严正的警告于嬉笑怒骂之中"，或者以其矛攻其盾，或者"把人生无价值的东西撕破给人看"（鲁迅语），用辛辣幽默的语言，生动逼真地描绘出一幅幅丑恶的漫画，行文中"有锐利解剖，有严肃论断，有科学预言"（《手莫伸》），妙语、警句，精采的譬喻，准确的写人状物，在作品中"象云母在石头里，闪闪发光一样"（《散文创作谈》）。因此，秦牧的散文，特别是这些优秀的篇章，达到了思想内容和艺术形式的和谐统一，真善美的和谐统一。我们可以毫不过誉地说，这些散文是给人们美的享受的艺术珍品，是引导人们进入知识海洋的"航标"，是启迪人们思考人生问题的哲理诗，是刺向假恶丑事物的匕首和投枪，它将鼓舞和吸引着广大读者跟随着作家的笔迹和足印，走向真、善、美的王国。

二、思想性、知识性和趣味性的统一

与真、善、美相统一联系在一起的一个问题，就是思想性、知识性和趣味性的统一。秦牧有丰富的生活阅历和渊博的知识。他善于用思想的红线去连结生活和知识的珍珠，将思想性、知识性和趣味性统一起来，编织出许多色彩斑斓的闪耀着思想和智慧光芒的珠串，给人以艺术的美感，也给人以思想的启迪和教育。他说过："散文虽'散'而不乱，全靠思想把那一切材料统一起来，用一根思想的线串起生活的珍珠，珍珠才不会遍地乱滚，这才成其为整齐的珠串。"同样道理，"有了思想的线，还必须有生活的珍珠，才成其为珠串"（《散文创作谈》）。没有珍珠，红线毕竟是一条红线；没有红线，珍珠毕竟是零散的珍珠。两者缺一，都成不了珠串。因此，秦牧一方面强调作家要学习和掌握马克思主义的世界观和方法论，掌握共产主义的思想体系，强调"必须在这个思想体系指导下来执笔"创作；另一方面强调深入生活，向群众学习，向社会学习，向实际学习，建立生活仓库、知识仓库、语言仓库，彻底解决创作的源泉问题，即是珍珠的来源问题。他认为，只有正确解决"思想、生活知识、表现手段（主要是文学语言）这三者"的问题，才能创作出既有灵魂，又有血肉的作品。

用思想的红线去连结生活的珍珠，"介绍知识，剖析事理"，是秦牧散文创作追求思想性、知识性和趣味性相统一的重要手段。他赞成这样的格言："知识就是力量。"但他认为，文学创作只有把"介绍知识"与"剖析事理"结合起来，才能真正显示出知识的力量。因此，他反对一味卖弄的说理谈玄，但提倡介绍知识，剖析事理。《鱼兽的命运》《蛇与庄稼》《脏水和小孩》《复杂》等篇章，就是作家根据马克思主义的哲学思想，运用丰富的生产斗争、阶级斗争和生物界的生存竞争知识，以谈天说地的方式，娓娓动听地向我们评析了唯心史观和形而上学，讲解了唯物史观和辩证法等抽象的哲学问题。在《吃动物》中，表面讲的是吃喝的问题，实际上剖析的是一种饮食的"文化"。他从"食物的范围，常常反映出人们的生产水平，以至于从思想意识"这个"事理"出发，阐释改革原有的某些饮食的"风俗习惯"的必要性和重要性，论证了"扩大食物的范围"，是一种文明的追求和社会进步，也是"人类逐步认识和征服自然的表现之一"的科学观点。因此，我们读了《吃动物》《姓氏的历史烙印》，不仅"获得一些新颖的、有趣的知识"，而且在欢快愉悦的情绪中，接受了历史辩证法和社会进化史的教育。读了《长城远眺》《北国边城一日》《访伊春林海》《鹿场、参园见闻录》《镜泊湖丰采》《莽原语丝》《风光旖旎的中国名城——广州》《游大自然博物馆——鼎湖山》《海滨拔地立新》《重睹芳菲访桂林》《岩洞静悄悄》《"宫殿之海"的鸟瞰》《重访香港印象录》等游记，我们从作家形象生动地描绘祖国山川、妙趣横生地讲解人类历史的过程中，丰富了史地知识，接受了爱国主义思想的熏陶，加深了对辩证唯物主义和历史唯物主义思想的认识。

　　造成幽默感，加强可笑性，是秦牧散文妙趣横生的根本原因，也是他追求思想性、知识性与趣味性相统一的美学理想又一个重要手段。秦牧认为，"幽默是一种智慧"，也可以道是一颗"笑的炸弹"，由它引爆出来的笑声，有时象烈火，可以烧掉一些丑恶的事物；有时又象是源泉，可以让人的灵魂在其中得到荡涤，因此，他强烈反对买办文人林语堂鼓吹的"为笑笑而笑笑"的无聊幽默，没有"挣扎和战斗"气息的"闲适幽默"，"把屠夫的凶残化为一笑"的"帮忙和帮闲"的幽默，明确指出他把什么都化为一笑是庸俗的、油滑的，是引导人们脱离政治、脱离现实斗争，采取玩世不恭、旁观揶揄的恶劣态度。因此，他在创作中自觉学习和运用鲁迅的笔法，同时批判地借鉴和吸收中外作家、艺术家讽刺艺术的经验，抓住生活中具有可笑性的事象，根据"美与社会意义相统一"的原则，调动多种艺术手段，造成散文的幽默感，把智慧的幽默作为他的一个艺术追求。因而，秦牧散文的幽默特色是十分鲜明的，无论是"含泪的幽默"，还是"含笑的幽默"，都显示出思想性、知识性和趣味性的高度统一。他创作于四十年代上半期，出版于1947年的《秦牧杂文》，就有一种"含泪的幽默"。这种幽默是"基于痛苦"而道出事实，发出一种痛感的苦笑，是在政治高压下对反动统治阶级萌生的一种抗争的意念，是在革命行动前的思想准备，是在漆黑夜空的智慧的闪光。他在建国后创作的散文，则有一种"含笑的幽默"。这种幽默是基于对新社会的热爱，对旧社会遗习的憎恶而讽刺一切假恶丑的事象，引起一种"会心的微笑"。作家与读者以平等的同是主人翁的态度进行讽喻,接受讽喻在笑声中实行自我反省,在笑声中与旧思想、旧道德、旧习惯告别和决裂。我们从《鬣狗的风格》中看到鬣狗猥琐的行藏和狼狈的模样,就想起了马克思恩格斯在《共产党宣言》中描绘的那些把无产阶级的乞食袋当做旗帜来挥舞,而臀部却带着旧的封建纹章的贵族们,于是禁不住发出哈哈大笑,这笑声充满轻蔑,充满鄙视,充满憎恶。从那种决不能算做"坏人",但满脑子个人主义思想和权利欲的"病家"、"蝴蝶"式、"猫头鹰"式人物和各种各样的主观主义者、官僚主义者、无知骄傲者、僵死的教条主义者和保守主义者的画像中,我们可以窥视到"黑白两种颜色之间的各种形态的人隐蔽的精神世界"。他们身上所反映出来的"旧世界的复杂错综的影响",言与行的失调,现象与本质的排斥,主观与客观、理论与实践的脱离……会使读者和作家一起发出"会心的微笑",这笑声如同温暖的春风,拂去蒙在人们心灵上的灰尘和污垢。这些幽默都是富于艺术感染力和思想冲击力的。

秦牧造成作品幽默感,所采用的基本手法之一,就是"把人生无价值的东西撕破给人看",或者将处于平常状态的带有可笑性的事象,加以放大,进行淋漓尽致的描绘,加强读者的直觉印象,使他们感到荒谬和可笑。如《鬣狗的风格》《一个喜欢骑马的女孩》《圣诞节前夕的故事》《在秃鹫笼旁》等都是用的这些手法。秦牧的散文,无论是"含泪的幽默",还是"含笑的幽默";无论是歌颂性的幽默,还是批判性的幽默,我们都可以从中认识事物的真善美与假恶丑,辨清道理,明确爱憎,统一是非观念。秦牧作为一位成熟机智的作家,是很懂得幽默的妙处和力量的。

三、政治方向一致性和艺术风格多样性的统一

秦牧提倡文艺表现政治,但不赞成把政治理解得很狭隘。在创作中,他提倡主题和题材多样化,创作方法和艺术风格多样化,但是强调"用革命化来统帅多样化",把政治方向一致性与艺术风格多样性统一起来。在《蜜梨和酸梨》中,作家以两种酸甜不同的果梨,都受到群众的欢迎和喜爱,生动形象地说明物质食物群众需要多种多样,精神食物群众也需要多种多样的道理是一脉相通的,着力阐释了"表现各式各样主题的必要性",并用自己的创作实践证明一致性与多样性能够统一,而且必须统一。他说:"每一篇散文,它的中心总在宣传一个什么思想……一篇小小的散文,自然不可能系统地宣传整个共产主义思想体系。然而要写得好,却必须在这个思想体系指导

下来执笔，一篇好散文自然只能以某一个思想为主题，并不能够无所不包。然而这个思想，却必须在整个共产主义思想体系中找到它的位置才好。"（《散文创作谈》）因此，政治方向一致性不能理解为主题的单一，政治思想可以表现为各种各样的主题，百川汇海，仍然不失其一致性。如《不朽》，宣传唯物史观，反对唯心史观；《复杂》，宣传辩证法，反对形而上学；《菱角的喜剧》，宣传一般性与特殊性的哲学道理，反对简单化、绝对化的思想方法；《面包和盐》，揭示伟大寓于平凡之中、平凡孕育了伟大的道理；《秘方》，宣传集体主义的公有思想，反对利己主义的占有观念；《中国人的足迹》《在遥远的海岸上》《王影娘》《彩花鱼的世界》等，宣传爱国主义和国际主义，反对帝国主义和殖民主义；《奇迹泉》，宣传用顽强的意志和坚定不移的信心去实现正确的理想；《迁坟记》《神秘观念的崩溃》等，宣传无神论和唯物论的认识论，反对有神论和唯心论的神秘主义；《吃动物》《在秃鹫笼旁》，宣传新风俗、新习惯、新道德，反对封建旧风俗、旧习惯、旧道德；《僮族与我》《宣传友爱的民族传说》，宣传民族友爱、团结，反对民族仇视、分裂和大汉族主义；《漫谈鬼神观念的枷锁》，宣传科学思想，反对鬼神观念；《一个叛教僧侣的叹息》，宣传敢于独立思考，探索新知，反对固执偏见，因循旧习；《猕猴桃的旅行》，宣传爱惜人才，重视知识，反对埋没人才，轻视知识；《两个圆圈的比喻》，宣传谦逊，反对骄傲；《花城》，宣传群众新的美学观念，赞美"劳动人民共同创造历史文明的丰功伟绩"；《海滩拾贝》，宣传自然辩证法和阐释自然界生存竞争规律；《犬的飞升和马的枪决》，批判封建法西斯的福荫法和株连法的罪行，深沉地呼唤社会主义的民主……这多种多样的思想主题，象百川汇海那样汇成科学社会主义、共产主义思想体系的大海，汇成无产阶级思想体系的大海，这就是政治方向一致性与思想主题多样性的统一。

  文学主题、题材的多样性，反映了生活的多样性，因而也就决定作家文学表现手段和艺术风格的多样性。秦牧的散文，在共同的社会主义、共产主义的思想政治方向下，不同的题材、主题，就采用不同表现手段，因此也造成不同的艺术风格。比如那些凭吊古迹、悼念英烈的散文，往往在历史回顾中，对现实问题进行冷静思考，显得深沉、肃穆、浓郁；那些睹物思人、托物言志的篇章，往往借助联想的寓意和拟人化手段，探索人生哲理和做人的真诚，显得细腻、瑰丽、意境深远；那些政论性的杂文，批判凶顽，鞭挞丑恶，抨击时弊，暴露黑暗，直抒胸臆，感情飞射，象银光闪闪的匕首；那些借景抒情、发微探幽、寻觅人生意蕴的作品，往往委婉、含蓄、隽永，思想深邃，又象余音袅袅的洞箫；那些借古讽今的历史小品和介绍知识、剖析事理的知识小品，纵横古今，高谈阔论，大起大落，恣肆汪洋；那些"寓理论于闲话趣谈之中"的艺谈、随笔，谈天说地，娓娓道来，往往又显得风趣、幽默、新颖、奇警。同样是描绘祖国山川、景物风情的游记，区域不同，景物风情不同，作家的感受不同，艺术风格也各异。总之，秦牧的散文可以说是一座政治思想方向一致性与主题、题材、艺术风格多样性相统一的色彩斑斓的艺林，在中国当代文学史上占着明显的位置。

1983 年 11 月初改定于广州中山大学

（原载《当代作家评论》1984 年第 5 期）

张爱玲上海时期小说创作述评

王剑丛

近几年来，有好几家出版社陆续翻印了张爱玲上海时期创作的几乎所有的长、中、短篇作品，在读者中有相当的反响。张爱玲于二十世纪四十年代初像彗星一样，出现在上海文坛上，红极一时。解放初，随着她悄悄地离开大陆，她的名字便沉寂了下来。但在海外却一直沸沸扬扬。不仅拥有大量的"张迷"，而且还影响台、港新成长起来的一批中、青年作家。在张爱玲研究方面，也让台、港及海外学术界着了先鞭，我们内地几乎是一片空白。张爱玲在《金锁记》的开头，对月亮有过一段精采的描绘。联系这种文学现象，真使人感概系之。可是，今天的月亮不再是从前的月亮了，回头望望，四十年前的月亮依然挂着，只是朵云轩的信笺上，已不再泪渍斑斑了。她的作品，在拭去了岁月蒙上的尘垢之后，其价值终于又被人们所重新认识，这是值得高兴的事。它说明了我们的文艺政策毕竟是开放了。

张爱玲的创作大致可分为三个时期：上海时期，香港时期，美国时期。香港时期写了一些失实的作品，美国时期数量无甚可观。主要是上海时期。她的作品数量不算多，但以质来说，却有相当的分量。对于这样一位在海内外，过去、现在都有影响的作家，是应该进行研究的。笔者不打算对她的创作作全面的论述，只就她小说中几个引人兴趣的问题作粗浅的探讨。

一

张爱玲的小说，就题材而言，几乎是清一色的，可以用"恋爱、婚姻"四个字来概括。更确切地说，她写的大多是不如意的或不幸的恋爱婚姻故事。的确，翻开她的《传奇》集，一个个恋爱婚姻的传奇，便扑面而来。有个别篇什如《封锁》，写抗战期间，上海实行临时封锁，表面看来，似乎是写战时生活了，但电车上仍在谈情说爱。《传奇》集外的几个长、中篇小说，也同样离不开恋爱、婚姻的范围。在"五四"以来的新文学作家中，除鸳鸯蝴蝶派文人外，还没有一个像她那样如此执着地沉迷于这类题材的作家。"五四"新文学初期,恋爱婚姻曾经是作家最热门的题材,竟达到占同时期所有作品的98%。① 这是跟"五四"时期反封建的时代浪潮分不开的。作家们大多从个性解放、男女平等的审视角度,向封建婚姻、旧家庭道德习俗发起攻击,这是时代所赋予的使命。但随着新文学的发展、现实生活的嬗变和作家视野的拓展,这类题材便逐渐下降。巴金是较多写恋爱婚姻题材的作家之一,但他的作品也并不是清一色的。矿工的悲苦、农民的不幸、抗战的烽火他都写过,其余如凌叔华、冯沅君、庐隐、杨振声等都是较多地写这类题材的作家。夸大一点说,几乎所有的现代作家都写过以恋爱婚姻为题材的作品。但他们都不断向新的领域开拓,或交错地写其他题材;都没有如张爱玲这样如此单纯、如此专一地致力于恋爱婚姻题材作品的写作。

她的作品不仅题材清一色,而且时代气息淡薄。张爱玲的作品所反映的时代跨度,上自清朝末年,下至解放初期,中经辛亥革命,"五四"运动,第一、二次国内革命战争,抗日战争,解放战争。这是一个社会大动荡、大分化、大变革、新旧交替的时代。即使以张爱玲写作最活跃的年代说,从太平洋战争爆发至解放战争时期,这也是一个烽火连天、硝烟弥漫的岁月。但张爱玲编织的恋爱婚姻故事,基本上与时代毫无关系。有的与时代擦边而过。如《倾城之恋》,写港战发生,成全了男女主人公的婚姻。但也只"沾一点边"而已。小说的男女主人公在港战发生之前,已经在进行"倾城之恋"了。她的作品很少有明确的时代背景。作品中的故事,既可以在此一时期发生、进行,也可以在彼一时期发生、进行。她笔下那些百无聊赖的少爷、小姐、半新派男女们,似乎被时代忘却了,自己也好像忘却了时代。他们恋爱也好,结婚也好,完全是在一个自我封闭的世界,一个与世隔绝的小天地中。人与人之间的纠葛、争吵、作乐都在这个小天地里自顾自地进行;人们生老病死听其自然,既不受外界影响,也不作用于外界;历史的演进,世界的变迁,革命的风云,惊天动地的炮声,似乎都与它没有牵连。她作品中故事发生的地点,多数在上海。众所周知,近现代的上海,是中西文化的交汇点,是十里洋场,是殖民地色彩非常浓厚的都市,是各种政治势力角逐的会集所。然而,这一切都没有在她的作品里留下痕迹。所以,她的作品在缺乏时代气息这一点上,曾受到批评,是情理中的事。

也许有人会问:在《亦报》上连载的长篇小说《十八春》和中篇小说《小艾》不是有时代色彩吗?不错,这两部作品的后半部,被奇异地注入了

---

① 茅盾:《小说一集·导言》,见《中国新文学大系》。

时代的血液，人物的脸上有了一些时代的投影。如《十八春》的男女主人公们进入了新社会，他们不再为自己的爱情而苦恼，他们互相鼓励，互相体谅，都愿意为新社会贡献力量。这是张爱玲创作上的可喜进步。她仿佛变成了另一个人，成了站在时代前列的作家。可是很遗憾，她没有沿着这条路子走下去。她去了美国后，又戏剧性地恢复故态。她把《十八春》改为《半生缘》。作品充满着时代气氛的部分不见了。最明显的是小说的主要人物之一的许叔惠，他本来是到解放区参加革命工作的，但在《半生缘》中被改为去美国攻读学位。顾曼桢与沈世钧这对苦恋人不再主动要求到东北参加建设新中国，而仍然留在上海，两人离别了十八年之久，熄灭了的爱情之火，又重新点燃了起来。张爱玲刚迈出的可喜的一步，很快又退了回去。她说："'时代的纪念碑'那样的作品，我是写不出来的，也不打算尝试。"① 她永远与时代保持着距离，即使作品已涂染上时代色彩也要重新抹去。题材清一色和作品的远离时代，构成了她创作上的一种偏执性。

张爱玲创作上的这种偏执性，是与她的文艺观、身世、环境紧密地联系在一起的。

首先，这与她对题材的认识有关。她说过，她并不反对写革命、写战争、写社会的重大题材，但她却深信："恋爱婚姻、生老病死这一类颇为普遍的现象可以从无数各各不同的观点来写，一辈子也写不完。"② 同时，她又认为"人在恋爱的时候，是比在战争或革命的时候更素朴、更放恣的"③。即是说，人在恋爱时更能自然地、充分地显示人的本性，更富人情味。她是把恋爱跟战争、革命作比较，然后才坚定地选择了前者的，这是她文艺观的表现。

其次，与她的身世有关。张爱玲出生于一个名门望族，长期住在上海，祖父是清代名臣张佩纶，祖母是李鸿章的女儿。她的家庭有过前朝的繁华。她见过封建式的婚姻，也目睹过半新派男女的自由恋爱。她也饱尝过因旧式婚姻造成父母感情裂变所带来的家庭不幸的痛苦。她的家庭到了父亲一代已日渐式微，而且更加矛盾重重。父母离婚后，父亲又重新结婚。这类封建大家庭里的一次又一次的婚丧嫁娶，各种复杂的人事纠葛、荒唐情事，毫无疑问，在张爱玲敏感的脑海里必然留下深刻的印记。张爱玲是主张写熟悉题材的，而这类题材正是她深有感受、十分熟悉的。实在地说，这是她把握生活、

---

① 张爱玲：《流言·自己的文章》。
② 张爱玲：《流言·写什么》。
③ 张爱玲：《流言·自己的文章》。

挖掘生活的一个最有利也最有力的审视角度。正由于她坚持写这类题材，再加上她的文学才华，才使她写出了一篇篇动人心魄、富有魅力的佳篇。

最后，是客观环境的制约。张爱玲创作最活跃的时候，上海已经完全沦陷了，连英、法的租界也为日本侵略者所接管，整个上海充满着政治低气压，日本帝国主义者的铁蹄无时不在蹂躏着中国人民的生命，环境极为恶劣。不消说，在这样的地方，文学是不自由的。但侵略者和汪伪政权并非不要文学，他们也需要用文学来粉饰太平、点缀生活。如 1939 年至 1940 年，在敌占区就曾出现过所谓"和平文学"，用以对抗抗战文学。在敌人的枪刺下，在特务机关的监视下，文学决不允许带有些微进步的倾向。要么，为敌人效劳，沦为敌人的喉舌，或者逃避现实，只谈风月，像周作人派散文作家那样，要么，就是写写恋爱婚姻、家庭生活琐事。张爱玲既不愿走前者的路，就只好走后者的路了。

由此可以看到，张爱玲创作上的偏执性，既有主观原因，又有客观原因。她当时所处的客观环境，迫使她避开社会的重大题材，避开时代性，而主观上她又认为"恋爱婚姻，生老病死"是取之不尽、用之不竭的永恒题材，是更为理想的表现生活、揭示人性的载体。在这里，主观因素是重要的。张爱玲创作上的这种偏执性，固然让她找到了把握生活的有力角度，写出了一些好作品，但就题材说，未免过于狭窄，这是她的局限。

二

张爱玲的作品不写社会的重大题材，又远离时代，那么，她借恋爱婚姻故事，企图表达什么反映什么呢？仅仅是为传播她的"传奇"故事吗？不。她的笔伸向人性，她像一个高等雕塑家，专门雕琢人的灵魂，把她的小说浸渍于人性之中。"我们可以对人性不喜欢，但如果我们把它从小说中祛除或涤净，小说立刻枯萎而死，剩下的只是一堆废字。"[①] 福斯特的这段话，仿佛是针对张爱玲的小说而发的。她说过，写斗争写壮烈，虽然给人兴奋，给人"力"，但没有"美"，"缺乏人性"，也不能给人以"启示"，"写了出来也不能成为好作品"[②]。为了给人"美"感，给人"启示"，她专注于写人性。透过她的作品，我们似乎看到了中国人人性阴暗的一角。不同阶层的人，尤其

---

① 福斯特：《小说面面观》，第 18 页。
② 张爱玲：《流言·自己的文章》。

生活在名门世家里的遗老遗少、公子哥儿、太太小姐等上层人物的千姿百态的因人而异的人性、个性都在她的笔下呈现。而且一旦形诸笔端，无不形神毕肖，入木三分，叫人难以忘怀。

  人性，有人性善与人性恶两大类。在现代作家中，沈从文是一位擅长于写人性善的作家。他的出发点是怕暴露人性的丑恶面，即使是丑恶的材料，他也能提炼升华成人性的美。他有特异的美感。他可以从乱草丛中发现羼杂其间的不被人注意的美的花。他作品中故事的背景，大多是湘西的自然风光。那风光是那样的淳朴、和谐、美丽；生活其间的村夫仆妇，也是那样的淳朴、和谐、美丽。他笔下的人物都可爱，都有一颗厚道、善良的心。他们生息在田野晨光的氛围中，心口一致、言行相应，没有私欲、没有奢求，而把心力用在别人身上，成人之美。即如烟花界中的妓女，也是那样的浑厚。他们都不会作恶，也不愿作恶。这些善良的人们与边地的自然风光融合为一个和谐、宁谧的"桃花源"。刘西渭在评《边城》时说："他所有的人物全可爱，仿佛有意，其实无意，他要读者抛下各自的烦恼，走进他的理想世界。人世坏吗？不！还有好的，未曾被近代文明沾染了的，看，这角落不是！"① 看沈从文的作品，再回过头来看张爱玲的作品，你仿佛进入了另一个截然不同的世界。张爱玲是一位专写人性恶的作家，她致力于挖掘人的灵魂的阴暗面。她作品中的人物，没有一个有高尚的情操，没有一个有善良的心，没有一个的性格是憨厚质朴的。人与人之间没有同情互助。那怕是父子母女，兄弟姐妹，妯娌叔嫂。他们都是现代大都会里"病"了的男女，不是在这方面"病"了，就是在那方面"病"了。《琉璃瓦》中姚先生的七个女儿，个个都漂亮可人，姚先生对此也感到惬意，然而，他并不想到她们的爱情与幸福，只把她们当作一种资本，作为自己晋升的垫脚石，如他把大女儿琤琤嫁给印刷所大股东不求上进的儿子，可怜的琤琤成了牺牲品。掩盖在这温情脉脉的父女情面纱下的，是姚先生自己"职业上的发展"的利己欲望。

  虚伪性，是张爱玲作品中经常出现的人性恶的方面。《花凋》里的郑先生，民国了，他既不承认民国，也不用民国纪元。他好像酒精缸里泡着的孩尸，没有长过岁数，自欺欺人。他养了一大群孩子，然而，对孩子们的成长与健康却毫不负责任。一个女孩子病了，他不愿掏钱为孩子治病，认为那是花冤枉钱。可是，孩子死了，他却不怕花冤枉钱，假惺惺地在孩子墓前建造了白大理石的天使，特撰了一表堂而皇之的碑文："无限的爱，无限的依依，

---

① 刘西渭：《咀华集》，第 56 页。

无限的惋惜……，回忆上的一朵花。"作品在强烈的对比中，把郑先生那种虚情造作的名士气派淋漓尽致地揭示了出来。

依赖性，是张爱玲作品中所着重揭示的人性恶的又一方面。作者认为我国的文学"向来是注重人生飞扬的一面，而忽视人生安稳的一面"①。她觉得人生飞扬的一面固然可以写，但安稳是飞扬的基础，没有安稳便没有飞扬。而且深信安稳是具有"永恒意味的"，"它是人的神性，也可以说是妇人性"②。所谓求安稳，就是找一个可以依靠的男人，终身有托。《留情》里的敦凤就是一位求安稳的女性。她年纪轻轻，却愿意嫁给一个年近花甲的老头儿米先生，因米先生有钱，"我还不都是为了钱？我照应他，也是为我自己打算"。为了找到依靠，就像一条青藤找到一棵可以攀附的大树一样，她蹂躏了自己的感情。小说的结尾这样写道："生在这世上，没有一样感情不是千疮百孔的，然而，敦凤和米先生在回家的路上还是相爱着。"作者透过表面上的"相爱着"而实则没有感情的矛盾，展现了存在于妇女身上的劣根性。最突出的是《倾城之恋》里的白流苏了。她的曲折而苍凉的恋爱历程，正是一场求安稳的爱情冒险。白流苏与丈夫离婚后住在娘家，兄嫂骗光了她的积累后就排挤她。后来她与留学生范柳原恋爱，离沪到港。范柳原对她并没有真心，他的求异性，并不想找着落的心，而是寻求心的慰藉——把她当情妇。这使她又矛盾又痛苦。她曾一气之下回到上海娘家，但排挤依旧，还加上流言和白眼，为了寻求自己的归宿，她只好投入柳原的怀抱，当情妇也在所不惜了。白流苏住在娘家，本来就是自己的家，但她呆不下去，这是她求安稳的一股社会外驱力；她的恋爱受了许多委屈，也冒着身败名裂的风险，然而她还是不由自主地往这条路上滑下去，好象有一股无形的力量在推动着她，这是求安稳的内驱力。在那动荡的、人心叵测的世界里，她好象作了一个梦似的，她感到天长地久的一切全不可靠，靠得住的还是"睡在她身边的这个人"。

在以男性为中心的社会里，妇女没有独立的政治经济权益，社会地位低下，便形成了一种依附男人求安稳的思想。张爱玲写作的年代，虽然有一部份人经过女权运动后，已取得独立的人格，人身自由了，但无可否认，这种依附观念仍存在于一部份妇女身上，尤其是中上层妇女身上。张爱玲以她的观察和切身的体验，在小说中借女主人公的感情矛盾，半推半就、若即若离、

---

① 张爱玲：《流言·自己的文章》。
② 张爱玲：《流言·自己的文章》。

游戏式的恋爱婚姻，细腻地剖析了妇女身上的这种特性。

当代香港女作家施叔青，在她所写的一组台湾人和香港人的故事中，也写了一批在人格上、经济上、政治上不能独立的中上层女性，如《后街》《一夜游》《情探》中的朱勤、雷贝嘉、殷玫等，与张爱玲笔下的这类女性十分相似。可见有阶级存在的社会里，求安稳的依附性是一部分妇女身上的特性之一。

张爱玲不仅刻划了通常状况下五花八门的人性，还写了被扭曲、被摧残了的人性。最典型的是《金锁记》里的曹七巧。她原是麻油店老板的女儿，被嫁给一个高门大户人家做媳妇，丈夫是残废的，两人没有感情。这使她的爱情受到了痛苦的压抑。为了弥补这方面的不足，她曾偷偷地爱着她的小叔子。但由于森严的家规和对人伦的不敢逾越，她又无法得到爱情的满足。弗洛伊德认为，潜意识深处的性本能受到的压抑过于强大，如果没有正常的疏导和合理的发泄，就容易造成心理上的病态。七巧由于长期的爱情生活得不到满足，加上她出身卑微，在门第森严的大家庭里，人格受到歧视和排挤，逐渐变成了一个心理变态病者。

这种心理变态，使她莫名其妙地想发泄、想报复。她自己得不到爱情与幸福，她也不愿别人得到爱情与幸福。她自立门户后，便肆意地折磨儿女媳妇。她拉儿子陪她抽大烟，使儿子不能回去与妻子同房；她刺探媳妇的房内秘密，然后广为传播，把媳妇羞辱得无地自容；媳妇病了得不到慰藉与治疗，终于在无爱的人间死去。七巧又为儿子讨了姨太太，姨太太也不堪虐待，吞鸦片而死。七巧对待女儿长安也令人颤栗。她教长安挑是非、使小坏、跟人呕气。长安快三十岁了，跟一个留学生谈恋爱，七巧百般挖苦她，骂她"腥的臭的往家里拉"。而且还设计了一个圈套，直到把她的婚事彻底破坏为止。长安从此断了结婚的念头，成了半个"七巧"。

四十多年前，翻译家傅雷在一篇文章中说《金锁记》至少应列为当今文坛"最美的收获之一"。它"最美的收获"就在于塑造了曹七巧的形象。她是一个典型，一个杰作，是张爱玲对中国现代文学的一个贡献。作者写她的人性被摧残，尤其对她酷虐灵魂的揭示，细致入微，达到了令人恐怖的地步，这在现代文学史上是很鲜见的。

我国新文学的第一个伟大作家鲁迅，他创作小说主要是为了改造"国人的魂灵"，暴露国民性的弱点。他的这一工程，曾经取得了巨大的成功，震动了无数读者的灵魂。但自他离开北京到上海后，由于形势的变化和革命工作的需要，他忙于领导左翼文艺运动和对各种错误思潮的斗争，而未能把改造"国人魂灵"的工作,用小说形式继续下去。其他新文学作家专事这一工程的也不多。张爱玲虽是通俗小说作家,但她的通俗小说并不仅仅给人以娱乐与消遣,她的通俗小说有相当的严肃性。她借通俗小说的形式,挖掘人性的弱点。似乎可以这样说,她是继鲁迅之后从事这一工作的作家之一。当然,我无意把她与鲁迅相提并论,那是不妥当的。因两人毕竟有差异。鲁迅暴露国民性的弱点,是从改造"国人的魂灵"的总体工程出发的。他站得高,看得远,忧愤深广。他把人性弱点与我国传统文化的积淀和现实环境结合起来,具有历史的深度。张爱玲并非自觉的、有意识的从事这项工作。她是受客观环境的影响和自己文艺观的驱使。但尽管如此,挖掘人性弱点的工作,在现代文学这一领域里,是一项长期而艰巨的任务,继鲁迅之后,必须有人做。张爱玲以她勤耕不辍的笔,已经取得了惊人的成功。它与反映时代、反映现实斗争生活的有时代精神的作品,一样有意义,一样占有重要的地位。

三

在第一个问题里,说到张爱玲翻来复去所架构的都是恋爱婚姻的故事。值得注意的是,主人公们大多出身于名门世家,他们的卿卿我我、悲欢离合的故事,大多是在这类家庭里或以这类家庭为背景进行的。这样,张爱玲就在她的故事里,留下这类家庭的真实记录,让我们有机会窥见了这类家庭的五光十色的内幕。

张爱玲笔下的家庭,不同于一般的封建大地主大官僚家庭。而是颇为特殊的一簇。国民革命后,清末一批遗老遗少,挟带着他们长期从人民中搜刮来的财富,逃难到上海租界,继续繁衍,苟延残喘,形成了一群特殊的社会细胞。它们象长在租界上的一个个瘤,灰暗而又奇突。作者以憎恶而又夹杂着丝丝留恋的回忆,借人际的纠葛、醉生梦死般的生活、恋爱婚姻故事的演进,从各个不同的层面、侧面,展示了这批名门世家家庭的生活情景,指出了它的病态和必然败亡的命运。

在这批大家庭里,每一个家族,就像一个缩小了的《红楼梦》里的荣国府。他们的生活样式仍保留着"大清帝国"的那一套。穿长袍子、留长辫子、呼奴唤婢、早晚请安,悠哉悠哉。当我们看到《金锁记》里一群年青媳妇一大早集中在姜老太太房门口等待请安时,我们仿佛看到了贾母的身影。家庭里掌权的都是那些七老八十的老太太。如《创世纪》里的紫微,《倾城之恋》里的白老太太,《金锁记》里的姜老太太,《留情》里的杨老太太等。

这些老太太，虽然面目、个性各异，但都有一个共同点：个个都守旧、权威。在自己的小天地里，就如贾母一样。她的每一句话，儿孙们都得遵循，家里的大小事情取决于她，儿孙们有委屈都会跑到她面前诉说。她们像家庭里的支柱，一旦折断，就会树倒猢狲散。不过，它们与荣国府不同，荣国府有一个由盛到衰的过程，而它们一出现就已经破败衰微了。姜公馆在北京时是何等显赫，避兵逃难到上海后，连住房都紧张，佣人只好打地铺，"一间下房里横七竖八睡满了底下人"。那些纨绔子弟，既不愿意出去做官，怕有伤家声，又不会干其他事。他们只懂得逛窑子、抽鸦片、打麻将、莳花养鸟，坐吃山空。整个家庭，表面诗礼传家，书香门第，内里却矛盾重重，危机四伏。妯娌斗法、叔嫂调情、夫妻反目。人与人之间，没有同情，没有温暖，没有和睦，各自为着自己的利益与生存而互相利用、互相倾轧、尔虞我诈、勾心斗角，矛盾成团，纠结不清。

这些名门世家，还有一个致命弱点，就是凡事要讲排场、摆阔气。但内里已经蛀空，断绝了经济来源，全靠吃遗产活下去。《创世纪》中诺大一个家庭，就全靠紫微这位老太太典当当年的妆奁——皮货，维持生计；《留情》里的杨家也没有别的出路，"靠卖家传的古董书画过日子"；《倾城之恋》的白公馆更可怜，既没妆奁、字画可当，田地也卖光，整个家庭处于摇摇欲坠之中。

这类旧家庭，一代不如一代，第三代更加颓败。白流苏的两个兄弟固然是窝囊废。姜长白更是由她母亲随意捏弄的"活死人"。他们没有头脑，没有志趣，活一天算一天。这是一个"死"的世界。在这个世界里，没有阳光，没有活气，潮腻腻的，充满着霉气、毒气，充满着窒息与腐烂的气味。它正一步步地沉下去，沉下去。

张爱玲所写的这类家庭，与巴金的《家》本质上是一样的，但作者的审视角度不同。《家》主要是暴露以高老太爷为首的封建家长制对青年一代的迫害，控诉了旧礼教、旧道德的罪恶。同时写了以觉慧为代表的第三代的觉醒。张爱玲没有触及家长制及旧礼教、旧道德。她以她的《传奇》故事，在真切而细致的描绘中，为读者展示了名门世家家庭的较为完整的形象。同时指出了它必然衰亡的历史命运。作者说："旧的东西在崩坏，新的在滋长中。"[①] 腐朽的事物企图继续地繁育、生存下去是不可能的。她在作品中正是

---

① 张爱玲：《流言·自己的文章》。

显示了这种历史的逻辑力量和发展态势,并"以此给周围的现实一个启示"①。家庭是社会的细胞。这类旧家庭虽与封建社会百科全书式的《红楼梦》不同,但通过它却可看到社会的一角,看到上海百年租界文明的阴暗角落。它像袖珍式的社会史的一个缩影,为近现代都市生活作了一个忠实的记录,其意义是不可低估的。

四

张爱玲的作品没有英雄,没有革命者。用她自己的话说,都是些"软弱的凡人"。她认为写"软弱的凡人",虽不及英雄的有力,能做出惊天动地的事业来,但"他们可是这时代的广大负荷者",能代表"时代的总量"②。就是说能体现时代的特色,显示时代的潮流。不过,作者所说的"凡人",并不是指占人口大多数的劳动人民。虽然她作品中有少数属于女佣人、升斗市民、养女等下层人民,但更多的是遗老遗少、少爷小姐或都市女性、留学生、企业家等。但不论哪一种,她的人物的最大特点是不好不坏,亦好亦坏,"虚伪中有真实,浮华中有素朴"③。她笔下的形象并非如某些文艺理论所指导的那样,好便绝对地好,一切皆好;坏便绝对地坏,一切皆坏。她的作品里没有一个完美无缺的"高大全"的人物,也没有一个作恶多端、坏透了的人物。都是些带有旧制度烙印,人性有缺陷、有弱点的人物。作者说:"一切的小说都离不了坏人。好人爱听坏人的故事,坏人可不爱听好人的故事。因此我写的故事里,没有一个主角是个'完人'。"④《红玫瑰与白玫瑰》里的佟振保,他在做人的各个方面,几乎是无可挑剔的:侍奉母亲,提携兄弟,对待朋友,无不热心、周到、义气、克己。但他在自己的婚姻问题上却十分保守。他有所爱而不敢爱,又"强不爱而为爱"。结果落得个家庭悲剧。即使如曹七巧这样一位最令人讨厌、憎恶的人物,也有值得同情、怜悯的地方。她本有几分姿色,不愁吃穿,被嫁给一个残废的人作妻子,失去了爱情,又受贱视。姜老太太的一念之差,又把她由姨太太扶为正室。虽然当姨太太的命运不会好多少,但她的爱情欲火不至于太过于被禁锢,她对金钱的占有欲也不至于被按摩得那么强烈。她冷酷的人性,实质上是那不合理的封建婚姻

---

① 张爱玲:《流言·自己的文章》。
② 张爱玲:《流言·自己的文章》。
③ 张爱玲:《流言·自己的文章》。
④ 张爱玲:《流言·到底是上海人》。

制度和门第观念造成的。她和千千万万无辜的女性一样，是封建婚姻的牺牲品。

现实生活中，完美无缺的人物是没有的，十恶不赦的人物也属罕见。张爱玲尊重生活，按照生活的本来面目塑造人物，因此，她笔下的人物极鲜活、真实、可信，面目清晰得好像可以触摸得到一样。这也许是她的小说至今仍叫人爱读的原因之一罢。

张爱玲的小说，有一类是精神创伤的人物。这类人物有深刻的社会生活内涵，而且往往较成功。曹七巧就是其中的一个。这里不妨再以《茉莉香片》中的主人公聂传庆为例稍说几句。聂传庆是封建旧家庭里的年青人。在家庭里既遭父亲毒打，又受后母嘲讽，失去父爱又没有母爱，在那充满着鸦片烟气味的家庭里被养成了孤独、嫉妒、行为乖张的个性。在一个明月之夜，他居然对同情他、爱护他的女朋友大打出手，痛打之后便扬长而去。这类人物，与路翎的《罗大斗的一生》中的罗大斗，那种歇斯底里到了痉挛的程度，有相似之处，这两篇小说在艺术上都带有心理现实主义的特色。对这类人物，作者以沉痛、忧愤的笔伸入人物的心灵深处，从各个不同的层面展示其孤独、压抑、痛苦的精神病态，写出一个个可以听到心音的"活人"来。重要的是，作者在挖掘其精神创伤的滋生点时，又与社会、家庭环境、民族文化心理联系起来，从人物内部的精神创伤，反衬出外部现实世界的沉重与黑暗，与"七月派"作家专注于揭示"精神奴役的创伤"稍有不同，这是她的人物蕴含厚实的地方。

张爱玲在描写了许许多多封建旧家庭里千姿百态的人物之后，还描写了两位女佣人的形象。一是1944年写的《阿小悲秋》中的阿小，一是解放初写的《小艾》中的小艾。这两位小字辈人物，在她作品的人物画廊中，有如凤毛麟角，显得很可贵。作者写了她们受奴役受压迫的屈辱生活。尤其是对小艾，作者以饱蘸眼泪之笔，细腻地描绘了她非人般生活的前半生。写了她痛苦、挣扎和呼号。对于她的受折磨、被污辱、被损害，发出了人道主义的不平。值得注意的是，作者对待这两位佣人的态度，与对待她以往所写的旧家庭的人物的态度，截然不同。对于那些旧家庭中的人物，作者或暴露、或讽刺、或揶揄，态度是极其冷峻的。对郑先生、姚先生、梁太太、聂介臣等不用说，即使如葛薇龙这样的女学生，作者对于她的堕落，也从字里行间流露出她鄙夷之情。然而，对这两位女佣人，作者是饱含着同情与爱怜的。小艾进入新社会后，身体健康了，又有了安定的工作，作者更抑制不住内心的喜悦，称颂她的新生活。从这里，我们可以看出张爱玲的心路历程。她在新时代的推动下，曾一步步地向前迈进，虽然每一步是那样的艰辛与痛苦。

张爱玲还描写了一类神经质的人物。这类人物与精神创伤人物很接近，但没有什么价值。如《心经》里的许小寒父女，莫名其妙地互相爱恋着；《年青的时候》的知识青年潘汝良，只讲究精神恋爱；《沉香屑——第二炉香》里的女主角愫细，本是与丈夫自由恋爱而结合的，可是在新婚之夜，被丈夫热烈的爱吓得落荒而逃，结果弄得满城风雨……张爱玲写小说是注重故事性的，她的作品的确有许多"传奇"故事。我们并不反对小说中有吸引人的故事，但为了猎奇或投一些读者所好而乱编出来的故事是要不得的。这部份作品可说是张爱玲创作上的败笔。

但总的说来，张爱玲上海时期的创作是有成就的。她在人性的挖掘方面居于领先的一批作家之列。她笔下的人物个性极为鲜明，活脱脱的，其中一些人物即使放在现代文学人物画廊的典型形象之列也不逊色。她写的是通俗小说，但她借鉴西方现代文学的表现技巧并吸收我国传统小说的长处，是一种新型的通俗小说，她的语言艺术更具特色，曾经影响台湾一批年青作家。她是一位有独特风格的有才华的女作家。

（原载《中山大学学报》（哲学社会科学版）1988年第3期）

关于"五四"个性主义文学及其走向问题的思考

邓国伟

"五四"文学及其七十年来走过的道路有许多值得思考的课题。从个性主义文学角度对这时期文学及其发展作出历史反思,是基于这样一种现实感受:我国"新时期"文学持续出现的对"五四"文学的呼唤本质上是对"人的文学"和文学主体意识的呼唤。显然,这不可能是历史的简单重复。但时隔半个多世纪之后出现带有憧憬意味的历史反顾必然会有深刻的历史原因。本文思考粗浅,只希望能够提出一些使人感兴趣的话题。

一

关于"五四"思想解放、个性解放的问题,许多作家有过相类似的评述。郁达夫说:"'五四'运动的最大成功,第一要算'个人'的发见。从前的人,是为君而存在,为道而存在,为父母而存在,现在的人才晓得为自我而存在了。"[①] 他从散文方面说明这种"发见"的影响:"现代散文之最大特征,是每一个作家的每一篇散文里所表现的个性,比从前的任何散文都来得强。……我们只消把现代作家的散文集一翻,则这作家的世系、性格、嗜好、思想、信仰,以及生活习惯等等,无不活泼泼地显现在我们眼前。这一种自叙传的色彩是什么呢,就是文学里所最可宝贵的个性的表现。"[②] 茅盾也说:"人的发见,即发展个性,即个人主义,成为'五四'时期新文学运动的主要目标,当时的文艺批评和创作都是有意识的或下意识的向着这个目标。"[③]

但"五四"时期这样一种文学状态为时不久,后来的文学史著作也极少这样对它作出正面的评论。值得后人继续深入研究的问题还是不少的。比如说,个性主义思潮怎样影响文学运动,"五四"个性主义的出现是否已具备充足的社会条件,理论和创作的状况是怎样的,等。从这些方面作出深入考

---

① 郁达夫:《散文二集·导言》,见《中国新文学大系》。
② 郁达夫:《散文二集·导言》,见《中国新文学大系》。
③ 茅盾:《关于"创作"》。

察，我们将会发现"五四"文学虽然称得上是个性解放的文学，但它的发展是有不少缺陷的，理论和创作的形态都不够健全。如果说我们要继承这个传统，就应该对这个传统先有更为全面的认识。

"五四"时期（一般泛指一九一五年至一九二五年这段时期）有另外两种运动同文学运动交织在一起："五四"前的新文化运动和"五四"后的群众爱国运动和政治运动。对文学运动作出独立的考察时常是困难的，但"五四"文学表现出独立品格正是它走向现代历程的标志。我们在看到"五四"文学在与中国社会同步发展时也要看到它遵循着自身发展的内部规律。如果时代不能满足文学自身发展的内在需求，那么文学是难以取得真正发展的。这种内在的需求是什么呢？就是文学从封建思想的桎梏中解放出来，从对封建意识形态的依附关系中解放出来。它寻求自己的内容和形式（非政治性的、工具性的），要求作家强化主体意识，强化"自我"，追求表现生活和抒写感情的自由。换言之，文学需求的是文学自身的个性和文学作者的个性。与中国封建旧文学相对立的必然是这种个性主义的文学、个性解放的文学，而不可能是别样的文学。

这种需求是"五四"文学发展的内因。早在"五四"之前，我国的文学发展已有这种内在的趋向。普实克在论述晚清小说时指出："我们在其中发现的主观主义和个人主义证明了个人从传统思维方式中得到了一定程度的解放，它们也是表明封建制度强加于人的束缚已经松弛的一个标志。它们预示着，个性开始自己从过去所有的清规戒律中解放出来——至少是在思想上解放出来。"① 自然增长着的个性因素转变为作家对文学个性的自觉意识，还需要一个历史的过程。

中国近代以来，思想家们在"救亡图存"的历史背景下一直迫切地探求"人的觉醒"。伴随着西方先进科学文化思想的传播，文学对"人"的认识也不断深化。启蒙运动对近现代文学的发展产生了很大的推动作用。但启蒙运动之对于文学，只是希望它成为唤起"群体"觉醒的一种手段，"欲新一国之民，必新一国之小说"的功利意识很难给中国文学灌输个性主义的内在活力。这种情形，我以为是延续到"五四"新文化运动初期的。直到陈独秀作《文学革命论》，指责旧文学只写"个人之穷通利达""于其群之大多数无所裨益"，也还是主要地从社会革命的角度立论，不能说已经给文学以一个独

---

① 普实克：《中国现代文学中的主观主义和个人主义》，见《普实克中国现代文学论文集》。

立发展的信号。

"五四"文学要取得独立的品格仍然有待于西方思想的助力。我们注意到"五四"文学从"新文化"的大阵营中隔离出来并步入一九二〇年以后文学社团大量涌现的时期,是有更为直接的理论助力的。我们首先想到一九一八年六月《新青年》的《易卜生专号》和同年十一月周作人《人的文学》的出现。在《易卜生专号》上胡适发表了《易卜生主义》的长篇文章。这篇文章虽然不是专门对文学创作而发,但对文学的影响是极为重要的。下面先对这两篇文章稍加评述。

胡适的《易卜生主义》是一篇译介性质和导读性质的文章。唯其这样,"这里我们第一次介绍西洋近代一个最有力量的文学家",目的是宣扬他的"健全的个人主义"。这就使西方"个性主义"的精神得以在中国传播。作者对易卜生剧本的介绍是同对易卜生"个人主义"的理论介绍结合起来的:

> 人生的大病根在于不肯睁开眼睛来看世间的真实现状。
>
> 我所希望于你的是一种真实纯粹的为我主义。要使你有时觉得天下只有关于我的事最要紧,其余的都算不得什么。……有的时候我真觉得全世界都象海上撞沉了船,最要紧的还是救出自己。

这种我们总以为有点"极端"的"个人主义"思想,对于身处与易卜生剧本所描写的情境相类似的社会境遇中的中国青年的感召力,无疑是巨大的,震聋发聩的。中国青年通过对娜拉(《玩偶之家》)和斯铎曼医生(《国民公敌》)等形象的认识,第一次深切地领悟了"个性解放"的丰富内涵。"五四"文学显然深受这种"健全的个人主义"思想的滋润。"娜拉戏"连锁反应形成的创作现象,足以说明其影响的广泛和深远。

但可惜这样直截地宣扬个性主义文章那时就只有这一篇,建设新文学理论的作家们那时似乎还未意识到这种个性主义正是反封建的"五四"文学必不可少的养份。除了周作人、傅斯年等少数者外,大多数参加新文化运动的作家此时还只热衷于讨论"国语文法"和新文学思想内容方面的问题。这样,"五四"对个性主义的宣传仅止于"易卜生主义"的高度,而"易卜生主义"的传播仅止于一种"轰动效应"。理论的薄弱可想而知。

这里我们要谈到《人的文学》。此文出于鲁迅《狂人日记》和胡适《易卜生主义》之后,思想是有所借鉴吸取的。大概因为标明"文学"字样,胡适称它为"当时关于改革文学内容的一篇最重要的宣言"①。其理论内容是反"非人的文学",目的还是借文学以改良社会人生。它同样不是纯文学的理论研究,但倡言文学所需要的人性、个性和人道主义的思想,要求作家培养"灵肉一致"的人格等,对新文学发展都产生积极的影响。文章最后呼吁"还须介绍译述外国的著作"也有积极意义。但思想较为中和,影响力已经比较地薄弱了。

随后,"为人生派"的理论大致是认同周作人的方向,而沈雁冰的见解已向着新的功利文学观发展。他说:"我们希望国内的文艺青年,再不要闭了眼睛冥想它们梦中的七宝楼台,而忘记了自身是住在猪圈里。"② 事实正也如此,沈雁冰没有说错。国内形势的变化,使创造社成员从国外贩运来的"为艺术而艺术"的理论,碰撞在中国冰冷的现实土地上,也迅速地被否定。

结论只能是这样:"五四"时期个性主义思想要在中国取得充分的发展还未具备必要的社会条件。它的传播给予"五四"文学发展以巨大的影响,使之产生不少质的变化。但它的理论建设是贫乏的,在这样贫乏的理论基础上要真正实现文学和人的解放是不可能的。

再从作品方面看,首先,我们看到个性主义作为一种文学思潮,广泛而深刻地影响着"五四"文学运动。与晚清作品相比较,"五四"作家(尤其是"五四"新一代作家)自觉地而非被动地用心灵去感受客观世界,关怀社会人生,关注"生命"和"爱"的主题,努力表现"自我",作品的主观抒情咏叹的色彩空前地浓厚,外来的文学形式和文学手法被大量吸收和运用,整个"五四"文坛呈现着多种风格流派作品并存的多元发展的局面。其次,我们也看到,历史只给了"五四"文学以短暂的不健全的繁荣。作为个性解放的文学,它还不能是通常观念上的那种理想的形态。当我们想起《女神》《沉沦》这样最有个性解放精神的代表作品时,有时还会责备它们的浮泛情感或感伤的情调。而《女神》那样情绪高亢的创作几乎是绝无仅有。冰心、庐隐、鲁彦、王统照等人同样承受了个性解放的恩赐,但个人的情绪大多是低回的、疲弱的。在中国,个性解放带给作家的兴奋和喜悦伴着迷惘、苦闷、痛苦而来。他们得到了真诚的"自我",但梦醒了的"自我"却无路可走,热情很快消退下去,个性的声音注定是无力的。"五四"个性主义文学在倾向上很快就变成为感伤文学、"问题小说"以致于"颓废文学",这与"健全

---

① 胡适:《建设理论集·导言》,见《中国新文学大系》。
② 沈雁冰:《大转变时期何时来呢》。

的个人主义"是颇有距离的。这时期大多数作品只是幼稚而可爱的起步之作。可悲的事实是：这个感伤而幼稚的"童年"便成了日后更加苦痛的"人生"的永远美好的回忆。

二

"五四"个性主义文学从理论到创作的发展既然不够充分，也就不可能为后来的文学和发展形成一个扎实的基础。非个性主义的文学随时可以跨过这闪光的地带而求得连贯的发展。中国的现代文学一方面是个性主义的文学要求持续发展下去，一方面是非个性主义文学不断对它作出否定，使得个性主义文学被曲扭、消亡。

单从文学的角度看，《新青年》队伍的分化是耐人寻味的。《新青年》宣扬个性主义的作家如陈独秀、胡适、刘半农等，在一定程度上说，原都是超越了文学范围的政治家、思想家或学者。"文学为启蒙的工具"使许多非文学家集结在文学的旗帜下，一时与文学结下了不解之缘。文学个性发展之后的实际表现同他们发展文学个性的预期目的很不一致。因而当新文学发展起来后，他们一时间感到"被挤成三代以上的古人"，这是超文学意识对于充满独立意志的个性主义文学的隔膜感。这样，文学与超文学的分化就成了必然趋向。政治家去寻找新的"工具"，思想家和学者再返回本业。剩下来的文学家似乎也没有了。这正是鲁迅坚守文学阵地何以会有"孤独"感的原因。鲁迅的苦闷是典型的新文学的苦闷，是个性主义文学的苦闷（此点后文另述）。

于是新文学的队伍也有了新的分化。这是个性主义文学与非个性主义文学的分化，文学与超文学的分化，个性文学与群体文学的分化，非功利文学与功利文学的分化。但分化后的各种队伍仍旧统一集结在"文学"的旗帜下。在文学不得不发生新的分化的历史条件下，个性主义文学有着怎样的命运？现在我们从几种不同类型文学的发展情况来看一看。为了便于论述，现从复杂的文学现象归结出三种类型加以分析说明：一是"语丝"文学类型；二是"阶级"文学类型；三是"自为"文学类型。第一、二两种类型的文学在文学思想上处于对立状态，后一类型介乎其中而缺乏明确的个性主义文学观，姑名为"自为"类型。这些分类都不是专指派别组织及其成员而言，只是就文学现象而说的。

"五四"后期和"五四"之后，文学的非个性化倾向在迅速发展，明确地意识到这种倾向并产生自觉的对抗情绪是"语丝派"。《语丝》周刊于一九二四年底创刊于北京。撰稿人的思想表现并不一样。如鲁迅所说，其共同的特色是："不愿意在有权者的刀下，颂扬他的威权，并奚落其敌人来取媚"；"任意而谈，无所顾忌，要催促新的产生，对于有害于新的旧物，则竭力加以排击，——但产生怎样的'新'，却并无明白的表示，而一到觉得有些危急之际，也还是故意隐约其词"①。他们要坚守住作家的主体意识和文学的独立品格，这就免不掉要陷入来自功利主义文学的攻击之中。语丝派与段祺瑞政府及其依附者章士钊、陈西滢等人的论战，与及其后围绕"革命文学"问题同创造社成员的论战，是人们早已耳熟能详的内容。值得注意的是他们在这时期的文学思想。周作人说："壬戌夏间我曾预言中国将实行取缔思想，以后又宣言思想界的趋势是趋向于复古的反动。"② 又说："此刻现在决不是文明世界，实在还是二百年前黑暗时代，……以前是皇帝而现今则群众为主，其武断专制却无所异。"③ 他对文学自由很敏感，而对文学的统一化和"八股文"倾向一直是非常反感的。他说："君师的统一思想，定于一尊，固然应该反对；民众的统一思想，定于一尊，也是应该反对的。……现在倘若老舍己从人，去求大多数的了解，结果最好也只是'通俗文学'的标本，不是他真正的表现了。"④ 这些不过是他固有的文学观点在新时期的引申。其一九二一年一月的《个性的文学》云："（1）创作不宜完全没煞自己去模仿别人。（2）个性的表现是自然的。（3）个性是个人唯一的所有，而又与人类有根本上的共通点。（4）个性就是在可以保存范围内的国粹，有个性的新文学便是这国民所有的真的国粹的文学。"⑤ 这些思想在那时的政治环境中当然是不能相容的或不受重视的，但客观上表现了那时文学思想与政治思想的对立状态。（篇幅所限，鲁迅、刘半农、林语堂等人同类见解从略。如鲁迅曾说："世间大抵只知道指挥刀所以指挥武士，而不想到也可以指挥文人。"⑥）

这类型的文学不可能按照作家意愿发展下去。一九三〇年三月《语丝》宣告停刊。接着是《论语》和《人世间》开场，强调以自我为中心，以闲适为格调。从《论语社同人戒条》中看，其"十不"主义有同语丝相通之处，

---

① 鲁迅：《三闲集·我和〈语丝〉的始终》。
② 周作人：《谈虎集·问星处的预言》。
③ 周作人：《雨天的书·黑背心》。
④ 周作人：《诗的效应》。
⑤ 周作人：《谈龙集》。
⑥ 鲁迅：《而已集·小杂感》。

如说"不拿别人的钱，不说他人的话"。但从理论倾向和作家实践看，他们的创作个性已经扭变，由积极的个性变为消极的个性，由战斗的个性变为隐遁的个性，由愤激的个性变为"幽默的个性"。所以他们是不肯退出文坛的"隐士"，是由"黑头"改扮成的"丑角"。这样，事实上他们已经不再是"五四"个性主义文学的承继者，而把"达则兼济天下，穷则独善其身"的传统意识引入文坛，并以这种意识去消解"五四"个性主义文学的新传统，把文学和作家自己一同引向了消亡的路。

"阶级"类型文学一直被描述为我国新文学的"主流"。这一类型文学的走向，即从一九二三年"革命文学"理论的倡导，到"左联"，到延安文艺，到"十七年"，直到"文革"文学的流变过程，是读者最为熟悉的文学线索，故可以省去具体描述的过程。"阶级"类型的文学以其与政治斗争的极其密切关系，随着政治势力的发展而发展，它的声誉也随政治力量的发展而越来越隆盛。但是隆盛的声誉同创作的实际影响并不完全一致（这里不是指"左联"作家及其作品整体，而是就一种文学倾向而言）。就在这些作家中，也不断地出现反公式化、反概念化的呼声。在今天，当我们再度回顾蒋光慈等人的作品，以至郭沫若的《恢复》和茅盾的《三人行》等部分作品时，尽管不能持简单否定的态度，却总能感受到中国文学的一种悲剧意味。大致说来，这一类文学的表现特点是：一、文学理论通常主要地不是由文学家而是由非文学家提出来的。邓中夏、萧楚女、恽代英都是实际革命家，李初梨、彭康等人主要从事社会科学工作，毛泽东是政治家。这一点同"五四"以前的现象有些相类似，即为着一定的功利目的，超越文学界线的许多人又再集结于"文学"的旗帜之下。这一类型许多作家只领会"阶级"的文学主张，而不再有"自己"的文学主张。如果有也不受欢迎（如胡风）。二、创作上群体意识大于作家主体意识，不允许违背政治功利要求的创作主体意识（被称为"小资产阶级意识"）存在，因此作品往往出现客观主义的矫情的倾向，"这中间恰恰抽掉了'经验'生活的作者本人在生活和艺术中间受难（Passion）的精神"①。政治家要求文学家向"群众"作政治启蒙，在政治家和被启蒙者之间，文学没有独立的意义，文学家只能被诱导以至（被挤压）到"群众"中去。当他们在群众中泯灭了自己的个性的时候，他们的文学就变成为政治启蒙读物（而且通常是"通俗读物"）。此种"阶级斗争"类型的文学一直延伸到"文革"时期，以其乖戾荒诞的表演而终于走向自己的终点。

---

① 胡风：《略论文学无门》。

"自为"文学类型是泛指并不表现为上述对抗形态的其他文学类型。这些文学一般发生于"五四"时期之后,是"五四"个性主义文学的自然发展,但理论上不象"五四"作家那样执着于个性主义的文学主张。这类型的作家大都本着内心的要求(如巴金)或对社会人生的深切感受(如老舍)开始自己的创作。可以说是较为纯粹的文学作家。由于主要关注着文学的内容及其形式,在没有直接受到政治干扰的一些时期里,他们的创作个性相对地说是较为稳定的,在"阶级文学"涛起风从的岁月中,仍然贡献出一大批优秀的作品,不断结出"五四"文学的新的果实。但保持作家的主体意识,充分发挥个性的观念在他们许多人心目中并不具有战斗意义,因此内在地存在着一种向功利文学或转化或迁就或变成沉默的可能性。功利文学时时监察着他们的作品表现,方向一致或不发生冲突时纳入"同盟者"的行列,不一致时则给予排斥。这样,许多人的创作(就倾向而言,非概言之)就有意无意地随着文坛的趋向而有所变化。老舍在《猫城记》之后放弃了早期批判性的嘲讽的笔调,解放后不无违心地砍改了《骆驼祥子》;塑造了感人心魄的繁漪的形象的曹禺后来写出了《王昭君》;沈从文的《阿丽思中国游记》后半部与前半部大异其趣,继而遁入"边城",而后来干脆搁笔了。把这些现象作为一个历史过程来看,我们看到这类型作品同样受到政治功利主义的制约,而作者在坚持"五四"个性文学传统方面的表现是软弱无力的。就其走向来说,后来多数这类作家的作品不被重视,不能再版,其实也被掩埋在功利文学的羽翼之下了。换言之,他们的创作自由和主体意识受到很大压抑,创作个性不可能得到真正的发挥。这类文学绵延不断而不断受到修正和压抑,最能体现中国文学的命运。

列举三种类型的文学加以分析,只是说明"五四"个性主义文学怎样经由几个不同的途径在走向消亡。因而"五四"远未充分发展起来的个性主义文学,在个性消蚀殆尽的时候回忆起来,就容易成为范本。而两个从历史观点看来相隔并不遥远的呼唤"人的文学"时期,好象它们之间已经有了很深很长久的断裂,对"五四"的召唤声充满了既辽远而又苍凉的历史感。由此我们可以感知要继续"五四"开创的文学事业还有着漫长而艰难的道路。

三

有许多问题值得我们反省和深思。

中国文学为了反抗封建主义的压迫而需要引入欧洲个性主义的思想。

"五四"时期，由于中国封建社会一时出现"王纲解纽"的迹象，帝国主义忙于战争又对中国的侵略有所放松，新思潮遂得到迅速传播的时机，思想文化领域的活跃使中国人感到很象处在欧洲文艺复兴那样的时代，以为别人经过二三百年时间发展起来的许多宝贵的东西，我们在短短的瞬间也就获得了。但是"王纲解纽"不等于说封建基础已经消失，不等于说社会已经发生了质的变化，仍然存在着强大的封建势力，要重整纲纪是毫不困难的。包括个性主义在内的许多外来思想并没有在中国取得生根发芽的社会土壤。普实克在说到欧洲个性主义的特点时曾这样指出："虽然欧洲的资产阶级革命首先给人类带来了政治上的完全自由，恢复了人作为个人的权利，束缚个人的绳索在很多地方却是革命前就松弛了。这种情况一方面要归因于民族大迁徙时代部落关系的破裂，一方面要归因于上古时代末期奴隶制度的衰落；强调上帝面前人人平等和人对自己的生活负有道德义务的基督教也发挥着重要影响。除此之外，欧洲式的骑士制度包含了很强的个人主义思想。"[①] 同这样根基深厚的个人主义思想相类似的，在中国却是封建的集体主义。在封建王权的专制统治下，中国人只有忠君爱国的义务而无个人存在的权利。近代以来，封建思想从各方面受到了"改良"或"革命"的攻击，但"改良"和"革命"的目的，还是为了"国家"而不是"个人"。所以"个人主义"的提倡还是以服务于国家的利益。"……民族主义就是为国家争自由……个人不可太过自由，国家要得到完全自由，到了国家能行动自由，中国便是强盛的国家。要这样做去，便要大家牺牲自由"[②]，孙中山这句话不是专对文学讲的，但如用到文学上，就是赤裸裸地把政治与文学的关系讲透了。这种思想可以用以反封建，但其本身又还是落入封建集体主义思想模式，同欧洲的个人主义是难以相提并论的。

近现代社会中，中国面临着日益严重的民族灾难和国家灾难，团结御侮、救亡图强是迫切的现实问题。集体主义精神、家国民族观念确为现实所需，在客观上，就给封建集体主义的存在留下了地盘。"五四"作家大都处在这样的矛盾状态中：要发展文学须给予个人的充分的自由，文学发展又须符合国家民族（集体）的利益。功利主义文学正是在这个机缘上轻而易举地限制以致取消了个性主义的文学。而新的"载道"文学和文化专制主义也趁机鸣鞭作威。

---

① 普实克：《普实克中国现代文学论文集》。
② 孙中山：《民权主义第二讲》。

这似乎是无可排解的文学的苦闷，无法摆脱的深刻的矛盾。中国作家对于"纯艺术"多少有点恐惧心理。个性解放只能解放到一种适当的程度，即使是个性解放的积极倡导者，他心中也还存在着功利主义与个性主义的不平衡对峙。郭沫若早期有过最极端的"为艺术而艺术"主张，但一面说"文艺本身也如春日之花草，乃艺术家内心智慧的表现"，一面又说"它是唤醒社会的警钟"①。他们的个性主义主张中即包含着对自己主张否定的因素。创造社诸人不久即突变到对自己主张的批判看起来有些可笑，其实有其必然性。沈雁冰在提倡"为人生的艺术"却也不反对文学的个性主张。他说道："新文学中也有主张表现个性，但和名士派的绝对不同；名士派只是些假情感或无病呻吟，新文学是普遍的真情感，和社会同情不悖的。"② 这就是说文学表现个性与达成功利目的是可以并行不悖的两重奏的乐曲。可见对文学个性的反拨和制约，不纯然来自外界压迫，也来自这种作家本身潜在的"奇理斯玛权威"（个人魅力权威）。这就是鲁迅的"仿佛有声音在叫唤我"。要中国作家完全脱离时代、脱离人生、脱离政治，让个人凌驾于国家民族之上，本是不可能的。的确，在中国，个性主义文学并不排斥作家的时代使命感和人生责任感。文学虽为启蒙之"工具"，两者仍可携手并行。只是"工具"意识太重，事实上又超出了文学本身的负荷。

但政治专制势力，却使得个人与"群众"处在尖锐对立的状态。在启蒙主义作家中，因为重视"群众"，所以也重视个人，在政治功利者眼中，只有政治家的"个人"和服务于政治目的的"群众"，中间不可能有别的"个人"存在。文学家必须归属到"群众"中去，才能满足这种政治两极的要求。启蒙是少数先觉者去启"群众"的封建之蒙，原是符合中国国情的。政治功利则颠倒了这种层次，让知识者去接受"觉醒"的"群众"的启蒙。于是，个体意识必须改造为群体意识，觉醒的文学内容必须改造为服从的内容，丰富多彩的"五四"文学形式必须改造为"大众"的形式，整个文艺格局必须由向高层次发展改造为向低层次发展。我们的文学史家习惯于把"五四"文学的发展描述为不断向高级形态转化的过程，认为阶级文学和群众文学的发展是"五四"文学传统的继承，到底是不是这样？值得深思。

鲁迅是清醒的、深刻的。"五四"之后，他不能不陷入文学的苦闷。那是正常的苦闷。从青年时代起，他就是文学个性主义的提倡者，但在"五

---

① 郭沫若：《文艺之社会的使命》《自然学艺术》。
② 沈雁冰：《什么是文学》。

四"时期,他却没有一般地附和个性解放的理论,反而在《娜拉走后怎样》《伤逝》等篇章中提出发人深省的现实问题。他主张娜拉和子君出走,但是到底娜拉和子君能否出走?他主张文学者的人格独立,不遵奉"金元和指挥刀",但在"纳启蒙于救亡"① 的中国社会现实中,"为艺术而艺术"是走不通的。他富有艺术独立的精神,但深知独立的艺术必须具备战斗的品格。"创作是根于爱"② 但"能憎才能爱"。这样,他就超越了胡适的译介和周作人的浮浅的理论,也超越了"为人生派"和"为艺术派"的带偏颇的理论。鲁迅的全部创作是"启蒙主义"的,又是充分个性主义的。一九二七年之后,他"被血吓得目瞪口呆",然而他的杂文仍然"韧性"地通过更为迂回曲折的艺术处理,继续坦诚地向读者暴露"自我",表现自己最真实的见解,讲出了最真诚的话。他的作品在三十年代的政治高压下最能体现"五四"个性解放的精神,因而他继续占有着文学的灵魂,写出了那个时代的最壮丽的篇章。在求实精神指导下,不矫情,不迁就,不妥协,"鲁迅的方向"值得后人珍视。

1988.10.6,写于中山大学

(原载《中国现代文学研究丛刊》1989 年第 1 期)

---

① 李泽厚:《中国现代思想史论》。
② 鲁迅:《而已集·小杂感》。

巴金与无政府主义

吴定宇

每个作家在探索人生的道路上,都有其独具的特点,巴金概莫例外。在民主革命时期,巴金为了追求社会解放的真理,经过了艰难曲折的思想发展历程。他信仰过无政府主义,并且用它来作为反抗黑暗现实的思想武器。众所周知,无政府主义不是一种科学的思想体系,它包含着庞杂的思想内容。那么,巴金究竟从无政府主义中接受了哪些思想因素的影响?他怎样运用这一思想武器来进行反帝反封建的斗争?在现实斗争生活中,他又是如何逐步扬弃头脑中的无政府主义观点、紧随着新民主主义革命运动的方向前进的?笔者试图追溯巴金探索的足迹,就此进行论述。

一

"五四"运动,猛烈地冲击着封建传统观念和封建秩序,各种新思想潮水般地涌来,促使一代新人迅速觉醒。巴金在"五四"运动中睁开了眼睛,兴奋地阅读《新青年》《每周评论》《少年中国》《新潮》《北京大学学生周刊》《实社自由录》《威克烈》《四川学生潮》等新报刊,象海绵吸水一样,尽情吮进各种新思想,开始看到一个崭新的世界。他的目光也从家庭移到社会,注视着、思考着人间种种不平等的现象,对封建家庭和封建制度的罪恶,有了初步的认识,对封建束缚强烈不满。巴金迫切要求改变社会现状,渴望能在变革现实的斗争中尽一分力量。他十五岁时,读到克鲁泡特金的《告少年》和廖抗夫的剧本《夜未央》。这两本小册子鼓吹的为人民争自由、谋幸福而献身的反专制思想,使巴金深受感动,他"找到我的梦幻中的英雄,找到了我终身的事业"①。以后,巴金还接触到无政府主义者高德曼、刘师复等人的文章,被他们所宣传的无政府主义学说吸引,开始树立起对无政府主义理想的信仰。

---

① 巴金:《我的幼年》,载《中流》创刊号。

"五四"时期的无政府主义,明显地带有两重性。一方面,它反对封建传统观念、封建秩序,否定反动的军阀政府,要求废除封建剥削和压迫,在特定的半封建半殖民地的中国社会,在新民主主义革命运动刚刚兴起的特定历史时期,还可发挥一定的积极作用。另一方面,它主张废除一切形式的国家、政府和专政,同马克思主义之间有一道不可逾越的鸿沟。所以,中国马克思主义早期宣传者李达指出:"无政府党是我们的朋友,不是我们的同志。"①

巴金从无政府主义思想体系中,首先接受的是它的反压迫、争自由的民主思想。他先后在《半月》《警群》《平民之声》等刊物上,发表《怎样建设真正自由平等的社会》《五一纪念感言》《世界语之特点》《I. W. W. 与中国劳动者》《爱国主义与中国人到幸福之路》等几篇介绍和宣传无政府主义的文章。他这时自称"安那其主义者",其实对无政府主义理论还一知半解,因而这几篇文章的观点就很抽象、肤浅。不过,倒也可以看出,巴金从西方思想武库中撷取无政府主义这个武器,不是用来反对刚刚兴起的新民主主义革命运动的,他一开始就坚定不移地站在被压迫者一边,把矛头对准反动的军阀政府,对人压迫人的黑暗社会作了根本的否定,号召受奴役的劳动者用社会革命的方式,去推翻万恶的旧世界,废除私有制,推翻束缚人们思想、阻碍社会进化的宗教迷信,而后建设一个真正自由平等的新社会。由此可见,从总的倾向来说,"五四"时期无政府主义对巴金的影响是积极的,他的这几篇文章具有"五四"反封建的时代精神,是巴金开始觉醒的表现。

一九二三年,巴金到南京、上海等地求学。这时,他广泛阅读和研究无政府主义者的著作,并同国际上著名无政府主义者爱玛·高德曼、格拉佛等人通信。尤其是爱玛·高德曼,对他的思想发展产生过重大的影响。巴金称她为"精神上的母亲","她是第一个使我窥见了主义的美丽的人"②。此时,巴金节译了普鲁东《财产是什么?》。普鲁东对资本主义私有制罪恶所作的深刻揭露与谴责,激起巴金的共鸣,使他对酿成人剥削人、人压迫人的现象的根源,有进一步的了解。稍后,巴金着手翻译克鲁泡特金的重要著作《面包略取》。这部书深化了巴金对无政府主义理论的认识。克鲁泡特金在书中把他的无政府主义学说概括为"面包(安乐)与自由",勾勒出"无政府共产主义"社会的蓝图。克鲁泡特金的理论,是建立在个人主义基础上的,与马

---

① 李达:《无政府主义之解剖》,见《李达文集》第 1 卷。
② 巴金:《信仰与活动》,载《水星》2 卷 2 期。

克思主义的科学共产主义学说，有着本质的区别。而且，克鲁泡特金不懂得无产阶级的阶级斗争，认为旧的国家机器一旦被打破，平等互助、"万人享乐"的社会就会立刻实现，带有浓厚的空想色彩。但是，克鲁泡特金对未来社会的设想，把巴金追求的朦胧目标具体化；克鲁泡特金的理论所带有的空想色彩，投合了巴金急切要求改变黑暗社会现状的愿望。所以，在当时流行的各派无政府主义学说中，克鲁泡特金的理论最易为巴金所理解和接受，并把它当作探索社会解放道路的指导思想。

但是，巴金对各派无政府主义学说决不生吞活剥、全盘接受。即使是对于他所崇敬的克鲁泡特金的话，也不盲目听信。例如他对克氏"欧战论"的观点就持反对意见。到了三十年代他还说："克鲁泡特金对于某一个特殊问题的意见，我有时也并不同意。"① 巴金对无政府主义运动中某些问题的看法，也在不断地发展。他最初赞成外国无政府主义者的暗杀活动，到了一九二六年，就修正了这个观点。他认识到社会革命不会因单纯的暗杀活动而取得成功，"假若现在社会制度一天不推翻，那我们一面在杀坏人，它便一面在造坏人；那么我们虽以杀坏人为义务，一生也杀不尽的"②。把斗争锋芒指向黑暗的社会制度，对恐怖活动持否定的态度。

克鲁泡特金的学说，无疑滋长了巴金反专制的精神。但是巴金分不清无产阶级专政和封建专制在本质上的区别，他说，这二者"名称虽不同，实质却无差别"③。巴金援引柏克曼《俄罗斯的悲剧》中的材料，抨击苏联无产阶级专政："布党专政下的俄罗斯已成了屠杀革命党的刑场，执政的共产党便是行刑的刽子手。"④ 在另一篇文章中，巴金进而指出，无产阶级占人类的大多数，"要用大多数人专政来压制少数人是做不到的"，因此"真正的无产阶级专政，是做不到的"。他天真地认为，有产阶级利用政权来压迫无产阶级，无产阶级也利用政权来压迫有产阶级，无产阶级取得政权后，"原来的有产阶级一变而为无产阶级……这样反复循环下去，阶级斗争定会没有停止的时候"。由此推断出无产阶级专政是"压制无产阶级的工具""不能消灭阶级""不能消灭国家"⑤ 的错误结论。

巴金对十月革命后的苏联社会状况和对马克思主义无产阶级专政学说的

---

① 巴金：《从资本主义到安那其主义》。
② 巴金：《杂感》，载《民钟》15 期。
③ 巴金：《评陈启修教授之〈劳农俄之实地考察〉》，载《学灯》7 卷 10 期。
④ 巴金：《"欠夹"——布尔雪维克的刺刀》，载《民钟》10 期。
⑤ 巴金：《再论无产阶级专政》，载《学灯》7 卷 12 期。

错误认识，使得他对列宁也抱有很深的成见。他不仅把列宁与沙皇尼古拉二世、德皇威廉二世等同看作是"独夫民贼之流"，"列宁政府便是压迫和摧残工人农民的机关"，而且还攻击列宁制订的新经济政策是"资本主义的恢复"。因此，他认定列宁"侮辱了革命；他误解了革命；他破坏了革命；他卖却了革命"①。

研究巴金这一时期的思想，不能回避这样的问题：自瞿秋白的《饿乡纪程》《赤都心史》问世以来，在当时的报刊上，陆续发表了不少介绍苏联实际情况的通讯报道，在社会上引起过强烈的反响。为什么巴金反而写出那些错误观点的文章？"五四"以后，随着马克思主义在中国广泛传播和新民主主义革命运动的蓬勃发展，无政府主义的局限性和反动性便愈来愈明显地暴露出来，许多曾经受过无政府主义影响的青年，例如巴金在成都的好友袁诗尧，抛弃了旧的思想武器，接受了马克思主义。为什么巴金却在无政府主义的道路上愈走愈远？应当怎样看待巴金在这一时期的思想与活动？

我们不能脱离当时国内外错综复杂的阶级斗争，去研究这些问题。

十月革命之后，阴谋反对苏维埃政权的无政府主义者同其他反动分子一样，遭到无产阶级专政的坚决镇压。于是国际上的一些无政府主义者和反对派，打着"反迫害"的旗号，污蔑无产阶级专政，猖狂进行反苏活动。其中，高德曼和她的情人柏克曼最为活跃。在国际上这股反动逆流的影响下，中国的无政府主义者也鼓噪而出。他们在《昆钟》第十期上出版《援助在狱革命党人专号》，与国际无政府主义者的行动遥相呼应。

巴金不明真相，对高德曼、柏克曼等人在《俄罗斯的悲剧》《俄国革命之破坏》等书中所列举的丑化苏联社会情况的材料，缺乏鉴别能力和判断能力，接受了他们反对无产阶级专政的观点。因此，他毫不犹豫地站在"受害的"无政府主义者这一边。甚至当北京大学陈启修教授在苏联进行十三个月的调查后，写出《劳农俄之实地考察》，对苏联的社会状况作了比较客观的介绍，巴金还撰文予以批驳。

无政府主义重视个人自由，而又没有一种正式严密的组织，很适合巴金的小资产阶级脾习。他对政党一向怀有很深的偏见，认为"任何政党都是社会革命的破坏者"②。上述的错误观点，更导致他对中国共产党产生误解。他说："共产党——尤其是中国共产党把俄国劳动者的情形丢开不说，只拿

---

① 巴金：《列宁论》，《学灯》7卷12期。
② 巴金《俄罗斯的悲剧》中的译者批注，载《民钟》12期。

'无产阶级专政'的招牌来骗人","努力想把俄国悲剧拿来中国开演"。共产党与国民党所建立的统一战线是"打起无产阶级的招牌而实际却与资产阶级妥协"①。无政府主义在巴金与现实的革命斗争生活之间筑起一道厚障壁,他看不到党所领导的工农革命运动方兴未艾的大好形势,却发出"革命的前途,实在黑暗极了,危险极了!民众热诚的希望空虚了"②的叹息声。正如斯大林所说:"马克思主义和无政府主义建立在完全不同的原则上,虽然双方登上斗争舞台都举着社会主义的旗帜。"③巴金虽然反对军阀政府,反抗黑暗现实,向往"各尽所能,各取所需"的共产主义社会,但他没有找到一条正确的革命道路,因而不能象袁诗尧等人那样,投身到党所领导的革命洪流中去转变自己的思想。可见,当新民主主义革命运动发展到一定的阶段,无政府主义便起着阻挡历史潮流的作用。即使象巴金这样有着高涨革命热情的青年,无政府主义的腐蚀剂,也不可避免地使得他在探索社会解放真理的过程中,出现曲折和危机。

不难看出,从"五四"到一九二七年,巴金主要是从书本上接受无政府主义的。他还没有认真地去探讨中国革命的实际问题,对中国革命的性质、道路、方法和前途等问题,尚未形成一套自己的主张。脱离中国革命的实际斗争,是他长期认识不到无政府主义的局限性和反动性的一个重要原因。

二

为了系统地研究无政府主义运动史,巴金在一九二七年一月,来到国际无政府主义者麇集的巴黎。巴金留学法国前后,是他研究、接受无政府主义理论的高潮时期。无政府主义理论不仅在政治思想上,而且在伦理道德观念上,对巴金的影响是很深的。他在法国翻译了克鲁泡特金的《人生哲学:其起源及发展》。克鲁泡特金在书中系统地阐发了他的"无平等则无正义,无正义则无道德"的伦理公式、互助是人的社会本能思想,以及为万人的自由而献身是最大幸福的自我牺牲精神,把正义观念同平等的观念、把自我牺牲同无政府共产主义的理想揉合在一起。克氏的伦理思想,就成为巴金所遵循的道德准则。同时,巴金从多方面收集俄、美、法、日等国无政府主义殉道

---

① 巴金:《俄罗斯的悲剧》中的译者批注,载《民钟》12期。
② 巴金:《俄罗斯的悲剧》中的译者批注,载《民钟》12期。
③ 斯大林:《斯大林全集》第1卷,第273页。

者的生平事迹，编写出为他们树碑立传的小册子《断头台上》。这些殉道者将无政府主义的伦理道德观念化为具体的行动，巴金对他们的人格作出极高的评价，把他们当作道德完美的典范和学习的榜样，从中吸取鼓舞自己前进的力量。这是巴金长期坚持无政府主义信仰的又一个重要原因。

一九二七年，巴金同因被诬陷而关在美国监狱里的意大利无政府主义者萨柯、凡宰特通信。凡宰特在临刑前一个月，还在信中教导巴金要忠实地生活，要爱真理，爱正义，要爱人和帮助人。他们的思想和经历，使巴金找到又一个值得他学习的老师。美国政府不顾国内外进步舆论的反对，悍然将萨、凡二人用电刑处死，这无疑给巴金以极大的刺激。他为此写出一系列的政论文、杂文和小说，对资本主义的国家、政府、军队、法律和财产，进行更为猛烈的抨击与坚决的否定。

对敌人深沉的恨和对人民大众深切的爱，是巴金思想的核心。他远在法国，却关注着祖国的命运。"四一二"事变后，臭名昭彰的老牌无政府主义者吴稚晖、李石曾著文拥护国民党的"清党"运动。巴金写出《空前绝后的妙文》《无政府党并不同情于国民党的护党运动》《无的放矢》《分治合作与无政府主义》等杂文，无情揭露他们的反动政客嘴脸，痛斥他们发表的无耻谰言，公开表示"反对李石曾、吴稚晖"①。巴金对国民党反动当局血腥屠杀共产党人的罪行也很愤慨，郑重宣言："我永远反对国民党。"② 表明了他的基本政治态度。正是他把国民党新军阀政府、不合理的社会制度、国内外各种阻碍社会前进的传统观念和反动势力视为敌人，与之作了长期的、艰苦的斗争，这才使得他始终保持着旺盛的革命斗志，追随着新民主主义革命运动前进。

一九二八年底巴金回国后，积极从事无政府主义的宣传工作，主编过《自由月刊》《时代前》等无政府主义刊物，大量译介外国无政府主义者的著作，例如《克鲁泡特金全集》中的十本书，他就译了五本。一九三〇年出版了系统阐述他的无政府主义政治观点的专著《从资本主义到安那其主义》。在这本书里和在他留学期间所写的政论文、杂文中，巴金试图运用无政府主义的原理，去探讨中国革命的实际问题，对中国革命的性质、道路、领导权和前途，提出了一套纲领性的主张。

巴金忽视中国是一个半封建半殖民地的社会，而不是资本主义社会的特

---

① 巴金：《答诬我者书》，载《平等》10 期。
② 巴金：《答诬我者书》，载《平等》10 期。

点，认为中国革命的性质不是资产阶级民主主义的，而是无产阶级社会主义的。他指出中国革命有"两条康庄大道"：其一"就是照一七八九年法国革命及一八四八年欧洲各国的革命，以及俄国革命的先例"；其二"就是总同盟罢工"①。他没有看到中国是一个农业国，农民占人口的绝大多数，照搬欧洲各国的革命经验，说"革命多半爆发于工业区域"②，总同盟罢工可以使旧的国家机器瘫痪、瓦解，因此他强调"总同盟罢工乃是社会革命之唯一实际的道路"③，而总同盟罢工必须由无政府主义的工团组织来领导。巴金还认为，革命的根本问题不是政权问题，"无政府主义者是主张消灭政治，而非来夺取政权的"④。社会革命一旦成功，就应立即消灭阶级和政党，废除专政，不成立任何形式的政府，只在城市建立"工厂委员会"和"工人议事会"，在农村建立村社组织"人民合作社"，并在此基础上成立"全国劳动议事会同盟"，来指导生产和消费。这样，他执着追求的万人友爱互助、万人安乐的自由平等的新社会就实现了。

毋庸置疑，在黑暗恶浊的旧社会，巴金的美丽理想能激发起人们反抗现实的勇气，有一定的进步意义。但这也表明巴金对中国社会的特点和各阶级的状况，缺乏了解；对中国革命的长期性和复杂性，认识不足。他在无政府主义理论指导下所形成的政治观点，脱离了中国的实际情况，是根本错误的，在现实革命斗争中，也是行不通的。

大革命失败后，巴金站在无政府主义立场上帮助弱者、反抗强者和反对一切政党的立场，说："国民党未得势力的时候，我可以说'我恨国民党，但我更恨北洋军阀'，（现在我又可以说：'我恨共产党，但我更恨国民党。'）然而我从未有说过帮助国民党的话。"⑤ 他虽然反对国民党的清党运动，却又认为这是国共两党自己的事，与己无关。他极其钦佩李大钊牺牲时所表现出的大无畏精神，"恭敬他象一个近代的伟大殉道者"，但又声称在主义上，李大钊"是我的敌人"⑥，鲜明地表现出思想上的局限性。

综上所述，从一九二七年到三十年代初期，巴金思想中进步的与反动的、偏激的与落后的、现实的与空想的诸种成分交织在一起，呈现出非常复杂的

---

① 巴金：《怎样做法（答挺操先生）》，载《平等》13 期。
② 巴金：《从资本主义到安那其主义》。
③ 巴金：《从资本主义到安那其主义》。
④ 巴金：《勿为我们杞忧》，载《平等》10 期。
⑤ 巴金：《答诬我者书》，载《平等》10 期。
⑥ 巴金：《李大钊确是一个殉道者》，载《平等》2 期。

状况。一方面，他仇恨不合理的社会制度，坚决反对国民党新军阀政府，希望推翻旧世界，使人民获得解放，具有彻底的不妥协的革命民主主义精神，与新民主主义革命运动的主流十分接近，这是巴金思想的主导方面。另一方面，无政府主义妨碍了他对中国革命的深刻理解和对中国共产党的正确认识，他的政治主张同我党的政治主张存在着严重的分歧，这又使得他不能在反帝反封建的斗争中发挥更为积极的作用。在现实斗争的冲击下，巴金思想上的诸种因素，必然有一番消长的过程，会促使巴金的思想，发生相应的变化。

三

到了三十年代，随着新民主主义革命运动的蓬勃发展，马克思主义的影响越来越大，无政府主义的思想阵地越来越小。巴金主编的《自由月刊》《时代前》只出了几期就夭折了，一些宣传无政府主义的书刊销路也不好。事实证明，中国的无政府主义者，不可能成为中国革命的领导力量，整个无政府主义者的队伍，处在急骤分化的状态中。在中国共产党的领导下，中国革命的星星之火，正燃成燎原之势。巴金期待的法、俄大革命和总同盟罢工，始终没有出现过。无政府主义理论不可能指导中国的革命运动，巴金的信仰同中国革命的实际情况发生尖锐的矛盾。巴金怀着强烈的反帝反封建要求，却又找不到一条正确的革命道路，使得他陷在理想与现实、理智与感情、爱与憎、思想与行为的冲突中，感到压抑和苦闷。

巴金的矛盾心情，也从他的文学作品中表现出来。他在法国留学期间，写出处女作《灭亡》。从一九三一年三四月起，他就全力投入文学创作活动，用自己的作品来抨击黑暗，呼唤光明。正因为巴金没找到一条切实可行的革命道路，所以他的作品也不能给读者指出一条通向光明的具体道路。而且巴金内心的苦闷，也使他前期的作品，例如《灭亡》《新生》《利娜》《爱情三部曲》等带有一种忧郁感。不过应当看到，尽管巴金在政治上信仰无政府主义，但是他的文艺观却是坚持现实主义写真实的创作原则，不把作品当作政治思想的单纯传声筒，也不把自己的观点强加给读者。他说："我坦白地承认我的作品里总有一点外国'无政府主义'的影响，但是我写作时常常违反这个'无政府主义'。"[①] 巴金对中国根深蒂固的封建专制的残酷性，感受特别深切，非常痛恨。他在《激流三部曲》《春天里的秋天》等许多作品中，

---

① 巴金：《谈〈灭亡〉》，载《文艺月报》1958 年 4 期。

满腔悲愤地为一代受摧残的青年呼吁,向不合理的制度发出"我控诉"的心声。由于巴金从来没有怀疑过旧社会一定灭亡,新社会必将到来,光明终会战胜黑暗的社会历史发展趋势,他的作品就燃烧着希望之火。许多青年正是在这希望之火的照耀下,走上反抗旧世界的革命道路的。

巴金早在"五四"时期,就读过鲁迅的《狂人日记》等小说,他在三十年代同鲁迅的交往,使自己的思想进入柳暗花明的新境界。巴金一直把鲁迅当作最崇敬的导师,不仅在创作上从鲁迅那里吸取过乳汁,而且鲁迅的思想和品德,也深深地感染着他。一九三五年,巴金担任文化生活出版社总编辑。从这时起到全面抗战爆发时止,他先后编辑出版了文学丛书六十四种,收进了鲁迅、茅盾、叶紫、肖红、萧军、沙汀、艾芜、曹禺、荒煤等许多左翼作家和进步青年作家的作品。所以,尽管巴金没有参加"左联",但他团结在鲁迅周围,追随着鲁迅的道路前进,在粉碎敌人的文化围剿中,有着不可磨灭的贡献。这是促使巴金思想朝着好的方面转化的一个外在原因。

巴金也象鲁迅那样,既解剖社会,同时也严格解剖自己,从不掩饰内心的矛盾和苦闷。从收集在《生之忏悔》《忆》《无题》《点滴》《梦与醉》等集子中的文章可以看出,他竭力想甩掉过去的生活在他精神上留下的阴影,消除内心的沉重负荷,渴望在反帝反封建的斗争中贡献更大的力量。这是巴金思想向着进步方面前进的重要内在原因。

但是,笼罩在精神上的阴影和内心的种种矛盾,决不是一下子就可以消除干净的。克鲁泡特金学说,仍然象磁石一样吸引着他。巴金在三十年代一再强调他没有背弃原来的信仰。一九三六年他在杭州还冒雨扫过刘师复的墓,说:"我们都不会忘记他的。"① 不过,从他的思想发展总的倾向来看,无政府主义的影响却在不断减弱的过程中。他在三十年代致力于创作,基本上脱离了中国的无政府主义运动,他的创作也不尽符合无政府主义原则。所以,尽管他在一九三六年还自称为无政府主义者,但又承认:"其实我已经失掉了这个资格。"② 因此,当"左联"个别成员对巴金产生误解,进行含沙射影的攻击时,鲁迅仗义执言:"巴金是一个有热情的有进步思想的作家,在屈指可数的好作家之列的作家。他固然有'安那其主义者'之称,但他并没有反对我们的运动,还曾经列名于文艺工作者联合的战斗宣言。"③ 对巴金在三

---

① 巴金:《短简》,载《作家》1卷5期。
② 巴金:《答徐懋庸并谈西班牙的联合战线》,载《作家》1卷6期。
③ 鲁迅:《且介亭杂文末编答徐懋庸并关于抗日统一战线问题》。

十年代的思想与活动,作出了实事求是的公正评价。

四

一九三七年"七七"事变后,抗日的烽火驱散巴金眼前的迷雾,他的思想也发生了巨变。

在民族危亡的紧要关头,巴金毅然扬弃无政府主义不要国家、反对一切战争的观点,与祖国和中华民族共患难。他认为,中国人民为反抗侵略、谋求自己的生存和独立而进行的抗战,是正义的战争,因而"中国这次抗战也含有革命的意义",抗战的胜利,也将"洗出一个清明的世界"①。他这时考虑的不再是实现"无政府共产主义"的理想问题,而是怎样用自己的笔为抗战服务的问题。作为一个爱国作家,巴金积极参加党所领导的抗日救亡运动。他不仅写出《给山川均先生》《给日本友人》《给一个敬爱的友人》等公开信,对日本帝国主义的侵略罪行进行淋漓尽致的揭露,义正辞严地驳斥日本好战分子所发出的反华谰言,而且还写出振奋人民抗日斗志的《莫娜·里莎》《只有抗战这一条路》《重进"罗马"的精神》等小说、散文和杂感。

在抗日战争的漫天硝烟中,巴金担任过卓有影响的《救亡日报》编委、茅盾主编的《烽火》杂志发行人(后改任主编)。《烽火》是宣传全面抗战的重要舆论阵地,发表过关于八路军、浙东游击队抗日活动的报道,表明巴金对中国共产党及其领导下的武装力量,有了新的正确认识。一九三八年三月,党所领导的文艺界统一战线组织——中华全国文艺界抗敌协会(以下简称文协)成立,巴金被选为理事。同年十一月,他又同夏衍等人被推定为筹备文协桂林分会的负责人。从此,他和党有了直接的接触。

一九四一年一月,巴金到了重庆。在文协的招待会上,他第一次见到周恩来同志。以后,他与何其芳一道去过周公馆,并且多次聆听过周恩来同志的报告、演说和谈话。周恩来同志在巴金彷徨无路的时候,帮助他认清形势,看到光明。巴金还在周恩来同志的教导下学习毛泽东思想,接受党的教育和党的领导。与此同时,巴金同文化界的一些共产党员与进步人士往来频繁,这大大增进了他对党的了解。周恩来同志正确执行党的统一战线政策和知识分子政策,把巴金团结在党的周围。巴金也一直把周恩来同志"当作亲人一

---

① 巴金:《杂感二:极端国家主义者》,载《见闻》3期。

样,求助于他"①。体现他不仅是对周恩来同志个人,也是对党的信赖。巴金摒弃了过去"不与任何政党发生关系""不拥护任何政党"的错误观点,在政治上取得重大的进步,思想境界有了明显的提高。

  作为一个进步作家,巴金的主要武器是笔。抗战爆发后,巴金初步跨出个人主义的狭小圈子。长期颠沛流离的生活,扩大了他的视野,他有更多的机会与人民接触。祖国大地上的火光、炸弹、废墟、尸体、民族的灾难,使他把个人的命运同我们国家与民族的命运连结得更紧密。严酷的现实不但给他提供了丰富的创作素材,而且也使他丢掉头脑中一些不切实际的幻想。他说:"我虽然信仰从外国输入的'安那其',但我仍还是一个中国人,我的血管里有的也是中国人的血。有时候我不免要站在中国人的立场上看事情,发议论。"② 在这一时期,爱国主义的思想在巴金世界观中占了统治地位,无政府主义对他的影响也就很微弱了。他的创作活动与党在抗战期间的任务,基本上是合拍的。在《火》的第一部中,巴金通过素贞的口说:"你带我走吧,去陕北、去新疆,去什么地方都可以。"表达出广大爱国青年向往陕北革命根据地的共同心愿,也反映出巴金思想上的一个崭新观点。

  "皖南事变"以后,国民党反动派竭力压制和迫害进步的文艺工作者,作家的处境非常困难,在创作上受到很大的限制。但是巴金没有屈服,他从未放下笔,从未停止对黑暗的攻击和对光明的呼唤。在抗战后期,巴金对国民党政权的反动与腐败有着切身感受,对黑暗社会的罪恶认识更为深刻,对人民的苦难了解得更加清楚。他说:"我的最大的敌人就是封建制度和它的代表人物。我写作时始终牢牢记住我的敌人。"③ 他陆续写出了把矛头直指封建地主阶级赖以存在的经济基础——祖传产业和金钱的《憩园》、鞭挞国民党反动统治的罪恶的《第四病室》与《寒夜》。特别是在他的不朽名作《寒夜》里,巴金通过一个善良正直的知识分子汪文宣被不合理的社会制度逼得家破人亡的悲剧,让读者看看国民党统治下的人间地狱是个什么样子。巴金不停留在表现下层人民苦难生活的一般水平上,他把汪文宣个人的命运同整个社会的命运有机地结合起来,发微显隐,反映了他对国民党政权的绝望,宣判了不合理的社会制度的死刑。这些作品具有坚实的现实生活基础,概括了深广的社会内容,比起他从前的作品,富有更为鲜明的时代特色。值得注

---

  ① 巴金:《望着总理的遗像》,载《人民文学》1977 年 8 期。
  ② 巴金《火》第二部后记。
  ③ 巴金:《创作回忆录·关于〈激流〉》。

意的是，在他抗战后期的作品中，无政府主义的一丝影子也没有，思想性和艺术性都达到一个新的高度。

在抗战胜利后的重庆谈判期间，巴金第一次见到毛泽东同志。这次会见，给巴金留下难忘的记忆。一九四六年周恩来同志到南京谈判前夕，还向巴金介绍了国共两党谈判的情况。巴金在分手时说："斗争艰巨，希望多保重。"表达了他对党的领导人的衷心爱戴和关心。周恩来同志语重心长地勉励他："只要坚持斗争，人民一定胜利。"这铿锵的临别赠言，深铭在巴金心头，成为他坚强的思想支柱。

而且，现实生活也给巴金以深刻的教育。他目睹官僚发财、投机家得利、接收大员作威作福的丑剧，看到人民依然在贫困的境地中挣扎。抗战胜利，并没有改变坏人享乐、好人受苦的状况。巴金对抗战胜利后的种种希望破灭了，散文《月夜鬼哭》真实地记录了他此时的心境。中国向何处去？他沉思着。

国民党统治的穷途末路，巴金是察觉出来了的。在光明与黑暗进行大决战的时刻，巴金不再认为是国共两党之争而袖手旁观，他坚定地站在党所领导的进步力量一边，积极投入到反内战、争和平，反独裁、争民主的斗争洪流中去。一九四五年"一二·一"事件发生后，巴金同郭沫若、茅盾等十六位作家联名写信给闻一多先生，支持昆明爱国师生的正义行动，表示"愿竭诚共同努力，以期达到制止内战，实现民主和平之目的"[①]。一九四六年一月八日，巴金又同茅盾、老舍等人致函旧政协各会员，要求结束国民党一党专政，制订和平建国纲领，废止文化统制政策。不久，上海十万人举行反内战大会，巴金也在请愿书上签名。一九四八年，美帝国主义企图扶植日本军国主义势力，遭到中国人民的反对。美国驻华大使司徒雷登发表诬蔑、恫吓中国人民这一行动的言论。巴金同冯雪峰、叶圣陶、唐弢等上海文艺界人士，发表声明，怒斥司徒雷登的反动谰言[②]。所以，郭沫若在当时誉赞巴金说："他是我们文坛上有数的有良心的作家。他始终站立在反暴力、表扬正义的立场，决不同流合污，决不卖虚弄玄，勤勤恳恳地守着自己的岗位，努力于创作、翻译、出版事业，无论怎么说都是有功于文化的一位先觉者。"[③]

如火如荼的新民主主义革命运动，动摇了巴金旧有的信念；现实社会的

---

① 影印件照片，见于重庆市博物馆。
② 香港《华商报》1948 年 6 月 18 日。
③ 巴金：《想起了砍樱桃树的故事》，载《文汇报》1948 年 6 月 8 日。

阶级斗争事实，纠正了他思想上的偏颇。巴金逐渐向中国共产党及其领导下的进步力量靠拢，思想中的革命民主主义因素不断增长和升华，经过他内心的激烈冲突，最后取代了无政府主义思想成份的领导地位。这种思想上的新陈代谢，使他抛掉精神上的阴影，在党所领导的反帝反封建斗争中，发挥着积极的作用。一九四九年五月，上海解放了。巴金第一次以国家主人翁的身份，欢呼人民的胜利，豪迈地喊出："上海，美丽的土地，我们的！"① 不久，他应邀出席全国第一次文代会，听取了毛泽东、周恩来、朱德等领导同志的报告和讲话。这个大会使巴金耳目一新，产生了"回到老家的感觉"②。在这次会上，他当选为全国文联常委。一九四九年十月一日，他参加开国大典，第一次同广大人民群众沉浸在欢乐的海洋里，"如此清楚地看到了中国人民光辉灿烂、如花似火的锦绣前程"③。的确，刚刚诞生的新中国，比起他理想中的社会还要美好得多。巴金彻底抛弃了旧有的思想武器，建立起新的信仰，那就是：自觉服从党和人民政府的领导，热爱社会主义制度，拥护人民民主专政，纵情歌颂这个伟大的时代，歌颂伟大的人民，歌颂伟大的领袖，歌颂人民当家作主的新生活。他说："为了欢迎这伟大的新时代的来临，我献出我的心，我的笔和我的全部力量。"④

经过艰苦、漫长、曲折的思想发展道路，巴金终于找到社会解放的真理。他也由一个否定一切国家、政府、政党、军队、法律和专政的无政府主义信仰者，成为了共产党的战友和新中国的热情歌手。

一九八三年十月三日改定于中山大学

（原载《中国现代文学研究丛刊》1984年第3期）

---

① 巴金：《"上海，美丽的土地，我们的！"》。
② 巴金：《我是来学习的》。
③ 巴金：《一封信》，载《文汇报》1977年5月25日。
④ 巴金：《〈巴金文集〉前记》。

中国流行文化中的权力关系

程文超

我以为，对中国流行文化，既不能简单肯定，也不能简单否定。重要的是，无论持何种看法，你的判断都不能依据某种外在的标准，而应该首先深入到对象之中，看看中国流行文化中的权力关系。

一

当我试图解读某个对象时，服装使我产生了兴趣。当你从大街上走过的时候，时装伸出梦幻般的手抚摸着你的眼睛。那温柔的抚摸使你的耳边似乎演奏着轻音乐、嘴里仿佛嚼着口香糖。你得承认，真舒服。那么五彩缤纷，那么丰姿绰约！

你会发现，服装不仅仅是服装，服装也不只有"现在"。中国的服装，布料与款式之外的含义是颇有意味的。曾几何时，蓝布中山装将数亿人统一包裹着，本来是千姿百态、无法一致的个性被强制性的一体化了。当年那蓝布中山装里隐藏着你无法摆脱的政治权力关系，而当时装走上街头后，情况就不同了。没有人强迫你穿时装，也没有人强迫你不穿时装。然而，这里却有另一种权力关系——并不是每个人都穿得起时装，你需要口袋里有大把的钞票。有钱人有权支配时装，可以在时装的大海里畅游，一天换三套乃至多套；穷苦农民却连时装的边也摸不着。时装里，隐藏着金钱权力关系。你也许意识不到，但没有一个人不生活在这种权力关系之中。

球鞋时尚的演变也是颇有趣味的。在我们的经历中，与球鞋相关的有两个对子：球鞋与解放鞋；球鞋与波鞋。解放鞋也是一种球鞋，但它是解放军穿的球鞋，坚实、耐用。当年，包括解放鞋在内的所有军用品一定比民用品好。但并不是所有人都能用上军用品的。你得有地位、有身份、有关系、有路子。"解放鞋"与球鞋之间，有一种等级、一种特权、一种观念。20世纪80年代，波鞋出现了。波（ball）鞋就是球鞋，只是叫了英文音译名儿而已。但商家不这么看。波鞋是一种高档次、高价格的球鞋。因为这种区别，在流行观念中,它们完全是两种鞋。一个鞋的质量、价格等级被名称、符号的等级所取代。波鞋上街后,与解放鞋相关的等级、特权失效了,有钱就行。新的观念也在商品经济中形成。越穷越光荣的时代过去了。富,成为可以自豪的事情。没有钱,你就没有穿波鞋的权力。

二

我之所以解读服装与"波鞋",是因为在中国的流行文化里,我们看到了政治权力关系与金钱权力关系。只看到某一种权力关系,便不能真正理解中国当下的流行文化,便不能对它作出正确的判断。

对中国的流行文化、对中国流行文化中的权力关系,也不能只作现实的理解,而应作历史的理解,应该看到当下流行文化从历史中走来的足迹。当我们试图去作这种理解的时候,我们就会发现,中国流行文化对原有的政治权力关系、原有的价值观念都是一种巨大冲击。它曾经起过并仍在起着重要的历史作用。

与时装上街同时发生的,是文艺的异样之风劲吹。曾几何时,八亿人看八个样板戏。除样板戏外,八亿人还可唱的,就是语录歌、红太阳歌。今天,冷静地回头看,应该说,当时的几部京剧并不是不能看,语录歌、红太阳歌并不是完全不好听。前几年红太阳歌曲的怀旧旋律流遍大江南北,近几年红色经典的大受欢迎就是例证。但问题在于,在八个样板戏、语录歌等后面隐藏着泯灭个性的单调乃至极"左"的文化专制主义。

人们无法忘记,在耳朵被语录歌磨出了老茧之后,某天早晨醒来,突然听到港台文化工业送来的邓丽君歌曲时的欣喜、听到李谷一不同于常人的演唱法时的兴奋。就在那样的早晨,你觉得传送歌曲的空气特别清新,手伸出被窝的感觉特别美妙。也正是在那样的日子里,娱乐、消遣,成为中国人的一个重要发现!人们发现,人除了是政治的、阶级的人之外,还可以是个人的、自己的。人除了为革命工作拼命之外,还可以有娱乐、还可以有消遣。这也是人生的权力!中国人对娱乐、消遣的发现,发现了人生的真正含义和人生的丰富性。从政治的战车上松绑之后,人向自由的方向走去了。自由原来是这般美好。人,正是从那个时候开始走向自觉的。对娱乐与消遣的发现与进行着娱乐与消遣的人生本身,就是一种批判与反叛!它不仅没有为社会辩护,而且本身就发泄着对极"左"时期政治权力关系的不满。它不仅没有逃避思想,而且本身就是思想。

正是这样的"发现""自觉"与"思想",成了商品经济的文化基础,并适应了商品社会的运作。流行文化,在某种意义上说,是推动商品经济发展的一种文化力量。

自然,中国社会进入商品经济之后,语境也发生了变化。但即使在今天,也不能对中国的流行文化的娱乐性进行全盘否定。因为中国的文化消费者是多层次的。娱乐性的文化产品不同程度地满足了某些层面人群文化消费的需要,甚至成了他们的精神寄托。我曾到过珠江三角洲地区的打工仔、打工妹居住区。那里街道的地摊上几乎全部是娱乐性的读物,可能并不高雅。但除此你让他们读什么?他们也需要自己的精神文化生活。当然,他们的精神文化生活也要提高。

三

然而,问题是复杂的。我们同时要看到在今天流行文化背后新的权力关系:金钱权力关系。那些打工仔、打工妹们只花得起几块钱看一本流行杂志,他们有钱走进几百上千元一张票的演唱会吗?他们买得起高档的时装吗?

在商业社会中,金钱对文化乃至人生的左右是显而易见的。人们从政治权力关系中挣脱出来获得的自由,又可能不由自主地丢失在金钱权力关系之中。表面看来,今天,有钱,你就在享乐的海洋里如鱼得水;没钱,你就在生活的艰辛中寸步难行。但其实,有钱也未必真有自由。在金钱权力关系中,最大的权力拥有者不是个人,而是金钱。任何个人,在金钱权力关系中都是受制者。比如,人与广告。当中国大地最初出现广告时,你觉得广告给你提供了购物的指引,是一种方便。但现在,当你走到大街上一睁眼,就有几十条乃至上百条广告涌进你的眼帘时,当你开启信箱就有一迭花花绿绿的广告与报纸放在一起时,当你打开电视在频道上换来换去就只有广告时,"方便"就被"左右"所取代了。不管你愿不愿意、不管你有没有时间和心境,你不得不被动地阅读大量广告。而当你购买商品时,你会自觉不自觉地受着广告的指引。你选择的自由消失在广告的左右之中了。

而且,商品社会有强大的吸附力,能把一切不从属于金钱权力关系的东西吸附于其权力之下。网络写作最初是不为金钱、只为发表的,但金钱却能使最优秀的网络写手投入金钱权力的怀中。目前,网而优则"纸"。优秀网络写手都以能出传统纸质书籍为荣。越优秀的网络写手所出的纸质书籍卖价越高。

在经济、文化全球化的时代,在发展中国家从事的商品经济建设,实际上伴随着西方国家现代性的全球扩张。因而,在今天中国的金钱权力关系中,实际上隐藏着中西权力关系。在流行文化的观念中,西方的东西就是好的。即使不是西方的东西,叫一个洋名儿,身价也就不同了。我们在这里看出了西/中、好/坏、时髦/落伍等一组等级二元。二元中的一项对另一项具有着很大的优势和威权。

麦当劳有一则广告:一个婴儿坐在秋千式的摇篮中。摇篮在一扇窗户旁边。摇篮摆起,看到窗外的麦当劳标志"M",婴儿就甜甜地笑;摇篮摆下,看不到窗外的"M"了,婴儿就伤心地哭。你不得不承认,这则广告在多个层面上揭示了现实的真实。有哪一个孩子不喜欢麦当劳?又有谁能否认,向往西方世界是目前一些中国人的普遍心态?

金钱权力关系里隐藏着中西权力关系正是中国乃至其他发展中国家的现实。金钱与西方在这里结成了友好联盟。在现阶段,它正推动着发展中国家的经济建设,我们需要它。但它埋伏的陷阱却又是不能不令人警醒的。

四

对中国流行文化的历史理解需要我们同时看到其关涉到的两种权力关系。从历史发展的角度看,只看到一种权力关系是没有历史眼光、不符合历史与现实的。看不到"文革"时期极"左"的政治权力关系的存在,对中国流行文化进行简单的批判,会走进理论陷阱;只看到中国流行文化对极"左"政治权力关系的反叛而看不到其金钱权力关系,从而对其进行全盘肯定,同样是危险的。

更重要的是,从当前中国的现实看,两种权力关系仍然同时存在。中西权力关系,或者说金钱权力关系对政治权力关系形成过冲击,但并没有使之完全消失。而且两种权力关系正在联手运作。这就是我们常说的权钱交易。它使我们的社会进入了十分复杂的状况之中。

我们怎么办?我们首先得发展市场经济,因而我们无法阻拦流行文化的浪潮。同时,对新的金钱权力关系和权钱交易,必须作有力的解毒工作。或者说,我们一方面不得不借助流行文化的力量,推动市场经济的发展,另一方面又不得不在金钱等权力关系中争得一个空间。这是一个严峻的课题,但我们无法逃避,无法简单化。面对复杂的历史与现实,需要复杂的思考。我们别无选择。

(原载《文艺研究》2001年第5期)

《呐喊·自序》漏掉了什么

林　岗

1922年12月，鲁迅为自己的第一本书，也是第一本小说集《呐喊》的出版写了自序。鲁迅的用意是说明"《呐喊》的由来"，也就是他走上以文学为职志的人生道路的原因。

这篇短文的着墨处有三。首先讲童年及青年时的经历。人生的感悟使鲁迅看见世道的真相。要点在人们常引的那句话：·"有谁从小康人家而坠入困顿的么，我以为在这途路中，大概可以看见世人的真面目。"其次是仙台医学院时期的"幻灯片事件"。它使鲁迅萌生医病不如医心的想法，决心从事文艺改变"愚弱的国民"的精神。其三是钱玄同夜访，劝说鲁迅"做点文章"，以实现"毁坏这铁屋子的希望"。我相信鲁迅所讲的都是事实，但也要留意到鲁迅所陈述是事后的追忆。即使到1922年底鲁迅所发表的小说连同杂感和文章，依然不多，但鲁迅也显然意识到文学的路已经开辟，而这条路也是他今后的人生路。与十余年前在日本办《新生》弄翻译而默默无闻完全两样。这时的鲁迅对于从事文学充满自信又心志坚定，他在新文学中的地位已是无可撼动。正因为这样，鲁迅要在《自序》里解释"《呐喊》的由来"。

然而，事后的追忆和整理免不了条理化，而条理化所关注的是大道理讲得通的那些部分，大道理触及不到的隐微的"小道理"就难以避免被过滤掉。这不是说鲁迅有意要隐瞒什么，内心里有什么"秘密"不可能被陈述出来，而是说当鲁迅回顾自己"弃医从文"之际，一些助推鲁迅走文学之路的重要因素完全有可能是鲁迅没有意识到，即便意识到也是没有办法被陈述出来，即便陈述出来也会被认为不合时宜的。特别当它涉及个人隐秘的伤痛，更是像冰山水面之下的部分，不可能被一眼望到，所以它们没有出现在鲁迅的笔端。这可能是有意识回避的，也可能是无意识而未触及，总之自序里没有提到。鲁迅之走上文学的路是他已经说出来的大道理和有意无意漏掉的"小道理"汇通的结果，任何单独的方面都难以让后世的读者看得清事情的全貌。中国社会一直都是家道升沉无定，荣枯刹时霄壤，像"从小康家而坠入困顿"正所在多有，是通见的常态，而只有如鲁迅般敏感的心灵才得以看见"世人的真面目"。现代作家出自家道中落者大有人在,他们的作品也不见得对"世人的真面目"有多么敏感。日俄战争日本大胜,助推了日本的军国主义气氛。在此社会氛围之下,鲁迅说的那些影画,不独仙台播放,其他城市亦然,估计看过的留日生不止鲁迅一人,而只有内心楚痛和反叛心强烈如鲁迅,才导致摆脱学医这能确保将来家的生存的确定前程,走向前程毫无保障的以文学"唤起国民精神"的茫然事业的大决心,也就是读者今天认知的"弃医从文"。鲁迅人生路的改向,是客观境况与主观心灵碰撞的结果,更准确一点,是客观境况唤起特定的主观心灵而产生的。离开了特定的主观心灵,认为它就是客观境况自然而然就能产生的结果,这不是事物的全貌。所以,事情还得回到鲁迅决心"弃医从文"之前塑造他的主观心灵攸关的私人经验是什么?也就是《呐喊·自序》漏掉而没有出现的部分是什么?尤其是如果读者琢磨的不仅仅是鲁迅的"从文",而且也包括鲁迅"从文"的姿态——他是以"复仇"的姿态"从文"的,那我们关注并探究鲁迅《呐喊·自序》漏掉的人生和心理经验,就不是多余的了。

一

鲁迅的人生和思想成熟于革命风起云涌的年代,与革命的相逢恰当其时。虽然比孙中山、章太炎等首揭革命义旗的开山人物晚生十余年,但对于赶上这个正在成气候的革命浪潮,可以说是不早也不晚,机缘正好。鲁迅1902年3月赴日留学,二十一岁,时距辛亥革命的爆发尚有九年有余。日本又刚好是酝酿清末革命风潮的漩涡之地,如果鲁迅要做视死如归以革命为职志的人,那真是可以用躬逢盛会来形容。他的同乡为革命殉身的秋瑾比鲁迅才年长两岁,徐锡麟比鲁迅年长八岁,一炸摄政王而惊闻天下的汪精卫比鲁迅还年少两岁。鲁迅与这些第一代的革命者是同时代人。不仅年岁相近,革命的情怀类同,就是人生的活动地域也都在日本关东地区。但鲁迅是成不了能实行的那种革命者。对于革命,鲁迅是"思想入党而组织入不成党"的人。因为实行的革命需要有把脑袋别在裤腰带式的决绝。鲁迅的人生不能那样决绝,他有思考,有顾虑,他成不了怀袖刀枪的革命者。根据沈瓞民的回忆,鲁迅到日本之后的第二年,加入"浙学会"。这是浙系进步学生组织鼓吹革命的团体。又过一年,加入了矢志推翻满清光复中华的"光复会"。然而鲁迅在革命情绪激昂的年代,依然是观察、思考、学习,他的行动是剪掉了那条象征是满清奴才的辫子,今有断发照为证。断发的意义于鲁迅恐怕是"舒愤懑"

多于加入"革命队伍"的象征。虽然加入"浙学会"和"光复会",但始终未见他有什么奔走革命的举动。徐锡麟就义之后,消息传到浙系留学生的圈子,鲁迅有发电报谴责满清朝廷的提议,因意见分歧又终于不了了之。倒是秋瑾的就义长久地烙刻于鲁迅的心底,日后写成震撼心灵的小说《药》。没有奔走革命的举动,没有从事革命运动的举动,又不可理解为鲁迅对于革命畏首畏尾。这是因为鲁迅对于自己与革命的关系有独特的领悟和思考,有独特的做法。人生路的抉择必得心志、才情与个人具体的周遭环境能够得到相为配合,才算踏出自己的路。鲁迅有革命的心志,有对自身才情的自知之明,这些都与个人的周遭环境不能配合。他对此有顾虑,这是他身处革命的漩涡而始终不成为实行的革命者的重要原因。

  撇开对自己才情的认知,鲁迅做不成怀袖刀枪的革命者,与他的家庭遭际和婚姻有极大的关系。特别是后者,鲁迅甚至不赞一辞,但越不见赞辞,就越见得此事在鲁迅人生抉择的关头有份量。他们甚至塑造了鲁迅人格的基本倾向。1896年鲁迅十六岁,父亲病逝。家庭关系是旧式的家庭关系,意味着鲁迅的母亲从此"夫死从子";还有两个弟弟,鲁迅从此也要"长兄如父"。这两付"人伦的重担",他愿意也好不愿意也好,都得从此背负在肩。丈夫离世后,为妻为母最大的责任就是给做将来的家庭顶梁柱的长子说好一门媳妇。鲁迅母亲鲁瑞说的是朱家的女儿朱安。据说是由家族里面的人牵线。周家中落但体面,朱家小经商,也算是门当户对。周朱两家订婚最迟在鲁迅去日本之前确定,很可能更早。周作人1899年12月的日记提到他与朱安的弟弟一起看戏,那时鲁迅尚在南京矿路学堂读书,十九岁。这样,母、未婚媳妇和两个弟弟,三副重担都要长子承担他们糊口的责任,更兼两个弟弟立身出世的担子也要他来背,合起来是一副不轻的"人伦重担"。虽然弟弟将来可以另立门户,但至少出身以前的教育和生活负担是免不了的。所以我们看到鲁迅在接受教育和从事职业的路上,一直跟随着一个浓重的实用谋生的影子。他学的都是将来可以吃饭的傍身技艺。他不能没有这样的打算。南京时期的水师学堂、矿路学堂,固然也是由于不收学费,但也不能说没有学门手艺好将来谋个饭碗糊口的考虑。到了日本修过语言,主动选择去仙台学医就更是如此。西医由晚清传教士带进中国,如果孙中山算第一代学西医的人,那鲁迅就算第二代学西医的人。联系到鲁迅日后在散文《父亲的病》所描述的就算庸医收诊金的昂贵和"坐在三名轿夫的快轿里飞一般抬过"的生活,就不得不承认鲁迅对生活出路虑事选择的周全。鲁迅自己没有说过父病延医的经历和仙台学医之间有没有很深的联系,但至少留下了深刻的印象。鲁迅清楚医生的社会地位和生活。它在鲁迅的学业选择中起作用是毫不奇怪的。

1909年鲁迅黯然归国。在日本三年节衣缩食的"弃医从文",以悲哀的"并无反应,既非赞同,也无反对,如置身毫无边际的荒原"告终。这短暂的反叛生涯让鲁迅得到一个教训,"我决不是一个振臂一呼应者云集的英雄"。他借此迅速回归通常的人生之途,在家乡教了几个月书就借了同乡朋友的力,谋了个教育部的差事,过起了上班办差、下班抄古碑的生涯。这段生活最大的意义就是鲁迅终于对母亲、朱安和弟弟有所交代了,他是一个真正的"如父的长子"。他的薪水稳定、充足,可以供养母亲、朱安,还可以供弟弟读书。他对母亲和弟弟们有感情、有义务,而对朱安则是无感情、有义务。综合起来,一面是义务,另一面也是骄傲。义务和骄傲合在一起,成果就是1919年夏季购进西城八道湾11号大宅子,同年底鲁迅回故乡将母亲、朱安和弟弟周建人一同北迁京城。周氏三兄弟其时各已成婚,其乐融融,短暂地同在屋檐下。1921年10月,三弟周建人搬离八道湾,远赴上海。1923年7月与周作人"兄弟失和"。鲁迅"大家庭"的梦碎了。将近十年前,我趁短暂逗留北京的间隙,前去周氏旧宅一探究竟。当我看到那个尚在拆毁还是保留未定之中的残破旧大宅,脑袋闪过一念问自己:新派如鲁迅居然还追求这样的大家族生活?大宅所映照出的生活方式,分明与新派所提倡的个人自由存在距离。这是一个新派人所居住的"旧世界"。婆媳的勃豁、妯娌的死缠、叔嫂的大防、兄弟的阋墙,这些旧式大家庭层出不穷的游戏,鲁迅居然也愿意忍受,他居然也存有兄弟成家而共爨的迂念。生活在这里的鲁迅是一个怎样复杂、既新又旧的鲁迅?不过,一想到他有早年丧父的哀痛,由于出生的排序,鲁迅早早意识到供养家人的人伦责任,与家人和洽地同在屋檐下生活,结成他内心的愿,所以才有八道湾的大宅生活。然而终究迈不过兄弟阋墙的坎,此是后话。鲁迅对亲情的观念虽迂也在人情之中。这是鲁迅不失人情的可贵之处。只有看到这一层,才能明白鲁迅做不成实行的革命者的原因。实行式的革命,不但要求舍身,也要求能够弃绝人伦责任,或者对此弃绝意识到更高的"召唤"。鲁迅能够做到的是前者,做不到的是后者。正因为如此,即使鲁迅生当天时地利人和三者都齐备的革命环境,他也没有义无反顾地投身奔走实行式的革命运动。

二

鲁迅虽然不能弃绝人伦责任,但也不甘心就此被埋没在人伦的重压之下。

他内心有一颗反叛的种子。种下这颗反叛种子的直接事件就是周朱两家联姻。鲁迅一生对此几乎未赞一辞，正应了不说的才是伤得最重的那句老话。这件事"难言之隐"的一面其实很好理解。虽为婚事的直接当事人，但在风俗习惯和观念上，当事人只是被牵连的配角。鲁迅对此心知肚明，他的意志被碾压无视。他又不愿意让母亲难堪，拂逆其意志。只好选择"走异路，逃异地"，算是表明心迹，也算是一条行得通的路。鲁迅对关系自己一生幸福的大事，不与母亲决裂而强忍吞下，这既有人伦血亲的力量，也有心灵生长成熟中的善良。无论如何，从默认的那一天起，鲁迅是自愿地默默吞下这枚将埋没人生幸福的苦果。最起码他是做了这打算的。在一个文明的曙色已经照进铁屋子微窗的时代，自愿选择被私人生活的黑暗遮没，这内心是何等的苦楚、哀痛。这苦楚和哀痛非当事人是体验不到的，而体验到的人则如扎心的绞痛。所谓难言，原因则在于此。

  时代和社会的黑暗如果不是经过内心创痛的个人体验，就始终是一个理性的概念。而鲁迅不是经由纯粹的理性概念达到认知时代和社会的，他是经由内心的创痛而认识到传统积习的黑暗。自从他吞下这颗苦果，他就在内心搭建了一座经由个人经验沟通时代和社会的桥梁。鲁迅日后的文学创作既有个人体验的内心切痛，又有尖刻观察的深广幽愤，感人至深。其原因就在于他善于穿梭通行于个人经验与时代社会的两端。他1903年断发后在小照背面书赠许寿裳的七绝诗屡被引用："灵台无计逃神矢，风雨如磐暗故园。寄意寒星荃不察，我以我血荐轩辕。"长期以来，这首诗被理解成作者的"战斗誓言"。其实深入到文脉的内部，就可知它是个人命运的感叹和不屈不挠意志的结合物。第二句和第四句自来并无异议，比较好理解，而第一句和第三句我认为是表达个人命运及其感叹。严格地说，诗的用典略有破绽，不算工整。古希腊人对两性爱情的神话解释被鲁迅用来暗示自己无从逃遁的联姻命运，而他与母亲赠予的那件"礼物"并无感情，只在无可逃遁的意义上相似于古希腊人的本意。典用得如此，未为安妥。1903年鲁迅二十三岁，涉世未深。典故来自《楚辞》"荃不察余之衷情"，当事人毫无"仕途"经历可言，到底"荃不察"是谁？身在排满革命的漩涡之中，若大丈夫愤然振作，则既有前贤可法，又有来者可追，有的是机会，他的天空并无"寒星"。何来"荃不察"？这句的所指显然也是个人体验，否则文意不圆融，典也无所安顿。如果将不能"察"他的志向与意志的"寒星"落实为他生命中的具体人物，则非他的母亲鲁瑞老太太莫属。

  由吞此苦果而瘀积于心的愤懑不时爆发出来，最直接和剧烈的一次是

1919年1月。那时鲁迅已经加入《新青年》的同人圈子。他收到一位"不相识的少年"寄来的诗，诗题曰《爱情》。诗句戳到了鲁迅身世的隐痛。以下是原诗的一节："我年十九，父母给我讨老婆。于今数年，我们两个，也还和睦。可是这婚姻，是全凭别人主张，别人撮合：把他们一日戏言，当我们百年的盟约。仿佛两个牲口听着主人的命令：'咄，你们好好的住在一块儿罢！'爱情！可怜我不知道你是什么！"鲁迅读后，感同身受，写下《随感录四十》，他感慨道，"做一世牺牲，是万分可怕的事"。"然而又不能责备异性，也只好陪着做一世牺牲，完结了四千年的旧账。"鲁迅的这几句十足他自己的人生的写照。其时，鲁迅守着母亲所赠的"礼物"已有十三个年头，所忍受的创痛，远远超过作诗的那位"不相识的少年"。如果不是有此割心的痛，鲁迅亦断说不出这些刻骨的话。鲁迅的结论是，既然"魔鬼手上，终有漏光的处所，掩不住光明"，既然"人之子醒悟了"，那就要发出声音来，"我们能够大叫，是黄莺便黄莺般叫；是鸱鸮便鸱鸮般叫"。是的，鲁迅说得完全正确。这就是诗，这就是文学，而且是诗的正路，文学的正路，——从沉默中爆发，从无形压力之下发出呼喊，反抗命运。鲁迅的这次"舒愤懑"完全印证了十八年前"周朱联姻"在他心头烙下的创痕以及他对命运不屈的反抗。对鲁迅走上文学道路而言，它远比《呐喊·自序》明文写到的"由小康坠入困顿"来得铭心刻骨。它提供了反叛旧传统旧文化的源源不断的心理动力。

年谱显示1906年的夏秋之间鲁迅来到了人生选择的十字街头。一面是母亲催促返国成婚，另一面是就此埋没，心有不甘。顺着学医的路走下去，即便顺利毕业成为医生，他的人生亦无非等同于养家糊口的工具。即便生活体面，上对母亲下对兄弟妻小有所交待，心头的郁屈还是无所抒发。这相当于让已经醒悟了的"人之子"钳口沉默，有冤而不得申，有屈而不得诉。鲁迅不甘心。与母亲的书信往来有几通，是否讲到弃读医科一事，文献阙如，今人不得而知。然而事实很清楚，鲁迅答应母亲返国成婚，又同时办理退学手续。鲁迅唯一提到当时情形的文章是写于1926年的《藤野先生》。他口风严密，只讲事实，不讲原因："到第二学年的终结，我便去寻藤野先生，告诉他我将不学医学，并且离开这仙台。他的脸色仿佛有些悲哀，似乎想说话，但竟没有说。"鲁迅不忍看老师的凄然，"便说了一个安慰他的谎话"，说自己想去学生物。退学之于鲁迅，表面是"弃医从文"，实质却是反叛，他要重新定义自己的人生价值。母亲既然将"一日戏言"当成儿子的"百年盟约"，"人之子"也决不要做主人栏里的"两个牲口"，甘心被硬生生绑在一起。命运是无可逃脱的,但命运也是可以反抗的。文学就是反抗。选择从文对于鲁迅的生命意义重大。它是逃出生天的出口,是生命价值的寄托。对鲁迅而言,这是一次精神重生的机缘。暗影重重的事件和幽微曲折的精神活动所导致的人生决定,怎么能说得明白给朴实到有点古板的藤野先生听呢?鲁迅对自己尊敬的老师说个谎话也是可以宽恕的吧。

事实证明,鲁迅《自题小像》沉重的命运感和悲哀感是准确的。它像不祥的预言,"周朱联姻"是个彻底的悲剧。诗最后一句的动词鲁迅用"荐"字。古往今来,中国人把所荐的称为牺牲,鲁迅下意识地把自己摆在祭台之上。他真正懂得牺牲的含义。据说大婚当日鲁迅在新房垂泪到天明。新婚是有的,燕尔是没有的。婚后四天即携弟周作人重返东京。1906年的东京,热闹非凡。虽然中国大地还是死气沉沉,不过东京的中国人圈子却迎来另一番景象。但凡有中国背景的政治流亡者、留学生乃至侨居者,几乎都卷入保皇的《新民丛报》和革命的《民报》论战所激发的舆论热潮。激扬文字或者说舞文弄墨而可以吸引众人眼光,可以激起舆论,发动风潮,舆论骄子可以成为风云会聚的英雄,这是有史以来头一遭出现的现象。梁启超挟《新民丛报》,章太炎主政《民报》,观点针锋相对而皆一时风头无两。政治和文化形势的改变导致文字的角色与传统社会大为不同而有了新的生命。鲁迅敢于办《新生》弄翻译来作为人生的事业,想必对文字造就社会力量的形势改观有所观察,有所感触,因而不惜"以身试法"。形势的改变、东京的热闹点燃他敏感而反叛的心灵之火。

然而鲁迅还是失败了,他失败于不切实际的浪漫。他的文艺观不但深受浪漫主义的影响,连他从事文艺活动的方式也是浪漫的。《呐喊·自序》谈到这件十五年前的伤心往事,他的"反省"并不深刻。鲁迅大包大揽地将自己归究为不是"一个振臂一呼应者云集的英雄"。其实他写下这句话的时候,要是新文学阵营里选一个"振臂一呼应者云集"的人,则非他莫属。鲁迅不是一个谦谦君子,他如此地"看低"自己,只是要用谦逊来表达对于过去的伤感。鲁迅固然是失败于没有"应者",但究其所以应者寥寥的原因,则在于语言的失败。这和《学衡》曲高和寡的命运是同一类性质的失败——话语方式的失败。"人之子"是觉醒了,却用旧脑袋思考表达时用的书写语文,怎能吸引青年呢?思想是新的,语言却是旧的。谁与之共鸣呢?有多少人与之共鸣呢?思想也是要讲市场的。思想市场的决定性要素就是语言。直到今天,我们已经把它当成专业了,圈子小到不能再小了,读《文化偏至论》《摩罗诗力说》还是觉得佶屈聱牙,更何况其时那些尚且年轻又有阅读饥渴的青年。文艺作品的主要阅读者历来都不是社会时代的思想先锋,而是芸芸众生。不是理念不好,不是思想不深刻,而是用了那时多数腐朽者和极少数先行者才精熟的语言。腐朽者不欣赏他表达的思想,而有可能接受其思想的芸芸众生却被佶屈的古文摈诸门外,宜其《域外小说集》只卖出了个位数。上溯十余年,严复用汉魏六朝风格的古文译成《天演论》为士大夫所接受,也为更晚一辈者如鲁迅、胡适所激赏。时间只过去十余年,等鲁迅再尝试用古文译介欧洲现代文学,却遭遇文学的滑铁卢。社会真是处于急剧变迁中,文言的气数已是命悬一线。鲁迅弄文学,却没有捕捉到此中变迁的应有信息。他在语言上的觉悟连梁启超都不如。这恐怕与章太炎以古文为"国粹"的观念影响有关,等到鲁迅想明白新文学有待于现代白话文,那都要再十年之后了。

三

尝试的惨败伤得极重,直接被"打回原形"。1909 年返国,上岸之后得装个假辫子戴在头上,更是"原形"的表征。鲁迅只好"走旧路",即"弃医从文"之前那条"长兄如父"的路。不过鲁迅还是心有不甘,就像他在《野草题辞》形容的那样,"地火在地下运行,奔突"。鲁迅心底下的熔岩地火无时不在运行奔突。证据就是他既抄古碑又读《新青年》,以致钱玄同来访,他即知道这本杂志"不特没有人来赞同,并且也还没有人来反对",似乎命运比《新生》好不到哪里去。然而时代确乎不同了。我相信将鲁迅从旧路拖回来,重新唤醒他的文学旧梦的机缘是白话文。白话文运动拯救了鲁迅。1917 年 1 月胡适始倡"文学改良",但《文学改良刍议》是用文言写的,陈独秀同年 2 月那篇呼应文章《文学革命论》也基本是文言,只有内中的警句是白话。但从 1918 年开始《新青年》改用白话。胡适那篇倡导"国语的文学,文学的国语"的《建设的文学革命论》发表于 1918 年 4 月。过了仅一个月,实绩就出来了。那就是鲁迅第一篇白话短篇小说《狂人日记》。这样的节奏如果没有事前思想的交流和计划的安排,是不能令人信服的。《呐喊·自序》钱玄同访鲁迅的那一节完全没有提到对白话的议论,或许出于行文的考虑。要之,鲁迅与钱玄同的交往一定议论到进行中的白话文运动。据鲁迅日记,钱玄同 1 月无访。1918 年 2 月至 5 月钱玄同这位东京时代的鲁迅同学——章门弟子——十访鲁迅,有一次还伴同刘半农。"双簧"的两位主角都到齐了,不是《新青年》的事还能是什么呢?钱玄同劝鲁迅"做点文章"，想必不是劝鲁迅用古文做，而是劝鲁迅用白话做。他知道鲁迅有文学的旧梦，也知道鲁迅有文学的才华。

《新青年》的圈子里，鲁迅是白话文运动的晚到者，醒悟较迟，行动也晚。然而一旦醒悟，行动起来，鲁迅却是最强有力的。大门一旦踢裂，鲁迅也是闯劲十足，贡献最大的。因为他有比同人里任何人都强烈的创痛感悟。虽然他不是首倡，但他却说出了所有创痛中最伤惨的感受："我总要上下四方寻求，得到一种最黑，最黑，最黑的咒文，先来诅咒一切反对白话，妨害白话者。即使人死了真有灵魂，因这最恶的心，应该堕入地狱，也将绝不改悔，总要先来诅咒一切反对白话，妨害白话者。"假如读者在"太平盛世"看鲁迅这段话，很容易将它读成"激愤之辞"，然而只有深刻如鲁迅者，才能认识到社会裂变关头的真理：文言所表征的是一个旧世界，它不仅仅是其中一种语言工具那么简单；要远离旧世界，最便捷可靠的途径是远离它的语言表征。

将鲁迅放在《新青年》发动的新文学运动范围内观察，我们可以看到双重拯救的现象：新文学运动拯救了鲁迅，而鲁迅也拯救了新文学运动。这后一方面过去得到了充分的论述。的确，明眼人都可见得鲁迅做出了新文学最大的实绩。自鲁迅一鸣惊人，持任何观念和立场的人都不敢小觑白话新文学。设想一下，如果"五四"时期新文学阵营只有《尝试集》《终身大事》等而没有鲁迅，那新文学在世人眼里将成何等模样？可是，另一方面也要看到，《新青年》成全了鲁迅，拯救了鲁迅。没有胡适等倡导并躬行白话文学，那世间就只有周树人，没有鲁迅。周树人成长为鲁迅，钱玄同及《新青年》先驱之功不可没。当年的真相并不仅是《呐喊·自序》描述的钱玄同夜访请鲁迅"做点文章"那么简单。正是胡适等所倡导的现代白话文运动，挖掘开了重压下的层层淤积，透出气孔，使运行奔突于地下的鲁迅心中的熔岩地火喷薄而出，蔚为现代白话新文学的壮观。《新青年》白话文的倡导让鲁迅有了新的视角反省十一年前办《新生》以古文译介欧洲现代文学的失败缘由，明白现代白话与新文学血肉相关，懂得新思想有待于新语文的道理。

鲁迅的《呐喊·自序》解释自己走上文学之路，所说言之成理，但也有重大遗漏。当然鲁迅也没有义务替世人认识自己"弃医从文"的真相说出所有的一切。人的心理是一个幽微丰富的宇宙，即便是当事人也未必能洞察导致某项选择的心理动力。直到今天我们也不知道鲁迅是有意隐瞒还是失察。不过最痛的是不说的或者说不出来的这种现象，在人生中也是普遍存在的。尤其联系到鲁迅是这样一个极其擅长由内心体验而联通现实世界的作家，他的小说对现实世界的认知若说仅仅出于时流的激愤，那是不能说明问题，其中必有深创的内心体验。如他《狂人日记》第一声呐喊，从"每叶上都写着'仁义道德'几个字"的历史看出其实只有两个字——"吃人"，难道不正是他自己人生的痛切么？将两人像牲口一样绑在一起结婚生活，不就是"吃"和"被吃"吗？鲁迅比其他新文学作家有文学才情，这没有错。但他还有一样与其他新文学作家不同，他的人生更加创痛。也许是痛切到无法在自序里说出来吧。

（原载《大家》2018年第4期）

文体也是作家思想的呈现

谢有顺

文学的自觉其实就是文体的自觉,核心是要有一种尊重艺术本体的精神。鲁迅说,用近代的文学眼光看,曹丕的时代可说是"文学的自觉时代"①,这一观点是相对于两汉时期的功利艺术而言的,它的目的在于纠正文章是小道的偏见;比之于曹植,鲁迅似乎更认同曹丕的看法,文章不仅是载道的工具,本身也可以留名于千载。"文"有其不依附于任何事物的独立意义。在鲁迅对艺术的理解中,他肯定游戏的作用,他作文、作小说有别人所没有的语言自觉,即便写的是小说,叙事中也常流露出"文章"的风格,这些都共同构成了他的文体意识。随着"五四"以后对小说、诗歌、散文、戏剧这些文体边界的确立,文体意识越来越成为作家风格的重要标识。只是,现代作家的文体自觉和思想觉醒几乎是同时发生的。鲁迅说文艺可以改变国民的精神,胡适在《尝试集》里倡导"诗体大解放",要把一切束缚自由的枷锁镣铐打破,郁达夫论散文时说"五四"运动最大的成功是"个人"的发现,都可见出新文体的创立往往伴随着对新思想的认同和传播。作家的思想不仅显现在文学观念和人物形象中,也显现在语言和文体中,而文体是为思想赋形的,它甚至能照见作家思想的全貌。由于思想一直在变化,文体也随之而变。以小说为例,"五四"时期的小说承载的是那一时期作家对艺术、对人生的认识;到了20世纪80年代,先锋文学兴起,很多作家对语言、文体的认识发生了巨变,有些作家还把写作改写成了语言的自我绵延和自我指涉,声称怎么说远比说什么更重要。文体的变革代表了一种探索精神,也意味着作家试图重构自我与世界、内心与语言之间的关系。因此,以文体为视角,考察20世纪以来小说观念的流变及其写作实践,有可能是对小说何以为小说的一次重新确证。

---

① 鲁迅:《鲁迅全集》第三卷,人民文学出版社2005年版,第526页。

一

中国小说的文体自觉是从短篇小说开始的。尽管中国古代早有笔记体、话本体小说，但在深受西方文学观念影响的"五四"一代作家眼中，这些都算不上是真正的短篇小说，胡适就持这种看法，他理想中的短篇小说是都德的《最后一课》《柏林之围》和莫泊桑的《羊脂球》这种。这个观念包含着两方面的意思，一是中国的旧小说在形式上是有固定格式的，如同旧体诗，文体并不自由；二是旧小说在思想上也是旧的，装不下新思想。为此，当时有人论到中国古代小说时说，"至于短篇的作品，则非香艳体的小品文字，即聊斋式的纪事文章，不是言怪，就是述怪，千篇一律，互相模仿，仿佛一个工厂里制成同样的出品"①，钱玄同甚至说，"从青年良好读物上面着想，实在可以说，中国小说没有一部好的，没有一部应该读的"②。这话钱玄同写在给陈独秀的信里，后来又抄给胡适看，"五四"作家对传统普遍报以轻蔑的口吻，出现类似的极端言辞并不为奇。但他们却对具有新形式、新思想的短篇小说寄予厚望。当时流行的关于短篇小说的定义、短篇小说的写法之类的文章，都借鉴自西方，有些还是照搬西方的文学教科书。在他们眼中，短篇小说的使命关乎中国文学的发展，中国文学能否从传统向现代转换，极重要的就是看能否确立小说这一文体的"正宗"地位——而当时说的"小说"，主要是指短篇小说，至少在现代文学的草创期，作家们写作的几乎都是短篇小说。其时，郁达夫还曾提出"中国小说的世界化"③这一话题，"世界化"即"现代化"，它参照的标准也是欧美文学，当时风行的短篇小说要用"艺术上的经济手段"来写生活"横截面"之类的说法，同样沿袭自欧美。只是，光有小说的作法之类的文章，是写不出好小说的，所以，除了鲁迅，现代文学的第一个十年，并没有出现多少像样的短篇小说。

鲁迅恰恰是不迷信小说的作法之类的文章的，他自己也不专门作此类文

---

① 静观：《读〈晨报小说〉第一集》，载《文学旬刊》1921年第2期，转引自严家炎编《二十世纪中国小说理论资料》第2卷，北京大学出版社1997年版，第177页。

② 胡适、钱玄同：《通信：论小说及白话韵文（节录）》，载《新青年》1918年第4卷第1号，转引自严家炎编《二十世纪中国小说理论资料》第2卷，北京大学出版社1997年版，第34页。

③ 郁达夫：《小说论》，光华书局1926年版，转引自严家炎编《二十世纪中国小说理论资料》第2卷，北京大学出版社1997年版，第418页。

章，但他和周作人很早就开始翻译外国的短篇小说，这对他获得关于短篇小说的文体意识至关重要。茅盾撰文称赞鲁迅的小说每一篇都有新形式，是真正影响了后来的青年作者的"先锋"，但鲁迅小说的文体自觉却不是简单来自外国小说的影响，在鲁迅看来，学习西方和借鉴传统具有同等意义，至少在语言态度上，鲁迅不盲目推崇西方小说那种铺陈恣肆，而是从传统小说中习得了简省和凝练。有意思的是，20世纪20年代出现的大量乡土小说，大多都是模仿鲁迅而写，但得鲁迅之神髓者，几乎没有。我们经常说，新文学运动初期，小说的成就明显高于新诗，并非指白话小说这一文体比白话诗更具优势，而是鲁迅的文学才华远超胡适而已。现代白话小说的创立者是鲁迅，现代白话诗的创立者是胡适，鲁迅从一开始就对短篇小说的文体有深入的了解和实践，他的小说观念不仅与世界同步，而且比之同时代的外国作家，还不乏创新之处，但胡适作为出色的学者，其实并无多少诗才，他作新诗，更多是一种语言策略，是为了改变一种文学制度以传播新思想。这也是鲁迅对小说的影响至今深远，胡适的新诗观却早已被超越的缘故。

在中国文学现代化过程中，短篇小说具有崇高的艺术地位，正是得力于鲁迅的写作。他的短篇小说并无定法，形态各异，他经常把主要人物当作背景来写，通过旁观者的眼光来讲述故事，也借用日记、传记、随笔、戏剧等文体优长来扩大短篇小说的写作边界，有的写一个横截面，有的写一个纵剖面，有的写几个场景，有的叙事又像是带着感伤色彩的文章的写法，鲁迅对短篇小说天才式的理解，使现代白话小说一出生就达到了顶峰。他的《狂人日记》和胡适那篇著名的也是最早论述短篇小说文体特征的《论短篇小说》一文，登在1918年同一期的《新青年》杂志上，可见，鲁迅的写作实践走在了理论的前面——胡适对短篇小说的定义（"用最经济的文学手段，描写事实中最精彩的一段"）还略嫌简单，但鲁迅此时写出的短篇小说却已相当成熟，以致后来的写作者，都跟着鲁迅写短篇小说，而少有人写中篇或长篇。像茅盾这样的作家，明知短篇小说容不下太多复杂的内容，仍然用可以写中篇、长篇的题材来作短篇，有研究者认为，茅盾是以写长篇小说的方式来写短篇的，他的短篇，不仅篇幅长，而且形式上也像是长篇小说中的一个章节，茅盾自己也说，"我的短篇小说绝大部分都不是严格意义的短篇小说，而是压缩了的中篇"①。老舍也曾说："事实逼得我不能不把长篇的材料写作短篇了，这是事实，因为索稿子的日多，而材料不那么方便了，于是把心中留着

---

① 茅盾：《茅盾论创作》，上海文艺出版社1980年版，第96页。

的长篇材料拿出来救急。不用说,这么由批发而改为零卖是有点难过。可是及至把十万字的材料写成五千字的一个短篇——像《断魂枪》——难过反倒变成了觉悟。经验真是可宝贵的东西!觉悟是这个:用长材料写短篇并不吃亏,因为要从够写十几万字的事实中提出一段来,当然是提出那最好的一段。这就是宁吃仙桃一口,不吃烂杏一筐了。再说呢,长篇虽也有个中心思想,但因事实的复杂与人物的繁多,究竟在描写与穿插上是多方面的。假如由这许多方面之中挑选出一方面来写,当然显着紧凑精到。长篇的各方面中的任何一方面都能成个很好的短篇,而这各方面散布在长篇中就不易显出任何一方面的精彩。长篇要匀调,短篇要集中。"① 如果按今天的眼光看,用长篇的材料来写一个短篇,多少有点不可思议,但由此也可看出,短篇要写得出彩,同样要有大的容量,没有生活的丰盈积累,再好的横断面,也是很难切割好的。"短篇小说是很难写好的,它虽是一些片断,但仍然要表达出广大的人生,而且要有一气呵成的感觉。读者对长篇的毛病是容易原谅的,篇幅长了,漏洞难免会有,但只要故事精彩,就能让人记住。对短篇,要求就要严格得多。字数有限,语言若不精练,人生的断面切割得不好,整篇小说就没有可取之处了。"②

"五四"以来的这一百多年,每一个时期都有对短篇小说文体有独特探索并取得不凡成就的作家,和短篇小说拥有鲁迅这样一个极高的起点不无关系。

鲁迅之后,沈从文、汪曾祺,以及铁凝、苏童、刘庆邦、迟子建等人,都堪称短篇小说名家,他们的写作,也极大地丰富了短篇小说的文体风格。比如,汪曾祺对短篇小说就有自己独特的文体观,他打了个比方,如果说长篇小说如同乘火车旅行的话,短篇小说就如同与一个熟悉的朋友叙家常,为此他试着对短篇小说作出了自己的定义,短篇小说"应该就是跟一个可以谈得来的朋友很亲切地谈一点你所知道的生活"③,这和长篇小说讲逻辑、因果、持续性、完整性有着根本不同,"长篇小说的本质,也是它的守护神,是因果"④。在汪曾祺看来,长篇小说的这种写作哲学是不自然的,因为它把人生看成是一个预定的、遵循因果律的完整过程,短篇小说就是要反抗这种不自然,要像叙家常,不求逻辑严密,而求写出一种生活的自然状态。这种

---

① 老舍:《老舍全集》第 16 卷,人民文学出版社 2008 年版,第 194 – 195 页。
② 谢有顺:《当代小说的叙事前景》,载《文学评论》2009 年第 1 期。
③ 汪曾祺:《汪曾祺全集》第 8 卷,北京师范大学出版社 1998 年版,第 77 页。
④ 汪曾祺:《汪曾祺全集》第 3 卷,北京师范大学出版社 1998 年版,第 22 页。

文体观，比之"短篇小说的宗旨在截取一段人生来描写，而人生的全体因之以见"① 这样的看法，可谓往前了一大步。还有，苏童对短篇小说节奏的看法，也深化了我们对短篇小说文体的认识："构造短篇的血肉，最重要的恰恰是控制"，"在区区几千字的篇幅里，一个作家对叙述和想象力的控制犹如圆桌面上的舞蹈，任何动作，不管多么优美，也不可泛滥，任何铺陈，不管多么准确，也必须节约笔墨"②。而更早以前，即便颇具现代观念的施蛰存，也不过认为小说就是讲故事，"无论把小说的效能说得如何天花乱坠，读者对于一篇小说的要求始终只是一个故事"③，至于故事要如何讲，节奏要如何控制，笔墨要如何留白，这些还远没有被看作小说文体的要旨。

二

汪曾祺、苏童等人的文体观念，背后有着现代小说哲学的支撑，这种哲学，自 20 世纪 80 年代开始，极大地改造了中国小说的艺术面貌。80 年代的小说革命，尤其是先锋小说的兴起，引发的正是关于小说叙事和小说文体的全面变革。重要的不是说了什么，而是怎么说，话语的讲述本身才是小说艺术的重心。卡夫卡、福克纳、博尔赫斯、马尔克斯等人的小说遗产，给予了中国作家新的叙事智慧，很多年轻作家都认为，小说不能再以旧有的方式写下去了，他们对故事、人物、时间、空间这样一些小说的基本要素都开始持怀疑态度。比如，先锋作家早期的作品都不太注重讲故事，也普遍不太相信故事，因为故事必须遵循时间的逻辑，而时间是一种线性逻辑，它的中断、反复都是有迹可循的。故事的舞台被严格约定在一个空间结构里，人物的出现，情节的发展，均受空间的约束，这里有一个未经证实的前提：是谁赋予时间、空间最初的基本法则？作家又何以让读者相信他所出示的时间、空间是真实的？看到这一点之后，意识流作家开始重新理解时间，罗伯·格里耶、克洛德·西蒙这些作家开始着力描绘他们笔下那个新的空间，并让一个事件在不同时间、不同空间中反复出现，从不同角度对它进行重复叙述，力求让

---

① 沈雁冰：《自然主义与中国现代小说》，载《小说月报》1922 年第 13 卷第 7 期，转引自严家炎编《二十世纪中国小说理论资料》第 2 卷，北京大学出版社 1997 年版，第 230 页。

② 苏童：《纸上的美女——苏童随笔选》，人民日报出版社 1998 年版，第 163 页。

③ 施蛰存：《小说中的对话》，载《宇宙风》1937 年第 39 期，转引自吴福辉编《二十世纪中国小说理论资料》第 3 卷，北京大学出版社 1997 年版，第 471 页。

这些人物与事件在作家眼中变得立体起来,以突破传统小说中那种单维度的平面真实。有一段时间,许多具有现代意识的中国作家都以这种新的时空观来重新结构小说,代表性的作品有莫言的《红高粱》、余华的《在细雨中呼喊》、格非的《褐色鸟群》、北村的《陈守存冗长的一天》等。又比如,很多中国作家都受了博尔赫斯的影响,于是,空缺、重复、循环、迷宫就成了他们普遍应用的叙事策略。博尔赫斯在《曲径分岔的花园》中说:"一本书用什么方式才能是无限的?我猜想,除去是圆形、循环的书卷外,不会有别的方法。书的最后一页与第一页完全相同,才可能继续不断地阅读下去。"① 这话启发了很多作家,时间的循环孕育了叙事的循环,而循环背后有轮回、宿命、不确定等哲学思考。受此影响最大的作家是马原和格非,他们笔下的叙事迷宫,有一种曲折回环的圆形结构,人生也在相似的重复中陷入了一种无法逃脱的劫难。格非的《褐色鸟群》,包括他后来的《人面桃花》,叙事上就有这样一个自相缠绕的圆圈,喻示着命运的循环。苏童的《妻妾成群》也写了这种循环,每一个女性的命运轨迹都是相似的,小说的最后,当五姨太文竹出现,意味着新一轮的循环又开始了,在一个相同的空间里,苦难者的悲歌不断重复上演。余华的《活着》里,福贵的亲人一个接一个地死去,《许三观卖血记》里,许三观一次接一次地卖血,都是相似的叙事策略,都是通过重复来强化生存苦难的周而复始。

由此可以说,20世纪80年代以来的小说文体变革,是在西方现代主义文学的直接影响下发生的。

有必要理清这一变革的艺术线索和内在原由。如果我们承认,文学不是一成不变的,那就意味着,文学与时代之关系的核心其实就是面对时代应如何说话的问题。说话即文体。当固有的说话方式无法再穷尽作家的内心图景时,他就必须找寻新的方式来重新处理这些内心经验。艺术革命的发生由此而来。以卡夫卡为例,他小说中对人和时代的想象,和之前的作家是完全不同的。这种不同首先不是体现在艺术方式上(人变成甲虫的寓言方式的应用)的不同,而是他体验到了全新、骇人的精神真实,即人在各种制度和关系所奴役下的脆弱、异化、孤独、荒谬,有了这种现代主义的体验,才有现代主义小说的写法。他关于人的想象已被时代所粉碎("一切障碍都在粉碎我"),他只能以低于人的方式(人被异化为小动物的这一视角)来说出世界

---

① 豪尔赫·路易斯·博尔赫斯:《博尔赫斯文集·小说卷》,王永年等译,海南国际新闻出版中心1996年版,第136页。

的真相。除了卡夫卡，法国作家普鲁斯特也影响了很多中国作家的写作。他的七卷本《追忆似水年华》，话语方式是全新的，和之前巴尔扎克的小说不同，它不再是以事件和人为中心构造故事，而是重在对事件与人的回忆。普鲁斯特是花粉过敏症患者，他长期呆在书房所产生的文学想象，更多的是记忆的回声，也是记忆对美好事物的诗意寻找，他把小说建造成一个巨大的宫殿，一切记忆的回声都可以在这个宫殿的内部找到自己的位置。普鲁斯特的想象方式对 20 世纪叙事艺术的发展有着举足轻重的作用。

绘画领域的艺术变革也是如此。自然主义绘画的写实原则，被莫奈、雷诺阿、毕沙罗等几位印象派画家所打破，背后的原因是关于"真实"的理解有了巨大的差异。眼见的真实是可靠的吗？世界真是所看见的这个模样吗？如果不是，那一笔一画去还原眼见的世界到底有什么意义？他们内心不再相信看见的真实，因为他们没有信心认定这些是唯一的真实，原有的无可辩驳的"真实"观正在逐渐趋于梦想。"真实"成了幻象之后，印象派画家普遍没有信心在画布上再画出清晰的人或景物，他们的画布模糊之前，内心所体验到的真实先模糊了。英格玛·伯格曼的电影也是如此，他因为无法区分真实与幻觉之间的界限，所以观众永远无法判断他镜头下的场景哪些是现实，哪些是回忆和幻想。这同样贯穿着一种真实即幻象的艺术哲学。

现代意义上的文学、绘画和电影似乎都共同证实了以下事实，那就是并不存在一种纯粹的艺术革命，真正的革命都是先从艺术家的内心发生的，先有内心形式，才有文体观念。一旦把艺术革命简单地理解为单一的形式革命，那就可能偏离了艺术本身。中国 20 世纪 80 年代风起云涌的艺术革命浪潮，把西方近一个世纪的艺术历程都模仿了一遍，它对于艺术回归本体有着重要的意义，但同时也滋生出了不少艺术的投机主义者和哗众取宠的伪先锋。原因很简单，博尔赫斯或罗伯·格里耶的叙事策略是容易模仿的，但他们的精神体验却难以复制。如果没有与众不同的内心体验作为艺术革命的基础，很可能我们也无从区别什么是真正的艺术革命，什么是语言的恶作剧或形式上刻意的标新立异。要警惕一种盲目追"新"，艺术革命不能满足于在形式上玩点小花样，它真正需要重视的是作家的内心体验到底挺进到了什么程度。

以内心经验为底的艺术形式，才是"有意味的形式"，才能实现理念与形式的统一。

相比于 20 世纪 80 年代，90 年代之后的先锋作家都有极大的转型，故事线条开始明晰，叙事方式也不再那么复杂、乖张了，这种转型，并非像一些人所认为的那样，是先锋文学向市场和读者妥协，而是作家对 80 年代叙事革命中的玄学气质的自我纠偏——叙事革命不能只是一些不着边际的字词迷津，叙事和文体的变革，也应内化为一种心灵形式。包括先锋作家重新思考讲故事的意义，也表明构建一种故事精神和完成一种艺术变革是可以同构在一起的。这并不意味着艺术革命、文体探索的停顿，因为经过了现代艺术训练的作家，即便是回到讲故事的路子上来，他也会赋予故事以新的形式感。只是，作家对文体的追求可能更内在、更退隐了。《许三观卖血记》中的单纯与重复，《欲望的旗帜》中欲望的诗学转换，《檀香刑》的叙事腔调，《人面桃花》的抒情风格，《黄雀记》里欲望与救赎主题的自我辩驳，等等，这些作品是中国作家在艺术探索上真正走向成熟的标志之一。时至今日，这个探索过程并没有完成，因此，真正的先锋精神是不会过时的，艺术永远不能被固化，它需要反叛、变革和创新，只有不断地自我否定和自我革命，艺术才能不断拥有新的生命力。

在一个视反叛、前卫、另类为时髦的时代，"先锋"和"媚俗"之间往往只有一墙之隔。先锋并不是简单地砸烂一切、标新立异，而是要不断地创造，并有能力把所颠覆的一切通过新的方式进行再造。菲利浦·拉夫在20世纪中叶就对拙劣模仿卡夫卡而产生的假现代主义提出批评："光知道如何把人们熟知的世界拆开是不够的，实际上，这仅仅是一种自我放纵和不顾一切代价地标新立异的方法。而这种标新立异只不过是先锋派的职业癖性。真正的革新者总是力图使我们切身体验到他的创作矛盾。因此，他使用较为巧妙和复杂的手段：恰在他将世界拆开时，他又将它重新组装起来。"① 但凡艺术革命者，都会有自己的矛盾和不安，他的目标不是解构，而是建构，唯有建构的力量才能平息这种矛盾和不安。那些"不顾一切代价地标新立异"的作家很可能是伪先锋，真正的先锋代表一种变化的方向，它既可以是前进的，也可以是后退的，它追求精神的自由，并试图突破一切边界的限制——真正的先锋一直在探索的途中，他不会停止，他一次又一次地重新出发，却永远也无处抵达；它可能是前卫、前瞻的，也可能是回过头来面向传统的。

这或许就是这个时代小说的新使命，在内心与形式之间，写实与抽象之间，经验与超验之间，小事情和大历史之间，通过传统与现代的综合，来重塑小说的艺术面貌。有创造性的小说写作过程，其实也是一个重新发现小说的过程，它不仅有对既有小说经验的承传、改造，也有对旧的艺术方式的反

---

① 菲利浦·拉夫：《略论自然主义的衰落》，转引自 Morris Dickstein《伊甸园之门：六十年代美国文化》，方晓光译，上海外语教育出版社1985年版，第234-235页。

抗与摈弃；如果说文体是一个"壳"，艺术探索就是要不断地涨破这个"壳"，为小说寻找新的文体形式。这种有新的文体形式的作品尽管还是被称为"小说"，但它和之前的小说比起来，不仅拓展了小说艺术的边界，也使小说这一文体获得了新的形式意味。马尔克斯第一次读到卡夫卡的小说时，惊叹小说原来还可以这样写，莫言第一次读到马尔克斯的小说时也有同样的惊叹。可见，当一种新的语言经验、叙事方式出现的时候，首先带来的就是小说体式上的变化，这种文体变迁，才是小说本体革命的先声。

三

王蒙说："文学观念的变迁表现为文体的变迁。文学创作的探索表现为文体的革新。文学构思的怪异表现为文体的怪诞。文学思路的僵化表现为文体的千篇一律。文学个性的成熟表现为文体的成熟。文体是文学的最为直观的表现。"① 其实，文体不仅是文学观念的显现，它还能照见作家的个性，别林斯基就曾说过，在文体里表现着整个的人。上述说的20世纪90年代先锋作家的写作转型，既是文学观念的转型，也是人的感受方式和想象方式的转型——当一个作家经过了许多年的"怎么写"的训练之后，要倒回来开始考虑"写什么"这个问题了。20世纪80年代的时候，先锋文学为一种新的话语方式所着迷，叙事在许多时候并不为了指涉什么，而只是在于怎么写，怎么讲述，那时挂在作家嘴边的话是，写什么并不重要，重要的是怎么写。这就是文体意识。当时的中国文学过多沉迷于题材和思想之中，只有在文体上来一次彻底的解放，文学才会意识到艺术有一个本体问题，进而知道，在叙事中，语言和形式是可以自足的。当"怎么写"越来越成为一种常识，重新关注"写什么"，这并非简单的后退，而是在文体和形式之外重申对人的价值、人的命运的关注。帕斯说博尔赫斯是文体家，"他的散文读起来好像小说；他的小说是诗；他的诗歌又往往使人觉得像散文。沟通三者的桥梁是他的思想"②。可见在文体之上，还有一个"思想"，而"思想"就是作家本人，是作家对人和世界的看法。文体也是作家思想的呈现。

过度强调文体探索，很可能会走向语言游戏或修辞崇拜。有时，文学的

---

① 王蒙：《〈文体学丛书〉序言》，见童庆炳《文体与文体的创造》，云南人民出版社1994年版，第1页。

② 奥·帕斯：《弓手、箭和靶子——记博尔赫斯》，刘习良译，见王家新、沈睿编选《二十世纪外国重要诗人如是说》，河南人民出版社1992年版，第367页。

贫乏，不是因为缺少文体探索，而是因为对文体的迷信和滥用。博尔赫斯说："我们文学的贫乏状况缺乏吸引力，这就产生了一种对风格的迷信，一种仅注意局部的不认真阅读的方式。"① 在博尔赫斯看来，对作品本身的信念和激情无动于衷是无法容忍的，他甚至认为这是一种障碍，这种障碍使得纯粹意义上的读者没有了，都成了潜在的评论家了。确实，在很长一段时间里，文学界有一个错觉，以为艺术的经典来自精雕细琢。博尔赫斯在同一篇文章中，讽刺那些迷信文体者，想通过精雕细琢使自己的诗成为一首没有"虚言废话"的诗，事实上却可能通篇都是废话。所谓的"尽善尽美"的作品具有某种细微的价值，但也最容易失去其价值。许多作家把艺术价值理解成一些细微、局部的感觉或经验，并且有一种若是修改了就会损害其价值的看法，殊不知，过于精致的艺术常常是靠不住的。博尔赫斯眼中那些具有不朽禀赋的作品，都是经得起印刷错误的考验，经得起近似的译本的考验，也经得起漫不经心地阅读的考验，它不会因此失去其本来的精神光彩，"不朽作品的灵魂经得起烈焰的考验"，"对真正的文学而言，一个句子粗糙和优美同样是无关紧要的"②。作为文体家的博尔赫斯，却厌倦了精雕细琢式的对文体的迷信，这是很有意思的，他或许是为了恢复文体本身的意义：文体不是一种美学修辞，更不是叙事上的技术崇拜，它反对猎奇、赶时髦、哗众取宠，任何的文体革命，真正要奔赴的是作家的内心，并使作家观察世界的方式更为有力。

从这种文体观出发，就会发现，中国当代小说的文体创新背后，不仅有写法上的变化，更有作家与时代、作家与自我的关系变化。尤其是长篇小说，这些变化喻示着作家对小说作出了全新的理解，真正让我们看到了小说所具有的巨大的综合力量。举几部最近的长篇小说为例，就能看出当代作家在这方面所作出的努力和所取得的成就。

李洱的《应物兄》③，真正的主角其实是"思想"，一个时代的"思想"所面临的挑战和所发生的变化。这就决定了李洱的小说叙事不同于过去的以"事"为中心的结构方式，他想创造一种以"言"为中心的叙事，并试图把小说改造为一种杂语，把叙与论、事情与认知融汇在一起。"《应物兄》里许

---

① 豪尔赫·路易斯·博尔赫斯：《读者的迷信伦理观》，见《讨论集》，徐鹤林、王永年译，上海译文出版社2015年版，第52页。
② 豪尔赫·路易斯·博尔赫斯：《读者的迷信伦理观》，见《讨论集》，徐鹤林、王永年译，上海译文出版社2015年版，第56—57页。
③ 参见李洱《应物兄》，人民文学出版社2018年版。

多地方是反叙事的，叙事会不断停顿下来，插入很多知识讲述、思想分析、学术探讨。很多人为这种小说写法感到惊异，我倒觉得，这种杂语小说，更像是对日常说话的模仿。日常说话中，没有谁是专门叙事，也没有人是专门议论或抒情的，他的语体往往是混杂的——说一些事情，发一些感慨，同时夹杂着一些抒情，几种语体交替出现，说话才显得自然、驳杂、丰富。很多早期的典籍，都还原了这种日常说话的特征，比如《论语》《圣经》，是由门徒记录的孔子、耶稣的言与行，多是真实的日常说话；讲一件事情，说一个道理，记述一次出行，交织在一起的。这种杂语体本是文体分隔之前作文的基本方式，在文体严格区分之后，才有清晰的小说、诗歌、散文、评论等文体的边界。但这边界是否合理、能否逾越？许多文体探索的实践已经回答了这个问题。《应物兄》发表之后，不少人认为这是一部向《红楼梦》致敬的作品，而我以为，就文本话语方式而言，《应物兄》更像一本向一种古老说话体典籍致敬的大书。"[1] 这部小说所引发的关注，更多的也是话语方式上的关注。李洱的写作繁复、博识，既记事也记言，既幽默又哀戚，《应物兄》正是通过文体杂糅的话语方式，创造了一种传统与现代、庄严与讽喻相混杂的叙事景观。当代人的生活和观念如何通过知识的讲述所建构，又如何通过互相驳难而陷入困境，这个文化隐喻里，饱含着李洱深切的现实感、批判性、家国情怀和精神忧思，而这些思想驳难，更多是通过他所创造的精细、丰盛、庞杂、移步换景的叙事方式来完成的。

  王跃文的《家山》[2]，也是对另一种说话方式的探索。这部从根性上对中国乡村生活、中国文化性格进行重写和探讨的小说，是从细密、绵实的平常日子、烟火人生入手，写沙湾陈家五代人，写人称"乡约老爷"的女性刘桃香，写仁义的农民陈有喜，写各色人等生命之间的传承、联结和延续。那些沉潜于乡风民俗之中的坚韧品格、蓬勃意志，既是一个乡村族群的生命德性，也是一个乡土中国的精神底色。时代的风云际会不再是粗线条的描述，而是被化解于具体的日常生活，以及乡民们的柴米油盐、喜怒哀乐之中。无论历史如何动荡，苦难如何重压，在那些平凡人的生活秩序里，仍有静水流深、恒常不变的伦理支撑，这是民心、民情，也是文化的根性、传统的绵延。《家山》写了社会变迁下人性的嬗变、矛盾和争斗，更重要的是，它还写了

---

  [1] 谢有顺：《思想与生活的离合——读〈应物兄〉所想到的》，载《当代文坛》2019年第4期。

  [2] 参见王跃文《家山》，人民文学出版社2022年版。

像大地一样坚定存在的世道人心，那些灵光乍现的山水风物，呼应着纯朴敦厚的人情温暖，那些雅俗相融的叙事腔调，也昭示着生生不息的乡土伦理。精微而宽阔、悲伤而温暖是《家山》给我留下的深刻印象，它不同于王跃文之前的写作，不是以人物、故事为中心来结构小说，而是通过生活细节和语言细节的绵密书写来呈现一种日常和伦常。这种写法，令我想起贾平凹的《秦腔》①，这部小说也人物众多，叙事细密，但它不像作家之前的小说《废都》《高老庄》那样，有一条明晰的故事线索，《秦腔》"写的是一堆鸡零狗碎的泼烦日子"②。文体上这也是一种大胆的探索，四十几万字的篇幅，几乎没有故事主线，而是用琐碎的细节、对话和场面来结构整部小说，用汤汤水水的生活流来仿写一种日常生活的本真状态，这对读者来说是一种考验，对作家而言也是一种艺术冒险。那些一味追求故事是否好看的读者，估计是难以接受这种写法的，但这种写法自有一种深入生活末梢的真实感。

  魏微的《烟霞里》③，文体上是以编年体的形式，把一个女人的成长和同时期的当代中国的发展结合、同构在一起，在小事与大时代的缝隙中，写了几代人的记忆和沧桑。这种文体，能有效克服作者过去偏重于个人化叙事的趣味，而让个人跨出本位，连接上时代的变迁。在国与家的双重叙事里，主人公田庄从李庄一路走到广东，她的身后，有乡村、城镇和城市交织的繁复的时代背景，也有一群小人物的爱恨情仇，个体的存在既脆弱又坚韧，它在时代的巨浪面前如一叶扁舟似的时刻处于风雨飘摇之中，但魏微想强调的是，这些个体的沉浮，才是时代中最真实的部分，他们默默见证时间的流逝、生活的变迁。魏微以她独有的冷静与深情，讲述了大时代里个人的悲喜，也坦诚地直面了自我与现实之间的冲突和裂变。当故乡、亲人、时代、国家这些宏大的母题穿越一个渺小的生命之后，最重要的也许不在于它留下了什么，而在于个体经历了什么。魏微写出了一个经历者的遭遇，也发出了一个经历者的慨叹，它通过对一个时代的体认，使自己也成为这个时代不可忽视的部分。时代不是一个空洞的词，而是你、我、他，是每一个人生死相依的时刻的叠加，是时间在每一个人内心所留下的印痕和创伤，也是每一个人的梦想里那束永不熄灭的光。《烟霞里》既写出了时间永恒的力量，也写出了个体强悍的意志。魏微沉寂多年，终于找到了一种恰当的、编年体的说话方式，

---

① 参见贾平凹《秦腔》，作家出版社2005年版。
② 贾平凹：《秦腔·后记》，作家出版社2005年版，第565页。
③ 参见魏微《烟霞里》，人民文学出版社2022年版。

重新面对自己所历经的时代发声，《烟霞里》每一个标示出的年代，既是小说叙事的时间区隔，在文体上也像是一个语言的栅栏，它把主人公的人生安置在时间的方格里，也暗含了时代对一个人的有形塑造。

艾伟的《镜中》[①]，讲述了一次车祸事件之后，润生、易蓉、世平、子珊这四个人物之间的爱与罪、宽恕与救赎的故事。小说文体上，《镜中》暗藏着一个镜像结构，四个人物的心灵轨迹是互为镜像的，现实和精神也是互为镜像的。《镜中》反复出现"镜子"这个意象，"润生像一面镜子一样矗立在子珊面前"，"山口洋子的家庭悲剧像是润生的一面镜子"，"司机就是一面镜子"，人与他者、人与自我都是镜像关系。通过养母，易蓉看见了自己；通过易蓉，世平看见了自己；通过世平，润生看见了自己；通过润生，子珊看见了自己。易蓉的死，让润生埋葬了过去的自己；世平的死，却让润生获得了新生。镜子的特点是一而多的，从自己身上看见他者，从他者身上又看见不同的自己，生与死、光与暗、美与寂灭、堕落与救赎，不断互为镜像，又不断逆转，精神正是在这种螺旋式的结构中上升，但它最终会去往哪里，《镜中》却没有给出答案。《镜中》大量写到了建筑，几乎所有的伟大建筑，都在模仿世界的美，而好的小说结构，也是在模仿人类精神的某种内在秩序。艾伟以前的写作，隐喻指向非常清晰，他自己也把这种写作称之为"寓言化写作"，带有观念先行的痕迹，这必然导致他的小说语言中有较多的分析和说理，文体上也会偏重以自传体的方式来讲述故事。《镜中》却重在挖掘人物内心世界，并通过四个视角的叙述，互相印证、辩驳、补充，进而为小说的"寓言性"找寻心理学支撑。

以上几部都是近年中国小说中极富文体创新意识的小说，值得关注的作品还有麦家的《人生海海》、东西的《回响》、胡学文的《有生》、罗伟章的《谁在敲门》、刘亮程的《本巴》、叶舟的《凉州十八拍》等，值得关注的有文体探索精神的青年作家还有李浩、田耳、李宏伟、双雪涛、王威廉、孙频、蔡东、路魆等。总体而言，比之以前的文体探索，这些小说在形式上更内在了，作家是在用不同的说话方式建构自己和时代、自我的关系。写什么与怎么写的融合，使文体的奇异性、修辞效果消失了，小说变得更像小说了，而不是把小说变成一种无度的语言试验场，更不是为了标新立异而把小说的面貌弄得乖张古怪。说到底，一切的文体革命都是为了让小说变得丰富、复杂且充满可能性，它在扩大小说艺术边界的同时，也在不断辨明小说为何物。

---

① 参见艾伟《镜中》，浙江文艺出版社 2022 年版。

现代小说无论怎样自我革命，它存在的根基就在于它是小说，而不是别的。有人把散文当诗来写（如杨朔），没有成功；有人把小说当散文来写，试图写"不是小说的小说"（如废名），也没有成功。"不是小说的小说"终究不是小说。米兰·昆德拉论及卡夫卡的小说时说："要理解卡夫卡的小说，只有一种方法。像读小说那样地读它们。不要在 K 这个人物身上寻找作者的画像，不要在 K 的话语中寻找神秘的信息代码，相反，认认真真地追随着人物的行为举止，他们的言语、他们的思想，想象他们在眼前的模样。"① 这是一个好方法，它可以把很多小说还原到小说自身的世界里被阅读、被阐释。而要让读者"像读小说那样地读它们"，前提是要作家们像写小说那样地写它们——在一个文学共识普遍断裂的时代，这或许是读者和作者在小说文体上所能达成的最大共识了。米兰·昆德拉在谈及小说的艺术使命时，曾以穆齐尔和布洛赫为例证，认为"心理小说的时代已走到尽头"，但他们却为另一种小说（"博学小说"）"安上了极大的使命感"，"他们视之为最高的理性综合，是人类可以对世界整体表示怀疑的最后一块宝地。他们深信小说具有巨大的综合力量，它可以将诗歌、幻想、哲学、警句和散文糅合成一体"②。这种"糅合"，既是思想的综合，也是文体的综合，它显然不是为了博学、博物意义上的炫技，而是关乎一个"极大的使命感"，目的是要重新对人类的命运有一个整体性观察。对文体的理解，也应有这种"整体性观察"的维度，文体不仅是语言、修辞、叙事上的探索，也是作家对世界的理解方式，更是一个作家思想的综合呈现。所以，真正的文体创新，不再是语言或叙事上的细小变革，而应是写作观念上的整体性革命，从这个意义上说，文体革命也可视为一种思想革命。

（原载《中国文学批评》2023 年第 3 期）

---

① 米兰·昆德拉：《被背叛的遗嘱》，余中先译，上海译文出版社 2003 年版，第 217 页。

② 《巴黎评论》编辑部编：《巴黎评论·作家访谈 1》，黄昱宁等译，上海文艺出版社 2015 年版，第 189 页。

文艺学研究

坚持马克思主义文艺理论的原则性

楼　栖

马克思主义文艺理论，是在我国"五四"以来的革命文艺运动中介绍进来，并在斗争中不断发展的。作为革命作家的思想武器，它一直和形形色色的资产阶级文艺思想展开斗争，指导革命文艺运动的积极开展。毛泽东同志《在延安文艺座谈会上的讲话》，是对马克思主义文艺理论的继承和发展，成为我国革命文艺运动的指南，进而开创我国社会主义文艺的广阔道路。十年动乱，林彪、"四人帮"疯狂篡改马克思主义文艺理论。四害一除，文艺界以马克思主义文艺理论作武器，揭露"四人帮"的各种罪恶，清除他们散布的流毒，取得了辉煌的胜利。文艺创作解放思想，冲破"四人帮"设置的各种禁区，社会主义文艺出现了繁荣的景象。这些，都是运用马克思主义文艺理论指导斗争实践和创作实践取得的成果。

但是，由于十年动乱造成的思想混乱未能一下子纠正，加上随着西方现代派思潮陆续介绍进来，社会上出现一股"现代派热"。有些同志忘记了社会主义文艺的战斗历程，忘记了马克思主义文艺理论的基本原则，毫无根据地怀疑马克思主义文艺原理是否已经过时。他们未能正确区分社会主义文艺和资产阶级文艺的界限，不能正确区分马克思主义文艺理论和资产阶级文艺思潮的界限。有人提出"马克思主义的现代主义"，来取代马克思主义文艺理论；因此，坚持马克思主义文艺理论的原则性，就成为文艺界的当务之急。

一

马克思恩格斯在世时，来不及写出一部系统的文艺理论著作，他们的文艺理论观点，有的是在评论某一文学作品的信件中或文学评论中，特别是在一系列重要理论著作中提出来的，组成马克思主义文艺理论。它是马克思主义的一个重要组成部分。它是在马克思主义创立过程中形成和发展的。

马克思主义文艺理论的哲学基础是辩证唯物主义与历史唯物主义。马克思主义认为，文艺是一种社会意识形态，是上层建筑之一，它受经济基础的制约，并反作用于经济基础。马克思概括成一个著名的唯物主义原理：不是人们的社会意识决定人们的社会存在，相反，是人们的社会存在决定人们的社会意识。并且辩证地指出人们的社会意识对社会存在的能动反映和巨大的反作用。用这一原理解释纷纭复杂的文艺现象，使文艺理论史发生了一次伟大变革。资产阶级文艺理论是建立在历史唯心主义哲学基础上的，它把文学现象理解为只是一种单纯精神生活现象，仿佛与经济基础无关，与物质生产无关。由于哲学基础不同，这就决定了马克思主义文艺理论和各种资产阶级文艺理论在一系列问题上存在根本分歧。

在文艺与政治关系问题上，马克思主义文艺理论认为，文艺与政治同是建立在经济基础之上，并为经济基础服务的。文艺虽不完全等同于政治，但与政治有密切关系，他们互相影响，互相作用。由于文艺作品具有生动优美的艺术形象，对读者的思想感情所起的是潜移默化的作用，各个阶级都想利用文艺作品表现本阶级的思想观点、政治倾向，来影响读者的心灵。欧洲资产阶级反封建年代，在文艺理论中宣扬个性解放、个人主义，用人性反对神性，用人道反对神道，并通过文艺作品表现出来，其目的是要反对封建主义的生产关系，发展资本主义的生产关系。

资产阶级上升期的文艺的性质和任务，是受经济基础所制约，并反作用于经济基础的。历史上文艺的发展、交替，都应当从这种关系中寻求解答。不过，我们还要看到，这种关系是异常复杂的，由于艺术生产的发展和物质生产的发展，有时是不平衡的。文艺与其它上层建筑如政治、哲学、道德、宗教等又有互相影响的关系。文艺本身也有历史继承性。各种因素错综交织。因此，经济基础对文艺的发展是最后决定因素，不是直接决定因素。

工人阶级登上政治舞台以后，它在历史上的作用和地位就突出来了。恩格斯指出："工人阶级对他们四周的压迫环境所进行的叛逆的反抗……都属于历史，因而也应当在现实主义领域内占有自己的地位。"① 马克思恩格斯一向十分重视文学歌颂工人阶级的革命斗争，恩格斯特别要求文学要"歌颂倔强的、叱咤风云的和革命的无产者"②。

文学反映的现实关系，主要是人与人的相互关系。在阶级社会中，由于人们所处的阶级地位不同，思想意识无不打上阶级的烙印。反映重大历史题材的作品，"主要人物是一定的阶级和倾向的代表，因而也是他们时代的一

---

① 马克思、恩格斯：《马克思恩格斯选集》第四卷，第 462 页。
② 马克思、恩格斯：《马克思恩格斯选集》第四卷，第 223 页。

定思想的代表"①。恩格斯这里指的虽然是拉萨尔的《济金根》中的人物，但对于其它重大题材的作品也是同样适用的。因为重大题材总是和阶级斗争或社会矛盾紧密联系的。人物之间的矛盾冲突，代表着不同的阶级和倾向。作家在描写人物关系时，可能是正确的，也可能是歪曲的，这取决于作家的认识水平、阶级立场和世界观。不管作家自觉或不自觉，总要在作品中流露出他的阶级意识或思想观点。

俄国革命高涨年代，列宁提出党的文学原则，明确指出，文学事业不是个人的事业，"不能是个人或集团的赚钱工具"，它是党的事业，是整个革命机器中的"齿轮和螺丝钉"。文学应当为千千万万劳动人民服务。从此，党的文学原则，成为无产阶级文学的战斗纲领。毛泽东文艺思想，继承了这个原则，指导我国革命文艺运动的健康发展。

二

历史题材的创作，要坚持历史唯物主义，反对历史唯心主义。是劳动人民创作历史，还是个人英雄创造历史，这是历史唯物主义与历史唯心主义的分水岭。马克思恩格斯分别批评拉萨尔的历史悲剧《济金根》的两封信，为指导历史题材创作树立了光辉范例。拉萨尔把垂死阶级的代表济金根美化为革命领袖，把历史倒退的骑士起义悲剧归因于革命策略上的失败，贬低农民运动出现的高潮，歪曲济金根悲剧的阶级根源。坚持历史唯物主义，不但适用于处理历史题材，也同样适用于处理现实题材，因为都要按照现实主义创作原则来塑造人物性格，而现实主义是要运用历史唯物主义观点观察、分析历史与现实的复杂关系及其发展趋势。拉萨尔没有按照现实主义方法来塑造主要人物，因此，马克思要求他"更加莎士比亚化，而我认为，你的最大缺点就是席勒式地把个人变成时代精神的单纯的传声筒"②。恩格斯也指出："我们不应该为了观念的东西而忘掉现实主义的东西，为了席勒而忘掉莎士比亚。"③

现实主义创作原则，在文学史上早已提出来了，马克思主义文艺理论对现实主义作了新的发展，强调歌颂工人阶级的革命斗争。恩格斯指出："现实主义的意思是，除细节的真实外，还要真实地再现典型环境中的典型人

---

① 马克思、恩格斯：《马克思恩格斯选集》第四卷，第343页。
② 马克思、恩格斯：《马克思恩格斯选集》第四卷，第840页。
③ 马克思、恩格斯：《马克思恩格斯选集》第四卷，第345页。

物。"'典型人物'就是'典型性格'。这是恩格斯在给哈克奈斯的信中批评《城市姑娘》时提出来的。"您的人物,就他们本身而言,是够典型的,但是环绕着这些人物并促使他们行动的环境,也许就不是那样典型了。"批评她把工人阶级写得太消极。经历了五十年战斗历程的环境没有给再现出来,只写消极的工人典型,那还"不是充分现实主义的"①。恩格斯要求表现工人阶级革命斗争的现实主义,显然和过去的现实主义有很大的不同,应当属于革命现实主义。

对典型人物的描绘,在于突出人物的个性。恩格斯给敏·考茨基的信,称赞她在《旧与新》中描绘两种环境中的人物,用了精确的个性描写,"每个人都是典型,但同时又是一定的单个人……是一个'这个'"②。说明人物性格是在环境中形成的。作家要用精确的个性描写,才能写出典型,才能突出"这个"。性格描写的真实与否,是作品成败的关键。《济金根》中的主要人物给描写得太抽象,成为时代精神的单纯的传声筒,这是和美化垂死阶级的代表人物分不开的。而剧中的教皇使节和特利尔大主教,恩格斯认为,"这两个人物的有代表性的性格作出了卓越的个性刻画"③,把世俗的受过古典文学教养,在政治上和理论上有远见的使节,同目光短浅的僧侣诸侯加以对比,使两种不同的个性更为鲜明。人物的个性是和阶级出身、生活教养、社会地位等等相联系的。从其中突出个人独有的个性,表现在他的具体行动中。"一个人物的性格不仅表现在他做什么,而且表现在他怎样做。"④ 与此同时,还要反对"现在流行的恶劣的个性化,这种个性化总而言之是一种纯粹低贱的自作聪明,并且是垂死的模仿文学的一个本质的标记"⑤。所谓"恶劣的个性化",按照我的理解,是指不顾人物的阶级出身、生活教养、社会地位及其性格发展的逻辑。一句话,性格不是来自生活,而是作者随心所欲,胡编乱造,模仿别人,为个性而个性。这和典型人物的个性刻画是背道而驰的。

恩格斯在批评敏·考茨基的《旧与新》时,指出另一种情况,作者不要过分热衷于自己的主人公,不要把他们描写得完美无缺。"爱莎即使已经被理想化了,但还保有一定的个性描写,而在阿尔诺德身上,个性就更多地消融到原则里去了。"⑥ 这里的"原则"是指理想原则,由于作者从社会主义倾

---

① 马克思、恩格斯:《马克思恩格斯选集》第四卷,第462页。
② 马克思、恩格斯:《马克思恩格斯选集》第四卷,第453页。
③ 马克思、恩格斯:《马克思恩格斯选集》第四卷,第344页。
④ 马克思、恩格斯:《马克思恩格斯选集》第四卷,第344页。
⑤ 马克思、恩格斯:《马克思恩格斯选集》第四卷,第344页。
⑥ 马克思、恩格斯:《马克思恩格斯选集》第四卷,第453–454页。

向出发,把主人公过于理想化了。

三

从十九世纪四十年代起,德国流行一股所谓"真正社会主义"的反动思潮,在文学作品中宣扬人类之爱,鼓吹阶级调和。马克思恩格斯给"真正社会主义者"以无情的批判,揭露他们用人性论、人类之爱来代替共产主义的谬论。恩格斯斥责他们"以美文学的词句代替了科学的认识,主张靠'爱'来实现人类的解放,而不主张用经济上改革生产的办法来实现无产阶级的解放,一句话,它沉溺在令人厌恶的美文学和泛爱的空谈中了。它的典型代表就是卡尔·格律恩先生"①。

当时德国还流行一种"社会主义倾向"小说,恩格斯对作者在小说中公开表明自己的立场和信念是深为不满的。他认为文学史上的一些著名诗人"都是有倾向的诗人",现代俄国和挪威的优秀小说家"全是有倾向的作家"。"可是我认为倾向应当从场面和情节中自然而然地流露出来,而不应当特别把它指点出来。"② 此外,恩格斯还说过:"作者的见解愈隐蔽,对艺术作品来说就愈好。"③ 这两个论点可以互相补充。倾向是指政治倾向和思想倾向,也就是作者的政治见解和思想见解,作者的见解愈隐蔽,意味着从具体生动的艺术形象中自然而然地流露出来,而不要直接表露出来。象标语口号式的东西,是不会有艺术感染力的。特别是当时的作品面对资产阶级的读者,他们对社会主义怀有阶级偏见;因此,恩格斯指出:"如果一部具有社会主义倾向的小说通过对现实关系的真实描写,来打破关于这些关系的流行的传统幻想,动摇资产阶级世界的乐观主义,不可避免地引起对于现存事物的永世长存的怀疑……这部小说也完全完成了自己的使命。"④ 这比在小说中进行社会主义说教要有力得多,有效得多。

马克思恩格斯从经济基础与上层建筑的辩证关系出发,考察文学的性质、任务及其发展趋向。对于美化反动阶级代表人物,宣扬历史唯心主义观点的历史悲剧,马克思恩格斯给以严肃的批评。对于那些打着"真正社会主义"的旗号,实际上却大肆贩卖资产阶级人性论、人类之爱的政治骗子,马克思恩格斯给以无情的批判。而对于那些有"社会主义倾向"的小资产阶级作

---

① 马克思、恩格斯:《马克思恩格斯选集》第四卷,第218页。
② 马克思、恩格斯:《马克思恩格斯选集》第四卷,第454页。
③ 马克思、恩格斯:《马克思恩格斯选集》第四卷,第462页。
④ 马克思、恩格斯:《马克思恩格斯选集》第四卷,第454页。

家，恩格斯给以热情的批评，肯定作品对某些人物性格描绘的优点，也指出作品的失误和不足。恩格斯说到"现实主义大师"巴尔扎克时，对他的作品进行了极为深刻的分析和评价，给马克思主义文艺理论批评树立了光辉范例。

四

马克思主义文艺理论，涉及范围很广，内容十分丰富。前面谈到的只是大家较为熟悉的一部分理论原则。马克思主义文艺理论总结了人类历史智慧的成果，是在和资产阶级各种文艺思潮的斗争中不断发展的。它经历了一个多世纪斗争实践的检验，证明它有无限充沛的生命力。毛泽东同志坚持了马克思主义的文艺理论，并且根据中国新文艺运动和社会主义文艺运动的实践，发展和丰富了马克思主义的文艺理论。以《在延安文艺座谈会上的讲话》为基础，包括《新民主主义论》《关于正确处理人民内部矛盾的问题》等一系列著作，以及大量的文艺问题的论述，对文艺本质论、创作论、批评论、发展论等一系列文艺的基本原则问题都作了十分全面、精辟的论述，为建立具有中国民族特色的马克思主义文艺理论体系奠定了坚实的理论基石，为推动我国社会主义文艺的繁荣昌盛指出了方向，作出了巨大的贡献。但是，也必须看到，长期以来，由于"左"倾思想的影响，马克思主义毛泽东文艺思想的贯彻受到了一定的干扰。特别是在十年内乱中，林彪、"四人帮"对马克思主义毛泽东文艺思想肆意歪曲和践踏，利用他们手中的权力，强行推行一系列文化专制主义措施，把文艺变成了他们反革命政治的工具，使社会主义文艺园地百花凋零，遭到了极为严重的破坏。粉碎"四人帮"，特别是党的十一届三中全会以来，党中央领导广大文艺工作者，解放思想，拨乱反正，逐步澄清了"四人帮"造成的种种思想和理论上的混乱，恢复了马克思主义毛泽东文艺思想的本来面目，引来了社会主义文艺的春天。近几年来，在"为社会主义服务，为人民服务"的总方针的指引下，我国社会主义文艺园地出现了百花齐放的繁荣景象，成绩是巨大的，主流也是健康的。在文艺理论上，邓小平同志坚持和发展了毛泽东同志的文艺思想，他在全国第四次文代会上所作的《祝辞》和《坚持四项基本原则》的讲话以及最近在十二届二中全会的重要讲话中，充分肯定了近几年文艺战线的成绩和主流，精辟阐述了新时期社会主义文艺的方向和文艺工作者的光荣使命。对于文艺与社会主义现代化建设、与人民的关系，文艺与生活的关系，文艺创作中坚持四项基本原则和文艺创作的自由的关系，文艺的社会效果和作家的社会责任感的关系，文艺批评的正确方针和方法，文艺战线必须坚持开展反对两种倾向的斗争等一系列重大问题，邓小平同志都作了深刻的辩证的阐述。每个人民的文艺工作者，对于马克思主义、毛泽东文艺思想的基本原理，对于党的十一届三中全会以来的一系列文艺方针和政策，对邓小平同志的论述，都必须反复学习，并在文艺实践中加以坚持。

但是，正如邓小平同志所指出的，近年来，确实也有少数同志思想上产生了一些混乱。有些人盲目吹捧西方现代派和异化论，简直把它当作医治"文艺百病"的灵丹妙药。比方，有人抱怨说，"在中国这块土地上几乎熄灭了人性的火焰"，"对过去生活的回答是四个字：我不相信！"他认为，"诗不是时代的声音，而是诗人心灵的历史"，他要"创造诗人自己的世界"，展现诗人的潜意识和直觉。它要排斥现实主义的创作方法，用现代主义来取代它。又如，有人说现在"如梦初醒"，发现了大写的"人"，"人的价值"，要在文学创作中高唱"人性、人情、人道主义"之歌，并"无限欣喜地纪录人性的复苏"。据说，"马克思主义与人道主义是相通的，或一致的"。

西方现代派文学有它产生的社会原因，其中有部分作品，在揭露资本主义制度下的各种弊病方面，是具有一定的认识价值的。但是，作为一种文学思潮，它的哲学基础仍是历史唯心主义的。它"自我表现"出个人危机感，描写离奇古怪的病态心理，表现颓废没落、精神崩溃、孤独绝望、兽性残忍，一句话，人性异化为兽性。西方现代派的哲学基础，五花八门，有叔本华的唯意志论、尼采的超人哲学、弗洛伊德的精神分析学、柏格森的生命哲学和萨特的存在主义等等。它们和马克思主义哲学有质的不同。有些吹捧西方现代派的同志，误把现代派和现代化混同起来，他们不能理解艺术生产的发展与物质生产的发展有时存在不平衡性的问题。西方的物质文明是先进的，但它的精神文明的许多方面却是没落了。

西方现代派的文学，有各种不同的复杂表现，在艺术技巧上也有一些较好的，我们不应当拒绝借鉴，我们应当坚持古为今用、洋为中用的马克思主义原则，吸其精华，弃其糟粕。但这和盲目崇拜西方现代派毫无共同之处。西方现代派文艺思潮和马克思主义文艺理论是不同的理论体系，我们必须划清这个界限，坚持马克思主义文艺理论的原则性，清除西方现代派文艺思潮对我国社会主义文艺的污染。

一九八三年十二月三日脱稿

（原载《学术研究》1984年第1期）

民族文学讲义引言

朱子范

　　古今无无文化而生存之国家，中外无无文化而绵续之民族，是何也？国必有与立也。彼小数民族，固未尝无共通之语言，同形之文字，然一考其起因，苟非组织不健全，则必为粗旷所递演，去文化之水准，实远且巨。然则文化之本质，其必包有健全组织思想独立为全民族所共同信守，而时代悠久不附丽他人者，始足为民族文化准则，反是实不足以言文化。

　　民族之生存，其间延绵绝续以至于亘万世而不断，非其民族本身有以支持之而维护之也。文化之信念与成功，足以维其生命于不坠，然后民族之生存，遂因是而继续支持，且发扬光大。于异趣民族，或绝无文化之民族，有以吸引而归化之也。或以为民族之延绵，基于同一种族之关系而增加其力量者，是大不然。民族之始生，其种族之复杂，实有不可以统计，然一种文化确立而后，则同以一种独立文化为标的之民族，必可以永存。从历史观察，种族之不纯粹，不仅古代为然，即现在之法、英、意、西、德诸国，同具种族不纯粹之因素，然而此种因素，不仅不见其不良，而反足以目傲，（一九三九年五月份巴黎月报奥伯曼语）则民族之构成，固不在族种或土地，而在乎文化矣，民族之统一，固不在政治或习惯，而在乎思想信仰之共同矣。

　　民族之特质，与悠久文化历史之遗传，实有莫大关系。盖新文化之造成，必有其所以造成之本质，而此本质，即为原日历史所遗传之特产，故固有文化，无论从道德观或人生观，皆应予而以维持，即以民族特质观察，亦无不应予以维持，诚以文化之永存，不可一日而几。思想之集中，信仰之共同，虽有力者，莫能推挽，故国家有盛衰，民族有强弱，然而有可以灭亡之国家，不能有可以灭亡之民族。亡人国者，始之以政治，灭人族者，先之以文化，文化一日保持，则民族终有复兴之一日，盖昭昭也。

　　然则谈民族文学之道奚由，曰：从夏商三代始，禹平九土，而西戎即叙，史称禹车渐于海，西被于流沙，朔南暨，声教讫于四海，其为我民族文教之宏远者乎。大抵任何一种民族，其我生存与独立，初无二致而终有不克独自树立，为他族所吞并与灭亡者，文教为之尔。我国以和平奠文化之基，虽不事武功，然同化异族，使之从我，假文化为兼容并包之工具，古今同也。夷而进于中国，即中国亡也，故禹用于三苗，彼用于有扈，内中国而外四夷之义胚胎于此，当其盛也，为周公之膺夷狄可也，为方叔之逐玁狁可也，为仲山甫之城彼朔方，亦无不可也。降而至于五伯，鲁僖之惩荆舒，而人莫敢承，夫岂非民族性之发揭乎。东晋五胡之乱杠，北宋辽金之祸深，其间存亡续绝之念，间不容发，而两河豪杰，有与辛宾李若水同其忠烈者，彼椎埋屠狗也。望汉家族旗者，以有悠久文化历史，思想信仰不可须臾离而已矣。元能亡宋，清能灭明，而终不有以止民族之复兴，土地可亡也，文化未亡故也。黍离麦秀，所感者深，胥靡遗臣，明夷待访，其基于人心者不亦众乎。春秋之义，变于夷者则狄之，非我族类，其心必异。犬羊之性，无亲而贪，见被发于伊川，则凛为戎之戒，不敢听其杂居，而况胡服乎。胡铨之论求和也，不肯为小朝廷，而况屈节乎，彼石晋刘豫丑然人面而已矣，其犹禽兽也。

　　故从文化立言，则经纬百端，纪纲万类，从民族之文学立言，凡夫语言习惯思想风俗所表现，握有特立性者均是也，而必以宏宜大义。峻夷忧之访者，为当其选，穷兵黩武，以事夷狄者非也；表彰劝续，故为之词者亦非也；感受压力，大惧其思想习俗之伦胥，起而为保持民族之鸣声者，斯真纯粹之民族文学也欤。

　　或以为民族文学，应从现代始，诚以种族之演进，土地之展拓，较之近古，已有不同，古代之所谓四夷，今则咸隶版图矣。历史过程中产品，何足以为定评。夫土地之广狭，实不能决定民族文化范围，可无祠□（德国学者拉采尔主张民族文化历史之命运，其大部分为所居住之土地决定其范围，已为法国人文地理学派所否认）为民族性纵如何改变，必有一种特立共同性质而永久保持，如中国之酷好和平，日人之崇尚武士道，皆其定例。苟不追原其历史，而审其起源何若，与中间之过程，何足资为足后人文献之资料乎。文化固前进也，民族犹昔之民族也，以为陈迹而忽之，何也？

　　日本本无文化，而能保持至今，则无文化不能永存之说，不足恃乎？吾知夫日本民族，其组织至复杂，汉族之不得志，作逋逃薮者至夥也，故以文化论，其于我则为附庸，以民族论，则我之孽子也，此其能并存也。又有武士道之习惯性为之支持也。今已至登峰造极时矣，月满则亏，日盈则昃，狐死正首丘，理或然与。

　　夫过陈者不式，灭宋者汉儿，古今之所深痛，不知其玷，于何取材，危城讲学之时，知必有以同仇敌忾而鼓励民族者矣。如其不然，讲经同泰，文学也，而猛士婴城矣；狎客逸庭，文学也，而天子下殿矣。果何取乎虚玄风流也。惟此民族文学如乞食朝云,如升陴越石,如武穆之祠盟五岳,如于谦之固守太原,莫不作当道老罴,为安固后嗣,振我天声想也。于今日抗战为进,故备论之云。

(原载《中山学报》1943年第2卷第1期)

再论社会心理是文艺反映现实的中介

陆一帆

我提出社会心理是文艺反映现实的中介以后,对我的观点有赞成的也有反对的。所有这些文章对我都很有帮助,给我许多启发。现把思考所得写出来,求教于大家。

一、对几个观点的商榷

(一)文艺反映经济基础没有中间环节吗?

意识形态不直接反映而是间接反映经济基础这个问题,马克思和恩格斯已反复说明过了。但有的同志却认为马、恩只说意识形态与经济基础的"联系"、对经济的"反作用"是要通过中间环节,并没有说意识形态反映基础也要通过中间环节。"艺术是直接反映生活还是间接反映生活是艺术反映生活的方式问题,而不涉及艺术与生活的中介范畴。"① 我以为,所谓"中介"就是两种间接联系的事物之间的中间环节。意识与存在的联系首先是反映与被反映的关系,意识不过是存在的反映。所以"意识"这一概念本身就包含着反映存在的意思。有了反映与被反映的关系才有意识与存在相互作用的关系。没有反映与被反映的关系,其他方面的关系就无从发生。所以,意识与存在的联系就包含着反映与被反映的关系,这是不言而喻的。我们不能因为恩格斯谈到意识与基础之间的"联系","越来越被一些中间环节弄模糊了"时,没有明白说出"反映",就否定它包含意识形态间接反映基础的意思。艺术是直接还是间接反映生活,的确是艺术反映生活的方式问题。而"反映方式"与"中介"并非水火不相容。间接反映生活这种方式就涉及了中介范畴。没有中介怎么叫做间接反映?

远离基础的哲学、文艺等反映基础通过哪些中间环节?马克思和恩格斯

---

① 何楚熊:《社会心理不是文艺反映生活的中介》,载《广州日报》1991年10月24日。

认为，除了国家机关、政治制度及法律设施等物质上层建筑之外，还有意识形态本身诸形式即政治、法律与伦理等思想体系。文艺离基础最远，它反映基础往往还通过哲学、宗教这两个中间环节。哲学常常是文艺的理论基础，宗教常常是文艺的主题和题材。

（二）社会心理能否成为文艺反映的对象？

我认为文艺通过社会心理间接反映现实。有的同志反对这个意见，理由之一是，意识之间"并没有反映与被反映的关系"，"意识形态反映的对象只能是社会存在及由它决定的一切现实关系"①。这个理由恐怕难站住脚。社会心理虽是意识，却客观地存在于思想家和作家的头脑之外，是社会生活的一个组成部分，因而就成为意识形态反映的对象。文艺并非仅仅反映社会物质存在。"任何真正的哲学都是自己时代精神的精华"②，托尔斯泰是"俄国千百万农民在俄国资产阶级革命快到来的时候的思想和情绪的表现者"③。文艺描写社会物质存在是重要的，但更重要的是写出时代精神，写广大群众的思想感情。大家常说文学是人学，正是从强调描写人民群众心理的角度出发的。提出文艺不反映社会意识的同志自己也说："如果把社会心理看成人们的意向、愿望、情感，那么，这些当然也是艺术表现的对象，但不是直接的表现。""社会生活是指人们的社会生存活动，包括物质生存活动和精神生存活动。艺术反映生活，就是以人们的社会生存活动为对象。"④

社会心理只是意识形态（含文艺）反映的一种对象，它并非意识形态和文艺。有的同志把它们等同起来了，说："社会意识则属于观念上层建筑，普列汉诺夫认为社会意识有社会心理和思想体系两种形式，并没有否定社会意识作为观念上层建筑的属性。"⑤ 其实，并非所有的社会意识都是观念上层建筑。社会心理只是人们的日常意识，要经过专家的加工创造才成为意识形态，即观念上层建筑。普氏并没有把社会心理当作观念上层建筑，他认为它只是经济政治与意识形态的中间环节。文艺是一种意识形态，是文艺家以社

---

① 何楚熊：《社会心理不是文艺反映生活的中介》，载《广州日报》1991年10月24日。
② 马克思、恩格斯：《马克思恩格斯全集》第1卷，第121页。
③ 列宁：《列宁选集》第二卷，第371页。
④ 何楚熊：《社会心理不是文艺反映生活的中介》，载《广州日报》1991年10月24日。
⑤ 尹康庄：《源和流怎样混淆？》，载《广州日报》1991年9月20日。

会心理为原料创作出来的。如果社会心理已经是意识形态，那就不用文艺家搞创作了。

（三）意识形态产生的方式是什么？

马克思和恩格斯虽然阐明了经济基础与意识形态之间有一些中间环节，但是他们所指的中间环节，要么是物质方面的（政治制度、国家、法律设施），要么是意识形态方面的（政治、法律、伦理等思想体系），从物质存在过渡到意识形态，中间经过什么关键性的中间环节？即意识形态通过什么方式从经济基础产生出来？恩格斯晚年说他和马克思还来不及解决这个问题。有的同志不同意我这种看法，说道："在我看来，恩格斯论及的关于意识形态产生的方式就是思维。……理论形态体系的思维是概念的思维。那么，艺术形态体系的思维又有何特征？或说艺术地掌握世界的方式是怎样的？这确是文艺学和美学应当研究解决的。"① 我以为恩格斯在这里说的显然不是社会科学和文艺各用什么思维方式的问题，而是整个意识形态如何从经济基础那里产生的问题。因为，第一，恩格斯说这段话是针对梅林的论文《论历史唯物主义》而发的，他在给梅林的信中明白地说："我从末尾，即从《论历史唯物主义》这篇附录谈起。"下面谈的都是这个问题，完全不谈及抽象思维与形象思维。第二，关于社会科学用抽象思维及艺术掌握世界的方式问题，马克思和恩格斯都已论述过了，不存在"被忽略"的问题。

二、社会心理是文艺反映现实的折光镜

普列汉诺夫虽然提出了社会心理是意识形态反映经济与政治的中间环节，但为什么一定要通过社会心理？其过程如何？他并未作具体的论述。我以为这个意识形态产生的过程，我们运用马克思主义的辩证唯物论和历史唯物论及现代科学心理学的原理加以研究，是可以说清楚的。

从存在变成意识，要经过人们的反映。列宁明确指出过："认识是人对世界的反映，……在这里的确客观上是三项：①自然界；②人的认识＝人脑（就是那同一自然界的最高产物）；③自然界在人的认识中的反映形式。"② 这

---

① 何楚熊：《意识形态的产生方式是思维艺术通过反映生活显现社会心理》，载《学术研究》1991 年第 5 期。

② 列宁：《哲学笔记》，第 168 页。

是唯物主义反映论的新发展。机械唯物论看不到人脑在反映过程中的能动作用,以为反映就象照镜子一样,这在心理学上也有一个发展的过程。以前行为主义心理学家认为,人们反映现实是按"S(刺激)—R(反映)"这个公式进行的,有什么就反映出什么。后来心理学家们觉得这只是动物原始的生理反应关系,人的反映公式应该是 S(刺激)—O(人脑)—R(反映)。人脑(O)不仅是一个特殊的生理机能,而且还包括心理因素(要求、欲望、思想感情、价值观念及个性等),这些心理因素对认识影响很大。这在心理学上已充分论证过。因此可以说,人脑就象一个折光镜,外部世界转化为意识一定要经过它的折射。各人头脑中的心理因素不完全相同,所以反映出来的结果也就不完全相同。

人们反映现实既然要通过人的头脑的折射作用,能否说意识形态反映现实的中介是个人意识而不是社会心理?不能。这是由两个方面的条件造成的:第一,意识形态的特殊性;第二,社会心理的特殊性。

先说意识形态的特殊性。意识形态不同于自然科学,它是竖立于经济基础之上的观念上层建筑,一定要反映生产关系(经济基础),不反映生产关系的意识形式不能成为意识形态。当然,意识形态并不仅仅反映生产关系,它也反映生产力和其他社会关系。但是,它首先是反映生产关系以及集中表现经济的政治。在阶级社会里,生产关系就是阶级关系。反映这种关系的思想体系就有非常鲜明的阶级性。不同阶级都有自己的思想体系。对立阶级的意识形态是明显对立的。"工人比起资产阶级来,说的是另一种习惯语,有另一套思想和观念,另一套习俗和道德原则,另一种宗教和政治。"① 意识形态既然是生产关系的产物,具有鲜明阶级性,它就为经济基础服务,随基础的变革而变革。

有人认为不是文艺反映经济基础才决定文艺的意识形态性质,而是"艺术与生活的反映与被反映关系决定文艺的社会意识形态性质"②。这是值得商榷的。"经济基础"与"社会生活"是不相同的。"社会生活"内容很广泛,包括生产力、生产关系(经济基础)、政治制度、社会心理。"经济基础"只是社会生活的一个部分。文艺之所以具有意识形态性质,就是由于它反映了生产关系,或首先反映了生产关系。如果不反映生产关系只反映生产力,就

---

① 恩格斯:《英国工人阶级状况》,见《马克思恩格斯全集》第2卷,第410页。
② 何楚熊:《社会心理不是文艺反映生活的中介》,载《广州日报》1991年10月24日。

不具有意识形态性。自然科学之所以没有意识形态性，就因为它不反映生产关系。

现在再来看社会心理的特殊性。意识形态反映经济基础和现实，为什么不以个人意识为中介而要以社会心理为中介？这是由于社会心理的特殊性造成的。社会心理是社会群体的日常意识（包括映象、思想、感情、愿望等）。人们在社会生活中接触各种事物，就产生映象和思想感情。在这些思想感情中有一部分是属于集体所有的，就叫社会心理，有一部分只是个人所独有，就叫个人意识或个人心理。社会上有很多集体，每个集体都有自己的心理，所以社会心理有很多种，"社会心理"只是一个总称。社会心理虽然有多种，但主要的只有阶级、阶层、民族、时代等四种心理。

社会心理不同于个人意识：第一，社会心理是群体典型的心理，是该团体中所有成员不同程度具有的共同心理，它不包括每个人的一切心理因素。一个团体中每个人既有与其他人相同的心理，也有与其他人不同的独特心理。前者是共性，可归入社会心理中，后者是个性，不能归入社会心理。个人一定会有独特的心理因素，因为每个人都有自己的生活经历和个性。社会心理强调团体的整体性，忽略个性，强调人的社会地位及所属阶级、阶层、民族、时代的特征，撇开个人的生活经历、地位等条件。

第二，阶级思想感情是其他社会心理（阶层、民族、时代等心理）的核心，同时也是个人意识的核心，它对人所有思想感情起着支配作用。阶级思想感情是由阶级关系产生的。人们生活在一定阶级关系和社会制度中，经过一段时间以后便逐渐产生一定的阶级思想感情。它比较稳定地积淀在人们的头脑中，不那么容易消失。阶级思想感情一旦形成以后，便成为人们反映现实的折光镜。不同阶级有各自反映现实的折光镜，对各种事物的认识、看法就有所不同。同一事物在对立阶级思想的折光下，会得出两种完全相反的映象和思想来。

不仅对经济关系和政治的反映是这样，就是对自然物的反映也是如此。在不同社会心理的折射之下，会出现大不相同的映象。从一些古文物可以看到，原始和平时期的动物形象与战争恐怖时期的动物形象是很不相同的。仰韶型（半坡及庙底沟）和马家窑型的彩陶中有许多动物形象，如鱼、狗、蜥蜴、鸟、青蛙，还有陶盆里的人面含鱼的形象，呈现出活泼、快活、天真可爱的气派。这些彩陶是原始和平时期的产品，上面的动物形象正是和平安定的社会造成和平欢乐的社会心理的反映。夏商周是奴隶制产生与发展的时代，战争频仍，杀俘、吃人、掠夺，手段极野蛮残忍，造成恐怖的社会心理。反映在青铜器上的人面兽和其他动物形象都十分恐怖。这些动物在自然界中并不存在，这是在当时的恐饰心理折射下产生的动物映象，艺术家根据这种映象造出了青铜艺术。这种动物的恐怖形象是奴隶主阶级用以表现自己的神威，吓唬奴隶和异族的，另一方面又有驱逐邪恶保护自己的作用。

由于阶级思想是人们反映现实的折光镜，不同阶级的思想家及作家就拿着这个折光镜去观察现实，处理历史遗留下来的思想资料，加工创造出意识形态来。哲学、经济学、文艺等就是这样创造出来的。以历史唯物主义为例，正如马克思和恩格斯所说："共产党人的理论原理，决不是以这个或那个世界改革家所发明或发现的思想、原则为根据的。这些原理不过是现存的阶级斗争、我们眼前的历史运动的真实关系的一般表现。"① 历史唯物主义的产生，首先是由于资本主义社会矛盾日益尖锐而产生了工人阶级思想，这是工人阶级认识和反映现存的折光镜。马克思和恩格斯运用这个折光镜，一方面吸收和改造了过去的思想资料——法国18世纪的唯物主义，特别是19世纪上半期的德国古典哲学、英国古典政治经济学、法国空想社会主义、资产阶级历史学家的阶级学说等，另一方面深入研究并反映了当时的社会现实，从而创造了历史唯物主义这一光辉的思想体系。如果不是运用工人阶级思想这一折光镜，即使历史资料再多、现实斗争再尖锐，也创造不出唯物史观来。与马克思和恩格斯同时代的所有资产阶级思想家，面对着同样的现实和历史资料却无法创立这一思想体系。这一思想体系创立出来后资产阶级思想家至今仍不愿也无法接受，他们仍死抱唯心史观不放。

文艺不论什么品种，不论是浪漫主义还是现实主义，不论长篇还是短篇，不论是虚构的还是写真人真事的，都毫无例外地是通过社会心理这一中介去反映现实。

文艺是用具体形象反映现实的，很多现实主义长篇小说如《水浒传》《三国演义》《红楼梦》等，明明是描写了社会矛盾、阶级斗争，而且写得很生动细致。怎么说它们不是直接反映经济和政治呢？这里我们要注意，描写不等于直接反映，间接反映也是要描写的。《水浒传》等作品之所以是间接反映现实，因为它们所写的内容都是经过社会心理这面折光镜折射出来的。同一社会事物在不同阶级思想感情的折射下会得出不同的映象。各阶级的作家就根据本阶级的映象创作出不同的艺术形象来。例如梁山农民起义这一历史事实是客观存在的，但是，进步作家施耐庵根据农民阶级的映象创作出

---

① 马克思、恩格斯：《共产党宣言》，见《马克思恩格斯选集》第1卷，第284页。

《水浒传》，反动作家俞万春根据地主阶级的映象创作出《荡寇志》。这两部作品的人物形象是截然相反的。如果没有阶级心理这一中介作用，就不会出现这种现象了。

以清代社会为描写对象的《红楼梦》，产生于清乾隆时代，正值清朝"河清海晏"的鼎盛时期。但是清代毕竟是我国封建社会末期，它的危机和腐朽已潜伏多时，不过未表面化而已。这时社会上已出现一个具有民主意识的知识阶层，曹雪芹即其中一分子。他们的思想观点与封建统治阶层的思想是大相径庭的。正是这种民主意识才能认识到清代社会的危机和衰败。《红楼梦》就是曹雪芹用民主意识这一折光镜反映现实的结果。当时统治阶层是决不会有这种认识的，因为他们的思想是封建主义思想，这种思想只能折射出另一种社会映象，其御用文人会通过幻想编造出一个繁荣美妙的社会景象来，以安慰自己和欺骗别人。"贾府中兴""红楼园梦"等不就是属于这类幻想吗？

在意识产生过程中，个人意识也起一些作用，但不能象阶级意识那样能使同一事物产生两种完全不同的映象和思想体系，它至多只能使反映的结果具有一些个性而已。例如许多现代作家都写过反封建的作品，由于他们都是进步阶级作家，用的是进步阶级思想的折光镜，所以他们的作品基本点是相同的，都反对封建礼教，写出它吃人的本质，同情被害者，赞扬反抗的人。但是，这些作家各人生活道路和个性不同，有不同的个人意识，这就使他们的作品各有个性特色。在题材、人物、故事情节、创作方法、表现技巧和文学语言等各方面都有所不同。例如鲁迅与郭沫若，一个是现实主义大师，喜欢对社会黑暗作冷静的剖析，无情的批判；一个是浪漫主义巨匠，喜欢展示未来理想，对反抗者及其精神热情歌颂。但不管他们的作品有多大差异，都没有超出革命阶级意识形态范围。

由此可见：文艺反映经济基础和现实的中介不是个人意识而是阶级意识，也可以说这个中介不是"个人头脑"而是"阶级头脑"。人们说意识形态直接反映经济与政治的时候，也并不否认要经过头脑的作用。只不过仅仅看到头脑中的个人意识，看不到里面还有阶级意识也在起作用，而且起决定性作用。如果说在意识形态产生过程中个人意识也算是一个折光镜的话，那么阶级意识就是最重要的第一级折光镜，正是它才使一些意识形式具有意识形态性质。个人意识只是第二级折光镜，它的作用是使意识形态作品个性化，使同一种意识形态形式具有多姿多采的品格。也许正是由于这个原因，过去大家虽已看到个人意识的折光作用，但仍然说意识形态直接反映经济基础，文艺直接反映现实。

使一种意识形态形式多样化是重要的，特别是文艺尤为重要。因为文艺是用生动形象反映现实，专供审美之用，必须具有多样化个性化，没有个性就成了公式化概念化作品，就没有欣赏价值。所以我们说社会心理是文艺反映现实的折光镜，决不否定个人意识在反映过程中的作用。

意识形态产生的全过程应该是这样：经济与政治—社会心理—个人意识—意识形态（包括文艺）。而不是：经济与政治—个人意识—意识形态（包括文艺）。没有社会心理的折光镜作用，意识形式是成不了意识形态的。我们既要看到树木又要看到森林；不要只见树木不见森林，只见个人意识的作用不见社会心理的作用。

也许有人觉得不好理解，人的头脑只有一个，什么意识都存放在这个头脑中，你中有我，我中有你，哪里分得出哪些是阶级意识哪些是个人意识？我以为它们虽然都存放在人的头脑中，一个人同时可以拥有阶级意识与个人意识，但二者是不同的，可以分辨得出来的。第一，阶级意识是整个阶级所有成员共有的意识，个人意识只是个人独有的意识。第二，阶级意识是可以存在于个人头脑之外的，是客观的东西，个人可以获得它，也可以失掉它。个人任何时候都有个人意识，只有死人才没有。但并不是任何时候都有他原来本阶级的意识。随着阶级意识的改变，他的阶级归属就由一个阶级转到另一个阶级，他就不再是原来那个阶级的代言人了。

以上我谈的社会心理主要是阶级心理，对民族心理、时代心理、阶层心理都未谈，它们也可以分别作为意识形态特别是文艺反映经济与社会现实的折光镜。它似是有各自的特色的，但作为一种中介的折光作用，其基本原理与阶级心理相同，所以这里就不再一一论述了。

三、社会心理是文艺直接反映的内容

社会心理的中介作用，不仅表现在它是文艺反映现实的折光镜，而且它同时又是文艺反映的内容。社会心理中的映象是创造艺术形象的直接原料。现实主义的艺术形象就是用这种原料加工创作而成的。这一点前面已论述过。社会心理中的思想感情、理想等，是所有艺术都要表现的。这里有三种情况：

第一，以再现客观事物为主的现实主义艺术，也表现了社会思想感情，如《水浒传》就表现了当时广大被压迫人民的思想感情和愿望。在它所描写的人和物的系列形象中就包含着人民的思想感情。

第二，有些文艺种类虽然也描写了事物的形象，但这些形象都不是现实中所有的，只是人们用想象和幻想编织成的，只存在于人们头脑中，只是人们一种理想和愿望，浪漫主义艺术就属于这类作品。理想愿望就是社会心理的一个内容。

第三，有些艺术并不描写和再现现实中的事物，只表现社会情感。如工艺美术和建筑艺术。近一年多来，北京对"文艺是不是意识形态"问题展开了十分热烈的讨论。问题的提出主要是从工艺美术和建筑艺术反映的内容开始的。有人认为这种艺术并不反映经济基础，所以文艺不是意识形态，因为意识形态必须反映基础。很多人都反对文艺不是意识形态的说法，但对这二种艺术是不是意识形态避而不谈，有的人为了要说明这个问题，把艺术分为观念形态的艺术和物质形态的艺术（即工艺美术和建筑艺术），后者不反映现实，所以工艺美术与建筑艺术不是意识形态。争论不休的双方竟然得出相同的结论。这种观点是错误的。

工艺美术和建筑艺术都是意识形态。它们虽然不直接描写及再现经济基础和社会现实，但却表现了社会心理，通过社会心理间接反映与描写了现实。"建筑以自己的用途的性质、空间和立体丰富的形式、比例的表现力，揭示出社会精神、阶级的思想感情。北京故宫的根基厚大，形体厚实，表现出庄严、不可动摇的气派。四合院民房封闭性的空间，四平八稳，各房间布置井然、低矮，反映了封建社会自给自足生活的封闭性、上下尊卑的等级秩序、安静缓慢的生活节奏等。天主教堂尖顶高耸，阴森而宽阔的内部空间，表现出神秘的宗教气氛。建筑所表现的内容主要是精神状态，它不象绘画、文学那样明确具体，较为空泛朦胧，它表现的是社会集体的思想情感，而不是具体的个人的思想感情。"[①]

工艺美术和建筑艺术一样都是社会心理的直接反映，主要是社会情感和审美情趣的反映。这种情感和情趣是由社会经济与政治现实中产生的。例如服装设计就是一这工艺美术，改革开放以前，我国的社会风气古朴、庄重、呆板、保守、单调。这在服装上就表现出来：服装品种很少，一律是蓝色或灰色，长期不变，老少均同，就显出单调、保守。这种情调和风气正是当时经济与政治的产物。改革开放以来，我们的服装起了大变化：样式和颜色多姿多采，显得开放、活泼。故新时期以来的服装总体上正好表现了开放、改革、活泼、奋进、明快的时代精神。

---

① 陆一帆：《新美学原理》（修订本），第160页。

总之，工艺美术和建筑艺术都是意识形态。它们虽然不直接反映经济和政治，但是却通过社会心理间接反映了经济和政治。间接反映也是一种反映，虽然不描写那个事物，但可以通过中介物去间接反映，如象征艺术、音乐、有些舞蹈，都是通过甲物表现乙物的。间接描写也是文学常常采用的手法。

（原载《学术研究》1992 年第 2 期）

走向文化美学

胡经之

也许仅只是我的一种直觉印象。我感到,文艺学或艺术学在近几年正在向两个方向发展:音乐、舞蹈、美术、戏剧、影视等的研究越来越趋向门类专门化,音乐美学、舞蹈美学、戏剧美学等越来越深入探索不同艺术独具的艺术奥秘,各自遵循的"自律"。但是,对文学的研究,却越来越趋同于文化普适化,把文学与整个文化融合起来,逐渐向文化研究转移。

本来,多年前就知道西方当代美学早已出现向文化研究转移的趋向,没有想到,这种趋势很快在我们这里也出现了。

有朋自远方来,畅谈之后更加深了我的这种印象。多年不见的香港中文大学美学教授王建元博士前不久来访,他的一番宏论使我越发感到,我们这个时代的变化真是太快。这位在台湾曾以研究"雄浑""崇高"著名的美学博士,坦率告诉我,他现在不研究抽象的美学问题了,已经转向文化研究,关注很具体的文化现象,如:西方文化如何影响香港文化,香港如何应对迪斯尼落户,等等。

当然也有不同声音。就在香港同一学校都是朋友的美学教授刘昌元博士就不以为然。在最近一次美学的国际研讨会上,他宣读一篇长长的美学论文,还是探讨美学的基本理论问题。他对我说:美学自身的基本问题,不能由文化研究所替代。他还将继续作美学沉思,不想转移。他对美学的执着,令人敬佩。

我却觉得,美学、文艺学的这两种发展趋势,相反却又相成。自上而下,由下而上,应可互补,关键是如何将两者结合起来,促成新的整合。

我向来十分敬重哲学美学,但我不满足于仅对审美作哲学结论,而希望美学能解释人类具体的审美和创美。艺术创造和艺术审美,乃是人类审美现象中的一种独特形态,和自然审美、文化审美相比,有其独特的性质和规律。因此,在20世纪80年代初,我热切期盼发展文艺美学或艺术美学,创办《文艺美学丛刊》,和叶朗、江溶倡编《北京大学文艺美学丛书》,参与王朝闻主编的《艺术美学丛书》。如今,文艺美学的发展成了文艺学中的一个学科，绘画美学、音乐美学、电影美学等也都在向更纵深的层次发展。我想，文艺美学或艺术美学还应有新的发展。

但是，文艺美学或艺术美学并不要也不能代替哲学美学。审美学的领域广阔得很，它至少应对这两类审美现象作出理论概括：一是对自然的审美，二是对文化的审美。艺术创造和艺术审美，只是文化现象的一种。

大自然为人类带来了连绵不尽的美感。我们赞叹大自然之美，鬼斧神工，自然天成，不由人力所致，具有独特的魅力。随着人类实践领域的扩展，人在大自然中越来越多地发现天然之美；但伴之而来的自然生态环境日益恶化，天然之美也越来越显得珍贵。中国传统美学对天然之美情有独钟，对自然审美有许多真切的体会和精辟的描绘。但对自然如何审美和自然本身怎么会美究竟不是同一回事。对自然本身之美至今尚未有一个合理的符合实际的解释。物种自然属性说、人的本质力量对象化说，都不能令人满意。还是马克思的价值论可以把我们引向对自然美的更合理的解释，似应大有可为，且可发展为一门新的学科：生态美学。前两年，我在主编《人与自然》丛书时，就期盼《生态美学》的早日出现。

但人生活在这个世界上，已不可能完全回归自然。我们每个人都已不可能脱离人自己创造出来的文化世界。在作为主体的人和作为客体的自然不断相互作用的过程中，自然不断在人化；人和人的相互作用的发展，使主体间的关系更为复杂多样；个体自我本身和周围环境的相互影响，使得个体世界也越来越丰富复杂。物和物、人和物、人和人的相互作用都在影响着个体世界。

我们可以把文化区分为物质文化和精神文化，但任何文化都是处于一定人文关系中的人的活动的结果，人化的产物。对于我们生活于其中的文化世界，我们可以从不同的角度去对待，但我最感兴趣的还是如何从美学的角度来审视。我们需要各种各样的文化研究，我更希望走向文化美学。

文化之美是人所创造的美，不同于天然之美。美，并非都是人的创造；劳动创造出来的，也并非必美。确实，劳动也在创造着美。如果人能按照美的规律来创造，人类就能创造出美。但是，如果人类劳动违反了美的规律，创造出来的就不一定美。人的本质力量的对象化，未必都美。人间有多少假、丑、恶！这不都是人的自我异化活动中滋生出来的吗？那末，人间的文化创造，怎样才能符合美的规律，这是文化美学必须回答的首要问题。进一层，人间的文化创造，并不只是仅为满足审美需要而展开的，很可能首先是为满足实用需要，甚至可能把交换需要放在首位。这样，文化产品的实用价值、交换价值、审美价值应是什么结构关系,这也是文化美学必须回答的问题。还有,对文化的审美,和自然审美、艺术审美是怎样的关系,它们之间的联系和区别,这涉及更为复杂的审美标准、审美理想等,亦应是文化美学不能回避的问题。

人,更应成为文化美学关注的中心。人是万物的尺度,万事万物之所以有美丑,乃是因为它们对人来说具有肯定还是否定的客观价值。人类之所以要创造文化,乃是因为自然不能完全满足人。人生活在这世界上,不仅只是为了生存,还要求发展,更要完善。所以,人要按照美的规律来创造文化,不断在创造中自我完善,成为自由而全面发展的完整的人,和周围环境(既有自然环境,又有人文环境)达到动态平衡。当然,人的自由本性的发展,人的理想人格的建立,人和环境的动态平衡,是不断发展的历史过程。马克思在1857—1858年写的《经济学手稿》中,曾这样论述人如何从现有环境中获得自由的历史过程:先是"人的依赖关系"的时代,个体不能独立,只能依赖于人才能生存。二是"以物的依赖性为基础的人的独立性"的时代,个体从人的依赖关系独立出来,却又堕入依赖于物的关系之中。三是"建立在个人全面发展和他们共同的社会生产能力成为他们的社会财富这一基础上的自由个性"的时代。(《马克思恩格斯全集》第46卷上,第104页)

"人的依赖"时代,就是我们所说的前现代。"物的依赖"时代是包括现代、后现代的整个现代化时代。而"自由个性"的全面发展,有待未来的理想时代。每个时代,都有自己的文化,文化美学应该面向自己时代的文化现象。

我们这个国度,现正处在社会主义初级阶段,正在为实现社会主义现代化而奋进,目标自然是朝着"自由个性"方向全面发展。但中国地广人多,各地发展极不平衡,广大的西部地区,基本还在由前现代向现代转化。就是沿海发达地区,也还在为基本实现现代化而奋斗,前现代的文化现象也还到处可见。而西方却已舶来后现代文化。这样,我国目前的文化现象,极为错综复杂。我们急需对现代化过程中涌现出来的错综复杂的具体的文化现象作文化研究。也需要及早对文化发展作宏观审视,从整体上关注文化发展的美学方向。

文化美学、文化研究,两者相辅相成,相联系而又各有区别。在我国,都应受到重视,都该得到发展。

关于文化研究,美国学者卡勒教授在《文学理论》(牛津大学1997年版,辽宁教育出版社1998年版)一书中曾有较为精辟的评述。文化研究在西方从 20 世纪 60 年代兴起，但其实在 19 世纪就已有萌芽。从歌德、卡莱尔、爱默生的时代就出现了一种新型的著作。它既不是评介文学作品，也不是思想史，也不是哲学、社会学，而是所有这些融为一体，形成一种新的类型。到了 20 世纪的 60 年代，从事文学研究的人开始研究文学之外的著作。文化研究已经不只是对文学作研究，而是涉及广泛的社会领域，用卡勒的话说，它"包括人类学、艺术史、电影研究、性研究、语言学、哲学、政治理论、心理分析、科学研究、社会和思想史，以及社会学等各方面的著作"（第 4 页）。发展到 90 年代，文化研究成了人文科学一项主要活动。文化研究的对象，已扩展到整个广义的文化领域："令人吃惊的是，随着文化研究的发展，已经说不清它究竟跨了多少学科。"（第 45 页）文化研究已近包罗万象，从莎士比亚到肥皂剧，从弥尔顿到麦当娜，从失乐园到迪斯尼，高雅文化和通俗文化，过去文化与当今文化，都在文化研究视野之中。

　　文化研究是从文学研究发展而来，那末，文化研究兴盛起来之后，还需要文学研究吗？文化研究和文学研究是什么关系？文化研究有利于文学研究的深入。按卡勒的说法，"文化研究因为坚持把文学研究作为一项重要的研究实践，坚持考察文化的不同作用是如何影响并覆盖文学作品的，所以它能够把文学研究作为一种复杂的、相互关联的现象加以强化"（第 50 页）。但是，文化研究并不能替代也不会取消文学研究本身。文学研究应该深入研究作为艺术文化之一的文学的特殊性："文学研究关注的要点正是一部作品与众不同的错综性。"如果不能掌握文学的特殊性，而只停留在文化的一般性，"文化研究很容易变成一种非量化的社会学，把作品作为反映作品之外什么东西的实例或者表象来对待，而不认为作品是其本身内在要点的表象"（第 53 页）。所以，卡勒在这部《文学理论》中，主要还是在阐释文学的特殊性，语言、修辞、叙述、意义、解释等仍然是主题。

　　我国的文化研究也在近几年兴起。我们也有了《文化研究》杂志，还有好些刊物所登的文化研究文章也多了起来，关注文化热点，分析文化现象，涉及教育、家庭、男性、女性、扶贫、下岗、腐败、污染、色情、暴力、黑社会、全球化等等，都是社会关注的现实问题。我们的美学也在面向现实，剖析当代审美文化现象，出现了多部研究当代审美文化的专著，使人耳目一新，令人鼓舞。依我看，美学如能面对当下现实，更多关注文化现象，进一步发展，正可走向文化美学。

　　无疑，文化美学首先应关注当代审美文化。但当代审美文化并不只限于大众文化，高雅文化当亦在其列。文化美学可以通过对高雅文化和通俗文化的研究，探索当代文化如何走雅俗共赏之路。不只是当代审美文化，就是非审美文化也应列入文化美学的视野。艺术文化之外，政治文化、道德文化、科技文化、教育文化等也应得到文化美学的关注，从美学上加以审视、评析。研究领域因现代化的发展而日益扩大，这正是文化美学和文化研究相近之处。然而，西方在解构主义、反本质主义兴起以来，文化研究关注具体问题的具体分析，从一个具体问题引发出思考。像福柯的《性态的历史》，就把"性"放在具体的历史中来评说，说它是由一系列社会实践、话语实践共同造成的。人们"把原本相去甚远的、各个不同领域里的东西：一些我们认为与性有关的行为、心理的区别、身体的部位、心理的不同反应，还有最不同的社会意义，组合到一个统一的范畴之内（即'性'）"（同上第6页）。文化美学也要重视具体的文化现象，并从文化研究中吸收养料；但更应重视归纳，从众多的文化现象作出的分析中，从美学高度进行思考，作出理论概括，走向文化美学。

（原载《学术研究》2001年第1期）

艺术典型探讨

郭正元

近来，文艺界重新注意了艺术典型问题。一些文艺刊物先后发表了阐述艺术典型或典型人物塑造的文章。① 随着"四人帮"及其谬论被扫进垃圾堆，随着新时期发展社会主义文艺创作的需要，必须从新探讨艺术典型的性质及其创作规律。这对于进一步肃清"四人帮"主观唯心主义的创作理论流毒，提高我们文艺创作的思想艺术质量，都是很有必要的。艺术典型的塑造，历来是文艺创作的重要课题。塑造出揭示一定时代斗争生活本质和必然性的各种典型人物，是一个阶级文艺成熟的重要标志。二十世纪五十年代末、六十年代初，在党的革命文艺路线指引下，我国革命文艺工作者塑造了一大批光彩夺目的典型人物。象朱老忠、严志和、林道静、梁生宝、梁三老汉、杨子荣、"座山雕"、韩英、刘闯、"彭霸天"、江姐、吴琼花、"南霸天"、李双双、喜旺、乌豆、节振国、李玉和、鸿山、阿庆嫂、刁德一等等，这一大批典型人物的涌现，标志着我国社会主义文艺日益成熟。今天，在粉碎"四人帮"以后，在华国锋同志为首的党中央率领我们进行新长征的进军中，我们的社会主义文艺更要努力塑造更多的无产阶级文艺的艺术典型，深刻而强烈地反映我们的伟大时代和伟大的斗争。

一

什么是艺术典型？它的本质特征是什么？这关系到文艺创作与文艺批评的实践问题。现在有些同志把艺术典型理解得十分广泛，将它同一般艺术形象等同起来。例如，有人把鲁迅小说《一件小事》里的人力车工人、《药》

---

① 见复旦大学《文学概论》教材组蒋孔阳执笔的《典型、典型化、典型环境》，载《上海文学》1978 年第 7、8 期；陈鸣树：《论鲁迅小说的典型化》，载《社会科学战线》1978 年创刊号，第 309–321 页；上海文艺出版社 1978 年 1 月出版的《文艺论丛》第 2 辑选载王朝闻所作《论凤姐》第七章《我又不等着"含口垫背"的——细节描写与典型化》等。

里的夏瑜等人物形象，也称为某个阶级或某种人物的艺术典型，在批判"四人帮"的阴谋文艺时，有人把《反击》里的韩凌也说成是"典型"，这就使艺术典型成为艺术形象的同义词了。这对社会主义文艺创作的提高不能起到促进作用。

最近发表的复旦大学《文学概论》教材组蒋孔阳同志执笔的《典型、典型化、典型环境》一文认为，"通过个别反映一般，通过具体的艺术形象反映普遍的社会规律，是典型的基本特征"，这里指出，典型人物是要反映"社会规律"的。这对于划清歪曲生活本质和正确反映生活本质的艺术形象的界限，纠正上述理论批评上的一些误解是有帮助的。但是，这种说法还很难说就是艺术典型的准确规定。因为它还没有把一般的艺术形象同典型形象区别开来，所以还是值得商讨的。

六十年代初，我国文艺理论界热烈讨论过艺术典型问题。当时，对艺术典型的性质（或基本观点）看法纷纭。有同志归纳过，竟有十一种之多。① 从这些意见看，基本上有三种认识艺术典型性质的途径。

一种是何其芳同志的意见。他认为研究什么是典型人物不仅要考察典型人物的全部性格，而且要看典型的共性在现实生活中的作用和效果，看它能否在社会上起一种"共名"作用。他说，"文学上的许多典型人物，特别是那些影响很大的典型人物，都不只是有他们隶属的阶级和阶层的共性，而且有他们性格上最突出的特点，这样一种共性，甚至我们讲他们的典型性常常就是指的这后一种共性"。象阿Q精神、堂吉诃德精神，我们遇到有阿Q精神的人就称之为阿Q，遇到有主观主义的人就称之为堂吉诃德，"这种作用和效果正是检验作品中的人物的典型性的高低的一种不可缺少的依据"②。这种意见，指出了艺术典型要有比较突出的具有普遍意义的性格特点，因此能够发生相当广泛的社会作用，是有助于把艺术典型同一般的艺术形象区别开来的。但是，这种意见把阶级社会典型人物的典型性说成"常常"指的是一种典型人物阶级性、阶层性以外的"性格上最突出的特点"，这就不能揭示出阶级社会中艺术典型的根本性质，也不利于社会主义文艺的典型塑造。这种说法，其实并不符合艺术典型的实际。好像阿Q之所以成为一个享有世界声誉的艺术典型，不是因为它强烈地表现了半封建半殖民地社会里，贫苦农民

---

① 见韦纮：《略述关于典型人物的几个问题》，载《文学评论》1963年第4期，第98-110页。

② 何其芳：《文学艺术的春天·序》，作家出版社1964年版。

的某种历史本质和必然性，即他们深受剥削、侮辱和压迫，要求反抗又无法进行有力的抗争，从而提出了资产阶级民主革命的重大课题。这又怎能正确地说明阿Q这个典型的思想艺术意义呢？实际上，何其芳同志是把典型人物的典型性和个性混同起来了。不错，阿Q的精神胜利法是阿Q典型性格最突出的特点。这种特点，曾经使这个典型在社会上产生很大影响。但是，第一，阿Q的精神胜利法应该看成是阿Q这个典型人物的个性。这种个性使阿Q同祥林嫂、闰土以至孔乙己等鲁迅小说的其他艺术典型区别开来。如果我们不这样来理解典型人物的个性，那末，典型人物就不存在个性了。因为从辩证法的观点看，"任何个别（不论怎样）都是一般。任何一般都是个别的（一部分，或一方面，或本质)"①。歌德在讲到文艺要把握和描写特殊事物和个性时也说过："每一个性格，不论它有多怪，每一件被描写的事物，从石头一直到人，都有一般性，因为一切事物都一再重复，世界上没有一样东西只存在一次。"② 我们只能在一定的界限里区别事物的共性与个性，区别典型人物的共性与个性。这就是在典型人物的相互比较中去认识典型人物的个性，再从个性所反映的社会生活、阶级斗争本质认识它的共性。第二，何其芳同志讲到产生"共名"作用的原因时，把不同阶级人物身上都可以见到的某些"性格特点""精神状态"，说成是不同时代不同阶级都有的"精神""性格"，如"阿Q精神""主观主义""有智慧有远见"等。这就把社会意识形式和社会意识两个不同的概念混同起来了，在理论上会导致错误的结论。大家知道，《共产党宣言》在批驳资产阶级学者对共产主义学说的责难时曾经指出，在阶级对立的社会里，"不管这种对立具有什么样的形式，社会上一部分人对另一部分人的剥削却是过去各个世纪所共有的事实。因此，毫不奇怪，各个世纪的社会意识，尽管形形色色、千差万别，总是在某种共同的形式中运动的，这些形式，这些意识形式，只有当阶级对立完全消失的时候才会完全消失"③。这就是说，在马克思主义看来，"社会意识"和社会意识的"形式"是两个不同的概念，由于阶级压迫和剥削是过去各个世纪所共有的事实，人们的社会意识是会在"某种共同的形式中运动的"。但是，作为"社会意识"，它却是"形形色色、千差万别"的。这也就是毛泽东同志在《新民主主义论》里说，"在阶级存在的条件之下，有多少阶级就有多少主

---

① 列宁：《列宁选集》第2卷，第713页。
② 爱克曼辑录：《歌德谈话录》，载《世界文学》1963年11月。
③ 马克思、恩格斯：《马克思恩格斯选集》第1卷，第271页。

义"① 的意思。可见,不应该认为存在不同时代、不同阶级都共有的"阿Q精神""主观主义""有智慧有远见"。这是马克思主义与形形色色的资产阶级唯心论、人性论的原则分歧。典型人物的性格也属于社会意识的范畴。在阶级社会里,由于阶级对立是各个世纪共同存在的事实,也会表现出某种相似的性格形态(或者说性格特点),比如作战勇猛、贪婪吝啬、被打击被欺侮无法反抗而从幻想的胜利中聊以自慰等等,这些性格形态在不同时代不同阶级的人物身上是会有所表现。这就是产生"共名"作用的原因。但是作为具体的人物性格,它们总是历史的具体的,在阶级社会里,总是具有阶级的生活内容及其烙印的。不这样看,我们就很难使典型塑造深入概括生活的内在本质,这对于社会主义文艺的典型塑造也是极为不利的。此外,"共名"作用,不应夸大为检验典型性高低的依据。因为所谓"共名"作用,是一种比较复杂的社会现象。它受到阶级斗争和文艺欣赏者许多主观条件的制约,有很大的主观随意性。毛泽东同志就曾经在他的著作中,从正面和反面的意义上引用过孙悟空这个典型形象来说明革命的道理。历史上,有的艺术典型,象高老头、安娜·卡列尼娜、《死魂灵》里许多地主的典型形象,以及我国当代文艺作品里的朱老忠、韩英、战长河等,不见得都在社会上发生过广泛的"共名"作用,是不是这些人物形象的典型性就不高,甚至不成其为艺术典型呢?再说,有的艺术典型如哈姆雷特、罗密欧、朱丽叶、少年维特,只在一定历史时代,甚至越出国界,在广大范围中产生影响,而随着时间的流逝,它的"共名"作用也就淡薄或消失了。起码在社会主义社会里,人们是很少引为"共名"的。那是不是这些艺术典型的典型性,又随着时间的推移降低了以至不存在了呢?很明显,所谓艺术典型的"共名"作用,常常是人们对文艺作品的一种借鉴教育作用,它很大程度决定于借鉴者的现实需要。我们不能从艺术典型这种外部作用上去探求艺术典型的性质。

第二种意见,以蔡仪同志为代表,力图从艺术典型性格本身去揭示艺术典型的性质。他把典型人物的个别性和普遍性,看成典型性格构成的两种因素或成分,典型的个别性与普遍性的统一,便是这两种因素或成分的"结合"。所以蔡仪同志在《文学艺术中的典型人物问题》② 一文里,就不用历来个性和共性的概念去说明艺术典型的性质。那么,什么是艺术典型的"普遍

---

① 毛泽东:《毛泽东选集》四卷合订本,第 648 页。
② 蔡仪:《文学艺术中的典型人物问题》,载《文学评论》1962 年第 6 期,第 1 – 18 页。

性"因素和"个别性"因素呢？蔡仪同志把典型的个别性说成是人物的一些具体思想言行表现。比如阿Q，就是他在癞疮疤被嘲笑时，报复说"你还不配"，被赵太爷打了耳光以后，自己在心里想"儿子打老子"，这些"具体的言语、行动、作风、气派、心理状态和生活习惯等等"，"带有阿Q这个人独特之点的东西"；而普遍性就是这一切所集中表现出来的"性格核心或基本之点"，即"精神胜利法"。所以蔡仪同志认为，文学艺术中典型人物的普遍性，"固然都和阶级性有一定的关系，有的也可以在一定意义上说就是阶级性，但是却不能说就是阶级性，也许是一种比较狭小范围的普遍性，也许是一种更广泛范围的普遍性"。这种意见同何其芳同志一样，都说明艺术典型必须集中表现一种"性格核心或基本之点"，而这种"性格核心或基本之点"不能简单地同人物的阶级性划等号。但是，照这种说法，典型人物的个别性和普遍性就成了具体行动表现与抽象性格概念的区别。个别性是典型人物表现的种种具体思想、行为；普遍性就是脱离了这些具体思想、行为表现的性格概念。这又会引起种种谬误和困难。当时就引起了一些同志的非议。李泽厚同志在《典型初探》①一文中指出："这种说法把典型的共性或普遍性最终归结为某种不同时代、阶级所共有的社会性格的类型性，这种性格类型虽然说是与阶级性有关，但主要的方面，即它所以成为典型所具有的普遍性方面，实质上却是一种超脱了特定具体的阶级内容的心理或性格的一般，……用'某种相同的社会生活条件下'的性格一般来替代典型特定具体的时代阶级内容，从理论上看，这种说法容易引向危险的结论。"李泽厚同志的这种评论，我认为是很有道理的。这也说明，把一种典型性格区分为"普遍性""个别性"两种构成因素，必然会把人物性格抽象化，在理论上陷入难以解脱的困境。从创作实践来看，艺术典型的塑造，也不是把人物的个别性和普遍性分成两个方面去把握，然后在典型人物塑造时，把两者"合成"在一起，更不是把握了一种普遍性的性格概念，而后寻找一些具体的人物思想、行为去加以表现。这样创造出来的典型人物，会是概念的图解或杂凑，很难说是成功的艺术典型。

李泽厚同志在文章里提出了另一种把握艺术典型性质的途径，这就是从本质必然和现象偶然的联系上去认识典型性格的共性与个性，以及两者的统一。他根据马克思主义辩证唯物论"'一般'即'本质'"的观点，论证了艺术典型的基本特点是："这是一定本质必然的规律性获得充分发展或突出

---

① 李泽厚：《典型初探》，载《新建设》1963年第10期。

暴露的事物或现象。"就是说，艺术典型的共性是指它的典型性格所表现的一定历史时期阶级关系和阶级斗争中的本质和必然性，并且这种本质和必然性是要"获得充分发展或突出暴露"；艺术典型的个性就是表现这种时代阶级关系和阶级斗争本质必然的"偶然"和"现象"。从这种看法出发，他认为艺术典型所体现的阶级性并不一定是这个阶级的阶级性的全部，甚或也并不一定是这个阶级的主要属性、方面、特征，而可能是它的某一属性、方面、特征，甚至是非主要的属性、方面和特征，但是，只要这种属性、方面或特征"是特定历史时期的阶级关系和阶级斗争中的本质必然问题，或与整个社会发展和阶级斗争是有本质必然的联系，它就可以具有典型性质，具有一定的社会普遍意义"（重点是原有的——引者）。这种意见是在更深刻的辩证逻辑范畴上，揭示了艺术典型的根本性质，因此也就在理论上有助于我们深刻认识典型人物共性、阶级性与个性的关系，避免了形而上学的理解。这对于文艺创作塑造有高度典型意义的艺术形象是有促进作用的。但是，我觉得这种意见也有其疏漏之处。即这种对艺术典型基本特点的概括，忽视了作为艺术典型的特殊性质。它没有指明要通过突出的性格概括和塑造去体现生活的本质和必然性。因此，还未能把艺术典型同一般的人物形象和客观典型事物区别开来。这样，这种意见也还未能完全揭示艺术典型的根本性质。

以上三种认识艺术典型性质的途径虽各有不足的地方，但都有其正确的方面。今天我们探讨艺术典型的性质不应忽视其中的宝贵意见。

二

艺术典型塑造的理论和实践，并不是一成不变的。文艺史告诉我们，不同时代、不同阶级、不同艺术方法的作家都有不同的典型塑造原则和实践。例如，旧时代的作家，包括我国新文化的主将和旗手鲁迅先生，他们生活在人剥削人、人压迫人的旧时代，他们从一定社会阶级斗争生活出发，概括了某些不同时代、不同阶级都可以看见的性格形态（或特点），塑造具有相当广泛普遍意义的艺术典型。但是，今天，在社会主义时代，我们能突出强调塑造那种不同时代、不同阶级人物都有的性格形态吗？我们需要塑造无产阶级的英雄典型来反映我们的时代精神、阶级本质和必然性。马克思在批评费尔巴哈的时候说过："哲学家们只是用不同的方式解释世界，而问题在于改变世界。"① 我们研究历史上艺术典型的塑造经验，同样不能停留在说明艺术典型的种种现象，而是要从中找出带根本意义的规律性的东西，作为我们无产阶级文艺塑造各种艺术典型的借鉴。

　　从文艺史的发展情况看，艺术典型的塑造经历了一个从强调人物的普遍性到强调个性特征、从强调类型定型概括到个性刻划的发展过程。古希腊亚理斯多德是强调普遍性和进行类型定型概括的。他在《诗学》里指出："诗所描述的事带有普遍性，历史则叙述个别的事。所谓'有普遍性的事'，指某一种人，按照可然律或必然律，会说的话，会行的事，诗要首先追求这目的，然后才给人物起名字；至于'个别的事'，则是指亚尔西巴德所作的事或所遇的事。"② 这是欧洲文艺理论史上，关于人物描写共性和个性统一原则的朴素表述。它的侧重点是人物要根据普遍的规律性进行描写，这是"诗首先追求"的目的。而且，亚理斯多德这里说的普遍性，指的是"某一种人"的普遍性，也就是要进行类型概括。他在具体讲到人物性格描写时，就认为最重要之点是描写"善良"的性格，要求性格描写"适合"男人、女人、奴隶、贵族的身份，要与传说中的人物性格"相似"③ 等等。这种强调人物表现类型定型普遍性的要求，反映了确立奴隶制统治和等级秩序，需要思想上的统一和伦理道德上规范化的时代要求。从文艺创作上看，它揭示了文艺创作和人物描写要反映规律性、普遍性的性质，是促进文艺创作深入地反映生活的。但是，这种理论没有也不可能从阶级和阶级斗争的本质和必然性上去认识普遍性。对个性、个别事物的形而上学理解和轻视，也会造成创作上人物的概念化、类型化。以后，贺拉斯是继承了亚理斯多德的思想传统的。他把人物普遍性的类型概括观点进一步发展，形成一套更明确的理论原则。这也是同整个古典主义的文艺创作原则，要适应确立封建的中央集权制，个人要服从社会、国家利益，要尊崇"理性"等需要相一致的。在这种理论指导下，进步的作家也创作了不少有思想艺术意义的艺术典型。这种理论原则，一直影响到十八世纪启蒙运动的一些代表人物。近代资本主义进一步发展，资本主义的自由竞争和资产阶级革命的兴起，要求文艺表现个性解放的要求和个人情感的激荡，浪漫主义文艺便冲决古典主义的罗网，强调描写"个性特征"。明确提出以"个性特征"来代替抽象理想的是德国十八世纪的古代

---

① 马克思、恩格斯：《马克思恩格斯选集》第 1 卷，第 19 页。
② 亚理斯多德、贺拉斯：《诗学·诗艺》，人民文学出版社 1962 年版，第 29 页。
③ 亚理斯多德、贺拉斯：《诗学·诗艺》，人民文学出版社 1962 年版，第 47 页。

艺术研究家希尔特。他在同另一位研究古希腊美术的学者文克尔曼论战时指出："古代艺术的原则不是客观的美和表情的冲淡，而只在个性方面有意义和显现特征的东西。"① 他们的争论实际上是从对古代艺术原则的解释中，确立现实的文艺创作新原则。以后，这种强调"个性特征"的文艺创作原则，就成了浪漫主义和现实主义作家典型人物塑造中的重要要求。十九世纪中叶以后，随着资产阶级走向反动没落，出现了唯美主义、自然主义等文艺思潮，完全否定典型化。但批判现实主义文艺则仍然坚持和发展着塑造有鲜明个性特点的典型人物的理论和实践。文艺史上这些变化和发展首先向我们表明，艺术典型塑造的理论和实践是受时代、阶级斗争、社会思想和文艺流派思潮的深刻影响的。不同的审美理想和艺术方法又直接影响到艺术典型塑造的特点。但是，我们也应该看到，人物塑造从强调普遍性的类型概括到强调"个别特征"，也表现出人们对艺术创作规律的把握愈来愈深入了。文艺通过个别反映一般，强调通过个别性去体现普遍性，这是文艺创作的基本规律所要求的。资产阶级的积极浪漫主义和现实主义关于典型塑造的这个理论原则，我们不必根本抛弃，而要在马克思主义的世界观指导下，揭示个别性与普遍性的深刻联系，以及普遍性的深刻内容。马克思主义诞生以前的典型塑造理论，都不能历史地具体地揭示共性的深刻内容。黑格尔虽然对典型人物性格的塑造问题，提出了许多深刻的辩证的见解，作出了有益的贡献，但他的客观唯心主义思想体系决定他是从抽象的概念出发，要求通过感性形象去显现那个先验的"理念"。更要注意的是，马克思主义以前的典型塑造理论都是建筑在"人性论"的思想基础之上的。所以不管是强调类型性格的概括或"个性特征"的描写，它们都是抽象地去把握人物性格的共性，甚至鼓吹表现人类的"普遍情感"和"共同本性"，不能够揭示阶级社会典型人物的阶级性质。只有马克思主义的典型论才克服了这一切缺陷。

马克思主义的创始人历来十分重视文艺作品的人物塑造问题。恩格斯在一八八五年十一月二十六日给敏·考茨基的信里，第一次明确提出塑造艺术典型的马克思主义原则。他在称赞《旧和新》的人物塑造时说："对于这两种环境里的人物，我认为您都用您平素的鲜明的个性描写手法给刻画出来了；每个人都是典型，但同时又是一定的单个人，正如老黑格尔所说的，是一个'这个'，而且应当是如此。"② 这是恩格斯指明文艺作品塑造人物应当遵循的

---

① 朱光潜：《西方美学史》下卷，第 321 页。
② 马克思、恩格斯：《马克思恩格斯选集》第 4 卷，第 453 页。

原则。"每个人都是典型，但同时又是一定的单个人"，至少说明了两层意思：第一，作品中的正反两方面的主要人物，都必须作出具有典型意义的独立的性格概括和刻划。这同"四人帮"鼓吹的"三突出"原则，完全是对立的。第二，典型人物有典型性，同时又是具体的个性，即黑格尔所说的"共相"中的具体个别和偶然的事物。从这里我们看到恩格斯讲的典型，是指共性和个性的统一，并不是典型性格的两种构成因素，而是典型性格既有普遍性、代表性，同时又是具体的、个别的。恩格斯在给斐·拉萨尔的信里，在称赞《弗兰茨·冯·济金根》里教皇特使和特利尔大主教的人物塑造时，他就更明白地讲过这种要求："您把世俗的受过美学和古典文学教育的、在政治上和理论上有远见的使节同目光短浅的德国僧侣诸侯加以对比，从而成功地直接根据这两个人物的有代表性的性格作出卓越的个性刻划。"① 这段评论虽然不是在讲艺术典型塑造的时候说的，但可以帮助我们深入理解艺术典型的共性与个性的关系。它们之间并不是两种成分、因素的合成和结合，而是辩证的统一，是一个"有代表性的性格"中的"个性刻划"。那么，什么是人物形象典型性的内容呢？恩格斯在一八八八年四月初给玛·哈克奈斯的信里作了进一步的表述。他批评《城市姑娘》里的工人阶级人物"就他们本身而言，是够典型的；但是环绕着这些人物并促使他们行动的环境，也许就不是那样典型了"。恩格斯还进一步说明，这是因为小说里"工人阶级是以消极群众的形象出现的"，而"在一个有幸参加了战斗无产阶级的大部分斗争差不多五十年之久的人看来，这就不可能是正确的了"。他明确指出："据我看来，现实主义的意思是，除细节的真实外，还要真实地再现典型环境中的典型人物。"② 这是委婉地批评《城市姑娘》的工人阶级形象，没有反映出已经战斗了五十年之久的工人阶级具有本质意义的思想、性格。从这些论述里可以看到，恩格斯所说的典型、典型性，不管是"充分"的或不充分的，指的都是阶级的某种本质、必然性。而典型环境中的典型人物，就要反映出一定历史时代最深刻的某种阶级本质和必然性。

　　恩格斯对艺术典型内容的这些概括和阐述，总结了文艺史上典型塑造的理论和实践的丰富经验，特别是吸取了资产阶级美学典型论的思想成果，在马克思主义辩证唯物论和历史唯物论的基础上加以改造，揭示了阶级社会典型人物的根本性质，给无产阶级文艺的艺术典型塑造指明了方向和基本原则。

---

① 马克思、恩格斯：《马克思恩格斯选集》第4卷，第344页。
② 马克思、恩格斯：《马克思恩格斯选集》第4卷，第462页。

只要我们不是简单地、形而上学地去理解这些原则，面对纷纭复杂的文学艺术现象，它就是我们认识各种艺术典型深刻本质的锐利思想武器。

三

总括文学史上塑造艺术典型的经验和革命文艺工作者的创作实践，按照马克思主义典型论的基本原则，我们可否把艺术典型的基本特征归结为一种**性格代表**？所谓性格代表，首先就是要求典型形象必须有鲜明的性格塑造。这是文学史上著名艺术典型所共有的基本艺术特征。以比较复杂的艺术典型安娜·卡列尼娜来说吧，作者描写她"坚强而诚实"，强烈地追求着真正的爱情和幸福。她毫不隐瞒地向丈夫宣告自己对渥伦斯奇的爱情，为此承受了丈夫和贵族社交界的种种伪善的非难与冷遇，甚至痛苦地离开了心爱的儿子。最后，当她感觉到渥伦斯奇对自己的厌倦和动摇以后，便以一死来表示对整个上流社会传统思想与道德的强烈反抗。安娜这种渴求个性解放的反叛性格是十分鲜明的。性格比较复杂的批判现实主义文艺的艺术典型是如此，古代神话、传说、史诗、戏剧里的艺术典型也是一样。如愚公、后羿、夸父、阿喀琉斯、普罗米修斯，以及古典主义、浪漫主义的艺术典型阿尔巴贡、达尔杜弗、浮士德、维特、孙悟空等等，无不刻画了鲜明的性格。艺术典型塑造的这种特点不是无缘无故的。人物性格是在生活实践中形成的。它深刻地反映着一定社会生活的本质和社会关系的丰富内容，是文艺作品人物形象的灵魂和骨肉。没有性格刻画的人物形象，犹如模糊飘忽的影子、思想概念的符号，是不能栩栩如生而又深刻感人的。所以，作家、艺术家在创造典型形象的时候，总是把性格的塑造放在中心位置。高尔基曾经把文学塑造形象以反映生活和真理的任务，直接等同于"人物的性格和典型"①。李准同志在谈到李双双的形象构思时，也讲到他考虑的"首先是李双双的性格"设计②。创作实践表明，人物性格的成功塑造是艺术典型成功的关键。因此，革命导师历来十分注重文艺作品的人物性格描写。马克思在评论拉萨尔的《弗兰茨·冯·济金根》时，除了批评剧本在政治上、思想上的机会主义观点和历史唯心论以外，在艺术上首先指出它"在性格的描写方面看不到什么特出的东

---

① 高尔基：《高尔基选集·文学论文选》，第304页。
② 李准：《情节、性格和语言》，河南人民出版社1963年版，第100页。

西"。他诘问式地指出:"然而还有别的时代比十九世纪有更加突出的性格吗?"① 而恩格斯在肯定其中两个人物形象的塑造时,也指出剧本能够根据人物的"有代表性的性格作出卓越的个性刻划"。革命导师的这些思想,今天仍然是我们塑造艺术典型的重要指针。特别是马克思明确提出描写"时代"的"突出的性格"问题,这对我们今天创造有高度典型意义的艺术典型是很有启发的。

典型性格必须有代表性。所谓代表性就是反映一定社会集团、阶级或阶层在一定历史时代的生活本质和必然性。这样的人物性格才具有普遍性和典型性。安娜·卡列尼娜的性格所以是典型的,就是因为她那种强烈渴求个性解放的反叛性格,正是十九世纪六七十年代俄国社会生活某些本质方面的形象反映。一八六一年废除农奴制以后,旧的经济基础在崩溃,新的资本主义制度在发展。贵族上层社会的腐朽势力和传统思想、道德也在瓦解、崩溃。安娜的性格,表现了贵族阶级中的新人、新思想对旧思想与顽固势力的挑战。而安娜这种性格的悲剧,十分准确地反映了这个过渡时期的历史特点:旧势力、旧思想的腐朽、凶暴和新思想的软弱。阿Q的精神胜利法所以是高度典型的,也在于它强烈地反映了我国贫苦农民,在辛亥革命时期的半封建半殖民地社会里的悲惨地位和历史命运:他们受到帝国主义、封建势力经济上、政治上的深重压迫和精神奴役,要求革命而又未能进行有力的反抗,从而提出了民主革命的任务、动力和道路等时代的重大课题。这是阿Q典型性格的历史意义。正因为鲁迅先生能够从这样深刻的时代阶级斗争的本质和历史必然性,去塑造阿Q的典型性格,阿Q才具有那样高度的典型意义。至于那些与阿Q的社会地位和生活遭遇截然不同,却存在类似阿Q这样被欺侮而又无力进行有力抗争的其他阶级或社会阶层人物,也会受到震动。这是有高度典型意义的典型性格所产生的一种社会作用。

要使人物性格具有代表性,就需要进行深入的性格概括。文艺作品的人物性格不等于心理学上说的"性格",单纯指人的一种心理状态或思想表现。文艺作品是反映以人物为中心的社会生活整体。人物性格表现思想行动的全过程,是人物全部思想行为的总和,包括政治思想倾向、感情、品格、气质、作风和心理特征等各个方面。作家必须在长期对生活深入的观察、体验、研究、分析中,在把握一定阶级、阶层或社会集团生活本质和必然性的基础上,探求人物所具有的思想、情感、品格、气质、作风和心理特征等等,然后进

---

① 马克思、恩格斯:《马克思恩格斯选集》第4卷,第341页。

行艺术的概括和加工,创造出一个体现社会生活某些本质方面的性格整体。性格概括越能反映出阶级、阶层或社会集团在一定历史时代的最本质的特征和必然性,就越达到"典型环境中的典型人物"的高度。梁斌同志在谈到《红旗谱》的人物塑造时说,他是有意识把朱老忠和严志和两家"写成是统治者压迫之下的中国农民的代表家族"。他赋于朱老忠"传统的反抗性格"。他写朱老忠"雇农出身,为人性格豪爽,正直无私,有爱国思想,对抗日忠心……","聪明、智慧、有胆识、乐观",等等。这是新民主主义革命阶段革命农民的艺术典型。作者写严志和朴实、善良、爱朋友、讲义气、舍己为人、要求反抗等性格方面,却特别描写"软善"一面,写严志和的反抗性和软弱性的结合,"没有朱老忠的明朗,豪迈,勇于斗争的气魄"。作者说,"我是把他做为一个地道的农民来写的"。作者写老驴头,"性格狭隘、孤僻,有浓厚封建礼教观念,不多与别人往来,也不愿求人"。作者说"这是一家典型的小门小户"①。《红旗谱》的创作实践告诉我们,人物形象只有概括出一个鲜明独特而又是一定阶级或阶层人物的代表性格,才成为艺术典型。因为性格是在一定的生活条件和斗争环境中形成的,只有刻画出有代表性的鲜明性格,才能强烈地体现出一定时代社会生活的本质和必然性,人物才能成为艺术典型。

文艺史的实践告诉我们,典型性格的历史内容及其发展是十分丰富多样的。它可以是一定阶级主要本质特点的艺术概括,象阿尔巴贡、老葛朗台的吝啬、贪婪、冷酷;也可以是一定阶级人物在一定时代某些本质特点的刻画,如奥勃洛摩夫的懒散,梁三老汉对小家小户发财致富的幻想与留恋;它也可以是某些阶层或社会集团人物某些思想品性的艺术描绘,如曹操的奸诈权谋,关羽的忠义骁勇,王熙凤的邀宠擅权、两面三刀,林黛玉的违众忤俗、时怀忧伤;也可以象阿Q、唐吉诃德、哈姆雷特那样,突出概括他们的某种精神状态、心理特点;甚至象《狂人日记》通过精神病患者的一些心理特点,概括了深刻的社会生活内容,开掘生活的深刻本质,也创作出著名的"狂人"这个艺术典型。所以,只要性格塑造是能够揭示一定时代社会生活和阶级关系的本质和必然性,就具有一定的典型性、代表性,也就成为典型人物。

从创作实践看,性格概括的方式也各种各样。在古典主义的文艺作品里,往往采取单一化的性格塑造方式,象《吝啬鬼》就单独突出刻画阿尔巴贡的

---

① 梁斌:《漫谈〈红旗谱〉的创作》(代序),见《红旗谱》,中国青年出版社1963年版。

吝啬，《达尔杜弗或者骗子》便突出刻画达尔杜弗的伪善。而在现实主义的文艺作品里则往往以一两种基本性格为核心作多方面的描绘，象阿Q、安娜·卡列尼娜、高老头等都是这样。我们无产阶级文艺，继承了现实主义的优良传统，人物性格往往由政治思想倾向、感情色彩、品格、气质、作风、心理特征等各方面的表现，构成一个人物的性格整体，反映出现实生活和人物性格的多样性和丰富性。无产阶级的革命斗争生活，给人物性格的塑造提供了广阔的天地。从深刻揭示社会生活的本质和必然性出发，根据各种艺术形式的特点、作者的审美理想特点和创作意图，应该鼓励作者创作风格的多样性。

过去有同志反对艺术典型的代表性提法，① 这是把某些同志对典型代表性的误解作为论据，以为一讲艺术典型的代表性，就是要求表现阶级或某种人的全部本质特征。其实，只要我们不是简单化、形而上学地理解艺术典型的代表性，那么这种代表性就是客观存在，是人物形象之成为艺术典型的现实基础。

艺术典型的性格不仅要有代表性、鲜明性，而且要突出展现。浮光掠影的性格描写不仅不能使人物形象产生强烈的艺术感染作用，而且不能充分揭示生活的本质和必然性。我认为艺术典型同一般艺术形象的区别，就在于此。文艺是通过个别反映一般的，艺术形象都体现着一定的社会生活本质和必然性，有的也有一定的性格描写，象《一件小事》里的人力车工人、《药》里的夏瑜，这些人物形象不能说没有鲜明的性格特征，并体现着一定的社会生活本质和必然性，但它们不象阿Q、祥林嫂、孔乙己、"狂人"、魏连殳等那样成为艺术典型，原因在于作者对这些形象并没有用突出的性格刻画和塑造，去充分揭示社会生活的本质和必然性。

人的性格既是生活实践中形成的。要突出人物性格，就必须把人物放到矛盾斗争的发展过程中去塑造。环境不是一个凝固、静止的场所，典型环境就是时代的基本矛盾和斗争在作品中的展现，是要反映一定时代本质和必然性的。人物性格只有放到典型的矛盾斗争的发展过程中去刻画，才能突出起来。当然，人物的生活历程有长有短，长的可以是一生，短的只有生活片断，象契诃夫的小说《变色龙》就是通过一段曲折的事件过程，把巡官奥楚蔑洛夫的阿谀奉承、投机善变的丑恶性格突出出来了。在这方面同样有创作的广

---

① 作协广东分会理论研究组：《典型形象——熟悉的陌生人》，载《文艺报》1961年第8期。

阔天地。艺术典型的典型性也有高低之分，这就取决于性格包含生活内容的广度，尤其是它所概括的社会生活本质的深度。

我们把艺术典型看成是一种性格的代表，绝不意味着取消或忽视艺术典型的个性刻画，问题是我们怎样去理解典型人物的个性。如果把典型人物的个性理解为绝对意义上的"个别性"因素，这是世界上不存在的。我们只能在同一阶级或阶层的典型人物比较中去认识和把握个性。比如朱老忠与严志和，他们性格中的每一个特点，不管是朱老忠的豪迈、刚强、坚韧不拔，还是严志和的犹豫、软善，就它们对生活的关系来说，都有概括性、代表性、普遍性，都不是绝对的"个别性"因素。但是，作为典型性格的构成内容说，它们都是各自的个性内容。他们的性格同那些被压迫阶级的本质特征，如朴实、善良、舍己为人、要求反抗等性格特点共同构成了各自的"这个"个性。本来，"性格"这个概念，在心理学上有广义和狭义之分。但无论从广义或狭义上讲，都是指有个别心理特点的思想行为表现。文艺作品的人物性格，是个具体的有机的性格整体，是有个别特点的思想行为的总和，这是个性。这种个性所体现的生活本质和必然性才是共性。这就是恩格斯说的"每个人都是典型，但同时又是一定的单个人"的意思。我们只有从这种意义上去理解个性，才能避免恩格斯所批判的"恶劣的个性化"的偏向。在这个意义上，艺术典型也可以说是一种有鲜明突出的个别特点的代表性格。

如果我们这种理解不错的话，那么我们要求艺术典型是一种性格代表，不仅不排斥个性刻画，恰恰相反，正是把个性作为人物塑造的中心。这是符合文艺创作的基本规律的。列宁曾经明确指出：偶然事件、个别情况，"应当放在小说里去发挥"，"因为小说的整个主题包含于个别的情节中，包含于对一定典型的性格和心理的分析中"①。歌德在对爱尔克曼的谈话里也指出：要"把握具有个性的事物"，"要从概念中解脱出来"，"把握和描写特殊事物也就是艺术的真正生命"②。无产阶级革命导师的有关论述，优秀作家的创作经验，都说明要描写个别的、特殊的事物，通过个别去体现一般。这是文艺创作的基本规律，也是典型性格塑造的基本规律。我们应该理直气壮地把个性刻画作为典型人物塑造的中心。只有这样，我们才能彻底克服文艺创作上的公式化和概念化。只要我们坚持个性体现生活的本质和必然性，就可以避免"恶劣的个性化"。

---

① 列宁：《列宁全集》第35卷，第168页。
② 爱克曼辑录：《歌德谈话录》，载《世界文学》1963年11月号。

艺术典型要求通过个性去体现生活的本质特征。作家在创作过程中，就不能抽象地去把握生活的本质，然后去寻找生活表现。也不能通过逐步扬弃具体、个别的事物去把握生活的本质，再回过头来寻找具体的生活材料来表现它。正确的途径是从具体生动的个别事物出发，透过个别发现事物本来固有的本质，同时把握生活的本质和它的生动表现，经过艺术的集中概括，去创造有个别特点的代表性格。这样的典型性格、共性和个性，才是水乳交融、血肉相连的性格整体。这样的艺术典型才能深刻感人。

综合以上各点，我以为把艺术典型的基本特点概括为一种性格代表，在理论上能够比较深入地揭示艺术典型的基本性质和创作规律，在实践上也有利于推动我们的文艺创作向反映社会生活的深度和广度进军，有助于塑造既深刻而又丰满生动的人物典型，既防止了形形色色资产阶级末流文学的"恶劣的个性化"倾向，也防止了"席勒式地把个人变成时代精神的单纯的传声筒"①，使社会主义的文艺创作真正摆脱公式化、概念化的羁绊。

一九七八年十一月

（原载《中山大学学报》（哲学社会科学版）1979 年第 1 期）

---

① 马克思、恩格斯：《马克思恩格斯选集》第 4 卷，第 340 页。

论电影艺术的民族性与国际性的关系

陈培湛

一、电影艺术的民族性与国际性存在矛盾性

电影艺术的民族性与国际性,确实存在矛盾性的一面,其主要原因有以下两个方面。

第一,电影艺术具有社会意识形态性质,它受到经济、政治、文化等因素的影响。恩格斯在《致符·博尔吉乌斯》(1894年1月25日)中指出:"政治、法律、哲学、宗教、文学、艺术等的发展是以经济发展为基础的。但是,它们又都互相影响并对经济基础发生影响。"① 这是恩格斯对历史唯物主义基本原理的精辟概括。电影艺术是艺术的一个门类,是上层建筑的组成部分,是一种社会意识形态。它受到经济基础的决定和制约,又受到政治、文化等因素的影响。

经济对电影艺术具有重大影响。经济基础的性质、变化和发展对电影艺术的性质、内容和形式的发展,都有制约作用。与我国社会主义公有制相适应的作品,会使资本主义国家的观众不容易理解;与资本主义私有制相适应的作品,也会使我国观众产生审美隔阂。如宣扬我国知识分子默默奉献精神的《人到中年》和讴歌党的好干部一心为人民服务的《孔繁森》,其价值观就难于得到西方观众的认同。而宣扬资产阶级利己主义、个人主义的作品,也会受到我国观众的批判。此外,由于电影艺术具有商业性,资本主义国家电影制造商一方面利用本国电影打入我国电影市场,一方面又限制我国电影打入其国内市场。据统计,1994年,美国影片产量420部,国内影院收入占全球电影市场份额40%,而中国年产影片148部,国内影院收入占全球市场份额2%。可见,中国电影目前在全球电影市场竞争中处于弱势。② 谢晋在谈

---

① 马克思、恩格斯:《马克思恩格斯选集》第4卷,人民出版社1972年版,第506页。

② 参见《电影通讯》1995年第3期,1996年第1期。

到我国电影走向世界市场的困难时指出:"很重要一点是实力不强,财力、物力、宣传没有在我们手里。我在 1985 年第一次到美国去的时候作了一些调查,一部电影要进入美国市场,在全美上映,宣传费用就要八百万到一千万元。"① 经济因素确实是我国电影难于打入西方电影市场的一个重要原因。

政治对电影艺术有着巨大影响,它也会影响电影艺术的性质、内容和风格。在阶级社会中,电影艺术总会直接或间接、鲜明或隐晦地表现一定阶级的思想、情感、愿望和要求,并且为一定阶级所利用。因而,表现某一阶级思想情感的电影,往往难于得到在思想感情上相对立的阶级的认同与欢迎。在二十世纪五六十年代,我国电影《白毛女》《智取华山》《祝福》《聂耳》曾先后在卡罗维·发利国际电影节上获奖,《革命家庭》中母亲的饰演者于蓝曾于 1961 年获莫斯科国际电影节女演员奖。而这些影片不可能在戛纳、威尼斯国际电影节上获奖。表现我国人民解放斗争质程的《大决战》《开国大典》,在我国受到观众热烈欢迎,但这些影片不宜选送到柏林电影节上参赛,也不宜去角逐奥斯卡最佳外语片奖。

文化对电影艺术也有重要影响,而且,电影艺术自身也是文化的组成部分。这里说的"文化",取狭义概念,是指能代表一个民族特点的精神成果,它有明显的民族特点。不同民族的文化,也存在矛盾性一面。中国传统文化有着丰富的内涵。关于中国文化的基本特点,李宗桂曾经概括为几个方面:一是人本主义,二是重道轻器,三是经世重教,四是崇古重老,五是德政相摄,六是重整体倡协同。② 这一概括,用简明语言道出了中国传统文化的要求。当代中国文化,又经历着从传统到现代的变化与发展。而西方资产阶级文化强调自由、平等、博爱,注重个性发展,轻视群体谐调,肯定求生存的竞争和财产私有制的合理性,等等。进入 20 世纪以来,现代主义、后现代主义文化思潮,有着更为复杂的状况。中西文化的冲撞,是电影领域经常出现的现象。影片《凤凰琴》中的民办教师常年累月为发展山区教育而奉献,又为争民办教师转正指标而发生矛盾,就难于为西方观众理解。《焦裕禄》《蒋筑英》所表现的大公无私、以民为本的精神,也不易为西方观众所接受。最近,张艺谋将他的《一个都不能少》和《我的父亲母亲》从戛纳电影节撤回,也是因为本届戛纳电影节主席对这两部影片的看法带有政治、文化偏见。

第二,各民族审美心理定势之间存在排他性。审美心理定势是审美主体

---

① 谢晋:《我对导演艺术的追求》,中国电影出版社 1995 年版,第 333 页。
② 参见李宗桂《中国文化概论》,中山大学出版社 1988 年版,第 333 – 344 页。

在审美活动中表现出来的心理定势。各个民族的心理定势，既有交融性，又有排他性；既有积极作用，又有消极作用。其排他性，表现在对不适应观众审美心理定势的作品的排斥性；其消极作用，表现在其导致审美心理的固定化、模式化。余秋雨曾对中国传统戏曲观众的审美心理作了如下归纳："以感知—情感为主体构架。他们要求获得显豁、凝炼、优美的感知，并由感知直通情感。在这个非常突出的主体构架的旁侧，他们也要求便捷的理解，充分的想象，并且保持疏松、灵动的注意力。"① 中国电影观众长期受中国戏曲的影响，因而也有着与戏曲观众相同的审美心理。同时，在新时期以前，中国影坛基本上由戏剧性电影一统天下，因而也造就了适应观赏戏剧性电影的广大观众。中国电影观众也以"感知—情感"为主体构架，要求在优美的感知中获得情感上的感染和精神上的愉悦；关注人物的命运和遭遇，喜欢戏剧冲突的集中和尖锐，以及情节的曲折和多姿。这样的审美心理定势，难于接受法国新浪潮电影和"左岸派"电影。法国"左岸派"导演阿仑·雷乃的《去年在马里昂巴德》探索虚无与颓废主题，彻底打破传统电影的叙事方法，实现心灵时空的自由组合，具有无理性、无情节、无性格的特点。这样的电影，就难于适应我国广大观众的审美心理需求。同理，适应我国观众审美心理的国产电影，也难于为法国、美国观众所接受。《老井》虽然在东京国际电影节上获得大奖，但有些西方评论家认为它的节奏太慢。而实际上这种节奏是与影片凝重、深沉的风格相适应的。接受美学认为，文学作品效果既取决于作品本身的道德与美学内涵，更重要的是决定于读者能动的接受意识。由于接受意识因人因时因地而异，所以接受效果也会有差别。中国观众所喜爱的电影，未必就会受到西方观众的喜爱。

正是因为电影艺术的民族性与国际性有矛盾性的一面，因此，我国电影创作首先要立足本国，考虑中国观众的审美需求，植根于本民族的土壤。我们坚持文艺为人民服务，为社会主义服务，首先是为中国人民服务，为中国社会主义建设服务。我国有 12 亿人口，有着众多的观众，如果离开了他们的需求去满足外国观众的需要，那就将主次关系颠倒了。有些影片因其表现内容方面的原因，虽然目前只能有国内市场，这些影片仍然应该生产。例如，反映中国人民解放战争的《大决战》《大进军》，讴歌英雄模范人物的《孔繁森》《离开雷锋的日子》都拥有大量的国内观众。许多影片在艺术表现上首先考虑中国观众的审美心理需求，也有着广阔的国内市场。如《没事偷着

---

① 余秋雨：《戏剧审美心理学》，四川人民出版社 1985 年版，第 347 页。

乐》在内容上具有平民话语,表现了普通人的生存状态与苦涩幽默。主人公张大民乐观、豁达的生活态度,善良、聪慧的美好心灵,颇能引起观众共鸣。该片属戏剧性电影,它有比较集中、尖锐的戏剧冲突,故事情节引人入胜,喜剧色彩也使人"偷着乐"。影片《爱情麻辣烫》反映了老中青三代人在爱情道路上所尝到的甜酸苦辣,富有浓厚的文化意蕴。这部影片虽然出于一位青年导演之手,但它的思想意蕴和艺术特色都为广大观众称道。

二、电影艺术的民族性与国际性又有一致性

电影艺术的民族性与国际性虽然有矛盾性一面,但又有统一性、一致性。从根本上说,两者的要求是一致的。毛泽东在《矛盾论》中指出:"一切矛盾着的东西,互相联系着,不但在一定条件下共处于一个统一体中,而且在一定条件之下互相转化,这就是矛盾统一性的全部意义。"① 电影艺术的民族性与国际性也如此,它们互相联系,而且在一定条件下也会互相转化。

长期以来,有一种为许多论者认同的说法:"愈有民族性就愈有世界性。"当然,这一说法确实有不恰切之处。一是它忽视了民族性与国际性的矛盾性,二是它忽视了民族性有精华与糟粕两部分。而且,将民族性与国际性看成是同步等量关系,也未必合适。但是,它强调了民族性与国际性的一致性,其基本精神是可取的。从总体上说,一个民族的文学艺术(包括电影)有民族性,才能具有国际性,才能自立于世界文学艺术之林。如果总是模仿别的民族,那就说明这个民族的文学艺术处于不成熟阶段,或者说只是别的民族文学艺术的附庸。鲁迅在《致陈烟桥》中说过:"现在的文学也一样,有地方色彩的,倒容易成为世界的,即为别国所注意。"② 一个民族的文学艺术,只有植根本民族生活与文化土壤,反映本民族的生活特点,塑造民族性格,在艺术表现上显示出本民族的特色,才容易引起别的民族的观赏兴趣,得到世界人民的喜爱。

就中国电影来说,如何才能使她既具有民族性,又具有国际性呢?下述两个问题是值得重视的。

首先,在思想内容上要寻求中外观众审美需求的共同点,使中国电影既为本国观众所喜爱,又能引起外国观众的观赏兴趣。这种共同点大致有以下

---

① 毛泽东:《毛泽东选集》第1卷,人民出版社1991年版,第330页。
② 鲁迅:《鲁迅书信集》,人民文学出版社1976年版,第528页。

几个方面。

第一，要大力弘扬中华民族的民族精神。别林斯基曾经说过："诗人永远是自己民族精神的代表，以自己民族的眼睛观察事物并按下她的印记的。越是天才的诗人，他的作品越普遍，而越普遍的作品就越是民族的、独创的。"① 这位俄国 19 世纪的革命民主主义者正确地指出诗人应当代表民族精神，使自己的作品具有民族性。其精辟的论述，至今仍然对我们有启迪意义。特别是在当前各民族文化交流日趋频繁与文化竞争趋于激烈的社会中，弘扬民族精神显得格外重要。中国电影大力弘扬民族精神，才能引起国际社会的重视，得到各民族观众的尊重与接受。在弘扬民族精神时，当然可以表现民族性的消极面，但是这种表现不应是猎奇、展览，而应该表现民族性的积极面对落后面的批判，在批判旧思想、旧事物时宣扬新思想、新事物，使外国观众对我们的民族性有一个全面的了解，并且从中得到教益。

中华民族的民族精神，有着丰富的内涵。这种精神既包含着中国传统文化的基本精神，又注入了现代化意识。李宗桂在《中国文化概论》谈及传统文化与现代化问题时曾经指出。中华民族的自强不息、正直行道、贵和持中的精神，民为邦本、平均平等的思想，求是务实、豁达乐观、以道制欲的精神，至今仍然有积极作用。但是，这些传统又要根据现代化建设的需要加以改造与丰富，使其与现代化的要求相适应。他的观点持论有据，富有启迪意义。邓小平《在中国文学艺术工作者第四次代表大会上的祝辞》中指出："我们的人民勤劳勇敢，坚忍不拔，有智慧，有理想，热爱祖国，热爱社会主义，顾大局，守纪律。几千年来，特别是"五四"运动以后半个多世纪来，他们满怀信心，艰苦奋斗，排除一切阻力，一次又一次地写下了我国历史上光辉灿烂的篇章。"② 这是在新时期邓小平对我国人民优秀品质和中华民族精神的一个精辟概括。新时期中国电影在弘扬民族精神方面取得了显著成就，引起了国际影坛的重视。影片《黄土地》虽然对中华民族的落后、愚昧一面进行了批判，但它又表现了中华民族的自强不息、奋勇抗争的精神。翠巧对封建势力的反抗和对自由生活的追求，翻身农民飞动的舞姿和震耳欲聋的鼓声，显示了我们民族冲击旧势力、创造新世界的巨大力量。这部影片在国际电影节上多次获奖，为第五代导演奠定了其在国内影坛的地位。影片《老井》在表现我国民族悲苦人生与历史重负时，又突出表现了我们民族的

---

① 别林斯基：《别林斯基论文学》，新文艺出版社 1958 年版，第 77 页。
② 邓小平：《邓小平文选》第 2 卷，人民出版社 1994 年版，第 209 页。

坚忍不拔与生存伟力。该片在东京国际电影节上获得大奖。在向建国50周年献礼的影片中，许多影片都弘扬了高昂的民族精神。如《我的1919》表现了我们民族一段屈辱与抗争的历史，《国歌》《黄河绝恋》描绘了民族解放斗争的画图，《世纪之梦》讴歌了中国人民进行现代化建设的业绩，《春天的狂想》抒发了一个音乐家对人民的深情。这些影片和一大批献礼片的推出，必将引起中外观众的注目。

第二，对我们民族的历史与现实进行深刻的文化反思。所谓进行文化反思，就是在表现我们民族的历史与现实时，追溯到民族文化传统和民族文化心理，从精神面貌、心理状态、思维方式和价值取向等方面，对各种人物的思想、行为，对各种事件的前因后果，进行分析和思考，从而宣扬积极向上的民族意识和民族精神。谢晋是一位善于对民族历史与现实进行反思的导演。他的《天云山传奇》，通过宋薇的反思，揭示了"左"倾错误所带来的悲剧，激发起一代人的思考。同时，批判了自私、狭隘、僵化的官僚主义者，赞美了冯晴岚、罗群高尚的道德情操。《芙蓉镇》通过一个农村小镇上几个人物的浮沉起落，揭示了"左"的路线的危害性，讴歌了美好人性。谢晋的《鸦片战争》反思了我们民族"落后就要挨打"的一段历史，表现了我们民族抗击外族入侵的英勇斗争。这些影片不但在国内赢得众多观众，而且得到国际影坛的重视，在多个国际电影节上获奖。在第五代导演中，陈凯歌善于用自己独到的眼光，对已经逝去的历史进行哲理性思索，从具体的人物、故事中，思考人生、历史和民族的命运。黄建新则关注正在发生的都市生活故事，对普通人的生存状态、文化心理进行深刻的剖析，为改革开放扫除思想障碍。这些导演所进行的文化反思，寻找了中外观众审美需求的联结点。

第三，注意表现人民大众的人性美、人情美。电影艺术的表现对象是人和人的生活、人的思想感情，创作主体又是活生生的、有真情实感的血肉之躯，因而它必然要表现人性。当然，人性受阶级性制约，但它又不全等于阶级性。在一定范围和条件下，确实存在某些共同形态的人性。如爱国意识、男女之恋、亲属之情、朋友之谊、自强自立和自由平等意识等等。表现这些共同形态的人性（包括人情），也容易受到各国观众的欢迎。因此，中国电影艺术应该努力表现人民大众的人性美、人情美。张艺谋的《红高粱》塑造了豪爽开朗、旷达豁然的人物性格，张扬了狂放的生命意识和自由的人生精神。叶大鹰的《红樱桃》表现了德国法西斯对美好人性的摧残，具有强烈的视觉冲击力与艺术感染力。谢飞对中国封建势力和封建意识对人性美的压抑有独到的表现，他执导的《湘女潇潇》《香魂女》，都在国际电影节上获奖。

最近，中央电视台播出的电视连续剧《牵手》表现了当代人的感情纠葛，赞美了人间的真情真爱，受到广大观众欢迎。影视创作与接受的实践证明，在表现人民大众的人性美、人情美方面，有着广阔的艺术天地。

第四，适度生产文学名著改编片和娱乐性较强的影片。中国文学的成就得到世界的公认。根据文学名著改编的影片，如果抓住文学名著与当代观众审美寻求的契合点，就受到观众的欢迎。如根据《水浒传》《三国演义》《西游记》《红楼梦》改编的电视连续剧，就深受中外观众的喜爱，国外华人社区观众对这些电视剧更是情有独钟。根据中国现当代文学名著改编的《祝福》《家》《林家铺子》《早春二月》《伤逝》等，也已经成为中国电影的精品。有些影片思想内涵负载不重而娱乐性较强，这类影片也容易打入一些国家的电影市场。如我国的歌舞片、武打片、喜剧片、动画片，就拥有大量的国外观众。《刘三姐》《少林寺》《大闹天宫》等影片曾经风靡海外华人社区和东南亚国家。

其次，重视民族审美心理定势的交融性。

审美心理定势既有排他性，又有交融性。一方面，某个民族的审美心理特点，可能会被别的民族认同、吸收，从而影响别的民族审美心理定势。另一方面，某个民族可以吸收、借鉴别的民族的审美心理，从而使本民族审美心理发生变化，实现审美心理的交融。这样，某个民族的电影艺术就可能逐步得到其他民族的欢迎，从而增强国际性。中国电影艺术当然要适应中国观众的审美心理，并且将优秀作品输出国外，使我国电影逐步被国外观众所认同和接受。但是，由于民族审美心理定势具有保守性、稳定性一面，因此，中国电影在艺术表现上要力求创新。这种创新，既是适应中国观众审美心理的需要，也是中国电影面向世界的需要。张艺谋就是一位在艺术表现上力求创新的导演，他既注意批判、继承中国传统美学思想，又注意借鉴、吸收西方电影的长处，从而创造出适应影片内容、具有创新意义的艺术形态。他执导的《红高粱》继承了中国叙事艺术的传奇性特色，又注意影像造型，体现出当代电影形态。那狂热的颠轿、飞舞的高粱、浓烈的红酒、激昂的音乐，都与主人公敢生敢死、敢爱敢恨的性格相适应。《秋菊打官司》则发挥了纪实风格的优势，显得朴实、自然、本色。秋菊打官司的行动，表现出中国劳动妇女法制意识的觉醒。这两部影片在国际电影节上获奖，可谓实至名归。新时期以来，陈凯歌、吴天明、谢飞、滕文骥等导演在电影艺术上的创新，都引起国际影坛的重视。

三、提倡民族性，并不排斥国际性

　　提倡文学艺术的民族性，并不排斥国际性，并非搞闭关锁国，反对学习外国。毛泽东曾经指出："中国应该大量吸收外国的进步文化，作为自己文化食粮的原料，这种工作过去还做得很不够。"① 毛泽东是在谈到"新民主主义文化是民族的"之后，紧接着指出这一点的。所谓国际性，其实总是与民族性相联系的，它不可能凌驾于一切民族之上。特别是在现代社会中，文化交流的机会、渠道愈来愈多，各民族文化就更容易互相影响，互相吸收。先进的民族善于吸收其他民族文化的精华，更能够促进本民族文化的繁荣和发展。当然，这种吸收与借鉴应该坚持取其精华、弃其糟粕的原则和"洋为中用"的方针。

　　吸收与借鉴外国电影创作经验，首先体现在思想内容方面。资本主义与社会主义虽然思想体系不同，但不能认为资本主义国家的电影在思想内容上就一无是处。卓别林喜剧影片所表现出的对资本主义社会弊病的批判精神，美国的西部片所宣扬的美国民族精神，社会伦理片对美国社会中带有普遍性的家庭危机的反映及对人间真情的追求，越战片对越战的反思，都值得我们借鉴。近年引进的《廊桥遗梦》呼唤亲情、责任，呼喊理解对方和重归家庭，引发起我国观众的情感共鸣。当然，对于美国西部片对印第安人的欺视，越战片中对侵略战争的渲染和对越南军民的丑化，以及好莱坞影片所宣扬的色情与暴力和无政府主义、个人主义、利己主义等思想倾向，应该加以批判。苏联电影对中国影响很大。苏联电影在 20 世纪 50 年代中期以后出现了许多创新之作，70 年代后又出现了创作的新高涨，生产了不少优秀作品。《这里的黎明静悄悄》《莫斯科不相信眼泪》等影片所表现的思想价值观念与伦理道德准则与我们的观念相接近，因而受到我国观众的普遍欢迎。法国、英国、意大利、德国、日本的进步电影或具有进步倾向的电影，也为我们提供了宝贵的创作经验。

　　吸收与借鉴外国电影创作经验，更多的是体现在电影艺术表现方面。美国、法国、前苏联等国家在电影艺术表现方法与技巧方面，积累了丰富的经验，而且产生了影响较大的电影理论。例如，一般来说，美国好莱坞电影通俗易懂，娱乐性强；叙事比较明晰、流畅，情节比较曲折、紧张；注意通过

---

① 毛泽东：《毛泽东选集》第 2 卷，人民出版社 1991 年版，第 706 页。

人物的动作和语言刻画人物性格,尤其注重明星效应;制作比较精良,声、光、色效果较好;近年来,又在电影制作中运用高科技手段。这些经验,都值得我们借鉴。法国电影的创新精神一直享誉国际影坛。法国新浪潮电影对我国第五代导演的创作影响很大。80年代的法国电影重视各种风格的融合和向传统的回归,也给人以启迪。法国电影对艺术家个性的重视及对人物主观世界的细致刻画,都有鲜明的特色。在电影理论方面,苏联的蒙太奇学派理论、法国理论家巴赞的纪实美学理论,都对我国电影创作产生了重大影响。

新时期以来,我国电影艺术家在吸收和借鉴外国电影创作经验方面取得显著成绩。他们在借鉴中进行分析、批判,取其精华,弃其糟粕。谢晋是一位享有盛誉的老导演,但他没有固步自封,而勇于对外国电影新观念加以批判吸收。他的《天云山传奇》,吸收了西方电影中的时空交错、意识流、主观意识客观化等表现手法,而又抛弃了西方电影中的唯心主义思想与非理性主义色彩。该片打破了传统的结构方式,运用时空交错方式结构故事,使影片内容更加生活化,更加有利于刻画人物的内心世界。张暖忻的《沙鸥》《青春祭》明显吸收了纪实美学的长处,在意境的营造和影像造型上,都在借鉴中表现出创新意识。第五代导演受法国新浪潮影响较大,表现出反传统倾向。然而,他们只是否定传统中落后、僵化的一面,而对中国文化的优良传统,他们是相当重视的。他们的作品具有鲜明的主体意识与造型意识,而没有新浪潮电影唯我主义、非理性主义的弊端。这些艺术家的作品已经走出国门,面向世界,他们的获奖作品实际上已经实现了民族性与国际性的相互转化。

毛泽东在《矛盾论》中指出:"一切事物中包含的矛盾方面的相互依赖和相互斗争,决定一切事物的生命,推动一切事物的发展。"① 电影艺术的民族性与国际性的相互依存、相互作用、相互转化,使电影艺术不断地从矛盾中求得统一,这就使电影艺术保持旺盛的生命力,不断地向前发展。

(原载《中山大学学报》(社会科学版)1999年第6期)

---

① 毛泽东:《毛泽东选集》第1卷,人民出版社1991年版,第305页。

晚年恩格斯的"中间因素"理论解读

邓志远

恩格斯在晚年时意识到，虽然社会意识发展的根源问题，已由马克思创立的社会存在决定社会意识、经济基础决定上层建筑的历史唯物主义原理在原则上解决了，即社会意识发展的根本原因，只能到人类社会的物质生产和特定的社会经济结构的发展中去寻找，而不能到社会意识本身或人类的精神活动中去寻找；但是，要真正揭示社会意识发展的规律，仅仅指出社会意识演进的根本原因是不够的，还必须进一步探究，社会物质生产和特定的经济结构是用什么方式方法决定远离经济基础的社会意识领域如哲学、宗教、文学、艺术等的发展的，也就是说，必须弄清楚，社会意识受社会经济因素制约的客观过程和途径。于是，恩格斯在《路德维希·费尔巴哈和德国古典哲学的终结》一书以及《致康·施米特》（1890年10月27日）、《致符·博尔吉乌斯》（1894年1月25日）等关于历史唯物主义的书信中，提出了著名的"中间因素"理论，深刻地批判了庸俗历史唯物主义的谬论，精辟地论述了政治、法律、哲学、宗教、文学、艺术等社会意识形式的"互相影响"并对经济基础发生影响的关系，指出了社会经济因素多半是通过上层建筑中的政治、法律、道德等"中介"决定远离经济基础的社会意识领域如哲学、宗教、文学、艺术等的发展的，从而揭示了社会意识受社会经济因素制约的客观过程和途径，极大地补充、丰富和发展了历史唯物主义的原理。不言而喻，这也是恩格斯晚年对丰富和发展马克思文艺理论所作出的重大贡献。

一

晚年恩格斯在《致符·博尔吉乌斯的信》（1894年1月25日）中，有一段关于经济基础与上层建筑辩证关系的纲领性的论述。他写道：

> 政治、法律、哲学、宗教、文学、艺术等的发展是以经济发展为基础的，但是，它们又都互相影响并对经济基础发生影响。并不是只有经济状况才是原因，才是积极的，而其余一切都不过是消极的结果。这是

在归根到底不断为自己开辟道路的经济必然性的基础上的相互作用。①

恩格斯这段论述,既是对马克思创立的历史唯物主义的极其重要的引申和补充,也是对由马克思和他共同创立的历史唯物主义的极其精辟的概括。结合恩格斯此前在《路德维希·费尔巴哈和德国古典哲学的终结》一书以及《致康·施米特》(1890年10月27日)等著作和书信中的有关论述,我们以为,恩格斯实际上已提出了一个"中间因素"的理论。这个理论包含着两个相互联系的基本原理。

原理之一,上层建筑领域中的政治、法律、哲学、宗教、文学、艺术等社会意识形式的发展是以经济发展为基础的,但是他们"又都互相影响并对经济基础发生影响",它们的作用"是在归根到底不断为自己开辟道路的经济必然性的基础上的互相作用"。

第一,政治、法律、哲学、宗教、文学、艺术等社会意识形式的发展,是以经济发展为基础的;但是,它们又都互相影响并对经济基础发生反作用。前一个观点是马克思在《〈政治经济学批判〉序言》中着重论述了的,后一个观点则是恩格斯对前一个观点的重要补充,这一观点又包含两层意思:一层意思是,政治、法律、哲学、宗教、文学、艺术等社会意识形式一经形成,就有了相对的独立性,就都要对经济基础发生积极能动的反作用。实践表明,这种反作用从作用的性质来说表现为两种状态:一种是与一定经济基础的性质和需要相适应的政治、法律、哲学、宗教、文学、艺术等社会意识形式,对经济基础起着积极的巩固、维护、促进其发展的作用;另一种是与一定经济基础的性质和需要不相适应、甚至对立的政治、法律、哲学、宗教、文学、艺术等社会意识形式,对经济基础起着消极的破坏或瓦解的作用。另一层意思是,政治、法律、哲学、宗教、文学、艺术等社会意识形式对经济基础的反作用,往往是通过它们彼此之间的互相影响,形成互相渗透的综合作用而实现的。以文学艺术对经济基础的反作用来说,不同性质的文学艺术对基础的反作用就不一样,进步的、革命的文学艺术总是反映社会生活的某些本质方面或历史发展的必然规律,用进步的思想教育读者,从而达到摧毁旧的经济基础、促进新的经济基础形成和发展的目的。但是,由于文学艺术的社会功能极为多样,对于人们心理的影响力强弱不等,尤其是艺术形象的感染力作用往往是诉诸人们的情感,而不是诉诸人们的理智,因而文学艺术对于经

---

① 马克思、恩格斯:《马克思恩格斯选集》第4卷,人民出版社1972年版,第506页。

济基础的反作用不是直接的，而是非常曲折和极为复杂的。它往往是与宗教、道德、文化、教育、伦理等社会意识形式互相影响，形成互相渗透的综合作用，并通过影响人的精神世界，从而影响人的社会实践来实现的。

第二，政治、法律、哲学、宗教、文学、艺术等社会意识形式彼此之间存在着"互相影响"的关系；经济基础对它们的决定作用，只是提供一种"归根到底"的"经济必然性"。

这是恩格斯对完善马克思创立的历史唯物主义的一个极重要的贡献。恩格斯的意思是，虽然社会经济因素对于各种社会意识形式的发生和发展、它们的内容和形式的更迭，是起着决定作用的，但是这种决定作用只是在"归根到底"的意义上说的；并非只有经济状况才是唯一的积极的原因，而其余一切都不过是消极的结果。事实上，任何一种社会意识形式的发展，都在不同程度上受到其它意识形式的影响。这种"互相影响"，就是它们的基本关系。

文学艺术的发展也不例外，在它的发展过程中，政治、法律、哲学、道德、宗教等意识形式给予了很大的影响，不受这些意识形式影响的纯文学、纯艺术，在世界上是不存在的；当然，政治、法律、哲学、道德、宗教等，也在一定程度上受到文学艺术的影响。然而，它们彼此之间的影响作用不是对等的。

首先，这种互相影响作用取决于特定历史阶段中各种社会意识形式在社会生活中所处的不同地位。当某种社会意识形式在某一历史阶段得到高度发展并处于支配地位时，它对其它社会意识形式就产生重大影响。例如在欧洲中世纪，封建神学统治着思想领域，宗教在社会生活中占支配地位，因而文学艺术和其它社会意识形式的面貌都蒙受了宗教的巨大影响，它们从属于宗教，成为宗教的奴婢。宗教要求文学艺术为上帝唱赞歌，为圣使宣传，为基督、圣母写赞美诗。因此，当时的诗歌用来撰写圣歌和祈祷词，戏剧用来搬演圣经故事，散文用来写忏悔录和圣徒传，大肆宣扬禁欲主义和来世思想；在技巧上多用梦幻、寓意、象征手法，是直接为宗教服务的，也可以说是宗教神学的附庸。

其次，这种相互影响作用还取决于各种社会意识形式的特殊性质。以哲学与文学相互影响而言：一方面，哲学作为研究人的世界观的学说，必然直接影响文学的创作活动和文学思想的斗争。其主要表现在，一是影响作家的世界观，从而影响他的创作活动（包括对生活的观察、理解、认识和选择，对主题的提炼、形象的塑造和创作方法的运用等）；二是给文学提供思想理论基础，进而由此而形成一定的文学思潮、文学运动或文学流派。在欧洲文学史上，人文主义哲学、理性主义和经验主义哲学，都对文学的发展产生过不少的影响。列如，人文主义哲学思想，就极大地影响了文艺复兴时期的文学创作，塞万提斯的《堂·吉诃德》，莎士比亚的《哈姆莱特》《威尼斯商人》等一大批优秀作品，都体现着那一时期的哲学思想；而笛卡儿、爱尔维修等人的理性主义哲学，影响了法国古典主义文学的形成和发展；近代孔德的实证主义哲学，则直接影响了自然主义的文学创作；等等。另一方面，在哲学对文学产生巨大影响的同时，文学也对哲学的发展有一定的影响。一般地说，文学常常是某种哲学思想最通俗生动的宣传者、说明者、传播者，从而影响人们的世界观，使某种哲学思想产生出改造世界的物质力量。如18世纪启蒙主义文学对启蒙主义哲学的传播，就起了很大的作用；20世纪50年代以来，存在主义文学和电影，对于存在主义哲学在资本主义世界的风行，起了直接的推动作用。有时文学同哲学还常常交织在一起，促进哲学思想的形成和发展，如加缪的《局外人》，以文学形式充实了存在主义的观点。

以文学与道德相互影响而言：一方面，道德作为一种辨别是非的标准，对作家评价社会生活和反映社会生活也有着直接的影响。不同时代、不同阶级，有不同的道德标准，因而不同时代不同阶级的文学作品所表现的道德内容就有了不同的时代和阶级的特征。在我国长期的封建社会中，由于忠孝节义是最重要的道德观念，因此，有大量的文学作品宣扬和表现这种道德理想。如清代小说《儿女英雄传》《三侠五义》等所歌颂的忠臣孝子、侠客义士，就是这种道德观念的形象体现。在资本主义社会里，以自由平等博爱相标榜，中心是维护资产阶级的私有制。因此，把个人主义看成天经地义的事，把资产阶级个人奋斗，看作英雄行为。不少资产阶级作家的作品，常常抱着同情和赞赏的态度描绘资产阶级男女们为达到个人目的怎样不择手段，怎样互相倾轧。另一方面，文学作品所表现的道德观念和理想，又必然对社会的道德观念发生正负价值的影响。

以文学与宗教相互影响而言：一方面，宗教作为对现实的一种虚幻的、颠倒的反映，对文学的影响也是十分巨大的。其主要表现在，一是宗教控制文学，利用文学，把文学当作宣传宗教教义的工具，如黑格尔在《美学》中所说的："宗教却往往利用艺术，来使我们更好地感到宗教的真理。"最典型是中世纪的欧洲基督教统治时期；二是宗教作为一种唯心主义的意识形态对文学发生普遍影响，它除了在教义上影响作品的内容外，还给文学提供想象、联想和幻想的材料，宗教活动中那种神秘感和恐怖感也深深渗透到文学作品中。另一方面，文学对宗教的发展也是有影响的。宗教文学的产生对于宗教的传播起过巨大的作用，如印度文学对佛教的传扬即是一例。反之，进步文学总是借助宗教题材，表现现实生活，或借助宗教的外衣，不断揭露批判宗教的伪善、欺骗和罪恶，宣传反宗教的进步思想。如但丁的《神曲》、薄伽丘的小说《十日谈》、莫里哀的喜剧《伪君子》、伏尔泰的悲剧《穆罕默德》等，对于启发和教育人们认识宗教的真实面目、摆脱宗教的愚弄，都起过巨大的历史作用。

二

原理之二，一定的社会经济因素对哲学、宗教、文学、艺术等意识形式的决定作用，多半是通过上层建筑中的政治、法律等"中介"而间接发生的，而对哲学、宗教、文学、艺术等意识形式发生最大的直接影响的则是政治、法律、道德等因素。这一原理又包含着两个基本点。

第一，一定的社会经济因素对哲学、宗教、文学、艺术等意识形式的决定作用，多半是通过政治、法律等"中介"而间接发生的。其中，尤以政治的"中介作用"最为突出。

在恩格斯看来，全部庞大的上层建筑可分为两大部分：一部分是"政治和法律等上层建筑"，距离经济基础较近，同经济基础的关系较为直接；另一部分是"哲学等意识形态的形式"，如哲学、宗教、文学、艺术等，距离经济基础较远，是一种"更高地悬浮在空中的思想领域"①。这样，在经济基础与哲学、宗教、文学、艺术等社会意识形式之间就存在着政治、法律等一些"中介"，由于这些中介的存在，使它们之间的联系变得模糊了，但这种联系是存在的，因而，一定的经济因素对哲学、宗教、文学、艺术等社会意识形式的决定作用并不都是直接的，而多半还要通过政治、法律、道德等的中介。其中，尤以政治的"中介作用"最为突出，正如恩格斯所说的，经济发展对哲学等意识形式的最终支配作用，"多半又只是在它的政治等等外衣下起作用"②。反过来，哲学、宗教、文学、艺术等意识形式也往往要通过"政治"这一"中介"环节，才能与经济基础发生联系。这就为解决社会经

---

① 马克思、恩格斯：《马克思恩格斯选集》第4卷，人民出版社1972年版，第484页。

② 马克思、恩格斯：《马克思恩格斯选集》第4卷，人民出版社1972年版，第485页。

济因素制约社会意识形式的客观过程和途径这一问题,提供了理论依据。

在阶级社会里,政治之所以能担当起经济与哲学、宗教、文学、艺术等意识形式之间的"中介"这一重要社会职能,是因为一定阶级的政治是一定阶级的经济利益的集中表现,只有通过政治、阶级和群众的经济利益和需要才能得到充分的实现。列宁在批评托洛茨基和布哈林关于政治与经济的折中主义观点时指出:"政治是经济的集中表现……政治同经济相比不能不占首位。不肯定这一点,就是忘记了马克思主义的最起码的常识";"一个阶级如果不从政治上正确地处理问题,就不能维持它的统治,因而也就不能解决它的生产任务"①。这是对政治这种上层建筑本质的科学概括。它告诉我们,经济基础的矛盾、性质和要求,都集中地、迅速地反映到政治层面上来;反过来,政治权力、政治路线和方针政策的正确与否,又必然会对经济发展发生巨大的反作用。所以,我们在研究一定的社会经济因素是用什么方式方法决定着远离经济的社会意识领域如哲学、宗教、艺术等的发展时,就必须客观地、充分地认识政治的中介作用。只有真正弄清了这个问题,我们才能同唯心主义和庸俗唯物主义划清界限,坚持唯物辩证法。

第二,对哲学、宗教、文学、艺术等社会意识形式发生最大的直接影响的,是上层建筑中的政治、法律、道德等因素,其中,尤以政治的"影响作用"最大。

这主要是因为,政治是经济的集中表现。在通常情况下,政治作为阶级斗争,往往成为影响哲学、文学、艺术等意识形式发展的直接因素。因而,要揭示哲学、文学、艺术等社会意识形式的繁荣和发展的原因,就不能简单地、机械地用经济关系直接说明,而必须联系当时的社会政治状况进行探求。关于政治因素对文学艺术的创造和发展的直接影响作用,此前马克思恩格斯已多有论述。这里恩格斯是从经济基础与上层建筑的辩证关系中,从经济、政治、文化的辩证关系中,进一步考察了政治因素对造成哲学、艺术生产与物质生产发展不平衡现象所起的直接影响作用。

马克思曾在《〈政治经济学批判〉导言》中指出,在物质生产与精神生产之间有时会出现发展不平衡的现象。恩格斯在《致康·施米特》(1890年10月27日)的信中又再度指出:"经济上落后的国家在哲学上仍然能够演奏第一提琴,18世纪的法国对英国(而英国哲学是法国人引为依据的)来说是

---

① 列宁:《列宁选集》第4卷,人民出版社1972年版,第411、442页。

如此，后来的德国对英法两国来说也是如此。"① 造成这种不平衡现象的一个重要原因，正是恩格斯在信中反复提到的政治的因素。

只要我们具体分析一下法、德两国这一时期的政治状况，就不难明了个中的原因。18世纪法德两国都处于阶级斗争极度尖锐的历史变革时期。18世纪的法国，正处于资产阶级革命的前夜，第三等级与封建贵族的斗争，日益趋于白热化阶段，以狄德罗、霍尔巴赫等为代表的杰出的资产阶级思想家，为了启迪民众的觉悟，为行将到来的资产阶级革命作准备，掀起了启蒙运动，从而使法国成了席卷全欧的资产阶级启蒙运动的发祥地。这一时期法国哲学和文学的繁荣都是启蒙运动的果实，而启蒙运动正是法国资产阶级与封建贵族斗争的直接产物。18世纪后期的德国也同样面临着从封建制度向资本主义过渡的历史转折，阶级矛盾十分尖锐，民族统一和政治改革的呼声，以及人民反抗黑暗现实的叛逆精神十分强烈。而由于德国资产阶级先天的软弱，他们不敢在政治上直接提出自己的阶级要求，唯一的途径便是通过意识形态领域来实现。这就造成了德国思想文化的繁荣，在文学上成了整个欧洲的代表，伟大的诗人歌德和席勒就是在启蒙运动和反封建的土壤上培育出来的。由此可见，正是德法两国当时激烈的阶级斗争给哲学和文艺等社会意识形式的高度发展创造了条件。因而，阶级斗争既是历史发展的杠杆，也是哲学和文艺等社会意识形式发展和繁荣的杠杆。

同理，19世纪挪威文学的兴盛，起因于国内民族民主运动的开展；俄国19世纪文学的辉煌发展，基本原因是俄国人民反抗沙皇农奴制斗争的不断高涨，正是人民反抗农奴制的革命风暴，十二月党人的起义和普加乔夫的暴动表现出来的革命知识分子和人民群众的反封建精神，培育了普希金、果戈里、莱蒙托夫、屠格涅夫、车尔尼雪夫斯基、托尔斯泰、契诃夫等文学巨匠。

以上说明，政治和阶级斗争的因素是造成物质生产发展与哲学、艺术生产"不平衡"现象的重要原因，并不是说它就是造成这种"不平衡"现象的唯一原因。造成"不平衡"现象的因素是多方面的，恩格斯在《致康·施米特》（1890年10月27日）一信中，还指出了哲学自身的历史继承性对这种不平衡现象的重要影响："每一时代的哲学作为分工的一个特定的领域，都具有由它的先驱者传给它而它便由以触发的特定的思想资料作为前提。因此，经济上落后的国家在哲学上仍然能够演奏第一提琴。"② 虽然恩格斯在这里说

---

① 马克思、恩格斯：《马克思恩格斯选集》第4卷，人民出版社1972年版，第485页。
② 马克思、恩格斯：《马克思恩格斯选集》第4卷，人民出版社1972年版，第485页。

的是哲学，但我们以为，对于文学艺术也是适合的，也就是说，文学艺术自身的历史继承性，对物质生产发展与艺术生产的不平衡现象也有着重要的影响。

所以，我们只有遵循马克思恩格斯的教导，充分考虑到社会意识形式发展相对独立性的诸方面，充分考虑到除经济因素以外的，对意识形式的发展起作用的其它复杂因素，才能对错综复杂的社会意识现象作出深刻的、正确的分析。

这里必须指出，无论是各种上层建筑彼此之间的"互相影响"作用，还是上层建筑中的政治、法律、道德等"中介"对意识形式发展的直接影响作用，归根到底都是"以经济发展为基础的"。恩格斯在谈到德法两国出现的物质生产发展与精神生产不平衡现象时，随即补充说："但是，不论在法国或是在德国，哲学和那个时代的文学的普遍繁荣一样，都是经济高涨的结果。经济发展对这些领域的最终的支配作用，在我看来是无疑的。"① 在另一篇著作中，恩格斯又同样指出，在文学艺术的发展过程中，"经济条件归根到底还是具有决定意义的，它构成一条贯穿于全部发展过程并唯一能使我们理解这个发展进程的红线"②，对恩格斯的这一论述怎么理解呢？我以为，最好是联系18世纪法德两国的物质生产状况来理解。18世纪法德两国激烈的阶级斗争直接造成了当时哲学和文学的繁荣，而当时激烈的阶级斗争，正是由于法德两国的封建关系束缚了生产力的发展，生产力的发展要求用新的资本主义生产关系代替过时的封建生产关系引起的。如果当时法德两国的生产力没有发展到一定的高度，没有与占统治地位的封建生产关系发生不可调和的冲突，如果没有法德两国资产阶级力量的壮大和资本主义生产关系的发展，就不可能爆发如此激烈的政治斗争和思想斗争，所以这个时期哲学和文学的繁荣，归根到底导源于生产力与生产关系的矛盾运动。如恩格斯所说，仍然是"经济高涨的结果"，反映着经济发展的要求。

总而言之，虽然各种社会意识形式之间、各种社会意识形式与"法律和政治等上层建筑"之间的相互联系和相互影响，对某一社会意识形式的形成和发展，如对文学艺术的形成和发展，起着不容忽视的作用，但是，这种作用归根到底还是根源于经济的原因。各种社会意识形式本身都是一定经济基础的反映，都是经济关系的产物。所以，任何社会意识形式形成和发生的最

---

① 马克思、恩格斯：《马克思恩格斯选集》第4卷，人民出版社1972年版，第485页。
② 马克思、恩格斯：《马克思恩格斯选集》第4卷，人民出版社1972年版，第506页。

后根源，文艺繁荣或衰落的最终原因，仍然必须从社会物质生活条件中寻找，这是历史唯物主义不可动摇的基本原理，也是马克思恩格斯文艺理论不可动摇的基础。

至此，我们可以对晚年恩格斯提出的"中间因素"理论的基本观点作一简要的概述：上层建筑领域中的政治、法律、哲学、宗教、文学、艺术等社会意识形式的发展是以经济发展为基础的，但它们又都互相影响并对经济基础发生能动的反作用；各种社会意识形式彼此之间存在着"互相影响"的关系，经济基础对它们的决定作用，只是提供一种归根到底的"经济必然性"；在经济基础与那些更高地悬浮在空中的哲学、宗教、文学、艺术等意识形式之间，存在着政治、法律、道德等一些"中介"，由于这些"中介"的存在，使它们之间的联系变得模糊了，但这种联系是存在的；因此，一定的社会经济因素对哲学、宗教、文学、艺术等意识形式的决定作用，多半是通过上层建筑中的政治、法律、道德等中介而间接发生的，其中，尤以政治的中介作用最为突出；而对哲学、宗教、文学、艺术等意识形式发生最大的直接影响的则是政治、法律、道德等因素，其中，尤以政治的影响作用最大；然而，毋庸置疑，经济发展仍是哲学、宗教、文学、艺术等社会意识形式发展的最后根源和最终决定条件。

三

我们在上两个部分里，阐述了恩格斯在晚年提出的"中间因素"理论。这一理论是对当时一些企图用经济关系直接说明一切社会历史现象的庸俗唯物论者的回答，同时也是对马克思关于社会存在决定社会意识、经济基础决定上层建筑原理的重要补充和发展。恩格斯看到了经济因素与哲学等社会意识形式之间存在着"政治"这一中介，以及政治与哲学等社会意识形式之间的相互关系。然而哲学等社会意识形式（如宗教、哲学、文学、艺术等）是不能也不应该直接反映政治的，同样，政治也是不能也不应该直接支配哲学等社会意识形式的，哲学等社会意识形式与政治之间似乎还应该有个"中间环节"。这一点恩格斯虽已隐约地意识到了，但可惜他并没有来得及作更多的论述和发挥。

恩格斯逝世后，俄国的马克思主义文艺理论家普列汉诺夫根据马克思所创立的关于基础与上层建筑的学说，对恩格斯提出的"中间因素"的构成以及这些因素之间的相互关系作了开拓性的探索和研究，提出和论述了"社会心理与中间因素学说"。

1908年,普列汉诺夫在《马克思主义的基本问题》一书中,提出了著名的"五项因素"公式,回答了恩格斯虽已意识到却未来得及解决的上述问题。普列汉诺夫写道:

> 一定程度的生产力的发展;由这个程度所决定的人们在社会生产过程中的相互关系;这些人的关系所表现的一种社会形式;与这种社会形式相适应的一定的精神状况和道德状况;与这种状况所产生的那些能力、趣味和倾向相一致的宗教、哲学、文学、艺术。①

在这一公式中,全部社会现象被分为"五项因素":①生产力状况;②被生产力所制约的经济关系;③在一定的经济基础上生长起来的社会政治制度;④一部分由经济直接决定的、一部分由生长在经济上的全部社会经济制度所决定的社会中人的心理(如精神状况和道德状况);⑤反映这种心理特性的各种思想体系(如宗教、哲学、文学、艺术等)。这样形成的是一个以生产力为最基础部分的"五层楼"的社会大厦。经过这样细致的分析,就既可以看出经济因素的最终决定作用,又可以看到经济与文学艺术之间层层迭迭的复杂关系。

很显然,普列汉诺夫把马克思关于社会存在与社会意识的关系、经济基础与上层建筑的关系具体化了。他从宏观的角度,对构成复杂的社会生活的各个方面作了深入的剖析,把社会结构的基本因素归结为5项:生产力、生产关系、政治制度、社会心理和思想体系(包括哲学、宗教、艺术等),清晰地勾勒出了人类社会的结构模型。

普列汉诺夫的"五项公式"的创见在于:把社会意识划分为社会心理和思想体系这样两种形态和发展阶段,而且把社会心理看作是社会经济关系、政治制度与思想体系之间必不可少的"中间环节"。在此基础上,普列汉诺夫进一步探讨了社会心理与思想体系两者的关系。他说:"一切思想体系都有一个共同的根源,即某一时代的心理。"② 又说:"'社会人'具有一定的心理,而这心理的特性决定他们建立的一切意识形态。"③ 不言而喻,普列汉

---

① 普列汉诺夫:《普列汉诺夫哲学著作选集》第2卷,三联书店1974年版,第186—187页。
② 普列汉诺夫:《普列汉诺夫哲学著作选集》第3卷,三联书店1974年版,第196页。
③ 普列汉诺夫:《普列汉诺夫哲学著作选集》第3卷,三联书店1974年版,第734页。

诺夫在这里明确地把思想体系与社会心理的关系概括为社会心理对思想体系的"根源关系"和"决定关系",这种"根源关系"和"决定关系",不是指社会存在与社会意识之间何者第一性、何者第二性意义上的根源关系和决定关系,而是指社会意识范围内思想体系对社会心理的依赖关系。

这在马克思主义文艺理论史上,还是第一次这样明确地把社会心理看作社会经济关系、政治制度与思想体系(如哲学、宗教、文学、艺术等)之间必不可少的"中间环节",即社会经济关系、政治制度通过社会心理决定各种思想体系,而各种思想体系又通过社会心理反映人们的经济关系和政治关系;并且,还是第一次这样明确地把社会心理看作是一切思想体系的共同根源。这样,就回答了恩格斯提出的包括文艺在内的思想体系如何产生的源泉问题和产生的方式方法问题。因此,我们有必要来看看普列汉诺夫是如何论述社会心理与文学艺术问题的。

普列汉诺夫认为,深入研究社会心理及其中介作用,是探究艺术和各种思想体系发展史中的一个重要关键。什么是"社会心理"?普列汉诺夫在他的著作中使用这个概念的次数很多,却没有作出过严格的、明确的界定。综合起来,我们大致可以给普列汉诺夫所谓的"社会心理"下这样一个定义:所谓"社会心理"是指在特定时代、特定民族或特定社会阶级、阶层中普遍流行的精神状况,即人们的感觉、观点、情感、愿望、理想、习惯、信仰、道德风尚和审美趣味等。一句话,就是人的生活的主观方面。它既是经济关系、政治制度与思想体系之间的"中间因素";又是人们在日常生活实践活动和相互交流中自然形成的,是没有经过思想家、文艺家系统加工改造过的低级的社会意识。因而,社会心理具有中介性、素朴性、流行性、波动性等特性。

普列汉诺夫在其著作中,用社会心理的这些特性来揭示包括文学艺术在内的各种思想体系的直接来源。他特别重视艺术与社会心理的密切关系,在他看来,艺术作为思想体系的一种特殊形态,是以具体的感性形象来反映人们的思想、情感、爱好、习惯,以及人与人之间的各种复杂关系的;文艺的这个特点,决定了它与社会心理有着更为密切、更为直接、更为明显的联系。

在此基础上,普列汉诺夫进一步明确地指出,社会心理是文学艺术的内容,它决定作品中人物的心理和性格。普氏认为,包括文学艺术在内的社会意识形式,都是社会心理的表现。文学艺术作为一种特殊的社会意识形式,在表现社会心理上,与其它社会意识形式的不同之点、特殊之点就在于,文学艺术通过个人心理来表现社会心理。没有个性就没有文学艺术,没有个人的心理表现，就没有社会心理的表现。任何个性都不是孤立地存在，它总是在不同程度上代表着人类的"普遍性"，人在他个人的存在中，同时又是社会的存在。阶级的、民族的、时代的社会心理，通过个人的、独特的心理表现出来，文学艺术所表现的具有个别的心理特征的人的价值，就在于他是社会心理的反映。由此，普氏得出这样一个结论：艺术家通过凝结着群体心理的复杂内容的个体心理，来表现社会心理，可以说是文艺作品的内容。正是在这个意义上，普氏认为，文艺作品具有研究社会心理、社会状况的文献意义。所以，普列汉诺夫要求现实主义艺术家深入到"现象的外壳"之内，描绘出"具有各种各样心情的人"，做"心理学家艺术家"。

这里，需要强调的是，普列汉诺夫虽然把社会心理看作文学艺术的直接来源，但并没有因此而否认文学艺术与经济基础的因果关系，社会心理只是联结文学艺术与经济基础的"中间环节"。那么，社会心理又是从何而来的呢？在普氏看来，社会心理是由一定社会生产力状况和生产关系，以及与之相适应的社会制度所决定和制约的。他说，中世纪的罗马人不但对古代艺术作品没有兴趣，而且把维纳斯雕像视为"女妖"，只要有可能，就到处烧毁古代的雕像；但是，到了文艺复兴时期，罗马人和意大利人不但对古代艺术发生了兴趣，而且把它当作自己的典范。之所以会出现这种相反的情形，乃是因为中世纪内部生活里面，正慢慢完成着一个过程，这个过程深刻地改变了社会的结构，因而也改变了组成这个社会的人们的观点、情感和兴趣。

由此可见，普氏是在强调社会经济、社会关系的决定作用的前提下，提出并论述社会心理的，而没有将经济理解为唯一的"弦线"，也没有将社会心理解释为独立的王国和精神实体。后来，普列汉诺夫在《别林斯基的文学观点》一文中，对"经济基础—社会心理—文学艺术"三者的关系作了一个精确的表述："文学、艺术、哲学等表现社会心理，而社会心理的性质是由构成该社会的人们所处的那些相互关系的特性所决定的。"

综上所述，普列汉诺夫认为，文学艺术的直接来源是社会心理，而社会心理的性质又是由社会经济状况和人们所处的那些相互关系的特性所决定的。但这只是一个方面，普列汉诺夫同时还看到另一方面：来源于社会心理和社会存在的文学艺术，也能对社会心理、社会存在起反作用。这种反作用表现在：

第一，文学艺术一旦产生，必然要向社会、向读者发出一定的信息，以此去影响人们的思想情绪。普氏举例说，法国新古典主义画家大卫的名画《普鲁斯特》在"伟大的革命地震"的1789年展出时，获得了非常"惊人的成功",因为画家的作品所反映的内容激起了人们内心深处的强烈共鸣;而另一个剧作家让·谢尼盖的剧作《盖·格拉古》,则被当时的人们看作是最适合培养"共和国感情"的"共和国悲剧",因此有人在国民公会上正式建议,要由国家开支和免费演出。这些作品所以获得如此成功,真正原因就在于普氏所说的:"它使人们意识到那成为生活,也就是当时法国生活的最深刻、最迫切的需要的东西了。"

第二,一定时代的文艺作品,对形成人们的意向和情趣具有深远的影响,法国浪漫主义对古典主义斗争的事实,最能说明这一点。在古典主义影响下,它的艺术原则统治着法国观众的心理;当雨果按照崭新的艺术原则创作并演出浪漫主义戏剧《欧那尼》时,即遭到了古典主义审美观念的抵制,但雨果的《欧那尼》最后还是通过其巨大的艺术感染力征服了观众,才使浪漫主义在法国文坛上站稳了脚跟。

总之,普列汉诺夫在唯物史观的指导下,对文学艺术与社会心理之间的相互关系作了开拓性的探索和研究,提出和论述了文学艺术的直接来源是社会心理、社会心理是文学艺术反映社会生活的中间环节、而社会心理又是由社会经济状况所决定的等一系列新的观点,解答了社会经济因素决定文学艺术和文学艺术反映社会生活的具体途径,从而又大大丰富和发展了恩格斯的"中间因素"理论。

(原载《中山大学学报》(社会科学版)1999年第4期)

文艺学研究领域的新开拓

潘智彪

陆一帆先生潜心文艺学、美学研究,已有多年,继《新美学原理》出版之后,他又在另一新的领域作了辛勤的耕耘,一部《文艺心理学》就是他在文艺学研究新领域努力开拓的丰硕成果。

我国的文艺学研究,长期以来囿限在社会学的范围内,侧重于阐释文艺的外部规律,只注重审美客体的研究。但是,既然文学是人学,就不能离开作为审美主体的人,不能离开人的具体心理活动来研究文艺现象。只有从心理学的角度,运用心理学的原理,才有可能更深一层地揭示艺术的规律。近年来,随着学术思想的解放,文艺界、美学界越来越注重对审美主体的研究,有关文艺心理学的研究文章和书籍屡见其出,但在陆著之前,还没有一本自成一体的系统专著。作为建国以来第一本系统的文艺心理学专著,陆本大胆地在一个新的领域里进行探索,自成体系而又顺理成章。全书四部共分十七章,分别论述了艺术家、文艺创作、文艺作品、艺术欣赏诸方面或诸过程的心理现象和规律。从文艺学体系上说,本书已涉及文艺现象的各个方面。既包含了对作为审美客体的艺术作品的研究,也收容了对审美主体——包括艺术家与欣赏者的心理活动法则的考察。从心理学体系上看,则作者把心理过程的各个阶段的研究分别融于对创作、作品与欣赏的考察中去。换句话说,作者是侧重在艺术中考察心理活动的规律,而不是在心理过程中解释艺术。这样做,起码有一个好处,就在于它给作者提供了一个纵横驰骋的广阔天地,可以运用心理学的原理来阐释所有的艺术现象。本书不仅从心理学角度研究了"移情""通感""灵感"之类文艺心理学的老难题,也独出机杼地阐述了诸如探究、对比、习惯等一些特殊的艺术欣赏心理法则。这样,也就为作者解决那些长期以来站在文艺社会学角度所无法解决的问题提供了一个新角度。如文艺的批判与继承,过去的论者多是站在社会学的立场上看问题。批判什么,继承什么,二者之间关系的尺度如何把握,其立论根据全然取决于政治斗争的需要,此一时,彼一时,长期以来纠缠不清。陆著从审美探究与审美习惯这一对矛盾的心理法则入手,追踪到其深层的心理生理基础,从注意、适应、兴趣和动力定型等心理规律上立论，轻而易举地阐明了文艺上批判与继承的心理学根据。

当然，陆著《文艺心理学》的学术价值，并不仅仅在于它开辟了一个新领域，构造了一个新体系，更为重要的是，本书在研究方法上有两点是堪为楷模的。

其一，由于我国心理学研究起步慢，比起西方国家来还比较落后，而西方的心理学研究，借助于先进的科学实验手段，已取得了不少令人振奋的成就。要发展我国的文艺心理学，就必须大胆地借鉴、改造、运用外国心理学研究的已有成果。陆本在这一问题上，是卓有建树的。比如，弗洛伊德的精神分析心理学，在国外曾一度广为流传，影响很大。尤其是弗氏对无意识的研究，已成为这一派的重要理论支柱。但是，由于弗氏体系在实证研究上的先天不足及它的神秘色彩，便使得这派理论鱼龙混杂，糟粕与精华共存。陆著对弗洛伊德派的理论，既没有生吞活剥照搬过来，也没有因避嫌而全盘抛弃。首先，他认为，由于泛性论的渗透，把无意识归结为被压抑了的性本能冲动，"弗洛伊德的无意识理论是错误的，但不能因此否定无意识这种心理活动。它确实是存在的"（陆一帆《文艺心理学》123—124页。下引皆出自此书）。然后，他运用脑科学的研究成果，证实了"无意识是人们认识客观世界的一种不可缺少的形式"（125页）。接着，作者把这种无意识的理论运用于灵感问题的研究。他认为，正是这种无意识思维，构成了灵感思维的最后阶段。任何灵感的突发，都必须经过一段紧张的理性思考之后，再转入无意识思维，在无意识中等待爆发的时机。这样，作者就在科学实证的基础上，借助于对无意识思维的认识，揭示了灵感的奥秘。

弗洛伊德学派的另一著名心理学家荣格曾主张潜意识可分为两种：一种是个人潜意识，一种是集体潜意识。后者不象前者，它不来自个人的经验，不是个人研习的东西。它的内容主要是原型，即不需要经验的帮助而显现出来的先天倾向。尽管荣格对原型的解释也是充满了神秘的色彩，但他的"集体潜意识"这一命题，对我们的研究却很有启发。陆著就很有胆识地翻用了荣格这一概念，提出"集体审美观念"的命题。作者认为，社会集体是具有审美观念的，"这种审美观念通过各种渠道输送到个人那里，使其接受这个早已存在的现存审美观念，并刻印在大脑中，形成巩固的暂时神经联系。……当一个人还处在不懂事的儿童期时就开始接受现存的审美观念，根本不容他去选择"（257页）。个人的审美习惯，就是在这种集体审美观念的影响下无意中形成的，因而它所唤起的美感也往往是无意识的。正是由于陆著大量运用外国心理学的研究成果,全书看起来,令人有耳目一新之感,大大开了眼界。

其二,尽管中国近代心理学,特别是文艺心理学研究比较落后,但中国古代文论、画论中,却有相当丰富的文艺心理学思想材料。要建立具有中国特色的文艺心理学体系,除了要注意借鉴、运用外国的成果外,也不能不注意、总结、挖掘这份优秀的传统文化遗产。陆著《文艺心理学》在这方面也有独到的见解,并取得了可喜的成就。

第二章"入与出"、第三章"迁想"、第五章"文学的透视法"都是从我国古代文论、画论中总结、概括并加以心理学的解释而得来的。如"文学的透视法"一章,作者首先列举了大量古代诗作,然后运用心理学上对视错觉现象研究的成果,对这些丰富的材料进行归纳、概括,总结了文学中五种空间神奇的变化的方法。经作者这一点拨,我们不仅能运用这些理论于欣赏过程中,品尝出古人的高妙之处,也可以在创作的过程中有意识地运用这些手法,繁荣社会主义文学园地。

最能体现作者学术胆识的是"入与出"一章。本来,"距离说"是美学界中很有影响的一派。这一派认为,审美必须要有距离,欣赏者只有跳出现实的圈子,才能观照到事物的美。可见,他们要求的是"出"。而中国古代文论却不仅要求"出",也要求"入"。王国维就说过:"诗人对宇宙人生,须入乎其内,又须出乎其外。入乎其内,故能写之。出乎其外,故能观之。入乎其内,故有生气。出乎其外,故有高致。"这是一份很有价值的思想材料。但是,前人限于当时的科学发展条件,包括"距离说"论者,都未能充分论证"入"与"出"的心理机制及它们所需的条件。陆先生在充分肯定前人成就的前提下,不仅以敏锐的眼光见出中国古代的"入出说"优于西方的"距离说",并且站在现代心理学成果的基础上,对"入出说"进行了一番详尽的阐释。既充分说明了入与出的心理学依据,又分别论述了入与出在作家体验生活过程中的作用与地位,澄清了二者之间的辩证关系。作者认为,对不同的对象,入与出有不同的要求。对于历史题材,要求文艺家把重点放在入;描写文艺家自己的生活,则重点在于出;而对于当代题材,入与出都同等重要,二者要取得平衡。这样,作者就真正做到了化古人而用之,赋予一个古老的命题以新的生命。

此外,作者对文艺情感功能的研究,也发掘了孔子的"兴观群怨"说,从心理学角度论证了文艺的各种功能。

毋庸讳言,作者在《文艺心理学》中所构筑的新体系并不一定尽善尽美，在研究方法上也不是仅此两条路可走。读完陆著全书，令人最感到不足的是对创作心理的研究还没有进一步展开，尤其是缺乏对艺术家创作个性的研究。"形象思维"一章，虽然结合典型化过程来谈，比较容易说清楚形象思维的特点，但作者没有进一步深入探讨典型化过程中作家的各种心理现象及心理活动的规律。专列"形象思维"一章而没有把形象思维论中至为关键的问题论述清楚，这不能不算是缺璧之憾。此外，在研究方法上，实验法是很为重要的一种，它可以为文艺心理学研究提供数学的精确、实证的根据，而陆著在这方面尚缺乏研究。不过，据笔者所知，陆先生正在主编一套文艺心理学丛书。我们希望并且相信，这套丛书的出版，必将进一步完善本书已初步形成的陆氏文艺心理学体系，在研究方法上取得新的突破，从而推动我国的文艺学、美学研究新领域的拓展。

最后，笔者想在这里赘言两句。作者在"文艺的共鸣"一章中论述共鸣的条件时谈到，心境对共鸣具有重大影响。心境愉悦者总是倾向于以审美的眼光看事物，往往能产生共鸣，而心情悲伤者则没有审美的缘份，因为他的美感起点偏低，不能与外物产生共鸣。其实，这里似乎也可以用得上格式塔派的结构同形理论。心境良好的人易于接受欢快情调的作品，心境低沉的人则容易为低调子的艺术所打动，如林黛玉欣赏《牡丹亭》，其心境本来就不快，却恰好与戏文的情调对上号，于是乎，共其鸣而心痛神驰，眼中落泪。所以，只要心境的质调与作品的情感质调相吻合，就有了共鸣的条件。从生理机制上看，不好的心境也是一种情绪的激动，一种神经兴奋。一旦这情感本身的力的结构与作品中的力的结构同形，就必引起共鸣无疑。如此看待心境与共鸣的关系，不知陆先生以为然否。

(原载《中国社会科学》1986年第6期)

文艺生态与文艺理论的非经典转向

高小康

一

自 20 世纪 90 年代以来,中国的文艺学界所争论的一个重点问题就是文艺理论的西方背景与中国文化传统之间的矛盾,乃至形成了关于中国文艺理论"失语"的焦虑。

但如果对经典的文艺理论观念进行更加深入的研究就会发现,文艺学这种经典人文学术范式本身存在着固有的局限性和遮蔽性。如果说西方的经典人文学术传统中产生的文艺理论在研究中国文化问题时会产生偏颇和遮蔽,其实它在研究西方文化时也会存在同样的问题。问题的实质可能并非仅仅是中西文化的差异,其实更应当对具有西方经典人文学术特征的文艺学根本观念进行反省。

经典人文学术的局限性来自古希腊的学术传统。人文学术,或者说古希腊意义上的哲学,一个最根本的观念就是认为在自己之外存在着客观的知识对象,知识就是把这个客观的存在物映照在自己的头脑中。即使是被批评为"唯心主义"的柏拉图,同样假定了作为真正知识的"理念"是一种客观存在的对象,获得这种真知识的途径仍然是对客观事物自身特征的区分和把握。这种知识观念影响下形成的经典人文学术,最基本的特征就是把认识的对象规定为客观的、固化的、自身包含着意义(特性)的存在物。这种认识对象其实就是可供认识主体解读的有意义的文本。这种学术传统中的学术研究,归根到底都是解读、阐释和评价文本的活动。尽管人文学术在不断更新,研究对象在不断变化,但这种以文本为中心的观念至少在中国的文艺学界似乎并没有动摇。

然而,把文艺学研究的对象限制为客观、独立存在的文学文本,实际上意味着把文本背后使文本得以产生和更新的生态条件忽略了。仅仅通过文本研究而认识的文学和文学史只是已经过去和固化了的文化化石;在文学文本背后鲜活生动地延续、发展着的文艺生态环境和文化过程才是活的文学和活的历史。

从西方经典人文学术传统中发展起来的文学研究观念和文艺学学科，在研究中国文化和中国文学时遇到的最重要的问题可能不是像"失语"说那样理解的阐释文本的语言困难，而是对文艺生态状况、对文学文本背后真实的文化活动过程的遮蔽。要打破这种学术研究中的遮蔽，就需要重新认识经典人文学术的局限性。简单地说，就是需要从文本中心的研究观念中解脱出来，建立以文艺生态状况为中心的非经典的学术研究思路。

所谓"非经典"研究的意义并非简单地否定经典人文学术式的文学研究，而是要尝试使研究的视野从文本向文艺生态状况拓展，包括在研究对象、目的、范式和方法诸方面的拓展。通过这种拓展而打破经典文艺理论研究的局限性和遮蔽性，形成新的学术视野和研究空间。

二

在经典文艺理论研究所关注的中国文学与西方理论的矛盾背后，当代文学活动面临的是全球性的生态危机，即文学传统和文学观念的多样性正在趋于消失。当今世界文化的"全球化"趋势正在造成不同族群、地域文化群落传统和认同感的消亡，在文学活动方面表现为文艺形态、趣味、价值观念的趋向同质化。

这种文艺生态危机显然是一个典型的当代问题。然而从文艺观念的发展历史来看，这个当代问题实际上是文艺与文化历史发展过程的结果。

早在19世纪初期，歌德就提出了"世界文学"的观念：

> ……我愈来愈深信，诗是人类的共同财产。……民族文学在现代算不了很大的一回事，世界文学的时代已快来临了。现在每个人都应该出力促使它早日来临。不过我们一方面这样重视外国文学，另一方面也不应拘守某一种特殊的文学，奉它为模范。我们不应该认为中国人或塞尔维亚人、卡尔德隆或尼伯龙根就可以作为模范。如果需要模范，我们就要经常回到古希腊人那里去找……[①]

这是一个很著名的观念，表现出歌德的宽广视野和现代意识。歌德在谈话中

---

① 爱克曼辑录：《歌德谈话录》，朱光潜译，人民文学出版社1978年版，第113页。

提出了不同民族文化和文学的可交流性，尤其是高度赞美了中国文学的道德和艺术价值，提出文学在现代的发展趋势应当是在不同民族文学相互交流和理解基础上的世界性。他的观点在中国产生了重大的影响。当代中国学者谈论的"世界文学"观念多是从歌德这儿引申出来的。

然而值得研究的是，歌德的"世界文学"观念在注意到不同文化之间交流沟通的时候，并没有把这种交流沟通理解为不同文化并列的多样性和价值的多元性，而是认为在沟通的基础上还应有更高的共同理想。他所说的理想就是以古希腊人为"模范"的文学理想。把古希腊人作为人格、文化发展的典范和理想，这是自文艺复兴以来产生于欧洲，而在莱辛、温克尔曼、歌德和席勒等人所代表的德国古典人文主义那里达到了极致的一种文化想象。这种文化想象的重要性不在于古希腊文化的历史价值，而在于它体现了自文艺复兴以来形成的关于世界文明发展的共同趋势和普遍理想的想象。这种文化想象在19世纪与20世纪之交进入中国并影响于新文化运动，成为中国现代文化精英关于文化"现代性"的观念，即意识到中国文化与西方文化在发展理想上的趋同性。对"德先生"和"赛先生"的推崇就是这种现代性意识的体现。歌德对"世界文学"提出的以古希腊人为"模范"的文学理想，正是在文学发展方面体现了这种现代性意识的文化趋同性本质。

有的学者在研究中国现代文学史上的"现代性"观念时，提出了一种多义性的解释，认为除了新文化运动所倡导的"现代性"趋势之外，还存在着"被压抑的现代性"，即不同于新文化精神的文学发展倾向。① 这种观点把新文化运动以来的"现代性"观念内涵扩大了开来，从而试图消除"现代性"观念所蕴含的趋同性意义。这种对"现代性"的特殊理解当然有道理，但只要找到并重新评价不同于新文化运动的现代文学，就可以解决现代文学发展观念上的趋同和片面性了吗？问题似乎并不那么简单。

从文学发展的历史来看，在"现代性"观念产生之前很久，文学观念就已经出现了趋同性，这就是对文学理想的共同性和文学创作规律的普适性所具有的信念。

早在古希腊时期，亚里士多德的《诗学》就是在为文学艺术创作寻找具有普遍意义的法则。《诗学》中对艺术形式的要求以及给悲剧、悲剧情节和悲剧人物所下定义的根据都是作者所设想的普遍心理需要，因而也就意味着这些规则和定义具有普适性的特征。在古罗马人那里，优秀文学应当合乎一

---

① 王德威：《想像中国的方法》，生活·读书·新知三联书店2003年版，第12页。

般人性的需要和具有普遍理想性这样一种"古典"观念开始形成。换句话说,他们相信优秀作品应当是被普遍认可的典范。诗人贺拉斯在《诗艺》中提出要学习希腊的范例和遵循"合式"的原则,成为后代古典主义文艺观念的基本信条,在西方两千多年的文艺思想发展史上产生了持久的影响。

在中国古代文艺思想史,以永恒的典范和普遍规则为特征的古典艺术精神同样具有重要地位。产生于魏晋南北朝的《文心雕龙》就是一部以"宗经"(即确立文学的永恒典范和共同理想)为宗旨的体现出古典艺术精神的系统研究著作。

古典艺术精神的形成是文艺观念发展的普遍历史趋向。正是因为形成了恒定的、客体化的典范,以及通过典范总结、印证的普遍规则和共同理想,文学文化走向了成熟和结晶化。从古典时代以来,人们所知道的文学发展史,基本上就是一代代优秀文学作品的产生、被效法和典范化的历史,是特定文化中的普遍审美理想形成和发展的历史。尽管在文学史和文学思想史上,古典主义不断地受到其他艺术观念的挑战,但挑战和对抗并没有否定古典艺术精神的存在及其价值。事实上,形形色色的反古典主义观念大都是以古典艺术精神的恒定性和普遍性为前提和参照而存在的。

19世纪歌德提出的"世界文学"观念、20世纪初新文化运动中产生的文学"现代性"诉求、20世纪中期的社会主义现实主义以及"两结合"的革命文艺观念、20世纪80年代以来形成的各种文艺理论观点和体系,这些理论观念看起来各不相同,并且是近代以来在不同文化背景中发生的,但仍然可以看出和古典艺术精神的相通之处,这就是文学理想的普遍性和理论的普适性。即使是对文化理想的普遍性持批判态度的诸种"后现代主义"理论,也还是把解构中心的思想视为具有普遍文化意义的理论观念。

从这个视角来看,当今的文化"全球化"趋势并非文化发展中的突变现象。"全球化"意识表现于文艺观念方面,就是把古典艺术精神关于文学理想的普遍性和趋同性扩张到了极致。换句话说,文化"全球化"和文艺活动同质化的趋势其实是古典艺术精神发展到当代的逻辑后果。

三

贯穿了两千多年文学发展史的古典艺术精神对于文学审美理想和文艺价值观念的发展起过重大的作用,但同时也压抑着不符合古典艺术理想的文学活动,因此而造成了文学发展史上一再出现的复古与革新、经典与奇变、精英与民间的冲突。而从古典艺术精神中衍生出来、以普适性理论为特征的经典文艺理论和文学史观同样存在着重大的片面性,这就是对文艺活动(包括审美理想、价值观念和活动形态)多样性的忽视。

文艺活动的多样性是文艺生态的固有特征。在周代,经过从不同的文艺活动中采集而汇集起来的《诗》曾经是文艺活动多样性的产物和表征。孔子以兴、观、群、怨、事父事君、识草木鸟兽之名、达政、专对等形形色色互不相关的作用来描述《诗》的功用,说明在他的时代,《诗》文本背后的文艺或文化活动是多样性的。但到了汉代,《诗》被奉为经典文本即"经",并进而把《诗经》文本的阅读、欣赏和阐释纳入儒家的政治伦理教化活动中。自此以后,《诗经》逐渐被赋予了普遍的意义内涵("风刺")和经典的文体形态("六义"),而原有的多样性生态特征就被文本阐释的正统性和经典性所遮蔽。由此而开始的诗学实质上是经学。直到刘勰在《文心雕龙》中提出的"宗经",虽然不同于毛诗以教化意义诠释诗歌的经学观念,但以儒家"五经"为典范树立文学标准,也就意味着排斥或贬抑不同于经典标准的文学形态。他在《宗经》的赞语中说:"楚艳汉侈,流弊不还,正末归本,不其懿欤!"当然这不等于他完全排斥楚骚汉赋乐府等非经典的文学样式,但的确清楚地划出了作为文学正统的经典与非经典文学的差别,而且提出了"正末归本"的思想,即用经典的标准来规范文学发展中的多样性。

魏晋南北朝被称为文学的自觉时代。所谓文学的自觉,指的就是文学审美经验的自觉,更具体一点说,就是经典化了的文学意识的产生,是通过自觉的文体意识和审美评价而体现出来的以典范文本为中心的文学意识。陆机的《文赋》、萧统的《文选》标志着文体意识的自觉,钟嵘的《诗品》意味着自觉的审美评价标准的产生,而刘勰的《文心雕龙》则表明,建立在典范和规则基础上的系统全面的文学文本标准和理想已经出现。

从齐梁时期关于格律声病的讲求到唐代《诗格》《诗议》之类形形色色的诗歌作法,再到宋代诗人对诗歌意象、字句的精细研究,可以看出对诗歌文学性的认识和评价逐渐走向深入,文学观念越来越朝着审美理想的自觉和文体的完美方向发展,诗歌作为经典文体的文本特征逐渐成熟。然而从更广阔的文学生态角度观察诗歌发展的历史,就会发现诗歌在走向文本化、经典化的同时,还存在着非文本的活动和发展趋势。早在《诗》被编裒成集并逐渐变成《经》的过程中,就在不同的文化背景中存在并发展出了具有楚文化特色的骚体诗歌,即以"艳"著称的楚辞。而后到了汉代,当《诗经》成为经学典籍而被阐释和学习的时候,乐府却从民间的诗歌音乐活动中发展了出来。此后的诗歌发展史,从经典诗学的立场看到的是文本的文字形式日趋严谨完美和语言意象的精炼隽永。然而在经典诗学观念的背后,歌谣、山歌、曲子等民间诗歌活动一直也在发展。这类非经典的诗歌因为语言质朴真率、形式杂沓重复、歌唱性和即兴性强而缺少了经典文本的成熟和完美。然而历史上却往往是这些"不成熟"的文体反过来影响于经典文体,并推动着经典诗歌艺术的演变和发展。如唐代的曲子、宋代的长短句、元代的散曲、明代的山歌等等,这些非经典性的诗歌一再地影响了这些时期的经典诗歌创作和观念的演变,使得中国诗歌的生态形成了经典的"诗"与民间的"歌"振荡发展的过程特征。① 而在经典诗学观念中,却常常忽略或曲解文学发展的这种生态特征,把歌与诗的关系解释为从原始的混合艺术形态向纯粹的文学形态分化的过程中分离并各自独立存在的关系。

从文学样式总体的发展演变来看,在古典文学观念形成的过程中,诗歌和散文成为正统和经典的文学样式,小说、歌谣、戏曲文学、讲唱文学等样式则因其俗而被文人所忽视。元代以后,小说、戏曲等通俗文艺已成为社会文艺活动的主流,许多文人也介入了这类通俗文艺的创作和欣赏,但经典文学观念仍然遮蔽着人们对文艺生态多样性的认知。明清文人中有不少人喜欢俗文学,但当他们在推崇话本小说和戏曲时,通常是把这些非经典文学样式与经典文学进行比附或纳入经典文学的评价标准中进行评价。比如清初文人金圣叹就通过排列"六才子书",把《水浒传》和《西厢记》与《庄子》、《离骚》、《史记》、杜诗等诗文经典并置。这种拔高俗文学的做法仍然没有脱离经典意识。金圣叹在评点《西厢记》时一再强调《西厢记》是供才子静心阅读的文章,决不容许"忤奴"戏子在红氍毹上搬演。② 比他稍后的另一位批评家李渔说他批评的《西厢记》"乃文人把玩之《西厢》,非优人搬弄之《西厢》也"。这意思就是说经过金圣叹修改、评点的《西厢记》变成了案头化的经典文本。从中国戏曲发展的实际情况来看,现场表演的即兴性质是戏曲艺术的重要文化生态特征,正是即兴性和表演性推动了中国戏曲艺术的发展。但在金圣叹所代表的经典文本化了的戏曲理论观念中,作为戏曲艺术特有的即兴性现场表演特征被否定了。

在明清两代的文学观念论争中,经典文学观念与非经典的民间文艺活动

---

① 参见高小康《在"诗"与"歌"之间的振荡》,载《文学评论》2002 年第 2 期,第 56–62 页。

② 金圣叹:《贯华堂第六才子书西厢记》,甘肃人民出版社 1985 年版,第 26 页。

二者之间的矛盾表现得尤为突出。从明代前期李东阳等人倡导学习唐诗，到前后七子的"文必秦汉、诗必盛唐"，再到唐宋派提倡唐宋古文，一直到清代王夫之、叶燮以及格调派、神韵派、桐城派等研究和倡导古典诗文的诸家，对文学经典的推崇、仿效和研究达到了前所未有的高峰。中国古典诗学就在这种观念背景下走向了成熟。然而这种诗学理论的成熟却和这个时期的文艺生态状况发生了矛盾：诗文创作在古典诗学观念的影响下对汉唐经典的效法并没有带来文学发展的新鲜活力，而是造成了复古、仿古、泥古风气的盛行。明清时代提倡复古和效法经典的文学门派林立、学说纷呈，而经典文学的创作却缺乏生气和创造性。从整个文艺活动潮流来看，这个时期真正有生命力的是非经典的各种民间文学形态——戏曲、白话小说、山歌、笔记小品、曲艺等等。明代的李梦阳等倡导效法经典文学的人后来都不得不承认"真诗乃在民间"，实际上表明他们意识到经典文学观念影响下的文艺创作在衰落，并且开始注意到非经典的民间文艺活动具有强大的生命力。从七子到晚明的冯梦龙再到清代，文人们一方面在提倡经典，另一方面也越来越多地把注意力投向了民间文化。在这个崇尚古典的时代，真正发展起来的却是非经典的民俗文艺形式。文艺观念和文艺活动的现实发展趋势之间形成了鲜明的对比和冲突。

审视文艺观念发展的历史显然可以看出，早在"世界文学"和"全球化"观念产生之前，经典文艺理论的经典理想和普适性理论就常常会遮蔽或抑制文艺生态的多样性特征，片面地推动文学走向高雅化和经典化。在这个发展过程中，文艺活动作为个人审美体验的文化品质提升了。但片面的高雅化、经典化却带来了文艺发展中的生态问题，简单地说就是削弱了文艺活动的多样性和原生态的活力。

到了20世纪初新文化运动的背景下，中国传统的文学理想消退了，而新的世界性的普遍理想产生和发展起来，这就是"现代性"的观念和歌德的"世界文学"理想。这是比传统的经典文学理想更激进的普世理想。从19世纪到20世纪前期，中国文化在重大历史转折时期形成的共同社会理想派生出了普遍的文学理想。文艺的多样性发展和生态平衡问题被文艺的普遍社会功能问题所掩盖。从延安文艺座谈会以来，虽然意识形态对文艺提出了"大众化"的要求，但这种"大众化"观点在承认民间文艺形态合法性的同时更强调文艺观念中意识形态的共同性。只是在当今"全球化"的文化背景中，对普遍性文化理想的追求与不同文化的自主权以及文化尊严发生冲突时，普遍理想造成的文化趋同性与文化生态的多样性要求二者之间的矛盾才真正戏剧性地凸显出来。在这种背景下，文艺生态危机作为当代文化生态危机的一种表现才显现出了重要的理论和实践意义。因此，当我们把文艺生态危机作为一个当代问题研究的时候，不得不注意这个问题背后更加深刻久远的观念渊源，注意到经典文艺理论与文艺生态之间固有的冲突。

四

当今的文艺生态危机不仅仅是文化立场和文化对策这样的实践问题。对于文艺学的学术发展来说，更重要的是，文艺生态问题对文艺理论研究提出了与传统的或经典的文艺理论不同甚至相冲突的视野和经验。对于文艺学研究来说，文艺生态问题的提出实际上意味着理论研究领域从经典的、普适性的理论观念到非经典的多样性理论观念的转变，意味着新的理论认识问题的提出。

需要重新认识的问题之一是研究对象的问题。文艺学研究从道理上讲，应当说是对各种文学或文艺现象进行的研究。但经典的文艺学研究预设的对象其实主要是文学作品。这个"作品"的概念，核心是把文学经验通过书写固化成的书面文本。对这种固化了的书面文本对象进行的研究，所重视的就是这种文本价值的恒定性和代表性，即经典性。以经典为对象的研究理论关注的是文学的静态性质，即不大可能因为时间、语境和读者的变化而产生根本改变的性质——结构的完整自足、内容的生动逼真、情感的真切感人、意义的鲜明深刻等等。文本的物化和固化使文学活动得以凝聚为客观、恒定的静态存在，而文学的这种静态性质是产生经典作品的必要条件，也是使经典理论具有普适性和权威性的基础。

但是当经典理论以文学的静态性质为对象时，遮蔽了文学作为文化活动一直存在着的生生不息的动态活力。从文学经典中研究、提炼和总结出文学的恒定性质，这种经典化的努力实际上否定了文学的活的生态特征。

早在明末清初，文学批评家金圣叹对《水浒传》《西厢记》的批评就是在进行着这样一种经典化的努力。他通过修改和批评，把民间文化中不断演变着的叙述固化为完整严谨的形式，对作品的意蕴也按照经典诗文的趣味向典雅化的方向提升。经过他的努力，不仅《水浒传》《西厢记》获得了经典艺术的地位，而且影响了许多批评家以同样的方式改造通俗文艺。但经过这样改造后的作品，却丧失了在原始生态中生成的生动性和生长的活力。鲁迅曾在《谈金圣叹》一文中批评金圣叹修改《水浒传》，说"《水浒传》纵然成了断尾巴蜻蜓,乡下人却还要看《武松独手擒方腊》"。"断尾巴蜻蜓"是被金圣叹加工过的经典化了的《水浒传》,而"武松独手擒方腊"的故事则无经典文本可据,是民间叙述中的情节。鲁迅这话作为对金圣叹艺术眼光的批评可能不尽准确,但却说出了这样一个事实:经典化作品的艺术魅力不能替代民间文艺活动的原生态活力。有人认为金圣叹评点、修改的七十回《水浒传》因艺术上的成功而使以前的各种版本尽废。从经典化的角度来讲,他的批改本的确比以前的百回本、百二十回本等版本更成熟、完美,清代流传的主要版本也的确是金批本。但这并不等于经典化的版本代替了民间的《水浒》叙事。直到20世纪,民间的《水浒》叙述活动仍然不绝如缕。比如扬州评话世家传人王少堂的《武松》十回、《宋江》十回等"王派水浒",内容之丰富曲折、细节描写之细致入微、人物情感之复杂、冲突之惊心动魄,与经典化的《水浒传》文本内容相比已经相去很远,倒是和当代的英雄传奇和武侠小说颇有相埒之处。口语和表演的生动性、地方性、即兴性,以及细节、情感表现的丰富性,这些叙述特征在民间文化生态环境中不断生成和演变,不仅使得《水浒》这样的古代叙事在经典文本形成之后仍然以非文本的形态继续发展丰富,而且推动着叙事艺术的演变更新,从经典学术视野之外对中国文学的现代发展产生着影响。

近年来许多研究当代中国文学的学者注意到一些所谓"红色经典"叙事中存在的无法用意识形态和经典艺术理想解释的叙述特征,比如《林海雪原》《烈火金刚》《李双双》等作品中,都存在一些民间的、质朴的甚或粗糙的叙述元素,因此认为在"显形"的文本背后还存在着"隐形"的叙述结构。其实,"显形"和"隐形"之别是学术视野遮蔽的结果。文学生态本质上是叙述、写作行为与整个文化环境共生、互动的连续的过程,而不是一个个孤立静态文本的组合。无论是施耐庵还是金圣叹的《水浒》,都没有终止《水浒》故事在经典之外不断进行的叙述、表演和演变发展的过程。用经典理论书写出来的文学史,当然看不到自己作为研究对象的静态文本背后活生生的活动过程,因此这种动态的文学活动变成了"隐形"的存在。

与研究对象相关,文艺学研究中需要重新认识的更深层次问题就是文艺理论的经典范式,也就是理论研究结论的普适性问题。从亚里士多德讲授《诗学》以来,文艺理论要寻求普适性结论就成了不言自明的范式。因为亚里士多德悲剧诗学的理论根据是他想象中的人类普遍心理特征,如怜悯、恐惧、惊奇、厌恶等等。基于人类一般心理的理论,理所当然地要求对于所有人的文学经验具有普遍的解释有效性。后代的古典主义文艺理论标举"自然"和"人性",也是希望把理论的根据还原到普遍的"自然"和"人性"上,从而确证理论无条件的普适性。中国古典文艺理论对普适性推定的经典论述出自《文心雕龙》。"明道""征圣""宗经"这开宗明义的三篇把文艺理论的根据推溯到了"道—圣—文"这样一条线索上,因而确证了理论的绝对普适性。

中国20世纪50年代至70年代的文艺理论同样以普适性结论作为理论的基石。这个理论简单概括起来就是"文艺是社会生活的反映"这一命题所表达的唯物主义认识论思想和"真实地再现典型环境中的典型人物"这一命题表达的现实主义美学原则,这两条命题的理论依据在当时人们的观念中都是绝对普适性的。到了80年代,随着思想观念的开放和学术视野的扩大,人们发现"反映论"和"典型论"观念远远不能充分解释不同时代、不同文化背景、不同艺术类型的复杂性,开始寻求解释不同艺术经验的理论。与"反映论"相对的"表现论"和与"典型论"相对的"意境论",再加上从其他学科领域借用的所谓"三大论"(信息论、系统论、控制论)等等,诸如此类理论的提出形成了80年代中期从"方法年"到"观念年"的理论发展热潮。

现在回过头来看,新观念的提出固然有拓展理论视野的意义,但实质上仍没有摆脱普适性理论自身的局限性。每一个新的审美范畴的提出,都是在补充原有范畴在普适性方面的缺漏,试图用更多的范畴来概括更广泛的经验。

就拿"意境"理论来说,这一理论观念的提出看起来是对"典型"理论绝对普适性的解构,然而实际上却变成了另一种与"典型"并立的普适性理论。这一理论在表达与古典主义、现实主义叙事艺术不同的中国诗歌艺术经验时,用情景关系、言意关系、虚实关系这样的二元对立范畴概括中国古典诗歌文化的美学特征,实际上是把司空图—严羽—王渔洋这一条探求山水诗缥缈、淡远、神韵的理论与宋元以来重山林气、书卷气、逸气的士夫画意趣结合起来而形成的一种美学理念。把"意境"作为中国古典诗歌的最高境界和最基本美学范畴来研究、梳理中国诗歌文化史时,已经超出了这个美学理念的原始生态语境,把它解释为更加具有普适性的范畴,即中国传统美学理想的核心,用来与"典型"对举,形成"中/西"二元对立的美学模式。这种提升和概括在有意无意中遮蔽了中国古代诗歌文化中的集体经验以及歌唱性、现场性、即兴性等原生态特质。

在叙事文学理论方面,"典型"理论的普适性受到了质疑,而在现代主义文学和哲学思潮影响下,强调个体生命体验的生命哲学和存在主义哲理又一度成为新的普适性理论。从20世纪80年代后期到90年代的文学批评和研究中，一部作品是否以及如何表达了个人的独特生命体验或生存意识，成为新一代文学研究者和批评者评判各种作品的普适性标准。在这种形而上的研究视野中，表达特定文化群落传统和集体身份意识的形而下的文学经验，因缺少个体存在意识的表现而被否定或被忽视了。比如自 90 年代起逐渐在中国各种文化环境中兴起的区域民俗艺术，如地方性曲艺和喜剧小品、具有民俗特色的电视剧等等，这类文艺活动通常被文艺学界视为"通俗的""商业的"艺术而被纳入文化批判体系中进行分解和阐释，以印证意识形态批判理论，却忽略了这类文艺活动所蕴涵的特定文化群落中原生态民俗的内在活力和文化价值。

对理论普适性的追求源于古希腊学术传统对"真知识""理式""范畴"等共相性质的兴趣，在理性主义时代通过数理逻辑等科学范式而获得了合法性证明。文学研究就是寻求文学创作和发展的"普遍规律"，这似乎成了经典理论观念中不言自明的前提。既然文学活动中可能存在着"普遍规律"，那么作为对文学的价值评判，合乎逻辑地也就存在着普遍的价值标准。歌德的"世界文学"理想由此而得到了理论的肯定。

正是这种对"普遍规律"的兴趣压抑了文艺理论应有的对文学经验中的差异性和特殊性的体验和研究，结果是遮蔽了许多文艺现象的特殊意义和特殊文化价值。从文化生态学的角度来看，文化物种的多样性要求不同文化类型自身价值和目的的合法性，因此也就意味着价值的多元性。而由"普遍规律"派生的普遍价值标准恰恰与文化形态多样性和价值观念多元性的生态特征相矛盾。文艺学要在今天的文化和学术环境中寻求发展，就需要形成新的理论意识——超越于理论普适性和美学乌托邦的多样性生态化的理论意识，以"同情的态度"（陈寅恪语）研究民间的、民俗的、特殊文化身份背景的各种非经典文艺现象、观念和价值需要。

总之，文艺发展中的生态问题向经典文艺理论提出了挑战。文艺理论要发展，就必须面对这种挑战，必须在学术研究中形成与文艺生态的多样性相适应的理论意识，即非经典化的文艺研究意识。文艺理论的非经典化并非凭空创造一套新的理论，而是要求将文艺学的视野扩展到生态学、民俗学、民间文学、人类学和社会学等等相邻学科所涉及的各种文学与艺术文化问题中，把经典理论所压抑、遮蔽或排斥的对象和问题收纳进来，构成生态完整的、活的研究语境，从而构造成多样化、生态化的新文艺理论研究领域，使文艺学学科获得新的生命活力。

（原载《文艺研究》2007 年第 1 期）

反本质主义和本体论学理问题

——西方文论中国化重点个案研究之一

王 坤

小 引

20世纪90年代进入我国并盛行的反本质主义思潮,使得学界至今都极少有人正面谈论文学的本质问题。其影响范围之广、程度之深,至今不容忽视。由于本质论与反本质主义的学理均源自西方,从"事件化"[①] 的角度讲,"失语症"问题[②]的提出,是因为西方文论话语占据了十分强势的位置,作者对此深感不安,故试作探讨。

近两年文论界的焦点事件,除了以强烈冲击波方式发生的"强制阐释论"(包括"公共阐释论"[③]),还有更具影响力却以极为平静方式发生的:童庆炳先生主编的《文学理论教程》第5版(2015)面世,其中在第3版(2004)与第4版(2008)里都有的一段话被删去了,"这里需要申明的是,最近学术界提出的所谓反'本质主义'的看法。我们的理解是任何事物都是变化发展的,因此任何事物也就不可能有什么一成不变的固定的本质,事物的本质总是随着时代的发展变化而发展变化的。但是我们不能同意那种认为事物不存在本质的说法。事物本质随着时代和历史文化的变化而变化,但在变化中一个事物仍然有其自身的规定性,这就是一个事物区别于另一事物的

[①] 童庆炳:《反本质主义与当代文学理论建设》,载《文艺争鸣》2009年第7期,第6-11页。

[②] 参见曹顺庆《文论失语症与文化病态》,载《文艺争鸣》1996年第2期,第50-58页;《再说"失语症"》,载《浙江大学学报》(人文社科版)2006年第1期,第11-16页;《论"失语症"》,载《文学评论》2007年第6期,第77-82页。

[③] 张江:《公共阐释论纲》,载《学术研究》2017年第6期,第1-5页。

本质"①。

删去为本质主义辩解的这一段话,明确表达了童先生的观点:文学本质的存在是无法否认的事实,大可堂堂正正地谈论而无需像之前那样,言及文学本质的时候还要特地说明谈论的理由。一度被反本质主义弄得声名狼藉的本质论,在童先生这里,平平静静地被"恢复名誉"了!而文论界对童先生此举的反应,至今也是平平静静的。就本质论问题所拥有的分量及所占据的地位而言,文论界本该出现热烈讨论或激烈争辩局面的,因为20世纪90年代反本质主义思潮在学界所掀起的决不只是一般的思想风暴,当时文论界的普遍反应,就是经历了一次恍然大悟:本质主义原来一直在喷射思维方式的"毒汁"②,对"文学是什么"的追问,不能再继续下去了!时间的流逝还不到20年,在目前全国影响最大、最权威的文学理论教材上,本质论的重新归来,却未引起相应的反响,多少有点出人意料。笔者以为,个中缘由,是学界中人出于对文学理论基础问题的高度重视,在本质论这块"硬骨头"面前,不愿轻易发言而已。这就决定了当下乃至一段时间之内,对本质论和反本质主义的研究,将继续以谨慎、平静的方式进行。

本质论是制约我国当代文论进展的"发动机瓶颈",我们与西方文论在深层次方面的差距,最终都可归结于此。这种事关全局的深层次问题,是不可能通过反本质主义"一反了之"的。"失语症"局面的出现,就是因为在最根本的本质论方面,我们极少创新,很难掌握话语权,西方文论却能够源源不断地推出新成果,在话语权方面始终占据主动。"强制阐释"现象的存在,固然与话语权的建构密切相关,但从学理上讲,还是因为"本体阐释"的理论建构没有跟上;如果本质论研究未能取得正面突破,"本体阐释"取代"强制阐释"仍难以指望。本质论瓶颈是否得到突破,制约着这些重大问题的解决,尤其关涉文论界话语权的归属。

本质论与反本质主义,学理上均源自西方。长期以来,本质论在文论研究中属于第一要务:追求对"文学是什么"的回答。由此形成固定的研究思路:面对纷繁复杂的文学现象,首先力求抓住潜藏在各种文学现象背后的那

---

① 童庆炳1990年受教育部委托主编的《文学理论教程》,高等教育出版社于1992年出第1版,1998年出修订版,2004年出修订二版,2008年出第4版,2015年出第5版。第3版与第4版中,这段话出现在"导论"第一章第一节之二:文学理论的对象和任务,"本书的框架结构……第二编……揭示文学的本质"之后。

② 张志林、陈少明:《反本质主义与知识问题——维特根斯坦后期哲学扩展研究》,广东人民出版社1995年,第5页。

个唯一本质，从而回答"文学是什么"的提问。建国以来全国统编文学理论教材中，作家论、作品论、读者论以及源流论这四大块内容的顺序，是因编者而异的，但本质论无一例外均被放在第一的位置上。本质论的至高地位，对于认清文学的根本特性，无疑起到极大的推动作用。同时，文学又难以避免地被固定在所"是"的范围之内，久而久之，原本活生生的文学，因"是"对其性质的固化、僵化，在理论上受到严重约束甚至禁锢。有鉴于此，反本质主义以动态的"建构论"，成功解除了禁锢文学性质的"本质论"，并以"本体论"取而代之。

从学理角度看，本质论既然能够在西方流行几千年，其基础一定十分深厚牢固，绝非说反就能反掉的，比如，以文学"在哪儿"的本体论，取代文学"是什么"的本质论，文学被"是"的空间就真的不存在了吗？不可能的，只不过换了一种表述，"是"其意而不"是"其辞罢了。席卷整个西方思想界的后现代思潮，为什么要将矛头指向本质论？绝不只是因为它固化、僵化了研究对象那么简单。

从学理层面反思的话，也许我们对本质论的理解未必到位，相应的反本质主义也不彻底。为避免浅尝辄止、盲目跟从或转向，有必要对文学本质论这一在当代文论领域曾经、或许会继续举足轻重的基础理论问题，持续地进行学理探讨。

一、本质论退场与本体论登台：反本质主义是否真的成功

中国当代文论从建国至 20 世纪 90 年代，几十年间基本上是遵循本质主义思路的。文论领域的专业工作者，无论高校教师还是社科院研究人员，大多也都自觉接受这种思路。正如朱立元先生所反省的那样："在文艺理论界，本质主义长期以来成为多数学者（笔者本人亦不例外）习惯性的思维方式，其突出标志是，认为文学理论的主要任务是寻求文学固定不变的一元本质和定义，在此基础上展开其他一系列文学基本问题的论述。"[①] 在占据支配地位期间，本质论启动了科学认识文学基本特征的过程，是当代文学理论学科建设过程中不可否认的客观存在；同时，因始终难以出新，几十年一贯制，文学本质论又成为制约当代文论前行的"发动机瓶颈"。新时期以来至 20 世纪

[①] 朱立元：《试论后现代主义文论思潮在当代中国的积极影响》，载《上海大学学报》（社科版）2014 年第 1 期。

90年代，文论界从当代文学和文论的实际出发，对本质主义僵化弊病的认识，愈见明确、深刻，并推出堪称经典的研究成果：不再采用单一定义来界定文学的性质，而是采取复式定义来概括文学的多种特质。如蒋孔阳先生在1993年出版的《美学新论》中，以及随后与朱立元先生共同主编的《美学原理》中，就同时使用四个定义而不是一个定义来界定美：美在创造中、人是世界的美、美是人的本质力量的对象化、美是自由的形象。① 童庆炳先生主编的系列《文学概论》教材亦以复式界定对文学性质予以立体把握：文学是人类的一种文化形态、文学是一种审美的意识形态、文学是作家体验的凝结、文学是语言组织。②

就在当代文论界以自己的温和方式纠正本质论弊病之际，反本质主义随着西方后现代思潮进入学界，它所展示的巨大解构力量，在人文学科所引起的反响尤其强烈，效果特别明显。而文论界最典型的反应，就是在极短的时间内，几乎所有的文学理论教科书都放弃了以往最为关键的第一章：文学本质论，或代之以观念论、活动论，或转向从不同角度、以不同方式探讨文学作为一个对象，是如何建构起来、怎么存在的。新世纪以后出版的教材中，得到学界首肯的，主要有南帆先生编的《文艺理论》③、王一川先生的《文学理论》④、陶东风先生主编的《文学理论基本问题》⑤。张法先生等人的《世界语境中的中国文学理论》一书，在第三章"新世纪以来的文学理论"中，专门对三部教材进行详尽而精当的评述。⑥ 方克强先生指出：这三本教材的成功之处，在于以全新的"关系主义、本土主义、整合主义的理论路向避开了以往的本质主义，为反本质主义之后的文艺学理论建构提供了极具启发意义的实践经验"⑦。该评价重点肯定了三本教材在理论根基方面的学理性创新。

反本质主义之所以能在文论领域一呼百应，与特定时代的日常生活经验

---

① 蒋孔阳：《美学新论》，人民出版社1993年版，第136－198页；蒋孔阳、朱立元主编：《美学原理》，华东师范大学出版社1999年版，第96－109页。
② 童庆炳主编：《文学概论》，武汉大学出版社2000年版，第43－176页。
③ 南帆主编：《文艺理论（新读本）》，浙江文艺出版社2002年版。
④ 王一川：《文学理论》，四川人民出版社2003年版。
⑤ 陶东风主编：《文学理论基本问题》，北京大学出版社2004年版。
⑥ 张法、张旭春、支宇等：《世界语境中的中国文学理论》，安徽教育出版社2010年版，第162－185页。
⑦ 方克强：《文艺学：反本质主义之后》，载《华东师范大学学报（哲学社会科学版）》2008年第3期。

记忆是有密切关联的。本质论所具有的将对象予以僵化、固化的弊病，在当代社会中曾经实际存在并影响深远：任何人、任何事，一旦被定性，几乎就没有更改的可能，从而对活生生的个人及其家庭和亲友等等带来巨大而又深刻的影响，由此产生的记忆是没法遗忘或抹去的。以往的研究，对此尚未予以足够关注。

从学理层面看，反本质主义在文论界的盛行，首先在于维特根斯坦的"家族相似"带来的理论启示，以及海德格尔对"存在"问题的思考，将研究思路从对"是"的追问转到对"在"的追问上来。

家族相似理论令人们醒悟：世界上各种事物、现象之间，没有绝对的普遍本质，只存在类似于家族成员之间的相似性。从此，大可放弃像以往那样对事物唯一本质的追求。海德格尔从语源学角度入手，引出了"是"与"在"这两个既最简单又最复杂的问题。在英语中，系动词 to be 本无实际意义，但在西方思想史上，is 这个单词却具有极其重要的意义，占据极其重要的地位：把它当做"是"，它就成为一种哲学范畴，支配人们的思维方式长达十数个世纪；传统形而上学主客二分的弊病，全由此而起。海德格尔为之长叹："一个'是'字，竟引起世界崩解！"① 他坚决反对这种思维方式：不能再提"是不是"了，这种说法本身就是错误的。② 他认为 is 不能被当做"是"，而应被当做"在"。从简化、通俗的意义上讲，"在"就是本体，以"在"为研究对象的就是本体论（ontologie），是"思想学术最高领域的学说"③。海德格尔指出：几千年来，原本表示某物"在"的系动词（is），被当作实词"是"（being），因而人们的眼光被从存在引向存在者，越来越远离存在。④ 他的任务，就是要把眼光重新转向这个被遗忘的"存在"，并将其追究到底，弄个清楚明白。

在海德格尔这里，追问"在"的本体论，与探索"是"的本质论，一为

---

① 赵一凡：《从胡塞尔到德里达——西方文论讲稿》，生活·读书·新知三联书店2007年版，第72页。
② 赵一凡：《从胡塞尔到德里达——西方文论讲稿》，生活·读书·新知三联书店2007年版，第170页。
③ 张志伟：《是与在——意义世界对逻辑经验世界的超越及一种反对 Aesthetics 的艺术哲学导论》，中国社会科学出版社2001年版，第17页。
④ 赵一凡：《从卢卡奇到萨义德——西方文论讲稿续编》，生活·读书·新知三联书店2009年版，第678-679页。赵先生学风谨严，特地标明：此处要义"参阅海德格尔《存在与时间》，陈嘉映中译本，生活·读书·新知三联书店，第4、245、359诸页，以及第495页译者对于存在一词的讨论"。

本来之源，一为变异之流。我国当代文论界面对涌到眼前的且兼具针对性与实用性的理论资源，弃本质论而取本体论，自在情理之中。只是，由于"在很多情况下'是'与'在'可以被看成是同一个词"①，因此造成的混淆与混乱，在西方思想史上延续了两千多年之久。如今，仅探讨"本体论"这个术语本身的起源和流变，就俨然是一门高深的学问。在20世纪80年代，随着海德格尔进入学界，"本体、本体论、存在、存在者"这类概念范畴，也开始进入我国文论界，相应的概念术语使用上的混乱状况，自是难以避免。当代文论界的几位著名学者，于本体论取代本质论之时，特地撰文，力求澄清现存的混乱。朱立元先生对本体论在我国误译、误释的五种情况，进行了系统深入辨析；鉴于误译、误用的现实已经无法改变，朱先生提出切实可行的解决方案，可以"在本原论、本质论、本根论等意义上继续使用"②"本体论"这个范畴。随后，高建平先生回应朱立元先生的文章，认为在"本体论"的蕴含上，要注意避免将黑格尔主义当做全部，同时，不可忽略本体论内蕴中所具有的神学色彩：从构词上来看，"本体论（ontology）"这个范畴就"具有本体—神学—论（onto-theo-logy）的特点。而这两个特点之间实际上又是不可分的"③。王元骧的文章，指出古希腊人的"本体论"，"都带有鲜明的'目的论'的色彩"④；引在谈及艺术本体时，王先生认为传统主客二分认识论的弊病，在于把艺术家当做"一个先在的、预设的主体"⑤，将本来交融在一起的人和世界，强行割裂开来。本体论的神学色彩与目的论预设，决定了它本身就包蕴着先在性，这与本质论的先在性恰好异曲同工。在学理意义上，本体论对本质论的取代，只具有"是"与"在"的区别，就两者均已具备的先在性而言，几无变化。

在反本质主义问题上，波普尔开风气之先，他明确使用"本质主义这个名称来表示柏拉图和许多他的后继者所主张的观点"。而本质主义的"对立

---

① 张志伟：《是与在——意义世界对逻辑经验世界的超越及一种反对Aesthetics的艺术哲学导论》，中国社会科学出版社2001年版，第16页。

② 朱立元：《当代文学、美学研究中对"本体论"的误释》，载《文学评论》1996年第6期。

③ 高建平：《关于"本体论"的本体性说明——兼与朱立元先生商榷》，载《文学评论》1998年第1期。

④ 王元骧：《评我国新时期的"文艺本体论"研究》，载《文学评论》2003年第5期。

⑤ 王元骧：《评我国新时期的"文艺本体论"研究》，载《文学评论》2003年第5期。

面,即方法论唯名论"①。波普尔的理论与日常经验相兼容,显得通俗、简单:本质主义追求共性,反本质主义张扬个性,前者达到的是"含糊",后者达到的是"精确"。杜书瀛先生对此理解透彻,表达简明:要本质,要普遍,但是不要主义,要规律,但不是放之四海而皆准。② 至于如何结合艺术现象来研究本体问题,高建平先生从"存在"的角度,为"精确"地把握艺术,提供了极具启发意义的思路和范例:不同门类的艺术,其存在方式是不一样的,比如小说、散文、诗歌等,可以存在于印刷文本之中;以印刷方式存在的绘画,就只是复印件了;音乐可以存在于五线谱中,而迄今却还没有同样完整的、可视为舞蹈存在的舞谱。③

  谈论本质论或本体论问题,终究要追踪到源头。而在源头处,"是"与"在"常常是同一个字,多有交集与重合,强行切割二者不符合实际,无法真正做到,非此即彼也没必要。从历史角度看,它们多有并存。巴门尼德最早提出"存在"概念,他强调的是存在的运动性质,亚里斯多德则认为,尽管存在有多种意义,但"存在的首要意义是实体,是'是什么'"④。如果坚持将两者绝对分离开来,争论的双方永远都会在浩如烟海的典籍中,尤其是在同一典籍中,找到支持自己、驳倒对方的证据,那种争论往往难有深化,只能是原地踏步。

  在本体论全面取代本质论已经成为不可改变的现状之际,为了本体论的优长能够得到真正体现,文论界有必要思考两个问题:本质主义何以持续那么长的时间?现在有反本质主义,将来会不会有反本体主义?第一个问题就是要弄清楚,反本质主义已经做了什么?应做而未做的是什么?首先,文论界已经形成共识:不存在一个绝对普遍的本质并藏身于某个十分隐蔽的角落,静静地等待着人去发现。所以,过去几十年的追问总难以出新是正常的,现在已经放弃对那个东西的寻找了。就思维方式而言,那种寻找,就是思维不断由具体上升到抽象的过程,即不断离开现实,由地面上升到天空的过程。反本质主义则相反,坚持面对当下,从天空回到地面。从追求具体和追求抽

---

  ① 波普尔:《开放的社会及其敌人》第1卷,陆衡等译,中国社会科学出版社1999年版,第66、67、68页。
  ② 杜书瀛:《文学会消亡吗——学术前沿沉思录》,中山大学出版社2006年版,第239页。
  ③ 高建平:《艺术作品的"本体"在哪里》,载《当代文坛》2016年第2期。
  ④ 亚里斯多德:《形而上学》,见苗力田主编《古希腊哲学》,中国人民大学出版社1989年版,第513页。

象的区别看，随后现代思潮而来的反本质主义，在学理上其来有自：古希腊时期就存在怀疑派，德国古典时期从谢林的浪漫主义开始，经克尔凯郭尔的生存哲学，叔本华、尼采的意志哲学，直到胡塞尔的现象学、海德格尔的存在主义等等，其实质就是面对当下，面对生命个体本身。这也是西方现代文学和理论的核心内容之一。在后现代思潮那里，"本质化"与"历史化"、"本体性"和"文化性"等等，都是对立的。① 前者意味着永恒，后者则意味着变动。文化的特性之一，就是她的历史变动性或流动性："所有意义都是在历史和文化之中生产出来的。它们永远不会最终确定。"② 而西方传统形而上学主客二分认识论的主要弊病之一，就是本质主义，以追问事物亘古不变的本质为第一要务和最高目标。本质主义在文论领域的表现，就是越来越远离文学，由丰富多彩的现象世界上升到抽象纯净的理论天空，连带的结果就是僵化、固化活生生的文学现象。反本质主义已经做的，就是以动态的建构论，取代固化、僵化文学的本质论。其次，反本质主义应做而未做的是什么？本质主义得以延续那么长时间，其原因是需要认真思考研究的。即便真如海德格尔所认为的那样，"是不是"的提问本身就是错的，那么这个错误何以能够存在几千年？反本质主义应做而未做的，是对本质主义背后的同一性的合理成分进行认真分析，予以客观评价。

  第二个问题就是要找出从本质论到反本质主义这一变化中，根本的学理变化在哪里？替代本质论之后的本体论研究，如何开展才能避免重蹈覆辙？简单地说，本质论背后的深厚根基，除了同一性，还有先在性；两者皆源于自然本体论。文学本质论所追求的唯一本质，根源于自然本体论的唯一本质；这个框架不变，无论文学本质论还是文学本体论，都无法冲破"唯一"的藩篱。本质论是这个"唯一"的产物，反本质主义是冲出"唯一"藩篱的产物；如果本体论研究仍局限于"唯一"之内，那么，正如现在有反本质主义，以后也会有反本体主义。文学本体论要想走向对文学的全方位把握，必须走出自然本体论，转向社会本体论。

---

  ① 道格拉斯·凯尔纳、斯蒂文·贝斯特：《后现代理论：批判性质疑》，张志斌译，中央编译出版社 2004 年版，第 137 页。
  ② 斯图尔特·霍尔编：《表征：文化表象与意指实践》，徐亮、陆兴华译，商务印书馆 2005 年版，第 32 页。

二、本质论背后的同一性及其两大支撑点

　　当代文论可以放弃本质主义所追求的本质，但不等于能够放弃对现象背后原因的追求。后现代重视具体、个别，以差异性为旗帜对抗同一性，但是，同一性背后的日常经验基础是无法铲除的。更何况，"为思想而思想"是人类最可贵、最伟大之处，丹纳对古希腊人追根究底的探索精神、思维方式以及成果，表达了由衷的赞叹："我们今天建立的科学没有一门不建立在他们所奠定的基础之上。"① 这个基础就是必然会产生同一性的传统形而上学认识论，亦即后现代思潮所要颠覆的主要对象。

　　反本质主义也不等于能够放弃对永恒性的追求，恰如列奥·施特劳斯所言："历史远没有证明历史主义的推论的合法性，毋宁说它倒是证明了，一切的人类思想，而且当然地，一切的哲学思想所关切的都是相同的根本主题或者说是相同的根本问题，因此，在人类知识就其事实与原则两方面所发生的一切变化中，都潜藏着某种不变的结构。"② 施特劳斯认为，反本质主义涉及到的学理是西方古今之争问题的延伸：新的与善的是否可以划等号？在现实当中肯定不能。但现代社会就是一味求新求变，一味抛弃过去的一切，现代性危机也正根源于此。本质主义不过是认为生活当中还是存在一些具有长久价值的东西，那些东西值得人们去追求而已。

　　这种追求发展到极致，就是探寻支配万事万物终极存在的同一性，这才是本质主义的核心所在；对抽象和共性的追求，只是本质主义的一种具体表现。这种思路之所以能够历经两千多年而不改变，实在要拜谢两大支撑点：认识论中的镜喻传统和树喻传统。它们聚合为一体，在文学领域体现为独白、宏大叙事，尤其是同一美学。

　　西方认识论的镜喻传统，由古希腊的柏拉图和亚里斯多德等人所奠定。镜喻的本意是指，人心好比一面镜子，能够准确地映现外在事物。传统形而上学认识论就是以这一比喻作为潜在预设的，在其后漫长的发展过程中，认识论也一直受镜喻说暗中支配。罗蒂将这种认识论称为有镜的哲学，它所追求的是知识的客观性；而罗蒂所主张的"无镜的哲学"，所追求的则是知识

---

① 丹纳：《艺术哲学》，傅雷译，人民文学出版社1983年版，第252页。
② 列奥·施特劳斯：《自然权利与历史》，彭刚译，生活·读书·新知三联书店2006年版，第25页。

的社会协同性。以镜像预设为前提,传统认识论总在追求认识与客观对象的相符,寻找能够破解"无穷后退"①——质疑认识前提的客观性所导致的——窘境的良方,以确立具有普遍意义的客观认识前提,并探讨人的认识能力如何达到对客观对象普遍有效的把握。总之,传统认识论始终摆脱不了像"符合真理说"和"精确表象知识论"这样的哲学信念,尤其是摆脱不了"那种将万事万物归结为第一原理……的诱惑"。传统认识论的发展,始终不离对这面镜子坚信不疑的既定轨道:"如果没有类似于镜子的心的观念,作为准确再现的知识观念就不会出现。没有后一种观念,笛卡儿和康德共同采用的研究策略——即通过审视、修理和磨光这面镜子以获得更准确的表象——就不会讲得通了。"②

在文论领域,模仿说、再现说等等,即由镜喻说而来,至今已延续两千多年。从古希腊到文艺复兴,以肯定的声音为主流;近代黑格尔则予以正面否定,认为模仿说幼稚之极:"艺术……和自然竞争,那就象一只小虫爬着去追大象。"③ 罗蒂则干脆主张摒弃"作为自然之镜的心的观念"④。认识论中的镜喻传统,到底在哪里出了问题呢?

在有意地探索自己的心灵如何认识外在世界的初始过程中,人类能够以镜喻心,绝对是一个了不起的贡献!为此,后人永远都不能忘记、更无资格去鄙视乃至否定以柏拉图为代表的一大批古希腊哲人。当然,随着对认识问题本身的探索日益深入,人们确实开始逐渐看到以前没有条件看到的东西。像黑格尔,他不仅发现了镜喻说忽略认识主体的不足之处,更敏锐地看到认识所具有的改变事物外在形状的特征:如果把认识当作一种工具,那么该工具是会使认识对象"发生形象上变化的";如果把认识当作一种媒介物,那么我们所获得的认识对象就不会是"它自在存在着的那个样子而是它在媒介

---

① 反本质意识的源头产生于古希腊时期的怀疑主义,他们针对形而上学哲学家在知识问题上的自信态度,指出用来证明某一知识成立的证据,其自身就需要进一步的证明;而这个证明本身又需要再次证明,如此类推,以至无穷。是以称之为认识论上的"无穷后退"。

② 理查德·罗蒂:《哲学与自然之镜》,李幼蒸译,商务印书馆2006年版,第336页。

③ 黑格尔:《美学》(第2版)第1卷,朱光潜译,商务印书馆1979年版,第54、210页。

④ 理查德·罗蒂:《哲学与自然之镜》,李幼蒸译,商务印书馆2006年版,中译本作者序第10页、导论。

物里的样子"①。

黑格尔的这一思想,已经为后人指出了破题方向:人类"对世界的感知乃是以话语和社会地建构起来的主体性为中介的"②。而后现代思潮的精髓之一,恰恰就是反对直接再现说,因为认识是有中介的,如文化、语言、哲学等等。而这个中介在镜像式再现说中,即直接再现说中被忽略了。现在看来,建国以后我们所接受的再现说,大半就是这种直接再现说。如果注意到认识的中介实际上发挥重要作用,就不会直接谈论再现或直接性再现,而是谈论"表征"了。表征与再现的英文是同一个单词 representation,在后现代语境中,翻译为"表征";在现代及古典的语境中,翻译为"再现"。原因就在于,从重视中介的层面来看,表征实际上涉及两个过程:从事物到概念、从概念到符号;三大概念范畴:事物、概念、符号。人们认识世界,首先接触、感知事物本身,在此基础上形成关于事物的概念范畴,然后根据惯例,使用符号来表达这些概念范畴。"世界并非精确或不精确地反映在语言之镜中。语言并不像镜子那样运作。"③

罗蒂的社会协同知识论强调:传统认识论证明真理、知识客观性的那一套做法,既复杂又与社会协同实践之间存在隔膜。真理、知识就是"那种适合我们去相信的东西"④,不过是人的一种信念,证明这种信念及其普遍性,不是验证有关表达该信念的词语同对象之间的关系问题,而是一个社会整体的协同问题:能得到认可的信念,就是具有普遍性的真理、知识。不能离开人及其社会协同实践来谈真理、知识。因此,罗蒂反对自然之镜、社会之镜的说法,认为不存在离开人的肉体而能够映现世界的心灵,不存在离开人的活动而能够映现世界的语言,不存在与欲望、意志无关的理智或理性认识活动。总之,没有映现世界的心灵之镜、语言之镜。真理就是得到人们认可、赞同的意见。

罗蒂不再把真理、知识当作是对外在对象的符合,而是当作适宜于人们

---

① 黑格尔:《精神现象学》上卷,贺麟、王玖兴译,商务印书馆1987年版,第51页。

② 道格拉斯·凯尔纳、斯蒂文·贝斯特:《后现代理论:批判性质疑》,张志斌译,中央编译出版社2004年版,第107页。

③ 斯图尔特·霍尔编:《表征:文化表象与意指实践》,徐亮、陆兴华译,商务印书馆2005年版,第17、28页。

④ 理查德·罗蒂:《哲学与自然之镜》,李幼蒸译,商务印书馆2006年版,第9、158、439页。

接受的信念，确实属于实用主义的思路。但从哲学史角度看，康德"哥白尼式的革命"，无非就是将认识程序颠倒过来：强调不是知识符合对象，而是对象通过主体先天的认识形式得到规定，即对象符合认识。罗蒂的这一思路，强调了真理、知识与人的社会协同实践的关系，其意义与价值远非一个"实用主义"就能定性的，它能够启发我们对再现这样的基本原理进行更深入、更周密的探讨。

如果说罗蒂集中否定的镜喻传统只是传统形而上学认识论的潜在预设的话，那么德勒兹猛力批判的树喻传统则是它的典型思路。德勒兹以对西方经典的独特解读著称，他认为几千年来支配传统西方哲学的是一种"教条思想形象"，该形象由柏拉图在《理想国》中第一次树立，① 其主要特征之一，就是树状思维，正是这种思维，"一直统治着西方的现实和全部西方思想"②。德勒兹所称树喻传统，其实就是对西方传统形而上学认识论本身的形象表述，既直观又合乎逻辑地将天然合法的外衣，赋予对万事万物背后终极存在的追求、赋予理性中心主义。在西方哲学发展史上，柏拉图、笛卡儿和康德等，都属于树状思想家："他们试图从普遍化和本质化的图式中铲除所有的暂时性和多样性"③，用一种无所不包的同一性，将原本千姿百态的万事万物，整齐归一，纳入一个基点之内。

由于树状思维与大自然和人类社会中存在的秩序、等级天然吻合，几乎不用经过任何训练，人们便会自然而然接受这种树状思维，它的存在有其天然合理性。同时也要承认，因符合占据社会主流位置者的利益，思维的树喻传统两千多年来一直被有意无意地强化。作为传统形而上学的两大支撑点，树喻传统与镜喻传统之间具有不言而喻的密切联系，这就必然意味着它们都会成为后现代思潮批判、解构的对象。罗蒂用无镜的哲学来解构镜喻传统，德勒兹则用块茎学与树喻传统相抗衡。

德勒兹指出，所谓教条思想形象，就是同一性，就是树状认识图式。但

---

① 吉尔·德勒兹：《哲学的客体：德勒兹读本》，陈永国、尹晶主编，北京大学出版社2010年版，第42页。
② 陈永国编译：《游牧思想：吉尔·德勒兹 费利克斯·瓜塔里读本》，吉林人民出版社2003年版，第150页。
③ 道格拉斯·凯尔纳、斯蒂文·贝斯特：《后现代理论：批判性质疑》，张志斌译，中央编译出版社2004年版，第128页。

"思想不是树状的",思维的"根—树原则"属于"专制原理"①。从植物学角度讲,"树状"结构是垂直生长,无论树枝多么繁杂、无论树冠多么庞大,都得从地下的树根和地面的树干开始,舍此绝无其他生长、繁殖之术。"块茎状"结构则不一样,它不是垂直生长,而是水平生长。通常一棵树砍断了树干,树的生命就随之结束;而块茎的任一部分,可以因切断或割裂而长出新的块茎。以块茎为喻,是为了突出被同一性压制的差异性。

就思维状态而言,这种"块茎状"思维挣脱了同一性的束缚,从而远比"树状"思维要活跃得多。因为块茎状思维,不必像树状思维那样,非得从根部开始不可,而是可以从中间开始,从任一部分开始。在事物之间,块茎可以无始无终,自由地游走于中间,作为一种联盟而不是像树那样作为亲缘关系而存在。"树强烈推行动词'to be',但块茎的构架是连接:'and…and…and…'这种连接携带着足够的力动摇和根除动词'to be'。"②

值得注意的是:根除动词"to be"的思想,与海德格尔有着异曲同工之妙!只是海德格尔的目的,在于将人们引回存在本身,德勒兹的目的则是引导人们关注差异。而德勒兹的美国同道罗蒂,恰恰只注重三位哲学家,其中就包括海德格尔(另两位是杜威和维特根斯坦)。这也正好说明,随着时代的变化及条件的具备,人们对"to be"(是)这种本体论追问思路的反思也越来越深刻、多元。

从思维角度看,德勒兹的代表作《千高原》本身,就是一部典型的"向无数方向流动的块茎文本"。以此思路来观看作为整体的后现代文学,原来其文本的思维特征就是"千高原":"每一座高原都可以从任何地方读起,都可以与任何其他高原连接。"一言以蔽之,这就是脱出树状思维、进入块茎状思维的产物。循此思路,就能够比较通透地理解后现代写作口号和追求目标了:"制造块茎,不要根,决不要植物!……从中间开始,通过中间,来来去去,而非开头和结尾。美国文学,还有英国文学,已经在很大程度上表明了这种块茎方向。它们懂得如何在事物之间运动,建立 AND 逻辑,推翻本体论,打破基础,废除结尾和开头。"③

---

① 陈永国编译:《游牧思想:吉尔·德勒兹 费利克斯·瓜塔里读本》,吉林人民出版社 2003 年版,第 146-148 页。
② 陈永国编译:《游牧思想:吉尔·德勒兹 费利克斯·瓜塔里读本》,吉林人民出版社 2003 年版,第 160-161 页。
③ 陈永国编译:《游牧思想:吉尔·德勒兹 费利克斯·瓜塔里读本》,吉林人民出版社 2003 年版,第 129-156 页。

传统形而上学与镜喻传统和树喻传统是三位一体的。它们集合为一个整体，将对同一性的追求延续了两千多年之久；将同一性的影响扩散到无处不在、无时不有的地步；将同一性思维模式普及到影响社会乃至支配社会的程度。这里所说的同一性，不是指思维与存在关系的同一性，那是为解决认识论和存在论的矛盾而提出的：思维与存在是否同一或等同的问题；思维与存在之间相互蕴含、相互转化的问题；等等。① 简言之，凡是存在，都能被思维把握到。这里的同一性是指传统形而上学的绝对出发点，最终或最高的原始存在，作为整体世界的最大最高的普遍性，构成"万物的源泉和始基的'一'"②。同一性是传统形而上学的出发点和追求目标，而传统形而上学则是同一性的发源地。

自20世纪60年代起，阿多诺从社会层面对同一性的弊病展开大规模的正面批判，他认为同一性是一种"普遍的强制机制"；甚至把问题提到这样的高度："纯粹同一性的哲学原理就是死亡。"③ 由此引发现代性与后现代性关于走向同一和走向差异的两种思维方式之争。其实，从根源上讲，不能把同一性当作是"现代性思想家所试图构建的"④。同一性源远流长，与传统形而上学一体两面，无法剖分开来。这种理论发展到一定地步之后，肯定要产生一些直接影响世界进程的思想观念。同一性对现代社会的巨大负面影响，不止思想家对其进行反省，"二战"结束之后，西方社会的一些文学家也在作品中对其进行了深刻反省，比如赫尔曼·沃克在《战争风云》中，就直言黑格尔等人是希特勒的思想先驱之一："你从《我的奋斗》里是学不到什么东西的。那只是茶壶里冒的气泡，浅薄得很"；只有康德、黑格尔等人才真正"是希特勒的一些德国先驱"⑤。的确，从哲学史上看，黑格尔不仅是正宗的同一性思想家、树状思想家，更是集大成者。

（原载《学术研究》2017年第9期）

---

① 朱德生：《关于思维与存在同一性问题的思考》，载《哲学研究》1997年第3期，第7—15页。

② 哈贝马斯：《后形而上学思想》，曹卫东、付德根译，译林出版社2001年版，第137页。

③ 阿多尔诺：《否定的辩证法》，张峰译，重庆出版社1993年版，第144、362页。

④ 张志平：《西方哲学十二讲》，重庆出版集团、重庆出版社2008年版，第218页。

⑤ 赫尔曼·沃克：《战争风云》第1卷、第3卷，施成荣等译，人民文学出版社1979年版，第314—317页、第1029页。

生态美学与环境美学之异同再辨

程相占

自20世纪60年代以来,伴随着全球生态运动的蓬勃发展,美学领域也出现了生态美学与环境美学,二者同时出现在1972年,分别以美国学者米克的论文《走向生态美学》与伯林特的短文《环境美学》为标志。从两位学者的文章标题可以清楚地看到二者的明显区别。但在此后半个多世纪的发展过程中,二者到底是不是一回事?如果不是,二者又有什么联系与区别?这样的问题经常摆在我们面前。问题的复杂性在于,国际范围内出现了另外三对相关的术语,包括"生态运动"与"环境运动","生态伦理"与"环境伦理","生态批评"与"环境批评"。国际学术界固然也有人曾经辨析过三对概念的异同,但通常将这三对概念中的每一对都视为同义词,这就在某种程度上增加了辨析生态美学与环境美学之异同的难度。

正是在上述学术背景下,笔者十年前曾经讨论过环境美学与生态美学的联系与区别,按照历史与逻辑相统一的研究方法,将国际学术界的看法划分为五种立场:一是环境美学与生态美学具有不同的开端,二者并行不悖,没有任何关系;二是在环境美学框架内发展生态美学;三是将环境美学等同于生态美学;四是运用环境美学的理论资源来发展生态美学;五是参照环境美学,通过充分吸收生态学观念,彻底改造传统美学而发展生态美学。笔者坚持第五种立场,环境美学与生态美学的差异非常明显,将二者混为一谈不利于各自的健康发展。[①] 在过去十年中,生态美学与环境美学的关系继续成为国际学者辨析的话题,在国际交流对话过程中加深了理解,深化了问题。比如,美国学者伯林特在初步了解中国生态美学后不但表示了某种程度的接受,而且努力在其环境美学整体框架中提出生态美学构想,但最终还是坚持环境美学而否定生态美学;加拿大学者卡尔森对中国生态美学高度重视,明确提出参照中国生态美学而发展西方环境美学的构想;曾繁仁继续站在生态存在

---

① 程相占:《论环境美学与生态美学的联系与区别》,载《学术研究》2013年第1期,第122–131页。

论立场上推进生态美学研究,在辨析"生态"与"环境"词义的基础上明确倡导生态美学而将西方环境美学视为生态美学的一部分;陈望衡继续坚持其环境美学立场,在明确否定生态美学的同时却提出了"生态文明美"和"生态文明美学",表明其环境美学的生态取向与生态意蕴越来越明显。笔者则继续坚持生态美学与环境美学双峰并峙、并行不悖的立场,在着力深化拓展生态美学的同时也深化拓展环境美学,建构出显著不同于生态美学的环境美学理论框架;与此同时,"身—心—境"三元模式不但试图整合生态美学与环境美学,而且试图以之为理论范式重建美学新范式。下面以理论问题为焦点分别论述。

一、伯林特:发展生态的环境美学而质疑生态美学

早在1972年,美国学者伯林特就发表了以"环境美学"为题的论文。① 这是笔者检索到的最早以"环境美学"为标题的文献。在此后的几十年中,伯林特出版了《环境美学》(1992年)、《生活在景观中——走向环境美学》(1997年)、《美学与环境——一个主题的多重变奏》(2005年)等多部环境美学著作,由此成为国际环境美学领域与卡尔森齐名的代表性学者。正因为如此,当伯林特开始接触中国生态美学时,就表现出很大的疑惑:究竟有什么必要在环境美学之外另立生态美学呢?带着这样的质疑,伯林特2008年应邀参加笔者主持的国家社科基金一般项目"西方生态美学的理论构建与实践运用"(08BZW013),项目组4位成员之间的密切交流使伯林特有较多机会接触中国生态美学,他为结项成果《生态美学与生态评估及规划》撰写了第二章"对环境的生态理解与生态美学建构",全书以中英对照的方式于2013年出版。在第二章中,伯林特提出了"环境美学的逻辑序列",即"环境—美学—环境美学—生态美学—体验";与此同时,他还提出了"环境美学的体验序列"作为前者的参照,即"体验—生态—作为审美感受力(知觉)理论的美学—被体验为生态的审美的环境"。伯林特选择了第二个序列并据此得出了如下结论:"总之,我们可以吸收生态学知识及其启示,将环境理解为生态系统,从而在环境美学的基础上生发出'生态的环境美学',亦即生

---

① Arnold Berleant, "Environmental Aesthetics," *Cakes and Ale*, 1972, 4 (8), p. 3.

态美学。"① 从这里可以看到，伯林特的"生态美学"思路还是从其环境美学那里延伸出来的，发展之处是将"环境"理解为"生态系统"，这样的"环境美学"其实就成了"生态系统美学"，可以概括为"从环境美学中衍生而来的生态的环境美学"。

上述事实表明，伯林特在接触中国生态美学之后开始努力理解生态美学，事实上也在某种程度上接受了生态美学，但其所谓的"生态美学"最终毕竟还是"环境美学"。时隔不久，伯林特就对生态美学提出了新的质疑。伯林特清楚地认识到生态学已经被广泛应用到人文学科之中，在美学中应用生态学自在情理之中。但伯林特对运用科学模式来解决美学问题心存疑虑，因为他认定科学解决的是认知问题，而美学关注的则是审美问题："认知—审美"之辨一直是伯林特参与环境美学建构过程中的理论焦点，他与卡尔森的争论就是因为卡尔森倡导自然审美中的"科学认知主义"，伯林特认为这种环境美学思路于科学有余，但于美学却不足。伯林特对生态美学的质疑正是其一贯学术立场的逻辑延伸。在其发表于2016年的论文《生态美学的几点问题》中，伯林特提出"审美"通常用于指称一种规范性体验，这种体验通常与欣赏艺术和自然美相关，而美学就是对于这种体验的研究。从这种基本的美学观出发，伯林特尤为重视审美体验这种现象的首要性，非常警惕将审美的知觉体验以某种方式归入认知模式之下的美学研究。正是根据这一理论前提，伯林特逐一分析了笔者提出的"生态审美的四个要点"②，批评的焦点集中在第三个要点。

笔者提出生态审美的第三个要点是：生态审美必须借助自然科学知识，特别是生态学知识引起的好奇心和联想，进而激发想象和情感，没有基本的生态知识就无法进行生态审美。伯林特将这个要点概括为"生态知识对于生态审美欣赏是必要的"，而这种观点挑战了西方美学传统的根本问题。伯林

---

① 程相占、[美] 阿诺德·伯林特、[美] 保罗·戈比斯特、[美] 王昕晧：《生态美学与生态评估及规划》（汉英对照），河南人民出版社2013年版，第46页。本章的英文版也收入伯林特的一部英文专著作为其中第十一章，标题为"论生态美学观"，参见Arnold Berleant, "Aesthetics Beyond the Arts," *New and Recent Essays*, Surrey: Ashgate, 2012, pp. 117 – 130.

② 参见程相占《论生态审美的四个要点》，载《天津社会科学》2013年第5期，第120 – 125页。这篇文章被美国学者张嘉如翻译成英文收入两位韩国学者编辑的《亚洲生态批评批判性读本》，伯林特阅读的就是这个英译文，参见 ChengXiangzhan, "On the Four Keystones of Ecological Aesthetic Appreciation," Simon C. Estok and Won-Chung Kim (eds.). *East Asian Ecocriticisms: A Critical Reader*. London: Macmillan, 2013, pp. 213 – 228.

特以康德美学为例来说明西方美学传统的"非认知主义的本质",康德在《判断力批判》第 8 节提出,鉴赏力的判断虽然具有普遍有效性,但它并不基于认知,而仅仅基于主体的感受。这个论断极大地影响了此后的西方美学。伯林特提出,生态知识从根本上来说是一种科学学科,其普遍有效性基于客观的、实验的根据之上。生态科学的中心是研究自然过程,"但问题在于,这种研究是否以及如何与审美欣赏相关"①。从上述引文可以看到,笔者在强调生态学知识的重要性的时候,并非没有注意到科学认知与审美体验的差异,并明确提出,生态学知识对于生态审美的功能在于"引起好奇心和联想,进而激发想象和情感",这其实已经明确回答了伯林特所说的"是否以及如何与审美欣赏相关"这两个问题,遗憾的是,他却完全忽略了这一点。笔者提出生态审美的第四个要点是:指导生态审美的生态价值准则是生物多样性和生态平衡,必须超越人类中心主义的价值判断标准和"人类审美偏好",反思和批判人类中心主义的审美天性和习性。伯林特对此提出了更加严厉的批评,他认为笔者的问题在于以生态价值和伦理价值为指导,而不是以审美价值为指导。他就此提出了如下问题:"这里很有可能存在一个疑义,那就是决定如下三者之中,哪一个是本质的并具有首要性:生态知识,伦理价值,或者审美体验。事实上,由于将生物多样性和生态系统健康突出强调为生态价值的原则,程相占完全忽略了审美。"② 为了回答伯林特的上述质疑,笔者撰写了《生态美学:生态学与美学的合法联结——兼答伯林特先生》作为回应,从 6 个方面解释了生态学与美学究竟是如何合法地连接在一起的,③ 这里无需重复。笔者当然清醒地知道审美活动和审美体验是美学研究的核心内容,这与伯林特的观点是完全一致的。但我们需要进一步追问的是,影响审美体验的因素有哪些?知识和伦理在形成审美体验的过程中是否有作用?如

---

① Arnold Berleant, "Some Questions for Ecological Aesthetics," *Environmental Philosophy*, Spring, 2016, pp. 123 – 135. 中译文参见[美]阿诺德·伯林特《生态美学的几点问题》,李素杰译,载《东岳论丛》2016 年第 4 期。

② Arnold Berleant, "Some Questions for Ecological Aesthetics," *Environmental Philosophy*, Spring, 2016, pp. 123 – 135. 中译文参见[美]阿诺德·伯林特《生态美学的几点问题》,李素杰译,载《东岳论丛》2016 年第 4 期。

③ 程相占:《生态美学:生态学与美学的合法联结——兼答伯林特先生》,载《探索与争鸣》2016 年第 12 期,第 52 – 57 页。笔者与伯林特就生态美还进行过其他一些正式讨论或论争,参见程相占《从生态美学角度反思伯林特对康德美学的批判》,载《文艺争鸣》2019 年第 3 期;[美]阿诺德·伯林特:《就环境美学与生态美学之关系答程相占教授》,宋艳霞译,载《文艺争鸣》2019 年第 7 期。

果有，二者发挥的作用分别是什么？这都是美学基本原理问题。具体到生态美学，我们应该追问的核心问题是：生态审美体验是如何形成的？笔者提出的"生态审美的四个要点"其实就是对于这个问题的初步回答，希望将来有机会对此进行深入细致的探讨，从而将生态美学研究推向深入。

由于伯林特无法阅读汉语，绝大部分中国生态美学文献都无法进入他的学术视野，所以他对生态美学的质疑还有其他不够准确的地方，比如，他认为将生态学与美学结合起来，就是用生态学来说明审美价值。这不符合中国生态美学的实际情况，笔者在借助生态学研究美学时，根本上是借鉴了生态学所揭示的"有机体—环境互动"这个基本原理和理论模型，用之建构"身—心—境"三元美学范式。

二、卡尔森：参照中国生态美学而发展西方环境美学

加拿大学者卡尔森也是较早发起环境美学研究的学者，他曾主编国际范围内第一部以环境美学为题的论文集——《环境美学阐释文集》（1982年，与巴利·山德勒合编），并出版专著《美学与环境——关于自然、艺术和建筑的欣赏》（2000年）、《功能之美》（2008年，与格林·帕森斯合著）与《自然与景观：环境美学导论》（2009年）。过去十年，卡尔森通过笔者生态美学论文的英译文接触到中国生态美学，并积极探讨中国生态美学与西方环境美学的关系问题。不过与伯林特不同，卡尔森在接触中国生态美学时表现出非常友好的态度，这自有其深层原因。卡尔森环境美学思想是以审美适当性为规范，以对象为导向（object-orientated），在反思西方景观美学、传统自然美学的基础上提出了自然审美的"环境模式"（the environmental model），[1]为环境美学领域做出了出色贡献。与此同时，卡尔森特别重视自然科学知识在自然审美中的作用，[2] 他甚至认为，包括地质学、地理学、生物学、生态学等在内的自然科学知识对自然审美有着决定性作用，决定着自然审美的

---

[1] Allen Carlson, "Appreciation and the Natural Environment," *The Journal of Aesthetics and Art Criticism*, 1979 (37), pp. 267–275.

[2] Allen Carlson, "Appreciation and the Natural Environment," *The Journal of Aesthetics and Art Criticism*, 1979 (37), pp. 267–275; "Nature, Aesthetic Judgment, and Objectivity," *The Journal of Aesthetics and Art Criticism*, 1981 (40), pp. 15–27; "Nature and Positive Aesthetics," *Environmental Ethics*, 1984 (6), pp. 5–34; "Nature Aesthetic Appreciation and Knowledge," *The Journal of Aesthetics and Art Criticism*, 1995 (53), pp. 393–400.

"适当性"：将自然审美地欣赏为自然本身，而不是根据人类的观念或意愿将自然"人化"。这种科学认知主义立场隐含着非常强烈的生态伦理（或者说环境伦理）意识：在对自然的审美活动中也必须对自然有着足够的尊重。这或许是卡尔森亲近生态美学的深层原因。

从根本上来说，促使卡尔森认同、接受中国生态美学的是他的环境美学思路：既然生态学知识在自然审美中发挥着重要作用，那么，将这一部分环境美学称为"生态美学"也就顺理成章。所以，卡尔森一直坚持在环境美学的整体框架中发展生态美学，将生态美学视为环境美学的一部分——也就是运用生态学知识来促进对于自然环境进行审美欣赏的那部分。卡尔森认为，生态美学与环境美学各自的基本性质与界定都比较模糊，因此，两者之间的关系问题就是一个愈加模糊的问题。为了能够更加有效地讨论这个问题，卡尔森采用的学术策略是将之转化成一个比较明确的问题：即"转化为如下两者之间的关系问题：一是被广泛研究的环境美学研究领域，二是一种特殊类型的知识，即生态知识。在这种新的思考框架中，问题就转化成了生态知识在环境美学之内的功能问题"①。卡尔森的这个转化策略强调了两点：在外延上，将探讨的问题放在环境美学整体框架内；在内涵上，探讨的问题核心就是"生态知识在环境审美欣赏中的功能"②。完成这种策略性转化后，卡尔森认为问题就变得比较明晰：环境美学领域中本身就有一种立场强调科学知识，尤其是生态学知识在环境审美中的作用，即卡尔森所提倡的科学认知主义立场，而坚持这种立场的环境美学就可以被视为生态美学。如卡尔森自己明确说："科学认知主义认为，生态知识在环境审美欣赏中发挥着至关重要的作用……科学认知主义能够被恰当地称为'生态的美学'或'生态美学'。这样，通过阐明生态知识在环境审美欣赏中的作用，科学认知主义比较清晰地论证了生态美学在环境美学内的位置。"③ 正是按照这种思路，卡尔森在接受薛富兴的访谈中强调："我将'生态美学'理解为环境美学中一种特殊视野——将生态科学知识作为自然审美欣赏的中心维度。这样，我认为我自己

---

① ［加］艾伦·卡尔森：《生态美学在环境美学中的位置》，赵卿译，程相占校，载《求是学刊》2015 年第 1 期。
② ［加］艾伦·卡尔森：《生态美学在环境美学中的位置》，赵卿译，程相占校，载《求是学刊》2015 年第 1 期。
③ ［加］艾伦·卡尔森：《生态美学在环境美学中的位置》，赵卿译，程相占校，载《求是学刊》2015 年第 1 期。

的理论便是生态美学的一种形式。"① 在卡尔森看来，秉持科学认知主义立场的自然（环境）美学就是生态美学，而科学认知主义自然美学是环境美学的重要组成部分，所以生态美学也是环境美学的组成部分。正是基于这样的学术框架，卡尔森在撰写《斯坦福百科全书》"环境美学"词条时，将"生态美学"视为环境美学未来发展方向之一，将之视为环境美学新的理论增长点。②

正是由于上述思路，当卡尔森与中国生态美学相遇时便很快表示理解、接受，将之整合进环境美学整体框架中。但随着对中国生态美学理解的加深，卡尔森发现了中国生态美学不同于西方生态美学的地方，即中国生态美学除了强调生态学知识在环境审美中的作用外，还包括许多其他理论主张，具有极强的包容性。他由此提出，应参照中国生态美学而发展西方环境美学。比如，卡尔森在2017年发表的论文《东方生态美学与西方环境美学之关系》中指出："这种强势的生态美学版本（即中国生态美学）比西方环境美学中其他任何具体的立场更具有包容性，不仅包含交融立场与生态学知识，也包括一些重要的价值诸如道德意识和对生物多样性和生态健康的关注。事实上，面对生态美学的这种包容性，除了程相占所提的五种立场外，还可以提出第六种立场，即参考生态美学来发展环境美学，因为很明显，西方环境美学中的不同理论立场需要从中国生态美学中学习许多东西。"③ 卡尔森这里所说的"五种立场"，指的是笔者2013年在《论环境美学与生态美学的联系与区别》一文中提出的五种立场，而与此相应的"第六种立场"，就是要参照中国生态美学而发展西方环境美学。这意味着，卡尔森对中国生态美学的态度，从友好、接受进而转变为借鉴。2018年，卡尔森在《美学与艺术批评杂志》发表了《环境美学、伦理学与生态美学》一文，该文第九部分大篇幅介绍了中国生态美学，并强调中国生态美学有助于解决西方环境美学面临的事实与价值二分问题。他认为："中国生态美学的焦点是发展一种包罗万象的立场，即整合多种资源——人类与世界融合为一、生态事实、审美欣赏、伦理价值、

---

① ［加］卡尔松：《从自然到人文：艾伦·卡尔松环境美学文选》，薛富兴译，广西师范大学出版社2012年版，第331页。
② Allen Carlson, "Environmental Aesthetics," *The Stanford Encyclopedia of Philosophy* (Summer 2019 Edition). Edward N. Zalta (ed.). https：//plato. stanford. edu/archives/sum2019/en‐tries/environmental‐aesthetics/.
③ Allen Carlson, "The Relationship Between Eastern Ecoaesthetics and Western Environmental Aesthetics," *Philosophy East & West*, 2017 (67), pp. 117‐139.

生物多样性、生态系统健康——这对解决当代环境议题具有重要启发。"① 这意味着，卡尔森开始将其所说的"第六种立场"即参照中国生态美学而发展西方环境美学的构想，具体落实到了自己的学术研究之中。按照卡尔森的学术思路来看，未来中国生态美学对西方环境美学的影响会日益增强。

三、曾繁仁：环境美学是生态美学的一部分

李欣复发表于1994年的论文《论生态美学》标志着中国生态美学的正式发端，徐恒醇2000年出版的专著《生态美学》为中国生态美学奠定了基础。进入21世纪后，中国生态美学则在曾繁仁的推动和带领下获得了快速发展。曾繁仁在借鉴格里芬建设性后现代思想和海德格尔存在论哲学的基础上提出了"生态存在论审美观"，用一系列著作和论文创立了生态美学领域的生态存在论立场。毋庸讳言的是，曾繁仁在倡导生态美学的同时非常重视环境美学，试图充分借鉴、吸收环境美学的理论资源来发展生态美学。他为此认真辨析过二者的异同。

过去十年中，曾繁仁继续站在生态存在论立场上推进生态美学研究，于2015年出版《生态美学基本问题研究》，以生态文明的发展与美学变革为现实背景，以中西生态美学思想的总结与分析为理论参照，以生态审美的哲学观为切入点，对生态美学的基本立场（第一编）、生态美学的基本论域（第二编）和中国传统生态审美智慧的当代意蕴（第三编）进行了较为深入的、开拓性的研究。第一编依次讨论了生态文明时代的文化与美学变革、存在论生态哲学、生态现象学、气本论生态生命哲学与美学、西方环境美学与生态美学的对话、生态美学视野中的自然之美等论题，第二编详细分析了生态存在论美学观、生态审美本性论与身体美学、参与美学、生态语言学与生态审美教育等五个问题，第三编阐述了"生生之谓易""道法自然""气韵生动""择地而居""众生平等"等命题的生态审美意蕴。② 曾繁仁辨析生态美学与环境美学之异同的思路是辨析"生态"与"环境"的词义。曾繁仁认为，"生态"与"环境"之辨非常重要，因为这不但关系到生态美学研究的根本问题，而且还关系到中西之间的对话问题。他认为，"生态美学"与"环境

---

① Allen Carlson, "Environmental Aesthetics, Ethics, and Ecoaesthetics," *The Journal of Aesthetics and Art Criticism*, 2018（76），pp. 399 – 410.

② 曾繁仁：《生态美学基本问题研究》，人民出版社2015年版。

美学"本来都是生态文明时代的崭新美学形态,两者是非常重要的同盟军。但曾繁仁认为二者的差异不容忽视,他试图从词源学的角度看英文"生态学"(ecology)与"环境"(environment)的根本区别。他首先追溯了"生态学"的来龙去脉及其哲学意义,最后引用马里兰大学罗伯特·考斯坦萨的论断指出:无论对生态学的界定如何演变,作为地球上占主导地位的动物——人类及其与环境的关系,显然一直被囊括在生态学的视野范围之内。这样的观念预示着生态哲学、生态伦理学与生态文明的必然产生。其次,曾繁仁提出"环境"(environment)一词有环绕、周围、围绕物、四周、外界之义,其来源于动词"environ",也就是"环绕"之义。他认为"环境"是一个与人相对的实体性概念,因而具有人类中心主义的内涵,因此不能将"环境"与"生态"两个词相混淆。更加重要的是,曾繁仁明确断言:"生态学"是一个打破主客对立的关系性词语,反映了人类对于传统工具理性思维的反思与超越;而"环境"则是一个对象性的实体性词语,没有反映人与自然的和谐一致。"生态"与"环境"之辨实际上是人类中心论、生态中心论与生态整体论的哲学立场之辨。正是在辨析词义的基础上,曾繁仁提出生态美学研究的哲学立场是生态整体论,并不存在实体性的环境之美。他提出,"环境"一词内涵的实体性决定了它只能是一种实体之美,但现实生活中"环境"的关系性又决定了这种实体之美不可能存在,这就构成一种解构"环境之美"实体性的悖论。他的结论是"环境之美"不具实体性,而关系性的审美则必然导向生态美学。曾繁仁最后还从中国传统生态智慧资源的角度对比了两个术语的优劣,他提出,"环境"一词作为科学主义的概念无法包含东方"天人合一"等生态哲学与审美智慧,而"生态"一词的关系性与生命性内涵则必然包含着东方生态智慧。因此,从生态文化与生态美学的长远健康发展来看,"生态"一词更加合适,如果继续使用"环境"一词,就必然将大量丰富的东方生态文化排除在外。[①]

曾繁仁辨析词义的学术思路值得参考,但至少可以提出两点疑义:第一,"环境"一定是隐含着人类中心主义吗?环境是一个描述客观事实的中性词,环绕一个人的所有事物是此人的"环境",而环绕一棵树的所有事物就是这棵树的环境,以此类推。这种意义上的环境就与人类中心主义毫无关系。第二,"环境美学"这个术语是否真的无法包含中国传统生态智慧?从笔者的

---

① 曾繁仁:《关于"生态"与"环境"之辩——对于生态美学建设的一种回顾》,载《求是学刊》2015 年第 1 期。

研究实践来看,未必如此。笔者近二十年前就专门研究过中国传统环境美学思想,其角度正是生态智慧,如2005年所主持的"生态智慧与中国环境美学思想史研究(笔谈)",其中《中国环境美学思想史研究的当代意义》一文从"重写中国美学史""与西方环境美学展开理论对话""丰富当代生态智慧"3个方面讨论了中国环境美学思想研究的当代意义,提出"探索生态智慧"应成为这一新的研究领域的思想主题。①

在辨析词义的基础上,曾繁仁还明确将西方环境美学视为生态美学的一部分,其《生态美学导论(修订版)》封底所印鲜明地显示了他的学术立场:"生态美学是中国当代美学研究的重要收获之一。本书所讲的生态美学,包括当代生态美学、环境美学、生态文艺学、生态批评等,它们名目各异,但总体上都是一种包含生态维度的美学与文艺学研究,共同构成了中国当代美学与文艺学领域生态审美研究的亮丽风景。"② 这无疑是一种广义的"生态美学",其核心是"生态审美研究"。这也就是说,无论美学或文艺理论,只要其关注的核心是"生态审美",那么它们就都可以被视为"生态美学",环境美学也不例外。这种观点自有其一定的合理性。还需要补充的是,曾繁仁最近几年大力推进"生生美学"研究,并在国际视野中对其定位。他提出:"有别于欧陆现象学生态美学和英美分析哲学环境美学,中国之生态美学是包括中国古代生态审美智慧、资源与话语的具有中国气派、中国风格的生态美学体系,我们名之曰'生生美学'。"③ 这里将"生生美学"视为中国生态美学的代表性形态,从话语形态的角度倡导"生生美学",是对生态美学的一个重要的理论贡献。④

四、陈望衡:在环境美学的基础上倡导生态文明美学而否定生态美学

陈望衡是国内最早接触西方环境美学的学者。早在1992年,他就邀请伯

---

① 参见程相占《中国环境美学思想史研究的当代意义》,载《江苏大学学报(社会科学版)》2007年第4期;程相占主编:《中国环境美学思想研究》,河南人民出版社2009年版。

② 曾繁仁:《生态美学导论(修订版)》,商务印书馆2020年版。

③ 曾繁仁:《关于"生生美学"的几个问题》,载《济南大学学报(社会科学版)》2019年第6期。

④ 关于生生美学,笔者另有论文《生生美学的第二个十年进程》进行专门探讨,这里不再赘述。

林特到中国讲学,接受了伯林特向他赠送的英文著作《环境美学》。正是在伯林特的启发和引导下,陈望衡开始了中国环境美学研究,成为中国环境美学最具代表性的学者。陈望衡与伯林特共同主编"环境美学译丛",将西方环境美学的代表性著作引进中国,中国学术界对于西方环境美学的最初了解主要是通过这6本书。① 与此同时,陈望衡在充分借鉴西方环境美学理论成果的基础上,根据中国古代画论中的"可居"观念,以"环境美"为核心关键词出版了中国第一部环境美学著作,即其代表作《环境美学》。②

在过去十年中,陈望衡的环境美学进展主要体现在如下几方面:第一,继续深化环境美学,出版《我们的家园:环境美学谈》,从传统环境美学的理论及诗词歌赋等文学作品出发,阐发中国传统文化中环境美学的精华,如天人合一、民胞物与等;③ 第二,向世界学术界推介中国环境美学。按照"劳特里奇当代中国系列"丛书的要求,陈望衡邀请苏丰将其《环境美学》翻译为英文由英国劳特里奇出版社于2015年出版。该书对中文版《环境美学》进行了调整和重新编排,围绕中国传统环境美学思想和现代环境美学研究展开。全书六章依次为"古代中国的环境美学""中国传统环境美概念""园林、宫殿和农业景观""美、自然和环境""美和农业环境""美和城市环境",最后以"当下环境美学的重要性"为结语。从章节安排中可以发现,英文版突出了中国古代的环境美学思想和风水观念,在此基础上从家园感、景观、乐居3个方面分析了传统思想中的环境美,结合园林、宫殿和农业景观探讨了中国古代环境美学思想,提出中国的古代智慧有助于应对当今的环境和生态问题。④ 伯林特为此书撰写了书评称赞此书的学术价值。⑤ 第三,主持并完成国家社科基金重大项目"中国古代环境美学史",首次以通史体例形式整理并阐述了中国古代环境美学思想的源流、构成、性质、特征与发展,并以重要朝代、人物、著述为基本线索,围绕古代中国天人关系、宇宙观念、

---

① 这套丛书包括伯林特的《环境美学》与《生活在景观中:走向一种环境美学》,柯南的《穿越岩石景观——贝尔纳·拉絮斯的景观言说方式》,凯丽的《艺术与生存:帕特丽夏·约翰松的环境工程》,卡尔松(即卡尔森)的《自然与景观》,瑟帕玛的《环境之美》,这6本书均由湖南科学技术出版社于2006年出版。
② 参见陈望衡《环境美学》,武汉大学出版社2007年版。
③ 陈望衡:《我们的家园:环境美学谈》,江苏人民出版社2014年版。
④ Wangheng Chen. *Chinese Environmental Aesthetics*, translated by Feng Su, edited by Gerald Cipriani, London and New York: Routledge, 2015.
⑤ Arnold Berleant, "Wangheng Chen's Chinese Environmental Aesthetics," *Contemporary Aesthetics*, 2019 (17).

家园意识、环境建设、环境审美等主要问题展开,并按照先秦、两汉魏晋南北朝、唐代、宋代、明代、清代等 6 个核心历史时段进行分述,最终成果于 2024 年 1 月出版。① 与本文最相关的是第四方面,即反思环境美学在生态文明时代的使命,倡导"生态文明美"和"生态文明美学"。陈望衡 2015 年发表论文《再论环境美学的当代使命》,提出生态文明时代是当代环境美学的背景。他认为,在生态文明时代出现的生态文明审美观强调美中具有一种重要性质,即文明与生态共生。这种审美观将自然环境中的生命性提升到生态公正的高度,尊重动植物自身的审美权利,将生态平衡看作自然环境美的核心,重视最具生态性的荒野的美。环境美学以"生活"(居)为主题,环境审美体现为"宜居""安居""利居""和居"和"乐居"五个层次。环境美的本质为"家园感","乡愁"的实质就是家园感。② 我们不难发现,陈望衡依然以"美"为关键词展开了环境美学论述,"生态文明""生态公正""生态平衡"等一系列生态美学关键词出现在这篇文章当中,表明陈望衡环境美学的生态取向与生态意蕴越来越明显。2016 年,陈望衡发表论文《试论生态文明审美观》,提出生态文明作为新的文明形态,有着与之前文明形态不尽相同的审美观念:提倡一种绿色生活审美新观念,强调朴素为美;以生态公正为原则,肯定动植物也有审美的权利;重估荒野的价值,推崇荒野之美,强调守护荒野,构建文明与荒野共存的守界和谐观;将家国情怀扩大到全球意识,在环境与生态问题上构建全球审美意识。③

就生态美学与环境美学的关系而言,陈望衡的观点前后有所变化。2015 年他认为,环境美学与生态美学在很大程度上是交叉的,二者有共同点,即哲学基础都是生态主义和人文主义;二者的区别主要在研究对象的侧重点不同;环境美学总体来说偏于人文科学,生态美学总体来看偏于自然科学,所以在研究方法上也会有所不同,各有侧重。他当时的疑问是"到底生态美学是如何确定它们的研究领域的"。④ 2017 年,陈望衡在《光明日报》发表文章《生态文明美:当代环境审美的新形态》,明确否定"生态美",提出要用

---

① 陈望衡、范明华主编:《中国古代环境美学史》(七卷本),江苏人民出版社 2024 年版。
② 陈望衡:《再论环境美学的当代使命》,载《学术月刊》2015 年第 11 期。
③ 陈望衡、谢梦云:《试论生态文明审美观》,载《郑州大学学报(哲学社会科学版)》2016 年第 1 期。
④ 陈望衡、谢梦云:《环境美学与建设美丽中国——陈望衡访谈录》,载《鄱阳湖学刊》2015 年第 6 期。

"生态文明美"取代之,并提出"生态文明美学"的新提法。① 同年发表的《"生态文明美学"初论》开门见山提出:"'生态美学'概念不能成立:美学按其本质,它是文明的产物,审美的实质是人对自身的肯定。而生态就其本质是与文明对立的。生态只有在肯定人、肯定文明时才可能是美的。按美在文明论,生态美是不成立的,存立的只有生态文明美。"② 就这个论断而言,笔者的困惑有两点:第一,"生态美"概念不成立,是否必然意味着"生态美学"概念不成立呢?生态美学最初诞生的时候,不少学者的确将"生态美"视为关键词,但很快"生态审美"就被视为生态美学的研究对象,"生态美"也被笔者视为一个误导性概念;第二,"生态"在什么意义上是与"文明"对立的呢?或者说,与"文明"对立意义上的"生态"是什么意思?它与国际学术界通常所说的"生态美学"这个术语中的"生态"是否为同一个词?笔者恳切希望有机会向陈先生请教。

五、程相占:走向"身—心—境"三元美学范式

上述 4 位学者都是与笔者有着密切学术联系和交往的前辈。毫不夸张地说,笔者的生态美学与环境美学研究,就是向 4 位前辈学者学习、请教,并在此基础上有所独创的过程。过去十年,笔者继续坚持生态美学与环境美学双峰并峙、并行不悖的立场,在继续着力深化拓展生态美学的同时也深化拓展环境美学,最终在整合生态美学与环境美学基础上提出"身—心—境"三元美学范式。首先,笔者并不急于将生态美学与环境美学区分开来,也不急于将二者混为一谈,而是依然采取了"历史与逻辑的统一"这个方法论原则:从历史层面详尽地梳理生态美学与环境美学各自的发展历程,正式出版了《西方生态美学史》(2021 年)、《当代西方环境美学通论》(2022 年)两部著作;其次,从逻辑(也就是理论)层面分别探讨生态美学与环境美学二者各自不同的论域,同时出版了《生态美学引论》(2021 年)、《环境美学概论》(2021 年)两部著作。这 4 部专著是笔者过去十年环境美学与生态美学研究成果的总结,系统地呈现了笔者对环境美学与生态美学关系的理解及其最新发展。可以从如下 4 方面说明。

---

① 陈望衡:《生态文明美:当代环境审美的新形态》,载《光明日报》2015 年 7 月 15 日第 14 版。
② 陈望衡:《"生态文明美学"初论》,载《南京林业大学学报(人文社会科学版)》2017 年第 1 期。

第一，推进我国学术界对西方生态美学学术史的全面了解，有效区分了中国生态美学与西方生态美学，并为中国生态美学借鉴西方生态美学提供基础。中国学术界曾长期认为生态美学是中国学者的"首创"。针对这一误区，笔者在 2009 年发表了《美国生态美学的思想基础与理论进展》，① 向国内学术界首次澄清西方也有生态美学且早于中国。过去十年，笔者搜集大量西方生态美学资料，组织学术团队撰写了"六种外语七十年"的《西方生态美学史》，系统研究了利奥波德、约瑟夫·米克、瓦西里·勒班陀、卡尔森、高主锡、格尔诺特·伯梅、保罗·戈比斯特、罗尔斯顿、赫尔曼·普瑞格恩、埃里克·克拉克、希拉·林托特、马尔科姆·迈尔斯等 12 位西方学者的生态美学思想，以及法语、意大利语、西班牙语、俄语中的生态美学思想，全面揭示西方生态美学发展状况。对西方生态美学史的研究，不仅推进我们对西方生态美学的了解，同时也系统地揭示了中国生态美学不仅不同于西方环境美学，而且也不同于西方生态美学。因此，中国生态美学可以在参照西方环境美学的基础上，充分吸收西方生态美学理论成果来发展中国生态美学。

第二，在研究当代西方环境美学学术史基础上，建构出显著不同于生态美学的环境美学理论框架，推进环境美学深入发展。《当代西方环境美学通论》从学术史的角度对当代西方环境美学进行了全面考察，包括西方环境美学的理论前身、发展历程、发展思路和核心命题。在梳理环境美学学术史基础上，笔者借鉴卡尔森环境美学的"What-How"（审美对象—审美方式）二元模式，借用笔者主编的《中国环境美学思想研究》的理论框架，在《环境美学概论》中建构出一个比较完善的环境美学理论框架，即环境审美对象论（What）、环境审美方式论（How）、环境审美价值论（Why）、环境审美规划设计论（How）。这一理论框架是对卡尔森环境美学理论的"What-How"二元模式的补充和完善。卡尔森强调当代西方环境美学是围绕"欣赏什么"（即 What 问题）和"如何欣赏"（即 How 问题）展开，② 而笔者将之拓展成"What-How-Why-How"四元模式，从而更加全面地研究环境美学诸问题。这一四元模式明显不同于生态美学的理论框架，将之与笔者同年出版的《生态美学引论》进行比较阅读，可以更加明确地将环境美学与生态美学区分开来。

---

① 程相占：《美国生态美学的思想基础与理论进展》，载《文学评论》2009 年第 1 期。

② Allen Carlson, "Appreciation and the Natural Environment," *Journal of Aesthetics and Art Criticism*, 1979（37）, pp. 267 – 275.

第三，倡导生态艺术学建构，着力深化生态美学研究，进一步凸显生态美学与环境美学的区别。十年前，笔者在《论环境美学与生态美学的联系与区别》中强调，环境美学与生态美学的一个重要区别是：环境美学是就审美对象这个角度立论的，研究对象包括艺术之外的所有事物；生态美学是就审美方式这个角度立论的，研究对象不仅包括非艺术品，也包括艺术品。应通过积极倡导生态艺术学建构来拓展生态美学对于生态艺术的研究。生态艺术学的研究内容应当包含生态艺术学元理论、生态艺术学核心领域论（生态艺术理论、生态艺术批评、生态艺术史）、生态艺术门类论（主要包括生态音乐学、生态舞蹈学、生态戏剧学、生态影视学、生态美术学等）、交叉学科论。① 生态艺术学的提出，意味着生态艺术作为生态美学研究对象的地位愈加受重视，进一步凸显生态美学与环境美学在研究对象上的区别。

第四，在整合环境美学与生态美学基础上，提出了"身—心—境"三元论美学范式，试图以之为理论范式重建美学新范式。笔者在充分把握环境美学和生态美学学术史和理论要义基础上提出"走向身—心—境三元论美学范式"这个理论命题。自笛卡儿以来，身—心二元论就是西方哲学和美学的主流，现代美学特别是康德美学，其实是"心灵一元论"美学，身体美学、环境美学和生态美学分别从身心关系、人与环境关系、有机体与生态系统关系入手批判"心灵一元论"的现代美学。笔者强调，人既是身心交融体，同时也是处于特定环境之中的有机体，也就是身体、心灵、环境三元融为一体的独特物种。而"环境"在生态学和环境科学当中又可以被理解为"生态系统"。根据上述理论思路，笔者概括出"根植于生态系统之中具身的心灵"这个理论命题，试图从这个基本命题来重新理解美学的基本问题。② 任何人文学科在以人为对象进行研究的时候，都不能忽视"身—心—境"三元中的任何一元。从当今国际美学前沿领域来看，这一研究模式贯通了心灵美学、身体美学、环境美学与生态美学，四种美学最终统一为秉持"人—环境系

---

① 程相占：《生态艺术学的建构思路与整体框架探析》，载《艺术评论》2022年第12期。

② 程相占：《构建生态人文主义的新型美学》，载《中国地质大学学报（社会科学版）》2020年第2期。

统"这个基本框架的生态美学。① 按照这种理论框架我们不难发现,环境美学可以被视为生态美学的有机组成部分。生态美学除了研究对各种环境的生态审美欣赏之外,还研究各种生态艺术所表达的生态审美观念——而环境美学的逻辑起点就是对于艺术欣赏的批判与排除。这就从研究范围清晰地区分了生态美学与环境美学的异同。

参与生态美学与环境美学之辨的还有其他学者。比如,薛富兴坚持生态美学与环境美学等同论,认为二者有着基本相同的论域,他认为判断一门学科是否需要以及足以独立有三个标准:一是研究对象与领域,二是研究方法,三是核心观念。他断言目前国内外无论使用"环境美学"或"生态美学"概念,"相关研究成果在上述三方面均高度重合,因而它们不需要、也不足以成为美学学科内部两个截然不同的分支学科,最多可理解为同一分支学科的两个不同学术流派"。他进而认为,"环境"更多地指称其研究领域,"生态"更多地指称其核心观念,它们只是指称本领域研究的一种方便权宜之称。到底哪个概念更好,完全可由研究者个人的学术兴趣决定,实无关宏旨。② 薛富兴自 2008 年以来已发表环境美学方面论文 50 余篇,对中国古代自然审美思想观念进行了非常深入的反思和批判,取得了丰硕的学术成果,其论断自有其一定的合理性。限于篇幅和本文的主题,这里不再赘述。

六、结语

在构思与撰写本文的过程中,笔者内心深处不时回响庄子的名言:"自其异者视之,肝胆楚越也;自其同者视之,万物皆一也。"③ 这是说,世上的万事万物,若从差异的方面看,即使是毗邻的肝与胆,看起来也会像楚国与越国那样相距遥远;若从相同的方面看,天地万物都是一样的。我国学术界通常在批判的意义上将庄子这个思想斥责为"相对主义"。庄子这两句话其

---

① 参见程相占《走向身—心—境三元论美学范式》,载《美与时代》(下)2019 年第 4 期。又见程相占《生态美学引论》,山东文艺出版社 2021 年版,第 246－254 页。需要说明的是,这个三元论美学范式理应包含"心灵美学",所以在这里将"心灵美学"也补充进来,从而弥补此前论著的缺陷。

② 薛富兴、李晓梦:《作为环境美学基础的自然美学——薛富兴教授学术访谈》,载《鄱阳湖学刊》2022 年第 3 期。

③ [清]郭庆藩撰,王孝鱼点校:《庄子集释》德充符第五,中华书局 2013 年版,第 176 页。

实是其"观物论"的理论延伸。庄子指出:"以道观之,物无贵贱;以物观之,自贵而相贱;以俗观之,贵贱不在己。"① 事物究竟是什么,一方面固然取决于事物自身,另外一方面也取决于人们如何"观",这个"观"包括视点、观点、观念等非常复杂的"主观"因素,要想做到真正意义上的"客观"是非常不容易的。但不容易并非不可能,关键是健康而健全的思维方式。生态美学与环境美学的差别是非常明显的,笔者的《生态美学引论》与《环境美学概论》清楚地显示了这一点;然而无论生态美学还是环境美学都是"美学",美学之为美学的要义应是一致的。笔者一直认为,"什么是美学?"(即美学观)永远是美学研究的首要问题,忽略了这个问题的美学研究肯定是盲人瞎马,下笔千言却离题万里。在这个问题上,伯林特的思路值得充分肯定,他正是从美学的首要问题——"审美"上着眼,将"体验""知觉"或"知觉体验"视为"审美"的根本,因而自始至终批判卡尔森自然审美中的"科学认知主义"立场,认为"认知"偏离了"审美"。伯林特对于笔者生态美学的批评也主要是出自这个原因。

但问题还有另一方面。正如伯林特已经准确、正确指出的那样:科学知识是可以影响感知或知觉的。我们不妨沿着伯林特的思路进一步追问:知觉的确是审美体验的核心,但是,审美体验究竟是怎么形成的?影响审美体验的要素有哪些?科学知识对于审美体验的形成是否有影响?如果有,科学知识对于形成、深化审美体验的作用是什么?卡尔森何尝不明白科学认知与审美欣赏之间的根本差异,他所强调的无非是科学认知在审美欣赏过程中的突出作用。为了论证其科学认知主义立场,卡尔森在强调科学知识重要性的同时并没有讨论影响审美欣赏的其他因素,因而很容易被误解。伯林特对卡尔森的误解就是由此而生的。

自2013年以来再次辨析生态美学与环境美学之异同,目的并非画地为牢,而是为了发掘、提炼根本性的美学问题与审美问题,借此推进美学学科的向前发展。美学就是美学,不同学者在美学之前加上的任何修饰语,诸如"实践的"(实践美学)、"生命的"(生命美学)、"景观的"(景观美学)、"自然的"(自然美学)、"生态的"(生态美学)、"环境的"(环境美学)、"生生的"(生生美学)、"生活的"(生活美学)、"身体的"(身体美学)、"神经的"(神经美学)等等,都只是为了突出美学整体的某个侧面,是不同

---

① [清]郭庆藩撰,王孝鱼点校:《庄子集释》秋水第十七,中华书局2013年版,第512页。

学者进入美学大厦的不同通道，仅此而已。如果哪一种美学试图"千秋万代一统江湖"，那肯定会陷入武侠小说虚构的笑料，并且与严肃的、科学的美学研究背道而驰。笔者过去二十多年中首倡生生美学，聚焦生态美学、环境美学与身体美学，涉猎生活美学与神经美学，但绝对无意固守任何形态的美学。就本文而言，笔者要固守的仅仅是美学本身，即通过生态美学与环境美学研究来推进美学学科向前发展。

（原载《学术研究》2024年第2期）

比较文学研究

古希伯来诗韵研究

——古希伯来文学研究之一

叶启芳

古希伯来文学也像他国文学,有韵文和散文之分。但是他的韵文格式却与其他各国的有些不同。他的诗句之造成不是由于韵脚(Rhyme),亦不是由于声音之数音。他的秘密丧失了很久了,直到詹姆士王之后一世纪才由劳夫主教(Bishop Lowth)所发见。他的重要原理是在一节诗句中的各子句之匀称,这就是我们所称为"平行体"(Parallelism)。这种平行体有最高节奏美,但他的效力并不倚赖于韵脚和音律。古希伯来诗句之平行体的进行,如摆锤之来复不定,如军队进行之步伐。他的节奏按着自然是思想一种节奏的活动。这种的平行体我们可以抽释之为一个有秩序的系统,如下所述。

(1)平行体之普通观念。

平行体之首宜分析者就是"相同的平行体"和"差异的平行体"。所谓相同的平行体者就是第二行的意思均等地和第一行平行。

> 伯他命令在上之穹苍,
> 开了天堂之门;
> 他又降下马拿给他们作食,
> 给他们以天堂之谷粒。
> 人已食过这些权能之粮食了:
> 他供给他们充足之肉食。

和这种反对的就是差异的平行体,所谓差异的平行体者,就是数行诗句互相依附于一种管束中,而这种管束比之那些联合他们而成为一种直接继续的管束更为密切。

> 若尔有罪,
> 　尔怎样反对他呢?
> 若尔的罪孽倍加,
> 　尔怎样对待他呢?

这种平行体之空格指出第一和第三两行之联结着进行是和第二及第四两行相等的。又如：

> 世，哪，尔们默不语，真合公义么？
> 施行审判岂按正直么？
> 　不然，尔们是心中作恶
> 　尔们在地上秤出尔们手所行的强暴。
> 　恶人一出母胎就（与上帝）疏远；
> 　一离母腹便走错路，说谎语。
> 　他们的毒气好像蛇的毒气；
> 　他们好像塞耳的聋虺；
> 　不听行法术的声音，虽用极灵的咒语也是不听。

在这段之中显明的见出头二行是连结的，后来的七行也是一样；但由他的全体看来，他实在有一种单独的次序。这更可由同样的二之殊异和七之殊异而显明之，如他直接继续着的后文（诗篇五十八篇）。

> 　神啊，敲碎他们口中的牙；
> 　主啊，敲掉少壮狮子的大牙。
> 　　愿他们消灭如急流的水一般；
> 　　他们瞄准射箭的时候，愿箭头彷佛砍断。
> 　　愿他们像蜗牛消化过去；
> 　　又像妇人堕落未见天日的胎。
> 　　尔们用荆棘烧火锅还未热，
> 　　他要用旋风
> 　　把青的和烧着的一齐飚去。

在平行体之讨论中，我们最要记忆平行体一词所包甚广；由散文中自然而然地柔弱的平行体，到那些有一个适当的媒介以调音乐方面的诗脚之高级节奏的平行结构，都含于平行体一词之内。这种的平行体可于《约伯记》之开端见之，在这里，正当散文叙事中，忽插入几个继续着来的使者之奋兴的言语，这种言语都由对话的完全诗句而表出一个彼此过渡的阶级。

　　有一天约伯的儿女正在他们长兄的家里吃饭喝酒。有报信的来见约伯说：

牛正耕地。
　　驴在旁边吃草；
　　示巴人忽然闯来，
　　　把牲畜掳去；
　　并用刀杀了仆人。
　　　惟有我一人逃脱来报信给尔！
　　他还说话的时候，又有人来说：
　　　神从天上降下火来，
　　　　将群羊和牧人都烧灭了；
　　　　惟有我一人逃脱来报信给尔！
　　他还说话的时候，又有人来说：
　　　　尔的儿女
　　正在他们长兄的家里，
　　　　吃饭喝酒；
　　不料有狂风从旷野飒来，
　　　　击打房屋的四角，
　　房屋倒塌在少年人身上，
　　　　他们就都死了，
　　　　惟有我一人逃脱来报信给尔！

　　这可以称为半平行体：报信者之辞语断断续续，各各不同，彼此不能成为秩序地平行，但他们实在是平行体。

（原载《晨报副镌·文学旬刊》1923 年第 17 号）

西方叙事文学中的追寻主题及其文化内涵

易新农

一

追寻主题在西方叙事文学中可以说源远流长，历久不衰。自古希腊神话与英雄传说中之伊阿宋取金羊毛之类的故事伊始，直到现当代文学巨匠海明威的《老人与海》，以及苏联文学中的《苦难的历程》，等等，无不贯穿着追寻的主旋律，响彻着追寻的呼声。

所谓追寻，大多表现为作品中的主人公或主要人物对理想，对某一种神圣的目的，或某种价值观的追寻。他们不畏人生征途的艰难险阻，一心朝着那理想，那神圣的目的，那不可取代的价值观苦苦追寻，奋力夺取。或跨越滔滔大海远寻，或踏遍茫茫大地追求。有的作品，未直接描述某一人物具体追寻的行程，但作品的主体人物在心路上同样经历了曲折的、艰难的历程，贯穿着对理想，对神圣的目的，对崇高的价值观的追寻，有的作品甚至只是在作品的统一的情境与格调中体现出某种追寻。

体现追寻主题的叙事文学，在西方文学史上经历了不同的历史发展阶段，其演进的轨辙随社会历史的发展而刻划出明显的印痕。

在古希腊、罗马时期，追寻主题主要表现为以追寻个人荣名为主调。追寻者多是半人半神的英雄人物，他们追寻征途上的艰难险阻主要来自险恶的自然环境。伊阿宋和他的一伙英雄驾轻舟远渡重洋去取金羊毛，赫拉克勒斯历尽艰险建立十二件大功，他们那高昂着英雄主义的追寻，为的是给自己赢得生前身后的光荣。《奥德修斯纪》和《埃涅阿斯纪》同上述英雄传说已有所不同，这两部史诗中的主人公也追求光荣，但更主要的是朝着一个现实的目标去追寻。奥德修斯追寻的是现实的王国，是他不可侵犯的私有财产。为此，他甚至舍弃了仙女卡吕普索的爱恋。埃涅阿斯的追寻是建立一个新的邦国，他不是为了个人的荣名，而是肩负着一个重大的使命去踏上追寻的征途的。为此他也曾毅然割断了牵连着迦太基女王狄多的情丝。奥德修斯和埃涅阿斯在追寻途中与之斗争的，不仅是险恶的自然环境——大海，还有自己的柔情，他们的追寻要更艰巨多了。但他们同英雄传说中的主人公一样，都胜利地达到了自己追寻的目的，因而所有的上述追寻洋溢着喜剧性。

中世纪起始，基督教作为一种全民的信仰主宰了欧洲，它垄断了整个欧洲的精神文化，欧洲人不再象古希腊人一样，迷醉于人神同乐之中，而是有了赎罪意识，有了对来世、对天国的追求，对人的灵魂归宿何处的探讨。文艺复兴运动兴起，人文主义思潮勃发，带来了人对理性的肯定与提倡，对人生真谛的探索与思考，基督教指引的是人对天国的追求，人文主义则鼓励人对现世生活的追求，不过两者在强调人的心灵探寻上似乎又对立又统一。特别是宗教改革运动打碎了天主教的桎梏，人的个性获得了肯定和解放，追寻主题有了新的内容，获得了新的发展。

从中世纪到19世纪，追寻主题主要以追寻真理、追寻人生的真谛、追寻灵魂的归宿为主旨。追寻者是普通的人，英雄色彩淡薄了，他们在追寻征途上的阻力来自人间，来自社会，还来自他们自身。作为"中世纪的最后一位诗人，同时又是新时代的最初一位诗人"① 的但丁，在他的不朽诗作《神曲》中，通过幻游表达了追寻主题，即新旧交替的时代，个人和人类怎样克服自身的迷惘和错误，经过苦难和考验达到真理和至善的境地。《神曲》具有鲜明的基督教文化色彩，它以基督教神学为最高指导思想，去寻找意大利政治上、道德上复兴之路，去寻找个人灵魂的归宿地。但同时，《神曲》又已有人文主义新思想的萌芽，向天堂的追寻已不需要通过天主教会的指引，而是以象征哲学和理性的维吉尔作为导师和引路人，作品虽遵从禁欲主义和来世思想，但在对待弗朗采斯加和保罗的爱情故事等方面，表现了对人间幸福、对爱情、对理性的肯定与追求。在诗中但丁发出了"人生来不能象走兽一般活着，应当追求知识和美德"的呼声，标志着从中世纪神学禁锢下人的觉醒，反映了作为觉醒了的人的追寻。

法国杰出的人文主义作家拉伯雷的《巨人传》以人文主义思想处理了追寻主题。作品中主人公庞大固埃在巴汝奇和约翰修士陪同下，远渡重洋寻访"神瓶"，他们飘洋过海，一路上阅遍人间罪恶，终于找到了真理的象征与"智慧的源泉"——"神瓶"，得到这样的启示："喝呀！"据法国作家法朗士的解释是：

---

① 马克思、恩格斯：《马克思恩格斯选集》第1卷，第249页。

> 请你们畅饮，请你们到知识的泉源那里去……研究人类和宇宙，理解物质世界和精神世界的规律……请你们畅饮知识，畅饮真理，畅饮爱情。①

《巨人传》的追寻已从天国降到人间，从灵魂的归宿转到真理的寻求。

17世纪西方文学中出现了一部新的体现追寻主题的作品《痴儿西木传》。这是一部流浪汉小说，写乱世中的小人物西木在社会上种种惊险的经历，并在不断解决与周围环境所产生的冲突中认识社会，研究社会，并通过自我反省去求得个人的完美发展。因为所追寻的理想在当时并不能实现，最后他找到隐退索居的出路，以求得心灵的安宁。这出路正如后来歌德的《威廉·麦斯特的漫游时代》和《威廉·麦斯特的学习时代》及凯勒的《绿衣亨利》一样，都是追求或探索个人或个性的一种理想的自我完成。

循着追寻文学发展的轨辙追寻，到19世纪，我们看到了一部最为深刻地体现了追寻主题的伟大作品，这就是歌德的《浮士德》。浮士德一生不断地行动，不断地追求，他总不满足于已达到的成就。一个追寻刚完成又开始新的追寻。从追求知识到追求爱，到追求美，到追求事业，孜孜不倦，不屈不挠，苦苦地探索人生真谛，因而得以突破个人的小天地，走向全人类的大世界。浮士德终于找到了"智慧"的最后结论：

> 要每天每日去开拓生活与自由
> 然后才能够作自由的生活与享受

歌德曾经指出："浮士德身上有一种活力，使他日益高尚化和纯洁化，到临死，他就获得了上帝永恒之爱的拯救。"② 浮士德的追寻是在与魔鬼订约的背景下进行的。它一方面表明了人有自信心，另一方面也说明，人不应该回避"恶"，而应主动接受它的挑战，不断与之斗争，从而战胜它。浮士德的追寻体现了最为积极的人生观和深刻的辩证思想，从而最深刻地发展了追寻主题的哲理内涵。

19世纪到20世纪浪漫主义文学和批判现实主义文学相继兴起，后者把西方叙事文学推向了一个新的高峰。批判现实主义文学把真实地反映客观现实生活作为首要的要求，在这种严格写实的文学中，体现追寻主题的文学创

---

① 拉伯雷：《巨人传》译本序，成钰亭译，上海译文出版社1981年版。
② 爱克曼辑录：《歌德谈话录》，朱光潜译，人民文学出版社1978年版，第244页。

作仍在发展。托尔斯泰的《战争与和平》是一部描写 1812 年的俄法战争及此一时期俄国社会生活的史诗性作品，作品颂扬了人民的爱国主义精神，揭露批判了腐朽堕落的贵族社会。但仍通过安德烈、彼埃尔的形象体现了对永恒的宗教原则的追寻。罗曼·罗兰的《约翰·克利斯朵夫》展示了 19 世纪末至第一次世界大战前欧洲纷繁的现实生活，但笔触却未放过主人公对思想自由、精神独立的追寻，尽管它的结局不免带有浓重的基督教色彩。

综上所述可以看到，从中世纪末到文艺复兴，到近代，西方叙事文学中追寻主题已由古代的追寻个人荣名，转向对人生真谛、对真理的追寻，对个人或个性的一种理想的自我完成。这些作品中的追寻主人公们，与之斗争的是罪恶的社会现实，是主人公们自己复杂的内心世界。他们的斗争是艰巨的，但他们一般获得胜利，因而大多数追寻文学呈现出一种悲剧性的喜剧色彩。

现当代，在批判现实主义文学继续发展的同时，现代主义文学应运而起。这一包括十多个文学流派总称为现代派的文学潮流尽管以反传统为宗旨，但追寻主题并未被抛弃。只是由于现代大工业生产的物质世界使人受到物质的统治和压力，及第一次世界大战的巨大破坏，传统的价值观念从根本上动摇了，旧的上帝灭亡了，理性崇拜动摇了，幻灭感和悲观情绪普遍笼罩现代西方人的心灵。文学中的追寻变形了，表现为对失落的自我的追寻以及这种追寻的失败。卡夫卡的《城堡》中的主人公要进城堡，虽然近在咫尺，却怎么也进不去，它反映了人的困境，及这困境的无法摆脱。从另一方面反映出追寻的失败。但有的作品仍然表现了积极的追寻，海明威的《老人与海》中的桑提亚哥在茫茫大海中去追寻他要捕获的鱼，最后虽然失败了，肉体上被打垮了，但他在精神上取得了伟大的胜利。"一个人不是生来要给打败的。"这就找到了真正的价值。他的追寻并没有落空。

但总的来看，现代主义表现了人处困境而无法摆脱，对人的自我寻求也总是以失败而告终，因而现代主义文学中种种追寻带有一种浓厚的悲剧色彩。

二

在西方，史诗是叙事文学的源头，以追寻为主题的叙事文学作品大都采用传统史诗的结构框架。一般是以主人公的出游（包括幻游）或平生经历遭遇为情节线索，而以"追寻"作为统摄全部作品的内在思想主旨。这是它在结构上的一大特色。

上古时代的《奥德修纪》《埃涅阿斯纪》本身即是一部史诗，它们自然表达了这一结构特点。后来的作品,如《堂吉诃德》乃是以主人公的三次游侠为情节线索,堂吉诃德一路上遇到了种种不平之事,他以理想化的骑士精神去对抗庸俗的社会现实,作品中各类事件并无前后一致的因果关系,但内在的思想是寻求建立理想的社会秩序和道德原则,全书得以成为一个统一的艺术整体。

马克·吐温的《哈克贝利·费恩历险记》是以主人公哈克贝利的河上漂流为情节线索。在广阔的密西西比河上,漂流着一只木筏,木筏上坐着两个逃亡者,在酒鬼爸爸的毒打下离家出走的白人孩子哈克贝利·费恩,从主人家里逃出来的黑奴吉姆。他们是逃亡者,又是追寻者。他们顺流而下,去追寻自由。在漂流中他们遇到各种各样的困难,也碰到各种各样的人。他们在河上是自由的。但只要一上岸就会遭遇到各种文明社会的丑恶,两个冒充"国王"和"公爵"的骗子,几乎让他们上了大当。作品以此展开了对19世纪美国现实生活的深刻揭露与批判,但贯穿全书的中心思想是哈克帮助吉姆去挣脱奴隶的锁链,也为使自己摆脱令人厌烦的"文明"生活,追求自由的生活,这共同的信念把不同肤色的一大一小紧紧地结合在一起,也作为内在的思想统摄全书,使作品形成一个结构明晰严谨的艺术整体。

但丁的《神曲》与上述两部作品不同,它是以主人公的幻游作为结构全书的线索。这是一部诗作,同一般叙事作品有所不同,主要是写作者的心路历程。但丁游历地狱、炼狱,表明在以维吉尔为象征的理性和哲学的启迪指导下,得以明察社会生活,认识邪恶,并通过个人美德的修炼以解脱迷误,从而走上正途,找到进入天堂之门。天堂是但丁追寻的目标,地狱、炼狱是磨炼他的心灵、坚定他的信念的必经之途。这追寻是一种信仰的追寻,也是祈求心灵净化的追寻。地狱与天堂是两极的对立,然而内在的为求灵魂纯洁化的追寻这一思想主旨,把全部诗篇有机地结合在一起。

从以上几部作品可以看出,采取主人公出游或幻游这样一种叙事模式,使得追寻的主题得以较好地突现出来。

当然,也有的作品并没有具体的追寻结构框架,只是以作品的统一的情境展示追寻的主题。卡夫卡的大部分作品据英国诗人奥登所说是写出"现代人的困惑"①,但它的《城堡》却曲折地透露出困惑中追寻的主题。作品并无追寻情节线索,只是以主人公 K 欲进城堡而无法进入的困惑情境来显示这一主题。正如卡夫卡所说的:"目的虽有,却无路可循,我们称作路的东西,

---

① 卡夫卡:《审判》译序,钱满素等译,湖南人民出版社1982年版。

不过是徬徨而已。"① 西方现代社会中人的"异化",使得理想的追寻破灭了,但传统的追寻主题在类似的作品中仍留下了烙印。

大多体现追寻主题的叙事文学作品都呈现出两重结构。一是直接的现实的表层结构。一是潜藏的隐含人生哲理和诗意概括的深层结构。前者叙人叙事,表现追寻的具体历程和作品中纷繁的人事与社会生活画面。后者透过作品中的整体艺术形象和潜台词,传达出作品隐含的哲理和诗意概括,从而揭示追寻主旨。这种两重结构是追寻文学作品的又一大特色。如《堂吉诃德》通过主人公的游侠,广泛反映了 16、17 世纪之交西班牙广阔的社会现实,揭露了当时西班牙社会的黑暗与不平。这是它直接的、现实的表层结构,而全书所表现出的堂吉诃德对理想的坚持不懈和百折不回的献身精神,则深刻地显示了隐藏在作品深处的追寻主旨。《巨人传》同样是通过主人公的游历,广泛反映了当时法国社会的黑暗现实,诸如教会的罪恶、封建司法的黑暗等。这些都是浮在面上的,直接看得到的东西。而寻找神瓶及最后从神瓶得到的启示,则是隐藏在作品中深处的深层结构。《战争与和平》正面写的是拿破仑入侵俄国的大事变,并由此展开对 19 世纪初期俄国社会生活包罗万象的广泛描绘,此为作品的表层结构。彼埃尔、安德烈的精神探索及作者从中引发出读者对战争与和平、历史与人民、世界与宇宙的深广思索,则为潜藏在作品深处的深层结构。在这里,作品中具体真实的刻划,并不是仅仅为再现现实生活,而是对普遍人生的高度概括,并借以揭示出追寻的现实原因。

追寻主题文学作品都具有悲剧审美深度,即崇高感。这是它的美学特征。从美学角度看,凡具有崇高特性的对象,一般地总具有艰苦斗争的烙印。从《奥德修纪》到《神曲》《堂吉诃德》《浮士德》,直至《苦难的历程》,伴随着追寻的总是艰苦的斗争,总带有一种悲剧色彩。这使得追寻文学别具一种崇高感。

追寻主题文学的崇高感还来自追寻者的英雄行为与强大的精神道德力量,来自最后胜利的喜悦。康德在对崇高的分析中说道:"什么才是甚至对于野蛮人成为最大叹赏的对象呢? 这就是一个人,他不震惊、不畏惧、不躲避危险,而同时带着充分的思考来有力地从事他的工作。就是在最文明最进步的社会里仍然存在着这种对战士的崇敬,不过人们还要求他们同时表示具有和平时期的一切德行,即温和、同情心,以及相当照顾到他自己人格风貌,正

---

① 1917 年 11 月"八开本笔记",转引自《卡夫卡短篇小说》译本序,外国文学出版社 1985 年版。

因为在这上面见到他的心情在危险中的不屈不挠性。"① 无论是《埃涅阿斯纪》《巨人传》,还是《老人与海》,这些作品的主人公都具有无畏的英雄气概和强大的精神力量。堂吉诃德的献身精神,浮士德的不懈追求,桑提亚哥的永不屈服的硬汉子性格,都令人油然生敬仰之心。他们的追求多是以悲剧告终,但他们在精神上胜利了。胜利的喜悦使人振奋。席勒说过:"崇高感是一种混杂的情感,是由痛苦与快活混合而成的。"② 郎加纳斯在《论崇高》中更指出:"崇高是伟大心灵的回声。"③ 这都足证追寻文学具有崇高感。

三

罗曼·罗兰有一句名言:"我创造,所以我生存!"这种强烈的创造欲望,不仅是罗曼·罗兰个人所特有的。也是人类所特有的。人们在生产斗争和社会生活中,从事创造性的劳动,人们感到需要英雄人物,要创造丰功伟绩。但人的这种创造性活动在客观世界中,许多时候常常受到客观条件的限制而无法达到其理想的目的。何况人的生命有限,人自身又有其局限性,客观世界非主观所能左右。追求目标难以实现,于是转而向精神世界寻求。以追寻为主题的文学之产生和形成正是为了满足这样一种精神的需要。

歌德生活和创作时代的德国是一个在政治和经济上都很落后的国家,他的生活环境充满了庸俗市民的鄙俗气,他始终被困在这唯一的生活环境里,但创造的欲望推动着他,一个高尚的、美好的旋律在他的心中回响着,他努力摒弃着平庸、委琐和丑恶,力图摆脱这种困境,他创造了不断行动追求的浮士德,一个从小我中走出来的大我。浮士德的追寻与奋斗,实即代表着歌德的追寻与奋斗,也反映了当时德国以至欧洲一代新人的追寻与奋斗。德国的另一位作家沙米索也是因为客观环境使他不能有所作为而走上文学创作道路,写出了名著《彼得·史勒密奇遇记》。他曾绝望地叫喊:"不,这个时代不容许我拿起剑来。"④ 这部作品的主人公史勒密在摆脱了魔鬼的诱惑后,偶然穿上一双七涅靴,得以游历世界各国,全力从事他所心爱的研究工作,"知识成了我生活的目标",这就是他的追寻主旨。沙米索作品中这种追寻意

---

① 康德:《判断力判断》上卷,宗白华译,商务印书馆1964年版,第102-103页。
② 席勒:《审美教育书简》,冯至等译,北京大学出版社1985年版,第159页。
③ 伍蠡甫主编:《西方文论选》上卷,上海译文出版社1979年版,第125页。
④ 勃兰兑斯:《十九世纪文学主流》第二分册,刘半九译,人民文学出版社1981年版,第176页。

向，也正是为了满足当时人们（包括作者自己在内）的一种精神的需要。

人总是要有所追求，要追求自己的价值的，这是西方的一个传统思想。西方追寻文学大多是反映了这种对人、对个人、对自己价值的寻求。在古希腊罗马文学中，人虽然尚不能摆脱命运的支配和控制，但奥德修斯、埃涅阿斯已在努力寻求自己在社会中的地位，他们自觉地（虽然少不了神在暗中相助或启示）去担负起自己的社会责任，用以肯定自己存在的价值。基督教文化兴起后，西方人摆脱了古代的命运观，认为人类社会的发展是神按照对世人的关怀计划在人类历史中的作为，这时神仍是超越于现实之上，但已肯定了人在现实中是有所作为的。在《神曲》中但丁就是在奉神学为最高指导思想的同时，强调通过个人修炼，去寻求灵魂的归宿，并肯定个人追求知识、追求真理、追求荣誉的必要。

文艺复兴运动兴起，人文主义思潮高扬，人觉醒了，要求肯定人、尊重人，高呼人是"宇宙的精华，万物的灵长"。并肯定个人有其个性、有其价值，要求解放个性，肯定个人的价值。从文艺复兴直到现当代，西方以追寻为主题的文学都表现了对人与自我、对个人价值的肯定与追求。《巨人传》中德廉美修道院的院规只有一条："做你所愿做的事"，充分反映了人文主义者个性解放的要求。主人公庞大固埃远渡重洋，漫游四方不畏艰险去寻找神瓶，更表现了人文主义者渴求知识、追求真理的个人进取精神。这种对个人价值、对个性的注重的价值观念，给予文艺复兴以后西方以追寻为主题的文学以深刻的影响。浮士德的焦躁狂热，鲁滨逊的不停地行动追求，亚哈（《白鲸》）的疯狂精神都鲜明地表现了这一点。亚哈、索尔尼斯（《建筑师》）等人的追寻虽以悲剧告终，但他们在精神上可说是胜利者，他们的个性得到了充分的发展，他们的个人价值获得了人们的充分肯定。索尔尼斯在群众欢呼"万岁"声中从高塔上摔下来跌死时，请他盖这个"世界上最美好的东西"的女郎希尔达挥舞围巾热烈狂呼："然而他竟爬到了顶上……我的建筑师！"

当然，随着社会的发展，在西方，追寻的主旨也有所变化。涅克拉索夫的长篇叙事诗《谁在俄罗斯能过好日子》，追寻的主旨已不再是寻求个人的归宿，而是转向为人民群众的幸福而斗争。阿·托尔斯泰的《苦难的历程》中的主人公达莎、卡嘉和她们的恋人捷列金、罗欣更是把个人的命运与祖国与人民紧紧联系在一起，表明只有在同人民革命斗争的结合中，才能找到自己的位置和真正的幸福。应当指出的是：歌德的《浮士德》虽然也展示了浮士德如何从个人小天地中突破出来走向全人类的大世界，但仍以充分肯定个人价值为中心主旨。总之，象《苦难的历程》这种全新的追寻主旨的文学作品只能说明追寻主题文学将随着社会历史的发展而发生变化。从总体来看，在西方追寻文学的主题是深深地打上了传统文化价值的烙印的。

（原载《中山大学学报》（哲学社会科学版）1990年第3期）

潮剧在泰国

张国培

潮州戏起于何时？据出土文物和历史资料考证应是明初。潮州市出土的宣德七年（1432 年）手抄剧本《正字刘希必金钗记》就是例证①，另据李调元南越笔记云："潮人以土音唱南北曲者曰潮州戏。"至明代，潮州戏的演出和剧本印行已具规模。嘉靖十四年（1535 年）《广东通志·御史戴璟（正风俗条约）》记载："潮属以乡音搬演戏文"，甚至"富家大族，恬不知耻，且又蓄养戏子"②。可见潮剧演出活动已深入民间。嘉靖、万历年间先后印制的潮剧本有《荔镜记》《颜臣》《荔枝记》《金花女》《苏六娘》等。到了清代，潮剧的演出活动，由普及发展至鼎盛时期，康熙、雍正年间"迎神赛会一年且居其半，梨园婆娑，无日无之"（蓝鹿州《潮州风俗考》）。乾隆年间"凡乡社演剧多者相夸耀，所演传奇，皆习南音而操土风，聚观昼夜忘倦"（《潮州府志》）。到了清末，据《鳄渚摭谈》和《岭东日报》记载："潮音班凡二百余班，此为潮音戏之鼎盛时代。"③

一、泰国潮剧的发源和演变

潮剧何时传至泰国？现据可考资料是发生在泰国大城皇朝时代的一段记载："据当年拍那大莱帝在位时，一位法国神父的日记中有一段记载说：佛历 2228 年，法国路易王四世御代表特使到暹罗来，昭拍耶差然在一次庆祝暹罗与葡萄牙及法国交往盛宴中，有各种剧艺表演，在场演出助兴，压轴出场表演的就是潮州戏，由于潮州戏有其独特舞台风格，演员的唱做工夫以及配乐的抑扬顿挫，竟一新来自欧洲贵宾耳目，当场大受夸奖。"④ 这段记载所述佛历 2228 年即公元 1685 年，而拍那莱大帝在位期间为 1656—1688 年，即中

---

① 《潮州市戏剧志》（1988 年 8 月出版）。
② 《潮州市戏剧志》（1988 年 8 月出版）。
③ 《潮州市戏剧志》（1988 年 8 月出版）。
④ 《潮州戏沧桑》，见陈博文《泰国风采》上卷，第 92 页。

国清朝的康熙年间。这期间正是潮剧的鼎盛时期,潮州一年有一半时间搞迎神赛会,其间以演潮州戏为主要娱乐节目。所以我们可以相信,广东的地方戏潮州戏到暹罗演出,并且是在宫廷的盛宴中招待贵宾,绝对是真实的。这跟那种推断潮剧登陆暹罗是"搭红头船来"的说法相比,更加可靠得多。

到吞武里皇朝郑王在位期间(1767—1782),潮剧得到发展机遇。郑王名信,父亲名郑镛,祖籍广东澄海,清朝雍正年间移居泰国,在泰国期间与泰国姑娘诺央结婚。因此郑信是个中泰混血儿。这一带华人血脉情结,使他对潮剧情有独钟:"在一次玉佛升殿盛典中,吞武里与曼谷两岸竟同时有四台潮剧演出,当时还没有其他戏表演,潮州戏竟成一枝独秀,出尽风头。"①还应该指出,郑王对潮州戏的喜爱,除了有中华文化情结之外,也是顺应了历史潮流的需要。在大城王朝时期,大量中国人移居泰国,宫廷中演出潮州戏,无非是民间的潮剧班子被请去串演而已。到了郑王时期,他对华人移居泰国实行优待政策,不仅放松限制,而且鼓励有本领的人可以在泰国升官发财,当时就有人在朝廷当官,郑王的父亲作过收税的小官,郑王长大后官至城主,并在1767年大城王朝即将沦入缅甸侵略军之手时,力挽狂澜,统率六千中泰义勇军,击溃了入侵的缅军,收复祖国山河建都吞武里。随着他的移民政策的相对宽松,华人定居泰国的热潮跟着到来。这才有了潮剧从宫廷的演出走向颇具规模的"吞武里与曼谷两岸竟同时有四台演出"的盛况。

潮剧的观众主要是广东的潮汕人,在清道光时期,潮州下属九县,人口众多,由于人多地少和战乱频繁缘故,所以潮州人最早向东南亚一带移民,主要是寻找生计,其中到泰国的占大多数。

从曼谷王朝一世王至五世王时代,在长达近30年间,郑王时代中泰人民喜爱潮剧的遗风不仅没有减弱,而且更加发扬光大。"节基皇朝(即却克里王朝,西方称拉玛王朝,若以首都为号称曼谷王朝——笔者)一世皇时代,宫廷演出名剧《伊脑》,其剧中竟有插进潮剧片段,成为一时佳话。到节基皇朝四世皇时代,官方与民间大量翻译中国各种章回小说,由于读这些神官野史小说的人很多,而潮州戏大多由这些小说改编而来,于是间接促使看潮州戏的人越来越多。更有甚者,当时暹罗贵族显宦多有自建戏台,不时演出潮州戏。五世皇时代,宫务处就在'母旺威猜仓皇宫'建有戏台一座,演出潮剧供奉御览。"② 上文提到的名剧《伊脑》(即《伊瑙》),是一出舞剧,是

---

① 《潮州戏沧桑》,见陈博文《泰国风采》上卷,第92页。
② 《潮州戏沧桑》,见陈博文《泰国风采》上卷,第92页。

流传于爪哇的一个民间故事,传入泰国后于大城王朝后期广泛流传,后经泰国的诗人写成剧本,在大城王朝后期开始演出,之后昌盛不衰,到曼谷王朝一世王和二世王时期,又经过重新搜集、整理、补遗、修改、加工,直至成为故事比较完整,诗句比较优美,节奏可以与舞姿融为一体的最好的新《伊瑙》。新的《伊瑙》人物故事已非发生在爪哇,而是地道的泰国产品,人物是泰国人,环境是曼谷王朝初期的首都曼谷。虽然情节相当曲折,但基本框架仍是英雄和美人的故事结构模式。作为国王的伊瑙,不仅英勇善战,而且多情风流,既有"东宫"和"西宫"娘娘,又有后宫嫔妃十人,是封建国家理想帝王的化身。①《伊瑙》的故事情节与潮剧的帝王与皇后、嫔妃的故事以及那些公子落难,小姐赠金相助,后来升官发财的英雄美人故事,都有些相似之处,这就是为什么曼谷一世王时代,宫廷演出《伊瑙》时能够插入潮剧片段的原因。也许在王公贵族的心目中,《伊瑙》与潮剧有异曲同工之妙。至于从一世王开始把《三国演义》翻译为泰文起至五世王时代中国的许多历史演义故事陆续被翻译出版的历史盛事,在当时的泰国掀起了一股阅读中国历史演义故事的热潮,对潮剧热的掀起也有间接影响。这股热潮延续至二十世纪二十年代。

在这股热潮的推动下,中泰民间的潮剧热自然升温,这便出现了民间大演潮州戏,爱看潮州戏,贵族显宦也自建家族戏台,甚至皇宫也建有戏台,专供皇帝和皇族一班人享用的繁荣昌盛局面。

二、泰国潮剧的全盛时代和危机

民国以后至抗日战争前夕,中国大陆的潮剧纷纷来到泰国演出,以求生存和发展机会。当时移居泰国的华侨华人中,潮籍人约占百分之七十左右,在首都曼谷及其周围居住的潮籍人,估计人口不少于一百万,这是潮剧赖以生存和发展的根本条件。当时大陆处在军阀混战和第一次国民革命战争时期,时局动荡,造成戏剧演出市场日益萎缩,所以广东的潮剧团纷纷来到泰国,寻求生存和发展机会。事实是,他们的到来,不仅增添了娱乐市场的活力,而且带动了商业经济的繁荣和发展。一般来说,他们来泰国演出,先由曼谷的有关商号或团体发函邀请,而后签定合约,多数为期四个月,期满,可以续约也可以不续约,看演出市场及双方意向情况而定,不续约的剧团根据具

---

① 参阅栾文华《泰国文学史》,社会科学文献出版社1998年版。

体情况可以前往马来西亚、新加坡、印尼和越南等地演出,那里的潮籍华侨也相当多。

那时在曼谷演出的潮剧班子大约有如下一些:正天香、老正兴、老一枝香、中一枝香、老正顺、中正顺、三正顺、老宝顺香、中宝顺香、新宝顺香、老赛宝丰、新赛宝丰、赛永、怡梨、新赛桃源、老赛桃源、中赛桃源、老源和、新源和、一天彩、老万年、老梅正兴等。此外,还有郑智勇(二哥丰)的花会厂,为吸引赌客,自己出资请了两个班子,在早晚二厂作长期演出。位于耀华力路和石龙军路的这些戏院如真珠宫、真天、游园、乐天、和乐、大观园、中国、新中国、西湖、东湖、天外天等都是经常演出潮剧。①

二十世纪二三十年代潮剧的勃兴不仅体现在戏班的众多和戏院的林立上,而且体现在专业编剧名家的出现、剧目的推陈出新和剧社的建立方面。潮剧的传统建制模式是没有编剧人的,一切由教戏师傅包办,演员中许多是不识字甚至不识谱的,只靠死记硬背。多数是从孩子时期就学唱戏,人们戏之为"童伶"。教戏师傅一般是名角出身,后来由于年纪大了便改当老师,他们的脑子里装着好几个剧本,随时都可以应付,他们都是全能人,从唱腔设计、动作表演和布景设置,无不精通入道。多少年来,一些旧的剧目,如《陈世美》《包公案》《荔镜记》《荔枝记》《苏六娘》等,都被他们背得滚瓜烂熟,教来得心应手。但这些剧目,演了又演,观众便失去了兴趣。在这种情况下,专业编剧便应运而生,直至为切磋剧艺,改进剧团运作,发挥集体智慧的"剧社"也跟着诞生了。与此同时,中国的早期电影武侠片和美国好莱坞影片,开始登陆泰国。1929年耀华力路天赐戏院上映中国影片《火烧红莲寺第二集》,两年之后上映中国联华公司的家庭伦理片《人道》,而好莱坞的无声黑白片几乎也在此时登场。② 二十年代末期曼谷天赐戏院和中山戏院上映的中国影片还有《关东大侠》《女镖师》和《荒江女侠》等。中国和西方的早期影片的登场对潮剧娱乐市场带来了巨大的冲击,迫使那些以旧剧目作为本钱的剧团这时不得不在创作上推陈出新,以新剧目赢得观众,与电影争夺市场。

带头从事潮剧改革工作的是曼谷《国民日报》主笔陈铁汉,他在"五四"新文化思潮的影响下,力求扬弃传统,迎接新潮流。他邀集了天外天戏院经理陈秋痕和培英学校教师余春渠、苏醒寰、苏竞寰等,组织"青年觉悟

---

① 曾祖武:《潮剧在泰国沧桑史》。
② 谢增泰:《湄南河畔采风行》。

社",专为潮剧社编写剧本。社址设在天外天戏院楼上,由少东家陈景川任负责人。陈铁汉很快将英国的莎士比亚喜剧《威尼斯商人》(即《一磅肉》故事),改编为潮剧,由中正兴剧团演出。由于编剧不熟悉潮剧唱腔模式,结果对话、说白多于曲词,像个话剧不像戏曲,观众纷纷说"这不是戏"。只演出三晚就收场。

陈铁汉接受了失败教训,虚心向教戏师傅请教,集体把古装戏《游龟山》改编为现代戏《可怜一渔翁》,终于大获成功,连演半月,大受欢迎。陈铁汉不仅能编,而且能导。"一般老手的教戏先生,谈起他来时,都为之心折。他的第一炮以仿编电影《大义灭亲》一剧,轰动了曼谷,连演二十一天,创了票房的新记录。"① 而陈秋痕的所长,则是能"量体裁衣",根据不同演员的唱腔特点,为其设计情节和唱腔:"当三正剧团在天外天演出时,著名青衣锦乐,唱工虽好,但因没有其他演员可与他对唱,以致英雄无用武之地,只好作片段的独唱,不能满足观众的爱好。适逢唱声宏亮的新老生金泉进剧团,正可与锦乐配戏,可是金泉初进剧团,关目动作尚未纯熟,为使金泉快于出台,陈秋痕便编了一出戏,名为'活石头',在戏中设计一个闺女(锦乐扮演)为了逃婚,跑至荒山,苦无藏身之地,决意撞石自杀,当她撞石时,大石裂开,现出一个仙翁(金泉扮演)盘坐石上,向闺女询问端由,指点迷津。这样,便使青衣、老生对唱了一个彩场,既能发挥金泉宏亮的唱声,又可避免他还未纯熟关目动作的弱点。"②

陈秋痕由广东澄海移居泰国,在任天外天戏院经理时喜欢接近艺人,对潮剧的传统艺术创作技巧比较熟悉,所以在"量体裁衣"方面是"青年觉悟社"的佼佼者。

由潮安移居泰国的余春渠,先任曼谷培英学校教员,后加入"青年觉悟社"专职编剧,他的曲词之优美正好弥补陈秋痕在这方面的不足,而陈所写说白之生动正好是余春渠所欠缺的,因此两人合作写戏,可谓相得益彰。

"青年觉悟社"的另外两名骨干人物苏醒寰和苏竞寰是同胞兄弟,来自广东潮安,先在培英小学任教,后加入剧社,利用课余时间编剧,大哥苏醒寰后离开学校任潮剧中一枝香班专职编剧。在独自编写《莲花与鳄鱼》一剧失败后,班主叫他编写长连剧,他感到一个人难以承担,便邀弟弟竞寰当助手,一起编写长连剧《凤凰山》,颇获好评。后来编写的《好妹妹》大获成

---

① 曾祖武:《潮剧在泰国沧桑史》。

② 谢吟:《潮剧编剧人小记》。

功:"连演十八夜,换了一夜短剧《碎锦》后,承观众要求,再演了九夜。《小情人》也演了十二场。其他如《后母泪》《孤儿救祖记》《红粉骷髅》,也都轰动一时,有着很好的票房记录。"① 后来大苏当起了中一枝香剧团的负责人,无暇编剧,小苏便成一枝独秀了。在此期间,曼谷的编剧人员,大约有六千多人,他们为潮剧的发展繁荣作出了不可磨灭的贡献。

在编剧阵势空前壮大同时,剧目自然也百花齐放,绚丽多姿,有取自神话故事、古典小说、包公案及潮州歌册的内容的,也有取自莎士比亚戏剧的,还有取自当时社会家庭生活的。如刘七郎编了一出叫《谁是夫》的现代家庭伦理剧,描写一个富家少女的感情生活经历。但由于编者阅历不深,把一个富家少女的形象写成一个妓女的形象,演出效果甚差。取材莎士比亚喜剧《威尼斯商人》的新编剧本《一磅肉》,也以演出失败而告终。只有那些传统的剧目,如《水浒传》《包公案》的有关剧目和古典小说戏剧的有关改编剧目,经常受到青睐,常演不衰。除了剧目的多样化外,长连剧也逐渐代替短剧,占据优势。以往以一晚演完的短剧,此时可以由一连演出半月甚至更长时间的长连剧代替之。如《秦琼出世》一剧,长达一百零七集,《赵匡胤出世》也长达百集。凡由历史人物、剑侠故事和英雄传说改编的剧目,多为长连剧。这种多集性的长剧,起初颇受欢迎,剧情的曲折变化和人物命运波折所引发的悬念,常常使观众兴趣倍增,欲罢不能。但是,随着剧本质量下降,演出故意拉长时间的毛病屡有发生,观众对长连剧的兴趣大减,不久,原最少可演十天半个月的剧目,只好缩存了七天乃至三天。此时,长连剧的优势尽失,每晚一短剧的精彩表演更能博得观众的喜爱。

为吸引观众的注意力,增强戏剧演出效果,从而增加票房收入,各剧团都相应根据各剧目的剧情需要,制作立体活动布景。这种布景的制作和设置,不是始自泰国,而是"始于新加坡。当年老赛桃源由新加坡到曼谷来演出,以'小鹏儿'武侠的长连剧配以立体活景,加以名乌衫水仙,小生呈祥,演技唱工,都颇为出色,抢尽了风头"②,由此引起了制作和设置立体活动布景的连锁反应。中一枝香的苏醒寰在《卢陵王起义》的长连剧演出时也设置这种布景。有的剧团,竟重金聘请专门人才,精工设计,以达尽善尽美地步。如老赛宝丰剧团的股东便以重金聘请舞台布景设计师林景泰,在《万历登基》这一长连剧中,设计"海底龙宫"一景,表现万历帝沉江后为龙王所救

---

① 曾祖武:《潮剧在泰国沧桑史》。
② 曾祖武:《潮剧在泰国沧桑史》。

的情景，由于靠灯光配合，舞台上琼台瑶阁，粼粼碧波，金碧辉煌，似幻似真，宛若仙境降人间，不愧为巧夺天工之作。可惜在大获成功、喜不自禁之后，忽然来个一连三夜停电，使之狼狈不堪，观众也为之无可奈何。据说林景泰是个不承认失败和重名誉轻金钱的人，他在经历了第一次失败之后，总结教训，誓言挽回名声，提出为他聘三位助手，在《双白燕》剧目中，设计"观音坐莲"和"南海紫竹林"的立体活动布景，由于布景融入了剧情，又先试验了几次灯光效果，终于获得了成功。受林景泰的立体活动布景的轰动效应所带动，各剧团都争相效法，如老梅正剧团先后聘郑彬和林维善两位师傅前来帮助，在《火烧红莲寺》中，竟别出心裁在灯笼街扎了很多纸料，象雕呀、鹤呀、猿呀、虎呀之类，吸引好奇的观众前来观赏。中一枝香剧团为了超过别人，竟出绝招，另聘舞台设计高手——上海天蟾舞台最著名的布景师何逸飞（大眼镜）在《火烧碧云宫》中，设计出在燃烧中熊熊烈火的态势和声响，"使观众为之惊心动魄。一个被这一场景吓坏了的女孩子，吓得惊叫号哭起来，抽身而逃"①。

　　布景立体化设计，运用在长连剧中比较普遍，设计师往往选择每连戏中最能表现戏剧冲突的一幕，进行渲染、夸张，尽量使布景设计与剧情相配合和产生动感，使观众在情感上产生共鸣。为了收到理想的效果，布景师的薪酬相当高，而制作一个有动感的立体活动布景，价钱也很可观，多的要千铢，少的也要七八百铢。当时的座位票价，特别位60士丁，头等位35士丁，三等位17士丁，票价不高。就是在不高的情况下戏院都以满座，加上有许多人专门等到夜里九时才去看戏，因为这时起是半价票。还有二十世纪二十年代末三十年代初，世界经济萧条也波及泰国，泰国的经济不景气，娱乐事业直接也受其影响。这样，各个剧团都在节约开支，降低成本，维持一定收入，以求生存。对于制作成本高昂、手工报酬高价的活动布景自然就在取消的首选之列，所以，几乎在很短时间内，在中一枝香首先发难的情况下，许多剧团也跟着停止使用立体活动布景。后来的事实证明，取消活动布景之后，票房收入并不比有立体活动布景时少。关键仍然是剧本和整体演出水平的好坏，而布景只是一个因素，不能决定全局。

　　潮籍华人华侨占居住泰国的华人华侨百分之七十左右。其中耀华力路和三聘街是潮籍人聚居较集中的区域，这个区域的戏院自然经常不断地演出潮州戏。从二十年代至抗日战争爆发前，潮剧在泰国处于全盛时期。当时在耀

---

① 曾祖武：《潮剧在泰国沧桑史》。

华力路五大班潮剧日夜公演,"那个时期,确是潮州人家乡艺术的全盛时代"①。这五大潮剧班中以老赛宝丰班及中一枝香班的历史最古老和最负盛名(五大班即老赛宝丰、中一枝香、老怡梨、老梅正和中正顺)。

1937年曼谷发生了泰国警察厅取缔潮剧童伶事件,此事是由警方收到一潮剧团虐待童伶的告密引起的,恰巧当时发生名角乌衫一鸣在和乐戏院跳楼自杀案件,警察厅因此找到了证据,下令拘捕剧团负责人和教戏师傅,将他们递解出境。同时规定,演员在16岁以上可以免受法律的限制。但是16岁以上的男童,多数在身体和嗓音方面已经发生变化,难以扮演生角,若扮武生,也很勉强。故此,许多剧团以16、17岁的女子出演生角,而且角也清一色由这些女子扮演。这一来女扮男装的生角表演大不如前,无论场头、提步,还是对白、唱功,都乏刚阳之气而存有阴柔娇声的隐弊,不受观众欢迎,尽管有的女扮生角也颇有名气,但在观众眼中与过去的男扮生角相比,仍差一大截。由此,潮剧的演出质量明显下降,戏院上座率也明显下降。虽然五大班潮剧日夜公演,但前景暗淡,观众中多数是中老年人和潮籍新移民。

随着抗日战争爆发和日趋激烈,海上交通受阻,中国去泰国的移民也停止。从此,观赏潮剧的观众越加稀少,潮剧的全盛期不可避免地结束了,一个晚间灯火辉煌,舞台布景五颜六色、鲜艳夺目的潮剧辉煌时代,从历史上消失了。

三、泰国潮剧的中兴和革新尝试

抗日战争胜利后至七十年代,泰国潮剧逐步走出低谷,呈现振兴局面。广东的一些潮剧团进军曼谷,演出传统剧目,他们招牌响亮,演出质量上乘,重新把观众吸引到剧场来。香港的潮剧团,此时也大举进军泰国。如1964年9月间,香港的东山潮剧团初次来曼谷演出,之后又陆续有潮剧团前来,如新天彩潮剧团至1971年止先后共七次来曼谷演出。"升艺潮剧团也有五次记录,此外尚有其他的潮剧班,有些演员虽演技甚差,但每班都有两三位杰出的优伶作为号召,所以,从1964年东山潮剧团访谷之行,获得美满成绩后,来谷跑码头,乃成为港伶来泰淘金的藉口。随后来泰的团数,越来越多,迨至1970年,来谷演出的潮剧团数目,乃告打破记录。"②

---

① 谢增泰:《湄南河畔采风行》。
② 谢增泰:《湄南河畔采风行》。

香港潮剧团的到来，对泰华的潮剧界大有裨益。"泰华潮剧界受到很大的刺激，革新的浪潮，对本地的戏班起了一种巨大的冲击。某些人士说，香港的潮剧演员全部是业余的，如何能与泰华的潮剧从业员作比较呢？但实际上，在双方互相观摩、应证之下，泰华潮剧界艺术水平实在被比下去了。本地部分较有进取心的优伶，受到了外来竞争的威胁，她们终于痛下决心，学习新曲调，认真练习新台步，纷纷虚心向导演请教。"①

这个时期潮剧形式的走唱班（即尖脚戏班）也非常活跃，它们多在庙会谢神和仙师圣诞时间演出，由于道具简单，演出形式灵活，人员精练，所以穿街走巷，酒楼公馆，常见他们的精彩演出。这种走唱班，在二十世纪三十年代及抗战胜利后的一段时间，也曾经盛极一时。但到了六七十年代数量逐渐减少了，估计也有27班。至二十世纪八十年代初期，数目不会超过十班。

潮剧在泰国的发展趋势一直在走下坡路，从三十年代的全盛期到抗战胜利后的中兴期以及往后的日渐衰落，是一种不以人们的意志为转移的历史发展必然趋势。首先，潮剧的观众主要是潮籍人士，尤其是上年纪的潮州人，他们的乡土情结浓厚，又懂潮州话，自然对潮剧有兴趣，而新一辈的潮籍后裔，多数不懂潮语，又缺少家乡情结，他们不喜欢潮剧是很自然的。

其次，造成潮剧衰落的第二原因是电影艺术的强大冲击力，远在二十世纪三十年代时期，好莱坞的无声电影和中国早期的电影进军泰国的影剧市场时，潮剧的观众就随着在减少。从五十年代末开始用电影形式拍摄的粤语片和潮剧片陆续登场，那时由香港摄制，然后输入泰国，马上受到青睐。1959年，"香港摄制的正宗潮语片，开始与泰国的潮侨见面。旦后方巧玉与小生庄雪鹃等都在那个时期名噪一时，正宗潮语片这句广告术语，也是在那一时开始出现于曼谷各大华文报的广告栏中，泰华的娱乐界又进入另一个阶段"②。

香港潮剧片在泰国风靡一时之际，吸引了泰华潮剧的一些名角也进入香港电影市场，与香港艺员合作拍摄潮剧片，其中有曾珊凤、黄艳秋、卢淑娟和陈金枝等。"名花旦曾珊凤与香港艺员陈楚蕙搭档，共同拍了十几部潮剧片，六十年代初期，是泰港潮侨的文化交流时代。"③

最后，潮剧的衰落也与剧本的内容和形式基本不变有关，内容方面多是

---

① 谢增泰：《湄南河畔采风行》。
② 谢增泰：《湄南河畔采风行》。
③ 谢增泰：《湄南河畔采风行》。

封建时代帝王将相、公子王孙、后宫妃嫔的生活，与当代的现实生活相去甚远，形式上也很少革新，因而它越来越不受群众欢迎，难以避免受到时代的淘汰。

但是，我们不要忘记，泰华的潮剧界依然有一批热心人士，他们在时代浪潮的冲击下，也曾经尝试革新潮剧，挽救衰落的命运。

在三十年代"青年觉悟社"时期，就有编剧人员结合当时泰华的现实生活，编写并演出潮剧现代戏，如刘七郎的《谁是夫》，就是一出现代家庭婚姻纠葛的伦理道德剧，主要写一个富家少女的感情危机，但由于作者的生活积累所限，却把一个良家少女写成一个水性杨花的妓女，失去了生活的真实性，遭至演出失败。还如在五十年代，中一枝香剧团尝试过演出《呵叻廊案》的现代戏，它取材于泰国社会的现实生活，演出效果很不错，票房也赚回了一大笔。可惜这种尝试没能继续下去，很快又回到老路上去。

泰国潮剧更大的改革步骤和措施，是想从整体架构和演出技艺方面作出带有远见性的策划和规范。这就是发生于1945年秋天日本帝国主义战败投降后的事情，当时泰国的侨团、同乡会、同业公会等纷纷成立起来，潮剧界也认为有组会的必要。在导演卢明的组织策划下，在树人学校举行会员大会，参加者除经常在戏院演出的四个剧团外，还有走唱班艺员等，人数多达三千多人，大会选出苏竞寰为理事长，中强为副理事长，卢明为理财，痴红为秘书，会址暂定杭州戏院。大会除达成各剧团不得互相争抢演员和出版潮剧期刊这两项协议外，还组成以编剧苏五郎为首，由各演员认股投资的"潮艺剧团"，在东湖戏院演出。对于舞台设计，采用话剧台型，布景也采用适合剧情的半立体式。原以为可以挽救潮剧的衰落命运，为振兴潮剧作出贡献，结果还是大失所望。"这一群都有十年或二十年余年的舞台经验，演技精湛，演来确是声色均优，莫奈观众对于潮剧已感厌倦，欣赏的人日少，结果也是亏本，无法维持而水落花谢，成为陈迹。"[①]

四、泰式的潮剧和会演潮剧的泰人

二十世纪七十年代末至八十年代初，潮剧的演员队伍已发生变化，各剧团除主角非潮籍演员莫属外，不重要的角色，如跑龙套和其他小角色，一般请泰国的东北籍泰人担任。此举是为了节省开支和培养接班人。华裔的潮人

---

① 曾祖武：《潮剧在泰国沧桑史》。

演员哪怕是扮演小角色，薪金一般比泰人高，况且他们中的青年男女，对演戏这一行都无甚兴趣。东北籍泰人都靠死记硬背学会了对白和唱词，一般无碍演出效果。用泰人唱潮曲和说白的情况在走唱班的演出中更加普遍。这些演员中也发明了在唱词方面注上泰语发音的办法，居然也唱得头头是道。至于曲、白所含内容是什么？就不是他们所能解决的问题了。

与此同时，在1982年庆祝曼谷建都二百周年的纪念日子里，曼谷首次上演泰语对白的潮剧。当时无论是泰籍观众还是华裔潮人观众，都摸不着头脑。"试想那些泰语原来就讲得不大纯正的华裔演员，又要叫他们多练一番工夫，去说些泰语台词，究竟这些泰语对白会帮助泰籍观众，更了解剧情，还是要烦劳一些华裔观众，去充当临时通译员？翻译给正地道的潮剧观众听，不然的话，阿婶阿姆，叔伯们看了会摸不着头脑。"① 不过，事件本身恐怕是出于中泰的文化交流和合作，特别在这有特殊纪念意义的日子里演出这种潮剧，绝非纯属偶然。其次，恐怕也是一种改革潮剧的尝试和探索，最早想出这个主意的人，未必就知道此路行不通，因为没有经过实践的检验，谁又能证明这样做就不行呢？当时不仅有泰语对白，还有泰曲词，它们完全改变了潮剧的原来面目，使之成为非驴非马之物。据说当时有不少观众出于好奇而趋之若鹜，不久，情绪就冷落下来了，认为是娱乐场一种商业炒作，以畸形娱乐来吸引观众，赚取金钱。实践证明，它通不过观众的审美观，最后自己消失。不过它存在了两三年时间。

当然，我们也必须看到，在许多参与演出潮剧的泰人中，也涌现出现个别的佼佼者。已故泰国民俗学家——泰籍潮人谢增泰先生就在他的遗著《湄南河畔采风行》中介绍了这样一位在潮剧中出演花旦的东北籍泰女的骄人成绩："此人名叻差妮·藩是，原籍呵叻府廊顺县，年28岁，已生下三女。她的父母务农为生，11岁时就在戏班中为佣，长大了也就在戏班里充当一些婢女类的小角色。她学会说一口流利的潮州话，不知者还以为她是一个华裔少女。"据说她另有一个中文艺名，充当花旦主角已有两三年之久，月薪近万铢。这个薪酬与潮剧的潮人名角相差不远，说明她的演艺水平可与潮剧的潮人名角的演艺水平相媲美。

潮剧在泰国，作为泰国华人群体的一个剧种，有无存在的价值呢？答案是肯定的。虽然它的再度辉煌，根本不可能了，但潮人的人数不仅不会减少，而且日益增多，随着潮籍新移民移居泰国的人数日益增多，要求保留和愿意

---

① 谢增泰：《湄南河畔采风行》。

欣赏这一地方剧种的人数也会跟着增加，只要在内容和形式方面作出必要的革新，以适合新形势发展的需要，就不怕没有观众。新一辈的泰籍潮人固然缺乏兴趣，但中老年的泰籍潮人中对其感兴趣者还大有人在。二十世纪九十年代初泰国潮剧团仍有演出活动。如1992年庆祝乌汶建府二百周年盛典时，就由该府商家发起，组织演出了潮剧《包公择婿》。演出前，慈善女事业家庄雪莹女士带头组班出资，聘请陈振财任教练终于顺利完成了组班演出任务，而且"演出非常成功，博得观众热烈鼓掌与喝彩。事后为酬谢陈先生特别拨冗教练的隆意高情，致送茶资泰币二万铢正。当时陈先生不收，声明移赞华侨公学作为教育经费"①。

1993年2月乌汶府庆祝元宵佳节，当时请了泰国著名潮剧团"赛荣丰班"前来演出，剧团的负责人仍是陈振财先生。

1993年2月1日晚由泰国谢慧如大慈善家及潮州会馆主席陈吴顺率领的泰国潮剧团一行51人抵达汕头，参加潮汕国际潮剧艺术节。泰国潮剧团在艺术节上演出《霸王别姬》《包公求情》等四场折子戏。剧团51人是从30多个剧团中精选出来的，据陈吴顺说："我们是从每个潮剧团挑选一两人，排练整整两个月时间，花了八十多万铢。这次参加潮剧节，一共花了三百余万铢。"② 配合上述报道，《新中原报》刊出整版的潮剧艺术节演出照片。这则报道还提到："美国、法国、泰国、新加坡等国家和香港等地区的团体有11个。来自法、美的潮剧团，是业余爱好者组成。演员是有钱的老板、教授、高级职员等。其中，有不少是从印支国家逃难移居去的。"

从以上的报道中我们清楚地看到，泰国的潮剧团仍有30多个，是一个不可小看的数目，说明它还继续存在下去，而且还相当有市场，因此我们对它的生存和发展仍抱有希望。虽然目前我们不知道还有多少潮剧团在城乡演出，但我们完全相信，潮籍华人的生活空间，还少不了它，它的生存和发展仍存在着希望。

（原载《华文文学》2000年第4期）

---

① 《新中原报》1993年2月26日。
② 《新中原报》1993年2月22日。

丑恶滑稽和典雅高尚相结合的美学原则

——评雨果的《〈克伦威尔〉序言》

潘翠菁

西方的浪漫主义文学,始于十八世纪末,其后逐渐形成了浪漫主义文艺运动。法国资产阶级大革命后约三四十年期间,浪漫主义文艺运动进入了鼎盛时期。这个时期法国积极浪漫主义文艺运动的首领,就是我们所熟悉的维克多·雨果(1802—1885)。在积极浪漫主义文艺运动中,雨果代表了新兴的资产阶级,对代表封建势力的假古典主义文艺展开了斗争。他的《〈克伦威尔〉序言》(1827),就是在这种情况下写的。在这篇序言中,他宣告了假古典主义的衰亡,明确提出了浪漫主义文艺运动的纲领,并总结了浪漫主义文学前驱者的经验,表明了积极浪漫主义文艺运动的美学思想。艺术上的丑恶滑稽和典雅高尚相结合,是雨果美学思想的重要原则。

一

雨果美学思想的基本观点,认为文艺必须是"真实"的。他的《〈克伦威尔〉序言》[①]贯串着这个思想。他认为,艺术必须"真实"反映自然。他谈到浪漫主义文学特点时,既指出"艺术的领域和自然的领域完全是有区别"的,必须"区分合于艺术的现实与合于自然的现实的不可逾越的界限",又认为艺术的现实应该合于自然的现实,艺术是自然的"真实"反映,"凡是在自然中的都可在艺术中"。即是说,凡是自然中的现实,都应该在艺术中显示出来,自然中的现实与艺术的"真实"是互相区别又互相联系的。对文艺作品中的故事情节,雨果亦强调"真实",要求具有"真实而多样的情节",要消除那些脱离现实的冗长和单调的故事。他认为,文艺作品中的语言,也不能脱离现实,因为"各时代都有它特殊的思想,它也就应该有特殊的语言来表达出这些思想"。为此,雨果主张艺术家"只须从自然,从真理,

---

① 见北京师范大学中文系外国文学教研组编《外国文学参考资料》(十九世纪——二十世纪)(上),第 270 - 322 页。

以及也是从一种真理与自然的感兴中去求取智慧",反对"抄袭任何人",这样,艺术才能够"真实"反映自然,才具有"时代色彩",才能表现真理而富有"跃进的生命"。基于这个基本观点,在这篇序言中,雨果主要从三个方面去批判假古典主义:

第一,雨果批判假古典主义崇拜"理性",以"伪亚里士多德典范的基本定律"即"三一致律"作为艺术的普遍、永恒、绝对的定律。他指出,这个定律是"古典派的古代的破屋的木柱",它早已被有名的作家"以实际行动或理论攻击过",它已经是"朽腐了"的,可是假古典主义仍视之如珍宝。雨果又认为,古典的"所应有的定律",在古代是适宜的,在古希腊,"剧场是完全受着国家和宗教的旨趣的束缚的","而它的唯一的目的却在快乐,假使你愿意,也可以说为观众的教育",但是古希腊剧场还是"特别自由"的,它"服从它所应有的定律",而又不失其"自由"。所以古希腊戏剧是"艺术的"。而假古典主义却是受着过时了的定律的禁锢,这算不上艺术,不过是"矫揉造作的"。假古典主义"假借"古典的"定律",宣扬封建的东西,主张以没落的封建阶级统治思想寓于戏剧的娱乐中,以达到它的教训目的,这就"销毁"了艺术的"真实"了。

第二,雨果批判假古典主义"墨守成法",毫无创造。他抨击假古典主义只是以"一些假借来的观念","套上了次等货色的影象"。是"没有一点发现的,没有一点想象的,没有一点发明的",它依倚"形似",脱离"自然的现实"。他特别反对假古典主义排斥生活中的"丑恶滑稽"。他指出:象"卫兵队的一个场面,民众的一回反抗运动,卖鱼市,徒刑场,酒馆,……"等,艺术上"必须要加以描写",要把它"高雅化"。"真正的法国古典主义派,绝不排除生活中的卑俗及低级的事件,反之,它是贪婪地寻求和集聚着这些事件。"而假古典主义所谓模仿"自然",实际上并不真正表现"自然的现实",它只是"仿效模仿的东西",根本不是创造。

第三,雨果批判假古典主义的僵化的艺术,抨击假古典主义墨守的"两一致律"。雨果指的"两一致律"是"三一致律"中的时间一致和地点一致。他认为"情节的一致的存在,这是三一致律中唯一的被承认了的,因为它是从一个事实得来的结果",而"两一致律"则束缚着艺术的创作。"时间的一致和地方的一致相交错而成为一个笼子的格子",使艺术既不能反映"实际生活"中的"种种的事实""种种的民族""种种的形态",也使艺术不能正确描述历史,"凡在史书上是活跃的到悲剧里都死了",结果是"损毁了人与事物",这必然导致艺术的灭亡。

为此，雨果揭露假古典主义打出"古典"的招牌，不过是一种"战术"。他无情地揭露"包含着嫉妒的旧惯对于新萌的才能的一切永世不变的战术"。雨果认为，当前，"这战术是陈旧了"，"新萌的才能"应该揭露它的"欺骗"，争取自白。雨果严正声称："时间已经到了这步，在这时代，自由象光明一样在到处都浸入"，在"思想的领域中"也要打破清规戒律取得解放，要"在整个艺术领域之上翱翔着""自然的普遍法则"，要打破束缚艺术家的桎梏，取得自由。我们知道：十七世纪兴起的法国古典主义文艺，曾经在推动法国文学发展的历史进程中，起过积极的作用。但是，到了雨果的那个时代，古典主义已失去它原有的积极作用，蜕化为妨碍文学发展的假古典主义了。雨果为新兴的浪漫主义文艺鸣锣开道，宣告"击破种种理论，种种诗体，种种体系"，要求文艺遵循现实中的自然的普遍法则，表现"真实"，这就为浪漫主义运动的胜利奠定了理论基础。

雨果美学思想的又一个重要观点是认为艺术随历史的发展而发展，浪漫主义文艺的产生是历史发展的必然的结果。在这篇序言中，他较详细地发挥了这个思想。他把人类的社会发展分为三大时期：原始时代，古代，近代。在原始时代，人类社会是"一个共社"，社会的文艺就是诗，因为"当人类才从新生的世界觉醒起来，诗也是和他一同觉醒"。这时诗的形式是歌谣，这些歌谣表现了上帝、灵魂和创造三者的统一。圣经《旧约》中的《创世纪》就是那个时代的"诗集"。原始时代的诗是"冥想"的诗，它的特征是"淳朴性"。在古代，人类社会已经有民族、国王、教权，有各国的互相妨碍和损害，由于发生势力的互相冲突而产生战争。各国的相互浸溢，造成民族的迁移。"这些伟大的事件"孕育了那个时代的文艺。古代文艺作品的代表是史诗，它的内容表现了人民、国家、战争等等。古代史诗是"伟大"的，它的特征是"单纯性"。在近代，即雨果所处的时代，这是"一个新的宗教，一个新的社会"的时代，人们从朦胧中苏醒从而认识自己。这就是"浪漫主义"时代，它的一个重要特点是"基督教把诗导致到真理上面"，而"戏剧"就是近代社会文艺的代表。因为过去了的文艺只能代表过去了的时代，不能代表今天，只有"戏剧"才能代表今天。它表现"真理"，它的特征是"真实"，它继承了圣经、荷马和莎士比亚，涌出了近代的浪漫主义精神。雨果将人类社会和文艺发展分成上述三个阶段是不科学的。他只看到社会发展和文学发展的一些现象，没有从把握社会发展的本质去分析文学的发展。但是雨果在这里表达了可贵的思想：文艺是随着社会的发展而发展的，社会不断向前发展，文艺也要随之而变革、更新。雨果这个思想是可取的，进步的，实质上要求在社会革命的时代也要来一个文艺革命。为此，他大声疾呼："世界上受到一种多深刻的革命，在精神里面要没有一种革命是不可能的。"

究竟在新的时代，文艺怎样才是反映出"真实"呢？雨果对时代"真实"的分析，是从两种"存在"来说明的。在雨果看来，近代世界的人类社会生活由两种"存在"合成：第一种"存在"是要丧亡的、肉感的，它被欲望、需要和情欲所束缚，始终向着地下倾落；第二种"存在"是不朽的、高洁的，它附在热情和幻梦的翅上，向着天上飞扬。近代社会生活，就是这两种相反的"存在"互相斗争、互相结合的现实。它们互相连锁，互相演绎。因此雨果认为，作为代表近代文艺的戏剧，它之所以是"真实"的，就是因为它能够体现出这两种"存在"互相交错。他说："真实是'典雅高尚'与'丑恶滑稽'两种典型的极其自然的化合的结果。"戏剧是"真实的诗，完全的诗"，它和人类的现实生活一样，是相反事物和谐的结合。雨果对时代的"真实"的分析，从两种"存在"来说明阶级社会的斗争，自然也是不科学的。但是他看到了社会上的两种势力即光明与黑暗两种势力的斗争，要求艺术反映斗争，并要求艺术要有适合反映这个斗争的美学原则：美与丑相结合。这对于当时来说，是具有积极意义的。雨果正象许多积极浪漫主义者一样，主张向前，赞成进步。他反对假古典主义所宣扬的"理性"对文艺的束缚，要求打破文艺类型之间的一些框框，解放艺术家的想象力，把卑微和崇高的、喜剧和悲剧的一并加以描写。虽然他的一些著作，如小说《巴黎圣母院》、剧本《欧那尼》等都染上了中世纪的色彩，但这些作品并不是宣扬回到中世纪的封建制度和天主教的统治。它们不是消极浪漫主义的文艺。他的作品，体现了高尔基说的那种积极浪漫主义的精神："企图加强人的生活意志，唤起他心中对于现实、对于现实的一切压迫的反抗心。"[1] 诚然，雨果正如许多浪漫主义者那样，将现实生活中的矛盾冲突抽象化，把现实中的矛盾冲突升华为灵性与兽性、天国和地上、灵魂和肉体、理想和尘世的矛盾冲突。因此，雨果所崇尚的艺术的"真实"，虽然也能够曲折地反映出现实斗争某些本质的方面，却显著地区别于那种"对于人类和人类生活的各种情况，作真实的赤裸裸的描写"[2] 的现实主义的"真实"。不过，这正是浪漫主义的特点。

---

[1] 高尔基：《我怎样学习写作》。
[2] 高尔基：《我怎样学习写作》。

二

　　一个艺术家的艺术思想的形成,当然是跟他的政治态度、艺术修养和艺术传统对他的影响分不开的。但除上述重要原因外,艺术家在生活中长期接触的东西,也有重要的影响。雨果的丑恶滑稽和典雅高尚相结合的思想,就是他自己在现实生活中经过长期观察、长期酝酿形成的。根据雨果夫人阿黛儿·傅先回忆:雨果童年和兄弟们一起随母亲在西班牙居留期间,曾经游览布尔戈斯城内的教堂。这座教堂建筑雄伟,教堂内部的壁画、石柱等物,也安排得简净又符合规矩,雨果对此赞叹不已。忽然教堂墙壁开了一扇小门,跑出一个滑稽古怪的角色,望空画个十字,连击三下,随后缩了回去,小门也随之关上。原来这是教堂报时刻的洋团,名叫"吞蝇子",小门内有暗链,司其出入。"吞蝇子"跑出来连击三下,是表示三点钟之意。这么一座巍峨雄伟的教堂,既庄严又肃穆,在累累的石像中间,竟然出现滑稽的小丑,殊属怪事。但是,这个滑稽小丑与庄严肃穆的教堂却产生明显的相比照,结果反而衬托出教堂的庄严和伟大。这种强烈的比照现象,常常萦回雨果的脑际。往后他逐步悟出一个道理:悲剧中混入粗丑的成分,仍然不会损害全剧的悲壮。

　　雨果参观这座教堂后不久,他的父母亲就把他和他的兄弟欧习纳一起送到一所贵族学校去。这所学校是由教士主办的,校舍高大深阔,四边是高墙,学生宿舍森然冷落,每一张床床头上面都挂着一具耶稣像。雨果很不习惯这样的环境,心情十分沉闷。谁知入学的第二天早晨,床头木架上发出拍拍三声,把他从睡梦中叫醒。他看见面前站着一个穿得五光十色的驼子:红脸,头发纠得象一条条绳子,穿着红毛衣、蓝绒毛裤子、黄袜、俄国样式的牛皮鞋。这个丑怪滑稽的人儿使雨果沉郁的心情顿时宽慰了许多。这个驼子的面貌和奇怪的打扮令人发笑,但是他的命运是悲惨的。他生活在屈辱中。为了生活,他在学校干活,侍候别人;他的生理缺陷成了学生们的娱乐对象。人们叫他做"骆驼",常常欺侮他。他不敢把自己屈辱的痛苦表露出来,生怕被学校开除,打破饭碗。他外貌虽然丑怪,心却是善良的,他天天不懈工作,忠诚地侍候学生们,有时学生们对他的服侍工作感到满意就叫他"小骆驼"。雨果虽然也和同学们一道取笑过他。但是这个生活中丑和善鲜明地结合在一起的人物,却使他久久难忘。多年以后,雨果回忆起这个善良的驼子,还因为少年时期取笑过他而感到内心的歉疚。这个生活中鲜明的"小骆驼"形象，启发了雨果的思想：艺术上的"真实"，应该从生活中的美丑对照出发，去描写、创造艺术作品中的人物形象。我们可以从雨果后来写的小说《巴黎圣母院》中的加西莫多，和戏剧《国王寻乐》中的忒列布莱这两个人物形象，看到现实生活中"小骆驼"的影子。童年时代所碰到的生活中的奇特现象，就这样在雨果的心中扎下了根子。到了他成年后从事文学创作，更促使他进一步去思考、探索这个问题。

雨果青年时期有一个好朋友叫阿尔丰斯·拉勃。他曾经患了一场重病，毁了他的容颜。他的眼眶、鼻子和嘴唇都烂了，牙齿黑如煤炭，只有一只眼睛。但是他的果决直爽的个性，他的爽朗的微笑、高傲的眼光和他的其丑无比的面貌形成了明显的比照。雨果没有因为他的丑陋的面目而害怕和他接近，相反经常和他见面。拉勃虽然比雨果大二十岁，但雨果很喜欢他。另一方面，这个面目其丑无比的拉勃，他的情人却是一个比他年纪小得多的漂亮的小姑娘。他们深深地相爱，这对美与丑相结合的情人更突出地使人们感到他们纯洁、真挚的爱情。后来，小姑娘不幸夭折，拉勃悲痛欲绝。他每天都到她的坟上去哭吊，不久他亦"毫无遗憾地处置自己的生命"而突然死亡。这些生活中的崇高与滑稽、美与丑相共的奇特现象，又帮助了雨果的思索。往后，雨果在与假古典主义的斗争中，根据生活中的这些现象给予他的启示，就逐步形成艺术上丑恶滑稽和典雅高尚相结合的美学思想。

雨果就是这样，根据他自己长期在生活中观察所得来的感受，进一步加以归纳，上升为理论的。在《〈克伦威尔〉序言》中，雨果明确提出了丑恶滑稽和典雅高尚相结合的美学原则，并且从理论上加以论证。

第一，雨果认为，艺术必须是一面浓缩的镜子，把世间上、历史上、生活中、人类中存在的一切，加以"收缩""集中""凝结起来"，再现事实的现实。这样，事实的现实在艺术的魔术棍下，经过"凝结""集中"，把一种微光化为光明，一种光明化为火焰，它就会更确凿，更准确，从而又更"真实"了。在雨果看来，现实生活是一个矛盾的整体，种种事物都不是绝对单纯的，生活美是自然美而不是人为的美，"其中的丑存在美的旁边，畸形接近着优美，'丑恶滑稽'藏在'典雅高尚'的后面，恶与善相共，阴影与光明相共"。所以作为表现现实生活的艺术，"它将要和自然一样地去做"，它应该在创作中"把阴影和入光明，丑恶滑稽和入典雅高尚而不使之相混"。这就是丑恶滑稽和典雅高尚的相结合。在这篇序言中，雨果谈到丑恶滑稽和典雅高尚相结合时，有时说二者"相溶合"，有时说这二者的"混合"，或者说二者"相配合"等等，其意思是一致的。雨果说的艺术上丑恶滑稽和典雅高尚相结合,有三层意思。第一层意思是认为二者相结合,但有所区别:在艺术中丑恶滑稽和典雅高尚相结合,其结果是丑恶滑稽仍然是丑恶滑稽的,典雅高尚仍然是典雅高尚的。艺术中的美与丑相结合的结果是,美的仍是美,丑的仍是丑。艺术中奇丑的面相仍然是"人类的怪相的侧影"。正如魔鬼萨但仍然是魔鬼:"两只角,一对山羊蹄,两扇蝙蝠翅膀的也还是它,这是它,终归是它。"第二层意思是"丑恶滑稽和入典雅高尚而不使之相混",即是说"象灵魂之在躯壳,灵性之混于兽性"那样,灵魂与躯壳、灵性与兽性不会彼此相混的,而它们又彼此结合在一个整体中显示出它的完整和真实。第三层意思是:在艺术中"丑恶滑稽与典雅高尚相配合",和在现实生活中一样,这"一切都是互相连锁、互相演绎的"。所谓"互相连锁"指的是彼此连结在一起又轮流着表现出来。如滑稽和可怕:有时"轮流着就由滑稽而可怕,由可怕而滑稽,有时可怕与滑稽又混在一起"。"互相演绎"意味着彼此没有不能逾越的界限,美的可以演绎为丑的,崇高可以演绎为滑稽。雨果引用拿破仑的一句话说明:"由崇高到滑稽只差得一步。"雨果认为,这是"因为具有天才的人们,无论有怎样伟大,他们总仍有他们的愚蠢来蒙蔽他们的聪明"。为此他指出:丑恶滑稽与典雅高尚,以及丑恶和典雅、滑稽和崇高等等,"一切都是互相连锁、互相演绎"的。艺术达到丑恶滑稽和典雅高尚相结合,才是达到真正的"真实"。所以雨果批判假古典主义的艺术,以过去了的艺术形式把丑恶滑稽和典雅高尚截然分开,使它们各自"趋向一面",那就是禁止丑恶滑稽与典雅高尚相结合,而"把真实抛在它们的中间"。因此假古典主义艺术就必然违背了"真实",而导致要被历史所淘汰了。

第二,雨果认为,艺术上的丑恶滑稽与典雅高尚的相结合,它们之间的互相比照和互相衬托的结果,是美、丑、崇高、滑稽等的特性更突出、更鲜明。这是因为在近代,丑恶滑稽有广大的势力,"到处都有它在","一方面,它创造了畸形与凶恶;在另一方面,又创造了滑稽与斗趣"。艺术以"集中""凝聚"的手法,赋与"千种的奇美的想象",大胆地把"种种奇形怪状都突现出来",那末,艺术中的美的东西,在与丑的东西相接触和比照中,就会鲜明地显示出它的特性,美则显得"更纯粹、更伟大、更崇高"。为什么呢?雨果进一步加以说明,他指出,在艺术中单调的美的不断出现,造成了"同一的印象再三重复,久久便会使人厌倦",这不容易产生强烈的审美效果。倘若美与其相反特性的丑相比照,相衬托,美就更鲜明表现出它的特性。而且,人们对美的感受需要"略有休息",而丑恶滑稽在人对优美崇高的感受中是"一种休憩的时间",人们经过"略有休息",就能"以一种更新鲜和更敏锐的视觉移上美去",产生强烈的美感。正如在王宫中的堂皇的冠冕之间,在盛大的仪节中,混入一些宫中的侏儒的奇丑面相,并没有损害仪节的庄严;王宫中优美的壁画中羼入丑恶滑稽的因素,并没有妨碍壁画的优美,而且恰恰相反,丑恶滑稽与典雅高尚的互相比照更突出表现了崇高和优美。雨果还进一步指出,就丑恶滑稽来说,它是近代艺术"极高度的美的一种",它本身就是艺术美。它不仅是艺术中一种适宜的要素,而且是一种必要的、不可缺少的要素。

三

雨果不仅从理论方面论述了丑恶滑稽和典雅高尚相结合的美学原则,阐明了积极浪漫主义艺术的主要特征,对浪漫主义文艺理论作出了重大的贡献,而且以他自己的创作,来体现这个美学原则,雄辩地证明了这个美学原则。这主要表现在下面两个方面:

第一,雨果在他的作品中实现了悲剧和喜剧的溶合。在西方戏剧史上,自古希腊罗马时代开始,至文艺复兴莎士比亚时代,悲剧和喜剧都是各自作为一种独立的戏剧样式而存在和发展的。到了十七世纪法国古典主义时代,更强调悲剧与喜剧的严格区别。十八九世纪法国的假古典主义,尤其墨守悲剧和喜剧的不可逾越的教条,严重束缚了文艺的发展。雨果不但从理论方面,而且从创作方面大胆冲破悲剧和喜剧的不能逾越的界限。这在西方文艺史上是一个重要的革命。在雨果的美学思想中,悲剧和喜剧的溶合是丑恶滑稽和典雅高尚相结合的一个重要方面。同时,这又是雨果的戏剧和小说创作的一个重要特色。雨果的浪漫主义戏剧代表作《欧那尼》,就显著地体现出这个特色。

《欧那尼》写的是十六世纪西班牙的故事:大盗欧那尼,本是贵族出身,父亲被西班牙先王所杀,本人沦落绿林,做了大盗。他从小赌咒要为父报仇。他长大后,老西班牙王已死,由其子卡洛王继位。此时他爱上了一个老公爵吕古梅的侄女素儿,但不幸的是老公爵吕古梅准备要和侄女素儿结婚,欧那尼的仇人之子卡洛王也在追求素儿小姐。这个悲剧故事曲折离奇,引人入胜,最后以欧那尼和素儿双双服毒自杀告终。雨果在这个悲剧故事里,溶进了喜剧因素。如第一幕,欧那尼乘素儿的叔父兼未婚夫吕古梅不在家,潜入吕古梅家中与素儿商量私逃之事,被事先已偷入素儿房中的卡洛王听见,欧那尼发现卡洛王,二人正欲决斗,适好老公爵吕古梅回家,卡洛王主动出来解围,向老公爵表明自己身份，并骗吕古梅说是找他商量国事，放走了欧那尼。这是一幕喜剧。在这幕戏中，雨果安排了一个非常滑稽的场面：身为一国之君的卡洛王，为了追求一个贵族小姐，居然偷偷走进自己臣子的家中，并自愿躲进小姐卧房的壁橱里，偷听别人的谈话。卡洛王这个人物形象，从他的身份来看，是威严的国王，可他居然作出荒诞的行为，殊属滑稽。这个人物身上威严和滑稽的因素，形成了鲜明的比照。又如戏剧故事的后半部，卡洛王当上了日耳曼帝国皇帝之后，非常高兴，赦免了欧那尼，宣布不记前仇，恢复欧那尼的封地，并封他为爵士，又把素儿许与他成婚。一时间，仿佛这个悲剧故事要以大团圆收场了。这时候，剧中出现欧那尼和素儿的婚礼场面：滑稽逗趣的假面舞，新婚夫妇在宾客们簇拥中喜气洋洋等。这时候，人们都会因为剧中人欧那尼和素儿终于成就美满姻缘而感到松了一口气。据说，《欧那尼》在巴黎首次演出时，观众看到这里，以为剧情已圆满结束纷纷离座。哪知随着这个喜剧的场景，突然出现悲剧高潮：在欧那尼和素儿小姐新婚之夜，老公爵吕古梅吹起号角，索命来了。原来欧那尼曾有一次被卡洛王追捕，躲进老公爵的别墅，老公爵救了他。他那时很感动，表示以死相报。他把自己身上佩带的号角送给老公爵，说只消他吹起号角，就马上自尽。此时，欧那尼听见号角之声，决定忠于诺言，服毒自杀，素儿小姐抢先一步，先吃了半瓶毒药。于是新婚夫妇先后服毒，相抱而死。吕古梅公爵亦自杀身亡。雨果在这个爱情悲剧故事中溶进了喜剧的因素，目的是进一步激发观众更强烈的怜悯和同情，争取良好的悲剧效果。雨果所处的时代，是法国封建复辟势力与反复辟势力斗争的时代，斗争十分激烈，经过多次反复，在现实生活中悲和喜的事件经常是交织在一起的。《欧那尼》虽然写的是西班牙古代的故事，但故事情节变幻无常，悲喜交织，表现了十九世纪法国社会的时代气息。《欧那尼》的上演，是浪漫主义戏剧与假古典主义戏剧第一次正式交锋，浪漫主义戏剧因《欧那尼》的演出成功而取得胜利。这就是由于《欧那尼》富于时代气息，而且体现了崭新的美学原则。

　　雨果著名小说《巴黎圣母院》，在故事中溶合进去的喜剧因素更为强烈。这个故事的背景是法国十五世纪路易十一统治下的巴黎。作者以一位美丽的吉普赛女郎爱斯梅哈尔达的悲惨遭遇为线索，写了几个很突出的人物，特别是圣母院敲钟人加西莫多同多姆·克罗德·孚罗诺副主教的矛盾。故事开始时就展示了引人入胜、色彩鲜丽的欢度"愚人节"的喜剧场面。作者安排奇丑的加西莫多在滑稽逗趣、竞选愚人之王的怪笑表演场景中出场。因为加西莫多是"丑人中最丑的一人"，所以他被选上了。加西莫多当上了"愚人之王"，闹剧达到高潮。接着，封建宗教势力的代表人物孚罗诺出场，特别是他从人群中跳出来，引起加西莫多"一声恐怖的叫喊"，结束了闹剧气氛，故事转向悲剧发展。孚罗诺，这个后来把吉普赛女郎置于死地的阴沉、冷酷、毒辣的人物，他的出现预示了吉普赛女郎悲剧命运的开始。作者以喜剧场面溶进悲剧之开头，让喜剧场面连锁着悲剧情节，在后来的悲剧情节中又溶进了喜剧场面：如加西莫多因强抢吉普赛女郎之事受鞭打时，人们被他的奇丑的肉体引起的笑闹场景，以及怀疑派哲学家、讽刺诗人甘果瓦误入"黑话王国"的滑稽逗趣的情节等等。小说中的悲剧场面与喜剧场景的互相连锁、互相演绎，逐步向悲剧的结局推移，最后是一个奇特的悲剧结局：加西莫多和爱斯梅哈尔达的尸骨搂抱在一起，有人想分开他们，但他们却化为尘土。小说中喜剧的场面并没有损害悲剧的效果。特别是吉普赛女郎被处死前与生母重逢一节，作者有意在悲剧故事发展的间歇中安排一场"喜相逢"，随又突然转入生离死别的场景，更强化了接着而来的吉普赛女郎被绞死的悲剧气氛。

此外，雨果的其他作品，如《悲惨世界》《笑面人》《九三年》，都具有悲剧与喜剧相溶合的特色。所不同的是，不同作品溶合进悲剧故事中的喜剧因素程度有不同，有些作品喜剧因素强烈一些，有些作品喜剧因素不是很突出，或者较为淡薄。

第二，雨果作品中丑恶滑稽和典雅高尚结合的另一个重要表现，是作品中人物形象的美丑相互比照。雨果作品中的人物形象，以强烈的色彩、奇异的想象，赋与鲜明的美丑比照特征。如他在一八六九年写成的长篇小说《笑面人》，就显著地具有这个特征。《笑面人》的故事，以十七世纪末至十八世纪初的英国为背景。那时候，英国资产阶级刚刚完成了"光荣革命"，建立了资产阶级和新兴贵族相结合的君主立宪的统治。资产阶级革命的结果，是广大人民仍然过着贫困生活。小说对在这个制度下的人民痛苦生活作了揭露，并批判了当时英国的不平等社会。《笑面人》的主人公关伯仑，本是一个爵士的后代。他的父亲克朗夏理爵士在资产阶级革命期间赞成共和，王权复辟时又不妥协，被迫流亡国外。爵士死后，詹姆士二世把他的两岁的儿子卖给儿童贩子，儿童贩子给这个孩子做了毁容手术，使他的面孔永远象怪笑的样子。这个孩子就是关伯仑。关伯仑到了十岁，被逃亡的儿童贩子遗弃。他自己在饥寒交迫中救了一个小女孩蒂，和蒂一起被流浪艺人窝苏斯收养，后来跟着窝苏斯卖艺为生。一个偶然机会，使关伯仑恢复了爵士身份，但他不愿过贵族生活，而是回到他心爱的蒂那儿去，那时蒂已病重。蒂死，关伯仑亦投河自尽。按其社会内容来说，《笑面人》是一部深刻的浪漫主义悲剧，但又涂上了喜剧的色彩。这"笑面人"本身,就是一个生动的象征。

《笑面人》中的人物美丑相比照,主要表现在两个方面。第一方面,是人物与人物之间的美丑对比。这首先表现在关伯仑和大卫·第利摩埃爵士这两个人物形象的比照。关伯仑因为小时被人做过毁容手术,所以他的脸是丑怪的。作者又通过窝苏斯的口说,关伯仑"五分象妖怪,五分象神仙",明确指出,关伯仑的灵魂是高尚的。他从小便有一颗善良的心,自己被人遗弃在冰天雪地里,陷入绝境,还从一个冻死的女乞丐怀中救出蒂。当他恢复了爵士地位后,他仍没有忘记下层的穷人,自动放弃爵士的利益,回到他的蒂身边。在蒂的心目中,关伯仑并不丑,因为"做坏事才叫丑,关伯仑只做好事,所以他最漂亮"。与关伯仑对比的人物形象是大卫爵士。他是关伯仑父亲的私生子,从小在宫廷中长大。他长得漂亮,举止文静,英勇、乐观。他的官运亨通,飞黄腾达。但大卫爵士是宫中阴谋的主要人物,为积极篡位的人效劳。他生活荒淫无耻,道德败坏,行为堕落。关伯仑和大卫爵士的相互比照,更突出关伯仑的内心的美,同时更鲜明地表现出大卫爵士内心的丑恶。其次是蒂这个人物形象与郁茜安娜公爵小姐相比照。蒂的命运是悲苦的。关伯仑在她死去的母亲怀里救她出来时,她已瞎了眼睛,成为残废人。她随着窝苏斯和关伯仑在颠沛流离中长大。她长得很美,心灵高洁,是美的化身,她的"眼睛虽然看不见,却充满了亮光"。在她小的时候,窝苏斯说她"将要代表天上的世界"。她的眼睛虽然看不见世界,却看见关伯仑内心的美。与蒂相比照的人物郁茜安娜公爵小姐是詹姆士二世的私生女、女王安妮的同父异母妹妹。她长得很漂亮,而且可以说是奇异的美丽:她的两只眼睛一只是蓝的,另一只是黑的。在她美姣的面庞下掩盖着邪恶。犯罪对于她只不过是闹着玩儿的。她专门寻找堕落的奇趣。当她知道关伯仑时,就想引诱关伯仑,企图在关伯仑身上发泄她的变态的私欲。但安妮女王要把她嫁给关伯仑时,她就把关伯仑撵走。郁茜安娜这种宫廷贵族妇女邪恶的变态性格和蒂的天真、纯洁、高尚的性格形成鲜明比照。此外,小说中流浪艺人窝苏斯的好心、善良,与周旋于宫廷中、专做忘恩负义事情的巴基尔费特罗,两个人物形象也是明显的对比。《笑面人》中人物相互比照的第二方面,是贵族人物与下层人物的比照。贵族人物如女王安妮及其丈夫、大卫爵士、郁茜安娜和其他爵士等,他们互相倾轧,互相利用,勾心斗角。他们的幸福,正如关伯仑所说的,是"建筑在穷人的痛苦上的"。与这些贵族人物相比照的社会下层人物,如蒂、窝苏斯和虽是爵士出身却沦落下层的关伯仑,以及和蒂一起卖艺的两个吉普赛女人维纳斯和费华等,他们的生活是贫穷的,命运是凄惨的，但他们是善良、高尚的，这些被压迫被剥削的人物，和压迫剥削别人的贵族人物，形成了鲜明的比照。雨果通过这些人物之间的美丑比照，有力地反映出剥削阶级和被剥削阶级的对立和矛盾，表现出他的同情人民的民主思想。在雨果的心目中，好人，善良的人，真正美的和崇高的人，大都是下层人物。在这些人物形象中，渗透着雨果的民主精神。特别是"笑面人"关伯仑在贵族院的控诉，集中表现了雨果同情人民的思想立场。这是雨果思想和创作上可贵的地方。

  雨果作品中人物形象的美丑比照，除了人物之间的比照外，人物形象自身的美丑因素，亦是鲜明对比的。在这方面，比《笑面人》更突出的，是《巴黎圣母院》中的人物形象。这部小说写了几个主要的人物形象。首先是圣母院中的敲钟人加西莫多。这个人物外貌的特点，用雨果自己的话来说，是"人类的怪相的侧影"，赋与"奇想的创造"。他是丑人中最丑的一个。他，加西莫多，天知道有多么丑：马蹄形的嘴，四面体的鼻，猪鬃似的赤红色的眉毛，牙齿像象牙一样从嘴唇上突出来，小小的左眼，右眼完全被一个大瘤遮没了。他的全脸布满了轻蔑、惊奇、悲哀的混合表情。他的体形也是一副滑稽相：驼背，两股和两腿很不协调，走起路来，好象膝盖在动作，从正面望去，又象两把镰刀；而且他还是一个聋子。但是这个"残缺的躯体里的灵魂"是高尚的。在这个畸形中，"有一种不容怀疑的坚强、严肃、勇敢的态度"。加西莫多在人们歧视、笑骂的屈辱中长大，他的心灵被污辱，但，它是善良的。加西莫多是"善"的化身，在他的身上，外形奇丑和内心善良形成鲜明的比照。其次是神父孚罗诺，他身为副主教，在他身上有博学、严肃、智慧的一面，也有他阴险、狂热、毒辣、残忍的另一面，岸然的道貌与卑劣的心灵这两方面形成了对比。这个人物形象是"真"的体现。在雨果看来，"真"就是罪恶。在他身上，罪恶的一面是主要的。他并不真心爱那吉普赛女郎，甚至看见人们为她的舞姿喝彩时，都使他又憎恨、又妒忌。但他对吉普赛女郎的美貌动了邪念，心灵中的"奇异的青春"狂热迸发出来，产生一种占有欲，以致指使加西莫多强抢她回来满足他的私欲。他虽然意识到这种行动是一种罪恶，可他把犯罪的原因推到受害者身上，那就是：谁叫她长得那么美丽。当他发现自己不可能占有吉普赛女郎时，就残酷地想尽办法消灭她。可是他又把自己的一连串的罪行归咎于"宿命"。雨果笔下的孚罗诺，是伪善的封建宗教势力的代表人物，是作者要借此揭露黑暗的宗教统治的一个艺术形象。作者通过这个人物形象，揭露了当时社会本质的真实。

  在小说中，加西莫多和孚罗诺这两个人物形象，是互相比照又互相冲突的。一方面,奇丑又善良的加西莫多,与阴险、毒辣而又博学、智慧的孚罗诺形成比照。另一方面,在加西莫多和孚罗诺之间,又展开了矛盾冲突。加西莫多本是个弃儿,是孚罗诺收养了他。正因为如此,他对孚罗诺是无限忠诚的,他毫不犹疑地服从孚罗诺的指挥,替他去强抢吉普赛女郎。他不幸由于这件事而被侮辱和毒打,渴极了,要求"给我水喝",那时只有哄笑声,而没有一个人理睬他,包括他所爱的孚罗诺在内。当时,只有他曾经想要背走的吉普赛女郎把水送到他的嘴边,善良的加西莫多感动了。"他有生以来第一次流出眼泪。"他开始认识到孚罗诺并不是个好人。后来,吉普赛女郎悲惨的遭遇引起了加西莫多真诚的同情,并发展为真挚的爱情,他愿意为解脱她的苦难赴汤蹈火。加西莫多一次又一次地保护吉普赛女郎逃脱死刑,而孚罗诺一次又一次地把吉普赛女郎推上绞架。作者通过加西莫多与孚罗诺的这个斗争,越来越鲜明地显示出加西莫多性格的善良的特征,也越来越尖锐地揭露出孚罗诺性格的狠毒的特征。最后,加西莫多更清楚地看到他所爱过的孚罗诺的罪恶:孚罗诺在圣母院的塔楼上目睹下面吉普赛女郎被绞死"那最骇人的一会儿","在那牧师脸上迸发出来""一个魔鬼的笑,一个不复是人类所能有的笑"。善良的加西莫多再也按捺不住怒火,"疯狂地向他扑来",把孚罗诺推到"下面的深深的空处"。起初孚罗诺并没有马上被推下那深渊,他抓着一条水槽,在挣扎。加西莫多只一伸手就能把他救起,但他"连看也不看他一眼"。作者在这里,安排了这么一个场面,寄托着他的美学理想:在善良和罪恶的矛盾斗争中,"善"是终究会战胜"恶"的。孚罗诺的下场,象征着封建宗教势力的下场。

  雨果在小说中,还塑造了一个俊美外貌与庸俗灵魂相比照的人物菲比思。这个弓箭队长,是个花花公子,在外表美丽的皮囊下掩藏着他的空虚的内心世界和玩世不恭的生活态度。他对吉普赛女郎并没有真正的爱情,只是把吉普赛女郎对他的爱情看作是逢场作戏的玩儿。而吉普赛女郎呢?在小说中虽然不是最主要的人物,但在这个人物身上,亦体现了作者的美丑比照的美学原则。她的美丽、天真,善良、纯洁的一面,是和她作为流浪人所具有的愚昧一面互相比照的。作者把"善"的化身加西莫多、"真"的体现者孚罗诺以及外形"美"的菲比思这三个人物,放在她的面前,让她挑选。她没有爱上善良的加西莫多,她憎恨封建宗教反动势力的代表孚罗诺,而深深地爱上了只有美丽皮囊的菲比思。和雨果同时代的浪漫主义作家欧仁·苏,曾表示钦佩小说的这一构思。他是最早买到《巴黎圣母院》的一个读者。他热情地给雨果写信说,小说中的吉普赛女郎"一个天真少女,几乎可以说,文明世界的蛮人",她对上述三个人物的选择"正是彻头彻尾的女性的选择,你这样的思想是十分令人钦佩的"①。欧仁·苏对吉普赛女郎的评论,说明这位浪漫主义作家颇能渗透雨果的艺术构思,看到了美丽、纯洁的吉普赛女郎性格中愚昧的一面。当然,欧仁·苏摆脱不了他的剥削阶级的偏见,认为吉普赛人是"蛮人",那是错误的。

四

雨果提出丑恶滑稽和典雅高尚相结合的美学原则,在十九世纪上半叶反对假古典主义的斗争中,是有积极意义的。应该看到:十七世纪古典主义在法国兴起,是符合法国历史发展规律的。法国在路易十三至十四时代,在政治方面和经济方面都采取一系列的积极措施,终于建成了中央集权的君主专制国家,这对资本主义的发展是有利的。那时候,亟需在上层建筑领域中巩固新兴的王权。法国古典主义是适应这个需要而兴起的。它接过文艺复兴时复兴古希腊罗马古典传统的旗号,象马克思所说的"演出世界历史的新场面",为巩固当时法国新兴的王权作出贡献。同时,法国古典主义曾经在继承古代文化传统、发展法国民族文学、规范法国民族语言等方面,有过不可磨灭的功绩。法国古典主义优秀的文艺理论家和作家,如高乃伊、拉辛、圣·艾弗蒙、莫里哀等,他们尊重古典艺术法规,又强调艺术反映现实,反对泥古倾向。特别是莫里哀的一些作品,已冲破古典主义的一些规则了。到了十七世纪下半叶,法国古典主义理论家布瓦洛进一步提出古典主义的整套理论,把古代希腊、罗马的作品视为法典,严格区别各种文艺的体裁,把"三一律"定为普遍的、绝对的、永恒的写作规则等等。从此,古典主义逐渐走到脱离现实生活、追求形式的道路上。到了十八世纪,它已发展为失去原来积极内容的假古典主义了。法国从十八世纪末开始的资产阶级革命是要反对封建王权的,但那时候的法国假古典主义却维护反动王权的政治利益,企图强化封建秩序,它就变成束缚社会前进的桎梏。雨果的丑恶滑稽与典雅高尚相结合的美学原则,冲破假古典主义的清规戒律,打破文学类型之间的不可逾越的界限,鼓励艺术家大胆发挥美的创造力,使文艺的发展能够适合时代前进的要求。这无疑是有积极意义的。

雨果的时代,是资本主义革命、社会大变化、大动荡的时代。当时,社

---

① 转引自《雨果夫人见证录》。

会的矛盾斗争相当复杂,社会的现象和本质往往不容易在复杂的环境中分辨清楚,黑暗与光明、美与丑往往是被颠倒了的。例如,下层人物和沦落社会底层的人物,往往被认为是黑暗世界中的丑恶人物,但实际上他们的思想品格却比社会的上流人物高尚得多。雨果的丑恶滑稽和典雅高尚相结合的美学原则,强调艺术要深刻反映现实生活的矛盾斗争,重视表现现实生活的复杂性,要求把美与丑、善与恶、悲与喜、卑微和激情等集中一并展示出来。特别是雨果作品中的下层人物形象,他们的外表往往是丑陋的,甚至是残缺和畸形的,但是却有善良、美好、高洁的灵魂。如加西莫多等等,都是鲜明的事例。可以说,雨果的这个美学原则,对反映当时社会斗争的复杂性、特殊性,确实有独特的表现力的。我们今天的社会主义社会,当然与雨果那时候的社会有本质上的区别,但亦有光明与黑暗的斗争。在特殊的斗争阶段中,光明与黑暗也会被颠倒了的。如"四人帮"横行时期,社会上有些丑恶、黑暗的事件和人物,就曾被当作光明和美好来歌颂。这不是颠倒了光明与黑暗吗!我们研究雨果这个美学原则,加以批判继承,对于社会主义文艺来说,还是有借鉴作用的。就拿一些反映人民群众与"四人帮"斗争的优秀作品来说,也都在不同程度上运用了美丑对照的方法,真实地表现了当时美与丑相混、悲与喜交织、光明与黑暗被颠倒的社会现实。所以,研究雨果的丑恶滑稽和典雅高尚相结合的美学原则,温故知新,对我们是有启发的。但这并不是说,要把他的这个美学原则机械地搬用过来。说到借鉴,我们首先要借鉴他为表现新时代探索新的美学原则的革命精神,努力在我们今天的文艺创作中,建立适合反映我们今天社会主义现实生活的新的美学原则。列宁曾经在评论俄罗斯作家托尔斯泰时指出:学习托尔斯泰,"不是强调他的属于过去"的东西,而应该强调他的"属于未来的东西"。我们今天研究雨果的美学思想,不正是需要学习他的这个精神,强调他的这个"属于未来的东西"吗!

雨果是资产阶级的艺术家,他的丑恶滑稽和典雅高尚相结合的美学原则毕竟是属于资产阶级美学思想体系的。由于时代和阶级的局限,所以雨果的这个美学原则也有很大的局限性。这主要表现在:第一,他的这个美学原则,是从所谓"新的宗教",即基督教的教义出发,把上帝放在一切之上,认为现实世界的矛盾复杂性是上帝的安排,是"基督教把诗导致到真理上面"的。因此,他对艺术的本质的看法和对艺术与现实关系的看法就陷进了唯心主义的泥坑中去。第二,雨果虽然强调贯彻这个美学原则,必须冲破假古典主义的精神枷锁,进行精神领域中的革命,但是,他把现实生活的矛盾斗争抽象化,把现实生活中的矛盾归结为美与丑、善与恶的精神力量的矛盾。这就必然不能真正彻底揭示现实生活矛盾的本质，不能深刻反映社会某些本质的方面。第三，雨果这个美学原则的理论基础是资产阶级的人性论，这也妨碍他正确表现客观事物的本质。雨果创作中的人物形象，常常展示人物的两面性：人性和兽性。这种描写有时就不免使他陷入困境甚至走入歧途。如他的小说《九三年》中的朗德纳克侯爵这个人物，他有兽性一面，他是顽固坚持保王派立场，专杀共和党人的杀人魔王；他也有人性一面，这使他不顾被推上断头台的危险冲进火海救出三个共和党人的孩子。这样实际上就美化了这个反动人物。还有郭文，作为一个共和党军队的重要领导人，面对被擒的朗德纳克侯爵，在"家庭""人道""革命"三者面前，他终于服从了"人道"，选择了"家庭"，把这个保王党的杀人魔王、自己的叔祖父放跑，宁愿自己上断头台替死。通过郭文，雨果宣扬了"在绝对正确的革命之上，还有一个绝对正确的人道主义"的反动思想。正因为雨果的思想和创作受着资产阶级人性论的束缚，所以他往往同情他自己心目中的批判对象。比如《巴黎圣母院》中作恶多端的副主教孚罗诺，作者既揭露他的罪恶，又从资产阶级人性论出发原谅他。雨果认为，孚罗诺作为一个神父，他也是人，在他身上具有"奇异的青春"的狂热，这种人所共有的欲念不能得到满足，才导致他走向犯罪；这不完全是他的过错，而是由于"宿命"的折磨所致。这就反过来削弱了作者对这个人物的揭露和批判。雨果的美学原则中所包含的唯心主义成份，是其中的糟粕，必须加以消除。

此外，根据美丑比照的原则，雨果创作中被压迫、被剥削的人物形象，往往被写成在生理上有缺陷，以便用外形的丑来对照心灵的美。这种写法在我们今天也是不能机械搬用的。这是因为时代不同了，劳动人民的地位不同了。雨果的时代是资本主义发展的时代。在资本主义生产关系支配下，"劳动生产了宫殿，但是替劳动者生产了洞窟。劳动生产了美，但是给劳动者生产了畸形"[①]。雨果在那时候描写被压迫、被奴役的劳动者的畸形和缺陷，还是可以理解的。可是今天是社会主义时代，是人民当家作主的时代。我们就不能简单地模仿他的这种手法，机械搬用他的这个美学原则了。

1979 年 4 月完稿

（原载《文艺论丛》第九辑，上海文艺出版社出版）

---

① 马克思：《经济学—哲学手稿》（1844），第 54 页。

迦梨陀娑笔下的罗摩传奇

吴文辉

罗摩故事在印度广泛流传,而且成书很早。著名的两大史诗,其一就是《罗摩衍那》,长篇的罗摩传;另一部《摩诃婆罗多》,其中《森林篇》的第258—275 章,也是一篇罗摩传奇。迦梨陀娑生活和创作的年代,距离两大史诗的写定,只有大约两三百年。他创作的长篇叙事诗《罗库世系》(即《罗怙世系》),竟然以 19 章中的 6 章(第 10—15 章)即接近三分之一的篇幅,重写了罗摩故事。其构思之独特,形象之新颖,确实值得考究一番。

一、结构

用叙事诗形式演述罗摩故事,可以铺叙得很长。如《罗摩衍那》,计24000 颂,即 24000 节双行诗。也可以压缩得很短,如《罗摩衍那·童年篇》开头那罗陀仙人对蚁垤所讲的罗摩故事和蚁垤听了以后重新审视的罗摩故事。前者才 69 颂,后者只 27 颂。不过,压缩得太短,就只剩下个故事梗概,没有任何描写的余地了。还有篇幅中等的。如《摩诃婆罗多·森林篇》里面的罗摩传,计 703 颂,可以从容描述。迦梨陀娑笔下的罗摩传奇,6 章共计 552颂,即 552 节双行诗,篇幅也属于中等。

就情节的安排来说,《罗库世系》第 10—11 章,相当于《罗摩衍那·童年篇》。《罗库世系》第 12 章,相当于《罗摩衍那》的《阿逾陀篇》《森林篇》《猴国篇》《美妙篇》,加上《战斗篇》除了最后 6 章的第 110 章。《罗库世系》第 13 章,相当于《罗摩衍那·战斗篇》第 111—115 章,即最后 6 章的前 5 章。《罗库世系》第 14—15 章,相当于《罗摩衍那·后篇》。确切地说,还要加上《战斗篇》第 116 章即卒章。如果考虑到《罗摩衍那》的《童年篇》和《后篇》都是后人增补的,可以说,《罗库世系》中描述的罗摩故事,只有第 12—13 章相当于《罗摩衍那》原有的内容,而且主要在第12 章。也就是说,《罗库世系》中的罗摩故事,只有第 12 章相当于《摩诃婆罗多·森林篇》里面的全篇罗摩传,其余 5 章的情节差不多都是《摩诃婆罗多·森林篇》里面的罗摩传未曾提及的。这样的结构表明，迦梨陀娑重写罗摩故事，大力压缩了罗摩故事古老的题材，而大量采用了后来增补的内容。

单就《罗库世系》第 12 章来说，它的第 1—27 节，相当于《罗摩衍那》的《阿逾陀篇》。其中着重描述流放的起因和婆罗多追兄两件大事，插入乌鸦伤悉多失去一目的细节，到悉多涂抹隐士妻所赠香脂结束。《罗库世系》第 12 章的第 28—56 节，相当于《罗摩衍那》的《森林篇》。从罗摩兄弟杀恶魔维罗托（即毗罗陀）开始，着重描述罗婆那（即罗波那）妹纠缠至罗摩大战群魔的事件，到罗婆那抢走悉多之后罗摩兄弟葬鸟结束。《罗库世系》第 12 章的第 57—58 节，相当于《罗摩衍那》的《猴国篇》。三言两语顶替一部书，两行诗便交代了罗摩诛波林、苏吉利婆（即须羯哩婆）灌顶的事件，这是最高度的压缩。《罗库世系》第 12 章的第 59—65 节，相当于《罗摩衍那》的《美妙篇》。它简要地描述诃奴曼（即哈奴曼）会悉多再回报罗摩的事件，其中第 63 节说"以夫信乐悉多、感奋于杀厄朔（即阿刹），遭敌捆绑片刻、彼楞伽城纵火"①，一节诗概括了诃奴曼在楞伽所做的四件大事。《罗库世系》第 12 章的第 66—104 节，相当于《罗摩衍那》的《战斗篇》前面 110 章。它从维皮梭诺（即维毗沙那）见罗摩、猴子军架桥渡海开始，简叙悉多睹罗摩头断的幻象、罗摩兄弟被套索（不是箭簇）捆卧战场由郭茹朵（即金翅鸟）解脱、罗什曼那（不是罗摩兄弟）受伤得诃奴曼采药解救、罗什曼那杀蔑郭诺多（即因陀罗耆）和次序调后的罗摩杀谷泼果诺（即鸠盘羯叻拿）等事件，然后集中描述罗摩与罗婆那的决战至罗婆那伏诛，以罗摩登车回国结束。这样的结构表明，迦梨陀娑重写罗摩故事，在大力压缩罗摩故事古老的题材时，主要选用了其中直接表现男女主人公的经典性情节来加以描述，使压缩变成精炼的浓缩，务求不伤筋骨，趣味更浓郁。

就《罗库世系》开始演述罗摩故事的第 10—11 章来说，其第 10 章第 2—4 节，相当于《罗摩衍那·童年篇》第 8 章第 1—2 节和第 13 章第 2 节。只简略地带过了求子祭的起因。它的第 10 章第 5—49 节，相当于《罗摩衍那·童年篇》第 14 章第 4—21 节和第 15 章第 1—7 节。这是迦梨陀娑重写罗摩故事时，加以特别处理的一段。从篇幅来说，由 25 节扩展到 45 节，不但没有压缩，反而伸展了差不多一倍。从内容来说，原来是诸神趁群集求子祭

---

① 梵文原文依据 *Kalidasa-Granthavali*, *anuvadak evam sampadak Ram Pratap Tripathi*, *Kitab Mahal*, *llahabad*（梵文印地文对照本），同时参考 *Works of Kaldasa*. volume 2 Poetry, Edited by C. R. Devadhar, Delhi：Motilal Banarsidass Publishers Private Limited, pp. 1984 – 1993（梵文英文对照本）。

之机向大梵天提出要求，大梵天确定用凡人，诸神再向刚好来到的毗湿奴请求并蒙应允；迦梨陀娑把它改成诸神涌到乳海求救于毗湿奴，发表长篇颂词，毗湿奴慨然允诺。这一重大改变，反映出在宗教信仰方面毗湿奴已经从三大神之一上升为三大神之首，使新的罗摩传奇变成礼赞主神的诗篇。《罗库世系》第10章的第50—57节，相当于《罗摩衍那·童年篇》第15章第19—27节。这里也有一个重要的改变，那就是奶粥的分配不同。奶粥的分配原来是不均等的，即罗摩占二分之一，罗什曼那占四分之一，婆罗多和梭第茹那（即设睹卢衹那）各占八分之一。到迦梨陀娑笔下，分配变成绝对平均的了，即罗摩四兄弟各相当于毗湿奴的四分之一。这一改变，使得罗什曼那、婆罗多和梭第茹那的形象，具有与《罗摩衍那》中的形象不完全相同的意义。新的罗摩传奇描写和赞美三个弟弟，就不仅是有助烘托罗摩的形象，而且直接等同于赞美罗摩本人，因为他们都是同等的毗湿奴化身。《罗库世系》第10章的第58—86节，相当于《罗摩衍那·童年篇》第17章第6—21节。从16节改写成29节，也是不仅没有压缩反而扩展了的。迦梨陀娑重写这一段，主要是丰富了对怀胎与降生的描写，以强化对罗摩兄弟即对毗湿奴的赞美。

《罗库世系》的第11章第1—13节，相当于《罗摩衍那·童年篇》第17章第23节—第22章第26节。在大力压缩之余，其特点是处处突出罗摩兄弟的生动形象。它的第11章第14—21行，相当于《罗摩衍那·童年篇》第25章第6—14节。罗摩杀死朵得迦（即陀吒迦）是他的平生第一战，大概迦梨陀娑深知此战的重要性，故不但未加压缩，反而更加着力描写。《罗库世系》第11章的第23—32节，相当于《罗摩衍那·童年篇》第28—30章。看来迦梨陀娑并未忽视第二战的重要性，所以大力砍除枝蔓，主要通过击倒朵得迦子（即摩哩遮）和杀死苏波胡（即苏婆呼），突出描写罗摩兄弟的战斗形象。它的第33—34节，相当于《罗摩衍那·童年篇》第47—48章。罗摩解救高多摩（即乔达摩）妻的事迹，属于经典情节，所以迦梨陀娑不愿放弃，用两节四行诗略加描述。《罗库世系》第11章的第35—49节，相当于《罗摩衍那·童年篇》第49章和第65—66章。迦梨陀娑重写这一段，主要是突出和强化了罗摩拉弓的场面，前面再增加左诺果（即遮那竭）王不相信罗摩能拉弓的言词，产生了强烈对照的艺术效果。它的第50—56节，相当于《罗摩衍那·童年篇》第67—72章。这一段简述婚礼前后的情景，重点放在"成亲诸子光照、四位结缡妻房"上。《罗库世系》第11章的第57—93节，相当于《罗摩衍那·童年篇》第73—76章。用长达35节诗来描述罗摩生平的某一个事件，在新的罗摩传奇中可以说是绝无仅有的。这一段罗摩斗持斧，本来就是《罗摩衍那·童年篇》的高潮。迦梨陀娑重写这一段，继续把它作为罗摩童年事迹的高潮来写，目的就是要借此把罗摩勇武而神圣的形象，推向一个高峰。《罗库世系》的第11章就是这样，通过三次战斗一次拉弓，提早在童年时期确立罗摩勇武而神圣的形象，以后的事迹就不用说那么多了。迦梨陀娑重用《童年篇》的题材，形成独特的故事结构，原因就在这里。

《罗库世系》的第13章第1—67节，相当于《罗摩衍那·战斗篇》第111章第1—29节，集中展示罗摩对悉多的一段低诉。从29节改为67节，也是不仅没有压缩反而扩展了。迦梨陀娑重写这一段，不仅为了更细致、更丰富地展示罗摩的形象，而且也为了借此一展自己作为伟大抒情诗人的天才。我们不知道《云使》是写在这一段之前还是以后。倘若《云使》在前，这一段就是再现了诗人的灿烂才华。倘若《云使》在后，这一段就是预示了诗人的伟大天才。《罗库世系》第13章的第68—79节，相当于《罗摩衍那·战斗篇》第115章第26—48节。迦梨陀娑重写这一段，差不多更换了其中大部分细节，只集中描写罗摩下飞车会弟郎那一个场景，也写得才华横溢，流金耀彩。

《罗库世系》的第14—15章主要取材于后人增补的《罗摩衍那·后篇》。具体来说第14章的第1—17节相当于《罗摩衍那·战斗篇》第116章，但增加了后宫会母的情节，并在叙述灌顶仪式时加入悉多的形象。它的第18节用两行诗略过《后篇》前34章关于罗婆那的故事。它的第19—23节相当于《后篇》第37—40章，但简化了送别的繁文，着重从各方面歌颂罗摩。它的第24—28节相当于《后篇》第41章，但游园改为游画像馆忆林居，细节描写突出罗摩对悉多的恩爱。它的第29—46节相当于《后篇》第42—44章，但突出地描写罗摩闻密探语的内心痛苦，以及决定遣悉多后"诸兄弟无一人、表赞同或劝阻"。它的第47—69节相当于《后篇》第45—47章，在叙述悉多被抛弃的过程中主要是突出地描写悉多的惨苦。它的第70—82节相当于《后篇》第48章，不过写瓦尔米基（即蚁垤）自己遇见悉多然后带回净修林。它的第83—87节相当于《后篇》第51章，突出描写罗什曼那回报后罗摩的痛苦与孤独。

《罗库世系》的第15章第1—41节相当于《后篇》第52—63章，罕有地用三十多节诗详述梭第茹那诛魔建城的经过，使得在古老的罗摩故事中默默无闻的梭第茹那形象大放光彩。在这一段里，还提前插入了悉多二子唱罗摩传的事情。它的第42—57节相当于《后篇》第64—73章，写罗摩救活婆罗门之子，但其子死后复活之事被调到罗摩遇仙人阿果斯提亚（即阿竭多）

之后,而向罗摩说明此子之死根源在某首陀罗违规修苦行者,并非那罗陀而是辩才学术女神莎若斯婆蒂。它的第 58—86 相当于《后篇》第 81—89 章,写罗摩举行马祭至悉多回归专地。这既是《后篇》的高潮,也是《罗库世系》中的罗摩传奇的高潮。其中改变最大的,就是原来罗摩恳请仙人把悉多带来证明自己的贞节,被改为仙人拒绝罗摩所献王国而要求接纳悉多,罗摩回答:"悉多展己行、臣民信心还,乃按汝嘱咐、接此儿母返。"还有悉多入地时,罗摩连呼"不!不!"。迦梨陀娑重用《后篇》的题材,形成独特的故事结构,看来是着眼于展示悉多的悲剧。《罗库世系》第 15 章的第 87—103 节相当于《后篇》第 90—100 章,写毗湿奴复体之前罗摩家族各种安排及升天的过程,其中把征服甘达尔婆人(即乾闼婆人)的事情主要归功于婆罗多而非其二子,实际上最终完成了罗摩四兄弟共有的勇武形象。

二、罗摩

《罗库世系》中的罗摩传奇,既然保留了古老的罗摩故事的基本情节,自然也就同样地塑造出一个神圣、贤良、勇武的罗摩形象。不同之处只有两点:其一是充分利用后人增补的《罗摩衍那·童年篇》的题材,从童年时期开始就大力确立罗摩勇武神圣的形象。其二是明显地加强了罗摩形象神圣的方面。在《罗摩衍那》中,罗摩纯粹是一个凡人;其神圣之处,只是在于"天上的妙相"(1.17.6)①,超凡的品德,以及不时出现的奇迹,比如举行婚礼时的花雨、天乐和天女跳舞(1.72.24—25)之类。在《罗库世系》中,罗摩的形象就不同了。纵然他内在的神性已经从毗湿奴的一半减为四分之一,在出生时已见"罗库家族之灯、缘其无匹之光,整个产房灯火、压倒如无那样"(10.68)。童年时到达毗湿奴苦行赎罪的净修林,虽无"前世别事想起",却感到"兴奋"(11.22)。罗摩斗持斧那一段,经过迦梨陀娑改写,持斧竟当面对罗摩说:"吾并非不知汝实老祖,吾试降世光荣、激怒汝毗湿奴。"罗摩更"放箭朝东",设"天国路障",使"持斧天堂不通"(11.85、88)。凡此种种,都使得罗摩的形象带上神的成分。所以,《罗库世系》第 12 章写楞伽之战,罗摩就不能像在《罗摩衍那·战斗篇》里面那样一再受伤。罗摩兄弟只能被套索而不是箭簇捆卧战场,受伤后必须由诃奴曼采药来解救的,只能是罗什曼那一人而不可以包括罗摩。《罗库世系》第 13 章开头更干

---

① 引自《罗摩衍那》第 7 篇第 8 卷,人民文学出版社 1980 年—1984 年版。

脆说:"知美德名罗摩,那毗湿奴望海对妻低诉。"不过,《罗库世系》中的罗摩,虽然加强了神圣的一面,基本上还是凡人,未到像后来杜勒西达斯写《罗摩功行之湖》那样,把罗摩变成既是人又是神。

迦梨陀娑重写罗摩传奇,在塑造主人公形象时,最重要的改变就是苦心孤诣地抹去了罗摩的负心。

在古老的罗摩故事中,罗摩的负心是客观存在的,非常明显的。尤其是《摩诃婆罗多·森林篇》里面的罗摩传,它的第 275 章具体描写了罗摩重会悉多那个惊心动魄的场景。只见罗摩斩钉截铁地说:"我怎能要一个曾落他手的女人?不能!片刻也不能!""不管你的行为正不正,我已没有兴致享受你的身,就像神不能享受狗舔过的祭品。"① 这番话吓得悉多"扑通一声倒在地上","猴子们和罗什曼那都吓得发傻"(10—16)。经风神、火神、水神、大梵天先后劝说和十车王下命令,罗摩才"上前去会妻子悉多"(38)。《罗摩衍那·战斗篇》第 100—106 章,更详细描写整个过程,还加上了火的考验;只是罗摩的负心形象已经明显地缓和了。起初,"她曾久住魔王宫,如今听说她来临,欢喜、悲伤与愤怒,一齐涌上罗摩心"(6.102.16)。可见他的心情是复杂的。继而"罗什曼那、须羯哩婆,还有猴子哈奴曼,听了罗摩说的话,个个心里不得安"。"罗摩已不爱悉多,他们心里都怀疑。"(6.102.16)随后,虽然罗摩口中说"对你我已无爱情,随你任意到何处"(6.103.21),逼得悉多流泪吩咐"罗什曼那!请为我准备焚尸的柴火"(6.104.18),本来对此愤怒难忍的罗什曼那,却因为"看到面容和姿势","了解罗摩真心意,就堆柴火来焚尸"(6.104.18);可见当时罗摩也并非真要抛弃悉多,无非故作姿态逼使她通过火的考验,以求自己放心而已。这样一来,罗摩的负心就显著地缓和了。不过罗摩心存疑虑是事实,拖延会面是事实,态度粗暴也是事实,罗摩的负心形象是无法洗刷干净的。《罗摩衍那·后篇》应运而生,展示罗摩抛弃悉多的悲剧,是合乎逻辑的。

迦梨陀娑笔下的罗摩传奇,采取了种种手段,成功地抹去了罗摩的负心,使主人公的形象达到完美无瑕的程度。

首先,迦梨陀娑加强了对罗摩爱恋悉多的描写。在描写婚礼的时候,就强调"那些公主王子,彼此感到满意,新郎娶新娘,如信任天性相吸"(11.56)。在进入森林之初,人们看到"某次因似稍倦、悉多怀中躺卧,彼神力定林树、阴影作庇护所。闻乌鸦使用爪、撕裂伊人双乳,爱侣享乐标记、

---

① 引自《摩诃婆罗多插话选》(下),人民文学出版社 1987 年版。

似是发泄嫉妒。美人唤醒罗摩、施草茎箭于伊,为此损失一眼、彼以此救自己"(12.21—23)。他们两人林居不忘性爱,竟致乌鸦嫉妒得疯狂发泄,险些送了性命,可见爱恋之深。这一段不见于《罗摩衍那·森林篇》,乃是迦梨陀娑特意从《罗摩衍那·美妙篇》第 65 章移过来增补的。《罗库世系》第 12 章是把《罗摩衍那》五大篇高度压缩为 104 节的特殊篇章,在这种情况下居然花费 3 节诗来描述此事,人们应该不难理解诗人的苦心。到诃奴曼楞伽会悉多回报时,人们又看到"达使命给罗摩、看那宝石凭证,如维迭霍公主、化身将心自奉。彼宝石置心上、闭目获得感觉,除接触乳房外、拥抱爱侣愉悦。闻知爱侣音信、罗摩渴求相见,环绕楞伽海洋、视为区区壕堑"(12.64—66)。在《罗摩衍那·美妙篇》末尾,罗摩听闻回报只是落泪。在《罗摩衍那·战斗篇》开头,罗摩原是望海发愁。迦梨陀娑倾心改写这一段情节,在高度压缩的第 12 章中再次花费 3 节诗来加以描述,正是强调罗摩对悉多的无限爱恋。

  为了加强对罗摩爱恋悉多的描写,迦梨陀娑特别选中罗摩在飞车(即云车)上对悉多的低诉,把《罗摩衍那·战斗篇》第 111 章开头 29 节诗,改写成《罗库世系》第 13 章开头 67 节诗。《罗摩衍那·战斗篇》第 111 章那一段叫做"低头""说话",纯粹是按飞车行程见景言事。在楞伽城讲大战,跨海讲搭桥和哈奴曼(即诃奴曼)探楞伽,海边讲联维毗沙那(即维皮梭诺)。见山林讲杀波林和会须羯哩婆(即苏吉利婆),般波池(即班玻湖)上讲与悉多分手,随后是杀恶魔,会仙人,见质多罗俱吒山(即奇妙山)讲婆罗多劝返等,直到重临阿逾陀。《罗库世系》第 13 章那一段就不同了。它叫做"低声倾诉",既有见景言事,亦有即景抒怀,情话绵绵。从第 2 节开始,劈头就呼悉多看罗摩桥,把两个人紧紧联系在一起。第 3—8 节在大海上讲大海的神话掌故,言语间可以品味罗摩对悉多的深情。第 9—18 节到海边讲神话说景色,更直接把大海与江河比作爱侣夫妻,赞江河以"己浪唇回爱侣",及大海"饮无比妻良行、彼吞江河下肚"。其间,罗摩见珊瑚称"艳若汝唇",还频呼"长眼女""蛇腰女",说"岸之风、花粉装扮汝貌,似知吾渴红唇、难忍美容时耗",道"汝鹿服、且回头望道路,如大地偕森林、跃出海成远古"。这确实并非说话,而是谈情。第 19—21 节在飞车上看悉多,再次呼唤"动情女",告知"天风舐汝脸上、日中所冒汗浆","缘好奇、垂手窗外触摸,戴珠宝云如汝、另一闪光手镯",说者被说者皆动情。第 22—50 节在森林上,或回忆过去的恩爱缠绵,如"于此处、报颤乐忆抱汝",及"忆头枕汝腿睡、芦苇荫隐蔽地";或告知伊被劫后,"不能言、彼藤蔓垂怜吾，分枝嫩芽牙垂、示恶魔劫汝路"，及牝鹿"上翻睫毛眼睛、成排往南盼顾"，可谓物皆有情；或痛说分离之苦楚，如"云造新雨降落、吾离尔泪其间"等，至"岸忘忧树藤蔓、美人乳花簇垂，觉会汝欲拥抱、吾遭弟含泪推"，真是催人落泪。还有或说眼前，如"郭多婆日河鹤、齐冲天似会汝"；或叙掌故，如"耍湖名五仙姑"；或讲仙人，如"惨苦修阿德利、于此林显伟力"；滔滔不绝，如泣如诉。第51—58节在河上描画恒河和朱木那河（即阎牟那河）之美，既是讲河，亦说悉多，故此呼唤："美体！看恒河汇、朱木那河浪来。"第59—67节罗摩看到梭若育河（即萨罗逾河），看到阿逾陀城，看到婆罗多，才结束谈情，回到现实，回到王权上面来。迦梨陀娑精心撰写的这一大段抒情诗，充分表达了罗摩对悉多的爱恋，表明到遇劫归来亦此情不变。

其次，迦梨陀娑淡化了火的考验。早在第11章描写罗摩拉弓得妻时，迦梨陀娑就故意描写"国王非胎生女、忠诺即交罗摩，卓越苦行者在、有如取证于火"（11.48）。如此说来，火的考验就仿佛打个证明，或者当个证人那样，是很平常的事情了。这是事前有意识的淡化。到罗婆那伏诛之后，在《罗库世系》第12章结尾处，根本没有出现一个罗摩拒绝接受悉多的场面，所以不存在他强迫悉多通过火的考验的问题。迦梨陀娑写完罗摩杀死罗婆那，只写了四句诗："已履行诸神嘱咐、罗摩即停弓松弦，旗杆上留镌名箭、神驭千马车上天"和"罗摩接受火洁妻、敌国运委友维氏，日儿罗什曼那伴、登臂伏车向都驰"（12.103—104）。其中"火洁"一语，轻轻带过了火的考验，"罗摩接受"已经是结果了。这样改写没有违背古老的故事，但把火的考验这回事淡化了。因此在可以感觉的形象上面，就不会产生罗摩负心的印象。迦梨陀娑的策略是淡化，而不是回避；所以他不怕提这件事，后来又让它再出现了三次。第一次是《罗库世系》第14章开头描写罗摩灌顶的时候，诗人特别插入悉多的形象，说"隐士妻赠香脂、伊人长带光膜，看似为证纯洁、再次被夫穿火"（14.14）。灌顶的仪式盛大庄严，悉多盛装的形象高贵端庄。在这种情况下重提"被夫穿火"，除了神圣的感觉，不可能使人产生任何坏的印象。涂抹香脂产生光膜，这是古老的罗摩故事所没有的，是迦梨陀娑自创的独特形象。这样重提火的考验，何止是淡化，简直是优化了。第二次是《罗库世系》第14章第61节，悉多被抛弃时托罗什曼那寄语罗摩："火中纯洁目睹，听谣传抛弃吾，岂与望族相符。"火的考验一事，从悉多本人口中得到印证，但得到的印象是纯洁。第三次是《罗库世系》第15章第72节描写瓦尔米基恳请罗摩"仁心纳悉多"时，罗摩说："父兮吾等见、汝媳火中纯,奈恶魔性劣、臣民信心遁。"(15.72)火的考验一事再从罗摩口中得到印证,得到的印象依然是纯洁。新的罗摩故事对此从来不作具体描写,却又一再提及,但每次提及,都只是产生了悉多纯洁的印象,这样一来,火的考验一事,就被迦梨陀娑淡化甚至优化了。与此相配合,迦梨陀娑又一再强调众人对悉多的信任和尊重。如罗摩还都下飞车后,迦梨陀娑特别描写了婆罗多对悉多行摸足礼:"坚誓拒楞伽王请、悉多堪敬之双脚,仿兄绾发高贵者、其首如愿两相邀";婆罗多敬的,正是悉多的坚贞。又如其后悉多随罗摩入宫拜见婆婆,自报"不祥吾致夫祸、悉多!"两位婆婆却说罗摩跨过大难"正缘汝之良行";婆婆爱的,也正是悉多的纯良。两者相结合,古老题材中罗摩负心的形象,就烟消云散了。

再次,迦梨陀娑突出了王权的作用。因为迦梨陀娑重用《后篇》的题材,重写《后篇》的故事,所以他需要对付的,不仅是火的考验,还有罗摩抛弃悉多的实际行动。为此,迦梨陀娑采取了一种新的策略,特意突出王权的作用。《罗库世系》第 14 章写完罗摩的灌顶礼即指出,"遵父命林居毕、罗摩获取王权"(14.21),"彼定时处国务、左诺果王之女,似吉祥天女现、美态求其欢愉"(14.26)。罗摩既拥有王权,又拥有象征大地的悉多,这正是梵语诗歌惯常所指的国王的共妻。两妻不能相容,矛盾随即发生。罗摩听到密探好运报告民间议论之后,焦心惶惑一阵,就想到"既无别法止诉、决弃妻祈息非",因为"躯体感受几何、名声纯洁至伟"(14.35)。这表面上是民间议论对悉多的排斥,实质上是王权对大地的胜利。随后更由悉多直接说出:"昔离已得王权、汝与吾居林中,缘彼得位暴怒、汝难忍余留宫。"(14.63)在这里,王权被人格化了。罗摩失去王权,可以与悉多同甘共苦,一旦失而复得王权,这个妻子就会"得位暴怒",令罗摩难以容留大地妻。所以在这一章的末尾处,迦梨陀娑写道:"王唯一贞节妻、虽缘畏责外放,胸怀乐如王权、妻伴独处辉煌。"(14.86)表面上是民间议论摈弃了无罪悉多,实质上是王权妻挤走了大地妇。这样一来,罗摩抛弃悉多,人们就最多只能怪他视王权高于一切,不能怪他负心了。

当然,最重要的还是,迦梨陀娑强调了悉多始终在罗摩心上。《罗库世系》第 14 章写到罗什曼那奉命抛弃悉多回城禀告罗摩时,特别描写"罗摩顿时洒泪、如梭活月飞霜,畏流言逐离家、悉多未出心房"(14.84)。这清楚地说明,罗摩虽然在行动上抛弃了悉多,在内心里却从未抛弃悉多。不仅没有抛弃,而且牢牢地扎根在心里。具体的证明就是罗摩并未另娶别妇,只是铸金像代替真人。所以《罗库世系》第 14 章在结尾处描写,"弃悉多未娶别个、罗摩举祭彼像附，细听传讯伊稍忍、夫遗弃难忍之苦"（14.87）。这说明连悉多本人也感觉到罗摩依旧心怀自己。第 15 章又特别描写悉多没入大地时，罗摩连呼"不，不"，而且"彼求悉多回、对大地暴怒，弓手思武力"，以至需要劳动"师长来安抚"；还有就是"悉多离后爱、罗摩注后代"（15.84—86）。由此可见罗摩虽然弄走了悉多，他对悉多的爱是始终如一的，悉多一直在罗摩的心上。既然如此，当然就无所谓负心了。

在《罗库世系》的罗摩传奇中，罗摩的形象既是传统的，又是独创的。

三、悉多

迦梨陀娑重写罗摩故事时，特别看重后人增补的《罗摩衍那·后篇》，从中取材最多，主要是看中了悉多故事的悲剧结局。这说明诗人具有艺术家独到的眼光，能够敏锐地捕捉前人故事中最能感动人的内容。因此，《罗库世系》中的罗摩传奇，其高潮就不是罗婆那伏诛，而是悉多回归大地。悉多的形象，是一个悲剧形象。

在古老的罗摩故事中，悉多的形象是一个美丽、多情、贞节、坚忍的形象。《罗库世系》中的罗摩传奇，既然保留了古老的罗摩故事的基本情节，自然也就同样地塑造出一个美丽、多情、贞节、坚忍的悉多形象。从第 11 章到第 13 章，悉多基本上就是这么一个形象，迦梨陀娑的改写，只是更加突出她的美丽和多情而已。到第 14、15 章就不同了，它像《罗摩衍那·后篇》那样，展示了悉多的悲剧形象。这主要是通过悉多被弃和回归大地两个场面的描写表现出来。

悉多被弃的场面见于《罗库世系》第 14 章第 47—82 节，长达 36 节。这样的篇幅，在一个高度压缩的故事中，无疑是一场罕见的重头戏。为了塑造悉多的悲剧形象，迦梨陀娑一开始就呈现喜与悲的强烈对比。起初，悉多因不知情，表现得十分欢喜。"听闻所钟欣喜"（14.47），"伊临迷人景致、欣喜'夫君悦吾'"（14.48），真是一路欣喜，喜不自胜。不过，悉多虽然不知内情，"一路右体颤动，告之永失视夫、命定巨大苦痛"（14.49）；预兆显示出灾祸要来临。"现凶兆伊沮丧、莲花脸顿白苍"（14.50），悉多的悲剧形象，就这样猛然呈现在眼前。接着，迦梨陀娑让恒河、罗什曼那和大地都来烘托悉多。"苏米子从兄命、将弃贞妇于林，恒河站立前头、似举浪手阻禁。"（14.51）悉多对万物有情，万物亦对悉多有情。当年悉多被劫，藤蔓和牝鹿曾为罗摩指路；如今悉多被弃，恒河也来禁阻。阻禁自然无效，但人们可以感觉到悉多真是可爱、可怜、可悲。行程终结。罗什曼那只好实话实说了。"罗什曼那艰难、调声喉泪忍住,如云降重冰雹、把国王命令吐。"(14.53)曾经在森林共处 14 年的弟弟说话如此忍泪含悲,那话的效果就可想而知了。果然,"灾难风暴轰击、装饰花朵萎弃,悉多原生会体、如藤突仆大地(14.54),这一节的描写,与《后篇》第 47 章第 1 节的描写是相同的,所不同者,是迦梨陀娑别出心裁地把悉多"昏迷倒卧"说成"原生会体"。即悉多的躯体与原来生育她的大地相会,并由此生发出自己独创的细节:"'伊族源品行优、丈夫怎突弃汝?'大地母亲狐疑、未即给予进路。"(14.55)连母亲都不能理解,悉多的境况实在是太可悲了。所以,"伊昏迷未识苦、复苏心受折磨,罗什曼那奋力、唤醒伊弊更多"(14.56)。前面显现的是外在的苦,这里隐现的是内在的苦,悉多的悲剧形象就是这样丰满地树立起来。随后 11 节诗,主要是悉多的长篇寄语。起初"君王抛弃过失、妇无遭夫语陈,再三责备自身、无尽痛苦罪人"(14.57);末了还要说:"举目注日苦修、余产子接不息,致汝来生再度、为吾夫不分离。"(14.66)通篇辩词,凄婉动人。大难临头,悉多竟然如此贤惠,其悲剧形象更显得崇高。罗什曼那去后,"灾极重放声哭、伊似受惊鹦叫。孔雀止舞树弃、花朵鹿舍美草,所至林伊共苦、由是放声悲嚎"(14.68—69)。人物同悲,悉多的悲剧形象与大自然融成一体。以下 13 节诗,写诗人循哭见悉多,好言相慰,"彼怀悲领伊归"(14.80),直至"伊树皮衣蔽体、野蔬延夫世系"(14.82)。真是可怜复可悲,可悲复可怜,就这样初次完成了悉多的悲剧形象。

悉多回归大地的场面见于《罗库世系》第 15 章第 75—84 节,长仅 10 节。而这个场面之所以出现,一方面是瓦尔米基仙人精心策划的结果,另一方面是悉多的感情发展的必然结局。在瓦尔米基方面,早在悉多二子出生的时候,就交代当晚正好投宿该净修林的梭第茹那,将来回到阿逾陀切勿说出悉多生子之事;所以十多年后梭第茹那返阿逾陀见到罗摩时,"彼全答王问、唯未及后裔,依诗人教导、传达于适时"(15.41)。与此同时,瓦尔米基悉心教育悉多二子,从传授吠陀及其他吠陀经卷,到教唱自己创作的《罗摩衍那》,并且让他们在母亲跟前演唱,使得"母亲分离苦、二子稍减缓"(15.34)。到罗摩举行马祭时,瓦尔米基就放出悉多二子,使罗摩能听到他们的演唱。正如诗中所说,"瓦尔米基作、罗摩传名扬,古硕与骆婆、师传双外放。罗摩事瓦作、天堂歌手俩,闻岂不由此、心摇神荡漾。罗摩既获知、兴浓偕兄弟,俩歌声容貌、优美听且视。醉心听歌唱、人众泪沾脸,似风静林区、清晨霜粒淹"(15.63—66)。演唱本身,已经产生悲剧效果。二子与罗摩相貌的相似,及二子不喜欢罗摩的赠礼,使人们感到惊奇。问明师傅和作者都是瓦尔米基之后,"罗摩偕诸弟、随即同前往,许自身给伊、将王国献上"（15.70）。罗摩以为，用整个王国的高价，可以赎回两个儿子。谁知"两孩儿其子、彼告知罗摩，仁慈诗人选、仁心纳悉多"（15.71）。诗人拒受其王国，但求罗摩接受悉多。罗摩不改初衷，要求"悉多展己行、臣民信心还，乃按汝嘱咐、接此儿母返"（15.73）。由此，才出现悉多回归大地的场面。可见，这正是瓦尔米基长期苦心筹划的结果。不过悉多回归大地并非诗人的本意，瓦尔米基的原意，是让悉多回到罗摩的怀抱里。正因为事与愿违，与诗人惨淡经营十余年的本意相违，这个悲剧才更显得惊心动魄。

　　回归大地，其实是悉多感情发展的必然结果。在被抛弃之初，悉多一是晕倒，二是自责，三是寄语，四是痛哭，心情极端复杂，主要感觉是苦，无比痛苦。她虽然自责而不谴责丈夫，在寄语时，却首先质问"听谣传抛弃吾、岂与望族相符"（15.61）。她奢望"或此违愿行为、乃汝良谋对我，吾遭雷霆征服、正前世罪孽果"（15.62）。她判断是王权妻排斥自己。她为自己过去曾庇护苦修者的妻子，如今却沦落到要向他人求庇，感到羞耻。倘若她所怀的不是罗摩的后代，她会为永远离开罗摩痛不欲生，舍子弃体。她决心产子后望日苦修，冀与罗摩再续来生缘。她相信自己虽被放逐，仍然会像其他隐士那样受到国王尊敬。在痛苦中，悉多依旧怀有微茫的希望，等待解脱。在净修林安定下以后，"弃悉多未娶别个、罗摩举祭彼像附，细听传讯伊稍忍、夫遗弃难忍之苦"（15.87）。痛苦是难忍的，即使知道罗摩未娶，已像伴祭，也只是稍微能够忍受一下而已。十多年过去了，一切如旧，未来已经是一片空白，尚可留恋的只有过去。故只有两儿子在她跟前歌唱罗摩故事，才能稍微减缓悉多那无尽的痛苦。虽然瓦尔米基创造了复合的机会，罗摩仍然以悉多设法让臣民恢复信心为条件，使悉多认为，这只不过是一个没有爱作为基础的机会。这时候，悉多的心彻底破碎了，她再也无法忍受了。她出场时，"罩褐色衣服、目光凝视足，伊体现宁静、纯洁可评估"（15.77）。这种宁静太可怕，它说明悉多的心已经死了。到她开口说话，"余既言心行、无罪于丈夫，大地女神兮、纳吾进内部"（15.81）。这样求证纯洁显然不是为了复合，而是但求解脱。悉多这种举动，虽然出乎诗人意料之外，却是在情理之中的。这一回，大地女神明白了，她腾空出现了。"伊怀抱悉多、其眼盯丈夫，彼呼'不、不'时、已进入地府。"（15.84）这是一个经典性的场面描写。在最后一刻，悉多眼睛盯着罗摩，舍之又不舍，是恨亦是爱，有恨还有爱，爱恨交加。

　　悉多消失了，她的悲剧形象却永垂不朽。

（原载《印度文学研究集刊》第六辑，上海译文出版社出版）

叙事的奇观

——论卡尔维诺《看不见的城市》

艾晓明

伊塔洛·卡尔维诺1985年9月辞世,他被认为是意大利当代最优秀的小说家,"欧洲当代文学的旷世奇才"①。1984年以来在中国内地陆续有了一些卡尔维诺作品中译本,但远非系统,还不到他创作的三分之一。

卡尔维诺在二十世纪七十年代有三部小说问世:《看不见的城市》(1972)、《交叉命运的城堡》(1973)以及《如果在冬夜,一个旅人》(1979),这些作品承接他六十年代宇宙幻想小说思绪,发展出更精粹的表达形式。《看不见的城市》在西方被看作后现代的经典②,在香港、台湾一些学者作家中亦倍受推崇。香港舞蹈家黎海华还曾把这部作品编成现代舞剧《隐形城市》,1995年我在香港做访问学者时曾看过香港现代舞团的首场演出。从香港小说家也斯的小说《记忆的城市·虚构的城市》、西西的小说《飞毡》等都能看出这部作品的影响。

但是《看不见的城市》在内地读书界的反响甚微,除了阅读英文版图书的条件有限之外,研究的薄弱也是重要原因。吕同六先生在研究介绍意大利当代文学方面做了许多工作,他的两部评论专集都有介绍卡尔维诺的文章,但其中都没有提出《看不见的城市》。③ 在中国学者撰写的意大利文学史著作里,一位学者把《树上的男爵》误译成《跃立的骑士》,把《宇宙奇趣》误译为《大型喜剧》,书中重点介绍的仅仅是卡尔维诺五十年代以前的作品。④ 而在另一部专著中,著者对《看不见的城市》有所评述,但关于其章书和艺术特点的概述过于简化,不得要领。上述现象只是要说明,撇开我的个人爱

---

① 《白天的猫头鹰——意大利当代中篇小说选》,袁华清译,北京出版社1984年版,第2页。

② 厄勒·缪萨拉:《重复与增殖:伊塔落·卡尔维诺小说中的后现代手法》,见佛克马、伯顿斯编《走向后现代主义》,王宁等译,北京大学出版社1991年版,第159页。

③ 吕同六:《历史·童话·现实——卡尔维诺小说剖示》,见吕同六《地中海的灵魂——意大利文学透视》,社会科学文献出版社1993年版。

④ 张世华:《意大利文学史》,上海外语出版社1986年版。

好不论，就研究需要而言，卡尔维诺这部小说值得详加讨论。这不仅有助于认识卡尔维诺对新世纪小说的开拓之功，更在于对中国新一代小说家确定自己的艺术方向有着重要的启示。

一、文本与改写

《看不见的城市》的框架故事是马可·波罗给忽必烈汗讲述城市故事，它一共有九章，每章前面和后面是马可·波罗和忽必烈汗的对话，用斜体字印出，正文是作为叙述者马可·波罗的讲述。它的开头是这样：

> 当马可·波罗描述他在探险历程里造访过的城市时，忽必烈汗不见得相信他说的每件事情，但是这位鞑靼皇帝确实一直全神贯注、满怀好奇地听着这个威尼斯青年的故事，比听他派遣的信差或探子的报告还要专注。在皇帝的生涯里，在我们征服了无垠疆域的荣耀之后，总有某个时刻，皇帝知道我们很快就会放弃探知和了解他们的念头，因而深感忧虑，却又觉得欣慰。有一种空虚的感觉，在夜间朝我们欺身而上，带着大雨后大象的气味，以及火盆中渐渐冷却的檀香余烬的味道，一种晕眩，使得绘在平面球形的图上的江河与山陵，在黄褐色的曲线上震颤不已，收卷起来，一个接着一个，传来最后一支敌军溃散的快报，一场又一场的胜利，还有拆着那些卑微的国王的蜡封密件，他们愿意年年进贡贵重金属、鞣制的兽皮和海龟壳，恳求交换我军的保护。终究，我们会发觉，这个在我们看来是奇迹之总和的帝国，其实是无尽的、不成形的废墟，腐败的坏疽已经蔓延太广，连我们的王权也无法治疗。战胜敌国只不过是让我们继承了他们长久以来的百废待举，此后，绝望沮丧的时刻便降临了。只有在马可·波罗的故事里，忽必烈汗才能在注定倾颓的城墙与高塔里，辨别出那幸免于白蚁啃噬的精细雕花窗饰。①

在这个开头极大地转变了古老文本的语境，给全书的故事以一个华丽的舞台空间，一种伤感的叙述氛围。游记中的城市不是作为真实的存在，而是以记忆和虚构的形式出现，君王成为享受故事的读者，而马可·波罗是一个富有想象力的作家。从这里，可以看到卡尔维诺利用了古老文本，却做了根

---

① 卡尔维诺：《看不见的城市》，王志弘译，时报出版公司1993年版，第13—14页。本文引文均见这一译本。

本性的改写。

《马可·波罗游记》诞生于十三世纪，1298 年，威尼斯和热那亚因为商业冲突爆发战争，战败后，马可·波罗作为战俘被关进了热那亚的监狱。为了消磨时光，马可·波罗给他的难友讲述他的东方见闻。这位难友，比萨人鲁斯蒂谦（Rustigiclo），有记载说他是一位小说家、语法学家。由他记录而成的最初稿本现已佚失，以后有大约一百四十多种抄本。马可·波罗获释后还曾将此书的一个法文抄本赠给一位法国贵族。

马可·波罗的叙述令人难以置信，他于 1324 年去世，在他临终以前，他的朋友们曾要求他取消书中的说法，而他回答说：我还没有说出我亲眼看见的事物的一半呢。

《马可·波罗游记》举世闻名，历来也有人质疑其真实性。褒扬者称马可·波罗为"横跨亚洲大陆，并按照国家和省份连续的次序而列其名称的第一位旅行家"，贬抑者甚至怀疑马可·波罗是否到过中国。而我感兴趣的则在于，它如何赋予卡尔维诺灵感。我认为启发至少是这样几点：第一，在旅行记游文字中，马可·波罗的书是一本最早的城市叙述，其中描写了各种形态的城市，有巴格达等宏伟的大城，有小市镇和城堡，有大汗的豪华宫殿，有市场、街道和家居的庭园。第二，在他的叙述中，东方，遥远的城市一个接一个展现魅力，它们的魅力是在于各个城市都有不同的风俗、物产、逸闻和奇人。第三，马可·波罗的叙述是细致的，其中关于奇异事物的记叙使游记引人入胜。例如他说到那精通幻术的民族，能使白天变成黑夜；幽灵积聚的荒原，用阵阵呼唤误导商旅；还有吃人部族以及手臂厚的红宝石……我相信，旅行家对青年时代的怀想、监狱的黑暗以及小说家的手笔都加强了这本书的文学性。

有论者注意到，通过对属于中世纪和文艺复兴时期文学传统的文本进行改写，是卡尔维诺小说的独特手法之一。它是一种文学转换，卡尔维诺认为：文学一方面要表达一种"在语言层面上毫无参照可循的"属于神话和无意识领域的意义，另一方面，文学又是"一种挖掘利用文学自身的素材所固有的可能性的组合游戏"，"我相信，全部文学都被包裹在语言之中，文学本身只不过是一组数量有限的成分和功能的反复转换变化而已"[1]。

这位论者认为，古老文本的启发与卡尔维诺的转换是在于，卡尔维诺在

---

[1] 厄勒·缪萨拉：《重复与增殖：伊塔落·卡尔维诺小说中的后现代手法》，见佛克马、伯顿斯编《走向后现代主义》，王宁等译，北京大学出版社 1991 年版，第 166 页。

经典文本所运用的基本手法里找到了自己下笔的起始点。

我认为，转换的根本性质是在于，卡尔维诺的叙述是纯粹的诗性叙述，它是在想象和隐喻的空间里展开的城市景象，它所有的故事是有关城市的象征、寓言、隐喻和转喻。马可·波罗的游记中一直强调的是其叙述的真实性；而卡尔维诺仅仅借用了人物和表层的形式，例如那种时间和空间上的语气模仿：启程，经过几天几夜之后，你就到达了某个城市……其中，诗性的城市本身，正是卡尔维诺所说的在语言层面上毫无参照可循的故事。

二、晶体与网络

在每章首篇和末篇的马可·波罗与忽必烈汗的对话之中，是马可·波罗讲述的城市故事，全书九章中共有五十五个城市故事，归属于十一个主题，也就是说每个主题有五个故事。这十一个主题是：①城市与记忆；②城市与欲望；③城市与符号；④轻盈的城市；⑤贸易的城市；⑥城市与眼睛；⑦城市与名字；⑧城市与死亡；⑨城市与天空；⑩连绵的城市；⑪隐匿的城市。

卡尔维诺把这些章节安排成这样的结构，第一章和第九章分别为九节，包含四个主题，中间每章各五节，包括五个主题。好像电脑上同时打开几个文档一样，每章中的不同主题在前后各章中依次出现，但由强渐弱，逐步消失。十一个主题在各章节中的跨度最少两章，最多五章。前一章里的新主题和下一章构成绵延不断的链接。如第一章中含有：城市与记忆之一、城市与记忆之二、城市与欲望之一、城市与记忆之三、城市与欲望之二、城市与符号之一、城市与记忆之四、城市与欲望之三、城市与符号之二、轻盈的城市之一。

十一个主题在这里出现了四个，还有七个主题，以下依次在每章里出现，而秩序都是五四三二一。例如第二章：城市与记忆之五、城市与欲望之四、城市与符号之三、轻盈的城市之二、贸易的城市之一。最后一个是新出现的城市，在后面继续以五四三二一的形式呈现。

卡尔维诺这种章节安排在形式上严谨对称，不仅反映出他和法国哲学家一样对事物秩序的兴趣，更是他对一种文学品质——确切性（exactiude）的追求。卡尔维诺对语言被滥用的情形非常警惕，他认为文学需要品味模糊与不确定事物的美，但它要求"确切地、细致地注意每一个形象的布局、细节的微细限定、物体的选择、光照和大气"，"朦胧诗人只能是提倡准确性的诗人"。他用"晶体"派比喻他自己以及像博尔赫斯这样一群热衷于逻辑的、几何的以及形而上学的秩序的诗人和作家，他说"因为具有精确的小平面和能够折射光线，晶体是完美性的模型，我一向珍视它，视它为一种象征"，①晶体是由各自不同的小平面组合成的多面体。多年以后，卡尔维诺如此回顾自己的这部小说，他说："给我更大机会来表现几何理性与人生莫测变幻之间的张力的、更为复杂的形象是城市的形象。我极力多加叙述我的思想的书依然是《看不见的城市》，因为我在书中聚集了我对一个单一象征全部的思考、实验和猜想；还因为我建构了一个多面的结构物，在其中每篇短文都十分接近其他短文，组成一个不表现逻辑序列或者等级关系的系列；它要表现的是一个网络，在这个网络中可以采纳多重的途径，得出多重的、派生的结论。"②

卡尔维诺的这种城市分类和数字模式是这部著作的论者的分歧的地方，有人认为，其绵延性并没有美或趣味的价值。"在索引上出现的精确结构本身就是对一种矛盾性的简明论断，它指明了任何赋予现实的迷宫以意义的企图所包含的矛盾。"③ 例如，《城市与眼睛》并非能和《城市与名字》区分开来，如果把《连绵的城市》与《隐匿的城市》中的故事互换也不会影响阅读效果。但另有论者认为：这种安排是有意义的，它把读者导入一座迷宫。就此而言，叙述成为卡尔维诺对由他自己造就的迷宫的穿越。

我希望由此形式分析进入卡尔维诺的城市故事，我认为，形式的严谨呈现了卡尔维诺想象的方式。正如凯瑟林·休姆指出的："卡尔维诺当然没有给我们任何关于中国地理的教义，他也没有描述中国的首府都会，他呈现于我们眼前的是看不见的城市，他的小说就像大汗本人一样，组成了一部魔幻的地图集。"④

三、记忆与虚构

应该承认的是，要从标题来判断故事是困难的，因为"城市与天空"并

---

① 卡尔维诺：《确切》，见《未来千年备忘录》，杨德友译，社会思想出版社1994年版，第63、64、73页。

② 卡尔维诺：《确切》，见《未来千年备忘录》，杨德友译，社会思想出版社1994年版，第74－75页。

③ Kathryn Hume. *Calvino's Fictions：Cogito and Cosmos*. Oxford：Clarendon Press，1992，p. 135.

④ Kathryn Hume. *Calvino's Fictions：Cogito and Cosmos*. Oxford：Clarendon Press，1992，p. 144.

非讲的就是天空,"城市与贸易"也并非是贸易。几乎在每一个故事中出现的都是主题的转喻和换喻形式,它从记忆和欲望、空间的量度和过去事件的关系开始,不过,记忆和追怀不是整部作品的叙事线索。从理性的角度考察,卡尔维诺的故事隐含了现代人对城市的起源、矛盾和衰颓的观感。白色之城卓贝地(Zobeide)"全城在月光笼罩之下,街道宛若一束纱"。这个城市有这样的创建传说:不同国家的人,都做了一个相同的梦,他们梦见一个女人,为了捕捉她,他们按自己的梦境建造了这个城市。在失去女人的地点,他们安排了不同于梦的空间和墙。新人不断来到,他们改变了骑楼和阶梯的位置,以防梦中女人逃脱。因此,这个城市变成了丑陋之城,一个陷阱(《城市与欲望之五》)。李奥里亚(Leonia)城每天更新,这个城市的垃圾不断扩张,进占世界;整个世界正在变成各个城市的垃圾山将对方抹除的火山口(《连绵的城市之一》)。在普洛柯比亚(Procopia),旅舍窗外的风景年年变化,第一年,还看不到人,年复一年,树叶丛中露出的人脸按几何级数增长,到后来,桥上的人已经习惯于跨坐在别人肩上,水沟、树叶和天空都消失了,窗框里所见到的全是和善的人脸(《连绵的城市之三》)。

卡尔维诺的人文关怀是不言而喻的。城市的种种荒芜、异化和梦魇的终结,两个人物的对话探询了可能的出路。

上述理性的梳理接触到小说意义的部分层面,可能还是最浅表的层面,卡尔维诺转换叙事焦点和他的幻想能力才是真正令读者眼花缭乱之处。《城市与符号》这组作品涉及形象的表意功能,它同时是对人们的观察方式的描写,"当你自以为在探访塔马拉(Tamara)的时候,你只不过是记录了她用来界定自身以及她的各个部分的名号"。从姬尔玛(Zirma)回来的旅人,他们记住的形象各有不同。佐依(Zoe)这个城市没有差异、形貌和样式,在它的任何地方都可以吃喝拉撒、寻求神喻,令人满心疑惑。卡尔维诺的这些带有任意性和派生性的发挥,可以用他的朋友罗兰·巴尔特《埃菲尔铁塔》里的观点来解释。[①] 巴尔特考察这个代表巴黎的建筑符号说:"随着我们想象的推移,它依次成为如下事物的象征:巴黎、现代、通讯、科学或十九世纪、火箭、树干、起重机、阴茎、避雷针或萤火虫,随着我们梦想的遨游,它必然总是一个记号","人们可以不断地把意义纳入这种形式中(他们可以任意地从自己的知识、梦想和历史中抽引出这些意义,而意义不会因此被限定和

---

① 卡尔维诺曾在巴黎居住了十五年,和巴尔特有过密切交往,并非常欣赏他的理论。

固定。艾菲尔把他的铁塔看成一件严肃的、合理的、有用的东西,而人们却还给它一个伟大的、奇异的梦想,这个梦想极其自然地达到了非理性的边缘"①。

卡尔维诺想象了完全垂直悬挂的城市,那是一座水管森林(《轻盈的城市之三》)由紧绷的细绳和支柱构成的迷宫(《贸易的城市之四》);还有有细长的高跷撑起的天空中的城市,那里的居民避免与大地接触,只愿意用望远镜来凝神俯瞰。有三种假说解释此种行径:①他们痛恨大地;②他们崇敬大地;③他们喜欢大地没有他们存在的样子。

卡尔维诺写到城市里隐形神祇的争辩(《城市与名字之二》),城市里居民世代更迭和角色的交换——对话和功能却不改变(《城市与死亡之一》),与逝者和幽灵遭遇的城市(《城市与死亡之二》),字词和事物分裂的城市(《城市与名字之三》),人们像老鼠一样互相噬咬、像燕子一样俯冲的城市(《隐匿的城市之三》)……

这些奇异景观,就像超现实主义画家马格里特和德尔沃的画作。马格里特长于"分离事物间的传统关系,重新置换组合以产生奇遇"②,他的画调侃人们的理智,对语词与映像的关系提出质疑。卡尔维诺和他相像之处是在,他把城市从地理空间的具体性中分离出来,与中古风格的物品、与现代建筑或都市局部搭配,加以变形、夸张和引申,使之成为人的意识和潜意识的画像。卡尔维诺像德尔沃的地方是那种梦境的氛围,德尔沃的画作有好多就是月光下的宁静街道,裸女在无叶的树木下,穿制服的男人突兀地穿行其间,还有正在交谈的骷髅……

卡尔维诺的尝试还在于短篇小说的形式,卡尔维诺偏爱短篇形式,他说道:"作为一名作家,我从一开始就力求探索那捕捉时间相距遥远的点并将其连接起来的心智线路的闪光。"③ 为此,还需要寻找恰如其分的词语、每个字都不可更替的句子、字音与概念的配合。他认为,只有在短篇中可以保持这种张力和特殊的叙事的密度,这也是意大利文学的优秀传统。他说他要大声疾呼,为短小的文学体裁的丰富和这种体裁的风格和内容的精炼辩护。他推崇博尔赫斯那种极其明快地接近无限的方法,并把这种迅速(quickness)

---

① 罗兰·巴尔特:《埃菲尔铁塔》,见罗兰·巴尔特《符号学原理——结构主义文学理论文选》,李幼蒸译,三联书店1988年版,第37、39页。

② 刘世龙:《谜的玄奥 美的神奇 诗的创意》,见周小兰、刘朴、王林编《马格里特、德尔沃画风》,重庆出版社1992年版,第1页。

③ 卡尔维诺:《迅速》,第50页。

作为应该从本世纪延伸到未来前年的文学品质之一。他说："我常常梦想那些篇幅浩繁的宇宙论式著作、英雄叙事诗和史诗能够压缩到警句的篇幅。"①《看不见的城市》里五十五个城市故事都是短篇和极短篇，最短的译成英文只有一百三十六个单词，译成中文不超过二百五十个字，最长的也不过一千六百字。

下面的故事（《城市与记忆之二》）就是这样，它在这么少的文字中聚集了好几个时间段，有清晰的中古风格，有人生场景的对比，每一个句子都精粹完美，耐人回味：

> 一个人在荒野里驰骋很长一段时间之后，他会渴望一座城市，终于，他来到了伊希多拉。城中有镶饰了海螺壳的螺旋楼梯，出产上好的望远镜和小提琴。在两个女人之间犹豫难决的异乡客，总是会在这里遇到第三个女人。而此地的斗鸡，已经沦为下注者之间的血腥争吵。当他渴望一座城市时，总是想到这一切。因此，伊希多拉是他梦想中的城市，只有一点不同：在梦想的城市，他正逢青春年少；抵达伊希多拉时，却已经是个老人。在广场那头，老人群坐墙边，看着年轻人来来去去；他和这些老人并坐在一起。欲望已经成为记忆。②

凝炼的艺术是以无限小的形式透视宇宙，荷马史诗里有一段关于神为阿基琉斯重造盾牌的描写，这面盾上的装饰囊括人间万象。博尔赫斯在小说里描写过直径两公分的小圆球"阿莱夫"，它映照万物，应有尽有。这面盾牌和这个小球，都是微小和巨大的集合。《看不见的城市》呼应着这种想象，城市的形象时而被缩微到针类那么大，时而与无限的时间重叠。其中，形象之间的组合关系十分奇特，它们在可能性和不可能性、在意境与哲理、在博学和幻想两极跳跃，有着外延的精密和内部的深奥。欧林达（Olinda）是一个以同心圆方式成长的城市，在它的中心，永远有一个全新的欧林达正在长出来。劳多米亚（Laudomia）包含了过去、现在和未来三重性质，假定未出生的人口是无限的，他们的模样被想象为无限小，数目却是无限多。在这个推理之下，以免窒息。悲伤之城瑞萨（Raissa）有一条看不见的线连接起快乐，这个快乐的因果关系不在两个对象之间的交流，而在甲与乙、乙与丙、丙与丁之间的传递。快乐在不快乐之中，未来在此刻出现，一切正义中生长

---

① 卡尔维诺：《迅速》，第 54 页。
② 卡尔维诺：《看不见的城市》，王志弘译，时报出版公司 1993 年版，第 16 页。

着不义，环环相扣，没有止境。

我认为，二十世纪那些真正能够成为大师们的大师、作家们的作家的人，如福克纳、博尔赫斯、卡夫卡等，他们都是语言的魔法派，而以童话寓话方式创造城市，变化繁复，这是卡尔维诺的幻想小说不同于其他那些作家的地方。1970年8月在关于文学幻想的学术研讨会上，卡尔维诺发言谈到，"十九世纪的幻想是浪漫精神的优雅产物，很快它就成为通俗文学的一部分。而在二十世纪，智力性（不再是情感的）幻想成为至高无上的，它包括：游戏、反讽、眨眼示意，以及对现代人隐蔽的欲望和噩梦的沉思"①。两年后完成的这部著作，是这种智力性幻想的卓越例证。

四、叙述是什么？

回到本文开头的问题——《看不见的城市》中的人物，他们是马可·波罗和忽必烈汗，在每章的开头和结尾是关于他们对话的情境。这是在黄昏的御花园，年老的帝王和年轻的旅行者，他们的身份和经验全然不同，这产生了听与说之间的张力，不仅如此，帝王亦不是被动的听众。在聆听的过程中，他会反诘、责难，并且取而代之，成为一个新故事的叙事人。这种听与说、沟通与误解、由此及彼以及互相移动甚至对抗的叙述关系，推出小说的真正主角——叙事行为。

小说里写到叙述者可能的方式和对这种行为的回应：马可·波罗刚刚抵达，语言不通，他"只能运用姿势、跳跃、惊奇与恐惧的呼喊、动物的咆哮或枭叫，以及他从背包里拿出来的东西来表达自己"，他即席创作了必须由君王自己来诠释的哑剧。以后，马可·波罗掌握了鞑靼语言，他能够做最精确详细的报道，但皇帝却时时回忆起他过去的姿势和物品，皇帝的理解是通过过去的象征折射完成的，而过去的象征增加了新的意义。

卡尔维诺在叙述中，始终不依赖传统小说中要求的读者对叙事内容的信任，他赋予作品新的强度和纯粹性，那就是叙事如何产生，叙事者的角度和位置。因此，我们可以看到几个层次以上的叙述，第一是马可·波罗在讲述（或者在想象），第二是他的讲述内容。在这两者外面，是卡尔维诺的描述："这个时候，忽必烈大汗打断了他，或者在想象中打断了他，或者马可·波罗想象自己被打断……"由这样的假设，故事继续着，而读者可以体会到，

---

① "Definitions of Territories: Fantasy".

故事是通过语言还是通过沉默来进行已经不重要，重要的是，故事完全可以不依赖说出而独立，它的独立发展是建立在想象行为里。

也可以说，在很大程度上，马可·波罗和忽必烈汗是不断从角色性人物向功能性人物转换，作为角色，他们有固定的身份位置；但作为功能，他们成为两个分歧的叙事者，他们操演故事如何建构。"忽必烈汗大帝注意到马可·波罗的城市，彼此之间的类似，似乎从一个城市到另一个城市的转移，不是旅程，而是元素的变换。现在忽必烈汗的心灵从马可·波罗描述的城市自行出发，在一点一点地拆解了这座城市之后，他以另一种方式重新构筑，掉换组成部分，移动或推翻它们。"这样，皇帝描述出自己想到的城市，并且要求马可·波罗出发去寻找。由这种反向的推理，引出美妙的类比和隐喻。忽必烈汗说他梦见一座城市：港口朝向北方，小船等待旅客，告别无声，但有泪水。马可·波罗回答说，我迟早会从那个码头出发，但我不会回来告诉你它的故事。这个城市是存在的，它的秘密很简单："它只知道离去，不知道归来。"

通过他们两人关于城市的思辩，卡尔维诺探询着语言的创造性和它的限制。他说过，没有不带欺骗性的语言。他也说过，谎言不是在文字，而是在事物之中。语言表达事物，它和事物的关系依然是若即若离的。字词作为叙事的基本元素，是产生意义的条件之一，但意义的产生还取决于别的。马可·波罗描述一座桥，一块石头一块石头地诉说，而君王说：我所关心的只是支撑桥梁的桥拱。马可·波罗回答：没有石头就没有桥拱了。作为读者，我们也可以反过来说：没有桥拱的组合，石头依然是石头。语言的意义在它的功能里。

再者，语言的意义还在于交流中的互动关系。讲述者在时空旅行，这是心灵的时空。听与说的不同语境产生不同映像，它或许是破坏性的再创造。这时，"主控故事的，不是声音，而是耳朵"。所以，听与说之间，有相当多的不确定性。这就是写作内部的哲学，是卡尔维诺探求的东西。天刚破晓，马可·波罗说，陛下，我已经讲完所有的故事了。

大汗说：还有一个城市你从来没有提到过——威尼斯。

马可·波罗答说：你以为我一直讲的是什么呢？当我描述某个城市是我所说的就是威尼斯。

大汗说：你应该如实道来。

马可·波罗说：记忆中的形象，一但在字词中固定下来，就被抹掉了。也许我害怕,我如果提到的话,就会失去威尼斯。或许,当我提到其它城市时,我已经一点一点的失去了它。①

作者也让这两个人物呈现两种文学表达的方法,多年以后,他把这个实验纳入他对视觉形象确切性的思考之中。他说到:"我对于确切性的寻求走上了两个方向:一方面,把次要情节降低成为抽象的类型,可以根据此类型来进行运算并且展现原理;另一方面,通过选词造句的努力尽可能确切地展现物体可感的面貌。"② 前者近于归纳法,后者近于演绎法。在《未来千年备忘录》中,他用这一场景来说明作为哲学和文学想象的方式:大汗企图集中精力下棋,但他困惑于下棋的理由。每盘棋都有输赢,但真正的赌注是什么呢?把他的征讨简化,这不过是棋盘上的一个方格。马可·波罗却提示他注意所有可观的细节。

马可·波罗代表了文学中细致入微的观察,忽必烈汗则舍弃细节以抽象的推理;卡尔维诺希望在小说的运思中包括这两者。因此,他既不认为字词是获取世界的手段——"词汇只认识它自身,提供不了关于世界的其他知识"③,也不主张说字词就仅仅是接近事物的表层,不涉及深层。他说:"词汇把可见的踪迹和不可见物、不在场的物、欲求或者惧怕的物联系了起来,像深渊上架起的一道紧急时刻使用的细弱的桥一样。""正因为如此,至少对我个人来说,恰当地使用语言就能使我们稳妥、专注、谨慎地接近万物(可见的或者不可见的),同时器重万物(可见的或者不可见的)不通过语言向我们发出的信息。"④

五、致未来

我在前面多次引用了卡尔维诺自己的意见来解释他的小说《看不见的城市》,目的在于引起对卡尔维诺创作的重视,这个重视不应该局限在研究意

---

① 卡尔维诺:《看不见的城市》,王志弘译,时报出版公司1993年版,第112–113页。
② 卡尔维诺:《确切》,见《未来千年备忘录》,杨德友译,社会思想出版社1994年版,第77页。
③ 卡尔维诺:《确切》,见《未来千年备忘录》,杨德友译,社会思想出版社1994年版,第79页。
④ 卡尔维诺:《确切》,见《未来千年备忘录》,杨德友译,社会思想出版社1994年版,第80页。

大利文学的专家之内，而实在应该普及到我们的文学教学和关于新世纪中国文学创作发展的对话里。卡尔维诺的作品，还有他留下的文学遗嘱，都应该成为我们从这个世纪里继承下来的传统，乃至成为我们的文学常识。我还希望把他的《未来千年备忘录》作为文学批评必读书推荐给读者，这部未完成的遗稿，原是作为八个专题的演讲，实际上只完成了五篇。在英译前言中，作者说：

> 即将结束的这一千年曾经目击了西方诸现代语言的诞生和发展，目击了业已探索这些语言的表现力、认知力和想象力的诸文学的诞生和发展。这是书籍的一千年，因为这一千年看到了我们称之为书籍的这一对象逐渐具备了我们如今所熟悉的形式。这一千年终结的表征也许就是：我们常常感到茫然，不知道在所谓的后工业化的技术时代文学和书籍会呈现什么面貌。我不想做太多的推测。我对于文学的前途是有信心的，因为我知道世界上存在着只有文学才能以其特殊手段给予我们的感受。因此，在这几次讲演中，我要谈谈对我倍感亲切的文学的某些价值、特质和品格，把这一切纳入新的一千年的远景之中。

世纪之交，中国的年轻作家再次发起文学"断裂"行动[①]，这次断裂，涉及对中国二十世纪的文学传统和秩序的再评价，是一次自觉的挑战。我不禁想起世纪之初，另一批同样年轻的人们发起的古典文学的断裂。一而再、再而三的断裂，几乎贯穿了一个世纪中国文学的历史。这个记录表明，每一场断裂都曾以失败告终，我们始终没有建立起一个连贯的传统。今天，新一代的作家不能不考虑，如何为新世纪的文学清出场地；但是，问题还在于，也许更重要的是在于，在世界范围内，文学的生命力却是如何保存下来，并且如何经由个人的创造伸延向未来的？而这种已有的文学传统和价值，它是否被我们了解？是否得到了思索呢？回顾二十世纪中国文学一次次濒临绝境之途，我们需要更谨慎的抉择，尤其需要承接已有的文学艺术资源。有鉴于此，我愿意援引《看不见的城市》的结尾作为一个可以参考的思路：

> 大汗说：如果最后的着陆地点只能是地狱，一切都是徒劳无功的，

[①] 详见朱文《断裂：一份问卷和五十六份答卷》，载《北京文学》1998 第 10 期，第 19-40 页；韩东《备忘：有关"断裂"行为的问题回答》，载《北京文学》1998 第 10 期，第 41-47 页。有关讨论见《羊城晚报》"花地"版以《在新的"断裂"面前》为题发表的一组文章，见该报 1999 年 2 月 2 日第 14 版。

而且，当前的潮流，正是以越来越小的旋绕，推动我们走向那里。那怎么办呢？

马可·波罗说："生灵的地狱，不是一个即将来临的地方；如果真有一个地狱，它已经在那里存在着了，那是我们每天生活其间的地狱，是我们聚在一起形成的地狱。有两种方法可以逃离，不再受痛苦折磨。对大多数人而言，第一种方法比较容易：接受地狱，成为它的一部分，直到你再也看不见它。第二种方法比较危险，而且需要时时戒慎忧虑：在地狱里头，寻找并学习辨认什么人以及什么东西不是地狱，然后，让它们继续存活，给它们空间。"[1]

（原载《外国文学研究》1999 年第 4 期）

---

[1] 卡尔维诺：《看不见的城市》，王志弘译，时报出版公司 1993 年版，第 201 页。

20 世纪西方文学的人类意识

夏茵英

西方文学的长河流入 20 世纪，闪现出一道与前段颇为不同的艺术风景线。文学终归是为人、为人生的。20 世纪的西方文学，尽管流派众多、五花八门，各领风骚或数年或数月或数天，但总体倾向鲜明，这就是它们共同的人类意识。它又可具体化为生命意识、荒诞意识、性意识、环保意识、和平意识及宗教意识等等。

发源于古希腊罗马与古希伯来的西方文学，几千年来的演变过程一直与西方社会的历史进程同步。人类社会进入 20 世纪，固有的各种社会矛盾不断加剧更其尖锐，经济危机、核战争恐惧、生态危机、资源危机、人口爆炸危机等等，种种危机成为整个人类所共同面临的问题，没有哪个国家、民族、阶级、个人可以幸免或逃避。社会化大生产、高科技的迅猛发展也早已将整个人类勾连为一体。新形势下，人的自我意识增强了，与自我意识并行不悖的是普遍的人的意识，它趋向于侧重整体，而非单纯个体的人，故它是一种整体意识，即人类意识、全球意识。体现在 20 世纪西方文学中便是，作家把握世界的视角大大地改变了。作家的视点转换了，从民族的、阶级的转向了整个人类，作家的视野拓展了，由局部的、地区的推及扩展至世界全球。而且作家对人与自然、人与社会、人与人、人与自我的关系进行全方位地深入探讨，不再囿于某一个中心。文学作品中，批判意识持续发展，阶级意识不同程度地改换为全球意识、人类意识。

在人类意识、全球意识中，最醒目突出、具提纲挈领性质的首先是生命意识。所谓生命意识，即从生命的角度来看待万事万物，体察人在宇宙世界中所处的地位，即从生命的角度看世界、看人生，并对各种问题作出自己的判断与解答。

从生命的角度来看世界、看人生，应是起始于人类原始初民。童年的人类视人与万物同根，人自然地与万物同处，生命无所不在，死亡像谜一般。人对神秘的生与死产生并倾注了极大的兴趣，对生死的阐释、对永生的希冀幻化为瑰奇的神话，给人以愉悦与安慰。随着人类社会的进步，人逐渐自视为世界的中心；随着阶级社会的出现，具体的社会问题多如牛毛，吸引了人们更多的注意力。人虽未摒弃对生与死的探究，但在探索之中，已掺杂进厚重的社会内容。人在无奈之际，幻想在脱离现世的苦难之后，能在天国获得永恒幸福的回报，即把死亡看作一种俗世的生的苦难的解脱，一种步入永恒的幸福之旅，它叩开的是永生之大门。生死之谜被灵肉分离、天堂地狱说所充斥、所解说，获救与永生给世人以信心与慰藉。虽然另一方面，作家们依然慨叹人生的无常、生命的短暂等，但众人关注的焦点，现世的苦难、生活的重压、满目的疮痍、人间的不平等及死亡的恐惧等终因灵魂永生的许诺而被冲淡，心灵的创痛也略被抚平。这种宗教的阐释回答将社会问题与生死问题合而为一，它巧妙地掩盖了社会矛盾的实质。但不论自觉与否，文学作品中，社会意识、阶级意识业已产生并日见分明。因为不论是对作家还是对作品中人物，尘世间的困苦毕竟迫在眉睫。从生命的角度观照世界与人生，历经了一种从早期自然人的角度到后来社会人的角度的转变过程。

  20世纪的西方文学则不然，生命的角度包含着两重意义，即人的角度与物的角度。既从人的角度来理解现实存在，追问并回答生死之谜及人生意义等，又从物的角度探讨人物同源同归、同始同终及共存共荣等问题。20世纪的作家对世界、人生、生死、人与物的关系等问题的总体认识与从前已有很大的不同。

  在20世纪西方文学中，从人的角度来看世界与人生，这世界与人生是一片荒诞。人的欲望漫无止境，种种欲望都企图得到满足，人的意志强化了这种意念并加速了其膨胀及发展，各种学说也给其以支持。人首先从自我出发，他人自然成为对手与地狱，他人与客观世界又都成为自己目的达成的对象与工具。因此，人与人之间争斗不已，国与国之间烽烟四起。与人之间对立争斗相对应的是个体的人的自我封闭、自我孤立，人与人之间缺乏理解，不屑交流，也无法沟通。战争屠杀是人与人之间斗争的极致，是人对生命的毁灭，冷漠孤寂同样是个体生命的慢性自杀。而环境的污染，生态环境的被破坏，不但危害世人于当前，更严重的是必然祸及人类的后代子孙，这也是人对整个生命界的摧残，是对人类自身生命的遏制，是一种潜在的毁灭生命的行径。再者，人力图征服外在世界，赢得自由，但人的现实存在人造的自然竟是如此荒谬。人的一切努力的结果重新成为束缚人自身的枷锁。高科技的迅猛发展并没有为人类带来福音，也没有携人类进入期待中的自由王国，反倒使人为头顶上高悬的核战争之剑惴惴不安，为生物工程的发展前景深怀忧虑。它们隐含着人类彻底毁灭自己的危险。

从人的角度来看人，昔日作为宇宙的中心万物的灵长的人、理性的具完整本质的人已不复存在。普通的人甚至英雄的人至此跌落为束缚于物且灵魂扭曲的异化的人，等同于动物的生物的人，充盈着非理性意识及分裂本质的分裂的人。人自身也显示出极大的荒诞性，人的存在变成一种荒诞的存在。

因此，20世纪西方文学普遍地展示人的基本生存环境的荒诞，人性本身的弱点与荒诞，展示羸弱的现代人面对这荒诞的外在世界时的困惑、悲愤与无可适从的境况。卡夫卡笔下的人物左冲右突，却怎么也冲不出外在力量的罗网，终点仍然是起点，人的一切努力归于失败。奥尼尔剧中的扬克尽管上下求索，却仍找不到自我及其归宿。萨特作品中，人或处于恶心状态，或处于追求、拒绝、破坏的恶性循环中，无以逃离地狱般的他人而自如伸缩。荒诞派戏剧中，人的生存空间是一片荒漠、阴冷与死寂。人物则外貌丑陋，形体残缺，且失却理智，思维混乱，语无伦次。人麻木而浑噩地混日子，人的生存萎缩成一种动物性存在。

如此看世界、看人，世界上现存的诸多问题都被剔除了阶级的色彩与内容，人也早已超乎阶级意识之上，成为人类的化身。不论是法庭的草菅人命，还是法西斯的残暴，也不论是扬克的困兽犹斗，还是莫尔索的冷漠、狄狄式的等待、尤索林式的荒诞反抗，即不论是非正义或反动，不论是反抗还是屈从，一切都不再局限于阶级的范畴内，与社会制度也无关联，而只被认为是人类生存状态的写照，以整体地暗示出世界的荒诞、存在的虚无以及人生意义的缺失。但这里的局限性是显而易见的，即把资本主义社会制度必然产生的某些具体问题、荒谬现象，统统归结为人类存在不可避免的问题或存在的荒诞，这种抽象化过于笼统、武断，有失公允。

社会矛盾无法解决导致了世界荒诞、人生虚妄之解说，而人的个体生命消亡的必然也更加重了人生的荒诞感。人偶然而生，人又必死无疑，全不以人的个人意志为转移。死亡不再是通向天堂的必由之路。"上帝死了"的一声断喝早已粉碎了人类灵魂永生的虚幻梦想。人类将何去何从？身处20世纪困境中的人再度回到人生最基本的问题——生与死、生存还是毁灭的老问题，并将之提到首位。失去了永生的幻想希望的人不再在死后作文章，他们抓住的是此在而追寻人生的终极意义。死亡的绝对本已使人生了无意义，而人生还充满着那么多荒谬悖理的现象。那么，人活着究竟是为了什么？人生究竟意义何在？人的终极关怀不得不成为20世纪作家首要的，也是最为关注的问题。生命意识产生了荒诞感，也引发出大量的人生意义的探求。

在20世纪西方文学中，尽管不少作品揭示并认可世界及人生的荒诞，肯定人生的痛苦以及人生在终极上的毫无意义，或多或少、或浓或淡地充满消极悲观的图景与情调，但总体中仍然不乏进取向上的意向，它们也参差不齐地给人一缕朦胧的希望之光。我们说，劳动创造以使生活变得更美好，这种向上的努力与追求便是人生意义所在。20世纪西方文学则如是说：西绪福斯永无止境地推石上山，他那征服山顶的意向（首先是意向）、追求向人昭示，人生的意义就在于此。明知追求是没有成功希望的，明知目的是达不到的，明知唯有循环劳动的苦役而永无出头之日，却仍然劳作不已，继续追求下去，向上的意念、追求的意念不变。人生因此而充满意义，西绪福斯也因此而幸福。"人生是一出悲剧"，"一个人追求不可能达到目的时，他注定了是要失败的，然而他的成就正表现在斗争中，在他的意向上！"（奥尼尔语）除却这种向上的意向，对世界的荒诞、人生的荒诞的清醒认识也赋予人生以意义。人能意识到存在的虚无及荒诞，即意味着人的思想境界的升华。个人的死亡纵然无可避免，这固然令人悲哀也毕现人生荒诞，但对人类整体而言，生命在繁衍中延续，生命将生生不息与万物同在。"红红的泥土吸收了白白的同类，生命的才华转进了花卉去舒放！"（《海滨墓园》）个体的消亡与整体的延续矛盾统一，个人的悲哀便消融在整体的希望之中。因此，无论是用回忆、著述找回逝去的时光，以征服时间和变化而获得不朽（《追忆逝水年华》），无论是跃入生活的海洋去搏击风浪（《海滨墓园》），无论是用博爱用理解去关爱人间（《到灯塔去》《月照不幸人》），还是自由地选择自己的人生道路，抑或是正视荒诞又超然于荒诞，在荒诞中穷尽生活，都不失为有意义的人生。20世纪的文学大师们从生命的角度提出问题，并在承认人生荒诞的同时，又从不同角度对人生意义的追问给出了自己的不乏积极意义的回答。大师们不再给世人送上可资仿效的伟岸的英雄，但都力图为这无意义的世界上无意义的人生寻找意义，以重构有意义、有价值的人生。

生命意识引发对人生意义的探寻，也激活作家对人性及人性完满问题的探讨。性、性本能与性爱的满足等成为作家笔下毫不隐晦的话题。文艺复兴时期，基于人的意识的觉醒，人文主义作家也曾大肆地、全面地肯定人的一切自然属性，反对神性、神权，鼓吹要满足人的一切欲望，包括性欲，突出地强调要享受尘世间的生活。但在传统的、正统的文学观念中，性欲的满足还是不登大雅之堂的俗物，文学作品涉及性欲、性爱极易招来非议，也屡屡受到谴责。在20世纪西方文坛上则不然。弗洛伊德从理论上为性本能正名，劳伦斯从文学创作实践中为之张扬。性欲、性爱被视为人的鲜活生命的不可或缺的组成部分，劳伦斯作品中性欲的存在与满足及正常的性爱等不再是为人不齿而被遮遮掩掩的丑恶，而是被大张旗鼓地与美和善相提并论，成为人性完善完美、生命完满、生活幸福的体现。任何鄙视、压制与剥夺都是对人性的摧残，对生命权利的剥夺。而且这里强调的不是感官享受，而是应直面人性本身。这种从生命的角度、从人的角度对性意识的重新梳理，有助于人们走出往日理解的误区，而正确对待性问题及整个丰盈的生命过程，这无疑有着进步的意义。当然也不可否认，20世纪文学中，以情欲的放纵、以色情及性泛滥来迎合社会上某些低级趣味的黄流、沉渣也时有泛起，这种现象不可姑息，应予以正视。

从生命的角度来观照世界与人生的另外一极是从物的角度来看问题。20世纪的不少作家视人为生物，认为人与其他动物相类，皆是生物界的一员，都是地球上的居民。因此，为维护人类自身更好地生存，必须保护其他动物，保护环境，维护生态平衡。对自然界各种动物的赶尽杀绝，必然给人类带来无穷祸害，危及我们人类的生存。艾特玛托夫的《断头台》便清楚地阐明了这一点。人对野生动物羚羊与草原狼的滥杀，破坏了自然界的生态平衡，潜在又必然地殃及了人类自身。小说中这种环保意识正是近年来社会上极为普遍的环保意识的反映。我们只有一个地球，地球是我们共同的家园，保护自己的家园，以利于人类的繁衍，造福于后世子孙，是我们不容推卸的责任。这一点已是20世纪人们的共识，文学的介入势必普及这种进步意识，并推动这一时代的进步。

人即物的观点在新小说派那里则有着新的内涵、新的景观。新小说派亦将人等同于物，但几乎是等同于无生命的无机物。新小说派认为，在当今世界物已成为世界的中心，取代了人的地位，人已被贬值，与物无异。因此在新小说中，作家们详尽地描绘物本身的属性：形体、度量、性能、气味、颜色等存在形态诸方面，创造出物化的非人世界，取缔文学作品的人类中心主义。人变得无足轻重，一切只是生活本身的机械运动，人完全丧失了主动性，对周围世界无所作为，生活也已失去意义。人物形象可以无性格、无思想、无灵魂，人物行动可以无动机、无原因，也无所谓结果。对人与事可以无是非、无善恶，不作任何价值或道德判断，不掺杂任何感情色彩。小说在摒弃人物中心论的同时，消解意义，取消崇高，进行零度写作，以真实地表现世界与人生。新小说派崇奉物本主义，虽说这在某种程度上也表现了他们对当下物化的世界充满物化的灵魂的现实的不满，却也暗含着他们对此现实的无可奈何的认同与屈从。就文学本身而言，新小说派的重视写作的操作过程及对物象的细腻描绘等，给后世的文学创作以有益的影响，但作家的零度写作极易导致作品社会责任感及道义感丧失、人格空心、精神寂灭的恶果，走上文字游戏的歧途。这是不足取的。

生命存在、荒诞存在、丑恶存在，它也不以人的意志感情为转移。而把具体的社会问题归结为抽象的道德问题、人性善恶问题，并从道德方面寻找解决问题的答案，可说是历代文人较为普遍一致的做法。19 世纪的戈尔丁围绕人性恶大作文章。人性中的原始恶力量强大，人类现代文明脆弱得不堪一击。在邪恶的作用下，不论是成年人还是儿童都迅速地走向堕落，人类也因此充满暴力、残杀与死亡。极为典型的是小说《蝇王》。一群文明社会的儿童在失却了文明的约束时，野性复萌，杀人如同狩猎，他们极自然地回归野蛮。沦落荒岛的儿童最后虽被幸运地拯救回文明社会，中止了杀戮，但他们在荒岛上的野蛮行径比起文明社会里成人尚在进行的核战争真是小巫见大巫了。戈尔丁反复阐述的是，恶是人的根本属性之一，是人类的本性。即使纯洁善良的儿童身上也潜伏着恶，一遇时机，恶便蠢蠢欲动，兴风作浪。人类始祖亚当和夏娃也正是在欲望的引诱下，在恶的支使下，违背上帝的旨意偷吃禁果，犯下了原罪。恶与原罪紧密相连，又与欲望难解难分。欲望膨胀必产生恶或扩张恶。人类是如此的罪孽深重，他无法摆脱原罪，其实是他无法摆脱恶。欲望和恶与生俱来，只要人存在，它们便不会消失。人们不再诘问上帝为什么造恶，而是承认它存在的必然。19 世纪的文学大师们宣扬扬善以改恶，宣扬个人道德自我完善。20 世纪的大师们也想不出什么更高妙的办法，只好重新倡导回归宗教，希望在宗教的旗帜下，遏制欲望、抑制恶以拯救灵魂，如《荒原》。其目的并不在灵魂来世获救，而在拯救现实人生。《断头台》中的阿夫季不仅企图用耶稣的精神来劝导毒贩子们弃恶向善，他甚至身体力行，为了劝恶及制止邪恶不惜象耶稣那样英勇献身。20 世纪文学中的宗教意识是众作家们找不到其他更好的出路时的权宜之策，连作家自己都信心不足，阿夫季的失败与死亡便是明证。

20 世纪西方文学将目前众多社会问题统统引申归总为人类存在问题，即将问题从一般的历史社会范畴上升到人类存在的范畴，并从对具体社会问题的批判上升到对抽象的人类命运的批判。胸襟是博大了，起点是增高了，眼界是开阔了，然目光则不见得深邃。因为它毕竟忽略了当下的各种问题皆是具体历史条件下的产物，并非人类存在的必然，否则人类就没有进步、发展、完善的希望。

（原载《外国文学研究》1999 年第 2 期）

中国文学史的世界文学起源

——基于德国 19 世纪以来世界文学史书写的系统论考察

范 劲

国别文学/文化和世界文学/文化孰先孰后,是争执不下的老问题,但如果"文学"概念自始就被设定为普遍的"世界文学"理念,文化自始就以比较为内在结构,那当然是世界文学/文化应先于国别文学/文化产生。对此问题,欧洲书写中国文学史的历史能提供一个知识社会学佐证,因为如果把文学史书写视为"文学"知识系统的构建行为,那么从系统角度来看,欧洲的世界文学史书写才是中国文学史书写的母型:有了书写世界文学史的氛围,有了世界文学史的知识系统框架,才有对于中国文学史的结构性需要。而从历史事实来说,早在顾路柏(Wilhelm Grube)、翟理斯(Herbert Allen Giles)等人撰写专业的中国文学史之前,德国学者就已在世界文学史框架内进行了大半个世纪的中国文学史叙述,奠定了中国文学史后来在德国学界的基本格局。

世界文学史书写盛行于 19 世纪的德国。随着比较语言学、比较宗教学、比较民族学等知识领域的兴起,赫尔德《民歌中各族人民的声音》(1807)和弗·施勒格尔《古今文学史讲演录》(1815)中呈现的世界文学理想逐渐为公众接受,至 1897 年鲍姆伽特纳(Alexander Baumgartner)七卷《世界文学史》出版时,世界文学史书写已蔚为大观。英法汉学家对中国文学的译介在 19 世纪的欧洲独占鳌头,德国汉学家处于绝对弱势,然而,德国的世界文学史家很早就开始利用英法汉学家的成果,试图在中国文学史叙述中呈现出异于欧洲的中国文化精神。佛特拉格(Carl Fortlage)《诗史讲演录》(1839)、蒙特(Theodor Mundt)《文学通史》(1846)、谢来耳(Johannes Scherr)《文学通史》(1850)、罗森克兰茨(Karl Rosenkranz)《诗及其历史》(1855)、卡里耶(Moriz Carriere)《文化发展脉络中的艺术和人类理想》(1863)、斯特恩(Adolf Stern)《世界文学史》(1888)、哈特(Julius Hart)《所有时代和民族的世界文学和戏剧历史》(1894—1896)、鲍姆伽特纳《世界文学史》(1897—1912)等都含有中国文学史的内容,共同塑造了 19 世纪以来欧洲人的世界文学和中国文学意识。

一、浪漫派世界文学史：绝对批评的工具

欧洲的知识系统生产出中国文学史（而且是最早的中国文学史），等于是从一个大脑中生出另一个大脑的记忆，这本是件不可思议的事。要让不可思议的事变成现实，需要整个系统的协同运作，从根本上说，汉学家不是从别处，而是从系统自身学会了书写中国文学史。世界文学史中的中国文学史和汉学家的中国文学史的内在关联，有助于揭示这一点。不过，要理解世界文学史中的中国文学史，首先要理解浪漫派文学观，而后者几乎等同于文学史观。

首先，对于浪漫派来说，（世界）文学史是绝对物的自我显现，而非文学经验的归纳总结。弗·施勒格尔是浪漫派文学观的奠基人，也是世界文学史的开创者，以他为例，最能够显示这种内在关联。弗·施勒格尔和黑格尔一样代表了唯心主义的艺术形而上学，历史对他们来说都是精神的历史性展开，只是后者的历史以哲学为引导概念，历史的本质是哲学，而前者以诗为引导概念，历史的本质是诗。弗·施勒格尔和他的哥哥奥·威·施勒格尔——浪漫派文学和文学史书写的另一位开山大师——也有区别，后者更接近赫尔德的客观主义，重视经验性的语文学阐释，而前者在历史和哲学之间更倾向于哲学，其阐释方式是一种"在经验分析和绝对分析之间独特的、但倾向于精神一面的'摇摆'"①。但施勒格尔兄弟都笃信：①文学只能以历史的方式存在，因此文学科学即文学史；②历史作为精神形而上学有其绝对目的；③文学史包含历史、理论、批评三要素。这三个原则，构成了浪漫派文学史观的核心。

在当时的德国学者看来，文学史必定是世界文学史，因为文学即"诗的真正世界系统"②。卢曼认为，浪漫派开启了从客体艺术向世界艺术的转向，即是说，艺术不再取决于模仿对象，而是由整个世界关系规定的，故称之为"世界艺术"（Weltkunst）③。世界关系不仅是空间性的，也是时间性的，因

---

① Hans Dierkes. *Literaturgeschichte als Kritik*, Tübingen: Max Niemeyer, 1980, S. 132.

② Friedrich Schlegel, "Athenäums-Fragmente," *Kritische Schriften und Fragmente*. Bd. 2. Ernst Behler, Hans Eichner (Hg.), Paderborn: Schöningh, 1988, S. 154.

③ Niklas Luhmann. *Schriften zu Kunst und Literatur*, Niels Werber (Hg.), Frankfurt a. M.: Suhrkamp, 2008, S. 189.

此浪漫诗必然是弗·施勒格尔所谓"演进中的宇宙诗"①。在此意义上，文学成为世界文学史，在空间和时间维度都具有普遍性。

"绝对物"（das Absolute，或绝对目的）是精神形而上学的关键概念，即先于反思规定、为主客观奠定基础的无条件之物。世界文学史作为绝对物的历史显现，是一种"绝对批评"（absolute Kritik）。绝对批评没有客观主义的标准，只能依靠绝对物自我传达。而人的重要性就在于：他是绝对物返回自身（即文学史实现自身）的帮助者。但是，如果呈现历史的整体脉络需要和绝对物合一，批评就不能依靠掌握美学原则或历史事实的学者，而只能借助天才。天才可在当下的瞬间回顾过去和预卜未来，从而实现历史的整体性。理论和历史各有局限，历史无法给出规定性和统一性，理论又会限制自然，唯有批评能够连接二者。批评将阐释方向从过去转向未来，和绝对物、无限性直接挂钩，文学史因此本身就是普遍诗："它是二次幂的诗，完全浸润了哲学和语文学。"②

可见，在德国浪漫派心目中以批评为核心的文学史，绝非博学史或编年史之类的实录，而是帮助文学走向神圣和完善的阐释工具。德国浪漫派构想了一个自治的艺术系统，它自我分化、自主演化，以此展开自身的核心悖论（精神既是绝对又是个别，因为绝对物只能以个别的形式显现）。在具体操作中，批评代表了悖论的暂时统一，天才性的批评实现了瞬间中的无限、个别中的普遍。例如，歌德不是汉学家，在部分德国学者心目中却比一般人更懂得中国诗的精神，就因为他有批评的天才。

其次，在浪漫派理念性的世界结构中，"东方"具有专门功能。这也和绝对物的自我呈现有关。在弗·施勒格尔那里，绝对物的世界历史性的展开，需要一个以印度为代表的东方来表征原初统一的开端。他的论文《论印度人的语言和智慧》既是东方学的奠基性文献，也是其世界文学史构想的重要转折，从此东方成为重要的一极。一方面，东方是"原初启示"（Uroffenbarung）的源头。浪漫派重视整体，希腊古代和浪漫主义现代这对反题，必须得到综合。对于弗·施勒格尔来说，未来的、理想的综合是天主教的启示，而开端的综合就是东方思想，两者都能显示精神的整体性。印度作为基督教"最精神性的自我消灭"和希腊宗教"最恣肆狂野的物质主义"的"共同父

---

① Friedrich Schlegel, "Athenäums-Fragmente," *Kritische Schriften und Fragmente*. Bd. 2. Ernst Behler, Hans Eichner （Hg.）, Paderborn：Schöningh, 1988, S. 114.

② Friedrich Schlegel, "Philosophische Fragmente 620," *Kritische Schriften und Fragmente*. Bd. 5. Ernst Behler, Hans Eichner （Hg.）, Paderborn：Schöningh, 1988, S. 91.

国",为两者提供"更高的原初形象"。东方代表统一,而欧洲代表分离,诗和哲学、艺术和科学的分离是"一种主观的纯粹欧洲的观点"①。另一方面,东方也在文化政治层面充当着欧洲的精神对照。弗·施勒格尔的东方学研究始于1802—1804年在巴黎逗留时期,对于拿破仑统治下的法国以及"欧洲腐败"②的厌憎,促使他把理想投射到东方。他认为,欧洲的分离倾向在现代发展到了自我消灭的地步,预示着革命必然到来,然而真正的革命并不是法国革命那种躁动实验,欧洲人只能盼望来自东方的救赎。东方的永恒优势,在于它是"永不枯竭的热情之源"③。联系到"一战"后德国出现的"东方热",我们可以看到一个有趣的现象,每当欧洲陷入文明危机,德国知识分子的眼光就不由自主地转向东方,不管东方的象征是印度还是中国。弗·施勒格尔明确提出,北方(即德国)和东方作为"地球上善的原则之可见的两极"应当联合起来,以实现"真正的欧洲"④,即真正的世界。但除了理念性的东方,东方还包括和欧洲人有现实接触的现代蛮族,即阿拉伯世界。弗·施勒格尔意识到,世界文学最初的萌芽是民族大迁徙,蛮族入侵对于文化融合意义非凡。他说,南方(古代晚期—基督教文化)和北方(蛮族—日耳曼文化)是最初的两个世界文学元素,第三个元素则是阿拉伯文化乃至整个东方。然而,由于日耳曼人和罗马人只是混合,而前者已完全吸纳了古代和基督教的因素,他们和东方才构成"现代历史的第一个二分"⑤。它们的综合促成普罗旺斯抒情诗的兴起,成为早期浪漫主义文学的萌芽。

因此,东方具有三重意义,它是世界的起源,是腐败欧洲的精神对照,也是文明之外的蛮族。对于"真正的欧洲"来说,三个意义上的东方都很重要:起源保证了系统的同一性,对照可造成差异,蛮族的干扰则能够提供即时的刺激。

但谈及东方的功能,还必须考虑黑格尔的塑造作用,是他确定了东方尤

---

① Friedrich Schlegel, "Reise nach Frankreich," *Kritische Schriften und Fragmente*. Bd. 3. Ernst Behler, Hans Eichner (Hg.), Paderborn: Schöningh, 1988, S. 14 – 15.

② Friedrich Schlegel, "Reise nach Frankreich," *Kritische Schriften und Fragmente*. Bd. 3. Ernst Behler, Hans Eichner (Hg.), Paderborn: Schöningh, 1988, S. 12.

③ Friedrich Schlegel, "Reise nach Frankreich," *Kritische Schriften und Fragmente*. Bd. 3. Ernst Behler, Hans Eichner (Hg.), Paderborn: Schöningh, 1988, S. 16.

④ Friedrich Schlegel, "Reise nach Frankreich," *Kritische Schriften und Fragmente*. Bd. 3. Ernst Behler, Hans Eichner (Hg.), Paderborn: Schöningh, 1988, S. 18.

⑤ Hans Dierkes. *Literaturgeschichte als Kritik*, Tübingen: Max Niemeyer, 1980, S. 241.

其是中国在世界精神演变过程中的地位。弗·施勒格尔强调绝对物和同一性，而黑格尔更重视否定性。从否定性的角度来看，分裂对精神来说是必要的自我否定，没有分裂的统一是虚假的统一。在黑格尔看来，中华帝国最醒目的特征是法律、伦理、家庭、国家浑融不分，然而这恰恰是主客体无力分开的外在表现，之所以统一，是因为精神未能成为自为的主体。换言之，中国精神是不合乎黑格尔理解的精神概念的精神。反过来，欧洲的分离状态一旦和精神相结合，反而获得了超强的创造冲动，让贫乏的需求之乡最终成为真正的乐园。

黑格尔的历史讲演录建构了一个包括哲学、宗教、美学在内的世界历史系统，对于文学史领域的黑格尔拥趸来说，其功绩在于从精神哲学的角度给现有的世界文化认知以理论根据。对中国文学史叙述来说，其影响更为显著，因为弗·施勒格尔并未直接谈论中国，而黑格尔对于中国宗教、哲学和文化则有系统论述。黑格尔将东方文化精神的基本特性界定为自然性和实体性，即在东方，精神与自然直接统一，造成一种自然意识亦即感性意识，同时神不是精神，只是抽象的"绝对的威力或实体"①。中国文学是绝对的自然实体精神，毫无主观性、内在性可言，而印度文学的梵天看似摆脱了自然，实则抽象而空虚，中、印两国文学都只能将意识消泯，而非向上提升。在绝对实体面前，个人毫无反抗的可能，只能被动接受。而自然实体精神的最高阶段即佛教，"寂灭"最终会将否定性推入极致②。

二、世界文学史精神结构中的中国

由浪漫派文学史观出发，就能理解世界文学史的精神结构了。首先，19世纪德国的世界文学史书写基于普遍性的文学概念。蒙特的《文学通史》直译为"普遍文学史"，是19世纪德国诸多"普遍文学史"的代表。蒙特19世纪20年代在柏林听过黑格尔讲课，后来成为青年黑格尔派。蒙特断言，文学就是黑格尔追求的绝对精神本身，代表了创造性的主体精神和客观思想、个体意志和普遍命令真实而有机的同一③。在这个意义上，文学即最高级科学，能够塑造自由的世界秩序：

---

① 卿文光：《论黑格尔的中国文化观》，社会科学文献出版社2005年版，第124页。
② 参见卿文光《论黑格尔的中国文化观》，社会科学文献出版社2005年版，第119–142页。
③ Theodor Mundt. *Allgemeine Literaturgeschichte*, Bd. 1. Berlin：Simion, 1848, S. 1.

>   文学是一个为了理念的必然性的自由的领域，最新的哲学还努力要
>   解决的，即将普遍理性的思想建立在和个体自由的同一性中，已经在文
>   学中施行其权利，在文学中成了一种塑造性的世界秩序，一种自由的世
>   界秩序。①

文学作为世界框架，需要一个世界的开端。蒙特使用了弗·施勒格尔的东方语义，认为东方是人类精神生活的原初统一，在语言和理念上都构成了开端和终点，向欧洲人展示着"无对立的精神同一"和"直接的自然生活"②。蒙特称东方精神为"东方主义"（Orientalismus），认为东方主义是现代精神的重要塑造者，影响绵延至今，弗·施勒格尔对印度语言文学的关注就是明证③。考察东方文学其实是研究世界各民族共同的"原初诗"，寻找失去的地上乐园。在蒙特看来，西方当代社会的各类问题都可以在其中得到解决，因为所有问题都是精神和自身分裂、主客体相互限制所致。进一步，还可以解决文学史家的身份困惑。那个时代的德国流行一种看法，认为文学不过是消遣，哲学才是理性的唯一源泉、民族和历史的塑造力量，然而代表了原初统一的东方文学，不仅让文学作为"无限的表现和塑造"得以和作为"无限的科学"的哲学分庭抗礼④，还让那种文学和哲学的区分显得可笑。

其次，世界文学史给出了中国文学的人类历史定位。世界文学史家笔下的历时结构以古代/现代区分为基础，区分的方式大致有三种：①形态。如弗·施勒格尔时常说的，古代的修养原则是自然宗教，而现代是神秘的爱；古代的素材是热情，而现代是机智；古代的基调是雕塑性的，而现代是音乐性的⑤。②独立性。席勒早在《论素朴的诗和感伤的诗》里就指出，古代是和谐的统一体，而现代的特征则是各系统相互分离⑥。同样，蒙特在《文学通史》中强调，文学在现代是独立的生活领域，而古代社会只有一种统一的国

---

① Theodor Mundt. *Allgemeine Literaturgeschichte*, Bd. 1. Berlin：Simion, 1848, S. 6.
② Theodor Mundt. *Allgemeine Literaturgeschichte*, Bd. 1. Berlin：Simion, 1848, S. 32.
③ Theodor Mundt. *Allgemeine Literaturgeschichte*, Bd. 1. Berlin：Simion, 1848, S. 36 – 37.
④ Theodor Mundt. *Allgemeine Literaturgeschichte*, Bd. 1. Berlin：Simion, 1848, S. 36.
⑤ Hans Dierkes. *Literaturgeschichte als Kritik*, Tübingen：Max Niemeyer, 1980, S. 275 – 277.
⑥ 席勒：《秀美与尊严：席勒艺术和美学文集》，张玉能译，文化艺术出版社1996年版，第285页。

家生活，不论诗、历史还是哲学都是政治公共领域的组成部分①。③能动性。文学自治意味着文学系统的自主发展，如蒙特所说，现代文学面向无限未来，从不餍足，充满渴望，具有躁动、紧张、无节制的特色②。

中国文学的历史位置，取决于它究竟属于古代还是现代。但古代和现代的区分又是依据编码性的形式原则，因此古代/现代的区分会再次输入到古代内部，从而在古代之内造成古代/现代的区分，进一步规定中国在古代之内的位置。浪漫派往往将古代划分为开端（东方）、高潮（希腊）、衰落（希伯来）三个阶段，同样在东方中，依据和欧洲精神的距离，又可以分为较现代的西亚民族和更远古的中国和印度。

罗森克兰茨和佛特拉格均为世界文学史先驱，前者在《诗及其历史》"前言"中，称自己的《诗的通史手册》（1832）为首部世界文学史，佛特拉格的《诗史讲演录》（1839）继之。罗森克兰茨属于保守的老年黑格尔派，在《诗的通史手册》"前言"里称自己是"黑格尔的信徒"③。佛特拉格最初也是黑格尔主义者，深受其世界史观的影响。在这两位哲学界权威写成的世界文学史中，对中国文学的古代位置有明确界定，关键点首先是中国文学不自治。佛特拉格就强调，东方民族的诗和国家、宗教、风俗合一，生活是诗的，诗也是生活的，而西方人的诗和生活相互分离，诗只是装饰而非基础④。

其次，中国文学被动、保守。罗森克兰茨用被动性定义全部东亚文化，包括中国文学在内的整个东亚文化不超出"止于己内的直观性的理论过程"（theoretischer Prozess in sich ruhender Beschaulichkeit）⑤，也就是冥想静观。佛特拉格概括中国文学的总体特征为"描写和描述"（Beschreibung und Schilderung）⑥，与罗森克兰茨的观点完全一致，没有精神的主动塑造能力，只能被动地摹写和描画。到了19世纪末，世界文学史家们仍持同样的看法。哈特就认为，东方民族文学反映了人类文化的第二或第三阶段（第一阶段为无文字

---

① Theodor Mundt. *Allgemeine Literaturgeschichte*, Bd. 1. Berlin：Simion, 1848, S. 2.
② Theodor Mundt. *Allgemeine Literaturgeschichte*, Bd. 1. Berlin：Simion, 1848, S. 4-5.
③ Karl Rosenkranz. *Handbuch einer allgemeinen Geschichte der Poesie*, Halle：Ednard Anton, 1832, S. V.
④ Carl Fortlage. *Vorlesungen über die Geschichte der Poesie*, Stuttgart：Cotta, 1839, S. 23.
⑤ Karl Rosenkranz. *Die Poesie und ihre Geschichte*, Königsberg：Bornträger, 1855, S. 40.
⑥ Carl Fortlage. *Vorlesungen über die Geschichte der Poesie*, Stuttgart：Cotta, 1839, S. 42.

的"自然民族")①,"保守主义"成为此阶段的普遍特征,因为刚刚脱离原始混沌状态的人们,不具备强大的进取能力。

再次,罗森克兰茨和佛特拉格等人也在横向比较中规定中国文学在世界文学中的位置。罗森克兰茨《诗及其历史》将世界文学分为三个圈子:"人种学民族"(ethnische Völker)、有神教民族和基督教民族。宗教形式是区分圈子的根据,人种学民族从自然直观出发,逐渐提升到对于上帝的统一、善和智慧的表象;有神教民族从唯一全能神的表象出发,返回自然直观;基督教民族则从上帝道成肉身的直观出发,上升到作为绝对精神的上帝概念。三种宗教倾向分别对应于美、智慧和自由三种美学理想。第一圈的人种学民族,从诗的理想来说又分为:①东亚组(感伤的理想),包括中国、印度和印度支那;②西亚组(英雄的理想);③欧洲组(个体的理想)。为了理解中国文学的精神特征,罗森克兰茨使用了简明的操作程序。第一步,确定东亚文化的总体特征。他将中国、印度和印支民族归入"被动民族",其文学亦清静无为,以抒情性和纯描述为特点;第二步,相互区分中、印两国文学。中国诗的精神原则是孝敬,由此引出理智(教化)和感伤两大特征,一方面儿童需要教训,另一方面孩子和父母之间又充满温情。印度诗的原则是性爱,游移于纵欲和厌倦享乐的两极之间。中国、印度又统一于无我的佛教精神,无论中国的父权专制还是印度的放纵都只有一个后果,即个体的消解②。

佛特拉格在古代民族中区分中国和印度、希腊、希伯来三种美的理想,分别对应于史诗、戏剧、抒情诗。用体裁来代表不同地域的文学,将世界文学呈现为一种"体裁诗学—地理学结构",这也是19世纪的通行做法③。中国、印度代表诗的孩童时代,幻想多于情感。希伯来的诗歌情感深沉,如音乐般震撼灵魂。希腊居于印度和希伯来中间,遵循优美与和谐的规则,如雕塑般形态优雅。他认为,东方诗虽不乏优雅、崇高、感伤、哀诉及滑稽幽默,但缺乏最基本的两种要素,即希腊式的和谐和希伯来式的激情,中、印两国

---

① Julius Hart. *Geschichte der Weltliteratur und des Theaters aller Zeiten und Völker*, Bd. 1. Neudamm:Neumann,1894,S. 23.

② Karl Rosenkranz. *Die Poesie und ihre Geschichte*, Königsberg:Bornträger,1855,S. 40 – 42.

③ Hans Dierkes. *Literaturgeschichte als Kritik*, Tübingen:Max Niemeyer, 1980, S. 257.

文学则只发展了"较小的美的要素"①。

最后，通过推演、区分和联想，世界文学史家构造了中国文化的特性。在世界文学史的各式偏见中，最经常冒出的一个词是"中庸"，代表了世界文学史家对中国文化性质的普遍看法。罗森克兰茨认为，"中庸"意味着远离现象世界的扰攘，抑制感性欲求，让意识沉浸于"一切存在的本质性一体的思想"②。蒙特说，孔子在伏羲的基础上发明了"中庸"，这个概念强调力量的平衡、人世的和谐，它成为中国人的自我意识：人处在天地之间，既遵循宇宙法则，也是其维护者，从而成为天地间真正的"中"，这是中国独有的"三位一体"理论③。卡里耶认为，中国人处处求中庸，导致了普遍平庸，排斥独创和天才④。

不难看出，19世纪德国的世界文学史中，中国的"中庸"被悄然转化为世界的"中庸"，即价值等级刻度上的"世界之中"。中庸本为儒家至德，旨在与天地和谐，而到了世界文学史那里，中庸不仅意指平庸，且标明了中国在世界的中间位置：中国人和野蛮人相比是有教化的，但和真正的教化民族相比则是平庸的。欧洲人对中国文化的诋毁自孟德斯鸠、赫尔德以来已成传统，在世界文学的"中庸"图式下，中国人虽然也是理性民族，但只有乏味的实用理性，感伤和迷信就是这一准理性实现自我超越的方式。"中庸"概念的世界化，终于吞噬了浪漫派心目中东方作为原初统一的所有正面意义。对整个文化来说，上不能达到主观，下不能达到客观的中间状态，排除了作为主客观斗争的精神运动的可能。

三、世界文学史的形式与中国文学框架

对德国的世界文学史家来说，文学史的功能是建构文学秩序，而真正的文学秩序即世界文学秩序。为何研究文学？为何研究东方文学？是世界文学

---

① Carl Fortlage. *Vorlesungen über die Geschichte der Poesie*, Stuttgart：Cotta，1839，S. 10.

② Karl Rosenkranz. *Die Poesie und ihre Geschichte*, Königsberg：Bornträger，1855，S. 40.

③ Theodor Mundt. *Allgemeine Literaturgeschichte*, Bd. 1. Berlin：Simion，1848，S. 160 – 166.

④ Moriz Carriere. *Die Kunst im Zusammenhang der Culturentwicklung und die Ideale der Menschheit*, Bd. 1. Leipzig：Brodhaus，1863，S. 139.

史暗含的导引问题,分别代表世界系统的同一化和差异化冲动,用沃勒斯坦的话说,世界系统运作需要两种意识形态,一是普遍主义,二是种族主义和性别歧视(种族和性别是个别性的象征)①。面对社会这个看不见的质询者,文学史家无数次提出类似的问题又自己给出答案,小心翼翼地试探系统反应,决定下一步行动,因为要证实自己在系统内的合法地位,就不得不参与问答游戏。反过来,汉学家的研究源于系统的何种需要,从世界文学史可以看得很清楚。世界文学史家代替汉学家回答了几个关键问题:①普遍文学概念意味着世界一体,中国是世界的一部分;②东西方是世界文学的基本结构;③中国文学属于古代中的古代。在此意义上,世界文学史成了中国文学史的精神母体。不仅如此,世界文学史家还先于汉学家进行了中国文学史叙述的初步尝试,其主要贡献为:①草拟中国文学史的体例;②确认中国文学的主要符号;③研究中西方文学理念的差异。19世纪初,"文学"和"世界文学"在知识系统内争取自身合法性的同时,也在系统内为"中国文学"这个子系统预留了位置。换言之,早在中国文学译入欧洲之前,系统就已经知道中国文学是何等面目。

早在历史主义出现之前,16、17世纪就有了作为"博学"(Gelehrsamkeit)史的世界文学史。19世纪初的部分文学史仍属于博学传统,一方面以目录学的方式进行编撰,尽可能多地辑纳材料,另一方面则试图包含诗、哲学、历史、神学、自然科学等所有科学。瓦赫纳(Ludwig Wachler)《文学史手册》(*Handbuch der Geschichte der Literatur*,1822)和格勒塞(J. G. T. Grässe)《文学通史手册》(*Handbuch der allgemeinen Literaturgeschichte*,1844)是这类世界文学史的代表。《文学史手册》中,中国文学条目处在古代第二阶段即"从摩西到亚里山大大帝"时期,提及中文的特点、孔子生平、六经和《大学》《中庸》。《文学通史手册》则分割中国文学为中国诗、中国神学和中国史学三个条目,前两条位于第二阶段第一期即"从摩西到亚里山大大帝"时期,中国史学条目位于第二阶段第三期即从奥古斯都时期到公元476年。其中中国诗只提到《诗经》,中国神学提到孔子生平、四书五经及老子《道德经》,中国史学则提到司马迁、司马光等。

汉学家硕特(Wilhelm Schott)《中国文学述稿》(*Entwurf einer Beschreibung der chinesischen Litteratur*)出版于1854年,一些中国学者视其为世界上

---

① Immanuel Wallerstein. *World-System Analysis*:*An Introduction*,Durham:Duke University Press,2004,pp. 38 – 41.

首部中国文学史①，德国汉学家叶乃度（Eduard Erkes）也认为它是欧洲早期中国文学史的代表②，然而这一界定尚未获得普遍承认，原因是体裁认定有困难。硕特的文学史分13章，前12章分别为：国家宗教的经书；道士经书与其他哲学宗教典籍；佛教经书及宗教道德典籍；独立的儒家、经师、方士；朱熹的作用与中国文化的僵化；史书；地志；统计和法律；语文学典籍；博物志和医书；生产百工；汇编和百科全书。最后一章才是"美文学"，篇幅很小。形态上，《中国文学述稿》更像书目辑录，和一般文学史相去甚远。然而，联系到当时还在通行的博学史式的文学史，《中国文学述稿》作为缺乏历史线索的文学百科全书，其实属于博学传统的世界文学史类型，称它为世界上首部中国文学史是没有问题的。

弗·施勒格尔心目中的文学形态也是如此。《古今文学史讲演录》定义文学为"一个民族的智性生活的总和"③，"以生活和人自身为对象的"的所有"艺术和科学"④。但浪漫派文学史的形式从根本上被绝对物所决定，并非经验性的文学知识，世界文学史能够预演后来的专业中国文学史的书写形式，结构性原因就在于此——德国汉学家同样出自精神史传统。绝对物显现的三种主要方式是语言、体裁和文学史本身。语言需要在科学和艺术之间斡旋。不同文学体裁作为绝对物的不同显现方式，地位并不平等，文学史因此具有"体裁诗学"维度⑤。文学史本身就是最重要的形式，为了重构精神确定又不确定、主观又客观的特征，须交替使用概念和象征。文学史书写可使用对话形式（弗·施勒格尔《关于诗的对话》也是世界文学史）⑥，也可以采取讲演录形式。讲演录严格遵循事件"生成法则"，但仍暗含了开端—历史描述—结局的三段分/合模式，且部分要与整体相似，每一时期以开端和衰败为两

---

① 詹春花《中国古代文学德译纲要与书目》（中国文史出版社2011年版）和方维规《世界第一部中国文学史的"蓝本"：两部中国书籍〈索引〉》（见《世界汉学》第12卷，中国人民大学出版社2013版），都指出硕特中国文学史为世界上首次尝试。

② Eduard Erkes. *Chinesische Literatur*, Breslau: Ferdinand Hirt, 1922, S. 82.

③ Friedrich Schlegel, "Geschichte der alten und neuen Literatur," *Kritische Schriften und Fragmente*. Bd. 4. S. 3.

④ Friedrich Schlegel, "Geschichte der alten und neuen Literatur," *Kritische Schriften und Fragmente*. Bd. 4. S. 6.

⑤ Hans Dierkes. *Literaturgeschichte als Kritik*, Tübingen: Max Niemeyer, 1980, S. 135.

⑥ 参见 Hans Dierkes. *Literaturgeschichte als Kritik*，该书第六章标题即《〈关于诗的对话〉——缩微的美学史》。

端,加上中间的高峰,又构成一个三段。在德国浪漫派眼中,只有三段才是有机结构,表示精神在交替中走出自身又返回自身。这在弗·施勒格尔那里就是"时期"(Periode)的基础和起源。为了调和历史判断和绝对的美学法则,他还引入了"理想"(Ideal)的先验概念,使形式和内容在"理想"中得到综合。

百科全书的条目安排已经暗示了中国文学的定位,但只有在理想的相互衡量和历史的动态发展中,欧洲的"文学万神殿"为中国文学准备的位置才能清楚呈现。世界文学史家和后来汉学家笔下的中国文学史的同构性,源自精神的规定作用。精神通过范畴塑造历史事实,导致早期中国文学史述中的人物和事件,往往带有象征的意味,以偏概全的修辞运用随处可见(这样也能将很有限的中国文学素材利用到最大限度),其主要手法为以下三点。

首先,呈现精神最方便的途径,是找到作为原型的符码。博学史中,它只是条目下的核心内容,而一旦进入精神史轨道,它就像一颗种子,可自行产生对立面,从而展开自身。以孔子代表中国的文学理想,是常见的处理方式。在19世纪任何一部世界文学史中,孔子都是中国文学的引导人物和代表作家。可想而知,有了孔子,就必然有和孔子相区分的符号:先是老子和道家,后来是佛家,最后是市民化的小说、戏曲。

其次,古代的命运是走向没落,为现代文明所取代,这注定了中国在文学史叙述中从古代高峰衰落的趋势。换言之,中国精神无法返回自身的开端。佛特拉格说,中国文学的荣光只存在于最古老时期,之所以充满感伤,是由于"帝国大概也意识到,不管经历多少次复苏,也无法达到它最古老的繁华时代神一样的纯粹和鲜活了"①。到19世纪末,斯特恩仍然认为,《诗经》是中国文学唯一有价值的作品,因为它多少保持了青年期的活力和新鲜,甚至勇武的战斗精神。②

再次,中国文学史分三期,经常是以《诗经》代表古代,李杜代表近代,小说、戏曲代表新时代。佛特拉格如此勾勒中国文学的三个阶段:①古代诗围绕"国家和帝国历史"展开③,总是甜美、感伤地追忆古时;②近代诗反映了日益文明化的自然,李杜是其代表;③戏剧和小说反映了"人在国

---

① Carl Fortlage. *Vorlesungen über die Geschichte der Poesie*,Stuttgart:Cotta,1839,S. 30.

② Adolf Stern. *Geschichteder Weltlitteratur*,Stuttgart:Rieger,1888,S. 16.

③ Carl Fortlage. *Vorlesungen über die Geschichte der Poesie*,Stuttgart:Cotta,1839,S. 24.

家中朝着科学和知识攀登",科考沉浮的间歇也有对爱情和自然的憧憬①。罗森克兰茨眼中的三阶段是:①由自然诗到艺术诗的发展,对应于国家由封建制过渡到君主制;②"叙事性娱乐诗"(小说)阶段,这是君主制下官僚体系的全盛期;③戏剧文学阶段,这一时期的君主制虽然形式上严守传统,内部却已开始瓦解②。

最后,由精神概念推导中国文学的特性,成为隐蔽的思维定式。19 世纪是欧洲知识系统接纳中国的最初阶段,对中国文学的想象只能借助固有范畴来实现,例如中国人不是自然民族而是文明民族,有文学,但没有悲剧和史诗,低俗的戏曲代替了悲剧,才子佳人小说代替了史诗,科举及第的书生就是中国的英雄。这相当于说,中国文学是不符合文学概念的文学。德国学者认为造成这种现象的原因是宗教缺失,宗教是绝对物最直接的体现,没有向神的超越,就没有摆脱经验限制获得自由的可能,个性就无从实现。但中国文学用局部技巧来弥补内在精神的不足,这就是卡里耶说的"矫揉造作代替了艺术"③。佛特拉格也认为,中国、印度文学只拥有"较小的美的要素"。也许是中国工艺品给欧洲人留下的印象过于深刻,象牙雕刻成为形容中国文学最经典的比喻之一。

诗歌是中国文学的核心,卡里耶的世界文学史对中国诗的描述可谓集各类范畴之大全:

> 抒情诗是情感的直接倾诉,中国民间诗通过理性的感知方式,获得了教训的色彩,通过从自然图像出发,获得了描述性和直观性特征。启迪它的基本情感是孝敬;温柔的献身、细微的触动全然压倒了激烈和行动欲;明朗的愉悦和怨诉的感伤相交替。④

引文中并没有贬义词,但每一句都是无具体作品支持的范畴的自行展开。中国文学是"抒情诗"和"民间诗","理性"一词连接了"教训",而"描述

---

① Carl Fortlage. *Vorlesungen über die Geschichte der Poesie*, Stuttgart: Cotta, 1839, S. 42.

② Karl Rosenkranz. *Die Poesie und ihre Geschichte*, Königsberg: Bornträger, 1855, S. 44.

③ Moriz Carriere. *Die Kunst im Zusammenhang der Culturentwicklung und die Ideale der Menschheit*, Bd. 1. Leipzig: Brodhaus, 1863, S. 152.

④ Moriz Carriere. *Die Kunst im Zusammenhang der Culturentwicklung und die Ideale der Menschheit*, Bd. 1. Leipzig: Brodhaus, 1863, S. 160.

性""直观性"代表了和自然相交融的面向。这就是罗森克兰茨讲的基于孝敬的中国诗的双重特征:感伤和理性。从固定图式出发,自然得出千篇一律的结论,并转化为对象本身的千篇一律,这就塑造了凝固而单调的中国文学。

四、交接时刻:世界文学史家和汉学家的相遇

世界文学史家遵循精神史逻辑制造的中国文学模式,对汉学家也产生了影响。所有认知性操作都需要规定其对象域的初始结构,这一结构往往是约定俗成的。早期汉学家(如硕特、顾路柏)并无文学专业背景,更需要借鉴他人的研究。"中庸"经过世界文学史家的渲染,俨然成了中国文学的天然结构:一方面缺乏幻想力,偏好教训和史书;另一方面十分感性,时时陷入感伤。西方汉学界后来流行的中国文学抒情传统和史传的叙事传统两大命题,在此都能看出端倪。汉学家的经典主题如中国无史诗、无神话、无个体英雄等,也源自世界文学史书写。

佛尔克(Alfred Forke)是德国现代汉学的奠基人之一,率先在德国译介中国诗歌和戏曲,其基本观念却和世界文学史家无异。《汉六朝诗精华》(1899)"前言"中,他认为中国诗的情感生活出自"更简单文化",无法和"我们的更高的文明"相比,只能和同一文化阶梯上的希腊、罗马、印度、波斯、阿拉伯人对照。希腊和罗马的诗歌在形式上更清晰、优美,但忽视爱情。印度诗写爱情,但不超出最粗鄙的感性。波斯和阿拉伯诗的情感被智慧和反思所窒息。中国诗的好处是"真切、深刻、诗意的情感,感觉的纯粹和温柔,对于自然的全心投入和热爱",缺陷是缺少想象力以及由此而来的主题单调①。同时他相信,所有的东方诗人都因袭陈套,喜欢描写外部和次要之物。世界文学史家把印度作为中国最重要的参照,佛尔克亦如此。他断言,印度人有强烈的宗教性,因此富于幻想,能创造神话和史诗,中国人只有实用理性,长于历史编纂,但也不会陷入印度那种无节制的臆想,而以世俗生活和情感为导向。在历史线索上,佛尔克将中国诗的发展分为四个阶段:①以《诗经》为代表的古典期;②两汉到唐之前的近代;③文人诗最完善的唐代;④宋以后进入现代,现代诗人一味追摹唐诗,如同西方人崇拜拉丁文一

---

① Alfred Forke. *Blüten chinesischer Dichtung aus der Zeit der Han-und Sechs-Dynastie*, Magdburg: Faber, 1899, S. XIII.

样①。如果注意到两汉到唐的过渡期性质,这仍然是一个开端—高潮—结局的三阶段模式。

佛尔克的《中国元剧选》是德国汉学在中国戏剧领域的第一个重要成果,从中可以看出,他和世界文学史家遵循同样的阐释模式,辨析中国戏曲是否属于悲剧类型,是他们关心的头号问题。他说,《汉宫秋》虽被王国维称为悲剧,却并不符合西方的悲剧概念,因为其中既无强有力的性格,也无剧烈的灵魂冲突:"我们的悲剧要求伟大斗争——伴以心灵冲动——中的强有力性格,英雄是在和命运开战。"② 类似观点直到今天还通行于德国汉学界,顾彬的《中国戏曲史》完全采纳佛尔克对《汉宫秋》的评论,和他的先辈一样,其阐释兴趣主要是批评中国戏剧不注重个体性格,只关心道的永恒秩序③。

中国文学史书写的系统间传递,最清楚地显现在世界文学史家鲍姆伽特纳和汉学家顾路柏相遇的那一刻。鲍姆伽特纳《世界文学史》第二卷《印度和东亚文学》1897年出版,其中"中国文学及其分支"一章篇幅不小。鲍氏不通中文,完全依据欧洲二手文献完成对中国文学史的叙述。1902年,顾路柏著名的《中国文学史》出版,"前言"中提到鲍姆伽特纳,称赞其中国文学史叙述为同类著述中"最好"的一种④。的确,鲍氏的作品不但内容充实,体例也较完备,共分五章:第一章"《诗经》",第二章"中国文学的一般发展",第三章"中国文人文学的主要分支",第四章"中国小说",第五章"中国戏剧"。对于习惯了把文学当作所有"艺术和科学"的世界文学史家来说,中国文史哲不分的传统完全不是问题。鲍氏将中国文学分为经、史、子、集和词曲五类:孔子代表经,也是中国文化和文学的核心;司马迁代表史,史和经的关系最为紧密;老子代表哲学;集部被译成"美文学",包括《楚辞》以及各种别集、总集、诗文评;词曲包括戏剧和小说。中国文学的平面框架就此设定。在鲍氏眼中,《诗经》、李杜和小说戏曲分别代表了历时的三

---

① Alfred Forke. *Blüten chinesischer Dichtung aus der Zeit der Han-und Sechs-Dynastie*, Magdburg: Faber, 1899, S. XV.

② Martin Gimm (Hg.). *Chinesische Dramen der Yüan-Dynastie: zehn nachgelassene Übersetzungen von Alfred Forke*, Wiesbaden: Franz Steiner, 1978, S. 594.

③ Wolfgang Kubin. *Das traditionelle chinesische Theater*, München: Saur, 2009, S. 85–86.

④ Wilhelm Grube, *Geschichte der chinesischen Litteratur*, Leipzig: Amelang, 1909, S. VIII.

个阶段，但在纵向描述上，存在着"活中国"和"死中国"的矛盾，这自然反映了欧洲人不断增多的有关中国的知识。一方面，"没有什么比这样的观念更错误，即认为中华帝国在逾四千年中都僵化不动，如同固化凝结在最初的制度设施中了"①。鲍氏长篇引用翟理斯译《佛国记》，介绍佛教在中国历代的传播，把佛教看成和本土宗教对峙的他者，为中国文化发展提供动能。另一方面，他把"皇家图书馆"的绵延不衰视为中国文学发达的标志，而图书馆显然代表了保守精神：保存、整理的热情压倒了个人创造。

　　对于中国文学的具体评价，鲍氏因袭前人见解。李杜是中国诗全盛期的代表，但李白这位"中国的俄尔甫斯（Orpheus）"，并没有超过《诗经》的水平。他认为中国诗永远是"现实主义的自然描写"，没有"真正的虚构、充满想象的塑造和热烈运动"，如同象牙、珠母上的精雕细琢，只是"小工艺品"（Kleinkunst）②。中国小说不过体现了中国人的劳动本能，因为他们特别善于收集；相应的，章回小说也只是历史故事、街头见闻的流水账。鲍氏对中国戏剧评价也很低，《赵氏孤儿》在他看来集中了中国戏剧的全部弱点：没有深刻的心理发展和性格刻画，没有更高的理想作为视角和动机，而只是以人的同情心作为救人的根据。全篇结论是，真正的"年轻理想"属于基督教民族，他们远远超越了"印度人的假理想主义"和"中国人童稚的现实主义"③。而中国文学因为没有宗教启示，无法超越现世，薄弱的想象力仅能完成细部雕琢。

　　《诗经》单列为第一章，无疑是以个别代表整体的修辞：一部《诗经》即全部中国文学。其他各章都未分节，而这一章特别分为五节：①"《诗经》的历史"；②"爱情诗"；③"出自自然生活和人民生活的音调"；④"宗教诗"；⑤"政治时事诗"。叙述从国风进到雅、颂，从私人、家庭转入宗教和国家生活，自成一完整的小结构：

> 临近结尾时，个人性为更大更普遍的观点所取代，统驭思与诗的不再是个别的情爱悲欢，而是国家整体的哀与乐，在庄严的祭祀歌中，所

---

① Alexander Baumgartner. *Geschichte der Weltliteratur* Ⅱ, Freiburg im Breisgau：Herder，1897，S. 483.

② Alexander Baumgartner. *Geschichte der Weltliteratur* Ⅱ, Freiburg im Breisgau：Herder，1897，S. 509 – 510.

③ Alexander Baumgartner. *Geschichte der Weltliteratur* Ⅱ, Freiburg im Breisgau：Herder，1897，S. 536.

有主题中的最高者——宗教——迎向我们,然而更多的是仪式、尊贵和豪华,而非内在的神圣和高尚。①

这里暗示的,首先是精神从个人、自然向普遍性跃升,但上升之途止于国家,和国家融为一体成为精神超越的终端。其次是宗教在中国处于悖论性位置。《诗经》多少表达了中国人的宗教性,因此格外受西方人重视,然而这种宗教性绝非"内在的神圣和高尚",而只是外在仪式。在鲍姆伽特纳看来,不仅哲学、科学、技艺,即便宗教在中国也低于经,它只是实用知识而非文人教养的核心。故凝聚于《诗经》的中国文学精神既非希腊式的个体意识,亦非希伯来式的宗教激情,政治批判和宗教崇拜不超出解决现实问题的需要,都限制在"中庸"框架之内。鲍氏总结说:

> 总之,吹拂《诗经》的不是那种创造了《伊利亚特》的战争英雄精神,也不是鼓舞《奥德赛》历险的浪漫冲动……处处都是现实之物和可理解之物……贯穿《圣经·诗篇》的为上帝所激励的热情,在这里无法想象。只有在深重苦难中,诗人才会偶然高尚奋发,成为天子和庶民的最高审判台。一般情况下宗教不超出市民和乡村的狭隘圈子。②

与鲍氏著作相比,顾路柏《中国文学史》有很大不同,其中《诗经》的比重大大降低,对孔子的描述则极为详尽。同时代西方汉学家引用这部文学史最多之处,就是其中对儒家思想的深入阐释,圣徒传般的孔子生平是这部文学史的核心。然而,描述孔子就是间接描述中国文学和中国精神。顾路柏相信,孔子对中国文化的最深刻意义是其在各方面都是最典型的中国人,集中体现了中国文化。③ 他的文学史其实更像经学和思想史。鲍氏虽然也介绍经史子集的分类情形,然而文学是主要脉络,这尤其体现在对《诗经》的详细介绍上。顾路柏的文学史更忠实于中国"文"的历史发展,经史和哲学是其重点,文学主要体现在第八章唐诗和第十章戏剧小说。《诗经》是作为孔子的作品淹没在第一章的五经中的。第五章讲屈原和《楚辞》,但篇幅很小。在

---

① Alexander Baumgartner. *Geschichte der Weltliteratur* II, Freiburg im Breisgau:Herder,1897,S. 464.

② Alexander Baumgartner. *Geschichte der Weltliteratur* II, Freiburg im Breisgau:Herder,1897,S. 480 – 481.

③ Wilhelm Grube. *Geschichte der chinesischen Litteratur*, Leipzig:Amelang,1909,S. 27.

第六章汉代文学中,他认为只有历史书写取得成就。第七章涉及赋和散文,但重点是介绍佛教。第九章(宋代文学)同样没有为文学留出多少空间,因为"宋代在中国文学史中的特殊地位应该归功于哲学而非历史"①。他的文学史描述了一个三阶段的倒退过程:①先秦为中国文学的黄金时代,其代表是儒道经典。②中国文学全盛期在唐代,但唐诗的成就只是形式的完善,即完成了民众诗到艺术诗的过渡,和通行做法一致,顾路柏以李杜代表全部唐诗:"关于李白和杜甫所说的,略加改变就适用于唐代其他诗人,不管他们在李杜之前还是之后。"② ③戏剧、小说在宋代以后兴起,它们作为古代文学语境中的"新文学",并未带来文学的复兴。

顾路柏对中国的定义是:"一段还活着的古代。"③ 中国文学的最大特点是传统的延续,但对于民族的精神发展来说,连续性绝非福音,欧洲读者在读中国小说时会感到"不同面具下是同一个感知的心胸"④。他说,中国诗歌的母题、意象单调,想象力贫乏⑤。中国散文是一种象牙雕刻般的艺术形式,只有美的形式而无内容⑥。中国小说则只铺陈外部事件,不顾及性格刻画,人物的特征是缺乏"自由的自我规定"⑦。他还批评说,"要在中国戏剧中找到那种我们理解为性格发展的东西,纯属徒劳"⑧。停滞的中国精神同样可以归咎于宗教,顾路柏认为,中国人缺乏一种"实证宗教",朱熹用"实证礼学"取而代之,填补了这一空白⑨,却让中国文化精神跌入万劫不复之地。

---

① Wilhelm Grube. *Geschichte der chinesischen Litteratur*, Leipzig: Amelang, 1909, S. 333.

② Wilhelm Grube. *Geschichte der chinesischen Litteratur*, Leipzig: Amelang, 1909, S. 291 – 292.

③ Wilhelm Grube. *Geschichte der chinesischen Litteratur*, Leipzig: Amelang, 1909, S. 1.

④ Wilhelm Grube. *Geschichte der chinesischen Litteratur*, Leipzig: Amelang, 1909, S. 4.

⑤ Wilhelm Grube. *Geschichte der chinesischen Litteratur*, Leipzig: Amelang, 1909, S. 251.

⑥ Wilhelm Grube. *Geschichte der chinesischen Litteratur*, Leipzig: Amelang, 1909, S. 252.

⑦ Wilhelm Grube. *Geschichte der chinesischen Litteratur*, Leipzig: Amelang, 1909, S. 424.

⑧ Wilhelm Grube. *Geschichte der chinesischen Litteratur*, Leipzig: Amelang, 1909, S. 386.

⑨ Wilhelm Grube. *Geschichte der chinesischen Litteratur*, Leipzig: Amelang, 1909, S. 342.

这些起到支撑作用的偏见，可以在各类世界文学史中找到，显示了汉学和一个更大的知识系统的关联。

顾路柏一向被尊为德国现代汉学的奠基人物，按照司马涛（Thomas Zimmer）的评价，他对中国长篇小说的研究有两大意义：一是从18、19世纪欧洲小说发展史的背景上来解释中国小说，二是对中国长篇小说进行了初步分类①。司马涛的看法表达了德国汉学家的某种认祖需要，而有意忽略顾路柏的"专业性"的系统根源。两个"意义"其实都是世界文学史的通行做法。鲍姆伽特纳在顾路柏之前就将中国长篇小说分为历史、世情、神魔等类别。不仅如此，鲍氏关注佛教，视其为对中国文化的最大挑战，同样，顾路柏认为佛教是凝滞的中国精神经历过的唯一动荡。鲍氏称赞中国人勤于保存，故将《尔雅》《说文解字》《康熙字典》等字典，或《永乐大典》《古今图书集成》等类书当成中国文学的核心内容。同样，顾路柏震撼于中国人在文献编撰方面"蜜蜂般勤劳"②，认为《永乐大典》这类"编辑文学"代表了中国文学最核心的特点之一，这本身就暗含了对中国文学创造性的否定，即中国人更善于保存，是天生的语文学家而非诗人③。关于经学、哲学、宗教，顾路柏给出严谨的专业评论，然而在文学方面，相对于以往中国文学史叙述增加的新内容并不多，如宋诗和词完全被忽略，元曲则只字未提。在材料编排和阐释上，顾路柏也沿用既有框架，只是以专业汉学家的知识去填充和丰富它，却并未开发出新的意义。

五、世界文学史悖论和 20 世纪以来的变化

"世界文学"概念背后除了唯心主义哲学外，还有文化比较的需要。按照卢曼的观点，欧洲18世纪以来兴起的"文化"（Kultur）概念的语义结构即比较文化。与传统"文化"关联于农牧业的"培养"（Agrikultur 或 cultura animi）不同，现代"文化"是人类文明成果的第二次登记造册，且要在世界范围进行比较，所牵涉的参照越多，越有异域色彩，也就越有趣。文学作为

---

① Thomas Zimmer. *Der chinesische Roman der ausgehenden Kaiserzeit*, München：Saur，2002，S. 53 – 54.
② Wilhelm Grube. *Geschichte der chinesischen Litteratur*，Leipzig：Amelang，1909，S. 360.
③ Erich Schmidt u. a.（Hrsg.）. *Die orientalischen Literaturen*，Berlin：Teubner，1906，S. 348 – 349.

文化卓越代表，必然是"人类社会的普遍性事件"，但自相矛盾的是，这一普遍性事件却出自专门的欧洲地域和专门的历史时代，欧洲人在这个时代特别热衷于比较，试图建构一种比较视角①。故卢曼认为，"文化"是有史以来最糟糕的概念之一，因为这一概念将系统的自我描述误认为普遍描述。诸如个体、自由这类理念源于欧洲传统，却被不假思索地当作文化比较的前提②。

换言之，世界文学史书写的两大支撑性概念——精神和文化——都内含着悖论，这就决定了中国文学的怪异地位：世界文学运作基于文学间的比较，故需要一个"中国文学"作为对照，但中国文学既然是欧洲文学的他者，则又是作为被排斥者纳入整体的。既纳入又排斥，这是孕育关于中国文学的一般偏见的基本悖论。德国的文学史书写在19世纪60年代经历了从精神哲学向实证主义的转变，然而这并未影响对中国文学的认知，因为结构改变以知识积累为前提，关于中国文学的实证知识超出了世界文学史家的能力范围，而汉学家的知识获取仍然依赖既有结构，这注定了观念转变的艰难。

为了将"后验"（a posteriori）移入"先验"（a priori），消除先验性文学结构的抽象性，佛特拉格曾提出一种"经验性方法"（empirische methode），其内涵是既采纳"理想"概念，也引入比较文化结构，以实现理想的具体化——他相信理想可以按其"内在重量"来称量③。然而，理想造成了后验向先验转化，却不能返回后验，要么作品成为精神象征，要么将精神变为工具。能有效连接精神和现实、整体和个别的，只有"批评天才"——一种可遇不可求的抽象形象。但即便是了解中国文学的汉学家，也不见得有体验中国文学作品的能力，成为理想的批评天才。

实际上，整套浪漫派文学观念背后，藏有德国的民族主义意识形态。世界文学史的悖论在于，它是"德国的"世界文学。弗·施勒格尔用德语写作世界文学史，有着强烈的"述行"（performance）意味。文学史首先是缔造民族的工具：有教养的民族既要有文学，也要有历史记忆。同时，文学史要造就更大的人类共同体，将不同的民族精神联成一体，这种大同理想反过来要印证德国精神的优越性。浪漫派艺术自治论本可以导出一个结论，即艺术

---

① Niklas Luhmann. *Die Kunst der Gesellschaft*. Frankfurta, M.：Suhrkamp, 1997, S. 341.

② Niklas Luhmann. *Die Kunst der Gesellschaft*. Frankfurta, M.：Suhrkamp, 1997, S. 398.

③ Carl Fortlage. *Vorlesungen über die Geschichte der Poesie*, Stuttgart：Cotta, 1839, S. XII.

的世界自己观察自己，主体只是观察媒介。然而，客体艺术向世界艺术的转变，在德国浪漫派那里尚未彻底完成，它将本民族文学系统内的普遍性误认为超系统的普遍性，证明他们还彷徨于作为实体的世界和作为世界建构本身的世界之间。显而易见，在"德国的"世界文学史中，中国诗人不会成为英雄，中国文学也不会占据舞台中心。而先验的世界文学史概念，给它所孕育的中国文学史打上烙印，使中国文学史本身也成为某种脱离经验实证的结构，为各种幻想和偏见提供土壤。

　　进入20世纪，随着现代汉学学科的设立和对中国文学了解的深入，对中国文学的描述不仅分量增加，也日趋正面。实证知识在理念指导下产生，反过来也塑造理念，浪漫派熟知的这一先验和后验的解释学循环原理，同样可应用于欧洲的中国文学发生学。豪塞尔（Otto Hauser）在《文学的世界史》（1910）中毫不掩饰其种族偏见，称"浅色民族"为"天才民族"①，但他对中国文学的印象却颇佳，主要原因就是知识视野的扩大。在德国翻译出版了首部李白诗选的豪塞尔，具有一定汉学能力，能够吸收欧洲人新获得的汉学知识。

　　由于汉学家的影响力日益扩大，世界文学史家在丛书编写时逐渐将汉学家纳入。顾路柏的《中国文学史》是施密特（Erich Schmidt）编《东方各族文学述》（*Die Litteraturen des Ostens in EinZeldarstellungen*）的第8卷。施密特是著名文学史家谢拉（Wilhelm Scherer）的弟子，他还另编有一卷本《东方文学》，其中顾路柏撰写的中国文学部分实为其《中国文学史》的缩微版。出版过谢拉文学史的瓦尔泽尔（Oskar Walzel）主编了《文学科学手册》（*Handbuch der Literaturwissenschaft*）丛书，收入卫礼贤《中国文学》（1928），该书为德国汉学界公认的第二部中国文学史。这都很好地说明，（世界）文学史是一种纳入机制，这一机制产生了对中国文学史的需要。不过，在20世纪的德国文学研究界，19世纪占统治地位的文学史书写方法已让位于对作品的具体分析，国别文学史和世界文学史书写的热潮都已过去。

　　有意思的是，在史观反思上，世界文学史家又走在汉学家的前面。世界文学史在20世纪德国风光不再，拉特斯（Erwin Laaths）《世界文学史》（1953）是硕果仅存的代表，至1988年已出六版。拉特斯对世界文学史传统有继承也有革新，继承表现在，他接过了人本主义理想和精神史导向，将文

---

① Otto Hauser. *Weltgeschichte der Literatur*, Leipzig：Bibliographisches Institut, 1910, S. Ⅵ.

学史理解为"一个精神—艺术集体的传记"①,以人为中心和标准;革新是,他放弃了 19 世纪的普遍主义,意识到现有的历史概念和历史模式未必永恒不变,数百年后也许有"新的、绝对有效、被普遍相信的理念作为新的共相逐渐形成"②。19 世纪世界文学史家相信有一个"俯瞰视角",观察者由此"看见地上各国"③。拉特斯却坦承,他的目标只是"西方的世界文学",而非"其他的世界文学"④。"其他的世界文学"因为和西方的关联才被纳入系统。拉特斯的基本任务首先是"世界文学交织关系和效果的统观",但他同时强调,不能忽略对西方民族文学中那些尚未上升到跨民族层面的伟大作品的细读,即是说,世界文学加西方民族文学是他的基本结构,西方中心的意味非常明显⑤。但他能意识到西方的世界文学是诸多世界文学建构的一种,并不具备普遍性,也是认识上的重大进步。通过自行呈现自身的悖论来展开悖论,19 世纪的理念普遍性被系统内自我规定的普遍性所取代。自身系统之外,别的世界文学系统(如中国)可以自行其是,按自身的方式进行自我观察。

拉特斯在中国文学史叙述上和前辈的区分,首先是根据新的汉学知识更新了经典库。《好逑传》这类才子佳人小说,是 19 世纪世界文学史家心目中中国文学的顶级瑰宝,而他特别指出,这类小说在中国是"不大受重视的产品",对它们的选择是"不走运的"⑥。其次,他颠倒了以往的价值评判,认为中国文学提供了一种独特的文学,不能由汉语的孤立语特征推导出感觉和思想的贫乏——单凭汉字的无比丰富就足以反驳这一点。⑦ 孔子绝非欧洲人常说的毫无乐感的冬烘,他非常重视音乐在国家治理中的价值,且"像这样宏伟风格的改革者,世界上再没有见过"⑧。中国文学非但不低劣,且很早就达到了西方文学今日的水准。《关雎》一类抒情诗如耳语般直入灵魂,类似的"高明处理自我心灵和世界心灵的和谐同一"的西方诗要到歌德之后才会出现。⑨ 中国小说的特点是"现实主义描写的非凡能力",这种能力西方人要

---

① Erwin Laaths. *Geschichte der Weltliteratur*, München:Droemer, 1953, S. 15.
② Erwin Laaths. *Geschichte der Weltliteratur*, München:Droemer, 1953, S. 7.
③ Carl Fortlage. *Vorlesungen über die Geschichteder Poesie*, Stuttgart:Cotta, 1839, S. 17.
④ Erwin Laaths. *Geschichte der Weltliteratur*, München:Droemer, 1953, S. 12.
⑤ Erwin Laaths. *Geschichte der Weltliteratur*, München:Droemer, 1953, S. 12.
⑥ Erwin Laaths. *Geschichte der Weltliteratur*, München:Droemer, 1953, S. 199.
⑦ Erwin Laaths. *Geschichte der Weltliteratur*, München:Droemer, 1953, S. 188.
⑧ Erwin Laaths. *Geschichte der Weltliteratur*, München:Droemer, 1953, S. 190.
⑨ Erwin Laaths. *Geschichte der Weltliteratur*, München:Droemer, 1953, S. 191.

到 19 世纪才掌握。① 为证明此言不虚，他特地引用雷慕沙（Abel-Rémusat）19 世纪初认为中国人在若干世纪前就有了今日欧洲人才有的风俗和历史小说的观点："童年阶段的民族有寓言、传奇故事、史诗；真正的小说却只有在社会的时代才能产生，即当信仰减弱，社会将其注意力转向现世事物之时。"② 拉特斯还认为，《金瓶梅》展现了中国人对女性特性的深入了解，却没有用到"附加的或独立的心理学"——"最近许多西方小说的一个艺术上如此可疑的特征"③。中国戏剧实为搬上舞台的叙事文学，比较冗长也是可以理解的。形式上，它把抒情诗唱段以史诗的方式串在一起，主要兴趣是以曲词和歌唱表达人物的灵魂状态，而非借戏剧冲突制造幻象。但相比于欧洲歌剧，中国戏剧又具有优势，因为它是"更纯粹的艺术品"，而欧洲歌剧依赖音乐，文本过于稀薄。④

中国文学在拉特斯的世界文学系统中发生了挪动，原因自然是世界文学结构本身的改变。系统的结构性需求体现于文学理念，它对域外文学知识生产的调节作用提醒人们，世界文学概念的先验结构不但决定了世界文学的普遍联系，也决定了（包括中国文学在内的）国别文学的个别性。考察德国 19 世纪以来的世界文学史书写，可以看出，作为精神的文学理念为了展开自身，需要分裂为众多民族文学，但首先要构造出一种精神上异于西方文学的东方文学，以演绎"东方"在世界精神演化中承担的特殊功能，于是，中国文学史的书写就成为逻辑必需。中国文学自身的构造同样是精神自我展开的结果，由孔子表征的中国精神必然生成代表中国文学高峰的李杜和代表新时代的小说、戏曲，在此构架上添砖加瓦，中国文学大厦一步步建成。然而，因为中国文学代表了不合乎西方精神概念的精神，注定处于保守、中庸的凝滞状态。世界文学史家在书写中国文学史时，不需要具体的中国文学知识和体验，他们铸造的中国文学框架却对后来汉学家的中国文学史书写和中国文学体验起到预先塑造的作用。这说明，西方的中国文学史作为专门的知识结构，隶属一个更大的知识交流系统，文学史所包含的知识和错误、洞见和偏见、赞誉和诋毁，超出了史家的个体意志，只有联系系统需求才能得到充分理解。

（原载《文艺研究》2020 年第 2 期）

---

① Erwin Laaths. *Geschichte der Weltliteratur*, München：Droemer, 1953, S. 196.
② Erwin Laaths. *Geschichte der Weltliteratur*, München：Droemer, 1953, S. 199.
③ Erwin Laaths. *Geschichte der Weltliteratur*, München：Droemer, 1953, S. 198.
④ Erwin Laaths. *Geschichte der Weltliteratur*, München：Droemer, 1953, S. 200.

民俗学研究

孟姜女故事的转变

顾颉刚

孟姜女的故事,论其年代已经流传了两千五百年,按其地域几乎传遍了中国本部,实在是一个极有力的故事。可惜一班学者只注意于朝章国故而绝不注意于民间的传说,以至失去了许多好材料。但材料虽失去了许多,至于古今传说的系统却尚未泯灭,我们还可以在断编残简之中把它的系统搜寻出来。

孟姜女即《左传》上的"杞梁之妻",这是容易知道的。因为杞梁之妻哭夫崩城屡见于汉人的记载,而孟姜之夫"范希郎"的一个名字还保存得"杞梁"二字的声音。这个考定可说是没有疑义。于是我们就从《左传》上寻起。

《左氏》襄公二十三年《传》云:

> 齐侯(齐庄公)还自晋,不入,遂袭莒,门于且于,伤股而退。明日,将复战,期于寿舒。杞殖、华还载甲夜入且于之隧,宿于莒郊。明日,先遇莒子于蒲侯氏。莒子重赂之,使无死,曰:"请有盟。"华周对曰:"贪货弃命,亦君所恶也。昏而受命,日未中而弃之,何以事君?"莒子亲鼓之,从而伐之,获杞梁。莒人行成。齐侯归,遇杞梁之妻于郊,使吊之。辞曰:"殖之有罪,何辱命焉?若免于罪,犹有先人之敝庐在,下妾不得与郊吊。"齐侯吊诸其室。

这是说,齐侯打莒国,杞梁、华周(即杞殖、华还,当是一名一字)作先锋,杞梁打死了。齐侯还去时,在郊外遇见他的妻子,向她吊唁。她不以郊吊为然,说道:"若杞梁有罪,也不必吊;倘使没有罪,他还有家咧,我不应该在郊外受你的吊。"齐侯听了她的话,便到他的家里去吊了。在这一节上,我们只看见杞梁之妻是一个谨守礼法的人,她虽在哀痛的时候,仍能以礼处事,神智不乱,这是使人钦敬的。至于她在夫死之后如何哀伤,《左传》上一点没有记出。她何以到了郊外,是不是去迎接她的丈夫的灵柩,《左传》上也没有说明。华周有没有和杞梁同死,在《左传》上面也看不出来。

这是公元前五四九年的事。从此以后，这事就成了一件故事。这件故事在当时如何扩张，如何转变，可惜我们现在已经无从知道。

过了二百年，到战国的中期，有《檀弓》一书（今在《小戴礼记》中，大约是孔子的三四传弟子所记）出世。这书上所记曾子的说话中也提着这一段事：

哀公使人吊蒉尚，遇诸道，辟于路，画宫而受吊焉。

曾子曰："蒉尚不如杞梁之妻之知礼也！齐庄公袭莒于夺（夺即隧），杞梁死焉。其妻迎其柩于路而哭之哀。庄公使人吊之。对曰：'君之臣不免于罪，则将肆诸市朝而妻妾执。君之臣免于罪，则有先人之敝庐在，君无所辱命。'"

这一段话较《左传》所记的没有什么大变动，只增加了"其妻迎其柩于路而哭之哀"一语。但这一语是极可注意的，它说明她到郊外为的是迎柩，在迎柩的时候哭得很哀伤。《左传》上说的单是礼法，这书上就涂上感情的色彩了。这是很重要的一变，古今无数孟姜女的故事都是在这"哭之哀"的三个字上转出来的。

比《檀弓》稍后的记载，是《孟子》上记的淳于髡的话：

淳于髡曰："……昔者王豹处于淇而河西善讴，绵驹处于高唐而齐右善歌，华周、杞梁之妻善哭其夫而变国俗。有诸内，必形诸外。为其事而无其功者，髡未尝睹之也……"（《告子》下）

在这一段上，使得我们知道齐国人都喜欢学杞梁之妻（华周之妻，或在那时的故事中亦是一个善哭的人，或华周二字只是牵连及之，均不可知；但在这件故事中无关重要，我们可以不管）的哭调，成了一时的风气。又使得我们知道杞梁之妻的哭，与王豹的讴、绵驹的歌，处于同等的地位，一样的流行。我们从此可以窥见这件故事所以能够流传的缘故，齐国歌唱的风气确是一个有力的帮助。

于是我们去寻战国时歌唱中哭调的记载，看除了杞梁之妻外，再有何人以此擅名的。现在已得到的，是以下数条：

雍门子以哭见于孟尝君。已而陈辞通意，抚心发声，孟尝君为之增欷歍唈，流涕狼戾不可止。（《淮南子·览冥训》）

韩娥、秦青、薛谈之讴，侯同曼声之歌，愤于志，积于内，盈而发

音，则莫不比于律而和于人心。(《淮南子·氾论训》)

薛谭学讴于秦青，未穷青之技。自谓尽之，遂辞归。秦青弗止，饯于郊衢，抚节悲歌，声振林木，响遏行云。薛谭乃谢求反，终身不敢言归。秦青顾谓其友曰："昔韩娥东之齐，匮粮，过雍门，鬻歌假食。既去而余音绕梁欐，三日不绝，左右以其人不去。过逆旅，逆旅人辱之。韩娥因曼声哀哭。一里（一本作十里）老幼悲愁，垂涕相对，三日不食。遽而追之。娥还，复为曼声长歌。一里老幼喜跃抃舞，弗能自禁，忘向之悲也。乃厚赂发之。故雍门之人至今善歌哭，放娥之遗声。"(《列子·汤问》篇。《列子》一书虽伪，但它原是集合战国时诸书而成，故此条可信为战国的记载。)

这三段中，都很明白地给与我们以"齐人善唱哭调"的史实。雍门，高诱、杜预都说是齐城门。雍门的人既因韩娥而善哭，雍门子周（依《说苑》名周）又以善哭有名，可见齐都城中的哭的风气的普遍。秦青、薛谭之讴，《淮南》既说其"愤于志，积于内"，薛谭的学讴又因秦青的"抚节悲歌"而不归，又可见他们所作的歌讴也多带有愤悱悲哀的风味的。用现在的歌唱来看，悲歌哀哭，以秦腔为最。秦腔中用哭头（唱前带哭的一呼，不用音乐的辅助）处极多，凄清高厉，声随泪下，足使听客唏嘘不欢。齐国中既通行一种哭调，而淳于髡又说这种哭调是因杞梁之妻的善哭其夫而相习以成风气的，那么，我们可以怀疑这话的"倒果为因"了。杞梁之妻在夫亡之后，《左传》上绝没有说到她哭，绝没有提到她悲伤，而战国时的书上忽有她"哭之哀"的记载，忽有她"善哭而变国俗"的记载，而战国时正风行着这种哭调，又正有韩娥、秦青、雍门周一班善唱哭调的歌曲家出来，这岂不是杞梁之妻的哭调中有韩娥、秦青、雍门周的成分在内吗？又岂不是杞梁之妻的故事中所加增的哀哭一段事是战国时音乐界风气的反映吗？《淮南子·修务训》云：

邯郸师有出新曲者，托之李奇；诸人皆争学之。后知其非也，而皆弃其曲。

邯郸师为什么要这样呢？《修务训》在前面说明道：

世俗之人多尊古而贱今，故为道者必托之于神农、黄帝而后能入说。乱世暗主高远其所从来，因而贵之。为学者蔽于论而尊其所闻，相与危坐而称之，正领而诵之。

读此，可知音乐界的"托古改制"，与政治界原无二致，为的是要引人的注意，受人的尊敬。所以杞梁之妻的哭和她的哭的变俗，很有出于韩娥一辈人所为的可能。即不是韩娥一辈人所托，也尽有听者把他们的哭调与杞梁之妻的故事混合为一的可能。何以故？歌者和听者对于杞梁之妻的观念，原即是世主和学者对于神农、黄帝的观念。

用了这个眼光去看战国和西汉人对于杞梁之妻的赞叹和称述，没有不准的；上文所举的两段战国时的话——"哭之哀"和"善哭而变国俗"——不用说了，我们再去看西汉人的说话。

《韩诗外传》的作者韩婴，是西汉文、景时人。《外传》上（卷六）引淳于髡的话，作：

> 杞梁之妻悲哭，而人称咏。

"称咏"，即是歌吟。这是说把她的悲哭作为歌吟。

《文选》所录《古诗十九首》中的第五首，《玉台新咏》（卷一）归入枚乘《杂诗》第一首。枚乘亦是西汉文、景时人，诗云：

> 西北有高楼，上与浮云齐。
> 交疏结绮窗，阿阁三重阶。
> 上有弦歌声，音响一何悲？
> 谁能为此曲？无乃杞梁妻！
> 清商随风发，中曲正徘徊。
> 一弹再三叹，慷慨有余哀。
> 不惜歌者苦，但伤知音稀。
> 愿为双鸣鹤，奋翅起高飞！

这是写一个路人听着高楼上的弦歌声而凝想道："哪一位能唱出这样悲伤慷慨的歌呢，恐怕是杞梁之妻吧？"他叙述这歌声道，"清商随风发"，"慷慨有余哀"，可见这种歌声是很激越的。又说："中曲正徘徊，一弹再三叹"（叹，是和声），可见这种歌声是很缓慢的，羡声很多的，与"曼声哀哭"的韩娥之声如出一辙。

王褒是西汉宣帝时人。他作的《洞箫赋》（《文选》卷十七）形容箫声的美妙道：

> 钟期、牙、旷怅然而愕立兮；杞梁之妻不能为其气！

钟子期、伯牙、师旷是丝乐方面著名的人，杞梁之妻是歌曲方面著名的人。他形容箫声的美，说它甚至于使得钟子期等愕立而不敢奏，杞梁之妻失气而不敢歌。在此，可见杞梁之妻的歌是以"气"擅长的。这亦即是"曼声"之义。曼声，是引声长吟；长吟必须气足，故云"为其气"。十年前我曾见秦腔女伶小香水的戏。她善唱哭头，有一次演《烧骨记》，一个哭头竟延长至四五分钟，高亢处如潮涌，细沉处如泉滴，把怨愤之情不停地吐出，愈久愈紧练，愈紧练愈悲哀，不但歌者须善于运气，即听者的吸息亦随着她的歌声在胸膈间荡转而不得吐。现在用来想像那时的杞梁妻的歌曲，觉得甚是亲切。

所以杞梁之妻的故事中心，在战国以前是不受郊吊，在西汉以前是悲歌哀哭。

在西汉的后期，这个故事的中心又从悲歌而变为"崩城"了。第一个叙述崩城的事的人，就现在所知的是刘向。他在《说苑》里说：

  杞梁、华舟……进斗，杀二十七人而死。其妻闻之而哭，城为之阤，而隅为之崩。(《立节篇》)

  昔华舟、杞梁战而死，其妻悲之，向城而哭，隅为之崩，城为之阤。(《善说篇》)

叙述得较详细的，是他的《列女传》(卷四《贞顺传》)。这书里说：

  庄公袭莒，殖战而死。庄公归，遇其妻，使使者吊之于路。杞梁妻曰："令殖有罪，君何辱命焉！若令殖免于罪，则贱妾有先人之弊庐在，下妾不得与郊吊！"于是庄公乃还车诣其室，成礼，然后去。

  杞梁之妻无子，内外无五属之亲。既无所归，乃就（一本作"枕"）其夫之尸于城下而哭之。内诚感人，道路过者莫不为之挥涕。十日（一本作七日）而城为之崩。既葬，曰："吾何归矣！夫妇人必有所倚者也：父在则倚父，夫在则倚夫，子在则倚子。今吾上则无父，中则无夫，下则无子，内无所依以见吾诚，外无所依以立吾节，吾岂能更二哉！亦死而已！"遂赴淄水而死。

  君子谓杞梁之妻贞而知礼。诗云："我心伤悲，聊与子同归。"

下面颂她道：

  杞梁战死，其妻收丧。
  齐庄道吊，避不敢当。

> 哭夫于城，城为之崩。
> 自以无亲，赴淄而薨。

其实刘向把《左传》做上半篇，把当时的传说做下半篇，二者合而为一，颇为不伦。因为春秋时智识阶级的所以赞美她，原以郊外非行礼之地，她能却非礼的吊，足见她是一个很知礼的人；现在说她"就其夫之尸于城下而哭"，难道城下倒是行礼的地方吗？一哭哭了十天，以致城崩身死，这更是礼法所许的吗？礼本来是节制人情的东西，它为贤者抑减其情，为不肖者兴起其情，使得没有过与不及的弊病。所以《檀弓》上说道：

> 弁人有其母死而孺子泣者。孔子曰："哀则哀矣，而难为继也。夫礼，为可传也，为可继也，故哭踊有节。"（《檀弓》上）
>
> 子游曰："……直情而径行者，戎狄之道也，礼道则不然。"（《檀弓》下）
>
> 孔子恶野哭者。（《檀弓》上）郑玄《注》："为其变众。《周礼》：衔枚氏'掌禁野叫呼叹鸣于国中者，行歌哭于国中之道者'。"陈浩《注》："郊野之际，道路之间，哭非其地，又且仓卒行之，使人疑骇，故恶之也。"

由此看来，杞梁之妻不但哭踊无节，纵情灭性，为戎狄之道而非可继之礼，并且在野中叫呼，使人疑骇，为孔子所恶而衔枚氏所禁。她既失礼，又犯法，岂非和"知礼"二字差得太远了！况且中国之礼素严男女之防，非惟防着一班不相干的男女，亦且防着夫妇。所以在礼上，寡妇不得夜哭，为的是犯了"思情性"（性欲）的嫌疑。鲁国的敬姜是春秋战国时人都称为知礼的，试看她的行事：

> 穆伯（敬姜夫）之丧，敬姜昼哭。文伯（敬姜子）之丧，昼夜哭（《国语》作暮哭）。孔子曰："知礼矣！"（陈《注》："哭夫以礼，哭子以情，中节矣。"）
>
> 文伯之丧，敬姜据其床而不哭，曰："……今及其死也，朋友诸臣未有出涕者，而内人（妻妾）皆行哭失声。斯子也，必多旷于礼矣夫！"（以上《檀弓》下）
>
> 公父文伯卒，其母戒其妾曰："吾闻之：'好内，女死之。'……今吾子夭死。吾恶其以好内闻也。二三妇……请无瘠色，无洵涕，无搯膺，无忧容……是昭吾子也！"仲尼闻之曰："……公父氏之妇智也夫！欲明

其子之令德。"(《国语·鲁语》下)

由此看来，杞梁之妻不但自己犯了"思情性"的嫌疑，并且足以彰明其丈夫的"好内"与"旷礼"，将为敬姜所痛恨而孔子所羞称。这样的妇人，到处犯着礼法的愆尤，如何配得列在"贞顺"之中？如何反被《檀弓》表章了？我们在这里，应当说一句公道话：这崩城和投水的故事，是没有受过礼法熏陶的"齐东野人"（淄水在齐东）想像出来的杞梁之妻的悲哀，和神灵对于她表示的奇迹；刘向误听了"野人"的故事，遂至误收在"君子"的《列女传》。但他虽误听误收，而能使得我们知道西汉时即有这种的传说，这是应当对他表示感谢的。

从此以后，大家一说到杞梁之妻，总是说她哭夫崩城，把"却郊吊"的一事竟忘记了——这本是讲究礼法的君子所重的，和野人有什么相干呢！

王充是东汉初年的一个大怀疑家，他欢喜用理智去打破神话。他根本不信有崩城的事，所以他在《论衡·感虚》篇中驳道：

> 传书言杞梁氏之妻向城而哭，城为之崩。此言杞梁从军不还，其妻痛之，向城而哭，至诚悲痛，精气动城，故城为之崩也。夫言向城而哭者，实也；城为之崩者，虚也。夫人哭悲莫过雍门子，雍门子哭对孟尝君，孟尝君为之于邑。盖哭之精诚，故对向之者凄怆感动也。夫雍门子能动孟尝之心，不能感孟尝衣者，衣不知恻怛，不以人心相关通也。今城，土也，土犹衣也，无心腹之藏，安能为悲哭感恸而崩！使至诚之声能动城土，则其对林木哭能折草破木乎？向水火而泣能涌水灭火乎？夫草木水火与土无异，然杞梁之妻不能崩城明矣。或时城适自崩，杞梁之妻适哭下，世好虚，不原其实，故崩城之名至今不灭。

他不以故事的眼光看故事，而以实事的眼光看故事，他知道"城为之崩"是虚，而不知道他所认为实事的"向城而哭"亦即由崩城而来，这不能不说是他的错误。至于"城适自崩，杞梁妻适哭下"，欲为理性的解释，反而见其多事。但我们在这里，也可知道一点传说流行，大家倾信的状况。(《变动》篇中也有驳诘的话，不复举。)

东汉末年，蔡邕推原琴曲的本事，著有《琴操》一书。书中（卷下）载着一段"芑（即杞）梁妻叹"的故事。《芑梁妻叹》是琴曲名，是琴师作曲以状杞梁妻的叹声的，但他竟说是杞梁之妻自做的了。原文如下：

> 《芑梁妻叹》者，齐邑芑梁殖之妻所作也。庄公袭莒，殖战而死。

妻叹曰："上则无父，中则无夫，下则无子，外无所依，内无所倚，将何以立！吾节岂能更二哉，亦死而已矣！"于是乃援琴而鼓之曰：

> 乐莫乐兮新相知！
> 悲莫悲兮生别离！
> 哀感皇天城为堕！

曲终，遂自投淄水而死。

这一段故事虽是和《列女传》所记差不多，但有很奇怪的地方。她死了丈夫不哭，反去鼓琴，有类于庄子的妻死鼓盆而歌。歌凡三句：上二句是《楚辞·九歌·少司命》一章中语，似乎和他们夫妇的事实不切；下一句是自己说"我的哀可以感动皇天，使城倒堕"，堕城只是口中所唱之辞。歌曲一完，她就投水死了，也没有十日或七日的话。把它和《列女传》相较，觉得《列女传》的杞梁妻太过费力，而《琴操》的杞梁妻则太过飘逸了。

自东汉末以至六朝末，这四百余年之中，这件故事的中心——崩城——没有什么改变，看以下诸语可见：

> 邹衍匹夫，杞氏匹妇，尚有城崩霜陨之异。（《后汉书》卷五十七《刘瑜传》）

> 臣伏以为犬马之诚不能动人，譬人之诚不能动天。崩城陨霜，臣初信之；以臣心况，徒虚语耳。（《文选》卷三十七，曹植《求通亲亲表》）

> 贞夫沦莒役，杜吊结齐君。惊心眩白日，长洲崩秋云。精微贯穹旻，高城为隤坟。（《乐府诗集》卷七十三，宋吴迈远《杞梁妻》）

以前只是说崩城，到底崩的是那个地方的城，还没有提起过。西晋崔豹的《古今注》（卷中）首说是杞都城。

> 《杞梁妻》，杞植妻妹明月之所作也。杞植战死，妻叹曰："上则无父，中则无夫，下则无子，生人之苦至矣！"乃抗声长哭。杞都城感之而颓。遂投水而死。其妹悲其姊之贞操，乃为作歌，名曰《杞梁妻》焉。

这一段以杞殖作"杞植"，又忽然跑出一个妻妹明月来作曲（这或因夫死不应鼓琴之故），与蔡邕《琴操》说不同，暂且不论。最奇怪的，是"杞都城感之而颓"。杞梁只是姓杞，并非杞君，他和杞都城有什么相关？况杞国在今河南开封道中间的杞县，莒国在今山东济宁道东北的莒县，两处相去千里，何以会得杞梁战死于莒国而其妻哭倒了杞城？这分明是杞地的人要拉拢杞梁夫妇做他们的同乡先哲，所以立出这个异说。

在后魏郦道元的《水经注》（卷二十六"沭水"条莒县）中，却说所崩的城是莒城："沭水……东南过莒县东……《列女传》曰：'……妻乃哭于城下，七日而城崩'，故《琴操》云：'……哀感皇天，城为之坠'，即是城也。其城三重，并悉崇峻；惟南开一门。内城方十二里，郭周四十余里。"

杞梁之妻所哭倒的，无论是东汉人没有指实的城，是崔豹的杞城，还是郦道元的莒城，总之在中国的中部，不离乎齐国的附近。杞梁夫妇的事实，无论如何改变，他们也总是春秋时的人、齐国的臣民。谁知到了唐朝，这个故事竟大变了！最早见的，是唐末诗僧贯休的《杞梁妻》：

> 秦之无道兮四海枯，筑长城兮遮北胡。
> 筑人筑土一万里，杞梁贞妇啼呜呜——
> 上无父兮中无夫，下无子兮孤复孤。
> 一号城崩塞色苦，再号杞梁骨出土。
> 疲魂饥魄相逐归，陌上少年莫相非！
> （见《乐府诗集》卷七十三，尚未检他的《禅月集》）

这诗有三点可以惊人的：

（1）杞梁是秦朝人。
（2）秦筑长城，连人筑在里头，杞梁也是被筑的一个。
（3）杞梁之妻一号而城崩，再号而其夫的骸骨出土。

这首诗是这件故事的一个大关键。它是总结"春秋时死于战事的杞梁"的种种传说，而另开"秦时死于筑城的范郎"的种种传说的。从此以后，长城与他们夫妇就结成了不解之缘了。

这件故事所以会得如此转变，当然有很复杂的原因在内。就我所推测得到的而言，它的原因至少有二种：一是乐府中《饮马长城窟行》与《杞梁妻歌》的合流；一是唐代的时势的反映。

《饮马长城窟行》最早的一首（即"青青河边草，绵绵思远道"之篇），《文选》上说是古辞，《玉台新咏》说是蔡邕所作。此说虽未能考定，但看《乐府诗集》（卷三十八）此题下所录诗有魏文帝、陈琳……直至唐末十六家的作品，便可知道这种曲调是三国、六朝以至唐代一直流行的。他们所咏的大概分两派，雄壮的是杀敌凯还，悲苦的是筑城惨死。建筑长城的劳苦伤民，虽战国、秦、汉间的民众作品并无流传，但这原是想像得到的。（《水经注》

引杨泉《物理论》云："秦筑长城，死者相属，民歌曰：'生男慎勿举……'，其冤痛如此。"杨泉是晋代人，这四句歌恐即由陈琳诗传讹的，故不举。）

三国时陈琳所作，即属于悲苦的方面。诗云：

> 饮马长城窟，水寒伤马骨。……
> 长城何连连，连连三千里。
> 边城多健少，内舍多寡妇。
> 作书与内舍："便嫁莫留住！
> 善事新姑嫜，时时念我故夫子！"
> 报书往边地："君今出语一何鄙！
> 身在祸难中，何为稽留他家子！
> 生男慎莫举，生女哺用脯。
> 君独不见长城下死人骸骨相撑拄！
> 结发行事君，慊慊心意关。
> 明知边地苦，贱妾何能久自全！"

这说的是夫妇的惨别之情，虽没有说出人名，但颇有成为故事的趋势。唐代王翰作此曲，其下半篇云：

> 回来饮马长城窟，长城道傍多白骨。
> 问之耆老何代人，云是秦王筑城卒。
> 黄昏塞北无人烟，鬼哭啾啾声沸天。
> 无罪见诛功不赏，孤魂流落此城边。

这把长城下的白骨，指明是秦王的筑城卒了。《乐府诗集》又有僧子兰一诗，子兰不知何时人，看集上把他放在王建之后，或是晚唐人。诗云：

> 游客长城下，饮马长城窟。
> 马嘶闻水腥，为浸征人骨。
> 岂不是流泉，终不成潺湲。
> 洗尽骨上土，不洗骨中冤。
> 骨若不流水，四海有还魂。
> 空流呜咽声，声中疑是言。

这更是把陈琳的"君独不见长城下死人骸骨相撑拄"一语发挥尽致。拿这几篇与贯休的《杞梁妻》合看,真分不出是两件事了。它们为什么会得这般的接近?只因古时的乐府,原即是现在的歌剧,流传既广,自然容易变迁。《饮马长城窟行》本无指实的人,恰好杞梁之妻有崩城的传说,所以就使她做了"贱妾何能久自全"的寡妇,来一吐"鬼哭啾啾声沸天"的怨气。于是这两种歌曲中的故事就合流而成为一系了。

唐代的时势怎样呢?那时的武功是号为极盛的,太宗、高宗、玄宗三朝,东伐高丽、新罗,西征吐蕃、突厥,又在边境设置十节度使,带了重兵,垦种荒田,防御外蕃。兵士终年勦劳于外,他们的悲伤,看杜甫的《兵车行》《新婚别》诸诗均可见。他们离家之后,他们的妻子所度的岁月,自然更是难受。她们魂梦中系恋着的,或是在"玉门关",或是在"辽阳",或是在"渔阳",或是在"黄龙",或是在"马邑、龙堆",反正都是在这延亘数千里的长城一带。长城这件东西,从种族和国家看来固然是一个重镇,但闺中少妇的怨毒所归,她们看着便与妖孽无殊。谁人是逞了自己的野心而造长城的?大家知道是秦始皇。谁人是为了丈夫惨死的悲哀而哭倒城的?大家知道是杞梁之妻。这两件故事由联想而并合,就成为"杞梁妻哭倒秦始皇的长城",于是杞梁遂非做了秦朝人而去造长城不可了!她们再想,杞梁妻何以要在长城下哭呢?长城何以为她倒掉呢?这一定是杞梁被秦始皇筑在长城之下,必须由她哭倒了城,白骨才能出土,于是遂有"筑人筑土一万里""再号杞梁骨出土"的话流传出来了!她们大家有一口哭倒长城的怨气,大家想借着杞梁之妻的故事来消自己的块垒,所以杞梁之妻就成为一个"丈夫远征不归的悲哀"的结晶体!

在这等征战和徭役不息的时势之中,所有的故事,经着那时人的感情的渲染和涂饰,都容易倾向到这一方面。我们再可以寻出一个卢莫愁,做杞梁之妻的故事的旁证。

莫愁,是六朝人诗中的一个欢乐的女子,这个意义单看她的名字已甚明白。《玉台新咏》(卷九)载歌词一首(《乐府诗集》作梁武帝《河中之水歌》),云:

> 河中之水向东流,洛阳女儿名莫愁。
> 莫愁十三能织绮,十四采桑南陌头。
> 十五嫁为卢家妇,十六生儿字阿侯。
> 卢家兰室桂为梁,中有郁金苏合香。
> 头上金钗十二行,足下丝履五文章。

> 珊瑚挂镜烂生光，平头奴子提履箱。
> 人生富贵何所望，恨不嫁与东家王！

这写得莫愁的生活豪华极了，福气极了。但试看唐代沈佺期的《古意》：

> 卢家少妇郁金堂，海燕双栖玳瑁梁。
> 九月寒砧催木叶，十年征戍忆辽阳。
> 白狼河北音书断，丹凤城南秋夜长。
> 谁为含愁独不见，更教明月照流黄？

照这样说，她便富贵的分数少，而边思闺怨的分数多了。"莫愁"尚可变成"多愁"，何况久已负了悲哭盛名的杞梁之妻呢！

所以从此以后，杞梁妻的故事的中心就从哭夫崩城一变而为"旷妇怀征夫"。

较贯休时代稍后的马缟（五代后唐时人），他作的《中华古今注》是根据崔豹的《古今注》的。他的书不过是为了推广崔书，凡原来所有的几乎一个字也没有改。所以他的《杞梁妻》一条（卷下）也因袭着崔书。但即使因袭，终究因时代的不同，传说的鼓荡而生出一点改变。他道：

> 《杞梁妻歌》，杞梁妻妹朝日之作也。杞植战死，妻曰："上无考，中无夫，下无子，人之苦至矣！"乃抗声长哭。长城感之颓。遂投水而死。其妹悲姊之贤贞操，乃为作歌，名曰《杞梁妻贤》……

这和崔豹书有三点不同。第一，杞梁妻妹的名字由"明月"改作"朝日"了。第二，歌名不曰《杞梁妻》而曰《杞梁妻贤》（遭"贤"字或系"焉"字之误）。第三，哭倒的城不曰"杞都城"而曰"长城"。妹名和歌名不必计较，城名则甚可注意。杞梁之妻哭夫于莒、齐之间，杞城感之而倒已是可怪，怎么隔了二千里的长城又会闻风而兴起呢？杞梁战死的时候，不但秦无长城，即齐国和其他各国也没有长城，怎么因了她的哭而把未造的城先倒掉了呢？

我们在此，可以知道杞梁之妻哭倒长城，是唐以后一致的传说，这传说的势力已经超过了经典，所以对于经典的错迕也顾不得了。

北宋一代，她的故事的样式如何，现在尚没有发现材料，无从知道。南宋初，郑樵在他的《通志·乐略》中曾经论到这事。他道：

> 《琴操》所言者何尝有是事！琴之始也，有声无辞，但善音之人欲

> 写其幽怀隐思而无所凭依，故取古之人悲忧不遇之事而以命操，或有其人而无其事，或有其事而非其人，或得古人之影响从而滋蔓之。君子之所取者但取其声而已。……又如稗官之流，其理只在唇舌间，而其事亦有记载。虞舜之父，杞梁之妻，于经传所言者不过数十言耳，彼则演成万千言。……顾彼亦岂欲为此诬罔之事乎！正为彼之意向如此，不说无以畅其胸中也。

这真是一个极阔通的见解，古今来很少有人用这样正当的眼光去看歌曲和故事的。可惜"演成万千言"的"杞梁之妻"今已失传，否则必可把唐代妇人的怨思悲愤之情从"畅其胸中"的稗官的口里留得一点。

较《通志》稍后出的，是《孟子疏》。《孟子疏》虽署着北宋孙奭的名字，但经朱熹的证明，这是一个邵武士人所作而假托于孙奭的，这人正和朱熹同时。他的书非常浅陋，有许多通常的典故也都未能解出，却敢把流行的传说写在里面，冒称出于《史记》。如《离娄篇》"西子蒙不洁"章，他疏道：

> 案《史记》云："西施每入市，人愿见者先输金钱一文。"

这便是《史记》上所没有的。这样著书，在学问上真是不值一笑，但在故事的记载上使得我们知道当宋代时对于西施曾有这样的一个传说，这个传说中的看西施正和现在到上海大世界看"出角仙人"一样，这是非常可贵的。他能如此说西施，便能如此说杞梁之妻。所以他说：

> 或云，齐庄公袭莒，逐而死。其妻孟姜向城而哭，城为之崩。

杞梁之妻的大名到这时方才出现了，她是名孟姜！这是以前的许多书上完全没有提起过的。自此以后，这二字就为知识分子所承认，大家不称她为"杞梁之妻"而称她为"孟姜"了。

孟姜二字怎么样出来，这也是值得去研究的。周代时妇人的名字，大家都把姓放在底下，把排行或谥法放在上面。如"孟子""季姬"便是排行连姓的。如"庄姜""敬嬴"，便是谥法连姓的。"孟姜"二字，"孟"是排行，"姜"是齐女的姓；译作现在的白话，便是"姜大姑娘"。这确是周代人当时惯用的名字，为什么到了南宋才由民众的传说中发见出来？

在《诗经》的《鄘风·桑中》篇，有以下的一章：

> 爰采唐矣，沬之乡矣。
> 云谁之思？美孟姜矣。
> 期我乎桑中，要我乎上宫，送我乎淇之上矣。

又《郑风·有女同车》篇二章中，也都说到孟姜：

> 有女同车，颜如舜华。
> 将翱将翔，佩玉琼琚。
> 彼美孟姜，洵美且都！
>
> 有女同行，颜如舜英。
> 将翱将翔，佩玉将将。
> 彼美孟姜，德音不忘！

姚际恒在《诗经通论》（卷五）里解释道：

> 是必当时齐国有长女美而贤，故诗人多以孟姜称之耳。

这话也许可信。依他的解释，当时齐国必有一女子，名唤孟姜，生得十分美貌。因为她的美的名望大了，所以私名变成了通名，凡是美女都被称为"孟姜"。正如"西施"是一个私名，但因为她极美，足为一切美女的代表，所以这二字就成为美女的通名。（现在烟店里的美女唤做"烟店西施"，豆腐店里的美女唤做"豆腐西施"——江浙一带如此，未知他处然否。）又嫌但言孟姜，她的美还不显明，故在上面再加上一个"美"字唤做"美孟姜"。如此，则"美孟姜"即为美女之意更明白了。孟姜本为齐女之名，但《鄘风》也有，《郑风》也有，可见此名在春秋时已传播得很远。以后此二字虽不见于经典，但是诗歌中还露出一点继续行用的端倪。如汉诗《陇西行》（《玉台新咏》卷一）云：

> 好妇出迎客，颜色正敷愉。……取妇得如此，齐姜亦不如！

又曹植《妾薄命行》（《玉台新咏》卷九）云：

> 御巾拖粉君傍，中有霍纳都梁，鸡舌五味杂香，进者何人，齐姜，恩重爱深难忘。

可见在汉魏的乐府中，"齐姜"一名又成了好妇和美女的通名，则孟姜二字在秦汉以后民众社会的歌谣与故事中继续行用，亦事之常。杞梁是齐人，他的妻又是一个有名的女子（有名的女子必有被想象为美女的可能性），后人用了"孟姜"一名来称杞梁之妻，也很是近情。这个名字，周以后潜匿在民众社会中若干年；直到宋代，才被知识分子承认而重见于经典。孟姜成了杞梁之妻的姓名，于是通名又回复到私名了。

附记：

作者近日事务非常冗忙，为践专号的宿诺，勉强抽出三天功夫，匆促作成这半篇。以下半篇，得暇即做。但说不定何日有暇。续文下期如能登出，那是最好。但不能登出亦是在意料中的，请读者原谅！

再，读者如有材料供给我，请送本校三院研究所国学门歌谣研究会转交。

十三，十一，十九

（原载《歌谣周刊》第六十九号，1924 年 11 月 23 日）

与魏应麒先生讨论临水奶

容肇祖

关于临水奶的事情,我从魏先生的论文引起了我几点的意见,今特录出,以质魏先生,或者是备刍荛之采。

第一,从载述临水奶的书籍的比较,以定传说的确实性,关于临水奶的事迹,魏先生引的几种书籍如下:

(1)叶德辉翻刻的《搜神大全》。魏先生以为这是明板的翻刻,以为这书是比较的早些,我有《三教源流圣帝佛师搜神大全》一部,上署晋大梁干宝手著,清鼓出如林重增,所载临水奶与魏先生所引的《搜神大全》一字不异,疑是一书?这是依据明或清代民间传说的大成而写的,其经如何的演变,虽不能知,但可信为不是最早的传说。

(2)《福建通志》。这是罗列清初以前几个的传说。关于临水奶的丈夫,一说名为刘杞,一说名为黄演。又说他是唐大历二年(767)生,附注引《西洋宫碑记》以为是唐大历中黄公之配。又引《古田志》说:"……闽王封为顺懿夫人,赐宫女三十六人为女弟子。以其子为舍人,建第于古田临水。"总之,《福建通志》是供给我们各种不同的材料,使我们于众传说中得到或然的近真的事实。

(3)吴任臣的《十国春秋》。这只是告诉我们一种的事实,说靖姑是陈守仁的妹,承惠宗(闽王璘)之命,驱白蛇有功,惠宗诏云:

> 蛇魅行妖术,逆天理,隐沦后宫,诳欺百姓,靖姑亲率神兵,服其余孽,以安元元,功莫大焉。其封靖姑为顺懿夫人,食古田三百户,以一子为舍人。

后来靖姑辞让食邑不受,乃赐宫女三十六人为弟子,后数岁,逃居海上,不知所终。这是史家经过考证的记载,可惜的《十国春秋》只有在凡例上告诉我们一些所采的书目,而没有告诉我们这条所采的来源。《福建通志》所引的《古田志》所说闽王封为顺懿夫人,赐宫女三十六人为女弟子,以其子为舍人,建第于古田临水,正和此处说得相合。

就上列三种书籍所载看来,三书的价值狠有高下,《搜神大全》纯是记载传说，不可靠；《福建通志》是存疑，于史例为最善；《十国春秋》独主一说，事实当近真。（惜不将考证的经过写出。梁章钜亦如此）我从前说天后曾说过："妃的生卒有多说，可以证明他的确实性的薄弱，大约卒年以后者为近，愈推愈上，而确实性愈失。"（《民俗》四十一期，《天后》）现在对于临水奶我也是这样的说法，果然吴任臣的《十国春秋》亦采取闽王时的一说。其次《十国春秋》所录惠宗的诏书，未知采自何书？如果在较早的书里，真正可靠时，则一切问题可迎刃而解。以一子为舍人，当然不会生在大历的时候。狠希望的，能够在《十国春秋》所开的书目里找出。复次，我们知道陈守元在闽的地位狠重要的，惠宗作宝皇宫以居守元，信任备至，甚至称宝皇命使惠宗逊位于其子。其时巫者徐彦朴、盛韬，亦皆进用，陈靖姑是否守元之妹，尚需细考；而临水奶以这时因陈守元而得受封荫子，恐怕较为真实。

第二，关于封号的问题，有下列各项：

（1）《搜神大全》说"后唐王皇后分娩，艰危几至危殆，姑乃到宫以法催下太子，宫娥奏闻，唐王大悦，敕封'都天镇国显应崇福大奶夫人'"。魏先生说，大奶是福州的土话，这唐王是李唐，是沙陀唐，还是南唐呢？以地理的关系，不应跑得狠远的去保产催生，又不应称以福州土话。这个传说，因为说唐大历元年生，故此附会出唐王的故事来了。这是最不可靠的一点。

（2）《福建通志》说"宋淳祐间封'崇福昭惠慈济夫人'，赐额'顺懿'"。魏先生以为"顺懿"的名号是始于淳祐间。我以为顺懿的称号在闽惠宗已封过，但非正统的皇帝的封号，故此不载，而只载宋淳祐间的赐额，亦未可知？非必由宋始有这封号也？

（3）《西洋宫碑记》说"雍正七年，皇后宣封天仙圣母"。《铸鼎余闻》引谢金銮《台湾县志》说，后又加封"天仙圣母青灵普化碧霞元君"。案天仙圣母碧霞元君为北方山上的女神的称号（参看《妙峰山》一书便知详细，内中家兄所作的《碧霞元君庙》考说得颇明白），此处所谓"天仙圣母碧霞元君"恐是巫师附会冒名窃取，文人不察，遽以为是的。我前考海神天后的封号，见汪楫《使琉球录》说崇祯十三年加封碧霞元君，已说明其误。这里魏先生的余论，以为是神的封号的公式的一证，我是不敢赞同的。

当然，关于神的考证比历史上的事实更难，魏先生搜集材料与考证的热诚及其成绩是很可佩服。但管见所及，未忍缄默，故敢有质于高明。

十八年四月二十一日

（原载《民俗》第61、62期合刊及《福建三神考》，1929年）

〔附〕

再与魏应麒先生论临水奶

容肇祖

魏先生覆书论临水奶，承认了我所说的"天仙圣母是泰山女神的专名"而否定了我所提出的"卒年以后者为近确实"的话。我许久没有复他。现在乘暑假的闲暇，想将我的私见，尽量的表白于魏先生之前，魏先生向当有以教我？

研究传说，本来是一个狠困难的问题，至神的传说，则起源的渺茫蒙昧，尤其是难于把捉。如果笼统地说这是传说，那是传说，不求他一个真相，或者近似的真相，和可知的经过的变化，则和我们求知的心理，和研究的本旨相背驰。欲尽量的求出来，有时是因时代久远，材料淹没的原故而致不可能。不得已遂就所知的材料中而为之假定。这种假定，非必能得其真相，而却是希望近于真相，非有别种的材料和实证出现，在比较的研究上，似乎有找求一个假定的可能。如果研究一个神的起源或神的所处的时代，在一般的情状中，有时会把他提早年代的。如果神是人为，则神的为人的时代，在传说上每易将之提早，所以提早的原故，在当初或者非必有意为之，而崇拜的心理，自然会想作：较古的，神奇的，灵验的，有了这种心理，自然会创生一种较完满、易入听的传说，渐渐的便将较早的、不完满的、不甚古的、不甚神奇的、灵验不多的近于事实的传说潜易于无形。在神的传说的发生，初期的传说，说时代或者是近真，而事实尚未至于十分虚伪，积渐的演变，而灵迹，而灵验，而故事，一一俱从原来的节外生枝。灵迹的神，起源于平凡的，在当初是口耳相传，不入文人之记录，在后来，则迷信的范围扩大，而士大夫记录，而皇帝封号累累。在较远的神，历代有记录的，如德庆的龙母，我所知的，有从唐以后，历代增加故事的枝叶的痕迹；如福州的临水奶，我们所知，见于记叙的，大抵都是明代以后的书籍，痕迹不大显明。从著录的先后，找求增加的痕迹，事实上象是不可能。因为著录者大都在传说的大成之后。其歧异之处，不能定先后之分。关于临水奶之时代，或以为闽惠宗时，或以为唐大历世，我以为说闽者近真。

魏先生否定我的一说,似乎说是"唐人一说比较多些"的可信?如果要在这两种假定中选择一个,魏先生列了两个表,又似乎承认了唐大历人的一说的确实性多。他以为明代是盛唱临水奶是大历时人,清代吴任臣等却是说临水奶是五代时人,几乎要推尊《搜神大全》而弃却《十国春秋》了?我以为他列的表是没关系,他说的多少人说更没关系,因为都是在距传说所起的年代至少有六百多年,而在经过了这六百多年,传说的本身已成了完满的一说之后,无论有多少的人的述说,都是不足根据的。我这样的和魏先生讨论,好象是带点偏见,然而可举的有下列的理由:

(1) 神的时代,要从后而提前,似乎适合于迷信的心理的想像,这是在传说上狠可研究的。

(2) 临水奶的事迹的记叙,《搜神记》及《三教搜神大全》,以神异的故事为目的的叙述,自然是传说大成后的一种的著录。《福建通志》的兼容并包的搜罗及之,《台湾县志》《罗源县志》的因而并录,不能作为传说的较真或较早的根据。

(3) 吴任臣的《十国春秋》,似乎比较的可靠一点。我这种的推定,一方面因为他是历史家,比较搜神志异的记录较为确实一些。然而这不是拜倒于历史家的权威之下而妄信的。他说的陈靖姑的事迹,我不敢以为一切都是,但是他引的闽惠宗诏书所谓:

> 蛇魅行妖术,逆天理,隐沦后宫,诳欺百姓,靖姑亲率神兵,服其余孽,以安元元,功莫大焉。其封靖姑为顺懿夫人,食古田三百户,以一子为舍人。

他所录的诏书煌煌,似乎断非吴任臣捏造,而似为较有根据的。如果从这一点看,闽惠宗封他一子为舍人,可证他是闽王时代的。那时闽惠宗的崇信陈守元,政无大小,皆传宝皇命决之,则靖姑之除妖受封的事实,当然是可能的。我前书以为靖姑是否守元之妹,尚需细考;而"临水奶以这时因陈守元而得受封荫子,恐怕较为真实"的话,就是为此。

(4) 临水奶的传说可考的,大都是明代以后的记录。自大历元年(766)到太平兴国元年(976)间,已有二百多年,在传说上应该有所成立,而《太平广记》里绝没有提及,使人对于唐大历间生的传说生有不少怀疑?如果说临水奶是闽惠宗时候(933—935)的人〔假定《闽都别记》说他天祐元年(904)生的是真,则到闽惠宋元年时,约为二十九岁,《闽都别记》说他二十四岁卒的,不大可靠?〕,则到宋初,为时不久,小朝偏安一隅,封典故事，自然是少人注意了。这似是比较完满一点的解释。到宋淳祐间（1241—1252）始封崇福昭惠夫人，赐额顺懿。那时传说，当已日渐发扬。然得正统的皇帝之封号较迟，故威名远逊天妃，而文人之著录亦少。证以《十国春秋》所记惠宗一诏，如果不虚，则临水奶非唐大历时人，更可以断定。

传说之非事实，大家都知道的。传说之比较，我们有时是需要。我们比较传说，有时是希望得到较真或较早的东西。《十国春秋》所据的传说，是比较而定一尊的，我们虽未必遽认其一尊，而我们仍可以继续考证。梁章钜《退庵随笔》卷十，承认了《十国春秋》所说的，以为"今庙中有舍人塑像，又有三十六宫位号，盖本于此"。我虽不致如梁章钜之急遽承认了《十国春秋》所说的一切，但觉魏先生不分辨材料的价值高下，而第以明清的分别，定传说发生的次序，是不甚妥当的，故本所知，一再以质于高明。

十八年八月一日

附魏应麒先生前次的覆书论临水奶，如下：

我对于容先生的这一封信，只有表示十三分地感谢与荣幸，并不想说些什么。但是我尚有点意见，还想请教于容先生，所以只好把它写了出来。

容先生提的二个论点，第一是临水奶乃五代时人，而非唐时人；第二是天仙圣母乃泰山女神的专名，而非民间的女神的通名。容先生的第二点，我此时表示承认。现在要讨论的是第一点。

容先生的第一点的根据，是吴任臣《十国春秋》。《十国春秋》根据何书，吴任臣既未告诉我们，容先生又未找出，似乎这论点的基础不很稳固。

临水奶的事迹至明朝才有人记述，这一点我是相信的，因为我至今还没有见到宋元人关于她的记载。《十国春秋》凡例里举有几篇的参考书，像何乔远《闽书》等也都是明人的著作。最近我翻撷清抄本的明唐富春的《搜神记》，内引《枫泾杂录》（书藏本所）说道：

> 唐大历中，闽古田县有陈氏女者，生而颖异，能先事言，有无辄验。嬉戏每剪鸢蝶之类，噀之以水，即飞舞上下；刻木为尺许牛马，呼呵以令其行止，一如其令。饮食遇喜，升斗辄尽；或辟谷数日自若也。人咸异之。父母亦不能禁。未字而殁，附童子言事，乡人以水旱祸福叩之，言无不验，遂立庙祀焉。宋封顺懿夫人。代多灵迹，今八闽人多祀之者。

《枫泾杂录》的作者为谁，一时虽未能查出，但它能为唐富春的《搜神记》所引用（《搜神记》所引仅有这一条），最少亦当为明人的著述。本书与他书不同的地方,虽然有未字人及无斩蛇的二异点,但本文所用的却是"唐大历中"一语。现在我可以把记临水奶是唐大历的人的书,列成一表:

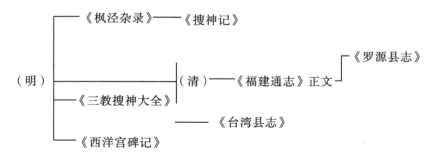

从上表看来,可见明代是盛唱临水奶是大历时人。我们也把讲临水奶是五代时人的书列表来看:

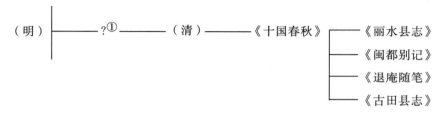

把两表合看,那一表确实性的成分多,不言自明。现在我们退三步来讲,承认《十国春秋》所引据的是《闽书》或其他明人的著述,那么我们也只能说:"在明代一部分的社会,是也有临水奶乃五代时人的传说了!"似不能即因其传说她的生年在后,便加以相信。

临水奶的事迹,完全是传说的性质。在同一时代(明)中的记载,说她是唐大历时人的既各有不同,说她是五代时人的也不无阙异:这可见她的传说是向多方面发展,而发展时又不相为谋的状态。在这种状态之下,我们那能取其近是而定其一尊呢?

容先生说,吴任臣是有史家的眼光的。我以为临水奶的本质是个传说,只能用传说的眼光看它。譬如"学法"一事,在史家的眼光中看来,那是多么"不经"之谈!然而,这正是民间传说的正宗。所以他们(指史家)非承认较近于"经"的"遇馁妪,响之;授以符箓"之事不可。再以天后而论,起先她的势力不大,由是绍熙初本的宋群志便称为"里中女巫";后来她的

---

① 《十国春秋》不知引据何书,但凡例中所举的几篇参考书像《闽书》等均是明人著述(当然是指有关于福建及疑有关于临水奶的而言)。

势力大了，由是延祐本即称她为"神女"；最后她的势力更大了，于时《续志》不得不"皆称宋都巡检愿女"了！（详见我的《关于天后》一篇）这样若以以前史家的眼光观之，吾知其所适从矣！（按吴任臣《十国春秋》正是取最后一说）所以临水奶学法的事情，最初是"闾山洞王女"，老洞王女太"不经"了，于是便有人说是山中"馁妪"；然而山中馁妪不能满人意，因为它太抽象了，于是便有人说是"闾山许旌阳"。吴任臣是有史家眼光的，对于洞王女自然认为不经，对于许旌阳也认为不妥（因为他已死了），山中馁妪比较近于事实，于是乎吴先生也便舍彼而取此了！又临水奶之兄最初传说是陈二相，但陈二相乃碌碌无闻之人，而陈守元是个赫赫法师，用史家的眼光从"经"的上面看，而陈法师又非做临水奶的哥哥不可！容先生说，陈守元与临水奶有关系。这一句话，我现在未敢赞同。

《山海经》中的西王母与《汉武内传》中的西王母，一个是有尾的妖精，一个是天上的仙子，假若使吴老先生做一篇西王母传，不知当是如何？而吴老先生做好传之后，不知世人对之又是如何？

自西王母的传说而至于骊山老母的传说，九天玄女的传说：这真是民间的传说的一贯道理！

古代历史完全都是传，但后来经过像吴老先生一类的史家眼光的记载之后，便都成了今日的正史！

基上种种，我暂时的结论还是：

临水奶是唐人抑是五代人，这都不过是一种传说，她的确实性就传说的本身言之，似乎唐人一说比较多些。

浅薄之见，尚望容先生及读者诸君不吝于教诲！

四月廿五日

（原载《民俗》1929 年第 78 期）

建立中国民俗学学派论纲

钟敬文

建立中国民俗学学派是一个大问题。就这个问题，我想讲几个方面，包括建立这个学派的必要性和可能性，中国民俗学的特殊性格、旨趣、目的和结构体系，以及今后发展方向等。近年来，我对这些问题做了一些思考，现在提出来和大家讨论。

一、建立学派的必要性

中国的民俗学学派，指的是中国的民俗学研究，从本民族文化的具体情况出发，进行符合民族民俗文化特点的学科理论和方法论的建设。

现在的中国民俗学，在世界范围内来讲，也是一种中国学派，外国人也就这样看我们。但我们过去并没有从学术意识上来自觉地认识这个问题；我们也从来没有在文字上提出要建立一个中国学派；或者明确地说，我们是中国学派。中国民俗学与外国的理论能不能接轨？这要从研究对象的实际出发来加以考虑。从大体上说，文化交流，对双方都是好事，彼此也越来越欢迎。但说到不同文化的接轨，就要考虑接轨的对象。因为，任何一个民族的民俗和对它的学术研究，要去跟外国的理论接轨，这比起一般自然科学的对外交流，肯定是有其特殊的地方的。就民俗学而言，可能有些方面想去接轨，有时候就不一定接得很好；可能你想接轨，在他们看来还不够，搭不上；也可能他想接轨，但在我们看来又说不到点子上。这是由各自的人民生活、文化传统、社会制度、思维习惯和学术发展史等的不同所造成的。所以，中国民俗学要发展，主要还是要走自己的路。

1. 学科发展的自然要求

中国人认识和谈论民俗的历史很长，从先秦到现代科学民俗学建立之前，已经有两千多年了，我们姑且把它叫作史前史。在这一时期，历代都有一些学者在不同的程度上表达了对民俗事象的理性认识。所谓的"学"，主要就是这种理性的认识。有了理性的认识，就有了科学的萌芽。这个问题，由于时间的限制，在这里就不准备多谈了。"五四"以后，在中西文化的交流中，诞生了中国现代民俗学，这是一般的看法。

其实，严格地讲，中国的科学的民俗学，应该从晚清算起。因为，晚清在中国历史上是一个很重要的时期，等于古代的春秋战国。春秋战国是社会形态的转型期，原来封侯分疆的各国出现了逐雄争霸的趋势，彼此在政治、经济、军事、文化、外交和民俗社会等各方面，都经历了碰撞、冲突和结盟的过程。当时的游说之风大炽，便是出于这种不同文化之间的对话需要而发生的一种新知识的生产形态。在这种背景下蜂拥而起的诸子学说，既有经典文化的精华，又大量借用了民间文学的作品和观念，在理论上都形成了一些新的东西。

在中国的晚清时期，西方殖民主义者的足迹已经到达了亚洲和非洲等的许多国家，直至"一战"爆发，整个世界的格局都在动荡，它激发了被压迫民族的反抗情绪，也改变了人们认识世界的方式。在这一时期，中国的梁启超、严复、黄遵宪、蒋自由、鲁迅等一批有识之士，成了近代思想革命的先驱。他们在知识上学贯中西，但在实践上却强调西学中用，服务于本民族的国家社会的改造，为此，他们对于民俗也有了与过去时代不同的看法，发现了民俗在保持和兴建一个既非西化、也非自我封闭的新社会的进程中，能够发挥重要作用。他们所大力提倡的新思潮、新文化里面的一个"新"字，正是在这个意义上提出来的。他们当时阐释民俗所运用的概念和方法，借鉴了西方的社会人文科学的学说，则显示了近代学术的性质。因此，这一时期中国知识分子对民俗的理性认识和春秋时代一样，是社会意识形态转型时期的产物，但在性质上，两者又有了实质性的差别。晚清时期的民俗学，是与"五四"的新文化运动相接续的，它是中国现代民俗学的一个组成部分。

"五四"前后兴起的北大歌谣学运动，在现代民俗学的建设上迈出了学科独立的第一步。从那时起，直到现在，中国民俗学已经走过了80年的历程。特别是20世纪70年代末以来，在邓小平同志"解放思想、实事求是"的理论思想的指导下，改革开放，中、西对话，取长补短，建设四化，中国的综合国力逐步增强。与此同时，中国民俗学也获得了迅速的发展，而且，在它的发展过程和学术成果上，尽管也吸收了一些外来学说，但还是大多体现了自己的特点。比起百年前的学术史，它现在的成长，叫过了18岁，到了成人期。它的经历说明，一门新学科在中国的确立，主要依靠的是自己的民族根基。

2. 建立学派有利于学科的进一步发展

事实上，我们不仅在民俗现象上，就是在理论上，在世界上也是不弱的。加上近百年来的历史，如果不夸口的话，我们能够证明，中国在她的历史和现实的情况下，所决定或所产生的一种民俗学，是带有中国烙印或者带有强烈的中国特点的。当然，这包括了在某些历史时期、某些社会阶段所带有的一些国情特点。

那么，今后我们该怎么办？我们是否应该改变过去这种学科意识不大自觉或不够强烈的情况，提高认识它的自觉性？是否应该研究中国民俗学向哪里发展？研究和世界其他国家的民俗学相比，我们应该采取什么态度？特别对中、外现代文化科学的交流、碰撞、融汇和矛盾，我们应该做出怎样适当的反应？以及是否应该对本国民俗学的历史做出如实的评价？并在此基础上，思考中国民俗学是不是有自己独自发生的问题？等等。总之，一个带有总体性质的问题是：虽然经过近百年来的曲折发展，中国民俗学已经正在接近世界民俗学，但从主要点来看，我们却是否需要升上一面旗帜，说我们就是中国学派？这些问题，近些年我经常想起。最近和一些同志谈起来，他们也大都赞成这个提法。其实，我们本来也一直在走自己的路，不过是现在要更自觉地去走罢了。走自己的路，不等于一定要同人家打架，而是要有主体性。一个国家、一个民族，特别是像我们这样的国家和民族，一门学问有上千年的历史，到今天，还不能自己走路，这是说不通的，更不要说如此能够促进它的健康发展。

3. 避免学术进程中的某些偏离正轨的倾向

现代中国民俗学能够从中国的传统学术中独立出来，一个不可否认的因素，是借助了当时输入的西学的推动；在学科建设的早期，我们也经历了向外国描红格子的阶段。但现在我们已经成人了，过了18岁，难道还要描红格子吗？假如不描红格子，那就要自主。但我说过，自主不是排他，人家也可以自主，中外民俗学的发展应该互相尊重。但是，有一点就是，中国民俗学同外国民俗学的关系，不是一种主仆的关系，或君臣的关系。我经常讲，我们的民俗学不应该是外国民俗学的派出所。但这并不是不向他们学习，我们向他们学习，但是学习的出路，只能是发展我们自己。根据这样的思路，我想，对待外来的理论，哪怕它再高明，也不能老在那里跟从、模仿。中国民俗学者要把主要精力集中到本民族学科的建设上来，这是一条学术的正道。

二、建立学派的可能性

1. 从学科发展的历史成就看

提倡中国民俗学自己的学派，还要考察它以往的基础，分析它的现代科学史，加上两千年的史前史，看看它本身是不是具有自己的生命，具有自己发展的途径。我想，这个看来是很显著的。

首先，从先秦到近代，中国人对民俗的理性认识，就很有自己的特点。在历史上，各个时代、各类学者之间的看法也有差异，比如司马迁就不同于班固。不过，有一点，我觉得很明显：那就是像班固这样的历史学家，他们对待民俗，主要是从政治的角度来评价和议论的，他们所发表的有关观风知政的言论反映了中国古代民俗观的一个方面。

其次，还有一个特点，就是从民俗记录的历史文献看，很多都是从回忆的角度来记录的。大家想想看，许多古代的民俗志著作，例如像南北朝的《荆楚岁时记》、宋代《梦粱录》和现代的《杭俗遗风》等，是怎么写出来的？我反复地看，发现它们的作者有一个共同点，就是经历了太平盛世的生活，后来社会变迁了，朝代更替了，本人的人生境遇也发生了转折，这时，他们看问题的角度也跟着发生了变化。而这种变化最容易引起的思想反映，就是对原有民俗的亲切回忆和依恋感。他们在强烈对照的刺激下，回忆过去习惯了的生活，还特别容易发现其中的民俗特点。例如，《荆楚岁时记》的作者宗懔，就从南朝被弄到北朝去，离开了南方，离开了他的故国，在北朝里面生活，这在他是很不习惯的。他在这种身处异乡的感受中，在通过新朝看旧朝的不同经验中，撰写《荆楚岁时记》，这是什么意思啊？这不分明是一种回想式的描述和审视吗？《梦粱录》和《杭俗遗风》的撰写，也都是这个样子。从主观上讲，它们表达了作者的文人情思；从客观上讲，它们又传达了一种在社会历史急剧变动时期对安定的民俗生活的回忆和眷恋，以及通过叙述民俗社会抒发对理想社会模式的想像。诸如此类的情况还有一些。

我没有仔细去对比国外的著作，但不管怎么讲，这类特点，在世界民俗学史上，恐怕也是一个值得注意的现象吧。至少，它能证明，在过去漫长的历史时期中，中国人在记录、编纂民俗资料的勤奋上，在考察民俗现象的方式上，乃至在叙述民俗文化的态度上，都表现了自己的民族性格。中国的民俗学，从来都是中国人用自己的眼睛、心灵、情感、人生经历和学理知识来创造的学问，是中国人自己在描述自己的民俗志。这样的文化遗产，难道不值得我们后人珍惜吗？

固然，"五四"是一个伟大的革命时代，那时，中国人眼见西方文明的进步，觉得我们的国家太落后了，因此，一时什么学问都向西方学习。仅以民俗学来讲，当时受影响最多的就是英国人类学派，他们的观点和方法，在早期中国民俗学者的故事和神话等研究方面都留下了痕迹。但是，平心而论，即使在这个描红格子的时期，中国民俗学依然是有自己的特点的。

比如，在中国现代民俗学史和民间文学运动史上最有分量的文章之一，是顾颉刚先生写于1924年的《孟姜女故事的转变》。但它不是抄人类学或其他学派的什么东西，而是中国学者自己的创造。在这篇论文中，顾先生第一次使用了历史地理的方法，研究中国的民间传说故事，提出了自成体系的理论。顾颉刚的学术观点，自然是"五四"思潮的产物，但是在民俗学的学术上，他搞的是本土的学问。他的民俗学著述是民族性和创造性相结合的产物，因此，能够奠定中国民俗学的理论基础。他的《孟姜女故事的转变》正是由于具备了这个鲜明的优点，才经受住了时间的考验，70年来，一直是压卷之作。

再如江绍原先生，他也是中国现代民俗学史上比较重要的人物。他虽然应用了英国弗雷泽的理论来研究中国的民俗现象，但他的研究对象和研究结论还都是中国的，他做的还是中国学问，而不是替英国人搞学术批发。总之，我的意思是说，即便在早期描红格子的时候，中国民俗学者也是有自己的相对独立性的。

2. 从学科发展的当前形势看

那么，我们过去在学术意识不大自觉的时候都这么走过来了，虽然有的时候步子不那么坚决、不那么踏实，但还是在走自己的路，到了现在，就更应该加强这种独立性了。因为，我们已经成人了，更何况，我们现在是在自觉地从事中国民俗学的建设呢？

当前的形势也是比较好的。解放后，尽管有一个时期，作为整体的民俗学被打入了冷宫，但上面提到的邓小平"解放思想、实事求是"这八个字，救了我们的学科，还使我们的学科活了起来，也使我个人活得更加有意义。假设没有这八个字，中国民俗学就不可能有当前这么好的形势。像国家规定在大学里面开设民俗学的课程，还陆续授予了民俗学硕士、博士等各种学位，这在从前都是不可想像的。

这20年来，在解放后建立的民间文学机构的基础上，很多省、市又成立了新的民俗学机构，队伍还相当壮大。各地还进行了大规模的民间文学和民俗学资料的搜集整理活动，投入了大批的人力、物力，参加了中国十套文艺集成、志书的编纂工作，这是新时期上马的一项浩大的民族民间文化建设工程，现已取得了显著的成就。在这项工程中，各省市完成了编辑民间文学三套集成县卷本的工作，相关的省卷本也在陆续出版。一些地方在新修地方志的过程中，还加强了对方言民俗部分的调查和写作，有的省市还出版了民俗志，并且在质量上也达到了较高的水平，像《河南民俗志》和《江苏民间文学志》等。另外，还出版了不少专业理论书刊，它们比起过去这方面的著作，一般在资料上要搞得多一些，在理论上也挖得深一些，这些都是我们在学术上的进步。

但我们不能停在这个地方，我们还要前进。要前进，就要加强我们的学科意识，加强我们的计划性。为此，我们就要建立自己的学派，以促进中国民俗学下一步的发展。

3. 从兄弟学科的发展趋势看

最后一点是旁证。谈谈相关学科的发展。人类学、民族学等，都是民俗学的兄弟学科。但前者是世界性的，只有民俗学是一国性的。例如，英国人类学，是以研究英国以外的异文化为主的；德国民族学，是以研究德国以外的异民族为主的；等等。现在虽然他们也在反思和转变，但其主要研究对象还是别国，至少不限于本国。不像民俗学，一直守着本国的阵地。

人类学、民族学在中国的发展情况怎样呢。它们在20世纪初传入我国，经历了大革命、抗战……后来基本都同在外国的发展不一样了。他们的学者，大都是搞我国的东西。像以费孝通为代表的中国人类学家，一开始就研究中国的乡村，而不是像外国人那样，研究国外的原住民。中国的民族学，也一向研究国内的民族，而不是去研究南洋土人、非洲原住民，或印第安人；特别是解放后，他们主要从事国内的民族问题理论和民族政策的研究。近两年，一些中国的青年人类学者还提出了学术"本土化"口号，其实，人类学在中国的研究一直都是本土的。不管怎么讲，这两个学科，在国际上，都是研究世界各民族的，但在中国，都本土化了，因此，他们的成就，就自然要成为一种中国学派，和外国人的研究是不一样的。这就成为一个旁证，即他们的走向可以供中国民俗学者参考；这些原来研究异文化的学科，到了中国都本土化了，这至少说明中国本身的东西已经够多了。

民俗学本来就是一国的学问，所以，中国民俗学必须在学术上形成中国特色。这不仅是一种大道理，而且在实际工作中也要意识到它，并去发展它。现在的条件好了，学术积累增加了，相邻学科的民族化走向也摆在我们面前，我们就不能再东依西靠，要建设自己独立的学问，做出自己的成绩，以丰富世界文化宝库。

三、多民族的一国民俗学——中国民俗学的独特性格

1. 一般民俗学的性质

民俗学（Folklore）这个词，许多国家都这么用，各国各民族在学科性质上也有相似的地方，但实际上，还是存在着一定的差别。比如，对 Folklore，彼此的叫法不一样，对它的含义也有各自的理解。像我们现在用的英语的说法，而德国虽然也用这个词，但他们另外还有自己的术语等。不过，一个明显的特点是：一般的民俗学都是一国民俗学，或说单一民族的一国民俗学。比如，德国的民族成分构成，以日耳曼人为主，他的民俗学就主要研究日耳曼人。从前苏联有一百多个民族，它没有民俗学，只有民族志学。他的民俗学，就是民间文学，再加上一点音乐艺术方面的内容。日本的民俗学也是单民族的，柳田国男的民俗学，只研究大和民族，对本国的少数民族阿伊努，他就不大去管。这是世界民俗学发展的一般情况。中国不同，我们的民俗学，是把境内多民族的民俗文化都作为自己的研究对象的。

2. 中国社会结构的特点

为什么中国会这样呢？这个问题不取决于一般的定义，或外国的做法，而是要取决于中国的实际。因为中国的社会结构跟别人不一样。中国是一个多民族的统一国家，在长期的社会历史发展过程中，每个民族都形成了自己的文化特点，有的少数民族的民俗文化还保留得相当完整。即便是汉族，各地区的文化差别也很大。我们面对这样丰富的研究对象，不可能只搞局部，不顾整体的研究。

3. 中国民俗学的特殊性格——多民族的一国民俗学

因此，中国的社会结构，规定了中国民俗学的性格，是多民族的一国民俗学。同世界其他国家的单民族一国民俗学相比，这是我们的一大特点。1996 年，我在中央民族大学的东亚民俗文化国际学术讨论会上，曾经提到这个问题。这次是作为中国民俗学的总体性质来讲的。

四、中国民俗学学派的旨趣和目的

建设民俗学的中国学派，需要明确中国民俗学的功用、任务和目标，它

们主要有以下几点。

1. 清理中国各民族的民俗文化财富

它包括历史上流传下来的各民族民俗文化事象、历代文人学者对这些事象所作的一些记录（民俗志），及其考察、谈论民俗事象的理性认识资料（理论史）。这些都是祖宗留下来的宝贵财富，应该作总结，作清理，使之成为一种历史文化的重要文献。我认为，没有它们，就没有一部完整的中国文化史和学术史。而这种清理工作，我们不干，别人是不可能代替我们干的。而且，如果我们不主动地去干，对祖宗的经历、祖宗的文化和祖宗的学术创造，置若罔闻，乃至一无所知，那怎么能成为一个文化很高的国家的社会人文科学工作者呢？因此，无论如何，中国民俗学者是要担负起这个历史使命的，否则，上对不起祖宗，下对不起后代。

2. 增强国民的文化史知识和民族意识与感情

提倡民俗学者清理史料和保存民俗文化的目的，是要有裨补于当前国民的生活、思想，而不是为了清理而清理，为了保存而保存。因此，下一步，是对这些祖宗留给我们的、最贴近人民生活的民俗文化，给予历史的、科学的研究和阐明，然后用民俗科学的知识去教育国民，帮助他们了解自己的祖先曾经经历了怎样的生活，了解中国人历来怎样看待这类问题，哪些是一般中国人认为可以变化的、哪些是不大容易轻易变化的，从什么地方可以看出中国人的情感、价值观、思想观念、理想、信仰，以及个体与集体和民族共同的历史联系等等。这些都是一个文化大国的国民的文化史知识，也是凝聚一个民族的感情和行动的文化核心点。试想，生活在世界各地的海外华侨，他们的居住、饮食、语言都变了，但却依然要过春节、舞狮子、耍龙灯、穿旗袍，为什么？如果不掌握这种民俗文化史的知识，就不能发现隐藏在这些节日习俗表象背后的一座精神文化的桥梁。这座桥，便是既稳固又现实的民族民俗文化，外人只有通过这座桥，才能走进华人华侨的生活世界。

3. 资助国家新文化建设的科学决策

现在不是国家讲科学决策的吗？这也是当代中国向现代化社会转型时期的一种变革。从前的政府决策，大多凭政治家、经济学家、自然科学家和其他社会科学家的经验和学问，在现代社会，领导阶层的知识结构扩大了，开始考虑人文科学知识和作用了，这有利于中国民俗学这种人文科学的发展。

当然，中国自古就有官方采风问俗的传统，但那是服务于贵族政治的，与现在实行的人民民主政治，有着实质性的差别。前几年，北京的人民代表大会讨论禁放烟花爆竹的问题，就涉及了对民俗的认识。可惜会议当时没有运用这方面的知识，做出了春节期间完全禁放鞭炮的决定。不过，会议代表也有他们的知识结构，就是运用了环保的知识、生理健康的知识，并根据这些知识向市政府提供了决策。站在他们的知识角度看，这种决策也有它的道理。但此决策后来还是被政府调整了、修改了，因为支持它的知识结构还不够完整和合理，它缺少了对中国人的精神传统的了解和对它的作用的估价。而这方面知识的内容，就是中国民俗学。为什么后来政府又允许在几个指定的郊区县燃放烟花爆竹呢？那是因为理解了老百姓过年缺少烟花爆竹的失落感。可见，民俗学和领导决策是有关系的。我们民俗学者看到了这一点，就应该力争以自己的知识去资助国家新文化建设的科学决策，使它更符合中国的国情，更有利于改善人民的物质生活和精神生活。

4. 丰富世界人类文化史与民俗学的宝库

近年随着电视、电脑等高科技的发展，人类文化出现全球化的趋势。现在我们搞现代化，也承认自己比较落后了。但全球化也好、现代化也好，不是把我们自己给化掉，而是应该根据我们的需要，去吸取人类文化中的先进的东西来壮大我们自己，而不是相反。反过来，把人家的垃圾给化进来，把自己的精华给化为乌有，那才是悲剧。

在"文革"前的17年里面，胡乔木同志曾说过，我们不要资产阶级的破烂，也不要无产阶级的破烂。他当时可能有所感。我想他的看法是对的。我们任何破烂都不要。要精华，不要破烂。在经济上如此，在科技文化上也如此。

中国的文化，包括民俗文化，它的内涵和形态的形成，有中国历史的原因，而其中的一个重要原因，就是境内外各民族文化之间的相互吸收与融合。特别是中华民族的民俗文化，本身就是一个复合体，是吸收了历史上多民族民俗优秀成分的复合体，所以它经过了数千年的发展，至今还能对中国人民的情感和生活发生巨大的作用。总之，善于吸收，是中国的文化传统；善于在自己的民俗传统的根基上吸收和消化别人的优秀文化，更是中国的传统，这一点，是我们要牢牢记住的。

事实证明，民族民俗文化的发展，与现代化的发展是并行不悖的，处理得好，就能双向促进，给我们自己、给世界文明都带来好处。可能有的同志以为，现在是社会变化的时期，很多民俗都跟着起变化了，有些民俗已濒临消失了，民俗学还有用吗？所谓皮之不存，毛将焉附？其实不是这个问题。孔子死了两三千年了，但他的《论语》在世界文化人的眼里的地位是何等之高？这是人家都知道的。因此，文化科学这东西，不能用很浅薄的眼光去评价它，一定要看到它的深层，看到它在人类社会的发展过程中所起到的重要作用。作为中国民俗学者，应该看到，我们所整理、研究的成果，是对世界文化的不小贡献，这一点，我们一定要自信。我们的工作，不仅是为民族的，也是为世界的。对此，如果连我们自己都不大清楚，那就难怪人家说外行话了。

五、拟议中的中国民俗学结构体系

建立中国民俗学学派的学术根基，是建立自己的民俗学结构体系。根据我多年的观察和研究，我认为，中国民俗学的结构体系，应该包括以下几个方面。

1. 理论民俗学

它包括基础理论研究和应用民俗研究两个部分。基础理论研究，又可分成综合的研究或单一的研究、整体的研究或局部的研究、概括的研究或个案的研究等。应用民俗学的研究，也还可以分为旅游民俗、环保民俗的研究等等。这方面的问题，我以前在其他场合讲过，这里就不去细说它了。

2. 记录民俗学

民俗是一种民众文化事象，对它的研究，不仅仅是理论考察，它的资料本身也是有价值的。这就关系到民俗志的问题，我把它叫作记录的民俗学。它的内容，包括民俗资料，也包括搜集、整理和撰写民俗资料原则、观念和方法等。

民俗志有各种类型：可以是以国家为主体的，如中华全国风俗志；也可以是某一地区的，如苏州风俗志；甚至一个村的，如耿村民俗；可以是单项的，如云南婚俗志；也可以是综合的，如河北戏曲志等，可大可小。总之，它的性质是记录的，而不是理论的。当然，就是记录资料，也要用理论的思维去安排和叙述，使民俗志的写作达到再现民众文化的目标。

从搞民俗学的学问来讲，我觉得，民俗志是特别重要的。因为民俗学的理论是从实际中来的，所谓实际，不外两个方面，一方面是做田野作业，自己去接触实际，乃至撰写民俗志；一方面是通过人家记录的民俗志来认识我们的对象。只有通过走向实际的阶段，熟悉了我们的研究对象，我们的理论才能生根、开花和结果。

当然，学者掌握民俗志的途径不尽一致。能像马林诺夫斯基那样较长时间地从事田野作业，固然好，但由于历史上学者所处的社会状况、历史条件和文化背景不一样，有时也有个别的情况，也很难说。比如像顾颉刚先生，他后来也到过西北去调查，不过他基本上还是书斋学者。所以这个问题也不能绝对化。问题在于，要重视实际资料，重视民俗志，这一点，决不能马虎，决不能搞理论和实际倒挂，这是我们强调记录民俗学的实质。我曾经对我的研究生讲，马林诺夫斯基的理论说得很有道理，但道理有多大，要分析，要辨别。而你要能辨别人家的理论对不对，就要有第一手材料，否则，只能被别人的理论牵着鼻子走。所以，我们要提倡民俗志，提倡实证的研究，这个原则要守住。

3. 历史民俗学

一般民俗学只讲以上两种，不过我认为，就中国的情况而言，还应该加上历史研究这一条。中国有丰富的民俗历史文献，不展开历史民俗学的研究是说不过去的。

历史民俗学的对象有两个方面，一是中国民俗史，一是中国民俗学史。我们在这两方面都要下功夫。当然，即便是民俗史，它的记录也不是没有内在的逻辑；而即便是民俗学史，它的谈论也离不开资料。所以，两者的区分只是相对而言的。这一领域里，过去已有学者做过开辟工作，像王文宝、张紫晨同志撰写的中国民俗学史等。对那些尚未动手的方面，今后要补上，不然，我们本来是中国学者，却变成了毛主席讲的，只讲希腊罗马，未知秦汉，遑论魏晋。这种说法可能有点过火，不过要避免。总之，我觉得，对历史民俗学，一方面，我们要整理它；一方面，作为学者，我们应该熟悉它。

4. 立场、观点论

这是指中国民俗学者应该养成的学者品格和学术素质。

我们为什么搞民俗学？为了国家民族？为了人民幸福？还是为了个人饭碗？那结果是大不一样的。试想，一个民俗学者，来到他的工作现场，看见老百姓的风俗习惯，以为都是一些陈旧的东西，虽然现在还活着，毕竟是一些破烂，那他怎么去搞民俗学呢？他对于民俗的好处都看不出来，同它没有什么深厚的感情，又怎么能理解依靠它们生存的民众，并对民众的文化给予正确的观察和描写呢？所以，一个民俗学者要能做好为民众和学者双方都接受的民俗学的学问，就必须具有正确的立场和观点，培养这方面的自觉意识。

所谓正确的立场、观点，指的是站在民族民众的立场，以人文科学学者的科学知识、真挚情感和平等的态度,去观察、思考和解释民族民俗的事象,这是一个民族民俗学者不可缺少的基本素质。

多年来,我国提倡运用马克思主义立场、观点和辩证法去对待人民的文化,这是一件好事。因为马克思主义是对自然、社会和人生的总体看法,具有一定的科学性。马克思主义对于我们树立民俗学的正确立场、观点,是带有指导意义的,虽然它不是惟一的。与此同时,我们还要吸收人类其他人文科学和社会科学的有益成果,还要发扬中国知识分子的优良治学传统,来提高我们队伍的学者素质。

现在外面进来的学术观点很多,经过选择、消化,可以用;但没有选择、没有消化的,就拿来套用,我们不赞成。还有,中国一些好的治学传统,如考据法,原来是在语言文字研究的基础上发明的,应用的范围比较窄,但它的精神是科学的。"五四"以后,一些有成就的社会人文科学家,都是既消化了西方的新学术,又继承了民族传统的治学方法,才出成绩的。

搞民俗学,还有一个民族情感问题。曾有国际学者对我说,钟先生如果解放前不去抗战,可能会在学术上怎样怎样。他们是好意,但他们不了解,当时,敌人的飞机在头上扔炸弹,亿万人民在流血抵抗,我可以说,人民,我要研究你们的民俗,但我不管你们的死活,行吗?事实上,正是由于我放下了书本,投入了火热的抗日斗争,我才在情感上和祖国、和人民建立了血肉联系,并从此得到了从书本上得不到的人生大学问。通过这件事,我悟出一个道理,就是中国民俗学者,不能没有对本民族的深厚感情,要从民族民众的根本利益出发去选择学术道路,才能达到较高的造诣。

5. 方法论

每种学派的建立,都有自己的方法,这是由它的实际需要产生的。我最近看到一篇文章,里面讲到彝族的毕摩有很多经典,作者如何从实际出发,从中整理出本民族的文学来的,为此作者还列举出了一些方法,说得当然有道理,这里就不多讲了,我要讲的是,它引起了我的思考。所谓方法过去我也曾在许多场合讲过,有概括性的方法,有具体学科使用的方法等,各种层次,多种多样。但有一点,是这次我要强调的:那就是谈方法,最主要的,还是要考虑根据自己的研究对象和研究目的所选择的、并能切实解决问题的方法。我觉得,这样产生和运用的方法,才是最有力的方法。我们平常一般地讲方法,但往往不去想,是否这个方法是从自己的研究需要出发感到非采取不可的方法?或者在实践中感到了需要采取一种新的方法?我认为,这样得来的方法才是属于自己的,而且它在工作上也才是有效果的。

6. 资料学

包括民俗记录的资料和民俗理论的资料，以及搜集、整理、分类、保存和使用这些资料的原则与方法。

以前，我们讲过做文献索引、目录提要、建立资料库等方法。近几年，又兴起了档案保管法、电脑民俗志方法、编辑民俗学（含民间文学）手册、辞典的方法等，这些都是值得注意的方法。

六、今后亟待进行的几项工作

1. 工作原则——重视整体观念和联合活动

现在有些学术活动互通声气，如编纂中国各省的民俗志，这是好事。前几年上海、江苏、浙江等地开展吴语地区的民俗民间文学调查研究，讨论了一些学术问题，协作得也比较好。我们提倡最好能这样从整体去考虑问题，那样可能避免重复，减少空白点，费力少而成功大，使取得的工作成果更有特色一些，效果更明显一些。

2. 强化或新建有关的各种机构

目前，全国的30个省市大体都有民间文艺家协会，2/3的省市建立了民俗学会，它们的情况可能参差不齐，但已有了开展工作的基础。今后我们要建立中国民俗学学派，还应该加强学术机构的建设。

我们还可以根据工作需要新建一些机构。比如，中国蕴藏着丰富的民间史诗和叙事诗，这是我们的一项大宗文化财富，而这方面的学术研究机构可能还不健全，或者开展活动的范围还比较狭窄，这都给我们继续开发这个领域留下了余地。

有了机构，有了集体，就能形成学术阵容，加强研究工作的计划性。例如，现在有的日本民俗学者研究神话教育学，而我们中国很早就有易俗化民的传统。今后我们有了相应的学术机构，也可以合理地分配力量，研究神话传说、故事歌谣、史诗叙事诗的教育问题。我只是举这个例子，说明在许多方面，我们都还是大有潜力可挖的。

3. 有计划地继续收集整理民俗资料与开拓和深入理论研究工作

中国那么大，历史那么长，民族那么多，民俗资料就像海洋一样。我们现在记录的资料，尽管已经付出了很大的努力，但它们终究还是少量的，我们的资料搜集工作还远远没有完成，今后应该继续有计划地加强这方面的工作，包括对历史民俗资料的收集和现实民俗资料的收集。

在加强搜集工作的基础上，要抓紧开发理论探索工作。要继续开拓理论研究的深度和广度，提高我们的研究水平。

4. 大力推进各种层次的民俗学教育活动

民俗学不仅是一种文化科学，它也是一种教育事业。这我在前面已经稍微提到过。因为，人人好像都有民俗生活的经历和一定的民俗知识，但个人的经验不管怎样广泛，毕竟是有限的。

在我们这样的民俗大国里，我们不知道的民俗现象和民俗道理还不知有多少？而作为一个文明古国的后代，我们对先民的文化活动，是有义务、有责任去了解的，我们还要把其中优秀的东西传播下去，让它起到塑造国民的健康心灵和建设美好生活的作用——这就是民俗学的教育学所要承担的职能。

现在，在我国的大学里能够开设民俗学这门功课，这是一种知识教育。但这还不够，还应该进行更大范围内的传播，如把民俗学的教育推广到一般社会，以及中、小学生中间去。我认为，这样才能辅助国民教育，全面推动社会主义精神文明的建设。

5. 加强中国古代民俗学著作的整理及对外国本学科名著的译述与介绍

这项工作有两个方面：一是对中国历史上的民俗文献进行整理，其中，民俗志类的著作，严格地说，起码也有二三十种。有的原著不存，但有辑佚本，如周处的《风土记》。还有开头提到的先秦以来的哲学家、思想家、政治家、历史学家和文学家们在他们的著作中谈到的关于民俗见解一类的著作。我们要把这些东西整理出来，争取在最近的三五年内出一套古代民俗学专著的丛书。这方面的财富，是我们成立中国民俗学学派的看家本钱。当然，中国民俗也是世界文化的一部分，整理出版这些著作可以丰富人类文明的优秀遗产。二是要继续翻译介绍国外的民俗学的经典著作，"五四"以后，我们介绍、翻译了一批外国本学科的名著，如江绍原、杨堃先生都做过这方面的工作。近20年来，打倒"四人帮"后，连树声先生等又翻译了一些，如泰勒、弗雷泽的著作等。但还是少了一些。我和刘魁立同志讲，我们还要再翻译一些民俗学的专门著作，如日本柳田国男的代表作《民间传承论》和《乡土生活研究法》、法国山狄夫的《民俗学概论》、德国汉斯·诺曼的《德国民俗学纲要》（早期版本）、意大利格塞普·科奇亚拉的《欧洲民俗学史》和美国道森的《美国民间传承》等。这同整理中国的民俗学史著作同样重要。现在已进入了知识经济时代，我们要尽量开发信息，以促进我们自己的学术发展。

6. 适时地举行各种有关的学术讨论会，利用各种条件展开本学科的国际文化交流

这一二十年来，我们在民俗学方面的学术讨论会开了不少，取得了很大的成绩。今后应该看形势、看需要，继续召开国际、国内的、基本理论的和专题的等各类研讨会。通过会议，集思广益，向国际同行学习，也介绍我们自己。现在我们民俗学的国际文化交流方面已进行的一些活动还是比较成功的，像中、日、韩三国联合举办的东亚民间叙事文学学会等。今后在这方面还要加强，特别是要重视培养跨世纪的青年学术力量。

我国的民俗学，从北大的《歌谣》周刊算起，到现在，已经整整80年了。原来它是一棵小苗，现在经历了酸甜苦辣、坎坷曲折，终于长成参天大树了。但是，它要屹立于世界民俗文化之林，还有待于中国民俗学者去辛勤地培土和浇灌。成立中国民俗学学派，就是要更有力地进行这种培植工作。对此，我们要有信心，我们也应该满怀信心，去为实现它的美好未来而奋斗！

（作者附记：此文原是我于1998年9—10月在北京师范大学中国民间文化研究所给研究生讲课的讲稿，后曾将其中的一部分内容整理成"撮要"，在当年12月在北京召开的"中国民俗学会第四次全国代表大会暨中国民俗学运动80周年纪念大会"上宣读，又征得了一些新的修改意见，藉此机会，我特向提出宝贵意见的同志们致谢！本讲稿由董晓萍教授根据录音资料费心整理而成，在此一并致谢！1999年1月20日记于北师大励耘红二楼。）

（原载《广西民族学院学报》2000年第1期）

《盘古开天地》型神话流传史略

谭达先

中国《盘古开天地》型神话（下文简称《盘古开天地》），即"开辟神话"，属于民间文学、民俗学、神话学和人类学上的"宇宙起源神话"。它主要讲的是原始人解释宇宙与万物最初来源的故事，具有幻想性与超自然的性质，虽想象幼稚、荒诞、不科学，却是从粗劣低下的技术水平基础上产生，蕴含某种科学内核，仍显得朴素优美，成为先民追求知识的文化工具。它是文学，也是早期文化史。不少优秀之作，均是精美的文化载体，兼具文艺与历史的学术价值，是可贵的光辉的民族文化遗产，也是世界民间文化宝库的珍贵财富之一。

这种神话很早就出现于中国各族神话之中。俄国李福清说："盘古形象产生于中国南部地区。"据笔者所知，中国的中部、西南部、南部、东部、北部、东北部地区均先后产生过，可见它在民间文学史上地位的重要。若仅说它在古代只流传于南方，就不周全了。

《盘古开天地》在先秦古书确缺著录，那时是否民间流传过，难以确考。三国东吴人徐整著《三五历记》和《五运历年记》才有佚文传下：

> 天地混沌（天地未开辟前的元气状态）如鸡子（鸡蛋），盘古生其中。万八千岁，天地开辟，阳清为天，阴浊为地。盘古在其中，一日九变，神于天，圣于地。天日高一丈，地日厚一丈，盘古日长一丈，如此万八千岁，天数极高，地数极深，盘古极长。后乃有三皇。①

> 首生盘古，垂死化身。气成风云，声为雷霆，左眼为日，右眼为月，四肢五体为四极五岳，血液为江河，筋脉为地理（山川土地的环境形势），肌肉为田土，发髭为星辰，皮毛为草木，齿骨为金石，精髓为珠玉，汗流为雨泽，身之诸虫，因风感化为黎甿（人类）。②

---

① 欧阳询：《引三五历纪》，见《艺文类聚》卷一。
② 马骕：《引五运历年纪》，见《绎史》卷一。

以上两篇应是公元222—265年间流传于东吴的口头神话。前篇有人称为"卵生"（天地分裂）型，叙述天地开辟前宇宙的形状，盘古出生的情况，一万八千年后，天地开辟了，阳清之气上升成为天，阴浊之气下降成为地，盘古一天九变，得到天的精神、地的聪明，每天，天上升一丈，地增厚一丈，盘古也高一丈。一万八千年后，天很高，地很厚，盘古也很长（高）。以后又有了二皇。后篇有人称为"尸体化生"型，叙述盘古将死，他身体的各部分，分别变成风云、雷霆、日、月、四极五岳、江河、地理、田土、星辰、草木、金石、珠玉、雨泽，身上诸虫变为人。

后来，这神话有了发展与变化，旧传南朝梁任昉（460—508）在书中有了下面的新记录：

昔盘古氏之死也，头为四岳，目为日月，脂膏为江海，毛发为草木。

秦汉间俗说：盘古氏头为东岳（山东泰山），腹为中岳（河南嵩山），左臂为南岳（湖南衡山），右臂为北岳（山西恒山），足为西岳（陕西华山）。

先儒说：盘古泣为江河，气为风，声为雷，目瞳（直视）为电。古说：盘古氏喜为晴，怒为阴。吴、楚间说：盘古氏夫妻，阴阳之始也。（《述异记》上）

这是南朝梁代（502—557）所传，盘古氏死后身体各部分变为天地各事物之概况，他夫妇也成了阴阳（人间男女婚配）的开端。

任昉又说：今南海有盘古氏墓，亘（延续不断）三百余里，俗云：后人追葬盘古之魂也。桂林（郡名，南朝时治所，在今广西象州）有盘古氏庙，今人祝祀。南海中盘古国，今人皆以盘古为姓。昉案，盘古氏天地万物之祖也，然则生物始于盘古。（同上书）

前篇说"南海"的盘古氏墓横亘三百多里，这不一定是指墓的实体，而是泛指"坟墓区"在南方竟宽广三百多里，有夸张色彩。但后人说那是盘古葬魂处。南朝宋时桂林郡治设于今象州县，不在今桂林市。如此，在任昉的年代，曾有人在当地盘古庙祝祀。后篇说的南海，也可能是古时的一个泛称，所指因时而异。在先秦，古籍也用以称南方各族旅居地。秦始皇三十三年（公元前111年），灭南越后置南海郡，治所在番禺（今广州市）。辖境在今广东昉江、大罗山以南，珠江三角洲及绥江流域以东。其后渐小。故后篇似泛指任昉的年代，今广西一带有过盘古国，既有墓，且有庙，可以推知南海必有盘古神话，惜文献未有著录下这神话更多的实物遗迹，诚属憾事。

至北朝北魏郦道元（466或472？—527）的地理文学名著《水经注》有

了新记载：

> （河南）泌阳县故城，城南有蔡水（蔡，龟之意），出南盘古山，故亦曰盘古川。西北流于泌，非泄水也。

泌阳是旧县名，后曾改称唐河县，今又称泌阳县，当代河南学人张振犁说："盘古川（蔡水）正好从（盘古）山上发源，北流入泌水。"北朝北魏时代，未见有盘古神话传下，但近现代仍有神话《盘古创世》《歪头山》即"盘古山"流传。以此推测，早在北朝北魏时代也必有《盘古开天地》或其异式流传。

下逮宋代，罗泌《路史·前纪一》注云："今赣之会昌（今湖南湘乡县）有盘古山，本盘固名，其湘乡（今湖南湘乡县）有盘古堡，而零都（今江西于都县）有盘古祠，盘固之谓也……（四川）成都、（江苏）淮安、京兆（今陕西西安市）皆有庙祀。"北宋王存（1082年前后）等撰《元丰九域志》称广陵（郡名，今江苏江都县）有盘古冢庙。罗泌前文也说："荆湖南北，以十月十六日为盘古生日。"

到了五代，蜀杜光庭（850—933）《录异记》卷四说："广都县（今四川双流县）有盘古三郎庙。"根据学人所记，可知自南朝刘宋至五代的江西、四川、江苏、陕西好些地方，有以盘古命名的山、堡、祠、庙，无神话流传必是怪事，已皆失传，可惜。

再往下看明代，李贤（651—684）等也记下了一大批史料：在中国南部有：盘古庙（在湖南宝庆府）："在府城西一十里。"治所在今邵阳市。在东部有：盘古冢（在江苏扬州府）："在府城西四十里，冢上有庙"，在今扬州市。在北部有：盘古沟："在（河北）青县南一十五里，其水东流入御河，虽旱不竭。"盘古墓："在青县南七里有港（盘古港），亦以盘古为名。"在中部有：盘古山："在（河南）泌阳县南四十里，上有盘古庙。"

从上引明代有关盘古的遗迹看，中国许多地方均有。南部在湖南邵阳，东部在江苏扬州，北部在河北青县，中部在河南泌阳，既各有实物命名与盘古有关，则可以推知必各有其神话流传，但未见著录，令人遗憾。

明代作家，也有过一些《盘古开天地》的可贵神话记录，如周游（1628前后在世）记道：

> （盘古）将身一伸，天即渐高，地便坠下。而天地更有相连者，左手执凿，右手持斧，或用斧劈，或以凿开，自是神力。久而天地乃分，

二气升降，清者上为天，浊者下为地，自此而混茫（犹混沌，指世界初形成时蒙昧的状态）开矣。

这描写盘古挺身以斧凿开辟天地及天地构成的过程，很像是记下周氏在世的明思宗崇祯时流传的盘古的开天辟地的神话。因他善写通俗小说，故所记虽欠周全，却较朴实可信。明代董斯张（约1596年前后在世）又有记录：

盘古之君，龙首蛇身，嘘为风雨，吹为雷电，开目为昼，闭目为夜。死后骨节为山林，体为江海，血为淮渎（达先按：《尔雅·释水》："江河淮济为四渎，四渎者，发源注海者也。"按古之四渎，均独流入海。淮水，即今淮河，古四渎之一），毛发为草木。

此段补充了周游所记之不足，对盘古的形象、能力与死后的化身，作了较细的描述，可补充前篇之不足。有学人怀疑它可能是古代流传下的《五运历年纪》的异文，颇有道理。

总上来说，自三国吴人徐整首次在《三五历记》与《五运历年记》记下《盘古开天地》后，这神话就逐渐北行是事实。先秦诸子等古书，未记有《盘古开天地》神话，可能是漏记，不等于当时未有流传。在宋代后，据各地方志所记资料，可知它已扩布到广大地区并与当地有关风物粘附起来。此外，北京城有盘古庙，清嘉庆年间重修盘古庙。四川成都、湖北来凤县有庙。广东兴宁有盘古大王庙，江西长宁有盘古隘市。

在台湾，客家人中，也流传着一篇客家话的《盘古神话》：

盘古生在大荒的旷野（《荆州风土记》写到，十月十六日是盘古生日，可以测度冬天的阴晴），世界混沌之时，由气质变化生出形体来，做人类的始祖。他明白天地的道、阴阳的理，看到天地将分未分，轻清的阳气，唔晓（不懂）升上去，重浊的阴气，唔晓团聚，阴阳间杂，盘旋固结，像一团乱丝，盘古就用力一捭（方言词，挑也）一劈，忽然大响一声，阴阳二气就分开；阳气冲上天，阴气坠下地，系咁样（是这样）天地正定局（安定）。

盘古又叫盘固，系阴阳二气盘旋固结，由他开辟的意思。又名浑敦氏，浑敦同混沌声音同，意义都系相仿，系盲（方言词，无也）光明或盲（未）开通的意思。

盘古一万八千岁正（才）死。他死后，头颅变做东岳，肚腹变中岳，左手变南岳，右手变北岳，两脚变西岳，筋脉变地理，毛发变草木，血液变江河，左眼变日头，右眼变月光，须髯变星宿，声音变雷霆，气息变风云。①

台湾客家人由福建、广东、江西客家人迁去。这篇神话可能从福建、广东、江西老家带到台湾。

这篇的主旨，与前引徐整所记的盘古开天地大体相同。但也存不同处，提出了盘古有两个同音的别名，它生于大荒的旷野等细节不同，用上了方言词"咁样"（这样）、"咁"、"盲"等。因而方言化意味重了些。

台湾还有四则有别于徐整所记的异本如下：

（1）天地开辟之初，混沌而不分天地，形如鸡蛋。后来轻的大气上升成天，重浊的大气沉淀成地。子时天开，丑时地开，至寅时生人类及万物。所谓"万物生地"以及"复归地"就是这种缘故。

（2）妇女们有传说：太古时代有一颗大南瓜，叫做盘古的人剖开大南瓜，即发现里面有一男一女，以后逐渐繁衍成现在的情形。

（3）又有传说：太古有一条大河，大河两岸芦草繁茂。经年累月堆积枯死或腐败的东西，由堆积中生出男女成人类祖先。

（4）传说：山川元气凝成动物，而人类亦是山川元气凝成的。

这四则均是简朴的短篇，故事性弱，带上了荒野与农作气息。如与前面《盘古神话》相比，只有第二则提及主人公是盘古，显见它们产生的时代似较早。日本学人铃木清一郎，约于1910年起在台湾生活、观察20多年，写成《台湾旧惯习俗信仰》，有云："正月十五日，是台南县新化镇南化庄盘古大王庙的祭日。盘古大王是中国最古的帝王，自古就有《盘古开天辟地》的传说。……本庙所在地是山区，附近一带的岩石，很少有农作物的耕种。因为人民生活困苦，为了祈求五谷丰穰，才在乾隆二十三年（1758）建庙。"建庙至2007年已有249年，不难设想，在这以前必有《盘古开天地》神话流传。

1950年后，特别是1980年后，各地搜集、出版民间故事中，所见盘古神话有：河南太行山区、桐柏山区，湖北京山、黄冈、浠水、罗田、蕲春，浙江宁波、绍兴、东阳、椒江、丽水、安吉，重庆奉节、巴县，四川崇庆、屏山，云南大理、洱源，甘肃陇南和陇东，广西玉林、钦州、环江，辽宁集安、绥芬河，河北张家口、张北、宣化等地。

《盘古开天地》神话，自三国东吴徐整始有记录，此型神话最初产生于何

---

① 张祖荃：《客家旧礼俗》，众文图书公司1986版。

时,已不可考。夏曾佑(1863—1924)说:"盘古之名,古籍不见,疑非汉族旧有之说。或盘古、咁瓠音近,咁瓠为南蛮之祖。(《后汉书·南蛮传》)此为南蛮自说其天地开辟之文,吾人误用以为已有也……吾族古皇并在北方,何盘古独居南荒哉?"他认为两个人名音近,误为一人。杨宽、吕思勉则谓"演变自中国神话中的'烛龙'故事"(达先按"烛龙"即《山海经·海外北经》的《烛阴》):

  钟山之神,名曰烛阴,视为昼,瞑为夜,吹为冬,呼为夏,不饮,不食,不息,息为风。身长十里。其为物,人面蛇身,赤色,居钟山下。

  此篇与前引徐整两次所记风马牛不相及,主人公也完全不同,无任何演变迹象可寻。盘古与咁瓠同样是不同的主人公,不同的是神绩。日本学者高木敏雄(1886—1922)谓盘古神话"起源于印度"。其实这角色完全是中国的,与印度神话无关。也许徐整记录后,逐渐北传,也向中国各地传播,而此后全国各地又产生了不同型异式的新作,这些后代新作,有的地区多些,有的少些。有的少数民族也有新作,这是神话发展变化的历史规律。当代有学人在河南地区搜寻到一批口传盘古开天地及相关题材的神话,就论证这地区是盘古神话的发源地。他搜寻到的近现代的口头盘古神话在流行时间上很晚出,内容也有不少后代化的文化因素,怎能证明比三国徐整所记的产生得更早呢?就算近年搜寻到的河南盘古开天地神话与徐整所记有艺术上近似处,也不能证明当年徐氏所记神话不能北传。如说近现代河南神话由徐氏所记神话演变而来,倒合情理。当然,我在此不是否定河南发现这一大批"盘古开天地"型神话及相近神话的重大学术价值。对于河南学人的新发现,成绩巨大,是该赞许的。

  总之,自三国东吴徐整记录《盘古开天地》型神话之后,在中国各地逐步流布、发展,甚至传布到了台湾,产生了或长或短的作品。有的仍采用原来的基本主题,隐含歌颂劳动创造世界的伟大思想,也有的虽用盘古为主人公,却在扩充视野,歌颂先民急需解决的种种问题。如广西毛南族人编成《盘古歌》在婚礼中唱,代代传唱,代代传承至今。因此说,就近现代的《盘古开天地》型神话看,已发展得十分多彩多姿,题材很丰富,篇幅长短不一,风格也多样,且各具某种地方气息。比之徐整所记的,有了极大的发展。这是《盘古开天地》型神话在后代有了新创造的可喜成果。历代许许多多的《盘古开天地》型神话,已大大丰富了中国神话宝库,值得中国人自豪!

(原载《广西师范学院学报》(哲学社会科学版)2008 年第 3 期)

从龙母传说看西江文化

叶春生　柳超球　方　英

龙母传说是广东民间传说中流传较广、影响较大的一则人物传说。她是西江流域的水神,也是古百越民族的一位宗族神。龙母祖庙座落在西江中游与悦城河的交汇处,即德庆县悦城镇境内。自古以来认为此方是一块风水宝地,龙母与勘舆大师曾为此争夺斗法,龙母获胜,故在此生根落地,她的陵墓,也在此方。

整个西江流域,不管水上人家还是陆上居民,绝大部分都信奉龙母,其广泛和深入程度远远超过了天妃、玄武等水神。她不仅掌管着水患,而且主宰着整个人间祸福。民间的许多风俗习惯,如摸龙床、饮圣水、爱青蛇、吃金猪(烧猪)、放生鲤鱼等,都与她的圣迹有关。这些信仰和风俗,孕育在岭南最早的开发区、古都广信(今封开、梧州、德庆一带)。由于特殊的人文地理原因,它传承了中原文化的内核,并向整个西江流域辐射,东渐肇庆、广州,又与当地土著融合,依托西江优越的地理环境,发展经济,繁荣文化,成为表率。概而言之,龙母时期的西江民俗,在岭南文化中起了历史传承、交融辐射和典范表率的作用。

龙母正诞为五月初八,润诞为八月十五。诞期前后十天半月之内,四乡善男信女纷沓而至,酬神祭祖,卖艺竞技,交换物资,歌舞升平等。每届诞期,都有几十万人参加。过去,为了筹备这一盛会,主事部门两三个月前就往佛山一带采购物资,并派人到龙母家乡(广西藤县)礼请这位先贤的族人来为之沐浴更衣、叩拜祝诞。其波及面除西江上下游各州县之外,香港、澳门乃至湖南、江西、福建、贵州等省都有不少人前来贺诞。其热闹程度,在岭南民间盛会中首屈一指。

一、龙母传说的原型及其发展

龙母传说,最早的记录见于广州司马刘恂的《岭表录异》,宋代乐史《太平寰宇记》对其有所补充发展。

刘恂在《岭表录异》中记载道:"温媪者,即康州悦城县孀妇也,织布为业,尝于野岸拾菜,见沙草中有五卵,遂收归置织筐中。不数日,忽见五小蛇毂,一斑四青,遂送于江次,固无意望报也。媪常濯浣于江边,忽一日,鱼出水跳跃,戏于媪前,自尔为常。渐有知者,乡里咸谓之龙母,敬而事之。或询以灾福,亦言多征应。自是媪亦渐丰足。朝廷知之,遣使征入京师。至全义岭,有疾,却返悦城而卒,乡里共葬之江东岸。忽一夕,天地冥晦,风雨随作,及明,已移其冢,并四面草木,悉移于西岸矣。"①

刘恂,唐昭宗(公元889—906)时曾在广州作司马,他根据自己的见闻写下了《岭表录异》。这段关于龙母的传说,虽然最早见于书本,但从其内容和情节来看,并非传说的最初真貌。其外,较刘恂为早的李绅,在诗中也说及媪龙:"菊花开日有人逢,知过衡阳回雁峰。江树送秋黄叶落,海天迎远碧云重。音书断绝听恋鹊,风水多虞祝媪龙。想见病身浑不识,自魔青镜照衰容。"在许浑的诗中也有"火探深洞燕,香送远潭龙"的句子,并在句后注释道:"康州悦城县有温媪龙,即蛇也。随来往舟船至人家,即千里外,以香火水果送之。"② 从这些资料中可以看出龙母的传说已流传久远,深入人心,龙母在当时已经成为水上保护神而受到人们的祭拜。刘恂的记载只不过是采录了众多传说中的一种而已。

到了宋代,龙母的事迹越来越多,传说的记述也更加详细。在刘恂的记载一百多年后,北宋《太平寰宇记》也有这样的记载:"昔有温氏媪者,端溪人也。居常涧中捕鱼以资日给。忽于水侧遇一卵,其大如斗,乃归,置器中。经十许日,有一物,如手掌,长尺许,穿卵而出。媪因任其去留。稍长二尺,便能入水捕鱼,日得十余头。再长二尺许,得鱼渐多。常游波中,潆回媪侧。媪后治鱼,误断其尾,遂逡巡而去。数年乃还,媪见其辉光炳耀,谓曰'此龙子也,今复来也'。因得之,盘旋游戏,亲驯如初。秦始皇闻之,曰:'此龙子也,朕德之所致'。诏使者以赤珪礼聘温媪。媪恋土,不以为乐,至始兴江,去端溪千余里,龙辄引船还,不逾夕至本所,如此数回,使者惧而止,卒不能诏媪。媪殒,葬于江陵,龙子常为大波至墓侧,萦浪转沙以成坟,土人谓之掘尾龙。南人谓船为龙掘尾,即此也。"③

这段记载,较之于唐代刘恂的有几点变化。其一,媪以织布为业改为捕

---

① 见刘恂《岭表录异》卷上,鲁迅校勘本,广东人民出版社1983年版,第11页。
② 见黄雨等编注《肇庆历代诗选》,广东人民出版社1986年版,第21、27页。
③ 乐史:《太平寰宇记》,转引自《民俗》周刊第9期,第3页。

鱼,把时代背景推得更久远。因为人类社会的发展是从渔猎时代进入农耕时代,织布是农耕时代的重要标志;其二,媪并非孀妇,而是因为拾卵得子而被尊称为龙母,符合"民只知其母,而不知其父"的母系社会特点;其三,加入了特定的年代(秦始皇时),这是传说的特征之一,也是著家为了增强传说可信性的一种手段;其四,返回的情节由"有疾,却返悦城而卒"改为"媪恋土,不以为乐……龙辄引船还,不逾夕至本所,如此数回,使者惧而止",增加了民间传说的传奇性。此外,在叙述龙子的成长过程时,有"长尺许""稍长二尺""再长二尺许"的变化过程,使记述更为生动形象,并有着向三段式发展的胚芽。相比较而言,这段记载更接近于民间传说的原貌,因而被后来的《南越志》《岭南丛述》等书广为引征。

这段时期,是龙母传说的成形阶段,在内容和形式上基本具备了传说的特点。最后一句"南人谓船为龙掘尾,即此也",把传说和当地的风物结合起来,染上了浓郁的地方色彩。至此,龙母传说的原型基本确定下来。此后,龙母传说沿着两条不同的线索往下发展,事迹愈演愈复杂。一方面,历代封建统治者以"真龙天子"的身份自居,因而对"联德之所致"的龙子龙母厚爱有加,给予各种各样的封诰,用以宣扬"慈龙孝子"的封建伦理道德,并把这作为控制岭南的一种手段。在民间传说的发展过程中,龙母传说以强大的吸纳力接纳了"烂布衣斗法"和"人心不足蛇吞象"的情节,使龙母传说更加生动有趣。

二、南方龙族团的首领

传说中讲到龙母是从西江上游飘流下来的一个弃婴,后被渔父收养而长大成人。这支以渔猎为生的民族曾经沿着西江上游向下迁移,然后定居在悦城一带。民间传说中龙母姓温,古籍上也有记载:"康州都城县东百步,有程溪,亦名零溪,温媪养龙之溪也。""昔者温氏媪者,端溪人也,常居涧中,捕鱼以养。""俗传有温媪者,嬴秦时尝得异鱼……后稍大如龙。""秦龙母媪墓,在悦城乡东。""温夫人,晋康程水人也。夫人姓蒲,误作温。然其墓当灵溪水口,灵溪一名温水,故名。或曰温者,媪之讹也。夫人故称蒲。"①

端溪、都城、康州、晋康这些地名都在今天德庆、封开一带;程溪、程

---

① 李调元:《粤东笔记》。

水、零溪、温水则是悦城河的古称或异名。其中温水尤其值得注意，《旧唐书·地理志》记载："䍧牁江，俗呼郁林江，即骆越水也，亦名温水，古骆越地也。"西江上游最长的南盘江，往昔亦称温水。对照这些记载，我们可以从龙母传说中得到两点启示：第一，龙母是由西江上游漂流而来的女婴，暗示了这支氏族来源于西江上游，并沿西江迁移的历史。西江上游是古骆越地，那么龙母的族源与骆越（即后来的俚人，后又衍为壮族）有亲缘关系。第二，古时氏族的姓氏与居留地方的名称往往是合而为一的，氏族迁徙的时候往往把原来的居留地名带到新的居留地。悦城河在西江中游，亦叫温水，龙母这支氏族在这一带活动，也就冠以温姓，这与西江上游的温水，可能有一定的内在联系。而西江上游温水附近䍧牁郡一带在哀牢人（云南彝族）中的九隆和夜郎国的竹王传说，则更为这种判断提供了佐证。

九隆神话：古代哀牢山下住着一个名叫沙壶的女子，她以打渔为生。一天在河边触到一块沉木，感而怀孕，生下十个男孩。后来沉木变成一条龙，跑上岸问沙壶："我们生的孩子在哪里？"九个大的男孩都吓跑了，只有最小的跑过去亲吻他。沙壶给小儿子取名九隆……此后这里有了人烟，哀牢人模仿龙形，衣服后面做个龙尾，还在腿、臂刺画龙的图像。

竹王传说：古代有个女子在遁河边洗澡，忽见三节竹竿流入她的股足间，推之不去，而且里面传出婴儿的哭声，女子剖竹后得一男婴……长大后成为夜郎始祖竹王……

悦城龙母传说、九隆神话、竹王传说三者都具有古百越族群的南方地域色彩，其中悦城龙母和九隆神话更为接近，都带有以动物龙为原始图腾信仰的踪迹。据民族学家考究，炎黄子孙都是由西羌的两大支族发展而来，"禹兴于西羌"，"羌夏同族"，"这反映了羌夏或羌彝、彝夏、彝汉之间远古的亲缘关系"①。图腾的起源和远古的渔猎、采集、养殖、农耕等生产形态密切相关，于是出现了鱼、蛇、虎、鹿、狗、羊等图腾。至于自然界并不存在的龙图腾，则是氏族向氏族联盟、部落发展的产物，它是鹿角、蛇身、鹰爪、鱼鳞等各种形象的混合体，原始的龙有各种形象，也就是因为存在不同氏族组合的缘故。悦城龙母的五龙子和哀牢人崇拜的治木化龙的九隆（九龙），正反映了这种同源族亲的关系。这两个传说在一定程度上反映的百越民族的迁徙路线：一支向西江下游发展；一支向西南迁移。

时至今日，广西藤县每年都会有一批人前来悦城祭拜龙母，他们称之为

---

① 何光岳：《夏源流史》，江西教育出版社1992年版。

"探阿嬷"（奶奶）。在这种亲切的称呼之中，龙母并不是一个高高在上的神，而是受到大家崇敬的民族祖先，这种带有血缘关系的亲属称呼反映了母系氏族时期氏族成员之间亲密的血缘关系。恩格斯说："父亲、子女、兄弟、姐妹等称谓，并不是简单的荣誉称号，而是一种负有完全确定的、异常郑重相互义务的称呼，这些义务的总和便构成这些民族的社会制度的实质部分。"①在原始社会中，亲属称谓既反映了婚姻和血缘关系，又反映了社会关系。在原始社会中，氏族既是血缘亲属集团，又是社会生产组织。社会的生产关系直接表现为家庭亲属关系，或者说生产关系是通过人们的家庭亲属关系表现出来，两者是一致的。在对龙母的"阿嬷"这一声称呼中，也包含了这诸多的意义。阿嬷是祖母的意思，整个群体的人都称她为"阿嬷"，则表明了她的氏族首领地位。

龙是存在于生物界的一种虚拟动物，是由许多不同图腾揉合而成的一种综合体。尽管它的体态怪异，传说纷纭，但它的主干部分和基本形态是蛇。龙字的偏旁从已，而已即蛇。已字古作 S，蛇形；上古声母已、蛇相近。这一点，从王充、郑玄、许慎到闻一多的观点都是一致的。在上古图腾林立的时代，有一个以蛇为图腾的强大族团，兼并吸收了许多形形色色的图腾，接受了其它图腾的形象，形成了四只脚、马头、蛇身、鱼鳞、鹿脚、狗爪的综合体。这一复杂的形体，并不是一朝一夕形成的，它既体现了北方诸族以马为支的心愿，又包含了南方诸族以鱼为伴的感情。蛇身而又有角有鳞有爪，颇具凛凛威风和神秘色彩，成为万民顶礼膜拜的对象，这本身就是一种复杂的文化现象。

龙母的这种身份，从一个侧面说明了龙是南北诸族融合的统一标志，是中华民族祖先共同信奉的图腾。从而纠正了以往的偏见：认为信奉龙图腾的华夏民族是由北而南的，因此断定黄河流域的中原地区为中华民族的摇篮，而南方百越诸族则被称为"南蛮子"。

从目前资料判断，我国最早信奉龙神的氏族是古羌人。所谓"龙来氏羌""先龙是始生氏羌"② 即此。古羌人是居住在我国西北河湟地带的民族，他们先后向东、西、南三个方向迁徙，西迁者形成吐蕃即藏族的先民；南迁者入云南即现在的纳西等族，东迁者并入夏族即汉族的先民。而原来的夏族，与龙的关系也十分密切。夏民族的始祖禹就是一条黄龙，《山海经》中"鲧

---

① 恩格斯：《家庭、私有制和国家起源》。
② 闻一多：《神话与诗·伏羲考》。

化黄龙"，就是鲧部落（属龟图腾）被禹部落兼并，它的图腾也被揉合到龙图腾中，于是后世便有了龟蛇合体的玄武。据闻一多先生考究，"夏人的姓和禹的名，其字都与龙有关"。孙作云先生承此说，认为"禹名同龙而字形象蛇，这表示禹就是以蛇（龙）为图腾的"，"蛇加以神秘化，变成图腾神物，就是龙"。这与《史记》中所载"禹兴于西羌"的结论是吻合的。此语应理解为原来信奉龙图腾的禹部落，自从东迁的西羌人（他们也信奉龙图腾）加入以后更加兴旺了。可见最初信奉龙图腾的部落或氏族不止一个，最起码有以下几个族团：夏禹、共工、祝融、黄帝、匈奴。每个族团下还有许多部落、氏族，各有自己的图腾标记。如远古巴人以"弓"为其图腾标记（"弓"如蟒蛇蜿蜓状，即"巴"字小篆）。各族团的具体标记，详细已不可考，但从古籍记载的各种龙的形象，还可以看到一些痕迹。如有翼的应龙，有角的虬龙，九尾的黄龙，像狗的乌龙，马头蛇尾的苍龙，有鳞甲的蛟龙，无足而飞的腾蛇，衣紫衣、冠旃冠的委蛇等，其中有人首蛇身的、人面龙身的、九首人面蛇身的。西江龙母豢养的则是一条"掘尾龙"（断了尾巴的），可见其形态的繁杂。由于部落或氏族的互相兼并、融合，胜利者就以自己的图腾为基本形态，把被兼并、融合的氏族图腾部分地吸收进来，形成一种自然界不存在的怪物。这样，随着部落间不断兼并融合，图腾的形象也就越来越复杂。

由此看来，西江龙母传说和长江流域关于龙的传说为我们提供了"龙同时发祥于南北两方"的佐证。位于西江中游德庆县的悦城龙母庙，是岭南现存最大的龙母古庙，称为"龙母祖庙"，在宋代以前修建，历朝多次扩建修葺，为龙母加封并竖碑立传。龙母已由龙图腾信仰转化为氏族始祖神的祖先崇拜，进而扩大为西江水域守护神，或称水神。西江流域大大小小的龙潭、龙穴、龙山、龙峒、龙宫都是纪念和拜祭祖宗的圣迹。遍布岭南各地的种种龙舞，如中山的醉龙、新会的纱龙、紫来的金龙、丰顺的火龙、大埔的乌龙、西关的草龙，以及大埔、梅县一带的软腰龙、板凳龙、布龙、彩龙等，都是古代部落强化自己图腾的遗迹。据说全国有78种龙舞，广东占了36种。可见古代岭南龙种繁多，龙族团庞大，足以成为龙的发祥地之一。

据民俗学者李惠芳考察，长江流域，特别是三峡一带龙的传说十分丰富。三峡中的龙冠名的山、水、洞、石几乎处处可见，而且有一定的系统性。瞿塘峡又名夔峡，远古时是夔龙镇守的地方，那里的一山一水一石，无不与龙有关。她剖析了三峡众多的龙传说，探究其民俗传承的因素，指出这一带曾活跃着一个庞大的龙族团，他们把对祖先的崇拜和对山水自然的崇拜糅合在一起，形成三峡龙的传说圈。

由此看来，古代的南方，起码在西江流域和长江流域有两个信奉龙图腾的族团，由于北方龙族团支系的南迁，这些大大小小的龙氏族部落不断分合，才形成了今天华夏民族所信奉的龙图腾。

三、两条秃尾巴龙的比较

无独有偶，东北黑龙江上也有一条秃尾巴龙，因为它没有父亲，母亲姓李，人称"秃尾巴老李"，这两条秃尾巴龙一南一北，占据着两大水系，具有很强的可比性。

首先，让我们比较一下两条秃尾巴龙的故事结构。前面我们已经探究了岭南掘尾龙传说的原型及其发展。东北秃尾龙的故事是这样讲述的：很早以前，山东掖县住着姓李的兄妹。一年夏天，哥哥出远门去了，妹妹李姐到海边洗衣裳，在海滩上睡了一觉后，回来就怀孕了，第二年春天生下一条小黑龙。小黑龙每次回来吃奶的时候就会令母亲痛得昏过去，而且吃饱奶便跑了。哥哥听说此事后，偷偷磨了一把菜刀，蹲在后院里。天黑的时候，小黑龙回来吃奶了，李姐又疼得昏了过去。就在这时，她哥哥闯了进来，一刀劈去，把小黑龙尾巴砍断了。小黑龙闯出大门，再也没有回家了。后来它到了东北的一条江上，在山东老乡的帮助下，打败了为非作歹的白龙，在那里安家落户，这条江也因此得名黑龙江。此后，这一带风调雨顺，航行平安。行船时只要说一声"船上有山东人"，不管遇到什么风浪，都会化险为夷。秃尾巴老李还惩恶扬善，掩护抗日军民，成了逃荒关东穷苦人的保护神。

通过比较，我们可以看出这两组故事在结构上有如下相同之处：

外形：龙，秃尾巴。

出身：异乡，有母无父。

性格：慈善，助人为乐，佑民安康。

神职：从主管水涝灾害发展到整个人间祸福。

传承：历代至今。

此外，在民俗上也有相似之处：如今在黑龙江行船时，艄公都喜欢用山东话叫一声："开船啦！"。同样，西江上的船只经过龙母庙时，都要鸣笛放炮向龙母致意。这都是由上述故事产生的一种顺势巫术，以求得心理平衡。

两条秃尾巴龙在文化性质上也有许多共通之处。

在历史发展过程中，广东自然条件比广西好，因而开伐也更早。《百粤风土记》云:"粤西不毛之地,土瘠民贫,不事力作。五谷之外,衣食上取给衡永,下取给岭南。"在《粤西丛载》中透露了当地"民多外出"和"民之贫者,归罪坟墓不吉"的情况,说明龙母和柳州风水先生烂布衣先后到广东悦城争夺"龙口福地"并非偶然。《中华全国风俗志·广东卷》云:"粤省与外人通商最早,又最盛,地又殷富,故其生活程度,冠于各省。""粤人自奉颇厚,虽编氓之民,食必有肉,米必上白,亦他省所罕见。"因而在广西人心目中广东确是一块宝地,加上西江航道横贯两广,交通便利,因而有许多人下广东谋求生计,闯荡一番。

另外,我们也可以看到,龙母、五龙子和西江水患密切相关。历史上西江水患频繁,常常有灭顶之灾,作为一条滩多水急的交通要道,龙母庙前的一片沙洲,必是过往艄公纤夫歇息的地方。不少人绝处逢生,在此聚会,必然诉说他们遇险的境况,加上一些偶然的巧合,使这里产生了不少传奇故事:如五龙子护航、朱衣妇人执钺助阵等。在这些故事中,大多数与天文、气象、水患有关,在这一点上和东北秃尾巴老李有所不同。

秃尾巴老李故事最初与黑龙江水患有关,它的创造者多是闯关东的拓荒人,他们来到这人烟稀少、千里冰封的荒原,原以为面临的只是险恶的自然环境,谁知更可怕的是人间豺狼。因此,秃尾巴老李故事更多的是他帮助逃荒的人反抗阶级压迫、惩治地主恶霸的佳话。他在东北五大连池住下以后,一有空就来到人间,遇到哪家有灾难,就全力以赴,为人分忧解难;遇到狠毒的坏家伙就以牙还牙地惩治他,给穷人出口气。《老李种地》中,老李通过自己的艰苦劳动,神奇地把财主周老狠家的粮食弄出来分给被他欺负的小伙子和穷苦的乡亲。《老李捎金》说他不单关心在东北的山东老乡,还时刻惦记着家乡的人民。他给家乡人民捎回了两个纸包,一落地都成了金银财宝,帮助遭灾的穷人度过了荒年。在那黑暗的岁月里,谁来拯救这些身处异乡的穷人?唯有借助乡亲的温暖和力量!俗话说:"土帮土成墙,穷帮穷成王。"秃尾巴老李的形象就是这样产生的,他比起岭南掘尾龙来,更富有现实色彩和江湖义气,其产生要比龙母传说晚得多。

这两个形象的特质,决定了它们在外形上的差异。岭南掘尾龙虽为龙子,但很少显示人形,只是在龙母初丧之日,化为五秀士来执孝,此外一直为龙形或蛇形。而秃尾巴老李则完全不一样,它基本上以人形出现,姓氏、名称都是按人间的习惯,只是具有一些龙的威力。所以从本质上讲,他是一个活生生的人,是几个世纪以来逃到关东的穷苦百姓的集中表现。较之岭南掘尾龙,它少一些自然性、神怪性,多一些社会性和人性。

四、有关信仰、风物的民俗学考察

（一）龙母信仰的形成与发展

龙母信仰最早产生的具体年代，我们只能在文献记载的信息中来进行尽可能合理的推测。现存最早记述龙母事迹的古籍，是刘恂的《岭表录异》。但该书对具体历史时期却语焉不详，只说："温媪者，即康州悦城县孀妇也……朝廷知之，遣师征入京师。"这个"朝廷知之"四字，费尽了后人的思量，而无法取得一致意见。并且，该书所载的龙母事迹人间烟火味太浓，而被认为并非原始传说的真貌。

倒是晚于刘恂一百多年的宋《太平寰宇记》，其中所载的龙母传说更接近原初的面貌，具有古朴、原始的特征。最值得一提的是，文中说明了龙母活动的年代："秦始皇闻之，曰：'此龙子也，朕德之所致。'诏使者以赤珪礼聘温媪。"这一时间的定位，为后世所接受认可，在后来的《南越志》《岭南丛述》等典籍中广为引用。从该书所载温媪"拾卵得子"的情节来推测，这恰符合"民只知其母而不知其父"的母系氏族社会时期，最迟也在母亲向父亲过渡的时期（《岭表录异》说龙母是"孀妇"）。龙母也许是西江流域一个龙图腾氏族的首领，生前可能做了许多值得族人怀念和赞美的好事，于是先在该部落内被崇拜，并且伴有雏形的口头事迹传说，后来逐渐波及到整个西江流域，以至岭南地区。但这个龙母信仰的逐渐扩大过程经历了漫长的时期。

后来发展到秦朝，由于秦王朝强大的政治威力，在巨大的政治迫力下，文化不得不采取低姿态的认可方式。于是民间口头传承的龙母事迹就和秦始皇拉上了关系，并把龙母生时活动定于秦朝。上述观点可以从下面一个例子中得到有力的佐证，孟姜女故事的原型是春秋时的"杞梁妻"故事，后来也说成了是秦朝。

到了唐代，改变了龙母传说仅口头传承不见于书面的状况，有了上述提到的诗文的记述。除了上面提到的《岭表录异》，还有略早于刘恂的诗人李绅和许浑等。由于书面文字的优越性，龙母信仰的基本要素固定了，龙母传说因之也基本定型了。但是，接下来发生了姓氏之争。上面的记载材料，都说龙母姓温。但是从明朝开始，龙母的姓氏，却发生了问题，有的说姓温，更多的却说姓蒲。在《岭南丛述·墓域门》所引的《德庆州志》、屈大均的

《广东新语》、李调元的《粤东笔记》和刘后麟的《南汉春秋》中,都说龙母本姓蒲,误作温氏。这种姓氏之争没有多大意义,但恰恰反映了不同姓氏宗族对龙母的共同信仰,也说明了龙母信仰的影响之深远。

到了清朝康熙年间,龙母的传说更多详悉了。康熙二十七年(1688年),卢崇兴有悦城龙母庙碑记,又康熙四十九年(1710年),程鸣有重刊的孝通庙旧志,上面的记载加上了龙母的父母、龙母的姊妹及行次和龙母的生辰年月等。这样,龙母的传说就完成了。

因为传说中秦始皇感于龙母抚育"慈龙孝子",曾遣使邀其上京,无奈龙子暗中阻航,三次没有成行,所以历代统治者为了炫耀自己是"真龙天子",对这位龙母十分敬重,明清各朝都有封谥,多次扩建修葺庙宇,竖碑立传。现在每年前来祭祀的人有百万之众,特别是春秋两诞,来进香火的人络绎不绝,有的人提前几天从三水、中山、澳门、香港等地赶来,甚至有来自广西、福建、江西等地的。这单从西江水域水患频繁,人们敬畏行云作雨的龙神,祈求龙母的保佑,把她作为一个自然神的偶像来解释,恐怕是不够的,人们已把她当作祖宗神来拜祭。但凡有三灾六难、求子求财,也来求她帮忙。还有那大大小小的龙潭、龙穴、龙山、龙峒、龙宫,都是纪念和拜祭龙母的圣迹。

我们可以从三个层面来分析龙母信仰。第一个是心理层面。古时西江流域水患很多,江水时涨时落,对人们造成了很大的伤害。由于生产力的低下,对自然现象不能理解,人们便认为有一个高踞在上的龙神在控制着行云布雨,甚至主宰着自己的吉凶祸福之命运,于是在无能为力的被动心态下慢慢地向龙图腾接近。正如海上保护神是女性的妈祖一样,西江水神也是龙母,而不是龙公。这一方面反映了母系氏族社会只知其母而不知其父的情况,另一方面也说明中华民族女性的温柔、厚爱、博大和容物等品格对民众的强大吸引力。第二个是巫术层面。巫术在原始人的意识里占有非常重要之地位,巫师的社会地位是非常高的。人们"坚信"通过一套巫术机制来娱神、乐神,就可以使神做出有利于祈祷者的行为,以达到避祸趋福的目的。我们可以想象,古时西江流域对龙母祈祷的巫术活动是非常盛大而频繁的,后来才慢慢地简化成现在简单的跪拜、默祝和祈祷等形式。第三个是历史层面。历史上统治阶级的封谥,虽然是外在的而不是象上两个层面一样出于内心的需求,但中国浓厚的官本位意识将龙母推向无以复加的高度。龙母信仰在上三个层面的共同作用下,逐渐地得到了强化,形成了源远流长的龙母文化。

（二）龙母信仰的种种表现

龙母简直成了西江人民的上帝，渗透在他们生活的各个方面，无时不在，无处不在。解放前，西江流域各县大大小小的龙母庙数以千计。几乎所有的船只，都供奉有龙母的神像。来往船只经过龙母祖庙，都烧炮鸣笛致意，有的还上岸祭祀。求子求财，可向龙母起愿；祛病除灾，可求龙母保佑。特别是小旱灾情，更是在龙母直接掌管之下。这些信仰深刻影响了西江人们的习俗，如万民朝圣、忌食鲤鱼、济物放生、爱护青蛇、摸龙床、饮圣水等等，都在生活中留下了深深的印记。

（三）有关的风物和遗迹

伴随着虔诚的龙母信仰，自然留下了许多有关龙母的风物和遗迹。这些风物和遗迹，反过来又使信仰有了凭附，更加令人相信实有其事，使信仰得到了强化。整个西江流域，有关龙母的风物和遗迹的数量是很可观的，单就龙母庙来说，解放前保守的估计就有三百多间，还有行宫三十间左右。多集中在西江流域和珠江三角洲一带。龙母圣迹最多的，自然是龙母的故乡——德庆县悦城镇了，有龙母祖庙、龙母墓、五龙山和龙母泉等风物遗迹。

五、文化辐射的威力

作为西江古民俗文化核心部分的龙母文化，在历史的长河中日益丰富，对西江乃至整个岭南地区发生着强大的文化辐射作用，产生了深广的影响。自唐代以来历代统治者的封诰，雄伟辉煌的龙母祖庙以及有关的建筑群落，数量丰富的各种艺术雕刻和器物，流传广泛的民间故事传说和文人诗歌作品及碑记庙志，这些都是此种辐射的产物，表征着它的威力。

（一）稻作文化的发源地

关于稻作文化的起源，国内外学者众说纷纭，归纳起来主要有三种。第一种：外源说，日本学者把稻谷的粳、籼分为日本型、印度型或印尼型。第二种：长江下游说，如安志敏等学者主张。第三种：珠江三角洲说，如丁颖、何兆雄等学者主张。

随着1976年广东曲江县马坝出土一大批文物（包括炭化稻粒凝块），第三种珠江三角洲说越来越得到更多学者的认同。为什么岭南文化炭化稻谷出土地点只有两处,而石硖文化(马坝附近)的年代又晚于浙江河姆渡古稻1000—1500年,而又说岭南是稻作文化的发源地呢?何兆雄撰文提出了充足的理由:

第一,石硖文化是锄耕农业,河姆渡文化是耜耕农业,虽然同属初级农业,但前者较后者先进,推知在此之前已有稻作。

第二,出土实物多不等于发源地。文化传播的规律是点—片—面式扇形散开或辐射散开。点的量少于片与面。

第三,文化传播的条件首先在于传出文化对借入文化的实用价值。仰韶文化和龙山文化的粟作文化和麦作文化不为长江中下游接受就在于实用价值不同。

第四,岭南地区分布有丰富的野生稻资源。在中国分布的野生稻有三种:普通野生稻、药用野生稻和疣粒野生稻。栽培稻的亲本是普通野生稻,民间称为鬼禾、学禾或鹤禾,分布于北纬18°15′—25°之间,东起东经121°15′,西至东经100°47′之间。群落分布以珠江水系最多。麦里尔氏(E. D. Meriill)1917年先在东江罗浮山甚至石龙一带发现普通野生稻。随后丁颖1926年在广州市郊犀牛尾发现,并确认珠江三角洲(广州郊区、博罗、惠阳、增城、清远、三水、从化、四会)有大面积的群落分布。广西的西江水系(包括广东的西江中部)和粤西南的鉴江水系也有大面积的群落分布。

此外,我们还发现了以岭南为中心的稻作文化传播的语言文字痕迹。广州方言称稻株为禾,称稻为谷,称大米为米。稻的拉丁学名 Dryza 实为广州话禾粒籽(仔)的变音,英文 Rice 是广州话粒籽的变音。印尼语称稻为 Padi(读为巴里)源于广州话百粒,称稻米为 Breai,源于广州话白粒。日本称稻谷为 Kome,源于广州话谷米,称稻为 H$_。$,源自广州话的禾。印度语称稻为 arishii,也源自广州话禾粒籽。印度梵文的稻字为 rrihi 或 rruhi,始见于公元前1000年的《河阁婆吠陀经》,仍是粒籽之变音。中国甲骨文的稻字较印度早1000年左右。

由此可见,岭南作为稻作文化的发源地,已无疑义。这样,五羊衔穗这一稻作文化的人文景观,确是稻作文化的起点和源头:一羊向北,跨五岭,过长江,越黄河,传播于中原地区;一羊向西,过横断山脉直至印度,然后播于欧洲;一羊向南,经印支直达南洋群岛;一羊向东,跨海直至日本九州;一羊留在珠江三角洲。

稻作文化是岭南文化的一个重要特质,而岭南文化的发祥地又在哪里呢?1996年三四月间,全国各大报刊都发布了一条经专家学者考证后得出的结论

——西江中游的封开县是岭南文化的发祥地。

封开县位于粤西边陲两广交界处，地处整个岭南的中心，西江、邕江、贺江三水在此交汇，小路沟通东西南北，历史上是岭南与中原地区经济文化交流的要地。据一批考古专家多年来的发掘研究证实，封开曾是古人类的摇篮，早在十四万年前就有古人类在此生活。封开境内发掘出一系列具有连续性、典型性的文物史迹：峒中岩发现有迄今为止岭南最早的人类化石，比"马坝人"还向前推进了两万多年，此结论已在去年的有关国际会议上得到确认；黄岩洞内 1000 多件打制石器代表了中石器时代华南地区的典型遗存。

1995 年《语言研究》第一期发表了语言学家叶国泉、罗康宁的《粤语源流考》一文，他们指出：粤语起源于封开一带。秦始皇时期通过灵渠从中原传来的古汉语，先在封开附近与当地的语言成分相融合形成粤语方言，而后在珠江流域传播。封开的部分地区至今自保留着一套粤语的古音韵。

龙母文化的中心点德庆与封开是邻县，由于地域邻近之故，文化影响就很大。封开境内解放前建有不少龙母行宫，这就是龙母文化强大的辐射力所致。龙母文化的核心是水文化（因水患频繁，故祈求龙母保佑）、龙文化（崇拜龙母龙子）和道佛文化（建筑龙母祖庙以辟烧香拜佛之处），正在这三点上和稻作文化相契合。所以可以说，封开（稍宽一点可指以封开为中心的西江中游）作为岭南文化的发祥地，具备了稻作文化的一些基本特质，稻作文化一定也是非常发达的。

（二）龙母传说辐射的文化印记

文化的流向，一般是从位差高的流向位差低的。封开是岭南的文化古都，当时曾是政治、经济、文化的中心。龙母文化就从这一带向文化程度较低的地区辐射开去，逐渐波及了整个西江流域。后又慢慢地东渐，达到了珠江三角洲地区，以及更为遥远的一些地方。

龙母传说的文化辐射力量是很强大的，从龙母祖庙与附属建筑物到各种形式的雕刻艺术；从民间流行的故事、歌谣到文人的诗歌、戏剧；从古代文物到现代的商标，以至人们的习惯心理，都打下了龙母的烙印。

龙母祖庙背靠五龙山，面对西江水，有气吞山河之势，巍峨壮观，是人们虔诚崇拜龙母之精神的艺术表现。龙母祖庙是人们缅怀龙母的圣洁场所，同时也是一所凝聚着劳动人民智慧的艺术殿堂，可与佛山祖庙和广州的陈家祠相媲美，同为南方古建筑的明珠。著名建筑学家章世清称赞龙母祖庙为"建筑艺术之冠，技巧之首，有巧夺天工之势"。

广东民间的一些俗语、谚语，都打上了龙母传说的烙印。至今广州、南海一带还有俗语说："正月生菜会，五月龙母诞。"这是广东民间特有的两个诞会，生菜会是正月二十四，龙母诞是五月初八。又说："三月二十三，掘尾龙拜山。"是日大风大雨，这是掘尾龙回来为龙母扫墓。考三月二十三日正好是天后妈祖诞，他们显然是把龙母的传说和天后的传说混为一谈了。悦城谚云"金鸡岭后啼，龙母护国归"。五龙山后有金鸡岭，龙母被敕封为护国通天惠济显德娘娘，故云。悦城人还笃信："坐龙床，生贵子"；"奉敬龙母，四海平安"。所以解放前虽然每坐一次龙床就收费十元，但每天还是有二百多人去坐，至今仍吸引着不少青年妇女。

至于诗文中提及龙母、龙母诞的，更是不胜枚举。唐代诗人李绅被贬为端州司马时，曾写过《移家来端州先寄以诗》一首。传说当日李绅乘船经过悦城，水浅滩多，船不能行，李绅即向龙母祷告，卒降大雨，江水骤涨，遂得顺流而下，乃以诗记其事。岭南第一位状元莫宣卿，青年时期所写的《答问读书居》诗中，亦有"床头万卷书，溪上五龙渡"句，表明他要读尽床头万卷书，驾五龙而凌云直上的意向。此外还有宋代萧注的《过悦城题五龙庙》，元代刘中孚《题龙媪墓》，明代陈白沙的《悦城》诗等。

历代笔记散文中，凡涉及岭南风物的，几乎都有提及关于龙母之事。著名的如刘恂的《岭表录异》、屈大均的《广东新语》、李调元的《粤东笔记》、刘后麟的《南汉春秋》、范端昂的《粤中见闻》等，虽都是一些片断，但给我们留下了宝贵的资料。本世纪二十年代末容肇祖先生写过《德庆龙母传说的演变》一文，作过较系统的考究（见中大《民俗周刊》第九、十期）。解放后，还有人把它编成戏剧，搬上舞台，名曰《悦城龙母》，前几年还到新加坡演出，大受欢迎。

（原载《西江大学学报》1998年第4期）

后 记

为迎接百年校庆和系庆，编一部本系学者的文学研究论文集，是中山大学中国语言文学系酝酿、计划已久的大事。2024年初，经系里安排，我们承担了这项光荣而紧张的工作。按照系党政联席会讨论、通过的收录原则，这部论文集的作者以1924年以来所有曾在中山大学中文系（含1949年前的"文史科""中国文学部""语言学系"）任教过的学者为对象，但主要侧重历史的记录与呈现，以已故学者和已退休学者为主。其中有些学者在本系任教时间不长，则选取其在任教期间撰写、完成的论文。对于目前在岗的学者，仅收录少数代表性学者的成果，以见证本系百年学术之筚路蓝缕、薪火相续。

根据这一原则，我们邀请古代文学、古代戏曲、现当代文学、文艺学、比较文学与世界文学、古典文献学、民间文学与民俗学等教研室、研究室的负责人，组织专家整理、汇集了各个学科方向的论文。初步名单出来以后，又经党政联席会讨论，最终确定收录篇目。目前论文集中所收82篇文学研究论文（分上、下册），作者既有鲁迅、郭沫若、顾颉刚、钟敬文、冼玉清、冯沅君、詹安泰、王季思等大师名家，也有改革开放以来的一批代表性学人。名家荟萃，佳篇云集，其中不少篇章已是百年中国人文社科学术的经典。魏人桓范曰："古者富贵而名贱废灭，不可胜记，唯篇论俶傥之人为不朽耳。"读斯人斯作，此感颇深。因而，两册论文集的意义，不但在于彰显我系百年学人对学术之真与人间之善的追求，也在于以其义理、考证、辞章为百年中国学术呈现一份来自岭南的珍贵的记录。

论文集的编写还面临不同时代学术规范、语言规范的差异。对此，我们以尊重历史原貌为基本原则。除了个别明显的错讹之处外，对字词、标点、注释格式皆一仍其旧,不做改动。由于多数论文年代久远,需要重新录入、校对,陈恒燕、宋伟斌两位同学做了大量辛苦的工作,在此特别致谢。对于中山大学出版社一如既往的支持,同样要表示特别的感谢。

张均

2024 年 10 月 19 日于广州